Karl-Wilhelm Berger

Kanada - Westen
mit Südalaska

D1730654

IWANOWSKI'S *i* REISEBUCHVERLAG

Im Internet:

www.iwanowski.de

Hier finden Sie aktuelle Infos zu allen Titeln,
interessante Links – und vieles mehr!

Einfach anklicken!

Schreiben Sie uns,
wenn sich etwas verän-
dert hat. Wir sind bei der
Aktualisierung unserer
Bücher auf Ihre Mithilfe
angewiesen.

info@iwanowski.de

Kanada-Westen mit Südalaska

10., aktualisierte Auflage 2009

© Reisebuchverlag Iwanowski GmbH
Salm-Reifferscheidt-Allee 37 • 41540 Dormagen
Telefon 0 21 33/26 03 11 • Fax 0 21 33/26 03 33
E-Mail: info@iwanowski.de
Internet: www.iwanowski.de

Titelbild: Moraine Lake, Banff National Park, Karl-Wilhelm Berger
Alle anderen Farb- und Schwarzweißabbildungen: Karl- Wilhelm Berger,
außer Farbteil S. 137 (Moschusochsen, Wolf): Staffan Widstrand
und S. 121, 291, 294 und hintere Umschlagklappe (Weißkopfseeadler): Dr. Helfried Hähne
Redaktionelles Copyright, Konzeption und dessen ständige Überarbeitung:
Michael Iwanowski
Layout: Ulrike Jans, Krummhörn
Karten: Palsa Graphik, Lohmar
Reisekarte: Astrid Fischer-Leitl, München
Titelgestaltung sowie Layout-Konzeption: Studio Schübel, München

Gesamtherstellung: Grafisches Centrum Cuno, Calbe
Printed in Germany

ISBN 978-3-933041-76-0

Inhaltsverzeichnis

ÜBERBLICK

ÜBERBLICK

Die Grünen Seiten: Das kosten Sie Westkanada und Südalaska

ÜBERBLICK

REISEROUTEN

REISEROUTEN

REISEROUTEN

REISEROUTEN

REISEROUTEN

REISEROUTEN

REISEROUTEN

REISEROUTEN

REISEROUTEN

REISEROUTEN

INTERESSANTES

Außerdem weiterführende Informationen zu folgenden Themen: **!**

Verzeichnis der Karten und Grafiken:

Farbkarten:
vordere Umschlagklappe:
   Überblick Kanada-Westen mit
   Südalaska
hintere Umschlagklappe:
   British Columbia

Benutzerhinweis:
Da wir unsere Bücher regelmäßig aktualisieren, kann es im Reisepraktischen Teil (Gelbe Seiten) zu Verschiebungen kommen. Wir geben daher im Reiseteil Hinweise auf Reisepraktische Tipps nur in Form der ersten Seite des Gelben Teils (① s. S. 187 bzw. 266). Dort finden Sie alle im Buch beschriebenen Städte, Orte, Parks und Regionen in alphabetischer Reihenfolge.

INTERESSANTES

Legende

===	Autobahn	**i**	Information
===	Hauptstraße		Busbahnhof
—	Nebenstraße		Bahnhof
===	beschr. Route /Autobahn	✉	Post
===	beschr. Route/Hauptstraße	M	Museum
—	beschr. Route/Nebenstraße	T	Theater
- - - -	beschr. Spazierwege/Trails		wichtige Gebäude
●	Ortschaften	HT	Hotel/Teehaus
★	Sehenswürdigkeiten		Unterkunft
▲	Berge	$	Bank
	Gletscher	+	Krankenhaus
	Aussichtspunkt		Polizei
	Wasserfall		Feuerwehr
	Feuerturm		Denkmal/Monument
	Ranger Station		Kirche
	Warden Station		Kathedrale
	Gate		Einkaufsmöglichkeit
	Guest Ranch		Markt
	Lodge		Autofähre
	Seilbahn	✈	Flughafen
	Sessellift		Flugplatz/Landepiste
	Skigebiet	)(	Brücke/Pass
	Picknickplatz		Wrack
	Fort		Strand
Ω	Höhle		Bootslipanlage
	Büffelbeobachtung	⚠	Campingplatz

© graphic

EINLEITUNG

Tiefe, unberührte Bergwälder, schneebedeckte Gipfel, riesige Gletscher und stille Bergseen – Kanada und Alaska bieten **unvergleichliche Landschaftserlebnisse**. Aber nicht nur aus diesem Grund sollte man die nördlichen Gefilde des amerikanischen Kontinents aufsuchen und auf eigene Faust entdecken: **Wintersportler** finden rund um Whistler und Calgary ein wahres Paradies zum Skilaufen, Snowboarden und Rodeln vor; **Tierliebhaber** werden von den gewaltigen Elchen und Bären ebenso begeistert sein wie von den stolzen Raubvögeln und den niedlichen Erdhörnchen; wer auf **städtisches Leben** – eine lebendige Kulturszene, kulinarische Vielfalt und edle Shoppingmeilen – aus ist, wird Vancouver gar nicht mehr verlassen wollen...

Dieses Buch soll Ihnen bei Ihren individuellen Unternehmungen in diesem freien, weiten Land Anregung und Orientierungshilfe sein.

Ich möchte nicht versäumen, mich recht herzlich bei allen denen zu bedanken, die mit Rat und Tat zum Gelingen dieses Buches beigetragen haben. Mein ganz besonderer Dank gilt meiner lieben Frau, die alle Abenteuer auf den langen Fahrten mit mir bestanden und mich tatkräftig unterstützt hat.

Danken möchte ich auch Fred Carmichael und Miki O'Kane (Inuvik/Kanada), Simone W. Wagener-KiKoak und Charlotte Wagener (Inuvik/Kanada), Elisabeth Weigand und Rainer Russmann (Whitehorse/Kanada), Gary Green (McCarthy/Alaska (USA)), Rudi und Hanne Spahmann (Watson Lake/Kanada), Bill und Donna MacKay (Telegraph Cove/Kanada), Jim und Anne Borrowman (Telegraph Cove/Kanada), Professor Corey Muse und Shirley Muse (Walla Walla/USA), Michael D. Kirk (Juneau/Alaska (USA)), Staffan Widstrand (Järfälla/Schweden), Barbara Thieme (Berlin-Spandau), Desirée Wesselmann (Heidelberg), Dr.-Ing. Helfried Hähne (Kelheim), Ralf Wegener (Neustadt/Sachsen), Peter Friedrich (Mölln (Lauenb.)), Ulrike Wilfarth (Hamburg) und Tanja Sackarent (Rheda-Wiedenbrück).

Ihnen als Leser möchte ich abschließend zurufen: „Go West!", und Sie werden es nicht bereuen. Allzeit gute Fahrt!

Karl-Wilhelm Berger

I.   ALLGEMEINER ÜBERBLICK

Kanada auf einen Blick

Fläche:	9.984.670 km² (davon 755.109 km² Binnengewässer)
Naturschutz-gebiete:	494.500 km² = 5 %
Bevölkerung:	32,04 Mio. Einwohner = 3,1 je km², davon 17,1 % britischer, 9,5 % französischer Abstammung, 18,7 % gebürtige Kanadier, 26,2 % französischer und britischer Abstammung, 28,5 % anderer Abstammung: irisch, deutsch, italienisch, ukrainisch, niederländisch, polnisch, norwegisch, 3 % chinesisch, 2,4 % südasiatisch, u. a. ca. 800.000 Indianer, Inuvialuit und Metis
Einwohner Westkanadas:	4.113.487 in British Columbia, 3.290.350 in Alberta, 30.372 im Yukon und 41.464 in den Northwest Territories
Lebens-erwartung:	81 Jahre
Säuglings-sterblichkeit:	0,6 %
Kinder-sterblichkeit:	0,6 %
Jährlicher Bevölkerungs-zuwachs:	1,1 %
Bruttoinlands-produkt:	je Einwohner 43.050 US$
Sprachen:	Englisch 59,2% und Französisch 23,3% als Muttersprachen, Chinesisch 2,5 %, Italienisch 1,7 %, Deutsch 1,6 %, Polnisch 0,7 %, Portugiesisch 0,7 %, Spanisch 0,7 %, Pandschabi 0,7 % u. a.; Sprachen der Indianer 0,4 %
Religion:	12,8 Mio. Katholiken, 850.000 Anglikaner, 730.000 Angehörige der United Church of Canada, 470.000 Orthodoxe, 350.000 Muslims, 340.000 Juden und 250.000 Sikhs
Hauptstadt:	Ottawa mit 1.130.761 Einwohnern
Großstädte Westkanadas:	Vancouver mit 2.249.725 (Metropolregion), Calgary mit 1.162.100, Edmonton mit 1.081.300, Winnipeg mit 694.688 Einwohnern
Provinz-hauptstädte in Westkanada:	Victoria (British Columbia); Edmonton (Alberta); Whitehorse (Yukon Territory); Yellowknife (Northwest Territories); Iqaluit (Nunavut Territory)
Flagge:	Rotes Ahornblatt auf weißem Grund, seitlich rot eingerahmt

Staats- und Regierungsform:	Parlamentarische Monarchie im Commonwealth of Nations seit 1931 – Verfassung von 1982 – Parlament: Unterhaus (House of Commons) mit 301 alle 5 Jahre gewählten Mitgliedern (davon 75 für Québec vorbehalten) und Senat (Senate) mit max. 112 Mitgliedern (Ernennung durch Generalgouverneur auf Vorschlag des Regierungschefs) – Wahlrecht ab 18 Jahren
Verwaltung:	10 Provinzen und 3 Territorien unter Bundesverwaltung
Staatsoberhaupt:	Königin Elizabeth II., vertreten durch Generalgouverneurin Michaëlle Jean, seit 27.09.2005
Regierungschef:	Stephen Joseph Harper, seit 06.02.2006
Parteien:	Unterhaus (vorgezogene Neuwahlen vom 14.10.2008): Konservative 143 von 308 Sitzen, Liberale 77, Bloc Québecois 49, New Democratic Party 37, Unabhängige 2; Senat: Konservative 23, Liberale 63, Progressiv konservative 3, Neue demokratische 1, Unabhängige 4
Unabhängigkeit:	01.07.1867 de facto (Autonomes Dominion), 11.12.1931 nominell (Westminsterstatut)
Nationalfeiertag:	01.07.
Wirtschaft:	Der Bergbau ist einer der wichtigsten Faktoren der kanadischen Wirtschaft (3. Platz der Bergbauerzeugnisse der Welt): Produktionswert an Mineralien: 41,3 Mrd. Can$, Erdölförderung: 89,4 Mill.t, Produktionswert: 13,8 Mrd. Can$. Bruttosozialprodukt: 580.872 Mio. US$, Bruttoinlandsprodukt: 580.623 Mio. US$, Anteil: Landwirtschaft 3 %, Industrie 27 %, Dienstleistungen 60 %, Inflation: 1,4 %, Arbeitslosigkeit: 6,6 %. **Import**: 351 Mrd. Can$; Güter: 32 % Maschinen u. Ausrüstung, 21 % Kraftfahrzeuge, 19 % Produktionsgüter, 121 % sonstige Konsumgüter, 6 % land- u. fischwirtschaftliche Produkte, 5 % Energie; Länder: 78 % USA, 10 % EU, 3 % Japan. **Export**: 413 Mrd. kan$; Güter: 24 % Maschinen und Ausrüstung, 22 % Kraftfahrzeuge,16 % Produktionsgüter, 11 % forstwirtschaftliche Erzeugnisse, 13 % Energie, 9 % Forstwirtschaft, 7 % Land-/Fischwirtschaft, 4 % sonstige Konsumgüter; Länder: 85 % USA, 5 % EU, 2 % Japan
Währung:	1 Kanadischer Dollar (Can$) = 100 Cents
Problemfelder:	Abholzung der nordischen Regenwälder, besonders massiv auf Vancouver Island
Zeitverschiebung:	zwischen Mitteleuropäischer Zeit (MEZ) und den Landeszeiten Westkanadas: minus 9 Stunden in British Columbia und Yukon; minus 8 Stunden in Alberta und westlicher Teil Northwest Territories

Alaska auf einen Blick

Fläche:	1.477.267 km², das entspricht der vierfachen Größe Deutschlands, größte West-Ost-Ausdehnung: 3.700 km, größte Nord-Süd-Ausdehnung: 2.250 km, Anteil an der Gesamtfläche der USA: 16,1 %
Bevölkerung:	670.053 Einwohner
Sprache:	Englisch (Amerikanisch) sowie verschiedene indianische und Inuvialuit-Dialekte
Hauptstadt:	Juneau mit 30.987 Einwohnern
Städte:	Anchorage mit 240.258 Einwohnern, Fairbanks mit 77.000 Einwohnern, Sitka mit 8.600 Einwohnern, Ketchikan mit 8.300 Einwohnern, Kodiak mit 6.400 Einwohnern
Staats- und Regierungsform:	Konstituierung als 49. Bundesstaat der USA am 03.01.1959
Staatsfeiertag:	18. Oktober, Alaska Day
Höchster Berg:	Mount McKinley mit 6.194 m im Denali Nationalpark, gleichzeitig auch der höchste Berg Nordamerikas
Längster Fluss:	Yukon River mit 3.200 km
Größter Gletscher:	Malaspina Glacier mit 3.000 km²
Nationalparks:	Denali, Gates of the Arctis, Glacier Bay, Katmai, Kenai Fjords, Koduk Valleys, Lake Clark, Wrangell St. Elias
Zeitverschiebung:	Alaska Time: minus 10 Stunden gegenüber MEZ, Hawaiian-Alëutian Time: minus 11 Stunden gegenüber MEZ
Wirtschaftszweige:	Erdöl, Tourismus
Währung:	US-Dollar (US$)
Telefonvorwahl:	907

2. GESCHICHTLICHER ÜBERBLICK

Zeittabelle

Vor ca. 14.000 J. Als erste Einwanderungswelle erreichten **nomadisierende Asiaten** (Paläoindianer) am Ende der Wisconsin-Eiszeit von Sibirien über die Landbrücke Beringia das eisfreie Alaska.

Auf ca. 13.000 J. wurden **Mikroklingen** aus Stein und eiszeitliche Säugetierknochen taxiert (Radiokarbon-Methode), die zusammen in den Bluefish Caves bei Old Crow im kanadischen Yukon-Gebiet gefunden wurden.

Vor 11.500 J. **Clovis-Jäger** jagten 500 Jahre lang aussterbende eiszeitliche Säugetiere südlich der großen Gletscher. Die Jäger verwendeten die Clovis-Spitzen und Speerschleudern.

Vor ca. 11.000 J. Die zweite Einwanderungswelle nach Alaska erfolgte durch **Na-Dene-sprachige Asiaten**.

Vor ca. 8.000 J. In der dritten Einwanderungswelle hatten seeorientierte **Vorfahren der Inuvialuit und Aleüten** auf Booten Alaska erreicht.

Vor ca. 2.000 J. Es entwickelte sich die **Norton-Kultur** der Inuvialuit im Bering Meer.

Vor ca. 1.000 J. Die **Thule-Kultur** der Inuvialuit war sehr erfolgreich. Wale und Walrosse wurden mit der Kippkopfharpune erbeutet.

Ca. 1000 n. Chr. Der Wikinger *Leif Eriksson* war der erste Europäer in Amerika. Vorübergehende Siedlungsversuche sind durch das ausgegrabene sagenhafte Leifbudir auf Neufundland bewiesen worden.

1497 Der Venezianer *Giovanni Caboto* segelte für England und betrat vor Christoph Kolumbus amerikanisches Festland, vermutlich an der südlichen Küste von Labrador.

1501 Der Portugiese *Joan Fernandes* erreichte ebenfalls Labrador.

1524 Der Venezianer *Giovanni da Verrazzano* segelte unter französischer Flagge nach Neufundland.

1534–1541 Der Franzose *Jacques Cartier* erkundete den St. Lorenz-Strom.

1603–1635 Der Franzose *Samuel de Champlain* gilt als der Vater von „Nouvelle France". Er gründete 1608 Québec und spann ein Netz von Handelsrouten für den lukrativen Pelzhandel. Er machte sich bedauerlicherweise die Irokesen zu Feinden, die sich in dem **Irokesenbund** gegen die Franzosen formierten. – Die „Coureurs de Bois" durchdrangen das indianische Hinterland auf den Flussläufen.

1609/10 Der Engländer *Henry Hudson* entdeckte auf der Suche nach der Nordwest-Passage die Hudson Bay.

1613 **Port Royal** wurde von den Engländern erobert.

1629 **Port Royal** und **Québec** wurden von den Briten überfallen.

1666 Die französische Kolonie „**Nouvelle France**" zählte ohne Indianer 3.200 Einwohner.

1692 Die französische Bevölkerung von „Nouvelle France" war auf 12.500 Personen angewachsen.

1670 *Prinz Ruprecht von der Pfalz* gründete die Hudson Bay Company.

1728 und 1741 Der Däne *Vitus Jonasson Bering* segelte im Auftrag des russischen Zaren. Auf seiner ersten Reise durchfuhr er die nach ihm benannte Bering Straße, und auf seiner zweiten Reise erblickte er als erster Europäer Alaska. Es folgten russische Pelzhändler.

1756–1763 Die Niederlagen Frankreichs im **Siebenjährigen Krieg** in Europa und im „**French and Indian War**" in Nordamerika entschieden über das Schicksal der Kolonie „Nouvelle France". Die **Schlacht auf den Plains d'Abraham** wurde 1759 von den Engländern unter Führung von General *Wolf* gewonnen. Anschließend wurde Québec besetzt.

1763 Frankreich musste im **Friedensvertrag von Paris** „Nouvelle France" an England abtreten.

1774 Im „**Québec Act**" wurden den Frankokanadiern ihre eigene Sprache sowie freie Religionsausübung und Rechtsprechung im Zivilrecht zugestanden.

1776–1778 Der englische Kapitän *James Cook* untersuchte und kartographierte die Nordwestküste Amerikas. Sein eigentliches Ziel, die Nordwest-Passage zu finden, erreichte er jedoch nicht.

1778 Der Pelzhändler und Abenteurer *Peter Pond* war der erste weiße Entdecker der 20 km langen Methye-Überführung, dem entscheidenden Übergang von den atlantischen Flüssen zum Mackenzie-Flusssystem, das sich ins Nordpolarmeer ergießt.

1779 Die **Northwest Trading Company** wurde gegründet. Sie setzte dem Monopol der Hudson Bay Company ein Ende. Die „Voyageurs" durchdrangen mit ihren Kanus den kanadischen Norden und Nordwesten.

1784 Der russische Händler *Gregor Schelikof* landete auf Kodiak Island.

1789 Der Forschungsreisende *Alexander Mackenzie* stieß im Auftrag der Northwest Trading Company mit seinem Kanu bis zur Mündung des Mackenzie River-Deltas vor.

1790 Der russische Großhändler *Alexander Baranof* wurde Schelikofs Nachfolger.

1791 Im „**Canada Act**" wurde die verwaltungsmäßige Unterteilung in „Lower Canada" und „Upper Canada" vollzogen. Der englische Kapitän *Vancouver* setzte das Werk von *James Cook* fort.

1793 *Alexander Mackenzie* erreichte bei Bella Coola den Pazifik.

1799 Die **Russisch-Amerikanische Gesellschaft** wurde in erster Linie wegen der beabsichtigten Zusammenarbeit im Pelzhandel gegründet.

1808 *Simon Frazer* befuhr auf der Suche nach neuen Pelzrouten im Auftrag der Northwest Trading Company den Frazer River bis zur Mündung in den Pazifik.

1811 Durch den Bau von **Fort Rossija** versuchten die Russen, ihr Interessengebiet bis 120 km nördlich von San Francisco auszudehnen.

1821 Die Fusion der **Northwest Trading Company** mit der **Hudson Bay Company** beendete den Konflikt beider Handelsgesellschaften.

1840 Im „**Union Act**" wurden „Lower Canada" und „Upper Canada" vereinigt.

1858–1875 Das Goldfieber in British Columbia lockte ca. 20.000 Goldgräber ins Land.

1867 Der Verkauf Alaskas für 7.200.000 US-Dollar an die USA durch Russland ist eine der unglaublichsten Ereignisse der amerikanischen

Geschichte. Im „**British North America Act**" wurde die britische Kolonie Kanada in das **Dominion Kanada** umgewandelt.

1869 Die **Hudson Bay Company** verkaufte ihr riesiges Gelände für 300.000 englische Pfund an Kanada.

1871 **British Columbia** trat der kanadischen Konföderation bei.

1873 **Prince Edward Island** schloss sich ebenfalls dem Staatenbund an. Die **Northwest Mounted Police** wurde wegen der wachsenden Kriminalität gegründet.

1877 Der **Friedensschluss** zwischen den Weißen und den Schwarzfußindianern wurde für die Rothäute eine riesige Enttäuschung. Der Häuptling Crowfoot hielt seine berühmte Rede.

1881–1885 Der **Bau der „Canadian Pacific Railway"** vom Atlantik bis zum Pazifik hat endscheidend zur Besiedlung und Erschließung des „Wilden Westen" Kanadas beigetragen.

1896 Der **Goldrausch** von Klondike im Yukon Territory lockte die Glücksritter in den hohen Norden Kanadas.

1903–1904 *Roald Amundsen* kämpfte sich mit seinem Schiff „Gjöa" als erster durch die Nordwestpassage nördlich des kanadischen Festlands.

1903 **Saskatchewan** und **Alberta** wurden Bundesstaaten.

1931 Durch das „**Statut of Westminster**" wurde Kanada von Großbritannien in die Unabhängigkeit entlassen.

1942 Der **Alaska Highway** wurde aus militärischen Gründen gebaut.

1949 Neufundland trat nach einer Volksabstimmung der kanadischen Konföderation bei. Der Fund großer Erdölfelder bei Leduc trug zum Reichtum Albertas bei.

1962 Der **Trans-Canada-Highway** schuf eine erste durchgehende Straßenverbindung vom Atlantik zum Pazifik.

1970 Die Ermordung des Politikers *Pierre Laporte* verstärkte die Spannung zwischen Anglokanadiern und Frankokanadiern.

1980 Der Premierminister *Pierre Elliott Trudeau* und der französische Nationalist *Réne Lévesque* vereinbarten einen Volksentscheid der Québecer über ihre Selbstständigkeit. Die Québecer stimmten für den Verbleib in der Konföderation.

1982 Die letzten Vollmachten des britischen Parlaments erloschen.

1986 Die Internationale Weltausstellung **EXPO** wurde eröffnet.

1988 In Calgary trug man die **Olympischen Winterspiele** aus.

1989 Es kam zu einer verheerenden Ölpest im Prince William Sound (Alaska) durch den leckgeschlagenen Tanker Exxon Valdez.

1990 Die Einheit Kanadas war wieder gefährdet. Québec drohte mit Austritt aus der Konföderation. Der Streit konnte beigelegt werden.

1995 Es ging erneut in einer Wahl um die **Unabhängigkeit von Québec**. Ein neuer Versuch, sich von Kanada zu lösen, sollte folgen. Nur 53.000 Stimmen fehlten den Verfechtern eines selbstständigen Québec. Premier *Chrétien* und die Seinen sind mit dem Schrecken davongekommen. 50,6 % stimmten mit „non (nein)" und 49,4 % mit „oui (ja)". *Jacques Parizeau*, Provinzpremier von Québec und Initiator des Referendums, sprach von einer nur hauchdünnen Niederlage, die zum Weiterkämpfen ermutigen soll.

14.09.1997 Bezüglich des **Sezessionsstreits mit Québec** verabschiedeten neun der zehn Provinzen Kanadas (außer Québec) einen Aufruf zur Erhaltung der Einheit Kanadas, in dem sie mit der Betonung der

Gleichheit aller Provinzen dem frankophonen Québec zugleich seinen „einzigartigen Charakter" zugestehen.

26.–28.04.1998 Der offizielle Besuch von **Premierminister *Chrétien*** auf Kuba löste Proteste der USA aus. Kanada hat sich nicht dem internationalen Embargo Kubas angeschlossen und ist der bedeutendste ausländische Investor des Inselstaates.

01.04.1999 Die Inuvialuit erhielten eine eigene Provinz: **Nunavut** (Land des Volkes). Es wurde von den Northwest Territories abgetrennt und soll von den Ureinwohnern eigenständig regiert und verwaltet werden.

12.07.1999 Der weltweit höchste Lebensstandard wurde Kanada von der UNO bescheinigt. Berücksichtigt wurde neben dem Einkommen u. a. die Gesundheitsversorgung, Bildungschancen sowie die Lebenserwartung.

Okt. 1999 Die chinesischstämmige *Adrienne Clarkson* (* 1939) übernahm das Amt der Generalgouverneurin. Sie ist somit die Vertreterin des offiziellen Staatsoberhauptes *Königin Elizabeth II.* von Großbritannien. *Clarksons* Berufung wird als Zeichen der Toleranz in der kanadischen Gesellschaft gewertet. Der Anteil der überwiegend aus Hongkong eingewanderten Chinesen in Kanada beträgt 3 %.

Dez. 1999 Im Konflikt mit der separatistischen Regierung der Provinz Québec unter ihrem Premier *Lucien Bouchard* erklärte sich Premierminister *Chrétien* zu Verhandlungen über eine Entlassung in die Unabhängigkeit unter der Voraussetzung bereit, dass die Bevölkerung von Québec in einer Volksabstimmung ein eindeutiges Votum für die Souveränität abgibt.

16.04.2000 Die **Nisga´a-Indianer** erhielten im Nordwesten der Provinz British Columbia 2.000 Quadratkilometer Land zurück, das sie weitgehend selbst verwalten dürfen. Dies ist in einem Vertrag über Landrecht nach 113 Jahren Streit festgelegt worden. Gegen die Umsetzung des Vertrages wird allerdings noch geklagt, weil man Forderungen anderer Indianerstämme befürchtet.

07.06.2000 Der sieben Jahre andauernde „Lachskrieg" zwischen Kanada und USA fand durch eine Veinbarung ein Ende. Man einigte sich über flexible Fangquoten und den Schutz der Laichgründe von Lachsen in den Küstengewässern von Alaska, British Columbia, Washington und Oregon.

Okt. 2001 bot die Regierung als Beitrag zur **Antiterrorkoalition** 2.000 Soldaten auf und unterstützte die USA mit sechs Kriegsschiffen im Afghanistankrieg.

03.12.2001 vereinbarten Kanada und die USA ein Rahmenabkommen zur Bildung einer **Nordamerikanischen Sicherheitszone**.

07.02.2002 wurde ein Abkommen über den **Bau eines großen Staudamms im Cree-Reservat** abgeschlossen. Als Entschädigung erhalten die Cree 3,5 Mrd. Kan$ über einen Zeitraum von 50 Jahren.

11.06.2008 Premierminister *Stephen Harper* bittet die indianischen Ureinwohner offiziell um Entschuldigung für Zwangsassimilierungsmaßnahmen in der Vergangenheit.

Oktober 2008 Bei vorgezogenen Neuwahlen des Unterhauses – die Opposition hatte zuvor mit der Stellung der Vertrauensfrage gedroht – gibt es nur geringfügige Änderungen. Die konservative Partei *Stephen Harpers* bildet weiterhin eine Minderheitsregierung.

Urbesiedlung Nordamerikas

Ein Blick nach Ostsibirien

Vor etwa 200.000 Jahren hatte *Homo sapiens*, „der vernunftbegabte Mensch" unserer Gestalt und Intelligenz einen Großteil Afrikas, wo die Wiege der Menschheit stand, Asiens und Europas in seinen tropischen und gemäßigten Zonen bewohnt. Die kalten Regionen dieser 3 Kontinente, der Doppelkontinent Amerika und Australien waren auch lange danach noch menschenleer. Erst als sich der *Homo sapiens sapiens*, der „moderne Mensch", **in der Alten Welt** entwickelte, vollzog sich **vor ca. 40.000 bis 35.000** Jahren eine bahnbrechende Entwicklung. Dieser Menschentyp, anpassungsfähiger und mit noch mehr rationellen Fähigkeiten begabt als *Homo sapiens*, drang in noch ein paar zehntausend Jahre vorher unbewohnte und auch lebensfeindliche Gegenden vor. Verbesserte Techniken in der Werkzeugherstellung versetzten ihn in die Lage, ausgezeichnete Steinwerkzeuge, Geräte aus Knochen und Geweihen für die Herstellung von beispielsweise Speeren, Harpunen, Messern, Nadeln sowie dem raueren Klima angepasste Kleidungsstücke zu fertigen.

Die kurze Zeitspanne der explosionsartigen Ausbreitung des *Homo sapiens sapiens* von wenigen zehntausend Jahren war wie ein Augenblick, bezogen auf die vorherige etwa 3 bis 4 Mio. Jahre lange Entwicklungsgeschichte der Menschheit. Uns interessiert in erster Linie:
- Wann tauchte *Homo sapiens sapiens* in **Nordost-Sibirien** auf? Diese Frage ist für die erste Besiedlung Amerikas wichtig.
- Wie passten sich die Menschen dem dort herrschenden sehr unwirtlichen Klima an? Die Funde in Europa und Nordasien zeigen, dass *Homo sapiens sapiens* sich inzwischen zu einem erfolgreichen **Großwildjäger** entwickelt hatte. Sogar an die größten dort lebenden Landsäugetiere, die Mammute, wagte er sich heran. Funde in Pavlov und Dolni Vestonice in der ehemaligen Tschechoslowakei, die auf ungefähr 25.000 Jahre zurückdatiert wurden, beweisen, dass die Jäger den riesigen Tieren an ihren Wanderrouten auflauerten, sie an günstigen Stellen angriffen oder sie in Fallgruben fingen. Nach der Tötung haben die Menschen das nicht sofort zu verwertende Fleisch wahrscheinlich getrocknet und für den Winter eingelagert.

Großwild-jäger dringen nach Ostsibirien vor

Auch **Funde an den großen Strömen Russlands und Sibiriens** zeigen die erfolgreiche Jagd der steinzeitlichen Großwildjäger aus dieser Zeit, die jedoch nur durch eine ausgeklügelte Taktik mit den einfachen Jagdgeräten und durch Kooperation mehrerer Jäger möglich war. Die Herstellung von Steinwerkzeugen erreichte ihren Höhepunkt im Jungpaläolithikum (Jungsteinzeit) durch Klingenabschlagen von einem „edlen Kern" mit Hilfe einer Art Meißel.

Wenn die Wildherden abnahmen und damit die Jagd auf Großwild nicht mehr effektiv genug war, zogen die Horden weiter. Die sibirische Taiga war unwirtlich und durch ihre Sümpfe und Wälder schwer zugänglich. Deshalb zogen die Wildbeuter am Südrand des riesigen nordischen Urwaldes, vor dem lokalen Bevölkerungsdruck ausweichend, immer neue Jagdgebiete erschließend nach Osten.

Bekannt geworden sind **Fundstätten am Baikalsee in Mittelsibirien**. In **Mal'ta** an der Angara, die vom Baikalsee in den riesigen Strom Jenissej mündet, in der Nähe der heutigen Stadt Irkutsk gelegen, hat man halb-unterirdische Wohnstätten gefunden, deren Dachabstützungen aus großen Tierknochen, so z. B. aus ineinander geschachtelten Rentierknochen, bestanden. Die Funde werden in die Zeit **vor 25.000 bis 13.000 Jahren** eingeordnet.

Eine sehr wichtige Fundstätte ist die **Djuchtai-Höhle** im mittleren Aldan-Tal in Ostsibirien. Der Aldan ist ein Nebenfluss der Lena. Hier hat der russische Archäologe *Juri Mochanov* 1967 Ausgrabungen durchgeführt. Mammute und Moschusochsen zusammen mit beidseitig bearbeiteten Pfeil- und Speerspitzen, Klingen und Schlachtwerkzeugen fanden sich in der Höhle. Nach der zuverlässigen Radiokarbon-Methode konnten die Funde auf ein Alter von **14.000 bis 12.000 Jahren** eingestuft werden. Die ältesten Funde stammen von **Verchene-Troitskaja, 18.000 Jahre alt**, ebenfalls am Aldan. Die Djuchtai-Kultur war weit verbreitet. In **Berelech**, am 71. Breitengrad, nahe der Mündung des Indigirka ins Nordpolarmeer, also am äußeren Rand Nordost-Sibiriens, wurde bisher die nördlichste Fundstätte menschlicher Aktivitäten aus dieser Zeit bekannt. In der Nähe eines „**Mammutfriedhofs**" wurden auch **Mikroklingen** (Werkzeuge aus Knochen und Elfenbein) gefunden.

Artefakte im sibirischen Aldan-Tal

INFO **Information über die Radiokarbon-Methode**

Sie wurde von **W. F. Libby** entwickelt und ist ein Verfahren zur Altersbestimmung von geologisch und historisch organischen Gegenständen durch Ermittlung ihres Gehaltes an radioaktivem Kohlenstoffisotop C^{14} (Halbwertzeit 5.730 ± 40 Jahre). Dieses stammt aus dem Kohlendioxid der Luft und verringert sich im Laufe der Zeit gesetzmäßig durch radioaktiven Zerfall.

Überquerung der Landbrücke Beringia

Wo lag Beringia?

Beringia ist auf keinem herkömmlichen Atlas zu finden. Ende des 19. Jahrhunderts vermuteten Wissenschaftler aufgrund der Ähnlichkeit von Flora und Fauna, dass Beringia ein versunkener Subkontinent sei, der einst Amerika und Asien, genauer gesagt Alaska und Nordost-Sibirien, miteinander verbunden habe. Hierauf hatte z. B. der Geologe *Angelo Heilprin* 1887 hingewiesen, auch wenn damals wie heute die eisigen Fluten der flachen Tschuktschen-See und des Bering-Meers dieses ehemalige Land überflutet haben. Die schmale Bering-Straße trennt heutzutage die beiden Kontinente voneinander.

Versunkener Subkontinent Beringia

In der Folgezeit musste jedoch die ehemalige Existenz des sagenhaften **Beringia** wissenschaftlich untermauert werden, wodurch sich weitere Fragen anschlossen:

- Warum besteht diese ehemalige Landverbindung heute nicht mehr?
- Wie lange gab es diesen Übergang zwischen den beiden Kontinenten?

Diese Fragen haben Wissenschaftler seit Ende des 19. Jahrhunderts bis in die Gegenwart brennend interessiert.

Welche Beweise gibt es für das einstige Beringia?

Beweise für die einstige Land-brücke

Wie Lotungen ergeben haben, liegt heute zwischen Nordost-Sibirien und Alaska ein flaches Schelfmeer. Im Laufe der Jahrtausende hat es auf der Erde immer wieder wechselweise warme und kalte Perioden gegeben. Mittels Bohrkernen aus der Tiefe der Meere lässt sich anhand organischer Partikel auch in der Bering-Straße feststellen, zu welchen Zeiten die Temperatur des Wassers wärmer oder kälter war. Die beiden Wissenschaftler *van Donk* und *Broeker* stellten auf diese Weise die Temperaturschwankungen des Meerwassers über Hunderttausende von Jahren fest. Die Wechsel zum kalten Klima vollzogen sich meistens langsam in einer Zeitspanne von ca. 20.000 Jahren, während sich bei wärmer werdenden Perioden das Abschmelzen der Gletscher dramatisch schnell in kaum dem zehnten Teil der Zeit vollzog.

In der letzten nordamerikanischen Eiszeit, der sog. **Wisconsin-Eiszeit vor 80.000 bis 7.000 Jahren**, die der Würm-Eiszeit in Europa entspricht, wurde so viel Wasser der Weltmeere als Eis gebunden, dass der Meeresspiegel erheblich sank. Die niedrigen Wasserstände der Ozeane an hochgelegenen Stränden sind als vom Meer gezeichnete terrassenförmige Ufermarken abgebildet.

Folgende Zahlen (nach Professor B. M. Fagan) sollen die enormen Schwankungen des Meeresspiegels an der Bering-Straße in den letzten 125.000 Jahren verdeutlichen.
- Wir konzentrieren uns auf das sog. „Duvanny Yar Interval" vor 25.000 bis 13.000 Jahren. Die Temperatur fiel in dieser Zeit enorm. Es war extrem kalt und trocken, eisige Stürme müssen über der Landbrücke getobt haben. **Beringia**, eine gewaltige Landbrücke, eine 1.600 km breite Plattform, die in seiner größten Ausdehnung in dieser Zeitspanne die jetzige Tschuktschen See und den nördlichen Teil des Bering-Meeres umfasste, war demnach festes Land!
- Die **Erwärmung** setzte **vor ungefähr 15.000 bis 13.000** Jahren ein. Eine verhältnismäßig schnelle **Überflutung von Beringia** erfolgte. Alaska, vorher zu Sibirien gehörend, wurde somit vor 13.000 Jahren vom asiatischen Festland getrennt.

Konnten Pflanzen und Tiere auf Beringia existieren?

Man muss davon ausgehen, dass vor 25.000 bis 13.000 Jahren, während der damaligen Wisconsin-Eiszeit, Minusgrade in der Beringia-Region geherrscht haben müssen, die mit denen von heute nicht vergleichbar sind. Nicht allzu weit entfernt liegt in Werchojansk in Nordost-Sibirien bekanntlich der Kältepol unserer Erde, wo Temperaturen von - 71 °C (!) gemessen wurden. Sicher war es in Beringia während der Eiszeit noch kälter.

Und doch gab es damals **Leben auf der Landbrücke!**
• Durch die sehr zuverlässige Pollenanalyse konnte die jetzt unter dem Meeresspiegel liegende Vegetationsdecke bestimmt werden.
• Mehrere Kernbohrungen im Meeresboden gaben Aufschluss über Moore und Sümpfe, in denen Botaniker arktische Pflanzenreste feststellen konnten.
• Beim Absuchen des Meeresbodens der Bering-Straße wurden fossile Mammutknochen gefunden.
• Man hat sogar Überreste von Dungkäfern (*Aphodius*) ans Licht befördert. Das ist ein bemerkenswerter Fund, denn diese Käferart ist an das Vorkommen von Huftieren gebunden.

Gibt es Spuren erster Menschen auf Beringia?

Die Existenz der steinzeitlichen Großwildjäger ist zuverlässig bis vor 14.000 Jahren in Nordost-Sibirien nachgewiesen worden. Rein theoretisch hätten diese Menschen trockenen Fußes über die Landbrücke Beringia von Nordost-Sibirien nach Alaska gelangen können, weil bei schon wärmer werdenden Temperaturen zum Ende der Wisconsin-Eiszeit Beringia gerade noch bis vor 13.000 Jahren aus den Fluten herausragte, ehe es vom Meer überspült wurde. Das heißt natürlich nicht, dass die Durchquerung Beringias nicht schon früher hätte erfolgen können. Nur die Indizien der Funde an beiden Seiten der Bering-Straße sind bisher alle jünger als 15.000 Jahre.

Um die obige Frage zu beantworten, bislang sind keinerlei Knochen oder **Spuren menschlicher Aktivitäten** auf dem im Meer versunkenen **Subkontinent Beringia** gefunden worden. Die Archäologen stehen naturgemäß vor enormen Schwierigkeiten, weil durch den hohen Tidenstand des Meeres in der Neuzeit alle eventuellen Fundstätten menschlicher Spuren überflutet sind.

Fundstätten arktischer Jäger im Yukon/Porcupine-Gebiet Kanadas

Wenn auch die Spuren der Steinzeitmenschen vom Meer überspült wurden, so wurden sie doch auf dem jetzigen Festland Alaskas und Nordkanadas in einer Zeit vor 15.000 Jahren wieder sichtbar. Archäologen haben nur sehr dürftige Funde menschlicher Besiedlung in Alaska und im nordöstlichen Kanada aus der Zeit der auslaufenden Wisconsin-Eiszeit gefunden.

Man hat besonders intensiv im Flusssystem des Yukon mit seinem starken Nebenfluss, dem Porcupine (Stachelschwein-Fluss), gegraben, weil dieses Gebiet während der letzten Eiszeit das wohl einzige mächtige Urstromtal Nordamerikas war, das während der Vereisung nicht vollständig von Gletschern bedeckt war. Der übrige Teil Nordamerikas, bis etwa zur Verbindungslinie Vancouver-New York im Süden, war vollständig unter Gletschern und Packeisströmen des **Kordilleren- und Laurentischen Eisschilds** begraben. Hier konnte sich kein menschliches Leben abspielen. Merkwürdigerweise waren jedoch während der letzten Eiszeit, in der vermutlich ein Drittel der gesamten Landmasse der Erde von einer dicken

Eisschicht überzogen war, Teile Nordost-Sibiriens, Beringias, Alaskas und ein kleiner Teil Nordwest-Kanadas **eisfrei**. In diesem Vakuum, von gewaltigen Eismassen umschlossen, gab es eine Überlebenschance für arktische Säugetiere und für eine seit Jahrtausenden an polare Klimaverhältnisse angepasste und durch brutale Auslese abgehärtete Gruppe von Menschen.

Der berühmte „Schaber" von Old Crow

Spuren menschlicher Aktivitäten

Das eiszeitliche Schmelzwasser der verhältnismäßig schnell abtauenden Gletscher sammelte sich in großen Seen, so auch im **Old Crow Basin**. Die Uferregionen dieses glazialen Gletschersees und die der mächtigen Schmelzwasserströme der Umgebung waren ein ideales Jagdgebiet der eiszeitlichen Jäger und Sammler. Der Paläontologe *C. R. Harington* vom National Museum of Natural Sciences Kanadas, auf der Suche nach Überresten der Lebewesen aus der besagten Erdepoche, förderte 1966 den berühmt gewordenen „Schaber" von Old Crow, einen Unterschenkelknochen eines Karibus, zu Tage. Er wurde von Menschenhand am unteren Rand zu einem **Fleischschaber** mit feiner Sägekante umgestaltet und zum Lösen des Wildfleisches von den Häuten benutzt. Der Knochen konnte nur in frischem Zustand in die gewünschte Form gebracht werden. Zweifelsfrei handelt es sich deshalb bei diesem Fund um ein Werkzeug der Menschen. Dieses wurde auch von anderen namhaften Wissenschaftlern bestätigt.

Großwildjäger – erste Menschen in Alaska

Es drängt sich folgende Frage auf: Wie alt war dieses Handwerkzeug der Eiszeitmenschen? Ursprüngliche Messungen ergaben ein Alter von 27.000 Jahren. Diese frühe Datierung hätte eine Revolution im Ablauf der Besiedlungsgeschichte Nordamerikas zur Folge gehabt. Als erste Altersbestimmung „stützte sie sich auf Karbonat-Apatit, eine mineralische Substanz des Knochengewebes, die durch Verfestigung und Umbildung von organischem Kohlenstoff entsteht..." (nach *Prof. B. M. Fagan*). Nachmessungen ergaben nur ein Alter von 1.300 Jahren. Die Meinungen der Experten klafften weit auseinander. Die ursprüngliche Altersbestimmung war jedoch insofern verfälscht, als der „Schaber" in wieder abgelagerten Sedimentschichten gefunden wurde. Der ursprüngliche Herkunftsort lag ganz woanders. Andere Substanzen sind wahrscheinlich in den fortgespülten und weit transportierten Knochen eingedrungen, weshalb eine genaue Datierung nicht möglich ist. Somit hat der Fund von Old Crow die Forschung zunächst nur verwirrt und keine exakten Daten ergeben.

Funde in den Bluefish Caves

In den Bluefish-Höhlen, ca. 65 km südwestlich von Old Crow, gelang *Jacque Cinq-Mars* vom Archaeological Survey of Canada ein spektakulärer Fund. Vor ca. 15.000

Jahren lagen die Höhlen noch an den Ufern eines großen Gletschersees im Old Crow Basin. Die **Höhlen** waren 0,30 bis 3,00 m stark und mit einer Lößschicht locker bedeckt. Das Alter dieser Lößschicht wurde mittels der Pollenanalyse zuverlässig auf 14.000 bis 12.000 Jahre eingestuft. Anhand der in der Lößschicht eingelagerten Pollen ist ersichtlich, dass die Tundra sich in dieser Zeitspanne von einer kräuterreichen Vegetation zu einer **buschreichen Tundra** mit Birken entwickelt hatte, Anzeichen für zunehmende Erwärmung des klimatisch begünstigten Yukon-Porcupine-Tals.

In einer Höhle wurde ein **Mammutknochen** gefunden, der nach der Radiokarbon-Methode auf 15.550 ± 130 Jahre datiert worden ist. Aus einer weiteren Höhle wurde der Oberschenkelknochen eines Pferdes auf **12.950 ± 100 Jahre** *Ähnliche* eintaxiert. Vor einer dritten Höhle lagen haufenweise eiszeitliche Säugetierkno- *Artefakte* chen. Ferner fanden sich im Löß Überreste von Mammuten, Bisons, Wapitis, *in Sibirien* Pferden und Karibus. Es wurden auch **Mikroklingen** aus Stein, die stark an die *und Alaska* Djuchtai-Kultur in Ost-Sibirien erinnern, gefunden.

Am Ende der Wisconsin-Eiszeit vor ca. 14.000 Jahren stiegen die Temperaturen auf Werte, wie sie heutzutage in arktischen Gebieten herrschen. Sie führten zum rapiden Abtauen der Gletscher und damit zu einem schnellen Anstieg des Meeresspiegels um 91 m! Dieser einschneidende Klimawechsel hatte verheerende Folgen für Beringia. **Pollendiagramme** geben ein dramatisches Bild der sich schnell verändernden Vegetation innerhalb von nur 2.000 Jahren wieder. Kräuter und Zwergsträucher in der Tundra, wichtig für die Ernährung von arktischen Säugetieren und Vögeln, konnten somit nur knapp 8.000 Jahre, in der Zeitspanne vor 23.000 bis 15.000 Jahren, existieren.

Durch die **Überflutung Beringias** mussten die Landsäugetiere und auch die wenigen Menschen nach Osten und Westen ins Landesinnere zurückweichen, wenn sie nicht eingeschlossen oder vernichtet werden wollten. Überleben konnte man sicher nur, wenn man den Anschluss an die wandernden Säugetiere behielt.

Wie lebten die Jäger der altarktischen Tradition?

Die **nomadisierenden Wildbeuter**, die in erster Linie den Wanderungen der Karibuherden und des Mammuts folgten, fügten in ihrer geringen Zahl ihrer neuen Heimat noch keinen Schaden zu. Eisige Schneestürme, Hunger und Entbehrungen mussten sie überstehen. Von ihrem Jagdglück und ihrer Anpassungsfähig- *Erfolgrei-* keit in einer menschenfeindlichen Umgebung hing das Leben ihrer Sippe ab. Wenn *che Jäger* sie auch nur wenige Besitztümer mit sich herumtrugen, so besaßen sie doch *der Eiszeit* einen reichen Schatz an Erfahrungen, um letztlich ein erfolgreiches Leben im äußersten Norden Amerikas zu führen. Sie kannten alle Tierspuren. Sie wussten, wie man dem Wild auf die Schliche kam, wie man es erlegen, wie man möglichst viel von der Jagdbeute verwerten konnte und welche Vorräte man für den grausamen, langen Winter anlegen musste. Ihre bevorzugten Beutetiere waren Wollmammute, Steppenbisons, Wildpferde und Karibus.

Da die gewaltigen Gletscher des Kordilleren- und des Laurentischen Eisschilds sie immer noch an einem Weiterziehen nach Süden und Osten hinderten, jedoch das eisfreie Alaska und ein Teil Nordwest-Kanadas reiche Jagdgebiete an Großwild boten, bildeten sich nach der Zeitmarke von 12.000 Jahren eine Vielzahl von altarktischen Siedlungen.

Der Begriff „altarktisch" wird von Altertumsforschern bewusst gewählt, da für sie Sibirien und das äußerst nördliche Amerika zur Zeit der ersten Besiedlung ein Kulturraum war, der erst durch das Überfluten von Beringia getrennt wurde. Das Auftauchen von sehr ähnlichen kleinen Kernen und Mikroklingen aus Stein, die in Sibirien aus der Djuchtai-Tradition und in Alaska mit **Fundstätten in Dry Creek** (im Tal des Tanana River in den nördlichen Ausläufern der Alaska Range), im Denali-Gebiet und in Akmak gefunden wurden, deuten sehr stark auf diesen einst zusammenhängenden Kulturkreis hin.

Sind Sibirier und Indianer Nordamerikas blutsverwandt?

Rein vom äußeren Erscheinungsbild her gibt es Ähnlichkeiten zwischen Sibiriern mit ihren mongolischen Gesichtszügen und den Indianern Amerikas. Es gibt jedoch auch Indianer, die nicht das Hauptmerkmal der Mongolen, die **Mongolenfalte der Augen**, aufweisen.

Die *Sinodontie*-Theorie von Christy Turner

Der Anthropologe *Christy Turner* hat sich bei seiner Forschung auf die sich verändernde **Physiologie menschlicher Gebisse** spezialisiert. Zahnmerkmale sind beständiger als andere Merkmale, die genetisch schnelleren Veränderungen unterworfen sind. Besonderheiten sind schaufelförmige Schneidezähne (konkave Zahninnenseite), doppelte Schaufelbildung (an beiden Seiten konkav), obere Backenzähne mit nur einer Wurzel und untere Backenzähne mit 3 Wurzeln. Diese besonderen Merkmale bezeichnet er als **Sinodontie**, die es vermehrt nur im nördlichen Asien und bei den einheimischen Amerikanern gibt. Auch die Verstärkung des Zahnschmelzes, eine Anpassung an das Leben im arktischen Nordosten Asiens, findet sich bevorzugt nur bei den Ostsibiriern und bei den von ihnen abstammenden einheimischen Amerikanern wieder.

Gleiche Gebissmerkmale

Das Resultat seiner Forschungsarbeit, das auf statischer Methodik beruht, gipfelt in der Aussage, dass die paläoindianischen Wanderungen ihren **Ursprung in der Ost-Mongolei** genommen haben und über das obere Lena-Becken und Nordost-Sibirien, über die damalige Landbrücke Beringia nach Alaska und weiter in den menschenleeren Kontinent Amerika erfolgt sein müssen.

Spezielle Proteine im Blut

Ein Anthropologen-Team aus den USA untersuchte Varianten an speziellen Proteinen (Gm-Allotypen) im Blut von Tausenden von Indianern, aus denen ihre verwandschaftliche „Nähe" oder „Ferne" abgeleitet werden kann. Mit dieser Methode wurde auch das Blut von Nordost-Asiaten mit eingeborenen Nordwest-Amerikanern verglichen, allerdings war dies bei den Nordost-Asiaten bisher nur in wenigen Fällen möglich.

Schon die spärlichen Proben lassen ebenfalls den Schluss zu, dass das nordöstliche Sibirien das **Stammland** der heutigen einheimischen Nordamerikaner ist.

Spätere Einwanderungswellen nach Nordwest-Amerika

Es interessieren folgende Fragen:
* Erfolgte die Einwanderung in mehreren Wellen?
* Wann sind die Einwanderungswellen einzuordnen?
* Unterschieden sich die Einwanderungsgruppen ethnisch und sprachlich voneinander?

Unterschiedliche Sprach- und Bevölkerungsgruppen

Die Umweltbedingungen waren in den polaren und subpolaren Gebieten Kanadas und auch Alaskas so hart, dass nur geringe Bevölkerungsgruppen hier im hohen Norden ihr Auskommen finden konnten. Die kleinen Trupps der Jäger und Sammler nomadisierten wie verloren durch die unendlichen Weiten, aber doch zielstrebig den ziehenden Karibus und den saisonalen Lachsschwärmen folgend. Sie schlugen in geschützten Tälern ihre Winterquartiere auf und schwärmten im Frühjahr wieder aus. Diese herumziehenden Familienverbände fächerten sich im Lauf der Jahrhunderte und Jahrtausende immer mehr auf und erschlossen auch mit zunehmender Erwärmung des Landes neue Lebensräume im menschenleeren Amerika.

Erschlie-ßung neuer Lebens-räume

Es ist sehr kompliziert, prähistorische Völkerwanderungen beim Fehlen von Funden nachzuvollziehen und die Fragen zu beantworten, welche Bevölkerungsgruppen in einer Gegend blieben und welche weiterzogen. Deshalb ist es hilfreich, verschiedene wissenschaftliche Methoden anzuwenden, die Resultate auf Deckungsgleichheit zu überprüfen und daraus eine endgültige Schlussfolgerung zu ziehen.

Erkenntnisse der zahnmorphologischen Studien Christy Turners

Wir wollen noch einmal die schon erwähnte Sinodontie-Methode von *Christy Turner* zu Rate ziehen. Sie ist die Erforschung von der sich nur sehr langsamen Veränderung von Zahnmerkmalen der Menschen (Wurzeln, Kronen und Schmelz der Zähne). Zähne von mehr als 4.000 Menschen der grauen Vorzeit und der Neuzeit aus der Alten und der Neuen Welt wurden im Zahnlabor des Gelehrten untersucht.

- Erstens hat *Turner* hiermit schon die Verwandtschaft prähistorischer Ostasiaten mit Indianern nachgewiesen.
- Zweitens liefert diese Methode auch Hinweise über die Zeiträume, in der diese evolutionären Zahnveränderungen ablaufen. Turner hat u. a. bei den isoliert von ihren asiatischen Vorfahren lebenden Aleüten-Populationen, Untersuchungen angestellt. Hiernach ergab sich eine durchschnittliche Veränderung der Zähne von nur 0,0964 % Zahnabweichung in einem Zeitraum von 1.000 Jahren. Dieser Zeitbestimmungs-Koeffizient (so sei er hier genannt), ist der Schlüssel für die Berechnung auch noch weitentfernterer Zeitmarken. *Turner* kam zu dem Schluss, dass es 3 getrennte Einwanderungswellen von Nordost-Sibirien nach Nordwest-Amerika über die Beringia-Brücke gegeben hat:

Weitere Einwanderungswellen aus Asien

① **Die paläoindianische Einwanderungswelle**
Turner errechnete mit dem o. g. Koeffizienten nach vorherigen Stichproben asiatischer und paläoindianischer Zähne die mögliche Zeitspanne der Überquerung der Beringia-Brücke durch die ersten Einwanderer nach Amerika aus. Dieses historisch wichtige Ereignis hat nach Turners Berechnung vor ca. 14.000 Jahren stattgefunden.

② **Die Na-Dene-sprachige Immigrationswelle**
Diese Einwanderer sind nach *Turner* vor ca. 12.000 Jahren am Ende der Wisconsin-Eiszeit als zweite Gruppe über die Landbrücke nach Nordamerika gekommen. Es waren Waldjäger und -sammler. Sie verwendeten bereits Mikroklingen, wie sie auch in Djuchtai in Ostsibirien vorkamen. Eine Untergruppe verbreitete sich nach Süden zur Kenai-Halbinsel (Alaska) und zur pazifischen Nordwestküste Alaskas und Kanadas. Die bekannten **Tlingit-Indianer** gehören z. B. zur Na-Dene-Sprachgruppe. Eine weitere Untergruppe stieß weit ins Innere Nordwest-Kanadas vor. Es sind die **Nord-Athabasken**. Die **Süd-Athabasken** (Apachen und Navajos) zogen weiter nach Südwesten.

③ **Die Vorfahren der Aleüten und Inuvialuit**
Eine dritte Einwanderungswelle erfolgte noch ganz knapp vor dem Versinken der Landbrücke durch seeorientierte Vorfahren der späteren Aleüten und Inuvialuit, über die im Kapitel „Aleüten und Inuvialuit" berichtet wird.

Resultate der Gen-Forschung von Robert Williams

Eine Langzeitstudie unter Leitung des Anthropologen *Robert Williams* untersuchte die Verteilung genetischer Merkmale (Gm-Allotypen) von Nordost-Sibiriern, die die Gm-Typen: Gm 1;21, Gm 1,2;21 und Gm 11,13 aufwiesen und die von Indianern. (Die Inuvialuit wurden in die Untersuchung nicht eingeschlossen.)

Zwei Hauptgruppen mit genetischen Abweichungen konnten unterschieden werden:

① **Paläoindianer** (Pima-, Pueblo-, Pai-Indianer)
Es wurden 14.000 mittel- und südamerikanische Indianer untersucht. Sie fielen in die paläoindianische Kategorie mit den Gm-Typen: Gm 1;21 und Gm 1,2;21. Der fehlende Gm-Typ Gm 11,13 gegenüber den Nordost-Sibiriern deutete auf einen sogenannten Gensprung hin sowie auf eine längere Trennung von den Vorfahren in Nordost-Sibirien. Das ist ein Hinweis auf den Weiterzug der zuerst eingewan-

derten paläoindianischen Bevölkerungsgruppen über das südliche Nordamerika nach Südamerika nachdem der Zugang nach Süden durch den vorher gesperrten Eispanzer geöffnet wurde.

② **Na-Dene sprechende Indianer** (Apachen und Navajos)
Diese Sprachgruppe der Indianer wies fast die gleiche Gen-Zusammensetzung auf, wie die der Nordost-Sibirier, ein Zeichen späterer Einwanderung. Die Gruppe drang nicht weit auf den amerikanischen Kontinent vor. Sie wurde die dominierende Bevölkerungsgruppe in Kanada.

Sprachforschungsstudie von Joseph Greenberg

Dieser Sprachenforscher sammelte zunächst auf einer Datenbank umfassendes Material über Wortschatz und Grammatik altamerikanischer Sprachen und stellte dann 1956 die These auf, dass die meisten Eingeborenensprachen im südlichen Nordamerika und in ganz Südamerika zur großen **„indianischen" (amerindian) Sprachenfamilie** gehörten und dass **Na-Dene** und **Eskimo-Alëutisch** unabhängige Sprachgruppen sind. Ausschnittsweise veröffentlichte er seine wissenschaftlichen Forschungsergebnisse 1986. Diesen 3 Sprachgruppen sind nach *Greenbergs* Ansicht auch 3 Einwanderungswellen nach Amerika gleichzusetzen, bevor sich die Europäer für Amerika interessierten.

Wichtige Herkunftshinweise bezüglich Sprache

Greenberg ordnete die 3 verschiedenen Einwanderungswellen wie folgt ein:
① Die „indianische" Gruppe erreichte vor ca. 11.000 Jahren Amerika.
② Die Na-Dene-Gruppe kam vor ca. 9.000 Jahren an.
③ Die Gruppe der Aläuten und Inuit muss vor ca. 8.000 Jahren die Neue Welt betreten haben.

Wanderungen nach Süden

Ein Teil der Paläoindianer versuchte, auf der Suche nach neuem Lebensraum, neuen Jagdgründen und vielleicht auch wegen eines angenehmeren Klimas nach Süden auszuwandern.

Der eisfreie Korridor in Westkanada

In den 1950er Jahren behaupteten kanadische Wissenschaftler, dass es einen eisfreien Korridor von Alaska in Richtung Süden in den Talsohlen der jetzigen Flusssysteme von Yukon und Mackenzie River, ehemaligen Urstromtälern, östlich der Rocky Mountains zwischen dem Kordilleren-Eisschild und dem Laurentischen Eisschild hindurch nach Süden in das eisfreie heutige Gebiet der USA am Ende der letzten Eiszeit gegeben haben soll. Spätere geologische Untersuchungen bestätigten, dass diese beiden Gletschergebilde sich im nördlichen Teil, zwischen dem Mackenzie-Gebirge und dem Mackenzie-Tal, auch während des Höhepunktes der Spät-Wisconsin-Eiszeit nicht berührt haben.

Wanderung nach Süden

Weiter südlich in der Höhe der heutigen Orte Edmonton und Jasper trafen auf dem Höhepunkt der Vereisung die Eismassen allerdings aufeinander. Zum Ende der Wisconsin-Eiszeit etwa vor 15.000 bis 10.000 Jahren war diese Eisblockade jedoch aufgehoben.

Kampf gegen das unbarmherzig raue Klima

Man darf nicht dem Trugschluss verfallen, dass es sich um einen bequemen Weg nach Süden gehandelt habe, auch wenn diese Passage eisfrei war. Gewaltige Gletscherseen, Schmelzwasserströme und Geröllablagerungen der Endmoränen müssen ein Durchkommen erschwert und ein unbarmherzig raues Klima muss hier geherrscht haben. Aber wenn diese paläoindianische Wanderroute erst einmal eingeschlagen worden war, so ist es auch vorstellbar, dass die nordischen Nomaden auch zu unmenschlichen Strapazen fähig gewesen sind, um klimatisch günstigere Regionen im Süden zu erreichen.

Gab es Routen entlang der Küste von British Columbia?

Der kanadische Gelehrte *Knut Fladmark* hat vergleichbares Beweismaterial der heutigen Indianerstämme zu paläoindianischen Siedlungen auf den Queen Charlotte Islands von British Columbia gesammelt. Die Forschungen lassen vermuten, dass es eine **Besiedlung vor mindestens 12.000 bis 10.000 Jahren** an der Westküste gegeben hat.

Reiches Nahrungsangebot an der Küste

Die Pazifikküste Nordamerikas wird nördlich von Vancouver durch den **warmen Meeresstrom Kuro Schio** aus Japan erwärmt. Hier konnte sich eine reiche Meeresfauna entwickeln, die auch Küstenbewohnern der Frühzeit ein reiches Nahrungsangebot bieten konnte. Gemeinschaftsjagden von Fellbooten aus auf große Meeressäuger wie Delfine und Wale ist denkbar. Leider fehlen darüber bisher die Beweise.

Die **Unterwasser-Archäologie** steht in ihrer Beweisführung, wie auch bei den menschlichen Aktivitäten auf Beringia, vor schweren Aufgaben, weil, wie bereits berichtet, die ehemaligen Küstenlinien heute überflutet sind.

Clovis-Kultur südlich der großen Gletscher am Ende der Eiszeit

Außer wenigen Ausgrabungsstätten in Alaska und im Yukon Territorium Nordwest-Kanadas mit spärlichen Funden sind im gesamten übrigen kanadischen Raum keine Funde von Menschen und ihrem Leben aus der Zeit vor ca. 10.000 Jahren gemacht worden. Viele Fragen bleiben deshalb offen. Die Archäologen wissen keine genaue Antwort auf die Fragen, wann und auf welchen Routen die Paläoindianer nach Süden gewandert sind, wenn es auch sehr wahrscheinlich nur die beiden angedeuteten Routen am Ende der Eiszeit durch den immer breiter werdenden „eisfreien Korridor" und entlang der vom warmen Kuro-Schio-Meeresstrom erwärmten Westküste gegeben hat.

Mit dem Auftreten der **Clovis-Menschen** südlich der abtauenden Gletscher in den Great Plains der USA treten wir **vor 11.500 Jahren** aus dem Dunkel der Geschichte ins helle Licht. Diese Indianer kann man zeitlich genau einordnen. Dutzende von Stätten, an denen ihre Artefakte in Zusammenhang mit heute ausgestorbenen eiszeitlichen Großsäugern, wie Südmammut, Wollmastodon und Urbison, gefunden wurden, sind bekannt geworden. Die Radiokarbon-Methode lieferte exaktes Datenmaterial bezüglich der Zeitbestimmumg. Die sehr mobilen Jagdverbände der Clovis-Jäger streiften bis nach Mexiko und dehnten ihre Jagd ebenfalls bis an die Ränder der auftauenden Gletscher Südkanadas aus. Sie lebten nur ca. 500 Jahre auf den „Great Plains", was man mit ziemlicher Genauigkeit sagen kann.

Jäger der Prärie

Jagdmethoden und -werkzeuge

Sie jagten die allmählich aussterbenden Mammute, Wildpferde, Kamele, Tapire, Bären, aber auch kleinere Tiere, wie Kaninchen. Großwild war naturgemäß begehrter, weil eine Jagdhorde wochenlang, beispielsweise von dem Fleisch eines Mammuts, leben konnte. Es gab regelrechte **Mammutschlachtplätze**. Die Clovis-Jäger lauerten den riesigen Tieren an Salzlecken, Wasserstellen und bevorzugten Futterstellen auf. Sie fügten den Tieren, die sie umstellten, mit ihren Speeren tödliche Wunden zu und benutzten dazu eine **Speerschleuder**, den sog. **Atlatl**, der ihrem Wurf noch mehr Wucht verlieh, als es die bloße Armkraft vermochte.

Der verlängerte Arm

Berühmt geworden sind auch die Waffen und Werkzeuge der geschickten Steinhandwerker der Clovis. Die **Clovis-Spitzen** waren meist gekehlte, sehr in Form und Größe variierende, formvollendete Kunstwerke. Als Material verwendeten die Clovis oft sehr feinkörniges, kostbares Gestein, wie z. B. gebänderte Dolomite. Ihre feine Abschlagtechnik zeugte ebenfalls von ihrem großen handwerklichen Können. Auch im Polieren der Waffen und Werkzeuge waren sie Meister.

Bisonjäger der „Great Plains"

Wahrscheinlich besteht ein Zusammenhang zwischen dem Verschwinden der Clovis-Jäger vor 11.000 Jahren und dem gleichzeitigen massenhaften Aussterben von eiszeitlichen Großtierarten, wie dem Mammut, dem Riesenfaultier und mehreren Kamelarten. Ob diese Tierarten in Nordamerika von den Clovis-Jägern ausgerottet wurden oder ob andere Gründe dafür in Frage kommen, ist bisher ein Rätsel.

Bisons als Nahrungsgrundlage

Es gab schon während des Höhepunktes der letzten Eiszeit im zentralen Nordamerika eine Altform des Bisons mit mächtigem Körperbau und gewaltigen Hörnern von 2 m Hornspannweite. Ein späterer Typ, der *Bison antiquus*, war kleiner. Sein Verbreitungsgebiet lag zwischen Alberta und Texas. Diese Rasse vermischte sich mit einer nacheiszeitlichen Art, dem *Bison occidentalis*, die bis zu den „Great Plains" vorgedrungen war. Aus dieser Verschmelzung entwickelte sich der **Präriebison**, *Bison bison*, der auch uns heute bekannt ist. Andere Tiere der Eiszeit starben aus, weil sie sich auf die veränderten Klimabedingungen mit einem anderen Nahrungsangebot nicht so schnell umstellen konnten. Wir haben bereits erfahren, dass die Zeitspanne der klimatischen Erwärmungen sich stets wesentlich schneller vollzog als die Abkühlung.

Die neue Rasse, der Präriebison, konnte sich dem veränderten Nahrungsangebot anpassen. Es hatte sich im Regenschatten der Rocky Mountains von Kanada bis zum Golf von Mexiko bei allmählich steigenden Temperaturen ein riesiges Gebiet trockenen Graslandes, die **Kurzgrasprärie** der „Great Plains", entwickelt. Dieses weite Grasmeer bot auch unter der Schneedecke im Winter den Bisonherden noch genügend Nahrung.

Da in Nordamerika alle hohen Gebirgskämme den Kontinent in Nord-Süd-Richtung – im Gegensatz zu Eurasien – durchziehen und weil die westliche Begrenzung der Rocky Mountains und die östliche der Apalachen wie eine sich nach Süden verengende Düse wirken, haben die kalten Winde des Nordens einen ungehinderten Zugang in die nach Süden offene Prärie. Eiskalte **Blizzards**, von den Menschen gefürchtete Schneestürme, jagen im Spätherbst mit enormen Geschwindigkeiten über die noch grüne Landschaft. Die Temperaturen fallen schlagartig, so dass der Winter überfallartig in das noch herbstwarme Land eingebrochen ist. Eine Schneedecke hat das noch nährstoffreiche Grün des damaligen Graslandes überdeckt und wie in einer Tiefkühltruhe konserviert. Diese „Tiefkühlkost" ist die Nahrungsgrundlage riesiger Bisonherden in der weiten Prärie Nordamerikas gewesen.

Wie jagten die Bisonjäger?

Von dem natürlichen Reichtum der endlosen Prärie, von den Millionen Bisons, die in der Weite des Graslandes weideten, haben auch die Menschen ihren Nutzen gezogen. Dennoch war es trotz der Riesenherden an Büffeln in der Steinzeit nicht so einfach, als Jäger erfolgreich zu sein. Es mussten schon raffinierte Taktiken erfunden werden, um in den übersichtlichen „Great Plains" seine Sippe mit dem begehrten Bisonfleisch zu ernähren.

• Die Gemeinschaftsjagd war am erfolgversprechendsten.

• Bisons konnte man vorsichtig nur über eine kurze Distanz treiben. Man musste ihnen zwischendurch immer wieder Ruhepausen gönnen. Bei unvorsichtiger Vorgehensweise begannen die Büffel auszubrechen. Wenn eine Herde erst einmal ins Laufen geriet, war es so oder so zu spät. Es war ohnehin schwierig genug, Bisons zu Fuß zu treiben. Die Indianer der damaligen Zeit besaßen noch keine Pferde.

Gemälde von Ralf Wegener

• Bisons wurden unauffällig in Fanggatter getrieben oder auf Klippen zugeleitet, von deren Rand sie in die Tiefe stürzen sollten. Man hat solche Sturzfallen z. B. im Bett des Arroyos (Colorado), aber auch im kanadischen Bundesstaat Alberta gefunden. Die berühmte „Head-Smashed-In-Klippe" im Westen Albertas wurde mehr als 7.400 Jahre (!) von Prärieindianern benutzt. Durch ein enges Bachtal sind die Bisons insgesamt 8 km auf einen Berg getrieben worden, dessen Aufstieg 500 m lang durch Steinpyramiden begrenzt ist. Dann kam die Absturzstelle. Am Grund der Klippe hat man mächtige Knochenhaufen von abgestürzten Bisons gefunden. *Sehr erfolgreiche Jagdmethoden*

• In Bisonfelle gekleidete Männer machten sich an ahnungslose Tiere heran, um sie dann plötzlich in Panik zu versetzen und in die gewünschte Richtung zu treiben oder ihnen ihre Speere in die Brust zu schleudern.

• Als Wölfe verkleidete Jäger krochen an die Herde heran. Sie waren mit Pfeilen und Bogen bewaffnet, die vor etwa 1.400 Jahren aufkamen. Die Bisons formierten sich gegen die verhassten vermeintlichen Wölfe und wurden aus nächster Nähe von den findigen Jägern mit Pfeilen beschossen.

• Auf diese Weise betrieben die Indianer mit immer mehr verfeinerten Taktiken und Waffen die Bisonjagd, bis ihre verhängnisvolle Berührung mit den Europäern stattfand.

Alëuten und Inuvialuit (Eskimo)

Die Alëuten und Inuit sind von ihrem Körperbau, ihrem genetischen Code, ihrer Sprache, ihrer Kultur, ihrem mehr seeorientierten Jagdgebiet sehr eindeutig von den mehr landorientierten indianischen Völkern zu unterscheiden.

Einig sind sich die Forscher darin, dass die Alëuten und Inuvialuit den nordostasiatischen Völkern sehr nahestehen und ihr Ursprung höchstwahrscheinlich auch in Sibirien zu suchen ist. Auf dem asiatischen Kontinent konnten jedoch bisher keine archäologischen Nachweise von Vorfahren der Inuvialuit und Alëuten festgestellt werden. Die Forschung geht davon aus, dass die seeorientierten Alëuten-

und Inuvialuitkulturen ihren Ursprung in der arktischen Kleingeräte-Tradition der Küsten und Inseln der Bering-Straße haben.

Die **Eskaleuten-Sprachen** haben Ähnlichkeit mit dem Tschuktschischen, das auf der Tschuktschen Halbinsel, jenseits der Bering-Straße auf asiatischer Seite, gesprochen wird.

Die Aleüten

Siedlungen an der Küste

Vor ca. 8.800 Jahren existierte ein Dorf **Angangula**, nahe der Aleüteninsel Umnak, das leider vor ca. 3.000 Jahren verlassen wurde. Aufgrund der dortigen Ausgrabungen weiß man jedoch ziemlich genau über das Leben der damaligen Bewohner Bescheid. Die einstige Küstensiedlung bestand aus ca. 5 m langen, ovalen Häusern, deren Bewohner fischten und Jagd auf Meeressäuger machten. Die Männer verbrachten die meiste Zeit ihres Lebens in ihren Fellbooten, 2-Mann-Kajaks. Ein Mann paddelte, während ein zweiter mit einer Harpune bewaffnet war. Das kaum zufrierende Meer bot reichlich Nahrung. Auch in den kleinen Flüssen wimmelte es von Lachsen. In der sogenannten Anangula-Tradition, in der die Anpassung an maritime Nahrungsquellen erfolgte, dominierte der einseitig bearbeitete Geräte- und Waffentyp.

Die Inuvialuit (Eskimos)

Die Unterschiede zwischen den Sprachen der Inuvialuit und der Aleüten sind etwa so groß wie in der großen indogermanischen Sprachenfamilie zwischen einer germanischen und einer slawischen Sprache. Die einzelnen Inuvialuit-Dialekte unterscheiden sich nur wenig voneinander, obgleich sie über riesige Entfernungen von Kanada bis Grönland verbreitet sind, während die Sprache der Aleüten nur örtlich auf der zu Alaska gehörenden Inselkette der Aleüten gesprochen wird. Vor ca. 4.000 Jahren hat sich wahrscheinlich die **endgültige Trennung der Aleüten von den Inuit** vollzogen.

Wie konnten die Inuit in der Arktis überleben?

• Sie mussten alle nur möglichen **Nahrungsquellen** ausschöpfen, die ihnen ihr rauer Lebensraum zu Lande und zu Wasser, in den Flüssen und auf dem Meer, an tierischer und pflanzlicher Nahrung bot.
• Alle Materialien an **Treibholz, Knochen und Steinen** mussten auf ihre Verwendbarkeit zum Bauen von Unterkünften, Waffen und Gerätschaften geprüft und gegebenenfalls verarbeitet werden.
• Große **Mobilität** auf dem Wasser, übers Eis und an Land war für das Überleben in der Arktis sehr wichtig. Es mussten Transportmittel für die Jagd und zur Überwindung weiter Strecken erfunden und verfeinert werden.
• Die Inuvialuit haben gelernt, **Kajaks** zu bauen, wasserdichte Fellboote, deren Öffnung durch die ebenfalls wasserdicht eingekleideten Jäger wie mit einem Pfropf verschlossen wurden. Diese Boote waren unsinkbar, weil Mann und Kajak eine

Einheit bildeten, außer wenn die Bootshaut aufgeschlitzt wurde. Die Fellboote waren so konstruiert, dass sie auch beim Kentern durch die berühmt gewordene **„Eskimorolle"** der geschickten arktischen Jäger wieder aufgerichet werden konnten, ohne dass die Kajakfahrer das Boot verlassen mussten.

• Auch der **Bau größerer Boote**, sogenannter *Umiaks*, war für den Transport mehrerer Menschen und Lasten nötig geworden.

• Die Züchtung von widerstandsfähigen Hunderassen als **Schlittenhunde** ist eine wichtige Voraussetzung für die weitere Ausbreitung der Inuvialuit im Nordpolargebiet geworden.

• Alle technischen Errungenschaften nützten allein nichts, wenn sich nicht im Laufe der Jahrtausende lebensnotwendige **geistige und körperliche Fähigkeiten** der Inuvialuit ausgebildet hätten.

• Ihre **polare Umwelt** bis ins Letzte zu kennen, war für die Inuvialuit von existenzieller Bedeutung.

• Ihre sehr scharfe **Beobachtungsgabe** musste alle möglichen Gefahren rechtzeitig erkennen, um den sich anbahnenden, bedrohlichen Wetterverschlechterungen auszuweichen.

• Alle **Risikofaktoren bei der Jagd** mussten minimiert werden, die sich beispielsweise durch Festgehaltenwerden im Packeis, durch Überfälle von Eisbären beim Fleischausnehmen oder durch Unterkühlung (Schwitzen oder den lebensgefährlichen Sturz ins eiskalte Wasser) ergeben konnten.

• Mit der eigenen **Energie** musste sparsam umgegangen werden.

• Äußerste **Genügsamkeit** war überlebensnotwendig.

• **Aggressionen** innerhalb der Sippe mussten vermieden werden. Deshalb gelten die Inuvialuit als das friedfertigste Volk der Erde.

• Vorausplanen für **Notzeiten**, Anlegen von Vorräten, keine Verschwendung in Zeiten des Überflusses, das alles waren Eigenschaften, die das Überleben der Inuvialuit im äußersten Norden sicherten.

• Eine ausgezeichnete **körperliche Verfassung**, Ausdauer und Durchhaltevermögen waren selbstverständliche Eigenschaften, die jeder Inuvialuit besitzen musste.

Über-
lebens-
strategien
in der
Arktis

Norton-Tradition

Vor ca. 2.000 Jahren entwickelte sich um das Bering-Meer und die Tschuktschen See die **Norton-Tradition**. Es sind Siedlungen mit 400 Überresten von Häusern freigelegt worden, die ½ m in den Boden eingegraben waren. Diese Häuser wurden damals mit Grassoden gedeckt. Außerdem wurden kunstvoll verzierte Harpunen- und Pfeilspitzen sowie Messergriffe aus Geweihen gefunden. Die Schnitzkunst gipfelte in Tier- und Menschenfiguren von hohem künstlerischen Wert. Der bekannteste Fundort liegt in der Nähe von Cape Nome in Alaska.

Um Christi Geburt hatte sich die Norton-Tradition von Cook Inlet bis zum Mackenzie River-Delta in Kanada ausgedehnt.

Thule-Tradition

„Thule" heißt, „das Land, das weit im Norden liegt." **Vor ca. 1.000 Jahren** spezialisierten sich die Inuvialuit der Thule-Tradition völlig auf die Jagd auf dem

Meer. Das **Erbeuten von Walen und Walrossen** wurde sehr intensiv betrieben. Hierzu verwendete man große *Umiaks*. Schiefer wurde zu Geschossspitzen verarbeitet, die Kippkopfharpune mit aufsteckbarem Vorschaft und Fangleine entwickelt. Wenn beispielsweise ein Walross mit dem abgelösten Kippkopf getroffen war, dann wurde durch ruckartiges Ziehen an der Fangleine das Ausbluten der Beute beschleunigt. Man ließ dem getroffenen Tier bis zu 55 m Leinenfreiheit. Das Tier wurde ermüdet und schließlich in unmittelbarer Nähe vom Boot endgültig getötet. Diese Jagd war nicht ungefährlich, und es gehörte großes Geschick dazu, damit sie ein erfolgreiches Ende nahm. Die Bootsführer genossen großes Ansehen in der Jagdgemeinschaft.

Die Inuvialuit der Thule-Tradition entwickelten großes Können bei der Fertigung sehr praktischer **Kleidung aus Fellen** von Robben, Eisbären, Vielfraßen und Polarfüchsen. Ihr Schuhwerk mit Stiefeln aus Seehundfell und mit fester Sohle aus Robbenleder war äußerst warm und wasserdicht.

Die **Thule-Tradition** war so erfolgreich, das sie sich erstaunlich schnell von den Küsten und Inseln Alaskas über den äußersten Norden Kanadas bis nach Grönland ausbreitete und durchsetzte.

Leben der „Coureurs de Bois"

Die „Coureurs de Bois", zu deutsch „Waldläufer" oder „Trapper", waren das **Rückgrat des französischen Pelzhandels**. Für die Pelzhandelsfirmen waren die „Coureurs de Bois" sehr wichtig. Sie konnten unauffälliger als Expeditionen im oft feindlichen Indianerland operieren. Es waren raue Gesellen, Abenteurer, die von den Geheimnissen des unerforschten, weiten Landes genauso angezogen wurden wie von den Verdienstmöglichkeiten im Pelzhandel. Sie hatten die Herausforderung der Wildnis einem bequemen Lebensstil vorgezogen. Im Frühjahr fuhren sie mit ihren Kanus, wenn die Flüsse eisfrei waren, in die nordischen Wälder, oder sie überwinterten gar in einer Hütte.

Begehrte Biberfelle

Als selbstständige **Fallensteller und Jäger** waren sie den Indianern und den harten Gesetzen der nordischen Wälder, Seen und Tundren ausgesetzt. Sie jagten und sammelten Pelze, die sie meistens vor Einbruch des grausamen Winters nach Montreal oder Québec brachten und dort, allerdings meistens ohne Lizenz, verkauften. Jedes Kanu konnte bis zu **600 Biberfelle** tragen, die pro Stück einen Golddukaten wert waren. Oft wurde der Erlös wieder in Branntwein umgesetzt, und bettelarm ging im nächsten Frühjahr die anstrengende Kanutour wieder von vorne los, in die Einöde an verschwiegene Plätze, die diese mutigen Einzelhändler geheimzuhalten versuchten.

Jesuiten-Missionare sollten über ihre Moral wachen, meistens jedoch vergebens. Ihre Wildheit war nicht zu zähmen. Es waren harte Gesellen, die die Freiheit liebten und ihre eigenen Gesetze hatten. Es waren auch fröhliche Burschen, deren Lieder am abendlichen Lagerfeuer noch heute ihr freies Leben verherrlichen.

Hudson Bay Company

Henry Hudson – erster Europäer in der Hudson Bay

Henry Hudsons tragisches Ende

Henry Hudson (1550–1611), englischer Seefahrer, wurde von der Muscovy-Company beauftragt, eine Nordost-Passage um Sibirien zu finden. **1607 und 1608** trat er seine Reisen ins Polarmeer an. Er stieß bis Nowaja Semlja vor, brach dann jedoch die Suche erfolglos ab. Am **25. März 1609** segelte er im Auftrag der Holländisch-Ostindien Kompanie, um eine **Nordwest-Passage** im Norden Amerikas zu suchen. Mit seinem Schiff „Half Moon" erreichte er die Küste von Maine, fuhr am 11. September in den Naturhafen von New York ein und drang 200 km flussaufwärts, auf der Suche nach der ersehnten Durchfahrt, in den nach ihm genannten **Hudson River** vor. Es war vergeblich.

Am **17. April 1610** startete er erneut eine Fahrt mit seiner „Discovery" aus Eichenholz, von deren Mast jetzt die englische Flagge wehte, über Island und Grönland zur **Hudson-Straße**, nach deren Passieren er die riesige Hudson Bay im Spätsommer 1610 entdeckte. Dort überwinterte er, um im Frühsommer weiter nach der Nordwest-Passage zu suchen. Er und seine Mannschaft waren fest davon überzeugt, dass sie den „Einstieg" gefunden hatten.

Vergebliche Suche nach der Nordwestpassage

Als **Mitte Juni 1611** nach langem, entbehrungsreichem Winter endlich das Eis schmolz, geriet der tatendurstige Kapitän in Schwierigkeiten mit seiner rebellierenden Mannschaft, die er weder mit Drohungen noch mit Versprechungen beruhigen konnte. Die Meuterer setzten ihn mit seinem Sohn und einigen wenigen Seeleuten, die zu ihm gehalten hatten, kaltblütig mit einem kleinen Boot am Südzipfel der Bucht aus und überließen die Ausgesetzten ihrem Schicksal. Keiner der dem Tode Geweihten tauchte je wieder auf.

Canada Company – Vorgängerin der Hudson Bay Company

Die Meuterer fuhren zurück nach Irland. Sie wurden nicht, wie sonst üblich, wegen Meuterei mit dem Tode bestraft. Das Gegenteil war der Fall. Die Pelzhändler rissen sich um sie. Sie wurden erneut unter Vertrag genommen, um weitere Erkundungsfahrten in diesem Gebiet zu unternehmen. Das Interesse an Pelzen wuchs bei den Briten immer stärker. **1627** begann eine englische Handelsgesellschaft, sich auf den Pelzhandel zu spezialisieren. Sie nannte sich schlicht „**Canada Company**". Ihre Teilhaber kamen nicht gerade aus den besten Kreisen. Zu ihnen gehörten z. B. auch die **Kirke Brothers**, die sich **1629** dazu hinreißen ließen, das französische Handelsdepot Québec zu überfallen und die Pelze zu rauben.

Gründung der Hudson Bay Company

In Québec hatte ein Prozess stattgefunden, in dem die beiden erfahrenen Waldläufer, *Pierre-Esprit Radisson* und sein Schwager *Médart Chouart des Groseilliers*, unter dem Vorwand, sie hätten in dem von ihnen neu entdeckten Wildnisgebiet gewildert, abgeurteilt wurden. Verbittert über ihre hohe Geldstrafe, gingen die beiden Trapper zu den Engländern nach Boston und schlugen ihnen vor, von der Hudson Bay aus zu jagen und die Pelze auch dort im hohen Norden nach Europa zu verschiffen, um die Franzosen zu umgehen. Von Boston wurden die beiden empörten Waldläufer freundlich nach London weitervermittelt. Radisson gewann die Gunst des englischen Königs *Karl II.* Auch *Prinz Ruprecht von der Pfalz*, der Vetter des Königs, hörte sich interessiert den Vorschlag der beiden Franzosen an.

1667 schritt der clevere und geschäftstüchtige Prinz zur Tat. 1667 wurde das denkwürdige Gründungsjahr der Hudson Bay Company als „Royal Commision" unter der Leitung von *Prinz Ruprecht von der Pfalz*. **1668** segelten die „Eaglet" und die „Nonsuch" in die Hudson Bay und ankerten in absoluter Einsamkeit, tief im Süden der Meeresbucht, wo der Rupert River ins Meer mündet. Der Winter kam, die Pioniere zogen die Boote aufs trockene Land, die Bucht fror zu, die Temperaturen sanken auf - 50 °C, und das Eis blockierte 6 Monate lang die Schiffe. Sie bauten eine erste Blockhütte, wo heute Fort Rupert steht, ernährten sich von Wild und Fischen und bauten einen regen **Pelztierhandel mit den Cree-Indianern** auf.

Pelzhandel mit den Indianern

Die Rechte der Gesellschaft

1670 arbeitete *Prinz Ruprecht von der Pfalz* (englisch = Prince Rupert) zusammen mit seinem fähigen Sekretär James Hayer einen Vertrag aus, der die Rechte der vorher lockeren Interessengemeinschaft auf eine kaufmännisch tragbare Basis stellte und in eine staatspolitisch abgesicherte Form goss. Am 13. April wurde vor dem „Privy Council" verhandelt und die Charta festgelegt.

Riesiger Machtbereich der Hudson Bay Campany

Der Hudson Bay Company wurden folgende **Rechte** zugestanden:
• Eigentum und Herrschaft über ein Gebiet, das im Einzugsgebiet aller Gewässer lag, die in den Hudson Bay mündeten!
• Ausübung des Pelzhandels in diesem Einzugsgebiet.
• Ausbildung und Einsatz von bewaffneten Männern zum Schutz der Interessen der Hudson Bay Company.

Dieses Dokument sicherte dieser Gesellschaft einen Machtbereich in einem unvorstellbar großen Gebiet zu, dessen Ausmaß damals noch kein Mensch abschätzen konnte. Wörtlich hieß die entscheidende Textpassage: „...*those Streightes, Bayes, Lakes, Creeks and Soundes in whatsoever Latitude they shall bee lye within the entrance of the Streightes commonly called Hudson's Streightes*".

Russisches Interesse an Amerika

Sind Asien und Amerika voneinander getrennte Kontinente?

Zar Peter I., der Große (1682–1725), ein den Neuerungen der Zeit sehr aufgeschlossener und wissbegieriger Herrscher, von dem man sagte, er habe das „Fenster nach Europa" geöffnet, hatte mit gleichem Interesse seinen Blick nach Osten gerichtet. Nur – die Sicht nach Westen war klarer und durchsichtiger als diejenige nach Osten. Im Osten lag noch vieles im Nebel der Ungewissheit und des Unerforschten.

Für seine Blickrichtung nach Osten hatte er mehrere **Beweggründe:**
• Der Zar hegte die Befürchtung, dass die Westeuropäer sein Riesenreich in die Zange nehmen könnten, wenn sie jetzt auch in Amerika an Stärke zunehmen würden. Besonders besorgt war er über die **Spanier**, die bereits Mexiko erobert hatten und ihre Fühler beutegierig schon nach Norden entlang der Westküste Nordamerikas ausstreckten. Ihre Schiffe tasteten sich auf ihren ersten Entdeckungsfahrten schon in nördlicher Richtung vor. Auch **Franzosen** und **Engländer** könnten in absehbarer Zeit die Westküste Nordamerikas erreicht haben. Dem wollte der Zar zuvorkommen.
• Der Zar war von einem unbändigen, ihm angeborenen Forscherdrang besessen. Er hatte die besten Geographen um sich versammelt, studierte Landkarten insbesondere nachdem er von dem Gerücht gehört hatte, es gebe eine eisfreie Meeresstraße zwischen Amerika und Sibirien. Schon **1655** hatte der Kosake *Deshnew* behauptet, er habe die Ostspitze Sibiriens umrundet, was man ihm jedoch nicht wirklich glaubte. Da der Zar Gewissheit haben wollte, musste dies genauer erforscht werden. *[Unerforschtes Ostsibirien]*
• Der Zar war zudem ein „Schiffs-Narr", was aus seiner Lehrzeit als Schiffsbauer in Holland herrührte. Er träumte davon, auch Russland zu einer starken Seemacht in Europa zu machen. So reifte in ihm der Gedanke, eine Forschungsreise durch Sibirien an die nebelverhangene Ostküste seines Riesenreiches zu arrangieren. Von dort sollte versucht werden, Amerika zu erreichen. Hierzu brauchte er einen tüchtigen Kapitän als Expeditionsleiter, seine Wahl fiel auf den Dänen *Vitus Jonasson Bering.*

Vitus Jonasson Bering – der erste Europäer vor Alaska

Vitus Jonasson Bering (1681–1741), in Horsens (Jütland) geboren, Seeoffizier im Dienst des Zaren, hatte bereits seinen Abschied von der russischen Marine genommen und wollte sich in dem finnischen Hafenstädtchen Vyborg niederlassen, als den alten Seebären 1724 unerwartet die Nachricht erreichte, dass er sich beim Zaren in St. Petersburg einfinden möge. „Bering, wir brauchen Sie für ein Unternehmen von größter Wichtigkeit", meinte der Zar. *Bering* gab zu bedenken, dass er bereits 43 Jahre alt wäre. Es half nichts, Bering wurde verpflichtet. Er war dafür bekannt, dass er ziemlich verbissen Enormes leisten konnte. *[Der pensionierte Kapitän]*

Sein Auftrag lautete wie folgt: „...in Kamtschatka oder an einem anderen Ort ein oder zwei Boote mit Verdecken bauen und die Küste entlang nach Norden segeln. Wahrscheinlich ist, da man ihr Ende nicht kennt, dort Land, das ein Teil von Amerika ist. Man soll suchen, wo die Küsten zusammenlaufen, und an der amerikanischen Seite so lange segeln, bis man auf ein Schiff einer europäischen Macht treffe oder auf eine Stadt und dann erfragen, wie das Land hinter dieser Küste heiße. Man soll versuchen, zuverlässige Nachrichten einzuholen und alles auf einer Land- und Seekarte festhalten."

Die erste Expedition

Am 5. Februar 1725 überreichte *Zarin Katharina I. – Zar Peter I.* war bereits gestorben – *Bering* die Ernennungsurkunde zum Flottenkapitän. Zuvor musste der Seebär einen entbehrungsreichen Weg an Lande zurücklegen, nämlich 9.500 km durch Russland und Sibirien. Mit unglaublicher physischer und mentaler Kraft durch öde Wüsteneien, im Schatten bedrohlicher Berge, mit Flößen über die mächtigen Ströme Sibiriens, zu Fuß durch Schneeverwehungen, mit Karren und Schlitten, von Wölfen verfolgt, erreichten nur die zähesten der Expedition abgemagert und todmüde 1727 die Siedlung **Ochotsk**. Nun begannen erst die Hauptschwierigkeiten. Die Männer standen vor dem 3. Winter (!) Die Westküste der Halbinsel **Kamtschatka** musste erreicht werden.

Entbehrungsreiche Expedition

1727 setzte die ganze Expedition nach (Ust-) Bolscherezk, an der Westküste Kamtschatkas über. Das Bauholz für den Schiffbau sollte mit Hundeschlitten über die bergige Halbinsel auf ihre Ostseite transportiert werden, um am Ende des Winters nach Norden zu segeln. Mitte Februar bei - 45 °C überquerten die Männer die Berge und mussten sich bei den grausamen Schneestürmen eingraben. Dieser Marsch war die Hölle, wohl einer der strapaziösesten der Geschichte der Forschungsreisen nach einer so langen Expeditionszeit von 3 Jahren! In 98 Tagen wurde ein seetüchtiges Schiff gebaut, unter welchen Schwierigkeiten, lässt sich denken. Es wurde auf den Namen „St. Gabriel" getauft. Bering segelte 4 Wochen mit mehreren Landgängen im Bering-Meer, passierte dabei das heutige Kap Deschnew (Ostspitze der Tschuktschen Halbinsel) und durchfuhr die gesamte Bering-Straße bis 67 Grad und 18 Minuten nördlicher Breite!

Am **2. September 1728** hatte er diesen nördlichsten Punkt seiner entbehrungsreichen Reise erreicht. Ein weiteres Vordringen nach Norden schien dem vorsichtigen Kapitän wegen starker Strömung und Gegenwind nicht ratsam. Aufgrund von Regen und Nebel konnte er Alaska nicht sichten. Deshalb machte er sich wieder auf den Heimweg. 1730 erreichte er **St. Petersburg**. Insgesamt dauerte diese Expedition **5 Jahre**.

Die zweite Expedition

1733 konnte *Bering*, schon 52 Jahre alt, die *Zarin Anna* für die Unterstützung einer 2. Reise gewinnen. Finanzierungsprobleme, Unverstand der Bürokraten in St. Petersburg und Kritik an seiner 1. Reise verzögerten die 2. Forschungsreise unnötig. Der Etat für dieses neue Unternehmen wurde um die Hälfte gekürzt.

Die Expeditionsstärke bei der Abfahrt in St. Petersburg betrug 570 Mann! Für die Fahrt von der russischen Hauptstadt bis nach **Ochotsk** wurden **4 Jahre** benötigt! 2 Schiffe mit den Namen „St. Peter" und „St. Paul" liefen vom Stapel. Dann konnte die Entdeckungsfahrt endlich losgehen.

Am **4. Juni 1741** stachen beide Schiffe in See, durchfuhren tapfer das Ochotski-
sche Meer, umsegelten die Südspitze Kamtschatkas und liefen in die geschützte
Bucht von **Petropavlovsk**, einem neuen Hafen, ein. An Bord der „St. Peter"
befand sich unter vielen anderen Gelehrten auch der 23-jährige begeisterte deutsche Arzt und Naturforscher *Georg Wilhelm Steller*, der hoffte, in Amerika neue
Pflanzen und Tiere zu entdecken. Es wurden jedoch beide Boote unglücklicherweise durch einen Sturm getrennt.

Am **14. Juli 1741** betrat der Kapitän *Tschirikow* der „St. Paul" amerikanischen
Boden. Er hatte sich weiter nach Süden gewagt. Am **15.7.1741** hatte auch *Bering*
Alaska erreicht. Es war ein glücklicher Tag sowohl für die Mannschaft als auch   *Ankunft in*
ihren unverwüstlichen Kapitän. Sie erblickten an einer Stelle, wo später die Gren-   *Alaska*
ze zwischen Alaska und Kanada verlaufen sollte, die höchsten Berge Amerikas:
schneebedeckt, 5.000–6.000 m hoch, im strahlenden Sonnenschein. Der gewaltige
Mt. St. Elias (5.489 m) lag genau vor ihnen bzw. über ihnen, ein überwältigender
Anblick!

Am **20. Juli 1741** ankerte Bering mit der „St. Peter" an der Kayak-Insel, um
Süßwasser für die Rückfahrt zu nehmen. Die Mannschaften beider Boote litten
stark unter **Skorbut**, der gefürchteten Seemannskrankheit.

Steller fieberte vor Tatendrang, endlich das Ziel seiner Sehnsucht erreicht zu
haben. Er trotzte *Bering* einen 10-stündigen Landgang ab und sammelte wie im
Rausch unbekannte Pflanzen. Sehr enttäuscht war er darüber, dass ihm nicht
mehr Zeit gewährt wurde. Nebel, Wind, Wetter und die Sorge um Skorbut
vertrieben den vorsichtigen Kapitän bald wieder. Die meisten Seeleute überlebten diese Seemannskrankheit nicht. Auch der tapfere *Kapitän Bering* starb an
Skorbut auf der nach ihm benannten **Bering-Insel**, auf der sie gestrandet waren.
Die wenigen Überlebenden, unter ihnen auch Steller, retteten sich mit einem
selbst gezimmerten Boot.

Die russischen Pelzhändler

Den russischen Forschern, Kartographen, Zoologen und Botanikern folgten nun   *Begehrte*
russische Pelzhändler, die es besonders auf die begehrten Seeotterfelle abgesehen   *Seeotter-*
hatten. Auf chinesischen und europäischen Märkten konnten damit hohe Gewin-   *felle*
ne erzielt werden. **Sitka** (Alaska) wurde zum Hauptsitz ihres Pelzhandels, wo
später 1805 Neu-Archangelsk,
die Hauptstadt Russisch-Amerikas, entstand.

Gregor Schelikof

1783 wagte der russische   *Pelzhändler*
Händler *Gregor Schelikof*, der vorher am Aleutenhandel in Ochotsk (Ostsibirien)
beteiligt gewesen war und der inzwischen genug Informationen über Alaska gesammelt hatte, den Sprung als Kaufmann nach Amerika. Mit 3 Schiffen, seiner
Familie und ca. 200 Auswanderern an Bord segelte er in Richtung Alaska. Ein
Schiff verschwand in der nebeligen Bering-See. Schelikof musste auf einer einsamen Insel in der Bering See überwintern.

1784 erreichte er mit nur 2 Schiffen **Kodiak Island**. Von der Urbevölkerung zunächst nicht freundlich aufgenommen, kam es schließlich doch vereinzelt zu Vermischungen zwischen einheimischen Frauen und Russen. Der Frauenmangel war für die kleine russische Kolonie ein ernstes Problem.

„Feuer-
wasser"
dezimiert
die
Urein-
wohner

Die Einheimischen hatten unter der russischen Besatzung stark zu leiden, ebenso wie im übrigen Kanada unter den westeuropäischen Weißen. Der Alkohol wurde ihnen bewusst gegeben, um sie gefügig zu machen. Eingeschleppte Krankheiten und das „Feuerwasser" dezimierten ihre Reihen. Auch unter dem Raubbau des natürlichen Meeresreichtums hatte die Region zu leiden. Hier sind beispielhaft die Fangquoten eines russischen Schiffes der Lebedew-Lastotschkin-Kompanie (nach Hermann Schreiber) von nur einer Fahrt (!) wiedergegeben: 2.000 Seeotter, 6.000 Blaufüchse, 40.000 Bärenrobben, 16.000 kg Walross-Elfenbein, 8.000 kg Fischbein.

Schelikof versuchte vergeblich, beim Hofe der *Zarin Katharina II.* Geldmittel für den Ausbau des Pelzhandels und ein Monopol dieser Handelsbranche zu bekommen. Da seine Bemühungen keinen Erfolg hatten, entschloss er sich, auf eigene Faust eine ständige **Jagd- und Handelsniederlassung** zu gründen.

Alexander Baranof

1790 erschien der Großhändler *Alexander Baranof* als „Kronprinz Schelikofs", später auch „Zar von Alaska" genannt, und straffte die Organisation des russischen Pelzhandels. **1794** ließ *Baranof* auf einer Werft den ersten Dreimaster bauen, um alle nötigen Waren aus Sibirien heranschaffen zu lassen. Es fehlte praktisch an allem: an Werkzeugen, Nägeln und Tauschwaren für die Urbevölkerung. Auch geeignete Seeleute für die stürmischen Überfahrten zwischen Amerika und Asien gab es nicht.

Verteidi-
gung
russischen
Macht-
anspruchs

1801 half *Zar Alexander I.* mit Offizieren seiner Marine aus. Russisch-Amerika wurde auch für ihn allmählich, nicht nur für Pioniere wie Baranof, vorstellbar. *Baranof* sah sich gezwungen, Neu-Archangelsk zu befestigen, nachdem es von Einheimischen, die mit Feuerwaffen ausgerüstet waren, überfallen worden war. **1811** konnte der russische Interessensbereich weit nach Süden ausgebaut werden. **Fort Rossija** (Fort Ross) wurde 120 km nördlich von San Francisco errichtet.

1818 erlag *Baranof* dem Intrigenspiel Petersburgs. Er wurde abberufen und starb tief enttäuscht auf der Seereise, die ihn in seine Heimat zurückführen sollte. Seine **Nachfolger** wurden:
• *Karl-August von Hagemeister* (1780–1810), Livländer vom Gut Drostenhof, war ein tüchtiger rechtschaffener Mann, der zum Hauptverwalter der russischen Kolonie ernannt wurde.
• *Baron Ferdinand von Wrangel* (1796–1870), aus dem deutschbaltischen Adel, wurde anschließend zum Generaldirektor Russisch-Amerikas ernannt. Er wirkte von 1829 bis 1835 in diesem Amt.

Englische Erkundungsfahrten an den Küsten von British Columbia und Alaska

Neben dem Erkunden russischer Aktivitäten im Nordwesten von Amerika ging es den Engländern in erster Linie um die Suche nach einem **kurzen Seeweg von Europa nach Fernost,** was seit *Christoph Kolumbus* drei Jahrhunderte vergeblich versucht worden war. Der erfahrene Kapitän *James Cook* war für diese schwierige Aufgabe der richtige Mann für sie. Er hatte auf zwei erfolgreichen Reisen im südlichen Pazifik die weißen Flecken auf den Seekarten gelöscht und diese durch Eintragungen von Inseln und dem Küstenverlauf zweier Kontinente vervollständigt. Außerdem sollte möglichst jede Konkurrenz auf diesem neu erhofften Handelsweg von vornherein ausgeschaltet werden.

James Cook – exzellenter Seefahrer und Wissenschaftler

James Cook (1728–1779) stammte aus einfachen Verhältnissen. Er war der Sohn eines armen englischen Landarbeiters, der nicht einmal das Schulgeld für seinen begabten Sohn aufbringen konnte. Der Quäker *John Walker* unterwies den Tagelöhnersohn für Gotteslohn in Mathematik und Navigation. Als junger Bursche heuerte James Cook als **Schiffsjunge** im Hafen von Witby an und fuhr jahrelang auf Kohlenfrachtern. 1755 ging er als Maat zur Königlichen Marine. Seinen Vorgesetzten fielen seine Fähigkeiten als **Kartograph** auf. Die exakte Kartographie des St. Lawrence River wurde von ihm gefertigt. Da er Autodidakt war und aufgrund seines niederen Standes, ließ man ihn jedoch nicht zum Offizier aufsteigen.

Eine Reise nach Tahiti mit dem schwedischen Botaniker *Daniel Solander* gewährten dem lernbegierigen Engländer wertvolle Einblicke in die Biologie. Schließlich gelang es *Cook,* Leiter einer Südsee-Expedition zu werden noch bevor er zum Seeoffizier aufstieg. Das Patent als Leutnant zur See wurde ihm jedoch noch vor seiner Abfahrt ausgehändigt. 1768 startete er zu seiner **ersten Reise** (1768–1771), die ihn nach Neuseeland und an die Ostküste Australiens führte. Nach erfolgreicher Beendigung dieser ersten Weltumsegelung wurde er zum Mitglied der „Royal Society" ernannt. Bei seinem Antrittsbesuch hielt er einen beachtenswerten Vortrag über die Bekämpfung von Skorbut. Er konnte auch in der Praxis beweisen, dass er bisher keinen Mann durch diese gefürchtete Seemannskrankheit verloren hatte. Die „Hohen Lords" waren mit den Ergebnissen seiner Weltreise sehr zufrieden.

Cooks Aufstieg zum Seeoffizier

Am 13. Juli 1772 trat er die **zweite Fahrt** (1772–1775) an, die er sich erbeten hatte, um endlich dem Gerücht vom sagenhaften „Südland" auf die Spur zu kommen. Dreimal überfuhr er den südlichen Polarkreis. Am 12. Juli 1776 begann seine **dritte Reise**, die uns am meisten interessiert. Mit den 2 Schiffen „Discovery" (Entdeckung) und „Resolution" (Lösung) führte sein Segeltörn um Afrika herum, über Australien, Neuseeland und Tahiti an die Nordwestküste Amerikas. Sein Auftrag lautete, eine **Zufahrt vom Pazifik ins Nordpolarmeer und zur Baffin Bay oder Hudson Bay** zu suchen.

Am **6. März 1778**, von Hawaii kommend, stieß *Cook* auf das so von ihm genannte Cape Flattery (Schmeichel-Kap) an der Juan de Fuco Strait, die heute nach Vancouver führt. Er war irrtümlicherweise der Meinung, es handele sich nur um eine Bucht.

Unüberwindliches Packeis

Am **29. März 1778** lief er in den **Nootka-Sund** ein, wo ihm drei mit Indianern besetzte Kanus entgegenkamen. Federn wurden ihm zur Begrüßung entgegengeworfen und eine für ihn unverständliche Rede gehalten. Sein anschließender Versuch, die Nordwest-Passage zu finden, scheiterte an dem starken **Packeis** nördlich der Bering-Straße. Er kehrte enttäuscht wieder um, kreuzte durch die Aleutenkette, nahm Kontakt zu den Einheimischen auf und bemerkte erste russische Präsenz von Pelztierjägern, die besonders den begehrten Seeottern wegen ihrer äußerst dichten Felle nachstellten. Außerdem wurden exakte Seekarten angefertigt. **1779** wurde *Cook* auf dem Rückweg von Ureinwohnern auf Hawaii erschlagen.

Infotafel über James Cook – Anchorage

Mit *James Cook* war ein neuer Entdecker-Typ auf den Weltmeeren erschienen. Neben seiner hohen Qualifikation als Seemannn war er gleichzeitig **Wissenschaftler**. Als Vermesser und Kartograph galt er als Autorität. Er ließ sich von Fachleuten und Malern begleiten, um die Forschungsergebnisse exakt erfassen und festhalten zu können.

Vancouver Island unter englischer Flagge

Indem die **Spanier** Mittelamerika und Kalifornien in Besitz nahmen, hatten sie auch ihre Ansprüche gegen Russland, das von ihnen argwöhnisch beobachtet wurde, bis zum 60. Breitengrad angemeldet. Dieser Breitengrad verläuft nur dicht südlich des vergletscherten Berges Mt. Elias (5.489 m) in Alaska. Die Kapitäne, wie z. B. *Juan de Fuca*, *Bartolomeo de Fonte*, *Juan Pérez* und *Esteban Martínez*, der 1788 nach Kodiak segelte, um dort die weiteren Pläne der Russen zu erkunden, hatten Entdeckungsfahrten bis in die Küstengewässer Alaskas durchgeführt. Die Spanier machten jedoch nur wenig Aufsehen von diesen Erkundungsfahrten, um nicht unnötig die Begehrlichkeit anderer europäischer Nationen zu wecken.

Spaniens Vormachtstellung auf den Meeren sinkt

Zunächst belauerten sie besonders misstrauisch die Russen. Bald mussten sie jedoch merken, dass die **erstarkende Seefahrernation England** ihr gefährlichster Konkurrent war, der ihnen den Rang auf den Weltmeeren mehr und mehr ablief und sich auch immer mehr auf die Nordwestküste Amerikas konzentrierte. Auch hatten die Spanier an den Küsten von British Columbia nicht mehr die Kraft, diese dauerhaft zu besiedeln. Zwar wehte an wenigen Stützpunkten die spanische Flagge, es fehlte jedoch der Nachschub. Spaniens Stern sank.

George Vancouver (1757–1798), schon unter James Cook ein ausgezeichneter Navigationsoffizier, setzte die Erkundungsfahrten vor der Küste British Columbias fort. Vorsichtig tastete er sich in die Wasserstraße Juan Fuca Strait hinein und korrigierte die Ansicht *Cooks*, dass es sich nur um eine Meeresbucht handele. Vancouver entdeckte, dass **Vancouver Island** eine große Insel ist und nicht ein Teil des Festlands, wie Cook annahm. Sie wurde, wie auch später der gesamte Küstenstreifen bis Bella Coola, sorgfältig kartographiert.

Am 28. August 1791 warfen *Vancouvers* Matrosen Anker in Nootka. Dort diskutierte Vancouver mit dem spanischen Kommandanten, wie die **britisch-spanische Einflusssphäre** in diesem Gebiet abzugrenzen sei und schlug vor, die Demarkationsgrenze ganz natürlich mittig durch die Juan de Fuca Strait laufen zu lassen. So unrealistisch war dieser Vorschlag scheinbar nicht, denn die geschwächten Spanier holten ihre Flagge ein und zogen sich ohne Widerstand zurück. Heute bildet diese Wasserstraße die Grenze zwischen Kanada und den USA.

Machtverschiebung zu Gunsten Englands

Northwest Trading Company

Gründung

Die Hudson Bay Company konnte sich über 100 Jahre eines einträglichen Handels erfreuen. Ihre **Monopolstellung** führte dazu, dass die Indianer nicht umworben werden mussten, sondern von selbst kamen, um ihre Felle gegen Waren aus Europa einzutauschen. Nach dem Ende des amerikanischen Unabhängigkeitskrieges (1775–1783) siedelten viele englandtreue Siedler von den USA nach Kanada über. Darunter waren auch Pelzhändler, die in Kanada wieder Fuß fassen wollten.

Durch die **Grenzziehung zwischen den USA und Kanada** war das alte Pelzimperium der „Nouvelle-France" nach Süden abgeschnitten. Nach Westen und Nordwesten gab es jedoch noch ein unendlich weites Wald- und Seengebiet mit reichen Vorkommen an Pelztieren.

1779 gelang es dem Schotten *Simon Mc Tavish*, 20 Einzelhändler im südöstlichen Kanada zu einer **Handelsgesellschaft** in Montreal zu verbinden, um dem Monopol der Hudson Bay Company zu begegnen. Diese neue Firma nannte sich Northwest Trading Company, und sie wuchs zu einer der einflussreichsten Handelsgesellschaften ihrer Zeit heran. Rund 40 Jahre lang dominierte sie im Pelzhandel und drängte die Hudson Bay Company, die ihren Hauptsitz in London hatte, in eine Abseitsposition.

Erstarken der Northwest Trading Company

Worin lag die Handelskraft dieser Firma?

• Sie war auf dem Prinzip einer **Genossenschaft** aufgebaut. Jeder konnte Teilhaber der Firma werden.
• Die hohe **Motivation** ihrer Mitarbeiter wurde durch das Gleichheitsprinzip gewährleistet.

- Der **Verkauf** direkt ins Hinterland war von großem Vorteil. Die Northwest Trading Company wartete nicht auf ihre Kunden wie die Hudson Bay Company. Sie stieß zu ihnen vor. Die Händler waren bald in jeder Indianersiedlung anzutreffen.
- Die **Unterstützung von Forschungsreisen** half, weitere Wildnisgebiete zu erschließen. Sogar der bekannte Kartograph *David Thomson* war Teilhaber der Company.

Raues, entbehrungsreiches, aber stolzes Leben der „Voyageurs"

Wer waren die „Voyageurs"?

Zunächst muss der Unterschied zwischen den vorher beschriebenen „Coureurs de Bois" und den „Voyageurs" herausgestellt werden. Die „Coureurs de Bois" waren selbstständige Trapper und Händler.

- Die „Voyageurs" im Gegensatz dazu waren „engagés", angestellte Kanuten der Kompanie.

Harte
Gesellen
- Sie standen 1 bis 3 Jahre unter Vertrag der Kompanie.
- Mit ihrem geringen Lohn konnten sie keine Reichtümer erwerben.
- Sie stellten sich der Herausforderung der Wildnis.
- Sie waren Abenteurer, die oft ihr Leben in den Stromschnellen riskierten.

Wie waren sie ausgerüstet?

Ihr wichtigstes Utensil war ihr Kanu. Um ein stabiles Gerüst aus Scheinzypressenholz war die Bootshaut aus Birkenrinde gespannt. Diese Bauart der Kanus war den Indianern des Nordostens abgeguckt. Die Boote waren verhältnismäßig leicht, aber auch sehr verletzlich und empfindlich gegen Stöße. Vorangetrieben wurde das Boot meistens von ca. 15 Kanuten. Ein bis vier Händler begleiteten normalerweise das Boot.

Die „Voyageurs" selbst besaßen eine malerische, aber praktische Kleidung:
- ein Hemd aus Wolle oder Hirschleder,
- hirschlederne Beinschützer,
- hirschlederne Mokassins,
- eine rote Wollmütze mit Troddel,
- eine blaue Jacke mit Kapuze,
- eine bunte Schärpe,
- ein leuchtendes Halstuch.
- Bei keinem „Voyageur" fehlten Tonpfeife und Tabaksbeutel.
- Im Übrigen besaß jeder Kanute eine Wolldecke zum Zudecken für die Nacht.

Wie sah ihr normaler Tagesablauf aus?

Um 3 Uhr morgens ertönte der Weckruf: „Lève, Lève, lève, lève!" Dann wurde mit noch leerem Magen etwa 3 Stunden gepaddelt, bis es richtig hell wurde. Eine

Frühstückspause beendete den „Frühsport". Anschließend wurde der schwerste Teil des Tagewerks geleistet. Bis zum Abend wurde gepaddelt, Stunde für Stunde. Nach jeder Stunde wurde eine 5-Minuten-Pause eingelegt, eine sog. Pfeifen-Pause. Die Entfernungen am Fluss wurden in „Pfeifen" angegeben.

Abends wurde an einer geeigneten Stelle festgemacht. Da das empfindliche Birkenrinde-Kanu nicht mit der Ladung an Land gezogen werden konnte, lud die Mannschaft es vorher aus, trug das leere Boot anschließend ans Ufer und drehte es auf die Seite. Bei entzündetem Lagerfeuer erklangen Lieder im Wettstreit mit dem Rauschen des Flusses. Dann gab es wieder eine dicke, nahrhafte Suppe als Abendmahlzeit. Eventuelle Lecks am Boot wurden noch ausgebessert, und man war stolz auf die geschaffte Tagesstrecke. Beim letzten Verglimmen des Lagerfeuers rollte man sich in seine Wolldecke und fiel im Schutze des umgedrehten Kanus todmüde in einen tiefen Schlaf, aus dem man nur durch die ungewöhnlichsten und lautesten Geräusche aufgeweckt werden konnte.

Das stundenlange zähe Paddeln war noch nicht das Schlimmste. Dabei sangen die „Voyageurs" noch fröhlich ihre Lieder. Die Plackerei begann erst richtig beim Übertragen der Ladung und der Boote von einem Fluss oder See zum anderen sowie beim Umfahren von Hindernissen wie Wasserfällen, Stromschnellen und Canyons.

Die Schinderei fing mit dem Ausladen der Boote an. Oft bis zur Hüfte im Wasser, wurden die Frachtballen an Land getragen. Dann ging es an den **zermürbenden Überführungsgang der Ladung**. Die „Voyageurs" verwendeten Tragegurte. Diese Methode hatten sie von den Indianern übernommen. Ca. 7 cm breite Lederriemen liefen um Stirn und Schultern herum und hingen am Rücken hinunter. Hier wurden so viele Frachtballen befestigt, wie ein Mann in der Lage war, sie zu tragen. Ein Ballen wog 40 kg. In erstaunlich schnellem Schritt trabten dann die „Voyageurs" mit ihren schweren Lasten auf Trampelpfaden durch die Wildnis, durch Sümpfe, tiefen Schlamm oder Sand, über umgestürzte Bäume, über Felsen, manchmal nur wenige Kilometer, aber auch Strecken bis zu 20 km, wie z. B. an der Methye-Überführung in der heutigen Provinz Saskatchewan zwischen dem Methye Lake und dem Clearwater River. Nicht wenige Männer haben sich Leistenbrüche zugezogen und starben auch daran. Andere überstanden alle diese übermenschlichen Strapazen und wollten gar nichts anderes sein als „Voyageurs". Die 4.800 km lange Pelzroute von Montreal bis Fort Chipewyan am Lake Athabasca wies 120 Überführungen auf!

Handelsrouten durch die Wildnis

Natürlich war auch das Überführen der empfindlichen Boote nicht ganz einfach. Es erforderte besonderes Geschick. Man durfte nicht an Äste und Zweige der Bäume stoßen, was nicht immer einfach war. Stürze mit dem Boot auf den Schultern waren zudem verhängnisvoll für die gesamte Mannschaft. Um die Schindereien an den Überführungen möglichst zu vermeiden, riskierten die Kanuten oft genug ihr Leben beim Durchfahren schäumender Stromschnellen. Obgleich

*Gefähr-
liche
Fluss-
passagen*

das Passieren bestimmter, besonders reißender Wildwasserfahrten vom Hauptquartier in Montreal, auch im Hinblick auf die Gefahr der verlustig gehenden
wertvollen Ladung, verboten war, spornte es die wagemutigen „Voyageurs" immer wieder an, auch diese mörderischen Flusspassagen zu meistern. Wenn es
dann glücklich geschafft war, war der Jubel natürlich groß. Wenn es missglückte,
begrub man die Toten, soweit sie überhaupt noch auffindbar waren. Kreuze gab es
schon viele an diesen gefährlichen Stellen, manchmal bis zu 30 und 40 Stück.

Das Wichtigste war das perfekte Zusammenspiel von Bugmann und Steuermann,
um das Boot in den reißenden Wellen auf Kurs zu halten.

Sehr kräftezehrend war oft das Überwinden starker Gegenströmungen. Die geplagten Kanuten mussten dann ihr Boot verlassen, um es von Land aus oder
watend im eiskalten Wasser, auf glitschigen runden Steinen im Flussbett mit den
Füßen Halt suchend, mit langen Seilen zu ziehen. Teilweise mussten die Boote
geleichtert und die Teilladung am Ufer entlang getragen werden. Dabei machten
Kriebeln, häufig auch Stechmücken sowie manchmal auch wilde Tiere den schwit-
zenden Lastenträgern zu schaffen.

Lieder der „Voyageurs"

Trotz aller Schinderei waren die „Voyageurs" ein fröhliches Völkchen. Sie stimmten schon früh morgens ihren Chor an. Beim Paddeln wurde im Schlagrhythmus
ununterbrochen gesungen. Wer eine klare Stimme hatte und den Text beherrsch-
te, war in der Mannschaft beliebt. Die Lieder stammten entweder aus der alten
Heimat und waren in altertümlichem Französisch gehalten oder von den „Voyageurs" selbst ausgedacht worden.

*Fröhliche,
traurige
und freche
Lieder*

Wenn es die „Voyageurs" auch nicht mehr gibt, ihre Lieder haben überlebt. Sie
handeln von ihrem harten Beruf, von den Gefahren und von der verlorenen
Liebe. Es sind traurige, fröhliche, freche Lieder, aber auch Lieder mit religiösem
Inhalt, wie z. B.:

„Quan un Chrétien se détermine à voyager"
Ins Deutsche übersetzt, heißt das Lied auszugsweise so:
*„Wenn ein Christenmensch sich entschließt zu reisen,
muss er an die Gefahren denken, denen er begegnen wird.
Tausendmal wird er sein Schicksal auf der Fahrt verdammen...
Wenn Du quer zum Wind paddelst, arme Seele,
wird der Sturm kommen, Dein Paddel ergreifen und es zerbrechen
und Dich an die Schwelle des Grabes bringen...
Wenn Dich am Abend die Mückenschwärme unerbittlich angreifen,
während Du in Deinem schmalen Bett liegst,
so denke daran, dass dieses Lager dem Grab ähnelt,
wohin man deinen Körper legen wird...
Wenn Du in den so gefahrvollen Stromschnellen bist,
bete zur Muttergottes...
Besiege die Wellen, und führe Dein Kanu mit Geschick.*

Wenn Du auf Überführung bist, arme Seele,
wird Dir der Schweiß von der Stirn tropfen, armer engagé.
Dann fluche nicht in Deinem Zorn,
sondern denke an Jesus, wie er sein Kreuz trug."

Folgendes Lied war und ist auch heute noch sehr beliebt:
„A la claire fontaine
M'en allant promener
J'ai trouvé l'eau si belle
Que je m'y suis baigné.
Il y a longtemps que je t'aime,
Jamais je ne t'oublierai."

Zu Deutsch:
„An der klaren Quelle
ging ich einst spazieren.
Ich fand das Wasser so schön,
dass ich darin badete.
Schon lange lieb ich Dich.
Niemals werde ich Dich vergessen.

Vorstoß nach Westen zum Nordpolarmeer und Pazifik

Entdeckung der Methye-Überführung durch Peter Pond

1778 hat der Pelzhändler und Abenteurer *Peter Pond*, ein Yankee aus Connecticut, als erster Weißer die 20 km lange Methye-Überführung entdeckt. Dieser Übergang ist die günstigste Landverbindung zum Überführen der Boote **zwischen dem Flusssystem des Churchill River**, der sich in die Hudson Bay ergießt (Methye Lake), und **dem Flusssystem des Mackenzie River**, das in das Nordpolarmeer mündet (Clearwater River). *Pond* erreichte den Lake Athabasca. Er stieß das Tor zum „Wilden Westen" Kanadas auf. Für den Pelzhandel und die weitere Erschließung des Nordwestens Amerikas war dies ein entscheidender Schritt.

Portage in den „Wilden Westen"

Forschungsreisen von Alexander Mackenzie

Die Pionierarbeit *Peter Ponds* war für den zähen Schotten *Alexander Mackenzie* die Ausgangsbasis seiner weiteren Expeditionen. *Pond* hatte für *Mackenzie* den Weg bereitet, weiter nach Nordwesten und Westen vorzustoßen. Das Fort Chipewyan am Lake Athabasca war bei seinen beiden Forschungsreisen jeweils der Ausgangspunkt. *Mackenzie* reiste als Pelzhändler und Forscher im Auftrag der Northwest Trading Company.

Die **1. Reise**: Am **3. Juni 1789** trat er seine Reise mit einem 10 m langen Kanu an. Unter seinen Begleitern waren vier franko-

Immer noch kein Zugang zum Pazifik

kanadische Kanuten und ein Deutscher namens *Johann Steinbruck*. Zunächst vertraute er sich dem Slave River an und gelangte in den Großen Sklaven See. Er folgte dessen Ausfluss nach Norden und befuhr den nach ihm genannten mächtigen Strom bis in sein Mündungsdelta an der Beaufort-See am Nordpolarmeer. Zunächst war er der Meinung, dass er nun endlich eine Wasserverbindung zum Pazifik gefunden habe. Er stand jedoch am **14. Juli 1789** lediglich am Nordpolarmeer und nannte deshalb den Strom, den **„Disappointment River"**, den „Fluss der Enttäuschung".

Die **2. Reise**: Im **Frühling 1793** startete er eine erneute Expedition vom Fort Chipewyan aus am Lake Athabasca, erneut auf der Suche nach einem Weg an den Pazifik, aber auch, um neue Handelsrouten für den Pelzhandel zu finden. Er folgte dieses Mal dem Peace River flussaufwärts, der in den Lake Athabasca mündet und der sein Quellgebiet in den Rocky Mountains in British Columbia hat. Interessant sind seine Tagebucheintragungen über die Gebräuche der damals noch ursprünglich lebenden Indianer, die beispielsweise noch keine Pferde besaßen. Am **22. Juli 1793** erreichte der Forscher auf mühsamer Wanderung durch die Rocky Mountains den **Burke Channel**, einen Fjord am Pazifik, an dem Bella Coola liegt. Bei seinem Rückmarsch über die Küstenkordilleren und die Rocky Mountains verließen Mackenzie und seine Mannen bald die Kräfte und der Mut. Es war ein Marsch mit nicht enden wollenden Mühen, der die Mannschaft fast umgebracht hätte.

Simon Fraser auf „seinem Fluss" zum Pazifik

Enge Schluchten des Fraser River

1808 fuhr *Simon Fraser*, ebenfalls im Auftrag der Northwest Trading Company reisend, den wasserreichen, nach ihm benannten, **Fraser River** zu Tal bis zur Mündung in den Pazifik, genau dort, wo heute Vancouver liegt. Am **26. Juni 1808** erreichte er die gefährlichste Stelle für die Bootsfahrt, das **„Hell's Gate"** (Höllentor), wo sich der Fraser River schäumend durch einen Canyon zwängt. *Fraser* schrieb fasziniert von der Naturschönheit dieser Schlucht in sein Tagebuch: „Ich bin nun lange Zeit in den Rocky Mountains gewesen, habe aber nie etwas gesehen, das diesem Land gleicht. Es ist so wild, dass ich keine Worte finden kann, unsere Lage zu beschreiben. An manchen Stellen bestand der einzige Pfad durch

die Schlucht aus einem schwankenden Steg aus Knüppeln, Bäumen und Ranken, einige 800 Fuß über dem gurgelnden Fluss aufgehängt."

Die Indianer hatten den Pelzhändler *Fraser* über solche Saumpfade um die gefährlichen Stromschnellen des wilden Flusses herumgeleitet.

Durch raues Bergland – Fraser River

Arrangement mit der Konkurrenz

Gründung der Russisch-Amerikanischen Gesellschaft

1799 wurde die **Russisch-Amerikanische Gesellschaft** gegründet, die es sich zum Ziel gemacht hatte, künftig folgende Aufgabenbereiche gemeinsam zu betreiben:
* Koordinierter Pelzhandel,
* Erforschung des unbekannten Nordwestens Amerikas,
* Christianisierung der Urbevölkerung.

Fusion mit der Hudson Bay Company

Die Feindseligkeiten zwischen der Northwest Trading Company und der Hudson Bay Company hatten ständig an Schärfe zugenommen. Es hatte sogar Tote gegeben. Man kam allmählich zu der Einsicht, das „Kriegsbeil zu begraben" und sich gütlich zu einigen. **1821** bildeten die beiden großen Handelsgesellschaften eine **Fusion** unter dem neuen (alten), gemeinsamen Firmennamen **Hudson Bay Company**.

Traum vom Gold in British Columbia

1830–1850 strömten, ausgelöst durch die **Industrielle Revolution in Europa**, die Hunger und Elend über Millionen von Industriearbeitern brachte, mehrere Hunderttausende von Emigranten nach Nordamerika, um dort Arbeit und Brot zu finden. Man schätzt, dass **ca. 800.000 Auswanderer**, meistens Schotten, Iren und Deutsche, sich nach Kanada und in die USA einschifften, um dort eine neue Existenz zu gründen. Die Meldungen über Goldfunde in British Columbia lösten ganze Wanderbewegungen der Glücksritter aus, die vor dem Hintergrund der schweren Wirtschaftskrise in Europa verständlich werden. Beim Goldschürfen ergab sich die Chance, schnell reich zu werden.

Verführerischer Ruf des Goldes

1858 fand man in Hill's Bar südlich von **Yale** eine ergiebige Goldlagerstätte. Wie ein Lauffeuer verbreitete sich die Nachricht vom Gold am Fraser River. Innerhalb von wenigen Monaten wurde es in dem sonst stillen Tal sehr laut. Rund 20.000 Goldgräber buddelten wie besessen auf einer Fläche von nur 1 km² am Ufer des Flusses nach dem gelben Metall. **1862** durchwühlten Goldgräber den Boden des **William Creek**. Hier wurde Gold im Werte von 2.000.000 Dollar gefunden. Der richtige **Goldrausch** begann erst in Barkerville in den Cariboo Mountains, wo *Billy Barker* innerhalb von 48 Stunden Gold im Werte von 1.000 Dollar zu Tage förderte. Als diese sensationelle Nachricht verbreitet wurde, strömten die Goldgräber zu Tausenden herbei, um ihre „Claims" („Ansprüche auf ein Grundstück") abzugrenzen und diese registrieren zu lassen. Dem Tross der Goldgräber folgten leichte Mädchen sowie Männer und Frauen, deren Ziel es war, den wenigen Glücksrittern die Nuggets so schnell wie möglich wieder abzujagen. Die Colts saßen locker, und es herrschten raue Sitten.

1875 war der Spuk vom Gold in British Columbia schon wieder Vergangenheit. Es schürfen zwar jetzt immer noch Männer nach Gold, die „großen Treffer" blieben jedoch bis heute aus.

Russland verkaufte Alaska an die USA

Die Abtretung Alaskas an die Vereinigten Staaten von Amerika ist eine so unglaubliche Geschichte, dass es wichtig ist, ihre Hintergründe auszuleuchten, um die Beweggründe der Russen und das anfängliche, heute unverständliche Zögern der US-Amerikaner zu verstehen. Auch für Kanada war dieser geschichtsträchtige Akt bedeutsam. Es bekam neben der Südgrenze auch eine Nordwestgrenze mit den USA.

Welche Gründe bewogen Russland, Alaska zu verkaufen? Russland verlor allmählich das Interesse an Alaska. Das hatte mehrere Gründe:

Seeotter und Bärenrobben fast ausgerottet
- Der **Pelzhandel** war wegen der schonungslosen Bejagung der Pelztiere, besonders der Seeotter und Bärenrobben, sehr stark rückläufig.
- Es gab große **Schwierigkeiten**, eine so weit vom Kernland Russland entfernte **Kolonie zu versorgen und zu schützen**.
- Der für die Russen verlorengegangene **Krimkrieg** (1853–1856), der zwischen Russland und der Türkei geführt wurde, an dem jedoch auch England und Frankreich auf türkischer Seite beteiligt waren, hatte Russland so stark geschwächt, dass es froh war, das ferne Alaska an die USA zu verkaufen, um wenigstens wieder etwas Geld in die Staatskasse zu bekommen.

Welche inneren **Widerstände** gab es für die USA beim Kauf von Alaska?
- Die USA hatten noch an der **Last des Amerikanischen Bürgerkrieges** (Sezessionskrieg von 1860 bis 1865) zu tragen. Die Verschuldung war von 64,8 Mio. Dollar (1860) auf 2,7 Mrd. Dollar (1865) um das Vierzigfache emporgeschnellt.
- Die Gegner des Kaufs von Alaska bezeichneten diese Region als ein wertloses Land, als eine „**Eiskiste**", eine Gegend, in der nur Eisbären und Eskimos herumliefen, in der noch nicht einmal Rentiere gezüchtet wurden, ein Territorium ohne Mineralien, kurz ein erschreckend ödes, kaltes und unbrauchbares Land. Diese Fehleinschätzung Alaskas war auch bei den Parlamentariern der Vereinigten Staaten weit verbreitet.
- Der Außenminister *William Seward* aus New York war ein Befürworter des Kaufs von Alaska. Er wies auf die strategische Bedeutung Alaskas in der Arktis hin. Wirtschaftliche Gründe konnte er noch nicht anführen. Aber er hatte viele dickköpfige, aber einflussreiche Geschäftsleute gegen sich, die im Senat und im Repräsentantenhaus saßen.

Nur eine Stimme gibt den Ausschlag
- Es kam zur **Abstimmung im Senat**. Mit nur einer Stimme Mehrheit konnte sich Seward durchsetzen. Der Kauf wurde für eine zu zahlende Summe von 7.200.000 Dollar beschlossen (1.518.800 km² für weniger als 5 Cent pro Hektar).
- Das Repräsentantenhaus machte Schwierigkeiten. Es bewilligte die Geldsumme nicht. Nach monatelangem Streit kam es dann schließlich doch noch zu einer Einigung, nachdem ein Unterhändler Russlands, *Baron Edouard de Stoeckl*, eine

Barsumme von 125.000 Dollar beigesteuert hatte. Ob er auch die Abgeordneten bestochen hatte, blieb ein Geheimnis.

1867 wurde nach Überwindung der geschilderten Schwierigkeiten der Kauf zwischen Russland und den USA perfekt. In **Sitka**, der damaligen Hauptstadt Russisch-Amerikas, wurde Alaska offiziell an die USA übergeben.

Umwandlung in das Dominion Kanada

1867 hatte sich England entschlossen, die ostkanadischen Kolonien in ein Dominion umzuwandeln. In dem „**British North America Act**" wurden die ehemaligen britischen Kolonien Nova Scotia (Neuschottland), New Brunswick (Neubraunschweig), Ontario und Québec zu Provinzen erklärt und zum **Dominion of Canada** vereint.

Warum die schnelle Entscheidung Englands?
• Die ungeschützte Grenze nach Süden bereitete den Kanadiern Sorge. Nach dem Sieg der Nordstaaten über die Südstaaten in den USA sah man die Gefahr, dass die siegreichen Yankees – wie während des Waffengangs 1812–1814, wo es auch um den Grenzverlauf zwischen den USA und den britischen Kolonien im St. Lawrence-Tal ging – erneut ihre Nordgrenze zu ihren Gunsten revidieren könnten. Die gleichen Befürchtungen hatten auch die Engländer. Deshalb begünstigten sie den Einigungsprozess Ostkanadas, um dem starken südlichen Nachbarn mit mehr Geschlossenheit entgegentreten zu können. *Abgrenzung Kanada/ USA*
• Auch im Westen bestand die **Gefahr eines Übergriffs der USA**. In British Columbia, das 1858 von den Briten kurzentschlossen zur Kronkolonie erklärt wurde, war im Frazer-Tal und in den Cariboo Mountains Gold gefunden worden. Dieses Edelmetall konnte leicht die Begehrlichkeit der US-Amerikaner wecken. Die Goldsucher kamen schon in Scharen aus den USA.

Kanada bekam die Struktur eines **Bundesstaates**. Der Volksvertretung, dem „House of Commons", war als Gegengewicht der Senat mit den Vertretern der Provinzen gegenübergestellt worden. Ottawa war als spätere Hauptstadt vorgesehen. Das Recht zur Verfassungsänderung, die Außen- und Verteidigungspolitik blieben zunächst noch in englischer Hand.

Erweiterung des Bundesstaates Kanada

• **1869** verkaufte die **Hudson Bay Company** ihr riesiges Territorium für 300.000 englische Pfund. Kanada wurde hierdurch flächenmäßig dreimal so groß wie vorher.
• **1870** entstand aus dem Gebiet der Hudson Bay Company **Manitoba** als eigene Provinz.
• **1871** trat **British Columbia** dem Bundesstaat bei. Es war stark beunruhigt über den Kauf Alaskas (1867) durch die USA und fühlte sich eingeschnürt. Die britische Kronkolonie stellte jedoch die Bedingung an Kanada, durch eine Eisenbahnstrecke mit Ostkanada verbunden zu werden.

- **1873** schloss sich auch **Prince Edward Island** dem Bund an.
- **1905** wurden **Saskatchewan** und **Alberta** Bundesstaaten.
- **1949** wurde **Neufundland** nach einer Volksabstimmung angegliedert.

Gründung der „Northwest Mounted Police"

Am **23. Mai 1873** wurde kraft Gesetzes die Gründung der Polizeitruppe „Northwest Mounted Police", auch kurz „Mounties" genannt, beschlossen. Die Zunahme der Kriminalität machte die Schaffung einer straff geführten Polizeitruppe erforderlich. Im weiten Land wurde ein **Netz von Polizeistationen** aufgebaut. Ihr Hauptaufgabengebiet konzentrierte sich auf folgende Bereiche:

Bekämpfung der Kriminalität

- Eingreifen bei der steigenden Zahl der Zusammenstöße zwischen Indianern und Siedlern.
- Der allzu lockere Umgang mit dem Colt in dem unbeaufsichtigten, weitläufigen Land.
- Für Ruhe und Ordnung in den plötzlich aus dem Boden schießenden Goldgräberstädten zu sorgen, in denen in der Regel gesetzlose und chaotische Zustände herrschten.

Vernichtung der Bisonherden der Prärie

Die **Bisonherden** waren bislang die **Ernährungsgrundlage der Prärieindianer** gewesen. Deren Jagdmethoden waren, bevor die Weißen nach Amerika kamen, nicht dazu angetan, die riesigen Büffelherden in ihrer Existenz zu gefährden. Von dem Zeitpunkt an, wo ihnen Pferde und Feuerwaffen der Weißen zur Verfügung standen, hatten sich auch ihre Jagderfolge beim Töten der Bisons entscheidend verbessert. Da sie aber nur so viele Bisons töteten, wie sie zum Leben brauchten, hätte auch ihre verbesserte Jagdausrüstung nicht zur Vernichtung der millionenstarken Herden ausgereicht.

Die einzige Schuld am Verschwinden der Bisons trägt der Weiße Mann. Bis auf kümmerliche Restbestände, die gerade das vollständige Aussterben der urwüchsigen Tiere verhinderten, ist der Bison aus der Prärie Nordamerikas verschwunden.

Verbrecherisches Niedermetzeln der Bisons

Ein erschreckendes Beispiel der sinnlosen Metzelei sind die überlieferten **Abschusszahlen** von *Bill Cody*, der unter dem Namen *Buffalo Bill* bekannt wurde: In 18 Monaten tötete er alleine 4.280 Büffel! 1874 schickte die I.G. Barker Company 250.000 Büffelfelle nach New Orleans. Es wurden Jagdgesellschaften organisiert, die zum Zeitvertreib die mächtigen Tiere niederschossen. Bei den Prärieindianern brachen Hungersnöte aus, weil ihnen die Lebensgrundlage entzogen wurde. Die Vernichtung der Bisons, die früher zu Millionen über die Prärien zogen, durch den Weißen Mann dahingerafft, ist eines der traurigsten Kapitel amerikanischer Geschichte!

Fragwürdiger Friedensschluss mit den Schwarzfußindianern

Am 22. September 1877 versammelten sich Tausende von Indianern auf dem Blackfoot Crossing unterhalb des Fort Calgary. Es kam zu einem Friedensvertrag zwischen den Prärieindianern und Vertretern der „Northwest Territories".

Unter anderem sagte der mächtige Schwarzfußindianer-Häuptling *Crowfoot:*
„Während ich spreche, seid geduldig und gütig. Ich spreche für mein Volk, das zahlreich ist und das mir vertrauensvoll folgen wird auf jenem Weg, der in Zukunft sich zum Guten wenden wird. Die Prärien sind groß und weit. Sie sind unsere Heimat, und immer ist der Büffel unsere Nahrung gewesen. Ich hoffe, ihr seht von nun an auf die Blackfoots, Bloods und Sarcees wie auf eure Kinder – und ihr möget nachsichtig und wohltätig zu ihnen sein... Ich bin zufrieden. Ich werde den Vertrag unterzeichnen."

Indianerhäuptling Old Crow – Calgary

Die Büffel wurden von den Weißen weiter niedergemetzelt. Wo früher der Wind über Steppengras wehte, breiteten sich immer mehr Rinderfarmen und Weizenfelder aus. Der Lebensraum der Bisons und Indianer wurde immer mehr eingeschränkt. *Betrug an den Prärie-indianern* Der Siedlerstrom setzte nach dem Friedensvertrag mit den Indianern noch stärker ein. Die weiße Vormachtstellung wurde noch erdrückender. Die Indianer verloren immer mehr Boden und wurden schließlich in Reservate gedrängt.

Schienenstrang vom Atlantik bis zum Pazifik

Bau der transkontinentalen Eisenbahn (1879–1885)

1879 war der Schienenstrang bereits bis **Winnipeg** (Manitoba) vorangetrieben. **1881** erhielt die Eisenbahngesellschaft **„Canadian Pacific Railway"** den Auftrag, die Eisenbahnlinie nach Westen weiterzubauen. Die Grundstücks-Angelegenheiten waren geregelt, 25.000.000 Dollar wurden bewilligt. **1882** wurden **800 km Gleis in der Prärie** gebaut. **1883** war **Calgary** erreicht. Auch von Vancouver aus begann man mit dem Gleisbau.

Am **7. November 1885** wurde auf dem Eagle-Pass in den Rocky Mountains feierlich der letzte Nagel in die Schwellen getrieben, der den Schienenstrang vom Atlantik bis zum Pazifik verband. Es bereitete den Eisenbahningenieuren große *Eisenbahn verbindet West mit Ost* Schwierigkeiten, den schroffen Gebirgskamm der Rocky Mountains zu überwinden. Zunächst liefen die Planungen in die Richtung, den Windungen des Columbia River zu folgen, bis *Major Rogers* den nach ihm genannten **Rogers-Pass** für den geeigneteren Übergang erkannte. Dieser schneereiche Pass (8–10 m winterliche

Schneehöhe) machte der „Canadian Pacific Railway" jahrzehntelang schwer zu schaffen. So mancher Zug wurde von den Lawinen in die Tiefe gerissen. Erst 1959–1962 wurde die Trasse verlegt, und der Bau des **Connaught-Tunnels** machte den Schienenweg sicherer.

Die Fertigstellung des durchgehenden Schienenwegs vom Atlantik bis zum Pazifik kann gar nicht hoch genug für Kanada eingeschätzt werden.
* Der Eisenbahnbau war eine **politische Notwendigkeit**. Die Festigung der kanadischen Ost-West-Achse musste den US-amerikanischen Expansionsbestrebungen in Süd-Nord-Richtung entgegenwirken.
* Der durch den **Fernost-Handel** aufstrebende Hafen Vancouver brauchte eine Anbindung an Ostkanada und weiter nach Europa. Da es noch keinen kurzen Seeweg Europa-Ostasien gab (Panama-Kanal), konnte das Zwischenstück auf der Schiene quer durch Kanada eine wichtige Rolle für diesen Handel spielen.
* Für die weitere **Erschließung und Besiedlung** des „Wilden Westens" war diese Eisenbahnlinie im wahrsten Sinne des Wortes „bahnbrechend".

Gold, Gold, Gold, ... am Klondike!

Sensationeller Fund

Im **Sommer 1896** trafen sich zufällig zwei Männer. Sie taten sich zusammen, um im Yukon-Gebiet Gold zu suchen. Es war eine ungleiche Partnerschaft. *Robert Henderson* war Schotte, zwar etwas mürrisch und einsilbig, aber ehrlich, der seinen Kompagnon über alle Funde, auch die geringsten, unterrichtete. Brüderlich teilte er mit seinem Partner alle Profite. *George Washington Carmack* war US-Amerikaner und besaß einen nicht so guten Ruf. Er war als Aufschneider bekannt. Außerdem war er mit einer Indianerin verheiratet, deren Brüder *Skookum Jim* und *Tagish Charlie* ihm gelegentlich bei der Goldsuche halfen, was *Henderson* überhaupt nicht behagte. *Henderson* hatte geringe Mengen Gold am Throndiuck gefunden und ließ es *Carmack* wissen, der mit seinen beiden indianischen Schwagern kam, um den Fund zu erschließen. *Henderson* benahm sich sehr abweisend gegenüber den beiden Einheimischen und wollte auf keinen Fall auch mit ihnen das Gold teilen. *Carmack* verzichtete auf seinen Anteil und zog verärgert mit seinen beiden Schwagern weiter, überquerte die Berge und begann am Rabbit Creek, einem Nebenfluss des Thron-diuck, nach Gold zu schürfen.

Gefahr plötzlichen Reichtums

Am **17. August 1896** fanden *Carmack* und seine beiden Begleiter Gold im Werte von 4 Dollar pro Pfanne! Eine sensationell hohe Menge, die auf eine reiche Goldader schließen ließ, denn schon 10 Cents pro Pfanne galten als sehr guter Fund. Außerdem war dieses Gold von ausgezeichneter Reinheit. Die folgende Handlungsweise wurde *Carmack* später als unfair ausgelegt. Er ließ die beiden Indianer an der Fundstätte zurück und fuhr, so schnell er konnte, den Yukon River hinunter bis zu der alten Goldgräberstadt Fortymile und meldete dort seine Ansprüche auf seinen Claim an. Er ließ noch drei weitere Stellen registrieren, die auch für seine zwei Schwager gedacht waren. *Henderson* wurde von *Carmack* nicht beteiligt, obgleich er das erste Gold in dieser Gegend entdeckt hatte. Die Tragik lag darin, dass er es unter seiner Würde gefunden hatte, mit Indianern zu teilen, wodurch ihm ein Erlös von schätzungsweise zwei Millionen Dollar entging!

Goldrausch

Nachdem *Carmack* die gesetzlichen Formalitäten erledigt hatte, erschien er im Saloon der Goldgräberstadt und verkündete lautstark: „Der größte Goldfund aller Zeiten!" Die erfahrenen, aber bisher meist glücklosen Goldgräber in der Runde staunten nicht schlecht über die besondere Qualität des Goldes. Bislang waren in dieser Gegend nur unbedeutende Mengen an Gold gefunden worden. Carmack hatte den Startschuss zum Goldrausch von Klondike gegeben, der einer der spektakulärsten in der Geschichte Nordamerikas werden sollte. Die in Fortymile anwesenden Goldgräber eilten zu der besagten Fundstätte und steckten ihre Claims ab. Henderson war immer noch ahnungslos darüber, was inzwischen passiert war.

Die bisherigen Namen der kleinen Bäche „Thron-diuck", „Rabbit Creek" und eines kleinen, namenlosen, aber sehr goldreichen Gewässers erhielten klangvollere Bezeichnungen, nämlich: **„Klondike", „Bonanza" und „Eldorado"**. Diese drei Namen wirkten wie Zauberformeln auf die Menschen, die schnell reich werden wollten. Der Ruf des Goldes gelangte jedoch erst im nächsten Jahr an die Öffentlichkeit. Der Yukon River, 3.700 km lang, der damals einzige Verkehrsweg in die Außenwelt, ist normalerweise von Oktober, manchmal schon im September, bis Juni zugefroren. Auch in dem denkwürdigen Jahr 1896 konnten die Heckraddampfer bis Einbruch des frühen Winters die eisfreie Küste nicht mehr rechtzeitig erreichen. Die Goldfelder Klondike, Bonanza und Eldorado gehörten ein Jahr den hiesigen Goldgräbern ganz alleine. Diese sensationelle Nachricht von den neureichen Glücksrittern musste ein Jahr bis zu ihrer Veröffentlichung warten.

In fieberhafter Eile zu den Goldfeldern

Im **Juni 1897** hatte sich der motorstarke Heckraddampfer „Alice" den Yukon flussaufwärts durch das Eis bis in die Goldgräberstadt Dawson gekämpft. Hastig wurde das besonders begehrte Gemüse und Obst ausgeladen, und das Schiff fuhr mit den neuen Millionären zurück. An der Flussmündung des Yukon stieg man in Ozeandampfer um. Erst am **15. Juli 1897** überbrachte der Dampfer „Portland" die sensationelle Information in Seattle. Die Nachricht vom schier unerschöpflichen **Goldfund am Klondike** löste einen Sturm der Begeisterung und Aktivitäten aus, angepeitscht durch die übertriebenen, aber prägnanten Schlagzeilen eines Zeitungsreports: „Eine Tonne reines Gold auf dem Dampfer Portland!"

Jeder wollte möglichst schnell am Ort des Geschehens sein. Viele Menschen in Kanada, in den USA und auch in Europa waren durch die Wirtschaftskrise von 1893 bettelarm geworden. In fieberhafter Eile und geblendet vom Ruf nach Gold machten sich Menschen auf den Weg, die weder Ahnung vom Hüttenwesen noch von den brutalen klimatischen Verhältnissen in Alaska und Kanada hatten. Gold, Gold, Gold, dieses Reizwort machte sie verrückt, Arme, Abenteurer und Geschäftsleute.

Dramatische Wege zum Klondike

Wasserfahrzeuge aller Art bahnten sich ihren Weg nach Norden. Wasserfahrzeuge aller Art bahnten sich ihren Weg nach Norden. Davon waren manche in so schlechtem Zustand, dass befürchtet wurde, sie würden noch vor Erreichen der Küsten Alaskas sinken. Die Schifffahrt bis an die Küsten Alaskas war jedoch unproblematisch, verglichen mit den Schwierigkeiten und Strapazen, die sich dann erst auftaten.

Es gab verschiedene Möglichkeiten, die Goldfelder am Klondike zu erreichen:
- Auf dem Yukon flussaufwärts mit dem Heckraddampfer noch rechtzeitig ans Ziel zu gelangen, bevor der nächste Winter über Alaska hereinbrach, war wegen der fortgeschrittenen Jahreszeit nicht mehr realisierbar. Außerdem waren der Weg und die Fahrzeit sehr lang und der Fahrpreis sehr hoch.
- Der Weg über **Skagway** war die wohl übliche Möglichkeit, an den Klondike zu kommen. Hier spielten sich unvorstellbare Dramen ab. 10.000 bis 20.000 Menschen strömten an den stillen Fjord von Skagway, wo vorher nur eine einsame Hütte gestanden hatte. Man musste den gefürchteten, sehr steilen, vereisten **Chilkoot Pass** oder den **White Pass** überqueren, woran schon die meisten Goldsucher scheiterten. Wenn dieses Hindernis gemeistert war, erreichte man den **Lake Bennett**, wo Bäume für den Bau von Booten und Flößen gefällt wurden, den man für die Überquerung des Sees brauchte. Anschließend ging es in einer Höllenfahrt durch enge Schluchten eines Nebenflusses des Yukon bis nach Dawson. Auch die **tödlichen Stromschnellen** kosteten viele Menschen das Leben.
- Ganz Unerschrockene schafften es zu Fuß vom **Mackenzie-Tal** über die nördlichen Ausläufer der Rocky Mountains.

Pässe und Stromschnellen als Hindernisse

An dieser Stelle sei auf den beeindruckenden Roman *James A. Micheners* hingewiesen, der die Reiseroute und die Abenteuer von *Lord Lutons* beschreibt, der von Irland über Ostkanada, Calgary, den Athabaska See, den Großen Sklaven-See und Mackenzie River endlich und unter unsagbaren Strapazen Dawson erreichte.

Trotz aller Mühen kamen die meisten Goldgräber zu spät. Die Claims waren schon sämtlich abgesteckt. Aber man konnte auch Geld durch die Goldgräber verdienen.

Leben in Dawson City

Mühsames Graben und Schürfen

Es war klar, dass nicht jeder hoffnungsvolle Goldsucher, auch wenn er noch rechtzeitig einen Claim abstecken konnte, auch tatsächlich fündig wurde. Mühsames Graben und Schürfen unter primitivsten Bedingungen endete in den meisten Fällen mit herber Enttäuschung. Die zu spät gekommenen Goldsucher ohne Claim mussten sich anderen Beschäftigungen zuwenden, z. B. dem Handel, der Versorgung der Goldgräber mit Nahrungsmitteln, dem Gaststättengewerbe oder dem Bauen von Unterkünften. Wieder andere, meist „windige Gestalten" waren schon mit der Absicht an den Goldfeldern hier im hohen Norden erschienen, um den Glücksrittern ihre Nuggets durch raffiniertes Kartenspiel, Alkohol oder käufliche

Frauen abzujagen. Das angeblich „älteste Gewerbe der Welt" blühte auch in Dawson.

So stürmisch der Rausch des Goldes am Klondike seinen Verlauf genommen hatte, so plötzlich war er nach Erschöpfung der Goldvorkommen wieder wie ein Spuk vorbei. Die Goldgräber zogen mit ihrem Tross zu anderen Goldfeldern in Alaska weiter, um gierig auch dort nach dem begehrten Metall zu schürfen und zu graben. Ihre weiteren Stationen waren: Nome (1899), Fairbanks (1902) und Iditarod (1908).

Kanadas Unabhängigkeit

Im Ersten Weltkrieg, 1914–1918, hatte Kanada 600.000 Soldaten für das Mutterland Großbritannien in den Krieg geschickt, von denen 10 % ihr Leben lassen mussten. Die Kanadier galten als tapfere Soldaten. Kanada hatte sich außerdem zu einem wichtigen Lieferanten von Rohstoffen (Holz, Produkte der Schwer- und Fertigungsindustrie) entwickelt. Kurz: dieses Land hatte die Weltbühne betreten. Es genoss große Anerkennung bei den Briten. Hierdurch war auch sein Selbstbewusstsein gestiegen, und der Drang nach völliger Selbstbestimmung wuchs.

1923 erhielt das Dominion offiziell das Recht, internationale Verhandlungen zu führen. **1931** wurde durch das **Statut von Westminster** seine vollständige Souveränität durch Großbritannien erkärt. Alle kolonialen Beschränkungen, mit Ausnahme des Rechts auf Verfassungsänderung, wurden aufgehoben. Gleichzeitig ging Kanada als eigenständiger Staat in die Familie des „British Commonwealth of Nations" ein.

Kanada als eigenständiger Staat

Weitere wichtige Meilensteine kanadischer Geschichte

1942 wurde der Bau einer **Straße von British Columbia nach Fairbanks** (Alaska) aus militärischen Gründen geplant, weil die Japaner im Zweiten Weltkrieg auf den Aleuten gelandet waren. Es dauerte nur etwas mehr als acht Monate, bis Menschen und Maschinen unter härtestem Einsatz die Trasse 2.446 km durch die unberührte Wildnis Kanadas und Alaskas vorangetrieben hatten. **1949** wurde der Alaska Highway für den öffentlichen Verkehr freigegeben. Ebenfalls **1949** fand man große **Erdölvorkommen** bei Leduc in der Nähe von Edmonton (Alberta).

1964 begann die Ausbeute der gewaltigen **Ölsandvorkommen** bei Fort Mc Murry am Athabasca River. **1982** erlöschten die letzten Vollmachten des britischen Parlaments. **1986** wurde in Vancouver die **Internationale Weltausstellung EXPO** eröffnet. **1988** fanden die **Olympischen Winterspiele** in Calgary statt, **2010** werden sie in Vancouver ausgetragen.

Probleme des jungen Staates

Anglo- und Frankokanadier

Die Spannungen zwischen den Anglokanadiern und den Frankokanadiern reichen fast 300 Jahre zurück. Es sei noch einmal eine kurze Rückblendung in die Geschichte des Landes gestattet, um die vergangenen Konfliktsituationen zu beleuchten.

Geschichtlicher Rückblick

Zunächst verliefen die Ansätze einer Daueransiedlung der Franzosen einerseits und der Engländer, Schotten und Iren andererseits in dem fast menschenleeren Nordamerika unabhängig voneinander in getrennten Gebieten. Die Franzosen setzten sich in Akadien (dem heutigen New Brunswick, Nova Scotia und Prince Edward Island), am St. Lorenz-Strom und in Louisiana am Unterlauf des Mississippi fest, während das Hauptsiedlungsgebiet der Angelsachsen an der Ostküste der USA und in der Region der großen Seen lag. Außerdem operierte die englische Hudson Bay Company im hohen Norden Kanadas. Beide Bevölkerungsgruppen, die französischen und die britischen Einwanderer, empfanden die gegenseitige Zangenbewegung in zunehmendem Maße als bedrohlich. In die Spannungen und Kämpfe, die sich daraus ergaben, wurden die Indianer mit einbezogen.

Englisch-französi-scher Konflikt

Der Kampf wurde letztlich in Europa im **Siebenjährigen Krieg** (1756–1763) entschieden, in dem Frankreich unterlag. Die Parallele zu diesem Krieg war der **„French and Indian War"**, in dem General *Wolf* Québec 1759 eroberte. Das **Ende des französischen Kolonialreiches in Nordamerika** war besiegelt. Kanada war in den imperialistischen Machtkampf der europäischen Nationen hineingezogen worden. Es brach ein Dauerstreit zwischen den frankokanadischen Pelzhändlern und der Hudson Bay Company aus. Man brannte sich gegenseitig die Forts nieder.

Der Einfluss der Frankokanadier im Raum Québec blieb bestehen. Er gipfelte in der **Québec-Akte** von 1774, die besagte, dass die Frankokanadier ihre eigene Sprache, freie Religionsausübung und Rechtssprechung im Zivilrecht ausüben durften. In Kanada ist Französisch neben Englisch Amtssprache. **1791** wurde die verwaltungsmäßige Unterteilung in „Lower Canada" und „Upper Canada" vollzogen. „Lower Canada" entsprach in etwa der späteren Provinz Québec.

Ende des 19. Jahrhunderts besaßen die Engländer die Schlüsselpositionen im Bankenwesen und in der Geschäftswelt, während die Franzosen meistens Bauern und Arbeiter waren. Auch mit zunehmender Industrialisierung des Landes kristallisierte sich immer mehr heraus, dass die Briten im Management führten und die Franzosen die Arbeiterschaft stellten. Seit **1982** hat Kanada eine eigene Verfassung, die nach wie vor den Anglo- und Frankokanadiern ihre eigenen Rechte und Privilegien zugesteht. Dazu gehören die Umgangssprache, die Gesetzgebung, Erziehungssysteme und Gerichte.

Zweisprachige Nation

Kanada hat zwei Umgangssprachen: Englisch und Französich. Die Kanadier, die jeweils eine dieser Hauptsprachen des Landes sprechen, nennt man: Anglophone und Frankophone. **59,2 % sprechen Englisch** und **23,3 % Französisch**, wobei Anglophone nicht unbedingt angelsächsischer Herkunft sein müssen. Die anderssprachigen Einwanderer verlieren erfahrungsgemäß nach einer Generation ihre Muttersprache, mit Ausnahme der meisten Franzosen und französischsprachiger Belgier (Wallonen), die sich jedoch mehr und mehr in Québec konzentrieren. In Québec sprechen 81 % Französisch und im übrigen Kanada 87 % Englisch.

Auch wenn Kanada schon 120 Jahre lang als Staat besteht, so leben die in zwei Sprachgruppen getrennten Anglo- und Frankokanadier nebeneinander her, aber kaum miteinander. Man versteht sich nicht sonderlich gut und hat wenig miteinander zu tun. In den Städten Montreal und Ottawa ist die Anpassung zwar intensiver, aber Québec ist die Hochburg der Frankokanadier. Die Tendenz deutet darauf hin, dass in den nächsten Jahrzehnten Québec noch französischer wird und das übrige Kanada noch englischer. In den bisher zweisprachigen Gebieten New Brunswick, Manitoba und Ontario verschiebt sich die Sprache zugunsten des Englischen.

Zwei Sprach-gruppen

1946 beschäftigte sich der Kanadier *Hugh Mac Lennan* in seinem Buch mit dem treffenden Titel *„Two Solitudes"* („Zwei Einsamkeiten") mit dem Thema der Beziehungen der beiden Volks- und Sprachgruppen in Kanada. Nach dem Zweiten Weltkrieg entwickelten sich in Québec auf künstlerischem Gebiet (Musik, Theater, Film, Fernsehen) eine zunehmende frankokanadische Selbstständigkeit und ein Stolz auf den französischen Ursprung. Aber auch auf politischer Ebene wurden die Frankokanadier immer selbstbewusster. Ende der fünfziger Jahre war ihr Drang zur Selbstständigkeit sehr groß. Er fand Ausdruck in dem Ruf nach völliger Autonomie, artikuliert von einer Gruppe von Politikern, Künstlern und Journalisten, die sich um *Pierre Elliott Trudeau* scharten. Er war des Französischen und des Englischen mächtig, trat zwar sehr leidenschaftlich für eine gewisse Autonomie Québecs ein, war aber auch ein Verfechter des Ausgleichs und der Entspannung der Konfliktsituation. Er lehnte den radikalen französischen Nationalismus ab.

1970 gipfelte die nationalistische Tendenz einer Gruppe von Frankokanadiern in einer ernst zu nehmenden **Separatistenbewegung**, der **FLQ** (Front de Liberation du Québec) unter Führung von *Réne Lévesque*. Am **5.10.1970** wurde zu allem Übel zunächst der britische Handelsminister *James Cross* in Montreal von der FLQ entführt. Am **10.10.1970** verschleppte man als Gegenschlag anschließend den Politiker *Pierre Laporte*, der kurz darauf ermordet im Kofferraum eines Autos aufgefunden wurde. *Pierre Elliott Trudeau* war als Premierminister an die Macht gekommen. Am **16.10.1970** schickte er 10.000 Soldaten nach Montreal, um dort wieder Ruhe und Ordnung zu schaffen. **1979** wurde die Regierung *Trudeaus* wegen zu hoher Steuerlast und stark steigender Inflation gestürzt. Am **18.2.1980** hatte der streitbare *Trudeau* sein Amt als Premierminister wieder zurückerobert. Er arrangierte sich mit dem Radikalen *René Lévesque*. Die Québecer sollten über ihre Zugehörigkeit zu Kanada in einer Abstimmung selbst entscheiden.

Franko-kanadier versuchen sich abzu-spalten

Am **20. Mai 1980** fand diese Abstimmung mit folgendem Ergebnis statt: 88 % der stimmberechtigten Bürger Québecs stellten sich der Abstimmung. 50 % stimmten für den Verbleib in der kanadischen Konföderation und nur 41 % dagegen. *René Lévesque* und den Separatisten war damit eine entscheidende Abfuhr erteilt worden. Am **17. April 1982** ließ *Trudeau* eine **neue kanadische Verfassung** von *Königin Elizabeth II.* absegnen, die die alte „British North America Act" ablöste. Dann trat Trudeau freiwillig zurück und überließ die Regierung den Liberalen. Wenn sich auch die Wogen des Separatismus zunächst etwas geglättet haben, so kann man abschließend nur sagen, dass sich beide Bevölkerungsgruppen nach wie vor nicht besonders mögen und dass sie höchstens eine „Vernunftehe" eingegangen sind.

Anglo- und franko-kanadische Differenzen

1990 war die **Einheit Kanadas** wieder durch einen Streit **gefährdet**, weil ein Zusatz in der neuen Verfassung, der „Meech-Lake-Accord", worin die kulturelle und sprachliche Sonderstellung Québecs verankert werden sollte, auf den Einspruch eines Parlamentariers, eines Indianers, nicht rechtzeitig von allen Provinzen ratifiziert werden konnte. Daraufhin drohten die Québecer mit Austritt aus der Konföderation. Auch die Westprovinzen, auf die ständigen Sonderwünsche der Québecer ärgerlich, gaben kund, lieber sich den USA anzuschließen, mit denen sie sich wirtschaftlich, geographisch und kulturell enger verbunden fühlten als mit Ostkanada.

1995 scheiterte ein erneutes Referendum für die Unabhängigkeit Québecs. Knapp über die Hälfte der Wähler stimmte für den Verbleib im kanadischen Staat. Die separatistische Fraktion ist dennoch ein Faktor, der für die Zukunft Québecs mitentscheidend sein kann.

Ethnisches Mosaik

Nachdem wir uns in den vorigen Kapiteln intensiv mit den Anglo- und Frankokanadiern beschäftigt haben, müssen wir uns jetzt den 26,7 % Kanadiern zuwenden, die anderer Abstammung sind. Insgesamt hat das Einwandererland Kanada **150 verschiedene ethno-kulturelle Gruppen** aufgenommen, die nicht britischen und auch nicht französischen Ursprungs sind. Das sind bisher ca. 7 Mio. Menschen. Zu bestimmten Zeiten hat es immer wieder **Einwanderungs-Beschränkungen und Regularien** für bestimmte Gruppen und Völker gegeben. So waren beispielsweise alle Chinesen von 1923 bis zum Ende des Zweiten Weltkriegs ausnahmslos von der Einwanderung ausgeschlossen. Auch die Zahl der Emigranten überhaupt musste beschränkt werden.

Schulkinder – ethnisches Mosaik

Vor 1945 wurde die Einwanderungs-Genehmigung im Wesentlichen nur an Europäer und US-Bürger erteilt. Kanada versuchte, eine Einwanderungspolitik zu betreiben, die das Ziel hatte, Einfluss auf die künftige Bevölkerungs-Zusammensetzung des Landes zu nehmen. Die folgende Statistik zeigt die Verschiebung des Einwandererpotentials von 1851 bis 1910 mit steigender Tendenz von Süd- und Osteuropäern gegenüber West- und Nordeuropäern.

Zeitabschnitt	Einwanderer aus Europa	aus West- und Nordeuropa	aus Süd- und Osteuropa
1851-1860	94,4%	93,6%	0,8%
1891-1900	96,5%	44,6%	51,9%
1901-1910	92,5%	21,7%	70,8%

Ab 1945 erlaubte Kanada auf Druck anderer Commonwealth-Länder auch Vorderasiaten (Türken, Libanesen und Ägyptern) die Einreise und gewährte Flüchtlingen und Vertriebenen, Nordafrikanern, Armeniern, Kongolesen, Chilenen und Vietnamesen das Asylrecht. **Ab 1967** wurde jede **Diskriminierung** nach ethnischer Zugehörigkeit, Religion und Kultur aufgegeben.

Ein solches **Völkermosaik**, zusammengesetzt aus Menschen aller Erdteile, schafft naturgemäß **Probleme:**

Völkergemisch

• Das Zusammenleben der unterschiedlichsten Gruppen erzeugt Reibungspunkte.
• Die Abneigung der schon Ansässigen gegenüber den Neuankömmlingen ist schon bei Menschen gleicher Volksgruppe schwierig, um so mehr bei fremder Herkunft.

Trotz aller zu erwartenden Schwierigkeiten waren die Probleme mit den Einwanderern, die nicht aus Großbritannien und Frankreich kamen, nicht so schwerwiegend wie der uralte Streit zwischen den Anglo- und Frankokanadiern. Die sonstigen Minderheiten sind und müssen anpassungsfähiger sein als die beiden Hauptgruppen, um in dem fremden Land sesshaft zu werden.

Mitspracherecht der Indianer

In den Kontroversen zwischen den Indianern, die mit 416.000 Seelen und 592 Stämmen in Kanada vertreten sind, und den Weißen prallten zwei grundverschiedene Lebensphilosophien aufeinander.

Lebensauffassung der Indianer

• Den Indianern ist **privates Eigentum** an Grund und Boden grundsätzlich wesensfremd. Einzelne Sippen hatten Nutzungsrechte in bestimmten Arealen, die immer wieder neu vergeben wurden. Viele Stämme nomadisierten und lebten von der Jagd und dem Fischfang. Sie betrieben bestenfalls Viehhaltung. Die Irokesen in Ostkanada waren der einzige Indianerstamm, der zum Ackerbau übergegangen war, bevor die Europäer den kanadischen Boden betraten.

• Bei der **Ausschöpfung natürlicher Ressourcen** galt nach alter indianischer Tradition der Grundsatz: Bei allen Entscheidungen musste das Wohl der nächsten sieben Generationen im Auge behalten werden.

• Die **Natur** war nach dem Glauben der Indianer **beseelt und schützenswert**. Alle Gegenstände und Lebewesen, Berge, Seen, Flüsse, Bäume, Tiere, Menschen besaßen eine Seele. Hatte man beispielsweise einen Bären getötet, so hielt man ihm eine Ansprache und entschuldigte sich, dass man ihn erlegen musste.

Zielsetzung des europäischen Imperialismus

Bei den weißen Einwanderern waren oft folgende Fragen entscheidend:

• Wie war das auserwählte Siedlungsgebiet am nachhaltigsten **von der Urbevölkerung zu „säubern"**?

• Wie konnte man das besetzte **Land als sein Eigentum sichern**?

• Wie konnte das Land wirtschaftlich genutzt werden, um möglichst **hohe Gewinne** zu erzielen?

Jetzige Situation der Indianer

Der Übermacht des Weißen Mannes mussten die Indianer unterliegen. Ihre Kultur konnten sie nur in bescheidenem Maße erhalten.

Insgesamt spiegeln sich ihre Resignation und ihr Elend in Folgendem wider:

• Etwa drei Viertel von ihnen leben in **2231 Reservaten**, die jedoch viel zu klein sind, um dort ein Auskommen zu finden. Das restliche Viertel ist teils sesshaft, teils noch umhersteifend in den Weiten Nordkanadas. Diese Indianer gehen noch ihrer traditionellen Beschäftigung, der Jagd und dem Fischen, nach.

Verarmung der Indianer

• Einige Männer finden als **Gelegenheitsarbeiter** vereinzelt Arbeit im Straßenbau und in nahegelegenen Betrieben.

• 70 % der Indianer sind von der **Sozialhilfe** abhängig.

• Das **Abwandern** in die Städte der Weißen ist mit dem Verlust ihrer Sprache, ihrer traditionellen Wurzeln und ihrer Identität verbunden.

• Nur wenigen gelingt die **Anpassung** an das Leben der Weißen zu ihrem Glück und ihrer Zufriedenheit.

• Die meisten bleiben **Bettler** in ihrem eigenen Land.

Der Kampf um die Rechte der Indianer

Besonders in British Columbia stellen weiße Rechtsanwälte zusammen mit den Indianern Ansprüche auf das Land, das ihnen einst gehörte. Es hat in den achtziger Jahren beachtenswerte Prozesse gegeben, die von weißen Anwälten geführt wurden. Es geht um folgende Themenkreise:

• Widerstände gegen Holzeinschläge und industrieller Raubbau an den Wäldern

• Verlust ihres natürlichen Lebensraums, der dem ausgeprägten Profitdenken der Weißen zum Opfer zu fallen droht

- Vernichtung der Fischgründe und Fanggründe von Meeressäugern durch Öl-
pest, wie durch das Schiffsunglück am 24. März 1989 des Supertankers Exxon
Valdez im Prince Willams Sound (Alaska) geschehen
- Ansätze zur Selbstbestimmung und Selbstverwaltung in bestimmten Gebieten
- Forderung nach Gleichberechtigung innerhalb der kanadischen Konföderation
- Anerkennung als gleichwertige Partner und nicht mehr als „Mensch 2. Klasse"

Wachsendes Selbstbewusstsein

Die Proteste der Indianer, die auf die Zerstörung der Ökosysteme hinweisen, und
das Argument, dass die Bedürfnisse der ortsansässigen Menschen Vorrang vor den
Interessen großer Industriekonzerne haben sollten, finden besonders die rege
Unterstützung der Naturschützer. Durch das gemeinsame Handeln von Indianern und Naturschützern im Kampf um den Erhalt der Natur, der u. a. der
Lebensraum einiger Indianerstämme in British Columbia ist, zeigten sich erste
Erfolge. Die Öffentlichkeit soll weiter aufgerüttelt werden, um einerseits die
natürlichen Lebens-
räume Kanadas zu
erhalten und ande-
rerseits den im Ab-
seits stehenden In-
dianern ihr Recht
auf einen würdigen
Platz in der kanadi-
schen Gesellschaft
einzuräumen.

In der kanadischen
Bevölkerung sind
positive Anzeichen
einer **Bewusst-
seinsänderung** zu
spüren. Beispiele:

Denedorf Edzo – Northwest Territories

- **1985** erreichten
die **Haida-Indianer**, dass die ihnen als heilig geltende Lyell Insel (British Columbia) mit ihren jahrhundertealten mächtigen Zedern nicht von den Holzfällern
kahl geschlagen wurde.
- **1988** setzten **Dene-Indianer** und die **Métis** durch, dass ihnen die Ausbeute
von Bodenschätzen in einem Gebiet von 10.000 km² in den Northwest Territories zugestanden wurde. Außerdem sollten sie in einem Gebiet von weiterer
180.000 km² teilweise am Gewinn beteiligt werden. 500 Mio. Can$ wurden zu-
sätzlich als Startkapital bewilligt.
- **2000** erhielten die **Nisga´a-Indianer** im Nordwesten der Provinz British
Columbia 2.000 km² Land zurück, das sie weitgehend selbst verwalten dürfen.
Dies ist in einem Vertrag über Landrechte nach 113 Jahren Streit festgelegt
worden.
- Am **11.06.2008** bat Premierminister *Stephen Harper* die indianischen Ureinwohner in einer als historisch bezeichneten Rede um Entschuldigung für Zwangsassimilierungsmaßnahmen wie Umerziehungsheime für Kinder indianischer Abstammung.

Existenzfragen der Inuvialuit (Eskimo)

Konflikte durch die weiße Zivilisation

Durch die Berührung mit dem Weißen Mann sind die ca. 36.000 in Kanada lebenden Inuvialuit in ihrer ehemaligen Kultur und ihren Lebensgewohnheiten stark erschüttert worden.

- **Krankheiten**, die vorher bei ihnen unbekannt waren, haben Lücken in ihre Reihen geschlagen.
- Der Genuss von **Alkohol** wurde vielen Inuvialuit wichtiger als die Jagd. Die verheerenden Folgen waren Hunger, Elend und Selbstmord.
- **Missionare** verdammten bewährte Sitten der Inuvialuit. Alles, was mit den christlichen Glaubensvorstellungen nicht in Einklang gebracht werden konnte, wurde als heidnisch und verwerflich verketzert.
- Ihre Kultur wurde Opfer neuer Wertvorstellungen. Durch das Einführen von Waren einer fremden Zivilisation mussten zwangsläufig Wünsche geweckt und das **Konsumdenken** angeregt werden. Hierdurch sollte bewusst ein Abhängigkeitsverhältnis zum „Luxus" der Weißen aufgebaut werden.
- Die Inuvialuit, vorher von den europäischen Pelzhändlern zum Jagen von Pelztieren angeregt, bekommen neuerdings den **Boykott des Pelzhandels** (niedrige Preise, Absatzschwierigkeiten von Seehundfellen) am härtesten zu spüren. Diese Maßnahme, besonders von der Umweltschutzorganisation Greenpeace und leidenschaftlich von *Brigitte Bardot* getragen, ist einerseits für den Tierschutz als sehr positiv anzusehen, andererseits entzieht sie den Inuvialuit und auch den nördlichsten Indianerstämmen eine lebenswichtige Einnahmequelle. Die Zweischneidigkeit dieser Aktion ist von der kanadischen Greenpeace-Gruppe bereits erkannt und zugegeben worden. Man sucht nach Kompromissen, um in diesem Fall die Robbenjagd bedingt wieder zuzulassen.
- Die **Umweltbelastungen** (Wasser- und Luftverschmutzung, saure Niederschläge, Ozonloch) machen auch vor der einsamen Arktis nicht halt. Hiervon sind durch den Rückgang der Beutetiere zu Land und zu Wasser die Lebensbedingungen der Inuvialuit ebenfalls bedroht.

Verhängnisvolle Berührung mit dem Weißen Mann

Gesteigertes Selbstbewusstsein der Inuvialuit (Eskimo)

In der neuen kanadischen Verfassung von 1982 wurden ihre Rechte als Urbevölkerung anerkannt. Hierauf fußen die Bestrebungen der Inuvialuit auf mehr Anerkennung. In den Northwest Territories sind auf der politischen Ebene erste Ansätze erkennbar, den Inuvialuit mehr Rechte bezüglich der **Selbstverwaltung** einzuräumen. Die Selbstbesinnung auf alte Traditionen ist verstärkt spürbar.

Bodenschätze

Neuer Konfliktstoff sammelt sich durch das Auffinden von Bodenschätzen (Erdöl, Erdgas, Mineralien) im hohen Norden an. An der gerechten Abgrenzung der Ansprüche beider Parteien ist der ehrliche Wille der weißen Regierung zur Kooperation zu messen. Mehrere Gerichtsurteile und politische Entscheidungen signalisieren einen Wandel der bisherigen Bewertung von Ansprüchen der Ureinwohner. Auf Antrag der Inuvialuit in Labrador verordnete das Appellationsgericht von Neufundland Anfang Oktober 1997 den Stopp des weiteren Ausbaus des Nickeltagebaus in Voisey Bay.

Nunavut-Territorium

Die vom Parlament 1993 beschlossene Gründung des Nunavut-Territoriums (Land des Volkes) für die Inuvialuit trat am **01.04.1999** in Kraft. Das Territorium, von den bisherigen Northwest Territories abgetrennt, umfasst 353.000 km², das die *Hoffnungs-* Urbevölkerung eigenständig regieren und verwalten darf. Die Hauptstadt ist **Iga-** *voller* **luit**. Außerdem wird der Urbevölkerung auf 36.000 km² die Ausbeutung der *Anfang* Bodenschätze zugesichert.

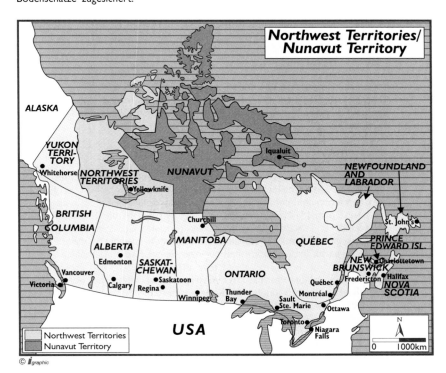

© *i graphic*

3. GEOGRAPHISCHER ÜBERBLICK

Lage, Größe und Großlandschaften

Kanadas Staatsfläche beträgt 9.958.319 km². Sie ist rund 28-mal größer als die der Bundesrepublik Deutschland, davon betragen 9.984.670 km² Land und 755.109 km² Binnengewässer (7,6 %). Die größte Nord-Süd-Ausdehnung beträgt vom Cape Columbia auf der Ellesmere-Insel bis zur Middle-Insel im Eriesee rund 4.627 km. Die größte Ost-West-Ausdehnung vom Kap Spear auf Neufundland bis zum Yukon beläuft sich auf 5.187 km. Der einzige Nachbar sind die USA. Mit ihnen hat Kanada seine südliche Begrenzung und im Nordwesten seine Grenze mit dem US-Bundesstaat Alaska. Im Westen umspülen der Pazifische Ozean, im Norden das Nordpolarmeer und im Osten der Atlantische Ozean das zweitgrößte Land der Erde, Kanada.

Man kann Kanada in **5 Großlandschaften** einteilen: die Appalachen-Region, den Kanadischen Schild, das Arktische Archipel, die Großen Ebenen und die Kordilleren. Näher betrachtet werden hier nur die Großlandschaften Westkanadas und Alaskas.

Kordilleren

Gebirgs-wall der Rocky Mountains

Die Kordilleren sind das **Rückgrat des gesamten amerikanischen Kontinents**. Der zirkumpazifische Hochgebirgsgürtel verläuft von Asien über die Aleuten, im Westen von Nord- und Südamerika, über einzelne Inseln bis in die Antarktis. Der Mount Mc Kinley (Alaska) ist mit 6.320 m ü. M. die höchste Erhebung Nordamerikas. In Kanada laufen die beiden parallelen Gebirgszüge, das **Küstengebirge** und die **Rocky Mountains**, dicht nebeneinander her, so dass die dazwischen liegenden Beckenlandschaften nur eine geringe Fläche ausmachen.

Die Kordilleren sind zu mächtigen Gebirgsstöcken aufgetürmt worden. Diese komplizierten Verschiebungen von **Kontinentalschollen** dauern bis in die Gegenwart an. Die geologischen Materialien dieser Platten sind sehr unterschiedlich. Sie sind aus vulkanischen Inselbögen, Trümmern ozeanischer Krusten und Sedimenten zusammengesetzt. Die Kordilleren sind ebenfalls reich an Mineralien. Davon ist Gold in Kalifornien, in den Cariboo Mountains und in Klondike der wertvollste Bodenschatz.

Die Gebirgsbildung, auf Kanada bezogen, ist wie folgt zu erklären: Die Juan de Fuco-Platte schiebt sich unter die Festlandsplatte (Subduktion). Diese Überlappung ist naturgemäß eine geologische Unruhezone. Somit sind die Kordilleren nach neuesten Erkenntnissen kein Faltengebirge, sondern durch Hebung der Kontinentalscholle entstanden. Rund um den Pazifik ist eine intensive **Vulkan- und Erdbebentätigkeit** festzustellen. Man spricht vom „Ring aus Feuer". Die Lavaergüsse im Columbia-Plateau und Yellowstone-Gebiet, die Ausbrüche des Mount

St. Helens am 18.05.1980, als die
Spitze des Berges abgesprengt wurde, waren bislang bekannte größere vulkanische Aktivitäten in Nordamerika.

Die Großen Ebenen

Die Großen Ebenen (Great Plains)
in Kanada bilden mit weiten Teilen
der zentralen USA die Prärien. Ihre
meistens fruchtbaren **Sediment-
böden** sind die Rückstände riesiger eiszeitlicher Seen. Aber auch

Weite der Prärie – einst Reich der Bisons

Sanderflächen, Grund- und Endmoränen deuten auf die Gletscher der letzten
Eiszeit hin. Es sind deutlich drei Stufen zu unterscheiden, die von Osten nach
Westen ansteigen. Einst waren sie ein weites Grasland, heute sind sie die Korn-
kammer Nordamerikas. In den Great Plains befinden sich große Vorkommen an
Erdöl und Erdgas.

Arktischer Archipel

Der Arktische Archipel hoch im Norden besteht aus zahlreichen Inseln unter-   *Durch*
schiedlichster Größe. Insgesamt umfasst die arktische Inselwelt 1,3 Mio. km². Die   *Eiszeiten*
Inseln im Westen sind flach, während die im Osten vergletscherten Erhebungen   *geformte*
bis zu 2.000 m aufweisen. Die Inseln und die dazwischen liegenden Meeresarme   *Land-*
sind durch die Eiszeiten geprägt. Der Dauer- oder **Permafrostboden** ist für den   *schaften*
Arktischen Archipel kennzeichnend. Wenn der Boden in dem arktischen Sommer
nur oberflächlich wenige Zentimeter auftaut, bilden sich zahlreiche Seen und
Sümpfe, weil das Schmelzwasser nicht im Boden versickern kann.

Kanadischer Schild

Der Kanadische Schild, auch das Laurentische Plateau genannt, wird durch den
Great Bear Lake, Great Slave Lake, Lake Athabasca, Lake Winnipeg, das St. Lawrence-Tal, die Küstenlinie Labradors und die Inselwelt des Arktischen Archipels
begrenzt. Es umfasst über die Hälfte Kanadas und Alaskas. Die Inlandvereisungen   *Gewalt der*
in Nordamerika waren viel größer und reichten viel weiter nach Süden als in   *Gletscher*
Europa. Die Gletscher hatten sich in der Nebraskan-Eiszeit der Neuen Welt bis
zum 37. Breitengrad vorgeschoben, das ist die Linie Ohio, Missouri. Das entsprä-
che in der Alten Welt einer Linie Sevilla, Tunis, Syrakus.

Der Kanadische Schild ist der **geologisch älteste Kern** des Kontinents, vergleichbar dem Fennoskandischen Schild in Europa. Der Kanadische Schild besteht
hauptsächlich aus präkambrischen und paläozoischen Gesteinen. 2/3 davon sind
Urgesteine (z. B. Granite) und 1/3 Sedimente. Eingelagert sind **wertvolle Bodenschätze** wie Gold, Silber, Kupfer, Nickel, Zink, Eisen, Kobalt und Uran. Die
Ortsnamen Asbestos, Cobalt, Coppermine, Port Radium und Uranium City geben

Aufschluss über diesen unterirdischen Reichtum. Kanada hat sich zum größten Uranlieferanten der Welt entwickelt.

Das gewaltige Gewicht des fließenden Eises der letzten Eiszeit hat das Gestein zu flachen Kuppen abgehobelt und ein sehr dichtes Gewässernetz mit Tausenden von Seen und Flüssen geschaffen. Charakteristisch für die noch junge eiszeitliche Landschaft sind Stufen und das Fehlen eindeutiger Wasserscheiden. Die Folge sind zahlreiche **Stromschnellen** in dem noch unausgeglichenen Gelände und Flüsse, die teilweise zu verschiedenen Seiten entwässern.

Die Gletscher hobelten nicht nur die Berge ab, ihr gewaltiges Gewicht drückte auch das Land nieder, die Hudson Bay sogar unter den Meeresspiegel. Seit ca. 7.000 Jahren hebt sich das Land wieder um 60 cm in 100 Jahren.

Klima und Naturerscheinung

Wesentliche Klimafaktoren

Westwinddrift

Ostwärts wandernde Tiefs

Kanada liegt in einer Zone westlicher Luftströmungen um die Erde, deshalb ergeben sich starke Ähnlichkeiten zum Klima in Nord- und Mitteleuropa. Auf bestimmten Zugstraßen ostwärts wandernde Tiefs (Minima = barometrisch gemessene Tiefdruckzentren) werden von Hochdruckkeilen abgelöst. Die Minima bilden sich immer wieder neu an der Polarfront im Raum der Aleuten. Die **Aleutentiefs** (vergleichbar den Islandtiefs in Europa) erzeugen Luftwirbel, die in meistens rascher Folge westwärts wandern. Sie erzeugen unbeständiges Wetter mit einem schnellen Wechsel von Warmfront und Kaltfront, hohem Luftdruck und tiefem Luftdruck, Niederschlägen und trockenem Wetter.

Barriere der Kordillerenkette

Das Relief Nordamerikas ist demjenigen Europas sehr unähnlich. Der Hauptwindrichtung von West nach Ost stellen sich in Nordamerika die **in Nordsüdrichtung verlaufenden Kordilleren** entgegen, während in Mitteleuropa die höchsten Gebirge (Alpen, Karpaten) parallel zur Richtung, aus der der überwiegende Westwind bläst, liegen.

Aus diesem Tatbestand ergeben sich für Nordamerika zwei Klimafaktoren:
• Die feuchte, mäßigwarme Luft des Pazifik prallt gegen die Gebirgsmauer der Kordilleren und gibt ihre Feuchtigkeit zum größten Teil als **Steigungsregen** (bzw. Schnee) ab. Die östlich der Rocky Mountains liegenden Landstriche liegen im **Regenschatten**.
• Die parallel zu den Längengraden verlaufenden Gebirge Nordamerikas, die Kordilleren im Westen und die Appalachen im Osten, begünstigen einen **ungehinderten Austausch von kalter Polarluft** aus dem Norden **und warmer tropischer Luft** aus dem Süden.

Meeresströme

Der **warme Kuro Schio-Meeresstrom** aus Japan erwärmt die Nordwestküste Kanadas und Alaskas, während der **kalte Labradorstrom von Grönland** Ostkanada abkühlt.

Nordlicht

Ein weiteres Phänomen des hohen Nordens ist das Nordlicht *(Aurora borealis)*, das am besten im Winter zu beobachten ist. Mit dem Sonnenlicht werden wellenförmig ionisierte Partikel durch das Weltall geschickt. Man spricht auch vom „Sonnenwind". Wenn diese Teilchen auf die Gase der Erdatmosphäre stoßen, dann kommt es zu verschiedenen Farbnuancen. Diese Naturerscheinung kann unwahrscheinlich schöne, zuckende und wehende Farbschleier hervorzaubern.

Faszinierende Naturerscheinung

Verschiedene Klimazonen

Kanada, ein riesiges Land mit einer Ost-West-Ausdehnung von 5.187 km und einer Nord-Süd-Spanne von 4.627 km, kann naturgemäß kein einheitliches Klima besitzen. Es ist in verschiedene Klimazonen unterteilt, die jedoch auch Übergangszonen aufweisen.

Riesiges Land mit unterschiedlichem Klima

Arktische Kältewüste

Im Arktischen Archipel fällt weniger als 15 cm Niederschlag jährlich. Deshalb spricht man von einer arktischen Kältewüste. Die Temperaturen können unter - 60 °C fallen.

Tundra

Die kanadische Tundra dehnt sich nördlich der Baumgrenze bis zur arktischen Kältewüste im äußersten Norden aus. Auch ein geringer Teil der Inseln des Arktischen Archipels kann noch als Tundra bezeichnet werden. Ihnen ist nur ein **kurzer Sommer** beschert. Trotz der hellen Nächte der Mitternachtssonne erreichen die Mittagstemperaturen kaum mehr als + 20 °C. Der **lange, dunkle, bitterkalte Winter** dauert mindestens acht Monate. In der Tundra gibt es viele Seen und Sümpfe, weil das im Sommer auftauende Wasser wegen des Dauerfrostbodens (Permafrost) nicht im Untergrund versickern kann. Der **Permafrostboden**, der bis zu 500 m in die Tiefe reichen kann, ist eine besondere Erscheinung der Tundra.

Subarktische Zone

In der sich nach Süden anschließenden subarktischen Zone herrscht ein ausgeprägtes **Kontinentalklima**. Der lange eisig kalte Winter dauert in der Regel sechs Monate, der heiße Sommer kann drei Monate anhalten. Dazwischen liegen ein kurzer berauschender Frühling, in dem das neue, junge Leben zu explodieren scheint und ein kurzer leuchtender Herbst, der das ganze Land in ein rotes und gelbes Farbenmeer verwandelt, von dem im Absterben begriffenen Blattwerk der Bäume, Büsche und Zwergsträucher hervorgerufen.

Kordilleren

In den Kordilleren bestimmt **ozeanisches Klima** das Wetter. Die feuchte, milde Meeresluft steigt an den Westhängen der Kordilleren hoch. Dadurch entstehen reichliche Niederschläge, die als Regen (Steigungsregen) oder ergiebige Schneefälle niedergehen. Schneehöhen von sieben Metern in den Bergen sind keine Seltenheit.

Die Sommer sind in den Tallagen eher trocken und warm, die Winter je nach Höhenlage unterschiedlich lang, auf jeden Fall aber kalt und schneereich. An der Küste sind die Sommer kühl und feucht, die Winter mild, wolkenreich und nass.

Die Prärien

Die Prärien unterliegen auch einem ausgeprägten **Kontinentalklima**. Die fast baumlosen einstigen Grassteppen, die jetzt endlosen Weizenfeldern Platz machen mussten, liegen im Regenschatten der Rocky Mountains. Die nur wenigen Niederschläge fallen meistens als Gewittergüsse im Sommer oder gehen in den gefürchteten Schneestürmen, den **Blizzards**, im Winter nieder. Der **Chinook** ist ein schnee- und eisverzehrender Fallwind, bei dem die winterlichen Temperaturen in kürzester Zeit auf + 20 °C emporklettern können, sehr zum Leidwesen der Wintersportler. Die Winterolympiade 1988 in Calgary hatte beispielsweise unter diesem warmen Fallwind zu leiden.

Die Prärien sind das Gebiet zwischen den Kordilleren im Westen und den Appalachen im Osten, das der **eisigen Polarluft** aus dem Norden und den **heißen Wüstenwinden** aus dem Süden schutzlos ausgeliefert ist. Besondere Gefahren für die Landwirtschaft sind Dürre, Winderosion, Gewitter, Bodenerosion, später Frost im Frühling und verfrühter Wintereinbruch.

Südwesten Kanadas

In den intramontanen Ebenen und Beckenlandschaften im Lee der Westwinde herrscht in einem Übergangsgebiet, ähnlich wie in Südeuropa und Nordafrika, ein **Mittelmeerklima**, von dem das südwestliche Kanada profitiert. Warme, trockene Sommer und milde, feuchte Winter sind vorherrschend.

Klimadaten (langjähriger Durchschnitt)

1. Zeile: mittl. tägl. Maximum/mittl. tägl. Minimumtemp. in °C
2. Zeile: mittl. Niederschlag in mm/Zahl der Tage mit Niederschlag

Ort	Jan.	März	Mai	Juni	Juli	Aug.	Sept.	Okt.	Nov.	Jahres-niederschlag (mm)
Inuvik, N.W.T. 68°N, 135°W	-25/-33	-17/-27	4/-5	14/5	18/9	15/7	7/1	-4/-10	-16/-23	235
	12/8	11/8	8/5	18/6	34/9	36/12	20/11	32/11	21/10	
Edmonton, Alberta 54°N, 114°W	-10/-19	-1/-10	17/5	20/9	23/12	22/10	17/5	11/0	0/-8	447
	25/12	17/10	37/9	75/12	83/13	72/12	36/9	19/6	19/9	
Prince Rupert, B.C. 54°N, 130°W	4/-1	7/1	14/6	15/8	17/10	17/11	15/9	11/6	8/3	2414
	214/20	180/20	123/17	107/16	121/16	147/16	242/17	359/24	269/24	
Vancouver, B.C. 49°N, 123°W	5/0	10/2	17/8	20/11	22/13	19/10	14/6	9/3	9/3	1121
	147/20	117/16	48/10	45/10	30/6	37/8	61/9	122/16	141/18	
Whitehorse, Y.T 61°N, 135°W	-14/-23	-2/-13	13/1	19/6	20/8	18/7	13/3	4/-3	-6/-12	262
	19/13	15/8	14/6	29/9	33/11	36/10	29/10	20/9	22/13	
Yellowknife, N.W.T. 62°N, 114°W	-24/-33	-13/-24	9/-1	17/7	21/11	18/10	10/4	2/-4	-10/-18	250
	14/10	12/9	14/5	17/6	33/9	36/10	28/10	31/11	24/14	

4. PFLANZENWELT WESTKANADAS UND SÜDALASKAS

Kleines Baumlexikon

Amerikanische Zitterpappel oder **Amerikanische Aspe/** Quaking Aspen *(Populus tremuloides)*

Vorkommen: vom Pazifik zum Atlantik · Höhe: 12–21 m · Merkmale: wächst gewöhnlich in großen Beständen an trockenen, offenen Plätzen, lange, zylinderförmige, astfreie Stämme, kurze, abgerundete Kronen, flache Stiele lassen die Blätter beim geringsten Lufthauch erzittern

Balsam-Pappel/Balsam Poplar *(Populus balsamifera)*

Vorkommen: nördliches Nordamerika · Höhe: 18–24 m · Merkmale: wächst meistens an Flussläufen und Feuchtgebieten in tiefer gelegenen Tälern, schwere, knorrige Kronen, graubraune, furchige Rinde, große, ovale Blätter, vorn spitz zulaufend, die jungen Knospen produzieren süßlich riechenden Harz, Samen werden beim Aufspringen der Kätzchen vom Wind verweht

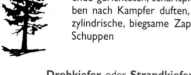

Blaue Engelmannfichte/Engelmann Spruce *(Picea engelmannii)*

Vorkommen: westliche Gebirge Nordamerikas · Höhe: 24–30 m · Merkmale: kegelförmige Baumkrone, Benadelung charakteristisch durch die zum Triebende gerichteten, scharfspitzigen, leicht gebogenen Nadeln, die beim Zerreiben nach Kampfer duften, gelblich-rötlich-braune Rinde und dünnschuppigzylindrische, biegsame Zapfen mit dreieckig gezackten Schuppen

Drehkiefer oder **Strandkiefer/**Lodgepole Pine *(Pinus contorta)*

Vorkommen: Alaska bis Kalifornien · Höhe: 6–24 m · Merkmale: hoher Stamm, unten nur vereinzelt Äste, scharfspitzige Nadeln, stehen paarweise zusammen, stark gedrehte Nadeln und Zweige, rötlich-braune, tiefgefurchte Rinde, harte, stachelige, mit Harz versiegelte Zapfen

Felsengebirgstanne/Subalpine Fir *(Abies lasiocarpa)*

Vorkommen: Hochlagen der Gebirge von Alaska bis Arizona · Höhe: 15–30 m · Merkmale: oft aufwärts gerichtete Nadeln, die beim Zerreiben einen starken Balsamgeruch verbreiten

Gebirgs-Strobe/Western White Pine *(Pinus monticola)*

Vorkommen: British-Columbia bis Kalifornien · Höhe: 30 m · Merkmale: Zapfen werden bis zu 25 cm lang, junge Triebe sind bräunlich filzig behaart (Unterscheidung zur Weymouthkiefer)

Gelb-Kiefer/Ponderosa Pine *(Pinus ponderosa)*

Vorkommen: British Columbia bis Kalifornien · Höhe: 18–39 m · Merkmale: dreinadlig, sehr gelblich bis orangefarbige dicke Schuppenborke

Küsten-Douglasie oder **Grüne Douglasie**/Douglas-Fir *(Pseudotsuga menziesii)*

Vorkommen: British Columbia bis Kalifornien · Höhe: 24–61 m · Merkmale: hoher, feuerbeständiger Baum mit dicker, furchiger blaugrauer Rinde mit rötlich-braunen Rissen, kurze, flache Nadeln unterseits mit 2 weißen Längsstreifen, charakteristisches Merkmal der Zapfen sind dreizackige Deckblätter der Schuppen

Nordamerikanische Weißfichte oder **Schimmelfichte**/White Spruce *(Picea glauca)*

Vorkommen: borealer Nadelwald Nordamerikas · Höhe: 12–30 m · Merkmale: gleichmäßige, konisch geformte Krone, Äste reichen fast bis zum Boden, Benadelung wird am Triebende dichter, bläulich-graue Nadeln riechen beim Zerreiben nach Schwarzer Johannisbeere, purpurrot-graue und rundschuppige Rinde, harte, zylindrische Zapfen mit glatten, runden Schuppen

Nutkazypresse/Alaska-Cedar *(Chamaecyparis nootkatensis)*

Vorkommen: Alaska bis Oregon · Höhe: 15–30 m · Merkmale: stark aromatisch riechende Nadeln

Ostamerikanische Lärche oder **Tamarack**/
Tamarack *(Larix laricina)*

Vorkommen: Zentralalaska bis Labrador · Höhe: 12–24 m · Merkmale: rötlichbraune Rinde, helle grünblaue Nadeln im Sommer, gelbe im Herbst

Papierbirke oder **Amerikanische Weißbirke**/
Paper Birch *(Betula papyrifera)*

Vorkommen: Pazifik bis zum Atlantik · Höhe: 15–21 m · Merkmale: behaarte Blätter, bei Herbstfärbung gelb, cremigweiße, papierartig geschälte Rinde

Purpurtanne oder **Pazifische Weißtanne**/
Pacific Silver Fir *(Abies amabilis)*

Vorkommen: Pazifische Küste · Höhe: 24–46 m · Merkmale: Nadeln geben beim Zerreiben starken Geruch nach Mandarinen ab, graue Borke mit weißen Flechten

Riesenlebensbaum/Western Red Cedar
(Thuja plicata)

Vorkommen: Pazifikküste, Rocky Mountains · Höhe: 30–53 m · Merkmale: dünne rotbraune Borke, immergrüne Blätter, oft lichte Krone

Schwarzfichte/Black Spruce *(Picea mariana)*

Vorkommen: borealer Nadelwald Nordamerikas · Höhe: 6–18 m · Merkmale: schmale struppige Krone, herabhängende untere Äste mit aufwärts gebogenen Spitzen, charakteristisches Merkmal: keulenförmige Baumspitze, kleine, nur 3 cm große Zapfen, Nadeln nur 1,5 cm lang

Sitkafichte/Sitka Spruce *(Picea sitchensis)*

Vorkommen: entlang der Pazifikküste Kanadas und Südalaskas · Höhe: bis 49 m · Merkmale: raschwüchsig, liebt feuchtes Klima, dünne, steife, stechende Nadeln, dunkelrot-braune Rinde, springt in kleinen bis groben, muscheligen Platten ab

Weißborkenkiefer/Whitebark Pine
(Pinus albicaulis)

Vorkommen: subalpine Zone im westlichen Nordamerika · Höhe: 0,30–0,60 m · Merkmale: wächst an der Baumgrenze, unverwechselbare Form durch aufwärts gebogene Äste, glatte und fast weiße Rinde der älteren Bäume, 4–7 cm lange, zu Fünferbündeln zusammenstehende Nadeln, große und essbare Samen

Westamerikanische Lärche/Western Larch
(Larix occidentalis)

Vorkommen: British Columbia bis Montana · Höhe: 24–46 m · Merkmale: schlankwüchsig, dreikantige Nadeln, bei Herbstfärbung goldgelb, dunkelgrau-braune Rinde

Westliche Hemlock/Western Hemlock
(Tsuga heterophylla)

Vorkommen: Pazifikküste von Südalaska bis Nordkalifornien · Höhe: 30–46 m · Merkmale: gescheitelte Nadeln, relativ dünne, graue Rinde mit kleinen Borkenschuppen

5.   TIERWELT WESTKANADAS UND ALASKAS

Kanada besitzt eine faszinierende Tierwelt, die zum größten Teil noch in Regionen lebt, die vom Menschen unberührt sind. Es gibt sogar menschenleere Gegenden, die fast ausschließlich den Wildtieren vorbehalten sind. Bei den riesigen Räumen, die es zu betrachten gilt, ist es angebracht, die Tierwelt des Landes in den Biotopen vorzustellen, in denen sie hauptsächlich vorkommen. Eine eindeutige Grenzziehung der unterschiedlichen Lebensräume ist nicht immer einfach.

Lebensraum Arktis

Der Lebensraum Arktis ist nicht exakt zu umreißen. Dennoch gehören der **Arktische Archipel** mit seinen Inseln und die Packeiswüsten dazu. Der Artenreichtum der Pflanzen und Tiere ist hier sehr gering, und doch waren die wenigen Spezies – und sie sind es auch teilweise heute noch – hier zahlenmäßig sehr stark vertreten.

Der **arktische Packeisgürtel** bildet keine zusammenhängende Kappe, wie man früher angenommen hat. Man hat festgestellt, dass die Eismassen ständig um den Pol herumdriften.

In der Arktis gibt es, wie auch in anderen Lebensräumen, Nahrungsketten, an deren Ende meist Beutegreifer stehen. Die **typische Nahrungskette** im arktischen Packeisgürtel stellt sich wie folgt dar:
* Das Plankton ist die Ausgangsbasis.
* Es wird von Fischen, Weichtieren und Krebsen aufgenommen.
* Diese Tiere werden von Seehunden und Walrossen gefressen.
* Die Eisbären jagen diese Robben.
* Der Eisfuchs verzehrt Aas und die Überreste der Eisbärenbeute.

Eisbär/Polar Bear

König der Arktis

Klasse: Säugetiere · Ordnung: Raubtiere · Familie: Bären · Kopfrumpflänge: 2–2,5 m · Schwanzlänge: 8–12 cm · Kreuzhöhe: 1,20–1,60 m · Gewicht: 400–450 kg, maximal 500 kg · Nahrung: Allesfresser, Hauptnahrung Robben · Tragzeit: 8–9 Monate · Zahl der Jungen: 1–2 · Lebensalter: 30–40 Jahre · Merkmale: riesiger Bär, nach Gewicht und Größe fast dem Kodiakbären vergleichbar, langer Hals, kleiner Kopf, kurze Krallen, behaarte Sohlen, weißes bis gelbliches Fell

Es ist erstaunlich, dass ein so großes Landraubtier wie der Eisbär, der bis zu 500 kg schwer werden kann, sich an das Leben im ewigen Eis anpassen konnte. Die Arktis – kältestarrend, rau, eine Wüste aus treibenden Eisbergen und Schollen – wurde von einem sehr klugen Raubtier bezwungen, unbegreiflich! Die driftenden Eisschollen rund um den Nordpol sind das Hauptverbreitungsgebiet des Polarbären. Es gibt dort keine Pflanzen, keine Felsen und keine Erde, und doch leidet der „weiße Jäger in der Kälte" keine Not.

Anpassung an das harte Leben in der Arktis

Wie kann ein Landraubtier im Meer und auf dem Eis überleben? Wie kann es seinem mächtigen Körper in dem eisigen Treibeisgürtel genügend Nahrung zuführen?

* Ein **warmer, wasserdichter Pelz** schützt vor der grimmigen Kälte.
* Die weiße Tarnfarbe des Fells kommt dem intelligenten Jäger zugute.
* Der Eisbär hat als **ausgezeich-neter Schwimmer und Taucher** große Fähigkeiten entwickelt. Seine kräftigen, breiten Pranken sind beim Schwimmen der Antrieb. Die Hinterbeine werden einfach nachgezogen. Beim Langstreckenschwimmen sind schon Entfernungen von 300 km übers offene Meer zurückgelegt worden. Es werden Geschwindigkeiten von 10 km/h erreicht. Bei starkem Wellengang taucht er meistens nur zum Luftholen im Rhythmus der Wellen auf.

Der Eisbär – der König der Arktis

* Erstaunlich ist die **unvorstellbare Ausdauer,** mit der der unermüdliche Wanderer rund um den Nordpol unterwegs ist. *Unermüdlicher Wanderer*
* Der Eisbär ist sehr geschickt und schnell beim Überklettern von Hindernissen in der bizarren Eislandschaft und beim Springen von Eisscholle zu Eisscholle.
* Seine harten Sohlen und Zehen ermöglichen ein erstaunlich schnelles Laufen über die glatten und zerklüfteten Eisformationen. In dem unwegsamen Gelände wurden Laufgeschwindigkeiten von 30 km/h festgestellt.
* Entscheidend ist jedoch für das Überleben in der Arktis seine Ernährungsweise. Er hat sich in erster Linie auf die **Robbenjagd** spezialisiert.

Jagdmethoden

Auf dem Eis und im Wasser schleicht sich der Eisbär sehr vorsichtig und gewandt an Robben und junge Walrosse heran, wobei ihm seine Tarnfarbe vorzügliche Dienste leistet. Seinem Opfer wird zunächst ein gezielter Schlag mit den Vorderpranken versetzt. Dann erfolgt der tödliche Biss in den Nacken, den Kopf oder in die Kehle. Er zieht sich manchmal aufs Land zurück, wenn das Eis im Sommer mürbe wird. Sehr anpassungsfähig kann er dann seine Fress- und Jagdmethoden ändern. Neben pflanzlicher Kost, Beeren, Gräsern und Flechten, macht er sich auch an Lemminge, an Brutkolonien der Seevögel und an die wehrhaften Moschusochsen heran.

Fortpflanzung und Aufzucht der Jungen

Eisbären sind Einzelgänger. Die Paarbildung findet nur kurz im April statt. Nach einer Tragzeit von 8–9 Monaten wird in einer Schneehöhle, in der das trächtige Weibchen Winterruhe hält, der Nachwuchs geboren. Die Höhle wird peinlich sauber gehalten. Die jungen Eisbären kommen winzig klein, nur 30 cm lang und 500–600 g schwer, blind und taub zur Welt. Erst nach ca. einem Monat können sie sehen und hören. Aber dann schreitet die Entwicklung, dank der nahrhaften Milch der Bärin, schnell voran. Nach 47 Tagen können sie laufen, nach 3 Monaten werden sie schon von der Mutter entwöhnt. In der Zeit zwischen März und Mai verlässt die Bärin mit ihrem Nachwuchs ihre Eishöhle, und die Lehrzeit der Jungbären beginnt.

Ein oder zwei Jahre bleibt die vaterlose Bärenfamilie noch zusammen, dann löst sie sich mit dem Beginn einer neuen Paarungszeit auf. Die Geschlechtsreife ist spätestens mit 5 Jahren erreicht. Die Weibchen werfen durchschnittlich alle 2–3 Jahre in meistens ein und derselben Eishöhle 1–2 Jungbären. Die Lebenserwartung beträgt 30–40 Jahre, wenn sie nicht vorher von den Menschen, den einzigen Feinden der Bären, abgekürzt wird.

Von der Ausrottung bedroht

• **Der Mensch** ist als **Hauptfeind** der Eisbären anzusehen. Seit dem 17. Jahrhundert, als die ersten Polarexpeditionen die Arktis erreichten, ist der Bestand der bewundernswerten Eisbären dramatisch zurückgegangen. Erbarmungslos wurde auf diese prächtigen Tiere wegen ihres begehrten Fells und zum Vergnügen von Sportjägern mit Feuerwaffen Jagd gemacht. Bei Eismeerkreuzfahrten wurden die ahnungs- und furchtlosen Tiere auf den Eisschollen und im Wasser „abgeknallt". Seit 1956 hat die damalige Sowjetregierung als erste die Wrangel Insel zum Schutzgebiet erklärt. Auch andere Länder waren zum Schutz der Eisbären bereit. Da die Polarbären jedoch einen weiten Lebensraum rund um den Nordpol beanspruchen und die meisten Gewässer international sind, besteht somit nur teilweise ein Schutz. Auf internationalen Konferenzen haben die Russen ein Jagdverbot für die Dauer von fünf Jahren vorgeschlagen, um dann den Bestand erneut zu überprüfen. Die Kanadier, in deren Einflussbereich die größte Eisbärenpopulation angesiedelt ist, sträubten sich gegen das totale Jagdverbot. Sie haben das Jagdrecht nur den Inuvialuit gewährt, weil diese von dem Fellhandel als ihrem bedeutendsten Wirtschaftszweig leben. So werden von den Inuvialuit immer noch jährlich ca. 600 Eisbären getötet. Bärinnen mit Jungtieren sind jedoch zu jeder Jahreszeit geschützt.

Bedrohter Lebens- raum

• Auch **schädliche Umwelteinflüsse** bringen die Eisbären zusätzlich an den Rand der Ausrottung.

- Die **allmähliche Erwärmung des Klimas** bleibt auch auf den Eisbärenbestand nicht ohne negative Folgen.

- „**Saurer Schnee**" und **Wasserverschmutzung** führt zur Störung der Nahrungskette, an dessen Ende der Eisbär als beherrschendes Raubtier steht.

- Durch die Menschen und ihre Haustiere eingeschleppte Krankheiten und Schmarotzer in das Polargebiet dezimieren ebenfalls die Bestandszahlen der Polarbären.

Eisfuchs/Arctic Fox

Klasse: Säugetiere · Ordnung: Raubtiere · Familie: Hunde · Kopfrumpflänge: 46–68 cm · Schwanzlänge: 25–33 cm · Kreuzhöhe: 30 cm · Gewicht: 4,5–8 kg · Nahrung: Allesfresser; im Packeisgürtel besonders Aas · Tragzeit: 51–57 Tage · Zahl der Jungen: 4–11, gelegentlich 20 · Merkmale: kleine, gerundete und stark behaarte Ohren, Schwanz kürzer als beim Rotfuchs, behaarte Pfoten, 2 Farbvarianten: eine die rein weiß im Winter und braun im Sommer ist und eine zweite, die hell im Winter und graublau im Sommer (Blaufuchs) ist, Blaufüchse stellen auf der Baffin-Insel 5 % und im übrigen Kanada nur 1 % der Gesamtpopulation dar.

Der Eisfuchs – ständig in Bewegung

Anpassung an die Arktis

Trotz der engen Verwandtschaft mit dem Rotfuchs der gemäßigten Breiten ist auf der folgenden Abbildung der Anpassungsprozess des Eisfuchses an das arktische Klima sehr deutlich zu erkennen:
- Die herausragenden Körperteile, wie Beine, Rute, Ohren und Schnauze, sind verkürzt. Sie würden sonst zuviel Körperwärme abstrahlen.
- Die **Wärmedämmung** wird durch eine Fettschicht und ein sehr dichtes Fell erhöht. Temperaturen von - 50 °C machen dem Eisfuchs keine Schwierigkeiten. Sie können ohne erhöhte Stoffwechselvorgänge, die viel Energie kosten und zusätzliche Nahrungsaufnahme erforderlich machen würden, aufgefangen werden.
- Die weiße **Tarnfarbe** im Winter und die braune im Sommer ist auf ihren Streifzügen sehr vorteilhaft.

Nahrungsbeschaffung

Eisfüchse legen oft weite Entfernungen auf treibenden Eisschollen zurück. Sie folgen den Eisbären über weite Strecken, um deren Beutereste zu erwischen. Außerdem haben sie auch die Inseln und Küsten des Nordpolarmeeres besiedelt und leben dort hauptsächlich von Lemmingen und Aas an den Stränden und im Packeis. *Im Gefolge der Eisbären*

Fortpflanzung

Eisfüchse legen Höhlen und Baue in vorwiegend freistehenden Erdhügeln mit mehreren Eingängen an, in deren Schnittpunkt sich ein runder Kessel befindet. Die erste Paarungszeit beginnt im April, und schon nach knapp zwei Monaten werden von der Füchsin die Jungen zur Welt gebracht. Die Zahl des Nachwuchses schwankt normalerweise zwischen 4 und 11. In „Lemmingjahren" können pro Wurf bis zu 20 Junge zur Welt kommen. Nach einer zweiten Paarungszeit kommt es im Juli und August meistens zu einem zweiten Wurf. Die Eisfüchse sind sehr fruchtbar, wohl deshalb, weil auch ihre Feinde sehr zahlreich sind. Dazu gehören der Mensch, der sehr erpicht auf ihr dichtes Fell ist, Bären, Vielfraße und Adler. Eisfüchse können bis zu 14 Jahre alt werden.

Eismeer-Ringelrobbe/Ringed seal

Klasse: Säugetiere · Ordnung: Raubtiere · Familie: Hundsrobben · Nahrung: kleine Krebse, Krabben und Fische · Kopfrumpflänge: 1,20–1,85 m · Gewicht: 100 kg ·

Zahl der Jungen: 1 · Merkmale: gute Schwimmer, Tauchdauer bis 20 Min., Tauchtiefe bis 100 m

Nahrung befindet sich unter dem Eis

Die Eismeer-Ringelrobbe ist weit in der Arktis verbreitet. Sie ist gezwungen, auch unter der Eisdecke des zugefrorenen Polarmeers zu leben, weil sie von der Nahrung im Meer abhängig ist. Da jedoch jedes lungenatmende Tier den Sauerstoff der Luft zum Leben braucht, musste diese Robbe eine Möglichkeit finden, um an die Atemluft oberhalb der festen Eisdecke zu gelangen. Die Eismeer-Ringelrobbe hält deshalb **Atemlöcher** frei. Damit fängt sie schon im Herbst an. Sobald sich eine Neueisschicht bildet, drückt sie diese mit der Schnauze entzwei. Mindestens ein Loch wird so groß eisfrei gehalten, dass sie nach oben hindurchschlüpfen kann. Diesen Ausgang benutzt sie, um oberhalb des Eises in einer Schneehöhle zu schlafen.

Aufzucht der Jungen

Die Paarung findet von April bis Mai statt. Das einzige Junge wird in einer Schneehöhle versteckt, möglichst weit von den Atemlöchern des Muttertiers entfernt, um den Nachwuchs nicht zu verraten. Das Junge wird zwei Monate lang mit einer sehr fetten Milch gesäugt, die 12- bis 13mal fetter als Kuhmilch ist. Anschließend muss die junge Ringelrobbe sich selbst mit Meerestieren versorgen.

Weitere Robbenarten an den kanadischen und alaskanischen Küsten des Polarmeers sind: **Bartrobben** (Bearded seal) und **Sattelrobben** (Saddleback).

Walross/Walrus

Klasse: Säugetiere · Ordnung: Raubtiere · Familie: Walrosse · Gesamtlänge: 300–450 cm · Gewicht: 800–2.200 kg · Nahrung: Weichtiere, Krebse und Fische · Tragzeit: 11–12 Monate · Zahl der Jungen: 1 · Merkmale: Weibchen sind um ein Drittel kleiner als Männchen, lange empfindliche Tasthaare zum Auffinden der Nahrung, mächtige, lange Eckzähne, bei Bullen 1 m lang

Man unterscheidet das **Polarmeer-Walross** (Atlantic Walrus), das in Kanada von Neufundland bis zur Hudson Bay vorkommt, und das **Pazifische-Walross** (Pacific Walrus), das an Alaskas Küsten zuhause und größer als das Polarmeer-Walross ist.

Vielseitiger Gebrauch der Walrosszähne

Walrosszähne: Waffe und Werkzeug

• Die gewaltigen Eckzähne sind eine gefährliche Waffe. In die Enge getrieben, setzen sich die schweren Tiere mit ihnen zur Wehr. Schon so mancher Kajak der Inuvialuit wurde damit aufgeschlitzt.
• Ferner werden die langen Eckzähne als „Eispickel" beim Wandern übers Eis gebraucht. Der watschelige Gang wird durch ihren Gebrauch stabilisiert.
• Beim Losbrechen von Weichtieren, Seeigeln und Schalentieren vom Meeresgrund erfüllen die Eckzähne ebenfalls eine wichtige Aufgabe.

Säuglingspflege

Nach einjähriger Tragzeit wird ein Walrossbaby auf dem Eis geboren. Es wiegt 50 kg und hat ein dichtes Haarkleid. Sofort nach der Geburt folgt es dem Muttertier ins Wasser, lernt schwimmen und begleitet die Mutter zwei Jahre lang, solange es noch gesäugt wird. Erst nach zwei oder drei Jahren lässt sich das Walrossweibchen wieder befruchten. Die Geschlechtsreife dauert bei den weiblichen Tieren 4–5 Jahre und bei den männlichen 5–6 Jahre.

Lebensraum Tundra

Das Wort „Tundra" leitet sich von dem finnischen „*tunturi*" ab, der Bezeichnung für „waldlose Ebene". Auf dem **Dauerfrostboden** können Bäume keine Wurzeln schlagen, weil dieser nur an der Oberfläche für höchstens drei Monate auftaut. An Blütenpflanzen können beispielsweise nur Zwerg- und Beerensträucher, Myrten und Wollgras in den kurzen Sommermonaten existieren. Die häufigsten Pflanzenarten in der Tundra sind Sporenpflanzen, Moose und Flechten. Die Flechten stellen eine Symbiose zwischen Algen und Pilzen dar. Die weitverbreitete Rentierflechte (*Cladonia rangiferina*) bedeckt große Teile der Tundra.

Die Tundra ist **keine einheitliche Landschaftsform**. Sie kann sehr unterschiedlich gestaltet sein, mit tiefen Schluchten, mit flach zum Meer hin abfallenden Küsten, von Mooren und zahlreichen Seen durchsetzten oder mit weiten Ebenen. Das lokale Klima und die Bodenformationen schaffen Lebensmöglichkeiten für mehr Tierarten, als man auf den ersten Blick annimmt, wenn man über das öde erscheinende Land sieht. Auch hier haben sich feste **Nahrungsketten** ausgebildet, z. B.: *Angepasste Flora und Fauna*

- Die Flechten sind der Anfang der Nahrungskette.
- Für Lemminge und Karibus, die häufigsten Pflanzenfresser der Tundra, sind sie die Hauptnahrung.
- Vielfraß und Wolf stellen wiederum diesen Pflanzenfressern nach.

Nach 9-monatiger Kälte, in denen der trockene Schnee in Schlangenlinien über das erstarrte Land gepeitscht wird, nach ½-jähriger Dunkelheit und Einsamkeit erwacht mit der Schneeschmelze die Tundra zu regem Leben. Millionen von Enten, Gänsen, Schwänen, Tauchern, Stelz- und Watvögeln ziehen nach Norden. Auch viele Singvögel, die den enormen Insektenreichtum für ihre Jungenaufzucht schätzen, bevölkern dann die feuchte, wasserreiche Tundra. Die Tundra fordert von den Tieren, die es auch im langen Winter dort aushalten, Anpassung an das kalte Klima. Eine wichtige Anpassung ist die **weiße Tarnfarbe**. Schneehasen, -eulen, -hühner, -gänse, -ammern und Gerfalken haben diese Fähigkeit entwickelt. Im Sommer färben sich diese oben genannten Tundrabewohner bis auf die Schnee-Eulen und die Gerfalken bräunlich.

*Kraft,
Ausdauer
und
Schnellig-
keit*

Gerfalke/Gyrfalcon

Klasse: Vögel · Ordnung: Greifvögel · Familie: Falken · Gesamtlänge: 52–60 cm · Flügellänge: Männchen 345–380 mm, Weibchen 385–430 mm · Spannweite: 125–137 cm · Gewicht: Männchen 960–1.300 g, Weibchen 1.600–2.000 g · Nahrung: Vögel, in geringem Maße auch Säugetiere · Gelege: 3–4 Eier · Brutdauer: 28–32 Tage · Merkmale: gehört zu den größten Falken der Erde, weiße bis graue Färbung, dunkle Augen

Der an die harten Lebensbedingungen der Tundra angepasste Gerfalke ist jedem anderen Falken an Kraft, Ausdauer und Schnelligkeit überlegen. Es ist eine helle Freude für jeden Naturfreund, diesen stolzen Greif im waagerechten Verfolgungsflug, im Steilflug nach oben und im sausenden Sturzflug zu Boden zu beobachten. Diese **außergewöhnliche Flugfähigkeit** erfordert naturgemäß viel Kraft. Der muskulöse Vogel benötigt eine hohe Energiezufuhr durch reichliche und nährstoffreiche Nahrung. Er ist kein Zugvogel und bleibt seinem Territorium, das je nach Beutedichte unterschiedlich groß sein kann, sowie seinem Partner ein Leben lang treu.

Jagdmethoden des stolzen weißen Luftpiraten

Bei der Jagd am Boden legt der Gerfalke in rasantem, wechselndem Gleit- und Schlagflug dicht über der Erdoberfläche große Strecken zurück, dabei geschickt Bodenunebenheiten ausweichend oder als Deckung benutzend. Den blitzschnellen Überfällen kann kaum ein Schneehuhn oder Lemming entgehen. Die Beschleunigung des reißenden Flugs kurz vor dem Beuteschlagen ist atemberaubend. Er tötet sein Opfer mit kräftigen Schnabelhieben. Bei der Jagd in der Luft lässt er den Beutevogel abtrudeln und tötet ihn endgültig am Boden.

Aufzucht der Jungen

Gerfalken bauen nur selten ein eigenes Nest. Sie benutzen fremde Vogelwiegen und Felsenklippen. Die 3–4 zur Verfügung stehenden Horste werden jedes Jahr gewechselt, um die gefährliche Entwicklung von Schmarotzern in den Horsten zu verhindern. Noch im eisigen auslaufenden Winter wird gebrütet. Die sonst schweigsamen Großfalken stoßen während der Brut- und Fütterungszeit scharfe Rufe aus. Es dauert mindestens zwei Monate, bis die Nestlinge ihre ersten Flugversuche starten. Die Jungvögel stehen auf der Suche nach einem eigenen Jagdrevier vor schwierigen Aufgaben. Die Sterblichkeit der jungen Falken ist deshalb sehr hoch. Wenn die Gerfalken es geschafft haben, mit einem Partner ein eigenes Revier in Besitz zu nehmen, kann ihre Lebenserwartung sehr hoch sein. Die besten Reviere sind meistens an der Küste des Nordpolarmeers, wo Seevogelkolonien reiche Beute garantieren.

Karibu/Caribou

Klasse: Säugetiere · Ordnung: Paarhufer · Familie: Hirsche · Kopfrumpflänge: 185–215 cm · Schwanzlänge: 15 cm · Kreuzhöhe: bis 150 cm · Gewicht: bis 315 kg ·

Nahrung: Moose, Flechten, Wasserpflanzen, Blätter, Gräser · Tragzeit: 190–246 Tage · Zahl der Jungen: 1, gelegentlich 2 · Merkmale: Karibus sind die einzigen Hirsche, bei denen beide Geschlechter ein Geweih tragen, weiblicher Kopfschmuck nicht so stark, behaarte Schnauze, unterschiedliche Färbung von weiß, grau, braun bis schwarz.

Wanderung

Das wildlebende Karibu der Neuen Welt stellt die gleiche Art dar wie das halbdomestizierte Ren der Alten Welt. Karibus sind Herdentiere, die in kleinen Gruppen, aber auch in Riesenherden von einigen 10.000 zusammenleben und

umherziehen. Sie unternehmen jährlich Wanderungen **zwischen ihren Sommeraufenthalten in der Tundra**, die sie Anfang September verlassen, **und ihren Winterquartieren in der Taiga**, von denen sie im März aufbrechen. Aus der Luft sind ihre Wanderrouten am besten wahrnehmbar, von Tausenden von Hufen geprägt, jahrhunderte- und jahrtausendelang in den Boden getreten. Sie benutzen alljährlich dieselben Übergänge durch die oft reißenden Flüsse und durch-

Das Karibu – Wanderer zwischen Taiga und Tundra

schwimmen an denselben Stellen die Seen. Den ganzen Sommer über werden die Herden von Wolken von Mückenschwärmen und Dasselfliegen belästigt. Manchmal werden die geplagten Tiere von Panik erfasst und flüchten in höhere, luftigere Lagen oder ans Meer.

Anpassung

• Die Karibus haben sich dem schwierigen Gelände, über Schnee, morastigen Boden und glitschigen Untergrund auf ihren weiten Wanderungen im Laufe ihrer Entwicklung angepasst. Ihre **Zehen** an den breiten Hufen sind weit spreizbar.
• Ihre **Hufe** haben außerdem sehr scharfe Kanten, so dass sie auch unter Eis und Schnee ihre Hauptnahrung, Rentierflechten und Moose, freilegen können. Dazu graben sie regelrechte Tunnel in den Schnee.
• Weibliche Karibus tragen, im Gegensatz zu anderen Hirscharten, **Geweihe**. Die Geweihstangen werden von beiden Geschlechtern zu verschiedenen Jahreszeiten abgeworfen. Die Hirsche benötigen ihren weit ausladenden Kopfschmuck in erster Linie für ihre Brunftkämpfe, um die Rangordnung auszufechten. Sie werfen ihre Geweihstangen im November nach der Paarungszeit ab. Die Weibchen behalten ihre Stirnwaffen den ganzen Winter über. Sie können sich dann mit ihren noch nicht so kräftigen Kälbern besser gegen ihre Hauptfeinde, Wölfe, Luchse und Vielfraße, zur Wehr setzen.

Weite Wander- routen

Aufzucht der Jungen

Die Jungen kommen Anfang Juni zur Welt. 90 % aller Geburten finden in der kurzen Zeitspanne von nur 2 Wochen statt. Das hat folgende Vorteile:

- Die Wanderung wird nur in dieser Zeit verlangsamt. Schon wenige Stunden nach der Geburt kann das 4 kg schwere Kalb der Mutter folgen.
- Die Verluste an Neugeborenen durch Raubtiere können gering gehalten werden, weil die Räuber in der kurzen Zeit nicht so viel Eigenbedarf an Nahrung aufnehmen können, als wenn das Setzen der Kälber sich in die Länge ziehen würde.

Lemminge/Lemmings

Klasse: Säugetiere · Ordnung: Nagetiere · Familie: Wühlmäuse · Nahrung: Pflanzen · Zahl der Jungen: normalerweise 6–8, bis zu 8 Würfe jährlich · Merkmale: Gedrungene, abgerundete Gestalt, mit langen Krallen können sie ausgezeichnet graben

Die Lemminge gehören zu den Wühlmäusen. Sie halten keinen Winterschlaf. Unter der Schneedecke geht ihr aktives Leben weiter. Sie sind die weitaus häufigsten Pflanzenfresser der Tundra und gliedern sich in viele Unterarten auf. Was sind die Hauptmerkmale dieser ungewöhnlichen Kleinsäuger?

Unbändige Gefräßigkeit der Lemminge

Lemminge nehmen jegliche Art von Pflanzenkost zu sich, die die Tundra zu bieten hat, einschließlich Rentierflechten. Ihre Gefräßigkeit ist sprichwörtlich. Diesbezüglich hat man Versuche angestellt. Ein Lemmingpärchen hatte innerhalb von 8 Wochen seinen 25 m² großen Lebensraum, der eingezäunt wurde, so zerstört, dass alle pflanzlichen Nahrungsvorräte völlig erschöpft waren. Für den Winter legen sich die emsigen Nager Vorräte an. Besonders Wurzeln, Samen und widerstandsfähige Pflanzenteile werden „gebunkert".

Erstaunliche Fruchtbarkeit der Lemminge

Teilweise massenhafte Vermehrung

Lemminge sind äußerst fruchtbar. Ein Weibchen kann schon im Alter von 6 Monaten Junge zur Welt bringen. Voll geschlechtsreif, sind 6 Würfe mit je 6–8 Jungen die Regel. Lemminge besitzen eine ungewöhnliche Fähigkeit, sich bei günstigen Klimabedingungen in kürzester Zeit massenhaft zu vermehren. Folgende Wetterlagen schaffen die Voraussetzungen für die sog. **„Lemmingjahre":**
- Ein zeitiges Frühjahr und ein später Herbst ergeben eine lange Wachstumsperiode der Tundravegetation und somit ein reiches Nahrungsangebot für die Lemminge.
- Ein nicht zu kalter Winter ist eine gute Voraussetzung für die Nager.
- Das Fehlen der natürlichen Feinde im Winter, die unter der schützenden Schneedecke das heimliche Treiben der Lemminge nicht verfolgen können, ist eine weitere Garantie für ein gutes Lemmingjahr. Wenn die Schneeschmelze zu früh einsetzt, wird das Leben der Lemminge gefährlich.

In der Regel kommt es im Rhythmus von etwa 3–4 Jahren zu einem „Lemming-jahr" mit anschließendem Populationsschwund und alle 8–10 Jahre zu einer **ex-plosionsartigen Vermehrung**, die zu auffälligen strahlenförmigen Wanderbe-wegungen führt, aus dem Zentrum der Bevölkerungexplosion heraus. Das ziel-strebige Wandern in eine Richtung zu vielleicht versunkenen Kontinenten konnte wissenschaftlich nicht bestätigt werden, genauso wenig, wie Berichte von Millio-nen von Lemmingen auf der Wanderschaft als Übertreibung anzusehen sind.

Ökologisch wichtige Bedeutung der Lemminge

Für den ökologischen Aufbau der Tundra-Fauna spielen die Lemminge die zentrale Rolle. Wenn die Lemminge in großer Zahl auftreten, sind sie die wichtigste Beute der Raubtiere, deren Bevölkerungsdichte im Rhythmus der Vermehrungswellen der Nager schwankt. Alle Beutegreifer der Tundra – Wölfe, Füchse, Vielfraße, Hermeline, Gerfalken, Schnee-Eulen, Raufußbussarde und Raubmöwen – ernähren sich von Lemmingen.

Wichtige Nahrungs-grundlage für Beute-greifer

Moschusochse/Musk Ox

Klasse: Säugetiere · Ordnung: Paarhufer · Familie: Hornträger · Kopfrumpflänge: 1,80–2,45 m · Schwanzlänge: 6–10 cm · Kreuzhöhe: 1,10–1,45 m · Gewicht: 200–300 kg · Nahrung: Zwergsträucher, Flechten, Moose, Triebe der Polarweide · Tragzeit: 8 Monate · Zahl der Jungen: 1, selten 2 · Merkmale: aufgrund des langen herabhängenden Fells massig wir-kend, kleine, im Fell verborgene Oh-ren, Profil, Schnauze und Lippen schafähnlich, Kopf breit, Hals kurz, große spreizbare Hufe, Färbung dunkelbraun mit hellem Sattel, Hör-ner bei den Bullen helmartig abge-plattet, an den Kopfseiten zunächst nach unten gebogen, dann aufwärts und nach außen gebogen

Der Moschusochse – ein Relikt aus der Eiszeit

Der Name „Moschusochse" ist in-soweit berechtigt, als die Tiere wäh-rend der Brunft durchdringend nach Moschus riechen. Der zweite Teil des Namens ist jedoch irreführend. Das urige Tier steht der Wildform von Schaf und Ziege verwandtschaftlich näher als dem Rind und Büffel. Der wissenschaftliche Name „*Ovibos moschatus*" ist treffender, denn „*Ovibos*" bedeutet soviel wie „Schafochse".

Eiszeitliches Wild

Moschusochsen sind ein Relikt aus der Eiszeit. Mit einem enorm dichten Fell, das ihnen im Winter wie ein Mantel um die Beine hängt, können sie auch die tiefsten Temperaturen des hohen Nordens überstehen. Sie besitzen die wohl längsten Haare aller wild lebenden Tiere. Besonders in der kalten Jahreszeit leben sie in größeren gemischten Herden zusammen.

Relikt aus der Eiszeit

Verteidigungsring

Abwehr-taktik gegen aggressive Feinde

Die Moschusochsen haben eine wirkungsvolle Methode entwickelt, sich gegen ihre ärgsten Feinde, die Wölfe, zu verteidigen. Sie lassen sich nicht in panischer Flucht auseinandertreiben. Sie bilden im Gegenteil einen festgefügten Verteidigungsring. Beim Nahen der Feinde stehen die Bullen und Kühe finster dreinblickend mit gesenkten, hornbewaffneten Köpfen am Außenrand des sog. „Igels" und die Kälber innen wie in einer Trutzburg, die nicht wankt und weicht. Schnaubend, prustend und brüllend drohen sie zunächst den Angreifern. Wenn diese Drohgebärde nicht ausreicht und die aggressiven Feinde trotzdem zu nahe kommen, preschen meist einzelne Bullen in großem Ungestüm auf die Räuber zu, um diese mit blitzschnellen Hieben der Hörner in die Luft zu schleudern und mit den scharfen Hufen zu zertrampeln oder sie mindestens in die Flucht zu schlagen.

Leben im Rhythmus der Jahreszeiten

Die Moschusochsen unternehmen nicht so zielstrebige Wanderungen wie die Karibus. Sie ziehen zwar auch zu differenzierten Äsungsplätzen, die jahreszeitlich unterschiedlich ergiebig sind, aber im großen und ganzen vertreibt sie auch der härteste Winter nicht aus ihren heimatlichen Gefilden. Im Sommer ernähren sie sich von Moosen und Flechten, Weiden- und Birkenzweigen sowie von Gras. Im Winter werden geschütztere Lagen aufgesucht, wo es noch möglich ist, mit den Hufen Schnee fortzuscharren, um an die Nahrung zu gelangen.

Die Brunft beginnt Ende Juli und dauert bis September. Die Bullen liefern sich dann **erbitterte Rivalenkämpfe**. Ihr sonst gleichmütiges Temperament gerät in Wallung. Blindwütig rennen sie in ihrer Erregung dann aufeinander los. Krachend schlagen ihre breiten Hornschilde zusammen, die im Gegensatz zu den Kühen

extra für diese Turnierkämpfe ausgebildet sind. Diese Kampfmethode erinnert, wie schon eingangs angedeutet, mehr an Schafe und Ziegen als an Rinder und Büffel. Die Bullen versuchen, während der Brunft einen Harem von Kühen um sich zu scharen. Die Tragzeit der befruchteten Kühe dauert 8 Monate, und im nächsten Frühjahr wird ein Kalb gesetzt. In den seltensten Fällen sind es 2 Jungtiere.

Schnee-Eule/Snow Owl

Klasse: Vögel · Ordnung: Nachtgreife · Familie: Eulen · Nahrung: hauptsächlich Lemminge, Schneehasen, gelegentlich Fische · Gelege: 3–11 Eier · Brutdauer: 32–34 Tage · Gesamtlänge: 56–63 cm · Flügellänge: 385–460 mm · Spannweite: 150–160 cm · Gewicht: 1.400–2.600 g · Merkmale: Die Weibchen sind größer als die Männchen und nicht so weiß, Gefiederfärbung sehr unterschiedlich, befiederte Beine und Zehen, gelbe Augen.

Anpassung an die Umwelt

Die kräftige, uhugroße Eule ist ein eifriger Lemmingjäger. Das Männchen ist meistens schneeweiß gefärbt. Das Weibchen trägt auffällige Streifen, Flecken oder Sprenkel auf dem hellen Gefieder. Diese **Tarnfarbe** ist bei dem Brutgeschäft sehr vorteilhaft. Der **Kälteschutz** ist vollkommen. Das Federkleid ist den arktischen Klimabedingungen phantastisch angepasst. Die Federn bedecken Kopf, Körper, Beine und Zehen vollständig. Nur die gebogene Schnabelspitze und die Krallen der Greiffüße sehen aus dem isolierenden Federkleid hervor.

Phantastische Klimaanpassung

Die Zahl ihrer Nachkommen richtet sich in erster Linie nach dem Vorkommen der Lemminge. In mageren Jahren gibt es überhaupt keinen Nachwuchs. Aus nahrungsarmen Gegenden wandern die Schnee-Eulen in Richtung Süden ab, um dem Hungertod zu entgehen. Sie sind schon in Kalifornien, Texas und sogar auf den Bermudas gesichtet worden. In „Lemmingjahren" mit üppiger Beute werden die knappen Jahre durch zahlreiche Brut wieder ausgeglichen. Dann kommt es zu einer Ansammlung der weißen Greife. Ungeklärt ist allerdings, wie diese über Tausende von Kilometern von dem Nahrungssegen in bestimmten Gegenden Kenntnis bekommen.

Aufzucht der Jungen

Schnee-Eulen bauen keine Nester. Sie brüten in Bodenvertiefungen. Die Größe des Geleges richtet sich nach dem Nahrungsangebot. Das gut getarnte Weibchen besorgt ausschließlich das Brutgeschäft. Das zuerst gelegte Ei wird sofort bebrütet. Das führt zu erheblichen Unterschieden in der Entwicklung der Nestlinge. Die Erstgeborenen sind im Unterschied zu den jüngeren Geschwistern immer im Vorteil. Das Männchen versorgt das Weibchen in dieser Zeit des Brütens mit Nahrung. Nach 32–34 Tagen schlüpfen die Jungen. Der gewaltige Appetit der Jungvögel hält die Eltern ständig auf Trab. Der Tundrasommer ist kurz. Es gilt, schnell erwachsen zu werden. Die Geschlechtsreife der jungen Schnee-Eulen ist im nächsten Frühling erreicht.

Schneehase/Blue Hare

Klasse: Säugetiere · Ordnung: Hasentiere · Familie: Hasen · Gesamtlänge: 55–68 cm · Schwanzlänge: 5–7 cm · Gewicht: 2,5–5,5 kg · Nahrung: Pflanzenkost · Zahl der Jungen: 2–5, gelegentlich bis zu 8 · Merkmale: Die Ohren sind kürzer als bei Feldhasen, im Winter schneeweißes Fell bis auf die schwarzgeränderten Ohren, im Sommer bräunliches, rötliches oder gelbliches Haarkleid.

Der Schneehase – im Sommer braun, im Winter weiß

Überlebensstrategien der Schneehasen

Die im hohen Norden beheimateten Schneehasen unterscheiden sich deutlich in ihren Lebensgewohnheiten von den anderen Hasen.

• Sie graben sich **unterirdische Höhlen**, auch eine Anpassung an die offene, baumlose Tundra. Die Aufzucht der Jungen unter der Erdoberfläche gewährt mehr Schutz vor Raubwild und rauem Klima.

- Ihre bis auf die schwarz geränderten Ohren schneeweiße **Tarnfarbe** im Winter und die bräunliche, rötliche, gelbliche oder schmutzigweiße im Sommer ist wegen der zahlreichen Feinde, die ihnen ständig nach dem Leben trachten, lebensnotwendig.
- Ihre **breiten, spreizbaren, behaarten Füße** ermöglichen ein noch leichtes Laufen über lockeren oder auftauenden Schnee, während ihre vierbeinigen Verfolger, wie Wolf, Vielfraß, Luchs, Fuchs, schon erheblich an Tempo bei der Jagd verlieren, da sie einsinken.

Lebensraum Taiga

Riesiges Waldland

Das Wort „Taiga" stammt aus dem Russischen. Es ist jedoch auch in Alaska und Kanada als Bezeichnung für den nordischen (borealen) Nadelwaldgürtel gebräuchlich. Dieses Waldgebiet ist das größte der Erde, das nur durch Ozeane und Rodungen der Menschen unterbrochen ist. Auf der nördlichen Halbkugel unserer Erde verläuft es als breiter Streifen durch ganz Eurasien von Alaska über Kanada, Skandinavien, Nordrussland, Sibirien und wieder bis zur Bering-Straße.

Warum überwiegend Nadelbäume?
Die Antwort auf diese berechtigte Frage lautet: Der harte, lange Winter dieser Zone begünstigt diese Baumart. Während der kalten Jahreszeit schließen die Bäume die Spalten ihrer widerstandsfähigen Nadeln, so dass die **Atmung**, die Verbindung zur eisigen Außenwelt, gedrosselt ist. Erst im Frühling setzt die Photosynthese wieder ein. Der Nadelbaum erwacht zu neuer Lebenstätigkeit (Wachstum, Blüte, Samenbildung) in dem kurzen bevorstehenden Sommer, wozu jedoch mindestens 100 Tage Temperaturen über 0 °C und 1 bis 2 Monate Wärmegrade von über 10 °C nötig sind. Erstaunlicherweise stoßen zwergwüchsige Polarbirken und -weiden noch weiter nördlich in die Übergangszone zwischen Taiga und Tundra vor.

Artenarme Nadelwälder
Während die südlich anschließenden Misch- und Laubwälder sehr artenreich sind, weisen die nordischen Nadelwälder nur **vier Nadelbaumgattungen** auf: Tannen, Fichten, Kiefern und die im Winter nadelabwerfenden Lärchen. Daher wirkt die Taiga meistens etwas eintönig, düster, schweigend, unnahbar, aber deshalb um so geheimnisvoller. Wenn der Baumbestand auch etwas monoton wirkt, ist die Tierwelt um so artenreicher, wengleich sie in den riesigen Wäldern nicht überall präsent und schwer aufspürbar ist. Aufgelockert werden die dunklen Nadelwälder durch zahlreiche Seen und Flüsse. Als Zeugen der letzten Eiszeit tragen sie zur Schönheit der herben Landschaft bei.

Bartkauz/Great Grey Owl

Klasse: Vögel · Ordnung: Nachtgreife · Familie: Eulen · Nahrung: Kleinsäuger, Vögel bis zur Hühnergröße · Gesamtlänge: 69 cm · Merkmale: uhugroß, graue Färbung, weiße senkrechte Streifen an der Brust, kleine gelbe Augen, tiefe, brummende Stimme: hu-hu-hu

Der graue Bartkauz ist die größte Eule Nordamerikas und ein **typischer Vertreter der Taiga**. Er ist überwiegend Standvogel, d. h. er verlässt seine Heimat auch im Winter normalerweise nicht. Seine Brut zieht er in verlassenen Greifvogelnestern oder in großen Bäumen auf. Die Fortpflanzung ist, wie bei allen Eulenarten, vom Nahrungsangebot abhängig. Der Bartkauz ist ein Ansitzjäger. Eine weitere typische Eulenart der Taiga ist die **Sperbereule** (Hawk Owl).

Imposante Erscheinung

Elch/Moose

Klasse: Säugetiere · Ordnung: Paarhufer · Familie: Hirsche · Kopfrumpflänge: 240–310 cm · Schwanzlänge: 5–10 cm · Schulterhöhe: 180–235 cm · Gewicht: 300–800 kg · Nahrung: Triebe, Weichhölzer, Blätter, Wasserpflanzen, Gras · Tragzeit: 35–38 Wochen · Zahl der Jungen: 1–2, selten 3 · Merkmale: Der Elch gehört zu den größten Hirschen und zu den größten Säugetieren der holarktischen Region, nur der Bison ist schwerer, das Schaufelgeweih der Bullen kann eine Spannweite von 2 m erreichen. Zum „Charakterkopf" des „Riesen der Taiga" gehören die breite, nach unten gebogene Nase, eine riesige Oberlippe zum Abbrechen von Zweigen, große Ohren, ein behaarter Hautsack am Hals und bei den Bullen natürlich das majestätische Geweih. Die Vorderbeine sind länger als die Hinterbeine, bräunlich bis gräuliches Haarkleid, buckelartiger Widerrist.

Der Elch – beeindruckend durch seine Größe

Riese der Taiga
Die oben genannten Größenmaße des pferdegroßen Elchs sind beeindruckend. Von allen heutzutage auf unserer Erde lebenden Hirscharten trägt der nordamerikanische Elch das größte Geweih mit oft mehr als 40 Enden. Trotz seines bis zu 800 kg schweren Gewichts und einer Widerristhöhe von bis zu 2,35 m bewegt sich der erwachsene Riesenhirsch sehr schnell, geschickt und ausdauernd durch die weiten Wälder, über Moore, die er dank seiner spreizbaren Hufe gut überqueren kann. Außerdem schwimmt er ausgezeichnet. Große Seen, sogar Meeresarme und Flüsse mit starker Strömung sind für ihn kein Hindernis.

Riesenhirsch Nordamerikas

Unauffällige Brunft
Nachdem von April bis August das neue Geweih der Bullen geschoben, die Basthaut durch „Fegen" entfernt ist und der Kopfschmuck in der Septembersonne blitzt, beginnt die Elchbrunft. Bei ihr geht es aber viel ruhiger zu als bei den meisten anderen Hirscharten. Zwar gibt es dort auch Rivalenkämpfe, im übrigen sind die starken Recken jedoch nicht bemüht, Dutzende von Kühen um sich zu

scharen. Meistens tut sich ein Elchbulle nur mit einem Weibchen, das allerdings noch seine vor- und diesjährigen Kälber mit sich führen kann, zusammen. Die Liebesbezeugung des Hirsches wird durch ein leises, näselndes, eher klagendes Werben ausgedrückt, das gar nicht zu seinem wuchtigen Erscheinungsbild passt. Sein Brunftruf ist nicht mit dem durchdringenden Bass, beispielsweise der brünftigen Rothirsche Eurasiens, zu vergleichen.

Wie überstehen Elche den langen Winter?

Nach der Brunft kommt schnell der Winter. Der Frost lässt den Boden erstarren. Eis überzieht Seen und Sümpfe, und der Schnee überdeckt alles mit einer dicken Decke. Die Äsungsmöglichkeiten in den Gewässern und am Boden sind nicht mehr zu erreichen. Die Elche gehen dann dazu über, die **Rinde der Bäume zu schälen**, Zweige abzubrechen und Knospen zu äsen. Hierdurch können sie erheblichen Wildschaden verursachen, wenn ihr Bestand zu hoch ist. In Alaska und Kanada ist diese Gefahr nicht so groß, weil der harte Winter und Raubwild (Wolfsrudel, Vielfraß) sowie Unglücksfälle, besonders der Kälber beim Durchschwimmen von reißenden Flüssen, und Versinken im Moor immer wieder ihre Reihen lichten.

Karge Nahrung im Winter

Grizzlybär/Grizzly Bear

Klasse: Säugetiere · Ordnung: Raubtiere · Familie: Bären · Nahrung: Wurzeln, Nüsse, Beeren, kleine Nagetiere, Insekten, Aas, besonders im Frühling nach dem Winterschlaf auch Wild · Gesamtlänge: 250 cm · Gewicht: 225–325 kg · Kreuzhöhe: 130 cm · Merkmale: schwerer, kräftiger Körperbau, kurze Füße, großer Kopf, kleine Augen, Färbung sehr unterschiedlich von grau, silber, beige bis braun, Neugeborene sind nur 22–23 cm groß

Der König der einsamen Wälder

Die Braunbären sind die **größten Landraubtiere der Erde**. Der Grizzlybär ist nur eine Unterart des Braunbären. Er ist somit keine eigene Art. Trotz seiner Größe und Schwere ist der Grizzlybär ein **schneller und vor allem ausdauernder Läufer**. Auf 100 m kann er die Geschwindigkeit eines Pferdes (50 km/h) erreichen, ausreichend, um flüchtendes Wild einzuholen. Grizzlybären besitzen „Bärenkräfte". Mit einem Prankenhieb kann jedes Beutetier zu Boden gestreckt werden. Man hat im Yellowstone-Park beobachtet, dass ein Grizzly einen starken Schwarzbären mit einem einzigen Prankenhieb tötete. Der Schlag war so gewaltig, dass der Schwarzbär gegen einen fünf Meter entfernten Baumstamm geschleudert wurde. Grizzlybären halten Winterschlaf. In der Bärenhöhle kommen auch die Jungen zur Welt.

Der Braunbär – der König der Taiga

Es ist nicht nur die Stärke des Grizzly, es ist auch seine **hohe Intelligenz**, die ihn zum König der Taiga macht. Er ist ein Lebewesen, dem die Naturvölker seit alters her übernatürliche Gaben zugesprochen haben. Die Verhaltensweisen der Braunbären zeigen Ähnlichkeiten mit den Menschen:

• Sie können sich aufrichten.
• Sie sind Sohlengänger.
• Sie sind „Allesfresser". Pflanzliche und fleischliche Nahrung ist ihnen bekömmlich.
• Sie können ihre Vorderpfoten, wie der Mensch seine Hände, vielseitig verwenden (Beeren sammeln, Steine umdrehen, Bienenkörbe ausnehmen, Forellen und Lachse fangen, Mäuse ausgraben, Beutetiere mit einem Hieb zu Boden strecken).
• Sie richten sich eine Wohnstatt her, die mit Moos und Zweigen ausgepolstert wird und halten ihr „Haus" peinlich sauber.
• Kein Grizzly gleicht dem anderen, weder in der Farbe noch im Charakter. Jeder ist eine Persönlichkeit.
• Sie sind sehr verspielt, ein Zeichen von Intelligenz. Viele Stunden des Tages werden mit Spielen verbracht.
• Sie sind sehr anpassungsfähig. Das zeigt ihre Fähigkeit, sich in den verschiedensten Gegenden von der Meeresküste bis ins Hochgebirge einzuleben.
• Ähnlich wie Menschen sind sie überwiegend Rechtshänder. Nur eine Minderzahl ist Linkshänder.

Verhältnis zum Menschen
Der wissenschaftliche Name des Grizzly ist *„Ursus arctos horribilis"*, was soviel wie „arktischer, schrecklicher Bär" heißt. Furchterregend ist es auf jeden Fall, wenn sich ein Grizzly aufrichtet, vielleicht nur, weil er – kurzsichtig – einen besseren Überblick haben will. Aufgrund seiner Stärke ist der Grizzly dem Menschen an Kraft weit überlegen. Obgleich viel von der Unberechenbarkeit des starken Großbären gegenüber dem Menschen berichtet wird, meidet er, wegen der starken Nachstellung, genau wie der eurasische Braunbär, immer mehr die Menschen und zieht sich in die Unzugänglichkeit der weiten Taiga und in die Berge der Rocky Mountains zurück. Nur wenn er gestellt wird, verwundet wurde oder er sich plötzlich überrascht sieht, weil die normale Fluchtdistanz unterschritten ist, kann es für den Menschen gefährlich werden.

Bewundernswerte Stärke

Winteruhe
Das Winterquartier wird von den Bären sorgfältig ausgewählt. Felshöhlen, hohle Bäume, Höhlungen unter umgestürzten Bäumen, Hohlräume unter tief herabhängenden Zweigen der Nadelbäume, die nach Schneefällen eine Art von Iglu bilden, dienen als Unterschlupf. Manchmal werden auch Erdlöcher gegraben. Diese **Bärenhöhlen** werden sorgfältig mit Moos ausgepolstert.

Die Bären fallen während der Winterruhe in eine Art Dämmerschlaf, aus dem sie öfter aufwachen, um ihre Notdurft zu verrichten. Kot und Harn werden außerhalb des Verstecks abgelassen, um die Wohnstatt nicht zu verunreinigen. Bei dem Dämmerschlaf sind Körpertemperatur, Herzschlag und Atmung herabgemindert. Es erfolgt keine Nahrungsaufnahme. Der „Brennstoff" wird von den Fettreserven gespeist, den sich die Grizzlybären im Herbst angefressen haben. Gegen Ende der

Winterruhe im März findet die Häutung ihrer Fußsohlen statt. Wenn die Sonne im Frühling das Land allmählich wieder erwärmt, verlassen die Grizzlybären ziemlich abgemagert ihr Winterquartier, um endlich wieder Nahrung aufzunehmen. Ein Phänomen ist das verzögerte Einnisten des befruchteten Eies in die Gebärmutter in Abhängigkeit von dem körperlichen Zustand der Bärin zu Beginn der Winterruhe.

Nordamerikanischer Biber/American Beaver

Klasse: Säugetiere · Ordnung: Nagetiere · Familie: Biber · Durchschnittsgewicht: 13 kg · Nahrung: pflanzliche Kost, vor allem Zweige und Rinde von Weiden und Pappeln · Tragzeit: 105–107 Tage · Zahl der Jungen: 1–5, ausnahmsweise 8 · Lebensdauer: 15–20 Jahre · Merkmale: gedrungener Körper, schwarzer, abgeflachter Schwanz mit Hautschuppen versehen, verschließbare Ohren und Nasenlöcher, kleine Augen, dichtes Fell

Die Indianer schätzen die Intelligenz des Bibers wegen seiner Meisterleistungen als Ingenieure und Baumeister sehr hoch ein. Sie nennen ihn deshalb anerkennend „Kleiner Bruder".

Geschickter Handwerker

Der Biber ist ein großes Nagetier mit Schwimmhäuten an den Hinterfüßen und händeartigen Vorderfüßen, die ihn zu einem geschickten Handwerker machen. Beachtenswert ist die Benutzung des kleinen Fingers als Gegengriff. Der Daumen ist dagegen sehr klein und wenig beweglich. Seine kräftigen Schneidezähne sind so scharf, dass er damit Bäume fällen kann. Beim Schwimmen dient sein platter Schwanz als Steuer und beim Holzfällen als Stabilisator, wenn er sich aufrichten muss. Ohren und Nasenlöcher können beim Arbeiten unter Wasser verschlossen werden. Bis zu 20 Minuten kann er es unter Wasser aushalten, ohne Luft zu holen. Seine längsten Tauchstrecken betragen 300 m.

Der Biber – genialer Wasserbaumeister

Bau von Burgen

Das Interessanteste ist der Bau der Biberburgen. Sie haben dreierlei Zweckbestimmungen:
- Einmal sind sie **Zufluchtsstätte** bei Gefahr, die vom Menschen, Vielfraß, Luchs, Kojoten, Wolf, Puma und Bären ausgehen kann.
- Im Winter werden sie als **Vorratskammer** genutzt.
- Außerdem sind sie ein sicherer Hort für die **Aufzucht der Jungen.**

Die folgende Abbildung zeigt ihren zweckmäßigen Aufbau. Der Eingang ist unterhalb der Wasseroberfläche angebracht. Das luftdurchlässige Dach ermöglicht die notwendige Sauerstoffzufuhr. Der 4–6 m im Durchmesser große Bau hat eine Höhe von 1–1,5 m. Die bewohnten Kammern liegen oberhalb der Wasserlinien. Der Boden der Schlafkammern ist mit trockenen Holzspänen ausgelegt. Die Baumstämme werden in den Bau gezerrt und erst dort gespänt, weshalb die Schlafunterlage trocken ist.

Fällen der Bäume

Die Biber betätigen sich, wie schon erwähnt, als Holzfäller. Man hat lange darüber gerätselt, ob nicht auch Unfälle bei dieser gefährlichen Arbeit vorkommen, wobei Biber von den herabstürzenden Bäumen erschlagen werden, weil die Stämme rundherum ziemlich gleichmäßig angenagt werden. Das konnte bisher nicht festgestellt werden. Die gefällten Bäume am Ufer fallen fast alle zur Wasserseite, weil die schwersten und meisten Äste zum Licht über dem Wasser streben und dadurch das Übergewicht den Fall in diese Richtung bewirkt. Erstaunlich ist die Kraft der Biber, die einzeln ihre Arbeit verrichten und bis zu 25 cm dicke Stämme transportieren.

Biber als Holzfäller ...

Bau des „Biberdamms"

Ein weiteres Meisterwerk ist der Bau des „Biberdamms", der bis zu 300 m lang sein kann. Biber leben in Kolonien mit bis zu einem Dutzend Mitgliedern. Es sind meistens 3 Generationen. Für den Bau des Damms werden Weiden und Pappeln gefällt. Die Äste und Zweige werden vom Stamm getrennt und die Einzelteile auf freigehaltenen Wassertransportwegen zum Bau geschafft. Die Fähigkeit der emsigen Nager, Stämme und Äste im Flusslauf zu verankern, Zweige zu verflechten sowie Steine und Schlamm zum Verfüllen zu verarbeiten, ist bewundernswert.

... und Wasserbaumeister

Besonders der Lückenschluss des Damms bei stärker werdender Strömung ist eine Meisterleistung. Für zu erwartendes Hochwasser werden ein oder mehrere Überlaufstellen eingearbeitet. Hier ist der Damm niedriger gehalten.

Wasserwirtschaftliche Bedeutung der Biber

Die Biber haben eher Landschaftsgestaltung betrieben als der Mensch. Der Bau der Biberdämme bewirkt Folgendes:
• Kleine Flüsse werden aufgestaut, und somit entstehen neue **Feuchtgebiete**. Hierdurch wird auch in Trockenzeiten von den aufgestauten Teichen Wasser gleichmäßig abgegeben.
• Die **Hochwassergefahr** wird gemildert.
• Für Fische werden bessere **Laichgründe** geschaffen.
• Die Samen von **Wasserpflanzen** erhalten im Schwemmland bessere Lebensbedingungen. Weiden und Pappeln können sich ansiedeln, weiteres Baumaterial und Futter für die Biber.

Aus diesen Gründen haben viele Länder begonnen, strenge Schutzmaßnahmen für die wegen ihres Fells dezimierten Biber zu treffen.

Nordluchs/Bob Cat

Klasse: Säugetiere · Ordnung: Raubtiere · Familie: Katzen · Nahrung: Hasen, Hörnchen, Karibus, Vögel, Reptilien, Lurche, Fische · Kopfrumpflänge: 85–110 cm · Schulterhöhe: 50–75 cm · Schwanzlänge: 12–17 cm · Gewicht: durchschnittlich 8–14 kg · Tragzeit: 67–74 Tage · Wurf: 1–4 Junge · Merkmale: unterschiedliche, meist beige Färbung, einfarbig oder gefleckt, langhaarig, kurzschwänzig und hochbeinig, schwarze Schwanzspitze, spitze Ohren mit bis zu 4 cm langen Haarpinseln, großer Backenbart, auffallend große Pfoten mit dichten Haarpolstern

Durch die Haarpolster an den Pfoten ist der Nordluchs **sehr gut an schneereiche Gegenden angepasst**. Er ist sehr standorttreu. Sein besetztes Revier verlässt er nur während der Ranzzeit. Dann legt er, sehr unruhig, bis zu 50 km nächtlich zurück.

Die Jungen werden meistens noch blind in einem Versteck (hohler Baum, Felsspalte, Windbrüche) zur Welt gebracht. 16–17 Tage dauert

Der Nordluchs – Jäger auf weichen Pfoten

es, bis die vorher hilflosen Jungen ihre Augen öffnen können, 5 Wochen werden sie gesäugt, im Herbst, aber manchmal erst im Winter, wenn die Ranzzeit beginnt, trennt sich die Luchsmutter von ihrem Nachwuchs.

Schwarzbär/Black Bear

Klasse: Säugetiere · Ordnung: Raubtiere · Familie: Bären · Nahrung: Allesfresser · Gesamtlänge: 150–180 cm ·

Der Schwarzbär – sehr variabel in der Färbung

Farblich sehr variabel Schwanzlänge: 12 cm · Schulterhöhe: 1 m · Gewicht: 120–150 kg · Merkmale: farblich sehr variabel von braun bis schwarz, Unterarten sind der rötliche **Zimtbär** und der silbergraue **Silberbär**.

Während der Grizzly sich mehr und mehr in die Einsamkeit Kanadas zurückzieht, erscheint der kleinere Schwarzbär immer häufiger in den Nationalparks und lässt sich dort von Touristen sehr gerne füttern. Seine **Aufdringlichkeit gegen Menschen** kann, wenn die gereichten Leckerbissen vergeben sind, sehr gefährlich werden.

Vielfraß/Wolverine

Klasse: Säugetiere · Ordnung: Raubtiere · Familie: Marder · Gesamtlänge: 83–97 cm · Nahrung: Allesfresser · Schwanzlänge: 12–15 cm · Gewicht: 15–36 kg · Tragzeit: 11 Monate · Zahl der Jungen: 2–3 · Merkmale: großer Marder, dichtes, langhaariges, dunkelbraunes Fell mit hellen Streifen zwischen Augen und Ohren, gelbes Band an den Seiten, das von den Vorderfüßen bis zum Schwanz verläuft, kleine Augen, kleine rundliche Ohren mit hellem Rand, starkes, furchterregendes Gebiss, kurze Beine, bärenartige Füße mit starken Krallen und Spannhäuten zwischen den Zehen

Gefürchteter und anpassungsfähiger Jäger

Sein Name ist aus dem Altnordischen falsch ins Deutsche übersetzt worden. „Fjellfraß" heißt „Felsenkatze" und nicht Vielfraß.

• Seine **Anpassung** als Jäger in der Taiga ist vollkommen. Er kann sehr große Entfernungen seines weiten Reviers in einem eigenartig rollenden Dauerlauf täglich absolvieren. Seine breiten Fußsohlen verhindern das Einsinken in den Schnee. Außerdem **klettert und schwimmt er phantastisch.** Für die einmal ins Auge gefasste Beute gibt es meistens kein Entrinnen mehr.

• Der Vielfraß ist ein **Einzelgänger,** der leidenschaftlich sein sehr großes Jagdrevier, das mit Duftmarken abgegrenzt wird, gegen Artgenossen verteidigt. Nur während der Paarung tut er sich für kurze Zeit mit dem anderen Geschlecht zusammen.

• Der Riesenmarder ist in seiner **Nahrung** nicht wählerisch. Im Sommer vertilgt er meistens Mäuse, Lemminge, Hasen, Vögel und ihr Gelege, Fische und Wespenlarven. Wenn diese Tiere rar werden, nimmt er auch allerlei Pflanzenkost, Baumtriebe, Beeren, Aas, sogar Federn und Haare zu sich. Außerdem plündert er gerne Fallen der Trapper und bricht in Blockhütten und Vorratskammern der Menschen ein.

• Für seine verhältnismäßig kleine Gestalt besitzt er eine **außergewöhnliche Kraft.** Da er keinen Winterschlaf hält, muss er sich auch in dieser harten Zeit an größere Tiere, wie Karibus und sogar Elche, heranwagen, die er als mutiger und draufgängerischer Einzelkämpfer überwältigt. Dieses Großwild ist teils durch Tiefschnee in *Mut,* seiner Schnelligkeit behindert, während sich der Vielfraß lautlos und leicht über *geballte* den hohen Schnee bewegen kann. Es ist unvorstellbar, welchen Mut, welche *Energie* Energie und enorme Kraft dieser „kleine Teufel" dabei entwickelt, dessen Körper *und* eine stählerne Muskulatur besitzt. So hat man beispielsweise in Skandinavien die *enorme* Köpfe mit noch riesigen Rentiergeweihen gefunden, die von Vielfraßen 5 bis 8 m *Kraft* auf Kiefern und Tannen gezerrt wurden. Man muss sich vorstellen, dass dieses verhältnismäßig kleine Raubtier in seinem Hunger entschlossen und ungemein mutig den „Riesen der Taiga", den Elch, anspringt und töten kann.

Feinde des Vielfraß

• Der **Mensch** stellt ihm wegen seines Fells oder als „nutzloses Raubzeug" wegen seiner Fallenplünderei nach. Sein Fleisch ist für ihn ungenießbar.

• **Wolfsrudel** kreisen gelegentlich schon einmal einen garstigen, sich tapfer wehrenden Vielfraß ein und töten ihn. Ein einzelner Wolf würde sich an diesen kratzenden und bissigen „Satan" nicht heranwagen. Auch Bären und Pumas lassen den Vielfraß in Ruhe, weil sie außer seiner starken Gegenwehr seine „Stinkwaffe" fürchten, die er im Kampfgeschehen mit einsetzt.

So wird der Vielfraß in den absoluten nordischen Einöden kaum belästigt. Dank seiner großen Anpassungsfähigkeit gelingt es ihm neuerdings erfolgreich, sein Verbreitungsgebiet immer weiter in den Norden, in die Tundra und in arktische Gebiete vorzuschieben, wo er, von Menschen unbehelligt, seinem wilden, einsiedlerischen Jägerleben nachgehen kann. So wurden sogar schon Vielfraße in Grönland angetroffen.

Wolf/Wolf

Klasse: Säugetier · Ordnung: Raubtiere · Familie: Hunde · Kopfrumpflänge: 105–135 cm · Schwanzlänge: 28–56 cm · Gewicht: 28–67 kg, Höchstgewicht: 96 kg · Nahrung: Fleisch, von der Maus bis zum Elch · Tragzeit: 60–63 Tage · Zahl der Jungen: 5–9 · Merkmale: lange Rute, stark gewölbte Stirn, lange, kräftige Läufe, die Farbe variiert von weiß (auf der Baffin-Insel) über grau, braun bis schwarz (in den kanadischen Wäldern), es werden häufig dunkelhaarige Tiere, sog. Timberwölfe, angetroffen. (Timber = Holz), im Winter wesentlich dichteres Fell

Der Wolf – hoch intelligent

Der Geächtete

Die Menschen haben den Tieren bestimmte Eigenschaften zugeschrieben, die nicht immer den Tatsachen entsprechen. So wurde der Wolf nur mit negativen Attributen belegt, wie blutrünstig, grausam und verschlagen. Es wurde verschwiegen oder nicht erkannt, dass der Wolf auch viele positive Eigenschaften besitzt:

• Das sehr **soziale Verhalten** untereinander zeigt sich in dem freiwilligen Teilen der Beute und in der Aufzucht von verwaisten Jungen.

• In einem Wolfsrudel herrscht eine **Rangordnung**, in der sich das einzelne Tier unterordnet und einfügt. Das Rudelleben erfordert Arbeitsteilung und Organisation. Der **Leitwolf** ist durch sein Imponiergehabe zu erkennen. Das Hauptkennzeichen seiner Macht ist die steil aufgerichtete Rute.

Effektive Jagdtaktiken im Rudel

• Er ist in der Lage, durch wirkungsvolle **Zusammenarbeit** eine effektive Jagd zu betreiben. Dazu gehören ausgeklügelte Verständigungsmittel, die noch näher erläutert werden.

Der Hass des Menschen gegen den Wolf hat sich erst allmählich entwickelt. Die Jäger der Altsteinzeit, die Tundra und Taiga nur dünn besiedelt hatten, und die Wölfe der damaligen Zeit teilten sich das riesige Jagdgebiet der nördlichen Erdhalbkugel. Erst mit der Neusteinzeit kam es mit dem Aufkommen der Weidewirtschaft von Haustieren und des Ackerbaus zu einer tiefgreifenden Veränderung der Beziehung Mensch/Wolf. Von den nomadisierenden Jägern wurden wegen Erschöpfung der Wildbestände immer mehr Menschen zur Viehzucht und zum Ackerbau gezwungen. Die Hirten und Bauern der Alten Welt entwickelten ein Eigentumsbewusstsein, und der Wolf, der sich auch an ihren Haustieren vergriff, stand im Gegensatz zu dieser Bewusstseinswandlung. Da auch für Isegrim die Beutetiere der Wildnis knapp wurden, geriet er immer mehr in **Konflikte mit den Menschen** und deren Viehhaltung. Dem jetzt Geächteten wurde der Kampf mit allen Mitteln angesagt. Bis in die Gegenwart wird ihm mit immer raffinierteren Mitteln nachgestellt, so dass er aus seinem riesigen Lebensraum heute in die entlegensten, unzugänglichsten Gegenden (Gebirge, tiefe Wälder, arktische und subarktische Gebiete) zurückgedrängt wurde.

In **Nordamerika** hat diese Konfliktsituation sehr viel später eingesetzt. Die Indianer und Inuvialuit kannten als Nomaden nicht das Eigentumsdenken der Menschen der Alten Welt. Den Ureinwohnern Nordamerikas ist auch heute noch der Wolfshass unbekannt. Erst mit dem Auftauchen des Weißen Mannes in Amerika wurde dem Wolf der blutige Kampf angesagt. Größere Bestände von Wölfen haben sich jetzt nur in Kanada und Alaska gehalten.

Unermüdlicher Jäger

Neben seiner außergewöhnlichen Schönheit, die sich im Deutschen Schäferhund noch am deutlichsten widerspiegelt, hat der Wolf gegenüber dem Hund, der zum Liebling der Menschen wurde, ein weitaus größeres Maß an Kraft, Schnelligkeit, Ausdauer, Widerstandsfähigkeit und Klugheit aufzuweisen.

Wenn auch einige Eigenschaften der Hunderassen durch Züchtung des Menschen besonders gefördert wurden, wie z. B. die Schnelligkeit bei Windhunden und der Geruchssinn bei Schweißhunden, die diejenigen des Wolfs übertreffen, so vereinigt der Wolf alle o. g. Eigenschaften in sich. Diese hervorragenden Fähigkeiten machen aus dem Wolf ein am weitesten verbreitetes Säugetier der Erde. Bevor der Mensch ihn zu seinem Feind Nr. I machte, bewohnte er ganz Europa, Vorderindien, die gemäßigten Zonen Asiens und Amerikas. Er passte sich aufgrund seiner Intelligenz in der Arktis, in der Tundra, in den Wäldern, im Gebirge, in Steppen und Wüsten an und entwickelte verschiedene Untergruppen. Die große **Anpassungsfähigkeit und Vielseitigkeit**, die Erschließung so vieler Lebensräume und Spezialisierung dieses Tieres sind nur mit denen des Menschen zu vergleichen. Neben der klimatischen Anpassung zeigt das große Spektrum seiner Nahrung – Wild aller Art, Haustiere, Aas, Früchte und Beeren – seine Flexibilität.

Ausgeprägte Intelligenz

Gemeinschaftsverhalten

Das Gemeinschaftsverhalten des Wolfs wurde in zahlreichen Studien von bekannten Wissenschaftlern, so auch von dem Österreicher Professor Konrad Lorenz, und vielen anderen erforscht. In seiner Sippe bildet der Wolf eine feste Rangordnung aus, die jedoch immer wieder von den Untergeordneten in Frage gestellt und getestet wird, so dass durch einen gesellschaftlichen Aufstieg in eine höhere Position innerhalb des Wolfsrudels die „Schlagkraft" der Gemeinschaft eine Art Erneuerung erfahren kann.

Im Zusammenleben der Wölfe spielen bestimmte **Verhaltensweisen und Gesten** eine entscheidende Rolle:
* Es gibt besondere Ausdrucksmöglichkeiten, die z. B. Selbstvertrauen, Drohung, Herrschergeste, Angst und Unterwerfung ausdrücken können. Der Gesichtsmimik und der Rutenhaltung kommt hierbei eine besondere Bedeutung bei den unterschiedlichen Gemütsbewegungen zu.
* Die Rangordnung wird schon in jugendlichem Alter ausgekämpft. Damit es im Rudel keine unnötigen und verlustreichen Auseinandersetzungen gibt, haben die Wölfe Unterwerfungs- oder Demutsgesten entwickelt, die sofort die Aggressivität des Stärkeren dämpfen und den tödlichen Ausgang des Kampfes für den Schwächeren vermeiden. Der Unterlegene bietet dem Überlegenen die verwundbarste Stelle seines Körpers, die Kehle, an, um vom Sieger verschont zu werden. Die angeborene Tötungshemmung von Artgenossen hindert den noch wütenden

Sieger, seinen Gegner ernsthaft zu beißen. Dieser Mechanismus ist bei Rüden und Fähen trotz ihrer Wildheit zu beobachten. Es bilden sich als Führer des Rudels ein männlicher und ein weiblicher sog. „Alphatyp" heraus. Nur diese beiden Klügsten und Stärksten paaren sich. Die Begattungsversuche Rangniederer werden verhindert. Die aus der Verbindung des „Herrscherpaars" hervorgehenden Jungen werden von dem gesamten Rudel gemeinsam aufgezogen.
- Das bekannte Wolfsgeheul fördert den Zusammenhalt des Rudels bei der Jagd.

Jagd
Die Wölfe sind mit ausgezeichneter Sinnesschärfe ausgerüstet. Sie können sehr gut sehen, hören und riechen. Auf eine Distanz von 300 m ist es ihnen möglich, ihre Beute genau zu erkennen, deren Spur sie witternd aufgenommen haben, wenn sie sich nicht schon vorher durch ein Geräusch verraten hat. Im richtigen Augenblick gibt der Anführer des Rudels das Zeichen zum „Angriff". Je nach Stärke des Rudels und des Beutetiers entscheidet der Rudelführer über die Fortsetzung oder die Aufgabe der Hetzjagd. Es ist durchaus möglich, dass die Wölfe vor der Kampfbereitschaft beispielsweise eines starken Elchbullen kapitulieren. Wenn das Wild flieht, wird fast immer die Verfolgung aufgenommen. Hierbei kommt den Wölfen ihre **Ausdauer** zugute, auch wenn der flüchtende Elch, Hirsch oder Gabelbock zunächst schneller ist. Aber der „lange Atem" der Verfolger ist meistens das Ende des erschöpften Flüchtlings. Er wird in die Beine gebissen, gestellt, zu Fall gebracht und schließlich vom stärksten Wolf von vorne angegriffen. Meistens werden jedoch nur alte, kranke und schwache Tiere ausgesucht, somit übernehmem die Wölfe die wichtige Aufgabe als „Gesundheitspolizei".

*Sprich-
wörtlich
„langer
Atem"*

Schlussgedanke
Das Zusammenleben zwischen Wolf und Mensch wird sich auch zukünftig schwierig gestalten. Das Verschwinden dieses perfekten Jägers aus seinen letzten Rückzugsgebieten und das Verstummen seines Heulens im Chor, auch Ausdruck der Schwermut des ewig Verfolgten, wäre ein erheblicher Verlust unserer von den Menschen schon genug geschundenen Erde, samt ihrer von ihm dezimierten Tierwelt.

Lebensraum Kordilleren

Die Kordilleren mit den beiden Gebirgszügen, den **Rocky Mountains** und dem **Küstengebirge**, sowie die dazwischen liegenden Täler, sind die wohl großartigste Naturlandschaft Kanadas und Alaskas mit ihren ewig schneebedeckten Gipfeln, bis über 6.000 m aufragend, den riesigen nordischen (borealen) **Nadelwäldern** und smaragdgrünen **Seen**. Bergauf steigende Klimazonen von warmen, sonnigen Tälern bis zu ewigem Schnee und gewaltigen Gletschern schaffen verschiedene Biotope. So stolz wie hier die Bergriesen in den Himmel ragen, so stolz sind auch die Tiere, die diese Urlandschaft besiedelt haben. Einige der interessantesten sollen Ihnen vorgestellt werden. Sie gilt es, genauer zu betrachten, ihre Anpassungsfähigkeit an das Hochgebirge zu bestaunen, ihr Verhalten zu studieren, die Verflechtungen untereinander zu enträtseln und die Zusammenhänge ihrer Abhängigkeiten zu ergründen.

Dickhornschaf/Bighorn Sheep

Klasse: Säugetiere · Ordnung: Paarhufer · Familie: Hornträger · Kreuzhöhe: 75– 105 cm · Gewicht: 33–130 kg · Nahrung: Pflanzen · Tragzeit: ca. 180 Tage · Zahl der Jungen: 1, gelegentlich 2 · Merkmale: Farbschattierungen von weiß (Dallschaf in Alaska) über sandbraun bis dunkelbraun (Steinschaf in British Columbia), Hornbildung bei beiden Geschlechtern, die bei Widdern bis zu 87 cm lang werden können, Hörner spiralförmig gedreht und nach unten gekrümmt

Brunft
Das Dickhornschaf bewohnt in den Bergen die Region der Almwiesen oberhalb der Waldgrenze bis zu den schroffen Felshängen. Im Oktober bis Dezember, während der Brunft,

Das Dickhornschaf – fähig zu riskanten Klettereien

kann man die sonst sehr scheuen und vorsichtigen Wildschafe am besten beobachten. Sie verraten sich dann durch ein Geräusch, das laut durch die einsame Bergwelt hallt und sich als Echo wiederholt. Es rührt von dem Kampfgeschehen der rivalisierenden Widder her, die mit voller Wucht ihre schneckenförmigen Gehörne aufeinanderprallen lassen. Dieses Krachen kann man bis zu 2 bis 3 km Entfernung vernehmen.

Mit dem Feldstecher genauer beobachtet, verläuft das Turnier der brünftigen Widder wie folgt:
Zunächst sieht es so aus, als ob die Böcke keinerlei Notiz voneinander nehmen. Wie auf ein geheimes Zeichen rennen sie plötzlich aufeinander los. Kurz vor dem Zusammenprall erheben sie sich auf ihre Hinterläufe, um zur Schlagerhöhung sich nach vorne fallen zu lassen. Die Wucht des spurtstarken Anlaufs und 130 kg Eigengewicht jedes Widders bewirken einen so harten Aufprall, dass beide Kontrahenten eine halbe Minute wie benommen dastehen und wie nach einer leichten Gehirnerschütterung die Augen verdrehen. Aber die Widder geben nicht so schnell auf. Stunde um Stunde vollzieht sich die Wiederholung: das Aufeinanderlosrennen, das Erheben auf die Hinterbeine, das Zielen auf die gegnerische Stirn und das Zusammenkrachen wie ein Hammerschlag. Kräftezehrend wird um den Sieg bis zur völligen Erschöpfung gekämpft. In den heißen Monaten der Brunft wird so die **Rangordnung der Widder** „ausgeboxt". Anschließend suchen die Turniersieger nach einer Partnerin im Schafrudel. Hierbei kann man oft bei den Verfolgungsjagden die enorme Kletterfähigkeit der Dickhornschafe bewundern. Ihre waghalsigen Kletterpartien sind atemberaubend. Die spreizbaren Zehen und die scharfkantigen Hufe leisten hierbei gute Dienste.

Ausdauernde Kämpfe der Widder

Überstehen des strengen Gebirgswinters

Die Anpassung an den strengen Hochgebirgswinter, der bis zu 6 Monate dauern kann, stellt an die Dickhornschafe hohe Anforderungen. Wenn der Schnee noch nicht allzu hoch liegt, kann er von den einzelnen Tieren mit ihren scharfen Hufen noch ohne größere Mühe weggescharrt werden. Wenn er jedoch meterhoch liegt, dann sammeln sich die Wildschafe an bestimmten Stellen, und es werden in Gemeinschaftsarbeit Gänge freigescharrt, um an die Grashalme zu gelangen. Im Frühjahr fegen zu Tal donnernde Lawinen die Almen streifenweise wieder frei und entblößen die Grasnarbe.

Puma/Cougar

Klasse: Säugetiere · Ordnung: Raubtiere · Familie: Katzen · Kopfrumpflänge: bis zu 90 cm · Gewicht: bis zu 119 kg · Nahrung: von Nagern bis zu Hirschen · Tragzeit: 90–96 Tage · Merkmale: braungelbliche Färbung

Früher ein weit verbreiteter Jäger

Der Puma wurde von den Spaniern für einen Löwen gehalten. Auch der deutsche Name „Berg- oder Silberlöwe" deutet noch auf diesen Irrtum hin. Ähnlich wie der Leopard der Alten Welt hatte der Puma, bevor die Weißen in Amerika landeten, ein sehr weites Verbreitungsgebiet. Er hatte sich sehr anpassungsfähig in Sumpfgebieten, dichten Urwäldern, Wüsten und Gebirgen Nord- und Südamerikas ausgebreitet und eingelebt. Sein umfangreicher „Speiseplan" reicht auch heute noch von Fischen, Vögeln, Mäusen, Mardern, Füchsen, Waschbären, Kojoten bis zu Hirschen und natürlich auch Haustieren der Menschen. Die Viehzüchter sagten ihm wegen Dezimierung ihrer Schafe, Ziegen, Rinder und Pferde den Kampf an.

Heute ein einsamer Jäger der Berge

Geächtet, wie auch der Wolf

Wegen der starken Nachstellung durch die Menschen ist der Puma heutzutage ein einsamer Jäger in den Bergen der Kordilleren geworden, der hauptsächlich nachts auf einsamen, versteckten Schleichwegen pirscht. Wenn er ein Beutetier entdeckt, schleicht er sich, eng an den Boden gedrückt, an sein Opfer heran, springt im günstigsten Augenblick auf, nähert sich ihm mit gewaltigen Sätzen, fällt es an, krallt sich fest, versucht, es zu Fall zu bringen und erstickt es schließlich durch einen Biss in die Kehle.

Schneeziege/Rocky Mountain Goat

Klasse: Säugetiere · Ordnung: Paarhufer · Familie: Hornträger · Kopfrumpflänge: 150–175 cm · Kreuzhöhe: 90–105 cm · Gewicht: 75–140 kg · Nahrung: Pflanzen · Tragzeit: 148 Tage · Zahl der Jungen: 1–2 · Merkmale: langes, weißes Fell mit gelblicher Schattierung, aufstehende Nacken- und Rückenmähne, dichter Kinnbart, beide Geschlechter tragen schwarze, rückwärts gebogene Hörner, scharfkantige Hufe mit weicher Trittfläche

Die Schneeziege – sehr trittsicher am Berg

Silhouette in der Felswand

Wo der Lebensraum des Dickhornschafs am Saum der schroffen Berghänge aufhört, dort beginnt das Reich der Schneeziege. Wie ein gemeißeltes Standbild in der Felswand erblickt man manchmal nur zufällig einen weißen Flecken. Mit scharfem Auge oder Feldstecher ist dann ein einzigartiges Tier auszumachen. Es hat zwar ein ziegenähnliches Aussehen, ist aber der mitteleuropäischen Gemse, die zu den Antilopen gehört, verwandter als der Ziege.

Meister der Kletterkunst

Bei längerem Beobachten einer Schneeziege könnte man zu der Ansicht gelangen, dass diese wesentlich langsamer und nicht so gewandt im Klettern ist wie eine Gemse. Wenn man als geübter Bergwanderer jedoch den Fluchtabstand zu der Schneeziege verkürzt, so erkennt man bei ihrem Rückzug, dass sie sehr überlegt, aber nicht hastig, Kletterkünste zeigt, die an profihaftes Fassadenklettern erinnern. Dem Vergleich Schneeziege/Gemse hält die Schneeziege durchaus stand. Wenn sie auch nicht ganz so flink und elegant klettert, so ist ihre **enorme Trittsicherheit** doch sehr beachtlich. Jedes Raubtier muss irgendwann die Verfolgung aufgeben. Die steilen Felsen sind jedoch nicht nur ein Rückzugsgebiet vor Feinden, wie Mensch, Puma, Bär und Wolf, sie bieten auch im Winter, so erstaunlich es klingen mag, Nahrung auf den vom Wind freigefegten Simsen und schmalen Graten. Gräser, Kräuter und Flechten sind hier oben in luftiger Höhe konkurrenzlos noch abzuäsen.

Trittsichere Kletterer

Die meisten **Verluste** erleidet die Schneeziege nicht durch Raubtiere, sondern durch **Steinschlag** und **Lawinen**. Bei allzu schlechter Witterung verbirgt sie sich in Höhlen oder steigt doch, der Not gehorchend, in tiefere Lagen ab.

Wapitihirsch/Elk

Klasse: Säugetiere · Ordnung: Paarhufer · Familie: Hirsche · Gewicht: bis 450 kg · Nahrung: Pflanzen · Tragzeit: 225–270 Tage · Zahl der Jungen: 1 Kalb, gelegentlich 2 · Lebensdauer: 15–18 Jahre · Merkmale: hohe, schlanke Läufe, braune Decke, Geweihbildung nur beim

Der Wapitihirsch – in der Brunft nicht ungefährlich

Männchen, das Geweih der kapitalen Hirsche trägt meistens 12 Enden, es wiegt durchschnittlich 20–25 kg.

Der Wapitihirsch bevorzugt halboffene Wälder. Im Sommer zieht er in die Berge hinauf, und im Winter kehrt er in die Täler zurück, wenn die Menschen ihm noch genügend Raum und Nahrung gelassen haben. Während der **Brunft** stößt der Hirsch einen hellen Ruf aus, der dem dunklen Bass der Rothirsche der Alten Welt sehr unähnlich ist.

Lebensraum Prärie

Verschie-dene Grassorten

Einst war die nordamerikanische Prärie über weite Teile Kanadas und der USA im Zentrum des Nordkontinents verbreitet. Heute musste sie zum größten Teil den Monokulturen des Weizenanbaus weichen. Dennoch gibt es letzte Refugien vom einstigen **„Reich des Grases"** mit seiner erhaltenen Flora und Fauna. Wichtigstes Merkmal ist das Vorhandensein verschiedener Gräser, solcher, die kaltes Klima gut vertragen können, und solcher, die Hitze und Dürre überstehen. Zusammen bildet die Gesamtheit der Grassorten vom Frühjahr bis zum Herbst ein fruchtbares Weideland.

Bison/American Bison

Klasse: Säugetiere · Ordnung: Paarhufer · Familie: Rinder · Kopfrumpflänge: bis 3 m · Kreuzhöhe: bis 180 cm · Gewicht: bis 1.300 kg · Nahrung: Gras, gelegentlich Laub und Rinde · Tragzeit: 9 Monate · Zahl der Jungen: 1 · Merkmale: massiger Körperbau, ausgeprägter Höcker, der von den Fortsätzen der Rückenwirbel gebildet wird, Kopf, Hals und Vorderbeine sind von längeren, dunklen Haaren bedeckt als der übrige Körper, Kuh viel kleiner als der Bulle, beide Geschlechter haben kurze, spitze, nach oben gebogene Hörner

Vorfahren

Vorfahren des Bisons

Die **Vorfahren** des heutigen Bisons *(Bison bison)* stammen nach den Erkenntnissen der Paläontologen aus Asien. Paläontologen sind Wissenschaftler, die sich mit dem Leben vergangener Erdzeitalter befassen. Die Vorfahren der Bisons wanderten in verschiedenen Wellen nach Amerika ein, an der Stelle, an der sich heute die Bering-Straße befindet. Diese Landbrücke Beringia war während vergangener Eiszeiten passierbar, im Gegensatz zu heute, weil ein Großteil der Gewässer in Form von Eis gebunden war und deshalb der Meeresspiegel um bis zu 125 m tiefer lag als heute. Heute ausgestorbene Rassen, wie der **Breitstirnbison** *(Bison latifrons)*, der **Taylor-Bison** *(Bison taylori)* und der **Westbison** *(Bison occidentalis)*, sind die Vorläufer des heutigen Bisons. Der Westbison ist der unmittelbare Vorfahre des heutigen Bisons, der in 2 Untergruppen, in den **Präriebison** und in den dunkleren größeren **Waldbison**, untergliedert ist.

Massenvernichtung

Zum Zeitpunkt des Auftauchens der weißen Siedler in Nordamerika haben nach wissenschaftlichen Schätzungen etwa 65 Mio. Bisons das weite, wogende Gras-

land des zentralen Nordamerika bevölkert, und niemand hätte es damals für
möglich gehalten, dass ihre Zahl im Jahre **1889** dramatisch auf nur noch 1.091
Stück zusammenschmelzen würde.

Die **Einführung des Pferdes** durch die
Weißen hat mit zu dem schnellen Verschwinden der riesigen Bisonherden beigetragen. Die Prärieindianer hatten jetzt
die Möglichkeit, sehr viel effektiver das
ganze Jahr über Bisons zu jagen als mit
ihren alten Jagdmethoden zu Fuß. Die
Indianer töteten jedoch nur so viele Bi-

Der Bison – knapp der Massenvernichtung entronnen

sons, wie sie zu ihrer Ernährung brauchten. Die Rothäute, in ihrer geringen
Anzahl, hätten auch auf dem Rücken der Pferde niemals die Büffel an den Rand
des Aussterbens bringen können.

Die grausame Metzelei geht voll auf das Konto der Weißen. Die Eisenbahngesellschaften, deren Gleise vielfach den Trampelpfaden der Bisons durch die Prärie
folgten, warben sogar mit dem Slogan, dass Bisons vom Zug aus abgeschossen
werden könnten, ohne dass man sich von den Sitzen zu erheben brauchte. Das
sinnlose Abschlachten der urigen Tiere, nicht nur für die Ernährung der
Menschen, was noch verständlich und entschuldbar gewesen wäre, nahm solche
erschreckenden Formen an, dass die Ausrottung dieses Wildrinds kurz bevor-
stand.

Einige Zahlen dieser Massenvernichtung sollen dies verdeutlichen:
*   **1872–1874** transportierte die Eisenbahn von Santa Fe mehr als 5.000 Tonnen
    Bisonknochen, die zur Herstellung von Dünger verwendet werden sollten.
*   **Anfang des 20. Jahrhunderts** wurde der Bison unter Schutz gestellt. So
    entging dieses einst so zahlreiche Wildrind gerade noch 5 Minuten vor 12 seiner
    völligen Ausrottung. Trotzdem ist die Reduzierung des Wildbestands von Millio-
    nen auf wenige tausend Tiere das wohl dunkelste Kapitel europäischer Kolonial-
    geschichte in Nordamerika!

Dunkles Kapitel europäischer Kolonialzeit

Pfade durchs Grasland

Die Pfade der Bisons, einst ein weites Netz durch das unendliche Grasmeer
getreten, heute nur noch an einzelnen Stellen sichtbar, waren das auffallendste
Merkmal der von diesem Großwild bewohnten Landschaft. Es war der Verbund
aller wichtigsten **Weidestellen, Tränken, windgeschützten Orte** im kalten
Winter und der **Wälzplätze**, an denen sich die Tiere zu gerne im trockenen
Sand wälzten.
Der Winter ist auch für die heute noch wild lebenden Bisons die schwierigste
Jahreszeit. Die heftigen Schneefälle erschweren die Nahrungssuche und die Fort-
bewegung. Mit ihrem mächtigen Kopf wird wie mit einem Schneeschieber die
weiße Pracht beiseite geschoben. Die vorher angelegten Pfade erleichtern den
Bisons hierbei ihr im Winter beschwerliches Leben.

Gabelhornantilope/Pronghorn

Klasse: Säugetiere · Ordnung: Paarhufer · Familie: Gabelhornträger · Kopfrumpflänge: 118–140 cm · Kreuzhöhe: 88–105 cm · Gewicht: Bock 45–65 kg, Geiß 35–48 kg · Nahrung: Gräser, Kräuter, besonders Beifußarten · Tragzeit: 230–240 Tage · Zahl der Jungen: 1–2, selten 3 · Lebensdauer: 7–8 Jahre, selten 10 Jahre · Merkmale: schlanke, starke Läufe, spitze, harte Hufe, kurzer Schwanz, y-förmige Hörner, durchschnittliche Hornlänge 25 cm, lange, spitze Ohren, große Augen, rötliche bis kastanienbraune Färbung, kurzer, schwarzer Nackenhaarkranz, Unterseite und Spiegel weiß, das Weibchen hat kleinere, ungegabelte Hörner

Schnellläufer der Prärie

Bei der Gabelhornantilope, auch kurz Gabelbock genannt, wurden Spitzengeschwindigkeiten **bis zu 80 km/h** und im Dauerlauf 48 km/h gemessen. Der ganze Tierkörper ist auf Laufen und Springen ausgerichtet. Der Gabelbock kann bei Verfolgung 3 bis 4 Minuten lang hintereinander Sprünge bis zu 6 m ausführen, ohne sichtlich erschöpft zu sein.

Erstaunliche Eigenschaften des Fells

• Der Gabelbock hat die erstaunliche Fähigkeit entwickelt, dass er jedes Haar seiner Decke einzeln durch Muskeln bewegen kann. Durch verschiedene Winkelstellungen kann, wie durch Ventilklappen, eine **Wärmeregulierung** (Abstrahlung oder Halten der Körperwärme) hergestellt werden. In grober Form gibt es diesen Mechanismus zwar auch bei anderen Säugetierarten, aber so perfekt und verfeinert funktioniert er nur beim Gabelbock.

Warnung vor Raubtieren

• Am Hinterteil des Schnellläufers fallen 2 runde schneeweiße Fellbereiche auf. Bei „Alarm" vor Raubtieren und auf der Flucht werden die Haare dieses „Spiegels" abwechselnd aufgerichtet und wieder angelegt. So wird ein bis zu 4 km sichtbares „Blinkzeichen" an andere Tiere zur Warnung abgegeben.

Kojote/Cojote

Klasse: Säugetiere · Ordnung: Raubtiere · Familie: Hunde · Kopfrumpflänge: 80–90 cm · Schwanzlänge: 27–40 cm · Gewicht: 25 kg · Nahrung: 98 % tierische, 2 % pflanzliche Kost · Tragzeit: 60–63 Tage · Zahl der Jungen: 5–10 je Wurf · Merkmale: größer als mittelgroßer Hund, spitze Schnauze, sehr dichte Rute, graubraunes Fell mit rötlicher Einfärbung, weißliche Kehle und Unterseite

Trotz Verfolgung nicht zu vertreiben

Von 1915 bis 1946 wurden nach offizieller Statistik **1.780.915 Kojoten getö-**

Nicht klein zu kriegen

tet. Trotz dieser starken Verfolgung mit „Feuer und Blei", durch Fallenstellen und Vergiftung ist der Heul- oder Präriewolf, wie er auch genannt wird, in seinem Bestand nicht gefährdet. Sehr starke Verluste durch den Menschen in bestimmten Gegenden konnte er durch stärkere Vermehrung in Regionen, in denen der Jagddruck nicht so stark war, wieder ausgleichen.

• Der Kojote hat sogar noch **von den Aktivitäten der Siedler profitiert.** Die Umwandlung der ursprünglichen Wälder in landwirtschaftliche Nutzflächen und die Reduzierung anderer und größerer Raubtiere durch den Menschen, wie Puma und Wolf, war für ihn eher vorteilhaft.

• Außerdem ist der Kojote sehr anpassungsfähig, intelligent und in seiner Nahrung nicht wählerisch.

Der Kojote – äußerst anpassungsfähig

Jagdstrategien

Die Beutetierwahl ist sehr umfangreich. Sie reicht von Insekten, Reptilien, Vögeln, kleinen Nagetieren, Präriehunden, Hasen, Baumstachlern, Gabelböcken, Hirschen, Aas, bis zu Schafen und Ziegen.

• Oft schließen sich Kojoten zur **Gemeinschaftsjagd** zusammen. Bei der Hetze von Hasen nützen dem flinken Mümmelmann bei dem Jagdverband der Kojoten auch seine wilden Zick-Zack-Fluchten nichts.

• Die **Zermürbungstaktik** beim Baumstachler, der von 2 Kojoten abwechselnd von vorne und von hinten angegriffen wird, führt schließlich zur Erschöpfung des Beutetiers und zur Verlangsamung seiner Reaktion, die von den Jägern ausgenutzt wird. *Trickreiche Jagdmethoden*

• Nachdem Wapitis, Gabelantilopen oder Dickhornschafe ihre Jungen gesetzt haben, wenden Kojoten oft erfolgreiche **Ablenkungsmanöver** an. Ein Raubtier versucht, die Aufmerksamkeit des Weibchens auf sich zu lenken, während der andere Räuber das Jungtier in dem unbewachten Augenblick stiehlt.

• Im Winter in die Schneedecke einbrechendes, ausgehungertes und geschwächtes Wild wird oft die Beute der Kojoten.

• Wenn der Silberdachs mühsam versucht, Präriehunde und Erdhörnchen in ihrem Bau auszugraben, so warten manchmal die listigen Kojoten in der Nähe nur auf den Augenblick, wenn die Nager fluchtartig ihren Bau durch einen Notausgang verlassen, um dem Silberdachs dann die Beute wegzuschnappen.

Präriehund/Prairie Dog

Klasse: Säugetiere · Ordnung: Nagetiere · Familie: Hörnchenverwandte · Kopfrumpflänge: 27–34 cm · Schwanzlänge: 7–10 cm · Gewicht: 1–1,5 kg · Nahrung: Pflanzen · Tragzeit: 28–32 Tage · Zahl der Jungen: 3–5, gelegentlich 8 · Merkmale: rundlicher Körper und Kopf, hochstehende Augen, kleine Ohren, graugelbe oder graubraune Färbung, helle Unterseite, Schwanz im letzten Drittel schwarz

Große ökologische Bedeutung des Präriehunds

Präriehunde sind sehr gesellige Tiere. In der grasreichen Prärie spielt dieses Nagetier eine ökologisch sehr wichtige Rolle.

- Einmal ist der Präriehund in seiner Vielzahl die Ernährungsgrundlage für sehr viele Beutegreifer, wie z. B. für Wölfe, Kojoten, Rotluchse, Silberdachse, Marder, Schwarzfußiltisse, Adler, Habichte, Bussarde, Kanincheneulen und Klapperschlangen.
- Zum anderen äst er in seinem Wohngebiet die Grasnarbe auf eine bestimmte Höhe ab. Damit wird die Ansiedlung kleiner, schnellwüchsiger, samen- und früchtetragender Gräser gefördert und das Sprießen langwüchsiger Gräser gebremst. Der niedrige Graswuchs hat für den Präriehund den großen Vorteil, dass sich auf dem Erdboden Feinde ungesehen kaum nähern können.

Verständigung

Präriehunde leben in großen **Familienverbänden** zusammen, die ein bestimmtes Territorium besetzt halten. Die unsichtbaren Grenzen zum Nachbarterritorium, die durch Duftmarken markiert sind, werden eifersüchtig verteidigt. Wenn sich 2 Präriehunde einer großen Familie nicht sofort als solche erkennen, dann kriechen sie soweit aufeinander zu, bis es zu einer Lippenberührung kommt.

So wütend, wie Fremdlinge vertrieben werden, so liebevoll gehen die Präriehunde innerhalb der Großfamilie miteinander um. Zur Verständigung werden neben bestimmten Gesten prägnante **Laute** ausgestoßen:

- Die auffälligsten Rufe sind die für „Alarm" und für „Entwarnung". Wenn sich ein Feind der Kolonie nähert, dann ertönen plötzlich aus dem aufmerksamsten Beobachter durchdringende, in schneller Folge wiederholte Schreie. Alle Tiere flüchten Hals über Kopf in ihre unterirdischen Höhlensysteme. Ist die Bedrohung vorbei, gibt ein anderer Ton Entwarnung, und die vorherige Tätigkeit wird wieder aufgenommen.

Verteidigung des Territoriums

- Ein weiterer sehr lauter Ruf drückt den **Anspruch auf ein Territorium** aus. Bei diesem Schrei erhebt sich der kleine Nager auf seine Hinterbeine, reckt den runden Kopf in die Höhe und schreit aus Leibeskräften so laut, dass die Luft erzittert, seinen Landanspruch über die weite Prärie. Kurz danach stehen alle wehrhaften Mitglieder der Sippe zur Verteidigung des Familienbesitzes bereit.

Populationskontrolle

Sehr schnell könnte ein Territorium überbevölkert sein und die Nahrungsgrundlage zerstört werden, wenn die Präriehunde nicht bestimmte **Verhaltensweisen entwickelt** hätten, die dies verhindern würden.

- Einjährige Männchen und Weibchen verlassen zu Beginn des Frühlings freiwillig tagsüber die Kolonie, um neue Bereiche der noch nicht von ihnen besiedelten Prärie zu erschließen. In dem Neuland werden neue Höhlensysteme angelegt. Abends kehren sie in die Kolonie zurück.
- In der Fortpflanzungszeit von April bis Mai verwehren die trächtigen oder säugenden Weibchen jedem weiteren Familienmitglied den Zugang in ihre Höhle. Auch den Männchen bleiben dann nur noch wenige Röhren im Falle der Flucht vor Feinden. Einige von ihnen entschließen sich dann zur **Auswanderung**. So breitet sich die Kolonie immer weiter aus, ohne dass die Vegetation zerstört wird.

Waschbär/Raccoon

Klasse: Säugetiere · Ordnung: Raubtiere · Familie: Kleinbären · Kopfrumpflänge: 70–84 cm · Schwanzlänge: 20–30 cm · Kreuzhöhe: 20–30 cm · Gewicht: 5–7 kg, gelegentlich bis 16 kg · Nahrung: tierische und pflanzliche Kost (Allesfresser) · Tragzeit: 63 Tage · Zahl der Jungen: 2–7, meistens 4 · Lebensdauer: 10–12 Jahre · Merkmale: plumper Körper, kurzer Hals, kurze, spitze Schnauze, langhaariges, graubraunes Fell, schwarzweiß gezeichnetes Gesicht, schwarz und gelblich geringelter Schwanz

Erstaunliche Anpassungsfähigkeit
Der sehr reinliche Waschbär, der die Gewohnheit hat, seine Nahrung im Wasser – wenn vorhanden – abzuwaschen, ist sehr anpassungsfähig. Flexibel lebt er sich auch in Lebensräume ein, die von Menschen verändert worden sind.

Auch in den Kulturlandschaften des „Homo sapiens" erschließt er sich immer neue Nahrungsgründe. Als **Allesfresser** besteht seine vielseitige Nahrung aus tierischer wie auch aus pflanzlicher Kost. Hierzu gehören: Insekten, Lurche, Fische, Vogeleier, Vogeljunge, Hörnchen, Krebse, Früchte, Aas und der Inhalt von Müllkästen.

Lebensraum Pazifikküste und Küstengewässer

Die stark zerklüftete Pazifikküste Kanadas, im Süden mit mildem und auch teilweise sonnigem Mittelmeerklima bedacht, wird weiter im Norden sturmgepeitschter, regen- und nebelverhangener. Gerade dieser eher düstere Küstenabschnitt ist wegen seines rauen Wetters ein Naturraum mit einer noch ursprünglichen Fauna und Flora geblieben.

Reiche Tierwelt im Meer

Die gemeimnisvollste und am wenigsten bekannte Tierwelt ist, oft nur wenige Kilometer von den Städten entfernt, im Meer zu finden. Im grünen Wasser des Pazifik lebt eine überraschend reiche Tierwelt.

Grauwal/Grey Whale

Klasse: Säugetiere · Ordnung: Waltiere · Familie: Grauwale · Gesamtlänge: 12,20–15,30 m · Tragzeit: 11–12 Monate · Zahl der Jungen: 1 · Merkmale: verhältnismäßig kleiner Kopf, keine Rückenflosse, aber eine Reihe von Höckern auf dem hinteren Teil des Rückens, Kiefer leicht gewölbt, spitzzulaufendes Maul, grau melierte Färbung

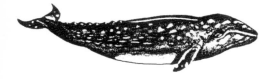

Geburt der Jungen in warmen Gewässern

Jahreszeitliche Wanderung

Das Verbreitungsgebiet des Grauwals sind der Nordost- und der Nordwestpazifik. Jährlich werden bis zu 20.000 km lange Wanderungen unternommen. Im Frühling zieht er nach Norden. Viele dieser Riesensäuger übersommern schon im Küstengebiet von British Columbia, die meisten wandern jedoch weiter in die Bering See. Hier teilen sich dann die Herden. Ein Teil wandert entlang der Nordküste Sibiriens, und der andere Teil zieht es vor, den nördlichen Küstensaum Alaskas und Kanadas aufzusuchen. Im September oder Oktober setzt dann die Rückwanderung ein. Die Winterquartiere liegen in Kalifornien, Mexiko oder Südkorea. Dort kommen auch die Jungen zur Welt, die zwei Monate gesäugt werden.

Ernährung

Wie alle Bartenwale ernährt sich auch der Grauwal von Plankton, Krebsen, Meeresschnecken und Borstenwürmern, die er mit Hilfe von **„Barten"**, den vom Gaumen herabhängenden Hornplatten, aus dem Meerwasser filtert.

Die **Nahrungsaufnahme des Grauwals** geht wie folgt vonstatten:
- Im Gegensatz zu anderen Bartenwalen sucht er seine Nahrung auf dem Meeresboden. Dort wirbelt er mit seiner spitzen Schnauze den Sand auf.
- Dann öffnet er das Maul, das sich mit Wasser und Nährstoffen füllt.
- Die Zunge wird gegen den Gaumen gedrückt. Das Wasser fließt durch die Barten ab, an denen die Nahrung hängen bleibt.
- Durch einen Zungenschlag wird sie in den hinteren Teil des Mauls transportiert und dann heruntergeschluckt.

In den kühlen nördlichen Gewässern werden im Sommer Unmengen der o. g. Tiere vertilgt. Dabei bildet der Grauwal **Fettreserven**, um das ganze Jahr hindurch bestehen zu können.

Starke Verfolgung und Schutzmaßnahmen

1851 begann an der amerikanischen Westküste der Walfang in großem Stil. Nach Schätzungen von Scammon zogen damals in der Wanderzeit vom 15. Dezember bis zum 1. Februar ca. 1.000 Grauwale täglich an der kalifornischen Küste vorbei! **1874**, nur 23 Jahre später, waren es täglich nur noch ca. 40 Tiere. So grausam und unerbittlich hatten die Walfänger unter den Beständen gewütet.

Ab 1900 wurden keine Grauwale mehr gesichtet, und man glaubte schon, diese Meeressäuger wären an der Westküste Nordamerikas ausgestorben.

1925/26 wurden wieder 42 Grauwale getötet.

1937 gab es nur noch 250 Tiere. Es erging ein weltweites Verbot, Grauwale zu erlegen. Obwohl es nicht von allen Nationen eingehalten wurde, erholten sich die Grauwale allmählich wieder.

1968 zählte man wieder 18.300 Grauwale.

Pazifischer Lachs

Klasse: Fische · Ordnung: Lachsfische · Familie: Lachsähnliche

Lachswanderung

Die Pazifischen Lachse leben in den meisten Küstengewässern von British Columbia. In den Monaten Juli, August und September steigen diese Raubfische vom
Pazifik in die Gebirgsflüsse empor, um dort zu laichen. Auf ihrer Laichwanderung
nehmen sie im Süßwasser keinerlei Nahrung zu sich. Viele sterben schon vor dem
Ablaichen an Erschöpfung. Stromschnellen, die überwunden werden müssen, zehren ihre im Meer angesammelte Kraft auf. Andere werden in ihrem geschwächten
Zustand eine leichte Beute von Bären, Fisch- und Seeadlern. Einige Bären vertil-
gen bis zu 15 Lachse pro Tag. Die Fische laichen nur einmal in ihrem Leben, dann
sterben sie. Ihr Lebensziel ist dann erreicht.

*Laich-
wanderung*

1 bis 3 Jahre verleben die jungen Lachse im Süßwasser, auch vielfach bedroht von
größeren Raubfischen, Gänsesägern, Kormoranen und Eisvögeln. Dann wandern
sie ins Meer ab. Wenn sie ausgewachsen sind, versuchen sie, in genau das Laichge-
wächser aufzusteigen, in dem sie geboren
wurden. Diese Heimreise der Lachse ist
sicher eine der bemerkenswertesten Meisterleistungen im Tierreich!

Die Energie und kämpferische Leistung der
muskulösen Fische, die reißende Strömung
der Gebirgsflüsse zu bezwingen und die Schnellkraft ihrer meterhohen Sprünge
gegen die Gewalt der unzähligen Stromschnellen und Katarakte sind erstaunlich.
Die größten Lachsarten unternehmen in der Regel die weitesten Wanderungen.
Der **Quinnat**, der bis zu 45 kg schwer werden kann, wandert beispielsweise im
Alter von 4 bis 7 Jahren den Yukon rund 4.000 km flußaufwärts, um in der
Gegend von Cariboo-Crossing und im Lake Bennett zu laichen.

Das Überwechseln vom Salzwasser ins Süßwasser bewirkt eine **Verwandlung** im
Körper der Lachse, die sich in der Färbung oder in der Veränderung der Zähne
auswirken kann.

Die Laichgruben werden ausschließlich von dem Weibchen ausgehoben. Ein Männchen hat sich eingefunden. Der **Liebesakt** kann beginnen. Beide Lachse haben
ihre Mäuler weit geöffnet. In liebeswerbenden Gefühlen umkreisen sie sich aufge-
regt. Ihre Schwanzflossen erzittern. Das Weibchen presst ca. 4.000 Eier in die
Kiesmulde, und genau in dem Moment ergießt das Männchen seine Milch über
den Fischlaich. Nach dem Ablaichen des Weibchens und der Befruchtung des
Laichs durch das Männchen deckt das Weibchen die Eier ab und verteidigt seine
Brut noch mehrere Tage, bis es erschöpft, genau wie sein Partner, von der Strömung abgetrieben wird und schließlich verendet. Ihre Willenskraft ist nach der
anstrengenden Wanderung ohne Nahrungsaufnahme im Süßwasser gebrochen.
Aus nur ca. 30 % der abgelegten Eier entwickeln sich Fische, die wieder das Meer
erreichen.

Ablaichen

Wie finden Lachse ihre Laichgewässer wieder?

Wie die Lachse ihren Geburtsort so zielsicher nach Tausenden von Kilometern Wanderung im **Nordmeerwirbel**, der gegen den Urzeigersinn verläuft, wiederfinden, ist eines der großen Wunder unseres Planeten. Die Fische müssen einerseits über eine „innere Uhr" verfügen, mit der sie ihren Standort im weiten Meer feststellen können, und andererseits besitzen sie einen sehr **ausgeprägten Geruchssinn**, mit dem sie auf millionenfache Verdünnung im Wasser reagieren. Das haben wiederholte Versuche ergeben. Die Junglachse müssen sich den Geruch ihres Geburtsflusses eingeprägt haben, um ihn nach ihrer Geschlechtsreife in größter Verdünnung wiederzufinden.

Die fünf in Kanada und Alaska vorkommenden Lachsarten sind: der **Buckellachs** (Pink Salmon), der **Ketalachs** (Dog Salmon), der **Quinnat** (Chinook Salmon), der **Blaurückenlachs** (Sockeye Salmon) und der **Kisutchlachs** (Silver Lachs).

Schwertwal/Common Killer Whale

Klasse: Säugetiere · Ordnung: Wale · Familie: Delfine · Gesamtlänge: Männchen 6– 9,20 m, Weibchen 4,50–6,10 m · Rückenflosse: bei Männchen 1,80 m · Gewicht: 850 kg · Nahrung: Fische, Vögel, Meeressäuger · Tragzeit: 12–16 Monate · Zahl der Jungen: 1, das ca. 1,20 m lang ist · Merkmale: sehr kräftiger Körper, stumpfe Nase, sehr breites Maul und weiter Schlund, benannt nach der langen schwertartigen Rückenflosse, 10–14 kräftige, kegelartige, spitze Zähne in jeder Kieferhälfte, weiße und lackschwarze, scharf abgesetzte Färbung

Jagdmethoden

Der Schwertwal ist der **größte Delfin der Erde**. Er ernährt sich neben Fischen, Kopffüßlern auch von Schweinswalen, Narwalen, Delfinen, Seelöwen und Seehunden. Seehunde und kleine Wale werden ganz verschluckt.

• Zur Beutefindung, besonders im trüben Wasser, stößt er Laute für die **Echopeilung** aus. Vergleichbar sind die Schreie dem „Radarsystem" von Fledermäusen oder dem von Menschen entwickelten Sonar, womit die feinsten Geräusche unter Wasser registriert werden (Ortung von U-Booten). Schall mit einer Frequenz bis zu 80 khz ist von den Tieren noch wahrnehmbar, während beim Menschen schon bei 23 khz die Grenze der Hörfähigkeit erreicht ist. Das Echolotsystem wird neben der Ortung von Beutetieren natürlich auch für die Orientierung, das Feststellen von Hindernissen und zum Durchschwimmen von Labyrinthen verwendet.

• Schwertwale betreiben häufig eine **Gemeinschaftsjagd**. Sie greifen sogar große Wale an.

• Bei der **Jagd auf Seehunde**, die auf Eisschollen ausruhen, sind fast unglaubliche Beobachtungen

gemacht worden. Nachdem die Beutetiere auf dem Eis gesichtet werden, holt der Schwertwal unter Wasser Schwung, und mit unwahrscheinlicher Kraft und Wildheit durchbricht er mit seiner Schnauze bis zu 1 m dicke Eisschollen, auf der die völlig überraschten Robben liegen. Die Panik der Seehunde ausnutzend, verschwinden sie, komplett heruntergeschluckt, im Magen der kühnen Räuber.

Menschen werden nicht angegriffen
Trotz ihrer Kraft und Raublust sind keine Fälle von Menschen als Opfer von Schwertwalen bekannt geworden; im Gegenteil, die sehr klugen Tiere lassen sich, wie auch andere Delfine, gern zu **Dressurvorführungen** abrichten. Spektakulär sind ihre Sprünge aus dem Wasser heraus, die bis zu 13 m weit sein können.

Die geistigen Fähigkeiten
Der Spieltrieb der Schwertwale ist sehr ausgeprägt. Er ist ein Zeichen **hoher Intelligenz**. Bei der Betrachtung des Gehirns aller Delfinarten muss man feststellen, dass es größer, feiner gegliedert und komplizierter aufgebaut ist als bei Menschen.

Größeres Gehirn als beim Menschen

Es gibt auch eine **Sprache** dieser Tierart. Sie besteht nicht aus stimmlichen Lauten, sondern aus unterschiedlichen Frequenzen. Alle Delfine scheinen in der Lage zu sein, komplizierte Informationen zu übermitteln, deren Inhalt uns bisher verschlossen blieb.

Fest steht, dass die außergewöhnliche Intelligenz der Delfine eine andere ist als die der Menschen. Es ist keine Utopie, Delfine als Helfer zur Erforschung der Meere mit einzusetzen. Es gibt darüber bereits die ersten positiv verlaufenden Versuche.

Seeotter/Sea Otter

Klasse: Säugetiere · Ordnung: Raubtiere · Familie: Marder · Gesamtlänge: 125–155 cm · Schwanzlänge: 25–37 cm · Gewicht: Männchen 27–37 cm, Weibchen 16–30 kg · Nahrung: Seeigel, Weichtiere, Fische, Krebse, Schalentiere · Tragzeit: 8–9 Monate · Zahl der Jungen: 1 · Merkmale: walzenförmiger Rumpf, kurzer, breiter Kopf, kleine Augen und Ohren, kurzer, dicker Hals, abgeflachter, keilförmig zugespitzter, behaarter Schwanz, kurze Beine, Füße größer als Vorderpfoten, Zehen durch Schwimmhäute verbunden, sehr dichtes, weiches, seidiges, matt glänzendes, rötliches bis schwarzes Fell

Völlige Anpassung ans Meer
Der Seeotter hat sein Leben, im Gegensatz zum Fischotter, ganz dem Meer angepasst.

Der Seeotter – völlig ans Meeresleben angepasst

- Im Unterschied zu Robben, Seekühen und Walen verfügt der Seeotter über keine kälteschützende Speckschicht. Der Wärmeverlust wird bei ihm lediglich durch das isolierende Fell verhindert. Wenn es durch Ölreste verklebt, verlieren die Haare ihre schützende Wirkung.
- Wenn der Seeotter die Nacht schwimmend verbringt, wickelt er sich häufig in **Tang** ein, der kräftesparend und Auftrieb gebend wie ein Schwimmgürtel wirkt.
- Seine Nahrung bezieht der Wassermarder aus seinem Element, dem Meer. Sie besteht aus Seeigeln, Seewalzen, Krebsen, Fischen und hauptsächlich Miesmuscheln, Napfschnecken und anderen Weichtieren, die er tauchend erbeutet.
- Der Seeotter gehört zu den Lebewesen, die bei ihrer Nahrungserschließung Werkzeuge benutzen. Mit Hilfe eines Steins schabt er Napfschnecken, Miesmuscheln und Austern unter Wasser vom Felsengrund. Zum Öffnen der Schalen wird der Stein mit vom Meeresgrund heraufgeholt. Auf dem Rücken liegend, legt er sich den Stein auf die Brust und schlägt mit dem Schalentier gegen den Stein, bis die Schale zertrümmert ist.

Beliebtes Rücken- schwim- men

- Wenn der große Otter nicht mit der Nahrungssuche oder -aufnahme beschäftigt ist, treibt er gerne, auf dem Rücken schwimmend und sich mit den flossenartigen Hinterfüßen abstoßend, auf dem Meer herum. – Auch das Muttertier schwimmt mit ihrem Kleinen, das bis zu einem Jahr gesäugt wird, rücklings.

Starke Verfolgung und Schutzmaßnahmen

Gegen das bitterkalte Wasser im Winter hat der Seeotter ein sehr dichtes Fell, das ein Luftkissen um die Haut bildet. Dieser ungewöhnlich dichte Pelz weckte das besondere Interesse der Pelzhändler, die enorme Preise für diese begehrte Ware erzielten und das putzige Tier an den Rand der Vernichtung brachten.

1820 kamen 20.000 der begehrten Felle auf den Markt.
1884 waren es 8.000 Felle.
1890 konnten nur noch 2.400 Felle in den Handel gebracht werden.
1900 ging ihre Zahl auf 580 Felle zurück.
1910 waren es nur noch 300 Felle. Der Seeotter war fast ausgerottet.
1911 schlossen Russland, die USA, Japan und England den Bering-Vertrag, in dem der Seeotterfang völlig untersagt wurde. Langsam hat sich der Bestand der Tiere wieder erholt.

Feinde des schönen Raubtiers

- Der ärgste Feind des liebenswürdigen Seeotters ist nach wie vor in erster Linie der Mensch, auch nachdem der Handel mit seinem begehrten Fell verboten ist. Trotz dieses Tötungsverbots sehen die Muschel- und Krebsfischer ihn als unliebsamen **Nahrungskonkurrenten** an. Außerdem ist die Gewässerverschmutzung durch Öl und andere Schadstoffe der sichere Tod des Otters, weil sein Fell bei Verunreinigung den Wärmeschutz verliert.
- Weitere Feinde sind Schwertwale und Haie.

Weißkopfseeadler/Bald Eagle

Klasse: Vögel · Ordnung: Greifvögel · Familie: Bussardartige · Nahrung: Fische · Gesamtlänge: 68–76 cm · Spannweite: Männchen 188–197 cm, Weibchen: bis 211 cm · Gewicht: Männchen 4,1 kg, Weibchen 5,8 kg · Brutzeit: Dezember bis April ·

Gelege: 2–3 Eier · Merkmale: weißer Kopf, Hals und Stoß, ansonsten braunes Gefieder

Der Weißkopfseeadler – majestätischer Greifvogel

Der Weißkopfseeadler ist der Wappenvogel der USA. Hier ist er in weiten Teilen des Landes verschwunden, weil er meistens chemischen Pestiziden zum Opfer gefallen ist. Die meisten dieser stolzen Greifvögel gibt es noch an den Küsten Westkanadas und Alaskas. Aber auch der Weißkopfseeadler hat, wie andere Wildtiere auch, als **Nahrungskonkurrent des Menschen** sehr zu leiden. Von 1922 bis 1940 wurden beispielsweise 103.454 Weißkopfseeadler als Schädlinge abgeschossen, weil sie sich unglücklicherweise auch von den reichlichen Lachsvorkommen, die ebenfalls von den Menschen beansprucht werden, ernähren.

Wappen-vogel der USA

6. WIRTSCHAFT

Land- und Forstwirtschaft, Jagd und Fischerei

In der Vergangenheit waren Ackerbau und Viehzucht die Stützen der kanadischen Wirtschaft. Heutzutage beschäftigt die Landwirtschaft zusammen mit der Forstwirtschaft, Jagd und Fischerei nur noch 4,6 % aller Erwerbstätigen. Die **Getreideausfuhren** sind jedoch nach wie vor ein wesentlicher Bestandteil der Deviseneinnahmen des Landes. Bis zu 300 km nördlich der kanadischen Südgrenze lässt sich das Land je nach Bodenbeschaffenheit landwirtschaftlich nutzen. Die wesentlichen Anbauprodukte sind: Weizen, Gerste, Mais, Hafer, Kartoffeln und Raps. Neben den USA ist Kanada der Hauptlieferant von Weizen.

Die Forstwirtschaft hat volkswirtschaftlich eine außergewöhnliche Bedeutung. British Columbia steht mit 43,8 % hinsichtlich der Menge des Holzeinschlages an

Inzwischen geht die Wirtschaft etwas andere Wege...

erster Stelle. Hier wachsen die größten und wertvollsten Bäume Kanadas. Die Proteste der Umweltschützer zielen in besonderem Maße auf die großflächigen Kahlschläge, mit denen die **Holzindustrie** Artenvernichtung und Erosion fördert.

Der **Pelzhandel** nimmt seit dem Eintreffen der ersten Weißen einen bedeutenden Platz ein. Heute ist es in geringem Maße die Jagd auf Bisamratte, Biber, Luchs, Präriewolf, Robbe und Waschbär. In weit größerem Umfang wirft die Pelztierzucht von Nerz und Fuchsfellen erhebliche Gewinne ab. Jährlich werden 3,3 Mio. Felle gewonnen. An erster Stelle stehen die Felle von Bisamratten (1,68 Mio.), gefolgt von Biber (506.000), Eichhörnchen (256.000), Marder (223.000) und Waschbär (139.000). Kanada ist eine der führenden **Fischfangnationen** der Welt. Die Fischfanggebiete vor der kanadischen Westküste zählen zu den reichsten unseres Globus. Hier werden in erster Linie Lachse und Heringe gefischt. Die kanadische Regierung hat ihre Fangquoten wegen der Gefahr der Überfischung auf 235.000 t Seefische herabgesetzt.

Produzierendes Gewerbe

Der Anteil des produzierenden Gewerbes an der Entstehung des Bruttoinlandsprodukts beträgt rund 30 %. Hieran sind die Energiewirtschaft, die Wasserversorgung, der Bergbau, das verarbeitende Gewerbe und das Baugewerbe beteiligt. Die Herstellung von Investitionsgütern wurde in den letzten Jahrzehnten stark erweitert, besonders in der Autoindustrie. Die Verknüpfung und damit die Abhängigkeit von der US-amerikanischen Wirtschaft ist jedoch erheblich. Die Gefahr, mit diesem Wirtschaftszweig in die Rezession abzurutschen, ist deshalb sehr groß.

Starker Export von Bergbauprodukten

Mit der Ausfuhr von Bergbauprodukten steht Kanada nach den USA und Russland in der Spitzengruppe der Erde. Diese Position zu halten, gibt Anreiz, immer weiter in nördliche Gebiete auf der Suche nach Bodenschätzen und deren Erschließung vorzudringen. Man unterscheidet vier Gruppen:

- Eisen und NE-Metalle (Kupfer, Nickel, Silber, Blei, Platin, Kobalt, Molybdän, Magnesium, Niob, Tantalit, Cadmium, Wolfram)
- mineralische Rohstoffe (Asbest, Ton, Salz, Schwefel, Nephalin, Syenit)
- mineralische Brennstoffe (Kohle, Erdöl, Erdgas)
- Steine und Erden

Hauptsächliche Ausfuhr- und Einfuhrprodukte

- Zu den bedeutendsten Ausfuhrprodukten zählen: Weizen, Fisch, Holz, Papier, Pappe, Papierhalbstoffe, metallurgische Erze, Erdöl, NE-Metalle, Maschinenbau-Erzeugnisse, Pkw, Lkw, Kfz-Zubehör.
- Wichtige Einfuhrprodukte sind: Maschinenbauerzeugnisse und Fahrzeuge, andere Metallwaren, Garne, Gewebe, Spinnstoff-Erzeugnisse, Eisen und Stahl, Nahrungsmittel und lebende Tiere.

Tourismus

Als zweitgrößtes Land der Erde ist Kanada naturgemäß in verschiedenartige Landschaften gegliedert. Besonders der kanadische Westen ist mit außergewöhnlichen Schönheiten gesegnet. Die **Pazifikküste** bietet entlang dem Küstengebirge, Coast Mountains, viele bergige Inseln mit stark zergliederten, fjordartigen Ufern. Vancouver Island ist die größte Insel an der Westküste mit Badestränden und Victoria, der Hauptstadt von British Columbia. Östlich der Coast Mountains erstrecken sich in Nord-Süd-Richtung Gebirgsketten. Die gewaltigsten von ihnen sind die **Rocky Mountains** mit dem höchsten Berg in den kanadischen Rockies, dem Mount Robson (3.954 m). Zwischen den Bergzügen liegen Hochtäler mit tiefen Schluchten, großen Seen, schäumenden Gebirgsflüssen und weiten Wäldern, bekannt wegen ihres Wild- und Fischreichtums. Naturfreunde, Bergwanderer, Kanufahrer und Skiläufer zieht diese majestätische Landschaft magisch an. Die klimatischen Unterschiede liegen eng beieinander. Die großen Nationalparks Banff und Jasper mit weiteren, nicht minder eindrucksvollen kleineren Parks, sind zu allen Jahreszeiten begehrte Reiseziele.

Östlich der Rocky Mountains schließt sich wie ein Keil das **Prärieland** der Provinz Alberta an, ein 600 m bis 1.000 m hohes, teils ebenes bis hügeliges Gelände, das an ein fast unendliches **Wald- und Seengebiet** bis zur Hudson Bay reicht. Der beliebteste Urlaubssport in der Prärie ist das Reiten. Auf sog. „Trail Rides" können Sie tagelange Ausritte unternehmen.

Die ausreichend übers Land verstreuten **Hotels und Motels** sind komfortabel, in der Regel aber einfach, auf den Bedarf der Urlauber zugeschnitten. Für jüngere Leute gibt es **Jugendherbergen**, „Youth Hotels", teils von der CHA („Canadian Youth Hotels Assocation") geführt. Die meisten **Campingplätze** („Campgrounds") sind gut ausgestattet und auch für Camper und Wohnmobile eingerichtet.

Von den jährlich rund 15 Mio. Auslandsgästen kommen im Durchschnitt 68 % auf dem Landweg per Auto, 30 % auf dem Luftweg und nur 2 % per Schiff nach Kanada.

Die **President Range** spiegelt sich im türkis-grün schimmern-den **Emerald Lake** im Yoho Nationalpark.

Der **Peyto Lake** im Banff Nationalpark, ist ein Juwel unter den Bergseen der Rocky Mountains.

Gurgelnde und schäumende Wasserläufe durchschneiden das wilde Bergmassiv der Rocky Mountains im **Glacier Nationalpark**.

Der gewaltige **Grizzlybär** ist ebenso ein charakteristischer Vertreter der nordamerikanischen Fauna,...

... wie das niedliche **Streifenhörnchen**.

Großartige Landschaften und spektakuläre **Wildbeobachtungen** gehen oft miteinander einher - wie hier im **Jasper Nationalpark**.

Der **Beauty Creek** im **Jasper National Park** trägt seinen Namen nicht zu Unrecht.

Die **Wildblumenpracht** im kurzen Bergsommer des westlichen Kanada ist sehr vielfältig, beispielsweise blühen hier: *Tiger Lily, Western Wood Lily, Redflowered Columbine, Indian Paintbrush, Prairie Crocus* und *Browneyed Susan.*

Die Hochgebirgsstraße des **Icefield Parkway** verläuft parallel zur kontinentalen Wasserscheide und folgt fünf Flussläufen durch die Nationalparks Banff und Jasper.

Tiefgründig sind die Moore im **Mount Robson Park**.

Der **Mount Robson**, der höchste Berg der kanadischen Rocky Mountains ist meist in Wolken verhüllt und zeigt nur selten seinen schneebedeckten Gipfel.

Dieses **India-nermädchen** aus Aklavik, einem Dorf am Rande des **Mackenzie-Deltas**, hat auch für Fremde ein Lächeln.

Das **Leben der Indianer** ist in einem dramatischen Umbruch begriffen, der auch die einsamsten Regionen des Nordens, hier in **Fort Mc-Pherson**, erfasst hat.

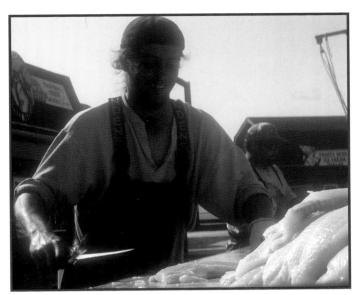

Der professio-
nellen
**Heilbutt-File-
tierung** kann
man in Homer
Spit in Alaska
zuschauen.

Die Cowboys
beim **Rodeo** in
Whitehorse
versuchen, ein
Rind mit dem
Lasso
einzufangen.

Hoodoos sind Sandsteinsäulen mit harten Deckelsteinen. Diese bei **Dellham** gelegenen Exemplare wurden in Tausenden von Jahren durch Wind und Wasser geformt.

Die Moore am **Koidern River** sind von hellgrünem Sumpfland umgeben.

Eine wunderschöne, sehr einsame Straße führt entlang des **Nenana River/ Alaska.**

Ein Flug über das **Wrangell Massiv/Alaska** ist ein tolles Erlebnis.

In den wilden, teils menschenleeren Weiten Nordwestamerikas lebt eine **beeindruckende Vielfalt an Tieren.** Von links oben nach rechts unten: *Murmeltier, Schneeziege, Waldbison, Wapitihirsch, Schwarzbär* und *Stellers-Seelöwen.*

In Kanadas polaren Regionen hat sich die **Tierwelt** an das harte Klima angepasst. Von oben nach unten: *Eisbären, Moschusochsen* und *Wolf*.

Die Goldrausch-
zeit wird in
**Skagway/
Alaska** lebendig
gehalten.

Nahe der Stadt
Banff erhebt sich
der **Mount
Rundle**.

Der **Hafen von Tofino** ist ein beliebter Ausgangspunkt für die Beobachtung von Grauwalen.

Die ehrwürdige **Hafenstadt Victoria** besticht durch ihre gepflegten Parks und hübschen Fassaden, wie hier beim Hotel Empress.

Eine **Tlingit-Frau** präsentiert stolz ihre Tracht mit Knopfdecke; auf einem Schiff im Glacier Bay Nationalpark/ Alaska.

7. WESTKANADA UND SÜDALASKA ALS REISELAND

Benutzerhinweis
Die Gelben Seiten werden regelmäßig aktualisiert, so dass sie auf dem neuesten Stand sind. In den Allgemeinen Reisetipps (ab S. 141) finden Sie – alphabetisch geordnet – reisepraktische Hinweise für die Vorbereitung Ihrer Reise und Ihres Aufenthaltes in Westkanada und Südalaska. Die Regionalen Reisetipps (Westkanada ab S. 187, Südalaska ab S. 266) geben Auskunft über Unterkunftsmöglichkeiten etc. in den – ebenfalls alphabetisch geordneten – wichtigsten Ortschaften.

News im Web: www.iwanowski.de

Allgemeine Reisetipps A-Z

▶ **Alkohol**

WESTKANADA UND ALASKA

Die Alkoholgesetze sind in Kanada von Provinz zu Provinz unterschiedlich. Generell gilt: Außer „Light Beer" und Wein mit stark reduziertem Alkoholgehalt sind alkoholische Getränke nur in den staatlich kontrollierten **Liquor Stores** zu haben. Die Preise werden streng überwacht und sind extrem hoch. Alkoholische Getränke sind in Alaska billiger als in Kanada, jedoch teurer als in Deutschland. Sie werden vom Staat hoch versteuert. Das Mindestalter für den Erwerb alkoholischer Getränke liegt zwischen 18 und 21 Jahren. Wer sich unter Alkoholeinfluss ans Steuer eines Autos setzt, kann streng bestraft werden.

Der Alkoholkonsum in der Öffentlichkeit ist in Kanada nicht erlaubt, ebenso das Mitführen angebrochener Flaschen mit alkoholischen Getränken.

- **Bier**: Einheimische Biermarken sind „Lager", „Pilsener", „Ale", „Porter", „Molson" und „Stout". Unter den teuren Importbieren sind das holländische „Heineken" und das deutsche „Beck's Bier" führend.
- **Wein**: Im warmen Okanagantal von British Columbia wird sogar Wein angebaut. Unter den importierten Weinen findet man am häufigsten kalifornische und europäische Sorten.
- **Spirituosen**: Die bekannten Marken von 40-%igem, auf Kornbasis gebranntem kanadischen Whiskey sind „Scotch", „Canadian Club", „Rye" und „Seagram's". Der US-amerikanische Whiskey „Bourbon" wird zu mindestens 50 % aus Mais hergestellt.

▶ **Angeln**

WESTKANADA UND ALASKA

Welcher leidenschaftliche Angler möchte nicht gern in den schäumenden Bächen und Flüssen oder den tiefgründigen Seen Westkanadas und Alaskas insbesondere Lachse oder Forellen angeln? Dazu benötigt man eine Angel-Lizenz, die man in Sportgeschäften und Tankstellen gegen eine Gebühr erhält. Die Preise sind je nach Provinz unterschiedlich und richten sich außerdem nach der Gültigkeitsdauer der Lizenz. Beispiel: In British Columbia kostet die Lizenz für einen Tag 20 $, für 8 Tage 50 $ und für ein Jahr 80 $. Neben den üblichen Lizenzen benötigen Sie in den Nationalparks eine spezielle Erlaubnis, die von der jeweiligen Parkverwaltung ausgestellt wird.

@ *Informationen im Internet*
- *www.admin.adfg.state.ak.us/license, offizielle Informationen über Angellizenzen usw. in Alaska,*
- *www.env.gov.bc.ca/fw, Umweltministerium British Columbia, Informationen über Fischerei und Jagd,*

- *http://srd.alberta.ca/fishwildlife/default.aspx, dasselbe für Alberta (siehe auch www. mywildalberta.com),*
- *www.enr.gov.nt.ca, die Northwest Territories und*
- *www.environmentyukon.gov.yk.ca für das Yukon Territory.*

Die besten Lachs-Fischgründe in British Columbia befinden sich direkt an der Küste: von Campbell River auf Vancouver Island bis nach Prince Rupert und auf Queen Charlotte Island im Norden der Provinz.

▶ Anreise

WESTKANADA

Direktflüge von Mitteleuropa

- **Air Canada (mit Lufthansa)**: von diversen deutschen Flughäfen, Wien und Zürich nach Calgary, Edmonton, Vancouver und Winnipeg
- **KLM**: von diversen deutschen Flughäfen nach Calgary, Edmonton und Vancouver
- **Martinair**: von Amsterdam nach Calgary, Edmonton und Vancouver

Anreise mit privatem Kfz

Private, im Ausland zugelassene Kfz können bis zu einem Jahr zollfrei vorübergehend eingeführt werden. Bei Ankunft wird vom kanadischen Zoll ein **Temporary Permit** ausgestellt. Die Stellung einer Kaution von bis zu 500 Can$ kann verlangt werden, wenn ein längerer Aufenthalt in Kanada geplant ist (nicht nötig bei der Vorlage eines Carnet de Passager). Es wird empfohlen, sich immer gleich nach den Modalitäten für die Rückerstattung der Kaution zu erkundigen. Auskünfte und Zusatzinformationen sind bei den deutschen Automobilclubs erhältlich.

ALASKA

Flüge von Mitteleuropa

In 9,5 Stunden fliegt **Thomas Cook/Condor** von Mai bis September zweimal wöchentlich von Frankfurt/M. nach Anchorage. Dienstags mit Zwischenlandung in Whitehorse/ Kanada, samstags nonstop. Fairbanks wird von Mai bis September immer donnerstags mit Zwischenlandung in Whitehorse angeflogen. Zubringerflüge mit Lufthansa können ab 14 deutschen Flughäfen und ab mehreren ausländischen Flughäfen über Thomas Cook gebucht werden – was günstiger ist, als separat über Lufthansa zu kaufen. Gut für Urlauber, die zum Angeln kommen: Angelgepäck wird ohne Aufpreis befördert.

Vom Preis vergleichbar, aber langwieriger (mindestens 15 Stunden) ist die Anreise mit United Airlines, Air Canada oder Delta Airlines.

Anreise von USA und Westkanada nach Alaska

• Per Schiff

- Kreuzfahrten

Es verkehren von Mai bis Oktober Kreuzfahrtschiffe ab Seattle (USA), Vancouver (Kanada) und Anchorage (Alaska/USA) durch die grandiose Inselwelt und Fjordlandschaft der „Inside Passage" mit ihren spektakulären Gletschern. Bei der durchschnittlich 7- bis 10-tägigen Reise haben Sie ausgiebig Zeit, die Urlandschaft vom Schiff aus zu genießen. Bei der einwöchigen Route „Gulf of Alaska" können Sie auch längere Landaufenthalte vor und nach der Schiffsfahrt einplanen. Von dort aus empfehlen wir Ausflüge mit kleineren Schiffen in entlegene Gebiete, z. B. Prince William Sound oder Kenai Fjords National Park.

- Fähren in Südalaska

Das Fährnetz Alaskas heißt ganz zu Recht „Marine Highway", denn tatsächlich ersetzen die modernen Autofähren vielerorts die Straßen. Sie befördern Fahrzeuge und Personen. Diese Schiffe verfügen über Aufenthaltsräume mit großen Fenstern und teilweise auch Kabinen. Sie verkehren auf 3 Routen:

a) Auf der Südostroute werden viele Häfen auf der Strecke von Ketchikan bis Skagway angelaufen.

b) Auf der Südzentralroute verkehren die Fähren im Prince William Sound zwischen Whittier, Valdez und Cordova und in größeren Abständen zwischen Valdez, Seward, Homer und Kodiak Island.

c) Außerdem gibt es eine Fährverbindung zwischen der Alaska Peninsula und den Aleuten.

Die Verknüpfungspunkte mit dem Straßennetz gibt es in Bellingham (Washington/USA) und Hyder, Haines und Skagway (Alaska). Sie können Ihren Wagen mit auf die Fähre nehmen. Frühzeitige Reservierung ist für die Sommermonate dringend zu empfehlen. Sie sollten schon im Januar für den kommenden Sommer reservieren lassen. **Alaska Marine Highway**, 6858 Glacier Hwy, Juneau, Tel.: 800-6420066, www.dot.state.ak.us/amhs/index.shtml.

• Per Eisenbahn

Von den USA gibt es keinen direkten Bahnanschluss über Kanada nach Alaska. Von Seattle aus fährt jedoch Greyhound nach Whitehorse/Yukon. Von dort besteht Anschluss an die „White Pass & Yukon"-Schmalspurbahn, die nach Skagway führt.

Die „Alaska Railroad" verkehrt auf einem Streckennetz von 560 km zwischen Südzentral- und Zentralalaska, von Anchorage nach Norden über Talkeetna und den Denali Nationalpark nach Fairbanks. Nur im Sommer besteht eine Eisenbahnverbindung von Anchorage nach Seward.

• Per Auto über den Alaska Highway

Der 2.244 km lange Highway beginnt in Dawson Creek (British Columbia) bei Meile 0, führt durch den Yukon und endet in Fairbanks (Alaska). Unterwegs fehlt es nicht an Unterkünften, Campingplätzen, Tankstellen, Werkstätten und Versorgungsmöglichkeiten für Sie und Ihr Fahrzeug.

▶ **Apotheken**

WESTKANADA UND ALASKA

Apotheken wie in Mitteleuropa gibt es in Kanada und Alaska nicht. Medikamente erhält man in den **Drugstores**, die Abteilungen der **Pharmacies** sind.

▶ **Ärzte und Zahnärzte**

WESTKANADA UND ALASKA

In Westkanada und Alaska ist die medizinische Versorgung sehr gut. Auch die Versorgung mit Medikamenten lässt nicht zu wünschen übrig. Trotzdem sollten Sie eine kleine **Notapotheke** von zuhause mitnehmen. Wenn Sie sich, was nicht zu hoffen ist, in ärztliche Behandlung begeben müssen, kann es jedoch teuer werden. Sie müssen unbedingt eine **Kranken- und Unfallversicherung** daheim abschließen, denn die Arzt-, Zahnarzt- und Behandlungskosten in nordamerikanischen Krankenhäusern sind wesentlich höher als in Mitteleuropa.

Kurzfristig Termine bei Ärzten (physicians) oder Zahnärzten (dentists) zu bekommen ist oft schwierig. In größeren und kleineren Städten gibt es Ambulatorien, Gemeinschaftspraxen verschiedener Spezialisten, in denen Sie immer Aufnahme finden werden.

> **!!! Notruf**
> *911*

Für **Unfälle/Notfälle** wählen Sie in Kanada und Alaska die **Tel.-Nummer 911!** Bei jedem Notfallruf geben Sie bitte Ihren genauen Standort und für Rückrufe ihre Apparatnummer an.

▶ **Auskunft**

In Deutschland

- **Canadian Tourism Commission, Maintal**, Eichenheege 1-5, 63477 Maintal, Postfachanschrift: Postfach 200 247, 63469 Maintal, Tel.: 01805-Kanada, 01805-526232, Tel.: (06181)45178, Fax: (06181)497558, E-Mail: canada-info@t-online.de, Homepage: www.kanada-entdecker.de, www.travelcanada.ca, www.canadatourism.com
- **Canadian Tourism Commission, Düsseldorf,** Benrather Str. 8, 40213 Düsseldorf, Tel.: (0211)172170, E-Mail: canada-info@t-online.de.
- **Canada Reise Dienst, CRD International**, Fleethof, Stadthausbrück 1-3, 20355 Hamburg, Tel.: (040)3006160, Fax: (040)30061655, E-Mail: info@crd.de, Web: www.crd.de (auch Generalagent der kanadischen Eisenbahn **Via Rail Canada)**
- **Travel Alberta**, c/o Marketing Services International, Johanna-Melber-Weg 12, 60599 Frankfurt/M., Tel.: (069)629282, Fax: (069)629264
- **British Columbia Tourism**, c/o Marketing Services International, Johanna-Melber-Weg 12, 60599 Frankfurt/M., Tel.: (069)6032095, Fax: (069)629264, E-Mail: msi-german@t-online.de, Website: www.travel-bc.ca

- **Tourism Yukon**, c/o **Bergold Promotions, Frankfurt/M.**, Hochstraße 47, 60313 Frankfurt/M., Tel.: (069)2193670, Fax: (069)21936777, E-Mail: info@touryukon.de, Homepage: www.touryukon.de
- **Rocky Mountaineer Railtours**, c/o Marketing Services International, Johanna-Melber-Weg 12, 60599 Frankfurt/M., Tel.: (069)629282, Fax: (069)629264, www.rockymountaineer.com
- **Canadian Pacific Hotels & Resorts**, Kriegstraße 62, 60326 Frankfurt/M., Tel.: (069)736056, Fax: (069)735008
- **Air Canada**: Hahnstraße 70, 60528 Frankfurt/M., Tel.: (069)27115-111, Fax: (069)27115-112, www.aircanada.com
- **Air Transat**, Reservierungsbüro Deutschland, c/o RSI Reiseservice International GmbH, Harlessstraße 1A, 40239 Düsseldorf, Tel.: (0211)96471-0, Fax: (0211)615411, www.airtransat.de
- **Lufthansa City Center**, Reisebüro-Partner GmbH, FAC. Turm D, 5. Ebene, 60546 Frankfurt/M., Tel.: (069)696-8810, Fax: (069)696-8830, www.lufthansa.de
- **Greyhound Generalagentur**, ISTS-Intercontinental Reisen GmbH, Türkenstraße 71, 80799 München, Tel.: (089)27271-0, Fax: (089)2717386
- **Alaska Travel Industry Association c/o, The Mangum Group München**, Sonnenstraße 9, 80331 München, Tel.: (089)23662178, Fax: (089)2604009, E-Mail: think@mangum.de, Homepage: www.alaska-travel.com, verschickt Reiseplaner auf Deutsch.
- **Fairbanks Convention & Visitors Bureau c/o Best Choice Tourism Management GmbH, München**, Landsberger Straße 155, 80687 München, Tel.: (089) 55253396, Fax: (089)54506844, E-Mail: explorefairbanks@best-choice.net, Homepage: www.explorefairbanks.com

In Österreich
- **Kanadische Botschaft**, Laurenzerberg 2, 1010 Wien, Tel.: +43-1-531 38-3000, Fax: +43-1-531 38-3321, Visa-Abteilung: Tel.: (01)531383010, Fax: (01)531383911, Sprechzeit Visa-Abteilung: Mo, Mi, Fr 8.30–11 Uhr

In der Schweiz
- **Kanadische Botschaft**, Ambassade du Canada, Kirchenfeldstraße 88, Case Postale, 3000 Bern, Tel.: (031)3573200, Fax: (031)3573210, E Mail: bern@international.gc.ca, Website: www.canada-ambassade.ch, Sprechzeit: Mo–Fr 8–12 und 13.30–17 Uhr

In den Niederlanden
- **Generalvertretung für Canada 3000**, Airlines Limited, Jan Luykensstraat 92–96, NL-1071 CT **Amsterdam**, Tel.: 0031/20/6758226, Fax: 0031/20/6797641

In Westkanada
- **Canadian German Chamber of Industry and Commerce, Inc., Vancouver** 750 West Pender Street, Suite 1101, Vancouver/ B.C. V6C 2T7/Kanada, Tel.: (001 604)681-4469, Fax: (001 604)681-4489, E-Mail: info.vancouver@germanchamber.ca, Homepage: www.germanchamber.ca
- **Vancouver Travel Info**, Tel.: (001 604)683-2000, Fax: (001 604)682-6839, Web: www.tourismvancouver.com, schickt auch Infomaterial, wenn Sie über Infohotline: 0180-5526232 anrufen.

- **Tourism British Columbia**
- Parliament Buildings, 1117 Wharf Street, Victoria, B.C., V8V 1X4, Tel.: (250)387-1642
- 865 Hornby St., Vancouver, B.C., V6Z 2G3, Tel.: (604)663-6000
- **Travel Alberta**, Box 2500, 10155, 102nd St. Edmonton, Alberta, T5J 4L6, Tel.: (403)427-4321
- **Tourism Yukon**, Box 2703, Whitehorse, Y.T., YIA 2C6, Tel.: (867)667-5340, Fax: (867)667-3546
- **Northwest Territories**, Yellowknife, N.T, X1A 2L9, Tel.: (867)873-7200
- **Yukon National Historic Sites**, 300 Main Street, Room 205, Whitehorse, Y.T., YIA 2B5, Tel.: (867)667-3910, Fax: (867)393-6701

In Alaska
- **Alaska Department of Fish and Game-PCS**, Box 25526, Juneau, AK 99802-5526, Angeln: Tel.: (907)465-4112, Fax: (907)465-2772, Jagen: Tel.: (907)465-4190, Fax: (907)465-6142, www.adfg.state.ak.us/
- **U.S. Fish and Wildlife Service**, 1011 E. Tudor Rd., Anchorage, AK 99503, Tel.: (907)786-3487, http://alaska.fws.gov/
- **Alaska Marine Highway System**, Box 25535, Juneau, AK 99802-5535, Tel.: 800-642-0066 (US und Kanada), Fax: (907)277-4829, www.dot.state.ak.us/amhs/index.shtml
- **Alaska Public Lands Information Centers**, www.nps.gov/aplic/
- 605 W. Fourth Ave. No. 105, Anchorage, AK 99501-5162, Tel.: (907)271-2737, Fax: (907)271-2744
- 250 Cushman St. No.IA, Fairbanks, AK 99701-4640, Tel.: (907)456-0514, Fax: (907)456-0514, TTY (907)0532
- Box 359, Tok, AK 99780-0359, Tel.: (907)883-5667, Fax: (907)883-5668

Im Übrigen ist das Reisegebiet, das dieses Buch beschreibt, mit Informationsbüros förmlich übersät. Auch in jedem kleineren Ort gibt es Info-Zentren, die meistens gut ausgeschildert sind. Das sehr hilfreiche und freundliche Personal gibt gerne Auskünfte aller Art.

▶   Autofahren

WESTKANADA UND ALASKA

Der Pkw ist sicher das zweckmäßigste Fahrzeug, um in dichter besiedelten Gegenden Westkanadas und Südalaskas zu reisen. Autofahren ist in Westkanada und Alaska mit weniger Stress verbunden als im verkehrsreichen Mitteleuropa.
- Der Rechtsverkehr ist in Kanada und Alaska die Grundregel.
- **Abblendlicht** ist auch tagsüber vorgeschrieben. Zweiradfahrzeuge (nicht Fahrräder) müssen ebenfalls am Tage mit Licht fahren.
- Die Höchstgeschwindigkeit ist in Kanada überall angegeben: auf Autobahnen 100 km/h, auf 2-spurigen Landstraßen 80-90 km/h und in Ortschaften 30-50 km/h. Halten Sie diese Vorschriften ein, denn die Polizei, mit Radarpistolen ausgerüstet, ist sehr streng. Bei Fahrzeugkontrollen im Wagen sitzen bleiben, Hände sichtbar am Lenkrad!
In Alaska darf man die Höchstgeschwindigkeit von 55 Meilen (89 km/h) nicht überschreiten.

- Die Promillegrenze in British Columbia beträgt 0,5, in den übrigen Provinzen Westkanadas 0,8.
- Das Anlegen von Sicherheitsgurten ist vorgeschrieben.
- Das Tankstellennetz ist gut ausgebaut. Normalbenzin heißt „regular" (ca. 93 Oktan). Super heißt „premium" (ca. 96 Oktan) und bleifrei heißt „unleaded".
- Alle Entfernungen sind in Kanada in Kilometern angegeben, im Gegensatz zu Alaska. Dort rechnet man in Meilen.
- Der Führerschein des Heimatlandes wird in der Regel (je nach Provinzen unterschiedlich) für einen Aufenthalt bis zu 3 Monaten zwar anerkannt, es empfiehlt sich jedoch zusätzlich die Mitnahme des internationalen Führerscheins, insbesondere für die Anmietung eines Pkws.
- Als Zeichen einer Autopanne hat sich folgende Verhaltensweise in Kanada und Alaska herausgebildet: Nachdem man sein Fahrzeug sicher geparkt hat, stellt man die Motorhaube des Autos hoch und befestigt ein weißes Tuch an der Fahrerseite.
Hierauf reagieren Verkehrspolizisten und andere hilfreiche Verkehrsteilnehmer.

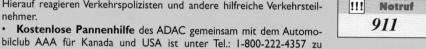

- **Kostenlose Pannenhilfe** des ADAC gemeinsam mit dem Automobilclub AAA für Kanada und USA ist unter Tel.: 1-800-222-4357 zu erreichen. Bei Unfällen mit Mietwagen bitte immer zuerst den Vermieter kontaktieren.
Notrufnummern: Polizei, Unfallrettung, Feuerwehr 911.
- Eine Haftpflichtversicherung gegen Schäden bei Dritten ist zwingend vorgeschrieben. Da der Abschluss in Kanada und Alaska für Ausländer mit Schwierigkeiten und Wartezeiten verbunden ist, ist es ratsam, eine entsprechende Versicherung im Heimatland abzuschließen. Nähere Informationen erhalten Sie über die Automobilclubs.

Besondere Verkehrsregeln:
Verkehrsregeln und Verkehrszeichen entsprechen im Wesentlichen denen in Europa. Trotzdem bestehen folgende Unterschiede:
- *Stoppschild: An Kreuzungen haben oft alle Zufahrten ein Stoppschild. Nach dem vorgeschrieben Halt wird die Kreuzung in der Reihenfolge der Ankunft überquert.*
- *Ampeln: Sie befinden sich in Nordamerika meistens hinter der Kreuzung. Warten müssen Sie jedoch natürlich vor der Kreuzung an der Ampel oder Stopplinie. Der Farbenwechsel der Ampeln erfolgt*
  - von Rot auf Grün direkt und
  - von Grün über Gelb auf Rot.
- *Rechtsabbiegen: Das Rechtsabbiegen bei Rot zeigender Ampel ist unter der Bedingung erlaubt, dass Ihr Fahrzeug vollständig zum Halten gekommen ist und dass keine Fußgänger oder andere Verkehrsteilnehmer behindert werden. Ausnahmen werden durch den Hinweis: „No Turn on Red" angezeigt.*
- *Gelbe Schulbusse: Haltende Schulbusse mit eingeschaltetem roten Warnblicklicht dürfen weder überholt noch darf in der Gegenrichtung vorbeigefahren werden. Nichtbeachtung ist ein schweres Verkehrsdelikt.*

- **Anreise mit eigenem Kfz**
siehe Stichwort Anreise

▶ **Autokauf**

WESTKANADA UND ALASKA

Wer einen längeren Zeitraum, etwa 6 Wochen und mehr, im Westen Kanadas und Alaskas verbringen möchte, der sollte aus Kostengründen die Überlegung anstellen, ob der Autokauf einem Autoverleih vorzuziehen ist. Die Preise für Gebrauchtwagen liegen in Kanada unter denen in Mitteleuropa. Für den Kauf muss man etwa eine Woche mit Erledigung aller Formalitäten (Anmeldung, Beschaffung der Nummernschilder, Steuern, Versicherung) ansetzen. Lassen Sie sich kein Auto ohne Kaufvertrag aushändigen. Beim Kauf müssen Sie eine feste Adresse angeben können (evtl. die des Autohändlers oder eines Hotels).

Das Problem ist der Wiederverkauf. Ideal ist der Fall, dass der Verkäufer des Wagens auch der Wiederkäufer wird. Dies müsste im Kaufvertrag geregelt sein.

▶ **Automobilclubs**

WESTKANADA UND ALASKA

Wenn Sie Mitglied des **ADAC** sind, können Sie mit dem Automobilclub **AAA** für Kanada und USA Notdienst und Auskünfte unter Tel.: 1-888-222-1373 über Straßenzustände, Informations- und Kartenmaterial erhalten. Hier 2 örtliche Adressen:
- **B.C. Automobile Association (CAA)**, 999 W. Broadway, Vancouver, B.C., Tel.: (250)733-6660, Mo–Fr 9–17.30 Uhr, Sa 9–17 Uhr
- **Alberta Motor Association (CAA)**, 4700 17th Ave. S.W., Calgary, Alta., Tel.: (403)240-5300, Mo–Fr 9–17 Uhr, Sa 9–12.30 Uhr

▶ **Autoverleih**

WESTKANADA UND ALASKA

- **Voraussetzungen**
- Als Fahrer müssen Sie das **21. Lebensjahr vollendet** haben. Das gilt für ganz Nordamerika.
- Sie müssen einen **nationalen Führerschein** vorweisen. Ein internationaler Führerschein ist nicht zwingend vorgeschrieben.
- Sie müssen im Besitz einer **Kreditkarte** sein.

- **Pkw**
Das Angebot an Mietwagenfirmen ist in Kanada und Alaska groß. Für einen gut ausgestatteten Pkw bezahlen Sie je nach Größe umgerechnet in der Regel zwischen 40 und 60 € pro Tag. Die weltweit bekannten internationalen Firmen Hertz, Avis, Tilden und Budget gibt es in fast jeder Stadt. Daneben bieten lokale Anbieter ihre Dienste an. Die Anschriften finden Sie in den Gelben Seiten der Telefonbücher unter „car rental". Alle Mietwagen sind mit Radio, Automatik und teilweise auch mit Klimaanlage ausgerüstet.

Die zu mietenden Fahrzeuge sind in Klassen eingeteilt:					
A	Economy	Kleinwagen	D	Full Size	Oberklasse
B	Compact	untere Mittelklasse	F	Station Wagon	Kombiwagen
C	Intermediate	obere Mittelklasse	V	Van	Kleinbus

Von den meisten Mietwagenfirmen werden für die Bezahlung nur Kreditkarten (Mastercard/Eurocard, Visa, American Express, Diners) akzeptiert, kein Bargeld oder Schecks.

· **Camper/Motorhome**

Der **Camper** (Motorwagen mit Pickup) oder das **Wohnmobil** empfehlen sich für Fahrten in entlegene, einsame Landstriche.

- Ein **Campervan**, kurz Camper genannt, ist ein kompaktes Fahrzeug mit einem Aufbau (Pick-up) und folgender Mindestausstattung: ein Propangasherd, eine Toilette, ein Waschbecken, eine kleine Dusche, mindestens 2 breite Schlafplätze über der Motorhaube, ein fester Tisch mit Sitzecke, ein Kühlschrank, eine Spüle und genügend Stauraum. Es gibt Camper für 2-4 Personen und mehr. Nachteilig ist, dass es zwischen Führerhaus und Pick-up keine Durchsteigemöglichkeit gibt.

- Ein **Motorhome**, auch abgekürzt RV (= recreational vehicle) genannt, ist eine fahrbare Wohnung, meistens in Busgröße mit Klimaanlage und allem Komfort und aller Technik ausgestattet.

Vorteile für beide Wagentypen:
· Sie sind mit gewissen Unterschieden voll eingerichtet. Sie brauchen keinen Koffer mehr zu packen und kein Zelt aufzubauen.
· Sie genießen ein Höchstmaß an Individualität. In freier Natur in den Weiten Kanadas und Alaskas können Sie anhalten und an etwas verstecken Stellen auch schlafen. In den Nationalparks müssen Sie allerdings immer Campgrounds zum Übernachten aufsuchen.

Zweckmäßig – Inneneinrichtung eines Motorhome

Nachteile für beide Wagentypen:
· Der Treibstoffverbrauch ist je nach Größe erheblich höher als beim Pkw: für den kleinsten Camper 20-25 l pro 100 km und für die Motorhomes 25-40 l pro 100 km. Trost: Treibstoff ist in Kanada und Alaska billiger als in Mitteleuropa!
· Die Schnelligkeit und Wendigkeit ist mit zunehmender Größe und zunehmendem Gewicht gegenüber einem Pkw eingeschränkt. Trost: Sie dürfen ohnehin auf Landstraßen höchstens 80 km/h fahren!

Wo bestellen? Es ist ratsam, Ihr gewünschtes Fahrzeug in Ihrem Heimatland zu bestellen. Fast alle hiesigen Reisebüros kennen dieses Geschäft. Nur – rechtzeitig sollten Sie sich dazu entschließen, möglichst im Januar für die kommende Sommersaison. Es ist nicht zu empfehlen, erst bei Reiseankunft in Kanada oder Alaska auf Autosuche zu

Preise siehe Grüne Seiten

gehen. Besonders prekär ist die Situation für Camper oder Motorhomes im Juli und August.

Tarife: Die Mietsätze in den USA, in Kanada und Alaska sind angeglichen.

Test des übernommenen Fahrzeugs

- Alle Funktionen der verschiedenen Systeme, z. B.: Gasversorgung, Klimaanlage, Wassertank und Abwasserbeseitigung sollten Sie sich genau bei der Übernahme erklären lassen.
- Beschädigungen und Verschmutzungen lassen Sie bitte bei der Übernahme notieren, damit man sie Ihnen bei der Rückgabe nicht anlastet.
- Reserverad, Wagenheber und eine Grundausstattung an Werkzeug müssen vorhanden sein.
- Eine kurze Probefahrt zum Testen des Motors und der Bremsen erscheint bei älteren Wagen angebracht.

Noch einige Tipps

- *Wählen Sie ein **Fahrzeug** je nach Personenzahl **in ausreichender Größe**, besonders wenn Sie Wochen oder gar Monate unterwegs sein wollen.*
- *Der **Ankunftstag** in Kanada oder Alaska sollte nicht als erster Reisetag eingeplant werden. Sie sollten sich aus organisatorischen Gründen genügend Zeit nehmen, um Ihr übernommenes Fahrzeug kennen zu lernen und Einkäufe zu tätigen.*
- *Hüten Sie sich vor **Geschwindigkeitsüberschreitungen**, zum einen wegen der Polizei und zum anderen wegen des rapide ansteigenden Kraftstoffverbrauchs.*
- *Halten Sie den **Rückgabetermin** unbedingt ein, um einer zu erwartenden erheblichen Strafgebühr (z. B. 25 Can$ pro Stunde) zu entgehen.*

B

▷ **Banken**

WESTKANADA UND ALASKA

Die Öffnungszeiten der Banken sind normalerweise Mo-Fr 9-15 Uhr. Es gibt Abweichungen.

▷ **Behinderungen**

WESTKANADA UND ALASKA

Körperlich eingeschränkten Menschen wird in Kanada und Alaska in der Regel zuvorkommend und hilfsbereit begegnet. Die entsprechenden Einrichtungen, wie eine ausreichende Zahl an Fahrstühlen an Flughäfen, abgesenkte Bordsteinkanten an Straßenkreuzungen und Behindertenparkplätze, behindertengerechte Einfahrten, Telefonzellen und Toiletten sind vorhanden.

▷ **Benzin**

Alle Tankstellen führen unverbleites Benzin („Unleaded"), unterteilt nach der Höhe der Oktanzahl und somit der Qualität: Normalbenzin: Regular-Unleaded (bleifrei ca. 93 Oktan), Superbenzin: Premium Unleaded (bleifrei ca. 96 Oktan) und Diesel.

WESTKANADA

Tankstellen sind in Westkanada überall in ausreichendem Maß vorhanden. Im Süden ist das Tankstellennetz sehr dicht, in den nördlichen Provinzen sollte jede Gelegenheit zum Tanken genutzt werden. Diesel gibt es nicht an jeder Tankstelle. Verbleites Benzin ist nicht erhältlich.

Preise siehe Grüne Seiten

ALASKA

Benzin kostet in Alaska noch weniger als in Kanada. Trotz höherer Preise außerhalb von Anchorage ist Treibstoff auch in den entlegenen Regionen höchstens halb so teuer wie in Deutschland.

▶   **Bonuskarte**

Wenn Sie **ADAC**-Mitglied sind, können Sie in Nordamerika kostenlos am Bonusprogramm „Show Your Card & Save" teilnehmen. Die gute Zusammenarbeit des ADAC mit dem amerikanischen Autoclub **AAA** macht es möglich. Mit der Mitgliedskarte des ADAC mit dem entsprechenden „Show Your Card"-Aufdruck erhalten Sie bei derzeit 1.000 Dienstleistungsanbietern in den USA und Kanada Preisnachlässe, u. a. bei Hotels, Restaurants, Vergnügungsparks, Zoos, Gärten, Shows und Theatern.

▶   **Busse**

WESTKANADA

Im **öffentlichen Nahverkehr** verfügen alle größeren Städte über ein Bussystem. Stadtbusse haben entfernungsunabhängige Einheitspreise. Der Fahrer kassiert den Fahrpreis. Kleingeld bereithalten!

Im **Fernverkehr** besteht ein gut ausgebautes Busnetz der **Greyhound Lines of Canada**, mit ihrem Hauptsitz in 877 Greyhound Way S.W. Calgary, Alberta T3C 3V8, Internet: www.greyhound.ca, sowie einiger anderer Busgesellschaften.
Während die Greyhound-Busse in den USA fast flächendeckend verkehren, sind sie in Kanada nur auf den Hauptstrecken vertreten.

Greyhound-Linien in Westkanada			
Strecke	Reisezeit in Stunden	Strecke	Reisezeit in Stunden
Vancouver – Seattle (USA)	4	Edmonton – Prince George	9
Vancouver – Calgary	12	Edmonton – Hay River	29
Vancouver – Edmonton	16	Prince George – Prince Rupert	12
Vancouver – Prince George	12	Prince George – Dawson Creek	6
Calgary – Winnipeg	18	Dawson Creek – Whitehorse	21

Fahrpreisvergünstigungen
Kinder unter 5 Jahren fahren kostenlos. Kinder bis 11 Jahren zahlen 50 % und Senioren/ Studenten erhalten eine Ermäßigung von 10 % auf reguläre Fahrpreise.

Greyhound-Canada-Pässe
Für ausländische Besucher bieten sich die Greyhound-Canada-Pässe als preiswerte Möglichkeit an, Kanada zu bereisen. Neben dem „**Canada Pass**" gelten auch kombinierte Pässe mit den Greyhound-Linien der USA. Die Pässe sind an den Ticketschaltern der Greyhound-Stationen in Kanada oder den USA erhältlich und berechtigen zu unbegrenzten Reisen mit beliebigen Zwischenstopps während der Geltungsdauer der Pässe.
Der „Canada Pass" hat eine Gültigkeit von 7, 10, 15, 21, 30, 45 und 60 Tagen und gilt für Fahrten von Vancouver Island bis nach Prince Edward Island. Platzreservierungen sind für die Greyhound-Linien nicht möglich. Weitere Informationen zu Greyhound-Kanada sind im Internet unter www.greyhound.com erhältlich. Diese Pässe können auch bei **DER-Reisebüros** in Deutschland erworben werden.
Deutsche Vertretung von Greyhound:
ISTS Interkontinental Reisen, Türkenstraße 71, 80799 München, Tel.: 089/272710, Fax: 089/2723700

Preise siehe Grüne Seiten

ALASKA

Eine regelmäßige durchgehende Greyhound-Busverbindung Kanada-Alaska gibt es nicht. Zwar kann man bis Whitehorse (Kanada) mit Greyhound reisen, doch dort muss die Reise nach Alaska unterbrochen werden. In Whitehorse werden unregelmäßig Touren nach Alaska organisiert.

▶ Camping

WESTKANADA UND ALASKA

Nordwestamerika ist in den National- und Provinzialparks mit einer ausreichenden Zahl von Campingplätzen („Campgrounds") mit hohem Ausstattungsniveau bestückt. Zu einem Stellplatz gehört großzügigerweise ein ganzes Areal mit Picknicktisch, Sitzgelegenheiten, Feuerstelle und Grillrost. Die Plätze liegen so weit auseinander, dass man sich gegenseitig nicht durch zu enge Nachbarschaft belästigt fühlt. Die Privatsphäre jeder Zelt- oder Campergruppe ist gewährleistet. Ein Lagerfeuer gehört einfach mit zur nordamerikanischen Campingromantik dazu.

Auf den staatlichen Campingplätzen kostet eine Nacht um 10 Can$, in Jasper und Banff bis 16 Can$. Die privaten Plätze sind teurer und enger angelegt.

Um auf Campingtour zu gehen, sollten Sie sich einen **Campingführer**, den man in den Besucherinformationen der Provinzen erhält, zulegen. Bei einigen Campervermietern bekommen Sie einen KOA-Atlas als Nachschlagewerk für KOA-Campingplätze mit auf die Reise.

Folgende nordamerikanische **Wohnmobilbe-griffe** sollten Sie kennen:
- „Full Hook-up" = Anschlüsse für Wasser, Strom, Abwässer
- „Sani Dump, Sani Station, Dump Station" = Schmutzwasserablass Station
- „RV Park (RV = recreational vehicle)" = Park für Freizeitfahrzeuge
- „Rest Room" = Waschraum mit WC
- „Coin Laundromat" = Münzwaschsalon

 Tipp

Bitte in überlaufenen Feriengebieten, besonders in der Hochsaison, Campingplätze vorher reservieren lassen, Telefonnummer für die kostenlose Reservierung für Camping innerhalb Kanadas: 1(800)689-9025, Website: www.discovercamping.ca.

▶ **Devisen**

WESTKANADA UND ALASKA

Einfuhr: Fremd- und Landeswährung: unbeschränkt
Ausfuhr: Fremd- und Landeswährung: unbeschränkt. Bei der Ein- und Ausreise müssen alle Zahlungsmittel (Bargeld, Schecks usw.), die einen Gegenwert von 10.000 US$ haben, deklariert werden.

Bargeld
Große Mengen Bargeld mitzunehmen, ist wegen der Gefahr der Entwendung und des Verlusts nicht ratsam

Reiseschecks
Empfehlenswert sind Can$ oder US$ von American Express oder Thomas Cook. Bei Verlust oder Diebstahl sind Sie versichert und erhalten nach stichhaltiger Begründung Ersatz. Kostenlose Telefonnummern sind:
    American Express: Tel.: (800)221-7282
    VISA: Tel.: (800)227-6811

Führen Sie bitte Aufzeichnungen über den Bestand und die Ausgabe der Reiseschecks. Falls Kanada und USA besucht werden, reicht die Mitnahme von Reiseschecks in einer einzigen Währung. Dies erlaubt Flexibilität und man hat u. U. nicht zuviel einer Währung am Schluss übrig. Praktisch ist auch, einige Reiseschecks mit geringem Betrag zu haben, so dass man gegen Ende der Reise nicht von Reiseschecks in Bargeld tauschen muss.

Geldautomaten
Geld am Geldautomaten zu bekommen ist mit EC-Karte mit Maestro- oder Cirrus-Symbol und dem PIN-Code möglich. Kreditkarten mit Interac-Symbol funktionieren ebenfalls.

Ihre Reisekasse sollte aus einer ausgewogenen Mischung dieser Zahlungsmittel bestehen. Derzeitige Devisenkurse entnehmen Sie bitte der Tagespresse oder dem Internet: www.bankenverband.de/waehrungsrechner.

▶ Diplomatische und konsularische Vertretungen

In Deutschland

- **Kanadische Botschaft mit Konsularabteilung**, Berlin, Leipziger Platz 17, 10117 Berlin, Tel.: (030)203120, Fax: (030)20312590, Konsularabteilung: Tel.: (030)20312470, Fax: (030)20312457, E-Mail: berlin@dfait-maeci.gc.ca, Homepage: www.kanada.de, Sprechzeit Botschaft und Konsularabteilung Mo-Fr 9-12 Uhr, **Einwanderungs- und Visa-Abteilung:** Tel.: (030)20312447 (autom. Ansagedienst mit Verweisungen auf die verschiedenen Visa-Arten), Fax: (030)20312134, E-Mail: brlin@international.gc.ca, berlin-im@international.gc.ca, Sprechzeit: Mo-Fr 9-11 Uhr, telefon. Auskünfte Mo-Fr 14-15 Uhr
- **Kanadisches Konsulat**, Benrather Straße 8, 40213 Düsseldorf, Tel.: (0211)172170, Fax: (0211)359165
- **Kanadisches Konsulat**, Tal 29, 80331 München, Tel.: (089)2199570, Fax: (089) 21995757
- **Botschaft der USA, Berlin** (für Alaska), Neustädtische Kirchstraße 4-5, 10117 Berlin, Tel.: (030)2385174, Fax: (030)2386290, Homepage: www.us-botschaft.de, Sprechzeit: nach telefon. Vereinbarung, (keine Visa, keine Visa-Information)

In Österreich

- **Kanadische Botschaft**, Wien, Laurenzerberg 2/III, 1010 Wien, Tel.: (01)53138-3000, Fax: (01)5313-83321, E-Mail: vienn@dfait-maeci.gc.ca, Homepage: www.kanada.at, Sprechzeit Visa-Abteilung: Mo, Mi, Fr 8.30-11 Uhr
- **Botschaft der USA, Konsular-Abteilung**, Wien (für Alaska), Gartenbaupromenade 2/4. St., 1010 Wien, Tel.: (01)31339, Telefon, Visa-Info und Terminabsprache für Antragsteller: 0900 510300, Fax: (01)5125835, E-Mail: ConsularVienna@state.gov, Homepage: www.usembassy.at, Sprechzeit: persönl. Vorsprache nur nach Terminvereinbarung.

In der Schweiz

- **Kanadische Botschaft**, Bern, Ambassade du Canada, Kirchenfeldstraße 88, Case Postale, 3000 Bern 6, Tel.: (031)3573200, Fax: (031)3573210, E-Mail: bern-cs@dfait-maeci.gc.ca, Website: www.canada-ambassade.ch, Sprechzeit: Mo-Fr 8-12 und 13.30-17 Uhr, (keine Visumangelegenheiten, Antragsformulare jedoch erhältlich)
- Außerdem ein Konsulat ohne Pass- und Visabefugnis in Genf.
- **Botschaft der USA mit Konsular-Abteilung**, Bern (für Alaska), Jubiläumstraße 93, 3005 Bern, Postfach: Casa postale 3001 Bern, Tel.: (031)3577011, Telefon, Visa-Info und Terminabsprache für Antragsteller: 0900 878472, Fax: (031)3577398, E-Mail: bernniv@state.gov, Homepage: http://bern.usembassy.gov.

In Westkanada

- **Von Deutschland**
- **Deutsche Botschaft** (Embassy of the Federal Republic of Germany), 1 Waverly Street, Ottawa/Ontario, K2P OT8, Box 379, Postal Station „A", Ottawa, Ontario, K1N 8V 4/Canada, Tel.: (001613)2321101, Fax: (001613)5949330, Homepage: www.ottawa.diplo.de
- **Generalkonsulat** (Consulate General of the Federal Republic of Germany), Suite 704, World Trade Centre, 999 Canada Place, Vancouver, B.C., V6C 3E1, Tel.: (001-

604)6848377, Fax: (001-604)6848334, E-Mail: gkvanc@telus.net, Homepage: www.
vancouver.diplo.de
* **Von Österreich**
- **Österreichische Botschaft**, 445 Wilbrod Street, Ottawa, Ontario, K1N 6M7, Tel.:
(001-613)7891444, 7893429/30, 7864822, Fax: (001-613)7893431 (außerdem Konsulat in Calgary)

In Alaska (USA)
* **Honorarkonsulat von Deutschland**, Honorary Consul of the Federal Republic of
Germany, **Anchorage**, 425 „G" Street, Suite 650, Anchorage, AK 99501/USA, Tel.:
(001 907)2746537, Fax: (001 907)2748798, E-Mail: bcg@alaska.net

▶   Einreise

WESTKANADA

Deutsche, Österreicher, Schweizer und Liechtensteiner
sind für einen vorübergehenden Aufenthalt (keine Arbeitsaufnahme) **bis zu 6 Monaten**
(Verlängerung vor Ablauf der Aufenthaltsfrist in Kanada) **vom Visumszwang befreit**,
wenn sie im Besitz eines mindestens noch über den geplanten Aufenthalt hinaus gültigen
Reisepasses sind, über ausreichende Geldmittel für den Aufenthalt sowie Weiter- oder
Rückreisedokumente und -tickets verfügen.

Reisende unter 21 Jahren:
Allein reisende Jugendliche unter 18 Jahren, die nicht in Begleitung der Eltern/Erziehungsberechtigten reisen, benötigen einen eigenen gültigen Reiseausweis mit Lichtbild
sowie eine von den Eltern/Erziehungsberechtigten unterschriebene **Zustimmungserklärung zur Alleinreise** (möglichst in englischer Sprache) mit Angabe der Anschrift
und Telefonnummer des Unterzeichners und der Aufenthaltsanschrift in Kanada (empfohlen wird auch die zusätzliche Mitführung der fotokopierten amtlichen Seiten der
elterlichen Reisepässe bzw. Kopie der amtlichen Bestätigung der Übertragung der Erziehungsberechtigten). Eltern, die mit Kindern unter 18 Jahren reisen, wird dringend angeraten, Papiere mitzuführen, aus denen hervorgeht, dass es ihre eigenen Kinder sind.

Verlängerungsmöglichkeit:
Vor Ablauf der Aufenthaltsfrist in Kanada (Datum geht aus dem bei der Einreise im
Reisepass angebrachten Stempel hervor), kann der Gesamtaufenthalt auf höchstens ein
Jahr verlängert werden.

Besuche in USA:
Sind während des Aufenthalts in Kanada auch Besuche in den USA und erneute Rückkehr nach Kanada geplant, ist die Rückkehr gestattet, wenn sie innerhalb der Aufenthaltsfrist (durch Stempeleintrag im Pass ersichtlich) erfolgt.

ALASKA (USA)

Für Deutsche, Österreicher und Schweizer: Im Rahmen des „US. Visa Waiver Program" **visafrei für maximal 90 Tage** mit „non-immigrant visa waiver arrival form" (Flug- oder Schifffahrtgesellschaft). Notwendig sind: Ein für die Aufenthaltsdauer gültiger maschinenlesbarer Reisepass, Rück- oder Weiterreisetickets sowie ausreichend Geldmittel für den Aufenthalt.

KANADA, ALASKA (USA)

Allgemeine Sicherheitsmaßnahmen: Zum Schutz vor terroristischen Anschlägen ist bei der Einreise nach Kanada und USA auf nordamerikanischen Flughäfen mit zeitaufwendigen Kontrollen zu rechnen.

▶   Eisenbahn

WESTKANADA

Unter dem harten Konkurrenzdruck der Straße und des Flugzeugs hat die Schiene im Personenverkehr wertvolle Marktanteile verloren. Im Güterverkehr spielt sie noch eine starke Rolle. Im Vergleich zur Deutschen Bahn AG erbringen die kanadischen Eisenbahnen die dreifache Transportmenge im Güterverkehr. Im Personenverkehr kooperieren u. a. die beiden großen Eisenbahngesellschaften **Canadian Pacific** und **Canadian National** unter der Verbundbezeichnung **VIA-Rail Canada**. Die Organisation der Eisenbahn und die Verteilung der Schienenwege sind der Weite des Landes angepasst.

Hauptstrecken

Von den 13.700 km für den Personenverkehr genutzten Strecken entfallen allein 6.500 km auf die Transkontinentalverbindung **Halifax – Montréal – Toronto – Winnipeg – Saskatoon – Edmonton – Jasper – Vancouver**. Diese Strecke ist beim Publikum sehr beliebt. Der Höhepunkt ist die Überquerung der Rocky Mountains. Die Fahrt dauert 6 Tage. Mit Schlaf- und Speisewagen ist für Bequemlichkeit und gute Beköstigung gesorgt. Man braucht nur zweimal umzusteigen.

Auf der Strecke Toronto – Vancouver können Sie **Luxus-Klasse Silver & Blue Class** buchen, Unterbringung in der Coach Section (am Tag einfacher Sitzplatz, nachts offenes Liegeabteil für zwei Personen) sowie gegen Zahlung von Zuschlägen in Roomette (am Tag zwei Sessel, nachts geschlossenes Einzelschlafabteil), Bedroom (am Tag zwei Sessel, nachts geschlossenes Doppelbettabteil) oder Drawing Room (am Tag zwei Sessel, ein Sofa, nachts geschlossenes Dreibett-Schlafabteil). Die Reservierung für Sitz-, Liege- und Schlafwagenplätze ist erforderlich, sonst besteht kein Beförderungsanspruch (nur, wenn noch Plätze frei sind). Buchen Sie möglichst frühzeitig!

VIA-Rail-Vertretung in Deutschland: Canada Reise-Dienst, Stadthausbrücke 1-3, 20355 Hamburg, Tel.: (040)300 616-0, Fax: (040)300 616-55, www.crd.de.

Auf dem Teilstück Toronto – Vancouver verkehrt der berühmte **„Canadian"** dreimal wöchentlich. Er benötigt für diese Strecke 71 Stunden.

Nebenstrecken
* **Winnipeg – Churchill** (Hudson Bay), dreimal wöchentlich
* **Jasper – Prince Rupert**, dreimal wöchentlich
* **Victoria – Courtenay** (über Nanaimo), täglich

Canrail Pass

Für ausländische Reisende besteht die Möglichkeit, bereits in ihrem Heimatland den Canrail Pass von VIA RAIL CANADA zu erwerben. Sofern man nicht nur wenige kurze Eisenbahnfahrten plant, sollte man grundsätzlich nur mit dem Canrail Pass reisen. Der Canrail Pass kann innerhalb seiner Geltungsdauer von 30 Tagen an 12 Tagen benutzt werden. Die kostenlose Sitzplatzreservierung sollte spätestens 24 Stunden vor Abfahrt des Zuges vorgenommen werden (für die Strecke Toronto – Vancouver oder umgekehrt so früh wie möglich!). In der Nebensaison können auch **Liege- oder Schlafwagen** reserviert werden (Aufschlag); in der Hochsaison ist dies erst 14 Tage vor Abfahrt möglich.

Preise siehe Grüne Seiten

Der Canrail Pass ist in Deutschland erhältlich bei **Canada Reise-Dienst**, Stadthausbrücke 1-3, 20355 Hamburg, Tel.: (040)300 616-0, Fax: (040)300 616-55, www.crd.de. Der Preis in Can$ wird zum jeweiligen Bankentageskurs in Euro erhoben.

ALASKA

Eine Eisenbahnverbindung Kanada – Alaska gibt es nicht, lediglich einige wenige Inlandsstrecken der **Alaska Railroad**. Info: Passenger Services Dept. Box 107500, Anchorage, AK 99510, Tel.: (907)265-2494 oder (800)544-0552 (Reservierung und Information), Tel.: (907)265-26-88 (Fahrplaninformation), www.AlaskaRailroad.com.

Auf der Gesamtstrecke **Seward – Anchorage – Fairbanks** verkehren für den Personenverkehr Expresszüge auf dem 560 km langen Teilstück Anchorage-Fairbanks mit einer 12-stündigen Fahrzeit und mit **Zwischenhalt im Denali National Park**. Mit dieser Bahn fährt niemand, um schnell ans Ziel zu kommen. Die Reise in den komfortablen Abteilen ist eher ein touristisches Vergnügen und wegen der landschaftlich reizvollen Route ein Erlebnis.

▷ Elektrizität

WESTKANADA UND ALASKA

Kanada und Alaska verfügen über ein 110/120 Volt (60 Hz)-Wechselstromnetz. Für amerikanische Steckdosen benötigt man einen besonderen **Adapter**. Die sog. „Amerikastecker" gibt es in Ihrem Heimatland im Elektrofachhandel preisgünstig zu kaufen. In Kanada und Alaska werden Sie große Schwierigkeiten haben, einen solchen Adapter zu bekommen. Außerdem sollte ein Transformator für nicht auf 110 V umschaltbare Elektrogeräte mitgeführt werden.

▶   Ermäßigungen für Studenten und junge Leute

An Universitäten in Deutschland eingeschriebene Studenten, die im Besitz des internationalen Studentenausweises ISIC sind, erhältlich beim ASTA, können Vergünstigungen in Anspruch nehmen. Die meisten Airlines, darunter fällt auch die Deutsche Lufthansa, bieten Studententarife an. Erkundigen sollte man sich bei:
- **STA Travel**, Tel.: (069)743 032 92 oder Website: www.StaTravel.de, oder
- **Council Travel**, Düsseldorf, Tel.: (0211)363030, Fax: (0211)327469, oder
- in studentischen Zeitschriften wie „Unicum".

In vielen Museen, öffentlichen Einrichtungen und Kinos bekommt man Rabatte. Manchmal reicht hier auch nur der Jugendherbergsausweis!
Viele Transportunternehmen bieten bis zu 40 % Rabatt.

Greyhound Canada bietet Canada Travel Pässe an, die 7 (199 Can$), 15, 30 oder 60 Tage gelten. Außerdem können Gruppen bis zu 50 % (!) der Kosten sparen. Die Information ist in Kanada unter der Telefonnummer 1-800-661-8747 gebührenfrei. Sie werden die besseren Konditionen bekommen, wenn Sie in Kanada und nicht in Mitteleuropa buchen.

Via Rail: Hier können Sie bis zu 40 % des Fahrpreises in der Economy Class sparen.

▶   Essen und Trinken

WESTKANADA UND ALASKA

Selbstversorger

Das Nahrungsangebot unterscheidet sich kaum von dem Mitteleuropas. Wenn Sie als Selbstversorger durchs Land fahren, werden Sie sicher auf das Warenangebot der **Supermärkte** zurückgreifen. Die Preise sind annähernd mit denen Ihres Heimatlandes vergleichbar. Allerdings verteuern sich die Waren, je weiter Sie nach Norden fahren. Ladenschlusszeiten sind in Kanada und Alaska nicht gesetzlich geregelt. Meistens schließen die Supermärkte erst werktags um 21 Uhr. Sie liegen oft günstig an den Ausfallstraßen größerer Orte. Die größte Einkaufskette in Kanada ist „Safeway".

- Qualitativ gutes **Fleisch** ist in großer Auswahl vorhanden.
- Das Angebot an **Fisch** ist ebenfalls reichhaltig. Besonders in der Nähe der Pazifikhäfen wird Fisch zu günstigen Preisen angeboten.
- Die Qualität der **Wurstwaren** lässt, mit mitteleuropäischen Maßstäben gemessen, oft zu wünschen übrig.
- **Milcherzeugnisse** werden vielfältig angeboten, besonders Joghurt.
- Das Angebot an **Obst und Gemüse** ist naturgemäß nach Jahreszeit unterschiedlich zusammengesetzt. Preisgünstig kann man Obst an den Straßenverkaufsständen im Obstanbaugebiet Okanagan Valley im warmen Südwesten Kanadas kaufen.
- Das weiche **Weizenmehlbrot** kann einen Mitteleuropäer, der kerniges Roggenbrot gewöhnt ist, wenig erfreuen.

B R E A K F A S T

(served until 11:30 a.m.)

Yukon Breakfast
    New York Steak, 2 Eggs, Hashbrowns & Toast ------------------------- $11.00
Fisherman's Breakfast
    2 Hotcakes, Ham, Bacon or Sausages, 2 Eggs,
    Hashbrowns and Toast -- $9.75
Ham, Bacon or Sausages, Hashbrowns & Toast
    2 Eggs --- $7.25
    1 Egg -- $6.25
Eggs any Style, Hashbrowns and Toast
    2 Eggs --- $6.25
    1 Egg -- $5.25
Omelettes
    2 Eggs, Hashbrowns and Toast ------------------------------------- $6.75
    3 Eggs, Hashbrowns and Toast -------------------------------------- $8.25
    Your choice! Cheese, Ham, Bacon, or Mushrooms ----------------- $1.00 ea.
Hotcakes – *Three* --- $6.75
    Short Stack --- $4.75
French Toast– *Three* --- $6.75
"Kluane Country Omelettes"
    (Tomatoes, Onions, Ham, Bacon, Cheese and Mushrooms) --------- $10.75
Belgium Waffles Plain --- $5.95
Belgium Waffles with Fruit Topping and Whipped Cream ------------- $7.75

L U N C H

(served from 11:30 a.m.)

Soup and a Homemade Bun --- $4.00
Chili and Toast --- $5.75
Beef Dip with French Fries or Homemade Potato Salad ----------------- $8.75
Hot Beef Sandwich with French Fries or Homemade Potato Salad ------- $9.50

SANDWICHES

Devilled Egg	$5.50
Grilled Cheese	$5.50
Salmon or Tuna Salad	$6.50
Beef or Ham	$6.75
Closed Denver	$6.50
Submarine	$8.25
Reuben	$8.75
Clubhouse	$8.50
B.L.T.	$6.50
Ham & Cheese	$6.75

All items from the sandwich and grill menu include homemade french fries or potato salad

FROM THE GRILL

Chicken Burger	$6.75
Fish Burger	$6.75
Hamburger Plain	$6.00
Hamburger Deluxe	$6.75
Cheeseburger Plain	$6.75
Cheeseburger Deluxe	$7.75
Chiliburger	$7.75
Husky Burger *(Swiss Cheese, Processed Cheese, Mushrooms, Bacon, Tomato and Lettuce)*	$9.00
Mountain View Burger *(Swiss Cheese, Mushrooms, Bacon, Tomato and Lettuce and on top a fried egg)*	$9.75

(Prices include 7% General Sales Tax)

DINNER
(served from 11:30 a.m.)

All Dinner Items Served with Vegetables and Potatoes of the Day)

Italian Style Spaghetti with Meatsauce and Garlic Bread	$11.00
Chef's Salad and Toast	$11.25
Pork Chops and Applesauce	$14.00
Wienerschnitzel	$14.00
Bratwurst Sausages/Saurkraut/Potatoes	$11.00
Steak Sandwich 6 oz.	$11.50
New York Striploin 8 oz. incl. green salad	$16.50
Hamburger Steak	$11.50
Fish and Chips	$10.75
Chicken Dinner	$10.75

DESSERTS

Cinnamon Bun	$3.25
Carrot Cake	$3.25
Variety Homebaked Pie	$2.75
a la mode	$3.50
Muffin	$1.00
Dish of Ice Cream	$3.25

For today's Pie and Cake specials ask your server.

BEVERAGES

Coffee	$0.90
Tea	$0.90
Herb or Spice Tea	$1.50
Hot Chocolate	$1.75
Milkshake	$3.75
Floats	$3.75
Ice Tea	$1.50
Milk	$2.00/2.25
Juice	$2.00/2.25
Pop	$1.10

*Wine and Beer served with Meals
We have a variety of Bottled
Wines, Please ask your server*

SIDE ORDERS

Grilled Tomatoes	$3.25
Hashbrowns	$3.00
Bacon, Sausages or Ham	$3.25
Hot Cereal	$3.50
Cold Cereal	$3.00
Toast and Jam	$2.50
One Egg	$1.00
Single Hotcake	$2.50
French Fries	$3.00
Onion Rings	$3.00
Side Salad	$3.75
Ceasar's Salad	$4.75
Homemade Bun	$1.00
Soup of the Day	$3.00
Side of Gravy	$1.00

(Prices Include 7% General Sales Tax)

Gastronomie

Ein speziell kanadisches oder alaskanisches Nationalgericht gibt es nicht, allein schon deshalb, weil Kanada und Alaska typische Einwandererländer sind und weil viele Volksgruppen ihre Esskultur aus ihrer Heimat importiert haben. Die **Vielfalt der Speisen und Getränke** ist das Charakteristikum der kanadischen Küche. An der Pazifikküste und auf Vancouver Island gibt es zahlreiche „Seafood"-Restaurants, die besonders Lachsgerichte preiswert anbieten.

Die Skala der Restaurants reicht von einfachen **Garküchen** über **„Fast Food"-Lokale** (McDonald's, Burger King), **Steakhäuser** (Bonanza, Silzzer, Ponderosa), **Pizza Hut** bis zu luxuriösen **Feinschmeckerlokalen**. Landesübliche Meeresfrüchte-Restaurants (Lachs, Heilbutt, Hummer) sind an der Pazifikküste zahlreich. Alkohol darf nur von Gaststätten ausgegeben werden, die über eine Lizenz verfügen. Neben den Restaurants mit „Western Food" werden in den Einwandererländern Kanada und Alaska auch die Geschmacksrichtungen vieler anderer Länder angeboten. In den meisten Fällen haben die Restaurants Nichtraucherplätze.

Insgesamt liegt das **Preis-Leistungsverhältnis** kanadischer und alaskanischer Restaurants meines Erachtens unter dem Niveau mittel-, west- und südeuropäischer Restaurants.

Weitere Angaben finden Sie unter dem Stichwort „Alkohol".

▶ **Fähren**

WESTKANADA

Die Fährverbindung Prince Rupert – Port Hardy ist besonders in den Sommermonaten Juli und August sehr stark frequentiert. Reservierungen sollten bereits im Januar bis spätestens im zeitigen Frühjahr vorgenommen werden:

- **B.C. Ferry Corporation**, 1112 Fort Street, Victoria, B.C. V8V 4V2, Tel.: (250)386-3431 oder 1045 Hower Street, Vancouver, B.C. V6Z 2A9, Tel.: (604) 669-1211. Preise, Informationen, Abfahrtszeiten unter Tel.: 001-250-444-2890, innerhalb von B.C.: Tel.: 1-888-223-3779, Fax: 001-250-381-5452, www.bcferries.com.
- **Alaska Marine-Highway**, System, Box R, Juneau, Alaska 99811, Tel.: (907)465-3941

Eine weitere wichtige Fährlinie läuft von Seattle und Prince Rupert nach Ketchikan, Wrangell, Juneau, Petersburg, Sitka, Haines und Skagway.

Eng gestaut – Fähre Queen Charlotte Islands

Anschlüsse ans kanadische Straßennetz bestehen in folgenden Fährhäfen:
- **Haines:** über die Haines Road an den Alaska Highway
- **Skagway:** über den Klondike Highway an den Alaska Highway
- **Prince Rupert** (Kanada): an den Yellowhead Highway

In der Inside Passage verkehren Schiffe zwischen den wichtigsten Orten an der Küste und den vorgelagerten Inseln. Außer an den Abgangs- und Zielhäfen legen alle Fähren in Ketchikan, Wrangell, Petersburg und Juneau an. Nur in einigen Fällen wird ein Umweg über Sitka gefahren.

Reservierungen
• **Alaska Marine Highway**, Box R, Juneau, AK 99811, USA, Tel.: (907) 465-3941, www.dot.state.ak.us/amhs/index.shtml, erteilt außerdem Information über Fahrpläne und -preise. Wenn Sie schriftlich oder per Telefon Reservierungen vornehmen wollen, dann muss eine Kreditkartennummer mit Gültigkeitsdatum angegeben werden.
• **Kabinenplätze** und Plätze für **Campmobile** für eine geplante Sommerreise sollten möglichst schon im Januar reserviert werden. Wenn Sie sich als Einzelreisender mit einem Pullmannsessel und ihrem Schlafsack begnügen, dann finden Sie auch kurzfristig meistens immer noch eine Fahrmöglichkeit mit der Fähre.

Fahrtdauer: Bellingham (USA) – Skagway: 62 Stunden
Bellingham (USA) – Sitka – Skagway: 72 Stunden
Prince Rupert – Skagway mit Zwischenhalten: 33-48 Stunden

Alaska Pass per Wasser und Land
Alaska Pass Inc., Box Vashon, WA 98070-0351, Tel.: (800)248-7598 oder (206)464-6550, www.alaskapass.com, erteilt Auskünfte aller Art. Mit diesem Pass können Sie Fahrten nach Alaska per Fähre, Eisenbahn und Bus kombinieren. Es gibt den Normalpass mit einer Gültigkeitsdauer von 22 Tagen und 30 Tagen und außerdem den 45-Tage-Flexibelpass, der zu 21 Reisetagen berechtigt. Folgende Verkehrsbetriebe können unbegrenzt benutzt werden:
• **Fähren**
- Alaska Marine Highway: in den Verbindungen: Bellingham (USA) – Dutch Harbour (Aleuten)
- British Columbia Ferries
• **Eisenbahnen**
- Alaska Railroad: auf der Strecke Seward – Fairbanks
- British Columbia Railway: auf der Strecke Vancouver – Prince George
- White Pass & Yukon Railway: kombinierte Bahn-/Bustour auf der Route Skagway – Whitehorse
• **Busse**
- Quick Shuttle: auf der Route Seattle – Bellingham – Vancouver
- Greyhound of Canada: auf der Route Prince George – Prince Rupert und Seattle – Vancouver – Prince George – Dawson Creek – Whitehorse
- Island Coach Lines: auf der Route Victoria – Port Hardy
- Norline Coaches: auf der Route Whitehorse – Dawson City
- Alaskon Express: auf den Routen von Skagway/Haines nach Anchorage und Fairbanks sowie auf den Stichstraßen nach Valdez und Seward

▶ **Fahrradfahren**

WESTKANADA UND ALASKA

In der Skala der Freizeitaktivitäten klettert das Fahrradfahren und speziell das Mountain Biking in Westkanada und Südalaska immer höher. Besonders in den Nationalparks bestehen gute Bedingungen, auf diese sportliche Art und Weise die Natur zu genießen. Fahrräder lassen sich in jeder größeren Stadt und in den National- und Provinzialparks mieten.

▶ **Feiertage**

WESTKANADA

Landesweite Feiertage		
New Year's Day	Neujahr	01. Januar
Good Friday	Karfreitag	März/April
Easter Monday	Ostermontag	März/April
Victoria Day	Feiertag zu Ehren des/der Britischen Monarchen/in	Mo vor dem 25. Mai
Canada Day	Nationalfeiertag	01. Juli
Labour Day	Tag der Arbeit	1. Mo im September
Thanksgiving	Erntedankfest	2. Mo im Oktober
Remembrance Day	Volkstrauertag	11. November
Christmas Day	1. Weihnachtstag	25. Dezember
Boxing Day	2. Weihnachtstag	26. Dezember

Zusätzlich haben einzelne Provinzen noch eigene Feiertage. Die Hauptferienzeit dauert von Anfang Juli bis Ende August.

ALASKA

Landesweite Feiertage		
New Year's Day	Neujahr	01.Januar
President's Day	Präsidententag	3. Mo im Februar
Seward's Day	Seward Tag	letzter Mo im März
Memorial Day	Gedächtnistag	letzter Mo im Mai
Independence Day	Unabhängigkeitstag	04. Juli
Labor Day	Tag der Arbeit	1. Mo im September
Alaska Day	Alaska Tag	18. Oktober
Veteran Day	Heldengedenktag	11. November
Thanksgiving	Erntedankfest	4. Do im November
Christmas Day	Weihnachten	25. Dezember

▶   Flüge

WESTKANADA

• **Direktflüge:** Air Canada, in Kooperation mit der Lufthansa, ist die größte Fluggesellschaft Kanadas, die Direktflüge von und nach Europa betreibt. Direktflug ist nicht gleichbedeutend mit Nonstop-Flug. Bei einem Direktflug wird das Ziel ohne Umsteigen angesteuert. Es kann jedoch zeitaufwändige Zwischenlandungen geben. Bei einem Nonstop-Flug wird das Ziel ohne Flugunterbrechung angeflogen.

• **Umsteigeflüge:** Umsteigeflüge, z. B. über Amsterdam, London, Paris oder Kopenhagen, von dort mit KLM, British Airways, Air France oder SAS nach Kanada können unter Umständen billiger als Direktflüge sein.

• **Charterflüge:** Charterflüge ab Düsseldorf, Frankfurt/M., München und Berlin nach Vancouver und Calgary werden nach preiswerten Sondertarifen abgewickelt. Nachteile:
- Das Gepäcklimit liegt bei 20 bis 32 kg gegenüber 64 kg bei Linienflügen.
- Die Flüge sind an bestimmte Wochentage, die saisonal wechseln, gebunden.

• **Billigflüge:** Billigflüge können u.U. eine interessante Alternative sein. Informationen gibt es im Internet z.B. unter www.billigflieger.de oder www.billigflugnet.de.

• **Vielfliegerprogramme:** Vielfliegerprogramme werden heute von allen großen Fluggesellschaften angeboten. Die Unterlagen werden Ihnen auf Anruf ins Haus geschickt. Sie müssen ein Formular ausfüllen und bekommen im Gegenzug einen kreditkartenähnlichen Ausweis und ein Bonuskonto.

• **Last Minute:** Wenn Sie bei der Wahl Ihres Zielgebietes und terminlich flexibel sind, können Sie bei der Vergabe der Restplatzbestände, auf die sich bestimmte Reisebüros spezialisiert haben, günstige Flugpreise erzielen.

• **Inlandsflüge:** Alle größeren Städten sind durch tägliche bzw. mehrmals tägliche Verbindungen vernetzt. Die Strecke Vancouver – Calgary wird beispielsweise im Stundentakt geflogen. Entlegene Regionen werden von der Tochtergesellschaft von Air Canada, Air Canada Jazz, und vielen kleineren Unternehmen wie FirstAir WestJet, Pacific Coastal Airlines und Calm Air, betrieben. In Kanada werden über 100 Zielflughäfen bedient. Außerdem existiert ein verbreiteter Lufttaxidienst.
Bei der Inanspruchnahme von Inlandsflügen ist es am besten, wenn man diese in Deutschland

Kleine Luftbrücke – Inlandsflüge

bucht. Es ist billiger als in Kanada. Will man flexibel sein, dann muss man in der Tagespresse nach günstigen Flügen suchen. Ansonsten ist WestJet Airlines zu empfehlen. Ausländische Touristen können in Verbindung mit ihrem Transatlantik-Flugschein für innerkanadische Flüge einen Sondertarif in Anspruch nehmen, der allerdings bereits im Heimatland gebucht werden muss.

• **Stop over:** Bei weit auseinander liegenden Zielen in Kanada und in Kombination mit Alaska sollte man sich nach einem Direktflug mit Unterbrechungsmöglichkeit erkundigen. Hierbei kann man zu günstigen Resultaten bezüglich des Flugpreises kommen.

• **Coupon-Tickets:** Die Coupon-Tickets werden von Air Canada in Verbindung mit einem Transatlantikflug ausgegeben. Es entspricht ein Coupon einer Flugstrecke, mindestens drei Flüge/Coupons sind zu buchen. Sie erzielen bei dieser Möglichkeit ein deutlich niedrigeres Preisniveau als bei einzelnen Buchungen.

Die Drehscheibe im Westen Kanadas ist der **Flughafen Vancouver**. Aber auch Calgary, Edmonton und neuerdings Whitehorse werden im internationalen Flugverkehr angeflogen.

Spezielle und ständig aktualisierte Angaben finden Sie in diesem Buch unter „Das kosten Sie Westkanada und Südalaska" (Grüne Seiten).

ALASKA

• **Direktflüge/Umsteigeflüge Deutschland – Alaska:** Condor fliegt beispielsweise von Deutschland direkt nach Anchorage (Alaska). Die Direktflüge Deutschland – Alaska sind zwar zeitgünstig, sind jedoch in der Regel teurer als die Umsteigeflüge beispielsweise der amerikanischen Fluggesellschaften Continental Airlines, Delta Airlines, Northwest Airlines und United Airlines von Deutschland über das Kernland USA nach Alaska.

• **Flugverbindungen USA – Alaska:** Von den USA betreiben folgende Fluggesellschaften Flüge nach Alaska, zu den Flughäfen in Anchorage, Fairbanks und Juneau: Alaska Airlines, Continental Airlines, Delta Airlines, Mark Air, Northwest Airlines und United Airlines. Alaska Airlines bietet täglich 12 Nonstop-Flüge Seattle – Anchorage an.

• **Inlandsflüge:** Für alle Inlandsflüge bietet Alaska Airlines einen **Airpass** an, der aber bereits vor der Reise in Europa gekauft werden muss. Mit den Coupons (pro Strecke ein Coupon) kostet jeder Flug lediglich 109 US$ (regulär gebucht kostet z.B. die Strecke Anchorage nach Kotzebue über 200 US$). Der Airpass ist über jedes Reisebüro zu buchen, Infos bei: Alaska Airlines, c/o Airpass, Friedberg, Tel.: 06031-737620, www.alaskaair.com.
Wo das Netz von Alaska Airlines, Mark Air, Pen Air und Era Aviation endet, dort beginnt der Aktionsradius der Buschflieger und Wasserflugzeuge für einen Stundenlohn von ca. 100 US$.

▶ **Fotografieren und Filmen**

WESTKANADA UND ALASKA

- Falls Sie auf traditionelle Art fotografieren, nehmen Sie genügend Filmmaterial von daheim mit. Filme sind in Kanada und Alaska teurer als in Mitteleuropa.
- Denken Sie daran, genügend Batterien mitzunehmen.
- Schützen Sie Ihre Kameras vor Staub, Hitze und Erschütterungen.

▶ **Gesundheit**

WESTKANADA UND ALASKA

Siehe auch Stichwort **Ärzte und Zahnärzte**

HIV: Insbesondere bei ungeschützten Sexualkontakten besteht grundsätzlich die Gefahr, sich schwerwiegende Infektionen, einschließlich HIV-Infektionen, zuzuziehen. Bei Ausländern, die im Verdacht stehen, HIV-positiv zu sein, kann von den kanadischen Behörden die Durchführung eines HIV-Tests verlangt werden.

Impfungen: Im internationalen Reiseverkehr werden von Kanada und Alaska **keine Impfungen** gefordert. **Empfohlene Impfungen:** Grundsätzlich sollte der Impfschutz gegen **Tetanus, Diphtherie** und **Polio** überprüft und ggf. aufgefrischt werden.

▶ **Golf**

WESTKANADA

In Kanada wird viel Golf gespielt. Renommierte Clubs im Westen sind:

Alberta
- **Banff Springs Golf Course**, Banff, Alberta, Tel.: (403)762-2211, 18 Löcher, April-Oktober geöffnet
- **Kananaskis Country Golf Club**, Lake Kananaskis, Alberta, 18 Löcher, April-Oktober geöffnet
- **Mayfair Golf & Country Club**, Edmonton, Alberta, Tel.: (403)739-7544

British Columbia
- **Royal Colwood Golf & Country Club**, Victoria, B.C., Tel.: (250)478-8331
- **Capilano Golf & Country Club**, West Vancouver, B.C., Tel.: (604)922-9331, 18 Löcher, ganzjährig geöffnet
- **Uplands Golf Course (Oak Bay)**, Victoria, B.C., Tel.: (250)592-7313, 18 Löcher, ganzjährig geöffnet
- **Whistler Golf Club, Whistler**, B.C., Tel.: (250)932-4544, 18 Löcher, Mai-November geöffnet

► Internet

Das Internet gehört in den USA und Kanada zum Alltag. In fast allen Hotels besteht Internetanschluss, in der Regel als High-Speed-Variante, sogar in den Zimmern. Dort können Sie mit ihrem eigenen Laptop online gehen. Außerdem besteht speziell in den Internetcafés, aber auch in gewöhnlichen Cafés, Bars und an Flughäfen die Möglichkeit, E-Mails zu checken oder im Internet zu surfen. Die Preise liegen zwischen 3 und 10 US$ pro Stunde. Für Kanada gibt es noch eine Besonderheit: Dort dürfen Sie in öffentlichen Leihbibliotheken in begrenzter Zeit das Internet kostenfrei nutzen.

► Jagen

WESTKANADA UND ALASKA

Jagen ist für Europäer eine sehr kostspielige Angelegenheit. Sie dürfen nur unter der Aufsicht von einheimischen Jagdbegleitern dem Waidwerk nachgehen. Dafür werden horrende Tagessätze berechnet. Genauere Auskünfte erhalten Sie in den Provinzial- und Territorial-Infobüros.

WESTKANADA

Ohne einen Führer mit Lizenz dürfen Besucher in Kanada nicht jagen. Der „Guide" besorgt Ihnen die erforderlichen Lizenzen. Informationen zur Jagd erhalten Sie unter Tel.: 001-250-387-9739. „BC Guide Outfitters Association" ist unter Tel.: 001-604-278-2688 zu erreichen.

ALASKA

Alaskas Jagdvorschriften erhalten Sie vom Alaska Department of Fish and Game, Division of Licensing, Box 25526, Juneau, AK 99802, www.adfg.state.ak.us. Dort, aber auch in Sportgeschäften und in Tankstellen können Sie Jagdscheine erwerben. Bei Großwildjagd müssen zusätzliche Gebühren entrichtet werden.

Eine vollständige Aufstellung aller eingetragenen Führer und Ausstatter erhalten Sie beim „Department of Commerce and Economic Development, Division of Occupational Licensing, Box 110806, Juneau, AK 99811-0806.

► Jugendherbergen

Siehe Stichwort **Unterkünfte**

▶ **Kartenmaterial**

WESTKANADA UND ALASKA

Neben der diesem Buch beigefügten herausnehmbaren Karte können Sie kostenloses Kartenmaterial bei den Fremdenverkehrsämtern der einzelnen Westprovinzen Kanadas und Alaskas sowie den Touristeninformationsbüros anfordern.

▶ **Kinder**

WESTKANADA UND ALASKA

Kanada und Alaska sind ausgesprochen kinderfreundlich. Das zeigen folgende Einrichtungen, die zahlreich vorhanden sind und die dem Bedürfnis der Kleinen nachkommen: Spielplätze, Kinderstühle, Kindermenüs und besondere Veranstaltungen für Kinder in Museen und Provinzialparks.

▶ **Kleidung und Reiseutensilien**

WESTKANADA UND ALASKA

Für die Reisezeit von Mai bis Oktober sollten Sie auch für den Hochsommer neben Sommersachen warme Kleidung mitnehmen oder sich im Zielgebiet kaufen, denn besonders im Bergland kann das Wetter schnell von heiß auf kalt umschlagen. Für den Winter sind gute Wollsachen und warme Mäntel sowie Kopfbedeckung angebracht. Auch Gummistiefel während der Tauwetterperiode sollte im Reisegepäck nicht fehlen. Für extreme Berg- und Wildnistouren, Kanu- und Kajakfahrten sowie Reitausflüge ist eine Spezialkleidung und Ausrüstung erforderlich.

Es ist ratsam, sich schon zu Hause eine Checkliste mit allen erforderlichen Reiseutensilien anzulegen, die man dann beim Einpacken abhaken kann.

▶ **Klima**

WESTKANADA UND ALASKA

Durch die Weite des Landes bedingt ist das Klima in den einzelnen Bundesstaaten größeren Schwankungen unterworfen. Im Allgemeinen hat Kanada heiße Sommer (bis +35 °C) und kalte Winter (bis -35 °C, im Extremfall noch niedriger). Die Temperaturunterschiede sind am größten in den Prärie-Provinzen (von +35 bis -37 °C). Die Westküste hat angenehmes Seeklima.

▶ Krankenversicherung

KANADA UND ALASKA

Allen Reisenden wird dringend empfohlen, vor Reiseantritt eine private Auslandsreise-krankenversicherung für die Dauer des Aufenthalts abzuschließen, die alle medizinischen Ausgaben abdeckt. Außerdem sollte ein Ambulanz-Rettungsflug im Leistungskatalog eingeschlossen sein.

▶ Kreditkarten

Kreditkarten sind in ganz Nordamerika weit verbreitet, insbesondere Mastercard/Euro-card, VISA und American Express. Sie können an jeder Tankstelle und fast jedem Laden, sei er noch so klein, mit diesem „Plastikgeld" bezahlen. Führen Sie auch bei diesem Zahlungsmittel Aufzeichnungen über Ihre Ausgaben und bewahren Sie ihre Quittungen auf, um die Übersicht nicht zu verlieren. Bei Zahlung mit Kreditkarten ist der Umtausch deutlich günstiger als bei Barzahlung.

▶ Kreuzfahrten

WESTKANADA UND ALASKA

Zahlreiche Kreuzfahrtschiffe operieren entlang der Westküste Nordamerikas von Mexiko über die USA, Kanada bis nach Alaska. Die Preise der Kreuzfahrtschiffe liegen wesentlich über denen der Fährschiffe. Dafür ist jedoch der Komfort erheblich höher. Außerdem wird der Kreuzfahrer wirkungsvoller an die Landschaftsschönheiten, wie kalbende Gletscher, und an das Leben der Einheimischen durch organisierte Landausflüge in den Unterwegshäfen herangeführt.

Immer beliebter – Alaska per Kreuzfahrtschiff

▶ Maßeinheiten

WESTKANADA UND ALASKA

1975 sind Maße und Gewichte in Kanada von dem komplizierten und umständlich zu berechnenden britischen System auf das metrische System umgestellt worden.

▶ Medien

Fernsehapparate mit vielen Programmen gehören in den meisten Hotels mit zur Standardausrüstung. Die verschiedenen Fernsehgesellschaften staatlicher und privater Natur überschütten die Zuschauer mit ihrem Mix aus Show, immer wieder eingeblendeter Reklame, Spiel-, Quiz- und Unterhaltungssendungen, oft sehr seichten Niveaus. Deutsche Zeitungen bekommen Sie nur an internationalen Flughäfen zu Gesicht. Meistens sind sie schon eine Woche alt.

▶ Mobile CB-Funkgeräte

KANADA

Mobile CB-Funkgeräte bis zu einer Eingangsleistung von 100 Milliwatt können genehmigungsfrei benutzt werden, wenn sie im Frequenzbereich zwischen 26,97 und 27,27 Mhz betrieben werden. Für alle anderen Geräte ist vorab eine Genehmigung zur Benutzung zu besorgen. Näheres über den ADAC oder die kanadischen Fremdenverkehrsämter.

▶ Mobiltelefon

KANADA UND ALASKA

Das Mobilfunknetz ist in Alaska und in Kanada erfahrungsgemäß gut, vor allem im Einzugsbereich der großen Städte. Die Gesprächsgebühren ins heimische Netz können ins Geld gehen und man sollte sich vorher bei seinem Provider nach Roamingpartnern erkundigen und diese durch manuelle Netzauswahl voreinstellen. Passive Kosten entstehen bei Anrufen von zu Hause, da die Rufweiterleitung von Deutschland nach Kanada und in die USA immer auf Kosten des Angerufenen geht. Zudem sollte dringend die Rufumleitung auf die Mailbox deaktiviert werden. Falls das Mobiltelefon verloren geht oder gestohlen wird, sollte man die Nutzung der SIM sofort beim Provider sperren lassen.

▶ National-, Provinzialparks und Schutzgebiete

WESTKANADA

Der kanadische National Park Service verwaltet im ganzen Land 35 Nationalparks, davon 14 in Westkanada:
* **British Columbia**
- **Morseby Island National Park** (Charlotte Islands), c/o Superintendent South Morseby National Park Reserve, Box 37, Queen Charlotte City, B.C., V0T 1S0, Tel.: (250)559-8818
- **Pacific Rim National Park**, Box 280, Ucluelet, B.C., V0R 3AO, Tel.: (250)726-7721
- **Mount Revelstoke National Park**, Box 350, Revelstoke, B.C., V0E 2C0, Tel.: (250)837-7500
- **Glacier National Park**, Box 350, Revelstoke, B.C., V0E 2C0, Tel.: (250)837-7500
- **Yoho National Park**, Box 99, Field, B.C., V08 1G0, Tel.: (250)343-6324
- **Kootenay National Park**, Box 220, Radium Hot Springs, B.C., V0A 1M0, Tel.: (250)347-9615

- **Alberta**
- **Jasper National Park**, Box 10, Jasper, Alberta, T0E 1E0, Tel.: (403)852-6161
- **Banff National Park**, Box 900, Banff, Alberta, T0L 0C0, Tel.: (403)852-1500
- **Waterton Lakes National Park**, Waterton, Alberta, T0K 2M0, Tel.: (403)859-2224
- **Elk Island National Park**, Fort Saskatchewan, Alberta, T8L 2N7, Tel.: (403)992-6380
- **Wood Buffalo National Park**, teilweise, Box 750, Fort Smith, N.T., X0E 0P0, Tel.: (403)872-2349
- **Northwest Territories (N.T.)**
- **Wood Buffalo National Park**, teilweise, Box 750, Fort Smith, N.T., X0E 0P0, Tel.: (403)872-2349
- **Nahanni National Park**, Box 300, Fort Simpson, N.T., X0E 0N0, Tel.: (403)694-3151
- **Yukon Territory**
- **Northern Yukon National Park**, Box 5495, Haines Junction, Y.T., Y0B 1L0, Tel.: (403)634-2251
- **Kluane National Park**, Box 5495, Haines Junction, Y.T., Y0B 1L0, Tel.: (867)634-7250, Fax: (867)634-7208

In den Nationalparks sollen insbesondere geographische, geologische und biologische Besonderheiten geschützt werden. Es wird eine Kombination von Naturschutz und Erholung der Besucher angestrebt. Am beliebtesten und am meisten besucht sind zweifelsfrei der Banff und Jasper National Park. In den **Visitor Centres** geben Aushänge oder Diashows Informationen über Geschichte, Geologie, Flora und Fauna der Parks. Die **Park Ranger** sind gleichzeitig Aufsichts- und Auskunftspersonen sowie Betreuer.

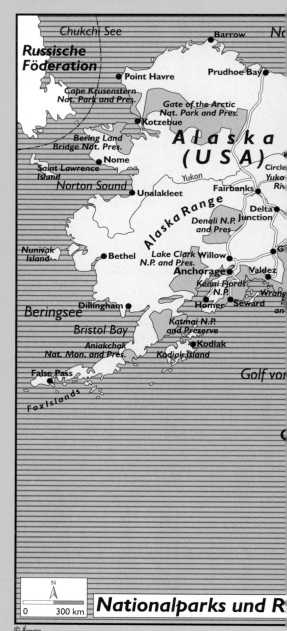

Nationalparks und R

© llgraphic

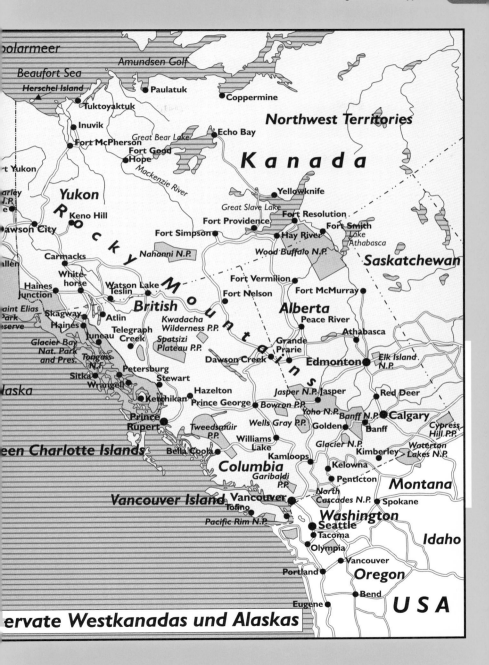

Polarmeer

Amundsen Golf

Beaufort Sea

Herschel Island

Paulatuk

Coppermine

Tuktoyaktuk

Northwest Territories

Inuvik

Fort McPherson

Echo Bay

Great Bear Lake

Fort Good Hope

K a n a d a

Mackenzie River

rt Yukon

arley I.P. e

Yukon

Keno Hill

Yellowknife

Great Slave Lake

awson City

R

Fort Providence

Fort Resolution

Fort Smith

Fort Simpson

Hay River

Lake Athabasca

allen

Carmacks

Nahanni N.P.

Wood Buffalo N.P.

Saskatchewan

White-

Fort Vermilion

Fort McMurray

Haines

horse

Watson Lake

Fort Nelson

o

Teslin

c

Junction

British

Kwadacha

Alberta

aint Elias

Skagway

Atlin

Wilderness P.P.

Peace River

Park

eserve

Haines

Telegraph

k

Spatsizi

Athabasca

Glacier Bay

Juneau

Creek

Plateau P.P.

Grande

Nat. Park

Tongass

Dawson Creek

Prarie

M

and Pres.

N.F.

Edmonton

Elk Island

Sitka

Petersburg

Stewart

o

N.P.

laska

Wrangell

Hazelton

Jasper N.P. Jasper

Red Deer

u

Ketchikan

Prince George

Bowron P.P.

n

Prince

Yoho N.P.

Banff N.P.

Calgary

Rupert

Tweedsmuir

Wells Gray P.P.

Golden

Banff

Cypress

t

P.P.

Hill P.P.

een Charlotte Islands

Williams

Glacier N.P.

Waterton

Bella Coola

Lake

Kimberley

Lakes N.P.

a

Kamloops

Columbia

Kelowna

Garibaldi

i

Penticton

Montana

P.P.

North

Vancouver Island Vancouver

Cascades N.P.

Spokane

n

Tofino

Washington

Pacific Rim N.P.

Seattle

s

Tacoma

Idaho

Olympia

Vancouver

Portland

Oregon

Bend

Eugene

U S A

Die **Provinzialparks** werden von den Provinzen verwaltet. In der Attraktivität hinsichtlich Landschaftsschönheit, Wildreichtum und Pflanzenvielfalt stehen sie den Nationalparks nicht nach. Informationen gibt es im Internet unter www.pc.gc.ca.

ALASKA

In Alaska gibt es 8 Nationalparks:

* Denali National Park
* Gates of the Arctic National Park
* Glacier Bay National Park
* Katmai National Park
* Kenai Fjord National Park
* Kobuk Valley National Park
* Lake Clark National Park
* Wrangell – St. Elias National Park

Außerdem hat Alaska 33 Gebiete unter Schutz gestellt.

Weitere Informationen gibt es im Internet: www.nps.gov/akso/.

▶   **Öffnungszeiten**

* **Banken:** meist Mo-Fr 10-15 Uhr
* **Läden:** Es gibt keine einheitlichen Ladenöffnungs- und Ladenschlusszeiten. Meist Mo-Mi 9-17 Uhr, Do-Fr 9-21 Uhr, kleinere Läden (Lebensmittel u. a.) meist bis spätabends, teilweise auch das ganze Wochenende. Einige Kaufhäuser haben sogar rund um die Uhr geöffnet.
* **Büros:** meist Mo-Fr 9-17 Uhr

▶   **Outdoor-Aktivitäten**

WESTKANADA

Wildwasser: Wenn Sie es lieben, Stromschnellen zu meistern und durch enge Schluchten der Wildflüsse mit Schlauchbooten, Kanus oder Kajaks zu eilen, dann ist beispielsweise die Bungy Zone, außerhalb von Nanaimo, ideal, wo Sie Geschwindigkeiten bis zu 100 km/h erreichen. Der **Chilliwack River** ist ebenfalls ein beliebtes Wildwasser. Hierzu folgende Adresse: Chilliwack River Rafting Adventures, 49704 Chilliwack Lake Road, Chilliwack, BC V4Z 1A7, Tel.: (604)824-0334, Fax: (604)824-0317, Internet: www.chilliwackriverrafting.com/.

Ozeankajak: Wenn Sie ein etwas erholsameres Wasserabenteuer bevorzugen, dann mieten Sie sich ein seetüchtiges Kajak. Bei organisierten Touren bieten sich Ihnen gelegentlich aufregende Begegnungen mit Walen und Delfinen, Sie passieren wildromantische Küstenformationen und rasten oder machen Picknick in einsamen Buchten. Buchung z.B. über:

* **Bowen Island Sea Kayaking INC.**, Box 87, Bowen Island, BC, V0N 1G0, Tel.: (604)947-9266, Fax: (604)947-9717, E-Mail: 60kayak@helix.net, Internet: www.bowenislandkayaking.com

▶ **Post**

WESTKANADA UND ALASKA

* **Öffnungszeiten**:
  Mo-Fr haben die Postämter immer von 9.30-17 Uhr geöffnet, Sa 9-12 Uhr (nur Hauptpostämter).
* **Standardbrief und -postkarte**:
  Ihre Versendung nach Europa kostet zzt. 80 Cent. Für die Laufzeit der Post aus Westkanada und Alaska muss man 6 bis 10 Tage rechnen.
* **Postlagernde Sendungen**:
  Sie werden 15 Tage aufbewahrt. Bei Nichtabholung gehen sie an den Absender zurück. Folgende **Adressierung** ist vorgeschrieben:
  > Name des Empfängers
  > c/o General Delivery, Main Post Office
  > Stadt, Provinz
  > Canada
  > Postleitzahl
* **Pakete**
  auf dem Land- und Seeweg brauchen nach Europa mindestens 6 Wochen.

▶ **Reisezeit**

WESTKANADA UND ALASKA

Im Binnenland und auch hoch im Nordwesten herrscht Kontinentalklima mit trockenen, warmen Sommern und Temperaturen bis +30 °C und extrem kalten Wintern. An der Küste sind die Temperaturen ausgeglichener und es fallen wesentlich mehr Niederschläge als im Binnenland. Die beste Reisezeit ist von April bis Oktober.

▶ **Sicherheit**

WESTKANADA UND ALASKA

Schwere Kriminalitätsdelikte sind in Westkanada und Alaska äußerst gering. Trotzdem sollten Sie Vorsicht und Umsicht nicht außer Acht lassen. Diebstähle kommen vor. Denken Sie bitte an den Spruch „Gelegenheit macht Diebe". Brustbeutel, Geldgürtel und Hüfttaschen sind gute Möglichkeiten, Pass, Flugticket und Bargeld ziemlich sicher zu verwahren. In Großstädten sind Kriminalitätsdelikte häufiger als in den Weiten des Landes.

Kleinkriminelle Handlungen

Sie kommen in Westkanada und Südalaska nicht mehr und nicht weniger vor als in anderen Ländern auch, trotzdem sollten Sie als Reisender Folgendes beachten:

- **Protziges Auftreten** (Tragen von wertvollem Schmuck) vermeiden!
- **Benutzung des Hotelsafes** für Geld, Schecks, Wertsachen und wichtige Dokumente!
- **Beobachtung Ihres Gepäcks** besonders auf Flughäfen und Bahnhöfen, in Zügen und Bussen sowie bei starken Menschenansammlungen. Ihr Gepäck übt auf Diebe eine magische Anziehungskraft aus.

▷ Souvenirs

WESTKANADA

Beliebte Andenken an den „Wilden Westen" sind Speckstein- und Holzschnitzereien, Holzmasken, Glasarbeiten, perlenbestickte Mokassins und Lederarbeiten der Inuvialuit. Diese kunstgewerblichen Handarbeiten der Urbevölkerung sind jedoch im Preis sehr hoch. Lohnend ist auch die Mitnahme von Aquarellen und Büchern in englischer Sprache, je nach eigenem Interessensgebiet.

Etwas unhandlich als Andenken – Totempfähle

ALASKA

Als Souvenirs sind in Alaska besonders **Nuggets** und zu Schmuck verarbeitete Jade beliebt. **Jade** kommt in mehreren Regionen Alaskas vor. Es gibt sie in Grün, Gelb, Schwarz, Braun, Weiß und Rot. **Schnitzereien** aus Elfenbein sollten Sie nicht kaufen, weil hierfür die Walrosse ihr Leben lassen müssen. Außerdem bedarf die Ausfuhr der Genehmigung des US-Fish- and Wildlife Service.

 Information
Alaska Native Arts & Crafts, Post Office Mall, 333 West, 4th Avenue, Anchorage

▶ **Sport**

WESTKANADA UND ALASKA

Für die Nordamerikaner sind Eishockey, Baseball, Football und Lacross (ein amerikanisches Ballwurfspiel) Volkssportarten. Für Sie als Urlauber kommen sicherlich eher Angeln, Golfspielen, Kanu fahren, Rad fahren, Wandern und Wintersport in Frage.

Adressen für einzelne Sportarten finden Sie in den Regionalen Reisetipps.

▶ **Sprache**

WESTKANADA UND ALASKA

Im Westen und Nordwesten Amerikas wird fast nur **Englisch** als Amts- und Umgangssprache gesprochen, während Französisch nach dem „Official Language Act of 1969" als gleichberechtigte Sprache Kanadas anerkannt wurde. Die Angaben der Verkehrsschilder sind deshalb in Kanada zweisprachig in Englisch und Französisch ausgewiesen. Außerdem werden verschiedene **Indianerdialekte** und **Inuktitut**, die Sprache der Inuvialuit gesprochen.

▶ **Steuern/Waren- und Service-Steuer**

WESTKANADA

Die kanadische Mehrwertsteuer **„Goods and Services Tax" = GST** ist grundsätzlich zu entrichten und beträgt 7 %.

Bei Bed & Breakfast-Unterkünften empfiehlt es sich sehr, vorher festzustellen, ob Kreditkarten-Bezahlung verlangt wird. Manche Gastgeber verzichten auf die GST (weil sie unter dem Jahressteuersatz liegen) und sonstige Steuern, wenn die Übernachtungskosten bar bezahlt werden. Ansonsten liegen die Preise für Bed & Breakfast um die 100 Can$.

Außer der GST-Steuer wird in manchen Provinzen Kanadas auch eine **PST-Steuer** (Provincial Sales Tax) erhoben. Diese variiert wiederum, je nach Standort. Sie wird – wie die GST – nicht zurückerstattet und liegt oftmals über dem Satz der GST.

▶ Straßen

WESTKANADA UND ALASKA

Straßenzustand

Bezogen auf die Schwierigkeiten für die Straßenbauer hinsichtlich der rauen Oberfläche des Landes (Rockies, Coast Mountains) und des Klimas (Permafrostboden), ist der Straßenzustand im Westen und Nordwesten Kanadas sowie Südalaskas als gut zu bezeichnen. Der Zustand der Straßen, insbesondere im hohen Norden und im Hochgebirge, wird ständig von Straßenwärtern kontrolliert.

> *Ausrüstung für Fahrten in nördliche Gebiete*
> • *Es sollten möglichst 2 Ersatzreifen mitgeführt werden. Die Tank- und Reparaturwerkstätten liegen in den unbesiedelten Gebieten oft weit auseinander, z. B. auf dem Dempster Highway.*
> • *Ein gut bestückter Werkzeugkasten kann sehr nützlich sein.*
> • *Ein stabiles Abschleppseil ist unbedingt erforderlich.*
> • *Ein besonderer Schutz der Scheinwerfer, der Ölwanne und wenn möglich der Windschutzscheibe ist wegen Steinschlags durch entgegenkommende oder überholende Fahrzeuge auf Schotterstraßen oder Straßenbauabschnitten empfehlenswert.*

Im Winter, im Frühjahr während der Schneeschmelze und in der übrigen Jahreszeit nach heftigen Regenstürmen können besonders Schotterstraßen schwierig zu befahren oder sogar unpassierbar sein.

Gutes Informationsmaterial ist über deutsche Automobilclubs bzw. über die Fremdenverkehrsämter Kanadas und der USA erhältlich.

Dank guter Straßen meist kein Problem: mit dem Camper durch Kanada

▶ Taxi

WESTKANADA UND ALASKA

Es wird nach Taxameter gefahren. Achten Sie auf das Einschalten. Die Taxigebühren sind in den einzelnen Provinzen unterschiedlich, im Ganzen jedoch höher als in Mitteleuropa.

▶ Telefonieren

WESTKANADA

Das Telefonwesen in Kanada ist in privaten Händen (z. B.: BC Tel oder Bell Canada).

> *Vorwahlnummern*
> *von Kanada und den USA:*
> * *nach Deutschland: 01149*
> * *nach Österreich: 01143*
> * *in die Schweiz: 01141*
> * *nach Kanada und Alaska von Deutschland, Österreich und der Schweiz: 001*

Innerhalb Kanadas
Alle Telefonnummern Kanadas sind siebenstellig. Für Ferngespräche („long-distance-calls") muss eine dreistellige Vorwahl-Nummer eingegeben werden.

Nach Europa
Viele Gespräche gehen über die Vermittlung, den „Operator". Am billigsten telefoniert man über den Münzfernsprecher. Mit der Vermittlung vereinbaren Sie die Sprechdauer und den einzuwerfenden Geldbetrag in Münzen. Dann erst wird die Verbindung hergestellt. Bei Überziehung der Sprechzeit müssen Sie nachzahlen. Den Vorwahlnummern der folgenden mitteleuropäischen Länder ist eine „0" vorwegzuwählen.

Vorwahlnummern: von British Columbia 604 bzw. 250, Alberta 403 bzw. 780, Yukon Territory 867, Northwest Territories 867.

Bei Hotelketten, Touristeninformationen, Fährgesellschaften u. a. sind die gebührenfreien **1-800er-Nummern**, über die Reservierungen vorgenommen werden können, gängig. Problemloses Telefonieren ergibt sich mit dem **„Phone Pass"** (Telefonkarte), der für 10, 20 oder 50 Can$ (20 Can$ = 30 Minuten Sprechzeit) in allen Touristikzentren und großen Warenhäusern erhältlich ist. Während des Sprechvorgangs bekommt man die verbleibenden Minuten mitgeteilt.

ALASKA

Auch in Alaska ist der Telefondienst in privater Hand. Die **einheitliche Code-Nummer** für Alaska ist **(907)**. Eine Ausnahme besteht für Hyder, dort lautet sie (250).

Telefonzelle
Von der Telefonzelle aus können Sie **Ortsgespräche** für 25 Cent führen. Bei **Ferngesprächen** schaltet sich der **„Operator"** (die Vermittlung) ein. Er sagt ihnen, wie viel Sie zu zahlen haben. Den Betrag müssen Sie in entsprechender Zahl von Münzen (25 Cent) parat haben. Einfacher ist es, wenn Sie eine **Phone Calling Card** (Kreditkarte) besitzen.

Hotelzimmer

Die zweite Möglichkeit besteht darin, vom Hotelzimmer aus zu telefonieren. Sie ist jedoch auch die teuerste Art. Normalerweise muss Ihre Zimmerleitung freigeschaltet werden, und Sie müssen bar oder mit Kreditkarte bezahlen. Ein 3-minütiges Ferngespräch nach Mitteleuropa kostet ca. 12 US$.

Gelbe Seiten im Telefonbuch

Hier finden Sie alle Arten von Branchen. Als Reisender werden Sie sicherlich in erster Linie Angaben über Hotels, Bed & Breakfast, Restaurants, Supermärkte und andere Geschäfte interessieren.

Mobilfunk: *s. Stichwort „Mobiltelefon"*

▶ Temperaturen

WESTKANADA UND ALASKA

In Kanada und Alaska werden die Temperaturen zum größten Teil in Fahrenheit angegeben. Eine einfache Formel der Umrechnung von Fahrenheit in Celsius und umgekehrt lautet wie folgt: °Fahrenheit = 32° + 1,8 mal °Celsius bzw.
°Celsius = (°Fahrenheit - 32°) : 1,8

Celsius:	-15°	-10°	-5°	0°	5°	10°	15°	20°	25°	30°	35°	40°
Fahrenheit:	5°	14°	23°	32°	41°	50°	59°	68°	77°	86°	95°	104°

▶ Trinkgeld

WESTKANADA UND ALASKA

• **In Hotels und Restaurants** ist ein Trinkgeld („tip") von 10 bis 15 % angebracht. Außerdem wird in den großen Hotels ein Bedienungszuschlag von 10% auf die Rechnung gesetzt, in kleineren Häusern/Motels und Restaurants eher selten.
• **Taxifahrer** erwarten ein Trinkgeld von 10 % des Fahrpreises.
• **Gepäckträgern** überreicht man vorschlagsweise 1 Can$/1 US$ pro Transport in Ihr Zimmer.
• **Zimmermädchen** sollte man bei mehrtägigem Aufenthalt 5 Can$/4 US$ zukommen lassen.

▶ Uhrzeit

WESTKANADA UND ALASKA

In Kanada und Alaska steht für Uhrzeiten vor 12 Uhr mittags die Bezeichnung „am" (ante meridiem) und ab 12 Uhr mittags „pm" (post meridiem), z. B.:

8 Uhr = 8 am
12 Uhr = 12 pm oder noon
20 Uhr = 8 pm
24 Uhr = 12 am oder midnight

▶ Unfall/Notfall

- **Notrufnummer**, Polizei, Feuerwehr und Unfallrettung: Tel.: 911
- **Deutschsprachiger Notrufdienst** des ADAC, gemeinsam mit dem Automobilclub AAA für Kanada und USA: Tel.: 1-888-222-1373
- **Mobile CB-Funkgeräte** bis zu einer Eingangsleistung von 100 Milliwatt können benutzt werden, wenn sie im Frequenzbereich zwischen 26,97 und 27.27 Mz betrieben werden.

▶ Unterkünfte

WESTKANADA UND ALASKA

Unterkunftsverzeichnisse: Die Fremdenverkehrsämter der kanadischen Provinzen und Alaskas veröffentlichen alljährlich Unterkunftsverzeichnisse und Übersichten über Campingplätze, aus denen die wichtigsten Kriterien über Lage, Ausstattung, Preise usw. ersichtlich sind.

Hotels/Motels

Die zahlreichen, übers Land verteilten Hotels und Motels befinden sich insgesamt bezüglich ihrer Qualität auf einem hohen Niveau. Allerdings verdienen weiter im Norden einige überteuerte Unterkünfte nicht den Namen Hotel. In Alaska werden im Umland der größeren Orte oft für einfache Unterkünfte horrende Preise verlangt.

Für die Großstädte Westkanadas und Alaskas wurde in diesem Buch eine Einteilung in **Preis-Gruppierungen** nach folgendem Schlüssel vorgenommen (pro Doppelzimmer):
$ = unter 50 $/Can$ $$$ = 100-150 $/Can$ $$$$$ = über 250 $/Can$
$$ = 50-100 $/Can$ $$$$ = 150-250 $/Can$

Bed & Breakfast

Auch über den einsamen Norden ist ein Netzwerk dieser noch nicht allzu langen Einrichtung „Bed & Breakfast" (Bett & Frühstück) gespannt. Die Preise für ein Doppelzimmer pro Nacht variieren von 40-60 Can$ bzw. 30-50 US$. Vorteilhaft ist, dass sich oft ein herzlicher Kontakt zu den Wirtsleuten aufbauen lässt. Verzeichnisse über Bed & Breakfast kann man in den Bücherläden der Großstädte erwerben.
Vorbuchungen können in Deutschland über folgende Adresse abgegeben werden: **Anglo American Tours**, 49492 Westerkappeln, Tel.: (05404)96080, Fax: 960811, http://aartravel.com/start/

Jugendunterkünfte

- **Jugendherbergen** (Youth Hostels)
In allen Großstädten und auch in ländlichen Gebieten sind Jugendherbergen eingerichtet worden. Die Übernachtungspreise liegen bei durchschnittlich 10 US$ bzw. 15 Can$. Nähere Auskünfte erhält man unter www.hihostals.ca und folgenden Adressen:
- **Canadian Hostelling Association** (CHA) National Office 333 River Rd., Tower A 3, Vanier City Ottawa, Ont., K1L 8H9.
- **Deutsches Jugendherbergswerk**, Hauptverband, Postfach 1455, 32704 Detmold, Tel.: (05231)740139-51, Fax: (05231)740166, www.jugendherberge.de/

Jugendherbergs-Verzeichnisse sollten Sie nicht in Deutschland bestellen, weil diese nicht immer auf dem neusten Stand sind. Besser ist es, ein spezielles Verzeichnis bei folgenden Stellen zu ordern:
- **Hostelling International**, 400-205 Catherine Street, Ottawa, Ontario, Canada K2P 1C3, Tel.: 613-237-7884
- **Hostelling International – American Youth Hostels**, 733 15th Street, NW, Suite 840, Washington, DC 200005, USA, Tel.: 202-783-6161, Fax: 202-783-6171, E-Mail: hiayhserve@hiayh.org, Webseite: www.hiayh.org

Ein **Jugendherbergsausweis** ist nicht nur wegen der günstigen Übernachtungen, sondern auch wegen der Rabatte in Kinos, Museen usw. nützlich.

- **YMCA- bzw. YWCA-Hotels**
In den größeren Städten kann man sich zwecks Schlafmöglichkeit an die YMCA/YWCA wenden. Das Kürzel steht für „Young Mens/Womens Association". Ein Einzelzimmer kostet 18-26 Can$ bzw. 15-20 US$ pro Nacht.
Ein **YMCA/YWCA-Gesamtverzeichnis** erhält man hier: Im Druseltal 8, 34131 Kassel, Tel.: (0561)30870, info@cvjm.de, www.cvjm.de/.

▶ **Verkehrsregeln**

s. Stichwort Autofahren

▶ **Währung**

Westkanada

Banknoten und Münzen
- Can$-Scheine sind zu 2, 5, 10, 20, 50, 100, 500 und 1.000 im Umlauf.
- Münzen existieren in folgender Prägung: als 1 Cent (Penny), 5 Cent (Nickel), 10 Cent (Dime) und 25 Cent (Quarter), sehr selten sind 50 Cent und 1 Can$ (Loony). Die

Quarters benötigt man häufig zum Telefonieren und für Wasch- und Getränkeautomaten. Deshalb achten Sie auf genügend Vorrat!

ALASKA

Banknoten und Münzen
- Folgende **Banknoten** sind im Umlauf: 1, 2, 5, 10, 20, 100, 500 und 1.000 US$.
- Als **Münzen** gibt es: 1 Cent (= Penny), 5 Cent (= Nickel), 10 Cent (= Dime), 25 Cent (= Quarter), 50 Cent (= Half Dollar) und die sehr seltene Ein-Dollar-Münze.

Aktuelle Devisenkurse entnehmen Sie bitte der Tagespresse.

> **!!! Achtung!**
>
> *Alle Banknoten haben die gleiche Größe und gleiche Farbe. Die Verwechslungsgefahr ist deshalb sehr groß!*

▶ Wandern

WESTKANADA UND ALASKA

Unter dem Sammelbegriff Wandern müssen grundlegende Unterschiede bezüglich des Schwierigkeitsgrads gemacht werden. Die Steigerung reicht von kurzen Spaziergängen über leichtere Tageswanderungen und mehrtägige Rucksacktouren bis zum schwierigen Trekking.

In den Nationalparks und teilweise noch in den Provinzialparks gibt es markierte Wanderwege. Im Übrigen muss man sich der nordischen Wildnis weglos anvertrauen. Für einen Durchschnitts-Mitteleuropäer bringt dieses größere Anpassungsprobleme bezüglich der Orientierung, der Versorgung mit Essen und Trinken und möglichem Ausweichen gefährlicher Tiere (Bären, Pumas) mit sich, die zu meistern sind. Aber die Überwindung dieser Schwierigkeiten will man gerne auf sich nehmen, weil man in den Genuss kommt, in einem freien Land noch „Wildnis pur" zu erleben.

Abschließend noch einige Tipps
- Besorgen Sie sich geeignetes **Kartenmaterial**!
- Legen Sie besonderen Wert auf **gute Ausrüstung** (Kleidung, Schuhzeug, Kompass, Medikamente, Überlebensausrüstung)!
- **Informieren** Sie jemanden **über Ihr Vorhaben** (Start, Route, voraussichtliche Rückkehr)!
- Beobachten Sie die **Wetterlage**!
- **Überschätzen Sie nicht Ihre Kräfte**!!!
- Schützen Sie sich vor **Erkältungen**!
- Bleiben Sie auf **festen Routen**!
- Teilen Sie sich Ihre **Nahrungsvorräte** gut ein!
- Gehen Sie wegen der **Bären** geräuschvoll!

▶   Wein

Weinliebhaber finden in der klimatisch begünstigten Region Thompson Okanagan hervorragende Tropfen. Weingüter laden zur Kostprobe ein.

▶   Wintersport

43 Ferienorte sind **in British Columbia** speziell auf Ski fahren eingerichtet. Der Ort Whistler soll mit 1.609 m der höchstgelegene Wintersportort Nordamerikas sein. Die 4 Skigebiete des Okanagan sind für ihren trockenen Pulverschnee bekannt. Wem es Spaß macht, seine Spuren durch unberührten Tiefschnee zu ziehen, der begibt sich am besten zum „Heli-Skiing" in die Rockies oder in die Selkirk Mountains.

Weitere beliebte Wintersportaktivitäten sind Langlauf, Eisfischen, Hundeschlitten fahren und Schneeschuh-Wanderungen.

▶   Zeitverschiebung

WESTKANADA

Im riesigen Kanada gibt es sechs Zeitzonen. Für den Westen kommen nur die „Mountain Time" (MT) mit minus 8 Stunden zur Mitteleuropäischen Zeit (MEZ) und die „Pacific Time" (PT) mit minus 9 Stunden zur MEZ in Frage. Die Zeitzonen sind nicht immer mit den Provinzgrenzen identisch.

Die Umstellung auf die Sommerzeit erfolgt in Kanada am ersten Sonntag im April. Sie endet am letzten Samstag im Oktober.

ALASKA

1983 hat man die Zeitzonen von vorher 4 auf 2 reduziert. Heute existiert die „Alaska Standard Time" und für die Aleuten-Kette und Saint Lawrence die „Hawaii-Aleütian Standard Time". Die erstere differiert zur MEZ um minus 10 Stunden und die zweite um 11 Stunden.

▶   Zoll

WESTKANADA

Reisegut

Gegenstände, die für den **persönlichen Bedarf** des Reisenden bestimmt sind, wie Kleidung, Wäsche, Schuhe, Toilettenartikel usw., können **zollfrei** eingeführt werden. Dazu gehören auch: Schmuck, Kamera mit Zubehör, Fernglas, MP3-Player, Laptop, Musikinstrument, Tonbandgerät, Fahrrad, Sportgeräte, Campingausrüstung, Angelgeräte, Kinderwagen, Kanu und andere motorlose Boote, Außenbordmotor.

Um Schwierigkeiten bei der Ausreise zu vermeiden, wird empfohlen, über alle **wertvollen Gegenstände eine Liste** (2-fach) mitzuführen, und diese bei der Einreise zu deklarieren. Unter Umständen kann bei der Einreise **Zollhinterlegung** gefordert werden.

Zollfrei sind **außerdem** für Nichteinwohner („Non-Residents"):
- 200 Zigaretten oder 50 Zigarren oder 200 Tabak-Rolls/Sticks oder 200 g Pfeifentabak für Personen über 16 Jahre;
- 1,1 Liter Spirituosen oder Wein oder ca. 8 Liter Bier für Personen über 18 Jahre in den Provinzen Alberta, Manitoba, Prince Edwards Islands und Québec bzw. über 19 Jahre in den übrigen Provinzen;
- eine angemessene Menge Parfüm;
- Geschenke im Gesamtwert von 60 Can$ (keine Tabakwaren oder Alkoholika) pro zu beschenkende Person.

Mobile CB-Funkgeräte s. Stichpunkt Mobile CB-Funkgeräte

Lebende Tiere

Hunde und Katzen
Im Reiseverkehr muss für jedes Tier eine Tollwutimpfung nachgewiesen werden, die innerhalb der letzten 3 Jahre ausgeführt wurde. Zusätzlich ist ein Gesundheitszeugnis notwendig, in dem das Tier identifiziert wird. Hunde (jedoch max. 2 Tiere), jünger als 8 Monate, benötigen nur einen Nachweis der Tollwutimpfung. Für Hunde unter 3 Monaten ist keine Impfung notwendig. Internationaler Impfpass oder tierärztliche Impfbescheinigung sowie Gesundheitszeugnis in englischer oder französischer Sprache.
Für Blindenhunde gelten zusätzliche Erleichterungen.

Lebende Pflanzen und Lebensmittel

Da für zahlreiche Pflanzen und Pflanzenteile Einfuhrverbot besteht, muss bei geplanter Mitnahme von solchen rechtzeitig vorher genaue Auskunft bzw. die erforderliche Genehmigung eingeholt werden beim:
Landwirtschaftsministerium (Canadian Food Inspection Agency), 59 Camelot Drive, Ottawa/Ontario K1A 0Y9/Kanada, Tel.: (001 613)225 23 42, Fax: (001 613) 228 66 31, Homepage: www.agr.gc.ca.

Mitnahme von Waffen und Munition

Die Einfuhr und das Mitführen von Waffen zum Selbstschutz sind verboten. Jagdwaffen und Munition dürfen zwar bei Jagdreisen mitgeführt werden. Da jedoch jede kanadische Provinz ihre eigenen Jagdbestimmungen hat bzw. je nach Art der Jagdwaffe Beschränkungen vorhanden sind, ist es unbedingt erforderlich, genaue Einzelheiten vorher über den **Jagdreiseveranstalter** einzuholen. Das Gleiche gilt für die Mitnahme von **Sportwaffen für Schießwettbewerbe**. Auch dazu sind Einzelheiten beim Veranstalter bzw. bei der Tourismusabteilung des Kanadischen Konsulates in Düsseldorf zu erfragen. Bei Bedarf sind Informationen auch möglich über: **Revenue Canada**, Customs and Excise, Commercial Verification and Enforcement, Connaught Building, Mackenzie Avenue, Ottawa, Ont. K1A OL5, Canada.

ALASKA

Bei der **Einreise** sind alle Gegenstände des persönlichen Bedarfs zollfrei. Weiter dürfen zollfrei eingeführt werden:
* 1 l Alkoholika
* 200 Zigaretten, 2 kg Tabak oder 50 Zigarren
* Geschenke im Wert von 100 US$

Verboten ist die Einfuhr von:
* Lebensmitteln, besonders Frischwaren und Obst sowie Pflanzen
Zahlungsmittel im Wert von über 10.000 US$ müssen deklariert werden.

Deutschland oder ein anderes EU-Land

Bei der Wiedereinreise sind **zollfrei**:
* 1 l Spirituosen über 22 % Vol. oder 2 l Spirituosen unter 22 % Vol.
* 2 l Wein (jeweils für Personen ab 18 Jahren)
* 50 g Parfüm
* 250 g Kaffee
* 100 g Tee
* sonstige Waren im Gegenwert von 60 €.

Westkanada: Regionale Reisetipps von A-Z

Telefonvorwahlen Westkanada:
British Columbia: 604 bzw. 250, Alberta 403 bzw. 780, Yukon Territory 867, Northwest Territories 867

Die **Preiskategorien der Unterkünfte** (für ein Doppelzimmer pro Tag) werden in diesem Reisehandbuch durch die Zahl der $-Zeichen unterschieden.

$	=	unter 50 Can$	$$$ = 100-150 Can$	$$$$$ = über 250 Can$
$$	=	50-100 Can$	$$$$ = 150-250 Can$	

Restaurant-Preis-Kategorien, die in diesem Reisehandbuch verwendet wurden, basieren auf dem Preis eines Abendessens für 2 Personen (einschließlich Tax), jedoch ohne Getränke und Trinkgeld, angegeben in US$. Diese Preise sind lediglich Anhaltspunkte für die bessere Orientierung.

#	=	preisgünstig/bis ca. 15 $	###	=	teuer/ca. 25-45 $
##	=	gemäßigt/ca. 15-25 $	####	=	exklusiv teuer/ab ca. 45 $

News im Web:
www.iwanowski.de

Aklavik (S. 625ff)

A

Vorwahl: (867)978

Unterkunft
Daadzaii Lodge $, Aklavik, N.T., X0E 0A0, Tel.: 2252, bietet Unterkunft für 8 Personen in 5 Gästezimmern mit Küchenecke für Selbstversorgung an.

Atlin (S. 589f)

Vorwahl: (250)651

Information
Visitor Information Centre, im Historischen Museum in der 3rd Street, Tel.: 7522

Wichtige Telefonnummern
- *Polizei: 7511*
- *Feuerwehr: 7666*
- *Ambulanz: 7700*
- *Krankenhaus: 7677*

Flüge
Summit Air, Jamie Tait: Box 134 Atlin, B.C., V0W 1A0, Tel.: 7600, organisiert:
- *Ausflüge zu einem Gletschersee bei gutem Wetter (ca. 1 Std.) per Wasserflugzeug, 4 Passagiere, Cessna 189*
- *Gletscherrundflüge und Wildnisbeobachtungen mit Cessna 201 (mit Rädern), 6 Passagiere*

Unterkunft
Atlin Inn $$, 1st St., Atlin, V0W 1A0, Tel.: 7546 oder (800)682-8546, verfügt über 20 Gästezimmer mit eigenem Bad/WC sowie Restaurant und Lounge/Bar.

Bootsausflüge
Atlin Houseboat Rentals, PO Box 294, Atlin, British Columbia, V0W 1A0, Tel/Fax: 7844, Web: www.atlinhouseboat.com, bietet ein Watertaxi zu den verschiedenen Inseln oder Uferabschnitten des Atlin-Sees an sowie geführte Tagestouren zu den Inseln und Gletschern einschließlich Tierbeobachtungen.

Aulavik National Park (S. 632)

Information
- *National Park, Box 29, Sachs Harbour, N.T., X0E 0Z0, Tel.: (867)690-3904, Fax: 4808 (Sachs Harbour) oder Tel.: (867)777-8800 (Inuvik), Web: www.pc.gc.ca/aulavik*

B

Banff (Stadt) (S. 405ff)
Vorwahl: (403)762

ℹ️ Information
• *Banff National Park Information Centre, 224 Banff Ave., Tel.: 8421, Web: www.banfflakelouise.com. Hier bekommen Sie Wanderpässe (Park Passes, Wilderness Passes), Genehmigungen zum Fischen (National Park Fishing Permits), Wettervorhersagen, Wanderführer und -karten, Auskünfte über Straßenzustand, Picknickplätze und weitere Infos des Nationalparks.*

📞 Wichtige Telefonnummern
• *Feuerwehr: 911*
• *Polizei: 2226*
• *Krankenhaus: 2222*
• *Ambulanz: 911*

🛏️ Unterkünfte
In Banff gibt es insgesamt 37 anerkannte Hotels, einige davon sind:
• **Fairmont Banff Springs Hotel $$$$$**, *Box 960, 405 Spray Ave., Banff, Alberta, T1L1J4, Tel.: 2211, Fax: 5755, www.fairmont.com/banffsprings. 770 Zimmer, das Wahrzeichen von Banff, schlossartiges Grand Hotel, das ganze Jahr über geöffnet, Restaurant-Reservierung unter Tel.: 6860, weltbekannter 27-Loch-Golfplatz, 5 Tennisplätze, andere Freizeit-Aktivitäten, wie Rafting, Minigolf-Spielen, Schwimmen im Innen- und Außen-Thermalpool, Mountain Biking sind machbar.*
• **Rimrock Resort Hotel $$$$**, *Box 1110, 300 Mountain Ave., Banff, Alberta, T1L 1J2, Tel.: 3356, Fax: 4132, Web: www.rimrockresort.com, E-Mail: info@rimrockresort. com, etwas außerhalb von Banff und nahe der Schwefelquellen gelegen, im August 1993 renoviert, 346 Zimmer, angeschlossenes Restaurant mit norditalienischer Küche, Sauna, elegante Lounge mit Panorama-Fenstern*
• **Rundle Manor Apartment Hotel $$$**, *Box 1077, 348 Martin St., Banff, Alberta, T1L 1H8, Tel.: 2207, Fax: 0703, Web: www.bestofbanff.com/rundle-manor, E-Mail: reservations@bestofbanff.com, mit Whirlpool, Sauna, die meisten Gästezimmer mit Balkon*
• **Banff Inn $$$**, *Box 1018, 501 Banff Ave., Banff, Alberta, T1L 1A9, Tel.: 8844, Fax: 4418, Web: www.banffinn.com, 99 Gästezimmer, jeder Raum mit Balkon, im Zimmerpreis ist ein kontinentales Frühstück inbegriffen*
• **Spruce Grove Motel $**, *Box 471, 545 Banff Ave., Banff, Alberta, T0L 0C0, Tel.: 2112, Fax: 5043, 36 Gästezimmer teilweise mit Küchenecke, Swimmingpool*

🛏️ Jugendherbergen
• **HI Banff $**, *Box 1358, Banff, Alberta T0L 0C0, Reservierung: Tel.: 4122, Fax: 3441, 58 Gästezimmer, 216 Betten, Anmeldungszeit: 15 Uhr, Aktivitäten: Mountainbike, Rafting und Skilaufen*
• **Y Mountain Lodge $**, *102 Spray Ave., Tel.: 3560, www.ymountainlodge.com, 44 Betten*

Restaurants
• **Le Beaujolais Restaurant ###**, Ecke Banff Ave./Buffalo St., Tel.: 2712, www.lebeaujolaisbanff.com, französische Küche, gehört mit zu den renommierten Restaurants seit über einem Jahrzehnt, besonders aus dem zweiten Stock des Gebäudes großartiger Blick über Banff, köstlich zubereitet: Lachs, Büffel, Beef und Lamm. Es werden über 600 verschiedene Weinsorten angeboten.
• **Caboose Steak and Lobster ###**, am Railroad Depot, Kreuzung Elk St./Lynx St., Tel.: 3622, erweckt Erinnerungen an vergangene Zeiten der alten Eisenbahn, Meeresfrüchte und Steaks sind die dominanten Gerichte.
• **Grizzly House Restaurant ##**, 207 Banff Ave., Tel.: 4055, http://banffgrizzlyhouse.com, Steakhaus, jeder Tisch hat ein Tischtelefon, uriges Ambiente.

 Camping
• **Tunnel Mountain Campgrounds**, drei Campingplätze unter gemeinsamer Leitung, am Ende der Tunnel Mountain Rd. nordöstlich von Banff, 2,5 km vom Stadtzentrum entfernt, die Stellplätz sind unterschiedlich mit Strom, Wasser und Abwasserbeseitigung ausgestattet. Reservierung möglich (empfohlen) unter www.pccamping.ca.

 Autoverleih
• **Avis Rent-A-Car**, Cascade Plaza, Ecke Wolf St und Banff Ave, Tel.: 3222
• **Budget Rent-A-Car**, Brewster Mountain Lodge, Tel.: 4565

Taxis
• **Banff Taxi Tours & Limousine**, 230 Lynx Street, Tel.: 4444
• **Legion Taxi**, 230 Lynx Street, Tel.: 3353

Busverbindungen
• **Lake Louise Taxi $ Tours**:
- Banff – Lake Louise (Abfahrten vom Hard Rock Café)
- Lake Louise – Banff (Abfahrten von Lake Louise Inn)
• **Brewster**, Banff Brewster Head Office, Tel.: 6700
15. Mai bis 15. Oktober:
- Banff – Lake Louise (Abfahrten vom Brewster Bus Terminal)
- Lake Louise – Banff (Abfahrten vom Chateau Lake Louise)
- Lake Louise – Banff (Abfahrten von Samson Mall (Anruf))
• **Greyhound**
- Banff – Lake Louise (Abfahrten vom Greyhound Bus Terminal)
- Lake Louise – Banff (Abfahrten von Samson Mall)
- Um weitere Verbindungen zu erfahren, z. B. nach Canmore, Calgary und Vancouver, rufen Sie bitte Tel.: 1-800 661-8747 oder 1092 in Banff an.
• **Laidlaw**
25. April bis 1. Dezember:
- Banff – Lake Louise (Abfahrten von der Banff Park Lodge)
- Lake Louise – Banff (Abfahrten von Lake Louise Inn)

B

 Post
Banff Post Office, 204 Buffalo Street, Tel.: 2586

 Internet-Service
Cyber Web Cafe, 215 Banff Ave., Sundance Mall, Tel.: 9226

 Banken
• Alberta Treasury Branch, 317 Banff Avenue, Tel.: 8505
• Bank of Montreal, 107 Banff Avenue, Tel.: 2275

 Geldwechsel
Freya's Foreign Exchange
• Clock Tower Village Mall, 110 Banff Ave., Tel.: 4652,
• Cascade Plaza Mall, 317 Banff Ave., Tel.: 4714,
• Banff Springs Hotel,
akzeptieren alle internationalen Währungen, Kauf und Verkauf von Traveller's Cheques.

 Souvenirs
• Freya's Jewellery Stores & Foreign Exchange, Freya's Collectables, in: Clock Tower Village Mall, Tel.: 4652, Cascade Plaza Mall, Tel.: 9353, von dem freundlichen deutschen Ehepaar Treutler betrieben, exklusive Stücke des Kunsthandwerks von auserlesener Qualität und Originale aus dem Kulturbereich der Indianer sind hier zu haben. Besonders schön sind die mit Perlen bestickten Lederarbeiten.
• Pika Village, 221 Banff Ave., Box 1257, Banff, Alberta, T0L 0C0, Tel.: (403)760-2622, präsentiert eine große Auswahl an Souvenirs.

 Bücher
• Banff Book & Art Den, 94 Banff Ave., Tel.: 3919, ist ein renommiertes Geschäft, das seit 1965 existiert. Es führt in den Auslagen speziell Bücher über die Rocky Mountains, die Urbevölkerung, Bücher über Bergsteigen und -wandern, Fischen, Kochen, Philosophie, Psychologie, Kinderbücher und ein reiches Sortiment an Landkarten.
• Cascade Mountain Books, Cascade Plaza, 317 Banff Ave., Tel.: 8508, der neueste Buchladen offeriert u. a. Bestseller, Reise- und Wanderführer, Lyrik, Kunst- und Kinderbücher.

 Foto- und Kamerageschäfte
• Miles High Image Centre, Kirby Lane Mall, Tel.: 5221, garantiert Fotoentwicklung innerhalb einer Stunde. Das sehr hilfsbereite und kompetente Personal verkauft natürlich außerdem Kameras, Batterien und sonstiges Fotozubehör.
• Wolf Creek Camera & Mercantile, 203b Bear St., Tel.: 9300

Banff National Park (S. 393ff)

B

Vorwahl: (403)762

Campgrounds

Name	Standplätze	Strom	Service	Dusche
(1) Tunnel Mountain Trailer Court	321	X	-	X
(2) Tunnel Mountain Village I	618	-	X	X
(3) Tunnel Mountain Village II	222	X	X	X
(4) Two Jack Lake Main	379	-	X	-
(5) Two Jack Lakeside	74	-	X	-
(6) Johnson Canyon	140	-	X	-
(7) Castle Mountain	44	-	X	X
(8) Protection Mountain	89	-	X	-
(9) Lake Louise Trailer I	163	X	X	-
(10) Lake Louise Tent II	220	-	X	-
(11) Mosquito Creek	32	-	-	-
(12) Waterfowl	1550	-	X	-
Name	Standplätze	Strom	Service	Dusche
(13) Rampart Creek	50	-	-	-
(14) Cirrus Mountain	-	-	-	-

Information und Reservierung

Banff National Park, Box 900 Banff, AB Canada, T1L 1K2, Tel.: 1550

Barkerville (S. 493ff)

Eintrittszeiten

• *Das Dorf: ganzjährig 8–20 Uhr*
• *Das Besucherzentrum: von Mitte Mai bis Mitte Juni: 9–16.30 Uhr, anschließend bis Anfang September: 8–20 Uhr*

Übernachtung

In Barkerville gibt es keine Quartiere. Als Alternative kommt der Ort Wells infrage. Dort bestehen in begrenzter Zahl in zwei Motels Übernachtungsmöglichkeiten.

Bella Coola (S. 499ff)

Unterkunft

***Bella Coola Valley $$**, 441 Mackenzie St., Bella Coola, B.C., VOT 1C0, Tel.: (250)799- 5316, Web: www.bellacoolavalleyinn.com, liegt in der Nähe der Fähre.*

B

Boswell (S. 359f)

Camping
Mountain Shores Resort & Marina, Box 6 Boswell, B.C., V0B 1A0, Tel.: (250)223-8258, Fax: 8220, sehr gepflegte Standplätze unter riesigen Hemlocks und Douglasien, Blick auf den Kootenay Lake und die schneebedeckten Berge am gegenüber liegenden Seeufer.

Bowron Lake Park (S. 495f)

Unterkunft und Wassersport
Becker's Lodge $$, Box 129, Wells, B.C. V0K 2R0, Tel.: (250)992-8864, Fax: 8893, E-Mail: info@beckerslodge.ca, Web: www.beckerslodge.com, berät, betreut und liefert das entsprechende Bootsmaterial mit Zubehör für eine der 10 eindrucksvollsten Kanutouren der Welt. 11 Seen, die durch Wasserwege oder kurze Portagen miteinander verbunden sind, bilden einen Rundkurs mit einer Gesamtlänge von 116 km. Für die Gesamttour benötigen Sie zwischen 5 und 10 Tage. Auch ungeübte Paddler können die Route leicht bewältigen.

Kanu- und Kajakverleih
- Sie finden hier die größte **Kanu- und Kajakflotte** im nördlichen British Columbia mit über 140 neuwertigen Kanus und Kajaks verschiedener Fabrikate, Modelle, Längen und Materialien vor.
- **Individuelle Beratung** bei der Auswahl Ihrer Kanus und Kajaks ist eine Selbstverständlichkeit.
- **Einführungskurse** werden auf Wunsch durchgeführt.
- **Ausrüstungsgegenstände**, wie z. B. Kartenmaterial, Zelte, Schwimmwesten, Schlafsäcke, wasserdichte Packsäcke und Tonnen, Kocher, Äxte usw. können gemietet werden.

Gruppen- und Tageskanutouren
Für alle, die sich selbst nicht trauen, wird eine eintägige Kanutour im Voyager-Kanu auf dem Bowron Lake und Bowron River, inklusive Verpflegung, Erinnerungs-T-Shirt und viel Spaß angeboten (Dauer ca. 8 Stunden, max. 8 Personen inkl. Führer).

Sonstiges
- **Transfer** von und nach Quesnel (120 km) nach Absprache dienstags und freitags
- **Deutschsprachige Betreuung und Tourenberatung**
- **Geführte Gruppen-Kanutouren** mit deutschsprachigem Führer (Dauer: 8 Tage und 7 Nächte)
- **Bowron Lake Canoe & Kajak School**: Kurse für Anfänger und Fortgeschrittene, Tel.: (250) 747-0228

Calgary (S. 453ff)

 Information
Calgary Convention & Visitors Bureau (CCVB), 200 - 238 - 11 Ave S.E.,
Calgary, AB, T2G 0X8 Tel.: (403)263-8510, Web: www.tourismcalgary.com

 Wichtige Telefonnummern
• **Notruf:** 911
• **Polizei** (24 Stunden): (403)266-1234
Krankenhäuser:
- **Alberta Children's Hospital:** 2888 Shaganappi Trail, Tel.: (403)955-7211
- **Rockyview General Hospital**, 7007 14th Street SW, Tel.: (403)943-3000
• **Botschaften:**
-   Das deutsche Honorarkonsulat wurde 2008 bis auf Weiteres geschlossen, für
Anfragen steht das Generalkonsulat in Vancouver zur Verfügung.
- **Österreichisches Konsulat:** 1200-1015 4th Street S.W., Tel.: (403)283-6526

 Taxis
• **Yellow Cab:** (403) 974111
• **Red Top Cabs:** (403) 974 4444

 Autovermietung
• **Avis:** 269-6166
• **Budget:** 226-1550

Hotels
Downtown
• **The Fairmont Palliser $$$$$**, 133 – 9th Ave. S.W., Calgary, Alberta T2P 2M3,
Tel.: (403)262-1234, Fax: (403)260-1260, verfügt über 405 Gästezimmer. Kinder
unter 18 Jahren, die das Zimmer mit den Eltern teilen, sind frei.
• **Delta Bow Valley $$$$**, 209 – 4th Ave. S.E., Calgary, Alberta T2G 0C6, Tel.:
(403)266-1980, Fax: 5460, E-Mail: bowreservations@deltahotels.com, www.
deltahotels.com, bietet 398 Gästezimmer, für Kinder unter 18 Jahren kostenfrei,
wenn sie das Zimmer mit den Eltern teilen.
• **Sandman Hotel Downtown Calgary $$$**, 888 – 7th Ave. S.W., Calgary, Alber-
ta T2P 3J3, Tel.: (403)237-8626, Fax: 290-1238, Web: www.sandmanhotels.com,
vermietet 301 renovierte Gästezimmer. Zur Anlage gehört außerdem ein Swim-
mingpool im Gebäude mit Whirlpool.
• **Lord Nelson Inn $$**, 1020 – 8th Ave. S.W., Calgary, Alberta T2P 1J2, Tel.:
(403)269-8262, Fax: 4868, verfügt über 56 Gästezimmer mit Farb-TV und Radio.
• **Inglewood B&B $$**, 1006 8th Ave. SE, Tel.: (403)262-6570, www.
inglewoodbedandbreakfast.com, vermietet werden drei Zimmer, jeweils mit eige-
nem Bad. Das Haus in viktorianischem Stil ist nur ein paar Minuten Fußweg vom
Zentrum entfernt.

C

Campgrounds

• **Calaway RV Park & Campground**, 10 km westlich Calgary am Trans Canada Hwy (Hwy 1), Tel.: (403)240-3822, 109 Standplätze, www.calawaypark.com
• **K.O.A. Calgary West**, Box 10 Calgary, am Westende der City, an der Südseite des Hwy 1, nahe des Canada Olympic Park, Tel.: (403)288-0411, mit 350 Standplätzen, hinterlässt einen guten Eindruck und ist für einen Stadt-Campingplatz relativ ruhig.

Jugendherbergen

• **HI Calgary $**, 520 7th Ave. S.E., Calgary, Alberta T2G 0J6, Reservierung: Tel.: (403)269-8239, Fax: 283-6503, E-Mail: calgary@hihostels.ca, 120 Betten, Anmeldungszeit: 24 Stunden, zentral gelegen, großer Aufenthaltsraum, mit Tischtennis, Darts und TV
• **YWCA $**, nur für Frauen, 320 5th Ave. S.E., Tel.: (403)263-1550, www.ywcaofcalgary.com

Restaurants

Besuchen Sie das Stadtviertel bei der Fourth St. südlich der 17. Ave. oder die 17. Avenue selbst, um Speisen feiner Restaurants, Bistros und Cafés zu probieren. Zu einem eleganten Dinner mit spektakulärem Ausblick lassen Sie sich mit dem Fahrstuhl zum **Drehrestaurant auf der Spitze des Calgary Tower** bringen. Von den zahlreichen Restaurants in Calgary hier nur eine Auswahl verschiedener Geschmacksrichtungen:
• **La Chaumière ###**, 139 – 17th Ave. S.W., Tel.: 228-5690, www.lachaumiere.ca; **französische Küche**, elegantes Restaurant, Vorbestellung erforderlich.
• **Gasthaus Dooselbeck ###**, 3106 – 4 St. N.W., Tel.: 276-4161, **deutsche Küche**, serviert Schnitzel, Bratwurst, Sauerbraten und Schlachtplatte.
• **The Belvedere ###**, 107 – 8 Ave. S.W., Tel.: 265-9595, eleganter New York-Stil Speisesaal, feine Küche, Live Jazz
• **Dutch Pannekoek House ##**, 225 – 28 St. S.E., Tel.: 207-5155, **holländische Küche**, serviert deftiges Frühstück und große Pfannkuchen mit Früchten und Fleisch.

Flüge

Calgary International Airport, Tel.: (403)735-1200, www.calgaryairport.com, liegt 12 km nordöstlich der City.

Eisenbahn

VIA Rail, Bahnhof im CN Tower, 9th Ave. S.W./Centre St., tägliche Verbindungen nach Banff, Vancouver, Regina und Winnipeg

Bus (Greyhound)

Terminal: 850 – 16th St. S.W., Tel.: 265-9111, regelmäßige Verbindungen nach Banff, Lethbridge, Drumheller, Fort McLeod und den meisten größeren Städten des Landes

Geldwechsel
- *Currencies International:* Tel.: 290-0330
- *Royal Bank Foreign Exchange:* Tel.: 292-3938
- *Western Currency Exchange:* Tel.: 263-9000

Die meisten großen Banken bieten ebenfalls Geldwechsel an.

Shopping

*Calgary hat alles zu bieten. Läden in historischen Gebäuden und Imbisskios-ke befinden sich auf der **Stephen Ave. Mall**, einer Fußgängerpromenade im Stadtzentrum. Außerdem gibt es im Zentrum einen miteinander verbundenen Shoppingkomplex, der 5 Straßenblöcke umspannt. Dazu gehören: **TD Square-Calgary Eaton Centre, Bankers Hall, Scotia Centre** und **Penny Lane Mall** – ein Einkaufsparadies mit über 200 Läden von exklusiven Boutiquen über Kaufhäuser bis zu Einzelhandelsgeschäften.*

*Unmittelbar nördlich vom Stadtzentrum liegt der Stadtteil **Kensington** mit inter-essanten Läden. Hier können Sie einen **ausgedehnten Einkaufsbummel** unter-nehmen. An den Stadtkern schließt sich die **17. Ave. der Oberstadt** an, ein malerischer Stadtteil mit einem **eleganten Einkaufsviertel**. In diesem modernen Stadtteil mit seinem Charme vergangener Zeiten befindet sich einer der exklusivs-ten Einkaufszentren von Calgary, das **Mount Royal Village**.*

*Lassen Sie sich die Gelegenheit nicht entgehen, den **Eau Claire Markt** beim Bow River und Prince's Island Park zu besuchen. Eine Fülle von Fachgeschäften und Kiosken ergänzen diesen mit Lebensmitteln gefüllten Marktplatz.*

 Bücher
Pages Books on Kensington, 1135 Kensington Rd. N.W., Tel.: 283-6655, www.pages.ab.ca, 2 Stockwerke, gute Auswahl an allgemeiner Literatur, Fachlitera-tur und Kinderbüchern

Cassiar Highway (S. 564ff)

Tankstellen

Km	Ortsbezeichnung
0	Abzweigung vom Alaska Hwy
99	Good Hope Lake
121	Cassiar Junction
238	Dease Lake
309	Forty Mile Flats
321	Iskut
337	Tagogga Lake
480	Bell Irving River
574	Meziadin Junction

C

Castle Mountain (S. 403)

 Jugendherberge
HI Castle Mountain $, Castle Junction (Ecke Hwy 93 und Hwy 1A), P.O. Box 3522, Banff, Alberta, T1L 1E1, Reservierung: Tel.: (403)762-4122, E-Mail: cr.castle@hihostels.ca; 28 Betten, Anmeldungszeit: 24 Stunden, gemütliche Unterkunft, Lagerfeuerplatz, liegt nahe Banff Stadt und Lake Louise.

Churchill (Hudson Bay) (S. 474ff)
Vorwahl: (204)675

 Flug
Calm Air
Fliegt Churchill regelmäßig von verschiedenen Flughäfen im Norden und Osten Kanadas an, www.calmair.com.

Eisenbahn
Zugverbindung Winnipeg – Churchill *(1.692 km)*

Unterkünfte
• **Bear Country Inn $$**, *Box 788, 126 Kelsey Blvd, Churchill, Manitoba, R0B 0E0 Tel.: 8299, Fax: 8803, verfügt über 28 Gästezimmer, kostenloser Busservice vom und zum Flughafen oder Bahnhof*
• **Churchill Motel Ltd. $$**, *Box 218, Kelsey Blvd. Ecke Franklin St., Churchill, Manitoba, R0B 0E0, Tel.: 8853, Fax: 8228, vermietet 62 Gästezimmer, spezielle Preise für eine Woche oder einen Monat auf Vereinbarung, Wäschedienst*

Restaurants
• **Northern Nights ##**, *Kelsey Blvd, hier wird m. E. das beste Essen von Churchill serviert. Außerdem trifft sich hier in der Eisbärensaison alles, was Rang und Namen hat.*
• **Trader's Northern Home ##**, *sehr gemütliche Atmosphäre, guter Service*

 Eskimo-Museum
Öffnungszeiten: Mo 13–17 Uhr, Di–Sa 9–12 und 13–17 Uhr, 242 La Verendrye Avenue, neben den sehenswerten Exponaten der Inuvialuit-Kultur werden auch Andenken und Postkarten verkauft.

Souvenirs
Arctic Trading Company
In dem im alten Stil erbauten Gebäude können Sie Andenken des Inuvialuit-Kunsthandwerks, allerdings zu hohen Preisen, erstehen, www.arctictradingco.com.

Krankenhaus
Churchill Health Centre, Tel.: (204) 675-8318.

Touren
• **Frontiers North Adventures**, *Box 40063 RPO Lagimodiere, Winnipeg, Manitoba, R2C 4P3, Tel.: (204)949 2050, Fax: 667 1051, Web: www.tundrabuggy.com, Frontiers North Adventures wure 1980 unter dem Namen Tundra Buggy Tours gegründet. Mit geländegängigen, breitreifigen und hochbordigen Spezialfahrzeugen werden von Juni bis November Halbtages-, Volltages- und Nachttouren in die offene Tundra rund um Churchill unternommen. Hubschrauber-Rundflüge können organisiert werden. Jeder Tundra Buggy verfügt über einen mit Propangas beheiz-ten Innenraum, eine Toilette, ein Beobachtungsdeck und Funkverbindung. Die klei-neren Fahrzeuge sind mit 36 Sitzplätzen ausgestattet, die größeren, seit 1995 erstmalig im Einsatz, mit 52 Sitzplätzen. Während der Ausflüge werden heiße und kalte Getränke, Brötchen und eine schmackhafte warme Mittagsmahlzeit serviert.*
• **Great White Bear Tours INC.**, *P.O. Box 91, Churchill, Manitoba, R0B 0E0, Tel.: 2781, Fax: 2930, www.greatwhitebeartours.com, ist ebenfalls auf subarktische Tun-dratouren spezialisiert.*

Columbia Icefield (Icefield Parkway) (S. 422f)

Information
Icefield Information Centre. Hier erhalten Sie Auskünfte, Fischfang-Lizen-zen und Fahrkarten für das „Snowmobil", Treibstoff und Vorräte können aufgefüllt werden, www.columbiaicefield.com.

Hotels
• **Columbia Icefield Chalet $$$**, *P.O. Box: 1140 Banff, T1L 1J3, Icefield Parkway bei Km 103, Tel.: (877)423-7433, Fax: 766-7433, E-Mail: icefield@brewster.ca, www.columbiaicefield.com/hotel.asp, direkt am Gletscher, vermietet 32 rustikal eingerichtete Gästezimmer.*
• **Sunwapta Falls Resort $$$**, *PO Box 97, Jasper, Alberta, T0E 1E0, Tel.: (888)828 5777, Fax: (780)852 5353, Web: www.sunwapta.com, es werden ca. 50 unter-schiedlich ausgestattete, großzügige Einheiten vermietet. Ein Restaurant ist vorhan-den und ein paar Schritte entfernt befindet sich der sehenswerte Wasserfall, dem das Haus seinen Namen verdankt. Geführte Icefield-Touren werden angeboten.*

Camping
Wilcox Creek Campground, Tel.: (780)852-6176, 46 Standplätze, liegt in der Nähe des Icefield Information Centre.

Geführte Touren
Columbia Icefield Tours, Box 1140, Banff, Alberta, T1L 1J3, Tel.: (403)760-6934, Fax: (403)762-6750, Web: www.sightseeingtourscanada.ca

D) David Thompson Highway (S. 417f)

Motel
The Crossing $$, *Lake Louise, Mail Bag 333, T0L 1E0, Tel.: (403)761-7000, Fax: 7006, E-Mail: info@thecrossingresort.com, Web: www.thecrossingresort.com, 66 Zimmer, liegt direkt an der Abzweigung der Hwys 93/11, mit Restaurant, Pub, Sauna, Whirlpool und Fitnesscenter, günstige Lage zum Glacier Icefield und diversen interessanten Wanderwegen.*

Dawson City (S. 605ff)
Vorwahl: (867)993

Information
• **Visitor Information Centre**, *Front St./King St., Tel.: 5566, befindet sich in einem historischen Gebäude von 1897, geöffnet: 8–20 Uhr täglich von Mitte Mai bis Mitte September, hält diverses Informationsmaterial dieser Gegend und Videos für Sie bereit.*
• **Northwest Territories Visitor Centre**, *Front St., Tel.: 6167, informiert über die Northwest Territories und den Dempster Hwy.*

Wichtige Telefonnummern
• **Notdienst, Polizei:** *5555, 1-867-667-5555*
• *Feuerwehr: 2222, 1-888-798-3473*
• *Ambulanz: 4444, 1-867-667-3333*

Hotels/Motels und Restaurants
• **Westmark Inn Dawson City $$$**, *Box 420, Dawson City, Yukon, Y0B 1G0, Tel.: 5542, 1-800-544-0970, Fax: 5623, Web: www.westmarkhotels.com, 131 Zimmer und Suiten stehen den Besuchern zur Verfügung. Sie blicken auf den Yukon River.*
• **Triple J Hotel $$**, *Ecke 5th Ave. und Queen St., Tel.: (867)993 5323, Web: www.triplejhotel.com, es werden Hotelzimmer, Suiten und Hütten – alle mit eigenem Badezimmer – angeboten.*

Bed & Breakfast
• **Bombay Peggy's (Victorian Inn Longe) $$**, *Box 411 Dawson City, Y.T., Y0B 1G0, 2nd Ave./Princess St., Tel.: 6969, Fax: 6199, E-Mail: info@bombaypeggys. com , Web: www.bombaypeggys.com, in einem historischen Gebäude, neu renoviert, für den anspruchsvollen Reisenden.*
• **Bear Creek Bed & Bannock $**, *Box 679, Dawson City, Y.T., Y0B 1G0, Bear St., Tel.: 6765, 4 Zimmer, 7 Minuten von der Innenstadt, vermittelt familiäre Atmosphäre.*

JH Jugendherberge
• *Dawson City River Hostel $* liegt am gegenüberliegenden Westufer des Yukon River, mit der Fähre erreichbar, Tel.: 6823, www.yukonhostels.com, 16 Betten.
• *HI-Dawson City $*, Box 32, Dawson City, Yukon Y0b 1G0, Tel.: 6823, 28 Betten, rustikale Herberge mit fließendem Wasser und Badehaus mit warmem Wasser

Camping
• **Bonanza Gold Motel & RV Park**, Tel.: 6789, Fax: 6777, E-Mail: bonanzagold@dawson.net, Web: www.bonanzagold.ca, mit allen Einrichtungen, Waschautomat, Autowaschanlage
• *Yukon River Campground* liegt am jenseitigen Ufer des Yukon River, einfach, kostenlose Fährverbindung, mit 98 Standplätzen.

Post
3rd Ave./King St., Tel.: 7200

Bank
CIBC, Queen St./2nd Ave

> **Tipp für Alaska-Reisende**
>
> *Wenn Sie mit dem Auto nach Dawson City über den „Top of the World Highway" nach Alaska weiter reisen wollen, **empfehlen wir den Yukon River Government Campground**, zu dem Sie mit der kostenlosen Fähre über den Yukon River abends übersetzen sollten, weil Sie sonst tagsüber in der Hochsaison mit stundenlangen Wartezeiten (zeitweise bis 6 Stunden und mehr) rechnen müssen. Für den Besuch von Dawson City können Sie als Fußgänger problemlos ohne nennenswerte Wartezeit jede Fährfahrt hin und zurück benutzen.*

Dease Lake (S. 565)
Vorwahl: (250)771

Information
Dease Lake & Tahltan District Chamber of Commerce, Box 338, Dease Lake, B.C. V0C 1L0, Tel.: 3900

Motel/Restaurant
Northway Motor Inn & Restaurant $$, 158 Boulder St., Dease Lake, B.C. V0C 1L0, Tel.: 5341, Fax: 5342, www.northwaymotorinn.bcnetwork.com, ist ein neu eröffnetes Motel mit 46 Gästezimmern und einem angegliederten Restaurant mit besonderem Speisesaal für 75 Gäste.

Dempster Highway (S. 614ff)

Hotels/Motels
• *Eagle Plains Hotel $$$*, Km 371, Dempster Hwy, Bag Service No. 2735, Whitehorse, Y.T., Y1A 3V5, Tel./Fax: (867)993-2453, www.eagleplainshotel.com, angeschlossen sind Tankstelle, Reparaturwerkstatt, RV Park, Coffeeshop, Waschauto-

D

mat, Laden, Fotos und Beschreibungen vom „Mad Trapper" und von der „Lost Patrol".
• **Klondike River Lodge $$**, Mile 0, Dempster Corner, am Südende des Dempster Hwy, Tel.: (867)993-6892, mit Dusche und Waschautomat, angeschlossen sind ein Restaurant, ein Selbstbedienungsladen, eine Tankstelle, eine Wagenwaschanlage, eine Dump Station (Entsorgung von Gebrauchtwasser von Wohnmobilen).

Campingplätze auf der Gesamtstrecke
  • **Tombstone Mountain Campground:** Km 72*), Km 113**), mit 36 Standplätzen, Wasser vom Fluss, Toiletten und Feuerholz
• **Engineer Creek Campground:** Km 194*), Km 235**), liegt kurz vor der Brücke über den Ogilvie River, mit 15 Standplätzen, Feuerplatz und WC.
• **Eagle Plains** Hotel, Trailer Park: Km 364*), Km 405**) mit Strom und Dump Station
• **Cornwall River Campground:** Km 446*), Km 487**), mit 18 Standplätzen, Wasser und Feuerplatz, im Hochsommer sehr viele Moskitos und Black Flies
• **Nitainlaii Campground:** Km 541*), Km 582**), mit Feuerholz und WC, nördlich des Peel River, mit Informationszentrum der Northwest Territories
• **Nihtak Campground:** Km 712*), Km 753**), mit Picknick-Tischen und WC
• **Chuk Park Territorial Campground N.T.:** Km 731*), Km 772**), mit 38 Standplätzen, Strom, Feuerholz, Wasser und Dusche
*) Die Kilometerangaben sind vom Beginn des Dempster Hwy (Dempster Corner) an gerechnet.
**) Die Kilometerangaben sind ab Dawson City gerechnet.

Bus
Arctic Tour Company, Tel.: 4100, zweimal wöchentlich fährt ein Bus von Dawson City nach Inuvik.

Dinosaur Provincial Park (S. 457ff)

Information
Dinosaur Park Visitor Centre, Tel. (403)378 4342, www.tpr.alberta.ca/parks/dinosaur

Hotel in Brooks
Heritage Inn $$$, Box 907, Brooks T1R 1B7, 1217 – 2 St. West, Tel.: (403)362-6666, Fax: 7319, vermietet 106 Gästezimmer und exklusive Suiten.

Camping
Dinosaur Provincial Park, 48 km nordöstl. v. Brooks, Reservierung: Tel.: (403)378-3700, 128 Stellplätze.

D

E

Drumheller (S. 461ff)
Vorwahl: (403)823

ℹ️ Information
Drumheller Regional Chamber of Development and Tourism, Tel.: 8100,
www.traveldrumheller.com

🏨 Hotels, Bed & Breakfast
• **Best Western Jurassic Inn $$$**, 1103 Hwy 9 S., Drumheller T0J 0Y0,
Box 3009, Tel.: 7700, Fax: 5002, Drumhellers bestes Hotel, mit 49 Gästezimmern,
verfügt u. a. auch über Restaurant und Frisiersalon.
• **Drumheller Inn $$**, 100 South Railway Ave., Tel.: 8400, Fax: 5020, Web: http://
drumhellerinn.reveal.ca, bietet 102 Zimmer, außerdem mit Tele Theater, Video-
Raum sowie Wildrose Restaurant und Skyline Dining Room.

🚐 Camping
• **Dinosaur Trail RV Resort**, 10 km westlich von Drumheller (Hwy. 838),
Reservierung unter Tel.: (403)823 9333, idyllisch am Flussufer gelegen, Angeln und
Kanutouren sind möglich.
• **Rivergrove Campground & Cabins**, Box 2097 Drumheller, Alberta, T0J 0Y0,
25 Poplar St., Tel.: 6655, Fax: 3132, am Fluss unter Bäumen, bietet 150 Standplätze,
11 Cabins mit Kabelfernsehen, individuelle Feuerplätze, Waschautomat, Campkü-
che, Spielplatz, modernem Waschraum mit Dusche.

🍴 Restaurants
• **O'Shea's Eatery & Ale House ##**, 680 2nd Street SE, Tel.: 2460, Pub
und Restaurant, stylish
• **Whif's Flapjack House ##**, 801 Dinosaur Trail, Tel.: 7595, gemütlich, gutes
Frühstück und leckere Pfannkuchen
• **Athen's Greek Restaurant ##**, 71 Bridge Street, Tel.: 3225, wie der Name
schon sagt...

Edmonton (S. 481f)

ℹ️ Information
Visitor Centre, 9990 Jasper Ave., Edmonton, Alberta T5J 1N9, Tel.: (780)496-
8400, Web: www.edmonton.com/tourism

📞 Wichtige Telefonnummern

• **Notruf:** 911
• *Krankenhäuser:*
- Grey Nuns Community Health Centre, 1100 Youville Drive West, (780)735-
7000
- Northeast Community Health Centre, 14007 50th St., (780)472-5000

E

- **Flughäfen:**
- Edmonton International Airport: (780)890-8382, www.edmontonairports.com
- Edmonton Municipal Airport: (780)428-3991
- **Eisenbahn:** VIA Rail, www.viarail.ca, Bahnhof: 12360 121st Street NW
- **Bus:** Greyhound Bus Station, 10324 – 103th St.

Hotels

• **Union Bank Inn $$$$**, 10053 Jasper Ave., Edmonton, Alberta, T5J 1S5, Tel.: (780)423 3600, Fax: 4623, www.unionbankinn.com, fast 100 Jahre altes, restauriertes Bankgebäude mit besonderem Charme, luxuriöse und geschmackvolle Ausstattung

• **Derrick Motel $$**, 3925 Calgary Trail North, Edmonton (Südost), Alberta T6J 5H2, Tel.: (780)438-6060, Fax: 461-5170, vermietet 38 Gästezimmer, einige mit Küchenecke.

• **Coast Edmonton House $$**, 10205 – 100 Ave., Edmonton (Downtown) Alberta T5J 4B5, Tel.: (780)420-4000, Fax: 4364, Web: www.coasthotels.com/hotels/canada/alberta, stellt 300 Suiten für die Gäste zur Verfügung.

• **Alberta Place Suite Hotel $$**, 10049 103rd Street, Edmonton, AB T5J 2W7, Tel.: (780)423 1565, www.albertaplace.com, bietet kleine Apartments zu angemessenen Preisen und Frühstück an.

Bed & Breakfast

• **Glenora B&B $$**, 12327 102nd Ave., Tel.: (780)488 6766, Web: www.glenorabnb.com, 26 Gästezimmer im viktorianischen Stil werden angeboten, teilweise mit eigenem Bad. Das abwechslungsreiche Frühstück ist im Preis enthalten.

• **Chateau Memory Lane B&B $**, 8719 – 179 St., Edmonton, Alberta T5T 0X4, Tel.: (780)489-4161, Fax: 444-2476, befindet sich gegenüber von West Edmonton Mall.

Jugendherbergen

• **HI-Edmonton $**, 10647 – 81st Ave., Edmonton, Alberta T6E 1Y1, Tel.: (780)988-6836, Fax: 8698, E-Mail: www.hihostels.ca, liegt im Herzen von Old Strathcona, vermietet 88 Betten.

• **YMCA $**, 10030, 102A Ave., Edmonton, Alberta, T5J 0G5, Tel.: (780)421-9622, mit Swimmingpool, es sind auch Familien willkommen.

Camping

• **Rainbow Valley Campground**, 13204 45th Ave., Tel. (780)434-5531, www.rainbow-valley.com, innerstädtisch, aber sehr schön

• **Glowing Embers Travel Centre**, Spruce Grove, 26309 Hwy 16A, Edmonton, Alberta T7X 3H1, Tel.: (780)962-8100, www.glowingembersrvpark.com, am Westrand der Stadt gelegen, bietet 273 Full-Service-Standplätze, Zelten ist erlaubt.

E

F

Restaurants
Es gibt über 250 Restaurants in der Downtown, in denen Sie mit Gerichten verschiedener Herkunft Ihren Appetit stillen können, z. B.:
• **Yeoman Steak House ###**, 10030 107th St., Tel.: (780)423-1511, ist stilvoll eingerichtet. Es serviert traditionell kanadische Küche und Spezialgerichte des Hauses.
• **Crêperie (The) ##**, 10220 103rd St., Tel.: (780)420-6656, gemütlich. Empfehlenswert ist Cordon bleu.

Emerald Lake (Yoho National Park) (S. 384f)

Hotel
Emerald Lake Lodge $$$$$, Tel.: (250)343-6321, 1-800-663-6336, E-Mail: ellmanager@crmr.com, Web: www.crmr.com, ist eine Luxuslodge, deren Apartments um die Lodge gruppiert sind, mit Blick auf den See.

Camping
Kicking Horse National Park Campground, direkt am Hwy 1, Richtung Golden, kurz vor Field, Campsites zwischen Bäumen, direkt in den Felsen der Rockies, Service und Zustand der Sanitäreinrichtungen o.k., nachts ist die Eisenbahn zu hören, das stört den Aufenthalt jedoch kaum. Keine Reservierung möglich.

Field (S. 387)

Café
Truffel-Pigs-Bistro ist ein Geheimtipp, eine Mischung aus Café mit sehr leckeren, kleinen Gerichten à la carte, kleinem Lebensmittelladen und Kunsthandwerk, mit sehr netten kommunikativen Mitarbeiterinnen. Ein umfangreiches Gästebuch verrät, dass hier schon viele Leute gewesen sind.

Fort Liard (S. 557)
Vorwahl: (867)770

Information
Acho Dene Native Crafts, Liard Valley Main Street, Tel.: 4161

Wichtige Telefonnummern
• **Polizei:** 4221
• *Feuerwehr: 2222*
• *Krankenstation: 4301*

F

 Unterkunft
Liard Valley General Store & Motel Ltd. **$$**, *Fort Liard, N.T., X0G 0A0, Tel.: 4441, Fax: 4442, vermietet 12 klimatisierte Units, 8 davon haben eine Kochgelegenheit.*

Fort McPherson (S. 621f)
Vorwahl: (867)952

i Information
Visitor Information, in einem restaurierten Blockhaus vor Ort

 Wichtige Telefonnummern
• *Polizei (RCMP): 2551*
• *Krankenstation: 2586*
• *Straßenzustand: 1-800-6610750*

Unterkunft
• *Tetlit Hotel – Inns North* **$$$**, *Box 27, Fort McPherson, N.T., X0E 0J0, Tel.: 2417, Fax: 2602, 8 Zimmer stehen den Gästen zur Verfügung.*
• *Tetlichi Bed & Breakfast* **$**, *Box 101, Fort McPherson, N.T., X0E 0J0, Tel.: 2330, 2356, Tel/Fax: 2148, vermietet ein Gästezimmer mit Küchenbenutzung im Haus, außerdem Waschautomat und Fernsehen.*

 Geschäft für Wildnisausrüstung
Fort McPherson Tent & Canvas, Box 58, Fort McPherson, N.T., X0E 0J0, Tel.: 2179, Fax: 2718, verkauft wildniserprobte Zelte, Rucksäcke und Kleidung. Dieses Projekt wurde 1970 gestartet. Es beschäftigt heute 14 einheimische Angestellte.

Fort Nelson (S. 537)
Vorwahl: (250)774

i Information
Visitor Infocentre Fort Nelson, Highway 97 North - Recreation Centre, Fort Nelson, B.C. V0C 1R0, Tel.: 6400, Fax: 6794, hat das ganze Jahr über geöffnet.

Wichtige Telefonnummern
• *Notdienst/Polizei: 2777*
• *Feuerwehr: 2222*
• *Krankenhaus: 6916*
• *Ambulanz: 2344*

Hotels

• **Fort Nelson Hotel** **$$$**, *Box 240-TG97, Fort Nelson, B.C. V0C 1R0, Tel.: 6971, Fax: 6711, www.fortnelsonhotel.com, hält 145 moderne Zimmer, einige mit Küchenecke, für die Gäste bereit.*
• **Coachhouse Inn** **$$**, *Box 27-TG97, 4711 – 50th Ave. S, Fort Nelson, B.C. V0C 1R0, Tel.: 3911, Fax: 3730, vermietet 68 Gästezimmer, Sauna und Whirlpool sind vorhanden.*

Museum

Fort Nelson Heritage Museum, *Box 716 Fort Nelson, B.C. V0C 1R0, Tel.: 3536, www.fortnelsonmuseum.ca, sehenswert ist ein Trapperblockhaus mit Inventar, alten Maschinen und Fahrzeugen.*

Souvenirs

Figments, *458 Ward St., Nelson, B.C., V1L 1S8, Tel.: (250)354-4418, hier gibt es exklusive Artikel moderner Art zu kaufen.*

Fort Providence (S. 550)

Vorwahl: (867)699

Wichtige Telefonnummern

• *Notruf/Polizei: 3291*
• *Feuerwehr: 4222*
• *Krankenstation: 4311*

Unterkünfte

• **Snowshoe Inn** **$$**, *Box 1000, Fort Providence, N.T., X0E 0L0, Tel.: 3511, Fax: 4300, www.ssimicro.com/snowshoe, 35 Zimmer stehen den Gästen zur Verfügung. Ein Fernseher, ein Café und ein Besprechungszimmer können genutzt werden.*
• **Big River Motel** **$$**, *Providence, N.T., X0E 0L0, Tel.: 4301, Fax: 4327, 3 km von Fort Providence entfernt, nördlich von Mackenzie River Crossing, es werden 12 Gästezimmer vermietet. Außerdem gibt es eine Tankstelle, eine Reifenreparaturwerkstatt, einen Abschleppdienst, eine Bootsrampe und ein Restaurant.*

Camping

1,1 km westlich des Highway liegt ein Campground mit 30 Standplätzen.

Fort Simpson (S. 556)
Vorwahl: (867)695

Wichtige Telefonnummern
- *Notruf/Polizei: 3111*
- *Feuerwehr: 2222*
- *Krankenhaus: 2291*

Hotels/Motels
- **Maroda Motel $$**, *Box 250, Fort Simpson, N.T., X0E 0N0, Tel.: 2602, Fax: 2273, 15 Gästezimmer stehen den Reisenden zur Verfügung, 4 davon mit Klimaanlage und Küchenecke, andere haben Kühlschrank und Kaffeemaschine.*
- **Nahanni Inn $$**, *Box 248, Fort Simpson, N.T., X0E 0N0, Tel.: 2201, Fax: 3000, 34 Zimmer stehen insgesamt für Gäste bereit, davon 19 mit Kühlschrank und Mikrowelle und 2 Suiten.*

Fort Smith (S. 549)
Vorwahl: (867)872

Information
Fort Smith Tourism, Tel.: 3065, Fax: 4848, Web: www.fortsmithtourism.ca

Wichtige Telefonnummern
- *Notruf/Polizei: 2107*
- *Feuerwehr: 6111*
- *Krankenstation: 2713*

Hotels
- **Pelican Rapids Inn $$$**, *Box 52, Fort Smith, NT X0E 0P0, 152 McDougal Rd., Tel.: 2789, Fax: 4727, 21 Gästezimmer gehören zur Anlage, außerdem ein Restaurant und ein Versammlungsraum. Das Hotel ist rollstuhlgerecht angelegt.*
- **Pinecrest Hotel $$**, *Box 127, Fort Smith, NT X0E 0P0, 163 McDougal Rd., Tel./ Fax: 2320, 24 Gästezimmer.*

Camping
Queen Elizabeth Campground: 5 km außerhalb von Fort Smith, am Slave River, von der zum Flughafen führenden McDougal Rd. zweigt rechts der Teepee Trail ab.

Restaurants
- **Pinecrest Dining Lounge ##**, *Tel.: 3161, Western-Küche mit einigen griechischen Spezialitäten*
- **Riverman's Dining Lounge ##**, *Tel.: 2729, Western- und chinesische Küche*

Tankstellen
Es gibt 2 Tankstellen in der Portage Ave.

(F)

Fort Steele (S. 371ff)

Bed & Breakfast
Sheep Heaven Farm $$, 314 Maygard Rd., Box: 86, Fort Steele, B.C., V0B 1N0, Tel.: (250)489-4762, www.sheepheaven.com, geführt von Werner & Karla Ludwig.

Reiterferien
*„Top of the World Ranch" $$, Box 29 Fort Steele, B.C. V0B 1N0, Tel.: (250)426-6306, 1-888-996-6306, Fax: 426-6377, Web: www.topoftheworldranch. com, liegt in der Nähe von Fort Steele (ca. 3 ½ Std. von Calgary entfernt). Natürlich steht hier das **Westernreiten** im Mittelpunkt. Die „Top of the World Ranch" ist eine **„Working and Guest Ranch"**, d. h. mit etwas Glück können Sie am Viehtrieb teilnehmen. Sie genießen herrliche Ausritte und Ausblicke in die Landschaft. Die Ranch besitzt 6 Cabins (sehr urige Holzhütten), ein großes Farmhaus (mit Billardtisch und Tischfußball) und einen „Hot Tub" (super gegen Muskelkater). Das Leben ist sehr familiär, so sitzen Sie z. B. mit den Wranglern gemeinsam am Mittagstisch.*

Fort St. James (S. 506f)
Vorwahl: (250)996

Information
Visitor Info Centre, 115 Douglas Ave., Box 1164, Fort St. James, B.C., V0J 1P0, Tel.: 7023, Fax: 7047, www. fortstjameschamber. com

Hotels/Motels
• Chundoo Motor Inn $$, 290 Stuart Dr. E., Box 130 Fort St. James, B.C., V0J 1P0, Tel.: 8216, Fax: 2213, vermietet 35 Gästezimmer.

Campground am Fluss – Fort St. James

F

G

• *New Caledonia Motel $$, 167 Douglas Ave., Box 970, Fort St. James, B.C., V0J 1P0, Tel.: 8051, Fax: 8061, www.newcaledoniamotel.com, stellt 16 Zimmer für Gäste bereit.*

 Camping
Stuart River Campground, George and Heather Malbeuf. Box 306, Roberts Rd., Fort St. James, B.C., V0J 1P0, Tel.: 8690, bietet 26 sonnige Parzellen für Zelte und Camper, Abwässerentleerung, Elektrizität, Wasseranschluss, heiße Duschen, Waschmaschine, Bootsverleih, geführte Bootstouren auf Fluss und See, Spielplatz. Das Freilichtmuseum ist nur 5 km und der Stuart-Golfplatz 10 km entfernt.

Gold River (S. 334)
Vorwahl: (250)283

i **Information**
Visitor Info Centre, Ecke Hwy 28/Scout Lake Rd., Box 610, Gold River, B.C., V0P 1G0, Tel.: 2418, Fax: 7500, Web: www.goldriver.ca

Hotels/Motels
• *Peppercorn Trail Motel & RV Park $$, Mill Rd., Box 23, Gold River, B.C., V0P 1G0, Tel.: 2443, Fax: 2658, vermietet 10 Gästezimmer, ein RV Park ist angeschlossen (siehe unter Camping).*
• *Ridgeview Motor Inn $$, 395 Donner Court, Box 335, Gold River, B.C., V0B 1G0, Tel.: 2277, Fax: 7611, www.ridgeview-inn.com, verfügt über 48 Gästezimmer.*

 Camping
• *Peppercorn Trail Motel & RV Park $$, Mill Rd., Box 23, Gold River, B.C., V0P 1G0, Tel.: 2443, Fax: 2658, E-Mail: peppercorn@island.net, der R.V.-Park hat 75 Standplätze am Gold River. Außerdem genießen Sie einen wunderschönen Gletscherblick bei gutem Wetter.*

Greenwood (S. 364f)

Gästefarm
Lind Valley Guest Ranch, Box: 362 Greenwood, B.C. V0H 1J0, Tel./Fax: (250)445-6585, ist eine Lodge mit 4 Gästezimmern, es wird Deutsch gesprochen.

Gwaii Haanas Nationalpark (S. 539)

G

H

Unterkunft
Rose Harbour Guest House $, Box 437, Queen Charlotte City, B.C., V0T
1S0, Tel.: (250)559-2326, E-Mail: mail@roseharbour.com, Web: www.roseharbour.com,
*die Vermieter verfügen über jahrzehntelange Wildniserfahrung im südlichen Zipfel
von Gwaii Haanas. Dazu gehört, in der Natur und mit der Natur zu leben, z. B.
auch ohne Elektrizität. Es werden 3- bis 7-tägige Touren in den Nationalpark
unternommen.*

Haines Junction (S. 680)
Vorwahl: (867)634

Information
Kluane National Park Visitor Information Centre, 0,3 km östlich der
Straßenkreuzung (junction), Tel. (Park): 7250

Wichtige Telefonnummern
• *Notruf/Polizei: 5555*
• *Feuerwehr: 2222*
• *Krankenstation: 4444*

Motels
• *Stardust Motel $$*, Box 5342, Alaska Hwy Km 1636, Haines Junction, Y.T.,
Y0B 1L0, Tel.: 2591, Fax: 2040, E-Mail: stardust@yknet.yk.ca, *unter Schweizer Lei-
tung von Robert Meier; hier können Sie erholsame Tage mit unbeschreiblicher
Sicht auf das Berg-Panorama des Kluane Nationalparks genießen. Buchungen für
Rundflüge, Kanufahrten Ausflüge jeglicher Art können Sie hier tätigen. Wohnmobi-
le können hinter dem Stardust mit den nötigen Vorkehrungen geparkt werden.*
• *The Glacier View Inn $$*, Box 5479, Tel.: 2646, Fax: 2802, Haines Junction, Y.T.,
*ist ein modernes Motel, im holzvertäfelten Restaurant mit laufend wechselnden
Gerichten werden spezielle Dinner und Lunch serviert.*

Camping
Kluane R.V. Kampground, Km 1635,9 Alaska Hwy, Box 5496. Haines Junction, Yukon, Y0B 1L0, Tel.: 2709, Fax: 2735, *vermietet 60 voll eingerichtete Standplätze für Fahrzeuge und 40 Zeltplätze.*

H) Harrison Hot Springs (S. 353f)

Hotel
Harrison Hot Springs Resort $$$$, 100 Esplanade Avenue B.C., V0M 1K0, Tel.: (800)663-2266, (604)796-2244, Fax: 3682, Web: www.harrisonresort.com, Ausfahrt Trans Canada Hwy (Hwy 1), Exit 135, neben der Entspannung im Wasser der heißen, schwefelhaltigen Quellen können Sie hier Kanu, Kajak und Wasserski fahren sowie in der Nähe Golf spielen.

Camping
Campground Hicks Lake, ist idyllisch auf einer Halbinsel des Sees gelegen, einfache sanitäre Einrichtung.

Hazelton (S. 518)

Unterkunft
28 Inn $$, Tel.: (250)842-6006, www.28inn.com, verfügt über 32 zweckmäßig eingerichtete Gästezimmer.

Head Smashed-In Buffalo Jump (S. 442ff)

Information
Head-Smashed-In Interpretive Centre, Tel.: (403)553-2731, www.headsmashed-in.com, mit Souvenirshop und Café

Camping
• *Head Smashed-In Tipi Camping*, Informationen und Reservierung über das Interpretive Centre (s.o.), Übernachten in echten Tipis!
• *RV & Campground Buffalo Plains*, Fort MacLeod, Alberta, Tel.: (403)553-2592, www.buffaloplains.com, empfehlenswert, ist sehr sauber und gepflegt.

Hector Lake (Icefield Parkway) (S. 414)

Jugendherberge
HI Mosquito Creek $, Ice Field Parkway, Banff, Alberta, T1L 1B3, Tel.: (403) 670-7580, Fax: 283-6503, E-Mail: cr.mosquito@hihostels.ca, www.hihostels.com, vermietet 38 Betten, Feuerplätze und Sauna.

Herschel Island (Qikiqtaruk) (S. 629ff)

H
I

ℹ️ Information
• **Parks and Outdoor Recreation Branch Department of Renewable Resources**, Yukon Government, Box 2703, Whitehorse, Yukon, Y1A 2C6, Büro in Whitehorse: Tel.: (867)667-5648, Büro in Inuvik: Tel.: 4058
• **Heritage Branche, Department of Tourism Yukon Government**, Box 2703, Whitehorse, Yukon Y1A 2C6, Tel.: (867)667-5386

Inuvik (S. 622ff)
Vorwahl: (867)777

ℹ️ Information
• **Western Arctic Regional Visitors Centre**, Mackenzie Rd./Loucheux Rd., Box 1160, Inuvik, N.T. X0E 0T0, Tel.: 4727, Fax: 2434, Web: www.inuvik.ca, Öffnungszeiten: Mitte Mai–Mitte September, täglich 9–20 Uhr. In dem Visitor Centre wird Ihnen auf Wunsch ein Zertifikat, dass Sie den Polarkreis passiert haben, ausgestellt.
• **Canadian Heritage, Parks Canada**, Western Arctic District Office, Box 12840, Inuvik, N.T., X0E 0T0, Tel.: 3248, Fax: 4491

☎ Wichtige Telefonnummern
• **Polizei:** 2935
• *Feuerwehr: 5555*
• *Ambulanz: 2222*
• *Krankenhaus: 8000*
• *Waldbrand: 3333*

🛏 Unterkünfte
• **Mackenzie Hotel $$$$**, 185 MacKenzie Rd., Box 2303, Inuvik, N.T., X0E 0T0, Tel.: 2861, Fax: 3317, vermietet werden 32 moderne Gästezimmer, einschließlich Suiten mit Sauna. Ein familiäres Restaurant und Coffee Shop gehören mit zur Anlage.
• **Eskimo Inn $$$**, 133 Mackenzie Rd., Box 1740, Inuvik, N.T., X0E 0T0, Tel.: 2801, Fax: 3234, Downtown Inuvik, vermietet 72 Gästezimmer, 25 Units haben Klimaanlage.

🛏 Bed & Breakfast
• **Arctic Chalet $$**, 25 Carn St., Box 1099, Inuvik, N.T., X0E 0T0, Tel.: 3535, Fax: 4443, www.arcticchalet.com, 1 km von Inuvik entfernt, zwei Gästezimmer befinden sich im 2-stöckigen, gemütlich eingerichteten Blockhaus mit separatem Aufgang zur ersten Etage. Außerdem werden weitere urige Blockhütten vermietet. Olav und Judi Falsnes sprechen außer Englisch noch Norwegisch, Deutsch und Spanisch. Das Paar kann umfassende Informationen über die nähere Umgebung

I)

und die Arktis allgemein geben. Olav ist ein erfahrener Flugzeugingenieur und Buschpilot, der viele Jahre in der Arktis gearbeitet hat, bevor er aus seiner Heimat Norwegen nach Kanada kam. Judi, Hausfrau und Geschäftsfrau ist US-Amerikanerin, in der Schweiz geboren und hat die meiste Zeit ihrer Jugend in Südamerika gelebt. Sie werden also bei einer internationalen Familie wohnen, die Ihnen einen aufregenden Aktivurlaub erleben lässt. Außerdem können Sie dort auch Autos mieten.

Sommeraktivitäten: Buschflüge, naturkundliche Wanderungen, Kanu- und Kajaktouren auf Flüssen, Rucksacktouren in die Wildnis und Vogelbeobachtungen

Winteraktivitäten: Hundeschlittenfahrten (die beste Zeit ist März/April), Ski- und Schneeschuh-Wanderungen, Eisfischen, Schneemobilfahrten, Nordlichtbeobachtungen und Charterflüge

• **Polar Bed & Breakfast $$**, 75 MacKenzie Rd., Box 1393, Inuvik, N.T., X0E 0T0, Tel.: 2554, Fax: 2628, Web: http://polarbedandbreakfast.com, Besitzer David Reid, Tel.: 3562, in der Downtown von Inuvik gelegen, vermietet zweckmäßig eingerichtete Gästezimmer mit Blick auf das Mackenzie River Delta.

Camping

• **Jak Park**, Tel.: 3613, Airport Rd., 4 km südöstlich von Inuvik am Dempster Hwy, nahe dem Shell Lake, 38 Standplätze, auf einem Hügel mit weitem Blick über Inuvik und das MacKenzie River-Delta, Strom, Wasser, Dump-Station, Dusche und Feuerholz sind vorhanden.

• **Happy Valley**, Tel.: 3652, an der Franklin Rd., herrlicher Blick auf das MacKenzie River-Delta, in der Nähe der Twin Lakes, mit Elektrizität, Dump-Station, Spielplatz, Feuerstelle ausgestattet, Wachdienst.

Restaurants

• **Green Briar Dining Room ###** (im MacKenzie Hotel), 185 MacKenzie Rd. Tel.: 777-2414, serviert Gerichte der nordischen, europäischen und Western Küche, einschließlich Delikatessen vom Karibu und Moschusochsen.

• **The Finto Restaurant ###** (im Finto Motor Inn), 228 MacKenzie Rd., es werden internationale Speisen und nordische Spezialitäten, wie Moschusochse, Karibu, Forelle und Arktischer Saibling angeboten.

Bank

CIBC-Bank, Inuvik, 134 Mackenzie Rd., Tel.: 777-2848, Öffnungszeiten: Mo–Do: 10–15.30 Uhr, Fr: 10–17 Uhr

Bücher

Boreal Bookstore, 181 Mackenzie Rd., Box 1220, Inuvik, N.T., X0E 0T0, Tel.: 3748, Fax: 4429, gegenüber der Igloo Church, hat nordische Bücher, Poster, topographische Karten, nordische Videos, Wandbehänge in seinen Auslagen.

Souvenirs

• **Northern Images Arts and Crafts**, 115 Mackenzie Rd., Tel.: 2786 oder 4118, Fax: 4430, verkauft Skulpturen von Inuvialuit-Künstlern, Aquarelle mit nordischen Motiven, Wandbehänge, Inuvialuit- und Dene-Kunstgewerbeartikel, Elfenbeinschnitzereien, handgemachte nordische Kleidung und Bücher

• **Originals On**, 171 Mackenzie Rd., Box: 1330, Inuvik, N.T., X0E 0T0, Tel.: 2433, bietet lokale Schnitzereien, Drucke, Schmuck und spezielle Esswaren.

Flüge

• **Aklak Air**, Box 1190 Inuvik, N.T. X0E 0T0, Reservierung: Tel.: 3777, Fax: 3388, Charter Information: Tel.: 3555, E-Mail: aklak@idc.inuvialuit.com, Web: www.aklakair.ca, fliegt regelmäßig nach Tuktoyaktuk, Paulatuk, Sachs Harbour und Fort McPherson.

Flüge über die Tundra – mit Arctic Wings

• **Arctic Wings**, am Airport, Box 1916, Inuvik, N.T., X0E 0T0, Tel.: 2220, (3300 privat), Fax: 3440, Web: www.yukonweb.com/tourism/airlink/, fliegt hauptsächlich nach Tuktoyaktuk, Herschel Island und Aklavik.

Autovermietung

• **Delta Auto Rentals**, Box 2404, 25 Carn St., Inuvik, N.T., X0E 0T0, Tel.: 3535, Fax: 4443

• **Marcon Rentals**, Box 1978, 5 Nanuk Place, Inuvik. N.T., X0E 0T0, Tel.: 4700

Touren

• **Arctic Adventures/Arctic Nature Tours**, Box 1190, Inuvik, N.T., X0E 0T0, Tel.: 3300, Fax: 3400, E-Mail: reservations@arcticnaturetours.com, Web: www.arcticnaturetours.com. Das sehr tüchtige und hilfsbereite Personal gibt umfassende lokale Tipps und unterrichtet über Tourenmöglichkeiten in die Umgebung von Inuvik, wie z. B. nach Tuktoyaktuk, Herschel Island, Aklavik, Holman, Sachs Harbour, Paulatuk und Mackenzie River-Bootstouren. Außerdem können Sie sich anhand einer Vielzahl von Videos über bestimmte Reiseziele informieren.

• **Arctic Chalet $$$**, Box 1099, 25 Carn St., Inuvik, N.T., X0E 0T0, Tel.: 3535, Fax: 4443, www.arcticchalet.com, 1 km von Inuvik entfernt, unternimmt Charterflüge nach Vereinbarung.

• **Midnight Express Tours**, Box 2720, Inuvik, N.T., X0E 0T0, Tel.: 4829, organisiert Bootstouren nach Aklavik, Tuktoyaktuk und durch das Mackenzie River-Delta.

Ivvavik National Park (S. 632f)

i Information
Parks Canada, Western Arctic District, Box 1840, Inuvik, N.T., X0E 0T0, Tel.: (867)777 8800, Fax: 8820, Web: www.pc.gc.ca

Jasper (Stadt) (S. 427ff)
Vorwahl: (780)852

i Information
Jasper Information Centre, Parks Canada, Tel.: 6176 und Jasper Tourism & Commerce, Tel.: 3858, info@jaspercanadianrockies.com, geben Ihnen Auskünfte über Besichtigungstouren per Auto, Flugzeug, Fahrrad und zu Fuß. Ferner können Sie Informationen über Unterkünfte, Camping, Reiten, Rafting und Fischen einholen. Es werden Genehmigungen zum Fischen und Wanderkarten ausgegeben.

Hotels
• **Sawridge Hotel & Conference Centre $$$$$**, 82 Connaught Dr., Box 2080, Jasper, Alberta, Tel.: 6590, E-Mail: reservationsJAS@sawridge.com, Web: www.sawridgejasper.com, ältere Bauweise, mit großem Innenhof, Swimmingpool im Gebäude, ganzjährig geöffnet, 154 Gästezimmer stehen den Besuchern zur Verfügung.
• **Amethyst Lodge $$$$**, 200 Connaught Drive, Box 1200, Tel.: 3394, ist nach einem See im Tonquin Valley benannt, geräumige Gästezimmer, ganzjährig geöffnet.
• **Becker´s Chalets $$**, 5 km südlich der Stadt Jasper am Hwy 93, Box 579, Jasper Alberta, T0E 1E0, Tel.: 3779, Fax: 7202, Web: www.beckerschalets.com, gemütliche Chalets, einige rollstuhlgerecht, verbreiten eine gemütliche, romantische Rocky-Mountains-Atmosphäre.
• **Patricia Lake Bungalows $$**, Box 657, Tel.: 3560, www.patricialakebungalows.com. Ist nur im Sommer geöffnet.

Bed & Breakfast
• **Mountain Splendour Bed & Breakfast $$**, Box 2424, Jasper, Alberta T0E-1E0, Tel.: (780)866-2116, Fax: 2117, E-Mail: mtnsplen@telusplanet.net, Web: www.mountainsplendour.com, befindet sich nur 4 km vom Jasper N.P. Osteingang entfernt.
• **Wyndswept Bed & Breakfast $$**, 5 km vom Jasper N.P. vom Osteingang, Box 2683, Hinton, Alberta T7V 1Y2, Tel.: (780)866-3950, Fax: 3951, E-Mail: wyndswept@moradnet.ca, Web: www.jasper-bedandbreakfast.com, angesichts der Berge des Jasper National Park, bietet geschmackvoll dekorierte Räume als Unterkunft.

Jugendherbergen
• **Whistlers Hostel $**, an der Straße zur Jasper Tramway gelegen, 5 km von der Stadt Jasper entfernt, 70 Betten, mit einer großen Küche, einem Gemein-

J

schaftsraum, Duschen, einem Barbecue-Platz, außerdem Verleihung von Mountain-bikes
• *HI Maligne Canyon $*, c/o Box 387, Jasper, Alberta, T0E 1E0, Tel.: (403)670-7580, Fax: 6503, E-Mail: cr.jasper@hihostels.ca, 24 Betten in zwei Hütten, Anmelde-zeit: 17–23 Uhr, an der Maligne Lake Rd. und am Maligne River gelegen, nur ein kurzer Spazierweg zum Canyon, von Oktober bis April geschlossen

Privatquartiere
Im Infozentrum am Connaught Dr. können Sie eine Liste von rund 60 empfehlenswerten Privatquartieren erhalten. Die Preise pro Unterkunft liegen zwischen 35 und 50 Can$ pro Doppelzimmer.

Camping
• *Whistlers Campground*, 3 km südlich der Stadt, am Anfang der Whist-lers Rd., verfügt über 791 Standplätze.
• *Wapiti Campground*, 5 km südlich der Stadt, bietet 340 Standplätze, Tipis (ganz privat) oder Lagerleben im Tipi-Dorf, Lagerfeuer, Gesang und Geschichten, Duschen und WC, Schwimmen, Kanu fahren und Reiten sowie tägliche Anleitung zu verschiedenen Handarbeiten in Leder, Holz, Horn, Perlen usw.

Restaurants
• *Jasper Tramway ###*, Tel.: (403)852-3093, www.jaspertramway.com, im Treeline Restaurant an der Endstation der Tramway. Auf dem Whistler Mountain zu dinieren ist ein besonderes Erlebnis. Der spektakuläre Blick auf Jasper und Umgebung ist allerdings nur im Sommer möglich.
• *Papa George's Restaurant ##*, im Astoria Hotel, 404 Connaught Dr., Tel.: (403)852-3351, eines der ältesten Restaurants in Jasper, seit 1925 in Betrieb, an den Fensterplätzen vorbeirollende Züge und schneebedeckte Berge, selbstge-machte Burgers, Pasta, saftige Steaks, kurz gebratene Fleischgerichte, es wird Fran-zösisch und Deutsch gesprochen.
• *Maligne Lake Lodge #*, am Ende der Maligne Lake Rd., 48 km südlich von Jasper, Tel.: (403)852-3370, www.malignelake.com/restaurant.html, spektakulärer Blick auf den See, nur im Sommer geöffnet

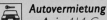

Autovermietung
• *Avis*: 414 Connaught Dr, Tel.: (403)852-3970
• *Budget*: Jasper Shell Service, 638 Connaught Dr., Tel.: (403)852-3222

Zugverbindungen
VIA Rail, Rail, www.viarail.ca
• Zug No. 1 Toronto – Jasper – Vancouver
• Zug No. 2 Vancouver – Jasper – Toronto
• Zug No. 5 Jasper – Prince Rupert
• Zug No. 6 Prince Rupert – Jasper

J

Busverbindungen
• **Greyhound**, Train/Bus Station, Tel.: (403)852-3332: Jasper – Edmonton, Jasper – Prince George, Jasper – Vancouver
• **Parkway Transportation**, Calgary – Banff – Jasper
• **Brewster Sightseeing Tours**, Jasper – Lake Louise – Banff, Rafting Tour, Discover Jasper Tour, Jasper – Lake Louise – Banff (Express)
• **Maligne Tours** verkehrt mit Kleinbussen zwischen den Campingplätzen Whistler, Wapiti und Jasper.

Fahrradverleih
Tourenräder und Mountainbikes können beispielsweise ausgeliehen werden bei:
• **Beauvert Boat & Cycle**, Lake Beauvert, Jasper, Park Lodge, Tel.: (403)852-5708
• **Edge Control Outdoors**, Walkway, 614D Connaught Dr., Tel.: (403)852-4945

Hubschrauberflüge
High Country Helicopter, Tel.: 0125, www.hcheli.com, bietet spektakuläre Helikopterflüge über das Athabasca Valley, Moosehorn Valley, Columbia Icefield, zum Mt. Robson und anderen grandiosen Ausblicken auf Canyons und Bergspitzen an, Abflug ab Jasper/Hinton Airport.

Seilbahn
Die Fahrt mit der Seilbahn kostet zzt. 27 Can$ für einen Erwachsenen, www.jaspertramway.com

Rafting
• **Jasper Raft Tours**, Reservierung: Tel.: (780)852-2665, www.jasperrafttours.com, fährt auf den alten Pelzhandelsrouten im Athabasca River.
• **Maligne Rafting Adventures LTD.**, Maligne Office, 616 Patricia St., Tel.: (780) 852-3370, www.mra.ab.ca, bietet aufregende Fahrten auf dem Sunwapta River mit seinen schäumenden Stromschnellen und auf dem Athabasca River an.

Angeln
Angler müssen eine National Park-Angellizenz kaufen, die bei den Informationszentren oder in Sportgeschäften im Ort Jasper erhältlich ist. Die Angelregularien des Parks müssen befolgt werden.

Sportaktivitäten
• **Kanu fahren und Rudern** sind in den meisten Seen des Nationalparks erlaubt.
• **Motorboote** sind nur auf dem Pyramid Lake und Medicine Lake zugelassen.
• **Boote mit Elektromotoren** dürfen auf allen Seen benutzt werden.

J

K

 Bücher
• *Counterclockwise Books*, Jasper Marketplace, Ecke Patricia St./Hazel Ave., Tel.: (403)852-3152, verkauft u. a. Bestseller, Romane, Lyrik, Fachliteratur und Kinderbücher sowie Zeitschriften, Glückwunschkarten und Fotoalben.
• *Maligne Lake Books*, Beauvert Promenade, Jasper Park Lodge, Tel.: (403)852-4779, ist spezialisiert auf Reise- und Wanderführer, Bildbände über Bergfotografie, historische Zeitschriften und Kinderbücher.

Jasper National Park (S. 419ff)

Campgrounds *(für alle Campgrounds Tel.: (877)737-3783, www.pccamping.ca/parkscanada/)*

Name	Standplätze	Strom	Service	Dusche
(1) Pocahontas	140	-	X	-
(2) Snaring River	60	-	-	-
(3) Whistlers	781	X	X	X
(4) Wapiti (Sommer)	366	X	X	X
(4) Wapiti (Winter)	40	X	X	X
(5) Wabasso	238	-	X	-
(6) Mt. Kerkeslin	42	-	-	-
Name	Standplätze	Strom	Service	Dusche
(7) Honeymoon Lake	35	-	-	-
(8) Jonas Creek	25	-	-	-
(9) Columbia Icefield	33	-	-	-
(10) Wilcox Creek	46	-	-	-

Kananaskis Country (S. 449ff)

Hotel
Mount Engadine Lodge $$$, Box 40025, Canmore, Alberta, T1W 3H9, Tel.: (403)678-4080, Fax: 4020, E-Mail: lodge@mountengadine.com , Web: www.mountengadine.com. Europäische Atmosphäre, deutschsprachig, unter schweizerischer Leitung ganzjährig geöffnet, sehr zu empfehlen, toller Blick auf mäandrierenden Smuts Creek, Berge im Hintergrund, manchmal erscheinen Elche in der Niederung, freundliche und ortskundige Gastgeber.

Kootenay National Park (S. 389ff)

 Campgrounds *(Informationen und Reservierung:Tel.: (877)737-3783, www. pccamping.ca/parkscanada/)*

Name	Standplätze	Strom	Service	Dusche
(1) Redstreak	242	X	X	X
(2) McLeod Meadows	98	-	X	-
(3) Dolly Varden (nur Winter)	7	-	-	-
(4) Marble Canyon	61	-	X	-

'Ksan Historic Indian Village & Museum (S. 514ff)

i Information
Visitor Infocentre, Box 326, Hazelton, B.C., V0J 1Y0, Tel.: (250)842-5544

 Camping
'Ksan Campground, Tel.: (250)842-5297, ist schön am Skeena River gelegen, von riesigen Schwarzpappeln umgeben.

Lake Laberge (S. 599f)

🛏 Unterkunft
Lake Laberge Lodge $$, Box 21102, Whitehorse, Yukon, Y1A 6P8, Tel./Fax: (867)633 2747, www.lakelaberge.ca, urige Holzunterkunft mit Blick auf den See, Reservierung ist ratsam.

Camping
Lake Laberge Campground, Km 226 Klondike Hwy., liegt 2,9 km östlich des Hwy am See mit 16 Standplätzen und Trinkwasser. Es besteht die Möglichkeit, Kanu zu fahren. Es ist eine ruhige Alternative zu Campingplätzen in Whitehorse.

Lake Louise (Banff National Park) (S. 395ff)
Vorwahl: (403)522

i Information
Banff National Park Lake Louise Visitor Centre, nahe Samson Mall, Tel.: 3833, in den Räumlichkeiten wird Ihnen die Entstehung der kanadischen Rocky Mountains veranschaulicht. Vorführungen behandeln geschichtliche Themen. Außerdem werden Erinnerungsstücke der ersten Eroberer gezeigt. Das hilfreiche Personal gibt bereitwillig Auskünfte über Ausflugsmöglichkeiten, Unterkünfte usw.

Wichtige Telefonnummern
• *Feuerwehr, Ambulanz (Banff): 911*
• *Polizei: 3811*
• *Krankenhaus (Banff): 762-2222*

 Hotels
• **Fairmont Château Lake Louise $$$$$**, *111 Lake Louise Dr. (am Ufer des Sees), Lake Louise, Alberta, T0L 1E0, Tel.: 3511, Fax: 3834, Web: www.fairmont. com/lakelouise, das ursprüngliche Hotel wurde 1890 erbaut. Nach einer 65-Mio.- Restaurierung hat es seine jetzige Form gefunden. Das Nobelhotel vermietet 497 Zimmer und Suiten. Sie genießen einen fantastischen Blick auf die gepflegten Parkanlagen, den Lake Louise und den Victoria-Gletscher.*
• **Deer Lodge $$$$**, *Box 100, Lake Louise Dr., Lake Louise, Alberta, T0L 1E0, Tel.: 3991, 1-800-661-1595, Fax: 4222, Web: www.crmr.com/dl/deer.html, mit gutem Restaurant und Fernseher im Spielraum, zum See sind es nur wenige Minuten Fußweg.*
• **Paradise Lodge & Bungalows $$$**, *Lake Louise Dr., Box 7, T0L 1E0, Tel.: 3595, Fax: 3987, www.paradiselodge.com, außerhalb des Ortes Lake Louise im Wald, bietet mehrere Holzhäuser mit Suiten und Cabins.*

JH **Jugendherberge**
HI Lake Louise/Canadian Alpine Centre $, *203 Village Rd., Box 115, Lake Louise, Alberta, T0L 1E0, Tel.: 2200, Reservierung unter Tel.: (866)762 4122, E-Mail: cr.lake@hihostels.ca, Web: www.hihostels.ca, vermietet werden 150 Betten.*

 Camping
Lake Louise Campground, *Fairview Drive, Reservierung unter: www. pccamping.ca/parkscanada, sehr beliebt, liegt zwischen Bow River und Louise Creek. Er ist von Juni bis September geöffnet und ist ausschließlich Zeltcampern vorbehalten.*

Restaurants
• **Post Hotel Lake Louise ##**, *200 Pipestone Road, Tel.: 3989, serviert Fisch- und Fleischgerichte*
• **Lake Louise Station ##**, *200 Sentinel Rd., Lake Louise, Tel.: 2600, www. lakelouisestation.com, historische Atmosphäre*

Sportaktivitäten
Bergsteigen, Kanu fahren, Reiten, Wandern, Skilaufen (November bis Mai) sind möglich.

Seilbahn
Jenseits des Trans Canada Hwy liegen die Skigebiete, Gondelbetrieb auch im Sommer. Vom Restaurant am Mount Whitehorn genießen Sie einen grandiosen Ausblick.

L

 Taxi
Lake Louise Taxi & Tours: Samson Mall, Lake Louise, Tel.: 2080

 Autoverleih
The Depot, Samson Mall, Tel.: 3870

 Post
Lake Louise Post Office: The Depot, Samson Mall, Tel.: 3870

 Bank
Alberta Treasury Branch, Samson Mall, Tel.: 3678

Liard River Hot Springs (S. 562)
Vorwahl: (250)776

 Unterkunft
Liard River Lodge $$$, Mile 496 Alaska Hwy, Box 9, Muncho Lake, B.C. V0C 1Z0, Tel.: 7341, Fax: 7340, liegt nur ½ Meile von Liard Hot Springs entfernt.

 Camping
Liard River Park Camping, Reservierung über: www.discovercamping.ca, das ganze Jahr über geöffnet, aber nur von Mai bis Oktober mit Service (Wasser, Sicherheitsdienst etc.)

Lytton (S. 500f)
Vorwahl: (250)455

i **Information**
Visitor Information, 400 Fraser St., Tel.: 2523, Fax: 6669, www.lyttonchamber.com/visitor.html

Wichtige Telefonnummern
- *Notruf/Polizei: 2225*
- *Feuerwehr: 2393*
- *Ambulanz: 2424*
- *Krankenhaus: 2221*

 Motel
Totem Motel $$, 320 Fraser St., Box 580, Lytton, B.C. V0K 1Z0, Tel.: 2321, Fax: 6696, vermietet 15 Units im Blockhausstil mit Blick auf den Fraser River.

L

M

Camping
Skihist Provincial Park, am Hwy, 1,8 km östlich von Lytton, Tel.: 250 455-2708, 56 Standplätze mit Blick auf den Thompson Canyon

Wildwasser
„Whitewater Rafting", dieser aufregende Sport wird von mehreren Unternehmen vor Ort angeboten.

Maligne Lake (Jasper National Park) (S. 429)

Bootsfahrten
Von Mai bis September, wenn die Eisverhältnisse es erlauben, werden Bootsfahrten auf dem wunderschönen See angeboten.

Manning Provincial Park (S. 357)

Hotels
• Manning Park Resort $$-$$$, 7500 Hwy 3, Manning Park, V0X 1L0, Tel.: (250)840-8822, Fax: 8848, E-Mail: info@manningpark.com, Web: www.manningpark.com, Kanu- und Ruderbootvermietung sowie Wildniswanderungen sind möglich.
• Paradise Valley Ranch $$, Whipsaw Creek Rd., am Hwy 3, 14 km, vor Princeton (Hinweisschild „Ponderosa Pine", 4 km), Box: 1181, Princeton, V0X 1W0, Tel./Fax: (250)295-6121, 9 Zimmer, bietet Übernachtung mit Frühstück, aber auch Vollpension (Cabins und Gästezimmer), sehr nette, familiäre Atmosphäre bei deutschem Ehepaar. Trail-Reiten und Reiten für Anfänger sind möglich, in reizvoller Umgebung, mit Picknick und Grillen unterwegs. Das gemeinsame Abendessen ist sehr gut und das Beisammensein am Lagerfeuer romantisch.

Camping
Lightening Lake Campground, Reservierung über Discover Camping: (604)689-9025, liegt wunderschön am Lightening Lake, absolut ruhig, mit sauberen Sanitäranlagen, ist auch für eine kurze Pause oder ein Picknick („Day Use Area") sehr einladend, reizvolle Buchten und Halbinseln, relativ hoch am Fluss gelegen, kanadische Wildnis rundherum pur!

Wanderrouten
• Es sind **5 Naturlehrpfade** von 500 m bis zu 2 km ausgewiesen, die Sie dem Prospekt „Manning Provincial Park" entnehmen können, den Sie beim Visitor Centre, 1 km östlich des Manning Park Resort, erhalten.
• Weitere **18 Wanderwege** von unterschiedlicher Länge und differenziertem Schwierigkeitsgrad erschließen den Park. Einer Wanderkarte auf der Rückseite des o. g. Prospekts können Sie den Start- und Zielpunkt und die ungefähre Zeiteinteilung Ihrer gewünschten Wanderstrecke entnehmen.

Weitere Sportaktivitäten
- **Sportfischen** ist im Skagit River erlaubt.
- **Kanu- und Kajak fahren** bieten sich von Mitte Juli bis zum Herbst ebenfalls auf dem Skagit River an.
- **Geführte Reitausflüge** werden während der Sommermonate organisiert.
- **Skilanglauf** ist auf 80 km langen präparierten Loipen möglich.
- **Skiabfahrtslauf** kann am Gibson Pass betrieben werden, an dem Ihnen zwei Sessellifte zur Verfügung stehen.

> **Hinweis**
>
> *Motorschlitten (Snowmobiles) sind nur in der „Castle Creek Snowmobile Area" zugelassen.*

Masset (S. 533)
Vorwahl: (250)626

Information
Visitor Information Centre, 1455 Old Beach Rd., am Eingang des Ortes, Box 68, Masset, V0T 1M0, Tel.: 3982, 1-888-352-9292, Fax: 3986, Web: www.massetbc.com

Wichtige Telefonnummern
- **Polizei:** 3991
- **Ambulanz:** 1-800-461-9911
- **Feuerwehr:** 3334

Bed & Breakfast
- **Copper Beech House $$**, von David Phillips 1590 Delkatla, Masset, B.C., V0T 1M0, Tel.: 5441, Fax: 3706, Web: www.copperbeechhouse.com, stellt den Gästen 3 Zimmer zur Verfügung.
- **Jean's Beach House Lodging B&B $**, Box 147, Masset, B.C., V0T 1M0, Tel.: 5662/1, 1-888-273-4444, liegt an der Tow Hill Rd., 1,6 km hinter der Sangan River Bridge, 12 km nordöstlich von Masset, mit Ozeanblick, das ganze Jahr über geöffnet.

Camping
- **Agate Beach Campground**, liegt im Naikoon Provincial Park, in der Nähe von Tow Hill, 26 km nordöstlich von Masset, Tel.: (250)557-4390, ganzjährig geöffnet, von Mai bis September gebührenpflichtig, mit Picknicktischen, Feuerstellen, Trinkwasser und überdachter Küchennische.
- **Masset Recreational Vehicle Park**, östlich von Masset, an der Tow Hill Rd., mit 22 Standplätzen, einige haben Strom und „TV hookup", Toiletten und Duschen sind vorhanden, Blick über das Delkatla-Naturschutzgebiet.

Restaurant
The Sandpiper ##, Ecke Collison Ave. und Orr St., Tel.: 3672, ist ein Meeresfrüchte-Restaurant, das auch Steaks und andere Gerichte der kanadischen Küche serviert.

Autoverleih
National Rent-a-Car, Tel.: 3833

Moraine Lake (Banff National Park) (S. 400f)

Hotel
Moraine Lake Lodge $$$-$$$$, Box 70, Lake Louise, Alberta T0L 1E0, Tel.: (403)522-3733, Fax: 3719, E-Mail: info@morainelake.com, Web: www.morainelake.com, vermietet 18 Hütten und 8 Zimmer in der Lodge, direkt am gleichnamigen See gelegen, einige Hütten haben einen Feuerplatz.

Souvenirladen/Restaurant
Dieser Andenkenladen ist von besonderer Art. Er mutet wie ein großes Blockhaus an. Dieses schafft eine heimelige Atmosphäre. Hochwertige Textilien und aufwendig verarbeitete Lederwaren werden hier zum Verkauf angeboten. Selbst die Postkarten weisen hier ausgefallene Motive auf.
Durch eine Verbindungstreppe nach oben erreichen Sie ein wunderschönes Restaurant, in dem Sie zwischen Bedienung und Selbstbedienung wählen können.

Mount Edith Cavell (S. 425f)

JH Jugendherberge
HI Mount Edith Cavell $, c/o Box 387 Jasper, Alberta, T0E 1E0, Tel.: (866)762-4122, E-Mail: centralres.pm@hihostels.ca, www.hihostels.ca, vermietet 32 Betten, Anmeldung: 17–23 Uhr, in der Nähe des Edith Cavells „Angel Glacier".

Mount Robson Provincial Park (S. 487ff)
Vorwahl: (250)566

Unterkünfte
• *Mount Robson Lodge $$/Robson Shadows Campground, Box 157, Valemount, B.C., V0E 2Z0, Tel.: 4821, 1-888-566-4821, www.mountrobsonlodge.com, liegt 7 km westlich des Parks am Hwy 16, Panoramablick, Hubschraubertouren, Riverrafting.*
• *Mount Robson Ranch $, Box 548, 8925 Hargreaves Road, Valemount, B.C., V0E 2Z0, Tel.: 4654, www.mountrobsonranch.com, befindet sich an der Hargreaves Rd. und bietet Unterkunft und Camping.*

M

N

 Restaurant
Mount Robson Motor Village #, Box 549, Valemount, B.C., V0E 2Z0, Tel.: 4714 oder 566-9188, ein Café mit 80 Sitzplätzen, angeschlossen ist der **Emperor Ridge Campground**, an den Mount Robson View Point angrenzend.

Camping
• **Campground Robson Meadows**, mit 127 Stellplätzen, liegt in der Nähe des Infozentrums.
• **Campground Robson River**, mit 19 Stellplätzen, befindet sich ebenfalls in der Nähe des Infozentrums, auf der gegenüberliegenden Hwy-Seite (südlich).

Muncho Lake Provincial Park (S. 561f)

Hotel/Camping
Northern Rockies Lodge/Highland Glen Lodge $$, Mile 462 Alaska Hwy, Box 8, Muncho Lake, B.C., V0C 1Z0, Tel.: (250)776-3481, Fax: 3482, E-Mail: info@northernrockieslodge.com, Web: www.northern-rockies-lodge.com, vermietet 45 Zimmer und 30 Campingplätze. Angeschlossen ist eine Husky-Service-Station. Die Lodge bietet außerdem Flüge in die Umgebung an.

Camping
Muncho Lake Provincial Park, Mile 405, Alaska Hwy, Fort Nelson, 150, 10003 – 110 Ave., Fax: (250)787-3490, hält 2 Campgrounds mit je 15 Standplätzen vor:

Nahanni National Park (S. 556f)

Flüge
• **Deh Cho Air**, Box 78, Fort Liard, N.T., X0G 0A0, Tel.: (403)770-4103, Fax 4102, bietet u. a. **Flüge für Kanufahrer** an. Virginia Falls und Rabbitkettle Lake werden mit Wasserflugzeugen angeflogen. Die Preise richten sich je nach Flugzeug, Personenzahlen und Bootslasten, bitte unter o. g. Tel.-Nummer erfragen.
• **Wolverine Air**, Box 316, Fort Simpson, N.T., X0E 0N0, Tel.: (403)695-2263, Fax: 3400, www.wolverineair.com, mit **Cessna 206** mit Rädern, Skiern und Schwimmern, Tagestrips von Fort Simpson über die Canyons zu den Virginia Falls. Es gibt keine Landebahn im Park. Rückflug über das Ram Plateau und den Little Doctor Lake, Flugdauer ca. 2 ½ Stunden, maximal 5 Passagiere.
• **Simpson Air**, Box 260, Fort Simpson, N.T., X0E 0N0, Tel.: (403)695-2505, www.simpson-air.com:
- mit **Cessna 206**: 1-5 Passagiere, Besichtigung der Virginia Falls
- mit **Twin Otter** (mit Schwimmern): 14 Passagiere, Aussteigen an den Virginia Falls
- mit **Cessna 185** (mit Schwimmern): 1-4 Passagiere, Aussteigen an den Virginia Falls

Nanaimo (S. 327)

ℹ️ Information
Nanaimo Visitor Info Centre, Beban House, 2290 Bowen Rd., Nanaimo, B.C., V9T 3K7, Tel.: (250)756-0106, Fax: 0075, Web: www.tourismnanaimo.com

Hotels
• **Coast Bastion Inn $$$**, 11 Bastion St., Nanaimo, B.C., V9R 6E4, Tel.: (250)753-6601, 1-800-716-6199, Fax: 4155, Web: www.coasthotels.com, vermietet 179 Zimmer mit Klimaanlage und Meeresblick.
• **The Grand Hotel Nanaimo $$$**, 4898 Rutherford Rd., Nanaimo, BC V9T 4Z4, Tel.: (250)758 3000, Fax: (250)729 2808, www.thegrandhotelnanaimo.ca, neues, gediegen ausgestattetes 72-Zimmer-Hotel mit gutem Restaurant

Bed & Breakfast
• **Jingle Pot B&B $$**, 4321 Jingle Pot Rd., Nanaimo, V9T 5P4, Tel.: (250)758-5149, Fax: 751-0724, E-Mail: info@jinglepotbandb.com, Web: www.jinglepotbandb.com, serviert ein geschmackvolles Frühstück.
• **Beck Lake Luxury Guest House $$**, 2183 Caledonia Ave., Nanaimo, B.C., V9X 1R3, Tel.: (250)716 9993, www.becklakeluxuryguesthouse.com, gemütliche Zimmer, tolles Frühstück

Camping
• **Brannen Lake Campsites**, 4220 Biggs Rd., Nanaimo, B.C., V9T 5P9, Tel.: (250)390 2556, E-Mail: brannenlake@shaw.ca, Anfahrt: Hwy 19, Exit 24 nach Jingle Pot Rd., dann Biggs Hwy 19A, Exit nach Mostar, liegt ruhig.
• **Jingle Pot Campsite**, 4012 Jingle Pot Rd., Nanaimo, B.C., V9T 5P9, Tel.: (250)758-1614, Fax: 7170, Hwy 19, Exit 24 nach Jinglepot Rd., dann nach links, in der Nähe liegt ein Minigolfplatz, 120 Stellplätze.

Nelson (S. 366ff)
Vorwahl: (250)352

Unterkunft
Alpine Motel $$, 1120 Hall Mines Rd., Nelson, B.C., V1L 1G6, Tel.: 5501, 1-888-356-2233, Fax: 5947, E-Mail: alpine@alpine-motel.com, Web: www.alpine-motel.com, eine ruhig gelegene, saubere und im schweizerischen Stil geführte Unterkunft, u. a. mit Klimaanlage, Waschautomat. Es wird Deutsch und Niederländisch gesprochen.

Jugendherberge
HI Nelson/Dancing Bear Inn $, 171 Baker St., Nelson, B.C., V1L 4H1, Tel.: 7573, Fax: 9818, E-Mail: nelson@hihostels.ca, 33 Betten, Anmeldezeit: 16–22 Uhr, zentral gelegen, in der Nähe der großen Shops und Restaurants

Restaurants
• *The Broiler ###*, 701 Lakeside Dr., Tel.: 354-1882, Steakhouse und Meeresfrüchte, genießen Sie auch den Blick auf den Kootenay Lake.

• *Outer Clove ##*, 536 Stanley St., Tel.: 354 1667, Knoblauchliebhaber sind hier richtig, denn der ist erklärtermaßen wichtigster Bestandteil der ansonsten abwechslungsreichen Speisekarte.

Nelson – eine historische Stadt

Souvenirs
Craft Connection, 441 Baker St., hier erstehen Sie beispielsweise ausgefallene Töpferwaren und Kerzenhalter moderner Art.

Bücher
An der Ecke Baker St./Stanley St. erhalten Sie Bücher von Unterhaltungsliteratur bis zu Fachbüchern.

Outdoor-Geschäfte
• *Snowpack*, 333 Baker St., Tel.: 6411, macht Reklame mit dem Spruch „Canadas only Patagonia Outlet, the best gear, the best deal".

• *Valhalla*, 626 Baker St., Tel.: 354-1006, verkauft u. a. Zelte, Kletterausrüstung, Hüfttaschen, Rucksäcke usw.

New Hazelton (S. 514)
Vorwahl: (250)842

Information
Hazelton's Visitor Infocentre, Box 340 New Hazelton, B.C., V0J 2J0, Juni–September Tel.: 6071, Fax: 6271, liegt direkt am Hwy 16, zeichnet sich nach unseren Erfahrungen durch besonders kompetentes Personal aus.

Wichtige Telefonnummer
Notruf/Polizei: 5244

Hotels/Motels
• *28 Inn $$*, 4545 Yellowhead Hwy 16, Box 358, New Hazelton V0J 2J0, Tel.: 6006, Fax: 6340, www.28inn.com, verfügt über 32 zweckmäßig eingerichtete Gästezimmer.

- *Bulkey Valley Motel $*, 4444 Yellowhead Hwy 16, Box 6, New Hazelton V0J 2J0, Tel.: 6817, Fax: 6891, www.bulkleyvalleymotel.com, vermietet 12 Zimmer.

Penticton (S. 358)

Vorwahl: (250)493

Information

Visitor Centre, 553 Railway Street, Penticton, V2A 8S3, Tel.: 4055, 1-800-663-5052, Fax: 492-6119, E-Mail: membership@penticton.org, Web: www.penticton.org

Hotels/Motels

- *Best Western Inn $$$*, 3180 Skaha Lake Rd., Penticton, B.C., V2A 7C3, Tel.: 0311, Fax: 5556, Web: www.bestwestern.bc.ca, vermietet geschmackvoll eingerichtete 67 Gästezimmer (nur NR).
- *Ramada Inn & Suites $$$*, 1050 Eckhardt Ave. W, Tel.: (250)492 8926, www.pentictonramada.com, bietet Zimmer und Suiten verschiedener Ausstattung an.

Bed & Breakfast

- *Eden House B&B $$*, 104 Arylyne Rd., Kaleden, B.C., V0H 1K0, Tel.: (250)497-8382, 1-888-497-3336, Fax: 8535, Web: www.edenhouse.ca, vermietet 4 professionell dekorierte Gästezimmer (NR). Sie haben freie Sicht auf den in der Nähe liegenden Shaha Lake.
- *Above the Beach Bed & Breakfast $$$*, 102 Spruce Place, Penticton, B.C., V2A 8V9, Tel.: (250)493 7829, Web: www.abovethebeach.com, B&B der gehobeneren Klasse, mit tollem Ausblick und abwechslungsreicher Speisekarte

Restaurant

Granny Bogner's Restaurant ##, 302 Eckardt Ave., Penticton, B.C., Tel.: 2711, elegantes Ambiente, serviert u. a. europäische Gerichte.

Port Alice (S. 336)

Vorwahl: (250)284

Information

Village of Port Alice, Box 130, Port Alice, B.C. V0N 2N0, Tel.: 3391, Fax: 3416, Web: www.portalice.ca

Hotel

Quatsino Chalet Hotel $$, 111 Nigei St., Box 280, Port Alice, B.C., V0N 2N0, Tel.: 3338, Web: http://quatsinochalet.com/, mit Restaurant, Pub und Pool ausgestattet, vermietet werden 32 Gästezimmer.

P

Camping
• **Port Alice R.V. Park**, Tel.: 3422
Als Bergwanderer stehen Ihnen folgende Zeltplätze zur Verfügung:
- **Spruce Bay Campsite**, am Victoria Lake,
- **Link River Campsite**, am Alice Lake, mit Bootsanlegestelle,
- **Marble River Campsite**, am Marble Lake, mit Bootsanlegestelle.

Port Clements (S. 532f)

Motel
Golden Spruce Motel $$, 2 Grouse St., Box 296, Port Clements/Queen Charlotte Islands, B.C., V0T 1R0, Tel.: (250)557-4325, Fax: 4502, E-Mail: golden@qcislands.net, Web: www.qcislands.net/golden, das ganze Jahr über geöffnet. Das Motel verfügt über 12 Gästezimmer (NR). Es wird (Schweizer-) Deutsch gesprochen, und es bestehen gute Möglichkeiten zum Fischen, Kajak fahren, Wandern, Tauchen und Jagen, sehr zu empfehlen!

Informationen zur Queen Charlotte Main
Die **Hauptholzabfuhrstraße** (Queen Charlotte Main) ist eine Erdstraße, die nur dann für den öffentlichen Autoverkehr zugelassen ist, wenn kein Holzeinschlag und keine Holzabfuhr geplant sind. Erkundigen Sie sich bitte vorher in den örtlichen Informationsbüros.

Port Edward (S. 521)

Camping
Kinnikinnick Campground & RV Park, Box 1107, Port Edward, B.C., V0V 1G0, Tel.: (250)628-9449, E-Mail: rvpark@citytel.net, Web: www.kinnikcamp.com, mit heißer Dusche und Münz-Waschautomat, in 12 Minuten sind Sie mit dem Auto in Prince Rupert.

Port Hardy (S. 337)
Vorwahl: (250)949

Information
Port Hardy Visitor Info Centre, 7250 Market St., Box 249, Port Hardy, B.C., V0N 2P0, Tel.: 7622, Fax: 6653, www.ph-chamber.bc.ca

Hotels/Motels
• **Seagate Hotel $$$**, 8600 Granville St., Box 28, Port Hardy, B.C., V0N 2P0, Tel.: 6348, Fax: 6347, www.seagatehotel.ca, vermietet 61 Gästezimmer. Von den Zimmern des Süd- und Nordflügels blicken Sie auf den Ozean.

• **Glen Lyon Inn $$**, *6435 Hardy Bay Rd., Box 103, Port Hardy, B.C., V0N 2P0, Tel.: 7115, Fax: 7415, Web: www.glenlyoninn.com, bietet 44 Gästezimmer, auch mit Ozeanblick.*

Bed & Breakfast

• **Alderbrook B&B $$**, *6240 Beaver Harbour Rd., Box 622, Port Hardy, B.C., V0N 2P0, Tel./Fax: 7978, vermietet 3 nett eingerichtete Zimmer.*
• **Oceanview B&B $$**, *7735 Cedar Pl., Box 1837, Port Hardy, V0N 2P0, B.C., Tel./Fax: 8302, E-Mail: oceanvue@island.net, Web: www.island.net/~oceanvue, mit spektakulärem Ozeanblick, bietet 3 Gästezimmer an.*

Camping

• **Quatse River Campground**, *8400 Byng Rd., Box: 1409, Port Hardy, B.C., V0N 2P0, Tel.: 2395, Fax: 2395, E-Mail: quatse@island.net, Web: www.quatsecampground.com, liegt 5 km vom Fähranleger entfernt und ist mit rollstuhlgerechtem Waschraum ausgestattet.*
• **Wildwood Campsite**, *an der Straße zum Fährhafen, Port Hardy, B.C., V0N 2P0, Tel.: 6753, www.wildwoodscampsite.com, liegt 2 km südlich des Fähranlegers.*

Fährhafen Bear Cove Terminal

Der Fährhafen von Port Hardy ist für diejenigen Reisenden wichtig, die die **Inside Passage** *Richtung Prince Rupert und Vancouver für ihre Route gewählt haben.*
• **Reservierungen für Fahrten mit Fahrzeug**
- **Schriftlich**: *B.C. Ferries, 1112 Fort St., Victoria, B.C., V8V 4V2*
- **Per Telefon**: *Vancouver Tel.: (250)389-1211 oder Victoria Tel.: (250)386-3431, 1-8888-724-5223*
- **Per Fax**: *(250)381-5452*
- **Per Internet**: *Web: www.bcferries.com, bei dieser Adresse sind die aktuellen Preise erhältlich, und mit der Angabe der Kreditkarte kann die Schifffahrt gebucht werden. Die Information ist auch in Deutsch erhältlich.*
Im Juni und Juli ist der Andrang in Richtung Prince Rupert und im August und September in der Gegenrichtung sehr hoch. Reservierungen sollten möglichst für diese Zeit schon im Januar vorgenommen werden. Bei Stornierung werden 50 Can$ fällig. Bei „Stand-by" können Sie mit Wartezeiten von durchschnittlich bis zu 4 Tagen rechnen.

Angaben für die Bestellung:
- **Namen** *und* **volle Adresse** *(einschließlich Postleitzahl) und wenn vorhanden, Telefonnummer,*
- **Personenzahl** *(einschließlich Alter aller Kinder unter 12 Jahren),*
- **Typ des Fahrzeugs** *(Pkw, Wohnmobil, Camper, usw.), Fahrzeuglänge und Höhe, wenn über 7 feet,*
- *Bei* **Fahrzeugen mit Anhänger**, *Länge des gesamten Gespanns und Höhenangaben, wenn über 7 feet,*

P

- *Kabinenreservierung,*
- *Bevorzugtes Reisedatum und Alternativdatum*

*Wer es etwas luxuriöser haben möchte, kann sich auch eine **Kabine reservieren**, die jedoch ihren Preis hat.*

Port Renfrew (S. 349)

Vorwahl: (250)647

Hotels/Motels

• ***West Coast Trail Motel $$$***, *17285 Parkinson Rd., Port Renfrew, B.C., V0S 1K0, Tel.: 5541, Fax: 5566, E-Mail: info@westcoasttrailmotel.com, Web: www. westcoasttrailmotel.com, vermietet 22 Gästezimmer. Es liegt am Südende des* **West Coast Trail***.*

• ***Trailhead Resort & Charters $$***, *Parkinson Rd., Port Renfrew, B.C., V0S 1K0, Tel.: 5468, Fax: 5468, E-Mail: info@trailhead-resort.com, Web: www.trailhead-resort.com, liegt in der Nähe des Botanic Beach und am Anfang des* **West Coast Trail***.*

Camping

Gallaughers West Coast Fish Camp, *Beach Rd., Port Renfrew, B.C., V0S 1K0, Tel.: 5409, Fax: 5469, E-Mail: gallaughers1@shaw.ca, Web: http://www3.telus.net/ gallaughers/, stellt den Gästen auch Hütten zur Verfügung.*

Treibholz – West Coast Trail

✈ Flug
Hanna's Air Saltspring, Box 588, Ganges, B.C., Tel.: (250)537-9359, Flugverbindung: Vancouver – Port Renfrew – Bamfield

🚌 Busse
• *West Coast Trail Connector*, 2nd Floor, 3297 Douglas St., Victoria, B.C., V8Z 3K9, Tel.: (250)361-9080, verkehrt nach Victoria, Reservierung erforderlich.
• *West Coast Trail Express Inc.*, 4884 Lochside Drive, Victoria, B.C. V8Y 2E4, Tel.: (250) 477-8700, www.trailbus.com, täglicher Fahrplan von Mitte Juni bis Mitte September, Busverbindung Victoria – Pachena Bay – Bamfield und zurück, Reservierung erforderlich.

⛴ Fähre
Passenger Ferry Service, Barkley Sound Service, Box 180, Port Alberni, B.C., V9Y 7M7, Tel.: (250)723-8313, Fährverbindung Port Alberni – Bamfield, Reservierung Mitte Juni–Mitte September erforderlich.

Prince George (S. 491)

ℹ Information
Info Centre, 1300 First Avenue, Prince George, B.C., V2L 2Y3, Tel.: (250)564-0282, 1-800-668-7646, Web: www.tourismpg.com, besitzt einen rollstuhlgerechten Eingang.

📞 Wichtige Telefonnummern
• *Polizei:* (250)562-3371
• *Notruf/Feuerwehr/Ambulanz:* 911
• *Krankenhaus:* (250)565-2000, 2444

🏨 Hotels und Motels
• *Best Western City Centre* $$$, 910 Victoria St, Prince George, V2L 2K8, Tel.: (250)563-1267, Fax: 9904, Downtown, bietet Pool im Hause, Sauna u. a. Annehmlichkeiten.
• *Grama´s Inn* $$, 901 Central St. Prince George, V2M 3C8, Bypass Hwy 97, Tel.: (250)563-7174, 1-877-563-7174, Fax: 7147, Web: http://gramasinn.com/index.html, 60 Zimmer, die 1998 renoviert wurden, und ein Restaurant finden Sie hier vor.

Camping
• *Bee Lazee RV Park & Campground*, 15910 Hwy. 97, Prince George, V2N 5Y3, 15 km südlich von Prince George, Tel./Fax: (250)963-7263, www.beelazee.ca, 45 Standplätze, mit beheiztem Swimmingpool, Münz-Waschautomat und Waschraum mit heißer Duschgelegenheit.
• *Blue Spruce RV Park & Campground*, Kimball Rd., Box 3040, Prince George, V2N 4T8, 5 km westl. Kreuzung Hwy 16/Hwy 97, Nähe Tourist-Info, Tel.: (250)964-

P 7272, mit beheiztem Swimmingpool, außerdem Minigolf, Waschmaschine und kleiner Laden.

Autoverleih
Thrifty Car & Truck Rental, 1155 – 1st Ave., Tel.: 564-3499 und am Prince George Airport, Tel.: 963-8711

Kunstgalerie
Native Art Gallery, 1600 3rd Ave., Prince George, B.C., V2L 3G6, Tel.: (250)564-3568, www.pgnfc.com, in den Auslagen finden Sie Lederarbeiten, Holzschnitzereien, Gold- und Silberarbeiten, Mokassins, alles nach indianischen Mustern und Vorlagen gefertigt.

Prince Rupert (S. 523ff)
Vorwahl: (250)624

Information
Prince Rupert Visitor Information Centre, 100-215 Cow Bay Road, Prince Rupert, BC, V8J 1A2 100, Tel.: (250)624-5637, Fax: 6105, www.tourismprincerupert.com

Wichtige Telefonnummern
• *Notruf:* 911
• *Polizei, Ambulanz, Feuerwehr:* 6th Ave./McBride St., (250)627-0700
• *Krankenhaus:* Prince Rupert Regional Hospital: 2171
• *Post Office:* 417 2nd Ave. W., 6123

Hotels/Motels
• *Crest Hotel $$$*, 222 1st Ave. W, Prince Rupert, B.C., V8J 1A8, Tel.: 6771, Fax: 627-7666, 1-800-663-8150, E-Mail: info@cresthotel.bc.ca, Web: www.cresthotel.bc.ca, vermietet 102 Gästezimmer, ist zentral gelegen, mit Blick auf den Hafen.
• *Pacific Inn $$*, 909 3rd Ave. W., Prince Rupert, B.C., V8J 1M9, Tel.: (250)627-1711, 1-888-663-1999, Fax: 4212, www.pacificinn.bc.ca, ist ein Hotel mit geschmackvoll eingerichteten Gästezimmern.
• *Totem Lodge Motel $*, 1335 Park Ave., Prince Rupert, B.C., V8J 1K3, Tel.: 6761, Fax: 3831, www.totemlodge.com, mit 31 Gästezimmern.

Bed & Breakfast
• *Pineridge Bed & Breakfast $$*, 1714 Sloan Ave., V8J 3Z9, Prince Rupert, Tel.: (250)627 4419, Fax: 624-2366, Web: www.pineridge.bc.ca, drei geräumige Zimmer werden angeboten, Reservierung empfohlen.
• *Eagle Bluff B&B $*, 201 Cow Bay Rd., Prince Rupert, B.C., V8J 1K4 , Tel.: (250)627-4955, Fax: 7945, E-Mail: eaglebed@citytel.net, Web: www.citytel.net/eaglebluff, in der Nähe der historischen Cow Bay, ideal zum Beobachten der fantastischen Sonnenuntergänge

P

Camping

• **Park Ave. Campground**, 1750 Park Ave., Box 612-MP, Prince Rupert, B.C., V8J 3R5, Tel.: 5861, Fax: 627-5105, 1-800-667-1994, E-Mail: pr.info@citytel.net, Web: www.city.prince-rupert.bc.ca, 1 km von den B.C. und Alaska Fähren entfernt, 77 Standplätze für Camper und 10 Zeltplätze, Waschraum, Duschen, Kochgelegenheiten und Kinderspielplatz sind vorhanden, Reservierung im Sommer empfehlenswert.

• **Prudhomme Lake Provincial Park**, am Hwy 16, Prince Rupert, Bag 5000, 3790 Alfred Ave., Smithers V0J 2N0, 24 km östlich von Prince Rupert, ist ein einfach ausgestatteter Campingplatz mit 24 Standplätzen und Kanuvermietung.

Restaurants

• **Waterfront Restaurant ###**, 222 1st Ave. W., Prince Rupert, B.C., V8J 1A8, Tel.: 6771, Fax: 627-7666, E-Mail: info@cresthotel.bc.ca, Web: www.cresthotel.bc.ca, befindet sich im Crest Hotel, alle Tische bieten einen reizvollen Blick auf den Hafen, serviert werden frische Meeresfrüchte und Hausmannskost.

• **Cow Bay Café ##**, 205 Cow Bay Rd., Prince Rupert, B.C., V8J 1A2, Tel.: (250)627-1212, E-Mail: cbcafe@citytel.net, Blick aufs Meer, internationale Küche, einschließlich Meeresfrüchte

Taxi

LNG, Tel.: 2185

Fähren

• **B.C. Ferry**, Fairview dock, Box 697, Tel.: (877)223 8778, betreibt 2 Fährlinien:

- Auf der **BC Inside Passage**, einer landschaftlich reizvollen Route, dauert die Fährfahrt 15 Stunden zwischen Prince Rupert und Port Hardy am Nordzipfel von Vancouver Island. Im Sommer (von Mitte Mai bis Ende Oktober) verkehren die Fähren jeden zweiten Tag, im Winter wöchentlich mit einer Dauer von ca. 20 Stunden.

- Auf der **Queen Charlotte Islands-Route** dauert die Fährfahrt 6 bis 7 ½ Stunden von Prince Rupert nach Skidegate. Abfahrten gibt es von Prince Rupert an sechs Tagen in der Woche.

• **Alaska Marine Highway System**, Reservierung über Tel.: (907)465 3941, es verkehren 2-4 Schiffe pro Woche von Oktober bis Mai und 7 Schiffe pro Woche von Juni bis September. Die Reederei fährt mehrere Orte Südost-Alaskas an. Es bestehen Straßenverbindungen zum Yukon und nach Alaska über Haines und Skagway.

> **Tipp**
>
> *Reservieren Sie die Fähren in der Sommersaison mindestens **1 Monat vorher!** „Stand-By" ist in der Saison nicht unbedingt zu empfehlen. Sie können Glück haben, aber es ist auch mit **Wartezeiten** bis zu 5 Tagen zu rechnen.*

Eisenbahn

• **VIA Rail**, www.viarail.ca, bietet drei Tagverbindungen in beiden Richtungen zwischen Prince Rupert und Jasper mit Übernachtungsstopp in Prince Geor-ge an. Es bestehen Anschlussverbindungen mit BC Rail in Prince George, um nach Vancouver zu reisen.

✈ Flüge

Kanadische regionale Fluggesellschaften verkehren zweimal täglich nach Van-couver International Airport mit weltweiten Anschlussverbindungen. Die Flugzeit zwischen Prince Rupert und Vancouver beträgt 90 Minuten.

🚌 Busse

Greyhound, Tel.: 5090, bietet zweimal täglich einen Busservice zwischen Prince Rupert und Prince George an. In Prince George bestehen Anschlüsse mit Orten im Norden, Süden und Osten.

🎁 Souvenirs

Studio 9, 105 3rd Ave. West Prince Rupert, B.C., V8J 1L8, Tel.: 2366, Galerie mit erlesenen Gemälden, Holzschnitzereien, Korbflechtereien, Argillite-Schnitzerei-en der Haida (Argillite = schwarzes Schiefergestein), geführt von dem deutsch-sprachigen Ehepaar Hans J. und Irmgard Buchholz, gebürtig aus Flensburg.

Queen Charlotte City (S. 534)

Vorwahl: (250)559

ℹ Information

Queen Charlotte Visitor Information Centre, 3220 Wharf St., Box 819, Queen Charlotte City, V0T 1S0, Tel.: 8316, Fax: 8952, E-Mail: info@qcinfo.com, Web: www.qcinfo.ca, Seekarten und topografische Karten können für örtliche Planungen eingesehen werden. Öffnungszeiten: 1.-15. Mai: 10-14 Uhr; 16. Mai bis 4. September: 10-19 Uhr; 5.-30. September: 10-14 Uhr

🏨 Hotels/Motels

• **Gracie's Place $$$**, 3113 – 3rd Ave., Box 447, Queen Charlotte City, V0T 1S0, Tel.: 4262, Fax: 4622, Web: www.gracies-place.com, bietet 5 Zimmer mit antikem Mobiliar und Tiffanylampen an.
• **Premier Creek Lodging $$**, 3101 – 3rd Ave., Box 268, Queen Charlotte City, B.C., V0T 1S0, Tel.: 8415, Fax: 8198, E-Mail: premier@qcislands.net, Web: www.qcislands.net/premier, ist das älteste Gebäude von Queen Charlotte City, aus dem Jahre 1910. Es wurde modernisiert und liegt zentral im Ort. Die mit Kühlschrank ausgestatteten 12 Zimmer haben Balkone und blicken auf den Ozean. Vier Zim-mer verfügen über eine Küchenecke.
• **The Bunkhouse $**, Tel.: 8383, vermietet 18 Betten. Dusche und Waschautomat sind vorhanden.
• **Sea Raven Motel $$**, 3301 Oceanview Dr., Box 519, Queen Charlotte, B.C. V0T 1S0, Web: www.searaven.com, 39 pragmatisch ausgestattete Zimmer und ein

Lohnendes Ziel – Queen Charlotte City

Seafood-Restaurant stehen zur Verfügung.

Bed & Breakfast
• *Dorothy and Mikes Guest House $$, 3125 2nd Ave., Box 595, Queen Charlotte City, B.C., V0T 1S0, Tel./Fax: 8439, E-Mail: doromike@ qcislands.net, www. qcislands.net/doromike/, eine friedvolle, empfehlenswerte Oase, mit Küchenbenutzung, Rauchverbot und Ozeanblick.*

• **Moon Glow B&B $$**, *3611 Hwy 33, Tel./Fax: 8831, Queen Charlotte City, B.C., V0T 1S0, E-Mail: moonglow@qcislands.net, Web: www.qcislands.net/moonglow/, vermietet Queen- und Doppelbetten. Der Patio liegt am Charlie Valley Creek. Außerdem sind 6 Zeltplätze vorhanden.*

Camping
• **Kagan Bay Campsite**, *ein B.C. Forest Service Campground mit sechs Plätzen, Picknicktischen, WC und Hinweisen für die Wanderung zu den alpinen Wiesen am Sleeping Beauty Mountain*
• **Private Zeltplätze** *finden Sie bei* **Moonglow Bed & Breakfast** *und* **Joy's**. *Auch im ruhig gelegenen* **Hayden Turner Park** *am Westende des Ortes können Sie unter hohen Nadelbäumen campen. Dort gibt es Wasser, Feuerholz und WC.*

Restaurants
• **Howler's Bistro ##**, *Tel.: 8602, ist bekannt für seine leckeren Käsekuchen.*
• **Sea Raven Restaurant ##**, *Tel.: 4423, serviert Gerichte der Westküstenküche.*

Autoverleih
• **Budget Rent-a-Car**, *Tel.: 4262, 1-800-577-3228*
• **Rustic Rentals**, *605 Hwy 33, Tel.: 4641, Fax: 4557*

Revelstoke (S. 360)
Vorwahl: (250)837

Information
Revelstoke Visitor Info Centre, 204 Campbell Ave., Box 490, Revelstoke, B.C. V0E 2S0, Tel.: 5345, 3522, Fax: 4223, www.seerevelstoke.com

R

Hotels/Motels

• *Canyon Hot Springs Resort $$$*, Trans Canada Hwy, Box 2400, Revelstoke, V0E 2S0, Tel.: 2420, Fax: 3171, Web: www.canyonhotsprings.com, vermietet Doppelzimmer und Chalets für bis zu 8 Personen, sowie 200 Plätze für Campingfahrzeuge, geöffnet von Mai bis September.

• *Mulvehill Creek Wilderness $$$*, 4200 Highway 23 South, Box 1220, V0E 2S0, Tel.: 8649, Web: www.mulvehillcreek.com, die aus Holz errichtete Lodge verfügt über ein beheiztes Schwimmbad und weitere Wellness-Angebote. Ein breites Spektrum an Aktivitäten, wie Kanufahren oder Angeln, wird angeboten.

• *Regent Inn $$*, 112 East First Street, Revelstoke, V0E 2S0 Tel.: 2107 Fax: 9669, www.regentinn.com, ist im historischen Ortskern gelegen, neu renoviert, mit 50 großzügig gestalteten Gästezimmern. Im Untergeschoss befinden sich Whirlpool und Sauna.

Bed & Breakfast

• *Mulvehill Creek Wilderness Inn B&B $$$$*, 4200 Hwy 23 S, Box 1220, Revelstoke, B.C., V0E 2S0, Tel./Fax: 8649, E-Mail: mulvehil@revelstoke.net, Web: www.mulvehillcreek.com, liegt 19 km südlich von Revelstoke, bietet 8 Gästezimmer und ist als Ausgangspunkt für Sommer- und Winteraktivitäten bestens geeignet.

• *Samesun Revelstoke Hostel $*, 400 Second Street West, Revelstoke BC, V0E 2S0, Tel.: 4050, www.samesun.com, preiswerte, kürzlich renovierte Unterkunft

Camping

Williamson Lake Campground, 1818 Williamson Lake Rd., Box 1791, Revelstoke B.C., V0E 2S0, Tel.: 5512, 1-888-676-2267, Fax: 5619, ein kleiner Campingplatz, liegt direkt am See, ruhig, etwas außerhalb von Revelstoke.

Ribbon Creek (S. 452)

Jugendherberge

HI Ribbon Creek/ Kananaski Village $, 1 Ribbon Creek Road, Off Hwy 40, Kananaskis, Alberta, T0L 2H0, Reservierung unter Tel.: (403)670 7580, Fax: (403)283 6503, E-Mail: cr.kan@hihostels.ca, 47 Betten, Anmeldezeit: 17-23 Uhr, liegt in der Nähe von fantastischen Wanderrouten und 2 Haupt-Skiabfahrten.

Lachsfangzeit – Schwarzbär am Creek

Sandspit (S. 537f)

Vorwahl: (250)637

ℹ️ Information
Visitor Information Centre, Tel.: 5362, im Flughafen-Gebäude, Seekarten können gekauft werden. Ein 3-D-Reliefmodell der Queen Charlotte Islands kann bei Ihrer Planung hilfreich sein. Öffnungszeiten: 1.-15. Mai: 9-13 Uhr; 16. Mai bis 4. September: 9.30-18.30 Uhr; 5.-30. September: 9-13 Uhr

🛏️ Bed & Breakfast
• **Gwaii Haanas $$**, 368 Christina Place, Box 331 Sandspit, B.C., V0T 1T0, Tel./Fax: 5312, E-Mail: gwaiihbb@qcislands.net, liegt in der Nähe des Flughafens, des Strands und des Golfplatzes, Nichtraucher.
• **Seaport B&B $**, 371 Beach Rd., Tel.: (250)637-5698, einfache Zimmer in einem Wohnhaus mit Küchenmitbenutzung
• **Morseby Island Guest House $**, 385 Beach Rd., Box 485, Sandspit, B.C., V0T 1T0, Tel./Fax: 5300, www.moresbyisland-bnb.com, vermietet 10 Zimmer und 2 Campingplätze für Fahrzeuge. Sie können Mountainbikes mieten und damit die Umgebung erkunden. Die gesamte Anlage ist rollstuhlgerecht gebaut.

Smithers (S. 513f)

Vorwahl: (250)847

ℹ️ Information
Smithers Info Centre, 1411 Court St., Box 2379, Smithers, V0J 2N0, Tel.: 5072, 1-800-542-6673, Fax: 3337, E-Mail: info@tourismsmithers.com, Web: www.tourismsmithers.com

📞 Wichtige Telefonnummern
• **Krankenhaus/Giftzentrum:** 3950 8th Ave., 2611
• **Ambulanz:** 8805, 1-562-7241
• **Feuerwehr:** 2045
• **Polizei:** 3233

Hotels/Motels
• **Sandman Inn Smithers $$**, 3932 Hwy 16, Box 935, Smithers V0J 2N0, Tel.: 2637, Fax: 3709, Web: www.sandman.ca, stellt 35 Zimmer für die Gäste zur Verfügung.
• **Stork Nest Inn $$** 1485 Main St., Box 2049, Smithers V0J 2N0, Tel.: 3831, Fax: 3852, Web: www.storknestinn.com, hier wird Deutsch gesprochen.

S

Spatsizi Wilderness Plateau Park (S. 565)

 Wildnistouren
Spatsizi Wilderness Vacations, Box 3070, Smithers, B.C., V0J 2N0, Tel.: (250)9692, Fax: 2909, E-Mail: info@spatsizi.com, Web: www.spatsizi.com/, unternimmt Flüge in die Wildnis, Reit- und Hiking-Abenteuer sowie Kanu-Expeditionen.

Squamish (S. 505)

i **Information**
Squamish Visitor Info Centre, 37950 Cleveland Ave., Box 1009, Squamish, V0N 3G0, Tel.: (604)892-9244, Fax: 2034, E-Mail: information@squamishchamber. bc.ca, Web: www.squamishchamber.bc.ca

Hotels/Motels
• **Sea To Sky Hotel $$**, 40330 Tantalus Way, Squamish, Box 310, Garibaldi Highlands, V0N 1T0, Tel.: (604)898-4874, Fax: 3692, www.seatoskyhotel.com, befindet sich auf halbem Weg zwischen Vancouver und Whistler. Suiten mit Klimaanlage machen den Hotelaufenthalt angenehm.
• **August Jack Motor Inn $$**, 37947 Cleveland Ave., Box 373, Squamish, V0N 3G0, Tel.: (604)892-3504, Fax: 3503, E-Mail: bookings@augustjack.com, Web: www.augustjack.com, liegt in der Downtown.

Eisenbahn
Die **Royal Hudson 2860**, eine Dampflok, die einst Züge quer durch Kanada zog, befördert heutzutage mit ihrem Train regulär Ausflügler von B.C. Rail Station in Nord-Vancouver, 1131 W First St., nach Squamish und zurück. Weitere Auskünfte (z. B. Fahrpreise, und -zeiten) erhalten Sie unter Tel.: (604)524-1011, www.wcra.org/tours.

Bootsfahrt
Das **Motorboot MV Britania** ist eine spektakuläre Alternative zur Rückfahrt mit der Eisenbahn von Squamish. Es verkehrt ebenfalls von Mitte Mai bis September Mi-So. Es wird ein **kombinierter Fahrpreis** Bahn/Schiff berechnet. Die Anlegestelle für das Motorboot „Britania" befindet sich am Coal Harbour östlich des Stanley Park, am Nordende der Denman St. Die 8-stündige Bootsfahrt bietet den Vorteil der besseren Sicht auf beide Ufer des Fjords.

Stewart (S. 566)

S

Vorwahl: (250)636

ℹ️ Information

Visitor Information Centre, 222 – 5th Ave., Box: 306, Stewart, B.C., V0T 1W0, Tel.: 9224, 1-888-366-5999, Fax: 2199, www.stewart-hyder.com

📞 Wichtige Telefonnummern
* Notruf/Polizei: 2233
* Feuerwehr: 2345
* Krankenhaus/Ambulanz: 2221

🏨 Hotels

* **King Edward Hotel $$**, *5th Ave./Columbia St., Box 86, Stewart, B.C., V0T 1W0, Tel.: 2244, Fax: 9160, www.kingedwardhotel.com, vermietet 70 modern eingerichtete Gästezimmer.*
* **Ripley Creek Inn $$**, *306-5th Avenue, Box 625, Stewart B.C., V0T-1W0, bietet 33 ein bisschen altmodisch aber gemütlich eingerichtete Zimmer in verschiedenen, teilweise historischen Gebäuden an.*

🚐 Camping

* **Bear River Trailer Court & RV Park**, *2200 Davis St., Box 665, Stewart, B.C. V0T 1W0, Tel.: 9205, Fax: 9264, E-Mail: eckess@gmail.com, Web: www.stewartbc. com/rvpark/, ist ein Campingplatz mit Elektrizität, Wasser, heißen Duschen und Feuerholz. Neben den 37 Standplätzen für Motorfahrzeuge gibt es 15 Plätze für Zelte.*
* **Rainey Creek Municipal Campground and RV Park**, *8th Ave., Box 306 AG, Tel.: 2537, Fax: 2668, bietet 98 schattige Standplätze, Picknicktische und Feuerstellen. 65 Standplätze sind mit Elektrizität ausgerüstet.*

🍴 Restaurants

* **Rainey Mountain Bakery & Deli ##**, *307-5th Ave., Stewart, B.C., Tel.: 2777, ist spezialisiert auf frische Brote, Deli Meats und Salate.*
* **Stewart's Own Pizza Factory & Cafe ##**, *Main St., Stewart, B.C., Tel.: 2727, serviert Pizza, Pasta, Burgers, Salate, Suppen, Fisch- und Meeresfrüchte-Gerichte.*

Stone Mountain Provincial Park (S. 559f)

🍷 Café

Am Summit Lake gibt es ein Café mit Übernachtungsmöglichkeiten, eine Tankstelle und einen kleinen Laden.

S) Strathcona Provincial Park (S. 333f)

Unterkunft
• **Motel Bennet´s Point Ressort $$**, *befindet sich etwas südlich von Campbell River. Einige Restaurants für Frühstück, Mittag- und Abendessen liegen innerhalb 5 Minuten Fußweg.*
• **Strathcona Park Lodge $$**, *Hwy 28, Box 2160, Campbell River, B.C., V9W 5C5, Tel.: (250)286-3122, Fax: 6010, E-Mail: info@strathcona.bc.ca, Web: www. strathcona.bc.ca, liegt vor dem Buttle Lake Campground, vermietet 46 Gästezimmer.*

Camping
• **Buttle Lake Campground**, *am Hwy 28 westlich von Campbell River am Nordende des Buttle Lake, ist um 23 Uhr geschlossen, bietet 85 Standplätze, ohne Strom.*
• **Ralph River Campground**, *25 km südlich an der Buttle Lake Rd., hat 76 Standplätze.*

Seltener Anblick – Puma im Strathcona PP

Summerland (S. 358f)
Vorwahl: (250)494

Information
Summerland Visitor Info Centre, *15600 Hwy 97, Box 1075, Summerland, V0H 1Z0, Tel.: 2686, Fax: 4039*

Hotels/Motels

• **Rosedale Motel & RV Park $$**, 14001 Rosedale Ave., Box 780, Summerland, B.C., V0H 1Z0, Tel.: 6431, Fax: 7272, E-Mail: enquiries@rosedalemotel.com, Web: www.rosedalemotel.com, ist bekannt für seine freundliche, familiäre Atmosphäre. 25 Zimmer stehen für Gäste bereit. Außerdem gehört ein kleiner Campingplatz mit 12 Standplätzen zur Anlage.

• **Summerland Motel $$**, 2107 Tait Street, Summerland, B.C., V0H 1Z0, Tel.: 4444, Fax: 4448, E-Mail: relaxing@vip.net, Web: www.summerlandmotel.com, liegt 9,6 km nördlich von Penticton.

Bed & Breakfast

Glenoka B&B $$, 6702 Beggs St., Summerland BC V0H 1Z6, Tel.: (250)494 9891, Fax: 250.494.9891, www.glenoka.com, zwei Zimmer – das Birnen- und das Pflaumenzimmer, jeweils entsprechend farbig gestaltet – stehen zur Verfügung. Frühzeitige Reservierung ist angeraten.

Camping

• **Summerland Campground**, 5011 Towgood Place, Summerland, BC V0H 1Z9, Tel.: 0911, www.summerlandcampground.com, liegt 6 km südlich von Summerland und bietet 44 Standplätze an.

• **Peach Orchard Campground**, 6321 Peach Orchard Rd., RR3 32-9600 Turner St., Summerland, B.C., V0H 1Z0, Tel.: 9649, Fax: 9856, E-Mail: peachorchardcampground@shaw.ca, Web: www.peachorchard.ca in ruhiger Lage am nahen Seeufer, verfügt über 121 Standplätze.

Tagish Lake (S. 592)

Unterkunft

Tagish Wilderness Lodge $$$, Beat & Jacqueline Korner, Box 17, Tagish, Y0B 1T0, Yukon Territory, www.tagishwildernesslodge.com

Takakkaw Falls (Yoho National Park) (S. 388)

Camping

Ein **Campingplatz**, der nur zu Fuß erreichbar ist, liegt ca. 400 m hinter dem Parkplatz Takakkaw Falls.

T) Telegraph Cove (S. 337)

 Hotels/Motels
• **Hidden Cove Lodge $$$**, *Lewis Point, Box 258, Port McNeill, B.C., V0N 2R0, B.C., Tel./Fax: (250)956-3916, E-Mail: hidcl@island.net, Web: www.pixsell.bc.ca/bb/1263.htm, befindet sich 7 km außerhalb von Telegraph Cove.*
• **Telegraph Cove Resorts $$**, *Box 1, Telegraph Cove, V0N 3J0, E-Mail: tcrltd@island.net, www.telegraphcoveresort.com, vermietet 19 zweckmäßig eingerichtete Gästezimmer.*

Camping
Alder Bay Campground, *Alder-Bay Rd., Box 1090, Port McNeill, V0N 2R0, Tel.: (250)956-4117, Fax: 2552, Web.: www.alderbayresort.com liegt an einer sehr schönen, abgelegenen Bucht mit sauberen Sanitäranlagen.*

Bootsfahrten
Stubbs Island Charters LTD., *Box 2-2, Telegraph Cove, B.C., V0N 3J0, Tel.: (250)928-3185, 1-800-665-3066, Fax: 3102, E-Mail: stubbs@island.net, Web: www.stubbs-island.com, ist seit 1980 auf Schwertwal-Beobachtung spezialisiert. Die Besitzer der Firma sind Jim & Mary Borrowman. Von Ende Juni bis Mitte Oktober werden Schwertwale mit einer Erfolgsquote von 90 % vom Schiff aus beobachtet. Von Ende Mai bis Juni sind andere große Meeressäuger, wie Schweinswale, Delfine, Stellers Seelöwen und gelegentlich auch Mink-, Grau- oder Buckelwale zu sehen.*
• **Fahrzeiten:** *Die Rundfahrten beginnen täglich um 9 Uhr und dauern 4-5 Stunden. In der Hochsaison von Mitte Juli bis Anfang September wird eine weitere Fahrt um 15 Uhr gestartet.*
• **Reservierungen** *sind unbedingt zu empfehlen. Für eine verbindliche Buchung ist eine Anzahlung in Höhe von 25 % des Fahrpreises per Scheck, Überweisung oder Kreditkarte (VISA oder Mastercard) erforderlich. Im Falle einer Stornierung wird die Anzahlung erstattet, wenn dies mindestens 24 Stunden vor der gebuchten Tour mitgeteilt wird.*
• **45 Min. vor Abfahrt** *müssen Sie sich im Büro melden.*

Teslin (S. 569)
Vorwahl: (867)390

 Wichtige/nützliche Telefonnummern
• *Notruf/Polizei: 5555*
• *Feuerwehr: 2222*
• *Krankenstation: 4444*
• *George Johnston Museum: Tel.: 2550*
• *Nisutlin Trading Post: Tel.: 2521*

T

Unterkünfte

• **Yukon Motel $$** und **Good Sam RV Park**, Km 1293/Mile 804 Alaska Hwy, Box 187, Tel.: 2443, Fax: 2003, www.yukonmotel.com, hier haben Sie die Möglichkeit in einem großen Restaurant, Frühstück, Mittag- und Abendessen einzunehmen. Es ist nicht sehr teuer und da das Essen gut ist, wird es gerne besucht. Vor dem Motel befindet sich ein großer Parkplatz.

• **Halstead´s $**, die Zimmer sind wenig komfortabel. Es besteht jedoch die Möglichkeit, einen der 6 Münzwaschautomaten und Trockner preiswert zu nutzen.

Tlell (S. 532)

Vorwahl: (250)557

Unterkünfte

• **Cacilia's B&B $$**, Hwy 16, Box 3, Tlell, B.C., V0T 1Y0, Tel./Fax: 4664, E-Mail: ceebysea@qcislands.net, Web: www.qcislands.net/ceebysea, liegt hinter einer Düne an der Hecate Strait, 2 km vom Naikoon Park entfernt. 5 Gästezimmer werden in einem rustikalen Blockhaus angeboten.

• **Riverbend Cottage $**, Karen & Bill Ronnenkamp, Richardson Rd., Box 41, Tlell – Haida Gwaii, Queen Charlotte Islands, B.C., V0T 1Y0, Tel.: 4428, Blick auf den Fluss, idyllische Atmosphäre, in der Nähe des Strands, es bestehen gute Möglichkeiten zum Fischen und Wandern.

Camping

Misty Meadows Campground, südlich des Tlell River, mit Picknicktischen, fließendem Wasser, WC und überdachter Kochgelegenheit, es ist nur ein kurzer Gang zum Strand.

Tofino (S. 331f)

Vorwahl: (250)725

Information

Tofino Visitor Info Centre, 1426 Pacific Rim Highway, Tofino, B.C., V0R 2Z0, Tel.: 3414, Fax: 3296, www.tourismtofino.com

Hotels/Motels

• **Pacific Sands Beach Resort $$$-$$$$**, 1421 Pacific Rim Hwy, Box 237, Tofino, B.C., V0R 2Z0, Tel.: 3322, Fax: 3155, E-Mail: info@pacificsands.com, Web: www.pacificsands.com, 65 Zimmer, liegt 7 km südlich von Tofino. Das Resort ist schön am Strand in der Cox Bay gelegen. Hübsche Holzhäuschen schmiegen sich gefällig in die Küstenlandschaft ein.

• **Maquinna Lodge $$**, 120 1st St., Tofino, B.C., V0R 2Z0, Tel.: 3261, Fax: 3433, www.maquinnahotel.com, 32 Gästezimmer sind im Angebot. Sie blicken auf das Tofino Inlet und den Clayoquot Sound.

T

Jugendherberge

Whalers on the Point Guesthouse $, Box 296, 81 West St., Tofino, B.C., V0R 2Z0, Tel.: 3443, Fax: 3463, www.tofinohostel.com, 55 Betten, Anmeldezeit: 16–23 Uhr; befindet sich in der Nähe des Pacific Rim National Park und Long Beach, mit Feuerstelle und Blick auf den Ozean.

Camping

• **Crystal Cove Beach Resort**, Mackenzie Beach, Box 559, Tofino, B.C., V0R 2Z0, Tel.: 4213, Fax: 4219, E-Mail: crystalc@alberni.net, Web: www. crystalcovebeachresort.com, liegt 3 km südlich von Tofino, an der zerklüfteten Meeresküste. Neben dem Hotelbetrieb werden 95 Camping-Standplätze angeboten.
• **Mackenzie Beach Resort**, 1101 Pacific Rim Highway, Box 12, Tofino, B.C., V0R 2Z0, Tel./Fax: 3439, E-Mail: stay@mackenziebeach.com, Web: www.mackenziebeach. com, liegt 2 km südlich von Tofino und verfügt neben dem Hotelbetrieb über 40 Standplätze für Camper.

Restaurants

• **Schooner Restaurant ##**, 331 Campbell St., Tel.: 3444, ist empfehlenswert und die angebotenen Gerichte sind nicht zu teuer.
• **The Blue Heron Dining Room ##**, 634 Campbell St., Box 553, Tofino, B.C., V0R 2Z0, ist ein gepflegtes Restaurant, das frische Meeresfrüchte und spezielle Gerichte des Hauses serviert.

Bootsausflüge

• **Seaside Adventures**, Tel.: 2292, Fax: 2390, Web: www.seaside-adventures. com, unternimmt Fahrten zur Walbeobachtung, zum Fischen und Hiking.
• **Zodiac Whale Watching**, Box 624 N, Tofino, B.C., V0R 2Z0, Tel.: 3330, 1-800-666-9833, Fax: 3380, E-Mail: remote@island.net bietet die gleiche Leistung wie das o. g. Unternehmen.

Souvenirs

• **Eagle Aerie Gallery**, in der Campbell St., hier können Sie Kunsthandwerk mit indianischen Motiven kaufen.
• **House of Himwitsa**, 346 Campbell St., Tofino, B.C., V0R 2Z0, Tel.: 2017, www.himwitsa.com, ist eine Galerie und bietet indianische Handarbeiten an.

Tuktoyaktuk (S. 627ff)
Vorwahl: (867)977

Unterkünfte

• **Hotel Tuk Inn $$**, Tel.: (867) 977-2381, in Strandnähe, verfügt über ein Restaurant.
• **Pingo Park Lodge Ltd. $$**, 95-TDC, Bag 6000 Tuktoyaktuk, N.T., X0E 1C0, Tel.: 2155, Fax: 2416, 24 Gästezimmer, Fernsehen und Sitzungsraum werden geboten.

Ucluelet (S. 330)

Vorwahl: (250)726

U

V

ℹ️ Information
Ucluelet Visitor Info Centre, *2791 Pacific Rim Highway, Box 428, Ucluelet, B.C. V0R 3A0, Tel.: 4641, Fax: 4611, www.ucflueletinfo.com*

🏨 Hotels/Motels
• **A Snug Harbour Inn $$$$**, *460 Marine Dr., Box 367, Ucluelet, B.C. V0R 3A0, Tel.: 2686, Fax: 2685, www.awesomeview.com, liegt an einer Steilküste und vermietet 4 individuell eingerichtete Suiten, jede mit überwältigendem Ozeanblick.*
• **Little Beach Resort $$**, *1187 Peninsula Rd., Box 376, Ucluelet, B.C. V0R 3A0, Tel.: 4202, Fax: 7700, www.littlebeachresort.com, verfügt über 19 Gästezimmer.*
• **Ucluelet Hotel $**, *250 Main St., Box 10, Ucluelet, B.C., V0R 3A0, Tel.: 7022, ist eine einfache Unterkunft mit 21 Gästezimmern.*

🛏️ Bed and Breakfast
Ebb Tide B&B $$, *967 Peninsula Rd., Box 887, Ucluelet, B.C. V0R 3A0, Tel.: 2802, E-Mail: info@ebbtidespringcove.com, Web: www.ebbtidespringcove.com, liegt reizvoll in einer Bucht.*

⛺ Camping
• **Ucluelet Campground**, *260 Seaplane Base Rd., Box 777, Ucluelet, B.C, V0R 3A0, Tel.: 4355, Fax: 4414, liegt am Wasser mit Blick auf den Ucluelet Harbour. 100 Standplätze können vermietet werden.*
• **Island West Fishing Resort**, *1990 Bay St., Box 32, Ucluelet, B.C., V0R 3A0, Tel.: 7515, Fax: 4414, E-Mail: fish@islandwestresort.com, Web: www.islandwestresort.com, der Campingplatz umfasst 36 Standplätze. Die Saison für Chinook-Lachs ist Februar-Oktober, für Coho-Lachs Mai-Oktober und für Heilbutt Mai-September.*

Vancouver (S. 310ff)

ℹ️ Information
Vancouver Visitor Centre, *Plaza Level 200 Burrard St., Vancouver, B.C., V6C 3L6, Tel.: (604)683-2000, 2772, Fax: 6839, Web: www.tourismvancouver.com, hier erhalten Sie kostenlos Broschüren und Landkarten sowie gute Tipps. Öffnungszeiten: Mo-So Mai bis Anfang September, in der übrigen Zeit des Jahres So geschlossen.*

🖐️ Anreise
• **Per Bus oder Mietwagen**
- **von Osten** *kommend über den Trans-Canada Hwy 1,*
- **von Seattle** *kommend über den Hwy 99,*
- **vom Fraser Valley** *über die Hwy 1 A, 7 oder 99.*

V

- **Per Flugzeug**: *Internationale Flüge landen auf dem Vancouver International Airport im Stadtteil Richmond.*
- **Per Eisenbahn**
- *VIA Rail bietet Verbindungen quer durch Kanada an.*
- **B.C. Rail** *bedient Vancouver von Prince George aus über Whistler und Lillooet. Der Tourismuszug „Rocky Mountaineer" verkehrt zwischen Calgary, Banff und Vancouver und zwischen Jasper und Vancouver.*
- **Auf dem Wasserweg**
- *Per Autofähre ist die Sunshine Coast von Horseshoe Bay oder von Comox auf Vancouver Island aus zu erreichen.*
- *Fähren von Nanaimo (Departure Bay oder Duke Point) und von Victoria (Swartz Bay) nehmen Kurs auf Horseshoe Bay und Tsawwassen.*
- *Fährverbindungen bestehen auch von Horseshoe Bay nach Langdale an der Sunshine Coast.*

 Konsulate
- **Deutsches Generalkonsulat**, *Suite 704, World Trade Centre, 999 Canada Place, Vancouver, B.C., V6C 3E1, Tel.: (001-604)6848377, Fax: (001-604)6848334, E-Mail: gkvanc@telus.net, www.vancouver.diplo.de, Amtsbezirk: Provinzen Alberta, British Columbia, Saskatchewan, Northwest Territories, Yukon Territory*
- **Österreichisches Honorarkonsulat**, *600-890 Pender St.W, Van., B.C., V6C 1J9, Tel.: (604)687-3338*
- **Schweizer Generalkonsulat**, *Suite 790, World Trade Centre, 999 Canada Place, Vancouver, B.C., V6C 3EL, Tel.: (604)684-2231*

Wichtige Telefonnummern
- **Notruf**: *911*
- **Polizei**: *(604)717-3321*
- **Pannenhilfe**: *(604)293-2222*
- **Straßenzustand**: *(604)660-9775, 1-900-565-4997 (0,75$/Min.)*
- **Wettervorhersage**: *(604)664-9010,*
- **Vancouver International Airport**: *(604)207 7077 (Auskunft)*
- **Air Canada**: *(604)643-5600*
- **Lufthansa**: *(604)683-7111 oder 1-800-241-6522*
- **Bus Transit**: *(604)521-0400*
- **Greyhound Canada Transportation Corporation**: *(604)683-8133*
- **B.C. Rail**: *(604)984-5246, 5503, 1-800-663-8283*
- **Fishing & Wildlife**: *(604)582-5200*
- **Fisheries & Ocean**: *(604)666-2828*

Hotels
Vancouver Downtown
- **Hyatt Regency Vancouver $$$$ (3)**: *655 Burrard St., Vancouver, B.C., V6C 2R7, Tel.: (604)683-1234, Fax: 689-3707, E-Mail: salesyvrrv@hyatt.com, Web: www.vancouver.hyatt.com, 4-Sterne-Hotel, luxuriös, meistens von Geschäftsleuten be-*

sucht, vermietet 645 Gästezimmer und Suiten. Restaurant, Swimmingpool, Minibar und Sauna gehören zur Anlage.

• **Holiday Inn & Suites Vancouver Downtown $$$ (2)**: 1110 Howe St., Vancouver, B.C., V6Z 1R2, Tel.: (604)684-2151, Fax: 4736, E-Mail: info@ hivancouverdowntown.com Web: www.holidayinnvancouverdowntown.com bietet 245 elegante, klimatisierte Gästezimmer und Suiten, Restaurant, Swimmingpool, Sauna, Whirlpool, im Herzen von Vancouver.

• **Oceanside Hotel $$ (5)**: 1847 Pendrell St., Vancouver, B.C., V6G 1T3, Tel.: (604)682-5641, Fax: 687-2340, E-Mail: oceansidehotel@hotmail.com, Web: www. oceanside-hotel.com, 25 Gästezimmer, Suiten mit Küche, nahe English Bay und Stanley Park

• **Buchan Hotel $$ (1)**: 1906 Haro St., Vancouver, B.C., V6G 1H7, Tel.: (604)685-5354, Fax: 5367, E-Mail: mail@buchanhotel.com, Web www.buchanhotel.com, vermietet werden 63 Gästezimmer, in ruhiger Lage und nahe des Stanley Parks.

• **Kingston Hotel Bed & Breakfast $$ (4)**: 757 Richards St., Vancouver, B.C., V6B 3A6, Tel.: (604)684-9024, Fax: 9917, Web: www.kingstonhotelvancouver.com, 56 Gästezimmer, Sauna, europäischer Stil, kontinentales Frühstück erhältlich

Vancouver City

• **Coast Vancouver Airport Hotel (The) $$**: 1041 SW Marine Dr, Vancouver, B.C., V6P 6L6, Tel.: (604)263-1555, Fax: 0245, 134 Gästezimmer, Sauna, Whirlpool, nahe dem Flughafen, freier Flughafentransfer

• **Holiday Inn Vancouver Centre $$ (6)**: 711 Broadway W, Vancouver, B.C., V5Z 3Y2, Tel.: (604)879-0511, Fax: 872-7520, www.ichotelsgroup.com/h/d/hi/1/en/ hotel/yvrbw, 193 Gästezimmer, Restaurant, Swimmingpool, Sauna, Überblick über City, Berge und English Bay

Nordküste

• **Canyon Court Motel $$$**: 1748 Capilano Rd, North Vancouver, B.C., V7P 3B4, Exit 14 Hwy 1, Tel.: (604)988-3181, Fax: 990-1554, 88 Gästezimmer und Suiten, neu renoviert

• **Grouse Inn $$**: 1633 Capilano Rd, North Vancouver, B.C., V7P 3B3, Tel.: (604)988-7101, Fax: 7102, E-Mail: admin@grouseinn.com, Web: www.grouseinn.com, 80 Gästezimmer und Suiten, Swimmingpool, Motel in bergig-waldiger Umgebung

Bed and Breakfast
• **Chambres d'hôtes Sunflower Bed & Breakfast Inc. $$**, 1110 Hamilton St., New Westminster, B.C. V3M 2M9, Tel.: (604)522-4186, Fax: 4176, der nette „Tulip room" und das Innere des Hauses sind geschmackvoll eingerichtet. Die Besitzer sind sehr freundlich und offen. Das Frühstück ist erstklassig.

• **Thistledown House $$$**, 3910 Capilano Rd., North Vancouver, B.C., V7R 4J2, Tel.: (604)986-7173, Web: www.thistle-down.com, 5 individuell gestaltete – teilweise luxuriöse – Gästezimmer, insgesamt sehr geschmackvoll eingerichtet, hervorragendes Frühstück mit viel frischem Obst.

V

 JH Jugendherbergen

• *YWCA $$ (8)*, 733 Beatty St., Vancouver, BC V6B 2M4, Tel.: (604)895 5830, Fax: (604)681-2550, E-Mail: hotel@ywcavan.org, Web: www.ywcahotel.com, über 150 bequem eingerichtete Zimmer, kostenlose Nutzung des nahe gelegenen YWCA Health and Fitness Centre

• *HI Vancouver Downtown $ (7)*, 1114 Burnaby St., Vancouver, B.C., V6E 1P1, Tel.: (604)684-4565, 1-888-203-4302, Fax: 4540, E-Mail: vancouver.downtown@hihostels.ca, www.hihostels.com, 223 Betten, Anmeldezeit: nach 12 Uhr, im Westen der Downtown gelegen, in der Nähe des Stanley Park, mit Dachterrasse.

• *HI Vancouver Jericho Beach $*, 1515 Discovery St., Vancouver, BC V6R 4K5, Tel.: (403)670-7580, Fax: (604)224-4852, E-Mail: cr.jericho@hihostels.ca, 286 Betten, Anmeldezeit nach 12 Uhr, am Strand gelegen, 15 Min. von der Downtown Vancouver entfernt

Restaurants

• *Le Gavroche Restaurant ###*: 1616 Alberni St, Vancouver, B.C., V6G 1A6, Tel.: (604)685-3924, Fax: 669-1885, Web: www.legavroche.ca, französische Gastronomie, gemütliche, intime Atmosphäre mit Kaminfeuer, Blick vom Balkon, ausgezeichnete Weinliste

• *Fish House in Stanley Park (The) ##*: 8901 Stanley Park Dr., Vancouver, B.C., V6G 3E2, Tel.: (604)681-7275, Fax: 3137, E-Mail: info@fishhousestanleypark.com, Web: www.fishhousestanleypark.com, täglich frische Meeresfrüchtegerichte, Blick auf den Park, Tennisplätze

• *Old Spaghetti Factory #*, 405 – 55 Water St, Gastown, Vancouver, B.C., V6B 1A1, Tel.: (604)684-1287, Fax: 8035, Web: www.oldspaghettifactory.ca, für Familien geeignet, alle Gerichte mit Salat, warmem Brot, Kaffee, Tee und Speiseeis

$ Krankenhäuser

• *Vancouver General Hospital*: 855 West 12 Ave., Van., Tel.: (604)875-4111

• *Children's Hospital*: 4480 Oak St, Van., Tel.: (604)875-2345

Campgrounds & R.V. Parks

• *Burnaby Cariboo R.V. Park*: 8765 Cariboo Place, Burnaby, B.C., V3N 4T2, Tel.: (604)420-1722, Fax: 4782, E-Mail: camping@bcrvpark.com, Web: www.bcrvpark.com, 217 Standplätze.

• *Capilano R.V. Park*: 295 Tomahawk Ave., North Van., B.C., V7P 1C5, Tel.: (604)987-4722, Fax: 2015, E-Mail: info@capilanorvpark.com, Web: www.capilanorvpark.com, 208 Standplätze.

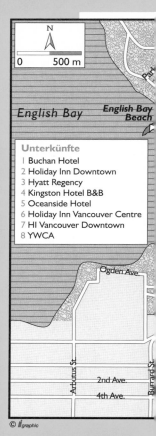

N

0 500 m

English Bay

English Bay Beach

Unterkünfte
1 Buchan Hotel
2 Holiday Inn Downtown
3 Hyatt Regency
4 Kingston Hotel B&B
5 Oceanside Hotel
6 Holiday Inn Vancouver Centre
7 HI Vancouver Downtown
8 YWCA

Ogden Ave.

Arbutus St.

2nd Ave.

4th Ave.

Burrard St.

© graphic

- **Dogwood Campgrounds of B.C.**: 15151 112th Ave., Surrey, B.C., V3R 6G8, Tel.: (604)583-5585, Fax: 943.0093
- **K.O.A. Vancouver/Surrey**: 14601 40th Ave, Surrey, B.C., V4P 2J9, Tel.: (604)594-6156, 255 Standplätze.
- **Parkcanada RV Park & Campground**, Box 190, 4799 Nulelum Way, Delta, British Columbia, Canada V4K 3N6, Tel.: (604)943-5811, Fax: (604)-943-0093, E-Mail: info@parkcanada.com, Web: www.parkcanada.com, 150 Standplätze.

Museen und Galerien
- **Canadian Craft Museum**, 639 Hornby St., Vancouver, B.C., V6C 2G3, Tel.: (604)687-8266, Fax: 684-7174. Es ist die erste öffentliche Galerie, die dem nationalen, internationalen, historischen und zeitgenössischen Kunsthandwerk in jeder Form gewidmet ist. Es gibt Ausstellungen für Töpferei, Glaskunst, Metallarbeiten

und andere Werkstoffe. Im Museumsladen sind Werke hiesiger Künstler zu erwerben.

• **UBC Museum of Anthropology**, 6393 NW Marine Dr., Vancouver, B.C., V6T 1Z2, Tel.: (604)822-5087, Fax: 2974, E-Mail: info@moa.ubc.ca, Web: www.moa.ubc.ca. In dem spektakulären Museumsbau von Arthur Erickson sind ethnologische Sammlungen aus aller Welt untergebracht. Glanzstücke sind die großartige Sammlung von Masken und Totems der Nordwestküstenindianer. Die Koerner Gallery zeigt 660 Exponate europäischen Porzellans.

• **Vancouver Aquarium Marine Science Centre**, im Stanley Park, Box 3232, Vancouver, B.C., V6B 3X8, Tel.: (604)659-3474, Fax: 3515, E-Mail: info@vanaqua.org, Web: www.vanaqua.org. In diesem preisgekrönten Aquarium, das vor allem das Meeresleben im Nordpazifik zeigt, werden über 800 Meerestiere präsentiert, u. a. Beluga- und Schwertwale, exotische Fische und verspielte Seeotter. Lassen Sie sich vom Zauber dieser Welt einfangen und bewundern Sie die Show der dressierten Wale.

• **Vancouver Art Gallery**, 750 Hornby St. (am Robson Square), Vancouver, B.C., V6Z 2H7, Tel.: (604)662.4700, Fax: 682-1086, E-Mail: customerservice@vanartgallery. bc.ca, Web: www.vanartgallery.bc.ca. Unter der Kuppel des ehemaligen Gerichtsgebäudes der Stadt werden heute Kunstsammlungen von der Westküste sowie nationale und internationale Shows gezeigt. Besonderes Interesse findet die ausgezeichnete Sammlung der Werke der Westküsten-Künstlerin Emily Carr.

• **Vancouver Maritime Museum**, 1905 Ogden Ave., Vanier Park, Vancouver, B.C., V6J 1A3, Tel.: (604)257-8300, Fax: 737-2621, Web: www.vancouvermaritimemuseum. com. Thema dieses Schifffahrtsmuseums ist die gut 200-jährige Geschichte der Seefahrt im pazifischen Nordwesten. Hier sind klassische Holzboote, nautische Exponate und Instrumente aus der maritimen Geschichte ausgestellt.

• **Vancouver Museum**, 1100 Chestnut St., Vanier Park, Vancouver, B.C., V6J 3J9, Tel.: (604)736-4431, Fax: 5417, E-Mail: guestservices@vanmuseum.bc.ca, Web: vanmuseum.bc.ca. Es lohnt sich, einen Blick in das größte Stadtmuseum Kanadas zu werfen. Es beherbergt Kunstgegenstände und Bilder, die die Geschichte der Stadt und der Ureinwohner erzählen. Zeitweise werden große Wanderausstellungen präsentiert.

Unterhaltung

• **CN IMAX Theatre at Canada Place**, 201 – 999 Canada Place, Vancouver, B.C., V6C 3C1, Tel.: (604)682-2384, Fax: 5955, E-Mail: plo@imax.com, Web: www.imax.com/vancouver, verfügt über eine gigantische über 5 Stockwerke hohe Leinwand, auf der Sie beeindruckende Filme im Imax- und 3D-Format sehen können. Außerdem macht eine besondere Tontechnik die Shows zu einem überwältigenden Erlebnis für alle Sinne.

• **Orpheum Theatre**, Ecke Smithe und Seymour St., Tel.: (604)876-3434. Dieses liebevoll restaurierte Theater versucht sein Publikum durch Konzerte, Tanzvorführungen und Bühnenstück zu begeistern. Es ist das Stammhaus des Sinfonieorchesters von Vancouver.

CN/Max Canada Place – Vancouver

- **Queen Elizabeth Theatre and Playhouse**, 630 Hamilton St., Vancouver, B.C., V5Y 1A4, Tel.: (604)872-6622, 665-3050, Fax: 873-3714, E-Mail: info@ vancouverplayhouse.com, Web: vancouverplayhouse.com. „Q.E." gilt als eine der besten Bühnen Vancouvers. Es werden Opern, Konzerte, klassische und moderne Theaterstücke und Ballettchoreographien aufgeführt.
- **Science World & Alcan Omnimax Theatre**, 1455 Québec St., Vancouver, B.C., V6A 3Z7, Tel.: (604)443-7443, Fax: 7430, E-Mail: info@scienceworld.ca, Web: www.scienceworld.bc.ca. Es ist ein Technikmuseum zum Mitmachen und Anfassen mit verblüffenden Experimenten. Naturwissenschaftliche Demonstrationen und Ausstellungen sowie Lasershows sind in der silberglänzenden Kuppel direkt am Wasser zu sehen. Das Omnimax Theater ist stolz auf seine größte Kuppelleinwand der Welt, mit einzigartigem Soundsystem.
- **The Pacific Space Centre**, Vanier Park in Kitsilano, Tel.: (604)738-7827. Hier kommen Sie als Sterngucker auf Ihre Kosten. Faszinierende Erkenntnisse der Weltraumwissenschaft werden Ihnen im Gordon-Southam-Observatorium und im HR MacMillan-Planetarium präsentiert.

Parks und Gärten

- **Capilano Suspension Bridge and Park**, 3735 Capilano Rd., North Vancouver, B.C., V7R 4J1, Tel.: (604)985-7474, Fax: 7479, E-Mail: reception@capbridge. com, Web: www.capbridge.com. Der wackelige Gang über die 135 m lange und 69 m hohe Fußgänger-Hängebrücke im gleichnamigen Park ist ein Erlebnis.
- **Dr. Sun Yat-Sen Classical Chinese Garden**, 578 Carrall St., Vancouver, B.C., V6B 5K2, Tel.: (604)662-3207. Fax: 682-4008, E-Mail: director@

vancouverchinesegarden.com, Web: www.vancouverchinesegarden.com/. Dieser im Stil der Ming-Dynastie angelegte Garten, ein stille Oase inmitten der Großstadt, ist der erste authentische klassisch-chinesische Garten außerhalb Chinas.
• **Stanley Park**, 2099 Beach Ave., Vancouver, B.C., V6G 1Z4, Tel.: (604)257-8400, Fax: 8427. Der 400 ha große Stadtpark auf einer Halbinsel vor der Innenstadt ist eine grüne Oase im Herzen von Vancouver. Beeindruckend sind die gigantischen Zedern, die kunstvollen Totempfähle, die Minieisenbahn, der Zoo und das Aquarium.
• **VanDusen Botanical Garden**, 5251 Oak St., Vancouver, B.C., V6M 4H1, Tel.: (604)878-9274, Fax: 266-4236, Web: vandusengarden.org. Im größten botanischen Garten Vancouvers wachsen Tausende verschiedener Baum-, Busch- und Blumenarten. Skulpturen und idyllische Wasserflächen tragen zum Reiz der Anlage bei.

Shopping
• **Circle Craft CO-OP**, 1-1666 Johnson St., Granville Island, Vancouver, B.C., V6H 3S2, Tel.: (604)669-8021, Fax: 8585, Web: www.circlecraft.net. Es werden ausgewählte Juwelen, Kunsthandwerk, Handarbeiten und Spielzeug angeboten.
• **Downtown Vancouver**
Zwischen Granville und West-Georgia befindet sich ein modernes Untergrundeinkaufszentrum, in dem hochwertige Geschäfte ihre Waren anbieten.
• **Lonsdale Quay**
Dieses einmalige Viertel mit seinen vielfältigen Geschäften, Cafés und Restaurants sowie mit dem überdachten Markt erreichen Sie mit dem „Seabus", der Sie übersetzt.
• **Robson St.**
In der bekannten Flaniermeile reihen sich kleine Spezialrestaurants, Straßencafés, Boutiquen und Jeansläden aneinander. Hier sind die neuesten Modetrends zu sehen. Kurzum, es herrscht ein quirliges Geschäftsleben.

Autovermietung
• **Canadream INC./Canada Campers**, 2510-27 Street N.E., Calgary, AB, T1Y 7G1, Tel.: (403) 291-1000, 1-800-461-7368, Fax: 291-5509, E-Mail: res@canadream.com, Web: www.canadream.com (Zentralreservierung), **Zweigstelle Vancouver**, 7119 River Road, Delta, B.C. V4G 1A9, Tel.: (604)940 2171, Fax: (604)940 2183
• **Cruise Canada** – Motorhome Rentals & Sales: 7731 Vantage Way, Delta, B.C., VAG 1A6, Tel.: (604)946-5775

Taxi
• **Black Top & Checker Cabs**: 777 Pacific St., Vancouver, B.C., V6Z 2R7, Tel.: (604)683 4567, besitzt die größte Taxiflotte von Vancouver.
• **Yellow Cab Company LTD.**: 1441 Clark Dr., Vancouver, B.C., V5L 3K9, Tel.: (604)681 1111

Inlands-Fluggesellschaften

• *Air Canada:* 300 – 1177 West Hastings St., Vancouver, B.C., V6E 2K4, Tel.: (604)643-5600, Fax: 5797, Web: www.aircanada.com, Air Canada Jazz (regional): www.flyjazz.ca
• *Harbour Air Seaplanes:* 4760 Inglis Dr., Richmond, B.C., V7B 1W4, Tel.: (604)688-1277, Fax: 682-2964, E-Mail: harbour@harbour-air.com, Web: www.harbour-air.com
• *West Coast Air:* 1061 Coal Harbour Rd., Vancouver, B.C., Tel.: (604)606-6800, Fax: 6820, E-Mail: info@westcoastair.com, Web: www.westcoastair.com

Busunternehmen

• *Pacific Coach Lines,* Tel.: (604)662-8074, Web: www.pacificcoach.com, betreiben u.a. eine Buslinie nach Whistler und Victoria.
• *Greyhound Canada Transportation Corporation:* 200-1150 Station St., Vancouver, B.C., V6A 4C7, Tel.: (604)683-8133, 1-800-661-8747, Fax: 0144, Web: www.greyhound.ca

Kreuzfahrtschiffe

Holland America Line – Westours INC.: 300 Elliott Ave. W, Seattle, WA, 98119, Tel.: (206)281-3535, Fax: 298-3854, Web: www.hollandamerica.com

Fähren

• *Aquabus Ferries LTD.:* 1333 Johnston Street, Vancouver, B.C., V6H3R9, Tel.: (604)689-5858, Fax: 5838, E-Mail: mail@theaquabus.com, Web: www.theaquabus.com
• *B.C. Ferry Corporation:* 1112 Fort St., Victoria, B.C., V8V 4V2, Tel.: (250)386-3431, 1-888-223-3779, Fax: (250)381-5452, E-Mail: bcferries.reservations@bcferries.com, Web: www.bcferries.com

Eisenbahn

• *Rocky Mountaineer Railtours:* 1st Floor, 1150 Station St., Vancouver, B.C., V6A 2X7, Tel.: (604)606-7200, Fax: 7201, E-Mail: reservations@rockymountaineer.com, Web: www.rockymountaineer.com
• *VIA Rail Canada INC:* 2nd Floor OBS Building, 1150 Station St., Vancouver, B.C., V6A 4C7, Tel.: (604)640-3741, Fax: 3757, Web: www.viarail.ca

Banken

• *Royal Bank of Canada:* 1025 W Georgia St., Vancouver, B.C., V6E 3N9, Tel.: (800) 769-2520
• *Royal Bank of Canada – Airport:* Room 4110, Domestic Terminal Building, YVR, Richmond, B.C., V7B 1Y1, Tel.: (604)665-0858

Buchhandlung

Multilingual Media Shop Sophia Books, 492 West Hastings St., Vancouver V6B 1L1, Tel.: (604)684-0484, www.sophiabooks.com, führt Bücher in Deutsch, Französisch, Spanisch und Italienisch. Außerdem sind Zeitungen und Magazine erhältlich, die aber schon etwas älter sind.

V

 Wildnisausflug
Lotus Land, Reservierung: Tel.: (604)684-4922, Fax: 4921, www.lotuslandtours. com/vancouver.htm, bietet Tagesausflüge in den **Gletscherfjord „Indian Arm"** *an. Die Bootsausflüge werden täglich zwischen Mai und Oktober angeboten.*

Victoria (S. 340ff)

 Information
Visitors Visitor Info Centre, 812 Wharf St., Victoria, V8W 1T3, Tel.: (250)953-2033, Fax: 382-6539, E-Mail: info@tourismvictoria.com, Web: www.tourismvictoria. com, hat Buchungsschalter für Hotels, Mietwagen und touristische Unternehmungen sowie ausreichendes Prospekt- und Kartenmaterial.

Hotels/Motels
Downtown
• **The Fairmont Empress $$$$$**, *721 Government St., Victoria, B.C. V8W 1W5, Tel.: (250)384-8111, Fax: 381-4334, ist ein Luxushotel, efeuumrankter viktorianischer Prachtbau, der am inneren Hafen alle Blicke auf sich lenkt, 1908 erbaut und 1989 renoviert. 473 Gästezimmer und 30 Suiten, mit alten Möbeln, wertvollen Mahagonidecken vereinigen Tradition und Luxus. Ein modernes Konferenzzentrum ist integriert.*
• **The Admiral Inn $$$**, *257 Belleville St., Victoria, B.C., V8V 1X1, Tel./Fax: (250)388-6267, E-Mail: res@admiral.bc.ca, Web: www.admiral.bc.ca, liegt mit 32 Gästezimmern im Bereich des Inner Harbour.*
• **James Bay Inn $$$**, *270 Government St, Victoria BC, V8V 2L2, Tel.: 250)384-7151 Fax: (250)385-2311, Web: www.jamesbayinn.com, es werden verschieden ausgestattete Zimmer und außerdem ein Cottage mit 2 Schlafzimmern vermietet. Ein Restaurant, ein Pub und ein Café gehören mit zum Komplex.*

Victoria Umgebung
• **Quality Inn Waddling Dog $$**, *2476 Mount Newton X Rd., Saanichton, B.C. V8M 2B8, Tel.: (250)652-1146, Fax: 4946, E-Mail: info@qualityinnvictoria.com, Web: www.qualityinnvictoria.com, befindet sich 25 km nördlich von Victoria, bietet 30 Gästezimmer.*
• **Super 8 Motel $$**, *2477 Mount Newton X Rd., Saanichton, B.C. V8M 2B7, Tel.: (250)652-6888, Fax: 6800, www.super8.com, liegt am Patricia Bay Hwy (Hwy 17), 17 km außerhalb von Victoria Downtown und verfügt über 51 Gästezimmer.*

Bed & Breakfast
• **Humboldt House $$$$**, *867 Humboldt St., Victoria, B.C., V8V 2Z6, Tel.: (250)383-0152, 1-888-383-0327, Fax: 6402, E-Mail: rooms@humboldthouse.com, Web: www.humboldthouse.com, gilt als „Best Place to Kiss in the Northwest", vermietet 5 exklusive Zimmer.*

• **Craigmyle B&B $$,** 1037 Craigdarroch Road, Victoria, B.C. V8S 2A5, Tel.: (250)595-5411, Fax: (250)370-5276, www.bandbvictoria.com, etwas altmodisch gemütliche Unterkunft in einem ruhigen Wohnviertel
• **Agra House B&B $$,** 679 Herald St., Victoria, B.C. V8W 1S8, Tel./Fax: (250)380-1099, liegt ganz in der Nähe der Attraktionen der Altstadt.

Jugendherbergen
• **Hi Victoria $,** 516 Yates St., Victoria, B.C., V8W 1K8, Tel.: (403)670-7580, Fax: (403)283-6503, E-Mail: cr.vic@hihostels.ca, in der Downtown von Victoria gelegen, vermietet 110 Betten, Anmeldezeit: 12 Uhr; nur kurze Wege zu den Attraktionen der Stadt.
• **Ocean Island Backpackers Inn $,** 791 Pandora Ave., Victoria, V8W 1N9, Tel.: (250)385-1788, Fax: 1780, Web: www.oceanisland.com, ist eine günstige Unterkunft für Rucksacktouristen.

Camping
• **All Fun Recreation Park,** 2207 Millstream Rd., Victoria, B.C. V9E 1J1, Tel.: (250)474-4546, Fax: 478-4497, Web: www.allfun.bc.ca
• **Fort Victoria R.V. Park,** 340 Island Hwy 1A, Victoria, B.C. V9B 1H1, Tel.: (250)479-8112, Fax: 5806, E-Mail: info@fortvictoria.ca, Web: http://fortvictoria.ca/, liegt 6 km westl. der City, Haltestelle der Stadtbusse
• **Goldstream Provincial Park,** Hwy 1, 2930 Trans Canada Hwy., Victoria, V9E 1K3, Tel.: (250)391-2300, www.goldstreampark.com, 19 km nördlich von Victoria, ist m. E. der beste und ruhigste Campingplatz nördlich von Victoria. Der Campingplatz ist inmitten einer Regenwaldlandschaft angelegt. Er hat 161 Stellplätze und sehr gepflegte Sanitäranlagen.

Restaurants
• **Empress Room ####,** 721 Government St., Victoria, B.C. V8W 1W5, Tel.: (250)389-2727, ist ein ehrwürdiges Restaurant im britischen Nobelhotel **The Empress $$$$** mit herrschaftlichem Ambiente.
• **Ratskeller Schnitzel House ##,** 1205 Quadra St., Victoria, B.C. V8W 2K6, Tel.: (250)386-9348, serviert deutsche Gerichte.

Autoverleih
• **Budget Rent a Car of Victoria LTD.,** 3657 Harriet Rd., Victoria, B.C. V8Z 3T1, Tel.: (250)386-3712, 1-800-268-8900
• **National Car Rental,** Tel.: (250)386-1213, 1-800-227-7368, Web: www.nationalvictoria.com

Fahrradverleih
Biker Bills Bicycle Rentals, Depot: 634 Humboldt St., Victoria, B.C.

Souvenirs
Avoca Handweavers, 1660 Fort St., Victoria, B.C. V8W 1X9, Tel.: (250)383-0433, hat eine große Auswahl an irischer Wollkleidung, Kunsthandwerk und Schmuck.

Waterton Lakes National Park (S. 433ff)

Vorwahl: (403)859

 Wichtige Telefonnummern
- *Krankenwagen:* 2636
- **Parkaufsicht:** 2224
- **Polizei (RCMP):** *Waterton (Mai–Okt.): 2244, Cardston: (403)653-4931, Pincher Creek (403)627-4424*
- *Feuerwehr:* 2113
- *Krankenhäuser:* Cardston: (403)653-4411, Pincher Creek: (403)627-3333

Information
Das **Visitor Reception Centre** befindet sich auf der rechten Seite der Waterton Rd., gegenüber dem Prince of Wales Hotel, bevor Sie den Ort Waterton Townside erreichen. Es werden bereitwillig Auskünfte u. a. über Fischen, Wildnis-Informationen und Genehmigungen für bestimmte Aktivitäten gegeben.

Unterkünfte
Im Waterton Park
- **Prince of Wales $$$$**, East Glacier, MT 59434, Tel.: (403)236-3400, 2331, historisches Gebäude mit herrlichem Blick, Restaurant, Lounge und Unterhaltungsprogramm
- **Bayshore Inn $$$**, 111 Waterton Ave, Waterton Park, AB, T0K 2M0, Tel.: 1-888-527-9555, www.bayshoreinn.com, ein luxuriöses Resort und Tagungszen-

Schwarzbär im Waterton Lakes N.P.

trum mit allen Dienstleistungen, direkt am Seeufer gelegen, mit Whirlpool-Tubs, Speisesaal und Zimmerservice
• **Crandell Mountain Lodge $$**, Box 114, Waterton Park, AB, T0K 2M0, Tel./Fax: 2228, www.crandellmountainlodge.com, warme Gastfreundschaft, Country-Inn-Atmosphäre, Familien-, Kamin- und Kücheneinheiten, mit Fernsehen, Tagungseinrichtungen, einige Nichtraucher- und behindertengerechte Einheiten

In der Nähe gelegene Unterkunft
Great Canadian Barn Dance $$, Box 163 Hill Spring, AB, T0K 1E0, Tel.: (403) 626-3407, Fax: 3088, Web: http://gcbd.ca, 30 Minuten zum Park, Cottage- und Tipi-Vermietung, Familieneinheiten, Speisesaal, Tagungseinrichtungen, preiswert

Jugendherberge
Hl Waterton $, Box 4, Waterton Lakes, AB, T0K 2M0, Reservierung: Tel.: 2151, 1-888-985-6343, Fax: 2229, E-Mail: info@watertonlakeslodge.com, Web: www.hihostels.com, 21 Betten, Anmeldezeit: nach 16 Uhr, ist im Waterton National Park gelegen, in spektakulärer Gebirgs- und Seenlandschaft.

Campingplätze
(bis auf einen unter Tel. 2224 erreichbar)
• **Belly River Campground**, von Mai bis Mitte September geöffnet, hat 24 Stellplätze, Teilanschlüsse, Waschräume, Abwasserbeseitigung, Camp-Küchen, keine Duschen, keine Reservierungen.
• **Belly River Group Camp**, wird vom Park betrieben, von Mitte Mai bis September geöffnet, 2 Stellplätze, Teilanschlüsse, Waschräume, Camp-Küche, Reservierungen.
• **Crandell Mountain**, steht unter Leitung des Parks, von Mitte Mai bis Labour Day (1. Montag im September), 129 Stellplätze, Teilanschlüsse, Waschräume, Abwasserbeseitigung, Camp-Küchen, keine Duschen, keine Reservierungen.
• **Great Canadian Barn Dance (s.o.)**, Tel.: (403)626-3407, ist in Privatbesitz, mit Vollanschlüssen für Freizeitfahrzeuge und Zeltplätze, Duschen, Angeln, Boot fahren, verschiedene Sportarten, Lagerfeuer, Geschenkladen, Tanzen (barn dance).
• **Pass Creek Winter Camp**, wird vom Park betrieben, 8 Stellplätze, Teilanschlüsse, Waschräume, Camp-Küche.
• **Waterton Townsite**, steht unter Obhut des Parks, von Mai bis Oktober geöffnet, 238 Stellplätze, mit Voll- bzw. Teilanschlüssen, Waschräume, Duschen, Abwasserbeseitigung, Camp-Küchen, keine Reservierungen.

Restaurants
• **Prince of Wales Hotel ###**, Adresse und Kontakt s.o., das Café im Edelhotel bietet leckere Kleinigkeiten, wie Salate, Quiches und Pies an – allerdings zu nicht gerade bescheidenen Preisen...
• **New Frank's Restaurant #**, liegt an der Waterton Ave., neu renoviert, chinesische/Western-Küche, mit Frühstück, Mittagstisch, Hamburger, Suppen und chinesischem Buffet, preiswert, freundliche Bedienung.

W

Bücher
Book, Art & Photo, im Tamarack Village Square, ist Watertons vollständigste Auswahl an Büchern, Zeitschriften, Drucken, Karten und Fotobedarf, Kameras, Filmen und Zubehör, einzigartige Geschenke, Drucke und Karten mit Themen aus den Bereichen Umwelt, Tier- und Pflanzenwelt sowie Landschaften.

Souvenirs
• **Trail of the Great Bear Gift & Travel**, Tel.: 2663, bietet authentische, von Indianern und Einheimischen angefertigte Geschenkartikel, Karten für regionale Sehenswürdigkeiten, Wanderführer, Bücher für Outdoor-Enthusiasten, außerdem Reiseinformationszentrum.
• **Village Gift Shop**, im Bayshore Inn, hat in den Auslagen Porzellan, Souvenirs, Filme, Postkarten, Bücher über Flora und Fauna, T-Shirts, Hüte, Schmuck und vieles mehr.

Watson Lake (S. 563)
Vorwahl: (867)536

Wichtige Telefonnummern
• *Krankenhaus: 4444*
• **Ambulanz:** *4444*
• **Arzt:** *2565*
• **Feuerwehr:** *2222*
• **Polizei:** *5555*

Hotels/Motels
• **Belvedere Motor Hotel $$$**, Box 370, Watson Lake, Y.T., Y0A 1C0, Tel.: 7712, Fax: 7563, www.watsonlakehotels.com/Belvedere/, liegt im Zentrum der Stadt und ist das neueste und nobelste Hotel des Ortes mit Wasserbetten, 31 Hotelzimmern und 17 Motelräumen.
• **Gateway Motor Inn $$**, Box 370 Watson Lake, Y.T., Y0A 1C0, Tel.: 7712, Fax: 7563, www.watsonlakehotels.com/Gateway, verfügt über 50 modern eingerichtete Zimmer. Reservierung unbedingt erforderlich.

Camping
• **Campground Services**, Box 826, Watson Lake, Y.T., Y0A 1C0, Tel.: 7448, Fax: 7971, angeschlossen sind ein Supermarkt und eine Tankstelle.
• **Downtown RV Park**, Box: 609, Watson Lake, Y.T., Y0A 1C0, Tel.: (857)536-2646, Fax: 2224, ist mit allen Einrichtungen, Duschen, Waschautomat und freiem Wagenwaschen ausgestattet.

Whistler (S. 503f)

i **Information**
Whistler Info Centre, Lake Placid Rd./Hwy 99, Box: 181, Whistler, B.C., V0N 2B0, Tel.: (604)932-5528, Fax: 5755

Hotels
• **The Fairmont Chateau Whistler $$$$$**, 4599 Chateau Boulevard, Whistler, B.C., V0N 1B4, Tel.: (604)938-8000, Fax: 2291, www.fairmont.com/whistler/, liegt am Fuß des Blackcomb Mountain, ein Luxushotel mit 558 komfortablen Gästezimmern, Pool, Sauna, Restaurant, Bar und Tennisplatz.
• **Edgewater Lodge $$$**, 8020 Alpine Way, Whistler, B.C., V0N 1B0, Tel.: (604)932-0688, Fax: 0686, E-Mail: info@edgewater-lodge.com, Web: www.edgewater-lodge.com, beschaulich am See gelegen, 12 Zimmer warten auf Gäste.

Restaurants
• **Arthur's Classic Cuisine ####**, Tel./Fax: 905-4047, verfügt über eine ausgezeichnete Küche.
• **La Bocca ###**, Tel.: 932-2112, Fax: 2460, www.labocca.com, europäische Küche.
• **Palmer's Gallery ##**, Tel.: 932-3280, Fax: 4015, serviert kontinentale Gerichte.
• **Old Spaghetti Factory #**, Tel.: 938-1081, Fax: 1015, bietet italienische Gerichte an.

Autoverleih
• **Budget Rent-A-Car:** Tel.: (604)932-1236, Fax: 3026
• **Thrifty Car Rental:** Tel.: (604)938-0302, Fax: 0310

Fahrradverleih
• **Mountain Riders:** Tel.: 932-3659
• **Sportstop:** 4112 Golfers Approach, Tel.: 932-5495 (auch geführte Touren)

Kinderprogramme
Whistler Summer KIDS: Tel.: 932-3434, 1-800-766-1449

Rundflüge
• **Blackcomb Helicopters:** Tel.: 938-1700, www.blackcombhelicopters.com
• **Glacier Air:** Tel.: 1-800-265-0088, www.glacierair.com

Whitehorse (S. 573ff)

i **Information**
• **Yukon Visitor Reception Centre**, 100 Hanson St./2nd Ave., Tel.: (867)667-2915, 3084, Öffnungszeiten: täglich 8–20 Uhr

• *Tourism Yukon*, Box: 2703, Whitehorse, Y.T., Y1A 2C6, Tel.: (867)667-5340, Fax: 3546, E-Mail: info@touryukon.com, Web: www.touryukon.com

 Wichtige Telefonnummern
• *Notruf: Polizei, Feuerwehr, Ambulanz:* 911
• *Krankenhaus/Giftzentrum:* 393-8700
• *Polizei:* 667-5555

Hotels
• *Best Western Gold Rush Inn $$$*, 411 Main St., Whitehorse Y.T., Y1A 2B6, Tel. (867)668-4500, Fax: 7432, Web.: www.goldrushinn.com, Reservierung unter: www.bestwestern.com, hat 101 geräumige Zimmer zu bieten, 2008 renoviert.
• *High Country Inn $$$*, 4051-4th Avenue, Whitehorse, Yukon Y1A 1H1, Tel.: (867)667 4471, www.highcountryinn.yk.ca, großes Hotel mit vielen Zimmern verschiedener Preiskategorie und Ausstattung, ein Western-Restaurant befindet im Haus.

Bed & Breakfast
Wolf Ridge $$, Heide Hofmann, Alaska Hwy, Mile 941, Box 20729, Whitehorse, Y.T., Y1A 7A2, Tel.: (867)456-4101, Web: www.wolfridge-cabins.com, es werden idyllisch gelegene Blockhäuser, 30 km westlich von Whitehorse, in einem Pappelgehölz gelegen, von der Deutschen Heide Hofmann vermietet. Sie können Touren in die Wildnis, allein oder unter Führung zu Fuß, mit dem Van oder im

Wolf Ridge von Heide und Peter Watson – Meile 941 bei Whitehorse

Kanu unternehmen. Auch ein Winterurlaub hat seinen Reiz, mit Schneeschuhen, auf Langlaufskiern oder mit dem Hundeschlitten die Umgebung zu erkunden. Um eine Idee von der sympathischen Gastgeberin zu haben, sei hier ihr Leitspruch wiedergegeben: „Wilderness is more than a word, than an area of land. It is a spirit of our inner self. It adds vitality to our life and provides sanctury from the problems of a complex society."

Jugendherberge

Beez Kneez Hostel $, 408 Hoge St., Tel.: (867)456-2333, in der Altstadt gelegen, ist mit Mehrbett- und Privatzimmern ausgestattet.

Camping

• **Robert Service Campground**, Robert Service Way, Box 4458, Y.T., Y1A 2R8, Tel.: 668-3721

• **The Caribou RV Park**, Mile 873 Alaska Hwy, Tel.: 668-2961, www.caribou-rv-park.com

Restaurants

• **The Cellar ###**, Edgewater Hotel, 101 Main St., Whitehorse, Y.T., Y1A 2A7, Tel.: 667-2572, Fax: 668-3014, www.edgewaterhotelwhitehorse.com, seit seiner Gründung ist der Cellar eines der besten Speiserestaurants im Norden geblieben, ein Symbol für Qualität und Konsistenz, mit schmackhaften Vorspeisen, Suppen, Salaten, Fleisch- und Fischgerichten, lecker zubereiteten Meeresfrüchten, Nudelgerichten und Nachspeisen.

• **Pandas Dining Room ##**, 212 Main St., Tel.: 667-2632, Spezialitäten sind leckere Pasta. Es wird Deutsch gesprochen.

Autoverleih

Budget, 4178-4th Ave., Tel.: (867)667-6200, Fax: 2732, E-Mail: budget@whitehorsemotors.com, Web: www.budgetyukon.com

Abenteuer-Reisen

Yukon Wild Ltd., Rainer Russmann und Elisabeth Weigand, Box 40132, Whitehorse, Y.T., Y1A 6M8, Tel.: (867)668 5511, E-Mail: info@yukon-wild.de, Web: www.yukon-wild.de. Unter fachkundiger Leitung des o. g. Paars können Sie organisierte Abenteuer-Reisen per Kanu, mit Mountain Bikes, als Trekkingtour oder als Fotosafari in Nordwest-Kanada und Südalaska unternehmen.

Angeboten wird eine Vielzahl an geführten, deutschsprachigen, empfehlenswerten Touren:

- **Wildnistouren mit Kanu und Rucksack** in die einsamsten Landschaften Yukons, mit Lagerfeuer-Romantik und einmaligen Wildtierbegegnungen werden unter fachmännischer Führung durchgeführt.

- **Kombinierte Touren mit Trailreiten, Wandern und Kanufahrten** sind weitere Aktivitäten für sportliche Naturbegeisterte.

W
Y

- **Kombinierte Flug-Kanu-Touren** erschließen Ihnen die menschenleere Wildnis Yukons. Ein Kleinflugzeug bringt Sie zum Einsatzpunkt, um mit dem Kanu weiteres Terrain zu erkunden.
- **Schlittenhund- und Schneemobilfahrten** sowie **Schneeschuh- und Skiwanderungen** führen Sie in verzauberte Winterlandschaften.
- **Kanuverleih** für Fahrten auf dem Yukon River, Teslin River, Big Salmon River, Pelly River, Nisutlin River und Dezadeash River ist möglich.
Für weitere Informationen kontaktieren Sie bitte das wildniserprobte Veranstalterpaar und fordern Sie Prospektmaterial an.

 Bootsfahrten
MV Schwatka – Yukon River Cruises, Tel.: 668-4716, Fahrscheine in den meisten RV Parks am Schwatka Lake Dockside

Wood Buffalo National Park (S. 545ff)

ℹ️ Information
Wood Buffalo National Park, Box 750, Fort Smith, N.T., X0E 0P0, Tel.: (867)872-7900, Öffnungszeiten: ganzjährig, Eintrittsgeld: nicht erforderlich

Camping
Es gibt 2 Campgrounds im Nationalpark. Sie sind von Mitte Mai bis Mitte September geöffnet:
- **Pine Lake**: am Pine Lake, 36 Standplätze,
- **Kettle Point**: am Südende des Pine Lake, Gruppenzelte für 50 Personen.

Yellowknife (S. 551ff)
Vorwahl: (867)873

📞 Wichtige Telefonnummern
- **Notruf/Polizei**: (867) 669-9111
- **Feuerwehr/Ambulanz**: 2222
- **Krankenhaus**: Hospital Stanton Yellowknife: (867)920-4111

ℹ️ Information
- **Northern Frontier Visitors Association**, 4807 49th St. Tel.: 4262, Fax: 3654, E-Mail: info@northernfrontier.com, Web: www.northernfrontier.com
- **NWT Tourism**, Suite 196, Government of the Northwest Territories, Box 1320, Yellowknife, N.T., X1A 2L9
- **NWT Arctic Tourism**, Box 610, Yellowknife, N.T., X1A 2N5, Tel.: 7200, Fax: 4059, E-Mail: info@spectacularnwt.com, Web: www.spectacularnwt.com.

Hotels/Motels
• *Yellowknife Inn* **$$$**, *Box 490, 5010-49 St., Yellowknife, N.T., X1A 2N4, Tel.: 2601, www.yellowknifeinn.com, hat 131 renovierte Gästezimmer und Luxussuiten und ist das größte Hotel der Northwest Territories.*
• *Explorer Hotel* **$$$**, *4825 49th Avenue, Yellowknife, N.T., X1A 2R3, Tel.: 3531, Fax: 2789, www.explorerhotel.ca, weiter Blick über die Yellowknife Bay, bietet 128 Gästezimmer mit Klimaanlage, Konferenzsaal für 450 Personen und eleganten Speisesaal.*
• *Discovery Inn* **$$**, *4701 Franklin Avenue, Yellowknife, N.T., X1A 2N6, Tel.: 4151, Fax: 920-7948, www.discoveryinn.ca, vermietet 41 klimatisierte Gästezimmer mit Kabel-Fernsehen und Telefon.*

Camping
Fred Henne Park, am Hwy 3, 3 km vor der City, am Long Lake gegenüber dem lokalen Flughafen, 82 Standplätze

Yoho National Park (S. 381ff)
Vorwahl: (250)343

Campgrounds

Name	Standplätze	Strom	Service	Dusche
(1) Chancellor Peak	58	-	-	-
(2) Hoodoo Creek	106	-	X	-
(3) Monarch	46	-	-	-
(4) Kicking Horse *)	86	-	X	X
(5) Takakkaw Falls	35	-	-	-

*) der Kicking Horse Campground ist sauber, hat schöne Plätze mit toller Aussicht auf den Mt. Stevens. Der Geräuschpegel ist wegen der Führung der Eisenbahnlinie in der Nähe allerdings relativ laut.
In der Ferienzeit sollten Sie rechtzeitig anmelden. Weitere Informationen und Reservierung über: Yoho National Park of Canada, Box 99, Field, B.C., Canada, V0A 1G0, Tel.: (250)343 6783, Fax: 6012, E-Mail: yoho.info@pc.gc.ca.

Südalaska: Regionale Reisetipps A-Z

Telefonvorwahl Alaska: 907

*Die **Preiskategorien der Unterkünfte** (für ein Doppelzimmer pro Tag) werden in diesem Reisehandbuch durch die Zahl der $-Zeichen unterschieden.*

$	= unter 50 $	$$$	= 100-150 $	$$$$$	= über 250 $
$$	= 50-100 $	$$$$	= 150-250 $		

Restaurant-Preis-Kategorien, die in diesem Reisehandbuch verwendet wurden, basieren auf dem Preis eines Abendessens für 2 Personen (einschließlich Tax), jedoch ohne Getränke und Trinkgeld, angegeben in US$. Diese Preise sind lediglich Anhaltspunkte zur besseren Orientierung.

#	= preisgünstig/bis ca. 15 $	###	= teuer/ca. 25-45 $
##	= gemäßigt/ca. 15-25 $	####	= exklusiv teuer/ab ca. 45 $

News im Web:
www.iwanowski.de

Admiralty Island (S. 670)

Vorwahl: 586

A

ℹ️ Information
• *Forest Service Information Center*, Centennial Hall, 101 Egan Dr., Juneau, AK 99801, Tel.: 8751, Fax: 7928, Web: http://www.fs.fed.us/r10/tongass/districts/admiralty/
• *Admiralty National Monument*, 8461 Old Dairy Rd., Juneau, AK 99801, Tel.: 8790

✗ Charterflüge
Der einfachste Weg zum **Pack Creek** (Bärenbeobachtung) auf Admiralty Island zu kommen, ist per Charterflug. Zuverlässige Charterflug-Gesellschaften finden Sie in diesem Kapitel unter „Juneau".

🚢 Fähre
Das **Alaska State Ferry System** läuft **Angoon** auf Admiralty Island von Juneau und Sitka an. Dies ist der billigste Weg, um nach Admiralty Island zu kommen. Angoon ist ein traditionelles Eingeborenendorf ohne touristische Infrastruktur. Kanuverleih und Bootcharter sind in Angoon jedoch möglich.

Anchorage (S. 684ff)

ℹ️ Information
• *Alaska Public Lands Information Center (APLIC)*, 605 W 4th Ave., Suite 105, Anchorage, AK 99501, Tel.: (907)644-3661, TTY: 271-2738, hier sind ausgezeichnete Informationen über Alaskas Wildnis zu erhalten.
• *Log Cabin Visitor Information Center* (Blockhaus mit Rasendach), Ecke 4th Ave./F-St., Anchorage, AK 99501, Tel.: 274-3531, Fax: 278 5559, E-Mail: info@anchorage.net, Web: www.anchorage.net, ist übers ganze Jahr geöffnet. Die Infostelle bietet ein reiches Sortiment an Broschüren und Karten an.
• *North Anchorage Visitor Information Center*, im Parkgate Building, 11723 Old Glenn Hwy, Eagle River, Tel.: 276-4118

📞 Wichtige Telefonnummern
• *Notruf, Feuerwehr, Ambulanz:* 911
• *Polizei:* 786-8500
• *Krankenhäuser:*
- *Alaska Native Medical Center*, 563-2662
- *Alaska Regional Hospital*, 276-1131
- *Providence Alaska Medical Center*, 562-2211

A

 Hotels
Es gibt mehr als 35 Hotels und Motels in der Stadt.

In der Downtown:
• *Hilton Anchorage Hotel $$$$$*, 500 W. 3rd Ave., Anchorage, AK 99501-2210, Tel.: 272-7411, Fax: 265-7044, Web: www.hilton.com, ist ein Spitzenhotel mitten im Stadtzentrum und bietet 591 elegante Gästezimmer und 3 Restaurants.
• *Holiday Inn Downtown $$$$*, 239 W. 4th Ave.-VG, Anchorage, AK 99501-2395, Tel.: 279-8671, Fax: 258-4733 YR, bietet allen Komfort.
• *Hampton Inn $$$*, 4301 Credit Union Dr.-VG, Anchorage, AK 99503-6637, Tel.: 550-7000, Fax: 561-7330, Web: www.hamptoninn.com, verfügt neben der üblichen Ausstattung auch über einen Swimmingpool.
• *John's Motel & RV Park $$*, 3543 Mountain View Dr.-VG, Anchorage, AK 99508-1199, Tel.: 277-4332, Fax: 272-0739, Web: www.johnsmotelandrvpark.com, vermietet 20 Gästezimmer.
• *Midtown Hotel $*, 604 W. 26th St., Anchorage, Tel.: 258-7778, ist ein preiswertes Hotel.

Bed & Breakfast
• *Alaska Wilderness Plantation $$$*, 2910 W. 31st Ave.-VG, Anchorage, AK 99517-1734, Tel.: 243-3519, Fax: 1059, liegt in der Nähe des Flughafens, vermietet komfortabel eingerichtete Gästezimmer und Suiten. Ein beheizter Innenswimmingpool und eine Sauna gehören mit zum Komplex.
• *The Herrington House $$$*, 702 Barrow St., Anchorage, AK 99501-3220, Tel.: 258-3311, 229-6822, Fax: 279-7543, liegt in der Downtown, die Gästezimmer sind in europäischem Stil eingerichtet.

Jugendherbergen
• *International Backpackers Inn/Hostel $*, 3601 Peterkin, Anchorage, AK 99508, Tel.: 274-3870
• *Hostelling International Anchorage $*, 700 H St., Anchorage, AK 99501-3417, Tel.: 276-3635, 279-7974, Fax: 276-7772 www.anchorageinternationalhostel.org

Camping
• *Anchorage RV Park*, 1200 N. Muldoon Rd., Anchorage, AK 99506, Tel.: 338-7275, Fax: 337-9007, Web: www.anchrvpark.com, liegt 10 Minuten von der Downtown entfernt, vergibt 195 full-hook-up-Standplätze.
• *Golden Nugget Camper Park*, 4100 Debarr Rd.-VG, Anchorage, AK 99508-3197, Tel.: 333-2012, 333-5311, Fax: 1016, Web: http://www.goldennuggetcamperpark.com

Restaurants
• *Club Paris ####*, 417 W. 5th Ave-VG, Anchorage, AK 99501-2309, Tel.: 277-6332, ist ein renommiertes Steak-Restaurant.
• *Simon & Seafort's Saloon & Grill ####*, 420 L St., Ste 202-VG, Anchorage, AK 99501-1937, Tel.: 274-3502, Fax: 2487, ist eines der besten Fischrestaurants ganz Alaskas. Reservierung ist erforderlich.

• **Sourdough Mining Company An Alaska Restaurant ###**, 5200 Juneau St.-VG, Anchorage, AK 99518-1482, Tel.: 563-2272, Fax: 562-4690, www.sourdoughmining.com/, ist ein uriges, typisches Alaska-Lokal. Hier werden frische alaskanische Meeresfrüchte, geräuchertes Fleisch und authentisches Sourdough-Brot serviert.

✈ Fluggesellschaften
• **Alaska Airlines**, www.alaskaair.com, bedient 44 Städte im Westen, einschließlich 19 Gemeinden in Alaska.
• **American Airlines**, Web: www.aa.com, bedient 250 Destinationen weltweit.

✕ Air Taxis
• **Alaska Air Taxi**, 5045 Aircraft Dr.-VG, Anchorage, AK 99502-1056, Tel.: 243-3944, Fax: 248-2993, E-Mail: airtaxi@arctic.net, Web: www.alaskaairtaxi.com/, fliegen z. B. in abgelegene Jagd-/Fischreviere, zum Wildnisrafting und zu Bärenbeobachtungen.
• **Alaska Skyways/Regal Air**, Box 190702-VG, Anchorage, AK 99519-0702, 4506 Lakeshore Dr., Lake Hood, Tel.: 243-8535, Fax: 345-8035, E-Mail: regalair@alaska.net, Web: www.regal-air.com, organisiert individuelle Rundflüge, Flüge zum Fischen, Jagen und Gletscherlandungen.

Busse/Van
• **Alaska Backpackers Shuttle, Inc.**, Box 232493-VG, Anchorage, AK 99523-2493, Tel.: 344-8775, Fax: 522-7382, fährt täglich zum Denali N.P., nach Fairbanks und Seward, Abfahrten am Voyager Hotel, 5th Ave/K St..
• **Alaska Direct Busline, Inc.**, 125 Oklahoma St., Box 100501, Anchorage, AK 99510, Tel.: 277-6652, 1-800-770-6652, Fax: 338-1951, www.alaskadirectbusline.com/ verkehrt zwischen Anchorage, Fairbanks, Whitehorse und Skagway.
• **Parks Highway Express, Inc.**, 2895 Mack Rd., Box 84278, Tel.: 479-3065, 1-800 770-7275, Fax: 457-2034, E-Mail: AlaskaShuttle@yahoo.com, Web: www.alaskashuttle.com, fährt nach Denali, Fairbanks, Wrangell-St.Elias, Glenallen, Valdez und jeden Ort am Richardson und Glenn Hwy.
• **People Mover Busse** verkehren **kostenlos** zwischen der Eagle St. und K St. sowie zwischen der 5th Ave. und der 7th Ave.

Autoverleih
• **Avis Rent-A-Car**: Box 190028-VG, 5th Ave./B-St., Anchorage, AK 99519-0028, Tel.: (907)249-8260 (Anchorage International Airport), Web: www.avis.com
• **Budget Rent-A-Car**, 5011 Jewel Lake Rd.-VG, Anchorage, AK 99502-1034, Tel.: 243-0150, Fax: 248-4902, Website: www.budget.de

Fahrradverleih
The Bicycle Shop Bicycle Rentals, 1035 W. Northern Lts Blvd-VG, Anchorage, AK 99503-2499, Tel.: 272-5219

A

D

Bücher
• **Arctic Star Enterprises**, 520 W. 58th Unit A, Anchorage, AK 99502-1626, Tel.: 770-7793, Werbespruch der o. g. Buchhandlung: „Sie fahren nach Alaska? Dann schicken wir Ihnen Bücher für Ihr Abenteuer."
• **Cook Inlet Book Company, Inc.**, 415 W. 5th Ave.-VG, Anchorage, AK 99501-2357, Tel.: 258-4544, Fax: 4491, E-Mail: info@cookinlet.com, Web: www.cookinlet.com, vertreibt eine große Auswahl an Büchern, die Alaska und den Norden zum Inhalt haben.

Nachtleben
Chilkoot Charlie's, 2435 Spenard Rd.-VG, Anchorage, AK 99503-1621, Tel.: 272-1010, Fax: 7519, E-Mail: star@koots.com, Web: www.koots.com, gilt als das heißeste Rocklokal der ganzen Stadt.

Denali Highway (S. 706f)

Lodge/Camping
Tangle River Inn $$, Mile 20, Denali Hwy, Paxson, AK 99737, Tel.: 822-7304, 3970 (Sommer), 895-4022 (Winter), Website: www.tangleriverinn.com, liegt an einem See. Dort können Sie nach Herzenslust fischen, jagen, Kanu fahren, Wild und Vögel (110 Vogelarten, u. a. Falkenraubmöwe und Gerfalke) beobachten, fotografieren, filmen oder die Seele baumeln lassen. Außerdem liegt ein Campground am See.

Denali National Park (S. 708ff)
Vorwahl: 683

Anreise
• **Per Auto** sind es auf dem Hwy 3 406 km von Anchorage und 237 km von Fairbanks.
• **Per Eisenbahn**: Es verkehren täglich Züge zwischen Anchorage und Fairbanks mit Halt am Denali N.P., weitere Informationen: Alaska Railroad Corporation, Box 107500, Anchorage, AK 99510-7500, Tel.: 265-2494 Anchorage oder 456-4155 Fairbanks, (800)544-0552 www.akrr.com/.
• **Per Bus**: Verschiedene Unternehmer bieten im Sommer Bustouren von Anchorage oder Fairbanks an.

Auskunft und Organisation
Das **Visitor Access Center** am Parkeingang, Box 9, Denali Park, AK 99755, Tel.: 683-1266, 1267 (Sommer), 683-2294 (Winter), Web: www.nps.gov/dena, erteilt Auskünfte, bietet Prospektmaterial, Karten usw. an, teilt Shuttlebustouren und Campgrounds zu und vergibt an wenige Besucher sog. „Backcountry"-Genehmigungen.

Shuttle-Busse (grün)

In den Denali N.P. führt nur eine Stichstraße bis zum Wonder Lake von genau 87,9 Meilen (141,5 km). Private Fahrzeuge dürfen nur bis zum Kontrollpunkt an der Savage Bridge (14,8 Meilen = 23,8 km) fahren. Über diesen Punkt hinaus ist Privatverkehr bis auf wenige Ausnahmen verboten, weil die Tierwelt sonst erheblich beeinträchtigt würde. Deshalb wurde ein Buspendelverkehr eingeführt. Wenn Sie einen Campground im Park bezahlt haben, ist die Fahrt mit dem Bus kostenlos. Sonst müssen Sie eine geringe Gebühr bezahlen.

Die ersten Shuttle-Busse verlassen um 5 Uhr das Visitor Center, und sie verkehren in 20-Minuten-Intervallen. Der letzte Bus verlässt es um 13.30 Uhr. Sie fahren bis zum **Eielson Visitor Center** und teils bis zum **Wonder Lake** (5 Stunden). Zum Filmen und Fotografieren hält der Fahrer an.

Am Informationszentrum müssen Sie eine Platzkarte lösen, auf der die Abfahrtzeit des Busses und der Zielort vermerkt sind. Die Fahrt bis Eielson dauert hin und zurück ca. 7 ½ Stunden und die zum Wonder Lake hin und zurück ca. 10 Stunden. Für Verpflegung müssen Sie selber sorgen, da es unterwegs keine Möglichkeit für einen Imbiss gibt.

Es sollte spätestens am Vortag eine Karte für den Bus reserviert worden sein, da sonst nur noch spät fahrende Busse gebucht werden können. Das Zusteigen auf den Bus für Wanderer ist nur möglich, wenn es noch freie Sitzplätze gibt. Stehplätze gibt es nicht.

Reisebusse (beige)

Ausflugsfahrten mit Busunternehmern **nur** bis Kilometer 27 oder 85 in den Park werden mit einer Reisebegleitung durchgeführt. Eine Umsteigemöglichkeit auf Shuttle-Busse ist aber nicht gestattet. Im Preis mit eingeschlossen sind ein Proviantpaket einschließlich Getränke.

Camping
im Denali N.P.

• Es gibt **7 Campgrounds im N.P.** mit insgesamt 228 Plätzen (Pl.): Riley Creek (102 Pl.), Savage River (34 Pl.), Sanctury River (7 Pl.), Teklanika River (50 Pl.), Igloo Creek (7 Pl.), Wonder Lake (28 Pl.). Außerdem existiert der Moriono Backpacker Campground (nur für Rucksacktouristen, mit 60 Zeltplätzen, Vorbestellungen nicht möglich) am Alaska Railroad Depot.

In der Hochsaison sind die Campingplätze meistens über Tage ausgebucht. **Reservierung** mindestens 2 Tage vorher, Dauer max. 14 Tage, Tel.: 1-800-622-7275, Fax: 264-4684, ohne Reservierung kommen Sie auf eine Warteliste.

• **Für Camper und Trailer zugelassene Campgrounds** sind: Riley Creek, Savage River und Teklanika River. Die übrigen Campgrounds sind nur für Zelte zugelassen.

• **„Backcountry-Camping"** ist eine Möglichkeit für eine ausgesuchte Zahl an Wanderern, „Wildnis pur" zu erleben, ohne auf überfüllten Campgrounds übernachten zu müssen. Nach einem Quotensystem wird Ihnen in Ausnahmefällen ein kostenloses Permit erteilt. Eine Karte im Infozentrum informiert über 43 Zeltplätze und Sperrgebiete.

D

Bestimmungen für das Zelten im Hinterland

- *Zeltplätze müssen mindestens **einen km von der Straße** entfernt liegen und dürfen nicht von der Straße aus zu sehen sein.*
- *Zelten Sie **auf festem Untergrund**.*
- *Zelten Sie mindestens **35 m vom Wasser** entfernt. Verschmutzen Sie Wasserquellen möglichst nicht mit Lebensmitteln und Seife.*
- ***Feuermachen** ist **im Hinterland verboten**. Benutzen Sie Campingkocher zum Kochen.*
- ***Lebensmittel** müssen außer beim Kochen ordnungsgemäß **in einem bärensicheren Lebensmittelcontainer** aufbewahrt werden.*
- *Kochen und lagern Sie **Lebensmittel mindestens 100 m von Ihrem Zelt** entfernt auf der dem Wind abgewandten Seite.*
- *Lassen Sie **keine Abfälle** oder Toilettenpapier zurück, vergraben Sie Fäkalien.*
- *Lassen Sie alle **Kultur- und Naturobjekte** dort zurück, wo Sie sie gefunden haben.*
- *Die **Mitnahme von Hunden** ins Hinterland ist **nicht gestattet**.*
- ***Trinken Sie kein Wasser** direkt aus Seen, Flüssen oder Bächen. Giargia, eine im Wasser enthaltene Zyste, verursacht schwere Darmprobleme. Sie wurde in den Gewässern des Parks gefunden. Kochen Sie Wasser fünf Minuten lang oder filtern es mit einer Pumpe.*
- *Geben Sie nach ihrer Rückkehr den **bärensicheren Lebensmittelcontainer** sauber und trocken im Besucherinformationszentrum ab.*
- *Melden Sie alle **Begegnungen mit Bären** einem Ranger des Parks.*

<u>außerhalb des Denali N.P.</u>

- **Denali RV Park & Motel**, Box 155, Denali National Park, AK 99755, Mile 245 George Parks Hwy, 8 Meilen nördlich vom Park Eingang, Tel.: 683-1500, E-Mail: stay@denali.rvpark.com, Web: www.denalirvpark.com, vermietet 90 Standplätze.
- **Mc Kinley RV & Campground**, Box 340, Healy, AK 99743, Mile 248 Parks Hwy., Tel.: 683-2379, Fax: 683-2281, 89 Standplätze, bietet alle üblichen Einrichtungen, einschließlich Waschautomaten, Duschen und Tankstelle.

Wandern im Denali N.P.

Dieser Nationalpark hat nur im Eingangsbereich einige Wanderwege. Er ist weitgehend eine **weglose Wildnis**, die von Entdeckungsfreudigen individuell erobert werden muss. Er kann für Sie zum **unvergesslichen Wandererlebnis** werden. Sie müssen sich aber bewusst machen, dass Wanderungen im Denali auch mit unfreundlichem Wetter, unverhofften Begegnungen mit Wild, unpassierbaren Gletscherflüssen und Schwärmen von Moskitos verbunden sein können, deshalb ist eine gute Vorbereitung das A und O. Bestimmte Sperrgebiete, absolute Ruhezonen für störungsempfindliches Wild, sind für Sie tabu.

- **Tageswanderungen** sind **ohne Registrierung** möglich. Im Park stoßen Sie auf **einige Wildgehege**, die zum Schutz bestimmter Tiere eingerichtet wurden, die empfindlich auf Menschen reagieren. Der „Background Desk" (Informationsstelle für das Hinterland) hält eine kostenlose Landkarte bereit, auf der diese Gehege eingezeichnet sind.

Wenn Sie sich mit dem Shuttle Bus, für den Sie eine Reservierung haben müssen, in das interessante Gebiet jenseits des Savage River transportieren lassen, besteht die Möglichkeit, den Bus unterwegs zum Wandern zu verlassen und jeden vorbeifahrenden Bus zum Wiederbesteigen per Handzeichen anzuhalten. Sie werden mitgenommen, wenn genügend Platz vorhanden ist. Oft fehlt es in der Hochsaison an freien Busplätzen, und Sie müssen möglicherweise stundenlang warten.

• **Mehrtägige Wanderungen** sind genehmigungspflichtig. Die **Genehmigung** erhalten Sie von der Informationsstelle für das Hinterland. Dort hängt eine große Landkarte aus, auf der die Teilgebiete des Hinterlandes und die **Sperrgebiete** verzeichnet sind. Zum Schutz der Wildnis und um den Erfahrungswert des Einzelnen zu optimieren, ist in jedem Teilgebiet nur eine begrenzte Anzahl von Personen zugelassen.

Legen Sie Ihre Wanderroute mit Datum einem Ranger für das Hinterland vor, der Ihnen eine **schriftliche Erlaubnis** mit ihrem Plan ausstellt. Sie werden aufgefordert, den Verhaltenskodex und die Sicherheits- und Parkbestimmungen durchzulesen und mit dem Ranger zu besprechen. Daraufhin erhalten Sie die Erlaubnis und eine Karte mit den Teilbereichen und Sperrgebieten.

Außerdem erhalten Sie einen **bärensicheren Lebensmittelcontainer**, in dem Sie Lebensmittel und andere Artikel mit Duftstoffen aufbewahren können. Diese bärensicheren Behälter haben erfolgreich Bären und andere Wildtiere davon abgehalten, Wanderern Lebensmittel zu stehlen und diese möglicherweise zu attackieren.

Hotels/Motels
im Nationalpark
Denali Backcountry Lodge $$$$$, Box 189, Girdwood, Denali Nationalpark, AK 99587, Tel.: (907) 376-1992, (877) 233-6254, Fax: (907) 376-1999, E-Mail: info@ denalilodges.com, Web: www.denalilodge.com, diese Lodge befindet sich im Denali National Park in Kantishna.

außerhalb des Nationalparks
• **Denali Bluffs Hotel $$$**, Mile 238.4 Parks Hwy., Box 72460, Fairbanks, AK 99707, Tel.: 8500, Fax: (907)258-3668, E-Mail: denalireservations@aramark.com, Web: www.denalibluffs.com, ist das dem Parkeingang am nächsten gelegene Hotel, mit 112 Gästezimmern, die mit TV, Telefon und Kühlschrank ausgestattet sind.
• **Crow's Nest Log Cabins $$**, Mile 238,5 Parks Hwy., Box 70, Denali Park, AK 99755, Tel.: 2723, Fax: 2323, E-Mail: crowsnet@alaska.net, Web: www.alaska.net/ ~crowsnet, befindet sich eine Meile nördlich des Parkeingangs. Sie haben einen spektakulären Blick auf die Alaska Range.

Bed & Breakfast (außerhalb des Nationalparks)
Denali Dome Home $$, Spur Rd., Box 262, Healy, AK 99734, Web: www. denalidomehome.com/, ist eine gute Adresse in Healy mit langjähriger Tradition.

Jugendherberge (im Nationalpark)
Denali Mountain Morning Hostel $, Mile 224 Parks Highway, P.O.Box 208, Denali National Park, AK 99755, Tel.: (907)683-7503, Web: www.hostelalaska.com, alle Altersgruppen sind willkommen. Reservierung ist im Sommer erforderlich.

D
F

Restaurants

• **McKinley/Denali Salmon Bake & Cabins ##**, Mile 224,5 Parks Hwy, Box 89, Denali National Park, AK 99755, Tel.: 2277, Web: www.mckinleycabins.com, bereitet besonders den Lachs lecker zu und ist nur in der Sommersaison geöffnet.
• **The Perch ##**, Mile 224, Parks Hwy, Tel.: 2523, serviert Pasta und Meeresfrüchte.

Rafting

• **Denali Raft Adventures, Inc.**, Drawer 190, Denali National Park, AK 99755, Tel.: 2234, Fax: 1281, Web: www.denaliraft.com/, bietet mehrstündige Exkursionen, Tagestouren und Touren mit Übernachtung an.
• **Denali Outdoor Center**, Mile 238,5 Parks Hwy, Box 170, Denali Park, AK 99755, Tel.: 1925, E-Mail: docadventure@hotmail.com, Web: denalioutdoorcenter.com, organisiert Rafting- und Kajaktouren und vermietet Mountainbikes.

Flug

• **Denali Air**, Box 82, Denali National Park, AK 99755, Mile 229,5 Parks Hwy, Tel.: 2261, fliegt seit 1970 und ist auf Flüge rund um den Mt. McKinley spezialisiert.
• **Era Helicopters Flightseeing Tours**, 6160 Carl Brady Dr., Anchorage, AK 99502, Tel.: 2574 (Denali Park), Fax: 266-8349, E-Mail: contact@eraflightseeing.com Web: www.flightseeingtours.com landet mit Ihnen auf Gletschern und einsamen Stellen in der Alaska Range.

Fairbanks (S. 695ff)

Information

• **Alaska Internet Publishers**, 1714 Marika Rd., Fairbanks, AK 99709, Tel.: 456-2500, Fax: 2500, Web: www.akpub.com, informiert über Unterkünfte, RV Parks, geführte Touren usw.
• **Alaska Public Lands Information Center (APLIC)**, 250 N Cushman St., Suite 1A, Fairbanks, AK 99701, Tel.: 456-0527, Fax: 0514, Web: www.nps.gov/aplic/center, gibt Informationen über Trip-Planung in Nationalparks und weiteren Schutzgebieten. Filme und Wanderführer über Wildnisgebiete und einheimische Kultur sowie entsprechende Karten können benutzt werden.
• **Fairbanks Visitor Information Center**, 555 1st Ave., Tel.: 456-5774, am Flughafen befindet sich ebenfalls eine Auskunftsstelle.

Wichtige Telefonnummern

• **Notruf, Feuerwehr, Ambulanz:** 911
• **Polizei:** 459-6500
• **Krankenhäuser**
- **Fairbanks Memorial**, 1650 Cowles St., Fairbanks, AK 99701: 452-8181
- **Eielson Clinic AFB**, 377-2259

Hotels/Motels

• **Westmark Fairbanks Hotel $$$$**, *813 Noble St., Fairbanks, AK 99701, Tel.: (907)456-7722, Fax: 451-7478, Web: www.westmarkhotels.com, bietet über 400 komfortable Zimmer und Suiten an.*
• **River's Edge Resort $$$**, *4200 Boat St., Fairbanks, AK 99709, Tel.: 474-0286, Fax: 3665, E-Mail: info@riversedge.net, Web: www.riversedge.net, 94 Hütten stehen den Gästen zur Verfügung, direkt am Fluss gelegen.*
• **Bridgewater Hotel $$**, *1501 Queens Way, Fairbanks, AK 99701, 723 1st Ave., Tel.: (907)456-3642, Web: www.fountainheadhotels.com/, befindet sich im Herzen der Stadt.*

Bed & Breakfast

• **Fairbanks B&B $$**, *902 Kellum St., Fairbanks, AK 99701, Tel.: (907)452-4967, Fax: 451-6955, einfach, aber gemütlich und ruhig gelegen.*
• **Übernachtung & Frühstück $**, *2402 Cowles St., Fairbanks, AK 99701, Tel.. 455-7958, Fax: 452-7958, hier wird Deutsch gesprochen.*

Jugendherbergen

• **Alaska Heritage Inn $**, *1018 22nd Ave., Fairbanks, AK 99701 (nahe der Abzweigung South Cushman St.), Tel.: 451-6587, Fax: 456-6511, bietet 7 Betten, Möglichkeiten zum Zelten und Picknick im Hof sind gegeben.*
• **Billie's Backpackers Hostel $**, *2895 Mack Rd. (nahe Abzw. College Rd., ca. 1,6 km von der University Ave.), Fairbanks, AK 99709, Tel.: 479-2034, Fax: 457-2034, Web: www.alaskahostel.com, vermietet einzelne Betten, Hunde sind erlaubt, tägliche Fahrten zum Denali NP, nach Anchorage, Valdez und Haines.*

Trading Post – Fairbanks

Camping

• **Chena Hot Springs Resort**, *56,5 Mile Chena Hot Springs Rd., Box 73440, Fairbanks, AK 99707, Tel.: 451-8104, Fax: 451-8151, E-Mail: chenahs@polarnet. com, Web: www.chenahotsprings.com, für Campingfahrzeuge und Zelte ist unbegrenzt viel Platz.*
• **Riverview RV Park and Cookout**, *1316 Badger Rd., North Pole, Box 72618, Fairbanks, AK 99707, Tel.: 488-6392, Fax: 0555, Web: www.riverviewrvpark.net/, vermietet 160 Standplätze für Campingfahrzeuge und 10 Zeltplätze.*

F

Restaurants

• *Alaska Salmon Bake/Palace & „Golden Heart Revue"* ###, 3175 College Rd., 1-F, Fairbanks, AK 99709, Alaskaland Theme Park Historic Mining Valley, Tel.: 452-7274, 1-800-354-7274, Fax: 456-6997, ist ein sehr gutes Lachslokal.

• *Souvlaki* ##, 1119 2nd Ave./310 1st Ave., Fairbanks, AK 99701, Tel.: 452-5393, Fax: 457-6639, serviert authentisch griechische und amerikanische Gerichte.

Flüge

• *Air North*, 150 Condor Rd., Box 4998, Whitehorse, Yukon Territory Y1A 4S2, Tel.: (867)668-2228, Fax: 6224, Web: www.flyairnorth.com, fliegt zwischen Fairbanks, Dawson City, Inuvik, Old Crow und Whitehorse.

The Big Stampede – Fairbanks

• *Alaska Airlines*, 5175 Airport Industrial Way, Box 60008, Fairbanks, AK 99706-0008, Tel.: 474-0481, 1-800-426-0333, Fax: 479-2068, Web: www.alaskaair.com, bedient über 70 Städte in 8 Staaten, zusätzlich Kanada und Mexiko.

• *Frontier Flying Service*, Inc., 3820 University Ave., Fairbanks, AK 99709, Tel.: 474-0014, 1-800-478-6679, Fax: 0774, Web: www.frontierflying.com, fliegt in Zentralalaska und in den fernen Norden Alaskas.

Busse

Alaska Shuttle, Tel.: 1-888-600-6001, E-Mail: info@alaskashuttle.com, Web: www.alaskashuttle.com, verkehrt zwischen Fairbanks, Denali, Anchorage, Dawson City, Valdez und Wrangell-St. Elias.

Autoverleih

• *Avis Rent A Car*, 6450 Airport Way, Fairbanks, AK 99709, Tel.: 474-0900, Fax: 471-2013, E-Mail: avisak@alaska.net, Web: www.avis.com, vermietet Pkw, Vans und Lkw, auch Einweg-Vermietung ist möglich.

• *National Car and Truck Rental*, 1246 Noble St., Fairbanks, AK 99701, Tel.: 451-Rent, Fax: 452-4915, vermietet Pkw, Lkw und Autos mit Vierradantrieb.

Glacier Bay National Park (S. 665ff)

G

H

Vorwahl: 697

ℹ️ Information
Glacier Bay National Park, Gustavus, am Bartlett Cove, AK 99826-0140, Tel.: 2230

✈️ Kombinierte Flug-/Bootstour
Flug Juneau – Gustavus, z. B. mit „Wings of Alaska", Transfer mit dem **Bus** von Gustavus zum Visitor Center (Glacier Bay Lodge), anschließend mit dem **Schiff** in den Glacier Bay Nationalpark mit Stopps an der Vogelkolonie South Marble Island, am Gran Pacific Glacier und Lampugh Glacier.

🛏️ Übernachtung
• **Glacier Bay Lodge $$$$$**, 241 W. Ship Creek Ave. Anchorage, AK 99501, Tel.: 264/4600, Fax: 258/3668, Web: www.visitglacierbay.com, im Regenwald von Bartlett Cove gelegen, vermietet 56 rustikale Zimmer.
• **Meadow's Glacier Bay Guest House $$**, Box 93, Gustavus, AK 99826, Tel./Fax: 2348, liegt an der Küste, hat 4 Gästezimmer zur Auswahl, organisiert Glacier Bay-Touren und vermietet Fahrräder und Kajaks.

Haines (S. 671ff)

Vorwahl: 766

ℹ️ Information
Haines Convention and Visitors Bureau, 122 Second Avenue, Haines AK 99827, Tel.: 2234, Fax: 458/3579, E-Mail: hcvb@haines.ak.us, Web: www.haines.ak.us, erteilt Auskünfte aller Art.

☎️ Wichtige Telefonnummern
• **Notruf/Feuerwehr/Ambulanz:** 911
• *Polizei:* 2121
• *Arzt:* 2521
• *Krankenstation:* 3121

Motels
• **Captain's Choice Motel $$**, Second & Dalton St., Box 392, Haines AK 99827, Tel.: 3111, 1-800-478-2345, Fax: 766-3332, E-Mail: capchoice@usa.net, Web: www.capchoice.com, bietet 40 Gästezimmer und Suiten, neu und komfortabel.
• **Mountain View Motel $$**, 2nd Ave./Mud Bay Rd. (Fort Seward), Haines AK 99827, Tel.: 2900, 1-800-478-2902, E-Mail: lodgings@mtviewinn.net, Web: www.mtviewinn.net, vermietet 9 zweckmäßig eingerichtete Zimmer.

H

Bed & Breakfast
• **Officer's Inn Bed & Breakfast $$**, Fort Seward Dr., Box 1589, Haines AK 99827, Tel.: 2000, ist im historischen Fort Seward untergebracht.
• **Summer Inn $$**, 117 2nd Ave., Box 1198, Haines AK 99827, Tel./Fax: 2970, E-Mail: innkeeper@summerinnbnb.com, Web: http://www.summerinnbnb.com/, befindet sich in einem historischen Gebäude von 1912.

Jugendherberge
Bear Creek Camp & Hostel $, Small Tracks Rd., ca. 4 km südlich der Stadt, Tel.: 2259, E-Mail: bearcreekcabin@yahoo.com, bietet Dormitory, Familien-Cabins und Zeltplätze an.

Camping
• **Chilkat-State Park**, ca. 12,8 km von Haines erreichen Sie den Campground über die Mud Bay Rd. mit 73 Standplätzen für Camper-Fahrzeuge und 3 Zeltplätzen.
• **Haines Hitch-up R.V. Park**, 851 Main St., Box: 383, Haines, AK 99827, Tel.: 2882, E-Mail: info@hitchuprv.com, Web: www.hitchuprv.com, eine gepflegte Anlage im Stadtbereich, bietet 92 Standplätze mit allen Einrichtungen, geöffnet vom 15. Mai bis 15. September.
• **Portage Cove**, eine halbe Meile von Fort Seward entfernt, offeriert 9 Zeltplätze. Wasser und Toiletten sind vorhanden. Sie genießen den Blick auf die Coast Range und den Lynn Canal und können Kreuzfahrtschiffe, Fähren, Wale, Delfine und Adler beobachten. Dieser Campingplatz ist **nur für Wanderer und Radfahrer** zugelassen.

Restaurants
• **(The) Lighthouse Restaurant ###**, Main & Front St., Tel.: 2442, mit Blick auf den Lynn Canal und Bootshafen, serviert leckere Meeresfrüchte, Steaks und Salate.
• **Wild Strawberry ##**, 138 2nd Ave., Haines, AK 99827, Tel.: 3608, bereitet u. a. schmackhafte Gerichte mit Meeresfrüchten und Salate zu.

Fähren
Von Haines verkehren Fähren bis nach British Columbia. Einzelheiten erfragen Sie bitte beim Infocenter Tel.: 2234 oder beim Terminal am Fährhafen, Lutak Rd. direkt oder per Tel.: 2111, Reservierung: 1-800-642-0066

Flüge
• **Alaska Mountain Flying**, 132 2nd Ave., Tel.: 3007, E-Mail: mtnfly@yahoo.com, in der Nähe des Visitors Center, vermarktet Gletscherflüge.
• **Wings of Alaska**, Tel.: 2030, Web: www.wingsofalaska.com, bietet Gletscherflüge und regelmäßige Flüge nach Juneau an.

Bus
Gray Line of Alaska, Web: www.graylinealaska.com, verbindet Haines mit den Orten des Hinterlandes von Alaska.

Fahrräder
Sockeye Cycle Co., Tel.: 2869, Web: www.cyclealaska.com, verkauft und vermietet Fahrräder.

Post
Die Post befindet sich in der Nähe des Fort Seward, Ecke Haines Hwy/Mud Bay Rd.

Souvenirs
Sea Wolf and Whale Rider Galleries, Portage St. im Fort Seward, Box 776, Haines, AK 99827, Tel.: 2540, E-Mail: seawolf@tresham.com, ist ein exquisiter Kunstgewerbeladen, der u. a. gute „Wildlife-Fotos", Gemälde und Holzschnitzereien, Alaska-Designer-Kleidung und Silberschmuck des Künstlers **Tresham Gregg** anbietet.

Homer (S. 716f)
Vorwahl: 235

Information
• *Alaska Natural History Association*, 451 Sterling Hwy 2, Homer, AK 99603, Tel.: 6961
• *Alaska Maritime National Wildlife Refuge Visitor Center*, im Ocean Shores Motel, 451 Sterling Hwy, Tel.: 6961, E-Mail: nfo@islandsandocean.org, hier können Sie sich u.a. Vogelbeobachtungs-Wanderungen anschließen.
• *Homer Bed & Breakfast Association*, Box 3801, Homer, AK 99603, Tel.: 6677, http://homerbedbreakfast.com/, vermittelt Bed & Breakfast-Unterkünfte.
• *Homer Chamber of Commerce Office & Visitor Center*, 201 Sterling Hwy, Homer, AK 99603, Tel.: 7740, Web: www.homeralaska.org, informiert über alle touristischen Belange.

Wichtige Telefonnummern
• *Notruf:* 911
• *Polizei:* 3150
• *Feuerwehr/Ambulanz:* 3155
• *Krankenhaus:* South Peninsula Hospital, 4300 Bartlett Street, Homer, AK 99603, Tel.: 8101

Hotels/Motels

• *Land's End Resort* $$$$, 4786 Homer Spit Rd., Homer AK 99603, Tel.: 0400, E-Mail: endofthespit@alaska.net, Web: www. lands-end-resort.com, 1958 er-

H

öffnet, vermietet 60 komfortabel eingerichtete Gästezimmer mit Bad, Telefon und Fernsehen. Vom Restaurant blicken Sie aufs Meer.
• **Homer Floatplane Lodge $$$**, 1244 Lakeshore Dr., Homer, AK 99603, Tel.: 4160, E-Mail: fishhomer@gmail.com, Web: www.floatplanelodge.com, vermietet Blockhäuser und Gästezimmer. Außerdem werden Touren per Wasserflugzeug zur Beobachtung von Bären und zum Fischen unternommen.

Bed & Breakfast
• **Bay View Inn $$$**, Box 804, Homer, AK 99603, Tel.: 8485, E-Mail: bayview@alaska.net, Web: www.bayviewalaska.com, kurz vor Homer, hat eine tolle Lage mit spektakulärem Panoramablick.
• **Cranes' Crest Bed & Breakfast $$**, Tel.: 2969, E-Mail: crandallsheep@gmail.com, Web: www.akms.com/cranes/, Homer, AK 99603, zeichnet sich durch einen herrlichen Blick über die Kachemak Bay aus. Manchmal sieht man von hier aus Kanadische Kraniche/Sandhill Cranes und Elche.

Jugendherbergen
• **International Backpackers Inn $**, Pioneer West St., vermietet einzelne Betten und Privatzimmer.
• **Seaside Farm Hostel $**, 40904 Seaside Farm Road, Homer, AK 99603, Tel.: 7850, E-Mail: seaside@alaska.net, Web: www.xyz.net; zelten sowie das Übernachten in Hütten ist möglich. Rucksacktouristen sind willkommen.

Camping
• **Homer Spit Campground**, Box 1196 Homer, AK 99603, Tel.: 8206, E-Mail: pchapple@gci.net am Ende des Homer Spit, ist mit einer Dumpstation, Duschen und Elektrizität ausgerüstet.
• **Soft Sand Campground**, liegt am Anfang von Homer Spit.

Restaurants
• **Fresh Sourdough Express Bakery ###**, 1316 Ocean Dr., Homer, AK 99603, Tel.: 7571, Web: www.freshsourdoughexpress.com, ist ein Meeresfrüchte-Restaurant.
• **Lands End Resort ###** (auch Hotel, Angaben s.o.), ist ein exzellentes Restaurant für „Seafood".
• **El Pescador ##**, Bar und Grill, 127 West Pioneer Avenue, Tel.: 9333, nennt sich „Best Seafood & Grill at the End of the Road".

Autoverleih
• **Hertz, Car & Van Rental**, am Homer Airport Terminal, Tel.: 0734, Öffnungszeiten: Mo-Fr 5–22, Sa 6–22, So 9–22 Uhr
• **Polar Car Rental**, am Homer Airport Terminal, Tel.: 5998, 1-800-876-6417, E-Mail: info@polarcarrental.com, Web: www.polarcarrental.com

✈ Lokale Flüge
Emerald Air Service, Day Trips, Bear Viewing, Ken und Chris Day, Box 635, Homer, AK 99603, Tel.: 6993, E-Mail: daytrips@xyz.net, organisiert Flüge ins Bärenland. Der Pilot Chris und ein erfahrener Führer begleiten kleine Gruppen in die umliegende Wildnis. Nach der Landung des Wasserflugzeugs werden die mächtigen Braunbären, die dominanten Tiere dieser Urlandschaft, angepirscht.

🚌 Bus
Kachemak Bay Transit, Box 1735, Homer, AK 99603-1735, Tel.: 441-7714, bedient von Homer aus Anchorage, Seward, Cooper Landing, Soldotna und Kenai.

🚢 Fähren
Die „*Alaska State Ferry*", Tel.: 7099, E-Mail: reservations@akmhs.com, Web: www.akferry.com, verbindet Homer mit Seldovia, Kodiak, Seward, Port Lions, Valdez und Cordova. Sie können Fahrpläne im Büro am Homer Spit erfragen, einsehen oder käuflich erwerben.

🏛 Museum
Das *Pratt Museum*, 3779 Bartlett St., Homer, AK 99603, Tel.: 8635, E-Mail: info@prattmuseum.org, Web: www.prattmuseum.org, informiert über die menschliche Besiedlung sowie über die Meeresfauna der Region. **Öffnungszeiten:** Sommer: Mitte Mai bis Mitte September täglich 10-18 Uhr; Winter: Mitte September bis Mitte Mai Di-So 12-17 Uhr; im Januar geschlossen.

Hyder (S. 566ff)

⛺ Camping
Run-a-Muck Campground, Hyder, Tel.: (250)636-9006, E-Mail: sealaskainn@yahoo.com, Web: www.sealaskainn.com, vergibt 30 Hookups-Plätze.

Juneau (S. 659ff)

ℹ Information
• *Juneau Convention & Visitors Bureau,* One Sealaska Plaza, Suite 305, Juneau, AK 99801, Tel.: 586-1737, 1-800-587-2201, Fax: 586-1449, E-Mail: info@traveljuneau.com, Web: www.traveljuneau.com, verteilt neben den üblichen Infos auch „Walking Tour Maps", die die Besichtigung der Stadt erleichtern.
• *Forest Service Information Center (USFS)*, 709 W. 9th Street, Juneau, AK 99801, Tel.: 586- 8806, Fax: 7892, E-Mail: info@fs.fed.us, Web: www.fs.fed.us, informiert mit Filmen und Diavorführungen über Trails, Camping und Natur.
• *Juneau Ranger District*, 8465 Old Dairy Rd., Juneau, AK 99801, Tel.: 586-8800, gibt Auskünfte u. a. über die Vermietung von rustikalen Hütten (Public Recreation Cabins) in der Wildnis.

• **Mendenhall Glacier Visitor Center (USFS)**, *Tel.: 789-0097, schließt den Blick auf den Gletscher und den See sowie ein Theater ein.*

 Wichtige/nützliche Telefonnummern
   • **Notruf:** *911*
• **Polizei:** *586-2780*
• **Feuerwehr:** *586-5245*
• **Juneau International Airport:** *Tel.: 789-7821*
• **Alaska Airlines**, *Ticket-Office im Baranof Hotel, Nugget Mall und am International Airport, Tel.: 789-0600, 1-800-252-7522*
• **Auke Bay/Juneau Ferry Terminal:** *Tel.: 789-7453*
• **Gustavus Ferry:** *Tel.: 888-229-8687*
• **City Bus Fahrpläne:** *Tel.: 789-6901*
• **Wettervorhersage:** *Tel.: 586-3997*

Hotels/Motels
   • **Westmark Baranof Hotel $$$**, *127 N Franklin St., Juneau, AK 99801, Tel.: 586-2660, Fax: 8315, Web: www.westmarkhotels.com, ist ein in der historischen Downtown gelegenes Hotel mit Konferenzsaal, frisch renoviert und 196 Gästezimmern.*
• **Best Western Country Lane Inn $$**, *9300 Glacier Hwy, Juneau, AK 99801, Tel.: 789-5005, Fax: 790-2818, Web: www.countrylaneinn.com, vermietet 55 komfortabel eingerichtete Gästezimmer mit Kühlschrank und Mikrowelle.*

Der kalbende Gawyer-Gletscher ist ein faszinierendes Naturschauspiel

Bed and Breakfast

• **Bed & Breakfast Association of Alaska-Innside Passage Chapter $$$**, Juneau, AK 99802, Web: www.accommodations-Alaska.com, ist die größte Direktion, von B & B und Lodges und vermittelt 250 Gästezimmer.

• **Best Western Grandma's Feather Bed $$**, 2358 Mendenhall Loop Rd., Juneau, AK 99801, Tel.: 789-5566, Fax: 2818, Web: www.grandmasfeatherbed.com, vermietet 14 luxuriöse Suiten in einem viktorianischen Farmhaus, mit Jacuzzi in allen und Kamin in einigen Räumen.

Jugendherberge

Youth Hostel $, Ecke 6th St./Harris St., Juneau, AK 99801, Tel.: 586-9559, E-Mail: juneauhostel@gci.net, Web: www.juneauhostel.net, vermietet 46 Betten.

Camping

• **Mendenhall Lake Campground**, teilweise mit Wasser und Strom, weiträumig angelegt, tolle Lage mit kleinen Seen im Gelände und teilweise Blick auf den Mendenhall Glacier.

• **Spruce Meadows RV Park LIC**, 10200 Mendenhall Loop Rd., Juneau, AK 99801, Tel.: 789-1990, Fax: 790-7231, E-Mail: juneauRV@gci.net, Web: www.juneaurv. com, erreichbar von der Fähre über den Glacier Hwy, links abzweigend auf die Mendenhall Loop Rd. bis hinter die Wreen St., dann gleich links, der Ausschilderung folgend, der RV Park ist voll ausgestattet mit Wasser, Strom, Dump Station, Duschen und Waschautomaten, Reservierung unbedingt erforderlich.

Restaurants

• **Fiddlehead Restaurant ###**, 429 W. Willoughby Ave., Juneau, AK 99801, Tel.: 586-3150, ist ein Gourmet-Restaurant, serviert erstklassige Gerichte.

• **Summit Restaurant ###**, im Inn at the Waterfront, 455 S. Franklin St., Juneau, AK, Tel.: (907)586-2050, ist ein auf Seafood spezialisiertes Gourmet-Restaurant.

Fähre

Alaska Marine Highway System, P.O. Box 112505, 6858 Glacier Highway, Juneau, Alaska 99811-2505, Reservierungen: Tel.: 465-3941, E-Mail: dot.ask.amhs@ alaska.gov, Web: www.dot.state.ak.us, Juneau ist wichtiger Knotenpunkt der Fähren.

Rundflüge

• **Temsco Helicopters**, 1650 Maplesden Way, Juneau, AK 99801, Tel.: 789-9501, 1-877-789-9501, Fax: 7989, E-Mail: info@TemscoAir.com, ist u. a. auf Gletscherflüge spezialisiert.

• **Era Aviation**, 6160 Carl Brady Dr., Anchorage, AK 99502, Tel.: 266-8394, Fax: 266-8391, E-Mail: groups@flyera.com, Web: www.flyera.com, bietet Gletscherflüge, Heli-Ski und Fotosafaris an.

J

Lokale Charterflüge
• *Alaska Fly N' Fish Charters*, 9604 Kelly Court, Juneau, AK 99801, Tel.: 790-2120, E-Mail: akbyair@gci.net, Web: www.alaskabyair.com
• *Alaskan Outback Adventures*, Box 210732, Auke Bay, AK 99821, Tel.: 789-9661
• *Alaska Seaplane Services*, 1873 Shell Simmons Dr. Suite 110, Juneau, AK 99801, Tel.: 789-3331, E-Mail: akseaplanes@alaska.com, Web: www.akseaplanes.com

Lokale Charterflüge – Juneau

Charterbootfahrten
Wilderness Swift Charters, 6205 N. Douglas Hwy, Juneau, AK 99801, Tel.: 463-4942, Web: www.akohwy.com/w/wilswift.htm

Museen
• *Alaska State Museum*, 395 Whittier St. Juneau, AK 99801, Tel.: 465-2901, Web: www.museums.state.ak.us, bietet eine ausführliche ethnologische Ausstellung.
• *Juneau-Douglas City Museum*, 155 South Seward Street, Juneau, AK 99801, Tel.: 586-3572, Web: www.juneau.org/parksrec/museum/, zeigt hauptsächlich Videofilme und Ausstellungen zur Ursprungs- und Goldgräbergeschichte Juneaus.
• *Last Chance Mining Museum*, 1001 Basin Rd. Juneau, AK 99801, Tel.: 586-5338, ist ein Goldrauschmuseum in einem historischen Bergbaugebäude.

Souvenirs
Little Black Raven Gift Shop, 250 Village St., Juneau, AK 99801, Tel.: 586-1072, ist ein indianisches Kunstgewerbegeschäft, von eingeborenen Künstlern ge-

führt. Es ist erkennbar an zwei Totempfählen und der traditionell bemalten Front des Gebäudes.

Katmai National Park (S. 693f)

ℹ Information
• *Alaska Public Land Information Center, Old Federal Building, 605 W. 4th Ave., Suite 105, Anchorage, AK 99501, Tel.: 644-3661, geöffnet täglich im Sommer von 9-17 Uhr, Buchverkauf und Auskünfte allgemeiner Art*
• *Katmai National Park and Preserve, Box 7, King Salmon, AK 99613, Tel.: 246-3305, Web: www.nps.gov/katm/, geöffnet von Mo-Fr 8-17 Uhr, allgemeine Informationen und Reservierung von Brooks-Campingplätzen*
• *King Salmon Visitor Center, Box 298, King Salmon, AK 99613, Tel.: 246-4250, Web: www.nps.gov/katm*

☎ Wichtige Telefonnummern
• *Notruf: 911*
• *National Park Service: 246-3305*

✈ Flüge
Verschiedene Charterflugzeug-Unternehmer fliegen von Anchorage zum Katmai National Park. Man muss mit einem Flugpreis von mindestens 400 US$ rechnen. Zunächst geht es bis King Salmon und anschließend per Wasserflugzeug nach Brooks Camp.
Katmailand Inc., 4125 Aircraft Dr., Anchorage, AK 99502, Tel.: 243-5448 oder 1-800-544-0551, E-Mail: info@katmailand.com, Web: www.katmailand.com, Informationen über Brooks Lodge, Tal der 10.000 Dampfsäulen, geführte Touren und Charterflüge

🛏 Unterkunft
Brooks Lodge $$$$, Tel.: 243-5448, E-Mail: fish@katmailand.com, Übernachtung und Transfer mit dem Wasserflugzeug, uriges Blockhaus-Camp mitten im Bärenland, 16 Gästezimmer für 2 und 4 Personen mit Toilette, Dusche und Strom, mit Restaurant, Bar, in einem Geschäft werden u. a. Trockennahrung, topographische Karten, Gas für Campingbrenner, Souvenirs, Bekleidung verkauft und Zelte, Kanus, Campingbrenner und Angelgeräte verliehen, Blick auf den Naknek Lake. Der Lodge ist ein Campingplatz angeschlossen.

Camping
Brooks Camp $, Tel.: 1-301-722-1257 (international), Tel.: 1-800-365-Camp (2267) Reservierung für Camping und Tagesbesuch, 1-800-388-2733 nur für Besucher mit Reservierungsbestätigungen

K

Bus

Im Park verkehrt ein **Shuttle Bus***, der täglich die 37 km lange Parkstraße abfährt, Abfahrt ca. 9 Uhr; Rückfahrt ca. 16 Uhr. Die Fahrt muss mindestens einen Tag vorher reserviert werden. Rucksackwanderer bezahlen die Hälfte, wenn sie den Hin- oder Rückweg zu Fuß zurücklegen.*

Topographische Karten

U.S. Geological Survey *(USGS), Public Inquiries Office, 4210 University Dr., Anchorage, Alaska 99508, Tel.: 786-7000, Web: www.alaska.ugs.gov*

Einige Entfernungen

- *Brooks Camp – Three Folks Overlook über die Parkstraße: 23 Meilen*
- *Three Folks Overlook – Windy Creek: 1 Meile*
- *Windy Creek – River Lethe über die Buttress Range: 7 Meilen*
- *River Lethe – Baked Mountain Cabins: 4 Meilen*

Kenai (S. 715)

Vorwahl: 283

Information

Kenai Convention & Visitors Bureau*, 11471 Kenai Spur Hwy, Kenai, AK 99611, Tel.: 1991, Fax: 2230, E-Mail: info@visitkenai.com, Web: www.visitkenai.com, informiert Sie gerne über alles, was Sie wissen möchten.*

Wichtige Telefonnummern

- **Notruf, Feuerwehr, Ambulanz:** *911*
- **Polizei:** *7879*
- **Krankenhaus** *(in Soldotna): 714-4404*

Hotels/Motels

- **Alaska King's Inn Hotel $$***, 10352 Kenai Spur Hwy, Kenai, AK 99611, Tel.: 6060, Web: www.alaskakingsinn.com*
- **Kenai Merit Inn $$***, 260 South Willow St., Kenai, AK 99611, Tel.: 7566*

Fischen und Bärenbeobachtungen

- **Clearwater Creek Camp***, 230 Fireweed Lane, Kenai, AK 99611, Tel.: 4975, E-Mail: reply@alaskabears.com, bietet Wildnisausflüge an, eine gute Gelegenheit, um Bären, anderes Wild und Vögel zu beobachten und um zu guten Fischgründen zu gelangen.*
- **4 W Air***, Bill & Sheryl Woodin, Miller Road, Kenai, AK 99611, Tel.: 776-5370, Box 4401 Soldotna, AK 99669, E-Mail: fourwair@alaska.net, organisieren Flüge zum Fischen, Jagen, Riverrafting Trips und bei genügender Beteiligung auch Bärenbeobachtungen.*

Restaurants
• **Don Jose´s ##**, 205 S Willow St. Kenai, AK 99611, Tel.: 8181, serviert authentisch mexikanische Gerichte.
• **Old Town Village Restaurant ##**, 1000 Mission Ave., Suite 111, Kenai, AK 99611, Tel.: 4515, Fax: 3616, ist ein gemütliches, empfehlenswertes Restaurant.

Kennicott (S. 702f)

Unterkünfte
• **Kennicott Glacier Lodge $$$**, Main St., Tel.: 258-2350, Fax: 248-7975, wurde 1987 mit 25 Gästezimmern und Restaurant eröffnet, im neuen Gebäudeteil von 2004 befinden sich weitere 10 Zimmer, Reservierung: Box 103940 Anchorage, AK 99510, Tel.: 1-800-582-5128, Web: www.kennicottlodge.com.
• **Historic Kennicott B & B $$**, 13 Silk Stocking Row, Mc Carthy 4, Box MXY Glennallen, AK 99588, Tel.: 554-4469, liegt in der alten Bergwerksstadt Kennicott.

Ketchikan (S. 637ff)

Information
• **Ketchikan Visitors Bureau**, 131 Front St., Ketchikan AK, Tel.: 225-6166 oder 1-800-770-3300, E-Mail: info@visit-ketchikan.com, Web: www.visit-ketchikan.com, ist die zentrale Quelle der Information über Besichtigungen, Attraktionen und Unterbringungsmöglichkeiten der Stadt und ihrer Umgebung.
• **Southeast Alaska Discovery Center**, 50 Main St., Ketchikan, AK 99901, Tel.: 228-6220, TDD: 228-6237, Fax: 228-6234, Web: www.fs.fed.us/r10/tongass/districts/discoverycenter/
• **Alaska Department of Fish and Game, Sportfish Division**, 2030 Sea Level Dr., Suite 205, Ketchikan, AK 99901, Tel.: 225-2859

Wichtige Telefonnummern

• **Notruf:** 911
• **Polizei:** 225-6631
• **Feuerwehr/Ambulanz:** 225-9616
• **Krankenhaus:** Ketchikan General Hospital, 3100 Tongass Ave., 225-5171

Hotels/Motels
• **Best Western Landing Hotel $$$**, 3434 Tongass Ave., Ketchikan, AK 99901, Tel.: 225-5166, 1-800-428-8304, Fax: 6900, Web: www.landinghotel.com, vermietet komfortabel eingerichtete Gästezimmer.
• **The Narrows Inn $$$**, 4871 N. Tongass Hwy, Ketchikan, AK 99901, Tel.: 247-2600, 1-888-686-2600, Fax: 2602, Web: www.narrowsinn.com, ist ein Hotel mit allem Komfort.

K

Bed & Breakfast
• **Blueberry Hill Bed & Breakfast $$**, 500 Front St., Box 9508, Ketchikan, AK 99901, Tel.: 247-2583, E-Mail: stay@blueberryhillbb.com, ist ein historisches Gebäude im Altstadtkern.
• **Innside Passage Bed & Breakfast $$**, 114 Elliot St., on the Stairway, Ketchikan, AK 99901, Tel.: 247-3700, bietet einen wunderschönen Blick aufs Wasser.

Jugendherberge
Ketchikan HI-AYH Hostel $, 400 Main St., Tel.: 225-3319, von Mitte Mai bis Anfang September geöffnet

Camping
• **Last Chance Campground**, Tel.: 225-3101, mit 24 Standplätzen, liegt in nördlicher Richtung N. Tongass Hwy 4, 6,4 km bis Abzw. rechts Ward Lake Rd., der Sie bis Hinweisschild ca. 3 km folgen.
• **Signal Creek Campground**, Tel.: 225-2148, liegt in nördlicher Richtung vom Fährhafen N Tongass Hwy 4, 6,4 km bis Abzw. rechts Ward Lake Rd., dann wieder rechts Richtung Ward Lake Recreation Area, 19 Standplätze, sehr ruhig und idyllisch am bewaldeten Seeufer des Ward Lake.

Restaurants
• **Jeremiah's Pub and The Best Western Landing Restaurant ###**, 3434 Tongass Ave., Ketchikan, AK 99901, Tel.: 225-5166, ist eines der populärsten Restaurants der Stadt.

Dolly's House in Ketchikan – zu Goldgräberzeiten ein Rotlichtviertel

K

M

• *Good Fortune Restaurant ##*, 4 Creek St., Tel.: 225-1818, liegt in der berühmten Creek St. und serviert chinesische Gerichte.

Museen
• *Tongass Historical Museum*, 629 Dock St., Ketchikan, AK 99901, Tel.: 225-5600, Fax: 5602, zeigt die Geschichte der Urbevölkerung und Einwanderer, die wichtigsten Ereignisse der Stadt und ihre industrielle Entwicklung.
• *Totem Heritage Center*, 601 Deermount St., Ketchikan, AK 99901, Tel.: 225-5900, Fax: 5901, macht Ihnen die größte Sammlung der Welt an Totempfählen des 19. Jahrhunderts zugänglich.

Autoverleih
Alaska Car Rentals, 2828 Tongass Ave., Ketchikan, AK 99901, Tel.: 225-5000, 1-800-662-0007, Web: www.akcarrental.com, vermietet Autos aller Klassen.

Fahrradverleih
The Pedalers, Ecke Main St./Spruce Mill Way, 330 Spruce Mill Way, Tel.: 225-0440, vermietet Fahrräder für Erwachsene und Kinder und verkauft Hüte, T-Shirts und vieles andere mehr.

McCarthy (S. 701)

Bed & Breakfast
McCarthy Bed & Breakfast $$, McCarthy Rd., Tel.: 554-4433, Box MXY, Glennallen, AK 99588, Web: www.mccarthy-kennicott.com/mccarthybb/, vermietet 4 rustikal eingerichtete Hütten mit eigenem oder Gemeinschaftsbad.

Flüge
Wrangell Mountain Air, McCarthy, Alaska, Tel.: 1-800-478-1160, Web: www.wrangellmountainair.com, fliegt sporadisch in die Wildnis und regelmäßig von Chitina nach Kennicott.

McNeil River State Game Sanctuary (S. 694)

Information
Alaska Department of Fish and Game, Wildlife Conservation Division, McNeil River, 333 Raspberry Rd., Anchorage, AK 99518, Tel.: 267-2257

Flug
Per Charterflug können Sie von King Salmon (eventuell im Anschluss an einen Besuch des Katmai National Park) oder von Homer aus ins McNeil River State Game Sanctuary fliegen.

M
P

Unterkunft und Verpflegung
Für beides müssen Sie als Besucher selbst aufkommen. Deshalb sollten Sie ein Zelt, einen Schlafsack, einen Kocher, gutes Regenzeug, warme Kleidung, Moskitoschutz, ein Kopfnetz und genügend Nahrungsmittel und Getränke mitbringen.

Erlaubnisscheinverfahren
• *Um die Zahl der Besucher in der „Hochsaison der Bären" an den Wasserfällen zu begrenzen, ist ein* **Permit** *vom* **Alaska Department of Fish and Game** *(ADF&G) erforderlich. Es wird nur 10 Personen täglich in der Zeit vom 1. Juli-25. August erlaubt, Bären am Fluss zu beobachten. Das Permit wird nur für eine Geltungsdauer von höchstens 4 Tagen ausgestellt.*
• *Außerdem gibt es noch die Möglichkeit* **Standby Permits** *zu erwerben.*

Topographische Karten
U.S. Geological Survey (USGS), Public Inquiries Office, 4210 University Dr., Anchorage, Alaska 99508, Tel.: 786- 7000, Web: www.alaska.ugs.gov

Petersburg (S. 653ff)
Vorwahl: 772

Information
• **Petersburg Visitor Information Center**, *Box 649, Petersburg, AK 99833, Tel.: 4636, Web: www.petersburg.org, erteilt Auskünfte aller Art.*
• **Petersburg Ranger District**, *Box 1328, Petersburg, AK 99833, Tel.: 3871, oberhalb des Postamtes, ist spezialisiert auf Auskünfte, die Wildnis betreffend.*
• **Petersburg Chamber of Commerce**, *First St./Fram St., Box 649, Petersburg, AK 99833, Tel.: 4636, Web: www.petersburg.org, ist spezialisiert auf Wanderwege und Unterkünfte in der Wildnis.*

Wichtige Telefonnummern
• *Notruf: 911*
• *Polizei: 3838*
• *Feuerwehr, Ambulanz: 3355*
• *Krankenhaus, Petersburg Medical Center, 2nd/Fram St., 4291*

Hotels
• **Scandia House $$$**, *Box 689, 110 Nordic Drive N, Petersburg, AK 99833, Tel.: 4281, 1-800-722-5006, Web: www.scandiahousehotel.com, vermietet alles vom einfachen Doppelzimmer bis zur Luxussuite.*
• **Tides Inn $$$**, *Box 1048, Ecke 1st St. N./Dolphin St., 307 N. First Street, Petersburg, AK 99833, Tel.: 4288, 1-800-665-8433, Fax: 4286, Web: www.tidesinnalaska.com, vermietet 47 Gästezimmer mit Bad, Farbfernseher und Telefon.*

Bed & Breakfast

• **Broom Hus $$**, Peter & Sylvia Broom Nilsen, Box 427, Nordic Dr. Petersburg, AK 99833, Tel./Fax: 3459, 518-0041 (Dezember bis April), E-Mail: broomhus@aptalaska.net, Web: www.broomhus.com liegt an den Wrangell Narrows mit spektakulärem Blick auf die Fischereiflotte. Sie haben kurze Wege zum Fähr-Terminal und in die City. Das Broom Hus ist eines der ältesten norwegischen Häuser in Petersburg, in den 1920er Jahren erbaut. Die Gastgeber sind seit drei Generationen norwegische Fischer. Die geschmackvoll eingerichtete Suite liegt separat. Sie können beim Fischfang, bei Walbeobachtungen und Touren auf der Insel dabei sein.

• **Das Hagedorn Haus $$**, Grant, Lila & Sarah Trask, Box 1333, 400 2nd St. N., Petersburg, AK 99833, Tel.: 3775, Web: www.home.gci.net/~dhh, die Gästezimmer sind von den übrigen Räumlichkeiten des Hauses getrennt. Zur Entspannung können Sie sich ein Buch der Bibliothek ausleihen, fernsehen oder Musik hören. Die freundlichen Gastgeber sprechen auch Deutsch.

Jugendherberge

Alaska Island Hostel $, Box 892, 805 Gjoa St., Petersburg, AK 99833, Tel.: 3632, E-Mail: reserve@alaskaislandhostel.com, Web: www.alaskaislandhostel.com, vermietet 8 Gästebetten.

Hütten in der Wildnis

Public Recreation Cabins $, Petersburg Ranger District, Box 1328, Petersburg, AK 99833, Tel.: 3871, im Herzen des Tongass National Forest warten 42 rustikal eingerichtete Hütten auf Ihren Besuch, ideale Ausgangspunkte zum Wandern, Fischen und Jagen sowie für Wild- und Vogelbeobachtungen.

Ideal für Vogelbeobachtungen – Wildnis-Hütten

Camping

• **LeConte RV Park**, 304 S 4th Street, Petersburg, AK 99833, Tel.: 4680, liegt an der Ecke Fourth St./Haugen Dr. Hier gibt es Wasser, Strom, eine Dump-Station, Telefon, Duschen und Waschautomat.

• **Ohmer Creek Campground**, Tel.: 3871, liegt 34 km südlich des Fähr-Terminals am Mitkof Hwy, wird vom U.S. Forest Service betreut und bietet 10 Plätze für Zelte oder Camper bis zu 35 feet Länge. Außer je einem Picknicktisch und einem

P

S

Grill pro Platz hat dieser Campingplatz keine weiteren Einrichtungen. Dafür liegt er sehr ruhig im Wald und idyllisch am Ohmer Creek.

Restaurants
• **El Rincon ##**, 11 Sing Lee Alley, Tel.: 2255, ist ein mexikanisches Restaurant in Kito's Cave, mit uriger Stimmung.
• **Joan Mei ##**, 1103 South Nordic Drive, gegenüber des Fährhafens, Tel.: 4222, serviert chinesische Spezialitäten, Meeresfrüchte, Hamburger und andere amerikanische Gerichte.
• **Northern Light Restaurant #**, 203 Sing Lee Alley, Tel.: 2900, mit Blick auf die Wrangell Narrows, ist ein einfaches Restaurant.

Charterboote
• **Seclusion Harbor Charters**, Box 672, Petersburg, AK 99833, Tel.: 2121
• **Alaskan Scenic Waterways**, 114 Harbor Way, Box 943, Petersburg, AK 99833, Tel.: 3777

Flüge
Kupreanof Flying Service, Box 768, Petersburg, AK 99833, Tel. 3396, Web: www.kupreanof.com, fliegt folgende Ziele an: LeConte Glacier, Patterson Glacier, Biard Glacier, Devil's Thumb und Stikine River.

Seward (S. 717ff)
Vorwahl: 224

Information
• **Kenai Fjords National Park Visitor Center**, 1212 4th Ave., am „Small Boat Harbor", 3,2 km vor dem Stadtzentrum, Box 1727, Seward, AK 99664, Tel.: 7500, Web: www.kenai.fjords.national-park.com, ist täglich 9-18 Uhr vom Memorial Day bis zum Labor Day geöffnet.
• **Seward Chamber of Commerce Conference & Visitors Bureau**, 3rd St./ Jefferson St., Box 749, Seward, AK 99664, Tel.: 8051, Fax: 5353, E-Mail: visitseward@ seward.net, Web: www.sewardak.org/, befindet sich in einem historischen Eisenbahnwaggon.

Wichtige Telefonnummern
• **Notruf, Polizei, Feuerwehr:** 911
• **Krankenhaus:** Providence Seward Medical Center, 417 1st Street, 5205

Hotels/Motels
• **Best Western Edgewater Hotel $$$**, 202 5th Ave., in der Downtown, Seward, AK 99664, Tel.: 2700, Fax: 2701, E-Mail: info@hoteledgewater.com, Web: www.hoteledgewater.com/, bietet angenehmen Wohnkomfort und kostenlosen Bustransfer zum Flughafen.

• *Seward Waterfront Lodging $$*, 550 Railway Ave., Box 618, Seward, AK 99664, Tel.: 5563, Web: www.alaskas-sewardwaterfrontlodging.com/, ist ein kleines, gastliches Hotel mit Blick aufs Wasser.

Bed & Breakfast
• *Cabin on the Cliff $$*, Box 312, Seward AK 99664, Tel.: 2411, E-Mail: info@acabinonthecliff.com, Web: www.acabinonthecliff.com/, bietet atemberauben-den Blick auf den Ort und den Fjord.
• *Wolf Trail Bed & Breakfast $$*, Box 1587, 33749 Wolf Trail Lane, Seward, AK 99664, E-Mail: wolftrailbb@gci.net, Tel.: 3642, geräumige und komfortable Zimmer, ideal für Familien.

Camping
• *A Creekside R.V. Park*, Ecke Seward Hwy (Mile 6,5)/Bear Lake Rd., Tel.: 3647, Full hook-ups, auch Reisende mit Zelten sind willkommen.
• *Fjords RV Park*, Mile 1,0 New Exit Glacier Rd., Tel.: 7500, hat eine gute Lage.

Restaurants
• *Apollo Restaurant ##*, Downtown on the 4th Ave., Tel.: 3092, Web: www.apollorestaurantak.com/, ist ein italienisch-griechisches Restaurant, das in erster Linie Meeresfrüchte-Gerichte serviert.
• *Ray's Waterfront ##*, am Small Boat Harbor, 1316 4th Ave., Seward, AK 99664, Tel.: 5606, am Hafen, ist ein ansprechendes Fisch-Restaurant.

Bootsausflüge
Kenai Fjords Tours, Boardwalk Small Boat Harbor, Seward, AK 99664, Tel.: 8068, es werden täglich Touren von März bis November gefahren, zum Beispiel die große **Kenai Fjord N.P. Tour** oder die **Resurrection Bay Tour**.

Museum
Alaska Sealife Center, 301 Railway Ave., Box 1329, Seward, AK 99664, Tel.: 6300, 1-800-224-2525, Fax: 6320, Web: www.alskasealife.org, die Besichtigung ist ein Muss. Sie gibt Antworten auf die Geheimnisse des Meeres.

Bücher
Northland Books & Charts, Ecke 234 4th Ave./Adams St., Seward, AK 99664, Tel.: 3102

S

Sitka (S. 657ff)
Vorwahl: 747

 Information
Sitka Convention and Visitors Bureau, *303 Lincoln Street, Box 1226, Sitka, AK 99835, Tel.: 5940, Fax: 3739, E-Mail: scvb@sitka.org, Web: www.sitka.org, erteilt freundlich Auskunft jeglicher Art.*

 Wichtige Telefonnummern
• *Notruf, Polizei, Feuerwehr: 911*
• *Krankenhaus:*
- *Hospital Sitka Community, 209 Moller Ave., 3241*
- *Hospital Mount Edgecumbe, 222 Tongass Drive, 966-2411*

Rund um Sitka – Reich des Weißkopfseeadlers

Hotels/Motels
• *Cascade Inn & Boat Charters $$$, 2035 Halibut Point Rd., Sitka, AK 99835, Tel.: 6804, 1-800-532-0908, E-Mail: karen@cascadeinnsitka.com, Web: www.cascadeinnsitka.com, alle Gästezimmer haben Blick auf den Ozean.*
• *Super 8 Motel $$, 404 Sawmill Creek Rd., Sitka, AK 99835, Tel.: 8804, Fax: 6101, Web: www.super8.com, bietet Zimmer mit Klimaanlage.*

Bed & Breakfast
• *Alaska Ocean View B & B $$$, 1101 Edgecumbe Drive, Sitka, AK 99835, Tel.: 8310, 1-888-811-6870, Fax: 3440, E-Mail: info@sitka-alaska-lodging.com, Web: www.sitka-alaska-lodging.com, vermietet komfortabel eingerichtete Gästezimmer.*
• *Helga's Bed & Breakfast $$, Box 1885, 2827 Halibut Point Rd., Sitka, AK 99835, Tel.: 5497, E-Mail: helgasbb@eagle.ptialaska.net, dieses Haus vermittelt Gastfreundschaft und private Atmosphäre.*

Jugendherberge
Sitka HI-AYH Hostel $, 303 Kimsham Rd., Tel. 8661, von Juni bis August geöffnet.

Restaurants
• *Captain's Gallery ##, befindet sich in SeatMart, 1867 Halibut Point Rd., Sitka, AK 99835, Tel.: 6266, serviert leckere Fisch- und Fleischgerichte.*

• **Twin Dragon Restaurant #**, 210 Katlian St., Sitka, AK 99835, Tel.: 5711, ist ein chinesisches Restaurant.

Leihwagen
North Star Rent-a-Car, 600 C Airport Rd., Sitka, AK 99835, Tel.: 966-2552, 1-800-722-6927, Fax: 2224, Web: www.northstarrentacar.com, vermietet die unterschiedlichsten Autotypen.

Skagway (S. 594ff)
Vorwahl: 983

Information
• **Skagway Convention & Visitors Bureau**, in Arctic Brotherhood Hall, Broadway zwischen 2nd und 3rd Aves., Box: 1029, Skagway, AK 99840, Tel.: 2854, Fax: 3854, E-Mail: skagwayinfo@gmail.com, Web: www.skagway.com, erteilt gern Auskünfte aller Art.
• **Klondike Gold Rush National Historical Park** Visitor Center, 2nd/Broadway Skagway, AK 99840, Tel.: 2921
• **White Pass & Route Railway**, 2nd/Spring St., Box 435, Skagway, AK 99840, Tel.: 1-800-343-7373, Fax: 2734, E-Mail: info@whitepass.net, Web. www.whitepassrailroad. com. Es finden **Nostalgie-Bahnfahrten** mit der „White Pass & Yukon Route" von Skagway zum **White Pass Summit** bzw. zum **Lake Bennett** (Mitte Mai bis Ende September), teils mit Dampfloks, statt.

White Pass & Route Railway

Wichtige Telefonnummern
* *Notruf, Ambulanz, Feuerwehr: 911*
* **Polizei:** *2232*
* **Krankenhaus:** *11th Ave & Broadway, 2255*

Unterkünfte
* **Golden North Hotel $$$**, *3rd Ave./Broadway, Skagway, Alaska 99840, Tel.: 2451, ist Alaskas ältestes Hotel, 1898 erbaut, mit 32 Gästezimmern und antiken Möbeln der Goldrauschzeit.*
* **Gold Rush Lodge $$**, *6th Ave./Alaska St., Skagway AK 99840, Tel.: 2831, Fax: 2742, ein Motel mit 12 Gästezimmern, privatem Bad und Nichtraucher-Zimmern.*
* **Skagway Home Hostel $**, *456 3rd Ave./State St., Skagway, AK 99840, Tel.: 2131, Web: www.skagwayhostel.com/, 10-Betten-Haus, Mitglied des Netzwerks der „American Youth Hostels" („Jugendherbergen").*

Bed & Breakfast
Skagway Inn B&B $$, *7th Ave/Broadway, Skagway, AK 99840, Tel.: 2289, Web: www.skagwayinn.com, 1897 erbaut, eine gemütliche Bed & Breakfast-Pension, mit 12 Gästezimmern.*

Restaurant
Olivia's ##, *7th Ave./Broadway, Tel.: 983 EATS (3287), im historischen Skagway Inn, serviert frische Meeresfrüchte.*

Camping

* **Garden City RV Park**, *State St./zwischen 15th & 17th Ave.; Skagway AK 99840, Tel.: 2378, mit 92 Standplätzen*
* **Pullen Creek RV Park**, *East on 2nd, Box 324, Skagway AK 99840, nahe dem Small Boat Harbor, Tel.: 2768, Web: www.pullencreekrv.com, mit 32 Standplätzen*

Busse
* **Alaska Direct**, *Tel.: (867)668-4833, Web: www.alaskadirectbusline.com, täglich Whitehorse – Skagway*
* **Alaskon Express**, *Tel.: 2241, 1-800-544-2206, täglich Skagway – Whitehorse*

Autoverleih
Sourdough Shuttle Tours & Car Rentals Inc., *Tel.: 2523*

Fahrradverleih
Sockeye Cycle, *Bicycle Sales, Service, Rentals & Tours, 5th Ave., Skagway, AK 99840, Tel.: 2851*

Tok (S. 613)
Vorwahl: 883

ℹ️ Information
Alaska Public Lands Information Center (APLIC), *Milepost 1314 Alaska Hwy., Tok, AK 99780, Tel.: 5667*

📞 Wichtige Telefonnummern
• **Notdienst:** *911*
• *Feuerwehr: 8888*
• *Polizei: 5111*
• *Ambulanz: 2301*
• *Krankenhaus:*
- *Community Clinic, Tok Cutoff, 5855*
- *Public Health Clinic, in der Nähe der Alaska State Troopers (Polizei), 4101*

🛏️ Unterkunft
• **Golden Bear * Motel * Restaurant * RV Park $$$**, *Box 500, Tok, AK 99780, Tel.: 2561, 1-866-883-2561, Fax: 5950, E-Mail: alaskagoldenbear@gmail.com, Web: www.alaskagoldenbear.com, vermietet 60 modern eingerichtete Gäste-zimmer.*
• **Young's Motel $$$**, *Mile 1313,3 Alaska Hwy, Box 482, Tok, AK 99780, Tel.: 4411, bietet 43 große, moderne Zimmer mit Dusche, Satelliten-Fernsehen und Telefon.*

🚐 Camping
Tundra Lodge and RV Park, *Mile 1315 Alaska Hwy, Box 760, Tok AK 99780, Tel.: 7875, Fax: 7876, vermietet 78 baumbeschattete Standplätze, mit Strom und Wasser. Waschautomaten sind vorhanden.*

Tracy Arm Fjord (S. 669f)

🚢 Ausflugsboote
• **Adventure Bound Alaska**, *Steven and Winona Weber, Box 23013, 76 Egan Drive, Juneau, AK 99802, Tel.: 463-2509, 1-800-228-3875, E-Mail: advboundak @aol.com, Web: www.adventureboundalaska.com, Dock am Nordende des Marine Park, Cruiseship Terminal, garantiert für ein unvergessliches Erlebnis bei der Fahrt zum Tracy Arm Fjord. Steven Weber ist ein erfahrener Kapitän, der Sie mit viel Gefühl an die Wunder der grandiosen Gletscherwelt heranführt. Sie spüren seine Liebe zur Natur.*
• **Auk Nu Tours**, *76 Egan Drive, Juneau, AK 99801, Tel.: 586-8687, 1-800-820-2628, Fax: 1337, unternimmt Ausflüge in den Tracy Arm Fjord.*

V) Valdez (S. 703ff)
Vorwahl: 835

 Information
Valdez Convention and Visitors Bureau, 200 Chenega St., Box 1603, Valdez AK 99686, Tel.: 2984, Fax: 4845, E-Mail: info@valdezalaska.org, Web: www. valdezalaska.org, ist hilfreich in der Reservierung von Unterkünften, Campingplätzen und Ausflügen per Boot oder Flugzeug.

 Wichtige Telefonnummern
• *Notruf, Feuerwehr, Ambulanz: 911*
• *Polizei: 4560*
• *Krankenhaus: Valdez Regional Health Authority, 911 Meals Ave., Valdez, AK 99686, Tel.: 2249*

Hotels/Motels
• *Keystone Hotel $$$, 117 Hazelet Street, Valdez, AK 99686, Tel.: 3851, 1-888-835-0665, Fax: 5322, Web: www.keystonehotel.com, renoviert, vermietet 105 Zimmer. Es gibt ein kostenloses Frühstück. Das gleiche Buffet gibt es auch abends, ebenfalls kostenlos.*
• *Totem Inn $$$, 144 E. Egan Dr., Tel.: (907)835-4443, Fax: 834-4430, Web: www.toteminn.com, bietet Zimmer, Suiten und Cottages verschiedener Größe und Ausstattung an.*

Bed and Breakfast
• *Anna's Ptarmigan B & B $$, 1119 Ptarmigan Place, Box 1104, Valdez, AK 99686, Tel.: 2202, Fax: 4845, 3 Gästezimmer, macht einen sehr gepflegten Eindruck.*
• *Wild Roses by the Sea B&B $$$, P.O.Box 3396, Valdez, AK 99686, Tel.: (907) 835-2930, Fax: 835-4966, Web: www.alaskabytheseabnb.com, gepflegtes und stilvolles Haus mit tollem Ausblick.*

Camping
• *Bayside RV Park, 230 E. Egan Drive, Box: 466, Valdez, AK 99686, Tel.: 4425, 1-888-835-4425, Fax: 8544, Web: www.baysiderv.com, mit 94 Standplätzen, Wasser, Strom, Duschen, Dumpstation und Waschautomaten.*
• *Eagles Rest RV Park, 139 E. Pioneer Dr., Box: 610, Valdez, AK 99686, Tel.: 2373, 1-800-553-7275, Fax: 5267, E-Mail: rvpark@alaska.net, Web: www.eaglesrestrv.com, vergibt 260 Standplätze.*

Restaurants
• *Captain's Table ###, 100 Fidalgo Dr., Box: 468, Valdez, AK 99686, Tel.: 4391, Fax: 2308, im Westmark Hotel, liegt am Wasser.*
• *Totem Inn ##, 144 E. Egan Drive, Box 648, Valdez, AK 99686, Tel.: 4443, Fax: 834-4430, E-Mail: info@toteminn.com, Web: www.toteminn.com, serviert Fisch- und Fleischgerichte.*

Autoverleih

• **Hertz Rent-a-car**, Valdez Airport Terminal, Box 1396, Valdez, AK 99686, Tel.: 4378, Fax: 2761, Web: www.hertz.com, verleiht Pkw, Lkw und Vans.

• **Valdez U Drive**, Valdez Airport, Box 1396, Valdez, AK 99686, Tel.: 4402, 1-800-478-4402, Fax: 4495, E-Mail: valdezudrive@cvinternet.net, Web: www.valdezudrive.com, vermietet Kraftfahrzeuge verschiedener Kategorien.

Bootsfahrt zur Eisbarriere des Columbia Glacier

Stan Stephens Glacier & Wildlife Cruises, Box 1297, Valdez, AK 99686, Tel.: 1-800-992-1297, 1-866-867-1297, Fax: 3765, E-Mail: info@stephenscruises.com, Web: www.stanstephenscruises.com, organisiert o. g. Fahrten. Die Reservierung ist während der Sommerzeit empfehlenswert.

Wrangell (S. 648ff)
Vorwahl: 874

Information

• **Wrangell Chamber of Commerce Visitor Center**, Box 49, 224 Front Street, Wrangell, AK 99929, Tel.: 3901, Fax: 3905, E-Mail: wchamber@gci.net, Web: www.wrangellchamber.org, informiert über Aktivitäten und Service in Wrangell.

• **Wrangell Ranger District**, Box 51 525 Bennett Street, Wrangell, AK 99929, Tel.: 2323, Fax: 7595, gibt Auskunft über US Forest Service-Zeltplätze, Hütten und Wanderungen.

Den Chugach-Gletscher umgibt eine gigantische Hochgebirgswildnis

• *Wrangell Recreation and Parks Department*, Box 531, Wrangell, AK 99929, Tel.: 2444, Fax: 3186, E-Mail: parksrec@ak.net, ist zuständig für RV und Camping-plätze.

Wichtige Telefonnummern
• *Notruf:* 911
• *Polizei:* 3304
• *Feuerwehr, Ambulanz:* 3223
• *Krankenhaus:* Hospital Wrangell General, 310 Bennett St., 7000

Hotel
Stikine Inn $$, 107 Front St., Box 662, Wrangell, AK 99929, Tel.: 3388 oder 1-888-874-3388, Web: www.stikineinn.xom, liegt 2 Blocks vom Alaska Marine Highways Ferry Terminal und 5 Min. vom Flughafen entfernt, vom Restaurant blicken Sie auf den Ozean.

Bed & Breakfast
• *Grand View Bed & Breakfast $$*, Judy & John Baker, Mile 2 Zimovia Hwy., Box 927, Wrangell, AK 99929, Tel./Fax: 3225, E-Mail: judy@grandviewbnb.com, Web: www.grandviewbnb.com, vermietet 4 geschmackvoll eingerichtete Gäste-zimmer mit eigenem Bad.
• *Zimovia Bed & Breakfast $$*, Barb & Mike Rugo, 319 Weber St., Box 1424, Wrangell, AK 99929, Tel.: 2626, E-Mail: zimoviabnb@rgbwebs.com, Web: www. zimoviabnb.com, mit TV, Telefon, Mikrowelle, Kühlschrank und Kaffeeservice, wurde 2000 eröffnet.

Jugendherberge
Wrangell Hostel $, 1st Presbyterian Church, 220 Church St., Box 439, Wrangell, AK 99929, Tel.: 3534, E-Mail: presby@aptalaska.net, ist eine preislich günstige Unterkunft, verboten sind Alkohol, Zigaretten und Drogen.

Camping
In der **Recreation Area** werden mehrere **kostenfreie Campingplätze** vor-gehalten. Um sie zu erreichen, fahren Sie von Wrangell kommend den Zimovia Hwy in Richtung Süden, überqueren den MacCormack Creek und biegen rechts in die Recreation Area ab. Sie erreichen **Nemo Entry Site**, an der ein Volontär der Forstverwaltung Ihnen Auskunft gibt und Ihnen eine Karte über Campingplät-ze in diesem Gebiet überreicht.
• **Nemo Entry Site**, hier können Sie selbstverständlich auch campen.
• **Yunshookuh Campsite** (gebührenfrei) ist ein traumhaft schöner Platz mit wei-tem Blick über den Zimovia-Meeresarm, sehr gepflegt mit Feuerholz und WC.
• **Three Sisters Overlook Campsite** (gebührenfrei), von hier aus können Sie bei guter Sicht bis nach Wrangell sehen.
• **Anita Bay Overlook Campsite** (gebührenfrei) ist im moorigen Wald gelegen.

Restaurant
Spiro's Cafe ##, *316 Front St., Wrangell, AK 99929, Tel.: 4422, serviert amerikanische, mexikanische, chinesische und indische Gerichte.*

Autoverleih
Practical rent-a-car, Flughafen, Box 2198, Wrangell, AK 99929, Tel.: 3975, Fax: 3911

Lokale Reiseunternehmer
• *Alaska Waters Inc. Wilderness & Wildlife Tours, 241 Berger Street, Box 1978, Wrangell, AK 99929, Tel.: 2378, Fax: 3138, E-Mail: info@alaskawaters.com, Web: www.alaskawaters.com, bietet Bootstouren nach Anan Observatory, Telegraph Creek und auf dem Stikine River an.*
• *Breakaway Adventures, Box 2107, Wrangell, AK 99929, Tel.: 2488, 1-888-385-2488, E-Mail: eric@breakawayadventures.com, Web: www.breakawayadventures.com, unternehmen Touren zum Fischfang, zum Anan Wildlife Observatory und in die Stikine-Leconte-Wildnis.*

Entfernungstabelle British Columbia und Alberta
(Die kürzesten Straßenkilometer, jedoch ohne Fährkilometer)

Entfernungen in Kilometern	Banff, Alta.	Bella C.	Calg.	Edmo.	Fort Nels.	Fort St. John	Jasper, Alta.	Nanai.	Nelson	Port Hardy	Prince George	Prince Rupert	Radium Hot Springs	Tofino	Vancouver	Victoria	Watson Lake	White-horse
Banff, Alta.	-	1235	128	423	1422	1035	285	855	496	1242	661	1385	132	1059	847	885	1889	2300
Bella Coola, B.C.	1235	-	1363	1360	1514	1153	999	1009	1197	1396	694	1418	1206	1213	996	1039	1922	2333
Calgary, Alta.	128	1363	-	295	1345	958	413	983	624	1370	789	1513	260	1187	975	1013	1870	2333
Edmonton, Alta.	423	1360	295	-	1050	663	361	1163	919	1471	737	1461	555	1367	1155	1193	1575	2028
Fort Nelson, B.C.	1422	1514	1345	1050	-	387	1137	1611	1799	1523	820	1513	1498	1815	1598	1641	525	978
Fort St. John, B.C.	1035	1153	958	663	387	-	750	1250	1438	1193	459	1183	1111	1454	1237	1280	912	1365
Jasper, Alta.	285	999	413	361	1137	750	-	802	701	1110	376	1100	361	1006	794	832	1604	2015
Nanaimo, B.C.	855	1009	983	1163	1611	1250	802	-	665	391	791	391	826	208	23	113	1379	1790
Nelson, B.C.	496	1197	624	919	1799	1438	701	665	-	1052	979	1703	364	869	657	695	2207	2618
Port Hardy, B.C.	1242	1396	1370	1471	1523	1193	1110	391	1052	-	734	10	1213	512	410	504	998	1409
Prince George, B.C.	661	694	789	737	820	459	376	791	979	734	-	724	737	995	778	821	1228	1639
Prince Rupert, B.C.	1385	1418	1513	1461	1513	1183	1100	391	1703	10	724	-	1461	512	1502	504	988	1399
Radium Hot Springs, B.C.	132	1206	260	555	1498	1111	361	826	364	1213	737	1461	-	1030	818	856	1965	2376
Tofino, B.C.	1059	1213	1187	1367	1815	1454	1006	208	869	512	995	512	1030	-	277	321	1500	1911
Vancouver, B.C.	847	996	975	1155	1598	1237	794	23	657	410	778	1502	818	277	-	69	2006	2417
Victoria, B.C.	885	1039	1013	1193	1641	1280	832	113	695	504	821	504	856	321	69	-	1492	1903
Watson Lake, Y.T.	1889	1922	1870	1575	525	912	1604	1379	2207	998	1228	988	1965	1500	2006	1492	-	453
Whitehorse, Y.T.	2300	2333	2323	2028	978	1365	2015	1790	2618	1409	1639	1399	2376	1911	2417	1903	453	-

Entfernungstabelle Yukon

Entfernungen in Kilometern	Atlin	Beaver Creek	Car-cross	Daw-son C.	Faro	Haines	Haines Jct.	Inuvik	Mayo	Ross River	Skag-way.	Ste-wart Cros.	Watson Lake	White-horse
Atlin, B.C.	-	639	153	718	537	595	339	1404	589	368	259	536	471	182
Beaver Creek, Y.T.	639	-	531	970	790	555	299	1656	842	817	636	788	912	457
Carcross,Y.T.	153	531	-	610	392	487	232	1296	481	331	106	428	426	74
Dawson City, Y.T.	718	970	610	-	534	927	671	766	235	711	716	181	991	536
Faro, Y.T.	537	790	392	534	-	747	491	1220	405	69	498	352	423	356
Haines, AK	595	555	487	927	747	-	256	1613	798	774	593	745	869	415
Haines Jct., Y.T.	339	299	232	671	491	256	-	1357	542	518	338	489	613	158
Inuvik, N.T.	1404	1656	1296	766	1220	1613	1357	-	921	1397	1402	867	1677	1222
Mayo, Y.T	589	842	481	235	405	798	542	921	-	460	586	53	862	407
Ross River, Y.T.	368	817	331	711	69	774	518	1397	460	-	437	539	370	360
Skagway, AK	259	636	106	716	498	593	338	1402	586	437	-	534	532	180
Stewart Crossing, Y.T.	536	788	428	181	352	745	489	867	53	539	534	-	809	354
Watson Lake, Y.T.	471	912	426	991	423	869	613	1677	862	370	532	809	-	454
Whitehorse, Y.T.	182	457	74	536	356	415	158	1222	407	360	180	354	454	-

Entfernungstabelle Alaska

Entfernungen in Meilen (Flug-distanzen)	Ancho-rage	Cordo-va	Fair-banks	Haines	Juneau	Ketchi-kan	Kodiak	Peters-burg	Seattle	Se-ward	Sitka	Skag-way	Valdez	Whit-tier	Wran-gell
Anchorage	-	147	263	495	578	768	249	673	1438	79	580	495	120	51	709
Cordova	147	-	304	352	433	627	303	534	1304	131	439	352	41	99	566
Fairbanks	263	304	-	554	646	870	510	771	1519	333	693	554	265	281	799
Haines	495	352	554	-	73	335	621	194	964	490	152	21	392	457	223
Juneau	578	433	646	73	-	234	674	120	897	565	93	92	477	536	149
Ketchikan	768	627	870	335	234	-	809	114	663	742	188	330	674	722	86
Kodiak	249	303	510	621	674	809	-	735	1423	193	630	621	313	249	770
Petersburg	676	534	771	194	120	114	735	-	778	654	91	210	580	631	32
Seattle	1438	1304	1519	964	897	663	1423	778	-	1384	850	973	1326	1384	745
Seward	79	131	333	490	565	742	193	654	1384	-	554	490	127	57	688
Sitka	580	439	693	152	93	188	630	91	850	554	-	172	487	534	120
Skagway	495	352	554	21	92	330	621	210	973	490	172	-	392	457	239
Valdez	120	41	265	392	477	674	313	580	1326	127	487	392	-	80	612
Whittier	51	99	281	457	536	722	249	631	1384	57	534	457	80	-	655
Wrangell	709	566	799	223	149	86	770	32	745	688	120	239	612	655	-

Kanada individuell

Das Iwanowski's Reisehandbuch Kanada-Osten beschreibt auf 685 Seiten alles Wissenswerte über dieses faszinierende Reiseziel, das von den Niagara-Fällen bis nach Neufundland reicht. Zahlreiche Routen führen durch die Provinzen Ontario und Québec sowie durch die unbekannteren Antlantikprovinzen Nova Scotia, New Brunswick, Prince Edward Island und Neufundland. Die Großstädte werden gesondert vorgestellt. Praktische Tipps auf 127 Seiten sind die richtige Hilfestellung für einen individuellen Urlaub mit vielen Hinweisen auf Unterkünfte, Restaurants und Attraktionen. Und was kostet eine Tour durch Kanada? Das beantworten die detaillierten Angaben auf den Grünen Seiten.

"Für Individualreisende ist der vorliegende Reiseführer unverzichtbarer Begleiter."
Gelbe Seiten Online Themenguide

"Bunt bebilderter, umfangreicher Guide, ideal für Individualreisende. Einer der aktuellsten auf dem Markt."
abenteuer & reisen

Das komplette Verlagsprogramm unter:
www.iwanowski.de

IWANOWSKI'S
Das kosten Sie Westkanada und Südalaska

- Stand: März 2009 -

Auf den Grünen Seiten geben wir Ihnen Preisbeispiele für Ihren Westkanada- und Südalaska-Urlaub, damit Sie sich ein relatives Bild über die Kosten Ihrer Reise und eines Aufenthalts machen können. Natürlich sollten Sie die Preise als Richtschnur auffassen. Bei einigen Produkten/Leistungen geben wir Ihnen eine Preis-Spannbreite an.

Bedenken Sie bitte, dass die saisonalen Schwankungen z.T. beträchtlich sind, besonders bei den Unterkünften.

Aktuelle Kurse:
Kanada: I US$ = ca. 1,25 Can$, I € = ca. 1,59 Can$
USA: I € = ca. 1,27 US$

News im Web:
www.iwanowski.de

Beförderungskosten

Internationale Flüge

Preise in EUR					
Aufgeführt sind die jeweils günstigsten Angebote in der Nebensaison. Wer in der Hauptsaison reist und nicht mindestens ein halbes Jahr vorher bucht, muss mit Preisen über 1.000 EUR rechnen.					
Nach Vancouver	**Airline**	**Nach Calgary**	**Airline**	**Nach Anchorage**	**Airline**
595	AirCanada	573	United Airlines	825	United Airlines
686	Condor	656	Condor	990	AirCanada
687	British Airways	660	Northwest Airlines		
693	KLM	675	AirCanada		

Kanada
Ausländische Touristen können in Verbindung mit ihrem Transatlantik-Flugschein für innerkanadische Flüge einen Sondertarif in Anspruch nehmen, der allerdings bereits im Heimatland gebucht werden muss. Es gibt rein kanadische und auch Flugpässe in Verbindung mit den USA.

USA

Rückflugermäßigungen sowie zahlreiche Sondertarife (teils mit Vorausbuchung, teils mit bestimmter Mindestaufenthaltsdauer, Charterflüge etc.) werden angeboten.

Fluggastgebühr

Kanada

Eine sog. „Improvement Fee" muss bei Abflug von einigen kanadischen Flughäfen in bar am Schalter oder an Automaten bezahlt werden. Je nach Flughafen und Flugziel beträgt sie zwischen 5 und 15 Can$.
Die kanadische „Air Transportation Tax" wird beim Kauf des Flugscheins in den Preis eingerechnet.

USA

Die Fluggastgebühr und eventuelle „Security Tax" werden bereits beim Ticketverkauf in den Preis eingerechnet.

Busse

Kanada

Der Canada Pass der Greyhound Lines of Canada hat folgende Preisabstufungen: 7 Tage 255 Can$, 10 Tage 325 Can$, 15 Tage 375 Can$, 21 Tage 415 Can$, 30 Tage 455 Can$, 45 Tage 515 Can$, 60 Tage 575 Can$.
Die Pässe müssen mindestens 7 Tage vor dem geplanten Reiseantritt gekauft werden. Sie berechtigen zu unbegrenzten Reisen mit beliebigen Zwischenstopps während ihrer Geltungsdauer.

Mietwagen

Westkanada

Je nach Fahrzeugtyp und Anmietungsort pro Tag werden ab 70 Can$ verlangt. Wöchentliche Anmietung ist die Regel. Die Preise sind in diesem Fall günstiger (ab ca. 260 Can$). Zur Anmietung sollte unbedingt eine internationale Kreditkarte vorgelegt werden. Provinzsteuern und kanadische GST kommen noch hinzu. Treibstoff geht in der Regel zu Lasten des Mieters. Das Mindestalter beträgt 21 (in manchen Fällen 25) Jahre.

Alaska

Die Preise beinhalten in der Regel alle gefahrenen Kilometer. Ein kleiner Wagen der Economy-Klasse kostet ca. ab 200 US$ pro Woche. Meistens haben Sie bei dieser Wagenklasse Gepäckprobleme. Empfehlenswert wäre eher ein Wagen der Intermediate-Klasse mit 4 Türen, auf langen Strecken angenehmer. Diese Klasse kostet ab 260 US$ pro Woche. Für Familien mit Kindern wäre ein MiniVan ab 440 US$ angebracht.

Preisbeispiele in EUR			
National		**ab Whitehorse**	
Auto-Typ	Woche	Verlängerungstag (Vl-Tag)	
Economy	191	54	
Compact	199	55	
Midsize	208	58	
Fullsize 2	367	62	
Fullsize 4	369	63	
Luxury	469	81	
Minivan	450	78	
4-Wheel-Drive	450	78	

(Hochsaisonzuschlag vom 15.07.-20.08.:
25 EUR pro Woche bzw. 4 EUR pro Verlängerungstag)

National	**ab Yellowknife**		
Auto-Typ	Woche	Vl-Tag	Zeit
SUV 4 x 4	936*)	177**)	01.05.-04.07. & 28.08.-30.09.
SUV 4 x 4	1.042*)	198**)	05.07.-27.08.

*(Inklusive: *) 700 Frei-Km pro Woche bzw. **)100 Frei-Km pro Tag)*

Avis Alaska	**ab Anchorage**	**ab Fairbanks**	**ab Skagway**
Auto-Typ	Woche / Vl-Tag	Woche / Vl-Tag	Woche / Vl-Tag
Compact	434 / 77	439 / 78	418 / 74
Midsize	469 / 80	475 / 81	454 / 77
Fullsize	506 / 87	512 / 88	489 / 84
4 Wheel-Drive	903 / 159	914 / 161	872 / 53
Minivan	867 / 152	877 / 154	837 / 147

Camper

Kanada / Alaska

Sie können in größeren Städten oder bereits im Heimatland bei größeren Reisebüros zu Wochen- oder Monatspauschalen angemietet werden (je nach Jahreszeit auch mit bis zu 1.500 Frei-Kilometer pro Woche).

 Hinweis

Anmietung von Mietwagen für Selbstfahrer bzw. Anmietung von Campmobilen sollte möglichst bereits im Heimatland vorgenommen werden, besonders für die Hauptreisezeit.

Es gibt rund 2 Dutzend seriöse Firmen in Westkanada und Alaska, die Camper und Wohnmobile zu etwa gleichen Preisen anbieten.

Preisbeispiel der Firma CANUSA:
Angenommen Sie planen Ihren Urlaub ab Mitte Juni in einem 25'-Wohnmobil mit 2 Erwachsenen und 2 Kindern.
* ab Vancouver: 672 € pro Woche, 2.520 € pro Monat
* ab Calgary: 624 € pro Woche, 2.340 € pro Monat
* ab Anchorage: 936 € pro Woche, 3.550 € pro Monat

Bahnverkehr

Kanada
Canrail-Pass der VIA Rail CANADA
Preise: Hochsaison (1.Juni bis 31.Oktober)/Nebensaison
* Erwachsene 923 Can$/576 Can$
* Jugendliche (bis 17 Jahre)/Studenten/Senioren 831 Can$/518Can$

Fähren

(Alle Preise in €, einschl. Steuern und Buchungsgebühren)

Von: Nach:	Belling- ham Prince Rupert	Belling- ham Skagway	Prince Rupert Skagway	Juneau Skagway	Haines Skagway	Whittier Valdez
Erwachsene	191	329	169	41	23	82
Kinder bis 11 Jahre	95	164	84	21	12	41
Pkw bis 15'	404	739	371	83	33	99
MiniVan bis 19'	479	879	442	97	40	115
Fahrrad	29	54	31	15	19	11
Motorrad bis 10'	235	432	219	52	22	67
Motorhome 20'	618	1134	571	127	49	150
Motorhome 35'	1.313	2.395	1.209	266	102	313

* Reservierungen von Fährstrecken nur im Zusammenhang mit kompletten Buchungen, z.B. bei CANUSA Touristik, Internet: www.canusa.de, oder über Reisebüros.
* Zwischen Motorhome 20' und Motorhome 35' gibt es 14 Preisstufen.

Taxi

Westkanada
Gebühren werden nach dem Taxameter berechnet. Achten Sie bitte darauf, dass es eingeschaltet wird. Die Grundgebühr beträgt ab ca. 2,50 Can$ und der Preis je Kilometer ca. 1,40 Can$.

Alaska
Eine Meile kostet ca. 2-2,50 US$, dazu kommen je nach Stadt noch Wartegebühren, Straßengebühren und Nachtzuschläge. Durch den Stop-and-go-Verkehr in den Stadtzentren werden die eigentlich günstigen Preise deutlich erhöht. Taxifahrer erwarten ein Trinkgeld von ca. 10 %.

Benzin

Kanada
Die Preise sind regional sehr unterschiedlich. Hier die Mittelwerte:
• Diesel: ca. 0,96 Can$
• Bleifrei (Regular 91): ca. 0,94 Can$
• Super (Regular 95): ca. 1,04 Can$

Alaska
Preise je nach Ortslage unterschiedlich. Durchschnittspreis je Gallone (ca. 3,78 Liter):
• Diesel (Gasoil) ca. 1,51 US$ (nicht an allen Tankstellen)
• Bleifrei 92 Oktan (Regular Unleaded) ca. 1,46 US$
• Super Bleifrei 95 Oktan (Premium Unleaded) ca. 1,61 US$

Geführte Rundreisen in Westkanada und Südalaska

• **Kanada hautnah**, B&B Selbstfahrer-Rundreise 14 Nächte ab/bis Vancouver ab ca. 1.500 € (Meier's Weltreisen); Strecke: Deutschland – Vancouver – Whistler – Clearwater/Wells Gray Provincial Park – Jasper – Jasper National Park – Banff/Canmore – Banff National Park – Revelstoke – Kelowna – Vancouver – Deutschland
• **Kanadischer Westen**, Selbstfahrer-Rundreise 21 Nächte ab/bis Vancouver ab ca. 1.800 € (Meier's Weltreisen); Strecke: Deutschland – Vancouver – Harrison Hot Springs – Penticton – Revelstoke – Banff N.P./Canmore – Banff National Park – Jasper – Jasper National Park – Clearwater – 100 Mile House – Prince George – Smithers – Prince Rupert – Port Hardy – Campbell River – Victoria – Vancouver – Deutschland
• **Western Dreams**, Selbstfahrer-Rundreise 14 Nächte ab Calgary bis Vancouver, ab ca. 1.500 € (Meier's Weltreisen); Strecke: Deutschland – Calgary – Banff National Park – Banff – Jasper – Jasper National Park – Sun Peaks – Harrison Hot Springs – Victoria – Vancouver – Deutschland

- **Western Wonders**, Selbstfahrer-Rundreise 21 Nächte ab/bis Vancouver ab ca. 1.900 € (Meier's Weltreisen); Strecke: Deutschland – Vancouver – Victoria – Parksville – Whistler – 100 Mile House – Quesnel – McBride – Jasper – Canmore – Banff National Park – Invermere/Panorama – Rossland – Penticton – Hope – Vancouver – Deutschland
- **Kanada für Kenner**, Selbstfahrer-Rundreise 14 Nächte ab/bis Calgary ab ca. 1.500 € (Meier's Weltreisen); Strecke: Deutschland – Calgary – Waterton Park – Waterton Lakes National Park – Medicine Hat – Kyle – Saskatoon – Drumheller – Red Deer – Banff – Kananaskis Village – Calgary – Deutschland

Aufenthaltskosten

Hotels

Kanada
- Luxushotel (4-5 Sterne) ab 170 Can$, im Durchschnitt ca. 210 Can$
- Drei-Sterne-Hotels ab 120 Can$
- einfache Hotels ab 60 Can$

Motels in den Außenbezirken der Städte und entlang den Autobahnen pro Zimmer ca. 50-80 Can$, in Ferienzentren auch bis 200 Can$.

Alaska
- Luxushotel (4-5 Sterne) ab 150 US$
- Drei-Sterne-Hotels ab 110 US$
- einfache Hotels ab 55 US$

Verpflegung

Kanada
Im Restaurant:
- Frühstück ab ca. 10 Can$
- Mittagessen ab ca. 14 Can$
- Abendessen ab ca. 30 Can$

Alaska
In den Hotels und Restaurants:
- Frühstück 8-15 US$
- Mittagessen (Lunch) 12-40 US$
- Abendessen (Dinner) 25-70 US$

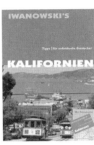
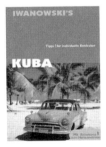

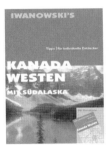

 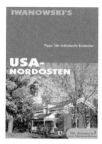 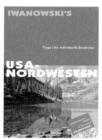

8. REISEN IN WESTKANADA UND SÜDALASKA

Vorbemerkungen

Wegen seiner weltweit berühmten Naturschönheiten, wie z. B. die gewaltige Gebirgskette der Rocky Mountains, die von Fjorden zerrissene Küste, die unberührten Wälder, die großen Seen und Gletscher, erfreuen sich Westkanada und Südalaska als Reiseziel großer Beliebtheit. Zunächst muss etwas über die **Abgrenzung von Westkanada und Südalaska**, wie sie in diesem Buch verstanden wird, gesagt werden. Als Reisender sollen Ihnen die markantesten Teile der Provinzen von British Columbia, Alberta, Yukon und der westlichsten Regionen der Northwest-Territories sowie in Südalaska das straßenmäßig erschlossene Dreieck kanadische Grenze/Fairbanks/Kenai-Halbinsel und ein Teil der Inselwelt Südostalaskas, der sog Pfannenstiel (Panhandle), nahe gebracht werden.

Natürlich kann dieses gewaltige Gebiet unmöglich in einem 3- bis 4-wöchigen Urlaub auf der Straße bereist werden. Per Flugzeug oder in einer Kombination Flug-Straße ist es jedoch möglich, wesentliche Teile eher punktförmig zu erfassen.

Grundsätzlich sollten Sie sich vor der Reise über Folgendes Klarheit verschaffen:
- Wollen Sie nur eine **„Schnuppertour"** machen, um einen Überblick über den „Wilden Westen" zu bekommen?
- Ist es vielleicht sinnvoller, sich auf bestimmte, eng begrenzte Gebiete zu konzentrieren, um bei diesen ein **intensives Kennenlernen** auszukosten?
- Oder gehen Sie auf **„große Fahrt"** mit mehreren Monaten Zeit, um einen großen Überblick mit einer genauen Betrachtung und einem tiefen Erleben zu vereinigen? Wollen Sie auf einer Reise den Wechsel mehrerer Jahreszeiten erleben?

Für alle diese Konsequenzen möchte ich Ihnen im Folgenden mehrere Routenvorschläge unterbreiten.

Routenvorschläge für Westkanada und Südalaska

- Durch die Aufteilung der Gesamtroute mit ihrem kontinuierlichen Streckenverlauf in kleinere Rundreisen sind manchmal die **Kapitelhinweise im Gegenlauf** zu verstehen.
- Die **Routenvorschläge 1, 2** und **3** überschneiden sich im Bereich der Nationalparks der Rocky Mountains in ihren Touren.
- Alle Vorschläge sind nach dem Baukastensystem aneinanderzureihen. Die Verknüpfungsorte sind: Banff, Jasper, Prince George, Dawson Creek, Fort Nelson, Watson Lake, Prince Rupert, Tok Junction (Alaska) und Juneau (Alaska).

1. Vorschlag: 4-wöchige Rundreise im Mietfahrzeug

Gebiet	Kap.	Unternehmungen/Ausflugsziele	Tage	km	Touristische Interessen
Vancouver	9	Canada Place/Gastown/Chinatown/Vancouver Art Gallery/Stanley Park/Vancouver Aquarium/Museum of Anthropology/Suspension Bridge & Park/Grouse Mountain/Ausflug nach Squamish	3	-	Geschichte/Architektur/ Altstadtleben
Vancouver – Rocky Mountains	10	Harrison Hot Springs/Three Valley Gap/Glacier N.P.	4	987	Baden in heißen Quellen/Wildweststadt/Landschaft
Rocky Mountains Nationalparks	11	Yoho N.P./Banff N.P./Kootenay N.P./Icefield Parkway/Jasper N.P.	5/7	ca.700	Landschaft/Fauna/Flora
Jasper – Prince George	13	Mt. Robson P.P./Mt.Terry Fox P.P./Prince George: Eisenbahnmuseum	2	370	Bergwandern
Prince George – Prince Rupert	13	Museum of Northern B.C. in Prince Rupert	2	788	Geschichte/Indianerkultur
Prince Rupert – Port Hardy	14	Fährfahrt durch Inside-Passage	1	-	Fjord- u. Inselwelt B.C.
Port Hardy – Telegraph Cove	9	Telegraph Cove: Schwertwal-Beobachtung per Boot	1	81	Meeresfauna
Telegraph Cove – Gold River	9	Strathcona P.P.	2	333	Wandern/Flora/Fauna
Gold River – Tofino	9	Tofino: Grauwal-Beobachtung per Boot	2	279	Meeresfauna
Tofino – Victoria	9	Chemainus/Victoria: Crystal Garden/Thunderbird Park/Royal B.C. Museum/Pacific Undersea Garden/Royal London Wax Museum/Miniatur World/Chinatown/Marquet Square/Craigdarroche Castle/Art Gallery of Greater Victoria/Anne Hatheway's Cottage/Emily Carr House/Fort Rodd Hill/Fisgard Lighthouse/Butterflies World/Butchart Gardens	4	234	Wandmalereien von Chemainus/Stadtbesichtigung Victoria
Victoria – Renfrew	9	Startpunkt West Coast Trail	1	112	Landschaft/Fauna/Flora

2. Vorschlag: 3–4-wöchige Rundreise im Mietfahrzeug

Gebiet	Kap.	Unternehmungen/Ausflugsziele	Tage	km	Touristische Interessen
Vancouver	9	Canada Place/Gastown/Chinatown/Vancouver Art Gallery/Stanley Park/Vancouver Aquarium/Museum of Anthropology/Suspension Bridge & Park/Grouse Mountain/Ausflug nach Squamish	3	–	Geschichte/Architektur/ Altstadtleben
Vancouver – Rocky Mountains	10	Osoyoos/Greenwood/Nelson/Boswell/Fort Steele/Radium Hot Springs	2	1.039	Geschichte/Landschaft/Architektur
Rocky Mountains Nationalparks	11	Kootenay N.P./Banff N.P./Yoho N.P./Icefield Parkway/Jasper N.P.	5/7	ca. 700	Landschaft/Fauna/Flora
Jasper – Prince George	13	Mt. Robson P.P./Mt. Terry Fox P.P./Prince George: Eisenbahnmuseum	2	370	Bergwandern
Prince George – Fort Nelson	16	Carp Lake Park/Dawson Creek/Fort Nelson	1	866	Seen/Wälder
Fort Nelson – Watson Lake	16	Stone Mountain P.P./Muncho Lake P.P./Liard River Hot Springs	1	553	Landschaft/Flora/Fauna/Heiße Quellen
Watson Lake – Stewart	16	Stewart: Bear Glacier/Hyder	2	641	Gletscher/Bären
Stewart – Bowron Lake Park	16/ 13	Kitwanga/Barkerville/Bowron Lake Park	4	880	Totempfähle/restaurierte Goldrauschzeit in Barkerville/Wassersport
Bowron Lake Park – Bella Coola	13	Fischereihafen Bella Coola	2	683	Auf den Spuren von Mackenzie
Bella Coola – Nanaimo	13/ 9	Lytton/Hell's Gate	2	1.067	Rafting/Stromschnellen des Fraser River

3. Vorschlag: 3-wöchige Rundreise im Mietfahrzeug

Gebiet	Kap.	Unternehmungen/Ausflugsziele	Tage	km	Touristische Interessen
Calgary – Dinosaurier Park bei Brooks	12	Calgary: Fort Calgary Historic Park/Calgary Tower/Calgary Zoo/Calgary Exhibition & Stampede/Canada Olympia Park/bei Brooks: Dinosaur P.P.	4	456	Geschichte/Zoologie/Reiterspiele/Paläontologie
Dinosaurier Park bei Brooks – Drumheller – Calgary	12	Drumheller: Tyrrell Museum of Palaeontology	2	270	Paläontologie/Hoodoos
Calgary – Edmonton	12	Fort Normandeau/Edmonton: West Edmonton Mall	1	310	Geschichte/größtes Kaufhaus der Welt
Edmonton – Jasper	12	Ausflug Maligne Lake	2	361	Naturschönheiten/Flora/Fauna des Jasper N.P.
Rocky Mountains National Parks	11	Jasper N.P./Yoho N.P./Kootenay N.P./Banff N.P.	5/7	ca. 700	Landschaft/Fauna/Flora
Banff – Calgary	12	Durch die Prärie	1	118	Natur

4. Vorschlag: 3-wöchige Rundreise im Mietfahrzeug mit Gletscherflug und Bootsfahrt

Gebiet	Kap.	Unternehmungen/Ausflugsziele	Tage	km	Touristische Interessen
Tok Junction (Alaska) – Fairbanks	20	Tanana River/Fairbanks: Universitätsmuseum/Alaskaland	2	335	Nordlichtforschung/Freilichtmuseum
Fairbanks – Denali N.P.	20	Denali N.P.	4	237	geschützte Flora und Fauna
Denali N.P. – Valdez	20	Denali Hwy/Abstecher McCarthy/Kennicott/Valdez	5	844	Gletscherflug über Wrangell Mountains/ehem. Kupferbergwerk/Bootsfahrt zur Eisbarriere

Valdez – Anchorage	20	Anchorage: Museum of History and Art	2	507	Geschichte/Kunst
Anchorage – Kenai Peninsula – Anchorage	20	Ninilchik/Homer/Exit Glacier/Seward	4	889	russisch-orthodoxe Kirche/Fischfang/Gletscher/Kenai Fjord N.P.
Anchorage – Tok Junction	20	Glennallen	1	534	Wälder/Moore

5. Vorschlag: Inside Passage
3-wöchige Schiffsreise von Vancouver nach Juneau und Rückflug nach Vancouver

Gebiet	Kap.	Unternehmungen/Ausflugsziele	Tage	km	Touristische Interessen
Vancouver	9	Canada Place/Gastown/Chinatown/Vancouver Art Gallery/Stanley Park/Vancouver Aquarium/Museum of Anthropology/Suspension Bridge & Park/Grouse Mountain	4	-	Geschichte/Architektur/Altstadtleben
Vancouver – Prince Rupert	9/14	Prince Rupert: Museum of Northern B.C.	2	-	Geschichte
Prince Rupert – Ketchikan	19	Ketchikan: Southeast Alaska Discovery Center/Creek Street/Totem Heritage Center/Misty Fjord	3	-	Geschiche/Kunst/Indianer/Natur
Ketchikan – Wrangell	19	Wrangell: Chief Shakes Island/Wrangell Museum/Regenwälder	3	-	Geschichte/Natur
Wrangell – Petersburg	19	Petersburg: Clausen Memorial Museum/Regenwälder	3	-	Geschichte/Natur
Petersburg – Sitka	19	Sitka: Sheldon Jackson Museum/Sitka National Historic Park	3	-	Geschichte
Petersburg – Juneau	19	Juneau: Alaska State Museum/Glacier Bay N.P./Tracy Arm Fjord	4	-	Geschichte/Gletscher

9. VANCOUVER ISLAND

Besondere Attraktionen auf Vancouver Island sind Wanderungen in den **nordischen Regenwäldern** mit ihrer vielfältigen Flora und Fauna, die aufregenden Erlebnisse von **Walbeobachtungs-Bootsfahrten** und die Herausforderung den **West Coast Trail** erfolgreich zu bestehen. Von besonderem Reiz ist die Besichtigung der Städte **Vancouver** und **Victoria**, beide sehr unterschiedlich in ihrem Charakter, die erstere bestechend durch ihre moderne Architektur und die letztere durch ihren typisch englischen Flair.

Vancouver (ⓘ s. S. 187) – eine der schönsten Städte der Welt

1 **Zeitvorschlag**
2 Tage

Allgemeiner Überblick

Vancouver, eine Stadt, über die man ins Schwärmen geraten kann. Sie atmet Freiheit, weiten Blick aufs Meer und den Himmel, phantastisch ihre Spiegelbilder im Wasser und in den Glasfassaden ihrer Hochhäuser. Vancouver ist eine Stadt, in

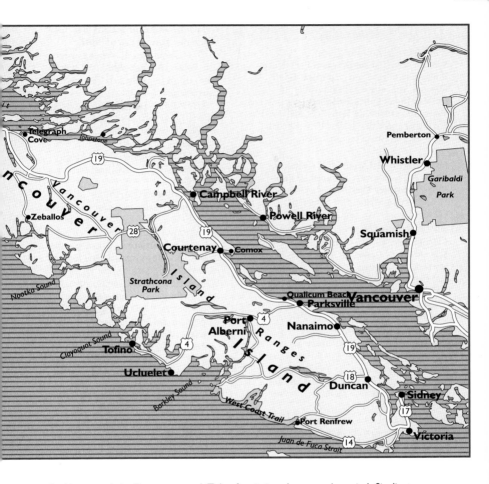

der Vergangenheit, Gegenwart und Zukunft miteinander verwoben sind. Sie liegt in einer von der Natur gesegneten Umgebung und imponiert durch ihre kühne, großzügig angelegte Architektur. Ursprünglich waren die Buchten und Inseln dieser Gegend mit dichtem Urwald überzogen, von denen der heutige Stanley Park noch ein Abglanz ist. Die massiven Stämme der Zedern, Föhren und Schierlingstannen lieferten das Baumaterial für die ersten Bauwerke. Der Goldrausch und die Ankunft der Eisenbahn aus dem Osten im 19. Jahrhundert spornten zum Wachstum an. So stieg Vancouver im 2. Jahrhundert seines Bestehens zu einer stolzen Handelsstadt empor. Heute ist die wunderschöne, junge Stadt Anziehungspunkt für Menschen aus aller Welt. Mit ihrem **kosmopolitischen Charakter** wurde sie das Tor zum nördlichen Pazifik. Ihre vielschichtige Wesensart soll in kurzen Schlaglichtern wiedergegeben werden:

Vancouver, eine wunderschöne Stadt

Übernachten:

- Von den zentral in der Downtown gelegenen Hotels sind folgende zu empfehlen: **Hyatt Regency Vancouver $$$$$**, luxuriös, **Holiday Inn & Suites $$$$**, im Herzen von Vancouver, **Oceanside Hotel $$$**, mittlere Preisklasse, nahe des Stanley Park, **Buchan Hotel $$**, einfach, in ruhiger Lage

Essen:

- **Le Gavroche Restaurant ###**, gemütliche, intime Atmosphäre mit Kaminfeuer, **Fish House in Stanley Park ##**, täglich frische Meeresfrüchtegerichte, **Old Spaghetti Factory #**, originelle Stimmung

Sehenswürdigkeiten:

- **Canada Place** (S. 314): Hier sind die kühnen Schönheiten neuzeitlicher Architektur zu bewundern, insbesondere die symbolisierten fünf Segel der ehemaligen Ostasienflotte der Stadt als Dachkonstruktion der Weltausstellung des EXPO '86-Gebäudes.

- **Gastown** (S. 314): Sie umweht ein Hauch von Nostalgie, im Gegensatz zu der ansonsten modernen Stadt Vancouver.

- **Vancouver Art Gallery** (S. 316): Herausragendes Interesse finden die Kunstwerke der einheimischen Malerin *Emily Carr* und des Haida-Künstlers *Robert Davidson*, die beide indianische Motive bevorzugen.

- **Stanley Park** (S. 319): Andächtiges Staunen über jahrhundertealte Urwaldriesen eines nordischen Küstenregenwaldes und moderne Freizeitaktivitäten liegen dicht beieinander.

- **Vancouver Aquarium** (S. 319): Eine besondere Attraktion sind die kraftvollen Bewegungen der gewaltigen Schwertwale in einem großzügig angelegten Freiluftbassin.

- Die **Bevölkerungszahl** der City Vancouver beträgt zzt. 611.869.

- Das unmittelbare Nebeneinander von kühler **Bergeshöhe** und milder **Meeresküste** macht den Charme Vancouvers aus.

- Eine Augenweide sind die wunderschönen **Gärten und Parks** mit ihrer Blumenpracht, die im milden Klima prächtig gedeihen.

- Die **Gastown**, der älteste Stadtteil Vancouvers, vermittelt ein nostalgisches Gefühl.

- Das **Chinesenviertel** der Stadt ist einem exotischen Farbtupfer vergleichbar.

- Vancouver verfügt über einen sehr hohen **Freizeitwert**. Beispielsweise stehen Sportbegeisterten alle Möglichkeiten der Betätigung als Jogger im Stanley Park, als Wassersportler aller Art, als Bergsteiger oder Skiläufer im nahen Bergland zur Verfügung. Außerdem reicht die Freizeitpalette vom geruhsamen Sonnenbaden bis zum aktiven Fischen und Jagen.

- Wer sich in die Geschichte der Stadt und des Landes vertiefen möchte, findet in den **Museen** ein reiches Betätigungsfeld.

- Vancouver ist Ausgangspunkt für **Kreuzfahrtschiffe**, entweder zu den sonnengebleichten Stränden Mexikos, dem meerumbrandeten Hawaii oder der gigantischen Gletscherwelt Alaskas.

- Sehr übersichtliche **Verkehrsverhältnisse**, überwiegend in Schachbrettform angelegte Straßen, gewaltige, die Wasserarme des Fraser River und Burrard Inlet überspannende Brücken, die die einzelnen Stadtteile miteinander verbinden, machen dem Autofahrer das Leben leicht.

- Vancouver bietet **ideale Ausflugsmöglichkeiten** nach Vancouver Island und ins Hinterland.

Geschichtlicher Überblick

Im Vancouver-Bezirk wurden über 100 ehemalige Indianerdörfer identifiziert. Die **Coast Salish-Indianer** waren mit drei Stämmen in der Gegend vertreten. Der *Burrard-Stamm* war die kleinste Gruppe, die in der Deep Cove-Gegend in Nordvancouver lebte. Der *Musqueam-Stamm* am Nordufer des Fraser-Nordarms siedelte in der Shaughnessy-Gegend, der größte Stamm waren jedoch die *Squamish* nahe dem Capilano River in Nordvancouver.

Im Juli 1791 segelte als erster Europäer der spanische Entdecker *José María Narvaez* in die Gewässer des heutigen Vancouver. Er landete in der Gegend von Point Grey. 1792 erforschte *Sir William Cornelius van Horne* den Burrard-Meeresarm. Er benannte den Ort nach dem berühmten britischen Seefahrer *George Vancouver.* 1862 erfuhren die drei Engländer *John Morton, William Hailstone* und *Sam Brighhouse* von Kohlevorkommen im Coal Harbour. Sie sicherten sich ein Landstück zwischen der heutigen Downtown und dem Stanley Park und gründeten die erste Siedlung der Weißen. 1867 wurde die Hastings-Sägemühle erbaut. *„Gassy Jack" Deighton* errichtete das Deighton House und den Saloon. Der Wachs-

Spanisch-britischer Interessenkonflikt

tumsprozess der Ansiedlung beschleunigt sich. Sie wurde Gastown genannt, eine wilde, ungeordnete typische Westerntown. 1886 ist das eigentliche Gründungsjahr von Vancouver. Es wurde geplant und solide gebaut.

Glasbauarchitektur – Vancouver

Heute ist Vancouver eine **bedeutende Hafenstadt** mit einem der besten natürlichen Häfen unseres Globus. Die Wasserfront misst 98 Meilen! Vancouver ist das größte Getreideexportzentrum der Welt. Andere wichtige Exportgüter sind Holzprodukte und Schwefel, die hauptsächlich nach Japan, Südkorea, China und in die USA verschifft werden. Die höchsten Importmengen kommen aus den USA, Japan und Mexiko. Die größten Frachtraten in Bedienung des Hafens erzielen die beiden kanadischen Eisenbahngesellschaften, die Canadian Pacific Railway und die Canadian National Railway. Nicht minder bedeutend ist die Fischereiflotte der Hafenstadt.

Vancouver, Eisenbahnendpunkt

Sehenswertes in Vancouver

Harbour Centre Complex
555 Hasting W. Street, Öffnungszeiten täglich

Es ist ein moderner Hochhauskomplex. Von einer Plattform aus haben Sie eine grandiose Aussicht über die Stadt, die Sie möglichst zu Beginn der Erkundung Vancouvers nutzen sollten. An der Brüstung sind rundum die Gebäude aufgezeichnet, so dass man mit diesen Vorab-Informationen die Stadt gezielter besichtigen kann.

Canada Place
Nordende der Howe Street

Am Canada Place begrüßt eine moderne **Anlegestelle für Luxusdampfer** mit Stil und Eleganz Besucher aus aller Welt. Ein beeindruckendes Bauwerk, das anlässlich der Weltausstellung EXPO '86 nach 3-jähriger Bauzeit von dem deutschstämmigen Architekten *Eberhard Zeidler* kreiert wurde, hat das schon faszinierende Stadtbild Vancouvers zusätzlich verschönert. Besonders genial ist die Dachkonstruktion. Sie stilisiert fünf

Canada Place – Vancouver

aus Fiberglas hergestellte graziöse Segel, die sich je nach Beleuchtung von strahlendem Weiß im hellen Sonnenlicht, über ein warmes Gelb im Abendlicht bis zum tiefen Amethyst im Zwielicht des künstlich beleuchteten Canada Place verfärben. Diese Segel sollen die kanadische Pazifikflotte von 1891 symbolisieren, mit der der Ostasienhandel eingeleitet wurde, der wiederum Vancouver aufblühen ließ.

Stilisierte Pazifikflotte von 1891

Außerdem befinden sich in dem vielfach verwendeten Bauwerk am Canada Place heute das Handels- und Kongresszentrum, das hypermoderne CN **Imax Kino** mit dreidimensionaler Projektionstechnik, das Pan-Pazific Hotel, Gaststätten und exklusive Geschäfte.

Gastown
Water Street

Der Name Gastown geht auf *John Deighton* (1830–1875) zurück. Er erschien eines Tages im Jahr 1867 mit einem Whiskyfass und eröffnete einen Saloon für die durstigen Kehlen der Sägemühlenarbeiter, denn die nächste Kneipe war nur in einem 19 km langen Fußmarsch in New Westminster erreichbar. Wegen seiner prahlerischen, langatmigen Redeweise wurde er von seinen Kumpels mit dem Spitznamen „Gassy Jack" (ge-

Der Angeber „Gassy Jack"

Vancouv

0

Sta

Engli

English Bay

N

0

Ogden A

Cornwall Ave.
York

Avenue
1st Ave.
2nd Ave.
4th Ave.
6th Ave.

Stanley Park Dr.

Cypress St.

Arbutus St.

© *graphic*

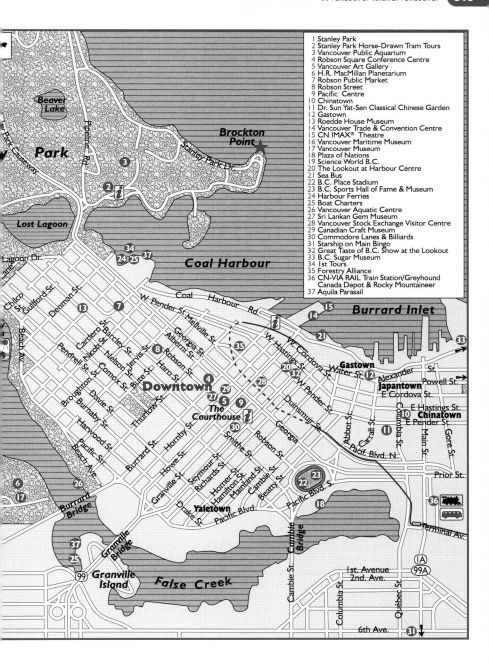

1 Stanley Park
2 Stanley Park Horse-Drawn Tram Tours
3 Vancouver Public Aquarium
4 Robson Square Conference Centre
5 Vancouver Art Gallery
6 H.R. MacMillan Planetarium
7 Robson Public Market
8 Robson Street
9 Pacific Centre
10 Chinatown
11 Dr. Sun Yat-Sen Classical Chinese Garden
12 Gastown
13 Roedde House Museum
14 Vancouver Trade & Convention Centre
15 CN IMAX® Theatre
16 Vancouver Maritime Museum
17 Vancouver Museum
18 Plaza of Nations
19 Science World B.C.
20 The Lookout at Harbour Centre
21 Sea Bus
22 B.C. Place Stadium
23 B.C. Sports Hall of Fame & Museum
24 Harbour Ferries
25 Boat Charters
26 Vancouver Aquatic Centre
27 Sri Lankan Gem Museum
28 Vancouver Stock Exchange Visitor Centre
29 Canadian Craft Museum
30 Commodore Lanes & Billiards
31 Starship on Main Bingo
32 Great Taste of B.C. Show at the Lookout
33 B.C. Sugar Museum
34 1st Tours
35 Forestry Alliance
36 CN-VIA RAIL Train Station/Greyhound
    Canada Depot & Rocky Mountaineer
37 Aquila Parasail

Dampfuhr in Gastown – Vancouver

schwätziger Hans) gerufen, und bald darauf hieß auch die Gegend um seinen Saloon *(Ecke Water St./Carall St.)* „Gastown". Heute erinnert eine Statue am Maple Tree Square an den weltberühmt-berüchtigten *Gassy Jack.*

Gastown ist der **älteste Teil der City**, erstreckt sich vom Canada Place bis zum Maple Tree Place entlang des Hafens. Dieser Altstadtkern Vancouvers, seit Ende der 1960er Jahre massiv restauriert, ist zur Hauptattraktion der Besucher geworden. In den kopfsteingeplasterten Straßen mit den alten liebevoll wiederhergestellten Backsteinhäusern, Gebäude aus der spät-viktorianischen Zeit, malerischen Straßenlaternen, Restaurants, kleinen Geschäften und Clubs, Kunstgalerien und Souvenirläden, die den eigenwilligen Charme dieses Viertels ausmachen, herrscht stets reges Treiben und verstärkt den nostalgischen Eindruck. Ein buntes Völkergemisch flutet fröhlich durch die wiederbelebte Gastown.

Unvorbereitet kann Sie ein eindringlicher Pfeifton der **einzigen Dampfuhr der Welt** an der Ecke Water Street/Cambie Street aufhorchen lassen. 1875 erhob sie erstmals ihre heisere Stimme. Sie wurde zur Belustigung für jedermann von Douglas L. Smith kreiert. Ein Pfeifton ertönt alle 4,5 Minuten. Viertelstündlich hören Sie das Westminster Glockenspiel. Ein noch deutlicherer Pfeifton zeigt jede volle Stunde an. Heute liefert das unterirdische Fernwärmenetz der Stadt den Dampf für die 2 Tonnen schwere „Steam Clock".

Chinatown
Pender Street, zwischen Carrall Street und Gore Ave.

Lebhafte Chinatown

Sie zeichnet sich durch farbenfrohe Märkte, Restaurants, geschäftige Läden mit exotischen Waren und guten Beispielen früher Architektur der Stadt aus. Die Atmosphäre des Chinesenviertels blieb verhältnismäßig authentisch.
Sehenswert ist das renovierte **Sam Kee Building**, *8 W. Pender Street*, das nur knapp 2 m breit ist. Man bezeichnet es als das schmalste Geschäftshaus der Welt.

Vancouver Art Gallery
750 Hornby Street/am Robson Square, **Öffnungszeiten** *Mo–So: 10–17.30 Uhr*

Sie wurde 1907 von dem Architekten *Francis Rattenbury* aus Victoria entworfen. In dem neoklassischen Gebäude sind besonders die permanenten Ausstellungen einheimischer Künstler aufschlussreich, die das Seelengefüge des kanadischen Volkes erahnen lassen, dessen multikulturelle Zusammensetzung so ungeheuer vielschichtig ist. Es sollen die Malerin *Emily Carr* (1871–1945), britischer Herkunft, und der noch schaffende Haida-Künstler *Robert Davidson* besonders hervorgehoben werden.

Emily Carr

Ein besonderer Höhepunkt sind die Gemälde und Zeichnungen von *Emily Carr*. Sie hat von 1908 bis 1930 zahlreiche Indianersiedlungen aufgesucht und war fasziniert von der Kultur und der Kunst der Nordwestküsten-Indianer. Deshalb malte sie mit Begeisterung das Leben der Urbevölkerung mit ihren Totempfählen, Blockhäusern und Booten. Später hat sie sich mehr der Landschaftsmalerei zugewandt. Mir persönlich gefallen besonders die Motive über die sonnendurchglühten Zedernwälder, worin sie m. E. ihre wahre Meisterschaft gefunden hat.

Begabte Künstlerin

Robert Davidson – Adler der Morgendämmerung

Das Hoffnungsvolle dieses bedeutenden Haida-Künstlers ist, dass er an die Kunst seiner Vorfahren anknüpft, die auszusterben, in Museen zu verstauben und mit vermodernden Totempfählen und Holzschnitzereien zu Grunde zu gehen drohte.

Durch seine Kunst setzt er ein vitales Signal, sich an das reiche kulturelle Erbe der Haida-Indianer zu erinnern, Traditionen (Mythen, Tanz, Musik, von denen allein die Kunst der Haida ursprünglich lebte) wieder aufleben zu lassen und auch neu zu definieren.

Die Spanne seiner sorgfältigen, vielseitigen Werke reicht von Gemälden, Drucken, Totempfählen und Masken bis zu Schmuckstücken. In der jetzigen Ausstellung sind über 200 Exponate seiner Arbeiten von 1959 bis zur Gegenwart zu besichtigen. Sie zeigen auch die Suche nach anderen Wegen und Ideen, um auf der einen Seite den Blick des Betrachters zu fangen, ihn

Every year salmons came back

neugierig auf seine Kunst zu machen („My highest fear is, to become boring"). Auf der anderen Seite demonstrieren sie *Robert Davidsons* immer wieder stattfindende Auseinandersetzung mit seinem kulturellen Erbe, nämlich als Haida in die dominante Kultur der Angelsachsen hineingeboren zu sein. Dabei wagt sich der begabte Künstler immer wieder an neues Material, wie etwa Bronze oder Innovationen im Formdesign, z. B. Auflösung der traditionellen Regeln der Symmetrie, dabei immer aus dem reichen, uns teils fremden Kulturgut der Haida schöpfend. Sehr eindrucksvoll sind „Raven finned killerwhale" oder „Every year salmons came back".

Hoffnungsvoller Haida-Künstler

- **Robert Davidson-Bildinterpretationen** (von *Desirée Wesselmann*)

Durch die folgende Reportage mit der Deutschen *Desirée Wesselmann*, die im Rahmen ihrer Studienarbeit auf den Künstler traf, soll versucht werden, das Künstlerprofil *Robert Davidsons* besser auszuleuchten:

- **„Wolf inside its own foot"**

(1983, 66,5 x 99,5, Gallery of Tribal Art, Vancouver)

„Hier zeigt sich sehr schön, wie *Robert Davidson* versucht, den Blick des Betrachters durch die Bildkomposition zu führen. Er spricht davon, die Energien zu steuern. Worin liegt nun die Bedeutung des Motivs? Robert Davidson erläuterte, dass für ihn ein Tag durch die Gedanken, die man sich an diesem Tag macht,

INFO   „Renaissance oder Survival"

(von Desiree Wesselman)

„Man hat vor ca. 15 Jahren begonnen, von der „Renaissance" der Kunst der Nordwestküsten-Indianer zu sprechen. Inzwischen wehrt man sich gegen diesen Begriff,
denn Renaissance oder Wiedergeburt beinhaltet, dass etwas gestorben ist. Heute geht
die Diskussion in die Richtung, dass die Kunstform durch die Jahre der Unterdrü-
ckung zwar keine Weiterentwicklung erfahren hat, aber dennoch ist ja Kunst in
Erinnerung an die alten Traditionen angefertigt worden. *Charles Edenshaw, Robert
Davidsons* Großvater, war z. B. ein bedeutender Informant für Anthropologen und
Ethnologen. Alte Totempfähle sollten von ihm für Muse-
umszwecke noch einmal im Modell angefertigt werden. Viele andere Informanten seinesgleichen wurden nie beim Namen genannt.

Eagle Looking at Eagle
Bimeal relation silkoreen print on Arjhes paper, edition 64, image 26.75 x 26.75"

In späteren Jahren wurde viel für den Touristenhandel angefertigt, nur dass die Künstlerinnen oder Künstler nie erwähnt wurden. Dabei haben diese Frauen und Männer, nach
deren Namen nicht gefragt wurde, ein gutes Stück dazu
beigetragen, diese Kunst lebendig zu halten. Die Künstler
waren es schließlich, die irgendwann sahen, dass Totempfähle und Masken in Museumsvitrinen aus ihrem kulturellen Kontext gerissen waren. Deshalb wurden Anlässe
inszeniert, in denen kunstvoll gefertigte Masken wieder von
Tänzern getragen, Trommeln wieder in Zeremonien gewir-
belt wurden.

So kreierte *Robert Davidson* 1968 den ersten **Totempfahl**
seit 90 Jahren für seine Heimat Haida Gwaii, der in einer
traditionellen Feier im Mai 1969 errichtet werden sollte.
Sein Wunsch war es, für die alten Leute noch einmal die

Gemälde von Robert Davidson

Basis für ein Fest zu schaffen, das sie zelebrieren konnten, wie es ihnen vertraut war.
Lange liefen die Vorbereitungen für dieses Fest. Die Ältesten mussten sich an traditionelle **Tänze, Masken und Texte** erinnern. Es erforderte viele Monate des **Wie-
dererlernens kultureller Werte** auf der einen Seite. Auf der anderen Seite gab es
auch Widerstand und Skepsis gegenüber *Robert Davidsons* Projekt. Es stand im
Widerstand zum neu erlernten Glauben des Christentums. Zu viele Jahre war die
eigene Kultur als heidnisch abgewertet und schließlich verboten worden.

Viel Unterstützung kam jedoch von Seiten der Großeltern, die *Robert Davidson* die
Kraft gaben, seine Idee zu verwirklichen. Doch erst als der Totempfahl schließlich
aufgerichtet stand, wurde ihm die tiefere Wirkung seines Projekts bewusst: „It was
the rewakening of our souls, our spirits. It was the reconnection with some of the
values, that still existed." [„Es war das Wiedererwachen unserer Seelen, unseres
Geistes. Es war die Wiederverknüpfung mit den Werten, die immer noch existieren."]

seinen Wert erhält („You can only have one foot of thoughts a day?"). Wie verbringe ich also meinen Tag? Fülle ich ihn mit positiven oder negativen Gedanken? Darin liegt die Bedeutung des Untertitels des Bildes."

- **„Eagle looking at Eagle"**
(1992 Silkcreen Print, limitierte Auflage, private Sammlung)
„Dieses Gemälde zeigt, wie *Robert Davidson* ganz spielerisch von den traditionellen Regeln der Bildkomposition abweicht. Es wird eine Scheinsymmetrie geschaffen. Der aufmerksame Betrachter wird aufgefordert, genauer hinzusehen, Symmetrie und Asymmetrie zu entlarven. Doch hinter dem Spiel steckt auch eine **tiefe Symbolik**: die Frage nach Identität und Selbstbetrachtung („It's also a time, where I'm actually starting to look inward."). Was sehe ich, wenn ich mein Spiegelbild betrachte? Sehe ich mich oder meinen Schatten? Meine Seele oder mein Abbild? Erkenne ich mich wieder? „Adler" (= „Eagle") ist *Robert Davidsons* persönliches Zeichen, daher der Untertitel „Eagle looking at Eagle"."

Blick nach innen

Yaletown

Um viele alte Ziegellagerhäuser scharen sich heute moderne Restaurants, Pubs, Kunstgalerien und Antiquitätengeschäfte.

Stanley Park

1888 hat der damalige Generalgouverneur *Lord Stanley* den Park der jungen Stadt Vancouver übergeben. Auf einer Halbinsel gelegen, 405 ha in der Ausdehnung, von einer 10 km langen Einbahnstraße und von 80 km Wanderwegen kreuz und quer erschlossen, breitet sich die größte städtische Grünanlage Kanadas und zweitgrößte Nordamerikas (nach dem Central Park von New York) aus. Dieser Park bietet eine große Auswahl verschiedener Freizeiteinrichtungen, u. a. einen Zoo und das weltberühmte Aquarium. Gewaltige **Baumriesen** der nordwestamerikanischen Küstenwälder – Küsten-Douglasie/Douglas-fir *(Pseudotsuga menziesii)*, Westliche Hemlock/Western Hemlock *(Tsuga heterophylla)* und Riesenlebensbaum/Western Red Cedar *(Thuja plicata)*, Überbleibsel des hier einstigen Urwaldes – überragen die übrigen Bäume um Wipfellänge im Westteil des Parks. Der Ostteil ist vornehmlich mit Blumenrabatten und Rasenflächen geziert. Staunend können Sie in diesem wunderschönen naturbelassenen „Park" lustwandeln, bis Sie unweigerlich auf die bunt bemalten **Totempfähle** stoßen, die Sie an die indianische Vergangenheit dieses Landes erinnern.

Relikte des einstigen Küstenregenwalds

Durch den Park fährt ein **kostenloser Shuttle-Bus** (im Sommer viertelstündlich). Sie können an verschiedenen Punkten die Fahrt beliebig unterbrechen.

Vancouver Aquarium
Im Stanley Park, Vancouver, Öffnungszeiten September bis Juni: 10–17.30 Uhr, 1. Juli bis Labour Day: 9.30–20 Uhr, Weihnachten und Neujahr: 12–17 Uhr

1956 wurde hier das erste öffentliche Aquarium Kanadas eröffnet. **8.488 Tiere** (563 Arten) leben zzt. in dem großzügig angelegten Aquarium, davon: 4.674 Wirbellose (197 Arten), 3.422 Fische (307 Arten), 114 Lurche (20 Arten), 231 Reptilien (26 Arten), 18 Vögel (5 Arten) und 29 Säugetiere (8 Arten).

Dieses Aquarium vermittelt Ihnen in großzügiger Art die Möglichkeit, aus der Sicht eines Unterseeboots die Unterwasserwelt mit ihrem vielfältigen Leben zu erforschen, um ein tieferes Verständnis ihrer Wunder zu erlangen.

Hinweis
Wenn Sie an Klaustrophobie leiden, ist vom Besuch der separaten o. g. Veranstaltung abzuraten.

Das Aquarium ist in folgende Abschnitte eingeteilt:
* **Außenbecken**
- Die faszinierenden **Schwertwale** *(Orcinus orca)* sind zweifelsohne die Stars des berühmten Aquariums. Diese gewaltigen Meeressäugetiere, erkennbar an ihrer schwarzweißen Färbung und ihrer steil aufragenden Rückenflosse, locken besonders viele Zuschauer an. Schnaubend schwimmen sie unruhig in dem großen Außenbecken, das fünf Mio. Liter fasst, hin und her, und in Shows demonstrieren sie ihre hohe Intelligenz und geballte Kraft, die durch zirkusreife Luftsprünge unterstrichen wird.

Geballte Kraft und Intelligenz

- Genauso belagert sind die putzigen **Seeotter** *(Enhydra lutris)*, die – rücklings schwimmend – sich sichtlich wohlfühlen. Sie haben von allen Säugetierarten das dichteste Fell und waren durch die Jagd rücksichtsloser Pelztierjäger fast dem Aussterben nahe.

* **Der pazifische Nordwesten**
Das reiche Unterwasserleben der Nordwestküste wird Ihnen vorgeführt.
- Beeindruckend ist der gigantische **Pazifik-Octopus** *(Octopus dofleini)* mit einem Gewicht bis zu 45 kg, der mit seiner pfeilähnlichen Zunge Löcher in Muschelgehäuse bohren und augenblicklich die Farbe seiner Haut ändern kann.
- Unübersehbar ist die Zahl der Seeanemonen, Quallen, Seesterne, Einsiedlerkrebse und Fische.

* **Arktisches Kanada**
Akustisch unterstützt durch Imitation heulenden Sturms, wird das arktische Kanada mit seinen maritimen Arten und Landsäugetieren sowie seinen arktischen Vögeln wiedergegeben.

Weiße Wale

- In einem großen, 2 Mio. Liter fassenden Bassin bewegen sich **Belugas** *(Delphinapterus leucas)* oder Weiße Wale in ihrer natürlichen, eleganten Art und Weise. Sie sind relativ klein, denn sie werden nur bis zu 5 m lang. Grau geboren, verfärben sie sich mit zunehmendem Alter ins Schneeweiße.

* **Der Amazonas-Regenwald**
Das südamerikanische Amazonasbecken ist hier vom Grund seiner tiefsten Wasserstelle bis in die Wipfel seiner Baumriesen nachempfunden. Während Ihres Spaziergangs durch die Galerie sind Sie von wasserwarmer Treibhausluft wie am Amazonas umgeben.
- Dösende **Amazonas-Alligatoren** *(Caiman crocodilus yacare)* fallen Ihnen sicher als erstes auf.
- Der **Arapaima** *(Arapaima gigas)* ist der größte Süßwasserfisch der Erde, nach dem Motto: größter Fisch in größtem Fluss! Er wird bis zu 2,43 m lang. Dieser

Amazonasgigant benötigt zum Leben im sauerstoffarmen Wasser des Flusses eine Lunge. Er muss deshalb von Zeit zu Zeit an die Wasseroberfläche, um zu atmen.

- Die **Boa Constrictor** (Constrictor Constrictor) ist eine 4 m lange Riesenschlange, die sich vornehmlich an Nagetiere und andere kleine Säugetiere anschleicht und diese mit eisernem Würgegriff tötet.

- Das **Faultier** (Choleopus didactylus), oft untätig herumhängend, wird meistens in seiner Bewegungslosigkeit von Beutetieren im Astwerk der Urwaldbäume übersehen.

- Der **Rote Sichler** oder **Scharlachibis** (Eudocimus ruber) ist mit seinem leuchtend scharlachroten Gefieder der wohl auffälligste Vertreter der Vogelwelt.

- Der **Elektrische Aal** (Electrophorius electricus) wird bis zu 2,40 m lang und kommt im Norden Südamerikas vor. Er hält sich gern in Tümpeln und unter tiefschattigen Bäumen der Flüsse auf. Sein Elektroschock ist 600 Volt und 1 Ampère stark!

Besonderheiten tropischer Fauna

• **Tropisch-pazifische Galerie**

Hier wird Ihnen in zahlreichen Aquarien ein Einblick in die Wunderwelt der Korallenriffe Mikronesiens, Südostasiens, der Philippinen und des Großen Barrier Riffs vermittelt. Haie, Skorpionfische, Moränen, Meeresschildkröten, Clownfische und viele andere Meeresbewohner geben sich hier ein Stelldichein.

„Irving House" in Vancouver, New Westminster

302 Royal Avenue, New Westminster, B.C. V3L 1H7, Fax: 521-2079

Dieses Haus wurde 1864 von dem berühmten Schiffskapitän *William Irving* erbaut, der als Pionier den Fraser River befuhr. Seine beiden Töchter lebten noch bis 1950 in diesem Haus mit den ursprünglichen Möbeln wie in der Zeit von 1864 bis 1890. Heute ist es in diesem Zustand als Museum der Öffentlichkeit zugänglich. Der Eintritt ist frei.

Sehenswürdigkeiten außerhalb von Vancouver

UBC Museum of Anthropology

6393 N.W. Marine Drive, Vancouver, Öffnungszeiten Juli bis August Mo, Mi–So: 11–17 Uhr; Di 11–21 Uhr; September bis Juni Mi–So: 11–17 Uhr; Di: 11–21 Uhr, 24. und 25.12. sowie Mo geschlossen

Die Universität von British Columbia, zu der auch das „Museum of Anthropology", kurz MOA, gehört, besitzt ein großes Gelände am Ende von Point Grey Peninsula mit weitem Blick über die Georgia Strait und die Berge von Vancouver Island.

Das Museum selbst, eine eigenwillige Konstruktion, wurde 1948 gegründet. Die Eröffnung des preisgekrönten jetzigen Gebäudes fand 1976 statt. Es ist ein Meisterwerk des kanadischen Architekten *Arthur Erickson*. Das Zentrum ist die „Great Hall", deren Glaswände 14 m hoch sind. Die Sammlung des MOA umfasst archäologische und ethnologische Objekte aus aller Welt. Durch die Präsentation der Ausstellungen, öffentliche Programme und Lehrveranstaltungen ist das Museum

Archäologische und ethnologische Stücke

bemüht, Respekt und tieferes Verständnis für die einheimischen indianischen Kulturen und die anderer Völker zu erwecken. In meinen Ausführungen möchte ich mich in erster Linie auf die Belange Westkanadas konzentrieren.

• Die Nordwest-Küsten-Indianer

Das Museum ist bekannt für seine umfassende Kollektion von Objekten der indianischen Volksgruppen der Küste von British Columbia. Die Indianer dieser Region haben einen komplexen sozialen Lebensstil entwickelt, der von einem reichen Rankenwerk an Zeremonien umgeben ist. Es ist glücklicherweise, im Gegensatz zu anderen entwurzelten Indianerstämmen des Innenlandes, eine Fortführung ihrer dynamischen **künstlerischen Tradition** feststellbar. Ein leuchtendes Beispiel dafür ist der Haida-Künstler *Robert Davidson*. Diese erfreuliche Entwicklung führt zum einen zum bleibenden Wert für die Ureinwohner selbst und zum anderen werden die neu entstehenden Kunstwerke zunehmend von Galerien, Sammlern und Besuchern aus aller Welt geschätzt.

Indianer-
frage nicht
gelöst

Heute leben ca. 169.000 Ureinwohner in British Columbia, teils in Städten und teils noch oder wieder in ihrem angestammten Siedlungsgebiet. Das umstrittene Thema **Indianerreservate** wird in letzter Zeit heftiger denn je diskutiert. Beim Ringen um unzerstörtes Land und dessen Ressourcen muss sich im Extremfall sogar das hohe Gericht damit befassen.

• Potlach

Potlach ist ein bedeutendes Indianerfest. Auf großen **Holzschüsseln** und -behältnissen, die in der Großen Halle (C) ausgestellt sind, häufig in Form von Fabelwesen, werden bei diesen Festlichkeiten Geschenke des Gastgebers an geladene Gäste überreicht, die wiederum durch ihre Teilnahme die Übertragung von Rechten und Privilegien an den Gastgeber bezeugen. Solche Übertragungen werden beispielsweise in Zeremonien vollzogen, in deren Rahmen die Verstorbenen geehrt, Hochzeiten gefeiert, Namen verliehen und Häuser oder ein Totempfahl eingeweiht werden.

• Totempfähle

Mytholo-
gische
Kreationen

In der Großen Halle sehen Sie eine prächtige Sammlung von Totempfählen der Haida, Kwakwaka'wakw (Kwagiutl), Nisg'a und Gitsan in unterschiedlichem Schnitzstil. Der Himmel, die Bäume und die Berge, die durch die Glaswände sichtbar sind, vermitteln den Eindruck der natürlichen Umgebung. Diese Säulen aus Zedernholz, aus denen Figuren von Menschen, Vögeln und anderen Tieren sowie von der Natur ausgeliehene Formen und mythologische Kreaturen herausgearbeitet sind, sind nicht nur künstlerischer Ausdruck. Jedes Schnitzwerk ist Zeichen oder **Wappen** einer Familie, eines Clans. Zahlreiche transzendente Formen bleiben für uns im Dunkeln, obwohl Anthropologen die Bedeutung einiger weniger herausgefunden haben. Ihr Zweck variiert: Manchmal haben sie die Funktion eines Hauspfostens, manchmal dekorieren sie einen Hauseingang, ein anderes Mal sollen sie an verstorbene Verwandte erinnern oder sie sind Teil einer Grabstätte.

Zusammenfassend kann man sagen: Totempfähle sind ein Medium, durch das eine Familie aussagt, wer sie ist und welche Ressourcen und Territorien sie beansprucht.

Die goldene Zeit der Schnitzerei von Totempfählen fand zwischen 1850 und 1900 statt, als durch den „Weißen Mann" geeignete Metallwerkzeuge eingehandelt werden konnten.

Genauere Informationen über die einzelnen Exponate finden Sie in einem Katalog, der im Museum ausliegt.

- **Übrige Exponate, nach Indianerstämmen sortiert**

Bemerkenswert einmalig sind die **Fülle und Übersichtlichkeit** der Darlegung der übrigen Ausstellungsstücke in den „Research Collections". Dieses innovative Sichtmagazin eröffnet der Öffentlichkeit die Möglichkeit, sehr viele Objekte zu besichtigen. Hier können Schubladen mit über 15.000 Ausstellungsstücken geöffnet werden! Während andere Museen höchstens 5 % ihrer „Schätze" präsentieren können, sind Ihnen beim MOA über 50 % zugänglich.

Exponate der verschiedenen Stämme

Übersichtskarten an den einzelnen Vitrinen und Schränken, in denen die Stammesgebiete, beispielsweise das arktische Amerika, die Westküste, die Prärie, die östlichen Waldländer, Kalifornien, Mexiko, Mittel- und Südamerika in Rot eingezeichnet sind, erleichtern die Orientierung ungemein. Die Vielzahl der Exponate reicht von Flechtarbeiten, Schnitzereien, Jagd- und Fischfanggeräten, Waffen, Bootszubehör, Steinmetzarbeiten bis zu Schmuckgegenständen.

- **Europäische Entdeckungen**

Diesem Themenkreis wird ebenfalls bezüglich der Expeditionen der Russen, Spanier, Briten und Franzosen viel Raum gegeben. Besonders ausführlich werden die Anfänge der Kartographie behandelt.

Der Rabe und die ersten Menschen

Eine **Haida-Legende** erzählt:
„Als einst eine große Flut (vgl. die Sintflut) die Erde bedeckte, lag Queen Charlotte Island trocken. Ein Rabe wanderte am Strand entlang, auf der Suche nach Abwechslung. Er fand eine gigantische Muschel im Sand. Als er sich ihr näherte, sah er, dass sich kleine Kreaturen darin verbargen. Er neigte seinen Kopf und forderte sie auf herauszukommen, und so führte er sie ans Licht der Welt. Diese Kreaturen waren Haida, die ersten Menschen auf dieser Erde.''

Erste Menschen – Vancouver

Der Haida-Künstler *Bill Reid* hat aus einem riesigen, geschichteten Gelbzeder-Baumstamm diese Legende 1970 überlebensgroß geschnitzt. Sein Werk ist eines der erstaunlichsten Ausstellungsstücke des Museums. Es wurde sehr dekorativ im Museum in der „Rotunde" aufgestellt. Bei der Realisierung seines Werks haben ihn *Gary Edenshaw, Jim Hart, Georges Norris* und *Georges Rammel* unterstützt, um dieser Legende die richtige Form zu geben.

- **Vergleichende Funde aus Asien und Amerika**

Vergleichstafeln aus dem prähistorischen Ostasien (Innerasien, Sibirien, China, Korea und Japan) und Nordamerika zeigen Ähnlichkeiten verschiedener Exponate auf.

- **Keramik-Galerie**

Beachtenswert ist diese Ausstellung wegen der einmaligen rund 600 Exemplare europäischer Keramik des 15. bis 19. Jahrhunderts aus Holland, Großbritannien, Irland, der Tschechei, der Slowakei, Italien, Deutschland, Österreich, der Schweiz und Frankreich.

- **Außenskulpturen**

Langholz-häuser und Schnitze-reien

Auf der Klippenseite des Anthropologischen Museums stehen 2 Haida-Langholz-häuser, die 1959–1962 im traditionellen Stil von dem Haida-Künstler *Bill Reid* und dem Kwakwaka'wakw-Schnitzer *Doug Cranmer* erbaut wurden. Weitere nachgebildete Totempfähle stammen von dem Nisga'a *Norman Tait*, dem Haida *Jim Hart* und dem Gitksan *Walter Harris* und seinem Sohn *Rodney*. Der Nuu-chah-nuulth-Künstler *Joe David* hat die Willkommensfigur vor dem Museumsgebäude geschaffen.

Suspension Bridge & Park

3735 Capilano Road, North Vancouver, **Anfahrt von Vancouver:** *Durch den Stanley Park, über die Lions Bridge, 1 Meile bis zur Capilano Road, dort auf der linken Seite.* **Öffnungszeiten:** *Täglich außer Weihnachten: an Sommertagen 8 Uhr bis zum Einbruch der Dunkelheit, an Wintertagen: 9–17 Uhr*

Schwan-kende Hänge-brücke überm Fluss

1889 war *George Grant Mackay* von der Schönheit der Landschaft begeistert, an der jetzt die Hängebrücke den Capilano River überspannt, und baute hier mit zwei hiesigen Indianern und einem Pferdegespann eine erste Hängebrücke aus Hanfseilen und Zedernbrettern, 69 m oberhalb des Flusses und 135 m in der Länge bis zu seinem Besitz jenseits der Schlucht. 1904 wurde der Sicherheitsfaktor der ersten Konstruktion verbessert, indem die Hanfseile durch Drahtseile ersetzt wurden.

1911 eröffnete der neue Besitzer *Edward Mahon* ein Teehaus auf dem Grundstück. 1914 ließ er die Fundamente in Beton gießen. In den 1930er Jahren veranlasste der derzeitige Besitzer *Mac Eacahran* die Aufstellung von Totempfählen auf seinem Grundstück, die von Indianern geschnitzt worden waren. Die ältesten Pfähle sind heute noch erhalten und über 50 Jahre alt.

Während der Wirtschaftskrise der 1930er Jahre schnitzten die Dänen *Aage Madsen* und *Karl Hansen* indianische Figuren, um etwas Geld zu verdienen, u.a die Skulptur von *Mary Capilano*, dem einzigen ihnen bekannten Modell der Küstenindianer. 1956 wurden die Stahltrosse der Brücke erneut in 13 Tonnen Beton verankert. Zur 100-Jahr-Feier der Hängebrücke, die heute zur beliebten Touristen-Attraktion geworden ist, wurde der Totempfahl am Eintritt in den Park von *Stan Joseph*, dem Großneffen des Häuptlings *Mathias Joe Capilano*, geschnitzt.

Heute ist das Anwesen im Besitz von Nancy Stibbard. Als Besucher können Sie getrost *Mackay's* Fußstapfen über die schwankende, 135 m lange Hängebrücke bis zum gegenüber liegenden Naturpark mit seinem alten Baumbestand und seinen stillen Forellenteichen folgen. Anschließend dürfen Sie sich in dem kleinen Restaurant verwöhnen lassen.

Grouse Mountain
Am Ende der Capilano Road, North Vancouver

Seilbahnfahrt und Ausguck

In einer Seilbahn schweben Sie in sechs Minuten auf das Grouse Mountain-Bergmassiv (1.200 m), vorbei an einem urigen Gebirgswald, aus Hemlocks, Riesenlebensbäumen und Weymouthskiefern bestehend. Außerdem können Sie Roten Holunder, rosa Fingerhut und Johanniskraut von der Gondel aus erkennen. Der Capilano Lake glänzt wie ein Spiegel im Sonnenschein. Oben angekommen, atmen Sie frische Bergluft und haben einen überwältigenden Blick auf die Schiffe des Hafens, die glitzernde „Strait of Georgia", die Skyline der Stadt Vancouver und in der Ferne die Berge von Vancouver Island.

Schweben über dem Abgrund

Aktivitäten

• Nachdem Sie sich in der Ferne in Richtung Westen sattgesehen haben, sollten Sie, je nach Wetter, Laune und Kondition, kleinere **Spaziergänge** oder ausgedehntere **Wanderungen** auf den vorgegebenen Trails unternehmen.
• **Hubschrauberflüge** gehören zum Grouse Mountain-Erlebnis, um mit den Augen eines kreisenden Adlers die Wälder aus der Vogelperspektive zu betrachten.
• **Ski-Begeisterte** haben in den schneereichen Wintermonaten genug Terrain, um sich auszuleben.
• **Filmvorführungen** geben Ihnen Hintergrundinformationen, „The Best of Time" zeigt beispielsweise in chronologischer Folge wichtige Ereignisse der aufstrebenden Stadt Vancouver. Ein weiterer Film, „Our Spirit Soars" („Der sich erhebende Geist") ist eine Mischung aus mystischer Westküsten-Überlieferung und hypnotisierender amerikanischer Filmtechnik. Er versucht, die mystische Umwandlung eines eingeborenen Schnitzers von einem sterblichen Mann in einen majestätischen Weißkopfseeadler und die Umwandlung von Vancouver von einer kleinen Siedlung zu einer der faszinierendsten Städte unseres Globus zu verdeutlichen. Der Film schließt mit dem Lied „Fly like an Eagle" („Fliege wie ein Adler"), das seine Wirkung nicht verfehlt.

Fliege wie ein Adler

Strände und malerische Rundfahrten

- **Deep Cove**: Am Indian Arm können Sie ausgezeichnet schwimmen, tauchen, Kanu- und Kajak fahren.
- **Bowen Island**: Diese traumhafte Gegend erreichen Sie nach 20 Schiffsminuten von Horseshoe Bay im Westen von Vancouver, um die parkähnliche Landschaft zu durchstreifen und herrliche Ausblicke aufs Meer zu genießen.

Traumstrände

- **Northwest Marine Drive**: Von dieser Küstenstraße, die zur Universität von British Columbia führt, ergeben sich zauberhafte Ausblicke auf den Pazifik.
- **Ambleside Beach**: Er befindet sich im Westen der Stadt. Ihnen stehen dort Picknicktische und ein Kinderspielplatz zur Verfügung.

Tierbeobachtungen

- **Capilano River**: Von einer verglasten Besucherplattform können Sie im Spätsommer den anstrengenden Kampf der Lachse beobachten, die stromaufwärts ziehen, um zu ihren Laichgründen zu gelangen.
- **Pitt Wildlife Management Reservat**: In Pitt Meadows leben Trompetenschwäne, Weißkopfseeadler, Falken, Reiher und die seltenen Kanadischen Kraniche (Sandhill Cranes).
- **Reifel Migratory Bird Sanctuary**: In Ladner im Süden der Stadt wurden bislang 240 Vogelarten registriert. Im Vergleich dazu leben in Europa gut 400 Spezies. Tausende von Zugvögeln bevölkern während der Zugzeiten dieses Schutzgebiet.
- **Stein Valley Nlaka'pamux Heritage Park**: Hier durchstreifen Sie bei einer ausgedehnten Wanderung bis zu 14 Hauptvegetationszonen. Mit etwas Glück stoßen Sie auch auf Schwarzbären und Hirsche.

Salz- und Süßwasserfischgebiete

- **Fraser River**: Entlang des Fraser River gibt es gute Lachs-Fischgründe.

Gute Fischgründe

- **Pender Harbour**: Hier an der Sunshine Coast existieren die besten Fischgründe für Lachse.
- **Powell River-Gebiet**: In dieser Gegend gibt es mehr als dreißig leicht zugängliche Seen, in denen die Cutthroat-Forelle lebt.
- **Vedder River**: Bei Chilliwack ist der Steelhead heimisch.

Golf

Golf ist eine der expandierendsten Sportarten in British Columbia. Die Vancouver, Coast & Mountains-Region bietet ausgezeichnete Spielmöglichkeiten. Insgesamt gibt es rund 30 öffentliche Anlagen, von leicht zu spielenden Par 3 zu anspruchsvollen, wettkampferprobten Plätzen.

Von Vancouver über Horseshoe Bay, Nanaimo und Ucluelet nach Tofino

 Streckenhinweis
- *Gesamtstrecke: Nanaimo-Tofino (über Ucluelet): 227 km*
- *Summierte Teilstrecken: Von **Nanaimo** in nördlicher Richtung auf dem Hwy 19 bis **Parksville** (Km 38), Abzweigung links in die Straße 4 bis **Tofino** (Km 227)*

 Vorschlag zur Zeiteinteilung
Strecke Nanaimo-Tofino: 1 Tag, Tofino 1 Tag, insgesamt 2 Tage

Horseshoe Bay

Horseshoe Bay liegt in **West Vancouver**, ist der Endpunkt des Hwy 1 und Fährhafen nach Nanaimo auf Vancouver Island. Die Überfahrt mit der Fähre von Vancouver (Horseshoe Bay) nach Nanaimo dauert 1 ½ Stunden.

Nanaimo (ⓘ s. S. 187)

1853 errichtete die Hudson´s Bay Company eine Bastion, um die Kohlebergleute vor Überfällen der Indianer zu schützen. Die Konstruktion aus Holz ist das einzige Gebäude dieser Art, das noch erhalten ist. 1874 erhielt der ehemals Colvilletown genannte Ort das Stadtrecht. Heute ist Nanaimo die zweitgrößte Stadt der Insel mit 51.000 Einwohnern.

Ab **Lantzville** hat man einen Blick auf die Meeresstraße von Georgia und biegt kurz vor Parksville nach links in die Straße 4 ab, um an die Westküste der Insel zu gelangen.

Cathedral Grove im MacMillan Provincial Park

In Cathedral Grove (Km 59) ist der **Küstenregenwald** in seiner Ursprünglichkeit erhalten geblieben und unter Schutz gestellt. Riesige Douglasien, Riesenlebensbäume und Hemlocks, umgestürzte Urwaldbäume, mit Flechten und Moos überzogen, knorrige Ahornbäume, dämmeriges Licht, das ist der erste flüchtige

Ursprünglicher Bewuchs

Redaktions-Tipps

Übernachten:
- **Tofino: Pacific Sands Beach Resort $$$–$$$$** liegt 7 km südlich von Tofino. Das Resort ist wunderschön am Strand in der Cox Bay gelegen. Hübsche Holzhäuschen schmiegen sich gefällig in die Küstenlandschaft ein.

Essen:
- **Tofino: The Blue Heron Dining Room ##** ist ein gepflegtes Restaurant, das frische Meeresfrüchte und spezielle Gerichte des Hauses serviert.

Bootsausflüge:
- **Tofino: Seaside Adventures** bietet Ausflüge zur Walbeobachtung und zum Angeln, aber auch Hiking an.

Sehenswürdigkeiten:
- **Port Alberni: Robertson Creek Hatchery** (S. 329) ist eine Zuchtanstalt für Lachse und Forellen, westlich von Alberni.
- **Tofino:** Die Beobachtung von **Grauwalen** (S. 331) ist die Freude für jeden Naturfreund.

Eindruck dieses Waldes der Baumriesen. Wenn man mehr ins Detail geht, so werden tiefere Zusammenhänge bewusst:
- Einige Bäume sind bis zu 85 m hoch und 800 Jahre alt. Die meisten stammen aus einer Zeit vor 300 Jahren nach einem Waldbrand, als das Feuer den Wald öffnete.
- **Douglasie** *(Pseudotsuga menziesii)*

Dicke Borke als Feuerschutz

Sie ist der dominante Baum auf diesem Trail, langlebig und bekannt für ihre phänomenale Größe. Ein Feuer hat vor ca. 300 Jahren diesen Wald heimgesucht, und nur einige dieser Giganten haben überlebt. Diese Baumart ist wegen ihrer dicken Borke besonders feuerfest. **Waldbrände** begünstigen die Verbreitung der Douglasien. Sie sind schnellwüchsig, streben schnell zum Sonnenlicht und sind deshalb im Konkurrenzkampf mit anderen Baumarten erfolgreich. Sie gedeihen nicht gut im Schatten, im Gegensatz zur Westlichen Hemlock und dem Riesenlebensbaum. *David Douglas (1799–1834)* ist der Namensgeber dieses Baumes. Er war ein schottischer Botaniker, der geraume Zeit seines kurzen Lebens mit der Erforschung der Flora des Westens Nordamerikas verbrachte. Der Wissenschaftler wurde auf einer Expedition auf Hawaii getötet.
- **Westliche Hemlock** *(Tsuga heterophylla)*

Die umgestürzten Bäume sind ein idealer Nährboden für die Westliche Hemlock, die genau wie der Riesenlebensbaum den Schatten liebt.
- **Devil's Club** *(Oplopanax horridum)*

Der wissenschaftliche Name dieser Pflanze heißt übersetzt „Teufelskeule". Ihre **Giftdornen** erzeugen schmerzhafte Wunden. Trotzdem ist die Pflanze sehr schön, insbesondere aufgrund ihrer reifen roten Beeren. Sie fängt mit ihren großen Blättern das spärliche Sonnenlicht am Urwaldboden auf.
- **Butt rot** *(Phaeolus schweinitzii)*

Es ist ein **Pilz**, der sich in den Wunden der Bäume ansiedelt. Er strebt zum Mark der Bäume und erreicht schließlich das Wurzelwerk. Auf diese Weise zerstört und höhlt er den Baum von innen aus, so dass der Wind ein leichtes Spiel hat, ihn umzuwerfen. Das gehört jedoch mit zum Kreislauf des Lebens im Wald. Von den gestürzten Riesen profitieren wieder andere Pflanzen, Pilze und Insekten.
- **Der Zyklus von Leben, Tod und Wiedergeburt**

Intaktes Ökosystem

Dieser Wald ist nicht nur eine Ansammlung gigantischer Bäume, sondern ein reiches Ökosystem verschiedener Arten unabhängiger Tiere, Pflanzen und Mikroorganismen. Jedes dieser Mitglieder spielt eine wichtige Rolle in diesem Zyklus. Dieser Urwald recycelt, produziert Sauerstoff, absorbiert Kohlendioxyd, hält den Boden fest und kontrolliert das Abfließen des Wassers in die Flusssysteme. Obgleich die Menschen wissen, dass ihnen der Wald reine Luft zum Atmen und frisches Wasser zum Trinken gibt, ist es kritisch für den Wald, auf dieser Erde zu überleben.

Port Alberni

Diese Kleinstadt (Km 82) mit ihren rund 20.000 Einwohnern liegt am Alberni Inlet, einem schmalen Fjord, der 50 km weit ins Innere der Insel reicht und sogar von Hochseeschiffen befahren wird. Große Zellstoff- und Papierfabriken sowie Sägemühlen zehren vom Holzreichtum der Umgebung. Auf dem nahegelegenen **Sproat Lake** (Km 98) ist eine Flotte von roten „Martin Mars"-Wasserbombern ständig bereit, bei Waldbränden einzugreifen. Am gleichen See befinden sich **Petroglyphen** an einer Felswand am Seeufer, deren Alter und Bedeutung jedoch unbekannt sind. Man erreicht sie nach einem Fußweg, 10 Min. vom Parkplatz entfernt, südlich der Straße 4.

Die reißenden Wassermassen unterhalb der **Stamp Falls** entwickeln sich besonders an den Wochenenden im September zu einem Anglerparadies, in dem leidenschaftlich Lachse und Forellen gefischt werden.

Robertson Creek Hatchery

Diese Zuchtanstalt für Lachse und Forellen ist über einen Waldweg zu erreichen, der nördlich der Straße 4 nach Km 95 (vom Ausgangsort Nanaimo) abzweigt. In einem kleinen Info-Büro wird folgendes Hintergrundwissen vermittelt: *Zuchtanstalt für*
• Die **Fischzucht** dieser „Hatchery" umfasst die Vermehrung der Sockeye-, *Lachse und* Chum-, Coho-, Pink- und Chinook-Lachse sowie der Cutthroat- und Steelhead- *Forellen* Forellen.
• Die **Wanderungen der verschiedenen Lachsarten** sind farbig in einer Karte vermerkt, von den Laichgebieten in den Flüssen bis in die Weite des Pazifiks.
• Die **Entwicklungsstadien der Lachse** vom Spawner (Laicher), der Eggs (Eier) abgibt, über die Alevins (kleine Fische mit Dottersack), Fries (kleine Fische), Smolts (größere Fische) zu den Adults (erwachsene Fische) sind in einem Bild veranschaulicht. Draußen in der Anlage sind die Fische nach den Stadien ihrer Entwicklung in unterschiedlichen Wasserbecken untergebracht.

Bei der Besichtigung der Anlage haben wir im Gespräch mit einem Fachmann Folgendes in Erfahrung gebracht:
• Der Fraser River hat einen starken „Run" der Sockeyes zu verzeichnen. Noch stärker sind die Lachse im Stewart River und am stärksten im Adams River vertreten, mit 2–3 Mio. Laichern, die auf natürliche Art und Weise ablaichen.
• Durch Schaffung von sog. „Spawning Channels" (künstlichen Laichplätzen) hat man versucht, die Zahl der Lachse zu erhöhen. Diese künstliche Methode hat den *Künstliche* Nachteil, dass die Jungfische, die zunächst in den Süßwasserseen verweilen, dort *Laichplätze* meistens zu wenig Nahrung vorfinden und ihnen deshalb die Kraft fehlt, um das Meer zu erreichen.
• Die **Laichzeit** der Lachse unterscheidet sich nach der Art der Lachse, aber auch innerhalb einer Art nach den verschiedenen Flüssen und Bächen. Kurz, jedes Laichgewässer hat seine eigene Zeit der Lachse.
• Die **Bären** finden sich genau zur richtigen Zeit des Lachszuges an den Laichgewässern ein.
• Beim Zug zum Laichgewässer nehmen die Lachse im Süßwasser keine Nahrung auf.
• **Pilzbefall** der Lachse ist durch weiße Stellen auf der Haut sichtbar. Sie deutet auf ein hohes Alter der Fische hin.

INFO Protest gegen das Abholzen der Küstenregenwälder

Die gnadenlosen Kahlschläge der Küstenregenwälder auf Vancouver Island sind hier rund um Port Alberni besonders brutal von der Holzindustrie durchgeführt worden. Sie rufen den **massiven Protest der Naturschützer** aus aller Welt hervor. „Sollen Telegrafenpfähle die letzten Überbleibsel der Regenwälder sein?" – Solche und ähnliche Pamphlete drücken ihren Zorn aus. Welche **dauerhaften Schäden** werden verursacht?

• Die **Waldvielfalt** ist bei diesen riesigen Kahlschlägen für immer verloren. Es wächst nur eine **artenarme Sekundärvegetation** nach, wenn nicht aufgeforstet wird. Bei Aufforstung ist die „Holzplantage" ohnehin vorprogrammiert.

• Die **fehlende Biomasse**, die durch die im Urwald umsinkenden Bäume und vermodernden Stämme entsteht, ist durch die Holzentnahme der Menschen dem Wald entzogen worden.

• An **Steilhängen** sind die Holzeinschläge besonders problematisch, weil hier durch heftige Niederschläge das Erdreich fortgespült wird.

Abstecher nach Ucluelet (ⓘ s. S. 187)

„U-Clue-Let" (Km 185) heißt in der Sprache der **Nu-chal-nulth-Indianer** „Menschen mit einem sicheren Landeplatz". Es ist ein Fischerort an der rauen Westküste von Vancouver Island. Gischt spritzt gegen die scharfkantigen Felsen, und ein Leuchtfeuer weist den Seefahrern den Weg in den sicheren Hafen in einer geschützten Bucht, die die schwere Dünung nicht erreicht.

Fischkutter – Ucluelet

Der Strand von Wickaninnish

Ein langer Strand (Km 204) mit vom Westwind verbogenen Bäumen und Büschen, mit ständig wehendem Sand, grollender Brandung und wild durcheinander liegenden gestrandeten Baumleichen liefert ein eindrucksvolles Stimmungsbild der unbändigen Naturgewalt des Ozeans, jetzt im Sommer leicht gezähmt. Ein **kleines Museum** informiert u. a. über die wagemutigen Walfangmethoden der Nu-chal-nulth-Indianer, der Ureinwohner dieser sturmgepeitschten Küste.

Pacific Rim National Park

Der wilde Küstenabschnitt von Ucluelet bis Tofino wurde unter Ausklammerung dieser beiden Orte unter Schutz gestellt. Dieser **erste maritime National-**

park Kanadas gliedert sich in drei Teile: Long Beach, Broken Islands und West Coast Trail. Maultierhirsche, Schwarzbären, Weißkopfseeadler, Reiher, Möwen, Austernfischer und Limikolen sind regelmäßig Wölfe und Pumas selten zu Gesicht zu bekommen. Fischotter, Marder und Mink führen ebenfalls ein heimliches Leben.

Long Beach ist ein wilder, gern besuchter, 11 km langer Strand, voller Treibholz, ein Paradies für Wellenreiter, Windsurfer, Strandläufer und kühne, unentwegte Schwimmer, die trotz der eisigen Wassertemperaturen baden. Von der Restaurantterrasse des Wikamish Centre genießen Sie einen weiten Blick zum Strand, wenn nicht gerade der sehr häufige Seenebel die Sicht verdeckt.

Tofino (ⓘ s. S. 187)

Indianisches Erbe

Indianische Ureinwohner haben hier schon seit Jahrtausenden gesiedelt, bevor weiße Entdecker hier landeten. Neben dem Fischfang und der Jagd war ihr handwerkliches Geschick ausgeprägt, das sich auch heute noch im Kunsthandwerk und der Malerei ausdrückt. Einer der hoffnungsvollen einheimischen Künstler ist *Roy Henry Vickers*. Die Kraft seiner Darstellung liegt in dem Zusammenfließen von Schlichtheit und gewagter Linienführung seiner Werke in der Malerei, der Schnitzerei und sogar in der Herstellung von kunstvollen Möbelstücken.

Handwerkliches Geschick der Indianer

Grauwale

Von Mitte März bis Mitte April ist dieser Fischerort mit seinen 1.100 Einwohnern wegen „Whale Watching" (Wal-Beobachtung) überfüllt. In dieser Zeit vollzieht sich die Wanderung der Grauwale von Mexiko nach Alaska in großer Zahl.

Erlebnis einer „Whale Watching"-Bootsfahrt

Wir sind in rote, wasserdichte, gut gepolsterte Overalls des Unternehmens „Chinook Charters" gezwängt. Die Kameras stecken in wasserdichten Beuteln, ein Schlauchboot nimmt uns auf. An Bord befinden sich der Bootsführer und acht Passagiere. Vorbei an einer faszinierenden Inselwelt mit zerklüfteten Eilanden, auf denen hauptsächlich Zedern wachsen, oder vorbei an kahlen, grauen und von Gletschern nach ihrem Willen geschliffenen und von der Brandung geglätteten oder zerfurchten Felsen, geht es hinaus auf die raue offene See. Das Boot stampft und schlägt hart auf die entgegenkommenden Wellen auf. In einer ruhigen Bucht mit nur sanfter Dünung, in der der Ozean den Atem anzuhalten scheint, erblicken wir die Fontäne eines ausatmenden Grauwals. Es sind im September nur ortsansässige Wale, die den Sommer in den Küstengewässern der Insel zubrin-

Walbeobachtung

Gewaltige Schubkraft – Grauwal

Spannung beim Auftauchen der Wale gen und nicht weiter nach Süden ziehen. Plötzlich taucht einer dieser Riesensäuger dicht neben dem kleinen Boot auf. Sein mit hellen Seepocken übersäter grauer Rücken ragt aus dem Wasser. Ein Schub mit der riesigen Schwanzflosse, und der Grauwal verschwindet wieder für 5–10 Min. in der Tiefe des Ozeans, um Krill aufzunehmen. Dieser Vorgang wiederholt sich auch bei seinen beiden Begleitern in ziemlich regelmäßigem Zeitabstand. Das Spannende ist nur, an welcher Stelle die Meeresriesen jedesmal wieder auftauchen. Die Fahrt hat rund 2 ½ Stunden gedauert.

Von Tofino mit Abstecher in den Strathcona Provincial Park nach Gold River

Streckenhinweis
• *Gesamtstrecke: Tofino – Gold River (mit Abstecher in den Strathcona Provincial Park): 472 km*
• *Summierte Teilstrecken: Von Tofino auf der Straße 4 bis* **Parksville** *(Km 159), Abzweigung links in den Highway 19 bis* **Campbell River** *(Km 277), Abzweigung links in die Straße 28 bis zum Eintritt in den* **Strathcona Provincial Park** *(Km 327), Abzweigung links bis zur* **Strathcona Westmine** *(Km 365), zurück bis zum Eintritt in den* **Strathcona Provincial Park** *(Km 403), Abzweigung links bis Gold River (Hafen am Muchalat Inlet) (Km 458), zurück bis* **Gold River** *(Wohnort) (Km 472)*

1 Vorschlag zur Zeiteinteilung
Strecke Tofino – Eingang Strathcona Provincial Park (Buttle Lake Campground): 1 Tag; Strathcona Provincial Park und Weiterfahrt nach Gold River (Hafen am Muchalat Inlet) und Rückfahrt nach Gold River (Wohnort): 1 Tag; insgesamt: 2 Tage

Unterwegs zum Strathcona Provincial Park

Der Streckenabschnitt Tofino – Parksville wurde bereits auf den Seiten 327ff in umgekehrter Richtung beschrieben.

Parksville
Bade- und Ausflugsort Im Stadtkern von Parksville (Km 159) reihen sich auf einer Länge von rund 4 km Restaurants, Strandbars, Parkanlagen, Meeresfrüchte-Gaststätten, Hotels, Motels und Vergnügungsparks an der Küsten-Durchgangsstraße aneinander.

Qualicum Beach
Dies ist ein typischer Bade- und Ausflugsort (Km 170) mit Strandpromenade, Motels und 4 Golfplätzen, die das ganze Jahr bespielt werden können: Qualicum Beach Memorial Course (9 Löcher), Eaglecrest (18 Löcher), Morningstar (18 Löcher) und Fairwinds (18 Löcher).

Bowser
Entlang der flachen siedlungsfreundlichen Ostküste, im Gegensatz zur siedlungs-feindlichen, felsigen Westküste, drängen sich in diesem kleinen Ort (Km 193) Pizzerien, Fischlokale und Camping R.V. Parks zusammen.

Fanny Bay
In Fanny Bay (Km 210) wird die flache Küste gerne in störungsfreier Zeit von Robben aufgesucht, die sich hier sonnen. Es gibt eine Fährverbindung nach Den-man Island.

Union Bay
Es ist ein kleiner Ort (Km 231) mit hübschen Häuschen. Nett anzusehen sind die gepflegten Gartenanlagen mit der üppigen Blumenpracht.

Courtenay-Comox
Dieser Doppelort (Km 235) mit seinen rund 17.000 Einwohnern bietet alle Einrichtungen modernen Lebens: Autoservice, Tankstellen, Supermärkte, McDo-nalds, Liquor Stores, große Sportplätze, Golfplätze, Motels, Hotels und Restau-rants. Früher förderte man hier Kohle. Die letzte Grube wurde jedoch 1930 geschlossen.

Oyster River
Nachdem der Highway 19 von Courtenay bis hier im Binnenland verlief, erreicht man in Oyster River (Km 266) wieder die Küste.

Campbell River
In Campbell River (Km 277), das sich dem **Lachsfang** verschrieben hat, sollten Sie einen kurzen Blick auf den Hafen werfen, in dem die bunte Flotte der Fischer-boote neben teuren Luxusyachten dümpelt. In dieser Kleinstadt zweigt unsere Fahrtroute links zum Strathcona Provincial Park und nach Gold River ab.

Bunte Flotte der Fischer-boote

Strathcona Provincial Park (ⓘ s. S. 187)

Zentrumsnah von Vancouver Island wurde eine 2.100 km² große raue Bergwildnis zum Schutzgebiet erklärt. Dort gibt es noch Timberwölfe, Pumas, Schwarzbären und Roosevelt-Hirsche. Der Park ist durch 100 km lange Wanderwege erschlossen.

ℹ️ Informationen
*Am Eingang des Parks liegen **Karten** bereit, die weitere Informationen zu Wanderwegen und Sehenswürdigkeiten geben. Desweiteren kann man über die Website: www.env.gov.bc.ca mehr über die Nationalparks von British Columbia erfahren.*

Anger Point (Km 347)
Es ist ein ehemaliges **Waldbrandgebiet**. Hier ist sehr deutlich zu erkennen, wie bereits auf S. 328 unter „Cathedral Grove" aufgeführt, dass die mächtigen Doug-lasien mit ihrer dicken Borke, nur unten angekohlt, das Feuer überlebt haben. Die

Westlichen Hemlocks und **Riesenlebensbäume** mit ihrer dünnen Rinde haben die Feuersbrunst nicht überdauert. Das Feuer ist ein natürlicher Prozess, und der Wald regeneriert sich wieder.

Folgende Pflanzen wurden auf den Waldbrandflächen festgestellt:
Westliche Hemlock, Weymouth-Kiefer, Nordamerikanische Weißtanne, Ahorn, Brombeere, Thimbelberry, Red Huckleberry, Schneebeere, Holunder, Devil's Club, Fireweed, Salomons Siegel, Hirschzunge (deutsche Namen sind teils unbekannt).

Karst Creek (Km 349)
Der Name „Karst" stammt bekanntlich von dem slowenischen Karst-Gebirge.
Hier am Karst Creek ist das wasserlösliche Kalkgestein nach und nach ausgewa-

Unterirdische Wasseradern

schen und unterhöhlt worden. Die Wasseradern verlaufen manchmal unterirdisch, und die Dächer der Höhlen sind eingebrochen. Dadurch entstehen Bodenvertiefungen, wie kleine Krater. Die Geologen nennen diese Naturerscheinung: „Karst-Topographie". Auf einem 1,3 km langen Rundgang kann man diese geologisch interessanten Vorgänge erkennen und ihre Erscheinungsformen betrachten, so auch den „Disappeared Creek", den Bach, der unterirdisch verschwunden ist.

Shepard Creek (Km 353)
Dieses Bachtal ist wegen seiner vielfältigen Pflanzenwelt bemerkenswert. Eine Infotafel weist auf die Flora zweier Vegetationszonen hin, Waldzone und Alpine Tundra-Zone.

Flower Ridge Trail

Blumenreiches Hochplateau

Dieser Wanderweg beginnt am Henshow Creek (Km 356). Er ist 12 km lang und führt zunächst durch dichten Wald, bis das blumenreiche Hochplateau erreicht ist. Nach 4–5 Stunden, einschließlich Fotografierpausen, hat man das Ziel, eine durchschnittlich 1.300 m hoch liegende alpine Tundra-Landschaft, erreicht.

Strathcona Westmine (Km 365)
Hier werden Gold, Silber und Kupfer gefördert. Von Juni bis August kann diese Anlage besucht werden. In einem Seitenweg befindet sich der **Myra-Wasserfall**, der im Spätsommer jedoch wegen der geringen Wassermenge unbedeutend ist.

Gold River (ⓘ s. S. 187)

Gold River (Km 444) wurde von der Tahsis Company Ltd. (heute Canadian Forest Products Ltd.) gegründet, um an der Mündung des Gold River holzverarbeitende Industrie anzusiedeln, weil am Mucalat Inlet auch tiefgehende Seeschiffe beladen werden können. 1965 baute man am Zusammenfluss von Gold River und Heber River einen zweiten Ort mit dem gleichen Namen für die Beschäftigten der **Zellulosefabrik**, 14 km vom Hafen entfernt.

Heute hat Gold River ungefähr 2.200 ständige Bewohner.

Von Gold River über Alert Bay, Port Alice, Port Hardy nach Telegraph Cove

 Streckenhinweis
• *Gesamtstrecke: Gold River-Telegraph Cove (über Port Alice und Port Hardy): 327 km*
• *Summierte Teilstrecken: Von **Gold River** in nordwestlicher Richtung auf einer Nebenstraße in Richtung **Woss** bis Abzweigung links in den Hwy 19 (Km 68), bis Abzweigung links (Km 156), in eine Stichstraße nach **Port Alice** (Km 187), zurück auf der gleichen Stichstraße bis Abzweigung links (Km 218) in den Hwy 19 bis Abzweigung rechts (Km 236) nach **Port Hardy Fährhafen**, zurück bis Abzweigung rechts (Km 241) bis **Port Hardy** (Km 246), zurück auf Hwy 19 bis Abzweigung links (Km 309) bis **Telegraph Cove** (Km 327)*

1 **Vorschlag zur Zeiteinteilung**
Gold River-Telegraph Cove: 1 Tag; Telegraph Cove: 1 Tag; insgesamt 2 Tage

Unterwegs nach Port McNeill

Auf mehr oder weniger guter Schotterstraße fährt man in nordwestlicher Richtung durch ein **sehr einsames Waldgebiet**, in dem es keine menschliche Besiedlung gibt. Düstere, ursprüngliche Waldungen, durch Moore und kleine, glasklare Flüsse aufgelockert, wechseln mit Kahlschlägen und Aufforstungen ab, bis man den Hwy 19 erreicht. Bis auf den kleinen Ort **Woss** auch hier nur Wald, Wald und nochmals Wald! Nach **Port McNeill** an der Nordostküste sollten Sie einen kleinen Abstecher machen. Wer Freude am bunten Leben dieser kleinen nordischen Fischerhäfen hat, kommt hier auf seine Kosten. Von Port McNeill aus gibt es laufend Fährverbindungen nach **Alert Bay**.

Idylle eines nordischen Fischerhafens

Alert Bay
(von Barbara Thieme)

Nach Alert Bay kamen in den 1960er Jahren wertvolle Kulturgüter der **Nimp-kish-Indianer**, die bis dahin wegen des Verbots der Potlatch-Feste in zahlreichen kanadischen und US-amerikanischen Museen ein stiefmütterliches Dasein geführt hatten, zurück in das von traditionsbewussten Indianern inzwischen gegründete „U'mista Cultural Centre". In dem Hafen von Alert Bay landeten die alten Pot-

Redaktions-Tipps

Übernachten:
• **Telegraph Cove: Hidden Cove Lodge $$$** befindet sich 7 km außerhalb von Telegraph Cove, neue Hütten am Wasser, 1999 eröffnet.

Bootsfahrten/Sehenswürdigkeiten:
• **Telegraph Cove:** Die Beobachtung von **Schwertwalen** sollten Sie nicht versäumen. **Stubbs Island Charters Ltd.** (S. 337), ist seit 1980 auf Schwertwal-Beobachtung spezialisiert. Von Ende Juni bis Mitte Oktober werden Schwertwale mit einer Erfolgsquote von 90 % vom Schiff aus beobachtet.

latch-Gaben und wurden voller Stolz von den Nachkommen des alten Volkes in dem kleinen Museum des Kulturzentrums zu einer beachtlichen Sammlung aufgearbeitet und ausgestellt.

Heute dürfen die Stämme ihr altes und überliefertes Brauchtum wieder in Freiheit ausüben. Sie tun dies auch in Ehrfurcht und mit Würde. Die Jungen werden von den Alten wieder an Riten und Gebräuche herangeführt.

India-nisches Erbe wird gepflegt

Das Hauptgebäude, das von weitem wie grauer Beton, schwarz bemalt, aussieht, besteht aus ausgebleichtem, kunstvoll bearbeiteten Holz. In den Ausstellungsräumen schildern auf Schrifttafeln einfache Geschichten die Mythologie einzelner Stämme dieser Küstengebiete. Daneben finden sich übersichtlich geordnete Masken, wie sie insbesondere anlässlich der „Geschenk"-Feste getragen wurden und werden, dann die sog. Geschenke selbst, die Potlatch-Gaben, von denen insbesondere die „Copper", sog. Kupferplatten, die graviert und bemalt waren, die wertvollsten Gaben darstellten. Hoch über dem Dorf erhebt sich der **höchste Totempfahl Nordamerikas (50 m)**.

Es fällt die relative Gepflegtheit des Ortes auf. Wo immer man vorbeikommt, der Gruß wird freundlich und offen erwidert.

Unterwegs nach Port Alice

Auf der Stichstraße nach Port Alice, die auf den Neroutsos Inlet der Ostküste blickt, liegt kurz nach der Abzweigung vom Hwy 19 der idyllische **Beaver Lake** verträumt in einem Zedernwald. Man überquert den Marbel River und sieht in sein wildes Flussbett mit großen Felsen und in die Tiefe gerissenen Bäumen. Der dichte Mischwald gibt bald den Blick frei auf den silbrig schimmernden Fjord, an dem Port Alice liegt.

Port Alice (ⓘ s. S. 187)

1917 entstand eine Siedlung am Ende des Fjords, als der Start zum Bau einer Sägemühle gegeben wurde. 1960 hatte man die Idee, einen völlig neuen Ort, 8 km vom Sägewerk entfernt, am Rumble Beach zu errichten. 1968 war die neue Stadt fertiggestellt. Häuser des alten Ortes an der Sägemühle wurden zerstört oder an den Rumble Beach verlegt.

Gepflegter Ort

Heute ist Port Alice ein gepflegter, geruhsamer Ort mit sauberen Häusern und Gärten, eine Stätte zum Ausspannen, und um Urlaub zu machen. 80 % seiner 1.400 Einwohner arbeiten bei der Western Pulp Ltd. Partnership und 15 % bei der Western Forest Products Ltd. Die restlichen 5 % sind u. a. in der Verwaltung, im Krankenhaus und als Geschäftsleute beschäftigt. Ein Supermarkt, eine Tankstelle, ein Hotel, 2 Restaurants, eine Bibliothek, eine Bank und Sportstätten sowie ein Golfplatz (9 Löcher) und ein Hockeyfeld gehören mit zur Grundausstattung der neuen Stadt.

Port Hardy (ⓘ s. S. 187)

1904 entstand hier die erste Siedlung. Heute leben die 5.300 Einwohner von dem modernen Fährhafen, vom Fischfang, von der Holzwirtschaft, vom Kupferbergbau am Rupert Inlet und vom Tourismus.

Von Port Hardy aus kann ein Ausflug in den **Cape Scott Park** durchgeführt werden. Dies ist ein nordisches Regenwaldgebiet. Sie benötigen gutes Schuhwerk und werden nicht enttäuscht sein.

Telegraph Cove
(ⓘ s. S. 187)

Diese historische Siedlung mit nur 12 ständigen Einwohnern, nur 8 km südlich von Port McNeill entfernt, ist eine kleine Ansammlung von farbigen, auf Pfählen (wegen des Tidenhubs bis zu 5 m) gebauten Holzhäusern. Trotz ihrer Winzigkeit hat Telegraph Cove eine gewisse Berühmtheit erlangt. Es liegt an der **Johnstone Strait**, die für ihre **Schwertwale** bekannt ist. Von Mit-

Schmucke Häuser – Telegraph Cove

te Juni bis Oktober tummeln sich mehrere Herden in dieser Meeresstraße. Mit der Schaffung des ökologischen **Schutzgebietes „Robson Bight"** wurde ein Teil dieses idealen Lebensraums vor menschlichen Eingriffen bewahrt.

 Tipp
Bringen Sie warme Kleidung mit!

Beobachtung von Schwertwalen mit „Stubbs Island Charters Ltd."

Mit den beiden sicheren Booten MS „Lukwa" und „Gikumi" sowie den beiden erfahrenen Kapitänen erleben Sie mit einer Küstenlandschaft von uriger Wildheit als Kulisse eine der aufregendsten Tierbegegnungen, die Nordwestamerika zu bieten hat. Mit einer „Trefferquote" von über 90 % werden durchziehende oder ortsansässige Schwertwale aufgespürt. Als Hilfsmittel dienen Unterwassermikrophone mit einer Reichweite von 10 km im Umkreis, die zur Ortung im Nebel oder auch zur Hörbarmachung der Sprache der Wale benutzt werden. Das Team der Firma arbeitet eng mit den in der Walforschung tätigen Wissenschaftlern zusammen. Deshalb ist verantwortungsvolles Verhalten gegenüber diesen hochintelligenten Meeressäugern selbstverständlich.

Sprache der Wale

Die einzelnen **Schwertwal-Gruppen**, die sich in unterschiedlichen Dialekten unterhalten, sind an den verschieden geformten Rückenflossen erkennbar. Die hier sesshaften Schwertwale verzehren fast ausschließlich Fische, vornehmlich

Luftsprung – Schwertwal

Lachse. Die durchziehenden Gruppen schwimmen meistens dicht an den felsigen Ufern der Küsten und Inseln der Meerenge zwischen dem Festland und Vancouver Island entlang, um andere Meeressäuger, in erster Linie Seehunde und Seelöwen zu jagen, die sie beim Sonnen und Rasten auf den Felsen überraschen. Es kommt manchmal zu Kämpfen zwischen einheimischen und wandernden Schwertwalen. Persönliches Erlebnis: Die hohen Rückenfinnen der Schwertwale wer-

Spektakuläre Luftsprünge

den gesichtet. Eine starke Gruppe von Orcas durchpflügt die enge Meeresstraße. Urplötzlich taucht einer der intelligenten Meeressäuger dicht neben dem Boot auf, vollführt einen Salto und lässt seinen starken, muskulösen Körper wieder zurück ins Wasser klatschen. Ein anderer schnappt sich einen ahnungslos dahinschwimmenden Wasservogel, was auch von dem erfahrenen Kapitän noch nie beobachtet wurde.

Weite Sprünge – Weißstreifendelphine

Neben der Beobachtung der lebhaft schwarz-weiß gezeichneten Schwertwale sind natürlich noch andere ebenso interessante Begegnungen mit anderen Meeressäugern möglich, wie beispielsweise **Dalls Schweinswalen**/Dall's porpoises *(Phocoenoides dalli)* und **Weißstreifendelfinen**/Pacific white-sided dolphins *(Lagenorhynchus obliquidens)*, die eine vollendete Darbietung ihrer Schwimm- und Springkünste entlang des Bootes zeigen, ganz zu schweigen von den zahlreichen Meeresvogelarten und **Weißkopfseeadlern**.

Starker Tidenhub

Beeindruckend sind die **enormen Strömungen**, die zwischen den Schären aufgrund von Ebbe und Flut und sehr starkem Tidenhub entstehen. Diese Strudel sind mit ineinandergreifenden Zahnrädern vergleichbar. Obgleich die Walbeobachtungsboote diese gefährlich aussehenden Strömungen meistern, sind sie spürbar.

Von Telegraph Cove über Honeymoon Bay nach Victoria

Streckenhinweis
* *Gesamtstrecke: Telegraph Cove – Victoria: 539 km*
* *Summierte Teilstrecken: Von Telegraph Cove auf einer Nebenstraße bis Abzweigung links (Km 8) in den Hwy 19 bis* **Nanaimo** *(Km 344), geradeaus weiter auf dem Hwy 1 bis kurz vor* **Duncan** *(Km 396), Abzweigung rechts in Hwy 18 bis* **Lake Cowichan** *(Km 422), Abzweigung links in eine Nebenstraße bis* **Honeymoon Bay** *(Km 437), zurück bis* **Duncan** *(Km 478), Abzweigung rechts in Hwy 1 bis* **Victoria** *(Km 539)*

Vorschlag zur Zeiteinteilung
Strecke Telegraph Cove – Victoria: 1 Tag; Victoria: 2 Tage; insgesamt: 3 Tage

Unterwegs nach Victoria

Der Streckenabschnitt Telegraph Cove – Nanaimo wurde bereits auf den Seiten 327ff in umgekehrter Richtung bis auf ein kleines unbedeutendes Zwischenstück beschrieben.

Ladysmith

Ladysmith ist ein kleiner Ort, direkt am Highway gelegen, mit vielen alten, schön hergerichteten Gebäuden.

Chemainus – Kunstgalerie unter freiem Himmel

Seit 1858 sind fünf Sägewerke an der gleichen Stelle im Chemainus-Tal gebaut wurden. Um dieses Werk gruppierte sich der Ort mit dem indianischen Namen, an der Straße 1 A (Parallelstraße zum Hwy 1), auf halber Strecke zwischen Ladysmith und Duncan. In den frühen 1980er Jahren schloss das Sägewerk, das einst die wirtschaftliche Grundlage des Ortes war. Ein großes Wasserrad im Zentrum der Ortschaft erinnert noch an die Zeit der Sägemühle. Es gab viele Arbeitslose. Chemainus siechte dahin und war auf dem Wege, eine Geisterstadt zu werden. Doch dann besannen sich seine restlichen Bewohner und ergriffen die Initiative. Sie erneuerten die Straßen und Häuserfassaden.

Aus der Not eine Tugend gemacht

Redaktions-Tipps

Übernachten:
* **Victoria: The Fairmont Empress $$$$$** ist ein Luxushotel, ein efeuumrankter viktorianischer Prachtbau, der am inneren Hafen alle Blicke auf sich lenkt, 1908 erbaut und 1989 renoviert. 473 Gästezimmer und 30 Suiten mit alten Möbeln, wertvollen Mahagonidecken vereinigen Tradition und Luxus.

Essen:
* **Victoria: Ratskeller Schnitzel House ##** serviert deutsche Gerichte.

Sehenswürdigkeiten:
* **Chemainus:** Die **Wandgemälde (Murals)** (S. 339) sind eine Kunstgalerie unter freiem Himmel.
* **Victoria:** Das **Royal British Columbia Museum** (S. 342) ist eines der hervorragendsten Nordamerikas.
* **Butchart Gardens** (S. 348): 21 km nördlich von Victoria gelegen, hier nimmt Sie eine ungeheure Blütenpracht gefangen.

Wandmalereien – Chemainus

1982 wurde, zusammen mit der kreativen Vision von *Karl Schultz* und der Hilfe des damaligen Bürgermeisters *Graham Bruce*, ein Projekt gestartet, zunächst mit fünf Wandmalereien anzufangen. Der Bürgerwille, nicht aufzugeben, gefiel: in Chemainus versammelten sich namhafte Künstler, die eine der größten Kunstgalerien unter freiem Himmel unseres Globus schufen. Heute sind bereits 32 Wände großflächig mit Wandgemälden, den **Murals**, bemalt, die überlebensgroße

Wandmalereien als Attraktion menschliche Gestalten und Gesichter zeigen sowie die Geschichten des Ortes erzählen.

Alljährlich wird im Juli das „Festival of Murals" gefeiert. Laienspieler, Straßenmusikanten und Gaukler unterhalten das Volk. Die Folge dieser Wiederbelebung bewirkt, dass ein ungeahnter Besucherstrom durch die Gassen pulsiert. Cafés, Restaurants, Souvenirläden und Galerien profitieren davon und machen gute Geschäfte. Die Einwohnerzahl ist wieder auf rund 3.500 Bürger angewachsen.

Cowichan Lake

Diesen See (Km 422) erreichen Sie, wenn Sie kurz nördlich vor Duncan auf den Hwy 18 rechts abbiegen. Der langgestreckte See ist ganz zu umfahren. Ein besonders reizvolles Örtchen ist **Honeymoon Bay** mit seinem lieblichen Namen. In der Gordon Bay, von dichtem Wald umgeben, können Sie sich an einer Picknickstelle entspannen, im sommerlich warmen Wasser noch bis Ende September baden, Boot fahren, fischen oder Wasservögel beobachten.

Duncan

Diese Stadt (Km 396) wird auch die **„City of Totems"** wegen ihrer mehr als 40 Totempfähle genannt. Im Übrigen ist Duncan jedoch eine supermoderne amerikanische Stadt mit allen nur erdenklichen Geschäften und Einrichtungen heutiger Ansprüche.

Victoria – Provinzhaupstadt von British Columbia
(ⓘ s. S. 187)

Überblick

1843 gründete die Hudson´s Bay Company hier ein Fort. Den Namen erhielt es von der damaligen englischen Königin Victoria. 1858 machten die hoffnungsvollen Goldgräber an dieser Stelle auf dem Weg zum „Cariboo Gold Rush" Zwischenstation. 1878 wurde das erste Rathaus auf dem „Centennial Square" am Rande der heutigen Altstadt erbaut. 1889 tagte im Gebäude des heutigen „Maritime Museum" das erste Provinzialgericht. Um die Jahrhundertwende war der Marktplatz beliebter Rastplatz der Klondike-Goldsucher.

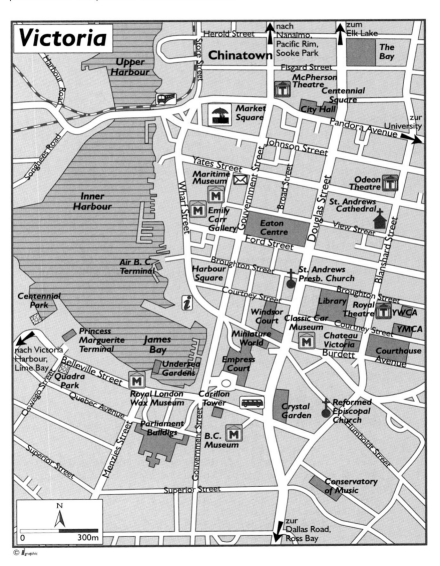

Heute fasziniert diese liebenswerte und ehrwürdige Stadt durch ihre hübschen Fassaden, durch die engen, alten Gassen und gepflegten Gärten. Sie hat immer noch einen sehr britischen Charakter. Am Ende einer Kanadareise, auf der man sehr viele moderne Städte und Ortschaften gesehen hat, fühlt man sich hier als Europäer, weil man förmlich mit der Geschichte des „alten Kontinents" umgeben ist, von dem alten, verbleichenden Glanz angenehm, sogar etwas heimatlich, berührt.

a) Sehenswertes südlich des Informationszentrums (zu Fuß erreichbar)

Miniatur World
*649 Humbold St., Tel.: (250)385-9731, **Öffnungszeiten:** 9–18 Uhr tägl.*

Hier kommen Sie aus dem Staunen nicht mehr heraus. Die Modellbauer haben ausgezeichnete Arbeit geleistet. Sie sehen beispielsweise den „War of Roses". Phantastisch sind auch das Eisenbahn-Modell der „Canadian Pacific Railway" von 1885 oder die Altstadt von London aus dem Jahre 1670. Eines der größten Puppenhäuser unseres Globus, eine Wildwest-Stadt und die Welt des Zirkus, alles „en miniatur".

Crystal Garden
*713 Douglas St., hinter dem Empress Hotel, **Öffnungszeiten:** 10–17.30 Uhr täglich*

Das frühere Schwimmbad ist heute eine Orangerie mit einem Gewächshaus, ein Tropenparadies mit exotischen Vögeln, Äffchen und Schmetterlingen. In einem Teeraum oben oder einem Restaurant unten können Sie sich stärken.

Thunderbird Park
Belleville/Douglas St.

Hier ragen zahlreiche Totempfähle in den Himmel. Es entstehen auch manchmal wieder neue. Wenn es der Zufall will, können Sie sogar bei ihrer Entstehung zusehen. Genauso können Sie Glück haben, in ein farbenfrohes Indianerfest hineinzugeraten.

Royal British Columbia Museum
*675 Belleville St., Tel.: (250)387-3701, **Öffnungszeiten:** 1. Juni – 30. September: 9.30–19 Uhr täglich, 1. Oktober – 31. Mai: 10–17.30 Uhr täglich, außer am 1. Weihnachtstag und Neujahr*

Dieses Museum wird als eines der hervorragendsten Museen Nordamerikas gepriesen, insbesondere aufgrund seiner naturkundlichen und anthropologischen Ausstellungsstücke.

Einteilung des Museums
• **1. Stock**: Lebendiges Land, lebendige See – eine Naturgeschichte von British Columbia (Exponate: Mammut, dreidimensionale Abbildungen der Küstenwälder, Strände, des Fraserdeltas, des offenen Ozeans)

• **2. Stock**: Galerie der modernen Geschichte, die Zwölftausendjahreslücke, *Drei-* Archäologie, die ersten Völker, Geschichte der Ureinwohner (Exponate: Stadtbild *dimen-* aus der Jahrhundertwende, dreidimensionale Abbildung eines Bauernhofs, Nach- *sionale* bildungen einer Fischkonservenfabrik, eines Sägewerks, eines Bergwerks, eines *Abbil-* Wasserrades, der „Discovery" von Kapitän J. Cook, eines Grubenhauses, Stamm- *dungen* haus der Kwa-gulth-Indianer, Argillitschnitzereien)

Einige **Highlights** sollen besonders hervorgehoben werden:
• **Netherlands Centennial Carillon**: Niederlands hundertjähriges Glocken-spiel empfängt Sie vor dem Eingang des Museums.
• **Totempfähle**: Hier in der Eingangshalle sollen Sie schon an das indianische Erbe Kanadas erinnert werden.
• **Wollmammut** (Wolly Mammuth): Es ist aus der Kenntnis über Fossilienfun-de aus Kanada, Alaska und Sibirien, die im Permafrost gefunden wurden, und prähistorischen Felsmalereien aus Europa rekonstruiert. Beeindruckend war sei-ne Größe: Es hatte eine Schulterhöhe von 3,20 m. Die Länge der Stoßzähne betrug 3,35 m und das Gewicht 6 t.
• **Wild am Rande des Eises**: Ein Tonband gibt Erklärungen über bestimmte Tiere, die dann in der Abbildung, einschließlich der menschlichen Jäger der dama-ligen Zeit, beleuchtet werden. Die Moschusochsen und Bisons haben in etwas abgeänderten Formen überlebt. Das übrige Großwild ist ausgestorben.
• **Vereisungen von British Columbia**: Anschaulich ist die Darstellung, die das ständig wechselnde Ausmaß der Vereisung von British Columbia zeigt.
  Vor 18.000 Jahren war B.C. gänzlich von einem Eispanzer überzogen.
  Vor 14.000 Jahren ragten schon einige Inseln an der Westküste aus dem Eis hervor.
  Vor 10.000 Jahren waren nur noch die Gebirge vereist.
  Vor 7.000 Jahren war fast ganz B.C. eisfrei.
  Heute beschränkt sich die Vereisung nur noch auf sehr wenige Gletscher im Hochgebirge. Die Gletscher veränderten die Landschaft von British Columbia sehr stark.
• **Wildwanderungen bei zunehmender Erwärmung**: Südalaska und das Land südlich von B.C. waren auch während der stärksten Vereisungsperiode eisfrei. Bei zunehmender Erwärmung wurde nach und nach östlich der Rocky *Wande-* Mountains ein Korridor eisfrei, der das Einwandern des eiszeitlichen Wildes in *rung auf* Norden und Süden nach B.C. ermöglichte. Von Norden erlaubte diese Verbund- *eisfreiem* route beispielsweise die Einwanderung folgender Tiere: Alaska-Riesenelch, Karibu, *Korridor* Dallschaf, Luchs, Pika, Arktisches Erdhörnchen. Von Süden wanderten beispiels-weise folgende Tiere nach Norden: Dickhornschaf, Bergkaribu, Rotluchs.
• **Die verschiedenen Biotope von B.C.**: In Kanada liegen die extremsten klimatischen Gegensätze sehr eng beieinander, z. B.: sehr feuchte Berge dicht neben sehr trockenen Tälern; Gegenden mit sehr hohem Schneefall dicht neben warmen Küsten, daher die verschiedenartigsten Biotope.
- **Küstenregenwald**: An der Küste gedeihen gigantische Koniferen: Douglasien, Riesenlebensbäume, Westliche Hemlocks, Sitkafichten, gemischt mit einigen Laub-gehölzen.
- **Columbia-Wälder**: Im Südosten von B.C. wachsen Douglasien, Engelmann-Fichten, Lärchen und Gebirgs-Stroben.

- **Subalpine Wälder**: Im Innern von B.C. trifft man auf die Engelmann-Fichte, Nordamerikanische Weißfichte, Felsengebirgstanne, Weißborkenkiefer und Westliche Hemlock
- **Alpine Tundra**: Hier besteht die Vegetation hauptsächlich aus Zwergweiden und -birken sowie Gräsern, Moosen und Flechten.
• **Wiederbelebung von Waldbrandflächen**: Eine von Feuer verwüstete Fläche erholt sich nur sehr langsam:
nach 5 Jahren: Gräser und Farne,
nach 10 Jahren: erste Büsche (z. B.: Salal, Salmon Berry),
nach 50 Jahren: Laubbäume, z. B.: Red Alder (Erle), Big Leaf Maple (Ahorn),
nach 500 Jahren: Douglasien, die ihre volle Höhe erreicht haben,
nach 1.000 Jahren: Western Hemlocks und Amabilis Firs, nachdem die Douglasien abgestorben sind.
• **Fauna der verschiedenen Biotope**: In Vitrinen sind Biotope naturnah nachgebildet und mit den entsprechenden Tieren bestückt.
• Was kann man gegen die Verwüstung der Erde tun? Folgender Ausspruch des einstigen britischen Staatsmanns *Edmund Bork* soll zum Handeln anregen: „Derjenige macht den größten Fehler, der nichts tut, obgleich er ein klein wenig tun könnte."
• Die Themen folgender Ausstellungsräume sind: Indianerkulturen, Schamanismus, Entdeckungsreisen, Einwanderung und Gründerzeit der Europäer nach Nordamerika und speziell nach B.C.

Pacific Undersea Gardens
490 Belleville St., gegenüber dem Parlament, Tel.: (250)382-5717, **Öffnungszeiten:** *9–17 Uhr tägl. im Sommer; 10–17 Uhr tägl. im Winter*

Wunderbare Unterwasserwelt Hier tut sich die Wunderwelt des Pazifik auf. Seeanemonen, Seenelken, Seesterne, ein riesiger Oktopus, Muscheln, Kraken und diverse Fische werden gezeigt. Wenn Ihnen die Namen nicht geläufig sind, so sind anhand der entsprechenden Abbildungen auf den Tafeln am Wasserbecken die vielen Meeresbewohner zu bestimmen.

Royal London Wax Museum
470 Belleville St., Tel.: (604)388-4461, **Öffnungszeiten:** *9–21 Uhr täglich*

Englische Königsfamilie in Wachs – Victoria

Die alte Fertigkeit der Wachs-Kunst schafft verblüffende Ähnlichkeiten in der Darstellung noch lebender oder schon verstorbener **berühmter Persönlichkeiten** aus der Geschichte und Politik, bekannter Wissenschaftler, Forscher, Musiker, Künstler, Religionsstifter, Kirchenfürsten, usw. Sehr gut wiedergegeben sind beispielsweise die derzeitige britische Königsfamilie und deren Vorfahren, Kapitän *James Cook*, die Schriftsteller *Mark Twain* und

Rudjard Kipling, Kaiser Napoleon, der Wissenschaftler Albert Einstein, Moses mit den Gesetzestafeln, der Entdecker Christoph Kolumbus mit seinem Schiff, der britische Seeoffizier und Nordpolarfahrer Sir John Franklin, der Polarforscher Roald Amundsen, berühmte Männer des Buddhismus, Konfuzianismus, Katholizismus und Protestantismus, Jesus Christus mit seinen 12 Jüngern beim Heiligen Abendmahl und viele mehr. Insgesamt handelt es sich um über 200 lebensgroße Figuren.

Außerdem wird eine eindrucksvolle Show über die **Erforschung der Nordwestpassage** mit der Tragödie der Sir John Franklin-Expedition dargestellt. Es darf in diesem Museum gefilmt und fotografiert werden.

Sir John Franklin-Expedition

b) **Sehenswertes nördlich des Informationszentrums** (zu Fuß erreichbar)

Emily Carr Gallery
1107 Wharf Street, Öffnungszeiten: 10–17 Uhr; tägl. außer montags

Die bekanntesten Kunstwerke der berühmten Malerin *Emily Carr* (Näheres über die Künstlerin siehe unter Emily Carr House, S. 346).

Chinatown
Fisgard St.

1858 entstand Victorias „Chinatown", die zweitälteste Gründung dieser Art in Nordamerika. Die schmale Fan Tan-Passage oder die „Prachtvolle Pforte" der „Harmonious Interest" führt den Besucher in die „Verbotene Stadt". Besonders eindrucksvoll ist der kaiserliche Löwe, ein Geschenk der Stadt Suchow aus China. Liebevoll restaurierte Gebäude, exotische Läden und einige Restaurants mit großer Auswahl an chinesischen Gerichten werden Ihnen sicherlich zusagen.

Market Square

In den 1880er bis 1890er Jahren hatte dieser Marktplatz eine besondere Bedeutung, als sich Victoria großen Wachstums und Wohlstands erfreute. Von hier wurden hauptsächlich Robbenfelle und Lachse in alle Welt versandt. Victoria war ein wichtiger Außenposten englischer Kultur. Das Herz dieser Stadt war damals der Marktplatz mit seinen Hotels, Saloons und Geschäften für die See- und Bergleute sowie für die Indianer. Barkeeper und chinesische Händler machten blendende Geschäfte. Heute ist er von Umbauten in drei Etagen eingerahmt, in denen sich diverse Geschäfte, wie Buch- und Souvenirläden, Bäckereien usw eingenistet haben.

Wichtiger Außenposten britischer Kultur

c) **Sehenswertes in größerer Entfernung**

Craigdarroche Castle
1050 Joan Cresent, Tel.: (250)592-5323, Öffnungszeiten: 10–16.30 Uhr täglich

1887–1889 wurde diese Villa des Kohlenmagnaten *Robert Dunsmuir* gebaut. Sie war das Statussymbol des schottischen Einwanderers, der zu Reichtum gekommen war. Eine parkartige Landschaft umgibt dieses extravagante Schloss. Heute ist die 39-Zimmer-Residenz ein Museum. Wertvolle Holzvertäfelungen und interessante Gemälde geben einen Eindruck vom Reichtum der damaligen Oberschicht des Landes. *Robert Dunsmuir* starb am 12.04.1889, kurz bevor das Schloss fertiggestellt war.

Art Gallery of Greater Victoria
1040 Moss Street, Tel.: (250)384-4101 **Öffnungszeiten**: *10–17 Uhr werktags, 13–17 Uhr sonntags*

Archäologische Funde, moderne, japanische und chinesische Kunst sind in einem kleinen Museum vereinigt.

Anne Hatheway's Cottage
429 Lampson Street, Tel.: (250)388-4353

Hier finden Sie Repliken aus dem alten England. Neben einer rund 300 Jahre alten Douglasie sind das **Geburtshaus von W. Shakespeare**, das Haus seiner Ehefrau *Anne Hatheway* und andere berühmte Häuser von „Old England" nachgebildet worden, so auch ein **Pilgrim Fathers's Meeting House** aus dem 16. Jahrhundert n. Chr. Im **God's Providence House** hatten sich einige Leute mit genügend Nahrungsvorräten und Wasser eingeschlossen, als in London 1665 der „Schwarze Tod" (die Pest) umging. **Harvard House** ist die Nachbildung des berühmten Harvard House in Statford-on-Avon in England, in dem die Mutter des Gründers der Harvard-Universität geboren wurde.

Emily Carr House
207 Government St., Tel.: (250)387-4697

Emily Carr war eine der berühmtesten Künstlerinnen und Autorinnen Kanadas. Sie wurde am 13.12.1871 in diesem Haus in Victoria als jüngstes von fünf Kindern der Familie *Carr* geboren. *Emily* war ein richtiger Wildfang, und weil sie die Jüngste der Kinderschar war, wurde sie „Small" (Klein) genannt. Später schrieb sie ein Buch über ihre Kindheit, das den Titel „The Book of Small" (Das Buch der Kleinen) trägt.

Sie studierte Kunst in San Francisco, Paris und London und kehrte 1913 nach Victoria zurück, um hier zu leben und zu malen. Ihren Lebensunterhalt musste sie allerdings durch Mieteinnahmen des berühmten „House of All Sorts" (Haus der eigenartigen Leute) verdienen. Trotz schwieriger Zeiten malte sie mit Begeisterung Totempfähle und indianische Dörfer. Später begann sie, autobiografische Bücher zu schreiben, wofür sie mit dem „Preis des Generalgouverneurs für Literatur" ausgezeichnet wurde.

Dokumentation indianischen Lebens

1908–1930 malte *Emily Carr* laufend Siedlungen der Küstenindianer, die sie besuchte, und vertiefte sich in deren Kultur. Später wechselte sie zur reinen Landschaftsmalerei über, in der sie m. E. ihren künstlerischen Höhepunkt erreicht hat. 1945 starb sie und wurde auf dem Ross Bay-Friedhof von Victoria begraben.

Fort Rodd Hill/Fisgard Lighthouse
603 Fort Rodd Hill, ca. 13 km westl. Victorias, Tel.: (250)363-4697, Öffnungszeiten: 8–20 Uhr tägl.

Fort Rodd Hill enthält 3 Batterien:
- Upper Battery wurde zwischen 1895 und 1898 erbaut.
- Lower Battery wurde im Jahre 1898 vervollständigt.
- Belmont Battery war 1900 gefechtsbereit.

Jeder Schießstand wurde von 10 Mann bedient.

Fisgard Lighthouse ist 1860 als erste ständige Einrichtung dieser Art an der Westküste Kanadas errichtet worden. Scheinwerfer hatten die Hafeneinfahrt von Victoria bewacht. Zu beiden Seiten des Esquimalt Harbour sind diese elektrischen Scheinwerfer plaziert. 1902 installierte Generatoren lieferten den Strom. Im Zweiten Weltkrieg ersetzten modernere Einrichtungen die ursprünglichen „Defence Electric Lights". Einer dieser Scheinwerfer hatte einen Radius von 4.600 m. Er hatte die sich annähernden Schiffe zu lokalisieren. Drei weitere Scheinwerfer lieferten das Licht für eventuelle Kanonenschüsse. Sie hatten eine Reichweite von 2.700 m.

Scheinwerfer als Hafenbewachung

Heute sind die Befestigungsanlage Fort Hill und der Leuchtturm Fisgard zusammen ein erklärtes nationalhistorisches Monument Kanadas.

Ausflüge in die Umgebung

Butterflies World
Ecke Keating X Rd./West Saanich Rd., P.O. Box 130 Benvenuto Ave., Brentwood Bay, V0S 1A0, Tel.: (250)652-7811

Hier herrscht eine gleichmäßige Temperatur von + 28 °C und sehr hohe Luftfeuchtigkeit, denn die Schmetterlinge stammen zum größten Teil aus den Tropen. Hier können Sie nach Herzenslust die „Geflügelten des Lichts" beobachten, filmen, fotografieren und sich ihre Entwicklung vom Ei über die Raupe und Puppe bis zum Falter erklären lassen. Vielleicht empfinden auch Sie größtes Entzücken beim Betrachten dieser „Sonnengeschöpfe", wenn beispielsweise die Flügel der Morphofalter metallischblau schimmern, wenn sich die dekorativen Schwalbenschwänze endlich niedergelassen haben oder die Zebrafalter zitternd an den Blüten des Schmetterlingsmagneten Nektar saugen.

Exotische Schmetterlinge

Ein großes Glück ist es, den handgroßen Atlasfalter zu entdecken, der während seines nur wenige Tage dauernden Lebens keine Nahrung aufnehmen kann.

Atlasfalter – Butterflies World

Butchart Gardens
auf der Saanich Peninsula, über die 17A kommend, 21 km nördlich von Victoria, P.O. Box 4010, Tel.: (250)652-4422

Butchart Gardens – bei Victoria

Prächtiger Blumen-garten

Die Keimzelle zu diesem überwältigend schönen Blumengarten, aus einer öden Lehm- und Kalkgrube einer Zementfabrik entstanden, legte das Ehepaar *Robert Pim Butchart* (1856–1943) und *Jenny Forster Butchart* (1868–1950) im Jahre 1904. Auch heute noch sind die Gärten im Familienbesitz. Die zahlreichen Besucher empfängt eine Symphonie der Farben und Düfte, im „Versunkenen Garten" mit den Wasserspielen im Hintergrund, im „Rosengarten", am „Brunnen der drei Störe", im „Japanischen Garten", im „Sternteich" oder im „Italienischen Garten", überall spüren Sie die Meisterhand der Gartenbauarchitekten.

In einem Restaurant mit freundlicher Bedienung haben Sie die Möglichkeit zu einer Verweilpause. Die ganze Anlage ist rollstuhlgerecht angelegt. Man kann sich sogar Rollstühle im Vorhof mieten.

Von Victoria nach Port Renfrew (West Coast Trail) und zurück nach Vancouver

Streckenhinweis
• *Gesamtstrecke: Victoria – Port Renfrew – Victoria – Swartz Bay (Fähre nach Vancouver): 248 Straßenkilometer*
• *Summierte Teilstrecken: Von Victoria auf Hwy 1 bis* **Langfjord** *(Km 10), Abzweigung links in den Hwy 14 bis* **Jordan River** *(Km 70), geradeaus weiter auf einer Nebenstraße bis* **Port Renfrew** *(Km 112), zurück auf dem gleichen Weg bis kurz vor* **Victoria** *(Km 220), Abzweigung links in den Hwy 17 bis* **Swartz Bay** *(Km 248, Fähre nach Vancouver)*

Übernachten:
• **Port Renfrew: West Coast Trail Motel $$$** liegt am Südende des bekannten **West Coast Trail.**

Sehenswürdigkeit:
• **Pacific Rim National Park:** Wanderung auf dem **West Coast Trail** (S. 349) ist etwas für leistungsstarke Rucksackwanderer.

Vorschlag zur Zeiteinteilung
Strecke Victoria – Port Renfrew – Victoria: 1 Tag, bei Wanderung auf dem West Coast Trail: Port Renfrew – Bamfield und Rückfahrt nach Victoria zusätzlich 6–8 Tage.

Unterwegs nach Port Renfrew

Vom Hwy 1 biegt man in den Hwy 14 zur Linken ab. Ab **Colwood** führt eine sehr kurvenreiche Straße durchs Hinterland. Die Landschaft ist felsig und dicht bewaldet, dazwischen immer wieder einzelne Häuser. Nachdem man schon mehrere Kilometer am Sooke Bay entlanggefahren ist, passiert man den kleinen Ort **Sooke** (Km 38). Anschließend geht es durch dichten Küstenregenwald, hauptsächlich aus Koniferen bestehend und vereinzelt von Laubbäumen, meistens Erlen, durchsetzt. Es folgt ein einsamer Streckenabschnitt bis **Jordan River** (Km 70), an dem große Holzlagerplätze auffallen. Nach weiteren 42 km erreichen Sie **Port Renfrew** (Km 112).

Port Renfrew (ⓘ s. S. 187)

Dieser kleine Ort am Port San Juan besitzt eine kleine Kirche und verschiedenfarbige Häuser. Er wäre weiter nichts Besonderes, wenn nicht hier einer der beiden **Startpunkte zum West Coast Trail** liegen würde.

West Coast Trail im Pacific Rim National Park

Was man wissen muss:
• **Trail-Länge**: Der Trail ist 77 km lang. Man benötigt normalerweise 5 bis 7 Tage für die Wanderung.
• **Reservierungssystem**: Reservierungen können für die Wandersaison vom 01. Mai bis zum 30. September zwischen 6 und 18 Uhr vorgenommen werden. Es gibt folgende Telefonnummern:
- Greater Vancouver: Tel.: 663-6000,
- Innerhalb Kanada und USA: Tel.: 1-800-633-6000,
- Außerhalb Kanadas und der USA: Tel.: (250)387-1642
Die Zahl der Wanderer ist nach einem Quotensystem begrenzt. 52 Wanderer werden pro Tag zugelassen, davon werden 40 Reservierungen ausgegeben. Der Rest ist für Wanderer ohne Vorbestellung gedacht. Im Juli und August herrscht ein sehr starker Andrang. Bei Nichtanmeldung besteht der Nachteil, auf eine Warteliste zu kommen, mit ungewisser Möglichkeit, starten zu dürfen. *Quotensystem*
Angaben für die Reservierung:
- Name und Adresse, möglicherweise die des Gruppenleiters,
- Zahl der Mitglieder der Gruppe,
- Datum, wann die Wanderung beginnen soll und 2 Alternativdaten,
- Startpunkt, wo die Wanderung beginnen soll (Pt. Renfrew oder Bamfield).
Preis der Reservierung:
Eine telefonische Reservierung ist kostenpflichtig. Man muss die Kartennummer seiner Kreditkarte durchgeben.
• **Kondition**: Voraussetzung: Um diesen rauen Wanderweg zu meistern, ist eine ausgezeichnete, körperliche Verfassung erforderlich.
• **Wildniserfahrung**: Auf dem West Coast Trail zu wandern ist nicht ganz ungefährlich.

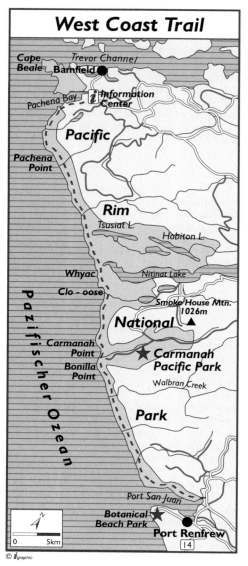

West Coast Trail

Cape Beale
Trevor Channel
Bamfield
Pachena Bay
Information Center
Pacific
Pachena Point
Rim
Tsusiat L.
Hobiton L.
Whyac
Nitinat Lake
Clo - oose
Smoke House Mtn. 1026m
National
Carmanah Point
Bonilla Point
Carmanah Pacific Park
Walbran Creek
Park
Port San Juan
Botanical Beach Park
Port Renfrew
14

Pazifischer Ozean

0   5km

© **i**graphic

- **Schwierige Passagen** sind zu überwinden (Schluchten, Überklettern von Treibholz, sumpfiges Gelände). Besonders schwierig ist das Passieren der Brandungskanäle, was Sie nur bei niedrigem Meeresspiegel riskieren dürfen.
- Der **Tidenhub** ist zu beachten, wenn man am Strand entlangläuft.
- Bei **Begegnungen mit Bären** ist äußerste Vorsicht geboten. Man muss vor allem die Ruhe bewahren.
- **Schlechtes Wetter** (Nebel, Regen, Sturm) erfordern äußerste Härte und Umsicht von den Rucksackwanderern.
• **Permit**: Sie benötigen ein Permit (schriftliche Genehmigung), das Sie am Startpunkt erwerben können. Der gezahlte Betrag deckt folgende Leistungen mit ab:
- Ausrüstung mit einer **wasssergeschützten Wanderkarte**,
- eingehende **Unterweisung** durch die Ranger vor dem Start,
- Aushändigung einer **Broschüre** mit praktischen Tipps, Warnungen vor Gefahren und Verhaltensvorschriften.
- Ausgabe eines **Gezeitenkalenders**.
• **Erforderliche Hilfe**
- Wenn Sie sich nicht in der Lage sehen, den Trail erfolgreich zu beenden, dann versuchen Sie, eine der folgenden Örtlichkeiten zu erreichen, und halten Sie Ausschau nach den Park-Rangern, die regelmäßig mit dem Boot Patrouillenfahrten unternehmen: Thrasher Cove, Camper Bay, Cullite Cove, Logan Creek, Carmanah Light Station, Nitinat Narrows, Tsocowis Creek oder Pachena Light Station.
- Wenn Sie ernstlich gesundheitlich gefährdet sind, lassen Sie durch andere Wanderer eine Nachricht überbringen oder geben Sie international bekannte **Notsignale**. Ich persönlich habe bei Wildniswanderungen stets eine Pistole mit Alarm- und Leuchtpatronen und ein **Handy** im Gepäck.
• **Sicherheit**: Das Wandern auf dem West Coast Trail kann eine dankbare Erfahrung sein, wenn es mit gesundem Menschenverstand und mit Rücksicht auf

die natürliche Umwelt unternommen wird. Folgende Regeln zur eigenen Sicherheit sollten befolgt werden:

- **Mitteilung** sollte an verantwortliche Personen ergehen, wo man wandert, wann man gedenkt, spätestens zurück zu sein, und wer einen begleitet.
- **Unterkühlung**, auch im Sommer, kann verhängnisvoll sein.
- Nur die **wichtigsten Dinge** sollten zu Ihrer Ausrüstung gehören. Je leichter das Gepäck, umso besser!
- Die **Marschgeschwindigkeit** einer Gruppe sollte sich nach dem Langsamsten richten.
- **Überanstrengung** ist ein großer Fehler. Wandern Sie nicht, wenn Sie sehr müde sind. Sie brauchen Ihre volle Konzentration für den manchmal gefährlichen Weg.
- Das **Schuhzeug** sollte stabil und gut eingelaufen sein sowie gute Bodengriffigkeit besitzen.
- Das **Öffnen des Rucksack-Hüftgurts** beim Überqueren von Brandungskanälen, Flüssen und Leitersteigen ist wichtig.
- Bei Benutzung der **Seilzuggondeln** ist es ratsam, das Gepäck abzulegen.
- **Feuer** dürfen Sie nur auf Sand oder Fels entzünden und nicht in der Nähe von Wald und Treibholz.
- **Paralytische Shellfish-Vergiftung** (PSP) kann den Tod bedeuten. Essen Sie keine Muscheln und andere Schalentiere! Gehen Sie dieses Risiko nicht ein!
- **Wasser abkochen**, bevor Sie es trinken, gehört mit zur Vorsichtsmaßnahme eines jeden Wildniswanderers.
- Den **Tidenkalender** sollten Sie genau studieren.
- **Flussüberquerungen**: Ein Fährenservice über den Gordon River und die Nitinat-Enge wird von örtlichen Indianergruppen gegen Honorar betrieben.
- **Wilde Natur**: Trotz aller Anstrengung auf ihrer Wanderstrecke sollten Sie die Naturschönheiten nicht außer Acht lassen, die raue, zerklüftete Küste, die Urgewalt des Ozeans, den dichten Regenwald und das Schauspiel der wechselnden Lichtverhältnisse. Fauna und Flora haben genug Besonderheiten zu bieten. Man hat 249 Vogelarten im Pacific Rim National Park festgestellt, Wale können an der Küste vorbeiziehen. Schwarzbären suchen gelegentlich die Küste und die Flüsse nach Nahrung ab. Bei Ebbe wird ein Teil der Unterwasserwelt des Pazifiks sichtbar.

Wichtige Tipps für Wildniswanderer

Wandern Sie mit wachen Sinnen. Nehmen Sie sich Zeit, und haben Sie Freude an der herben Schönheit dieser Urlandschaft.

Rückfahrt nach Vancouver

Wenn Sie sich nicht zur Wanderung auf dem berühmten West Coast Trail entschlossen haben, bleibt Ihnen nur die Rückfahrt nach Victoria auf dem gleichen Weg, nur in umgekehrter Richtung, das Anfahren des **Fährhafens Swartz Bay**, das Übersetzen nach **Tsawwassen** aufs Festland und die kurze Weiterfahrt nach **Vancouver**.

10. VON VANCOUVER AN DEN FUSS DER ROCKY MOUNTAINS

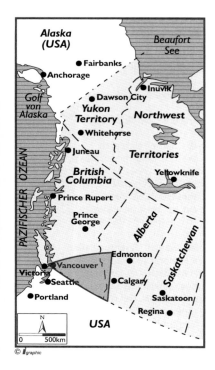

Zwei interessante Routen zu den berühmten Nationalparks der kanadischen Rocky Mountains führen einmal über Golden zunächst in den Yoho Nationalpark und zum anderen über Cranbrook zunächst in den Kootenay Nationalpark. Beide Routen laufen im Banff Nationalpark zusammen. Von hier aus kann der Jasper Nationalpark im Norden besucht werden.

 Streckenhinweis

• *Gesamtstrecke: Vancouver – Rocky Mountains: 987 km*
• *Teilstrecke: Vancouver – Harrison Hot Springs (Hicks Lake): 161 km*
Summierte Teilstrecken: ab **Vancouver** *auf dem* **Trans-Canada Highway (Hwy 1)** *in östlicher Richtung, hinter* **Chilliwack** *(Km 136) Abzweigung links auf Hwy 9, Überquerung des Fraser River, hinter* **Agassiz** *(Km 144) Abzweigung rechts auf eine Nebenstraße bis* **Harrison Hot Springs** *(Km 150), entlang des östlichen Ufers des Harrison Lake und die letzte Wegstrecke durch den Sasquatch Park bis zum* **Hicks Lake** *(Km 161).*
• *Teilstrecke: Harrison Hot Springs (Hicks Lake) – Summerland: 324 km*
Summierte Teilstrecken: vom **Hicks Lake** *wieder zurück bis* **Agassiz** *(Km 17), Abzweigung rechts bis Km 47, Abzweigung* **rechts***, Einordnen Richtung Hope/Princeton, kombinierter Hwy 5/3, Überquerung des Fraser River, in* **Hope** *(Km 63) auf Hwy 3 bis* **Keremos** *(Km 269), Abzweigung links auf Hwy 3A bis* **Kaleden** *(Km 301), Abzweigung links auf Hwy 97 bis* **Summerland** *(Km 324)*
• *Teilstrecke: Summerland – Beaver River (Glacier N.P.): 356 km*
Summierte Teilstrecken: ab **Summerland** *weiter auf* **Hwy 97** *in nördlicher Richtung bis* **Vernon** *(Km 100), Abzweigung rechts (Km 105) auf Hwy 97A, Einmündung in Hwy 1 bei* **Sicamous** *(Km 181), weiter auf Hwy 1 bis zum* **Beaver River (Glacier N.P.)** *(Km 356)*
• *Teilstrecke: Beaver River – Field (Banff N.P.): 146 km*
Ab **Beaver River** *weiter auf Hwy 1 bis* **Field (Yoho N.P.)** *(Km 146)*

1 **Vorschlag zur Zeiteinteilung**
5 Tage

Wenn Sie auf dem Hwy 1 erstmalig den mächtigen Fraser River überquert haben, rollen Sie über eine Ebene, die von den Kanadiern, hier im warmen Süden von British Columbia, landwirtschaftlich sehr intensiv genutzt wird und über die sich ein weiter Himmel spannt. Flaches Wiesenland, Schwarzbunte auf den Weiden, Gemüse- und Obstanbauflächen, Baumschulen, Mischwald, kleinere Ortschaften und Kleinstädte wechseln miteinander ab.

Chilliwack

In dem lebhaften Ort mit dem indianischen Namen Chilliwack, der „ruhiges Wasser voraus" oder „Reisen durch stilles Wasser" bedeutet, leben rund 70.000 Einwohner. Die Gemeinde zelebriert jährlich im Mai die „Country Living Days", die sich aus einer Landwirtschaftsmesse und einem Jazz-Festival zusammensetzen. Rund um dieses moderne Städtchen, in dem es bezüglich Versorgung und Unterhaltung an nichts fehlt, wird sehr viel Hopfen angebaut. Neben der Landwirtschaft, dem ursprünglichen wirtschaftlichen Fundament des Ortes am unteren Fraser River, gewinnt der Tourismus immer mehr an Bedeutung.

Pulsierendes Leben

Das Herz der Stadt ist die **historische Downtown**. Dort finden Sie diverse Souvenirläden, Antikgeschäfte, Restaurants, 2 Kinos und das alte „Paramount Theatre".

10 erstklassige Golfplätze machen Chilliwack zum Mekka für Spieler dieser immer populärer werdenden Sportart. Interessante Fischgründe in Seen und Flüssen im Umland, in denen Forellen und Sockeye gefangen werden können, macht Chilliwack attraktiv für Petrijünger.

Attraktionen:
• Die **Bridal Veil Falls** sind einen Ausflug wert. Ein ca. 15-minütiger Fußweg führt durch uriges Waldgebiet des Küstenregenwalds mit einem Altholzbestand an Hemlocks, Douglasien, Kirsch- und Ahornbäumen zum 122 m hohen Wasserfall, dem sechsthöchsten seiner Art in Kanada, am Fuß des 2.107 m hohen Mount Cheam gelegen. Die Äste der Bäume rundherum sind stark mit dicken Kissen von Moosen und Flechten überzogen. Im Unterwuchs des Urwaldes gedeihen Holunder, verschiedene Beerensträucher und Farne.

Uriges Waldgebiet

• **Minter Gardens** mit einer Ausdehnung von ca. 100.000 m² am Fuß des Mount Cheam hat sich zu einer Weltattraktion entwickelt. Dieser große Garten wurde am 01. Juli 1980 eröffnet. Er ist in elf Abteilungen untergliedert, darunter eine Peking Bonsai-Ausstellung, Felsengärten, Springbrunnen und Teiche. Tausende von Blumen, Bäumen und Sträucher sind von Naturpfaden aus zu bestaunen. Besonders die Schönheit der Rosen und ihr betörender Duft wird Sie verzaubern.

Harrison Hot Springs (ⓘ s. S. 187)

Angesichts zweier schneebedeckter Bergspitzen zur Rechten, dem **Cheam Peak** (2.107 m) und dem **Welch Peak** (2.357 m), können Sie den Hwy 1 in nördlicher Richtung verlassen. Sie überqueren den Fraser River, der hier träge, aufgegliedert zwischen kleinen Inseln und Sandbänken dahinfließt. Über Agassiz kommen Sie nach Harrison Hot Springs, das an dem langgestreckten **Harrison Lake** gelegen ist. Alljährlich kämpfen dort Anfang September wahre Künstler um den Sieg im Sandburgenbau-Wettbewerb. Die Ergebnisse des „Sand Castle Contest" können auch danach noch besichtigt werden. Einfach unvorstellbar, wie filigran, wie hoch und mit welchem Witz man aus Sand bauen kann. Bis zu 100 Stunden benötigt man für ein solches Kunstwerk, das bis zur Spitze 7 m hoch werden kann.

© igraphic

Harrison Hot Springs ist ein von Ausflüglern und Feriengästen be-

Schwefelhaltige Quellen

vorzugter Ort mit kleinen Pensionen und Restaurants, der wegen seiner + 39 °C heißen, schwefelhaltigen Quellen, seinem Badestrand am Südrand des Sees, günstiger Wassersport- und Ausflugsmöglichkeiten in den nahe gelegenen Sasquatch Provincial Park sehr beliebt ist.

Um zum **Sasquatch Provincial Park** zu gelangen, fährt man am östlichen Ufer des Sees entlang. „Sasquatch" ist die Legendengestalt eines behaarten Riesen, an den die Indianer glaubten. Durch dichten Baumbestand blinkt oft die Wasserfläche wie ein Spiegel hindurch. Etwas abseits des Harrison Lake liegen zwei weitere Waldseen, der Hicks Lake und der Dear Lake.

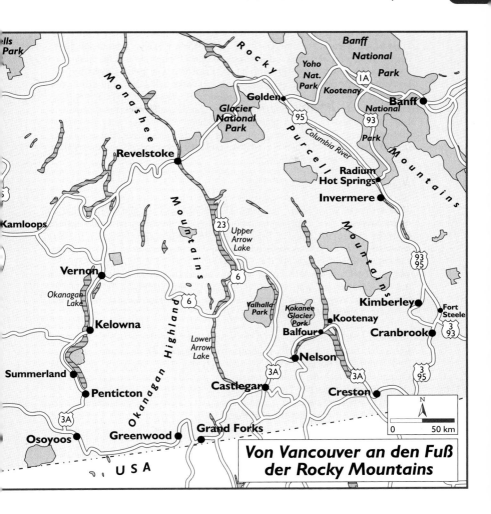

Von Vancouver an den Fuß der Rocky Mountains

Der **Hicks Lake** liegt landschaftlich besonders reizvoll. Morgens wabert meistens der Nebel noch über seiner Oberfläche. Kleine Inseln belegen seine leicht gekräuselte Wasserfläche. Im Juni ist er noch von schneebedeckten Bergspitzen umgeben. Rotbrüstige Kolibris schwirren mit tiefem Brummton, ähnlich dem Fluggeräusch großer Hummeln, nektarsaugend vor Blütenkelchen. Der Fischadler/Osprey zieht seine Flugspiralen über dem Wald und dem friedlichen Gewässer. Diademhäher/Steller's Jays, prächtig blau befiedert, suchen neugierig den schattigen Campingplatz ab, dazu singt die rotbäuchige Wanderdrossel/American Robin ihr wehmütiges Liebeslied.

Reizvoller See

In umgekehrter Richtung Ihrer Stichfahrt zum Hicks Lake fahren Sie jetzt zum Fraser River zurück, der morgens im Gegenlicht wie ein Silbergeschmeide glänzt. An seinen Ufern überwiegen Laubgehölze, Weiden, Pappeln, Erlen und Birken, und die roten Holunderbeeren prangen im Sonnenschein. Die gelbe kleinblütige Königskerze/Common Mullein *(Verbascum thapsus)* reckt sich 1 bis 2 m hoch empor, und auch die blaublühende Gemeine Wegwarte *(Cichorium intybus)* liebt die warmen Standorte am Straßenrand. Aurorafalter und Schwalbenschwanz gaukeln entlang der sonnenerwärmten, blumigen Berglehnen. Sie bleiben auf der rechten Stromseite bis zur Höhe von **Hope**, das auf der jenseitigen Flussseite liegt, queren zum dritten Mal den Fraser River und durchfahren das **Sunshine Valley**, das seinem Namen alle Ehre macht.

Hope

1808 erreichte *Simon Fraser* mit seiner Expedition diese Gegend. 1848 entdeckte *Henry Newsham Peers* den Weg nach Fort Kamloops durch das Tal des Coquihalla River. Er nannte ihn den Fur Brigade Trail. 1849 wurde Fort Hope von *Henry Newsham Peers* als Posten der Hudson's Bay Campany errichtet. Die Handelsgesellschaft hoffte, dass sich mit dem Bau dieser Trasse ein vollständiger Transportweg von Fort Langley nach Fort Kamloops errichten ließ, denn das Land südlich des 49. Breitengrads war erst kürzlich zum US-amerikanischen Territorium erklärt worden. Wegen dieser gehegten Hoffnung, nannte die Hudson's Bay Company das errichtete Fort „Hope".

Goldrausch im Cariboo-Gebiet

1858 setzte der Goldrausch im Cariboo-Gebiet ein. Fort Hope wurde zum wichtigen Ort, zum Rasten und um Vorräte zu beschaffen. Anschließend wurde die Stadt Hope von Korporal William Fisher von den Royal Engineers geplant und gebaut. 1861 erhielt die Stadt ihre erste Kirche. 1885 setzte ein neuer Boom ein, als der Eisenbahnbau der Canadian Pacific Railway bis Hope vorangetrieben wurde. 1915 erreichte auch die Canadian National Railway den aufblühenden Ort. 1916 etablierte sich außerdem die Kettle Valley Railway als dritte Eisenbahngesellschaft in Hope.

Heute ist Hope auch straßenmäßig ein wichtiger Verkehrsknoten geworden, weil hier der Trans Canada Highway (Hwy 1), der Crowsnest Highway (Hwy 3) und der Coquihalla Highway (Hwy 5) zusammenlaufen.

Zu den **Attraktionen** des modernen Hope zählen:
• Das **Hope-Museum** zeigt u.a Kunstwerke der Ureinwohner und Ausrüstungsgegenstände der Holzfäller. Besonderes Interesse findet die Goldmühle.
• Im **Memorial Park** hat der einheimische Holzschnitzer Pete Ryan sich einen Namen gemacht, indem er aus dem Strunk eines gefällten Baums ein sehenswertes Kunstwerk schuf, nämlich einen Adler mit einem Lachs in den Krallen.

Bergrutsch

Die Wildheit und Unberechenbarkeit der Umgebung von Hope (4.000 Einwohner) wurde sehr deutlich durch die Katastrophe vom 09.01.1965 unterstrichen, als an der sog. **Hope Slide** ein ganzer Berghang des Johnson Peak abrutschte und mit 46 Mio. m³ Gestein das Tal begrub und einen See auffüllte. Der Hwy 3

musste erneuert werden. Er liegt jetzt 45 m höher als die ursprüngliche Straßen-
führung. Bald danach tauchen Sie in ein geschlossenes Waldgebiet ein, den Manning Provincial Park.

Manning Provincial Park (ⓘ s. S. 187)

Der Manning Provincial Park ist nach *E.C. Manning* benannt, der von 1935 bis
1940 „Chief Forester" von British Columbia war. Das „Rückgrat" des Manning P.P.
sind die **Cascade Mountains**. Der Park wurde 1941 eingerichtet und umfasst
über 66.500 ha wilden Bergwald, tiefe Täler, subalpine Bergwiesen, Seen und   *Wildes*
rauschende Wildwasser. 2 Hauptflüsse durchziehen das Schutzgebiet: Der Skagit   *Bergland*
River fließt direkt in den Pazifik, und der Similkameen River wendet sich nach
Osten und erreicht den Okanagan River, einen Nebenfluss des Columbia River.

Schon beim Eintritt in den Park durchquert der Hwy 3 ein Gebiet, das **Rhodo-
dendron Flats** genannt wird, in dem diese wilden Pflanzen Mitte Juni in großer
Ausbreitung überschwenglich rosarot blühen. Ein weiterer Höhepunkt ist die
Überquerung des **Allison Pass** (1.341 m).

Die **Koniferen**-Familie ist hauptsächlich mit folgenden Arten vertreten:
* Küsten-Douglasie/Douglas-fir *(Pseudotsuga menziesii)*,
* Riesenlebensbaum/Western Red Cedar *(Thuja plicata)*,
* Westliche Hemlock/Western Hemlock *(Tsuga heterophylla)*,
* Rotfichte/Subalpin Fir *(Abies lasiocarpa)*,
* Blaue Engelmannfichte/Engelmann Spruce *(Picea engelmanni)*,
* Langnadelige Drehkiefer/Lodgepole Pine *(Pinus contorta)*.

Als Laubbaum präsentiert sich u. a.:
* Westl. Balsam-Pappel/Black Cottonwood *(Populus trichocarpa)*.

Sehr artenreich können Sie besonders im Spätfrühling und Frühsommer die **Blu-
men** des Bergwaldes bewundern. Hier sind nur einige der Schönheiten erwähnt: *Sehr*
* Rote Akelei/Redflowered Columbine *(Aquilegia formosa)*,   *artenrei-*
* Rhododendron/Lapland Rosebay *(Rhododendron lapponicum)*,   *che Flora...*
* Indianerpinsel/Common Red Paintbrush *(Castilleja miniatus)*,
* Gelbe Lilie/Tiger Lily *(Lilium columbianum)*.

Eine besondere Art der Murmeltiere/Hoary Marmot ist äsend, spielend oder sich
sonnend im Sommer auf den blumigen Bergwiesen anzutreffen. Die beste Zeit
der Beobachtung sind die Monate Juli und August. Die Wintermonate verbringen   *...und*
diese großen Nagetiere bekanntlich in ihren unterirdischen, selbst gegrabenen   *Fauna*
Höhlen.

Kojote, Elch, Maultierhirsch und Biber bewohnen zwar ständig dieses Waldgebir-
ge, sind jedoch selten zu Gesicht zu bekommen. Schwarzbären sind nur gelegentlich gesehen worden. Häufiger sind dafür die Erdhörnchen. Außerdem hat man
hier 206 Vogelarten gesichtet.

Tal des Similkameen River

Die Vegetation im Tal des Similkameen River ändert sich zusehends: von dichtem, grünem Bergwald im Manning P.P. zu lockerem Baumbestand am Fluss mit Ginster und harten Gräsern. Nur hier in diesem dürren Gelände von British Columbia gedeiht die Gelb-Kiefer/Western Yellow Pine *(Pinus poderosa)*, erkennbar an ihrer gelblich bis orangefarbigen Borke. Das aromatisch angenehm duftende Holz wurde gern von den Obstbauern des Okanagantals zur Kistenherstellung für ihre geernteten Früchte verwendet.

Der Ort **Princeton** macht einen sauberen und adretten, aber wenig charaktervollen Eindruck.

Obst, Obst, Obst...

Obstanbaugebiet

Das warme Klima und die lange Wachstumsperiode in dieser Gegend sind die idealen Voraussetzungen, dass das Okanagan-Tal zu einem wahren Garten Eden geworden ist. Die beiden folgenden kleinen Orte Hedley und Keremeos sind von Obstplantagen umgeben, auf denen Kirschen, Pfirsiche, Pflaumen, Äpfel und auch Gemüse mit künstlicher Bewässerung angebaut werden. An zahlreichen Verkaufsständen bietet man Obst, Gemüse, Fruchtsäfte und delikaten Honig feil.
Die ersten Weinstöcke wurden 1899 von dem Botaniker *G.W. Henry* gesetzt. 27 Jahre später legte *J.W. Hughes* den ersten Weingarten im Okanagan-Tal an. *Dr. Eugene Rittich*, ein Ungar, der im Weinbau in Frankreich, Österreich und Deutschland gearbeitet hatte, wanderte in den frühen 1930er Jahren nach Kanada aus. Mit Hilfe seiner Erfahrung wurde der Weinhandel in British Columbia aufgebaut.

Penticton (ⓘ s. S. 187)

Penticton ist die Tourismushochburg Nummer 1 im Okanagan Valley. Auf 31.909 Einwohner kommen im Juli/August bis zu 100.000 Gäste. Diese Kleinstadt liegt zwischen dem großen **Lake Okanagan** und dem kleinen **Lake Skaha**, umgeben von sanft geschwungenen Hügeln. Die Salish-Indianer nannten den Ort „**Pen-Tak-Tin**", was soviel heißt, wie „ein Platz, wo man immer bleiben kann". Das

Trockenwarmes Klima

beständige Sommerwetter mit Temperaturen um + 30 °C und der geringe Niederschlag schaffen ideale Lebensbedingungen. Auch der Dichter *Elias* stimmte dieser Meinung 1866 zu. Er baute hier ein großes Rinderzucht-Empire auf und pflanzte außerdem einige wenige Obstbäume. 50 Jahre später überwogen die Obstplantagen. Jetzt machen die Obstgärten (Orchards) und der See den Charme des trockenwarmen Tals aus.
Heute zieht Penticton viele Besucher an, die wegen seines angenehm trockenen und warmen Klimas, der Strände an beiden Seen und der gepflegten Parkanlagen hier ihre Freizeit verbringen.

Summerland (ⓘ s. S. 187)

Nach dem Verlassen von Penticton verläuft der Hwy 97 nahe des Westufers des Lake Okanagan und ermöglicht viele prächtige Ausblicke. Summerland ist ein angenehmer Ferienort. Sehenswert in Summerland ist der **Botanische Garten** der „Agricultural Research Station". Nahe Summerland sind beide Ufer des Sees von steilen Lehm- und Sandsteinwänden flankiert. Dann führt die Straße durch Terrassen, Obstgärten und Weinberge. Einen reizvollen Gegensatz erzeugen das Blau des langgestreckten Sees, das Grün der Obstgärten und das Beige des trockenen Bodens, der Felsen und der halbwüstenartigen Vegetation. Im Ödland bewohnen die putzigen Murmeltiere/Haory Marmots ihre Erdhöhlen, und Schwalbenschwänze sind die auffälligsten Schmetterlinge.

Kelowna

Vor Kelowna (106.707 Einwohner) überquert man über eine Pontonbrücke an seiner schmalsten Stelle den Lake Okanagan, an dem alle Arten von Booten zu mieten sind. Die Entstehung dieses Ortes geht auf den *Pater Pandosy* zurück, der hier 1859 eine Missionsstation gründete und die ihm folgenden Siedler ermutigte, das Land rundherum zu kultivieren. Heute ist Kelowna die größte Stadt im Okanagantal und das Marktzentrum des Okanagantals. Bekannt ist es auch durch die jährlich im August stattfindenden internationalen Bootsregatten. Die Stadt besitzt einen Flugplatz und ist flächenmäßig wie die meisten Städte Westkanadas weit auseinandergezogen.

Einstige Missionsstation

Weiter in nördlicher Richtung folgt man dem Hwy 97, jetzt auf der östlichen Seite des Lake Okanagan, der teils hinter einer Hügelkette verschwindet. Dafür passiert man in Ufernähe zur Rechten den **Wood Lake** und den **Kalamalka Lake**. Das Land wird allmählich grüner, und nördlich des kleinen Ortes **Vernon** ist Rinderzucht die Hauptform der Landwirtschaft. 5 km nördlich von Vernon verlässt man den Hwy 97, der nach Westen abbiegt, und erreicht auf der Verbindungsstraße 97A den Hwy 1 bei **Sicamous**, wo am Ostzipfel des Shuswap Lake reger Wassersportverkehr herrscht. Das Land wird waldiger, und die Berge haben Mittelgebirgscharakter. Sie nähern sich den **Monashee Mountains** „Monashee" ist ein indianisches Wort und heißt „Berge des Friedens". Scharbockskraut *(Ficaria verna)* und Sumpf-Vergissmeinnicht *(Myosotis palustris)* blühen an den Gebirgsbächen.

Three Valley Gap

Hier vor dem Eagle Pass ist eine vollständige **Wildwest-Stadt**, beispielsweise mit Saloon, Tabak-Laden, Zahnarztpraxis, alten Karren und anderen Altertümern, zusammengetragen und für die Öffentlichkeit zugänglich gemacht worden. Außerdem können Sie eine alte Dampflok mit ihren Waggons besichtigen. Diese Attraktion ist nur mit Führung möglich. Sie beinhaltet auch Teile des angrenzenden Hotels und dauert ca. 1 ¼ Std.. Anschließend

Geisterstadt – Three Valley Gap

können Sie so lange wie möglich die liebevoll und detailgetreu errichteten Gebäude selbstständig erforschen.

Eagle Pass

1865 entdeckte als erster Weißer *Walter Moberly* diesen Pass über die Monashee Mountains. Der Name „Eagle Pass" (Adler Pass) leitet sich von folgender Geschichte her: Als *Walter Moberly* sein Gewehr an einem Adlernest abfeuerte, beobachtete er die Vögel, wie sie fort ins Tal flogen. Er folgte ihnen und entdeckte den Pass. Es war der niedrigste Übergang über das raue Gebirge, der später der **Canadian Pacific Railway** und dem **Trans-Canada Highway** (Hwy 1) als Trasse diente.

Revelstoke (① s. S. 187)

In dieser Kleinstadt kann Ihnen das Info-Centre zusätzliches Informationsmaterial für Ihren bevorstehenden Eintritt in die vor Ihnen liegenden Nationalparks Mount Revelstoke N.P., Glacier N.P, Yoho N.P., Banff N.P., Kootenay N.P. und Jasper N.P. liefern. Der Ort verdankt seine Entstehung vor rund 100 Jahren dem Londoner *Lord Revelstoke*, dem Finanzier der Eisenbahnlinie, der hier einen Rangierbahnhof bauen ließ. Der 1914 gegründete **Mount Revelstoke National Park**, östlich der Siedlung, ist der kleinste der Nationalparks von British Columbia und umfasst eigentlich nur den Berg von seinem Fuß bis zum Gipfel.

Kleinster National- park von B.C.

Glacier National Park

Von Revelstoke beginnt der lange schleichende Anstieg, immer der wilden **Selkirk Range** entgegen. Sie folgen dem tiefen Tal des schäumenden **Illecillewaet River** gen Osten, immer bergauf. Zur Rechten blinken die Firnfelder und Gletscherzungen der **Sir Donald Range** mit den Gipfeln Avalanche Mountain, Eagle Peak, Uto Peak und dem höchsten Berg, dem Mount Sir Donald (bis 3.297 m), von links nach rechts. Im Norden wird die Pyramide des **Mount Cheops** sichtbar. In tieferen Lagen hüllen schweigende Wälder die Berge wie dichte Mäntel ein. Bergblumen an der Straße, von Lawinen durch die dunklen Nadelwälder gezogene Rinnen, die durch das helle Grün des Weiden-, Erlen- und Birkengebüsches in lebhaftem Kontrast stehen, Schneereste in den Hochtälern, Sturzbäche mit rauschendem Schmelzwasser, so zeigt sich Ihnen diese **gigantische Bergwelt**. Die stille Bergeinsamkeit wird nur ab und an durch das tiefe Motorengeräusch der schweren „Trucks" gestört, die sich brummend bergan kämpfen.

Gletscher- zungen und dichte Wälder

Rund 5 km vor der Passhöhe des **Rogers Pass** (1.323 m hoch) überqueren Sie zum letzten Mal den vom Gletscherwasser gespeisten Illecillewaet River. Über eine Brücke geht es auf seine rechte Flussseite, an der Sie ein kleiner idyllischer Rastplatz für Camper zum Bleiben über Tag einlädt, leider nicht mehr zum Übernachten. An dem Fluss mit reißender Strömung halten sich gern Schwarzbären auf. An den baumfreien Stellen wachsen im Juni in großen Beständen weißblühende Orchideen mit dem nordamerikanischen Namen „Hooded Ladies' Tresses" *(Spiranthes romanzofiana)*. Der Indianer Malerpinsel/Common Red Paintbrush *(Cas-*

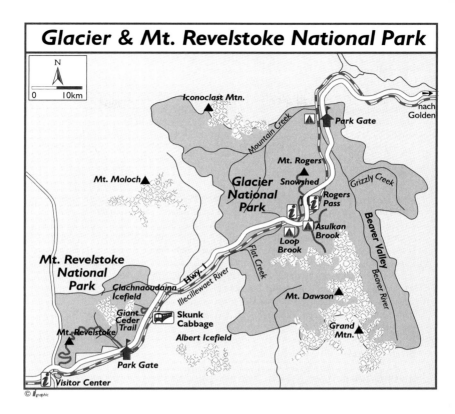

Glacier & Mt. Revelstoke National Park

N

0   10km

Iconoclast Mtn.

Park Gate

nach Golden

Mountain Creek

Mt. Rogers

Mt. Moloch

Glacier National Park

Snowshed

Grizzly Creek

Rogers Pass

Asulkan Brook

Loop Brook

Beaver Valley

Mt. Revelstoke National Park

Clachnacudainn Icefield

Flat Creek

Hwy 1

Illecillewaet River

Mt. Dawson

Beaver River

Giant Ceder Trail

Mt. Revelstoke

Skunk Cabbage

Albert Icefield

Grand Mtn.

Park Gate

Visitor Center

© graphic

tilleja miniatus) blüht fröhlich leuchtend lachsfarben und dunkelrot. Die wunderschön blau befiederten Diademhäher/Steller's Jay werden auch Sie vielleicht neugierig beäugen. Sie sind nach dem deutschen Biologen *Steller* benannt, der den dänischen Kapitän *Bering* im Auftrag des russischen Zaren *Peter des Großen* auf seiner Forschungsreise durch Sibirien nach Alaska begleitete.

Hinweis

*Der Besuch des **Visitor Centre** sollte unbedingt eingeplant werden. Dort sehen Sie liebevoll hergestellte und sehr detaillierte Modelle der Untertunnelung der Eisenbahn, ausgestopfte Tiere und Fotos. Es wird ein guter Film über den Glacier National Park mit Hintergrundinformationen über den Bau der Eisenbahnstrecke und der Lawinenbekämpfung gezeigt.*

Golden

Je näher Sie sich dem Columbia River nähern, dessen Tal den Blick freigibt, desto höher steigt der zackige Kamm der gewaltigen Rocky Mountains empor. Entlang

Am Fuß der Rocky Mountains

INFO   Lawinenprobleme am Rogers Pass

Eisenbahnverkehr

Nachdem die Eisenbahningenieure die Rocky Mountains am Kicking Horse Pass bezwungen hatten, plante man, die **Canadian Pacific Railway** dem Lauf des Columbia River folgen zu lassen, weil die abweisende Selkirk Range als eine unüberwindliche Barriere eingeschätzt wurde, bis 1881 der energische und entschlussfreudige *Major Rogers* dem Illecillewaet River folgte und den später nach ihm benannten Pass entdeckte. Daraufhin wurde die Eisenbahn über diese Route verlegt, wodurch 240 km Umweg eingespart wurden.

Von Anfang an gab es jedoch Probleme mit dem Pass, weil durch unglaublich **hohen Schneefall** in der Selkirk Range im jährlichen Durchschnitt von 9,40 m bis zu 18,40 m die Gefahr von Lawinen an den Steilhängen bestand, durch das Verkehren der Züge noch erhöht. Deshalb ging man daran, an den gefährlichsten Stellen zum Lawinenschutz kilometerlange Holzüberdachungen über dem Gleis zu bauen. Diese sog. „Snowheads" (Schneeköpfe) waren jedoch auch kein absoluter Schutz. Die Schlacht mit den winterlichen Unbilden wurde der Canadian Pacific Railway zu kostspielig, weshalb sie **1916** den **Connaught Tunnel** baute. Um nicht trotzdem von den gefährlichen Lawinen in die Tiefe gerissen oder verschüttet zu werden und um die Sicherheit weiter zu erhöhen, wurde 1988 als zweite Unterführung der **Mount MacDonald-Tunnel** eröffnet.

Straßenverkehr

Ab 1916 blieb für die nächsten 40 Jahre die Region des Rogers Pass für den Verkehr unberührt. 1956 jedoch, als Landvermesser wieder in die raue Gebirgswelt geschickt wurden, entschloss man sich, den **Trans-Canada Highway** über den Rogers Pass zu verlegen, wobei teilweise das alte Gleisbett der Eisenbahn benutzt wurde. 1962 war diese gewagte Hochgebirgsstraße fertigestellt. Heute versucht ein Lawinen-Warnsystem, die Tücken des harten Winters zu entschärfen.

Einstige Glanzzeit der Heckschaufler

des Flusses breiten sich Sümpfe aus, die von Schilf und Binsen eingefasst sind. Nach Überquerung des **Columbia River** erreichen Sie Golden, das früher anfangs nur eine Ladestation für Heckschaufler der „Upper Columbia Sternwheelers" war und später die Glanzzeit der Raddampfer und Dampfschiffe erlebte. In jüngster Zeit, nachdem diese Aktivitäten der Vergangenheit angehören, ist es ein moderner Ort, der dank seiner günstigen Lage am Fuße der Rocky Mountains und am Hwy 1 überlebt hat.

Der temperamentvolle **Kicking Horse River**, ein Nebenfluss des Columbia River, der bei Golden in den Hauptstrom mündet, lässt heutzutage den Puls der **Rafting-Begeisterten** höher schlagen.

Von Vancouver über Cranbrook nach Radium Hot Springs an den Fuß der Rocky Mountains

 Streckenhinweis
- *Gesamtstrecke: Vancouver – Radium Hot Springs, über Canbrook: 1.039 km*
- *Teilstrecke: Vancouver – Osoyoos: 410 km*

Summierte Teilstrecken: ab Vancouver auf dem Trans-Canada Highway (Hwy 1) in östlicher Richtung bis Hope (Km 171), Abzweigung rechts auf Hwy 3 bis Osoyoos (Km 410)
- *Teilstrecke: Osoyoos – Nelson: 265 km*

Summierte Teilstrecken: ab Osoyoos weiter auf Hwy 3 bis Castlegar (Km 224), Abzweigung links auf den Hwy 3A bis Nelson (km 265)
- *Teilstrecke: Nelson – Radium Hot Springs: 364 km*

Summierte Teilstrecken: ab Nelson weiter auf Hwy 3A bis Creston (Km 114), auf Hwy 3/95 bis Cranbrook (Km 221), auf Hwy 95/93 über Fort Steele bis Radium Hot Springs (Km 364)

1 **Vorschlag zur Zeiteinteilung**
3 Tage

Vancouver – Osoyoos

Die Strecke Vancouver – Keremeos (46 km vor Osoyoos) wurde bereits auf S. 352ff beschrieben.

Osoyoos

Osoyoos liegt am **Osoyoos Lake**. Er ist einer der wärmsten Badeseen Kanadas, der bis in den Spätherbst hinein ausgiebig genutzt wird. Der See liegt nur 6 km von der Grenze zur USA entfernt, in einer **halbwüstenartigen Landschaft**, die sich von Mexiko über

Redaktions-Tipps

Übernachten:
- **Nelson: Alpine Motel $$** ist eine ruhig gelegene, saubere und im Schweizer Stil geführte Unterkunft, u. a. mit Klimaanlage und Waschautomat.

Essen:
- **Nelson: Outer Clove ##** ist ein gemütliches Lokal, in dem sich alles um Knoblauch in den verschiedensten Varianten dreht.

Sehenswürdigkeiten:
- **Greenwood:** Das **Museum** von Greenwood (S. 365) vermittelt einen Eindruck der damaligen Geschäftigkeit der Bergmannsstadt.
- **Castlegar: Doukhobor Historic Village** (S. 365) gibt das ehemalige Leben einer **russischen Sekte** wieder.
- **Nelson:**
- Die zahlreichen **historischen Gebäude** (S. 367) der ehemaligen Bergmannsstadt spiegeln den einstigen Reichtum wieder.
- Das **Museum** von Nelson (S. 367) vermittelt einen Eindruck vom **Leben der Ureinwohner**.
- **Boswell:** Das **Glass House** (S. 369) wurde mit Hilfe von über 500.000 quadratischen Flaschen erbaut.
- **Creston:** Das sehenswerte **Goatfell Wildlife Museum** (S. 370), 30 km östlich Creston gelegen, ist das Lebenswerk des leidenschaftlichen Jägers und ausgezeichneten Kenners der Natur Jerry Lind und seiner Frau Emma.
- **Fort Steele** (S. 371) ist ein „lebendiges Museum" mit historischen Gebäuden und authentisch kostümierten Volontären.
- **Radium Hot Springs** (S. 374), ein vielbesuchtes Thermalbad, gewinnt immer mehr an Popularität.

Heißer
Atem des
Südens

die US-Staaten Arizona, Montana, Washington bis ins Okanagan-Tal in Kanada erstreckt. Die durchschnittliche jährliche Niederschlagsmenge liegt teilweise unter 200 mm, im Sommer kann die Temperatur bis + 50 °C steigen. Die durch den Osoyoos Lake reichende sandige Landzunge war seinerzeit für die Indianer ein beliebter Lagerplatz. Später entstanden hier die ersten Ranchen, auf denen **Rinder- und Pferdezucht** betrieben wurde. Der Hauptwirtschaftszweig ist heute jedoch der **Obst- und Gemüseanbau** geworden, bedingt durch das milde Klima mit bis zu 6 Monaten frostfreier Tage im Jahr. Im Frühling verwandeln die vielen Apfel-, Kirschen-, Pfirsich- und Aprikosenbäume das Tal in ein Blütenmeer. Der Ort Osoyoos zeigt ein eher spanisch-mexikanisches Aussehen. Kakteen und Palmen tragen mit dazu bei.

Am Kettle River

Canyon Creek Tours werden von bestimmten Ranchen organisiert. Von der auffälligen Pennoyer Ranch mit weiß-blau umrandeten Fenstern weiter östlich am Highway 3 hat man einen wunderschönen Blick auf den Kettle River. Die **Holzindustrie** ist neben der Viehzucht ein weiteres wirtschaftliches Standbein dieser Region. Ein Sägewerk mit einem riesigen Holzlagerplatz bestätigt dies. Die Gelbkiefer, erkenntlich am gelblichen Stamm und 3 Nadeln im Bund, ist auf den trockenen Böden heimisch. Außerdem ist diese Gegend ein **beliebtes Wintersportgebiet**.

Boundary Falls Smelter

Obwohl Prospektoren wie *„Jolly Jack" Thorton* in dieser Gegend in den 1860er Jahren nach Erz schürften, wurde erst in den 1890er Jahren erwogen, als ein neuer Strom von Bergarbeitern in den Distrikt strömten, die **Schmelzhütte** Boundary Falls aufzubauen. Umgeben von Bergwerken, wurde Boundary Falls Smelter auch „Sunset Smelter" genannt, schließlich 1902 in Betrieb genommen. Die hohen Betriebskosten, Kohleknappheit und finanziellen Schwierigkeiten forderten ihren Zoll. 1907 wurde die Schmelzhütte wieder geschlossen und Boundary Falls geriet in Vergessenheit. Heute erinnern nur noch Schlackehaufen als stummes Testament an die kurzlebige Industrieanlage.

Greenwood (ⓘ s. S. 187)

Ehemalige
Bergmann-
stadt

Der 1895 gegründete Ort ist eine ehemalige Bergmannstadt. Zeugen dieser Zeit sind beispielsweise das restaurierte Grandhotel Greenwood Inn von 1899, das Gerichtsgebäude von 1903, das Pfarrhaus von 1906 und die alte Post von 1912 mit ihrem Uhrturm.

Kurz nach der Entdeckung der Erzlagerstätten lebten hier in der Blütezeit bis zu 2.000 Menschen. 1898 kaufte die British Columbia Copper Company die Mother Lode Mine und errichtete eine Schmelzhütte an der Mündung des Copper Creek, der in der Stadt Anaconda genannt wurde. Der 36 m hohe Schornstein, mit nahezu 250.000 Ziegelsteinen errichtet, wurde zum Wahrzeichen der Industriesiedlung. Am 18. Februar 1901 rauchte er zum ersten Mal. Im gleichen Jahr wurden 106.200 Tonnen Erz, Gold, Silber, Kupfer und andere Mineralien geschmolzen. Bis 1912 arbeitete die Schmelzhütte sehr erfolgreich. Im Ersten Weltkrieg drosselte man die Produktion stark, bis die Hütte schließlich am 26. November 1918 wegen des Verfalls des Kupferpreises auf dem Weltmarkt für immer geschlossen wurde. Greenwood war im Begriff eine Geisterstadt zu werden, dennoch hat sie überlebt. Man hat es verstanden, von der Vergangenheit des Bergbaubooms zu profitieren und den Tourismus aufzubauen, auch wenn die Industriegeräusche verstummt, der Qualm des Kupferschmelzers verflogen und die geschwärzten Gesichter der Kumpels, die aus der Schicht der Mother Lode Mine kamen, nicht mehr zu sehen waren.

Heute Tourismus statt Industrie

Der Ort macht im jetzigen Zustand einen freundlichen Eindruck. Viele Grünanlagen, blühende Fliederbüsche und Blumenrabatten tragen zum gepflegten Aussehen bei. Es werden Wanderungen auf Naturpfaden am Trapping Creek angeboten.

Das **Museum** von Greenwood vermittelt einen Eindruck der damaligen Geschäftigkeit der Bergmannstadt. Beispielsweise sind hier eine alte Druckerpresse, Karten über Goldvorkommen in British Columbia, Mineralsammlungen, hölzerne und metallene Stäbe zum Abstecken der Claims, Kleiderbüsten, eine Telefon-Vermittlung und alte Klaviere zusammengetragen worden.

Grand Forks

Dieses kleine Städtchen mit seinen rund 3.000 Einwohnern liegt am Zusammenfluss des Kettle River und des Granby River. Es ist keine geschlossene Siedlung. Die meist einstöckigen Häuser stehen in lockerem Verband. Die Hauptstraße ist von Bäumen beschattet.

Der russische Einfluss der **Doukhobors** (Duchoborzen), einer Sekte, die sich wegen Verfolgung in ihrer Heimat 1909 in Grand Forks einfanden, ist noch spürbar. So wird beispielsweise heute noch jährlich das sog. „Sunshine and Borschtsch Festival" gefeiert. Während des Bergbaubooms entstanden drei Schmelzhütten in der Umgebung, die heute stillgelegt sind.

Russischer Einfluss

Castlegar

Im Verlauf der weiteren Fahrt nach Osten lohnt ein Verweilen am **Christina Lake**. Beim Überqueren des **Bonanza Pass** (Blueberry Paulson) mit seinen 1.535 m passieren Sie dichten, fast undurchdringlichen nordischen Urwald beiderseits der Passstraße. Schließlich erreichen Sie Castlegar am Südende des Lower Arrow Lake und am Zusammenfluss des Kootenay River und Columbia River. Castlegar hat z. Zt. 7.307 Einwohner. Die Holzindustrie ist die wirtschaftliche Basis des Ortes.

Doukhobor Historic Village

Die Doukhobors, eine **russische Sekte**, aus Sibirien aus religiösen Gründen vertrieben, bei der der Genuss von Alkohol und Fleisch strikt ablehnt wurde, setzten sich im Süden von British Columbia um 1908 fest und gründeten dort mehrere Siedlungen. Sie lebten in aus Ziegeln errichteten Gemeinschaftshäusern nach strengen Regeln. Weil sie die Registrierung bei Geburten und Tod ablehnten, den Schul- und Wehrdienst verweigerten, kam es zu Problemen mit der Regierung. Um ihre Forderungen durchzusetzen, wurden sogar Schulen in Brand gesteckt. Heute haben sich die Doukhobors weitgehend der kanadischen Lebensweise angepasst. Die meisten sind als Farmer tätig.

Doukhobor Historic Village, in der Nähe des Flughafens von Castlegar gelegen, vermittelt einen Einblick in das Leben der Sibirier, die hier etwa von Anfang des 19. Jahrhunderts bis 1930 lebten.

Zuckerberg Island Heritage Park

Wenn Sie über die Insel wandern, fühlen Sie sich über mehrere Tausend Jahre zurückversetzt, als die Salish-Indianer hier ankamen und am Kootenay und Columbia River fischten. Sie werden ein indianisches Haus finden, in dem die Urbevölkerung überwinterte. Außerdem befindet sich auf dem Eiland eine **russisch-orthodoxe Kapelle**, die von *Alexander Zuckerberg* vor über 60 Jahren erbaut wurde. Der Park ist das Jahr über geöffnet.

Nelson (① s. S. 187)

1887 wurde die Silver King Mine am Toad Mountain entdeckt, der Nelson ihren ursprünglichen Reichtum verdankt. 1896 baute man eine Schmelzhütte. 1897 errichtete man den Cottonwood Dam und ein stadteigenes Wasserkraftwerk. 1900 war Nelson stolz auf seine erste elektrische Straßenbahn. 1904 hatte sich aus dem Bergarbeitercamp bereits eine Stadt von rund 7.000 Einwohnern entwickelt. 1907 war der Silbererzgang ausgebeutet. Die Stadt konnte jedoch überleben, weil sie sich an einer sehr verkehrsgünstigen Stelle entwickelt hatte und der Endpunkt der Eisenbahnlinie geworden war. So wurde sie zum Verwaltungs- und Versorgungszentrum für die noch intakten zahlreichen Bergbauorte in der Umgebung. Ein neuer Boom begann.

Verkehrs-günstige Lage

Heute ist Nelson immer noch eine lebhafte, geschäftige Kleinstadt, am langgestreckten westlichen Arm des Kootenay Lake gelegen, in dem sich die schneebedeckten Gipfel der Selkirk Mountains spiegeln. Im Gegensatz zu den meisten anderen Minenstädten pulsiert hier das Leben nach wie vor. Viele der Gebäude, in viktorianischem Stil erbaut, vermitteln einen Glanz der Vergangenheit. Gleichzeitig wird ein eigenwilliger Flair erzeugt, der aus der glücklichen Kombination von alter Pracht und modernem Leben entstanden ist.

Stadtrundgang

Histori-scher Stadtkern

Um die wichtigsten historischen Gebäude zu besichtigen, sei die kleine Broschüre „Architectural Heritage Walking Tour" zu empfehlen, die Sie im Info-Büro des „Chamber of Commerce", *225 Hall Street*, erhalten. In diesem Heftchen sind 26 Gebäude kurz beschrieben, abgelichtet und in einer Übersichtskarte eingezeichnet. Anschließend werden hier die markantesten Bauwerke kurz charakterisiert.

- **Nelson Court House** von 1909, *310 Ward Street (rechts)*: Es wurde von F. M. Rattenbury, dem berühmten Architekten des Parlamentsgebäudes von British Columbia und des Empress Hotel in Victoria, entworfen. Die Fertigstellung des imposanten Gebäudes hat im Jahr 1909 109.145 Dollar gekostet. Das Gerichtsgebäude ist ein Musterbeispiel des „Beaux Arts Chateau"-Stils mit seinem steilen Dach, den Türmchen und kolonialen Giebeln.

Imposantes Gebäude

- **City Hall** von 1902, *502 Vernon Street (links)*: Die Mischung von pinkfarbigen Ziegeln und Marmor ergeben eine interessante Mischung im Mauerwerk des Rathauses. Ursprünglich war es das Post- und Zollamt von Nelson.
- **Mara-Barnard Block** von 1897, *371–377 Baker Street (links)*: Das historische Gebäude wurde als die erste „Royal Bank of Canada"-Zweigstelle in der Provinz in viktorianischem Stil erbaut. Die typischen Doppelfenster im 1. Stock sind die einzigen ihrer Art, die in diesem Geschäfts-Bezirk überdauert haben.
- **Bank of Commerce** von 1907, *459 Baker Street (links)*: Besonders die vierflügeligen Fenster, von ionischen Säulen eingerahmt, zeigen den Einfluss des „Beaux Arts Classic"-Stils. Dieses Bauwerk scheint den Bank-Optimismus der damaligen Zeit und das Vertrauen in Nelsons Zukunft wiederzugeben.
- **Nelson Daily News** 1899–1900, *266 Baker Street*: Dieses Gebäude wurde für die „London and British Columbia Goldfields Company" konstruiert. 1905 wurde es an die „Nelson Daily News" verkauft, die am längsten in Nelson publizierende Zeitung. Stilistisch ist das Bauwerk in die späte viktorianische Bauepoche einzuordnen.

Nelson Museum
Ecke Nelson Avenue/402 Anderson Street, Öffnungszeiten: Sommer: Mo–Sa 13–18 Uhr; Winter Mo–Sa 13–16 Uhr

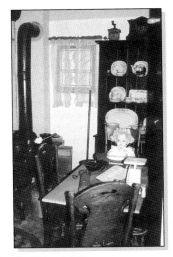

Das Museum vermittelt einen Eindruck vom **Leben der Ureinwohner**. Artefakte der Indianer, wie Steinwerkzeuge, Hammer, Schaber sowie Pfeilspitzen, sind ausgestellt. Das Indianische Kochen ist anschaulich wiedergegeben. Zunächst entzündete man ein leichtes Feuer, ließ es runterbrennen, suchte runde Steine und plazierte sie auf das Feuer, füllte einen Birkenrindentopf mit Wasser, nahm die erhitzten Steine aus den Kohlen, wusch die Asche ab und legte die heißen Steine ins Wasser. Dadurch wurde das Wasser erhitzt, und die zu kochenden Zutaten gab man anschließend ins Wasser. Je mehr heiße Steine hineingegeben wurden, desto höher stieg die Temperatur. Diese Essenszubereitung der Indianer war nötig, weil diese keine Metalltöpfe oder Keramikwaren besaßen.

Die Nahrung der Indianer dieser Gegend bestand u. a. aus dem Fleisch erlegter Hirsche, Rehe, gefangenen Lachsen, gesammelten Beerenfrüchten, aus Haselnüssen, bestimmten Zwiebeln und den Samen der Gelbkiefer. Besonders eindrucksvoll sind die akurat gefertigten Perlenarbeiten der Indianer.

*Alte Kücheneinrichtung –
Museum in Nelson*

• Die **Konstruktion eines Winterhauses** der Salish-Indianer steht zur Besichtigung bereit.

• Den **Entdeckungsreisen der Weißen** ist viel Raum gegeben. Besonders sind folgende Eroberer des Kootenay-Gebietes behandelt:

Erschlie-ßung des „Wilden Westens"

- *David Tompson* (1770–1857), Landvermesser, Geograph, Entdecker, wurde in Westminster/England geboren, vermaß Hudson´s Bay Company-Handelsrouten und wurde Partner der Northwest Company, nachdem er den Lauf des Mississippi kartographiert hatte. Außerdem war es der erste Weiße, der den gesamten Lauf des Columbia River begleitete. 1807 entdeckte er den Howse Pass und ließ den Handelsposten Kootenae House errichten. 1808 entdeckte er die Quellen des Columbia River, Kootenay River und Moyie River. 1910 fand er den Übergang zum Columbia River über den Athabasca Pass.
- Kapitän *John Palliser* (1807–1887), Sportsmann und Eroberer, wurde von der englischen Regierung entsandt, um die westlichen Prärien zu erobern, zu beschreiben und um sich zu vergewissern, welche Pässe über die Rockies in British Columbia zu überqueren waren. Es wurden von ihm 4 Haupt- und 3 Nebenpässe erkundet, die auch mit Fuhrwerken bewältigt werden konnten. Palliser bewertete den Vermilion Pass als den geeignetesten.
- *James Sinclair* (1806–1856), Fellhändler und Eroberer, wurde im Oxford House im Ruperts Land (heute nördliches Manitoba) geboren und in Schottland erzogen. Zunächst betätigte er sich als freier Händler in der Red River-Siedlung und später wechselte er zur Hudson´s Bay Company über.

• Ausführlich ist der **Pelzhandel** dokumentiert. Alte Landkarten liegen zur Besichtigung aus.

• Weitere Themenkreise:

Unwider-stehlicher Lockruf

- Der **Bergbauboom** wurde besonders durch die Silver King Mine ausgelöst. Erste Transportmöglichkeiten und das frühe Leben der Bergleute, einschließlich der Doukhobor, Immigranten aus Russland, werden veranschaulicht.
- Der **Ruf des Goldes** lockte viele Abenteurer ins Kootenay-Gebiet. Die Minenarbeiter benutzten zunächst den rund 400 km langen **Dewdney-Trail** von Hope nach Wild Horse, der 2 Dekaden lang die beste Route ins „gelobte Land" war, bevor die Eisenbahn gebaut wurde.
- Modelle von **Raddampfern** sind zu besichtigen.
- Die Erschließung dieses Gebiets durch die **Eisenbahn** ist ein weiteres Thema.
- **Wohnräume** der damaligen Zeit mit ihrer Ausstattung, Glasschrank mit Porzellan, Telefon, Ofen aus Gusseisen, Nähmaschine, Harmonium, Grammophon, usw., geben einen Einblick in das damalige Leben.
- Die Entwicklung des **Bootsbaus** von den Kanus der Indianer bis zu Motorbooten wird veranschaulicht.
- Schädel von **Wildtieren**, z. B. Puma, Luchs, Wildkatze, Vielfraß, Fischotter, Kojote, Mink, Biber, liegen aus.
- Ausgestopfte **Vögel**, z. B. Schnee-Eule und Fischadler, können besichtigt werden.
- Interessant sind auch die Abbildungen von **Bäumen**, ihr Wuchs, die Holzmaserung und die Beschaffenheit der Rinde.

Balfour

Die kleine Ansiedlung ist bekannt für die sehr lange kostenlose Fährverbindung nach Crawford Bay auf dem Kootenay Lake (Fahrzeit ca. 40 Min.) und für die guten Fischgründe.

Kootenay Lake

Der Kootenay Lake ist sehr lang, schmal und tief und zwischen den Purcell Mountains im Osten und den Selkirk Mountains im Westen gelegen. Der See wird von zwei Hauptzuflüssen gespeist, dem Duncan River im Norden und dem Kootenay River im Süden. Ein Ausfluss aus dem Westarm bei Castlegar verbindet sich mit dem Columbia River. Der See ist u. a. die Heimat verschiedener Fischarten mit den englischen Bezeichnungen, Kokanee, Rainbow Trout, Skurgeum, Bourt, Bull Trout und Gerrard Rainbow Trout. Die zuletzt genannte Forelle wird bis zu 6 kg schwer. Am Ufer, teilweise auf künstlichen Nestunterlagen, brüten mehrere Fischadlerpaare. Weitere häufig zu beobachtende Wasservogelarten sind Stockenten, Amerikanische Pfeifenten, Schellenten, Büffelkopfenten und Blässrallen.

Tiefe Falten im Antlitz der Erde

Boswell (ⓘ s. S. 187)

Glass House

*Box 64, Boswell, B.C., V0B 1A0, Tel.: (250)223-8372, **Öffnungszeiten:** Juli, August Mo–So 8–20 Uhr; Mai, Juni, September, Oktober Mo–So 9–15 Uhr*

Das Glashaus finden Sie am Hwy 3A, 16 km nördlich von Creston. *David Brown* missfiel das Wegwerfen der leeren quadratischen Flaschen mit Einbalsamierungsflüssigkeit. Ihm kam die sonderliche Idee, sie für den Bau eines Glashauses zu sammeln. Zu diesem Zweck suchte er auch seine Kollegen im Westen Kanadas auf, bis er ca. 500.000 Flaschen mit einem Gewicht von 250 Tonnen zusammengetragen hatte. Im Jahre 1952 begann er mit dem Bau des Glashauses auf einem soliden Felsen mit Blick auf den Kootenay Lake.

Einbalsamierungsflaschen als Baumaterial

Am Eingang des Glashauses begrüßt den Besucher heute eine rieselnde Bergquelle, die ein moosbewachsenes

Glasshouse – Boswell

Wasserrad bewegt. Das Mauerwerk des Hauses und der Anbauten bestehen aus einer Einzelschicht an Flaschen. Holzstreifen zwischen den Flaschen, verstärkt mit Zement und Draht an den Flaschenhälsen, befestigen innen die Zeder-Wandvertäfelung, die senkrecht angenagelt ist. Die verschlossenen Flaschen sorgen für Isolation. Die drei Haupträume in runder Form sind wie ein Kleeblatt angeordnet. Sie haben eine Fläche von 14,60 m x 7,30 m. Insgesamt hat das Haus eine Wohnfläche von 160 m². Pfade durch das Anwesen sind von blühenden Pflanzen gesäumt. Die Wege führen den Besucher von der Terrasse unter eine Brücke, die ebenfalls aus Glasflaschen erbaut ist, zum steinigen Ufer des Sees und zu einem **Aussichtspunkt** namens „Leuchtturm".

Großer Publikumseffekt

Das Glashaus, mühsam nach 10 Jahren Bauzeit fertiggestellt, sollte das Heim der Familie *Brown* sein. Aber schon beim Beginn des Baus hielten sehr viele Neugierige an. Schließlich beschloss die Familie *Brown*, es für Besucher zu öffnen. Ihnen selbst war hier kaum ein eigenes Privatleben mehr möglich, und sie beschäftigten Personal, das die vielen gestellten Fragen der Neu- und Wissbegierigen beantwortete.

David Brown, der Erbauer und Architekt des Glashauses, der einen nützlichen Zweck für die leeren Flaschen der Einbalsamierungsflüssigkeit gefunden hatte, ist am 13. Juli 1970 verstorben. Seine Gattin, der Sohn und die Schwiegertochter setzen sein Werk fort.

Creston

1891 nahm der Ort seinen Anfang mit der Landnahme von *Fred Little, John Dew* und *John Arrowsmith*. Ihre Grundstücke wurden die Basis der Stadt. 1892 wurde der Ort registriert. In den späten 1890er Jahren erlebte der Ort durch den Bau der Eisenbahn einen Aufschwung. Alle Güter wurden mit Eisenbahn und dem Schiff herbeigeschafft. 16 Hotels und Gaststätten entstanden.

Beliebter Ferienort

Heute ist Creston, am Hwy 3 gelegen, ein beliebter Erholungsort, von dem aus Wanderungen in die ursprüngliche Landschaft und Wildwasserfahrten unternommen werden können. Zu den weiteren Aktivitäten zählen Ski laufen, Reiten, Fischen, Boot fahren und Vögel beobachten. Im „Wildlife Centre" erfahren Sie alles Nähere. Dort gibt es eine Bibliothek und naturkundliche Ausstellungen.

Goatfell Wildlife Museum

Box 153, Erickson, B.C. V0B 1K0, am Highway 3, Tel.: (250)424-5362, Andenken, Kunstgewerbeartikel, kleiner Zoo, geführt von Emma und Jerry Lind

- **Überblick**: Das sehenswerte Museum liegt 30 km östlich von Creston. Es wurde von *Jerry Lind*, einem leidenschaftlichen Jäger und ausgezeichneten Kenner der Natur zusammen mit seiner Frau *Emma* aufgebaut. *Jerry* kann, aus einem reichen Erfahrungsschatz schöpfend, viele **spannende Jagdgeschichten und Tiererlebnisse** erzählen. Angeschlossen an das Museum sind ein Andenkenladen mit Kunstgewerbeartikeln, aus Geweihen und anderen Tierkörperteilen gefertigt, und ein kleiner Zoo, besonders gut besetzt mit exotischen Vögeln. Außerdem ist die Vermietung rustikaler Unterkünfte in der Wildnis mit Bed & Breakfast möglich. Von einem Hochsitz aus können Sie selbst Wild- und Vogelbeobachtungen machen oder in der wildreichen Gegend, geführt oder auf eigene Faust, pirschen. In der unmittelbaren Umgebung wurden bisher 37 Vogelarten festgestellt.

- **Museum**: Hier finden Sie u. a. Präparate vom Bison (Bison), Elch (Moose), *Nordische* Wapiti (Elk), Weißwedelhirsch (Mule Dear), Schwarzbär (Black Bear), Puma (Cougar), *Tierwelt* Wolf (Gray Wolf), Kojote (Coyote), Fuchs (Fox), Dachs (Badger), Marder *als* (Marden), Stinktier (Skunk), Mink (Mink), Weißkopfseeadler (Bald Eagle), Amerika- *Präparat* nischem Uhu (Great Horned Owl), Steinadler (Golden Eagle), weitere Vögel und kleine Tiere, liebevoll in naturnahem Biotop plaziert.

- **Zoo**: Der kleine Zoo, in dem u. a. Lama, Esel, Zwergziegen aus Nigeria, Kaninchen, exotische Vögel, u.a diverse Fasanen- und Pfauenarten, gehalten und von den Eigentümern mit Liebe umsorgt werden.

- **Wildnis-Kabine**: Vermietet werden „Wilderness Cabins" mit je zwei Betten, WC und Dusche zünftig unter freiem Himmel.

Cranbrook

Am versumpften **Elizabeth Lake** sind besonders im Frühjahr zahlreiche Vogelarten (teilweise sind nur die englischen Namen bekannt) auszumachen, die Sie auf einem 3,7 km langen Rundweg am besten mit einem Fernglas in Augenschein nehmen können. Selbst beobachtet wurden die folgenden Spezies: Black Terns (Trauerseeschwalben) gleiten elegant übers Wasser und führen akrobatische Flug- *Rastplatz* übungen durch, um auf der Nahrungssuche blitzschnell kopfüber ins Wasser zu *für* stürzen. Canada Geese (Kanadagänse) führen bereits Junge. American Wigeons *Zugvögel* (Amerikanische Pfeifenten) stoßen beim Näherkommen warnende Pfeiftöne aus. Die Männchen der Ruddy Duck sind an ihrem auffällig blauen Entenschnabel zu erkennen. American Coots (Amerikanische Blässhühner) sind wie ihre europäischen Verwandten sehr streitsüchtig und rauflustig. Besonders schön sind die männlichen Yellow-headed Blackbirds und die Red-winged Blackbirds während ihres Balzgehabes, wobei letztere ihre leuchtend roten, gelbumrandeten Flügelschulterstücke zeigen. Auf einer Info-Tafel am See sind weitere Vogelarten vermerkt.

 Hinweis
Weiterfahrt zum Waterton Lakes Nationalpark siehe S. 431ff.

Fort Steele (ⓘ s. S. 187)
Fort Steele Heritage Town, Fort Steele, B.C., V0B 1N0, Tel.: (250)417-6000, Fax: (250)489-2624, Website: www.fortsteele.ca/

1864 entdeckte man Gold im Horse Creek. Dieses Ereignis steht in engem Zusammenhang mit der Entstehung von Fort Steele. 1865 war der Gipfel des Goldrausches erreicht, als ca. 5.000 Goldgräber ihr Glück suchten, um schnell zu Reichtum zu kommen. Einige Goldsucher sollen einen Gewinn zwischen 40.000

und 60.000 Dollar in mehreren Sommern hintereinander gemacht haben. Das Gold lag zunächst leicht zugänglich an der Oberfläche. In dieser Zeit erkannte *John Galbraith*, dass eine Fähre über den Kootenay River notwendig sei. Um den anlaufenden Fährbetrieb gruppierten sich schließlich einige Häuser, und man nannte die kleine Siedlung Galbraith's Ferry. Für die Galbraiths war es ein lukratives Geschäft.

Goldberg-bau rentiert sich nicht mehr Doch allmählich wurden die Glücksfälle im Goldbergbau seltener, weil die Arbeit aufwändiger wurde und tiefe Schächte ins Erdreich gegraben werden mussten. Aus diesem Grund zogen viele Glücksritter weiter, um an anderen Stellen schnelleren Gewinn zu machen. 1882 waren nur noch 11 Siedler im Kootenay-Gebiet zurückgeblieben. Der Eisenbahnbau der Canadian Pacific Railway, ein paar Jahre später, regte viele Prospektoren und Siedler an, zurückzukehren. Unvermeidlich waren deshalb Konflikte um Landansprüche zwischen Indianern und Siedlern. Der größte Streit entbrannte zwischen dem Indianerhäuptling Isadore und Oberst James Baker über ein Stück Land, Joseph's Prärie genannt, an der Stelle, an der heute Cranbrook liegt.

1887 spitzte sich der Konflikt zu, als der Wachtmeister zwei junge Indianer des Isadore-Clans festnahm und des Mordes an zwei Bergleuten verdächtigte. Daraufhin stürmte Häuptling Isadore mit 30 Indianern das Gefängnis und befreite die beiden Gefangenen. 1887 erschien Superintendent *Samuel B. Steele* mit einer Abordnung von 75 Männern der North-West Mounted Police, um den Konflikt zu lösen. Diese Polizeitruppe bildete den ersten Posten westlich der Rocky

Wichtiger Treffpunkt – Wild Horse Theater

Mountains. *Steele* erledigte seine Aufgabe mit Bravour. Die Mordanklage wurde abgewiesen und die Landansprüche ausgehandelt. Nach getaner Arbeit zog Steele mit seiner Mannschaft nach einem Jahr weiter nach Fort McLeod. Ihm zu Ehren und als Dank für seinen Einsatz nannten die Weißen ihren Ort künftig Fort Steele.

1888 wurde eine Brücke über den Kootenay River geschlagen. 1892 setzte ein neuer Boom in Fort Steele ein, als Silber, Blei und Kohle in der Gegend gefunden wurde. Fort Steele wurde das kommerzielle, soziale und administrative Zentrum der Region. Die Bevölkerung wuchs schnell auf ca. 1.000 Einwohner an. 1897 wurden Telefone und Telegrafen installiert. 1898 zählte die lokale Zeitung „The Prospector" die *Zentrum der Region* florierenden Geschäfte auf: 11 Hotels, 4 Restaurants, Gemischtwarenhandlungen, eine Eisenwarenhandlung, eine Brauerei, Schneidereien, eine chinesische Apotheke und andere Geschäfte sowie eine Rechtsanwaltskanzlei.

Ein sehr wichtiger Schritt in der Entwicklung der Siedlung war die Inbetriebnahme eines Wasserwerksystems entlang der Riverside Avenue, die die Abhängigkeit der Bewohner vom vorher schmutzigen Wasser aus dem Kootenay River, das in Fässern herbeigeschafft werden musste, beendete. Eine Reihe von Gilden wurden gegründet, auch die Freimaurer North Star Loge Nummer 30 und exklusive Männerklubs, wie der „Kootenay Klub." Bekannte Künstler und Künstlerinnen, wie Pauline Johnson, und sogar die Metropolitan Oper traten im Opernhaus auf.

Gründung von Gilden

1899 begann der Stern von Fort Steele zu sinken. *James Baker*, der Abgeordnete für das Kootenay-Gebiet, ließ die Crow's Nest Line der Canadian Pacific Railway über den aufstrebenden Ort Cranbrook legen. Fort Steele wurde umgangen. 1904 wurde der Verwaltungssitz der Region von Fort Steele nach Cranbrook verlegt und Fort Steele verfiel. In den späten 1950er Jahren ersuchten weitblickende Bürger die Regierung, Fort Steele wiederzubeleben und es der Nachwelt zu erhalten. 1961 erklärte die kanadische Regierung Fort Steele zu einer historischen Stadt.

Heute ist Fort Steele ein „lebendiges Museum" mit historischen Gebäuden. Authentisch kostümierte Volontäre vermitteln den Besuchern das Leben vor rund 100 Jahren im Fort.

Heute Touristen- attraktion

Rundgang

Beim Rundgang durch die **historische Stadt** können Sie der Arbeit des Schmieds und Sattlers zusehen, Blicke in die Amts- und Wohnräume der North-West Mounted Police, in den Friseursalon, die Drogerie, die Post, die Apotheke, die Kirche und die Schule werfen sowie einen Plausch mit dem Krämer halten. Insgesamt sind es 55 Gebäude und Besichtigungsstellen. Hierüber bekommen Sie im Info-Centre am Eingang einen Lageplan.

Perry Creek Water Wheel, ein altes Wasserrad, ist auch ein Wahrzeichen der Museumsstadt. Es ist die Restauration des Originals, das von der Perry Creek Goldmine erbaut wurde, die sich 25 Meilen westlich von hier befand.

Fairmont Hot Springs

Der moderne Ort mit seinen Golfplätzen und -hotels sowie seinem Vergnügungspark „Funtasia" liegt am Columbia River. Im Westen blickt man auf die Purcell Mountains und im Osten auf die Rocky Mountains.

Vergnü- gungspark „Funtasia"

Dickhornschafe

Im westlichen Kootenay befindet sich noch das größte Vorkommen von Dickhornschafen in British Columbia. In den 1920er Jahren gab es hier noch über 4.000, in den 1980er Jahren nur noch ca. 2.000 Exemplare. Heute bedürfen die Herden eines umfangreichen Schutzes, weil ihr Lebensraum durch die Menschen immer mehr beschnitten wird.

Radium Hot Springs

Geschichte

Die Erdkruste riss hier eine über zwei Kilometer tiefe Spalte auf. In der die Spalte umgebende Trümmerzone konnte Grundwasser tief genug ins Erdinnere sickern, um aufgeheizt unter Druck wieder an die Erdoberfläche zurückzugelangen.

Heiße Quellen

In vorkolumbianischer Zeit haben schon die Kootenay-Indianer in den heißen Quellen gebadet. 1841 erreichte *Sir George Simpson*, Gouverneur der Hudson's Bay Company, als erster weißer Besucher die Quellen. Er badete in einem aus dem Kiesboden ausgehobenen Becken, das gerade groß genug für eine Person war. *James Sinclair* passierte mit einer Gruppe Siedler auf seinem Weg vom Red River nach Oregon das gleiche Gebiet. Ende des 19. Jahrhunderts ließen sich im Columbia-Tal die ersten ständigen Siedler nieder, die zunehmend in den heißen Quellen badeten.

1890 kaufte der Engländer *Roland Stuart* die Quellen für 160 Dollar und blieb der Eigentümer bis 1922. 1914 wurde ein Becken aus Beton, ein Blockhaus als Badehaus, ein kleiner Laden und ein Haus für den Verwalter der Quellen gebaut. 1922 enteignete man Radium Hot Springs zur Eingliederung in den Kootenay National Park. 1927 errichtete man ein neues Badehaus und vergrößerte das Badebecken.

Heute moderne Badeanlage

1949 bis 1951 wurden umfangreiche Bauarbeiten für 958.653 Dollar an der Badeanlage durchgeführt. 1968 ersetzte man das ursprüngliche Becken durch ein Heißwasserbecken. 1996 versetzte man das Kaltwasserbecken mit einem neuen, glatten Kunststoffeinsatz.

Das Wasser

Das Wasser strömt mit einer Geschwindigkeit von 1.800 Litern pro Minute an die Erdoberfläche und enthält über 700 Milligramm Mineralien pro Liter. Es kommt mit + 44 °C aus der Quelle, wird chloriert und läuft wohltemperiert mit + 39 °C in das Heißwasserbecken und abgekühlt mit + 29 ° ins Kaltwasserbecken. Es enthält ca. 300 mg/l Sulfat mit jährlichen Schwankungen, 135 mg/l Kalzium, 100,8 mg/l Hydrogenkarbonat, 31,8 mg/l Kieselerde, 31,6 mg/l Magnesium, 18,4 mg/l Natrium, 0,17 mg/l Chlorid, 0,37 mg/l Fluorid, 0,6 mg/l Nitrat, 3,6 mg/l Tonerde und Eisenoxyd.

Warum <u>Radium</u> Hot Springs?

Das Wasser von Radium Hot Springs weist geringe Spuren von Radon auf. Die erste von der McGill Universität durchgeführte Analyse des Quellwassers hat ergeben, dass es schwach radioaktiv ist. Das Maß an Radioaktivität im Wasser ist jedoch völlig ungefährlich für den menschlichen Organismus und weitaus geringer als die vom Zeiger einer normalen Uhr ausgestrahlte Radioaktivität.

11. IN DEN NATIONALPARKS DER KANADISCHEN ROCKY MOUNTAINS

Überblick

Die Rocky Mountains sind der östlichste und höchste Gebirgskamm der Kordilleren, die den gesamten amerikanischen Kontinent von Norden nach Süden durchziehen. In Kanada erstrecken sich die Rockies, wie sie auch kurz genannt werden, vom Liard River an der Grenze Yukon/British Columbia bis zur Grenze Kanada/USA über rund 1.550 km. Nur der Peace River und der Liard River, Nebenflüsse des Mackenzie-Stromsystems, haben die **kontinentale Wasserscheide** an den niedrigsten Stellen der Rockies durchbrochen. Der höchste Berg dieses eindrucksvollen Felsengebirges auf kanadischem Hoheitsgebiet ist der **Mount Robson (3.954 m)**.

Die Nationalparks Waterton Lakes, Banff, Jasper, Yoho, Kootenay und der Robson Provincial Park grenzen aneinander und bilden in den südlichen Rocky Mountains Kanadas eine geschlossene Fläche von 22.274 km².

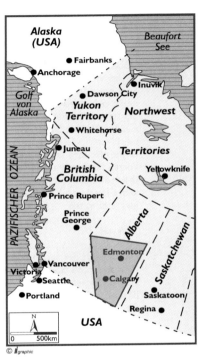

Dieses riesige Gebiet wird von Westen nach Osten vom Trans-Canada-Highway (Hwy 1) und dem Yellowhead Highway (Hwy 16) durchquert sowie von Norden nach Süden durch den Icefields Parkway (Hwy 93) verbunden. So sind die meisten Gebiete mit dem Auto auch durch weitere Zufahrtsstraßen gut erreichbar, während für diejenigen Besucher, die lieber die Berge zu Fuß erobern möchten, noch ein gewaltiges Netz an Wanderwegen übrig bleibt. Die fünf o. g. Nationalparks wurden 1985 von der UNESCO (United Nations Educational Scientific and Cultural Organization) zum erhaltungswürdigen „Weltkulturerbe der Menschheit" („World Heritage Site") erklärt.

Weltkulturerbe der Menschheit

Landschaften und Pflanzenwelt

Die Rocky Mountains bieten eine **großartige Vielfalt an Landschaftsformen**, von turmhohen Gipfeln, mächtigen Gletschern, rauschenden Wasserfällen, reißendem Wildwasser, engen Schluchten bis zu vielfarbigen Seen, ruhig dahinfließenden Flüssen, bewaldeten Tälern und blumenübersäten Bergwiesen. Nahezu 700 Arten

verschiedener Pflanzen sind in den Parks festgestellt worden. Man unterscheidet folgende **Vegetationsstufen**:
* Die **Montane Zone** liegt gewöhnlich unterhalb 1.350 m. Sie kann an sonnenbeschienenen Südhängen höher hinaufreichen. Die Drehkiefer/Lodgepole Pine (*Pinus contorta*) ist dort die vorherrschende Baumart. Die Küstenstrich-Douglasie/Douglas-Fir (*Pseudotsuga menziesii*) findet man häufig an offenen Standorten. Die Amerikanische Zitterpappel/Quaking Aspen (*Populus tremula*) besiedelt gerne alte Waldbrandgebiete. Im Yoho National Park, am feuchteren Westhang der Rockies, gibt es noch vereinzelt Relikte nordischen Regenwaldes.
* Die **Subalpine Zone** umfasst zum größten Teil die Waldgebiete bis zu einer Höhe von ungefähr 2.300 m. Hier sind in fließendem Übergang die Nordamerikanische Weißfichte/White Spruce (*Picea glauca*) und die Blaue Engelmannfichte/Engelmann Spruce (*Picea engelmannii*) beheimatet. Die Felsengebirgstanne/Subalpine Fir (*Abies lasiocarpa*) behauptet sich bis ca. 2.200 m Höhe, allerdings oft durch die starken Winde verkrüppelt.
* Die **Alpine Zone**: Je näher man der Baumgrenze ab etwa 2.300 m kommt, umso mehr verkrüppeln letzte Baumveteranen, die noch den Stürmen und den langen Wintern trotzen. Zahlreiche Blumen verschönern die Bergwiesen in der kurzen Hochsommerzeit. Hauptsächlich Zwergsträucher, Moose und Flechten bilden die letzte Vegetationsdecke, bis der nackte Fels und schließlich Dauerschnee und Gletscher auf den Schultern des Hochgebirges die Landschaft in ihrem eisigen Griff halten.

Tierwelt

Artenreiche Fauna

Die Tierwelt der kanadischen Bergwelt ist sehr vielfältig. Die sechs Parks sind die Heimat von **65 Säugetierarten**, die von der zierlichen Zwergspitzmaus bis zum eindrucksvollen Elchbullen reichen. Huftiere, wie Elch, Wapitihirsch, Weißwedelhirsch, Maultierhirsch, Schneeziege und Dickhornschaf, können ziemlich regelmäßig in ihrer natürlichen Umgebung, vorzugsweise am frühen Morgen und Abend, gesehen werden. Eine Population von rund 200 Grizzlybären, verhältnismäßig zahlreiche Schwarzbären und wenige Pumas und Timberwölfe leben in den Parks.

Wildbeobachtungen

Die Beobachtung der reichhaltigen und abwechslungsreichen Tierwelt gehört mit zu den populärsten Aktivitäten des Parks. Der Frühling und der Herbst sind die **beste Zeit** der Wildbeobachtung:
* Die **stark befahrenen Gebiete** werden während der Sommermonate, in denen Millionen von Besuchern die Parks bereisen, meistens von den größeren Säugetieren gemieden.
* Bessere Nahrungsbedingungen unterhalb der Schneegrenze, die jahreszeitlich wechselt, sind ein weiterer Grund der größeren Pflanzenfresser, wie Elch, Wapitihirsch, Maultierhirsch, Schneeziege und Dickhornschaf, sich im Frühjahr, Herbst und Winter in tieferen Lagen aufzuhalten. Den Pflanzenfressern sind die größeren Beutegreifer Bär, Wolf, Kojote, Puma und Luchse auf der Spur.
Der Winter bringt naturgemäß aufgrund von Schnee und Eis erschwerte Fahrbedingungen für Sie als Besucher mit sich.

Hinweis
Die ausführliche Beschreibung der hauptsächlichen Wildtiere des Parks finden Sie im Kapitel 5 dieses Buches „Tierwelt Westkanadas und Alaskas".

Größere Säugetiere

• Der **Kojote**/Cojote (*Canis latrans*) ist in den Parks stark vertreten. Er wird beim flüchtigen Hinsehen oft mit dem Wolf verwechselt, besonders in der kalten Jahreszeit, wenn sein Pelz sehr dicht ist. Seine Hauptnahrung sind Erdhörnchen und Mäuse. Typisch ist das gespenstische Jaulen bei Nacht.
• Der **Schwarzbär**/Black Bear (*Ursus americanus*) kommt hauptsächlich in den großen Tälern der Montanen Zone oder den Wäldern der Subalpinen Zone vor. Häufig trifft man ihn entlang des Icefields Parkway.
• Der **Grizzlybär**/Grizzly Bear (*Ursus artos horribilis*) bewohnt sowohl die Täler als auch die hochgelegenen Bergwiesen. Man findet ihn selten in der Nähe der Straßen der Parks. Im Hinterland ist er häufiger anzutreffen.
• Das **Dickhornschaf**/Bighorn Sheep (*Ovis canadensis*) trifft man häufig an den offenen Hängen sowohl der Montanen als auch der Alpinen Zone. Im unteren Teil des Sinclair Canyon im Kootenay Park und im Athabasca-Tal im östlichen Jasper National Park kann man es häufig finden.
• Die **Schneeziege**/Rocky Mountain Goat (*Oreamnos americanus*) hält sich fast ausnahmslos in den hohen, unzugänglichen zerklüfteten Felsen auf. Häufig steigt sie zu den natürlichen Lecken von Mineralien herab. Wenn Sie Glück haben, sehen Sie die ausgezeichneten Hochgebirgskletterer an den Mineralablagerungen nahe Hector Gorge am Banff-Windermere Parkway und an den „Mineral-Licks" am Icefields Parkway, 37 km südlich von Jasper.
• Der **Wapitihirsch**/Elk (*Cervus canadensis*) zieht das ganze Jahr über herdenweise durch die Täler, im Sommer allerdings meistens in höheren Lagen. Im Herbst zur Brunftzeit, die im September beginnt, sind größere Massierungen von Hirschen entlang des Trans-Canada Highway östlich von Banff, am Banff-Windermere Parkway, in der Nähe des Whistlers-Campingplatzes im Athabasca-Tal nahe Jasper anzutreffen.
• Der **Maultierhirsch**/Mule Deer (*Odocoileus hemionus*) hat seinen Namen von den maultierartigen Ohren. Die Tiere bevorzugen meistens die Täler oder die offenen Hänge der Montanen Zone. Sie äsen hauptsächlich niedriges Gebüsch und Zweige.
• Der **Elch**/Moose (*Alces alces*) hält sich normalerweise in großen Tälern und dort insbesondere in sumpfigem Gelände in der Nähe von Flüssen auf. Man sieht ihn oft im Weidengebüsch äsen, am zahlreichsten entlang des Icefields Parkway von Bow Summit bis Sunwapta Pass.

Kapitaler Wapitihirsch

Vogelwelt

Das Heer der Gefiederten

Sie ist ebenfalls zahlreich mit **280 Arten** vertreten. Die Dauerbewohner sind zahlenmäßig weit geringer als die Zugvögel. Zu den letzteren gehören beispielsweise mehrere Entenarten, Gänse, Lappentaucher und Schwäne, die auf den Seen Ruhepausen einlegen. Brutvögel sind z. B. Stock-, Harlekin-, Spieß-, Krickenten und Rothalstaucher. In den tiefgelegenen Seen fischen Fisch- und Weißkopfseeadler. Am häufigsten trifft man auf Rabenvögel, wie Elstern, Häher, Krähen und Raben. Unter den Spechten trifft man gelegentlich auf den Dreizehen-, Haar-, Flaum- und Schopfspecht. An Singvögeln sind besonders Schneefinken, Hakengimpel, Kreuzschnäbel, Goldhähnchen und verschiedene Drosselarten zu nennen.

Amphibien und Reptilien

Sie sind wegen des relativ rauen Klimas in ihrer Zahl beschränkt. Nur eine Kröten-, eine Salamander-, 3 Frosch- und 2 Schlangenarten wurden in den Parks festgestellt.

Verhalten auf Trails

Wichtiges Verhaltensmuster

- **Checken** Sie am Ausgangspunkt des Trails zunächst, von wem er benutzt werden sollte (Wanderer, Reiter, Radfahrer).
- Beim Wandern, Reiten und Rad fahren soll sich einer hinter dem anderen halten, um Erweiterung und Erosion des Trails möglichst zu vermeiden.
- **Wanderer** sollten an den Wegrand gehen, wenn sich Pferde nähern. Lassen Sie scheue Tiere passieren.
- **Radfahrer!** – Fahren Sie langsam und vorsichtig. Warten Sie, bis wilde Tiere den Trail verlassen haben, bevor Sie vorbeifahren. Wenn Sie an Wanderern vorbeifahren wollen, sollten Sie sich rechtzeitig bemerkbar machen und anzeigen, auf welcher Seite Sie vorbeifahren möchten. Steigen Sie von Ihrem Rad ab, wenn sich Ihnen ein Pferd nähert und bleiben Sie möglichst auf der bergab gelegenen Seite stehen.

Gefährliche Aktivitäten

Aufs Anmelden nicht verzichten

- Bei Aktivitäten, die gefährlich sein können (Bergsteigen, Felsen-Klettern, alleine Wandern) sollten Sie Ihr Vorhaben im Büro des Warden (Parkaufsicht) registrieren lassen.
- Wenn Sie sich registrieren lassen, müssen Sie Ihre **Rückkehr** so bald wie möglich durch Abgabe des Anmeldeformulars melden. Die Parkaufsicht forscht in allen Fällen nach, wenn die Genehmigung nicht zum erwarteten Zeitpunkt zurückgegeben wurde.

Sicherheit

- **Steiles, gebirgiges Terrain**
Die meisten Unfälle ereignen sich durch Stürze von steilen Hängen oder Kliffs. Dieses Risiko lässt sich weitgehend vermeiden, wenn Sie auf den gekennzeichne-

ten Wanderwegen bleiben, Sie sich nicht zu nah an Böschungsränder wagen und Kinder nicht aus den Augen lassen. Nasse und moosbedeckte Oberflächen können glitschig sein. Lockeres Gestein an einem Geröllhang und bei steilen Abhängen ist besonders gefährlich.

• **Verhalten Wildtiere/Besucher**
Alle Tiere in den Parks sind wild, unberechenbar und wahrscheinlich gefährlich.
- **Grizzly-Bären** und **Schwarzbären** kommt eine besondere Aufmerksamkeit zu. Beim Zusammentreffen mit ihnen hat es schon Todesfälle gegeben. Bitte lesen Sie aufmerksam die Broschüre „Sie befinden sich im Bärenland", die in allen Parkbüros bereit liegt. *Vorsicht im Bärenland*
- **Wapitihirsche** und **Dickhornschafe** suchen bei Menschen gelegentlich auf recht aggressive Art und Weise Futter. Sie können dabei durch Ausschlagen ihrer scharfen Hufe Verletzungen verursachen. Besonders gefährlich sind Wapitihirsche während der Brunftzeit.
- **Andere wilde Tiere**, besonders wenn sie Junge führen oder durch Nahrungsmittel oder Abfälle angelockt werden, haben schon Menschen angegriffen.
- Wild oder Vögel dürfen weder angelockt noch gefüttert werden. Es können ernste Probleme auftauchen, wenn Besucher aus falsch verstandener Tierliebe oder Unerfahrenheit Wildtiere füttern. Sowohl für das Wild als auch für den Menschen können sich beträchtliche Gefahren ergeben:
· Wildtiere können durch die Aufnahme unpassender Nahrung oder durch Abfälle krank werden.
· Wildtiere, die sich an menschliche Kost gewöhnt haben, müssen möglicherweise getötet werden.
· Menschen können bei der Fütterung oder durch Unvorsichtigkeit bei zu großer Vertrautheit der Wildtiere in große Gefahr geraten.
- Das Beobachten, Filmen und Fotografieren von wilden Tieren erfolgt am besten aus einer sicheren Entfernung oder aus Ihrem Auto heraus.

!!! Warnung!!!
*Fahren Sie deshalb langsam, achten Sie besonders auf **Großwild** und halten Sie genügend Abstand!*

• **Seen und Flüsse**
In den oft extrem kalten Gewässern lauern zweierlei Gefahren – **Unterkühlung** und **Ertrinken**. Vorsicht und Umsicht sind angeraten, wenn Sie sich auf dem Wasser bzw. an Fluss- oder Seeufern aufhalten. Uferkanten können durch nicht erkennbare **Unterspülungen** abbrechen. Auf Kinder muss man besonders gut aufpassen.

Mit starker Waffe – Wapitihirsch

- **Insekten**

Stiche von **Moskitos** und **Stechfliegen** lassen sich am besten dadurch vermeiden, dass Insektenspray, jedoch keine parfümierte Cremes bzw. Parfüm benutzt wird. Auch Süßigkeiten und rohes Fleisch ziehen Insekten an. Im Frühling und Frühsommer sollten Sie ihren Körper und Ihre Kleidung regelmäßig auf **Zecken** untersuchen. Zeckenbisse können ernste Krankheiten verursachen.

- **Trinkwasser**

Trinkwasser sollte in ausreichendem Maße mit sich geführt werden. Bei Entnahme aus offenen Gewässern ist es unbedingt zu filtern und abzukochen (mindestens 5 Minuten).

- **Feuergefahr**

Aus Sicherheitsgründen und zum Schutz der Umwelt wird die Verwendung von Kochern mit **Direktanschluss auf Flaschen** dringend empfohlen. Kontrollierte Campfeuer sind an den dafür vorgesehenen Stellen erlaubt. Sie sind jedoch dazu angehalten, nur kleine Feuer zu entzünden, damit Brennstoff gespart und eine unnötige Verschmutzung der Luft vermieden wird. Bitte checken Sie Feuergefahr und Windbedingungen.

- **Haustiere**

Haustiere müssen in den Parks immer an der Leine geführt werden. Hunde und andere Haustiere können wild lebende Tiere **reizen und anziehen** und dadurch Ihre Sicherheit gefährden.

Wetterbedingungen

Extreme Temperaturstürze

Allgemein sind die Winter lang und die Sommer kurz und kühl mit gelegentlich heißen Abschnitten. Die jährliche Temperaturspanne beträgt im Extremfall + 30 °C bis - 30 °C. Außerdem kann sich das Wetter sehr schnell und entscheidend ändern. Schwankungen von beispielsweise + 23 °C auf + 6 °C im Hochsommer in Banff von einem Tag zum anderen sind keine Seltenheit. Deshalb ist es angebracht, auf jeden Fall neben Sommersachen auch warme Kleidung für solche unverhofften Temperaturstürze und Schlechtwettereinbrüche parat zu haben. Für Hochgebirgswanderungen dürfte es selbstverständlich sein, sich wetterfest auszurüsten.

Durchschnittliche Tagestemperaturen in Celsius						
	Mai	**Juni**	**Juli**	**August**	**September**	**Oktober**
	hoch/tief	*hoch/tief*	*hoch/tief*	*hoch/tief*	*hoch/tief*	*hoch/tief*
Banff	+14/+1	+18/+5	+22/+7	+21/+6	+16/+3	+10/-1
Jasper	+16/+2	+19/+6	+23/+8	+21/+7	+16/+3	+10/-1
Yoho	+16/+1	+20/+5	+24/+7	+22/+6	+17/+3	+9/-2
Kootenay	+16/-1	+20/+3	+24/+4	+23/+3	+17/0	+9/-4
Waterton	+15/+2	+19/+6	+23/+7	+22/+7	+17/+3	+12/0

Durchschnittliche monatliche Niederschlagsmenge in mm und Regentage					
Mai	*Juni*	*Juli*	*August*	*September*	*Oktober*
mm/Tage	*mm/Tage*	*mm/Tage*	*mm/Tage*	*mm/Tage*	*mm/Tage*
Banff 52/12	61/14	42/12	49/12	42/11	31/6
Jasper 33/10	55/13	50/13	49/13	38/11	29/10
Yoho 52/12	74/14	55/12	45/12	45/11	43/10
Kootenay 47/10	61/11	37/10	43/9	45/9	35/8
Waterton 70/9	116/10	44/7	61/8	64/8	51/8

Günstige Reisezeit und Aktivitäten

Die populärste Zeit zum Besuch der Parks in den Rockies sind die Monate Juli und August, doch dann herrscht ein sehr starker Besucherstrom. Deshalb bevorzugen auch manche Urlauber die Monate Juni und September.

Beste Reisezeit Juni und September

Neben den üblichen Aktivitäten, wie Bergsteigen und Wandern, Filmen und Fotografieren, Kajak und Kanu fahren, sind auch ausgefallenere, wie Golfspielen, Mountainbiking und Heliskiing, Reiten und Schwimmen in den heißen Quellen von Banff, Miette und Radium möglich.

Yoho National Park (ⓘ s. S. 187)

Überblick

1901 gründete man das „Yoho Park Reservat". 1911 erhielt es den Status eines Nationalparks. Als kleiner Nationalpark (1.313 km²), im Gegensatz zu den anschließenden weltberühmten Nationalparks Banff und Jasper, steht er etwas im Schatten der beiden Großen, ist jedoch nicht minder attraktiv.

Klein, aber attraktiv

Die **landschaftliche Schönheit** des Yoho N.P. hat m. E. einen sehr hohen Stellenwert. Kein Wunder, der Nationalpark leitet seinen Namen „Yoho" vom gleichlautenden Ausdruck der Ehrfurcht und Bewunderung der Cree-Indianer ab. Yoho ist ein Park der hohen Wasserfälle, der smaragdgrünen Gletscherseen, der schneebedeckten Bergspitzen, der rauschenden Flüsse und der tiefen schweigenden Wälder.

Bezüglich der Möglichkeit **guter Wildbeobachtung** ist der Yoho N.P. ideal. Aus Zeitmangel wird ihm in vielen Fällen weniger Beachtung geschenkt als dem Banff N.P. und dem Jasper N.P. Entweder wird er, wenn die Reisenden von Vancouver

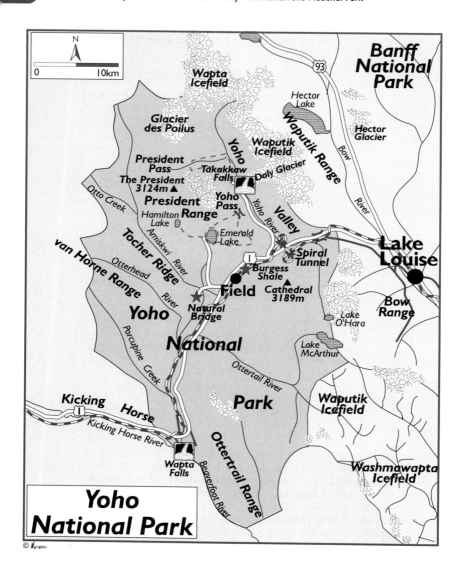

kommen, nur als Durchfahrtsstraße benutzt oder, wenn die Besucher von Calgary oder Edmonton anreisen, ausgelassen. Das ist jedoch sein großer Vorteil, nach der alten Weisheit, je weniger Störung durch Menschen, um so bessere Möglichkeiten für Wildbeobachtungen!

Ein Fossilbett, die **„Burgess Shale"**, an den Abhängen des Mount Stephan in der Nähe von Field gelegen, ist wissenschaftlich hochinteressant. 1981 wurden hier die Überreste von mehr als 120 Meerestieren gefunden, deren Lebensalter 530 Mio. Jahre zurückreicht.

Redaktions-Tipps

Sehenswürdigkeiten:
* **Wapta Falls** (S. 383), hier hören Sie donnernde Wasser in tiefer Waldeinsamkeit.
* **Emerald Lake** (S. 384) ist ein Traum in Türkis, wie sein Name verrät.
* **Takakkaw Falls** (S. 388) sind die höchsten Wasserfälle der Rocky Mountains.

Die Grenze zwischen pazifischer und kontinentaler Vegetation liegt in vielen Fällen an der Westseite des Gebirgswalls der Rockies, somit im Yoho N.P. Beispielsweise erreichen Pflanzenarten, wie die Teufelskeule/Devil's Club, der Riesenlebensbaum/Western Red Cedar und die Westliche Hemlock/Western Hemlock, ihre östliche Verbreitungsgrenze an dieser kontinentalen Wasserscheide.

Die Geschichte der Eisenbahn in Kanadas „Wildem Westen" ist sehr stark mit Yoho verknüpft. Es sind Fälle von Zugunglücken wegen versagender Bremse (stellenweise 4,5 % Gefälle!) bekannt, bis man durch den Bau von 2 Spiraltunneln das Gefälle auf 2,2 % reduzieren konnte.

Sichere Eisenbahntrassen

Das **Dorf Field** (300 Einwohner) liegt im Zentrum des Parks, 85 km westlich von Banff, 26 km westlich von Lake Louise und 57 km östlich von Golden am Hwy 1. In Field Junction befindet sich das Park Informations Centre. 4 Zeltplätze können von Bergwanderern genutzt werden.

!!! Achtung!
*Zu den **Kilometerangaben** im Yoho National Park sei gesagt, dass jeweils die gefahrenen Kilometer von der Südwesteinfahrt des Yoho N.P. in Richtung Osteinfahrt des Banff National Parks und in Klammern die Kilometer in umgekehrter Richtung angegeben sind.*

Wapta Falls Km 4,9 (Km 123,3)

Kurz nach dem Eintritt in den Yoho N.P., auf dem Hwy 1 von Golden kommend, zweigt rechts eine 1,6 km lange Stichstraße bis zu einem Parkplatz ab. Dort ist an einer Infotafel ein Netzwerk an Wanderwegen beschrieben, u. a. zu den Wapta Falls. Die Wasserfälle sind auf einem bequemen, 2,4 km langen Waldweg ohne große Höhenunterschiede erreichbar.

Von weitem schon, noch in dichtem Wald mit Kanadischer oder Schimmelfichte (White Spruce) und Langnadlige Drehkiefer (Lodgepole Pine), werden Sie das gewaltige Grollen des Kicking Horse River hören. Die Wapta-Fälle liegen in einer Biegung des Kicking Horse River. Beeindruckt stehen Sie dann vor dem donnernden Wasser, bestaunen seine gurgelnden Fluten, seine sprühende Gischt und den in allen Regenbogenfarben schimmernden Wasserstaub. Der Fluss stürzt über eine breite Felsklippe 30 m in die Tiefe.

Sturz über die Felsenklippe

Kicking Horse River-Brücke Km 6,0 (Km 122,2)

Die Kicking Horse River-Brücke überspannt den Fluss, der hier in ein enges Bett gepresst ist, an dieser günstigen Stelle.

Wanderung zu den Leanchoil Hoodoos

Vom Hoodoo Creek-Campingplatz (Km 7,0) führt ein 3,1 km langer, steiler Weg in ein Tal, das zwischen dem Mount Vaux und dem Chancellor Peak liegt, zu den Leanchoil Hoodoos. Hoodoos sind **Erdpyramiden**, die von den schmelzenden Gletschern durch mitgeführte Steine, Kies und Schwemmsand gebildet wurden. Die obere Schicht, durch die Einwirkung von Wind und Wetter hart zementiert, bildete eine Haube über einer Säule weicheren Materials aus Lehm und Kies, während der Rest ausgewaschen wurde.

Natural Bridge, Emerald Lake-Abzweigung Km 27,0 (Km 101,2)

Wie durch ein Nadelöhr

Nur 1,4 km von o. g. Emerald Lake-Abzweigung gelangen Sie an eine natürliche Felsbrücke, unter der sich der wilde **Kicking Horse River** schäumend hindurchzwängt.

Emerald Lake-Wanderroute (ⓘ s. S. 187),
Emerald Lake-Abzweigung Km 27,0 (Km 101,2)

Trailanfang

Wie ein Smaragd schimmernd

Von der o. g. Emerald Lake-Abzweigung links führt eine 8,2 km lange Stichstraße zum Emerald Lake. Am Ende der Seitenstraße des Hwy 1 und am Fuß der President Range, die sich in dem wunderschönen, türkisgrün schimmernden Emerald Lake spiegelt, liegt dieses Kleinod des Yoho National Park. Seine phantastisch brillante Farbe verdankt dieses „Märchenauge" dem **sedimenthaltigen Gletscherschmelzwasser** der President Range. Der feine Staub aus dem Gletscher schwebt im Wasser und reflektiert besonders das grüne Licht des Spektrums, bei Sonne eine Postkartenschönheit! Wegen des eiskalten Wassers des Sees ist Leben nur in geringem Maß möglich. Die Schwebestoffe im Wasser reduzieren die Durchsichtigkeit. Das Sonnenlicht kann deshalb nicht tief eindringen, und wenige einzellige Wasserpflanzen haben eine Lebenschance. Garnelen und kleine Fische, die man „sculpins" nennt, sind die Nahrungsgrundlage der unterschiedlichen Forellenarten wie, „Brook", „Rainbow Trout" und „Dolly Varden".

Um den See führt ein empfehlenswerter Uferpfad. Das Ostufer des Sees bekommt mehr Niederschläge als das Westufer, das im Regenschatten der vorherrschenden Westwinde liegt. Am Ostufer hat sich aus diesem Grund ein **nordischer Regenwald** gebildet, in dem unter hohen Koniferen, u. a. Erlen, Farne, Schachtelhalme, Salomonssiegel, Braunellen, Bärlapp und verschiedene Beerensträucher, wie die hochgiftige „Black Twinberry", „Bunchberry", „Swamp Gooseberry" und der giftige „Devil's Club", im Unterholz wachsen. Am niederschlagsarmen Westufer entstand ein Trockengebiet mit entsprechender Vegetation. Hier haben es die Pflanzen schwer, ihr Leben zu fristen. Sog. Pionierpflanzen sind vorherrschend, die allmählich die Schotterböden des Bachdeltas besiedeln. Bäume, die teilweise nur buschhoch werden, gedeihen nur in lockerer Formation. Verbreitet sind Black Spruces (Schwarztanne), Kiefern und Wacholder.

An einigen Stellen ziehen sich **Lawinenschneisen** durch den Wald. Die unter den Schneemassen liegenden Pflanzen sind klein und biegsam. Sie richten sich wieder auf, wenn Tausende von Tonnen Schnee geschmolzen sind. Tiere von der Größe einer Maus bis zum Elch profitieren von dem niedrigen Pflanzenwuchs, und Raubtiere haben in dem offenen Gelände gute Jagdaussichten, sowohl Landraubtiere als auch Greifvögel.

Nach Zerstörung neues Leben

Hamilton Lake-Wanderroute

Route	Höhe (m)	Entfernung (km)
Trailanfang Emerald Lake Parkplatz	1.302	0
Hamilton Falls	1.352	0,7
Hamilton Lake	2.149	5,3

Ausgangspunkt

Folgen Sie dem Hwy 1 bis zur Emerald Road, 2,6 km von Field, dann Abzweigung links bis zum Ende der 8 km langen Straße am Emerald Lake Parkplatz. Der Trailanfang beginnt an der Südwestecke desselben.

Vom Emerald Lake zu den Hamilton Falls

Auf den ersten 700 m des Trails durchwandern Sie den **typischen „Western Interior Hemlock Rainforest"**, der sich normalerweise im Westen von British Columbia befindet, zusammengesetzt hauptsächlich aus den Baumarten Western Red Cedar, Western Hemlock und Western Yew sowie Timbleberries und Devil's Club. Im Untergrund wachsen beispielsweise die Wildblumen Queen's Cup und Dwarf Dogwood. Schwarzbären und Elche können mit etwas Glück beobachtet werden. Der Trail zieht sich entlang des Hamilton Creek, der den Wasserbedarf der Emerald Lake Lodge deckt. Hohe Douglasien beschatten Ihren Weg. Die feuchte Umgebung lässt lange Flechtenbärte an den Bäumen entstehen. Die Wasserfälle haben das Kalkgestein des Chancellor erodiert.

Nordischer Regenwald

Von den Hamilton Falls zum Hamilton Lake

Sie verlassen den feuchten Wald, wenn der Trail zu einem eingezäunten Ausguck an der oberen Kaskade der Wasserfälle zurückkehrt. Von hier sehen Sie, wie das Wasser in Pools und Höhlen stürzt, und wie die **Grundgestein-Verwerfung** den Lauf des Hamilton Creek vorgegeben hat. Flussaufwärts liegt der Canyon. Sie folgen im weiteren dem relativ steilen Pfad bergan. Während der Baumbestand

INFO ## Fossilien in Burgess Shale

Die westlichen Berghänge des Wapta Mountain und Mt. Field sind weltbekannt als Burgess Shale (Burgess-Schiefer), weil hier sehr viele Fossilien gefunden wurden und noch werden. Burgess Shale ist ein alter Name für die Stephen-Formation, die aus Grundgestein besteht.

Charles Walcott vom Smithsonian Institut entdeckte zuerst 1909 Fossilien oberhalb des Trails. In den folgenden fünf Sommern sammelte er **80.000 (!) Fossilien**, die heute im Smithsonian in Washington untergebracht sind. Der Forscher beschrieb die Fossilien und ordnete sie den Gruppen zu, die schon vorher bekannt waren. Diese wissenschaftliche Arbeit fand 60 Jahre statt, bevor erneute Bestimmungen vorgenommen wurden.

Burgess Shale birgt beeindruckende **Überreste von Meerestieren**, die entlang des kontinentalen Schelfs während der mittleren Kambrium Periode **vor ungefähr 530 Mio. Jahren** gelebt haben. Der Rand des Schelfs war von einen submaritimen Riff markiert, das heute als **Cathedral Escarpment** bezeichnet wird. Von den Schlammfluten, die von der flachen Plattform des Riffs herabflossen, wurden Meerestiere und -pflanzen in den Abgrund geschwemmt und am Meeresgrund zusammen mit den dort vorkommenden Meeresbewohnern „begraben". Weil ihr Tod plötzlich eingetreten war und die „Bestattung" schnell erfolgte, kam es zu keiner Aasvertilgung und Verwesung. Aus diesen Gründen wurden die Fossilien ausgezeichnet konserviert. Da den damaligen Tieren die Skelette fehlten, erscheinen sie heute als Abdrücke im Schiefer.

Im Burgess Shale sind **bisher 140 verschiedene Arten an Fossilien** gefunden worden. Paläontologen haben das Erscheinen der Tiere gewissenhaft rekonstruiert. Einige der Fossilien repräsentieren die ersten bekannten Lebensformen, die heute existieren. Andere sind einzigartig auf der Erde, und sie repräsentieren Arten, die in keine Gruppe eingeordnet werden können. Diese Tatsache lässt vermuten, dass die Entwicklung des Lebens nach einem „Grundplan" vor 530 Mio. Jahren vielfältiger geplant war, als er heute realisiert ist – möglicherweise doppelt so verschiedenartig.

Nach der Entwicklungstheorie ist man der Meinung, dass ursprünglich eine größere Verschiedenartigkeit im „Grundplan des Lebens" vorgesehen war. Burgess Shale mag bestätigen, dass massiertes Aussterben eine größere Rolle in der Entwicklung des Lebens gespielt hat, als was an Leben heute verwirklicht wurde.

Sie können oberhalb des Trails die **Arbeit der Forscher** sehen. Der Zutritt ist nur mit einer Genehmigung vom Park-Superintendant erlaubt. Geführte Touren sind möglich. Erkundigen Sie sich bei der Parkinformation in Field. Eigenmächtiges Entnehmen von Steinen und Fossilien ist verboten.

des Waldes vorher hauptsächlich aus Langnadeligen Drehkiefern (Lodgepole Pines) bestand, ändert sich jetzt seine Zusammensetzung. Hier oben wachsen hauptsächlich Felsengebirstannen (Subalpine Firs) und Blaue Engelmannfichten (Engelmann Spruces), typisch für die subalpine Höhenlage.

Nach 3,9 km ist es empfehlenswert, eine Rast einzulegen, um den Blick auf den Emerald Lake zu genießen. Wenn Sie den Rastplatz verlassen haben, schwenkt der Wanderpfad scharf nach Nordwesten und der Grad der Steigung schwächt sich ab. Die Existenz von Weißborkenkiefern (Whitebark Pines) zeigt an, dass Sie sich im subalpinen Ökosystem befinden. Die Rinde dieser Bäume ist größtenteils von Baumstachlern zerstört worden. Diese großen Nager kratzen die Außenrinde ab, um an die gut schmeckende, süße, innere Schicht zu gelangen.

Field Km 29,6 (Km 98,6)

Field, 1.224 m hoch gelegen, ist nach *Cyrus Field*, dem Initiator der Transatlantischen Kabelverlegung, benannt. Field ist nur ein winzig kleiner, jedoch ansprechender Ort, eine historische Eisenbahnsiedlung. Hier gibt es eine Tankstelle, einige Läden und die Hauptverwaltung des Nationalparks.

Historische Eisenbahnsiedlung

Für Sie als Besucher dürfte nur das Visitor Centre von Interesse sein:
• Es hat eine beachtenswerte **Fossiliensammlung** von den sehr gut erhaltenen Funden aus dem Burgess Shale, an der Südseite des Mt. Field, ausgestellt. Sie stammen aus dem Erdzeitalter des Kambriums.
• Außerdem können sie hier lehrreiche Blumen-, Baum- und Tierbestimmungsbücher erwerben.

Yoho Valley Road-Abzweigung Km 33,3 (Km 94,9)

Links abzweigend, führt eine 13 km lange Stichstraße zu den Takakkaw Falls. Unterwegs gibt es noch weitere Sehenswürdigkeiten:

Doppelte Gleisschleife der Canadian Pacific Railway

Gleich zu Anfang auf der Straße, die an den Takakkaw Falls endet, den Yoho River flussaufwärts, können Sie von einem Ausguck aus einen Blick auf den „**Upper Spiral Tunnel**" der Canadian Pacific Railway werfen, eine der beiden Gleisschleifen, die 1909 mit einem immensen Material-, Personal- und Geldaufwand in den Fels getrieben wurden. Hier eine kleine Statistik zur Veranschaulichung: 1.000 Arbeiter, wöchentlich ein Toter, 1 ½ Mio. Dollar, 75 Wagenladungen Dynamit.

Besonderheit für Eisenbahnfans

Wenn Sie Glück haben, schraubt sich gerade einer dieser fast endlosen Güterzüge mit über 100 Waggons, von bis zu 5 schweren Dieselloks angetrieben, durch die halb in die **Cathedral Crages** gebaute, 992 m lange Gleisspirale mit einer Kurvenkrümmung von 288°. Zur Rechten blicken Sie auf den Mt. Stephen (3.199 m). Die andere Gleisschleife ist halb in den Mount Ogden hineingetrieben worden.

Zusammenfluss Yoho River/ Kicking Horse River

Koloniebewohner – Hoary-Murmeltier

Verschiedene Wasserfarben

Wenn Sie dem Yoho-Tal weiter bergan folgen, werden Sie durch eine Infotafel auf die unterschiedlich aussehenden Wassermassen beider Flüsse aufmerksam gemacht. Das Wasser des Yoho River ist milchweiß. Es ist Schmelzwasser des **Daly Glacier**, einer Gletscherzunge des großen **Waputik Icefield**. Der Kicking Horse River führt kristallklares Wasser, das schon durch mehrere Seen geflossen ist und „gewaschen" wurde.

Takakkaw Falls (ⓘ s. S. 187)

Takakkaw Falls – Yoho National Park

Unterwegs beobachten Sie möglicherweise auch Eisgraue Murmeltiere (Hoary Marmots). Putzig sieht es aus, wenn sie mit großen Büscheln Gras im Maul „ihr Heu einfahren" und wenn sie sich liebkosen.

Am Ende einer 13 km langen Stichstraße stoßen Sie auf einen der höchsten Wasserfälle Kanadas, die spektakulären Takakkaw Falls. Takakkaw ist ein indianisches Wort der Cree-Sprache und bedeutet „es ist großartig". Aus einer gewissen Entfernung sehen Sie auf das tosende Schmelzwasser des Daly-Gletschers, wie es 254 m über eine Steilwand aus kambrischem Kalkstein in den Talgrund schießt. Tatsächlich ist es schon die zweite Stufe, nur die können Sie von Ihrem Standort aus sehen. Bei einer vorherigen Kaskade stürzt das Wasser bereits 60 m in die Tiefe.

Vom Takakkaw Falls-Parkplatz aus können Sie die 22 km lange **Iceline-Wanderroute** nehmen, die allerdings nur für konditionsstarke Bergwanderer zu empfehlen ist.

Kootenay National Park (ⓘ s. S. 187)

Überblick

Der Name Kootenay ist vom indianischen Wort „Kootemik" abgeleitet, das „Ort des heißen Wassers" bedeutet. Der Kootenay National Park, 1919 gegründet, mit einer Ausdehnung von 1.406 km² schließt nördlich an den Yoho National Park und östlich an den Banff National Park an und ist durch den Hwy 93 (Banff Windermere Parkway) mit dem letzteren verbunden. Das sehr kontrastreiche Naturschutzgebiet besticht durch seine hängenden Gletscher, engen Schluchten, glasklaren Bäche und heißen Quellen.

Der Kootenay National Park zeichnet sich dadurch aus, dass sich in dem wald- und wildreichen Tal zahlreiche **Wandermöglichkeiten** im nicht zu steilen Gelände

Redaktions-Tipps

Sehenswürdigkeiten:
- **Marble Canyon** (S. 390), tosendes Wasser in wildromantischer Klamm!
- **Radium Hot Springs** (S. 374), warmes Mineralbad zur Entspannung!

befinden. Das wildreiche Tal bietet gute Beobachtungsmöglichkeiten, weil es von Besuchern nicht so stark frequentiert wird wie der Banff und Jasper National Park. Maultierhirsche, Elche und auch Schwarzbären werden regelmäßig beobachtet.

Wildreiches Tal

‼️ Achtung!
*Zu den **Kilometerangaben** im Kootenay National Park sei gesagt, dass jeweils die gefahrenen Kilometer von Castle Junction in Richtung Radium Hot Springs und in Klammern die Kilometer in umgekehrter Richtung angegeben sind.*

Junger Elchbulle – Kootenay National Park

Castle Junction Km 0,0 (Km 103,7)

In Castle Junction beginnt der Banff-Windermere Parkway (Hwy 93) mit seinen größeren Beständen an Murray's Kiefern.

Vermilion Pass Fire-Aussichtspunkt Km 5,2 (Km 98,7)

Dieser Aussichtspunkt bietet einen weiten Blick auf die ehemalige Waldbrandfläche von 2.380 ha, die im Juli 1968 durch Blitzschlag entstanden ist. Die verkohlten Baumstämme ragen, wenn sie nicht umgefallen sind, wie Gerippe aus dem Grün der jungen nachwachsenden Bäume hervor. Deutlich sind zwei Vegetationszonen erkennbar: Einmal ist es die dunkle Bewaldung der Fichten und Tannen, die das Feuer nicht erreicht hat, und zum anderen kontrastiert hiermit die hellere Färbung des Kiefernwaldes, der sich nur nach Waldbränden in so reiner Form ausbreiten kann, weil die samengefüllten

Regenerierter Wald

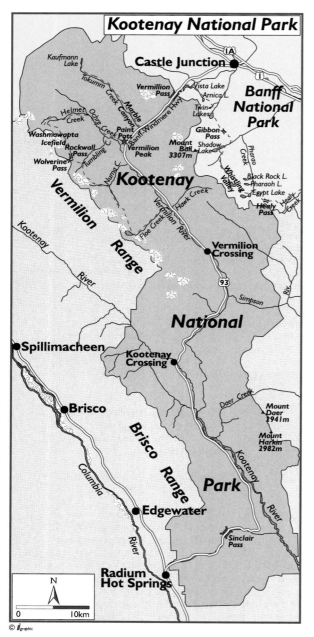

Kiefernzapfen ziemlich feuerfest sind. Die dominierende Kiefernart ist die Licht und Sonne liebende Langnadlige Drehkiefer (Lodgepole Pin). Später werden die Fichten und Tannen wieder den Waldcharakter bestimmen.

Vermilion Pass
Km 10,2 (Km 93,7)

Die Bergstraße steigt ständig bis auf 1.651 m bis zum Scheitelpunkt des Vermilion Pass an. Diese Passhöhe bildet einerseits die Grenze zwischen dem Banff National Park und dem Kootenay National Park und andererseits zwischen den kanadischen Provinzen Alberta und British Columbia.

Marble Canyon-Wanderroute Km 17,2 (Km 86,5)

Ein Wanderweg führt 2 km (30 Minuten) zur und über die Schlucht. Das Wasser des **Tokumm Creek** rauscht durch den 600 m langen, engen, wildromantischen Marble Canyon (Marmor Schlucht), kurz bevor es dem Vermilion River seine schäumenden Fluten übergibt. Die Schlucht ist teilweise nur 3 m breit und 40 m tief. Es haben sich **natürliche Felsentore** gebildet. Von einigen Brücken, die über die Schlucht führen, kann man atemberaubende Blicke in die Tiefe werfen. Felsnasen weißen Dolomits werden an einigen Stellen sichtbar, doch sie werden nahe des Wasserfalls am Ende der Schlucht augenfälliger. Achten Sie auf die runden Aushöhlungen, die vom Wasser ausgewaschen wurden und eine steinerne Naturbrücke.

Vor ca. 500 Mio. Jahren, bevor sich die Rocky Mountains hoch aufgetürmt haben, breitete sich in dieser Gegend ein schmaler tropischer See aus. Karbonische Sedimente haben die Kalkfelsen und das Dolomitgestein gebildet, die wir heute im Canyon vorfinden. Die **Erosion** verändert den Canyon auch heute noch stark. *Tiefer*
• Einmal ist es der **Frost**. Wenn das Wasser in den Spalten gefriert, expandiert *Canyon* es, und es gibt Absplitterungen.
• Zum anderen ist es das **Wasser** selbst, das mit mitgeführten Steinen Höhlungen ins Gestein schmirgelt.

Am Ende des Wanderweges stürzt das Wasser mit solcher Gewalt in die Schlucht, dass der Boden unter Ihren Füßen vibriert, ein gewaltiges Naturschauspiel!

Paint Pots-Wanderroute Km 19,7 (Km 84,0)

Jenseits des Vermilion River gibt es ein Gebiet mit rötlich-gelb gefärbten Erdkuhlen, zu dem ein kurzer Wanderweg von ca. 15 Min. durch den Wald führt, auf dessen Boden Bärlapp wächst. Hier ist der Lehmboden von stark eisenhaltigem *Lehm-* Wasser eingefärbt. Die drei sog. Paint Pots (Farbtöpfe) wurden seinerzeit von *boden als* verschiedenen Indianerstämmen der Berge und der Prärie aufgesucht, um die *Farbtopf* rötliche Erde aufzunehmen. Die lehmige Masse wurde gereinigt, geknetet, mit Wasser zu walnussgroßen Bällen geformt, wie Kuchen flach gedrückt, im Feuer gebacken und anschließend pulverisiert. Das rötliche Pulver wurde mit Fischöl und tierischem Fett gemischt, um hauptsächlich als Mittel zur Körperbemalung und außerdem zum Färben von Tipis (Zelten) **und** Kleidung sowie für die Felsbemalung verwendet zu werden.

Von den Paint Pots führen weitere Wanderwege zu folgenden lohnenden Zielen:
• nach Tumbling Ochre (ochre = Ocker): 4,3 km
• nach Helmet Ochre: 6,5 km
• zum Tumbling Creek: 11 km
• zum Ottertail Pass: 13,2 km
• zum Wolverine Pass: 13,9 km
• zum Helmet Fall: 15 km

Numa Falls-Wanderroute

Von diesem Wasserfall dicht an der Straße (93) kann man Wanderungen mit folgenden Zielen unternehmen:
• zum Numa Creek-Zeltplatz: 6,7 km
• zum Tumbling Pass: 11,6 km
• zum Tumbling Creek: 14 km
• zum Numa Pass: 14,1 km
• zum Floe Lake: 16,9 km

Schneeziege an der Salzlecke – Kootenay N.P.

An den Numa Falls hat das Wasser durch kreisende Bewegungen im Uhrzeigersinn Nischen ausgewaschen. Aufmerksame Besucher können nen hier mit etwas Glück **Amerikanische Wasseramseln** beobachten.

Minerallecke Km 48,8 (Km 55,1)

An mehreren Stellen entlang des Vermilion River und auch an der Straße treten mineralhaltige Ablagerungen zutage, die gern von Schneeziegen, Elchen, Wapiti- und Maultierhirschen angenommen werden.

Kootenay Valley-Aussichtspunkt Km 88,5 (Km 15,2)

Weiter Panoramablick

Von diesem Aussichtspunkt aus genießen Sie einen wunderschönen Blick auf den Kootenay River und auf die Bergzüge Mitchell Range und Stanford Range. Hier gedeihen die sehr seltenen Schwarzlärchen. Der Blauhäher/Steller's Jay und das Kleine Streifenhörnchen/Chipmunk sind hier sehr zutraulich.

Sinclair Creek-Wanderweg Km 93,0 (Km 10,7)

Vor mehreren tausend Jahren hat der Wildfluss eine tiefe, enge Schlucht in das weiße Kalkgestein gesägt. Der Wanderweg führt 6 km bis zum Ursprung des Sinclair Creek nahe dem Grat der Brisco Range. Bevor die moderne Wasserwirtschaft den Columbia River durch einen großen Damm aufstaute und damit die Wanderung der Fische vom Pazifischen Ozean unterbrach, haben die Kootenay-Indianer die Lachse mit Speeren im Wildfluss Sinclair, einem Nebenfluss des mächtigen Columbia River, gefangen. Heutzutage werden die Lachse leider durch den Grand Coulee Dam im Staat Washington (USA), mehr als 800 km von hier entfernt, gehindert, in ihr ursprüngliches Laichgebiet vorzudringen.

Sinclair Canyon Km 103,1 (Km 0,6)

Der Sinclair Canyon weist sehr steile Kalkwände auf. Durch den Eingang der Schlucht zwängt sich die Straße.

INFO Info über James B. Harkin

Er war der Kommissar, der von 1911–1936 insgesamt **12 Nationalparks** in Kanada eingerichtet und eröffnet hat, unter ihnen der Kootenay National Park. Er gilt als der **„Vater der Nationalparks"**. Nach ihm ist der Mt. Harkin (2.981 m) benannt, der im Osten der Straße (93), die durch den Kootenay National Park führt, zu sehen ist.

Banff National Park (ⓘ s. S. 187)

Überblick

Der älteste und populärste Nationalpark mit einer Größe von 6.641 km² zieht wegen der alpinen Großartigkeit seiner Landschaft und seiner vielseitigen Möglichkeiten an sportlichen Betätigungen jährlich über sechs Mio. Besucher an, die sich nahezu zur Hälfte in den Monaten Juli und August im Park einfinden. Die schneebedeckten Bergspitzen der Rocky Mountains bilden einen spektakulären Hintergrund für blaugrüne Gletscherseen, schnell fließende Wasserläufe und endlose Wälder. Tannenwälder sind durchsetzt mit Lärchen, die sich im Herbst golden färben. Die Fremdenverkehrsorte **Banff** und **Lake Louise** haben einen sehr hohen Bekanntheitsgrad erreicht. Im Winter eröffnen die Resorts Sunshine Village, Mystic Ridge & Norquay und Lake Louise ihre Skilifte.

Hauptbesuchsmonate Juli bis August

Die Wildnis des Nationalparks ist die Heimat von Hirschen, Elchen, Schneeziegen, Dickhornschafen, Schwarzbären, Grizzlies, Wölfen und Pumas, um nur die größten Säugetiere zu nennen.

!!! Achtung!
Zu den Kilometerangaben im Banff National Park sei gesagt, dass jeweils die gefahrenen Kilometer von der Südosteinfahrt des Banff N.P. in Richtung Nordwesteinfahrt des Jasper National Parks und in Klammern die Kilometer in umgekehrter Richtung angegeben sind.

 Öffnungszeiten
Der Banff National Park ist ganzjährig geöffnet.

a) Südteil Banff National Park

Kicking Horse Pass Km 45,3 (Km 82,9)

Der Scheitel dieses Passes (1.625 m) ist gleichzeitig die Grenze zwischen dem Yoho N.P. und

Redaktions-Tipps

Übernachten:

- **Banff (Stadt): Banff Springs Hotel $$$$$** ist das Wahrzeichen von Banff, schlossartiges Grand Hotel, das ganze Jahr über geöffnet.
- **Lake Louise: Château Lake Louise $$$$$**, ein Nobelhotel, vermietet 497 Zimmer und Suiten. Sie genießen einen phantastischen Blick auf den Lake Louise.
- **Banff (Stadt): Rimrock Resort Hotel $$$$** ist etwas außerhalb von Banff und nahe den Schwefelquellen gelegen.

Essen:

- **Banff (Stadt): Le Beaujolais Restaurant** ###, französische Küche, gehört mit zu den renommierten Restaurants seit über einem Jahrzehnt, besonders aus dem zweiten Stock des Gebäudes großartiger Blick über Banff, köstlich zubereitet: Lachs, Büffel, Beef und Lamm. Dazu können Sie Wein aus dem reichhaltigen Angebot wählen.
- **Banff (Stadt): Caboose Steak and Lobster** ### erweckt Erinnerungen an vergangene Zeiten der alten Eisenbahn. Meeresfrüchte und Steaks sind die dominanten Gerichte.

Sehenswürdigkeiten:

- **Lake Louise** (S. 397), viel besucht, einmalig in seiner Schönheit!
- **Moraine Lake** (S. 400), ein Smaragdjuwel in wilder Bergszenerie!
- Der **Peyto Lake** (S. 416) und der **Bow Lake** (S. 415) sind neben zahlreichen anderen Seen entlang des Icefields Parkway eine Attraktion.

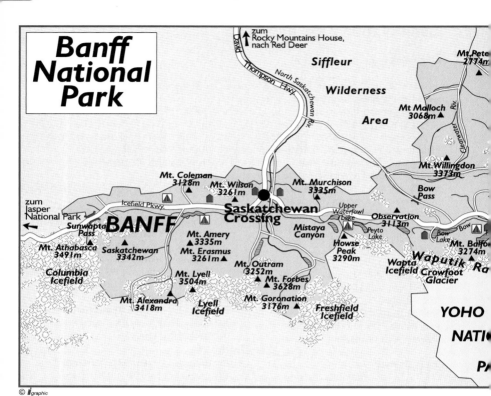

© igraphic

Fast tödlicher Hufschlag

dem Banff N.P. Der Pass hat seinen merkwürdigen Namen nach dem Geologen *Dr. James Hector*, Leiter der Palliser Expedition, der diesen Bergrücken 1858 überquerte. Ein Packpferd des Trosses schlug nach ihm aus (Kicking Horse) und traf ihn so hart, dass er ohnmächtig zusammenbrach. Die die Expedition begleitenden Stoney-Indianer wollten ihn schon beerdigen, weil sie glaubten, er sei tot, doch er überlebte.

Bow River Brücke Km 52,0 (Km 76,2)

Nur 32 km von seiner Quelle ist der Bow River hier ein schmales Flüsschen, das ruhig dahinfließt.

Icefields Parkway Abzweigung

Einen Kilometer weiter zweigt der Icefields Parkway (Hwy 93) links vom Trans Canada Highway (Hwy 1) ab. Wir bleiben in unserer Beschreibung weiter auf dem Hwy 1 Richtung Banff.

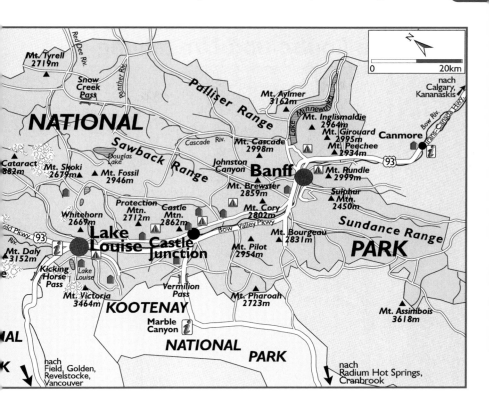

Ausfahrt Lake Louise Km 55,6 (Km 72,6)

Rechts abzweigend, führt eine 4,3 km lange Stichstraße zum Lake Louise. Außerdem beginnt hier östlich der Bow Valley Parkway (1A), der im Vergleich zum Trans Canada Highway nicht so stark frequentiert ist.

Lake Louise und Umgebung (ⓘ s. S. 187)

Das Dorf Lake Louise

Es ist nur ein kleiner Ort in der Talsohle des Bow River und kann als eine günstige Basis für die meisten Unternehmungen der Besucher angesehen werden. Ein großer Campground befindet sich gut 1 km südlich der Siedlung. Hier finden Sie ein Einkaufszentrum, ein Park Visitor Centre, eine Warden-Station und einige Hotels und Restaurants in der Nähe vor. Das Terrain rund um den Lake Louise ist der Geburtsort der Wanderbewegung in den Rocky Mountains schlechthin. Heute ist es das berühmteste, am meisten besuchte und fotografierte Gebiet der Rockies.

Geburtsort des Fremdenverkehrs

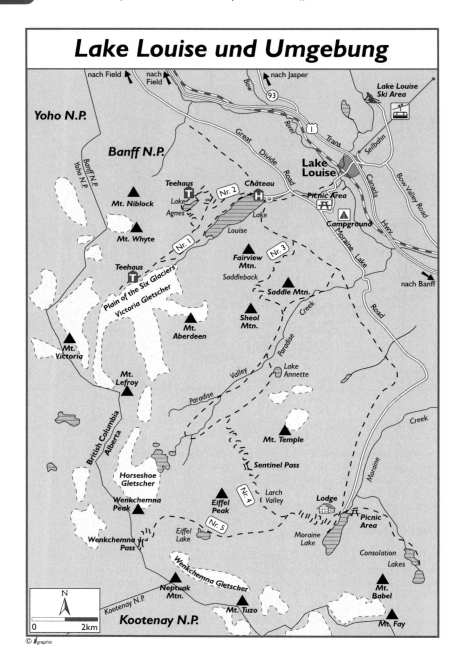

Lake Louise und Umgebung

nach Field

nach Field

nach Jasper

Bow

93

Lake Louise Ski Area

Seilbahn

Yoho N.P.

Banff N.P.

Great Divide Road

River

Trans

Canada

Bow Valley Road

Banff N.P / Yoho N.P

Teehaus

Nr. 2

Château

Lake Agnes

Lake Louise

Picnic Area

Campground

Moraine Lake Hwy

nach Banff

Mt. Niblock

Lake

Mt. Whyte

Louise

Teehaus

Nr. 1

Fairview Mtn.

Nr. 3

Saddleback

Plain of the Six Glaciers

Victoria Gletscher

Saddle Mtn.

Creek

Road

Mt. Aberdeen

Sheol Mtn.

Mt. Victoria

Paradise

Mt. Lefroy

Valley

Lake Annette

Paradise

British Columbia

Alberta

Creek

Mt. Temple

Moraine

Horseshoe Gletscher

Sentinel Pass

Wenkchemna Peak

Eiffel Peak

Nr. 4

Larch Valley

Lodge

Picnic Area

Nr. 5

Wenkchemna Pass

Eiffel Lake

Moraine Lake

Consolation Lakes

Wenkchemna Gletscher

Mt. Babel

N

Neptuak Mtn.

Kootenay N.P.

Mt. Tuzo

Kootenay N.P.

Mt. Fay

0   2km

© *i graphic*

Lake Louise – der smaragdgrüne Juwel

Westlich des weiten Tals des Bow River liegt der weltbekannte Lake Louise. Der je nach Sonneneinstrahlung dunkelgrün bis leuchtend türkis schimmernde See wird vom **Gletscherwasser des Victoria Glacier** gespeist. Mit dem Gletscherwasser werden ständig feine Sedimente mitgeführt, das sog. Gletschermehl, das lange Zeit im Seewasser schwebt, bevor es sich am Boden absetzt. Dies bewirkt wiederum, dass die grünen und blauen Farben des Spektrums reflektieren.

Wenn Sie vom Château aus über den See blicken, dann beherrschen der Victoria-Gletscher und der schneebedeckte Mount Victoria (3.459 m) den Horizont. Zur Linken erhebt sich der Fairview Mountain (2.744 m). Rechts wird der See vom Beehive (Bienenkorb) begrenzt. Auch wenn der See mit dem Gletscher im Hintergrund und den steilen Bergwänden als Rahmen heute zum Magnet des weltweiten Tourismus geworden ist, so hat der Blick auf dieses Kleinod trotzdem nichts von seiner überwältigenden Schönheit eingebüßt. Schon nach kurzer Weg-

Magnet weltweiten Tourismus'

strecke am Ufer des Sees entlang sind Sie meistens dem quirligen Leben am Hotel entflohen, und Sie können ganz tief den prächtigen Eindruck dieser Landschaft in sich aufnehmen.

Château Lake Louise

- **Wachsender Bekanntheitsgrad**
1882 drang *Tom Wilson*, ein Streckenarbeiter der Canadian Pacific Railway, von Indianern geführt, in die unberührte Wildnis vor und bestaunte als erster Weißer den märchenhaft schönen See. Er nannte ihn wegen seiner Farbe **Emerald Lake**. Aber schon bald wurde er in Lake Louise zu Ehren der *Prinzessin Louise Carola Alberta*, Tochter der englischen Königin *Victoria*, umbenannt. Als die Eisenbahn vollendet war, lockte es viele Bergsteiger durch den schnellen Weg ins Herz der Rockies hierher, um die gefährlichen Gipfel in der Umgebung vom Lake Louise zu besteigen.

- **Die Geschichte des Châteaus**
1890 erbaute die Canadian Pacific Railway ein bescheidenes Chalet am Seeufer. Um die Jahrhundertwende wurde dieses Bauwerk zu einem zweistöckigen Hotel ausgebaut, das wie magnetisch Bergsteiger, Skiläufer und Abenteurer in seinen Bann zog. 1924, nach einer Feuersbrunst, die das ehemalige Schlosshotel zerstörte, entstand an diesem wunderschönen Ort auf dem Geröllwall der Moräne das

Vom Chalet zum Château

heutige Hotel Fairmont Château Lake Louise. 1986 erweiterte man das Hotel um den „Glacier Wing" (Gletscherflügel). Die Erweiterung der Kapazität ermöglichte, dass heute über 1.000 Gäste in dem Hotel beherbergt werden können. Im Laufe der Zeit wurde das Wandernetz auf 68 Kilometer ausgeweitet.

* **Beehives and Plain of Six Glaciers-Wanderroute**
  (Bienenkörbe und Ebene der sechs Gletscher)

Route	Höhe (m)	Entfernung (km)
Lake Agnes Trailanfang	1.732	0
Mirror Lake	2.047	2,4
Little Beehive-Abzweigung	2.104	3,1
Lake Agnes-Abzweigung	2.170	3,6
Little Beehive	2.253	4,2
Lake Agnes	2.118	5,2
Big Beehive-Abzweigung	2.260	6,5
Big Beehive	2.270	6,8
Highline-Abzweigung	2.010	8,3
Plain of Six Glaciers Trail-Abzw.	1.950	10,1
Plain of Six Glaciers Teahouse	2.135	11,5
Victoria Glacier-Aussichtspunkt	2.150	13,1
Château Lake Louise	1.732	20,0

Ausgangspunkt

Folgen Sie von Lake Louise Village dem Lake Louise Drive 5,5 km zum Parkplatz am See. Ein befestigter Weg führt zum Seeufer am Château.

Vom Lake Louise zum Little Beehive

Die klassische Wander-route

Dieser Wanderweg beginnt jenseits des Châteaus am nördlichen Seeufer. Er zweigt gleich zu Anfang rechts vom Seeuferweg ab. Die ersten 2,5 km führen stetig steigend durch einen Wald mit Blauen Engelmannfichten und Felsengebirgstannen. Sie kreuzen einen Reiterweg und passieren einen Aussichtspunkt. Von hier haben Sie einen wunderschönen Blick auf den See. Jenseits des Sees erhebt sich der **Fairview Mountain** (2.744 m).

Schließlich erreichen Sie nach 2,5 km den kleinen **Mirror Lake**. Bei der Abzweigung nach 3,1 km biegt der Weg scharf nach Norden auf den Little Beehive Trail ab. Hier gedeihen im Sommer Anemonen, Arnika, wilder Rhododendron und Heidekrautgewächse. Von hier oben haben Sie bei klarer Sicht herrliche Ausblicke auf die Berggipfel des Big Beehive, Fairview Mountain, Haddo Peak (3.070 m) und den gletschergekrönten Mt. Aberdeen (3.151 m). Der vereiste Gipfel des Mt. Temple (3.543 m) überragt sie alle.

Nehmen Sie nach 500 m die rechte Abzweigung, und folgen Sie dem Trail 700 m in nordwestlicher Richtung über einen Lawinenhang bis zur lärchenbedeckten Kuppe des Little Beehive, so heißt der bienenkorbähnliche Berg. Der Lake Louise und das Château sind an der gegenüberliegenden Seite des Lawinenhangs sichtbar. Dieser Berg war von 1941 bis 1985 ein wichtiger Feueraussichtspunkt. 1985 wurde der Feuerturm abgebaut.

Vom Little Beehive zum Lake Agnes

Nach dem Abstieg vom Little Beehive ist es empfehlenswert, in das am Nordufer des Lake Agnes liegende **rustikale Teehaus** einzukehren, in dem Sie von Mitte Juni bis Anfang Oktober Snacks, Tee und Kaffee, aber keinen Alkohol, erstehen können. Das Teehaus wurde von der Eisenbahngesellschaft C.P.R. um 1900 erbaut. Nach der Rast führt der Pfad am Nordufer des Lake Agnes weiter. Der See liegt in einem hängenden Tal, das von einem zurückweichenden Gletscher ausgehobelt wurde. *Walter Wilcox*, der nachweislich erste weiße Besucher des Sees, hat ihn wie folgt beschrieben: „ein wilder Bergsee von düsteren Klippen umstellt."

Teehaus der Eisenbahngesellschaft

Vom Rücken einer Moräne haben Sie bei guter Sicht einen phantastischen Rundblick auf ein atemberaubendes Bergpanorama. Von Süden nach Norden erheben sich folgende Bergspitzen: Big Beehive (2.270 m), Devil's Thumb (2.458 m), Mts. Whyte (2.983 m) und Niblock (2.976 m). Im subalpinen Wald am See sind Beeren, Samen, Pilze und Insekten die Nahrungsgrundlage für Vögel wie: Clark's Nutcracker und Gray Jay, sowie für die Nagetiere: Goldenmanteld Ground Squirrel (Goldgestreiftes Erdhörnchen), Columbia Ground Squirrel (Columbianbisches Erdhörnchen) und Chipmunk (Chipmunk).

Wunderschönes Bergpanorama

Vom Lake Agnes zum Big Beehive

Am Westende des Lake Agnes verläuft der Trail unterhalb des zertrümmerten Kliffs des **Devil's Thumb** (Teufelsdaumen). Am Wegesrand wächst Red-stemmed Saxifrage (Steinbrech). Der Trail befindet sich südliche des Devil's Thumb. Anschließend geht es steil abwärts zum Sattel zwischen Big Beehive und Devil's Thumb.

 Achtung!!!
Treten Sie keine Steine los, die Leute unter Ihnen gefährden könnten!

Schauen Sie nach Schneeziegen an den Hängen der Mts. Niblock (2.976 m) und St. Piran (2.650 m) aus. Vom Bergkamm führen raue Wege 300 m nordostwärts zu einer Hütte am Big Beehive. Hier haben Sie einen überwältigenden Blick zum 2 km langen, 85 ha großen und maximal 70 m tiefen Lake Louise, mehr als 500 m in der Tiefe. Der See ist in ein hängendes Tal eingebettet und durch eine Moräne aufgestaut, die sich während der Wisconsin-Eiszeit durch den Bow Valley-Gletscher längsseits gebildet hat.

Vom Big Beehive zu den Plains of Six Glaciers

*Plateau der
sechs
Gletscher* Kehren Sie zum Hauptweg zurück und halten Sie sich links. Der Trail steigt stetig zur Hauptverbindungsroute ab, die den Lake Agnes mit der Plain of Six Glaciers verbindet. Der Blick wird auf den **Mitre** (2.889 m) frei, der wegen seiner Ähnlichkeit mit einer Bischofskappe so benannt ist. Hier wächst Common Butterwort, eine der sieben Insekten fangenden Pflanzen in den Rockies.

Das Plain of Six Glaciers **Tea House** wurde 1924 von Schweizer Bergführern konstruiert, die bei der Eisenbahngesellschaft C.P.R arbeiteten. Ursprünglich war diese Hütte für übernachtende Bergsteiger gedacht. Heute werden keine Schlafmöglichkeiten mehr angeboten. In der Saison wird ein Mittagsmahl serviert, und Erfrischungen und Backwaren können erstanden werden.

Vom Tea House zum Victoria Glacier Aussichtspunkt

Beim weiteren Weg befinden Sie sich jetzt Auge in Auge mit einer grandiosen Eiszeitlandschaft. Beim Blick nach Südwesten sehen Sie auf den Abbot Pass (2.925 m), der trennend zwischen dem Mt. Lefroy (3.423 m) und dem Mt. Victoria (3.464 m) liegt. Der Pass wurde nach *Stanley Abbot* benannt, der 1896 am Mt. Lefroy starb. Am Pass liegt die Abbot Pass-Hütte, von Schweizer Bergführern 1921–1922 erbaut. Mehr als zwei Tonnen Baumaterial wurde mit Hilfe von Pferden über den Gletscher getragen und von den Bergführern per Winde oder auf ihrem Rücken zum Pass transportiert.

Die Wanderung jenseits des Plain of Six Glaciers Aussichtspunkt ist nur für erfahrene und gut ausgerüstete Bergsteiger zu empfehlen. Vom o. g. Aussichtspunkt zurück zum Château sind es 6,9 km. Wählen Sie den Weg immer geradeaus und lassen Sie alle seitlichen Abzweigungen außer Acht. Am späten Abend können Sie bei geringer Störung durch Wanderer am See gelegentlich Biber beobachten, die sich an den Weidenbüschen gütlich tun.

- **Fahrt zum Moraine Lake** (ⓘ s. S. 187)
Länge: 12,5 km

Die Straße zu diesem See steigt südlich des Bow River-Tals empor. Zeitweise dominiert der Blick auf den eisgepanzerten Mount Temple (3.543 m). Dann schwingt sich die Bergstraße um den eindrucksvollen Bergriesen herum. Oben am Moraine Lake angekommen, blickt man auf die **10 Bergspitzen des Wenkchemna**, einen Teil der kontinentalen Wasserscheide. „Wenkchemna" ist ein Wort der Stoney-Indianer und heißt „zehn".

*Einer der
schönsten
Kanada-
seen* Der Moraine Lake, klein und schmal, einer der reizvollsten Seen der kanadischen Rockies, der andere Juwel neben dem Lake Louise, liegt unmittelbar an den Wenkchemna Peaks, deren glatte Flanken und leuchtende Gletscher sich im tintenblauen Wasser des „Märchenauges" spiegeln. Am Nordende des Bergsees, an dem Sie angekommen sind, verhindert eine Felsbarriere eines ehemaligen Bergsturzes wie ein Pfropf das Auslaufen des Schmelzwassers.

Oft ist der See bis Juni zugefroren. Im Hochsommer werden hier Kanus vermietet. Im Winter ist die Moraine Lake Road monatelang gesperrt.

Der See wird jährlich von Tausenden von Menschen besucht, aber der erste Weiße, der ihn sah, war 1894 *Samuel Allen*. Der Abenteurer war sehr beeindruckt von der Schönheit des Sees. Er gab den Berggipfeln an der Südseite des Tals indianische Namen nach der Zahlenreihe 1 bis 10 aus der Stoney-Sprache. Der Berg 1 an der Basis erhielt beispielsweise den Namen Mt. Heejee. Heute haben nur der Berg 9 den ursprünglichen Namen Neptuak Mountain und der Berg 10 den Namen **Wenkchemna Peak** behalten. In seinen Aufzeichnungen fand man folgende Eintragung: „Ich sah an der Basis von No. 1 Mt. Heejee einen großen und düsteren See, der in seiner dunklen Oberfläche die Wände und hängenden Gletscher reflektierte."

Beeindruckende Schönheit

Samuel Allen und sein Freund *Walter Wilcox*, der später hinzukam, verbrachten zwei Sommer hier zusammen. Sie wanderten, fotografierten und schrieben. Nach ihnen besuchten Tausende Menschen diese atemberaubende Hochgebirgslandschaft. Der Blick auf den Moraine Lake befand sich einst auf dem 20 Dollarschein.

2 Tipps
1. Wegen **Parkplatzproblemen** *am Moraine Lake in der Hochsaison machen Sie sich möglichst früh morgens auf den Weg.*
2. Das beste Licht zum **Fotografieren** *haben Sie allerdings erst ab 11 Uhr, weil früher eine steile Felswand im Osten das Sonnenlicht auf den See abschirmt.*

• Wenkchemna Pass-Wanderroute

Route	Höhe (m)	Entfernung (km)
Moraine Lake Trailanfang	1.888	0
Larch Valley/ Sentinel Pass-Abzw.	2.241	2,7
Eiffel Lakes	2.287	6,0
Wenkchemna Pass	2.600	9,7

Ausgangspunkt

Von Lake Louise Village folgen Sie dem Lake Louise Drive 3 km bis zur Moraine Lake Road, und fahren diese Straße bis 12 km an ihr Ende zum Moraine Lake. Der Trailanfang befindet sich am Seeufer, südlich der Lodge.

Vom Moraine Lake bis zu den Eiffel-Seen

Vom Trailanfang beim Kiosk am Seeufer folgen Sie dem Wanderweg 35 m bis zur Abzweigung. Der **Sentinel Pass/Wenkchemna Pass** zweigt rechts ab, und unmittelbar danach beginnt der Aufstieg. Auf den nächsten 2,5 km gewinnt der Trail an 252 Höhenmetern bis zum Eingang ins **Larch Valley** (Lärchental). Der

Moraine Lake wird durch die Bäume sichtbar. An der Weggabelung folgen Sie dem Trail Richtung Westen geradeaus zum Wenkchemna Pass.

Die ersten Europäer am Moraine Lake

Für die nächsten 2 km quert der Pfad die Südflanke des **Eiffel Peak** (3.084 m) entlang der Baumgrenze und bietet lohnende Ausblicke voraus zum Wenkchemna Pass und zurück zum Westzipfel des Moraine Lake. *Walter Wilcox* und *Samuel Allen* waren die ersten Europäer, die den oberen Teil dieses Tals sahen. Wilcox war so völlig perplex von dem kargen Aussehen der Wenkchemna Peaks und dem Chaos des Gerölls an der Basis, dass er die Bezeichnung **„Desolation Valley"** (Trostloses Tal) prägte.

Herbe Schönheit

Das meiste Geröll im **Valley of the Ten Peaks** ist die Oberfläche der Moräne, die 4 km² des Wenkchemna Glacier bedeckt. Auf dem trümmerübersäten Gletscher bilden sich kegelförmige Haufen von Steinen, die durch die Lawinen gebildet wurden. Diese Steinhaufen, von der Basis der Kliffs stammend, wurden durch das Eis bewegt. Die Oberfläche des Gletschers ist mit kesselförmigen Teichen übersät, die durch schmelzendes Eis entstanden sind. Eine schlangenförmige Endmoräne windet sich am nördlichen Rand entlang. Wilcox hatte Recht. Es ist eine Szenerie der Trostlosigkeit, aber nicht ohne herbe Schönheit.

Nachdem Sie einen Lawinenhang überquert haben, rücken die **malerischen Eiffel Lakes** ins Blickfeld. Diese Seen, von Lärchen eingerahmt, befreien von der Depression der vorherigen Trümmerlandschaft. Diese Seen waren das favorisierte Ziel von Wilcox, die er zu gerne im späten Sommer fotografierte. Er nannte sie Wenkchemna Lakes. Später wurden sie nach einem Felsenturm, der dem Eiffelturm in Paris ähnelt, in Eiffel Lakes umbenannt.

Von den Eiffel Lakes zum Wenkchemna Pass

Gute Kondition erforderlich

Nach dem Erreichen der Eiffel Lakes empfiehlt es sich bei guter Kondition und stabiler Wetterlage, auf einem Weg durch Geröll und Felsen, von einem Erdrutsch herrührend, bis zum höchsten Punkt des **Wenkchemna Passes** (2.600 m), weitere 350 Höhenmeter aufzusteigen, um den Ausblick zu genießen. Die Distanz zurück zum Moraine Lake beträgt 9,7 km.

- **Mount Temple-Aussichtspunkt** Km 63,0 (Km 65,2)

Die Fahrt auf dem Hwy 1 wird fortgeführt. Der Mt. Temple (3.543 m) ist nach dem britischen Wissenschaftler *Sir Richard Temple* benannt, der 1884 eine Expedition in die Rocky Mountains führte. Der Berg ist mit 3.543 m die höchste Erhebung in der Umgebung des Lake Louise und die dritthöchste im Banff National Park. Der Mount Temple besteht zum größten Teil aus 500 Mio. Jahre altem kambrischen Kalkgestein.

- **Castle Junction** Km 81,1 (Km 47,1)

Hier mündet der Banff Windermere Parkway (Hwy 93) in den Trans Canada Highway (Hwy 1) ein.

- **Castle Mountain-Aussichtspunkt** Km 90,1 (Km 38,1)

Von diesem Aussichtspunkt aus haben Sie einen ungehinderten Blick auf den Castle Mountain (Burgberg), der von *Dr. James Hector* so treffend bezeichnet wurde, denn in der Tat gleicht er einer schwer einnehmbaren Festung. Die waagerechte Schichtung hat stufenförmig Türme und Zinnen entstehen lassen.

Während der Bildung der Rockies, die vor ca. 100 Mio. Jahren begann, hat sich das Land zum Gebirge erhoben und gefaltet. Es entstanden meilenweit tiefe Senken und steile Bergkämme. In einer Senke hat sich der Bow River seinen Weg durchs Gebirge gesägt und das Bow Valley geformt. Castle Mountain liegt auf dem Hauptkamm, der aus dem ältesten Gestein des Gebirges besteht. Er ragt höher empor als alle anderen Erhebungen im Osten und Westen. Hölzerne Richtungsanzeiger weisen außerdem auf weitere Berggipfel hin:

- auf den Mt. Rundle (2.948 m)
- auf den Mt. Cascade Mt. (2.998 m)
- auf den Sulphur Mtn. (2.271 m) (Schwefelberg)

Tiefer Einschnitt – Johnson Canyon

Tipp
Es ist empfehlenswert, lieber die landschaftlich reizvolle Parallelstraße 1A, den Bow Valley Parkway, zu befahren, als den eingezäunten Hwy 1. Auf der 1A dürfen Sie verweilen, können sich in Ruhe am Anblick der Berge, Wiesen und Wälder erfreuen und haben bessere Chancen, Wild zu beobachten, im Gegensatz zum Hwy 1.

Tiefe Senken und steile Bergkämme

- **Johnston Canyon-Wanderroute**

Route	Höhe (m)	Entfernung (km)
Trailanfang	1.430	0
Lower Falls	1.463	1,1
Upper Falls	1.483	2,7
Ink Pots-Abzweigung	1.524	3,2
Ink Pots	1.631	5,9

Ausgangspunkt

Folgen Sie dem Bow Valley Parkway (Highway 1A), 23.6 km westlich von Banff, 6,5 km östlich von Castle Junction. An der Nordostecke des Johnston Canyon Parkplatzes liegt der Trailanfang.

Empfehlenswert ist, den Canyon in der nicht so stark besuchten Vor- und Nachsaison aufzusuchen. Neben dem Naturschauspiel des gurgelnden Wassers in der Klamm stehen die Chancen besser mit etwas Glück die dort heimische Tierwelt zu beobachten, z. B. Maultierhirsche, Baumstachler, Erdhörnchen, zu den Hähern zählende Gray Jays, Kolkraben und Amerikanische Wasseramseln, die oft wippend auf den Steinen oder beim Tauchen ins eiskalte Wasser zu beobachten sind, wenn sie Insektenlarven herausfischen. Als Rarität kommt hier der Black Swift vor, eine dem europäischen Mauerseglern verwandte Art, die außer an einer anderen Stelle in Alberta nur hier brütet.

Zu den Lower Falls

Ein teilweise asphaltierter Weg, manchmal als sog. **„Catwalk"**, führt nach 1,1 km zum unteren Wasserfall. Die „Catwalks" sind Überbrückungen der schwierigsten Stellen im Canyon, die durch Stahl-Verstrebungen in der Felswand gesichert sind. Der Canyon ist dort am tiefsten, wo er sich in das leicht wasserlösliche Kalkgestein eingraben konnte. Dort sieht man bis zu 30 m in die Tiefe. Insgesamt passiert man **sieben Wasserfälle** von 2 bis 30 m Höhe, die im Laufe der Zeit „flussaufwärts wandern".

Der Wasserfall „wandert flussaufwärts" An dem höchsten Wasserfall, den Lower Falls (km 1,1), erkennen Sie die Stelle, an der er einst in den Pool gefallen ist. Der obere Teil der Felsenstufe besteht aus hartem Dolomitgestein, das das weichere Kalkgestein überlagert. Das Wasser hat das Kalkgestein aufgelöst, schließlich die Stufe durchbrochen und unterspült, so dass das Dolomitgestein zum Einsturz gebracht wurde. Dieser Prozess hat sich laufend wiederholt und wird sich auch in Zukunft wiederholen, deshalb sagt man, dass der Wasserfall „flussaufwärts wandert". Die Stellen, an denen das Wasser herabstürzt, nennt man „blunge pools". Durch das fallende Wasser wird ein enormer Drill erzeugt, der den Pool immer stärker ausschmirgelt.

Im nebeligen Schatten des Canyon mit entsprechender Feuchtigkeit gedeihen Moose und Farne sehr gut. Wo mehr Licht hinfällt, wachsen auch Kanadische oder Schimmelfichten (White Spruces) und Blaue Engelmannfichten (Engelmann Spruces), Felsengebirgstannen (Subalpine Firs), Douglasien (Douglas Firs) sowie die Langnadlige Drehkiefer (Lodgepole Pine). Die Sämlinge finden zwar Boden und Wasser, aber es genügt nicht, um große Bäume hervorzubringen. Wind, Frost und Alter fordern ihren Tribut im Canyon. Absterbend stürzen sie meist in die Schlucht.

Von den Lower Falls zu den Upper Falls

Die meisten der Besucher drehen bei den Lower Falls um. Der Charakter des Canyons ändert sich im oberen Teil. Das Creek-Bett besteht hier hauptsächlich aus Schiefer, und der Canyon ist hier oft breiter und V-förmig geschnitten, im Gegensatz zur engen, tiefen Schlucht des unteren Canyons. Der Creek macht eine deutliche Krümmung unterhalb eines Aussichtspunktes. Wenn Sie nach unten sehen, erkennen Sie die **Johnston Creek-Verwerfung**. Bei km 2,7 können Sie über einen „Catwalk" zur Basis des 30 m hohen Upper Falls hinabsteigen. An der gegenüber liegenden Wand des Canyons bildet sich durch kalkhaltiges Wasser sog. „travertine", krümeliger Kalkstein. Eine Methode, um „travertine" zu bilden, besteht darin, dass Algen Karbondioxyd dem Wasser für die Photosynthese entnehmen, und einen Film an Calciumkarbonat als ein Abfallprodukt ablagern. Dieses Calciumkarbonat kann wieder gebänderten Kalkstein bilden. 25 verschiedene Algenarten, die an diesem Prozess beteiligt sind, wurden hier festgestellt.

- **Banff West-Abzweigung Km 111,1** (Km 17,1)

Hier zweigt rechts die nach Banff hineinführende Straße ab.

b) Stadt Banff und Umgebung (ⓘ s. S. 187)

Überblick

Die Stadt Banff ist das Zentrum des Banff National Park und gleichzeitig die älteste Stadt des Parks. Sie liegt im weiten Tal des Bow River, zwischen seinem derzeitigen und seinem ehemaligen Flussbett. Dem letzteren folgen nun die Canadian Pacific Railway und der Trans Canada Highway (Hwy 1). In einer Höhe von *Banff, die ältest Stadt des Parks*

1.380 m gelegen, ist das schmucke Städtchen von hohen Bergen umgeben. Der auffälligste ist der Cascade Mountain (2.998 m) im Norden, ein treppenartiges und leicht geneigtes Massiv. Im Südwesten erhebt sich der Mount Rundle (2.948 m), ein genauso imposanter Berg, der wie ein schief gestellter Schreibtisch aussieht. Auch der Mount Norquay (2.515 m) mit seinen guten Skiabfahrtspisten im Nordwesten ist von der Stadt aus sichtbar. Der Sulphur Mountain

Mount Rundle – Banff National Park

(2.271 m) (Sulphur = Schwefel) im Süden hat seinen Namen von heißen Schwefelquellen, die an einer Verwerfung von Gesteinsschichten an seiner Basis austreten. Diese Mineralquellen haben Banff zu seiner ersten Berühmtheit verholfen.

Kaum ein Teil des Nationalparks ist mit einem so gut ausgebauten Straßennetz zu den Hauptattraktionen in der näheren Umgebung der Stadt versehen wie Banff. Die einmaligen Landschaftsschönheiten im Umkreis von 25 km sind auch mit dem Fahrrad sehr gut zu erkunden.

Aufstieg von Banff

1858 soll *Sir James Hector*, Mitglied der Palliser Expedition, als erster Weißer heiße Mineralquellen in dieser Gegend ausfindig gemacht haben, kurz bevor er den Kicking Horse Pass überquerte. Über diesen Pass wurde die Eisenbahn

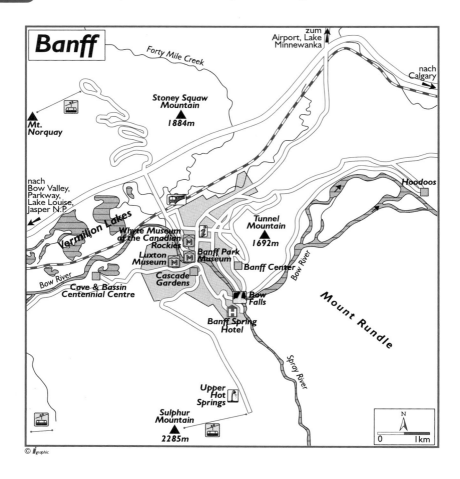

© I*graphic*

verlegt und die Niederlassung Siding 29 (Stumpfgleis 29) nahe der Mineralquelle errichtet. *George Stephen*, der damalige Präsident der Canadian Pacific Railway, fand diesen Ortsnamen jedoch zu nüchtern und ließ ihn in Banff nach seinem heimatlichen Banffshire in Schottland umtaufen. 1883 kamen zwei Streckenarbeiter der „Canadian Pacific", *Frank McCabe* und *William McCardell*, auf die Idee, das

Die heiße schwefelige Wasser den im kalten Gebirgswinter reichlich von Rheuma und
streitenden Erkältungen geplagten Arbeitskameraden gegen Bezahlung zugänglich zu machen.
Bade- Die beiden „Bademeister" gerieten jedoch über den größeren Anteil des sich
meister zum lukrativen Geschäft entwickelnden Schwefelbads an der kleinen Bahnstation in den Rockies in Streit. Der schwierige Rechtsstreit und das Wissen um die Existenz der heilsamen Quellen drang bis nach Ottawa, dem Regierungssitz des 1867 gegründeten Dominion of Canada.

1885 stellte die kanadische Regierung ein 25 km² großes Areal rund um die Mineralquellen unter ihren Schutz und beendete so, nach Abfindung der „Streithähne", elegant deren Rechtsstreit. 1887 griff man den Vorschlag auf, hier den ersten kanadischen Nationalpark nach dem Vorbild des Yellowstone Nationalparks (USA) zu errichten, nachdem der hohe medizinische Wert der Quellen erkannt worden war. Der sog. Rocky Mountain Park umfasste damals 673 km².

1888 konnte das feudale Banff Springs Hotel, das *Cornelius Van Horne*, der Präsident der Canadian Pacific Railway (CPR), erbauen ließ, seine Tore öffnen. Der weltkluge Präsident hat den vorausschauenden Ausspruch getan: „Exportieren können wir die großartige Landschaft und die warmen Quellen nicht, also werden wir die Touristen importieren!". Reiche und vornehme Gäste strömten in das neue Luxushotel tief in der kanadischen Wildnis. 1899 wurden Schweizer Bergführer engagiert, um den Besuchern die Bergwelt nahe zu bringen. 1911 beherbergte das Hotel bereits 22.000 Gäste. 1920 konnten die ersten Wintersportaktivitäten stattfinden. So entwickelte sich Banff mehr und mehr zu einem lebhaften Kur- und Ferienort, der übers ganze Jahr bisher von millionenfachem Publikum besucht wurde. Im gleichen Jahr wurde die erste Straße zwischen Banff und Lake Louise, an dem um die Jahrhundertwende das Schlosshotel „Château Lake Louise" eröffnet worden war, eingeweiht. 1930 wurde der heutige Banff National Park, der annähernd die zehnfache Größe des damaligen Rocky Mountain Parks besitzt, gegründet.

Luxushotel mit Zukunft

Heute ist die Kleinstadt Banff ein sehr lebhafter Fremdenverkehrsort mit zahlreichen Geschäften, u. a. für Sportartikel, Textilien und Kunstgewerbe, Schmuckläden, Boutiquen und Andenkenläden.

Sehenswürdigkeiten

* **Banff Springs Hotel**
Tel.: (403)762-2211

Das ursprüngliche Banff Springs Hotel öffnete seine Tore für die Gäste im Juni 1888. *Bruce Price*, Vater des Château-Stils und Architekt in Kanada, entwarf dieses luxuriöse Hotel. Der Bauherr war die Canadian Pacific Railway, und das Baumaterial bestand zum größten Teil aus Natursteinen, die vom Mount Rundle stammten.

Das Hotel besticht durch seine außergewöhnliche Lage inmitten von Nadelwäldern hoch über dem Ufer des Bow River mit seinem großzügig angelegten 18-Loch-Golfplatz. Zu den Annehmlichkeiten des Luxushotels zählen eine Sauna, ein Schönheitssalon, eine Bank, ein

Banff Springs Hotel

Postbüro, Läden und ein Tennisplatz. Von der Terrasse hat man einen wunderbaren Blick auf den Bow River.

- **Banff Park Museum**
*93 Banff Ave., Tel.: (403)762-1558, **Öffnungszeiten:** Oktober bis Mitte Mai täglich 13–17 Uhr, Mitte Mai bis September täglich 10–18 Uhr*

In Westkanadas ältestem Naturkundemuseum kann man sämtliche Tiere des Banff National Parks einmal genauer betrachten: Von jeder Tierart, die im Park lebt, gibt es hier ein ausgestopftes Modell. Allein das 1903 erbaute und unter Denkmalschutz stehende Gebäude ist eine Besichtigung wert. Die Exponate des 1895 gegründeten Museum sind nicht etwa kürzlich getötete Tiere, sondern stammen aus der Zeit, als das Jagen in der Umgebung von Banff noch erlaubt war.

- **Whyte Museum of the Canadian Rockies**
*111 Bear St., Box 160 Banff, Alberta T0L 0C0, Tel.: (403)762-2291), **Öffnungszeiten:** 10–17 Uhr: täglich, im Winter: 13–17 Uhr Di–So, 13–21 Uhr Do*

Leben in den Rockies

Die historische Sammlung verschafft Ihnen einen Einblick in die Geschichte menschlichen Lebens in den Rockies von den prähistorischen Anfängen bis zum 21. Jahrhundert, der Blütezeit des Tourismus und der Freizeitgestaltung in Banff und Umgebung.

Folgende Themenkreise werden behandelt:
- **Die Stoney Indianer**
Die Urbevölkerung dieser Gegend waren die „Stoneys" (die „Steinigen"), verwandt mit den Sioux der Prärien. Dieser Indianerstamm erhielt seinen Namen

Elch im Banff National Park

von den Weißen, weil er keine feuerfesten Gefäße besaß und deshalb nur mit Hilfe von erhitzten Steinen kochte. Die Stoneys wanderten um 1800 von Manitoba hier ein. Sie wurden, wie auch andere Stämme, in dieser Zeit durch das Auftauchen „des Weißen Mannes" drastischen Veränderungen unterworfen: Das **Verschwinden der Bisons** aus der Prärie durch rücksichtslose Bejagung durch die Weißen mit ihren Feuerwaffen führte zum Zusammenbruch ihrer Lebensgrundlage. Die Einschleppung der „Small Pocks" (Windpocken), gegen die die Indianer keine Abwehrkräfte besaßen, ließ sie reihenweise sterben. Die Ankunft der Missionare veränderte ihre Glaubensvorstellung grundlegend. In den 1840er Jahren standen sie stark unter dem Einfluss des Methodisten-Missionars *Robert Rundle* und in den 1870er Jahren unter *John Mc Dougall*, ebenfalls Methodist.

- **Weitere Entwicklung von Banff**

Durch den Bau der Eisenbahn über die Rockies wurde der Grundstein von Banff gelegt. Die kleine Bahnstation Siding 29 (Stumpfgleis 29) war die Keimzelle des heutigen Ortes. Die zusätzliche Erschließung der „Hot Springs", der schwefelhaltigen Mineralquellen, machte Banff zu einem bekannten Heilbad.

Karl Luxton war der maßgebliche Mann, der Banff außerdem zu einem bedeutenden Wintersportort mit Eishockey, Eisschnell- und Eiskunstlauf machte. Frühere Skiausrüstungen (1930), bei denen Skier mit Steigfellen und Riemenbindung in Anwendung kamen, liegen im Museum aus. Immer mehr Abenteurer und Sporttouristen fanden sich in Banff ein. Es wurden Bergwandertouren und Reitausflüge organisiert. Die Ausrüstung eines damaligen „Horse Trail" kann besichtigt werden. Der erste Bergführer war ein Schweizer, typisch mit seinem gedrehten Bergstock. Damals wurden noch Hanfseile für die Kletterei verwendet.

Sportliche Aktivitäten

Die Anfänge der Fotografie zu Beginn des 20. Jahrhunderts sind ebenfalls sehr interessant. Man benutzte seinerzeit Plattenkameras, die noch durch Handvorhalten belichtet wurden. Auch die Ausrüstungsgegenstände der Feuerwehr sind ein Verweilen wert. Es folgen in schnellerer Zeitfolge Bilder von Banff mit seiner Hauptstraße und verschiedene Transportmittel von der Pferdekutsche bis zum Greyhound.

- **Wechselnde Kunstausstellungen**

Ein weiterer Bereich des Museums ist der Kunstgalerie gewidmet. Hier werden zeitgenössische und historische Gemälde, Skulpturen, Drucke, Fotografien und besondere Kunstgegenstände von Künstlern dieser Gegend, ganz Kanadas und des Auslands präsentiert.

- **Banff Centre**

Tel.: (403)762-6301, gebührenfrei in Nordamerika: 1-800-413-8368

Es liegt unweit des Stadtzentrums und bietet eine Vielzahl an Kursen, Vorträgen sowie Musik- und Theaterveranstaltungen.

Ausflüge in die Umgebung von Banff per Auto und teilweise mit anschließenden Wandermöglichkeiten

- **Die Thermen**

  - **Cave & Basin Centennial Centre-Tour** (1,2 km lang): Vom Stadtkern aus überqueren Sie die Bow River-Brücke und biegen rechts in die Cave Avenue ein, bis man zu dem Cave & Basin Parkplatz kommt. Die Einrichtung ist um zwei heiße Quellen herumgebaut. Entspannung und Linderung Ihrer eventuellen Leiden können Sie im warmen Wasser dieser „Hot Springs" finden, der Geburtsstätte von Banff und Kanadas erstem 1885 gegründeten Nationalpark. Ein Tunnel, für Besucher freigegeben, führt zum Quellgebiet. Das Gebäude mit dem Schwimmbecken wurde 1914 erbaut. 1985, zur 100-Jahr-Feier der kanadischen Nationalparks, wurde es restauriert. Neben dem modernen Gebäude befindet sich eine Nachbildung des ehemaligen Badehauses, in dem heute Filme und Dia-Shows vorgeführt werden.

Geburts-
stätte von
Banff

  - **Upper Hot Springs**: Eine weitere Quelle liegt am Ende der Mountain Avenue, Tel.: (403)762-1515, ganzjährig geöffnet, nahe der Sulphur Mountain Seilbahn. Hier können Sie sich im + 38 °C warmen Wasser erquicken und außerdem massieren lassen.

- **Vermilion Lakes Drive** (4,8 km lang)

  Dieser Weg zweigt vom Mount Norquay Drive unmittelbar südlich der Überführung des Trans Canada Highway (Hwy 1) ab. Der Fahrweg führt Sie in das Sumpfgebiet des Bow River mit seinen Seen. Eine Plattform dient der Vogel- und Wildbeobachtung.

Vogel- und
Wildbeob-
achtung

  - Der **erste Vermilion Lake** ist sehr flach. Verschiedene Vegetationszonen, von einem Schilf- und Binsengürtel über Weidegebüsche bis zu einem Mischwald aus Pappeln und Weißfichten, umschließen den allmählich verlandenden See. Die Biber regulieren den Wasserstand. Ohne sie wäre der See längst ein von Pflanzen überwuchertes Schlammloch.
  - Der **zweite Vermilion Lake** ist ebenfalls sehr flach. In sehr strengen Wintern friert er fast bis auf den Boden zu. Die Folge ist, dass die meisten Fische sterben.
  - Der **dritte Vermilion Lake** wird von einer warmen Quelle, die ihn im Winter nie ganz zufrieren lässt, gespeist. Grüne Pflanzen halten sich das ganze Jahr über, auch im Winter.

- **Mount Norquay Drive** (5,8 km lang)

Sie verlassen Banff in nordöstlicher Richtung und folgen der Ausschilderung „Highway 1 Westbound", bis Sie auf den Trans Canada Highway (westliche Abfahrt Banff) stoßen. Nachdem Sie die Trans-Canada-Überführung überquert haben, beginnt sich die Serpentinenstraße, den Südhang des Mount Norquay hinaufzuwinden. Diese Bergflanke ist verhältnismäßig trocken und nur dünn bewachsen. Zum lockeren Baumbestand zählen in erster Linie Murray's Kiefern, Douglasien und Zitterpappeln. Maultierhirsche und Dickhornschafe haben hier ihre Einstände. Der Höhepunkt dieser Tour ist der letzte Ausblick an einer Bergwiese, 5,5 km vom Trans Canada Highway entfernt. Der Höhenmesser zeigt 1.675 m an. Sie genießen den weiten Blick über das Bow River Tal. Hinter der Stadt Banff erhebt sich gewaltig der **Mount Rundle** (2.949 m). Wegen seiner schrägen Gesteinsschichtung und dem jähen Abbruch wird er auch im Volksmund „Schreibpult" genannt.

Einen Kilometer von der Waldwiese, einem ehemaligen Waldbrandgebiet entfernt, endet die Straße an der **Mount Norquay Lodge** und einem anschließenden Skigebiet. Eine Seilbahn, die im Sommer in Betrieb ist, führt auf eine 2.100 m hohe Ebene des Berges.

- **Lake Minnewanka-Rundfahrt** (25 km lang)

Die Tour zum Lake Minnewanka, dem größten See des Banff National Parks, ist sehr beliebt. Fahren Sie bitte die Banff Avenue drei Kilometer in nördlicher Richtung entlang. Unterqueren Sie den Trans Canada Highway und folgen der Ausschilderung „Lake Minnewanka". Zur Linken blicken Sie auf den Cascade Mountain (2.998 m). An einer Weggabelung halten Sie sich links. Nach Km 3,3 kommen Sie an einer Gedenktafel über die verlassene Bergmannstadt **Bankhead** vorbei. Von 1904 bis 1923 wurde hier Kohle gefördert. *Größter See des Banff N.P.*

500 m weiter führt eine unbefestigte Straße nach **Upper Bankhead**. Von hier aus können Sie einem 4,0 km langen Wanderweg zum C-Level Cirque, einem Kar in der Wand des Cascade Mountain, folgen.

C-Level Cirque-Wanderroute
- *Länge*: 4 km (90 Minuten), nur Hinweg
- *Höhenunterschied*: 455 m
- *Schwierigkeitsgrad*: mittelschwer
- *Routenbeschreibung*: Der Startpunkt ist Upper Bankhead, kurz bevor Sie den Minnewanka Lake erreichen links. Zunächst steigen Sie durch einen Wald mit Drehkiefern, Zitterpappeln und Tannen auf. Schon bald blicken Sie auf den Lake Minnewanka, und Sie sind anschließend wieder von Wald umgeben, bis der Pfad an einem wilden Kar, das aus der Ostflanke des Cascade Mountain herausgebrochen ist, endet. Hier liegt oft bis Juli Schnee, der nach dem Schmelzen den Wildblumen Platz macht. *Wildes Kar*

Bei der Weiterfahrt stößt man bei Km 5,9 auf den Lake Minnewanka. Von der Bootsanlegestelle aus können Sie Bootsausflugfahrten unternehmen. Die Straße schwenkt nach rechts über einen Damm des Stausees. Verlässt man den See, so erreicht man bald den **Two Jack Lake**. In dieser Gegend halten sich gerne ganze Rudel von Dickhorn-

Dickhornschafwidder am Two Jack Lake – Banff N.P.

schafen auf, darunter auch kapitale Widder mit ihren prächtig gedrehtem Gehörnen. Bei Km 11 führt links abzweigend eine Stichstraße zum **Johnson Lake**. Die Rückfahrt nach Banff belohnt Sie abschließend mit herrlichen Ausblicken auf den Cascade Mountain.

- **Sulphur Mountain Road** (Schwefelberg) (3,5 km lang)

Blick vom Schwefelberg

Vom Stadtzentrum Banff aus geht es zunächst über die Bow River Brücke. Anschließend biegt man links ab. Am Ende der Mountain Avenue mit zwei großen Autoparkplätzen führt ein Gondellift auf den Sulphur Mountain (2.286 m). Von der Bergspitze genießen Sie bei günstigem Wetter einen großartigen Blick auf die ganze Umgebung. Die Rockies sehen aus diesem Blickwinkel wie ein wildbewegtes Meer mit hochschlagenden Wellen aus, die erstarrt sind. An die 20 Bergspitzen und Kuppeln sind aus dieser Höhe bei klarem Wetter auszumachen. Besonders eindrucksvoll sind der treppenförmige **Cascade Mountain** und der **Mount Norquay**. Der Einschnitt zwischen Tunnel Mountain und Mount Rundle, durch den der Bow River seinen Weg gefunden hat, ist besonders deutlich auszumachen. Ein großes Panorama-Restaurant, in den 1980er Jahren errichtet, bietet hier oben auf dem Schwefelberg seine Dienste an.

- **Bow River/Hoodoos** (Erdpyramiden) (4,8 km)

Die Tunnel Mountain Road ist die Zufahrtsstraße zu den Hoodoos. Von einem Parkplatz aus führt ein „Nature Trail" zu den Hoodoos.

Hoodoos-Wanderroute
- *Länge*: 2 km (30 Minuten), nur Hinweg
- *Höhenunterschied*: minimal
- *Schwierigkeitsgrad*: leicht
- *Routenbeschreibung*: Nach 2 km erblicken Sie seltsam geformte Säulen am

Säulen mit „Kopfbedeckung"

Bow River. Während der Rest des Tales erodiert ist, haben sich Schotter und Schwemmsand mit Kalk verfestigt und Kalksandsteinblöcke gebildet, die als „Kopfbedeckung" Felsplatten tragen. Gegenüber erhebt sich der Mount Rundle.

- **Kurze Wanderrouten ab Stadt Banff**

- **Bow Falls**
- *Länge*: 2,5 km (30 Minuten), nur Hinweg
- *Schwierigkeitsgrad*: leicht
- *Routenbeschreibung*: Am Fuß des Banff Springs Hotels und kurz vor der Einmündung des Spray River stürzt der Bow River über klippenartige Kalksteinstufen, die Gebirgsstöcke des Mount Rundle und des Tunnel Mountain trennend. Flussabwärts sehen Sie auf die Fairholm Range.

- **Tunnel Mountain**
- *Länge*: 2,3 km (30–60 Minuten), nur Hinweg
- *Höhenunterschied*: 300 m
- *Schwierigkeitsgrad*: leicht bis mittelschwer

- *Routenbeschreibung*: Sie starten in der St. Julien Road. Der Aufstieg auf den Tunnel Mountain erfolgt von Westen her. Sie durchwandern einen Wald von Drehkiefern. Nach einigen Ausblicken erreichen Sie einen Grat nahe unterhalb des Gipfels. Hier wendet sich der Pfad nach Norden durch ein Waldgebiet mit Douglasien, die an ihrer dicken, feuerfesten Borke erkennbar sind. Von der Bergspitze können Sie einen Rundblick von 360° genießen.

- **Sundance Canyon**
- *Länge*: 4,4 km (90 Minuten), nur Hinweg
- *Höhenunterschied*: 100 m
- *Schwierigkeitsgrad*: leicht
- *Routenbeschreibung*: Der Sundance Canyon ist vom Cave and Basin Centennial Centre zugänglich. Die ersten drei Kilometer müssen Sie leider auf einer befestigten Straße zurücklegen, die glücklicherweise für den Autoverkehr gesperrt ist. Gelegentlich sehen Sie die Sawback Range durch Waldlücken. Die Straße endet an einem Picknickplatz. Hier beginnt der Pfad zum Canyon. Der Sundance Creek war einst ein mächtiger Fluss, dessen oberer Abfluss durch Gletscheraktionen verdrängt wurde. Der ehemals starke Fluss hat sich tief in das weiche Flussbett eingegraben und teilweise eine Klamm mit überhängenden Wänden geformt.

Tiefe Klamm

c) Nordteil Banff National Park (südlicher Icefields Parkway)

Überblick

Der Streckenabschnitt von der Abzweigung des Trans Canada Highway (Hwy 1) 2 km nordwestlich des Dorfes Lake Louise bis zur Einmündung in den Hwy 16 kurz vor Jasper wird als Icefields Parkway (230 km) bezeichnet. Die Hochgebirgsstraße verläuft parallel zur kontinentalen Wasserscheide und folgt nacheinander fünf Flussläufen: dem Bow River, dem Mistaya River, dem North Saskatchewan River, dem Sunwapta River und dem Athabasca River. Der „Parkway" verläuft in ungefähr südnördlicher Richtung. Er überquert zwei Pässe, den **Bow Summit** (2.069 m) und den **Sunwapta Pass** (2.035 m).

Ausschließlich zur Freude der Besucher hat man diese Hochgebirgsstraße gebaut, um sie an der Großartigkeit der Rocky Mountains teilhaben zu lassen. Sie ist, im Gegensatz zum Trans Canada Highway (Hwy 1) und dem Yellowhead Highway (Hwy 16), für den kommerziellen Verkehr (Lkw) gesperrt. Für alle Fahrzeuge dieser „Traumstraße" ist eine „National Park Motor Vehicle Licence" (Genehmigung), die an den „Gates" erhältlich ist, erforderlich.

Großartige Gebirgsstraße

Die landschaftliche Schönheit dieser Straße sucht auf unserer Erde ihresgleichen. Eisströme, die sich aus den Gletschertoren ergießen und die fast bis an die Straße reichen, hängende Gletscher hoch im Gebirge, schneebedeckte Gipfel bis 3.600 m, hohe Pässe, gewaltige Findlinge und Felsmoränen, die die Täler säumen, rauschende Flüsse und unberührte Wälder werden Sie immer wieder zum Verweilen auffordern. Es gibt 19 offizielle „Viewpoints" (Aussichtspunkte) an der Strecke. Lassen Sie sich genügend Zeit. Niemand hetzt Sie.

!!! **Achtung!**
Zu den Kilometerangaben des Icefields Parkway sei gesagt, dass jeweils die gefahrenen Kilometer Richtung Jasper nach Nordwesten und in Klammern die Kilometer entgegengesetzt in der Richtung Lake Louise am rechten Straßenrand angegeben sind.

Wunder der Bergwelt der Rockies

Ratsam ist es, frühmorgens die Fahrt durch die gigantische Hochgebirgswelt der Rockies nach Nordwesten anzutreten. Auf dem Hwy 93 geht es zunächst ständig bergan, dem **Bow River** bis in sein Quellgebiet folgend. Wenn im Osten die Sonne hinter der Slate Range mit dem **Mount Richardson** (3.086 m) aufgeht, das schmale Tal noch im Schlagschatten der Berge liegt, bahnen sich die ersten Sonnenstrahlen zwischen diesem Bergmassiv und dem **Mount Hector** (3.394 m) einen Weg und überziehen die Eisfelder des **Waputik-Gebirges** mit ihrem warmen rötlichen Morgenlicht.

„Waputik" heißt auf Indianisch „Schneeziege". An dieser Stelle sei bemerkt, dass die indianischen Namen oft viel romantischer, lyrischer und treffender sind als die nach Personen genannten Ortsnamen des „Weißen Mannes".

Herbert Lake

Spiegelbild – Herbert Lake

Zu den schönsten Seen am Parkway gehört der kleine Herbert Lake, nur wenige Kilometer nördlich von Lake Louise gelegen. Besonders eindrucksvoll ist er, wenn sich bei gutem Wetter der **Mount Temple** in seinem Wasser spiegelt.

Hector Lake Km 17,0 (Km 213,3) (ⓘ s. S. 187)

Unterschiedlich schimmernder See

Der Hector Lake wurde nach *Dr. James Hector*, der im Herbst 1858 mit der Palliser Expedition in dieses Tal kam, benannt. Auch dieser See schimmert blaugrün, je nach Sonnenbestrahlung mit verschiedener Leuchtkraft. Der **Pulpit Peak** (2.725 m) liegt am Ende des Sees, vom Hector-Lake-Aussichtspunkt aus gesehen. An den Hängen des Berges gedeihen Berglärchen, die im Herbst mit ihren goldgelb verfärbten Nadeln für lebhafte Farbtupfer sorgen.

Fototipp
Die beste Zeit zum Fotografieren ist der frühe Morgen oder der Abend, wenn sich die Waputik Range und der Mt. Temple scharf im See spiegeln.

Crowfoot Glacier-Aussichtspunkt Km 33,1 (Km 197,2)

Alle Gletscher der Rocky Mountains sind sehr stark zurückgegangen, so auch der Crowfoot-Gletscher. Als die ersten Weißen Anfang des 20. Jahrhunderts von Lake *Schmel-* Louise ab mit Pferden in diese Gegend vorstießen, hatte dieser Gletscher noch *zende* die Form einer dreizehigen Krähenklaue („Crowfoot"). Heute wird er, bedingt *Gletscher* durch den starken Abschmelzprozess, seinem Namen nicht mehr gerecht.

Helen Lake-Wanderroute

- *Länge*: 6 km (2,5 Stunden), nur Hinweg
- *Höhenunterschied*: 455 m
- *Schwierigkeitsgrad*: mittelschwer
- *Routenbeschreibung*: Der Startpunkt befindet sich gegenüber dem Crowfoot Glacier-Aussichtspunkt. Der Wanderpfad zum Helen Lake ist einer der leichtesten Möglichkeiten, in eine großartige alpine Landschaft vom Süden des Parkway aus vorzudringen. Am Anfang führt der Weg 2,5 km durch einen Wald, der hauptsächlich aus Blauen Engelmannfichten und schlanken Felsengebirgstannen besteht, bis Sie an einen Lawinenhang kommen. Nach 3 km ist die Baumgrenze erreicht. Der Blick zum **Crowfoot Glacier** in südwestlicher Richtung ist spektakulär. Wenn der Pfad einen Grat erreicht hat, wendet er sich in einer 180-Grad-Drehung in das Tal, in dem der Helen Lake eingebettet liegt. Achten Sie auf Eisgraue Murmeltiere (Hoary Marmots), die hier ihre Heimat haben.

Wenn Zeit und Energie ausreichen und das Wetter es erlaubt, könnten Sie einen Aufstieg zum **Dolomite Pass** mit einer Streckenverlängerung von 3 km anschließen.

Bow Lake Km 34 (Km 196,3)

Das Tal wird enger, und die Straße zwängt sich zwischen dem **Dolomit Peak** (2.972 m) und dem **Crowfoot Glacier** hindurch.

Ein neuer See taucht zur Linken auf, der Bow Lake. Er bezieht sein Wasser vom **Bow Glacier**, einer Gletscherzunge des Waputik Icefield. Sein blauweißes Eis hängt in der Bergwand und funkelt wie ein Diamant im Sonnenlicht. Der See ist *Berge* einer der schönsten der Parks. Hier hat der Bow River, ein Quellfluss des South *spiegeln* Sasketchewan River, seinen Ursprung. An windstillen Tagen spiegeln sich die schnee- *sich im See* bedeckten Berge im See.

Num-ti-yah Lodge Km 35,9 (Km 194,4)

Am nordwestlichen Ufer des Sees liegt eine sehr auffällige Lodge, von weitem an ihrer roten Färbung zu erkennen. *Jimmy Simpson* hatte an dieser Stelle 1922 eine kleine Fischerhütte erbaut, die 1940 von ihm erweitert wurde. Ihre heutige Form erhielt sie, als die erste Banff-Jasper-Straße fertiggestellt wurde. Sie wurde Num-ti-yah Lodge genannt. *Jimmy Simpson* kannte dieses Land wie kein anderer. Er war Jäger, Träger und Führer, betreute Generationen von Besuchern bei Reitabenteuern von 1897 bis die ersten Bustouristen in den 1970er Jahren erschienen. Er war bekannt als ein Mann des trockenen Humors.

Bow Summit Km 40,7 (Km 189,6)

Der Pass Bow Summit (2.069 m) gehört mit zur Wasserscheide, die die Fluss-systeme des North und South Sasketchewan River voneinander trennen. Erst in der Ebene Zentral-Sasketchewans vereinigen sich diese Wasserläufe wieder.

Peyto Lake Km 43,5 (Km 186,8)

Ein „Märchen-auge"!

Nachdem Sie den Bow Summit, die höchste Stelle des Icefields Parkway (2.069 m) überquert haben, wartet eine weitere Überraschung auf Sie. Die Kette der juwelenhaft makellosen Seen, jetzt im Hochtal des Mistaya River, reißt nicht ab. Es ist zunächst der Peyto Lake, tief eingebettet in dunkle subalpine Wälder, den Sie vom Parkway über eine 400 m lange Stichstraße bis zu einem Parkplatz mit anschlie-ßendem ca.1,6 km langen Wanderweg, (für Busse und Behindertenfahrzeuge frei bis zum oberen Parkplatz), erreichen können. Wieder ist es die **türkisfarbene Leuchtkraft** seines Wassers, die Sie begeistern wird. Wie geschliffenes Glas liegt der See reglos da. Der See ist nach dem wildnis- und bergerfahrenen Waldläufer *Bill Peyto* benannt, der um 1898 Fremde in die damals noch absolut einsame Wildnis führte.

Waterfowl Lakes Km 56,0 (Km 174,3)

Biotop für Wasser-vögel und Elche

Am seichten, sumpfigen Ufer der Seen können Sie für gewöhnlich verschiedene Arten von Wasservögeln vom Straßenrand aus beobachten. Am auffälligsten sind natürlich die Kanadagänse. Wenn Sie jedoch etwas Geduld haben und ein geschultes Ohr und Auge auch für kleinere Geschöpfe, wird Ihnen der fließende, gurgeln-de Balzgesang des Black-winged Blackbird (*Angelaius phoeniceus*) im Frühling und Frühsommer nicht entgehen, dessen Melodie in einem Triller endet. Sein markantes Liebeslied wird sichtbar dadurch unterstützt, dass der ansonsten pechschwarze Singvogel durch Spreizen seiner Flügel seine gelbumrandeten feuerroten Schulterflecken wirkungsvoll zur Geltung bringt. Von den Zuflüssen im Süden an beginnen die Seen allmählich zu verschlammen. Diese Sumpflandschaft ist natürlich auch ein bevorzugter Lebensraum für Elche.

Jenseits der Waterfowl Lakes recken sich im Westen der **eisgekrönte Howse Peak** (3.290 m) und der **Mount Chephren** (3.307 m) empor, der wegen der Ähnlichkeit mit der zweithöchsten Pyramide Ägyptens seinen Namen erhielt. Unterhalb dieser Bergriesen träumen wieder zwei stille, wenig besuchte Berg-seen, der Chephren Lake und der Cirque Lake in der Einöde, in tiefen Gletschermulden eingelassen.

Mistaya Canyon Km 71,5 (Km 158,8)

Vorbei an den Waterfowl Lakes fahren Sie weiter das Tal des Mistaya River flussabwärts. „Mistaya" ist ein Wort der indianischen Cree-Sprache und heißt

„großer Bär oder Grizzly". Von einem Parkplatz aus können Sie auf kurzem Weg von nur ca. 300 m eine Felskanzel erreichen, die den Blick in die tosenden Fluten des Mistaya River zulässt, der sich in jahrtausendelanger, zäher Wühlarbeit eine enge Schlucht durch den Kalkstein gesägt hat. **Kugelförmige Nischen** sind im höheren Bereich der Klamm ausgehöhlt worden. Eine Brücke überspannt die Schlucht, und ein Wanderweg führt zur Sarbach-Aussicht (5,1 km) und zum Howse-Pass (26 km).

Der Peyto Lake ist die Quelle des Mistaya River, der ihn über ein flaches Tal verlässt, bis er sich in den schmalen Canyon stürzt. Auswaschungen in den Felsen, durch das quirlige Wasser entstanden, zeigen die vorherigen Wasserstände an. 2 ½ Meilen flussabwärts mündet der Mistaya River in den North Saskatchewan River.

North Saskatchewan River Km 76,0 (Km 154,3)

Anschließend führt die Straße zum Tal des North Saskatchewan River hinab, überquert ihn auf einer

Mistaya Canyon – Banff N.P.

stabil gebauten Brücke und folgt dem jungen, glasklaren Fluss aufwärts bis ins Quellgebiet. Dieser reißende Fluss wird vom eisigen Schmelzwasser des Saskatchewan Glacier gespeist. Er ist der Anfang des großen Flusssystems, das sich schließlich in die Hudson Bay ergießt.

Howse Valley-Aussichtspunkt Km 76,4 (Km 153,9)

Von hier aus haben Sie einen weiten Blick ins Howse Valley nach Süden und Westen. Zur Linken erhebt sich der **Mt. Sarbach** (3.127 m). Zwischen dem Howse Valley und dem Glacier River Valley ragt der **Mt. Outram** (3.252 m) empor. Rechts dahinter sieht die pyramidenförmige Spitze des **Mt. Forbes** (2.712 m) hervor. Nördlich liegen der **Survey Peak** (2.767 m) und der **Mt. Erasmus** (3.265 m).

Auf dem David Thompson Highway (ⓘ s. S. 187) **zum Abraham Lake** Km 76,7 (Km 153,6)

Hinter der Brücke über den North Sasketchawan River zweigt rechts der David Thompson Highway (Hwy 11) nach Red Deer ab, das auf halber Strecke zwischen Edmonton und Calgary liegt. Diese Straße war eine ehemalige, sehr wichtige Handelsroute der North-West-Pelzhandelsgesellschaft, für die *David Thompson* arbeitete. Der unermüdliche Pfadfinder erkundete diese Route per Kanu und zu Fuß den North Saskatchewan River flussaufwärts, über den Howse Pass und den mächtigen Columbia River flussabwärts bis zum Pazifischen Ozean.

Ehemals wichtige Handelsroute

Kootenay Plains Egological Reserve

Mildes Klima durch warme Chinook-Winde

Die Kootenay Plains sind ein integraler Teil des Rocky Mountain-Ökosystems. Das Charakteristische dieses in sich abgeschlossenen Biotops sind Grasinseln, die von Kanadischen Weiß- oder Schimmelfichten (White Spruces), Drehkiefern (Lodgepol Pins), Zitterpappeln (Trembling Aspens) und Douglasien (Douglas Firs) umgeben sind. Seit der letzten Eiszeit haben die warmen Chinook-Winde den Winterschnee geschmolzen und reichlich Gras für Hirsche und Rehe hervorgebracht. Bis ins späte 18. Jahrhundert haben hier noch Bisons gegrast. Beutegreifer, wie Grizzlies und Wölfe, halten den Bestand an Huftieren in Grenzen.

Das Reservat wurde 1987 eingerichtet, um diese sonnendurchglühte Landschaft zwischen Prärie und Bergen wegen ihrer seltenen Pflanzen und Tiere zu schützen.

Am Abraham Lake

Dieser See, meistens sonnenbeschienen, besticht durch seine blaue Farbe. Das trockene Umland, seine Pastellfarben, die locker stehenden Kiefern auf kalkigem Boden und die übrigen an die Winterkälte und extrem hohen Sommertemperaturen bis zu + 30 °C angepasste Vegetation bilden den eindrucksvollen Rahmen des Gewässers. Schmetterlinge und Bienen sind hier in vielen Arten vertreten.

Glacier Lake-Wanderweg Km 77,9 (Km 152,4)

Links abzweigend, führt Richtung Westen ein 8,9 km langer Wanderweg zunächst durch dichten Kiefern- und Tannenwald zum Ufer des herrlich gelegenen Schmelzwassersees Glacier Lake. Der 3 km lange See findet seinen Abschluss in den Ausläufern des **Southeast Lyell-Gletscher**, der ihn speist.

Mt. Erasmus/Mt. Wilson-Aussichtspunkt Km 82,1 (Km 148,2)

Hier genießen Sie einen großartigen Panoramablick. Im Osten erheben sich die steilen Kalksteinwände des **Mt. Wilson** (3.240 m). Im Westen, über das North-Sasketchewan-Tal hinweg, zeigen sich der **Mt. Erasmus** und der **Survey Peak**, an dessen Hängen 1940 ein Waldbrand tobte.

Cirrus Mountain-Aussichtspunkt Km 103,8 (Km 126,5)

600 m steile Felswand

Die 600 m senkrecht aufsteigende Kalksteinwand des Mount Cirrus ist zweifelsfrei die markanteste Bergformation in diesem Talabschnitt.

Sunwapta Pass Km 122,2 (Km 108,1)

Der Icefields Parkway beginnt stark anzusteigen. Rechts an der Straße erhebt sich die **Weeping Wall** (Weinende Wand), eine Steilwand, an der das Wasser herunterrinnt. Die Landschaft wird zunehmend trockener, öder und steiniger mit vielen Schotterfeldern, mit Steinen aller Körnungen. Die Auffahrt zum Sunwapta Pass ist seitlich von tiefen Schluchten flankiert. Die Gebirgsfaltungen in der südlichen

Im Profil – Schneeziege

Hälfte des **Cirrus Mountain** sind die jüngsten sichtbaren Berge entlang des Parkway. Sie sind nur 350 Mio. Jahre alt. Bei 2.035 m ist die Passhöhe erklommen. Sie bildet die Wasserscheide zwischen dem Athabasca River im Norden und dem North Sasketechewan River im Süden. *Kontinentale Wasserscheide*

Dickhornschafe und Schneeziegen, die im Frühjahr in geschützter Tallage ihre Lämmer geworfen haben, steigen mit zunehmender Erwärmung und dem Sprießen schmackhafter Bergkräuter in höhere Regionen auf. An diesem Pass werden sie Ende Juni häufig gesichtet. Kurz nach der Passhöhe überqueren Sie die Grenze Banff National Park/ der Jasper National Park.

Jasper National Park (ⓘ s. S. 187)

Überblick

Der Jasper National Park (10.878 km²) ist der **größte Nationalpark der kanadischen Rockies**. Er schließt nördlich an den Banff National Park an. Die Straßenverbindung ist durch den Icefields Parkway (Hwy 93) hergestellt.

Das Zentrum des Nationalparks bildet der Ort Jasper. Hier trifft der Hwy 93 auf den Hwy 16, der in westlicher Richtung nach Prince Rupert am Pazifik und im Osten über Edmonton nach Saskatoon führt. Schon von diesen Durch-

Redaktions-Tipps

Übernachten:
- **Sawridge Hotel & Conference Centre $$$$$**, ältere Bauweise, mit großem Innenhof, Swimmingpool im Gebäude, ganzjährig geöffnet, 154 Gästezimmer stehen den Besuchern zur Verfügung.
- **Amethyst Lodge $$$$** ist nach einem See im Tonquin Valley benannt, geräumige Gästezimmer, ganzjährig geöffnet.

Essen:
- **Jasper Tramway ###**, im Treeline Restaurant auf der Endstation auf dem Whistler Mountain zu dinieren ist ein besonderes Erlebnis. Der spektakuläre Blick auf Jasper und Umgebung ist allerdings nur im Sommer möglich.
- **Papa George's Restaurant ##**, im Astoria Hotel, eines der ältesten Restaurants in Jasper, seit 1925 in Betrieb, an den Fensterplätzen vorbeirollende Züge und schneebedeckte Berge, selbstgemachte Burgers, Pasta, saftige Steaks, kurz gebratene Fleischgerichte, es wird Französisch und Deutsch gesprochen.

Sehenswürdigkeiten:
- **Athabasca Glacier** (S. 422) ist ein Relikt aus eisiger Vergangenheit, ein Ausläufer des **Columbia Icefield** (840 km²), der einzige Gletscher, der über die Straße mit Busdiensten zugänglich ist und der selbst mit gewaltigen Snowmobilen befahren wird.
- **Maligne Canyon** (S. 430) ist eine sehr schmale, 50 m tiefe Schlucht.
- **Maligne Lake** (S. 429) ist ein idyllischer See mit Spirit Island als dekorativem Höhepunkt.

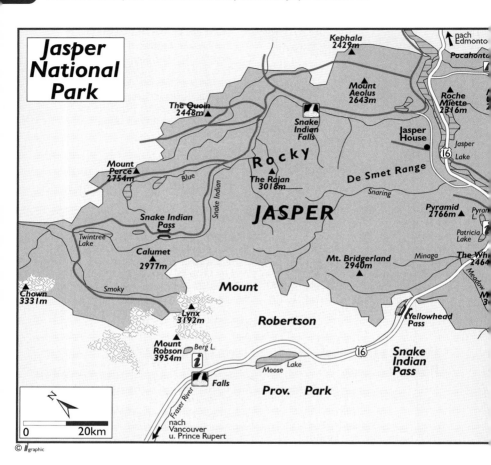

Hauptattraktion: das Columbia Eisfeld

gangsstraßen aus erleben Sie die großartige Hochgebirgslandschaft, einschließlich majestätischer Berge über 3.000 m, gewaltige Gletscher, kristallklare Seen, enge Schluchten, donnernde Wasserfälle, endlose Nadelwälder und blühende Bergwiesen. Das riesige **Columbia Icefield** ist zum Magnet für den Tourismus geworden.

Obgleich die wichtigsten Attraktionen des Nationalparks angefahren werden können, gibt es noch genügend versteckte Schönheiten, die glücklicherweise nur zu Fuß, mit dem Kanu oder auf dem Rücken der Pferde erreicht werden können.

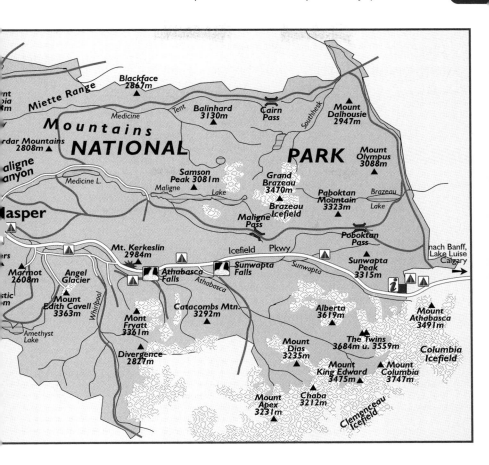

a) Nördlicher Icefields Parkway

Parker's Ridge-Wanderroute Km 118,0 (Km 112,3)

- *Länge*: 2,4 km (60 Minuten), nur Hinweg
- *Schwierigkeitsgrad*: mittelschwer
- *Routenbeschreibung*: Es ist eine spektakuläre Wanderung in den Lebensbereich der alpinen Zone. Der Weg führt vom subalpinen Wald bis in die baumlose alpine Tundra. Hier blühen im kurzen Sommer und der nur wenige Wochen dauernden Wachstumsperiode u. a. Bergwicken, Alpenvergissmeinnicht, Leimkraut, Bergwurz und Bergheide. Hier oben treffen Sie beispielsweise auf Schneehühner, Tannenhäher und Wasserpieper. Bei 2.130 m ist die Baumgrenze erreicht. Der

Aufstieg bis in die baumlose Tundra

Wanderweg überquert die Parker's Ridge. Am Ende haben Sie einen Ausblick auf die 12 km lange Zunge des **Saskatchewan Glacier**.

Columbia Icefield Km 126,6 (Km 103,7) (ⓘ s. S. 187)

Gebun-
denes
Süßwasser

Heute sind immer noch 11 % der Erdoberfläche mit Eis bedeckt, und das Eis hat 75 % des Süßwassers gebunden. Die Gletscher beeinflussen in entscheidendem Maß das Klima auf der Erde, und sie haben das Antlitz der Erde mitgeformt. Sie sind wie ein Open-Air-Laboratorium, in dem die Geheimnisse der Erde erforscht werden können. Insgesamt hat das Columbia Icefield eine Ausdehnung von 325 km² und ist bis zu 365 m dick. Sie sehen von der Straße aus nur einen sehr geringen Teil des Eisfeldes, das sein Schmelzwasser in drei Weltmeere ergießt: über den Athabasca River ins Nordpolarmeer, über den North Saskatchewan River in die Hudson Bay, einer Bucht vom Nordatlantik, und über den Bush River, Sullivan River und Kinbaskat River, die alle drei in den Columbia River münden, in den Pazifik.

Vom Parkplatz an der Straße haben Sie einen phantastischen Blick auf den Ausläufer des Athabasca-Gletschers. Zur Linken ist der dominante Berg der Mt. Athabasca (3.491 m). Weiter talabwärts beherrscht der stattliche Mt. Kitchener (3.475 m) das Blickfeld. Erschreckend ist, in welcher kurzen Zeitfolge sich der **Abschmelzungsprozess** dieser größten zusammenhängenden Eismasse der Rockies durch

Erwärmung der Erde ereignet. Es sind entsprechende Jahresmarken an der Gletscherzunge des Athabasca Glacier angebracht. Seit 1844 hat sich der Gletscher um 1,5 km zurückgezogen. Um die vorletzte Jahrhundertwende reichte dieser Gletscher noch bis an den Highway. Durch sich langsam erhöhende Temperaturen schmilzt im

Jahresmarke am Athabasca Glacier – Jasper N.P.

Rapides
Schmelzen
des
Gletschers

Sommer mehr Eis ab, als es sich im Winter neu bilden kann. Zu Füßen des Gletschers liegt der **Sunwapta Lake**.

„Snowmobils", gewaltige Spezialfahrzeuge mit riesigen, breiten, weichen Ballonreifen fahren auf das durch Sedimente verschmutzte, graue Eis des Athabasca Glacier, eine beliebte Touristenattraktion. Die Vermarktung des leicht zugänglichen Gletschers und der damit verbundene Rummel übersteigt allmählich jedes vernünftige Maß. Man könnte annehmen, dass der Gletscher sich wegen der unerfreulichen Belästigung durch die immer stärker werdenden Touristenströme frustriert mehr und mehr in die Berge zurückzieht.

Parks Canada Interpretive Centre

Das Info-Center liegt gegenüber dem Athabasca Glacier, auf der jenseitigen Straßenseite. Ein Modell gibt einen guten Überblick über die Größenordnung des Columbia Icefield, von dem Sie von der Straße aus nur einen verschwindend kleinen Teil sehen. Außerdem können Sie sich anhand einer Abbildung über das Vorkommen von Pflanzen und Tieren in verschiedenen Höhenlagen informieren: *Geologische und biologische Informationen*

- **Montane Zone** (bis 1.300 m): Hier gedeihen u. a. Trembling Aspens (Zitterpappeln), Douglas Firs (Douglasien), Prairie Crocus (eine Krokusart) und Calysso Orchids (eine Orchideenart). Coyotes (Kojoten), Elks (Wapitis), Blue Grouses (Felsengebirgshühner) und Ruffed Grouses (eine Waldhühnerart) haben hier ihre Heimat.
- **Subalpine Zone** (1.300–2.150 m): Vorherrschend sind die Engelmann Spruce (Engelmannfichte), Subalpine Fir (Felsengebirgstanne) und Paintbrush (eine Blume). An Tieren findet man u.a Caribous (Karibus), Common Ravens (Kolkraben), Gray Jays (eine Häherart), Spruce Grouses (Fichtenhühner) und Spotted Frogs (eine Froschart).
- **Alpine Zone** (über 2.150 m): Arctic Willows (Polarweiden), Moose und Flechten können in diesem Höhenklima noch überleben. Pikas (Pfeifhasen), Hoary Marmots (Eisgraue Murmeltiere) und White-tailed Ptarmigans (Schneehühner) haben sich gut an die raue Umwelt angepasst.

Wenn Sie bestimmte Knöpfe der Anlage drücken, hören Sie die Stimmen der verschiedenen Tiere.

Südlich des Athabasca Glacier zwängen sich weitere Nebengletscher des Columbia Icefield zwischen dem **Mount Andromeda** (3.444 m) und dem **Mount Athabasca** (3.491 m) hindurch. Nördlich des Athabasca Glacier schiebt der Dom Glacier seine Eismassen weit vor.

Stutfield Glacier Km 135, 8 (Km 94,5)

Besonders eindrucksvoll ist der Blick von einer dafür eingerichteten Aussichtsplattform über das Tal des Sunwapta River, hinweg auf den Stutfield Glacier und den **Mount Kitchener** (3.505 m) im Hintergrund. Der Gletscher ist nach *Hugh Stutfield* benannt, der 1898 dieses Eisfeld als erster Europäer bestieg. Der Clarck's Nutcracker, ein hähergroßer grauer Vogel mit schwarzen Schwingen und kühn gebogenem Schnabel, am Viewpoint Stutfield Glacier ein ständiger Gast, profitiert schon recht zutraulich vom Besucherstrom. *Blinkende Gletscherzungen*

Sunwapta Falls Km 175,7 (Km 54,6)

Im weiteren Verlauf Ihrer Fahrt nach Norden folgen Sie dem Lauf des Sunwapta River flussabwärts. Durch die **Churchill Range** zur Linken quellen immer wieder Gletscher zwischen den Gipfeln hervor. Rechts blicken Sie auf die **Endless**

Chain Ridge, eine endlos erscheinende Gebirgskette, deren schräg gestellte Felsformationen auf dem Bergkamm wie eine scharfe Klinge aussehen.

Don-nernde Wasser-massen Über eine ca. 500 m lange Stichstraße erreichen Sie linker Hand einen Parkplatz, von dem aus Sie schon das Rauschen und wütend-dumpfe Grollen der Sunwapta Falls hören und nach kurzem Fußweg auch sehen, wie sich der aufgebrachte Fluss gischtend und schäumend in eine enge Felsrinne stürzt. Tief hat der Fluss sich sein Bett in den Untergrund gegraben.

Honeymoon Lake Km 179,0 (Km 51,3)

Dieser idyllische, kleine See ist in der Tat ein guter Platz für jung verheiratete Paare. Rechts des Icefields Parkway nach einem kurzen Stichweg finden Sie diesen **verträumten Waldsee** in tiefem Frieden, der auch nicht von dem kleinen Campingplatz ge-

stört wird. Gen Süden sehen Sie auf das phantastische Panorama der **Endless Chain Ridge**, die sich wirkungsvoll in seinem meist spiegelblanken Wasser überkopf abbildet. Der weiß blühende Fieberklee (*Menyanthes trifoliata*) wächst an seinem seichten Ufer. Gegen Abend werden die Farben im Spiegelbild des Ge-

Honeymoon Lake – Jasper National Park

wässers weicher und dunkler. Nur das romantische Lied der rotbrüstigen Wanderdrossel/American Robin klingt zitternd durch den sonst schweigenden dunklen nordischen Urwald. Es ist ein guter Platz, um mit dem Camper hier die beruhigende Abendstimmung zu genießen und die Nacht zu verbringen, auch wenn Sie sich nicht auf Hochzeitsreise befinden.

Athabasca Falls Km 199,0 (Km 31.3)

Tosende Fluten Ebenfalls links von der Straße liegen die Athabasca Falls. Nur 400 m vom Parkplatz entfernt stürzt sich der Athabasca River, über einen Felsvorsprung polternd, in eine 25 m tiefe, abgründige Schlucht. Die tobenden Wassermassen scheinen zu kochen. Diese Fälle gehören zu den eindrucksvollsten der Parks.

Vor Hunderttausenden von Jahren war die Lippe des Wasserfalls dort, wo heute die Brücke steht, von der Sie als Besucher sicher in die tosenden Fluten sehen. Jetzt hat sich der Fluss soweit ins Gestein eingesägt, dass die Lippe des Wasserfalls bis an die Schlucht zurückversetzt ist. Dort stürzen jetzt die Wassermassen donnernd in die Tiefe. Das reißende Wasser und die mitgeführten Steine haben die Wände der Schlucht glatt geschmirgelt. Außerdem sind runde Vertiefungen, sog. Strudelkessel, entstanden. Nachdem sich der Fluss im Fallen ausgetobt und erschöpft hat, wird er wieder ruhiger und breiter.

Wenn auch das Augenfällige, Unüberhörbare und Sensationelle der Wasserfall ist, so gibt es hier, wie anderswo auch, Unauffälliges, mehr im Verborgenen Blühendes, wie z. B. eine blaue Glockenblume, die **Tall Bluebell** (*Mertensia paniculata*).

Stille Plätze an der Parallelstraße 93A ab Km 199

Abseits der Hauptstraße des Icefields Parkway (Hwy 93) gibt es nach der Ausfahrt zu den Athabasca Falls, parallel zum Hwy 93, eine wenig befahrene Straße Richtung Jasper. Als **Geheimtipp** möchte ich diese Route für Naturliebhaber, Tierfotografen und solche Reisenden, die stillere Plätze lieben und respektieren, empfehlen. Diese Strecke hat auch ihre besonderen landschaftlichen Schönheiten zu bieten, die zwar nicht so spektakulär wie die der Hauptstraße sind, die aber trotzdem ihren Reiz haben, wie die stillen Moore und glitzernden Seen, tief in den nordischen Urwald eingelassen. Nicht selten können Sie hier Schwarzbären und Kojoten beobachten.

Route für Naturliebhaber

Abstecher zum Mount Edith Cavell (ⓘ s. S. 187)

Am nördlichen Ende der Straße 93A links abzweigend, windet sich eine schmale Straße 14,5 km durch das Astoria Tal, bis sie am Fuß des Mount Edith Cavell (3.363 m) endet. Unterwegs gibt es **lohnende Ausblicke**:
• Bei Km 3,7 der Mount Edith Cavell Road können Sie tief in die Schlucht des **Astoria River** blicken.
• Bei Km 12,4 sehen Sie bei guter Fernsicht auf gletscherbedeckte Berge, die ca. 15 km entfernt liegen.

Unterwegs im wilden Bergwald entdecken wir einen emsigen Schwarzbären. Er hat sich auf das Aufbrechen von Ameisenhaufen und Auflesen von Larven und anderen Insekten spezialisiert. Ärgerlich wischt er sich die lästigen Ameisen von der Schnauze, wie wir mit dem Fernglas sehen können. Mit seinen scharfen Krallen ist er ständig mit dem Graben und Zerfetzen von morschem Fallholz und alten Baumstubben beschäftigt, ohne aufzusehen. Am Wegesrand steht gelbblühende Glockenheide/Yellow Heather (*Phyllodoce glanduliflora*). Nahe der Straße, auch an der rechten Seite, liegt der **Cavell Lake**. Er wird vom Schmelzwasser des Angel-Gletschers gespeist, sein Wasser hat die für Gletscherseen typische blau-grüne Färbung.

Schließlich stehen Sie vor dem Denkmal der englischen Krankenschwester *Edith Cavell*, die im Ersten Weltkrieg hinter der Frontlinie mit dem belgischen Roten Kreuz zusammenarbeitete und wegen Fluchthilfe belgischer und französischer Soldaten von den Deutschen am 12.10.1915 exekutiert wurde. Man nannte sie auch den „Engel der Barmherzigkei". Die Kanadier, die ebenfalls Soldaten in

Wegen Nächsten- liebe erschossen

diesen irrsinnigen Krieg geschickt hatten, setzten der Märtyrerin durch diesen Stein und den nach ihr benannten 3.363 m hohen Mount Edith Cavell ein bleibendes Denkmal. Das markante Merkmal des Berges sind die schrägen Felsformationen des präkambrischen und kambrischen Gesteins, das zum größten Teil aus Quarzsandstein besteht. Staunend steht man vor der steil aufragenden Bergwand.

- **Cavell Meadows-Wanderroute**

Route	Höhe (m)	Entfernung (km)
Trailanfang	1.753	0
Path of the Glacier Abzweigung	1.799	0,6
Cavell Meadows Summit	2.043	3,8
Path of the Glacier Abzweigung	1.840	7,0
Trailende	1.753	8,0

Trailanfang

Folgen Sie dem Icefields Parkway (Highway 93), 6,7 km südlich von Jasper. Wenden Sie sich nach rechts und folgen dem Highway 93A in südlicher Richtung 5,2 km. Dort zweigen Sie wieder nach rechts in die Mt. Edith Cavell Road ab, der Sie 14,5 km bis zum Mt. Edith Cavell Parkplatz folgen. Der Trail beginnt an der Südseite des Parkplatzes. Großen Wohnmobiles ist es nicht erlaubt, die Mt. Edith Cavell Road zu befahren.

Vom Trailanfang zu den Cavell Meadows

Rückgang der Gletscher

Der Wanderweg gewinnt ständig an Höhe bis zu einer Endmoräne und verläuft weiter über das Geröll des Gletschervorfelds. An der Abzweigung nach 600 m wenden Sie sich nach Osten (links). Der Trail führt anschließend über eine Seitenmoräne. Chipmunks (Chipmunks), Goldgestreifte Erdhörnchen (Golden-mantled Ground Squirrels) und Pfeifhasen (Pikas) leben in den Winkeln und Spalten der Moräne. Der Kamm der Moräne bildet den abrupten Übergang zum subalpinen Wald. Er ist die Trimmlinie des **Cavell Glacier**. Vor gut einem Jahrhundert war das Eis noch so dick, dass es sich bis ins Tal vorschob und den alten Wald vernichtete. Von der Moräne haben Sie großartige Blicke auf den **Angel Glacier** und den **Cavell Pont**. Einst flossen die Eisströme des Angel Glacier mit dem Cavell Glacier zusammen. Durch den Rückgang der Gletscher verloren beide Gletscher in den 1940er Jahren den Kontakt zueinander. In der Neuzeit ziehen sie sich immer schneller in die Felswände zurück. Heute scheint der Name „angel" = „Engel" des spitzflügeligen Gletschers passender denn je zu vor. Anfänglich wurde der Name jedoch nicht wegen des Aussehens des Gletschers, sondern zu Ehren der englischen Krankenschwester *Edith Cavell* benannt.

Nachdem Sie sich einige hundert Meter parallel zum Kamm der Moräne bewegt haben, steigt der Trail wieder an, und Sie wandern mit festem Schritt Ihrem Ziel, den alpinen Bergwiesen, entgegen. Vorher durchstreifen Sie einen alten Wald, in dem Engelmannfichten und Felsengebirgstannen vorherrschend sind. Im Winter 1990/91 hat hier eine Schneelawine vom Nordhang des Mt. Edith Cavell einen solchen Windstoß erzeugt, dass einige Bäume geköpft wurden. Ein Baum, vom Geröll gefällt und von einer Kettensäge zerteilt, weist 232 Jahresringe auf.

2 ½ km vom Trailanfang ist der Baumbestand nur noch fleckenartig vorhanden, und dazwischen dehnen sich Bergwiesen aus, die Mitte Juli ihre größte Pracht entfalten. Hier ist die **Baumgrenze** mit 1.860 m verhältnismäßig niedrig, bedingt durch die Kälte des nahen Gletschereises, den Nordhang und die winterlangen Schatten, die das Mt. Edith Cavell-Massiv auf das Hochtal wirft.

An der folgenden Gabelung halten Sie sich rechts und folgen dem Trail über einen Teppich von Wildblumen. In Ermangelung deutscher Namen werden hier die englischen Bezeichnungen einiger Blumenarten genannt: Arnica, Fleabane, Mountain Avens, Heather, Indian Paintbrush, Sitka Valerian, Western Anemone und White Mountain Avens, um nur einige zu nennen. Gelegentlich wird dieses Wiesengebiet von Grizzlies und Bergkaribus besucht. In einigen Mulden hält sich der Schnee bis Mitte August. Die Scheeschmelze an warmen Tagen erzeugt Wasseransammlungen, die für feuchtigkeitsliebende Pflanzen ideale Lebenbedingungen bieten, wie dem Saxifrage, Northern Laurel und White Globeflower.

Blumen-pracht im kurzen Sommer

Von den Cavell Meadows zum Path of the Glacier

Der Trail verliert an Höhe und Sie freuen sich an der Blütenpracht der oberen Bergwiesen. An der Path of the Glacier Abzweigung wenden Sie sich nach Süden (links). Der Trail steigt zum **Cavell Pond** an die Basis des Mt. Edith Cavell hinab. Die Vertiefung, in der sich der See befindet, wurde durch das sich zurückziehende Eis 1963 freigelegt. Eisberge von der Gletscherzunge des Cavell Glacier kalben in den See. Auf der Oberfläche des Gletschers sehen Sie Felsen, die von Geröll-Lawinen von der Basis des Mt. Cavell auf das Eis gelangten und im Eisstrom mitgeführt werden.

Kalbende Gletscher

Der Trail kehrt zum Parkplatz entlang des Schmelzwasserstroms des Gletschers zurück. Der steinige Boden und das kalte Umfeld erschweren das Wachstum an Pflanzen. Nur Weiden, Seggen, Wildblumen und wenige verkümmerte Fichten konnten hier Fuß fassen.

b) Stadt Jasper (ⓘ s. S. 187)

Überblick

In der Pionierzeit entstand an der Stelle des heutigen Jasper ein bedeutender Rastplatz für Pelzhändler, Trapper und Goldsucher, die den Athabasca River aufwärts kamen und vor der Überquerung der Rockies hier Halt machten. Seit 1789 erkundete *David Thompson*, Agent der North-West-Company, die wilden, stark vergletscherten Hochgebirgsregionen der Rockies, immer auf der Suche nach günstigen Passübergängen. 1807 hatte der unermüdliche Pfadfinder einen Über-

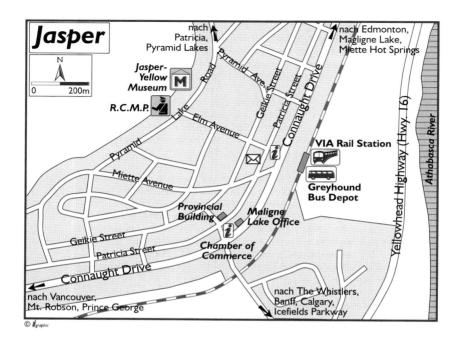

Jasper

N
0   200m

nach
Patricia,
Pyramid Lakes

nach Edmonton,
Maligne Lake,
Miette Hot Springs

Jasper-
Yellow
Museum

Pyramid Ave.

Geikie Street

Patricia Street

Connaught Drive

R.C.M.P.

Lake

Pyramid

Road

Elm Avenue

Miette Avenue

VIA Rail Station

Greyhound
Bus Depot

Provincial
Building

Maligne
Lake Office

Geikie Street

Patricia Street

Chamber of
Commerce

Connaught Drive

nach Vancouver,
Mt. Robson, Prince George

nach The Whistlers,
Banff, Calgary,
Icefields Parkway

Yellowhead Highway (Hwy. 16)

Athabasca River

© *graphic*

weg über den Howse Pass ausgekundschaftet. Im Winter 1810/11 überquerte er als erster Weißer für seine Gesellschaft mit 10 Begleitern den Athabasca Pass. 1813 erhielt die Wildwest-Siedlung den Namen „Jasper" nach Jasper Howes, dem Erbauer des Handelspostens der North West Company am Ort. 1857 vergrößerte sich Jasper, als in den Cariboo Mountains Gold gefunden wurde. 1862 trafen 250 „Overlanders" („Überlandreisende") aus dem fernen Osten Kanadas ein, ebenfalls vom Goldrausch angelockt und mit dem Bestreben, im „Wilden Westen" zu schnellem Reichtum zu gelangen.

Einstiger Handels-posten

1907 wurde der Jasper National Park gegründet. Seitdem ist der Tourismus der Hauptmotor der Wirtschaft dieser Stadt. 1911 erreichte die Eisenbahn das Tal, und das Dorf Fitzhugh entstand dort, wo die Flüsse Athabasca und Miette zusammentreffen. Später wurde der o. g. Ort in Jasper umbenannt.

Heute ist Jasper mit seinen 4.700 Einwohnern ein lebhafter Fremdenverkehrsort, der dem Fremden außer der Großartigkeit seiner ihn umgebenden Landschaft mit ihren himmelaufragenden Bergen, glitzernden Seen, eisigen Gletschern, tosenden Wasserfällen und urigen Wäldern einiges zu bieten hat, wie z. B. eine Seilbahn auf die Whistler-Berge, zahlreiche Wanderwege, komfortable Herbergen und Hotels und hervorragende Sommer- und Wintersportstätten. Außerdem ist Jasper eine wichtige Eisenbahnstation, in der sich die zwei großen kanadischen Eisenbahngesellschaften treffen: die private Canadian Pacific Railway (C.P.R.) und die staatliche Canadian National Railway (C.N.R.), die, aus dem Osten kommend, über den Yellowhead Pass nach Prince Rupert und Vancouver führen.

Seilbahn „Jasper Tramway" auf den Mt. Whistler

6 km südlich der Stadt, Box 418, Jasper, Alberta, T0E 1E0, Website: www.jaspertramway. com/

Vom Hwy 93 zweigt östlich die Whistlers Mtn. Road ab, die zur Talstation der „Jasper Tramway" führt. Die Seilbahn funktioniert nach dem 2 Kabinen-Kabelsystem. Jede Gondel hat eine Kapazität von 30 Passagieren. Der Höhenunterschied von der Talstation (1.408 m) bis zur Bergstation (2.300 m) beträgt 892 m. Ein Schaffner erteilt Ihnen während der 7-minütigen Auffahrt Informationen. Der überwältigende Blick reicht bei klarem Wetter vom rund 100 km entfernten Mount Robson (3.964 m), dem höchsten Berg in den kanadischen Rocky Mountains im Norden bis zum Columbia Icefield, das 70 km südlich liegt. Oben auf dem Berggipfel befinden sich ein Restaurant und zwei Andenkenläden.

Bis zu 100 km Fernsicht

Der Mt. Whistler verdankt seinen Namen den schrillen Pfiffen der Murmeltiere, Pfeifhasen und Erdhörnchen, die sich bei vermeintlicher Gefahr am Boden und aus der Luft durch ihr „Alarmpfeifen" verständigen.

Von der Seilbahnstation führt ein Bergpfad durch die **hochalpine bis tundraartige Landschaft**. Flechten und Moose in leuchtendem Orange bis Rot und Grün bis Schwarz dekorieren das Felsgestein. Gelbe und violette Blütenpolster bringen zusätzliche Farbe in die sonst herbe Landschaft. Braun gesprenkelte Steine scheinen sich überall zu bewegen. Es sind die zauberhaft gefiederten Schneehühner. In ihrem Sommerkleid sind sie in der Tundra kaum auszumachen. Ihre Füße stecken im Sommer wie im Winter in denselben weißen, warmen und pluderigen Federschuhen. Sie gehören zu den sog. Raufußhühnern. Auch die Bauchseite und der Stoß sind dauerhaft weiß gefärbt. Ihr Oberkleid aber passen die Vögel der jahreszeitlichen Färbung ihrer natürlichen Umgebung an.

Tundra-flora und -fauna

Ausflug zum Pyramid Lake

Eine 8 km lange Straße führt nördlich von Jasper zum Pyramid Lake. Außerhalb der Stadt passieren Sie ein ehemaliges Waldbrandgebiet, das heute von Murray's Kiefern und Zitterpappeln bewachsen ist. Das anschließende **Feuchtbiotop Cottonwood Slough** ist ein ideales Vogelbeobachtungsgebiet. Einige Holzstege erleichtern die Pirsch. Die Hauptstraße führt am **Patricia Lake** vorbei. Dann verläuft der Fahrweg am Westufer des **Pyramid Lake**. Phantastisch spiegelt sich der Pyramid Mtn. im See.

Ausflug zum Maligne Lake (ⓘ s. S. 187)

2 km außerhalb von Jasper auf dem Yellowhead Highway (Hwy 16) Richtung Edmonton müssen Sie eine Abzweigung rechts nehmen, den Athabasca River auf einer Brücke überqueren, um auf der Maligne Road dem Maligne River in südwestlicher Richtung zu folgen.

Maligne Canyon

Tiefe Schlucht

Nur 11,5 km von Jasper entfernt, ist es empfehlenswert, von einem Parkplatz aus einen kleinen Spaziergang zu dem spektakulären Maligne Canyon zu unternehmen. Dieser Zwischenstopp ist ein „Muss"! Der Weg schlängelt sich herab und kreuzt sechsmal den Canyon. Tief unten tost der Fluss durch die enge, bis zu 51 m tiefe Schlucht. Die spektakulärsten Einblicke haben Sie von den ersten beiden Brücken am oberen Ende des Trails. Sie sollten sich etwa eine Stunde Zeit nehmen.

Der Maligne-Fluss wurde während der letzten Eiszeit aus seinem alten Lauf abgedrängt. Er war gezwungen, sich durch schmale Risse und Spalten im sehr leicht wasserlöslichen Kalkstein seinen neuen Weg zu bahnen. Diese schmale Schlucht hat der schnellfließende Wildfluss im Laufe der Jahrtausende ins Kalkgestein gewaschen.

Der Medicine Lake – lange ein Rätsel

Im Haarwechsel – Dickhornschafwidder

Auffällig viele Feuerlilien/Western Wood Lily (*Lilium phiadelphicum*) blühen am Straßenrand, und Dickhornschafe lecken Mineralien an einer Böschung.

27 km von Jasper entfernt erreichen Sie einen See mit diesem eigenartigen Namen. Wie hängt das zusammen? Der Medicine Lake hat einen **unterirdischen 17 km langen Abfluss**, sicherlich einer der längsten Unterwasserströme der Erde. Eine massive Felsblockade im

Stark differierende Wasserstände

Norden hat diesen See entstehen lassen. Er weist sehr unterschiedliche Wasserstände auf. Im Sommer sieht er wie jeder andere See der Rockies aus, randvoll mit Schmelzwasser gefüllt. Im Oktober hat er jedoch so wenig Wasser, dass nur ein schmales Rinnsal durch das Seebett führt. Das Wasser des Sees versickert sehr langsam, wie bei dem undichten Abfluss einer Badewanne. Die höchste Differenz der Wasserstände beträgt 20 m!
Die Indianer glaubten, dass das Verschwinden des Wassers, regelmäßig im Herbst, das Werk eines großen Magiers oder Medizinmanns sei, deshalb heißt dieses Gewässer heute noch „Medicine Lake".

Der Maligne Lake – ein Wunder der Rockies

Friedlich liegt der See eingebettet in eine majestätische Bergwelt, in einer Höhe von 1.673 m, 48 km von Jasper entfernt. Er ist der größte von Gletscherwasser gespeiste See der Rockies. Warum hat er einen so bösartigen Namen (maligne = böse, unheilvoll)?

Den Namen **Maligne River** gaben die frühen Beschreiber dieser Landschaft einem in den Athabasca River einmündenden Fluss, weil an dieser Einmündung durch Strömungen und Strudel häufig die Boote kenterten. Sie empfanden diese Einmündungsstelle deshalb als bösartig und benannten den einmündenden Fluss danach. Den dazugehörigen See kannte man damals noch nicht, aber er bekam später dann den entsprechenden Namen, obgleich er ja keinen bösartigen, sondern im Gegenteil einen besonders friedlichen Eindruck macht.

Zur Linken blicken Sie auf die **Queen Elizabeth Ranges**, ähnlich der Endless Chain Ridge am Icefields Parkway, mit ihren schrägliegenden Gesteinsschichten nach Osten abfallend und steilen Wänden nach Westen mit einem messerscharfen Grat.

Nach 22 km am weiträumigen Parkplatz am Nordende des Maligne Lake angekommen, ahnen Sie noch nichts von der Schönheit dieses Sees. Erst wenn Sie ein Ausflugsboot genommen haben und auf dem türkisfarbenen Wasser des langgestreckten, 22 km langen Gewässers langsam dahingleiten und die Queen Elizabeth Ranges und Maligne Range mit ihrem dichten Nadelwaldgewand am Ufer, ihren Hochgebirgsmatten und schließlich ihren silbrig leuchtenden Gletschern auf den Schultern der Dreitausender, besonders am Südzipfel des Sees, in ihr Blickfeld rücken und wenn Sie Ihre Blicke auf die bewaldeten Inseln heften, erst dann kennen Sie dieses Wunder des kanadischen Felsengebirges. Das Ziel der Bootsfahrt ist **Spirit Island**.

Einmalige Schönheit des Sees

Aber auch wenn Sie still am Ostufer des faszinierenden Gewässers auf dem **Mary Schaeffer-Trail** oder **Opal Hills Loop Trail** (8 km), entlang wandern, kann es Ihnen wie uns passieren, dass Sie plötzlich und unerwartet in die Augen eines Maultierhirsches sehen, der gar nicht sehr scheu ist.

Unterwegs zum Waterton Lakes National Park

Die Route von Vancouver bis Cranbrook wurde bereits auf den Seiten 363ff beschrieben. Im Weiteren wird Ihnen die Route von Cranbrook bis zum Waterton National Park nahe gebracht.

Sparwood – das Herz des Elk Valley

Das **Elk Valley** von British Columbia hat über 100 Jahre lang eine wichtige Rolle in der Geschichte des **Kohlebergbaus** gespielt. Die Elkview Coal Corporation erschloss das größte Kohlevorkommen von British Columbia. Über 500 Beschäftigte förderten Millionen von Tonnen, die hauptsächlich an Hochöfen der Stahlerzeugung und zur Gewinnung von Elektrizität geliefert wurden,

Redaktions-Tipps

Sehenswürdigkeiten
- **Sparwood: „Titan"**, der **größte Lkw der Welt** (S. 431)!
- **Frank Slide:** Bergrutsch vom 29. April 1903 (S. 432) mit verheerenden Folgen!

„Titan" – größter Lkw der Erde – Sparwood

weltweit. Die Rohkohle und der Abraum wurde mit riesigen Lkw bewegt. Einer dieser Giganten namens Titan, er soll der größte Lkw der Welt sein, steht unübersehbar am Hwy 3 zur Besichtigung bereit. Die Kohleförderung kam schließlich zum Erliegen, die Narben in der Landschaft hat man heute renaturiert.

Die Geschichte des jungen Ortes Sparwood begann in den 1960er Jahren, entstanden aus den früheren Orten Michel und Natal. Die heutigen Ortschaften im Elk Valley sind Fernie, Sparwood und Elkford. Von hier aus können 38 verschiedene „Outdoor"-Aktivitäten gestartet werden, einschließlich: Wandern, Moutainbiking, Ski, Motorschlitten und Wildwasser fahren, Golfen, Reiten, Fischen, Schwimmen, Zelten, Wild und Vögel beobachten, um nur einige zu nennen.

Crowsnest Pass

An dieser Stelle überqueren Sie die **kontinentale Wasserscheide**. Bevor die Palliser Expedition 1860 den Pass passierte, wurde er nur von Indianern genutzt. *Michael Phillipps* trieb den Trail 1873 durch die rauen Berge. Er war der erste weiße Mann, der die Rockies von West nach Ost überquerte.

Frank Slide

Am frühen Morgen des 29. April 1903 schliefen noch die meisten der 600 Einwohner der Kohlenbergbausiedlung Frank. Die Nachtschicht der Kumpel befand sich noch im Stollen, und nur einige Männer arbeiteten über Tage in den Bergwerksgebäuden. Genau um 4.29 Uhr ertönte ein donnerndes Grollen über der noch in der Dunkelheit liegenden, schlafenden Stadt, das bis zum Crowsnest Pass hinüberschwappte. Aus dem Abhang des **Turtle Mountain** hatte sich ein riesiges Stück Kalkgestein in einer Länge von 425 m, einer Breite von 1.000 m und einer Tiefe von 150 m gelöst. Die rollenden Felsbrocken zerschlugen und begruben alles unter sich, was ihnen im Wege stand und verteilten sich auf der Talsohle des Passes.

Bergrutsch

Innerhalb von 90 Sekunden wurde Leben, Wohnhäuser sowie andere Gebäude und Gerätschaften zerstört. 70 Menschen fanden den Tod. Die Felsen be-

Erdrutsch mit verheerenden Folgen – Frank Slide

deckten Teile der Siedlung Frank, verschlossen den Eingang der Mine und fegten die Bergwerksgebäude mit den Arbeitern darin weg. Die Bergleute unter Tage konnten sich jedoch ausgraben und sich aus ihrer misslichen Lage befreien. An die Oberfläche gelangt, bot sich ihnen ein Bild der Zerstörung und des Grauens. Das Donnern des Bergrutsches wurde kilometerweit gehört und eine gewaltige Staubwolke hing für eine Weile über dem Pass.

Verschüttete Bergleute

Mehr Infos werden Ihnen im Frank Slide Interpretive Centre vermittelt.

Östliches Vorland der Rockies

Nachdem Sie die Rockies von West nach Ost überquert haben und der hohe Gebirgskamm im Dunst verschwindet, durchfahren Sie auf dem Hwy 3 bis **Pincher Creek** in Richtung Osten und abzweigend rechts auf die Straße 6 in Richtung Süden hügeliges Gelände. In den feuchten Bodensenken haben sich kleine Pappelgehölze angesiedelt, von weitem an den hellen Stämmen erkenntlich. Auf den trockenen Höhen gedeihen meistens Koniferen in kleinen Beständen. Im übrigen ist das Gelände zum größten Teil Farmland, von seinem ursprünglichen Baumbestand durch menschliche Aktivitäten beraubt und zum überwiegenden Teil zum Weideland für Rinder und zum geringeren Teil zum Ackerland umfunktioniert worden. Die Farmen liegen meistens einzeln verstreut in der bukkeligen Landschaft. Elstern und Amerikanische Turmfalken/American Kestrels sind gut im offenen Gelände auszumachen. Schneezäune an den Straßen deuten auf starke Schneeverwehungen im Winter hin.

Hügeliges Weideland

Waterton Lakes National Park

(ⓘ s. S. 187)

Überblick

Das Aufeinandertreffen der Lebensräume von Felsformationen der südlichen Rocky Mountains mit der hügeligen Prärie ist ein einzigartiger Kontrast im kanadischen National Park-System. Dieses Nebeneinander verschiedener Biotope bringt eine **unglaubliche Vielfalt** an Pflanzen und Tieren hervor. Über 55 % der Wildblumen im

Redaktions-Tipps

Übernachten:

- **Prince of Wales $$$$** ist ein historisches Gebäude mit herrlichem Blick, Restaurant, Lounge und Unterhaltungsprogramm.
- **Bayshore Inn $$$** ist ein luxuriöses Resort und Tagungszentrum mit allen Dienstleistungen, direkt am Seeufer gelegen, mit Whirlpool-Tubs, Speisesaal und Zimmerservice.

Essen:

- **Prince of Wales Hotel ###**, das Café im Edelhotel bietet leckere Kleinigkeiten, wie Salate, Quiches und Pies an – allerdings nicht gerade günstig.
- **New Frank's Restaurant #** serviert chinesisches Essen und Westernküche. Das frisch renovierte Haus bietet ein gutes Preis-Leistungs-Verhältnis.

Sehenswürdigkeiten:

- **Cameron Lake** (S. 436) begeistert durch reizvolle Spiegelungen.
- **Red Rock Canyon** (S. 436) ist ein kaskadenartiger, über rote Felsen herabstürzender Fluss.

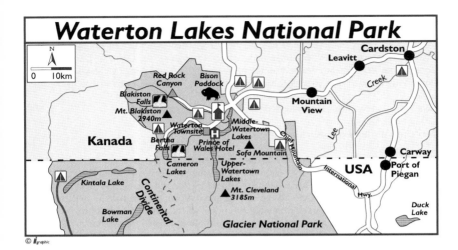

© *graphic*

Seltene Pflanzen

Bundesstaat Alberta finden Sie auch im Waterton Lakes National Park, einschließlich vieler Pflanzen, die in Kanada selten geworden sind. Wapiti- und Maultierhirsche sowie Dickhornschafe gibt es häufig im Park. Grizzly- und Schwarzbären kommen ebenfalls vor.

Auch wenn die Berggipfel des 525 km² großen Waterton Lakes National Park nicht die spektakulären Höhen der übrigen nördlich gelegenen kanadischen Nationalparks erreichen und die Gletscher abgeschmolzen sind, so treten hier mit die **ältesten Gesteine der Rockies** mit bis zu 1,5 Billionen (!) Jahren zu Tage. Die Geschichte der Menschen im Waterton konnte bis zu 11.000 Jahren zurück verfolgt werden. Der starke Wildbestand lockte die Urbevölkerung in diese Gegend. Über 200 archäologische Stätten konnten bislang identifiziert werden. Auch frühe europäische Forschungsreisende und Siedler hinterließen im jetzigen Park ihre Spuren. Leutnant *Thomas Blakiston*, Mitglied der berühmten **Palliser Expedition** und einer der ersten Erforscher in dieser Gegend, benannte die Seen nach dem britischen Naturforscher *Charles Waterton* aus dem 18. Jahrhundert. *John George „Kootenai" Brown*, der erste europäische Siedler des Parks, wurde später sein erster Parkwächter. Anfang des 20. Jahrhunderts führte die

Ölquellen

Entdeckung von Öl im Park zur Erschließung der ersten Ölquelle im westlichen Kanada.

1895 wurde diese Region zum Schutz der Vielfalt an Archäologie, Flora und Fauna in einen Park umgewandelt. Dies ist in erster Linie den Bemühungen des örtlichen Ranchers *Frederick Godsal* zuzuschreiben. 1932 wurde auf Vorschlag der Rotary Clubs von Alberta (Kanada) und Montana (USA) der Waterton National Park zusammen mit dem angrenzenden Glacier National Park in Montana auf US-amerikanischer Seite zum Internationalen Friedenspark erklärt. Heute repräsentiert der „International Peace Park" die Notwendigkeit der Zusammenarbeit zwischen Nationen unserer Erde, in der die Teilung von Ressourcen und Ökosystemen leider Realität geworden ist.

1995 nahm man den Waterton/Glacier International Peace Park in die UNESCO-Liste der zu schützenden Welt-Kulturdenkmäler auf. Touristisch gut erschlossen sind besonders die zahlreichen Kurzwanderrouten. An Angel- und Bootfahrmöglichkeiten mangelt es nicht.

Weltkulturerbe der Menscheit

Reizvolle Fahrten

Entrance Road

Der **Maskimonge Lake** am Parkeingang verdankt seine Existenz einer Eisdepression. Hier hat sich einst ein riesiger Eisblock vom Gletscher gelöst und eine große Delle ins Gelände gepresst, die sich später mit Wasser gefüllt hat. Bei längerem Verweilen erkennen Sie, wenn Sie die sumpfigen Uferpartien mit dem Feldstecher absuchen, und manchmal auch in der Nähe der Straße, dass sich hier ein reges Vogelleben abspielt. Besonders auffällig benehmen sich im Frühling die Redwinged Blackbirds in ihrem Balzverhalten. Ihre gurgelden Strophen enden mit einem beeindruckenden Triller. Auch die Zwergschwäne/Tundra Swans befinden sich dann in Hochzeitsstimmung. Der Fischadler/Osprey auf seinem Horst brütet bereits seine Eier aus. Kanadische Kraniche/Sandhill Cranes, Herolde des

Junger Schwarzbär – Waterton Lakes N.P.

Frühlings, künden mit ihren trompetenden Rufen, die meilenweit zu hören sind, den Beginn der angenehmeren Jahreszeit und neues Leben an. Kanadagänse/Canada Geese ziehen sich pärchenweise in die Seenlandschaft zurück, um ihre Art zu erhalten.

Kraniche: Herolde des Frühlings

Im weiteren Verlauf der 8 km langen Straße bis **Waterton Townsite** ergeben sich herrliche Ausblicke auf die glitzernde Seenkette der Waterton-Seen, des Lower Waterton Lake, des Middle Waterton Lake und des Upper Waterton Lake, auf das historische Hotel Prince of Wales sowie farbenprächtige Bergwiesen und Graslandschaften.

Akamina Highway

Er beginnt in der Nähe der Townsite und verläuft 16 km entlang des **Cameron Valley**. Zu den Sehenswürdigkeiten zählen das Oil-City-Gelände mit der ersten Ölquelle in Westkanada. Gelegentlich können Sie im Mai noch magere Schwarzbären beobachten, wie sie nach dem kräftezehrenden Winterschlaf eifrig nach Fressbarem im Waldboden graben. Am Ende der Straße erreichen Sie den bei

Steiniges Flussbett – Red Rock Canyon

Sonnenschein türkisfarben schimmernde **Cameron Lake**. Der **Gray Jay**, hier ziemlich häufig in den nordischen Wäldern, besucht gern den Parkplatz am See.

Red Rock Parkway

Diese Bergstraße schlängelt sich über welliges Gelände und durch das Blakiston Valley. Blau blühende Clematis (*Clematis columbiana*) sind im Frühling schöne Farbtupfer auf moosigem Waldboden. Weißwedelhirsche ziehen durch das Stangenholz der Kiefernwälder auf vertrauten Wechseln. Nach 15 km endet die Straße am Red Rock Canyon mit seinen farbenprächtigen Felsen und dem stufenförmig herabstürzenden Creek. Unterwegs fällt besonders der Mt. Blakiston (2.904 m) auf, die höchste Erhebung im Park.

Chief Mountain Highway

Er ist die wichtigste Verbindung zwischen den Waterton Lakes und dem Glacier National Park. Der Highway klettert vom Grasland in der Nähe des Maskinoge Lake zu einem Aussichtspunkt hinauf, von dem Sie einen herrlichen Blick auf die Front Range der Rockies und das Waterton Valley haben.

Freizeitaktivitäten

Palette an Wandermöglichkeiten

• Das dichte Netz der **Wanderwege** und Bergpfade umfasst 255 km! Sie bieten fast jedem etwas, je nach Fähigkeiten und Wünschen. Die Schwierigkeitsgrade variieren von kurzen Spaziergängen bis zu anspruchsvollen mehrtägigen Trekkingtouren in steilem Gelände. Es sind Trails für unterschiedliche Benutzer, Wanderer, Reiter und Radfahrer ausgewiesen. Am Ausgangsort sind entsprechende Informationsschilder angebracht. Die ausgedehnten Trailsysteme führen auch in den benachbarten Glacier National Park (USA) und in den Akamina-Kishinena Provincial Park in British Columbia.
• Ein 18-Loch-Golfplatz steht Ihnen zur Verfügung.
• Den Nationalpark auf dem Rücken der **Pferde** zu erkunden ist ein besonders reizvolles Unterfangen.
• Tennis können Sie auf öffentlichen Plätzen spielen.
• An **Wassersportmöglichkeiten** mangelt es nicht. Hierzu zählen: Boot fahren, Sporttauchen und Windsurfen.
• **Angeln** ist mit einer entsprechenden Lizenz auf fast allen Gewässern des Nationalparks erlaubt. Nähere Auskünfte hierzu erteilt das Besucherzentrum.

- **Skilanglauf** und **Schneeschuhwanderungen** sind im Winter beliebte Aktivitäten.

Campen in der Wildnis

Zum Übernachten in der Wildnis ist eine **Genehmigung** erforderlich. Pro Person wird eine Gebühr verlangt. Die Genehmigung müssen Sie sich im Besucherzentrum oder bei der Parkverwaltung (Park Headquarters) einholen. Sie wird bis zu 24 Stunden im Voraus in der Reihenfolge des Eintreffens ausgestellt. Bei einigen Stellen in der Wildnis ist es aufgrund der bestehenden Richtlinien möglich, im Voraus zu reservieren, Tel.: (403)859-2224.

Für die Benutzung von Campingplätzen und im Hinblick auf die Größe einer Gruppe wird ein **Quotensystem** angewendet. Der Nutzeffekt ist in dreierlei Hinsicht gegeben:
- Die Benutzung ist kontrollierbar.
- Die Auswirkung auf den Parkbereich ist minimiert.
- Ihr Wildnis-Erlebnis wird maximiert.

Regularien beim Wildnis-campen

Auf den 13 parzellierten Wildnis-Campingplätzen im Waterton Lakes National Park stehen Ihnen Trockentoiletten und Oberflächenwasser zur Verfügung. Einige Campingplätze haben Unterstände für Pferde.

Weitere Anweisungen:
- **Freies Campen** ist nur an den **Lineham Lakes** gestattet.
- Bitte nehmen Sie einen Kocher mit Direktanschluss auf Flaschen mit.
- **Offenes Feuer** darf nur in den an bestimmten Stellen angebrachten **Feuerkästen** entzündet werden, wenn Angaben zum Feuerrisiko (Fire Hazard) es erlauben. Wo Feuermachen gestattet ist, sollten Sie nur Reisig verwenden und auch nur kleine Feuer machen.
- In der Nähe von Wasserquellen und Schlafbereichen sollte kein **Waschen** erfolgen, um das Risiko der Verschmutzung und das der ungewollten Konfrontation mit Wildtieren zu verringern.
- Um Essbares aus der **Reichweite von Bären** zu bekommen, nehmen Sie bitte ein Seil mit, damit Sie die Nahrung hoch auf Bäumen aufhängen können.
- **Aufräumen** und **keine Abfälle** liegen zu lassen sollte eine Selbstverständlichkeit sein.

12. DER SÜDWESTEN VON ALBERTA

Der größte Teil dieser Region ist vom meist baumlosen Grasland der Prärie geprägt. Bevor die Weißen dieses Gebiet beanspruchten, tummelten sich hier riesige Bisonherden, die hauptsächliche Nahrungsgrundlage der Prärieindianer. Die Absturzfelsen von **Head-Smashed-In**, über die die Indianer die Bisons trieben, und das dort eingerichtete Informationszentrum legen Zeugnis über die ausgeklügelten Jagdmethoden der Ureinwohner ab.

Gutes Anschauungsmaterial über die Zeit der Dinosaurier wird Ihnen im **Dinosaur Park** bei Brooks und im **Royal Tyrell Museum of Palaeontology** von Drumheller geboten.

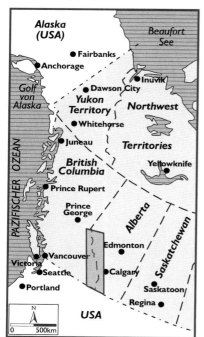

Vom Waterton Lakes National Park nach Head-Smashed-In Buffalo Jump

 Streckenhinweis
• *Gesamtstrecke: Waterton Lakes National Park – Head-Smashed-In Buffalo Jump: 108 km*
• *Summierte Teilstrecken: ab Waterton Lakes N.P. auf Straße 6 bis* **Pincher Creek** *(Km 46), bis zur T-Kreuzung des Hwy 3 (Km 48), Abzweigung rechts in Richtung Osten bis kurz vor* **Ford Macleod** *(Km 90), Abzweigung links auf Straße 2 Richtung Norden bis Abzweigung links (Km 92) auf Straße 785 bis* **Head-Smashed-In Buffalo Jump** *(km 108)*

⊡ 1 **Vorschlag zur Zeiteinteilung**
1 Tag

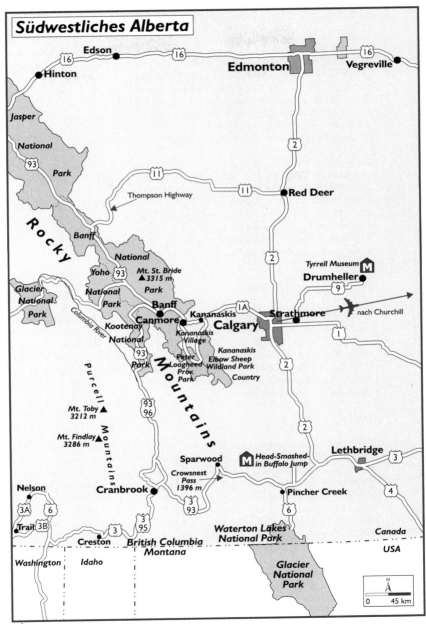

Südwestliches Alberta

Edson
Edmonton
Vegreville
Hinton

Jasper

National

Park

Thompson Highway

Red Deer

Rocky

Banff

National

Yoho

Mt. St. Bride
▲3315 m

Park

Glacier
National
Park

National
Park

Banff

Columbia River

Kootenay

Canmore

Kananaskis

Calgary

Tyrrell Museum Ⓜ
Drumheller

National

Kananaskis
Village

Strathmore

nach Churchill

Peter
Lougheed
Prov.
Park

Kananaskis
Elbow Sheep
Wildland Park

Country

Purcell

Mt. Toby ▲
3212 m

Mountains

Mt. Findlay ▲
3286 m

Mountains

Lethbridge

Nelson

Sparwood

Ⓜ Head-Smashed-
in Buffalo Jump

Cranbrook

Crowsnest
Pass
1396 m

Pincher Creek

Trail

Creston

British Columbia
Montana

Waterton Lakes
National Park

Canada

USA

Washington

Idaho

Glacier
National
Park

N

0   45 km

© *i* graphic

Die kanadische Prärie – das Reich des Grases

Östlich des Bollwerks des Felsengebirges der Rocky Mountains breitete sich, als einst die Pioniere aus Europa mit Karren Nordamerika durchkreuzten, ein riesiges Grasland aus. Der ständige Wind krault diesen prächtigen dichten Teppich, grün oder gelb, je nach Jahreszeit. Riesige Tierbestände an Bisons und Gabelhornantilopen, um nur die auffälligsten Vertreter der Huftiere zu nennen, und eine große Vielfalt an weiteren Wildarten und Vögeln bevölkerten diese Urlandschaft. Dieser paradiesische Urzustand der Prärie gehört zwar nach dem verstärkten Vordringen des Weißen Mannes in diese Region der Vergangenheit an, und trotzdem konnte ein Teil der ursprünglichen Pflanzen- und Tierwelt erhalten werden.

Verschiedene Grassorten

Ein wichtiges Merkmal der Prärie ist das Vorhandensein von Gräsern verschiedener Herkunft. Einige sind im Norden heimisch und für ein kaltes Klima geeignet. Sie vertragen Frost und wachsen sowohl bei Frühlingsbeginn als auch im Herbst. Damit liefern sie ein ausgezeichnetes Früh- und Spätweideland. Andere Gräser stammen aus dem Süden. Sie vertragen gut die Trockenheit und zeigen im Hochsommer und gegen Sommerende ein gutes Wachstum. Die Gesamtheit dieser Grastypen bildet ein **Weideland von hoher Fruchtbarkeit**, das sich den klimatischen Veränderungen im Lauf eines Jahres anpasst.

Die Stimme der Prärie

Verhältnismäßig häufig sieht man Kojoten, die auffallendsten Beutegreifer in der offenen Landschaft der Prärie. Nach dem Einbrechen der Dunkelheit vernehmen Sie ihren „Gesang", daher auch der bezeichnende Name Heulwolf. Dem sehr intelligenten und anpassungsfähigen Raubtier ist es gelungen, sich nach der Ankunft der einwandernden Menschen aus Europa und anderen Erdteilen in das vorher fast menschenleere Nordamerika den damit verbundenen veränderten Lebensbedingungen anzupassen.

Starke Verfolgung

Ausrottungsversuch durch Gift

Die besondere Vorliebe für Aas hätte fast zum Untergang des Kojoten geführt, wenn ihn die Natur nicht mit einer außergewöhnlichen Widerstandskraft gegen Verfolgungen ausgestattet hätte. Er war einer der größten **Vergiftungskampagnen** ausgesetzt, die jemals gegen eine Tierart eingeleitet wurde. In den Jahren zwischen 1850 und 1875 wurden Tausende von Bison- und Gabelhornantilopenkadaver vergiftet, um Kojoten anzulocken und zu töten. Es ging in erster Linie um das Fell des Kojoten. Später bewahrten ihn sinkende Fellpreise auf dem Weltmarkt vor weiterer Ausrottung. Doch dies bedeutete nur eine kurze Unterbrechung des kompromisslosen Vernichtungswillens der Menschen.

Die Haustierherden der Siedler wurden notgedrungen immer mehr zur Nahrungsgrundlage der Kojoten, nachdem die Zahl der Bisons und Gabelhornantilopen rapide abnahm. Der **Konflikt mit den Viehzüchtern** war vorprogrammiert. Im Auftrag der Regierungen von Kanada und USA nahmen ganze **Heere**

von Fallenstellern ihre systematische Verfolgung auf, was in den Jahren zwischen 1915 und 1946 zu beachtlichen Strecken von über einer Million Kojoten führte. Diese Verfolgung hält bis heute an. Sicherlich ist in Gegenden, in denen die Rinderherden in starkem Maße bedroht sind, eine Bevölkerungskontrolle der Kojoten angebracht.

Erfolgreiche Ausbreitung

Trotz aller Verfolgung durch den Menschen hat sich das **Verbreitungsgebiet** des Kojoten gegenüber seinem ursprünglichen sogar noch erheblich ausgeweitet. Es reicht heute vom nördlichen Alaska bis nach Costa Rica auf der mittelamerikanischen Landbrücke und umfasst neuerdings annähernd die ganze Breite des nordamerikanischen Kontinents, von der gesamten Westküste bis in die Stadtgebiete von New York und Boston an der Ostküste.

Die erfolgreiche Ausbreitung des Kojoten über seine früheren Lebensräume hinaus hat folgende Ursachen:
- Die **Umwandlung von Wäldern in landwirtschaftliche Nutzflächen** kommt seiner Neigung zu offener, übersichtlicher Landschaft zugute.
- Die **Ausrottung anderer Raubtiere**, die im Nahrungswettbewerb mit ihm standen oder zu deren Beutetieren er selbst zählte, war günstig für seine Art.
- Seine **außerordentliche Anpassungsfähigkeit**, mit fast jeder schwierigen Lage fertigzuwerden, ist der wohl entscheidende Grund seiner Vitalität.
- Sein **enorm großes Nahrungsspektrum** macht ihn zum Überlebenskünstler. Aufgrund zahlreicher Magenuntersuchungen hat man bis zu 14.000 verschiedene Nahrungstypen festgestellt, die von einfachem Gras und Rinderhaaren bis zu selbst erlegter Beute oder Aas reichen.

Allen Verfolgungen zum Trotz

Das Heer der Gefiederten

Die Vögel der nordamerikanischen Prärie bilden in ihrer Gesamtheit und Verschiedenartigkeit eine bezaubernde Welt. Es gibt solche, die in der Grasebene nisten und ihre Brut aufziehen, andere die ihr ganzes Leben, auch in den eisigen Wintermonaten, hier zubringen, und schließlich **ein unermessliches Heer an Zugvögeln**, die während der Zugzeit im Frühling und Herbst hier kurz rasten und hier und dort Nahrung aufnehmen, um Kraft für den Weiterflug zu sammeln. Deshalb sind besonders diese Jahreszeiten die besten für ornithologische Beobachtungen.

Die **nahrungsreiche und ebene Prärie** ist ein leicht zu überwindender Flugkorridor für den Vogelzug, im Gegensatz zum schroffen Felsengebirge der Rockies. Die zahlreichen Seen, Tümpel, Flüsse und Feuchtgebiete ziehen magnetartig besonders die Wasservögel an. So mischen sich im Frühjahr und Herbst das pulsierende Leben der Graswelt der resistenten Arten mit dem Kommen und Gehen der Durchzügler. Noch beeindruckender muss dieser Lebensraum gewesen sein, bevor der Mensch in das reichhaltigste Tierparadies des amerikanischen Festlandes zerstörerisch eingegriffen hat.

Vogelzug

Für **Millionen von Zugvögeln** sind die Ebenen und Prärien zwar nur ein vorübergehender Lebensraum, doch für ihre unglaublich langen Wanderzüge von größter Bedeutung.

Wir selbst konnten beobachten, wie sich oft wiederholend, eine muntere Schar von Wasser- und Watvögeln auf und um fast jeden Wassertümpel versammelten. Löffelenten/Northern Shovelers, Krickenten/Green-winged Teals, Schellenten/Common Goldeyes, Stockenten/Mallards, Spießenten/Northern Pintails, Schwarzhalstaucher/Eared Grebes und Ohrentaucher/Horned Grebes geben sich ein Stelldichein. Auf fast jeder Sandbank am Ufer sammeln sich Schwärme von verschiedenen Limikolenarten, die zum Brüten in die noch fernen subarktischen Tundren streben, alle in ihrem Hochzeitsgefieder. Die einen stochern nervös mit ihrem feinfühligen Schnabel im Schlamm herum, wieder andere ruhen, kugelrund aufgeplustert, auf einem Bein stehend und sehen aus wie helle Wollknäuel auf einem Stöckchen. Dazwischen schreitet in stolzer Haltung ein Amerikanischer Stelzenläufer/American Avocet langbeinig im Stechschritt einher.

Amerikanische Odinshühnchen/Wilson's Phalaropes strudeln kleine Insekten an die Wasseroberfläche, indem sie sich schnell um sich selbst drehen. Plötzlich herrscht Aufregung unter der Vogelschar am Wasser. Eine männliche Kornweihe/Northern Harrier, hellgrau mit schwarzen Flügelspitzen, überfliegt sehr dicht über dem Boden beutesuchend das Gelände. Typisch sind ihre V-förmig aufgestellten Flügel beim Gleitflug.

Head-Smashed-In Buffalo Jump (ⓘ s. S. 187)

Box 1977 Fort Macleod, Alberta TOL 0Z0, Website: www.head-smashed-in.com/

Die UNESCO erklärte diese Stätte zum **Weltkulturerbe der Menschheit**. Sie ist die bedeutendste von vielen Bisonjagdstellen auf der nordamerikanischen Prärie.

Raffinierte Jagdmethoden der Indianer

Head-Smashded-In Buffalo Jump ist weltbekannt als eine bemerkenswerte Aussage prähistorischen Lebens. Es zeigt Jagdgewohnheiten der Urbevölkerung der nordamerikanischen Prärie auf, die nahezu 6.000 Jahren praktiziert wurden. Dank ihrer ausgezeichneten Kenntnisse der Topographie und der Gewohnheiten der Bisons, töteten sie diese, indem sie sie über einen Steilabhang jagten und anschließend die Tierkadaver in einem Camp in Gemeinschaftsarbeit mehrerer Stämme zusammen verwerteten.

Die Bedeutung des Namens Head-Smashed-In

Nach einer alten **Legende** wollte ein junger Mann einmal aus nächster Nähe miterleben, wie die Jäger seines Volkes eine Bisonherde über die Klippen von steil abfallenden Sandsteinfelsen jagten, von der die Tiere in die Tiefe stürzen und dabei ihren Tod fanden. Der Schaulustige, der sich unter einem Felsvorsprung, ähnlich wie hinter einem Wasserfall, sicher fühlte, sah die massigen Tiere an sich vorbeistürzen.

Die Jagd war an jenem Tag besonders erfolgreich, und der Unglückliche wurde *Namens-*
schließlich von den sich immer höher auftürmenden Tierkörpern an die Felswand *erklärung*
gedrückt. Als die Leute seines Stammes zum Ausweiden der reichlichen Beute
herankamen, fanden sie seine Leiche. Seine Schädeldecke war vom Gewicht der
Bisonmassen eingedrückt worden. Daher heißt der Ort heute „Head-Smashed-
In", d. h. „zerquetschter Kopf".

Das Gelände am Sturzfelsen

Man unterscheidet in Head-Smashed-In **4 Bereiche:**
• Ein **gutes Weidegebiet für Wildtiere** lag westlich vom Sturzfelsen in einer
Niederung am Olsen Bach. Es war ein natürliches Sammelbecken mit gutem
Grasbewuchs und Wasservor-
kommen. Am Ende des Som-
mers oder zum Herbstanfang
begannen sich einst hier die
Bisonherden zu konzentrieren.

• **Fächerförmige Treib-**
bahnen, durch aufgetürmte
Steine markiert, hatte die Urbevölkerung über 8 Kilometer vom Olson Bach bis zum
Sturzfelsen angelegt.
• Der **Sturzfelsen** war ein
freiliegender Steilhang von
etwa 10 m Höhe und 100 m   *Gemeinsame Jagd – an der Klippe*
Länge, an dessen Fuß bis in
10 m Tiefe Überbleibsel aus aufeinanderfolgenden Jagden zu finden sind.
• Das **Gelände zum Verarbeiten der Beute** befand sich auf ebenem Grund
am Fuß des Steilhangs, in dem die Tierkörper zerlegt und verarbeitet wurden.
Wenn man die Grasdecke und eine Bodenschicht abtragen würde, könnte man
hier viele Koch- und Bratgruben finden.

Interpretive Centre
Öffnungszeiten: täglich im Sommer 9–18 Uhr und im Winter 10–17 Uhr

Geschichte des Informationszentrums
1968: Anerkennung als nationalhistorische Stätte
1979: Anerkennung als Stätte provinzialen Kulturerbes
1981: Anerkennung als Stätte des Weltkulturerbes der Menschheit
Mai 1982: Baugenehmigung eines Informationszentrums durch die Provinzregierung
28. September 1984: feierliche Grundsteinlegung
Juni 1985–Okt. 1986: Bauzeit
23. Juli 1987: offizielle Eröffnung durch *HRH Prinz Andrew* und *Sarah Ferguson*

In dem Ausstellungsgebäude wird die **Bisonjagdkultur der Prärieindianer**
von der Vorzeit bis zur Ankunft der Europäer erläutert.

Der Schöpfungsglaube der Schwarzfuß-Indianer

Napi, der Schöpfer der Erde, schuf das Land, wie wir es heute vor uns sehen. „Er unterteilte es so, dass die verschiedenen Pflanzen ihre besonderen Wachstumsgebiete erhielten. Schluchten und Bachtäler schmückte er mit Beerensträuchern

und Bäumen, mit Schwarzpappeln und Weiden. Mehr als alles andere ließ er das Gras wachsen... Er sagte zu den Tieren: „Diese Gaben sollen Euch am Leben erhalten." Alle Geschöpfe der Erde sind zu respektieren.

Das Leben im Rhythmus der Jahreszeiten

Sturz von der Klippe – Buffalo Jump

Bis zu 15 Büffelhäute waren nötig, um ein **Tipi**, die Zeltform der Prärieindianer, herzustellen. Weil es kein Holz in der Prärie gab, wurde das Zelt am Boden mit Steinen fixiert. An bestimmten Stellen im Gelände wurden Stangen für das Gerüst versteckt. Am Boden breitete man Felle aus. Eine Art Rückenlehne aus Weidenruten diente als Stütze beim Hocken auf der Erde. Verschiedene Dekorations- und Schmuckstücke, Werkzeuge und andere Gebrauchsgegenstände zeigen, wie die Urvölker der Prärie mit ihrer Umwelt in Beziehung standen.

Auf einem **Jahreskalender** wurden einschneidende Ereignisse symbolhaft festgehalten:

Lebensgewohnheiten der Indianer

• Im **Sommer** kleidete man sich in leichte Ledersachen aus den Häuten von Rehen. Zum Nähen verwendete man Nadeln aus Knochen. Beeren sammeln war im Sommer eine wichtige Beschäftigung. Die „Okonohi" (Sakatoon-Berries) waren für den baldigen Verzehr gedacht. Die „Tsekie-sino-kosa" dienten als Medizin und wurden bei zeremoniellen Anlässen verzehrt. „Kinnikinnick" und andere Arten wurden teilweise mit Tabak vermischt und während der Zeremonien gereicht. Wilder Bergamot, eine Art von Mint, wurde als Tee von getrockneten Blättern zubereitet. Er wurde bei Leibschmerzen getrunken oder gemahlen bei der Fleischzubereitung verwendet. In Sommercamps arrangierten Eltern für ihre Kinder Hochzeiten.

Einige Clans reisten Hunderte von Kilometern, um Verwandte zu besuchen. Man kam zusammen, um Freundschaften zu erneuern und ihnen neue Impulse zu geben. Es wurde versucht, Streitigkeiten beizulegen. Wenn dies nicht fruchtete, war man auch zum Kampf bereit, wenn es beispielsweise um Besitz oder Territorien ging.

Die **Pflege von Handelsbeziehungen** der Stämme untereinander war sehr wichtig und lebensnotwendig, um bestimmte Materialien zu erwerben. Die Handelsrouten von der Küste bis ins Binnenland konnten fast nur im Sommer begangen werden, denn Fahrzeuge oder größere Tragtiere kannten die Indianer vor dem Erscheinen der Europäer nicht. Lediglich domestizierte Wölfe wurden als noch blinde Würflinge groß gezogen und als Tragtiere abgerichtet.

• Im **Herbst** war man in erster Linie mit der Bisonjagd beschäftigt, um genügend Nahrung für die kalten Winter zu haben.

• Im **Winter**, wenn die eisigen Blizzards über die Prärie jagten, war die warme Winterbekleidung aus Büffelfell sehr nützlich. Die Felle wurden auf verschiedene Art und Weise gegerbt, einige sogar wasserundurchlässig, beispielsweise für Taschen. Als Brennmaterial wurde der überall häufig zu findende Büffeldung gesammelt.

Lebensgewohnheiten der Bisons

Bisonbullen leben in der meisten Zeit des Jahres allein. Sie sind 1 ¾ m groß und wiegen mehr als eine ½ Tonne. Die Bisonkühe sind kleiner, aber massiver. Bisonkälber wiegen höchstens 4 kg bei der Geburt.

Bisons sind soziale Herdentiere, die sich gegenseitig beschützen. Die Herden werden von einer dominanten Leitkuh geführt, und bei äußerster Gefahr stürmt die Herde in wilder Flucht unter ihrer Führung davon. Fluchtbewegungen über kurze Entfernungen sind ungewöhnlich. Meistens rennt die Herde in dichter Formation los und läuft lange andauernd. Die Leitkuh hat durch ihre Führungsposition die Möglichkeit zu bestimmen, wohin die Flucht führt.

Bisons haben allgemein eine relativ schlechte Sehkraft aber einen außergewöhnlich guten Geruchssinn. Es ist oft nur der feinste Geruch eines Präriefeuers, eines Menschen, Kojoten oder Wolfs, der die Herde zur Flucht veranlasst.

Die **Struktur der Herden** setzt sich aus Bisonkühen, ihren Kälbern und jungen *Feste* Bullen zusammen, die das ganze Jahr über zusammen bleiben. Zu ihnen gesellen *Strukturen* sich erwachsene Bullen nur während der Brunft im Spätsommer. Kälber werden *in der* nach dem harten, entbehrungsreichem Winter geboren. Sie haben nur einen *Herde* kurzen Sommer Zeit, um widerstandsfähig zu werden, bis der erste Schnee fällt.

Die bevorzugten Grassorten der Bisons sind:
• **Rough Fescue Grass** (*Festuca scabrella*), das z. B. in den Porcupine Hills wächst. Die Pflanzen werden bis zu 90 cm hoch, färben sich gelb, wenn sie reif sind, und sind ein ausgezeichnetes Futter für die Bisons im späten Sommer und Herbst.
• **Western Wheat Grass** (*Agropyron smithii*) wächst ebenfalls in den Porcupine Hills und in der trockeneren östlichen Prärie. Reife Pflanzen erreichen eine Höhe von 60 cm und haben eine leicht blau-grüne Färbung.
• **Needle and Thread** oder **Speargrass** (*Stipa comata*) hat deshalb seinen Namen, weil seine mit Widerhaken versehenen Samen in der Kleidung und dem Haaren der Tiere haften bleiben. Dies ist eine häufige Grasart in der Prärie und sie erreicht im Reifezustand eine Höhe von 60 cm.

Die Jagdwaffen der Indianer

Der Speer gilt als schlechthin älteste Jagdwaffe. Die Speerschleuder war eine technische Neuerung jüngeren Datums. Sie steigerte die Wurfkraft erheblich. Pfeil und Bogen waren weitere Verbesserungen, damit ließen sich Tiere aus größerer Entfernung erlegen.

Die Zeremonie vor der Büffeljagd

Nach Ansicht der Prärieindianer gehörte zum Gelingen einer erfolgreichen Büf-
feljagd nicht nur das Geschick der Jäger, sondern auch die spirituelle Hilfe eines
medizinischen Bündels und ein „**Iniskim**" dazu. Sie waren wichtiger Bestandteil
einer erfolgreichen Jagd. Die Urbevölkerung nahm das „Iniskim" aus der Büffel-
wolle und der Kalbshaut, um es für die Zeremonie zu benutzen. Sie sangen den
„Iniskim"-Gesang im Rauch von „Sweetgrass", um dem Büffel zu verdeutlichen,
was sie benötigten. Die Jäger reinigten ihre Körper im Dampfbad vom Schweiß
und rieben sich mit Blättern ein, um ihren eigenen Geruch zu überdecken.

Die Büffeljagd

Nachdem Indianerstämme von Asien über Beringia vor vielen Tausenden von
Jahren, dem Großwild folgend, auch die Prärien Nordamerikas erreichten, erkannten sie sehr schnell, dass die **Gemeinschaftsjagd auf den Büffel** effektiver war als im Alleingang. Der Büffel wurde zum Mittelpunkt ihres religiösen und
zeremoniellen Lebens.

Es gab **3 verschiedene bewährte Methoden der Jagd** auf Büffel:
1. Büffel über Sturzfelsen (Buffalo Jump) oder in durch Steine und Palisaden
flankierte Kessel treiben.
2. Büffel in Schlammlöcher hetzen.
3. Büffel im Winter von ihren ausgetretenen Wechseln in den Tiefschnee treiben.
Die Jäger überquerten den Schnee auf Schneeschuhen, die ein Einsinken verhinderten.

Zu 1. Der Methode Buffalo Jump wird hier verständlicherweise ausführlicher
beschrieben. Auf dem Weg zu ihren Winterquartieren machten Gruppen von
Indianern Station am Old Man River. Die **große gemeinsame Jagd** bei Head-
Smashed-In fand einmal im Jahr im Herbst statt, wenn reichlich Büffel in dieser
Gegend weideten. Damit bei der Jagd alles glatt ablaufen konnte, musste sich
jeder streng an die Regeln halten. Vor dem Beginn der eigentlichen Jagd wurden
die Treiberbahnen ausgebessert, Brennholz aufgestapelt und Koch- und Bratgruben fertiggestellt.

Die Indianervölker der Prärie wussten sehr viel über die Bisonherden und über
die Verhaltensweisen dieses Großwilds. Während die starken Bullen Einzelgänger
waren, lebten die **Muttertiere mit den Kälbern** in Herden verschiedener
Größe zusammen. Damit nicht zu viele Büffel getötet wurden, suchten die Indianer nur so viel Tiere für den Sturz über die Klippe aus, wie sie verwerten
konnten. Ideal war eine Stärke von 40 bis 50 Stück, die sich aus Muttertieren und
Kälbern zusammensetzte. Die Jagd erfolgte im Herbst, wenn das Fell der Tiere für
den kommenden Winter sehr dicht war.

Es wurden 2 junge, laufstarke Treiber ausgesucht. Einer der beiden Treiber, mit
einem Büffelkalbfell bekleidet, ahmte die Rufe eines verirrten Kalbs nach, das
verzweifelt nach seiner Mutter blökte. Somit versuchte er die ausgesuchte Herde

in die durch Steinwälle flankierte, trichterförmige Treiberbahn mit Zielrichtung auf den Absturzfelsen zu locken, eine sehr gefährliche Aufgabe! Der andere **Treiber, mit einem Kojotenfell bekleidet,** musste ständig hinter der Herde hin und her laufen, um die Herde in die gewünschte Richtung zu treiben. Dieser Vorgang nahm etwa zwei Wochen in Anspruch. Hierbei heulte er wie ein Kojote. Das absolvierte gewaltige Laufpensum zehrte enorm an den Kräften des Jünglings. Nach 2 Jahren als Treiber waren meistens die Kräfte verbraucht.

Außerdem entzündete der „Kojoten-Läufer" in einem Büffelhorn ein Feuer an. Die starke Rauchentwicklung trieb die Herde zur Eile an. Die endgültige Hatz begann, nachdem die Herde sich in der 8 km langen mit Steinen und Sträuchern flankierten Treiberbahn befand. Sobald sich

Als Kojote verkleideter Indio – Buffalo Jump

die Bisons dem Sturzfelsen näherten, traten mehrere Jäger hinter den für diesen Zweck aufgetürmten Steinhaufen hervor und veranlassten die Tiere durch Schreie und hin und her geschwenkte Tierhäute dazu, ihr Tempo zu steigern. Unmittelbar vor dem Sturzfelsen erkannten die wild heranstürmenden Bisons erst im allerletztem Moment, dass das Gelände hier steil abfiel. Optisch sieht es so aus (davon können Sie sich an Ort und Stelle selbst überzeugen), als ob das wellige Gelände mit der gleichen gelben Farbe im Herbst ohne Abbruch allmählich in die Ebene übergeht. Durch diese Täuschung war der Sturz der Bisons in die Tiefe unvermeidlich.

Die Treibjagd

Ideale Bedingungen herrschten,
• wenn vom Kliff aus weidende Bisonherden in der Ferne zu sehen waren,
• wenn der erforderliche Westwind Richtung Kliff wehte, sonst witterten die Büffel Gefahr,
• wenn die Hatz rechtzeitig von einem Treiber eingeleitet wurde,
• wenn die Seitenverstärkungen der Treiberbahn gut präpariert waren und die Zahl der Treiber ausreichend war, konnte die Herde seitlich nicht ausbrechen,
• wenn die Zahl der Büffel groß genug war, die über die Klippe getrieben wurden, um den Nahrungsbedarf für den Winter zu sichern.

Die Verwertung der Beute

Nach dem Sturz über die Klippe mussten alle Büffel getötet werden, denn sie würden sonst nie wieder diese Weidegründe aufsuchen. Die **Zerteilung und Verwertung** der getöteten Büffel musste gut organisiert werden. Nachweislich arbeiteten hier 4 **Indianerstämme** zusammen. Alles wurde verwertet: Fleisch, Sehnen, Innereien, Gehirn, Teile der Knochen, das Fell, die Hörner usw. Die Zunge und die Innereien nahm man als erstes heraus. Sie galten als besondere Delikatessen. Das Fleisch schnitt man in Streifen und spannte es auf hölzerne Gestelle zum Trocknen. Später wurde es in Häute gewickelt, gepudert und mit Fett und Beeren gemischt, um sog. „Pemmican" herzustellen. Die **Knochen** wurden zerschlagen. Sie waren reich an Knochenmark. Am Ende des Schlachtfestes wurden die **Abfälle verbrannt**. Die Dankbarkeit für eine erfolgreiche Jagd kam in Gebeten und Opfern zum Ausdruck.

Die Vision einer Indianerin

Eine Legende besagt: Im Winter waren alle Büffel fort, und die Leute waren alle sehr hungrig. Als eine Frau beim Holz sammeln war, hörte sie eine Stimme, die sagte: „Ich bin eine heilige Frau, nimm mich." Sie sah um sich und sah einen „Iniskim", einen Felsen, der die Form eines Büffels hatte. Sie ging zum Lager zurück und hatte in der folgenden Nacht eine Vision. Ihr wurde die Energie des „Iniskim" gegeben. Der Ältestenrat wurde einberufen, und man verbrannte, wie bei Zeremonien üblich „Sweetgrass", und die Frau sang das Lied, das sie gehört hatte, den „Iniskim"-Song. Nun wurde die Energie aktiviert, und die Frau konnte sagen, wo die Büffel zu finden waren.

Der europäische Einfluss

In einer Ausstellung wird die kulturelle Einwirkung früher europäischer Entdecker und Pelzhändler und das folgende Leid der Urbevölkerung dokumentiert. Man erfährt etwas von Tod und Krankheiten, von der Zerstörung des Volkstamms der Schwarzfuß-Indianer und der Bisonherden. Pocken und Masern vernichteten *Große* große Teile der Urbevölkerung. Die ersten Entdeckungsreisenden und Händler *Schuld des* schrieben, dass sie auf „Geisterlager/Ghost Camps" gestoßen, in denen alle Men- *Weißen* schen und sogar die Hunde tot waren. Durch die **Ausrottung der Bisonher-** *Mannes* **den**, die Unterzeichnung von Verträgen über Gebietsübereignungen an die Weißen und das Reservatsystem kam das Volk der Schwarzfuß-Indianer an den Rand des Untergangs. Die alten Waffen und Werkzeuge wurden durch neuzeitliche Angebote der Händler ersetzt. Mit der Einführung des Pferdes und der Feuerwaffen änderte sich die Technik und Taktik der Jagd, und es verschob sich der gesellschaftliche Schwerpunkt von der Gemeinschaft zum Individium.

Wissenschaftliche Studien

Archäologische Ausgrabungen werden bei Head-Smashed-In schon seit Jahren durchgeführt. Anhand archäologischer und sonstiger wissenschaftlicher Feststellungen lässt sich die historische Entwicklung in Head-Smashed-In auf faszinierende Weise beschreiben. Sehr aufschlussreich sind die Erkenntnisse der Osteologie oder Knochenlehre. **Lichtbildvorführungen** berichten davon, wie durch die Auswertung verschiedener Studien die geschichtliche Entwicklung von Head-Smashed-In ans Licht gebracht wurde.

Die Ausstellungseinheit „Using the present to interpret the past (Erkenntnisse der Gegenwart zum Verständnis der Vergangenheit) zeigt, wie die verschiedenen wissenschaftlichen Erkenntnisse zum besseren Verständnis der mündlichen Überlieferung des Volkes der Schwarzfuß-Indianer genutzt werden können.

Von Banff ins Kananaskis Country (ⓘ s. S. 187)

Streckenhinweis
Gesamtstrecke: Banff – Canmore – Lower Kananaskis Lake – Banff:
204 km
Teilstrecke: Banff – Canmore auf dem Hwy 1 in südöstliche Richtung: 31 km
Teilstrecke: Canmore – Lower Kananaskis Lake, Abzweigung links auf der Straße
742 oder Smith Dorrien Hwy oder Kananaski Trail: 62 km
Teilstrecke: Lower Kananaskis Lake – Einmündung Highway 1 auf dem Highway
40: 58 km
Teilstrecke: Einmündung Highway 1 – Banff: 53 km

Überblick

Kananaskis Country ist ein 4.250 km² großes **Erholungsgebiet**, das Berge, Wälder, Wiesen, Seen und Flüsse an den östlichen Abhängen der kanadischen Rocky Mountains umfasst, einschließlich des Peter Lougheed Provincial Park. Um den besonders in der Hochsaison gewaltigen Besucherstrom in die Nationalparks der Rockies abzufangen, wurde diese Region touristisch erschlossen. Trotzdem ist das Kananaskis Country sehr viel weniger überlaufen als die erwähnten Nationalparks.

Die folgenden **Aktivitäten** sind möglich:
• Für Wanderer und Radfahrer wird ein gut ausgebautes Wegenetz für leichte und schwere Touren angeboten.
• Für Skilangläufer ist ein Loipensystem präpariert.
• Fischen und Boot fahren ist auf Seen und Flüssen möglich.
• Reiten in dem bergigen Gelände bereitet großes Vergnügen.
• Der 36-Loch-Golfplatz gehört zu den spektakulärsten in Westkanada.

Redaktions-Tipps

Übernachten:
• **Kananaskis Country: Mount Engadine Lodge $$$**, europäische Atmosphäre, deutschsprachig, von einem Schweizer geführt, ganzjährig geöffnet, sehr zu empfehlen, toller Blick auf mäandrierenden Smuts Creek, zackige Berge im Hintergrund, manchmal erscheinen Elche in der Niederung.

Sehenswürdigkeiten:
• **Quartier in der Mount Engadine Lodge** (S. 450), von dort Wildnisausflüge
• **Das Park Visitor Centre** (S. 451), am Lower Kannaskis Lake gelegen, informiert sehr ausführlich über die Population der Grizzly-Bären.
• **Interessante Bergformen** (S. 452) im Kananaskis Valley

Entlang des Spray Lake

Bei **Canmore** zweigt man rechts ab und folgt der Ausschilderung „Canmore Nordic Centre" und „Kananaskis Country". Der sog. Kananskis Trail ist eine staubige Schotterstraße. Ihr folgen Sie in südlicher Richtung, begleiten den Goat Creek, passiert den Goat Pond und erblicken schließlich die blinkende Seefläche des großen Stausees **Spray Lake**. Die Straße führt am Ostufer des Sees entlang. Die gegenüberliegende Seeseite ist sehr einsam und von menschlichen Aktivitäten kaum berührt. Auf kalkhaltigem Boden wachsen Drehkiefern (Lodgepole Pins) und Kanadische Weiß- oder Schimmelfichten (White Spruces).

Von der Mount Engadine Lodge haben Sie einen lohnenden Blick auf das sumpfige, mit Weidengebüsch durchsetzte Tal des stark mäandrierenden **Smuts Creek**, der in den Spray Lake mündet. Dieses Tal ist ein von Elchen und Bibern bevorzugter Lebensraum. Von der Straße aus können Sie mehrere Biberdämme und -burgen ausmachen.

Peter Lougheed Provincial Park

Reizvolle Landschaft

Die anschließende Erdstraße nach Süden führt entlang des **Smith Dorrien Creek**. Sie durchfahren eine reizvolle Landschaft, in der dunkle Moore, offenes Gelände mit Sicht auf kleine Seen und dichten Wald abwechseln, im Hintergrund zackige Bergkulissen. Viele Erdhörnchen, Männchen machend, haben sich wie Wachtposten an den Eingängen ihrer Burgen aufgebaut. Wieder andere sind sehr intensiv mit ihrer Nahrungsaufnahme beschäftigt.

Am Burstall Pass beginnen mehrere Wanderwege und Skipisten, z. B. zum Chester Lake oder den Burstall Lakes. Im Sonnenschein leuchten hier Blüten des Paintbrush, Browneyed Susan und Arctic Astern besonders schön.

Empfehlenswerte Trails für Wanderer & Mountainbike-Fahrer

Für jeden etwas

- **Burstall Pass Trail**, 7,4 km (ein Weg), 470 m Höhenunterschied
Einstieg: Burstall Pass Parkplatz am Smith-Dorrien/Spray Trail
Beschreibung: Der Trail führt durch Wald, Niederungen mit Weidengebüsch, dann steiler Aufstieg zu Bergwiesen und zum Burstall Pass. In den Weidenniederungen kann es zu Überflutungen kommen. Moutainbike-Fahrer dürfen nur 2,7 km bis zum Ende der alten Holzabfuhrstraße fahren.
- **Chester Lake Trail**, 4,6 km (ein Weg), 300 m Höhenunterschied
Einstieg: Chester Lake Parkplatz am Smith-Dorrien/Spray Trail
Beschreibung: Der Waldwanderweg führt zu einer Bergwiese und dem Chester Lake, unterhalb des Mt. Chester. Moutainbike-Fahrer dürfen nur 2 km auf der Holzabfuhrstraße fahren.

Empfehlenswerte Trails nur für geübte Wanderer

- **Black Prince Cirque**, Lehrpfad, 4,2 km (Rundweg)
Einstieg: Smith-Dorrien/Spray Trail, 90 m Höhenunterschied
Beschreibung: Dieser Trail, auf seinem ersten Teil eine alte Holzabfuhrstraße, führt durch eine offene Landschaft und in die Nähe des idyllisch gelegenen, kleinen **Warspite Lake**.
- **Boulton Creek Trail**, Lehrpfad, 4,9 km (Rundweg)
Einstieg: Boulton Creek-Brücke Picknickplatz

Beschreibung: Diese Trail führt nach einem kurzen Aufstieg zur Boulton Creek Cabin und einem Höhenzug, von dem aus Sie Ausblicke auf Berge im Süden und Westen haben.

- **Marl Lake Trail**, Lehrpfad, 5,1 km (Rundweg)

Einstieg: Elkwood Amphitheatre Parkplatz oder Elkwood Campground

Beschreibung: Dieser Trail windet sich durch Wald und das Feuchtgebiet des Marl Lake. Dieser Weg ist auch für Rollstuhlfahrer geeignet.

Park Visitor Centre

An der Ostseite des Lower Kananaskis Lake befindet sich das sehr informative Park Visitor Centre.

Die Population der Grizzlies

Sehr intensiv hat sich dieses Informationszentrum mit diesem Thema befasst. Die Population der Grizzly-Bären ist seit der Besiedlung der Weißen dramatisch zurückgegangen. Derzeit beträgt sie in der Provinz Alberta nur noch rund 800 Exemplare, von denen rund 200 ihre Heimat in Nationalparks und Provinzparks haben, z.B auch im Peter Lougheed Provincial Park. In British Columbia gibt es noch 10.000 bis 13.000 Exemplare. Die **Grizzly-Population** ist außerdem ein eindeutiger Indikator für eine intakte Flora und Fauna.

Schutz-maßnah-men für den Grizzly

1994 hat das Projekt „Eastern Slopes Grizzly-Bear Project", ESGBP, seine Arbeit aufgenommen, eingeschlossen sind Mitglieder aus der Industrie (aus den Branchen Öl und Gas), der Forstverwaltung, der Rinderzucht, des Tourismus, der Regierung, der Universität, Naturschützer und Privatleute aus Calgary. Dieses Gremium ist bemüht, Kompromisse zu finden, um für den Grizzly optimale Lebensbedingungen zu schaffen oder zu erhalten und gleichzeitig Möglichkeiten auszuloten, damit bestimmte Industriezweige ausgeführt und Interessen der Volkswirtschaft gewahrt werden können.

Das **Grizzly-Studien-Gebiet** umfasst ca. 22.000 km² und zwar das Upper Bow River-Tal, den Banff National Park, den Yoho National Park, den Kootenay National Park, den Mount Assiniboine Provincial Park, das Kananaskis Country, den Peter Lougheed Provincial Park, den Elk Lakes Provincial Park, Privatbesitze, das Gebiet der Stoney Nation und „Provincial Crown Lands".

Andere Themenkreise

Verschiedene Lebensräume der Rockies, wie subalpine und alpine Biotope, werden mit ihrer Pflanzen- und Tierwelt vorgestellt und mit leuchtenden Diaprojektionen wunderbar dokumentiert.

Erdgeschichtliche Themen allgemeiner Art, wie z. B. wandernde Kontinente, oder spezielle, die Rocky Mountains betreffende Themen, werden hier sehr anschaulich dargestellt.

Rückfahrt durch den Elbow Sheep Wildland Park und das Kananaskis Valley

Narben des wandernden Eises

Vom Hwy 40 aus können Sie interessante Bergformationen bewundern, z. B. die Opal Range. Dieser Bergstock sieht in seiner Gesteinsformation wie knorriges Eichenholz aus, das man aufgeschnitten hat. Wasser und Gletschereis haben ihre gewaltige Zerstörungskraft an den Rockies ausgelassen. So sind die Gletscher auch mit dem Kananaskis Valley nicht gerade behutsam umgegangen. Die Narben des wandernden Eises sind deutlich zu erkennen. Runde, herausgebrochene große Brocken an Gesteinsmasse wurden bewegt, die breite, steilwandige Kessel hinterließen. Der **Ptarmigan Cirque** im Highwood Pass am Hwy 40 ist ein klassisches Beispiel dafür.

Starke Lawinengefahr

Im Kananaskis Valley besteht wegen der unverhofft auftretenden warmen Chinook-Winde im Winter und dadurch bedingtem plötzlichen Temperaturanstiegen starke Lawinengefahr. Durch den Druck des nassen Neuschnees bildet sich auf der Altschneedecke eine Eisschicht, die eine Gleitfläche für den Neuschnee schafft, eine gefährliche Voraussetzung für Lawinenabgänge. In den Rinnen („Tracks"), in denen die Lawinen mit großem Lärm zu Tal donnern, entwurzelte Bäume und Gestein mit sich führend, entwickelt sich schnell wieder neuer Pflanzenwuchs, ideale Nahrungsgrundlage für Grizzlies, Hirsche und Dickhornschafe, sehr deutlich am Grizzly Creek zu erkennen.

Am **Ribbon Creek** (ⓘ s. S. 187) liegt die seit 1988 anlässlich der Olympischen Winterspiele errichtete moderne Feriensiedlung Kananaskis Village. Sie ist Ausgangspunkt für Wintersport- und Wanderaktivitäten, z. B. zum 2.819 m hohen Mount Allan.

Tipp

Besonders angenehm ist der Aufenthalt auf den wenig frequentierten Campingplätzen am Hwy 40, z.B auf dem **Eau Clear Campground**, der mit seinen weit auseinanderliegenden Stellplätzen sehr angenehm und empfehlenswert ist, eine willkommene Alternative zu den überfüllten Campingplätzen von Banff. Das Trinkwasser aus der Pumpe schmeckt köstlich.

Beeindruckend – Gedrehter Fels

Von Banff nach Calgary

 Streckenhinweis
Gesamtstrecke: Banff – Calgary, auf dem Hwy 1: 118 km

 Vorschlag zur Zeiteinteilung
1 Tag

Durch die Prärie

Wenn Sie den Rockies den Rücken kehren und das Bergland über den Trans Canada Highway (Hwy 1) Richtung Osten verlassen, dann rollen Sie schon bald durch eine völlig andere, leicht wellige bis ebene Landschaft, die **Prärie**. Wo früher die Bisons zu Hundertausenden und Millionen im unendlichen Grasmeer weideten, stehen heute Rinder und Farmen, von Weiden, Wiesen und Ackerland umgeben. In diesem weiten, meist baumlosen Grasland liegt Calgary.

Redaktions-Tipps

Übernachten:
- **Calgary: Delta Bow Valley $$$$** bietet 398 Gästezimmer, für Kinder unter 18 Jahren kostenfrei, wenn sie das Zimmer mit den Eltern teilen.

Essen:
- **Calgary: The Belvedere ###**, eleganter New York-Stil Speisesaal, feine Küche, Live Jazz, Rauchen nur in der Lounge
- **Calgary: Dutch Pannekoek House ##**, holländische Küche, serviert deftiges Frühstück und große Pfannkuchen mit Früchten und Fleisch.

Sehenswürdigkeiten:
- **Calgary: Fort Calgary Historic Park** (S. 454) mit historischem Museum
- **Calgary: Canada Olympia Park** (S. 457), völkerverbindende Erinnerung an 1988

Calgary – Stadt voller Gegensätze (ⓘ s. S. 187)

Überblick

1875 wurde am Zusammenfluss von Bow River und Elbow River ein Polizeiposten der North West Mounted Police gegründet, dem die Hauptaufgabe zufiel, den Whiskyschmuggel über die US-amerikanische Grenze zu unterbinden. Das errichtete Fort wurde die Keimzelle der heutigen Stadt. 1883 erreichte die Canadian Pacific Railway diese Gegend. In ihrem Gefolge kamen europäische Siedler zur Landnahme in die Prärie. Es kam zu Konflikten mit den Indianern, die hier ihre lebensnotwendige Jagd auf Bisons betrieben. 1914 entdeckte man größere Vorkommen von Erdöl im Turner Valley. Es setzte eine boomartige Entwicklung ein. Calgary wurde Zentrum der petrochemischen Industrie. Die 1980er Jahre brachten den Verfall der Ölpreise mit sich. Die Folge waren Stagnation der Wirtschaft und hohe Arbeitslosigkeit in der Stadt. 1988 bewirkte der Bauboom für die Olympischen Winterspiele einen vorübergehenden Aufschwung. Die Glanzzeit als ehemalige Olympiastadt ist in dem Olympia Park festgehalten worden.

Erdölvorkommen

Heute ist Calgary mit seinen 1.042.892 Einwohnern eine Stadt der Gegensätze, in der das Western- und das Ölzeitalter hart aufeinander prallen, in der Gebäude im viktorianischen Baustil mit den Glasfassaden moderner Hochhäuser kontrastieren.

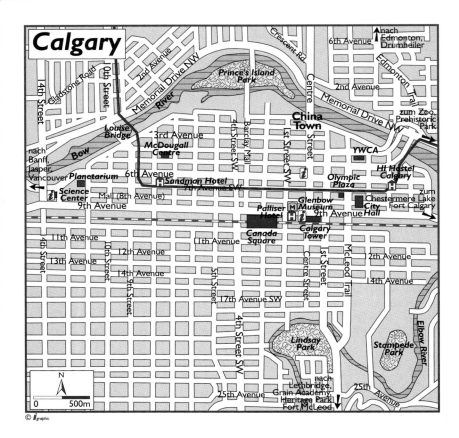

Die **Calgary Stampede** ist zu einem Reizwort geworden. Diese große „Outdoor Show", die jährlich 10 Tage im Juli stattfindet, zieht immer wieder Tausende von Westernfans in ihren Bann. Die Akteure sind tollkühne Cowboys und Rodeoreiter, die durch ihre aufregenden Kunststücke und Wagenrennen die Menschenmassen begeistern. Der Viehreichtum des Umfeldes der Stadt hat Calgary zu einem Zentrum für Fleischverarbeitung werden lassen.

Touristen-attraktion

Fort Calgary Historic Park

750 – 9th Ave. S.E., Calgary, Alberta T2P 2M5, www.fortcalgary.com

Die „North West Mounted Police" wurde mit der Mission in den „Wilden Westen" geschickt, um auch hier in der weiten nördlichen Prärie für Recht und Ordnung nach britischem und kanadischem Recht zu sorgen. Skrupellose US-amerikanische Whiskyhändler waren in das damals britische Kanada eingedrungen, um ihr Feuerwasser gegen Büffelhäute der Prärieindianer einzutauschen.

Diesem Treiben sollte ein Ende bereitet werden. Das Leben der berittenen Poli- *Hartes*
zisten war nicht leicht. Riesige zu patrouillierende Entfernungen, eisige Winter, *Leben der*
Überfälle der Indianer auf die eingedrungenen weißen Siedler, die erwähnten *Polizei*
gewissenlosen Whiskyhändler, wenig Nahrungsmittel und die Trennung von ihren
Familien machten ihnen das Leben schwer. 1875 erbaute die „North West Mounted Police" wegen der oben erwähnten Schwierigkeiten am Südufer des Bow
River ein Fort. Von dieser ursprünglichen Anlage sind heute nur noch die Fundamente übrig geblieben.

Im Besucherzentrum wird die Geschichte von Calgary veranschaulicht. Die The-
men des kleinen Museums sind:
- Leben der Indianer vor der weißen Invasion
- Dokumentation über den Schwarzfuß-Indianerhäuptling *Isapo-muxika*, von den
  Weißen **„Crowfoot"** genannt, der einen fragwürdigen Friedensvertrag mit den
  Weißen unterschrieben hat, wobei seine Bedingung, die Bisons nicht mehr nieder-
  zumetzeln, von den Weißen nicht eingehalten wurde.
- Wirken der Missionare
- Ankunft der „North West Mounted Police" und Bau des Fort Calgary
- Calgary 1882
- Die Riel-Rebellion (siehe Kapitel 2)
- Calgary im 1. Weltkrieg
- Calgary in den 1960er Jahren

Calgary Tower
101 – 9th Ave. S.W., Calgary, Alberta T2P 1J9, www.calgarytower.com/. **Öffnungs-**
zeiten: *täglich 7.30–24 Uhr*

Die Attraktion in der supermodernen Downtown ist ein 191 m hoher Turm, der
Calgary Tower, der 1967 fertiggestellt wurde. Von seinem sich drehenden Restaurant und der Aussichtsplattform, die Sie in ca. 1 Minute per Fahrstuhl erreichen,
können Sie einen phantastischen Rundblick über die Stadt und die Prärie bis zu
den schneebedeckten Rocky Mountains genießen.

Calgary Zoo, Botanical Gardens & Prehistoric Park
1300 Zoo Rd. N.E., Calgary, Alberta T2E 7V6, **Öffnungszeiten**: *9–18 Uhr im Som-*
mer, 9–16 Uhr im Winter

Im weltbekannten, 1920 gegründeten Calgary Zoo, auf dem St. George's Island im
Bow River gelegen, haben über 1.000 Wildtiere eine naturnahe Bleibe gefunden.
Folgende nach unserem Empfinden besonders gut wiedergegebene Biotope mit *Empfeh-*
der entsprechenden Tierwelt könnten eventuell auch Ihr besonderes Interesse *lenswerter*
wecken: *Besuch des*
- Das **Terrarium der Großechsen**, beispielsweise mit Amerikanischen Alliga- *Zoos*
  toren, Leguanen und verschiedenen Schildkrötenarten bevölkert, ist besonders
  gelungen.
- Das **Primatenhaus** mit Gruppen der Menschenaffen, den Orang-Utans und
  Gorillas, den kletterfreudigen Gibbons und Meerkatzen, den sprunggewaltigen
  Kapuzineräffchen, den Urwaldgeistern Madagaskars, den ringelschwänzigen Lemu-

ren, erregt wegen der engen Verwandtschaft dieser Primaten zu uns Menschen naturgemäß große Aufmerksamkeit. Den **Gorillas** ist ein besonders großer Freiraum gewidmet. Die von der ermordeten Biologin Dian Fossey als „sanfte Riesen" bezeichneten Affen haben sehr menschenähnliche Gewohnheiten und Bedürfnisse. Sie brauchen ihren „persönlichen Privatbereich", ihre Ruhepausen, wobei sie nicht gestört werden möchten. Als Besucher sollten Sie langsam an die Scheibe ihres Geheges herantreten, in der Hocke davor sitzenbleiben, leise sprechen und sich langsam rückwärts wieder entfernen. In den Urwäldern Zentralafrikas ist der Bestand der Berg- und Tiefland-Gorillas durch Jäger und die Zerstörung ihres Lebensraums stark gefährdet.

• Das **Troparium** ist voll von exotischen Pflanzen und Blumen, Schmetterlingen und Vögeln.

Tiere aus aller Welt

• Die **Australienhalle** mit ihren auf einer Tafel wiedergegebenen verschiedenen Papageienarten und den lebenden Emus, Rosenkakadus und der dekorativen Blue Crowned Pigeon, einer großen Taubenart, ist sehenswert.

• Die **arktische Halle** bietet für den Kanadabesucher mit ihren Schaubildern, beispielsweise über Verbreitung und Fußspuren der Eisbären, die Ausstellung eines Narwalschädels mit 2 Hörnern (sehr selten, gewöhnlich nur 1 Horn) und den Aktivitäten der Robben über und unter Wasser wertvolle Informationen.

• Die **kanadische Tierwelt**, in Freigehegen untergebracht, bringt Ihnen Pumas, Grizzlies, Schwarzbären, Timberwölfe, Otter, Elche, Wapitis, Karibus, Moschusochsen, Weißkopfseeadler mit Horst und Kanadische Kraniche sehr nahe zu Gesicht. In freier Wildbahn wird es Ihnen nur selten gelingen, so dicht an die Tiere heranzukommen.

• Im 7 Hektar großen **Prehistoric Park** sind 27 lebensgroße Dinosaurier-Modelle aufgestellt.

Calgary Exhibition & Stampede
1410 Olympic Way S.E., Calgary, Alberta T2G 2W1, http://calgarystampede.com/

In Calgary findet jährlich ab 2. Freitag im Juli die 10-tägige **„Stampede"** statt, ein Volksfest für Westernfans, mit Cowboys, Wagenrennen, Indianertänzen, Reiterkunststücken, Tauziehen, Barhockerrennen und anderen Volksbelustigungen. Die Stampede wird regelmäßig seit 1912 aufgeführt.

Zu den Disziplinen gehören:
• Vierspänniges Planwagenrennen („Chuckwagon Race"),
• Pferdezureiten mit und ohne Sattel („Bareback and Sattle Bronc Riding"),
• Bullenreiten mit nur einer Hand am Haltestrick („Bullriding"),
• Umwerfen eines Stiers mit bloßen Händen („Steer Wrestling"),
• Lassowurf um ein Kalb und Fesselung („Calf Roping").

Abends finden Open-air-Shows, halb Zirkus und halb Operette, statt. Ein allabendliches Feuerwerk beschließt die Serie der Veranstaltungen.

Ticket-Verkauf,
*auch schon fürs nächste Jahr: **Calgary Exhibition and Stampede**, Calgary, Alberta, Canada T2P 2K8, Tel.: (403)269-9822, (800)661-1767*

Canada Olympia Park

am Hwy 1, westlich der Stadtgrenze, Ausfahrt: Bow Fort Rd., www. winsportcanada.ca/cop, Öffnungszeiten: 10–18 Uhr

Fahnenwald – Canada Olympia Park Calgary

Für die Olympischen Winterspiele 1988 wurde das Olympische Feuer insgesamt 18.000 km (11.000 km über Land und 7.000 km per Flugzeug) durch Kanada gebracht. Das ist die längste Strecke in der olympischen Geschichte, über die diese Fackel je durch ein Gastgeberland befördert wurde. Der Transport des Olympischen Feuers dauerte 88 Tage, von der Ankunft am 17.11.1987 in Neufundland bis nach Calgary am 13.02.1988. 80 Kanadier bewerkstelligten in 40 Fahrzeugen den Feuer-Transport, und 800 kanadische Städte wurden dabei berührt. Auf Schautafeln von den ersten Olympischen Spielen um 776 v. Chr. in Griechenland und der um 1896 in Hellas wiederholten bis zur kanadischen in Calgary sind verschiedene Sportgeräte, Medaillen, Sportanzüge aufbewahrt und Medaillengewinner genannt und abgelichtet. Die kanadischen Domänen Eishockey, Eisschnell- und Eiskunstlauf sind besonders hervorgehoben.

Olympischer Fahnenwald

Zur Besichtigung der Außenanlagen (4 unübersehbare Skisprungschanzen, ein Bobeiskanal und eine Rodelbahn) und des **Saddle Dome** werden Rundfahrten angeboten. Der Saddle Dome ist eine 20.000 Zuschauer fassende Mehrzweck-Arena, in Form eines Pferdesattels angelegt. Heute werden dort Eishockey- und Basketballspiele absolviert.

Von Calgary zum Dinosaurier Park bei Brooks

 Streckennachweis
• *Gesamtstrecke: Calgary – Dinosaur Provincial Park: 228 km*
• *Summierte Teilstrecken: ab Calgary Hwy 1 in östlicher Richtung, bis Brooks (Km 181), Abzweigung **rechts**, Straße 873 überquert den Hwy und schwenkt nach links Richtung Duschess bis Abzweigung **rechts** (Km 194) auf Straße 544 East (Ausschilderung vorhanden), bis **Patricia** (Km 211), Abzweigung links bis Abzweigung rechts (Km 214), Eingang Dinosaur Provincial Park (Km 228)*

Redaktions-Tipps

Übernachten:
• **Dinosaur Provincial Park: Heritage Inn $$$**
  vermietet 106 Gästezimmer und exklusive Suiten.

Sehenswürdigkeit:
• **Dinosaur Provincial Park bei Brooks**
  (S. 458), Blick in die Urgeschichte!

 Vorschlag zur Zeiteinteilung
1 Tag

Unterwegs zum Dinosaur Provincial Park

In der unendlichen Gleichförmigkeit der Prärie rollen Sie über eine ebene Landschaft mit hohem Himmel, die nur aus Weizen-, Gerste- und Rapsfeldern zu bestehen scheint, so weit das Auge reicht. Nur ab und zu gelingt es den Augen, an einem einzeln stehenden Farmhaus, einem Baum oder einem kleinen Gehölz festzuhalten.

Ende August ist Vogelzugzeit. Schwalben und Stare teilen sich merkwürdigerweise und notgedrungen oft mit Greifvögeln die wenigen Rastbäume. Auf den schilfumstandenen Teichen und Seen ruhen Nashornpelikane/White Pelicans und verschiedene Entenarten auf dem Zug nach Süden aus.

Canyon-
artige Täler
in der
Prärie

In der tischebenen Prärie tun sich plötzlich und ohne Übergang tiefe canyonartige Täler auf. Wir sind am Ziel. Hier wurden die aufsehenerregenden Dinosaurierüberreste gefunden.

Dinosaur Provincial Park (ⓘ s. S. 187) – Blick in die Urgeschichte

P.O. Box 60 Patricia, Alberta T0J 2K0, 48 km nordöstl. von Brooks, Tel.: (403)378-4342

Dieser Park wurde 1979 von der UNESCO zum „Weltkulturerbe der Menschheit" („World Heritage Site") erklärt.

Museum

In einem Besucherraum können Sie sich durch Schaubilder, ausgestellte **Fossilien** und Filme ein Bild über die geologischen, klimatischen und biologischen Vorgänge von vor 75 Mio. Jahren bis zur Neuzeit machen:
• In Zeiten, als sich die Erdkruste bildete, Kontinente und Ozeane, Berge und Ebenen entstanden, hatte Amerika die Form, die auf dem nachfolgenden Bild zu sehen ist. An der Westseite des heutigen Amerikas erhob sich schon damals eine hohe Gebirgskette. Entlang der Ostflanke lag eine warme, flache See, die von der täglichen Tide an der Küste beeinflusst wurde. Im westlichen Inland wurden vulkanische Asche und Gase in die Luft geblasen, und ein Netzwerk von Flüssen transportierte reichlich Sedimente nach Osten ins Meer. Das ist das Gebiet, in dem der jetzige Dinosaurier Park liegt. Eines dieser Flusssysteme endete in ei-

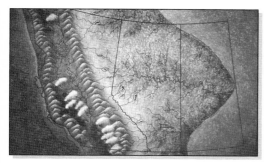
Nordamerika zur Zeit der Dinosaurier

nem riesigen Delta, das vor 75 Mio. Jahren mit Wäldern, Marschen und Sümpfen bedeckt war, in denen sich reichhaltiges Leben entwickeln konnte.
• Die **Ablagerung der Sedimente** dauerte Millionen von Jahren, die heute farblich unterschiedlich sichtbar sind.
• Mit dem Sinken der Wasserstände bildeten sich aus Sedimentablagerungen Gesteine:
- **Sandsteine** („mudstones)", beigefarbig, entstanden aus verhärteten Schlammschichten. In ihr sind die meisten Dinosaurierknochen gefunden worden.
- **Eisensteine** („ironstones") haben meistens eine rötliche oder schwärzliche Färbung.
• Die **Abtragung** erfolgte durch Regen, Schnee, starke Winde und Gletscher, *Das* als die Dinosaurier schon längst ausgestorben waren und Kanada mit einem *Zeitalter* dicken Eispanzer überzogen war. Als sich vor 14.000 Jahren die Gletscher zurück- *der* zogen, haben die **Schmelzwasserfluten** tiefe Kanäle und Furchen in das verhär- *Dino-* tete Schwemmland gegraben. *saurier*
• Im Museum sind ferner **verschiedene Fossilien von Sauriern** oder deren Abbildungen ausgestellt, beispielsweise die des *Camptosaurus*, eines krokodilähnlichen Kriechtiers, des *Quetzalcoatlus*, eines Flugreptils mit einer Flügelspannweite von 13 m(!), des *Lambeosaurus*, eines entenschnabeligen Sauriers, des *Dromaeosaurus*, eines sehr agilen schwalbenschwänzigen Sauriers, des *Chasmosaurus*, eines gehörnten Sauriers, um nur einige zu benennen.
• Außerdem können Sie einen Blick in die **Werkstatt der Wissenschaftler** und ihrer Assistenten werfen.

Fahrt in die Canyons

In parkeigenen Fahrzeugen und unter fachkundiger Führung werden Sie als Besucher in das hochinteressante Gebiet geführt, in dem zwei Welten aufeinander stoßen:
• Die jetzige Fauna und Flora präsentiert sich z. B. mit Maultierhirschen, Prärieklapperschlangen, Kettenbullennattern, Steinadlern, Präriefalken, Amerikanischem Uhu, Mountain Blue Birds, Kakteen und anderen Steppenpflanzen.
• Die vergangene Tier- und Pflanzenwelt ist nur noch in Fossilien erhalten.
• Meistens von Gletschern herbeigetragene Steine „beschützen" die weichen Sandsteinformationen vor

„Steintische" – Dinosaurier Park

Erosion. Diese Gebilde gleichen Steintischen mit einem Mittelfuß, der sich zum Grund verdickt. Nicht alle Teile des Gebietes sind ausgespült worden. An einigen Stellen haben die Wurzeln der Präriepflanzen den Boden stabilisiert („Badlands"). An einer Stelle hat so ein „mudstone" etwa die Form eines Tipis (Indianerzelt), weil der „beschützende Stein" herabgefallen ist und sich der Sandsteinkegel jedes Jahr um 5 cm durch Erosion verkleinert.
• Gerippe von Dinosauriern werden manchmal auch heute noch durch Erosion teilweise freigelegt.
• Das Skelett eines **Corythossaurus** (Helmet Lizard) ist unter einem Dach im Gelände zu besichtigen. Dieses 8 m hohe und 10 m lange Tier muss ziemlich schnell eingesunken sein, weil alle Knochenteile noch dicht beieinander liegen. Sogar ein Stück versteinerte Haut ist übriggeblieben.
• An bestimmten Stellen ist der Boden mit **Knochenteilen** übersät. Man erkennt sie daran, dass sie porös sind. Es sind kleine Löcher im Material enthalten.

Dinosauri-
er-Friedhof
• An einer Stelle sind 300 Dinosaurier umgekommen, wahrscheinlich bei einer Flussüberquerung, bei der sie eine Springflut ereilt hat. Dieser Dinosaurier-Friedhof ist so groß wie ein Fußballfeld. Es muss eine große Herde gewesen sein. Die Tiere sind alle von der gleichen Art.
• An einer weiteren Stelle sind die Skelette von 80 Dinosauriern gefunden worden. Anhand der Untersuchungen muss angenommen werden, dass auch diese Tiere der gleichen Springflut zum Opfer gefallen sind, weil sie in der gleichen Sedimentschicht lagerten wie die vorher genannten 300.

Von Calgary nach Drumheller

 Streckenhinweis
• *Gesamtstrecke: Calgary – Drumheller: 140 km*
• *Summierte Teilstrecken: ab **Calgary** auf den Hwy 1 Richtung Osten bis zur Abzweigung links (Km 31), auf den Hwy 9 Richtung Norden bis **Beiseker** (Km 76), Abzweigung rechts, immer noch auf dem Hwy 9 bis **Drumheller** (Km 140)*

Unterwegs nach Drumheller

Auf den kleinen Wasserstellen sieht man **Amerikanische Stelzenläufer**/American Avocet im Flachwasser waten, diverse Entenarten und Limikolen rasten auf dem Zug nach Norden.

Horseshoe Canyon

Kurz vorher sind Sie noch über die hier fast tennenflache, ebene Prärie gefahren und dann stehen Sie überrascht vor den tiefen Einschnitten des Horseshoe Canyon, unglaublich! Der Canyon befindet sich 17 km westlich von Drumheller am Hwy 9. Er ist 14 km lang, ungefähr 1 km breit und wurde am Ende der letzten Eiszeit ausgekerbt. Die Gesteinsschichten der Schlucht werden auf ein Alter von ca. 70 Mio. Jahre geschätzt, einer erdgeschichtlichen Periode der Kreidezeit, in der die Dinosaurier hier lebten. Vor 68 Mio. Jahren begannen sich die Rocky Mountains zu erheben, und im Osten lag ein flaches Meer. Mächtige Ströme schlängelten sich durch das Land, das mit Wäldern von Zypressen und Zedern bedeckt war.

Die Wasserläufe führten große Mengen an Schwemmsand, Schlick und Lehm mit, die sich ablagerten. Heute erkennen Sie helle Schichten, das ist verhärteter Schwemmsand (Sandstein) und **dunkle Schichten**, die von verhärtetem Schlick herrühren. In einigen Gegenden des Tals haben sich diese Sedimente getrennt abgelagert, und es entstanden **Kohleschichten**, Überbleibsel einstiger Sumpfwälder. Das Kohlevorkommen war die wirtschaftliche Basis von Drumheller in seiner Entstehungsphase und hat dem Ort Wohlstand gebracht.

Redaktions-Tipps

Übernachten:
- **Drumheller: Best Western Jurassic Inn** $$$$, Drumhellers bestes Hotel, bietet 49 Gästezimmer, verfügt außerdem u. a. über Restaurant und Frisiersalon.
- **Drumheller: Drumheller Inn $$$**, bietet 102 Zimmer, außerdem mit Tele-Theater, Video-Raum sowie Wildrose Restaurant und Skyline.

Essen:
- **Drumheller: Whif's Flapjack House ##** ist ein gemütliches Lokal, in dem man leckere Pfannkuchen bekommt.

Sehenswürdigkeiten:
- **Drumheller: Das Royal Tyrrell Museum of Palaeontology** (S. 462) ist ein Muss.
- **Drumheller: die Hoodoos** (S. 473) sind ein Meisterwerk der Natur.

Horseshoe Canyon Interpretive Centre
Öffnungszeiten: täglich während des Sommers
Hier entdecken Sie die Wunder des Canyon und lernen etwas über Wildtiere und Pflanzen des Ödlands und der Prärie. Sie werden außerdem über die Geologie und Paläontologie dieser Gegend informiert. Zur Ansicht liegt eine kleine Sammlung an Steinen und Fossilien aus.

Drumheller (ⓘ s. S. 187)

Überblick

Drumheller, am Red Deer River gelegen, ist ein Ort mit rund 7.800 Einwohnern, deren wirtschaftliche Grundlage heute die Landwirtschaft, der Tourismus und der Handel sind. Früher war diese Gegend die Heimat gewaltiger Dinosaurier. Heute kommen Tausende von Besuchern jährlich hierher, um sich über Dinosaurier zu informieren.

Großer Besucherstrom

Attraktionen:
- **Royal Tyrrell Museum of Palaeontology** (S. 462) gewährt einen überwältigenden Eindruck der Lebewesen vergangener Erdepochen.
- **Dinosaur Trail** (S. 472) ist eine 48 km lange Rundtour entlang beider Seiten des Red Deer River.

- **Hoodoo Trail** (S. 473), Hoodoos sind ein Meisterwerk der Natur.
- **Reptile World** (S. 474), die Welt der oft missverstandenen Reptilien!
- **Homestead Antique Museum** (S. 472) zeigt über 4.000 Ausstellungsstücke aus der Pionierzeit der Weißen.
- **Rosebud Dinner Theatre** (S. 474) ist einen Besuch wert.

Royal Tyrrell Museum of Palaeontology

Box 7500 Drumheller, Alberta, Canada T0J 0Y0, www.tyrrellmuseum.com, **Öffnungszeiten: Sommer:** *täglich 9–21 Uhr von Victoria Day bis Labour Day; täglich 10–17 Uhr bis Thanksgiving (November),* **Winter:** *Di–So 10–17 Uhr, außer in den Ferien*

Gute Hintergrundinformation

1985 fand die Eröffnung des heute stark besuchten, rollstuhlgerecht angelegten **paläontologischen Museums** statt. Paläontologie ist die Wissenschaft, die sich mit den Lebewesen vergangener Erdepochen beschäftigt. Das Museum liefert gute Hintergrundinformationen von der Entstehung der Erde bis in die Neuzeit. Es liegt versteckt in den „Badlands", 6 km nordwestlich von Drumheller, und ist weltweit das größte seiner Art. Es beherbergt allein 50 Skelette von Dinosauriern! Nachbildungen von Dinosauriern in ihrer damaligen natürlichen Umgebung vermitteln ein eindrucksvolles Bild.

Großartige Entdeckung

Sensationeller Fund

Der damals 26-jährige Geologe *Joseph Burr Tyrrell* war 1884 in der staubigen Prärie unterwegs, ausgeschickt von der kanadischen Regierung, um die Kohle- und Mineralienvorkommen in Zentral-Alberta auszumachen und in einer Karte zu vermerken. Im August kampierte er mit seiner Mannschaft nahe des Kneehills Creek. Nach seinen Notizen war diese Gegend, „eine schöne grüne Ebene mit Gehölz, Wasser und Gras, reichlich für uns und die Pferde." Am 12. August suchte er die Ufer des Creek nahe des Camps nach Bodenschätzen ab und fand dabei die **Überreste eines Dinosauriers**. Es war ein aufregender Moment, wie er sich später erinnerte. Seine Tagebucheintragungen klingen jedoch sachlicher: „Ich fand eine Anzahl von Dinosaurier-Knochen in einem ausgezeichneten Zustand, jedoch sehr spröde. Die meisten waren sehr schwer und massiv, unter ihnen ein großer Schädel eines gigantischen Fleischfressers." Dieser *Albertosaurus sarcophagus* war die erste Entdeckung eines **Fleisch fressenden Sauriers** in Kanada. Heute ist der *Albertosaurus* das Symbol des Museums. Tyrrells Fund hat das internationale wissenschaftliche und öffentliche Interesse entzündet, den Geheimnissen aus der Zeit der Dinosaurier mehr und mehr auf die Spur zu kommen und immer mehr Erkenntnisse zu gewinnen. Es setzte ein wahrer Dinosaurier-Rausch im Red Deer River Valley ein. Zwei große Dinosaurier-Entdecker entpuppten sich: *Barnum Brown* und *Charles Hazelius Sternberg*.

1909 erreichte *Barnum Brown* das Red Deer River Valley und kehrte bis 1915 jedes Jahr zurück, um Fossilien zu sammeln. Er erzielte hierbei unglaublich gute Resultate. Die Leute sagten, er roch ein Fossil schon, bevor er es sah. 1919 wurde eine verantwortungsvolle Sammlergruppe gebildet, an deren Spitze *Charles Hazelius Sternberg* stand. Es sollte verhindert werden, dass Fossilien von unschätzbarem Wert an fremde, zweifelhafte Institutionen verloren gingen. Sternberg war ein unabhängiger Sammler, der weltweit Institutionen mit beeindruckenden amerikanischen Exemplaren belieferte. Er brachte seine drei Söhne *Charles M., George* und *Levi* mit, die tatkräftige Mitarbeiter waren.

Was die *Sternbergs* und *Brown* in den nächsten drei Jahren an Fossilien in ausgezeichnetem Zustand aus dem Red Deer River Valley herausholten, überstieg alle Erwartungen. Die Belieferung erfolgte gezielt und kontrolliert an alle renommierten Museen der Welt. 1917 war der große Dinosaurier-Rausch beendet.

Erstes Leben im Präkambrium
vor 4,6 Billionen bis 590 Mio. Jahren

Die vorkambrische Ära begann vor 4,6 Billionen Jahren mit der **Bildung der Erdkruste** und ist das längste Erdzeitalter, worüber wir am wenigsten wissen. Es ergaben sich wichtige Veränderungen auf dem jungen Planeten. Wir kennen eine sehr wichtige – Leben! Es ist zunächst zwar schwach vertreten, begann jedoch im vorkambrischen Erdzeitalter! Wahrscheinlich entwickelte es sich in flachen, nährstoffreichen Gewässern vor etwa 3,8 Billionen Jahren. Die frühesten bekannten Fossilien sind Überreste von einzelligen Bakterien. Mehrzellige Lebewesen gab es viel später. Sie erschienen in Felsen vor ca. 700 Mio. Jahren. Einige dieser präkambrischen Steine fand man in Alberta. Sie lassen vermuten, dass diese Provinz zeitweise eine stark windgepeitschte Gegend war, unwirtlich für jedes Leben. Zu anderen Zeiten bedeckte die Flachsee Teile der Provinz und brachte die ersten Organismen hervor, die auch diesen Teil der Erde besiedelten.

Erstes Leben auf der Erde

Paläozoikum
vor 590 bis 250 Mio. Jahren

Starke Vulkantätigkeiten und **Gebirgsbildungen** hatten das Ende des Präkambriums charakterisiert. Die paläozoische Ära begann vor 590 Mio. Jahren mit dem Erscheinen diverser mehrzelliger Organismen mit harten Körperteilen. Tatsächlich war die Evolution von einzelligen Organismen im Wasser zu mehrzelligen Kreaturen im Präkambrium ein entscheidender Schritt. Typische präkambrische Lebensformen, wie Würmer und Quallen, waren Weichtiere und somit ungeschützt. Harte Körperteile hatten nicht nur eine größere Chance als Fossil präserviert und für die Nachwelt sichtbar zu werden, sondern auch andere Vorteile. Die Entwicklung zu harten Körperteilen war höchstwahrscheinlich durch Veränderungen in der chemischen Zusammensetzung der Ozeane möglich geworden. Es war eine bedeutende Veränderung!

Von Ein- zu Mehr- zellern

Kambrium, Ordovizium und Silur
vor 590 bis 410 Mio. Jahren

In diesen drei Perioden, die die erste Hälfte des Paläozoikums umfassen, hat sich der entscheidende Durchbruch des Lebens im Meer vollzogen. In der meisten Zeit dieser Perioden war das südliche Alberta von einer Flachsee bedeckt. Eine Masse an **wirbellosen Schalentieren** schwärmten im Meer. Sehr verbreitet waren z. B. **Trilobiten**, Wirbellose mit dreigelappten Schalen. Sie erschienen zu Beginn des Paläozoikums. Unter den ersten Meerestieren, die harte Schalen über ihren Körpern trugen, hinterließen die Trilobiten große Mengen an Fossilien rund um die Welt. Viele wurden in Gruppen gefunden. Sogar ihre Spuren sind als Fossilien erhalten. Obgleich Trilobiten ausgestorben sind, sind ihre Verwandten in unserer Welt sehr häufig anzutreffen. 80 % aller heute lebenden Schalentiere sind Nachfahren der Trilobiten.

Wirbellose Schalentiere

Erste Fische erschienen im frühen Paläozoikum. Das Leben auf dem Land entwickelte sich auch in dieser Zeit. Im **Silur** gab es die ersten Pflanzen. Auch Insekten hatten eine weite Verbreitung erlangt. Die ersten Landpflanzen und Tiere sahen sich mit ähnlichen Problemen konfrontiert. Sie mussten Wege finden, um nicht auszutrocknen, ihr Gewicht zu unterstützen und Sauerstoff aus der Luft zu bekommen. Als die Pflanzen sich an das Land anpassten, veränderten sie auch das Land um sich herum, denn bevor es Landpflanzen gab, gab es keinen Boden, kein Erdreich. Die Landpflanzen brachen Steine los und steuerten ihre eigenen verwesten Überreste zur Mischung bei. Sie verankerten den Boden mit ihren Wurzeln und bereiteten so das Land für andere Lebewesen vor.

Devon
vor 410 bis 360 Mio. Jahren

Das Devon war das **Zeitalter der Fische**. Einige dieser am Meeresboden lebenden Fische hatten Skelette, die mehr aus Knorpel als aus Knochen bestanden. Viele waren mit einem plattenförmigen Panzer bedeckt. Kieferlose Fische waren auf dem Rückzug, als Fische mit Kiefer erschienen. Die letzteren waren sehr gute Schwimmer und dominierten schließlich in den Ozeanen. Sie entwickelten sich zu vielen Arten, einschließlich des 9 m langen *Dunkleoteus*, dem größten Raubfisch seiner Zeit. Während des Devon kam es außerdem zu einer großen Ausdehnung an Leben auf den Festländern. Landpflanzen und Wirbellose waren bereits sehr gut ausgebildet.

Besiedlung der Landmasse

Bei den Wirbeltieren kam es zu einem Übergang zu einer neuen Tierart, den **Amphibien**, halb Wasser- und halb Landtier. Sie ererbten Lungen von luftschluckenden Ahnen, und es gelang ihnen, sich übers Flachland mit ihren flossenartigen Gliedmaßen zu bewegen. Obwohl erste Amphibien fähig waren auf dem Land zu überleben, zog es sie zur Fortpflanzung ins Wasser, was heute noch von ihnen praktiziert wird. Viele der ersten Amphibien blieben jedoch dabei, die meiste Zeit oder sogar ausschließlich im Wasser zu leben.

Für Alberta war das Devon eine kritische Zeit. Die meisten herkömmlichen Öl- und Gasvorkommen der Provinz wurden im Gestein des Devon gefunden, ein Zeichen dafür, dass viele Meereslebewesen in dieser Zeit abstarben. Im Devon lag Alberta unter einer warmen Flachsee. Riffe entwickelten sich und poröse Reservoirs für das Öl, das heute an die Oberfläche gepumpt wird. Dies geschah auch im südlichen Saskatchewan, dort wurde die See immer salziger, und es bildeten sich weite Gebiete mit Pottasche (Kaliumverbindung).

Karbon und Perm
vor 360 bis 250 Mio. Jahren

Das Endprodukt der weiten Sumpfwälder, die während des Karbons viele Teile der Erde bedeckten, hauptsächlich im heutigen Europa und im östlichen Nordamerika, war **Kohle**. Durch die Sümpfe schwirrten damals Insekten von unglaublichem Aussehen und außerordentlicher Größe. Riesige Drachenfliegen flogen durch die feuchte Luft. Auf dem dampfigen Boden krabbelten Würmer, Nachtschnecken und Tausendfüßler.

Im Karbon erschienen die ersten Reptilien. Sie verließen, wie auch andere Wirbeltiere, das Wasser, lebten und pflanzten sich an Land fort. Die ersten Reptilien waren so klein, dass sie auf einer Hand Platz fanden, trotzdem waren sie die **Ahnen der Vögel und Dinosaurier**. Eine andere Linie der ersten Reptilien entwickelte sich zu säugetierartigen Reptilien, die eine dominante Stellung über Millionen von Jahren auf unserem Globus erreichten, bevor die Dinosaurier die Szene betraten. Einer von ihnen war der *Dimetrodon*, das dominante Raubtier seiner Zeit.

Dimetrodon im Tyrrell Museum der Paläontologie – Drumheller

Am Ende des Paläozoikums brachte eine globale Veränderung große Not und eine weitverbreitete Vernichtung von Lebewesen mit sich. Das langsame Driften der Kontinente vereinigte die Landmassen der Erde zu einem **großen Superkontinent – Pangäa**. Sein Inneres wurde allmählich trockener und brachte kühle Winter und heiße Sommer hervor. Gletscher rückten vor, und der Meeresspiegel sank langsam. Alberta, das in der meisten Zeit des Paläozoikums unter Wasser lag, erhob sich über den Meeresspiegel. Flache maritime Gebiete rund um die Kontinente gerieten unter enormen Stress und einige verschwanden ganz. Neun von zehn Arten der Wirbellosen starben aus. Ihr Untergang markierte das Ende einer Ära der Erdgeschichte. *Driften der Kontinente*

Mesozoikum
vor 250 bis 64 Mio. Jahren

Zeitalter der Dinosaurier

Das Mesozoikum wird in drei Perioden unterteilt: Trias, Jura und Kreide. Zusammen machen sie das Zeitalter der Dinosaurier aus. In vielen Punkten gibt es Parallelen zwischen dem Mesozoikum und dem Paläozoikum, z. B. die **Ausdehnung neuer Lebensformen**, die sich auf dem zu einer Landmasse vereinigten Kontinent gut entwickelten. Als sich kleinere Kontinente abspalteten, hob sich der Meeresspiegel wieder, und die Klimate mäßigten sich. Dies war erneut eine

Zeit massiver Vernichtung. Nur wenige Felsen des Trias und des Juras befinden sich in Alberta. Die Kreidefelsen der Provinz sind jedoch im Vergleich zu denen der übrigen Welt mit dem reichsten Vorkommen an Fossilien gesegnet.

Das Mesozoikum ist im Museum durch das „Palaeoconservatory" veranschaulicht. Es enthält eine Nachbildung von Pflanzen, die im südlichen Alberta während der letzten Phase des Zeitalters der Dinosaurier existiert haben. Sie stehen in starkem Kontrast zum heutigen trockenen Ödland Albertas.

Trias
von 250 bis 210 Mio. Jahren

Pflanzen und Tiere des Trias waren Überlebende vorheriger Katastrophen. Zu Beginn des Mesozoikums durchstreiften große krokodilähnliche Reptilien Seen und Sümpfe. **Säugetierähnliche Reptilien** waren von der Natur mit guten Fähigkeiten ausgestattet. Sie hätten die Säugetier-Familie zur vollen Entfaltung bringen können, bevor die Trias-Periode beendet war. Obwohl erfolgreich, wurden sie jedoch von Dinosauriern 150 Mio. Jahre lang kurz gehalten. Sie blieben klein.

Vom **Theodont**, einem primitiven Reptilienstamm, entwickelten sich drei deutliche Linien: Krokodile, fliegende Reptilien und Dinosaurier. Der fliegende **Pterosaurus** starb aus. Die Krokodile haben sich in ihrer langen Geschichte nur wenig verändert. Die Dinosaurier starben fast in ihrer Gesamtheit aus, lediglich ein verbleibender Zweig entwickelte sich zu Vögeln.

Enorme Größen der Dinosaurier

Die **Dinosaurier** erreichten enorme Größen. Die Beine der primitiven Reptilien spreizten sich, waren nach außen gestellt, wie bei Eidechsen. Mit diesem Stützsystem konnten Dinosaurier groß und schwer werden und konnten auch ihre Mobilität von vier auf zwei Beine beibehalten. Die zweibeinigen Fleisch fressenden Dinosaurier **Albertosaurus** und **Tyrannosaurus** können uns auch als Gerippe noch Furcht einjagen. Während die Dinosaurier sich weiterentwickelten, stand Alberta unter Wasser. Der primitive **Ichthysaurus** und andere Reptilien kehrten in den Lebensraum Wasser zurück. Sie teilten sich die See mit vielen Fischen. Ihre Überreste wurden an mehreren Stellen Westkanadas, einschließlich des Wapiti Lake und im Ölsand von Fort McMurray, gefunden.

Jura
von 210 bis 140 Mio. Jahren

Die Jura-Periode brachte einen dramatischen Wechsel für Nordamerika mit sich. Das Land wurde allmählich angehoben, und Dinosaurier konnten sich erfolgreich weiter ausbreiten. **Dinosaurier des Jura** gab es von der Größe eines Huhns bis fast zur Größe eines Blauwals. Obgleich es in Alberta nur maritime Steine aus der Jura-Periode gibt, zeigen Fossilien aus den USA die große Vielfalt an Dinosauriern, die während dieser Periode in Nordamerika lebten.
• **Sauropods** waren häufige Dinosaurier des Jura. Sie liefen auf vier Beinen und hatten immens lange Hälse und Schwänze.

- Der **Camarasaurus**, „nur 18 m lang", kleiner als viele *Sauropods*, war der häufigste Dinosaurier Nordamerikas.
- Der 27 m lange **Diplodocus** bestand fast nur aus Hals und Schwanz. Hakenförmige Zähne seines Mauls griffen so ineinander, dass er Blätter und Zweige von den Ästen herunterziehen konnte.
- Der **Supersaurus**, bekannt nur durch Fragmente seines Körpers, z. B. eines Schulterblatts, mag über 30 m lang gewesen sein. Große Fleisch fressende Dinosaurier bevölkerten auch die Welt des Jura.
- Am häufigsten war der 12 m lange **Allosaurus** in Nordamerika.
- Kleinere Fleisch fressende Dinosaurier mögen in Rudeln gejagt oder vom „Kill" der größeren Raubtiere gelebt haben.
- Bei dem 8 m langen **Stegosaurus**, einem Pflanzenfresser mit doppelt so langen Hinter- wie Vorderbeinen, konnte es sein, dass er sich aufbäumte, um besser an seine vegetarische Nahrung zu gelangen. Er hat wahrscheinlich sein Blut durch die großen knochigen, aufrecht stehenden Rückenplatten gekühlt, während er seinen mit Dornen bestückten Schwanz zur Verteidigung benutzte.

Das Mesozoikum sah viele Kreaturen, die sich den Luftraum erobert haben. *Saurier in* Fliegende Insekten gab es schon seit Millionen von Jahren. Am Ende der Trias- *der Luft* Periode schafften es auch die Reptilien, sich in die Luft zu erheben.

- Der **Ptersaurus**, oder die „fliegende Eidechse" genannt, besaß einen sehr langen, elastischen Nacken und lange Schwingen, erschien im Trias und überlebte bis zum Ende der Kreidezeit.
- Einige, wie **Quetzalcoatlus**, bekannt aus Alberta und anderen Teilen der Welt, verfügten über eine Flügelspannweite in der Größe eines kleinen Flugzeugs. Diese Flugechsen waren die größten bislang bekannten fliegenden Geschöpfe der Erde.
- Etwa 150 Mio. Jahre alt ist **Archaeopteryx**, der erste bekannte Vogel unseres Erdenrunds. In vielen Merkmalen ähnelt er Dinosauriern. Das Skelett entspricht dem kleiner Dinosaurier. Zudem hatte er scharfe Zähne, besaß ein Gabelbein und – sehr wichtig – war von einem Gefiederkleid umgeben.

Kreide
von 140 bis 64 Mio. Jahren

In dieser Zeit hatte Nordamerika eine völlig andere Form als heute. Aus dem Weltraum gesehen, würde es wie zwei Kontinente erscheinen, durch ein schmales Meer getrennt, das sich vom Golf von Mexiko bis zum Arktischen Ozean erstreckte. Alberta befand sich am Westufer eines flachen Binnenmeers, manch- *Tropisches* mal ein breites Tiefland, manchmal unter Wasser liegend. Flüsse flossen ostwärts *Klima in* vom Hochland in die See, Sedimente mit sich führend. Die Flussläufe mäandrier- *Nord-* ten über eine weite Küstenebene, in der ein **warmes Klima** herrschte und sich *amerika* Sümpfe und Wälder ausdehnten.

Diese Ebene, von verschlungenen Flussläufen durchzogen, hatte ihre Gefahren. Große Fleisch fressende Dinosaurier waren schnell, beweglich und mit scharfen Zähnen und Klauen bewaffnet. Krankheiten und Verletzung forderten auch unter ihnen Tribut. Manchmal starben ganze Gruppen von Tieren zur gleichen Zeit, höchstwahrscheinlich durch Naturkatastrophen, wie Schlammfluten. Eine Fundstätte im Dinosaur Provincial Park enthält die Überreste von 50 gehörnten

Dinosauriern. Einige Wissenschaftler glauben, dass diese Tiere umgekommen sind, als sie versuchten, die Furt eines angeschwollenen Flusses zu durchwaten.

Meistens werden nur die größten Tiere beachtet und bewundert. Das Tiefland von Alberta wurde ebenfalls von einer Menge kleiner Tiere während der Kreidezeit bewohnt, z. B. von Säugetieren, Fröschen, Salamandern, Eidechsen, Schildkröten und Fischen. Obwohl sich einige dieser Arten, am meisten die Säugetiere, schnell weiter entwickelten, veränderten sich andere nur sehr wenig oder überhaupt nicht.

• Gehörnte Dinosaurier

Der **Ceratopsian**, ein gehörnter Dinosaurier, groß und stark, lebte wahrscheinlich in Herden, die das Innere Nordamerikas bevölkerten. Die großen Hörner und der Kragen, in vielfältigen Variationen, schützten sie vor Feinden, wurden jedoch ebenso eingesetzt, um sich gegen Rivalen der eigenen Art durchzusetzen. **Triceratops** war der letzte bekannte große gehörnte Dinosaurier, mit einem massiven Kopf, der ca. 1/3 des ganzen Körpers (ohne Schwanz) ausmachte. Einige Teile des Skeletts wurden in der Nähe von Drumheller gefunden. **Chasmosaurus** war ein häufiger *Ceratopsian* in Alberta, mit kurzem Horn und großem Kragen.

Große Vielfalt der Saurier

• Hadrosaurus

Nach der großen Anzahl von Funden muss dieser entenschnabelige Dinosaurier sehr häufig in der späten Kreidezeit gewesen sein. Wegen seines platten, zahnlosen Schnabels so genannt, war er sicherlich in großen Herden im weiten Land unterwegs. Hinter dem Schnabel befanden sich Hunderte von Zähnen, um die pflanzliche Nahrung zu zerkauen. Die abgenutzten Zähne wurden zeitlebens ersetzt. Diese Tiere erreichten ungefähr das Gewicht eines ausgewachsenen Elefanten. **Edmontosaurus** war einer der letzten seines Geschlechts und der größte in Alberta. Er war flachköpfig und ohne Haube auf seinem Kopf. **Prosaurolophus** ist aus dem südlichen Alberta bekannt. Er lebte vor 75 Mio. Jahren. Ein kleiner Knubbel auf seinem Kopf entwickelte sich bei seinen Nachkommen zu einem festen Dorn. **Lambeosaurus** wurde nach Lawrence Lambe benannt. Dieser Dinosaurier war einer der ersten Jäger im Red Deer River Valley. Er besaß eine lange, hohle, beilförmige Haube.

• Gepanzerte Dinosaurier

In eine Rüstung von Knochenplatten und Spikes gekleidet, war der friedliche Pflanzenfresser **Ankylosaurus** höchstwahrscheinlich vor den meisten Raubtieren sicher. Sogar seine Augenlider bestanden aus Knochen. Es gab zwei Arten:
- Die eine Art verfügte über knöcherne Platten auf dem Rücken und Spikes, von den Schultern abweisend.
- Der anderen Art fehlten die Spikes. Dafür endete der Schwanz in einer Keule, die als Waffe eingesetzt wurde.

• Vogelimitatoren

Lange Beine, lange Schwänze und lange flexible Hälse charakterisierten die „bird-mimic-dinosaurs" oder **Ornithomimids**. Sie waren höchstwahrscheinlich die anmutigsten Dinosaurier, die in Alberta gefunden wurden. Sie waren zahnlos, und die meisten ihrer Knochen waren hohl. Ihre Füße waren für schnelles Laufen mit langen Zehen und einem langen Knochen im Unterfuß ausgerüstet. Die Konstruktion der Bekken erlaubte schnelles Schwingen ihrer Beine. Kurz, *Ornithomimids* waren auf Schnelligkeit getrimmt. Die über 4 m langen Tiere haben wahrscheinlich die Nester der anderen Dinosaurier geplündert.

Großer Fleischfresser – Albertosaurus

• **Große Fleischfresser**

Obgleich die kleinen verschiedenartigen Fleisch fressenden Dinosaurier gefährlich waren, beherrschten Mitglieder der Familie **Tyrannosaurae** das Kreidezeitalter in Alberta. Diese Gruppe ist an ihrer Größe und ihren relativ dünnen Vordergliedmaßen erkennbar. **Albertosaurus** war der größte, furchterregendste Fleisch fressende, auch Aas nicht verschmähende 10 m lange Dinosaurier der Kreidezeit, der in der Provinz Alberta vor 70 Mio. Jahren lebte.

Ein naher Verwandter des Albertosaurus, der **Tyrannosaurus** erschien am Ende der Kreidezeit. Er war der größte Fleischfresser, der jemals auf der Erde gelebt hat: Furcht erregend war sein gewaltiges Gebiss. Vielleicht war es eine wohlgemeinte Geste der Natur, dass der *Tyrannosaurus* **am** Ende der 150 Mio. Jahre Herrschaft der Dinosaurier erschien.

• **Das Ende der Dinosaurier**

Das Verschwinden der Dinosaurier markiert das Ende des Mesozoikums. Man weiß nicht genau, warum diese Giganten vor 65 Mio. Jahren von unserem Globus verschwunden sind. Es ist bisher eines der größten Geheimnisse der Geschichte des Lebens auf der Erde geblieben. Die Erdgeschichte lehrt uns, dass Aussterben das natürliche Resultat der Evolution ist! Mehr als 90 % aller Species, die sich auf der Erde entwickelt haben, sind wieder verschwunden.

Über den Untergang der Dinosaurier gibt es einige Theorien:

- Am Ende ihrer Entwicklung fehlte den Dinosauriern möglicherweise die Fähigkeit, sich physikalischen Veränderungen der Umwelt anzupassen. Es können Veränderungen der Temperatur, der Niederschläge, des Meeresspiegels, des atmosphärischen Drucks, der Meeresströmungen, der Jahreszeiten oder der Abnahme des Sonnenlichtes auf der Erde gewesen sein.

- **Katastrophen**, wie Vulkanausbrüche, Erdbeben, radioaktive Strahlung oder drastische Lebensveränderungen, begründet eventuell durch Veränderungen der Erdumlaufbahn, könnten den Untergang der Dinosaurier bewirkt haben.

- Vielleicht schlug ein gewaltiger außerirdischer Körper in die verletzliche Erdkruste ein und bewirkte **starken Vulkanismus**, sehr starke Rauchentwicklung, wodurch es zur Verdunklung der Sonne und Absterben vieler Pflanzen kam, weil keine Photosynthese mehr möglich war. Die Folgen waren sinkende Temperaturen zu Land und zu Wasser.

Warum starben die Dinosaurier aus?

- Krankheiten und hormonelle Unausgeglichenheiten, Unfruchtbarkeit und Verstopfung werden als Ursachen des Aussterbens der Dinosaurier erwogen. Vielleicht überfraßen sie sich und zerstörten ihre Nahrungsgrundlagen selbst.
- Vielleicht wurden ihre Eier durch Vögel oder Säugetiere gefressen.
- Vielleicht haben neue Arten von Blütenpflanzen sie vergiftet.
- Wissenschaftler favorisieren die Theorie, dass **klimatische Veränderungen** ursächlich zum Untergang der Dinosaurier im späten Mesozoikum geführt haben. Einige Katastrophen mögen zur Beschleunigung ihres Ablebens beigetragen haben. Es gibt viele Hypothesen und Fragezeichen. Keine der Theorien kann alle Fragen schlüssig beantworten.

Neo(Käno)zoikum
von 64 bis 1,7 Mio. Jahren

Zeitalter der Säugetiere

Das Neozoikum sah die Geburt der modernen Welt. Kontinente drifteten in die heutige Position. Die meisten heutigen Gebirgsketten waren aufgetaucht. Das Neozoikum war das Zeitalter der Säugetiere. Erschienen zur gleichen Zeit wie die Dinosaurier, blieben die Säugetiere klein und waren gezwungen, ein heimliches Leben zu führen. Die Dinosaurier waren so dominant, dass für die Säugetiere nur geringe Chancen bestanden, sich auszudehnen. Dennoch waren die Säugetiere, kurz vor dem Untergang der Dinosaurier, auf dem Vormarsch. Als die großen Reptilien verschwanden, waren die Säugetiere bereit, ihre dominante Stelle einzunehmen. Für die Säugetiere war es die Zeit des Experimentierens und der Veränderungen.

Dominanz der Säugetiere

Wir finden verschiedene **Entwicklungsstufen der Säugetiere** aufgezeigt:
• Das Pferd entwickelte sich von einer Zwergform bis zur heutigen Größe.
• Die Entwicklung des Elefanten reicht vom *Gomphthotherium* über den *Moeritherium*, den Mammut, Mastodon bis zu den heutigen Formen der Elefanten. Die ersten Elefanten lebten vor 40 Mio. Jahren. Zunächst hatten sie keine Stoßzähne und keinen Rüssel und nur die Größe eines Schweins. Sie lebten in den Sümpfen Afrikas.
• Nashörner, Hunde und Katzen veränderten ihr Aussehen in verschiedenen Details.

Im weiteren Verlauf des Neozoikums tauchten zunehmend uns bekannte Säugetiere auf. Fledermäuse erschienen voll ausgebildet, während Primaten (Herrentiere) allmählich das heutige Aussehen annahmen. *Uintatherium*, ein großer, ungraziöser Pflanzenfresser, war das gescheiterte Experiment eines paarhufigen Vegetariers, der der Vorläufer von Rehen, Kamelen und Rindern war. Viele neuzeitlich aussehende Süßwasserfische schwammen in nordamerikanischen Seen während der ersten Hälfte des Neozoikums. Insekten, Vögel und Schildkröten bevölkerten das umliegende Land. Wälder mit gigantischen **Koniferen** und Wiesen mit blühenden Pflanzen gediehen unter temperiertem Himmel. Mehr als 200 mm Regen fiel pro Jahr, vergleichbar mit vielen Teilen der Küste von British Columbia heute.

Pflanzen passten sich auch allmählich an kühles Klima an. Fossile Blätter und Samen in den Auslagen des Museums zeigen einen allmählichen Wandel von Pflanzen, die warme, feuchte Bedingungen bevorzugten, zu Pflanzen, die kalten und trockenen Perioden besser widerstanden. Neben den nicht blühenden Pflanzen, wie Farnen und Moosen, entwickelten sich Blütenpflanzen rapide und bildeten viele verschiedene Formen aus. Gras wurde die dominante Komponente der Landschaft des Neozoikums. Als sich das Grasland ausbreitete, entwickelten sich **Gras fressende Tiere.** Fleischfresser entwickelten neue Arten, um in der neuen Umgebung zu konkurrieren.

Große Veränderungen in der Flora

In der nordamerikanischen Prärie, die sich südlich der Hudson Bay ostwärts bis zu den Rocky Mountains ausdehnte, wurde es kälter und kälter. Große Eisfelder in unterschiedlicher Stärke zogen sich im Norden des Kontinents während der letzten 2 Mio. Jahre hin. Der sinkende Meeresspiegel während der Eiszeiten schaffte periodisch schmale Landbrücken zwischen Asien und Nordamerika. Über diese Übergänge zogen viele Tiere. Kamele, Pferde und Geparden wanderten von Nordamerika nach Asien. Mastodons, Mammute, Bisons und Moschusochsen kamen von Asien nach Nordamerika. Auf ihren Spuren, einer wichtigen Nahrungsquelle, folgte auch *Homo sapiens*, der nach dem heutigen Wissensstand Nordamerika erreichte.

Species Mensch

Anhand von Fossilien können wir unsere eigene Geschichte bis zu unseren primaten Vorfahren verfolgen. Ähnlichkeiten in Muskel- und Knochenstrukturen, gemeinsamen Blutgruppen, Gewohnheitsmustern und der Empfänglichkeit für dieselben Krankheiten sind ein eindeutiges Bindeglied zwischen Menschen und ihren primaten Verwandten. Menschenähnliche Affen von der Größe eines Pavians, *Ramapithicus*, bewohnten die Waldränder Afrikas und Asiens vor ungefähr 15 Mio. Jahren. Einige *Australopithicus* erschienen in den afrikanischen Savannen vor sieben bis vier Mio. Jahren. Sie besaßen relativ große Gehirne und waren die ersten Hominiden, die auch aufrecht gehen konnten. Das erste Mitglied unserer Art war der schmächtige *Homo habilis*, der vor etwa 7 Mio. Jahren in Afrika lebte. *Homo erectus* besaß ein größeres Gehirn als alle vorherigen Hominiden, ging aufrecht, stellte Werkzeuge her und entwickelte möglicherweise eine elementare Sprache.

Entwicklung des Menschen

Um wieder auf Nordamerika zurückzukommen, wanderte der großhirnige und flachgesichtige *Homo sapiens* von Asien über die **Landbrücke von Beringia** nach Nordamerika vor 30.000 Jahren ein. Menschliche Kultur breitete sich über den Kontinent aus, Grundlage für eine zunehmend verfeinerte Zivilisation.

Blick ins Labor

Sie können durch ein Fenster einen Blick ins Labor werfen, und der Arbeit der Wissenschaftler zusehen. Hier werden in professioneller Weise Knochenteile freigelegt und präpariert. Außerdem werden Modelle urzeitlicher Tiere nach Vorlagen erstellt.

Dinosaur Trail

Die 50 km lange Rundfahrt durch das Red Deer River Valley beginnt am Stadtrand von Drumheller.

Homestead Antique Museum
Am Dinosaur Trail, Richtung Royal Tyrrell Museum, Tel.: 823-2600

Mehr als 4.000 Ausstellungsstücke Von Drumheller kommend, überqueren Sie den Red Deer River auf einer Brücke. Auf dem Highway 838 (North Dinosaur Trail) sollten Sie am Homestead Antique Museum zuerst anhalten. Mehr als 4.000 Ausstellungsstücke werden hier gezeigt. Es ist eine Sammlung von alten Haushaltswaren, Textilien, Möbeln, Werkzeugen, Fahrzeugen und anderen Gegenständen aus der Pionierzeit der ersten weißen Siedler Kanadas.

Midland Mining Company Museum

Die Fahrt führt weiter in den Midland Provincial Park. Dort finden Sie das Midland Mining Company Museum. Das Bergwerk produzierte über 50 Jahre **Kohle**, bevor es 1959 den Betrieb einstellte. Heute wird im Keller des Büros der originale Safe aufbewahrt. In den Auslagen findet man Pläne und Bilder der Anlage.

Stätte der Andacht – Little Church

Royal Tyrrell Museum of Palaeontology

Hier wäre der nächste Halt. Es wurde über dieses einmalige Museum bereits im vorigen Kapitel, S. 462ff, ausführlich berichtet.

The Little Church

Drumhellers Little Church wurde zuerst von dem hiesigen Bauunternehmer **Tygve Seland**, in Zusammenarbeit mit der „minsterial association", 1958 errichtet und 1991 rekonstruiert. Das Gotteshaus wurde als Stätte der Andacht und Meditation entworfen und nicht unbedingt als Touristenattraktion. Deshalb sollte Sie diesen Ort mit Respekt betreten.

Horsethief Canyon

Ehemalige Pferdezucht Nach dem Passieren des Dinosaur Valley Golf and Country Club erreichen Sie den Horsethief Canyon. In früheren Zeiten war das Farmen die wichtigste Lebensform in dieser Gegend. Tausende von Pferden wurden hier gehalten. Eine Legende erzählt, dass Pferde im Red Deer River

Canyon verschwanden. Später tauchten sie mit anderem Brandzeichen wieder auf, daher der Name Horsethief Canyon (Pferdedieb-Canyon).

Von einer Anhöhe haben Sie einen tiefen Blick in den Canyon, der seit 70 Mio. Jahren durch die Einwirkung von Eis, Wasser und Wind diese Form erlangt hat.

Tiefer Canyon

Bleriot Ferry

Ab 1913 taten hier mehrere Holzfähren ihren Dienst. Eine der ältesten befindet sich z. Zt. im Homestead Museum. Die heutige Fähre ist eine der sieben Kabelfähren in der Provinz Alberta. Jährlich transportiert sie über 30.000 Fahrzeuge über den Red Deer River. Das gegenüberliegende Ufer heißt Knee Hill (Kniehügel).

Orkney Hill Viewpoint

Anschließend folgen Sie dem Hwy 837 am rechten Flussufer des Red Deer River in südlicher und später in südöstlicher Richtung, bis Sie zum Orkney Hill Viewpoint gelangen. Dort blicken Sie weit über das tief eingekerbte Flusstal.

Hoodoo Trail

Dieser Trail beginnt in Drumheller und verläuft entlang des rechten Ufers des Red Deer River in südöstlicher Richtung auf dem Hwy 10.

Rosedale Suspension Bridge

An dieser Hängebrücke sollte Ihr erster Stopp sein. Sie wurde 1931 für die Bergleute erbaut, die jenseits des Flusses im Kohlebergwerk arbeiteten. Vor der Errichtung der Brücke benutzten die Bergleute Fähren, die durch Eisgang oder Hochwasser oft nicht passieren konnten. 1956 restaurierte man die Brücke, und 1992 schuf man einen Park am rechten Flussufer, einschließlich Picknicktischen, Parkplatz und Toiletten.

Hoodoos

Diese Sandsteinsäulen mit ihren harten Deckelsteinen sind **Meisterwerke der Natur**, die in Tausenden von Jahren durch Wind und Wasser geformt wurden. Die sie bedeckenden „Caps" (Hüte) sind von härterem Gestein als die darunter liegenden Schichten mit weicherem Material. Die Bedeckungen wirken wie Regenschirme. Die Erosion ist noch nicht beendet, und eines Tages werden die Hoodoos sicherlich verschwunden sein. Die dunklen unteren Schichten der Hoodoos waren einst die Erde eines ehemaligen Sees vor ca. 53 Mio. Jahren mit seinem maritimen Leben. Die hellen oberen Schichten sind grauer Sandstein, dessen Material vom Strom vor ca. 70 Mio. Jahren herangeführt wurde, in der Zeit der Seen, Sümpfe und Dinosaurier.

Modellierarbeit der Erosion

███████ **Reptile World LTD**

1222 A Highway 9 South, Tel.: (403)823-8623

Reptile World LTD ist ein Privatunternehmen, das Amphibien und Reptilien hält, besonders letztere sind faszinierend und leider meistens missverstanden. Mit **85** *Zuneh-* **Arten** an Reptilien und Amphibien bietet das Unternehmen die größte Ausstel-*mende* lung im Westen Kanadas. Reptile World, das seit 10 Jahren besteht, hat ständig an *Popularität* Popularität zugenommen. Im Hochsommer kommen bis zu 500 Besucher pro Tag. Gezeigt werden u. a. Boas, Pythons, Kobras, Klapperschlangen, Somali Puffottern, Alligatoren und Baumfrösche, um nur einige Arten zu nennen.

Vielleicht haben Sie das Glück, Zeuge zu werden, wenn junge Schlangen aus ihren Eiern schlüpfen.

███████ **Rosebud Dinner Theatre**

Rosebud wurde einer der Hauptanbieter von qualitativ guter Unterhaltung im südlichen Alberta durch das Rosebud Theatre. Die Anfänge dieses Theaters gehen auf das Datum 1973 zurück, als „The Rosebud Camp of the Arts" sich etablierte. Der damalige geschäftsführende Direktor des „Rosebud School of the Arts/Theatre", *La Verne Erickson*, hatte seinerzeit großen Erfolg mit seinen Projekten. Er startete sehr vielseitig mit geführten Wanderungen, Pferde- und Kutschentouren, Souvenirladen, Golfplatz, Museum, Bed & Breakfast und anderem mehr.

Abstecher von Calgary zu den Eisbären von Churchill an der Hudson Bay

📑 *Tipp!*
Empfehlenswert ist, wenn Sie den Herbst mit seiner wunderschönen Laubfärbung in den Rocky Mountains oder in der Prärie erlebt haben, auf der Rückreise nach Deutschland, Österreich oder in die Schweiz einen Abstecher an die Hudson Bay unternehmen, um die günstige Gelegenheit wahrzunehmen, Mitte Oktober bis Anfang November Eisbären (100 %ige Erfolgschancen) zu beobachten.

Churchill (ⓘ s. S. 187) – am Rande der Zivilisation

Getreide- Das schnelle Anwachsen der Bevölkerung in den letzten Jahrzehnten des 19. *ausfuhr-* Jahrhunderts und die damit einhergehende Umwandlung des Graslandes der *hafen* kanadischen Prärie in endlose Weizenfelder haben die Idee eines **Getreideha-** *Churchill* **fens an der Hudson Bay** reifen lassen. Der sonst übliche Handelsweg über die Großen Seen und den St. Lorenz Strom verkürzte sich hierdurch. 1929 erreichte die Eisenbahn Churchill. Sie war das entscheidende Bindeglied der Handelskette: Weizenanbaugebiet im mittleren Westen Kanadas – Ausfuhrhafen Churchill.

Heute werden durchschnittlich 550.000 Tonnen Weizen und Gerste pro Jahr von Churchill exportiert. Vom 20. Juli bis zum 31. Oktober läuft die Getreidesaison. Im November friert die Hudson Bay zu. Wirtschaftlich hat Churchill sich ein zweites „Standbein" zugelegt: den Tourismus. Dieser heute rund 7.000 Einwohner zählende Ort an der Hudson Bay nennt sich stolz die **„Eisbär-Hauptstadt der Welt"**.

Erlebnisse einer Buggy-Fahrt im Herbst

Es ist Ende Oktober. Der Schnee treibt, von eisigem Nordwestwind getrieben, schlangenlinienförmig dicht über dem Tundraboden und

Übernachten:

- **Churchill: Churchill Motel Ltd. $$** vermietet 62 Gästezimmer, spezielle Preise für eine Woche oder einen Monat auf Vereinbarung, Wäschedienst.
- **Churchill: Bear Country Inn $$** verfügt über 28 Gästezimmer, kostenloser Busservice vom und zum Flughafen oder Bahnhof.

Essen:

- **Churchill: Northern Night ##**, hier wird m. E. das beste Essen von Churchill serviert. Außerdem trifft man sich hier in der Eisbärensaison, um zu kommunizieren.

Sehenswürdigkeit:

- **Churchill: Eisbären an der Hudson Bay** (S. 475) sind eine einmalige Gelegenheit, Verhaltensweisen der größten Raubtiere unserer Erde zu beobachten.

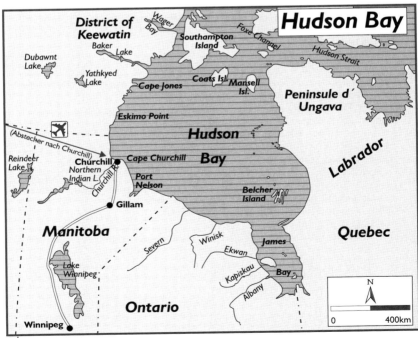

© Igraphic

INFO ## Das Leben der Eisbären in der südlichen Hudson Bay

Von den 12.000 bis 14.000 Eisbären, die noch in Kanada leben, haben ca. 450 Eisbären ihren Lebensraum **im südlichen Teil der Hudson Bay**. Es ist die südlichste Population der Erde überhaupt. Die Hauptnahrung der Eisbären sind Robben, die in der Hudson Bay in sehr großer Zahl vorkommen. Die Eisbären können sie jedoch nur vom Eis aus jagen. Schwimmend im offenen Meer, haben die „weißen Riesen" keine Chance, die „fette Beute" zu erwischen. Die Bay beginnt jedoch erst im November zuzufrieren, und die letzten Eisschollen schmelzen im Juni. Wovon und wie lebt das größte Raubtier unserer Erde in der übrigen Zeit des Jahres?

Das Eis wird im Frühling aufgrund der vorherrschend nordwestlichen Windrichtung in den südlichen Teil der Hudson Bay bis in die James Bay geschoben. Dort sind die Eisbären gezwungen, an Land zu gehen. Sie haben im Winter, ihrer Hauptjagdzeit, enorm viel Fett angesetzt. Jetzt wandern sie rund tausend Kilometer durch die Taiga nach Nordosten, ohne nennenswert Nahrung aufnehmen zu können. Mit ihrem dichten Pelz unter der Sommerwärme leidend, suchen sie während ihrer Wanderung gern kühle Plätze auf dem Permafrostboden auf. Einen Eisbären im sommerlichen Waldgebiet der Taiga anzutreffen, ist ein ungewöhnlicher Anblick.

Der Jahresrhythmus der erwachsenen männlichen Eisbären, der nichtträchtigen Weibchen und der Jungtiere verläuft im Gegensatz zu den im Frühjahr befruchteten Weibchen unterschiedlich:
• Die **Männchen** und die **nicht trächtigen Weibchen**, die meistens **Jungtiere** mit sich führen, wandern in die Gegend von Churchill, wo sie im Oktober ankommen. Dort warten sie, bis die Hudson Bay wieder zufriert, um Anfang November wieder auf Robbenfang gehen zu können. Somit haben sie von Ende Juni bis Ende Oktober, also **vier Monate, gehungert** und sehr viel geruht, um dabei Energie zu sparen und hauptsächlich von ihren Fettreserven gezehrt.
• Die im April **befruchteten Weibchen**, die nach vier Jahren geschlechtsreif wurden, müssen noch viel länger darben. Sie hatten ebenfalls Ende Juni im Süden der Hudson Bay das schmelzende Eis verlassen, haben dann jedoch im Inland im November/Dezember im Taigagebiet Manitobas eine Erd- oder Schneehöhle bezogen, um um die Jahreswende ein, meistens zwei oder gar drei Junge zu werfen. Es werden in dieser Gegend **ca. 200 Jungbären jedes Jahr** geboren. Die Jungen sind bei der Geburt blind und taub und wiegen kaum ein Kilogramm. Sie werden mit 30 %iger, sehr fetter Bärenmilch gesäugt. Im Vergleich dazu hat menschliche Milch nur 7 % Fett. Kreislauf, Puls und Atmung der Bärin sind während der Zeit in der Höhle reduziert. Im März verlässt sie mit ihrem Nachwuchs die Kinderstube und geht aufs Eis. Nur bis Juni gibt es dort noch genug Robbennahrung, um die Fettreserven für die nächste Hungerzeit im Sommer anzulegen. Dann kann die ausgezehrte Bärenmutter ihr Gewicht von rund 100 kg auf bis zu 500 kg steigern. Von den erbeuteten Robben und Walen wird fast nur das Fett verzehrt. Somit beträgt das Überangebot an Nahrung nur vier Monate im Jahr, und anschließend muss **acht Monate gehungert** werden. Die Jungen bleiben in der Regel 1 ½ Jahre bei der Eisbärenmutter. Dann

werden sie meistens von den Männchen verjagt oder gar getötet, weil die Männchen sich erneut mit dem Weibchen paaren wollen. Das Bärenpaar bleibt 2–3 Wochen zusammen.

Ein **bewundernswerter Mechanismus der Anpassung** dieser südlichen Eisbären-population ist, dass das im April befruchtete Ei der Bärin in ihrem Körper drei Monate lang ruht (sog. „verzögerte Implantation"), ohne sich weiterzuentwickeln. Erst wenn die Eisbärin mindestens 230 kg wiegt, setzt die Entwicklung des Embryos ein. Wenn die Fettreserven nicht ausreichen, wird das befruchtete Ei abgestoßen, weil die Bärin sonst die lange Hungerzeit nicht überstehen würde und das Überleben des Nachwuchses nicht gesichert wäre.

Jagdmethoden

Die beste Zeit für die Jagd der Eisbären ist der Frühling, weil dann die sehr fetten Jungrobben ihre Hauptbeute werden. Die äußerst **scharfen Sinnesorgane** der Eisbä-ren sind erstaunlich. Man hat beobachtet, dass Eisbären 15 km (!) schnurgerade, ihrem außerordentlich gut entwickelten Geruchssinn folgend, auf die At-mungslöcher der Robben zusteuern.

Erstaunlicher Geruchssinn – Eisbär

Gewöhnlich haben Rob-ben vier Atemlöcher im Eis. Bewundernswert ist die **Intelligenz der Eis-bären** bei ihren erprob-ten, raffinierten Jagdtak-tiken. Beispielsweise po-stiert die Bärin ihre zwei oder sogar drei Jungbä-ren über den Atemlö-chern der Robben. Wenn eine Robbe an ihnen die Umrisse der Bären erblickt, dann taucht sie ab, um am vierten Atemloch Luft zu schöpfen. Dort lauert jedoch die Bärin, nicht über dem Atemloch, sondern in einem seitlich angelegten Gang, der die Sicht nach oben offen lässt. Beim Erscheinen der lufthungrigen Robbe greift sie blitzschnell zu und zieht die Beute heraus.

Konzentration der Eisbären in Churchill

Die Frage ist berechtigt, warum die Eisbären besonders in der Gegend von Churchill von Mitte Oktober bis Anfang November auf das Zufrieren der Hudson Bay warten und warum es hier zu einer so starken Konzentration von ihnen kommt, zumal sie doch ausgesprochene Einzelgänger sind. Es sind hier schon bis zu 18 Eisbären an einem Tag gesichtet worden. Hierfür gibt es zweierlei Gründe:

1. Der **Churchill River**, der sich mit einer **großen Menge Süßwasser** in die Hudson Bay ergießt, ist von den nördlichen Zuflüssen der wasserreichste. Die hohe Verdünnung des salzigen Meerwassers durch Süßwasser bewirkt bekanntlich eine frühere Eisbildung, und die ausgehungerten Eisbären brauchen das Eis, wie bereits erwähnt, um Robben erfolgreich zu jagen.

2. Die **Eisdrift**, die **im Gegenuhrzeigersinn** in der Hudson Bay im November einsetzt, stößt an der Westküste der Bay in Churchill erstmalig auf das Hindernis des in Ost-West-Richtung verlaufenden flachen Bergrückens („west-east-shelf"), der zum Stau von Packeis führt. Hier finden die Eisbären die erste Möglichkeit, Jagd auf ihre Lieblingsbeute, hauptsächlich Ringel- und Bartrobben, zu machen.

Die oben geschilderten Lebensgewohnheiten der Eisbären treffen nur für diejenigen in der südlichen Hudson Bay zu. Weiter im Norden bestehen für Eisbären das ganze Jahr über Jagdmöglichkeiten.

Abschließend noch einige **Kurzinformationen**:

• **Männliche Eisbären** können ein Gewicht bis 700 kg erreichen. Damit sind sie die schwersten Raubtiere unseres Planeten. Wenn sie sich aufrichten, erreichen sie eine Höhe von 3,30 m!

• Freilebende Eisbären werden normalerweise bis zu 20 Jahre alt, Weibchen eher älter als Männchen. Die häufigste Todesursache sind Maulinfektionen und Ausfall der Zähne.

• **Besonderheiten des Eisbärenfells:**

- Es ist so stark eingefettet, dass Kälte nicht eindringen kann.

- Jedes einzelne Haar leitet wie ein Glasfaserkabel das Tageslicht an die **schwarze Haut**, an der es in Wärme umgewandelt wird.

- Die Unterhaut des Eisbärenfells ist so dick, dass es die Temperatur im Innern des Körpers nicht abgibt.

• Die **Balancekunst** der Eisbären ist phänomenal. Über dünnes Eis, schiebt sich ein schwerer Eisbär auf dem Bauch liegend, die Hinterbeine abgespreizt und sich mit den Vorderkrallen voran ziehend, um sein Einbrechen zu verhindern.

über das graue Eis der flachen Seen. Wenn der Wind etwas nachlässt, gleicht der wehende „Schneestaub" dem langsam über die Tundra kriechenden Nebel.

Viele Augen suchen in der weißen Wildnis nach tierischem Leben. Nur schwer sind die Tiere mit ihrer weißen Tarnfarbe, die hier den bevorstehenden harten Winter überstehen müssen, auszumachen. Doch dann entdecken wir **Schnee-hühner** („Ptarmigans") unter dem Polarweidengebüsch. Ihre Füße sind befiedert. Sie gehören zu den Raufußhühnern. **Eisfüchse** kreuzen unseren Weg. Sie sind ständig in Bewegung und meistens in der Nähe der Eisbären. Mit ihren leichten Körpern scheint der arktische Wind Ball zu spielen. Unvermutet stoßen wir auf eine **Schnee-Eule**, die eine Eiderente geschlagen hat. Dieses Jahr ist kein Lemmingjahr, und diese Nager, ihre hauptsächliche Beute, sind rar. Darum hat die Schnee-Eule diesen schweren Wasservogel überwältigt, den sie bei unserem Näherkommen nicht aufgeben will, den sie jedoch wegen des Gewichts auch nicht fliegend anheben kann. Ein **Gerfalke** streicht weit entfernt vorbei, mit seinen scharfen Augen nach Beute ausspähend.

Endlich stoßen wir auf zwei **Eisbären**, die sich kämpfend übereinanderwälzen, zu ihrer stattlichen Größe aufrichten und sich einen regelrechten Boxkampf liefern. Dieser Kampf wird jedoch nicht mit vollem Ernst geführt. Er ist mehr ein Messen *Kräfte-* der Kräfte und als „Körperertüchtigung" gedacht. Anschließend werden lange *messen* Ruhepausen eingelegt. Die einzeln gehenden Eisbären fallen durch ihre Spielfreudigkeit auf. Eisstücke, auch eine lebende Eiderente oder Zweige der Zwergsträucher dienen als Spielzeug. Voller Kraft ist der Gang der Eisbären. Die ruhigen Bewegungen lassen nicht vermuten, wie schnell der Lauf und das plötzliche Zupacken dieser Bären sein kann.

Spektakuläre Sonnenuntergänge, in denen die oft nur mannshohen Weißfichten („White Spruce") wie rote Fahnen in der Schneelandschaft stehen, bilden den Abschluss der Buggy-Fahrt. Fahnen deshalb, weil die durch die Stürme aufgewirbelten scharfkantigen Eiskristalle, die wie ein Sandstrahlgebläse wirken, verhindert haben, dass sich an der Luvseite der Bäume Zweige bilden konnten.

Nordlicht – *Aurora Borealis*

Wenn Sie das Nord- oder Polarlicht noch nie gesehen haben und Sie nicht darauf *Geister-* aufmerksam gemacht worden sind, so meinen Sie vielleicht, dass es helle Wolken- *hafte* streifen oder einzelne Wolken am nächtlichen Himmel seien. Bei genauerem *Himmels-* Hinsehen entdecken Sie jedoch, dass sich die schleierartigen Gebilde schneller *erschei-* und anders bewegen als Wolken. Es ist ein Zucken, geisterhaftes Wabern, Ver- *nung* schwinden und an anderen Stellen Wiederauftauchen. Neben dem nebelartigen Weiß, gibt es auch gelbliche, grünliche und rötliche Farbnuancen.

Wissenschaftliche Erklärungen dieser nur nordischen Naturerscheinung finden Sie auf den Seiten 697f in diesem Buch.

Sonstige Aktivitäten im Sommer und Herbst

- **Vogelzug**: Im Juni erreicht der Frühjahrszug seinen Höhepunkt (Gänse, Enten, Singvögel). Seit 1931 sind in Churchill und Umgebung 176 Vogelarten beobachtet worden. Die meisten sind hier im Übergangsgebiet zwischen Taiga und Tundra Brutvögel. 50 km östlich von Churchill befindet sich eine Schneegans-Kolonie, die von ca. 10.000 Paaren bevölkert wird.
- **Beluga-Invasion**: Diese weißen Wale halten sich Ende Juni in großer Konzentration von ca. 25.000 im Küstengewässer rund um Churchill und zu ca. 3.000 im Mündungsgebiet des Churchill River auf. Es werden Bootstouren in diese Gewässer unternommen.
- **Eldorado für Botaniker**: Im Juli ist der Höhepunkt der blühenden Tundrablumen. Es gibt hier 500 verschiedene Pflanzenspezies, einschließlich neun Orchideenarten.
- **Herbstfärbung**: Im September verfärben sich die niedrigen Tundrapflanzen in einen Farbenrausch von leuchtendem Gelb und Purpurrot.

Von Calgary über Edmonton nach Jasper

 Streckenhinweis
Gesamtstrecke: Calgary – Jasper: 661 km
• *Teilstrecke: von Calgary bis Edmonton: auf dem Hwy 2 in Richtung Norden: 300 km*
• *Teilstrecke: von Edmonton bis Jasper auf dem Hwy 16 in Richtung Westen: 361 km*

Die Straße führt durch Ak-ker- und Weideland der nörd-lichen Prärie. Bei klarem Wet-ter sind im Westen die schneebedeckten Gipfel der Rockie Mountains sichtbar.

Fort Normandeau

 Streckenhinweis
Vom Hwy 2 Abzwei-gung rechts (Km 149 von Calgary) an der 3. Ausfahrt Red Deer (der nächsten nach der City-Ausfahrt), Straße überquert den Hwy und schwenkt nach links, dann Abzweigung rechts (Km 152), Fort Normandeau ausgeschildert, bis Fort Normandeau (Km 160)

Redaktions-Tipps

Übernachten:
• **Edmonton: Glenora B&B $$** ist ein im viktorianischen Stil gehaltenes Gästehaus und bietet ein besonders gutes Frühstück.

Essen:
• **Edmonton: Yeoman Steak House ###** ist stilvoll eingerichtet und serviert Spezial-gerichte des Hauses.

Sehenswürdigkeiten:
• **Fort Normandeau** (S. 480), schwerer Anfang weißer Besiedlung
• **Edmonton: West Edmonton Mall** (S. 481), riesiges Einkaufszentrum

1883 erreichte die Canadian Pacific Railway Calgary, und der Calgary-Edmonton-Trail wurde zu einem lebhaften Handelsweg. Ungefähr auf halbem Weg legte man gerne eine Rast ein. 1884 baute *Robert Mc Clellan* genau an dieser Stelle ein Hotel, das den Rei-senden Unterkunft in der Nähe des Red Deer River bot. Im März 1885 be-gann die Rebellion der Métis (Mischlin-ge) und Indianer (siehe Kapitel 2), de-ren Führung letzt-lich Louis Riel über-nahm.

Der Aufstand griff von den Provinzen Manitoba und Sas-katchewan auch auf Alberta über. Die

Indianer-Tipi – Fort Normandeau

Métis hatten eine provisorische Regierung ausgerufen und negierten die Gesetze der Obrigkeit. Während dieser kriegerischen Auseinandersetzungen erschien Leutnant J. H. *Bédard Normandeau* mit 19 Mann der „65th Carabiniers de Mont Royal" und einem kleinen Kontingent der North West Mounted Police und machte dieses Hotel zu seiner Kommandozentrale. Das Blockhaus wurde renoviert, mit Palisaden zum Fort Normandeau umfunktioniert und die Anlage durch einen Wachturm ergänzt.

Kleinkrieg mit den Métis

1886–1893, nach der Rebellion, wurde das Fort Hauptquartier der North West Mounted Police. Anschließend wurden die Palisaden als Brennholz verwertet, und das Fort verkam. 1974 rekonstruierten die „Central Alberta Pioneers" und die „Old Times Association" das Fort und machten es für Besucher zugänglich.

Edmonton (ⓘ s. S. 187) – **Provinzhauptstadt Albertas**

West Edmonton Mall – eine besondere Attraktion
Ecke 87th Ave/170th Street, Edmonton, Alberta T5T 3J7

Edmonton ist arm an großen Sehenswürdigkeiten. Eine Ausnahme ist die West Edmonton Mall. Diese Megahalle wurde 1986 fertiggestellt. Der iranisch-armeni-

sche Familienclan *Germesian* hat dieses Projekt mit 1,1 Mrd. Can $ finanziert und beabsichtigt, weitere Anlagen dieser Art weltweit zu bauen.

Die Mall ist zzt. das größte überdachte Einkaufs- und Freizeitzentrum der Welt. Sie ist zur Touristen-Attraktion ersten Ranges geworden. Es werden jährlich bis zu

West Edmonton Mall

6 Millionen Besucher gezählt. Die Mall ist bereits im Guinness-Buch der Rekorde aufgeführt. Auf einer riesigen Fläche finden Sie mehr als 800 Geschäfte und Filialen großer Kaufhäuser, 110 Restaurants, rund 20 Kinos, einen „World Water-park" mit Badeanstalt, einen Eispalast mit zwei Eislaufbahnen, einen Amüsement-park, einen Abenteuerpark mit einem Unterseeboot und das angeschlossene 12 Stockwerke hohe Fantasialand Hotel.

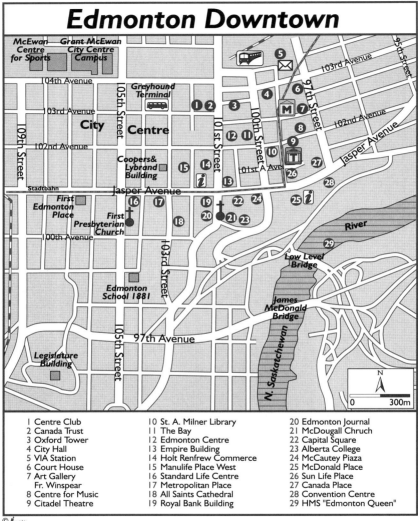

Edmonton Downtown

1 Centre Club	10 St. A. Milner Library	20 Edmonton Journal
2 Canada Trust	11 The Bay	21 McDougall Chruch
3 Oxford Tower	12 Edmonton Centre	22 Capital Square
4 City Hall	13 Empire Building	23 Alberta College
5 VIA Station	14 Holt Renfrew Commerce	24 McCautey Piaza
6 Court House	15 Manulife Place West	25 McDonald Place
7 Art Gallery	16 Standard Life Centre	26 Sun Life Place
Fr. Winspear	17 Metropolitan Place	27 Canada Place
8 Centre for Music	18 All Saints Cathedral	28 Convention Centre
9 Citadel Theatre	19 Royal Bank Building	29 HMS "Edmonton Queen"

© graphic

Unterwegs nach Jasper

Streckenhinweis
Edmonton – Jasper: 361 km, Yellowhead Highway (Hwy 16) in westlicher Richtung

Abstecher zum Mink Lake

Streckenhinweis
Nach 39 km von Edmonton auf dem Hwy 16, Abzweigung links bis zum Mink Lake (Km 46)

Nach der Stadtausfahrt von Edmonton haben Sie ein hügeliges Gelände durchfahren, das sehr stark an die norddeutsche Moränenlandschaft erinnert, mit kleinen Seen, Mooren, Erlenbrüchen, Mischwäldern und dazwischen landwirtschaftlichen Betrieben, Wiesen und Äckern. Es duftet nach Raps. Doch die heimatlichen Assoziationen werden überdeckt, wenn Sie tagsüber den durchdringenden Ruf des Eistauchers/Common Loon, eines hochnordischen Wasservogels, hören oder nachts das Heulen der Kojoten. Einer der idyllischen kleinen Seen ist der Mink Lake, an dem es sich lohnt, eine Rast einzulegen oder gar zu übernachten.

Hügelige Moränenlandschaft

Ukrainische Kirche – Carvel

In der näheren Umgebung stößt man mehrmals auf kleine Ortschaften mit ukrainischen Kirchen, Dörfern, die von diesen osteuropäischen Einwanderern gegründet wurden, so auch bei **Carvel**.

13. ZENTRAL-BRITISH COLUMBIA

Zwischen den Gebirgskämmen der kanadischen Rocky Mountains und dem Küstengebirge im zentralen British Columbia erstrecken sich schier endlose Wälder mit eingestreuten Seen und nur wenigen menschlichen Siedlungen.

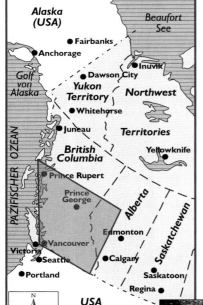

Von Jasper nach Prince George

Streckenhinweis
Von Jasper auf dem Yellowhead Highway (Hwy 16) in nordwestlicher Richtung bis Prince George: 376 km

Vorschlag zur Zeiteinteilung
bis 2 Tage

Zunächst geht die Fahrt noch im Jasper Nationalpark Richtung Prince George entlang des jungen **Fraser River**. Sehr hohe Koniferen recken sich hier im feuchten Talgrund empor. Im düsteren Nadelwald sind lichte Gruppen der Zitterpappeln mit ihren charakteristisch weißen Stämmen eingestreut.

Seitlich des stark mäandrierenden Flusses gibt es weite Sumpfgebiete, die ideal für Elch und Biber sind. Hier singt im Frühling und Frühsommer das Männchen des Red-winged Blackbird mit den wunderschön orange und rot gefärbten

Ruhepause – Elchschaufler

Schulterstücken sein eindringliches Liebeslied.

An anderen Stellen teilt sich der Fraser River in viele Wasserarme auf. Dazwischen liegen Tümpel, Moore und Weidengestrüpp. Jenseits des Flusses blickt der **Mt. Bridgland** (2.940 m) herüber.

Der **Yellowhead Pass**, die Grenze zwischen Jasper National Park und Mount Robson Provincial Park, ist mit seinen 1.146 m verhältnis-

Redaktions-Tipps

Übernachten:
- **Prince George: Best Western City Centre** \$\$\$ bietet Pool im Hause, Sauna u. a. Annehmlichkeiten.

Sehenswürdigkeiten:
- **Mount Robson** (S. 487), ideal für Wanderungen am höchsten Berg Kanadas in den Rocky Mountains
- **Trails, am Yellow Head beginnend** (S. 488), sind Wildnisabenteuer pur.

mäßig niedrig. Er wurde außer von der Straße auch von der staatlichen Eisenbahngesellschaft CN (Canada National) als Übergang genutzt.

Wapitihirschbrunft

Während der „Hoch-Zeit" der Wapitis im September hallt kein sonorer Bass durch die buntverfärbten Wälder wie bei den Rothirschen Europas, mit denen die Wapitis sehr große Ähnlichkeit haben. Ihr Brunftruf ist nur eine klagende, piepsende, eher jämmerlich klingende Lautäußerung ihrer Liebesbereitschaft. Um so überraschender ist meist der unverhoffte Anblick forkelnder Hirsche. Wir erlebten den Kampf eines Vierzehnenders und eines ungeraden Zwölfenders, die sich

Geballte Kraft und schwache Stimme

kräftemessend hin- und herschoben und geweihverhakt ihre feisten Hirschbullenleiber gegeneinander stemmten. So werden die Positionskämpfe um die Gunst der Hirschkühe ausgefochten, die scheinbar gleichmütig mit ihren halbwüchsigen Kälbern und noch harmlosen Junghirschen in der Nähe ästen.

Noch überraschender ist, was wir ebenfalls selbst erlebt haben, wenn ein kapitaler Sechzehnender wie tollwütig eine junge Kiefer mit sei-

Der Zweikampf – Wapitihirsche

nem imposanten Kopfschmuck zu Schande forkelt und dann urplötzlich wie besessen mit gesenktem Geweih auf unseren Wagen zustürmte, weil ich die Wagentür geöffnet hatte, um die Enden seines Geweihs zu zählen. Geistesgegenwärtig gab meine Frau, die am Steuer saß, Gas und brachte unser Fahrzeug aus der Angriffslinie des tollwütigen Angreifers. Im Rückspiegel beobachteten wir, wie der Hirsch die spitzen Enden seiner Waffe in die Straßenböschung rammte, wie wild Grasbüschel und Erdreich in die Luft schleuderte und sich sehr wütend und kämpferisch gebärdete, als ob wir ihm seine „Damen" hätten streitig machen wollen.

Wütender Angriff

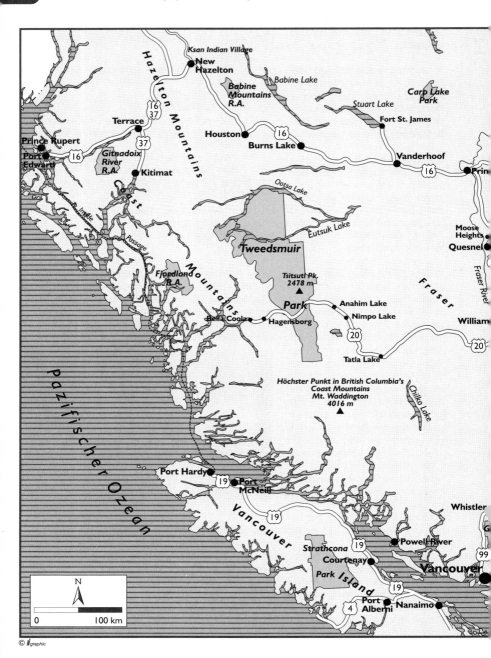

Ksan Indian Village
New Hazelton
Babine Lake
Babine Mountains R.A.
Carp Lake Park
Stuart Lake
Fort St. James
Terrace
Hazelton Mountains
Houston
Burns Lake
16
37
16
Vanderhoof
16
Prin
Prince Rupert
Port Edward
16
37
Gitnadoix River R.A.
Kitimat
Coast
Ootsa Lake
Eutsuk Lake
Moose Heights
Quesnel
r. limit
Passage
Mountains
Tweedsmuir
Fjordland R.A.
Tsitsutl Pk. 2478 m
Fraser
Fraser River
Park
Anahim Lake
Nimpo Lake
Bella Coola
Hagensborg
William
20
Tatla Lake
20
Höchster Punkt in British Columbia's Coast Mountains
Mt. Waddington 4016 m
Chilko Lake
Pazifischer Ozean
Port Hardy
19
Port McNeill
Vancouver
19
Whistler
Strathcona
Powell River
19
99
Courtenay
Park Island
Vancouver
N
Port Alberni
4
19
Nanaimo
0   100 km

© graphic

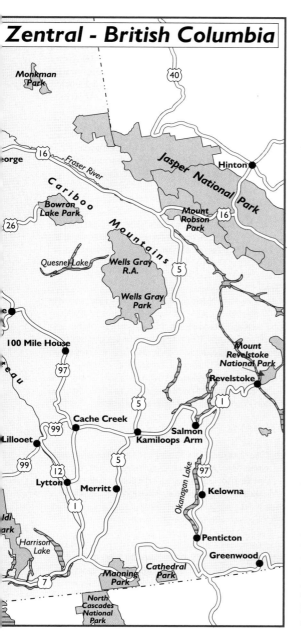

Zentral - British Columbia

Mount Robson Provincial Park

(ⓘ s. S. 187)

Überblick

Nach dem Mount Robson (3.954 m), dem höchsten Berg in den kanadischen Rocky Mountains, ist dieser Park benannt. Der markante Berg ist eine der imposantesten Erscheinungen der kanadischen Rockies, der im Winter tief herab bis zu seinen steilen Flanken von Schnee eingemantelt ist oder der im Sommer sein Haupt meistens mit weißen Wolkenfahnen verschleiert.

Imposanter Berg

Die Indianer gaben dem Bergriesen den Namen: „Yuh-hai-has-hun" (Berg der Spiralwege"). Mitte des 19. Jahrhunderts nannten die Weißen ihn „Robson's Peak". Nach wem er benannt wurde, ist bisher nicht mit Sicherheit feststellbar.

Mehrere Expeditionen haben die Gipfelbesteigung des „Monarchen der Rockies" verfehlt, bis ihn *William Foster, Albert McCarthy* und *Conrad Kain* bezwangen. 1913 wurde ein großes Gebiet rund um den Berg zum **Mount Robson Provincial Park** erklärt. Östlich der kontinentalen Wasserscheide gelegen und an den Jasper Nationalpark angrenzend, wurden so 217.200 ha Wildnis, einschließlich rauer schneebedeckter Berge, Canyons, breiter und schmaler uriger Täler, wildromantischer Schluchten, gletschergespeister Seen, Sümpfe, glasklarer Flüsse und Ströme sowie dichter, unberührter Wälder unter Schutz gestellt.

Wildnis unter Schutz

Zu den bekanntesten **Wildtieren** zählen: Grizzlies, Schwarzbären, Elche, Karibus, Wapitis, Maultierhirsche, Schneeziegen, Biber, Murmeltiere und Pfeifhasen. Mehr als **170 Vogelarten** sind im Park beobachtet worden. Adler, Eulen und Schneehühner sind ständige Bewohner des Parks. Dazu kommen diverse Zugvögel.

Trails, Berge und Seen

Der Ost-Eingang (East Portal) zum Mount Robson Park (Km 26 von Jasper) kündigt sich durch ein großes weißes Schild in der Form einer Schneeziege an. Ein Verweilen am **Yellowhead Lake** (Km 36), direkt am Highway, ist angebracht. Hier beginnt ein interessanter Trail:

Der Yellowhead Mountain Trail

Dieser Trail beginnt am Gleis der CN Rail. Nach 8,5 km und nach Überwindung eines Höhenunterschieds von 800 m sind Sie am Ziel. Am nördlichen bewaldeten Ufer des besagten Sees erhebt sich der Yellowhead Mt. mit einer Höhe von 2.458 m. Nach Überquerung des Fraser River (Km 43) passieren Sie den größten See des Parks, den Moose Lake (Km 62), auf dem sich sehr gerne Bergenten aufhalten.

Weiße Orchideen am Straßenrand

Im Juni sind die Straßenränder mit bunten Bouquets von weißen Orchideen, Margeriten, Indian Paintbrush, Spirea-Arten und wilden Rosen geschmückt. Die ersten Walderdbeeren reifen in der Wärme des beginnenden Sommers.

Die Overlander

Wie kam es zu dem Namen Overlander? Im Frühling 1862 hatte sich eine Gruppe von 175 Männern und einer Frau von Ontario aufgemacht, um die neu entdeckten Goldfelder im zentralen British Columbia zu erreichen. In dieser Zeit ging die normale Route zur Westküste von Nordamerika rund um Südamerika per Schiff. Die Idee dieser Gruppe war, wagemutig den Weg über Land von Ost nach West zu riskieren, um schneller am Ziel zu sein als nach der langen Schiffahrt rund ums Kap Hoorn.

Die Gruppe, die als „Overlander" bekannt wurde, überwand die langen, schwierigen und entbehrungsreichen Distanzen über Land. Sie passierten im August 1862 das Fraser Valley in der Nähe der Overlander Falls, erreichten Tête Jaune, wo sie rasteten und sich in zwei Gruppen teilten. Die eine Gruppe wählte den Weg ab Tête Jaune über Land und Wasser direkt nach Süden entlang des North Thomson Valley nach Kamloops. Die andere Gruppe zog es vor, sich bis zum heutigen

Prince George weiter vorzukämpfen und dem Fraser River nach Süden bis Quesnel zu folgen.

Nach dieser langen, schwierigen Reise und der Kunde über die zu erwartenden Schwierigkeiten auf den Goldfeldern, verwarfen viele die Idee, noch im gleichen Jahr nach dem begehrten Edelmetall zu graben. Einige siedelten sich in Kamloops an. Die meisten reisten bis zur Küste weiter. Wieder andere fuhren enttäuscht heim. Nur wenige erreichten die Goldfelder der Cariboo Mountains. Der Leiter der Overlander war *Mc Micking* und die einzige Frau *Catherine O'Hare Shubert*. Die Wanderung zu den Overlander Falls, die nach ihnen benannt wurden, beansprucht ca. eine ¾ Stunde hin und zurück.

Enttäu-schung der Gold-sucher

Mount Terry Fox Provincial Park

Am Mount Terry Fox View Point haben Sie Richtung Jasper bei guter Sicht einen phantastischen Blick auf den gewaltigen Bergstock des Mount Robson und im Süden auf den **Mount Terry Fox** (2.650 m).

INFO ## Wer war Terry Fox (1958–1981)?

Mit vollem Namen hieß er *Terrance Stanley Fox*. Er wurde in Winnipeg geboren. Terry war ein 19-jähriger Student und begeisterter und fähiger Sportler, als er an Knochenkrebs erkrankte. Ärzte versuchten, sein Leben durch Amputation des größten Teils seines rechten Beins zu retten.

Während seines Krankenhausaufenthalts, als er wieder die ersten Schritte machen konnte, träumte *Terry* von der Idee eines **„Marathonlaufs der Hoffnung"**. Unglaublich, er entschloss sich, ganz Kanada mit seiner Beinprothese laufend zu durchqueren, **von Neufundland bis Vancouver**, um Aufmerksamkeit für die Notwendigkeit der Krebshilfe zu erwecken.

Am 20. April 1980 begann tatsächlich sein Aufsehen erregender **„Marathon of Hope"** in St. John's in Neufundland. Als *Terry* Kilometer um Kilometer lief, waren die Kanadier zuerst skeptisch, doch dann unterstützten sie diesen couragierten und hingebungsvollen jungen Mann. Aber tragischerweise verschlimmerte sich der Krebs des Läufers, und *Terry* musste am 01. September in Thunder Bay aufgeben. Er hatte insgesamt **fast 5.400 km** in Etappen von fast 40 km pro Tag zurückgelegt. Weniger als ein Jahr später starb er im Krankenhaus von New Westminster, B.C. *Terrys* guter Freund, *Steve Fonyo*, vollendete 1985 seinen Lauf bis Vancouver.

Der willensstarke *Terry* hat während seines Laufs 1 Million Can$ gesammelt, die er für die **kanadische Krebshilfe** gespendet hat. Ihm zu Ehren sind der Berg, der Creek (Bach) und der kleine Provincial Park benannt.

An den Rearguard Falls

Enorme
Kraftan-
strengung
der Lachse

Sie markieren die obere Grenze der 800-Meilen-Wanderung der Lachse des Pazifischen Ozeans. Nur wenige Chinook, die größten und stärksten Lachse, meistern diese lange Strecke bis hierher. Sie können sie hier im späten August beobachten. Weiter fahren Sie meilenweit durch Farmland, das hin und wieder von Mischwäldern unterbrochen ist. Ab und an sehen Sie mit etwas Glück einen Kojoten oder Schwarzbären.

Tête Jaune Cache

Tüchtiges
Halbblut

109 km von Jasper entfernt, kommen Sie nach Tête Jaune Cache, einem Ort mit nur wenigen Häusern, in dem der Hwy 5 von Süden in den Yellowhead Highway einmündet. Wie kommt diese Siedlung zu diesem Namen? *Tête Jaune* war ein Mischling, halb Irokese, halb weißer Herkunft, ein tüchtiger Trapper und Führer seiner Gruppe, der 1815 im Auftrag der Hudson's Bay Company in dieser Gegend auftauchte und dem man wegen seines blonden Haars im typischen Indianergesicht den Spitznamen „Tête Jaune" (Tête Jaune = Yellowhead = Blondkopf) gegeben hat.

Entlang des Fraser River nach Nordwesten

Sie durchfahren eine **Mittelgebirgslandschaft**, die durch Wiesen, Weiden und Farmen aufgelockert ist. Am Straßenrand blühen der Ziegenbart/Goatsbeard *(Tragopogon dubius)* und die Gletscherlilie/Glacier Lily *(Erythronium grandiflorum)* in leuchtendem Gelb. In Rot mit gelben Staubgefäßen erstrahlt die Akelei/Red-flowered Columbine *(Aquilegia formosa)*. Zur Linken liegen die **Cariboo Mountains**, ein Reizwort der damaligen Goldrauschzeit. Dort hatte sich die Goldgräberstadt Barkerville entwickelt.

Auf den Farmen gibt es seit einiger Zeit das Angebot: „Ferien auf dem Bauernhof". Es sind auch Golfplätze im Landschaftsbild auszumachen, etwas fremdartig in der Taiga Kanadas. Ein Hinweis auf „Bed and Breakfast" trägt sogar den deutschen Namen „Gästehaus Waldesruh".

McBride

Natur-
schön-
heiten

McBride (Km 174) ist ein kleiner Ort, dem ein richtiger Ortskern fehlt. Hier überquert der Hwy 16 den Fraser River, der hier träge durch ein weites Tal fließt, nicht mehr so jugendlich frisch wie in seinem Quellgebiet. Dieser Ort hat sich hauptsächlich auf Feriengäste eingestellt. Ein Touristen-Informationsbüro in einem ehemaligen Eisenbahnwaggon mit einer in Holz geschnitzten Grizzlyfamilie am Eingang. Die kleine Streusiedlung mit Tankstelle und Getränkeshop ist jedoch in seiner Umgebung mit Naturschönheiten, wie kleinen lieblichen Seen, gesegnet. **Schwarzbären**, persönlich beobachtet, sind hier keine Seltenheit. In der Umgebung gedeihen Zitterpappelwälder. Die Blätter dieser Bäume bewegen sich beim geringsten Windhauch. Weitere Baumarten sind hauptsächlich Weiden, Papierbirken, Erlen, Zedern und verschiedene Koniferenarten. Auf sandigen Böden hat sich meistens die Drehkiefer angesiedelt.

Grove Burn Moose Observation Site

Dieses jetzige **Elchbeobachtungsgebiet** wurde ursprünglich durch einen **Waldbrand** verwüstet. Jetzt ist die neue Vegetation, meistens aus Pappeln, Erlen und Birken bestehend, nachgewachsen, sehr vorteilhaft für Elche. Winterzählungen haben ergeben, dass sie sich erfreulicherweise stark vermehrt haben. Ein Trail von nur 1,5 km führt zu einem Beobachtungsstand, und ein Rundweg von 3 km kann vielleicht zu einer Begegnung mit der größten Hirschart Nordamerikas führen. Im Spätsommer wachsen hier viele Pilze. Schon nach 20 Minuten Pilzlese können Sie sich mit den besten Birkenpilzen ein schmackhaftes Mahl zubereiten.

Bevorzugtes Elchbiotop

Prince George (ⓘ s. S. 187)

Überblick

Die Stadt (Km 370) ist ein wichtiger **Verkehrsknoten** des nördlichen British Columbia. Mehrere Papier- und Zellulosefabriken und Holz verarbeitende Industrie bilden das Rückgrat der einheimischen Wirtschaft der Stadt. Von den 71.000 Einwohnern der Stadt sind mindestens 15.000 deutschstämmig.

Eisenbahnmuseum
850 River Road, Tel.: (250)563-7351, Website: www.pgrfm.bc.ca

Nach der ersten Überquerung des Fraser River führt rechts eine weitgespannte Brücke über die Eisenbahn zum Rangierbahnhof von Prince George, in dem das sehenswerte Eisenbahnmuseum eingerichtet wurde.

Was gibt es dort Besonderes zu sehen?
• Der alte Bahnhof von **Penny** mit seinem alten Inventar wie Fernschreiber, Fahrkartenschalter, Schreib- und Rechenmaschine, Telefon und Signalwinde ist an der alten Stelle ab- und hier wieder aufgebaut worden.
• Alte erkaltete „Dampfrösser" haben hier einen Ehrenplatz bekommen.
• Gewaltige Schneepflüge, die aus Altersgründen ihren Dienst quittieren mussten, können besichtigt werden.
• Die Feuerwehrgerätschaften erinnern an vergangene Zeiten kanadischer Eisenbahngeschichte.
• Ein Luxuswaggon der „Grand Truck Pacific" mit Mittelpufferkupplung, innen feudal ausgestattet mit Sofa und Polstergestühl, Wasch-, Konferenzraum und Küche trägt den Namen „Car Nechatko". 1913 wurde der Waggon von der Pullmans Company gebaut. Auf einer Tafel ist die „Lebensgeschichte" des Waggons aufgezeichnet. 1978 hat man ihn zuletzt original restauriert. 1986 wurde er auf der EXPO in Vancouver gezeigt.
• Kräne und Draisinen sind weiteres auffälliges Zubehör des Museums.

Interessant für Eisenbahnfreunde

Von Prince George zum Bowron Lake Park

Streckenhinweis
Gesamtstrecke: Prince George – Bowron Lake Park: 231 km
• *Teilstrecke: von Prince George in den Alaska Highway (Hwy 97) in südlicher Richtung bis Quesnel (118 km)*
• *Teilstrecke: in Quesnel auf Highway 26 in östlicher Richtung bis zum Bowron Lake Park (113 km)*

1 Vorschlag zur Zeiteinteilung
Strecke Prince George – Bowron Lake Park: 2 Tage, Bowron Lake Park (ohne Kanutour): 1 Tag, insgesamt 3 Tage

Unterwegs nach Barkerville

Cotton Wood House (Km 63)

Zwischen 1862 und 1870 sind über 10.000 (!) Menschen dem verführerischen Ruf nach Gold in die Cariboo Mountains gefolgt. Cotton Wood House lag auf dem Weg zu den Goldfeldern.

Ein **kleines Museum** informiert über das Goldfieber dieser Gegend: Im Frühling 1858 kamen hier Tausende vorbei, um am Upper Fraser River nach Gold zu suchen und sich einen Claim abzustecken. Viele gingen wieder zurück, weil sie enttäuscht, erfolglos geblieben, nicht die richtigen Geräte besaßen oder weil sie zu spät gekommen waren. Der Douglas-Lillooet-Pack-Trail aus dem Jahr 1858 wurde vier Jahre lang von den Bergleuten benutzt. Es war ein halsbrecherischer Weg, in den Canyon geschlagen, über Abgründe und mit Baumstämmen und Bohlen abgestützt. Hier wurden sogar Wagen mit Maultieren, Pferden und Ochsen entlanggezogen. 1864 war die Straße bis Cotton Wood fertiggestellt. In den folgenden Jahren wurde sie ins Zentrum der Goldfelder bis Richfield, Barkerville und Camerontown weitergeführt. Gespanne mit bis zu sechs Pferden zogen Kutschen und Planwagen. Es wurden Dampfmaschinen und sogar Kamele als Zugkraft eingesetzt. 1864/1865 errichtete man das **„Road House"**

<u>Übernachten:</u>
• **Bowron Lake Park: Becker's Lodge $$**
  berät, betreut und liefert das entsprechende Bootsmaterial mit Zubehör für eine der 10 eindrucksvollsten Kanutouren der Welt.
  11 Seen, die durch Wasserwege oder kurze Portagen miteinander verbunden sind, bilden einen Rundkurs mit einer Gesamtlänge von 116 km.

<u>Essen:</u>
• **Bowron Lake Park: Becker's Lodge ##** ist ein Restaurant mit Seeblick zum Frühstück, Mittag- und Abendessen.

<u>Sehenswürdigkeiten:</u>
• **Barkerville:** Besuch der ehemaligen **Goldgräberstadt** (S. 493)
• **Bowron Lake Park** (S. 495): **Kanu- oder Kajakfahrt** rund um den Zirkel der Seen

Cotton Wood House. Es war für die Goldsucher eine Oase der Zivilisation, in der Sie sich einloggieren, Essen und Trinken bestellen und die Pferde unterstellen konnten. Dieses historische Gebäude steht heute zur Besichtigung bereit.

Aus der Goldrauschzeit – Cottonwood House

Wells

Dieser Ort, nach seinem Begründer *Fred Marshall Wells* benannt, liegt an einem kleinen See. Er wurde 1934 von der „Cariboo-Goldquarz-Mine" für die Angestellten großzügig aufgebaut. Während der „Hoch-Zeit" der Mine haben hier 4.500 Menschen gewohnt. Man war bestrebt, gute Bedingungen für die Bewohner zu schaffen. Es gab hier ein renommiertes Hospital. Architektonisch wurden die Bauwerke der Goldrauschzeit nachempfunden. Die Mine hat insgesamt 25 Mio. Dollar eingebracht. Heute finden Sie in dem sauberen Ort zwei Motels mit dem üblichen Standard, Restaurants und Souvenirläden.

Die Goldgräberstadt Barkerville (ⓘ s. S. 187)

Überblick

1862 ist das Geburtsjahr von Barkerville. Es wurde nach dem Goldgräber *William (Billy) Barker* genannt, der am Williams Creek Gold fand. Mit über 10.000 Einwohnern war es seinerzeit die größte Stadt Nordwestamerikas westlich von Chicago und nördlich von San Francisco. 1868 wütete ein Feuer in Barkerville. Die Stadt wurde zwar sofort wieder aufgebaut, doch das Ende des Goldbooms zeichnete sich bereits ab. Mit dem Verblassen des Goldfieberspuks verfiel Barkerville allmählich zur Geisterstadt. 1958 begann die Provinzialregierung mit der Restaurierung von Barkerville.

Wie gewonnen, so zerronnen

Heute lässt man gekonnt die Zeit des Goldrausches für den Tourismus wiedererstehen. Die Kulisse von 40 originalen und 75 authentisch restaurierten Gebäuden, die Blicke in die Schmiede, in den Saloon, in den Laden des chinesischen Heilpraktikers usw, die Menschen mit historischen Gewändern im Ort, die Vorführungen des Theater Royal, dieses alles ist hier wieder gegenwärtig.

Sehenswertes

Am Eingang ist ein Plan erhältlich, in dem alle historischen Gebäude eingezeichnet sind. Einige markante Bauwerke sollen hier kurz vorgestellt und ihre Funktion erläutert werden:
• **St. Saviour's Anglican Church**: Diese Kirche ist eines der ältesten Gebäude von Barkerville.

INFO Goldgräber *Billy Barker* – Tragödie des Reichtums

Am 07.06.1817 wurde William (Billy) Barker in Cambridgeshire (England) geboren. Er arbeitete als Kanalarbeiter in England, kam als Seemann nach Nordamerika, hörte auch vom schnellen Reichtum durch viel Gold, desertierte von seinem Schiff in Victoria und schloss sich dem Zug der Glücksritter an. In den 1850er Jahren machte er den Kalifornien-Goldrausch mit. 1858 tauchte er in British Columbia auf. 1861 erreichte er den Williams Creek.

Am 17.08.1862 hatte er sein „Eldorado" gefunden. Nachdem er 12 m in den Boden eingedrungen war, wurde er fündig. Billy war augenblicklich reich geworden. Fortuna hatte ihn geküsst: **eine halbe Million** in Nuggets und Goldstaub war seine Ausbeute! Noch nie soll ein Fund in Saloons und Spelunken der Umgebung so gefeiert worden sein wie der des spendablen *Billy*. In Kürze schossen Hotels, Saloons, Schmieden und Geschäfte wie Pilze aus dem Boden, die meisten von *Billy's* geliehenem Geld finanziert. Zuhälter, Girls, Barkeeper und Spekulanten lauerten nur darauf, den Reichtum des erfolgreichen Goldgräbers zu schmälern. *Billy* schwamm auf einer Woge der Seligkeit und teilte mit vollen Händen aus. Trotzdem hatte er immer noch genug.

Weihnachten 1862 machte er seinen **größten Fehler**. Er fuhr nach Victoria, um dort standesgemäß seinen Erfolg zu feiern. Hier schlug das Schicksal hart zu. Die blutjunge Witwe *Elizabeth Collyer* heftete sich an ihn, und damit war sein Unglück besiegelt. Am 13.01.1863 wurde überstürzt geheiratet. Es konnte gar nicht schnell genug gehen. So schnell, wie gefreit worden war, so schnell wurde Billy sein Geld los. 1864, nur 1 Jahr nach seiner Hochzeit, war der vorherige Glückspilz wieder so arm wie vor seinem „großen Fund", und Elizabeth gab dem armen Schlucker den Laufpass.

Am 11.07.1894 starb *Billy Barker* im Armenhaus von Victoria.

Die Moral von der Geschicht'..., die sag' ich Ihnen nicht, die dürfen Sie selbst formulieren.

- **Wendle House**: Es wurde 1900 von *Alexander McArthur*, einem Schmied in Barkerville, erbaut und von 1902 bis 1962 von Joe Wendle und seiner Frau bewohnt. Beide waren „Outdoor"-Begeisterte, die maßgeblich den Bowron Lake Park ins Leben gerufen haben.
- **Dr. Hugh Watt's Office and Residence**: Es war das Büro und die Wohnung von *Dr. Hugh Watt*, dem Enkel von *James Watt*, dem Erfinder der Niederdruck-Dampfmaschine. Dr. Hugh Watt kam in den 1880er Jahren als Chirurg nach Barkerville. Die meiste Zeit hat er in seiner kleinen Praxis gewirkt.
- **Louis A. Blanc Photo Studio**: In diesem viktorianischen Fotostudio können Sie sich in Gewändern der damaligen Zeit fotografieren lassen. So können Sie

z. B. nach 10 Min. ein Bild von sich als Trapper in Empfang nehmen.

• **Trapper Dan's Cabin**: Chinesische Bergleute lebten in diesen engen Blockhütten. Die berühmteste war die von *Chan Lung Fong*, der in Barkerville als Trapper Dan bekannt war. 1921– 1957 hat er im Sommer nach Gold gegraben und sich im Winter als Trapper an der „Trapp-Line" in der Nähe des Summit Creek betätigt.

Goldgräberstadt – Barkerville

• **Kwong Sang Wing Store**: In diesem Laden werden heute noch chinesische Waren, die in alten Dosen aufbewahrt sind, verkauft.

• **Sing Kee Herbalist**: Die chinesische Heilkunde basiert in ihren Medikamenten auf Kräutern, Mineralien und tierischen Substanzen. *Sing Kee* vertrieb hier in Barkerville um 1900 seine Produkte, die er sich aus Los Angeles oder San Francisco kommen ließ, von Einheimischen aus der Gegend abnahm oder selbst in seinem Garten als Heilpflanzen züchtete.

Bowron Lake Park (ⓘ s. S. 187)

Im Bowron Lake Park sind Seen in Form eines etwas verschobenen Rechtecks angeordnet. Die Seenkette ist zum größten Teil durch zwei Hauptflüsse verbunden. Für Kanuten und Kajakfahrer ist es ideal, hier in einem Viereck zu fahren und die geringen Distanzen zwischen den Seen, die mit keinem Wasserlauf verknüpft sind, als Portage zu überwinden. Bei den sechs Portagen müssen die Kanus zwischen zwei Gewässern getragen und um Stromschnellen und Wasserfälle umgangen werden. Der Rundkurs ist auch für Anfänger geeignet. Eine gute Kondition ist allerdings Voraussetzung. Der „Bowron Lake-Zirkel" ist 112 km lang und besteht aus 11 Seen. Die Dauer dieser Bootswanderfahrten liegt normalerweise zwischen 4 und 10 Tagen. Sie müssen sich beim Park-Center registrieren lassen. 50 Wasserwanderer dürfen höchstens täglich am Ausgangspunkt des Zirkels starten. 6 Portagen von insgesamt 9,6 km sind zu meistern. Kanus und Kajaks können pro Woche gemietet werden.

Rundfahrt ist möglich

Tipp
Viele Wassersportler machen den Fehler, dass sie am Anfang der Rundtour zu schnell fahren und am Ende bummeln. Die Schönheit der Landschaft ist von Anfang an gegeben. Sie sollten sie in Ruhe genießen.

Vom Bowron Lake Park nach Bella Coola

Streckenhinweis
- *Gesamtstrecke: Bowron Lake Park – Bella Coola: 689 km*
- *Summierte Teilstrecken: Vom **Bowron Lake Park** ab Barkerville auf der Straße 26 bis **Quesnel** (km 113), Abzweigung links in den Alaska Highway (Hwy 97) bis **Williams Lake** (Km 233), Abzweigung rechts bis **Bella Coola** (Km 689)*

Vorschlag zur Zeiteinteilung
Bowron Lake Park – Bella Coola: 2 Tage, Bella Coola: 1 Tag, insgesamt 3 Tage

Unterwegs nach Bella Coola

Der Streckenabschnitt Bowron Lake Park – Quesnel wurde bereits in den vorigen Kapiteln beschrieben.

Williams Lake

Williams Lake war einst ein wichtiger Zwischenstopp auf dem Weg zu den Goldfeldern in den Cariboo Mountains. Es wurde nach dem deutschen Prospektor *Wilhelm Dietz* benannt, der 1861 hier Ton angebend war. Nach den Goldsuchern kamen die Ranger. Aus dieser Zeit der Cowboys, die meistens Indianer waren, stammt die Vorliebe für **Stampeden**, Reiterspiele und Pferderennen, die hier heute noch im Juli jeden Jahres abgehalten werden.

Heute ist Williams Lake eine Kleinstadt von 11.000 Einwohnern mit stark entwickelter Holzindustrie. Hier verlassen Sie den Alaska Highway und biegen in die Hwy 20 nach Bella Coola ein, der im Mittelabschnitt zum größten Teil nicht asphaltiert ist.

Fraser River

Im tief eingeschnittenen Flusstal des Fraser River bestehen die steilen Uferpartien meistens aus Schutthalden, die nur mit lockerem Baumbestand bewachsen sind.

Wenn Sie den Fluss über eine Brücke überqueren, der Hang am jenseitigen Ufer wieder an Höhe gewonnen hat, dann bietet sich im Rückblick ein prächtiger Ausguck über den Fraser River mit der Straßenbrücke tief unten im Tal.

Entlang des Chilcotin River

Nachdem Sie nach Verlassen des Fraser-River-Tals hauptsächlich durch Farmland mit ausgedehnten Rinderweiden gefahren sind und kleine Dörfer, wie **Riske Creek** und **Hanceville**, passiert haben, treffen Sie schon bald auf den Chilcotin River. Grün, kalt und durchsichtig strömt er Ihnen entgegen, silbern schäumend, wenn er über die großen Steine im Flussbett stolpert. An den Ortsschildern ist **Alexis Creek** und **Redstone** zu lesen. Sie wechseln zum Chilanko River hinüber. Im Herbst leuchten die Pappelwälder golden. Dann ist die Zeit des Indianersommers.

„Indian Summer"

Tatla Lake

Er ist der größte der langgestreckten Seen, die jetzt im Spätsommer in der Sonne baden, leicht gekräuselt oder spiegelglatt, dahinter die zum Horizont immer mehr in schieferblauer Tönung verschwimmenden Hügelketten. Rund um die Moore leuchten die Gräser wie Kupfer. In **Kleena Kleena** knickt die Straße von vorher westlicher Richtung nach Nordwesten ab und steigt allmählich die Vorberge der Coast Mountains hinauf. Der Wald wird dichter. Das offene Grasland schrumpft zu Lichtungen zusammen, bis Sie schließlich auf die im ewigen Schnee und Eis leuchtende Kette des Küstengebirges blicken. Sie rollen durch die Dörfer **Limpo Lake** und **Anahim Lake**. Früher endete die Straße in Anahim Lake. Die wenigen Bewohner von Bella Coola haben sich 1952/53 ihre Verbindungsstraße selbst gebaut.

Tweedsmuir Provincial Park

Dieser Provinzialpark ist der größte seiner Art in British Columbia mit 9.810 km². Er wurde nach *John Buchan, Baron Tweedsmuir of Elsfield,* 15. Gouverneur von Kanada, benannt, der im August 1937 mit dem Wasserflugzeug und auf dem Pferderücken diese Gegend erkundete und begeistert von der Schönheit der Landschaft war. Hier sollte eine großflächige Wildnis geschützt und die Möglichkeit geschaffen werden, diese sehr einsame Gegend mit ihren Seen, Bergen und unberührten Wäldern zu erwandern. In dem riesigen Gebiet gibt es Karibus, Maultierhirsche, Schneeziegen, Elche, Schwarzbären, Grizzlys, Wölfe, Vielfraße, Murmeltiere und zahlreiche Vogelarten.

Großflächige Wildnis

Im weiteren Verlauf der Fahrt stehen die Wälder dichter und immer feuchter an der Straße. Sie durchqueren den Südzipfel des Tweedsmuir Provincial Park. Schon bald brauchen Sie gute Nerven. Es geht steil bergan über den **Heckman Pass** (1.524 m), aber noch steiler bergab. Die

König der Wälder – Schwarzbär

Vorsicht auf der Passstraße

Steigung bzw. das Gefälle der Passüberquerung beträgt bis zu 18 %, für Autos mit normal starkem Motor kein Grund zur Besorgnis. Echte Probleme gibt es erst bei regennasser oder eis- und schneeglatter Straße. Bei sehr schlechten Witterungsverhältnissen wird die Bergstraße mit ihren engen Haarnadelkurven durch Schlagbäume geschlossen. Beim Fahren können Sie nur kurze Blicke in die gähnenden Abgründe wagen.

Tipp

Fahren Sie an den Straßenabschnitten mit dem größten Gefälle langsam im 1. Gang. Wenn Sie am Berg wegen Ausweichens von bergauffahrenden Fahrzeugen anhalten müssen, ist es ratsam Ihr Fahrzeug zusätzlich durch Steine gegen Wegrollen zu sichern.

Alexander Mackenzie Heritage Trail

Auf den Spuren von Alexander Mackenzie

Am Ausgang des **Tweedsmuir Provincial Park** kreuzt dieser Trail die Straße. *Alexander Mackenzie*, der zähe Schotte, folgte mit zwei indianischen Gefährten 1793 dieser Route, um den Pazifik zu erreichen. Er war der erste Mensch, der Nordamerika nördlich von Mexiko zu Fuß und mit dem Kanu durchquerte. Diese Durchquerung hat dazu beigetragen, den Gedanken eines Kanadas von Ozean zu Ozean ins Leben zu rufen. Heute ist der letzte Teil dieser Route eine beliebte Wanderstrecke vom Fraser River bis nach Bella Coola. Auf einer **Info-Tafel** ist der genaue Verlauf dieser Tour mit 12 markanten Punkten aufgezeichnet: 1.) Trail Start, 2.) Blackwater Crossing, 3.) Gillies Crossing, 4.) Mackenzie Basins, 5.) Kluskus Lakes, 6.) Pan's Fishcamps, 7.) Home Ranch, 8.) Eliguk Lake, 9.) Mackenzie Valley and Pass, 10.) Friendly Village, 11.) Thorson Creek Petroglyphs, 12.) Mackenzie Rock (Bella Coola).

Die gesamte Wanderroute ist in 2–3 Wochen zu bewältigen. Für die Wegstrecke nur im Park benötigen Sie normalerweise 5–7 Tage.

Außerdem gibt es noch andere Wanderrouten. Ein beliebtes Ziel sind die **Hunlen Falls** (16 km von der Straße 20) und anschließend der Ptarmigan Trail (+12 km), Startpunkt 2 km östlich des „Headquarter".

Küstenregenwald

Wenn Sie den Nervenkitzel der Überquerung des wilden Küstengebirges hinter sich haben, tauchen Sie in einen dichtverfilzten Urwald ein, der durchschnittlich jeden zweiten Tag von Regengüssen durchtränkt wird. Himmelhoch aufragende Douglasien und Hemlocks bilden das oberste Stockwerk der dunklen Wälder. Die Luft ist weich, mild und warm. Überall murmeln Bäche zu Tal. Lachse laichen in den Kiesbetten der Wasserläufe.

Laichplatz der Lachse

Im September begeben sich ca. **1 Mio. Pink-Lachse** zum Laichen und Sterben in dieses Gebiet. Es kann passieren, dass durch sehr starke Niederschläge von November bis Januar und starke Strömung die Lachseier fortgespült und zerstört werden und somit die Entwicklung einer neuen Lachsgeneration verhindert wird. Deshalb wurden Teiche mit Zufluss vom Fluss im Auwald ausgehoben, in denen die Lachse ablaichen können. Nach Jahren kommen die dort ausgeschlüpften Jungfische in ihren Heimatteich zurück, um selbst zu laichen. Durch diese menschliche Hilfsmaßnahme können in o. g. ungünstigen Jahren bis zu 200.000 Lachse gerettet werden.

Norwegersiedlung – Hagensborg

Allmählich rollen Sie durch das Schwemmland des Bella Coola River. Erlenbrüche begleiten die Straßenränder, und hohe, teils vergletscherte Berge bilden den Hintergrund. Es fallen die schmucken Häuser der Norwegersiedlung von **Hagensborg** auf, umgeben von Wiesen, Weiden, Obst- und Gemüsegärten. Von einem kleinen „Airstrip" starten Charterflüge in den Park.

Norweger-siedlung

Bella Coola (ⓘ s. S. 187)

Am 22.07.1793 erreichte hier *Alexander Mackenzie* an der Mündung des Bella Coola River den Pazifik. Ein Gedenkstein am Hafen berichtet davon. Es war das Ende eines indianischen „Grease Trail", eines Handelspfades, auf dem Küstenindianer Fischöl, getrocknete Fische und Zedernrinde weit ins Hinterland schafften, um gegen diese Waren Biberfelle, Büffelleder und Obsidian einzutauschen. 1869 richtete die Hudson´s Bay Company einen Handelsposten ein. 1894 ließen sich hier norwegische Fischer und Siedler nieder.

Heute hat der kleine Fischer- und Indianerort ca. 2.000 Einwohner. In einem grün schimmernden Fjord, von mächtigen Bergen eingerahmt, schaukeln viele kleine Boote in den sanften Wellen. Totempfähle raunen von indianischer Vergangenheit. Ein kleines Museum dokumentiert die Einwanderung der Norweger.

Idyllischer Fischerort

Von Bella Coola nach Vancouver

 Streckenhinweis
- *Gesamtstrecke: Bella Coola-Vancouver: 1029 km*
- *Summierte Teilstrecken: Von Bella Coola auf der Straße 20 bis Williams Lake (Km 456), Abzweigung rechts in den Alaska Highway (Hwy 97) bis Abzweigung rechts (Km 648) in den Hwy 99/12 bis Lytton (Km 787), Hwy 1 bis Vancouver (Km 1029)*

1 **Vorschlag zur Zeiteinteilung**
Strecke Bella Coola-Vanvouver: 2 Tage

Unterwegs nach Vancouver

Der Streckenabschnitt Bella Coola – Williams Lake wurde bereits auf den Seiten 496ff in umgekehrter Richtung beschrieben. An dem langgestreckten See **Lac la Hache** lässt es sich gut rasten oder campen.

Sie passieren 100 Mile House und Clinton, bevor Sie in den Hwy 99 einbiegen.

Ginseng Garden

Dies ist kein Ort, sondern eine mit dunkler Folie überspannte Anpflanzung von Ginseng. Das Schild mit der Aufschrift „Chai-Na-Ta-Ginseng Product" für die **größte Plantage der Welt** mit 77 Hektar deutet auf den chinesischen Ursprung hin. Ginseng gedeiht in den kühlen Regionen Asiens und Nordamerikas. Weil diese Pflanze den Schatten liebt, wird sie mit Polypropylen überdacht. Vier Jahre dauert es von der Aussaat bis zur Entwicklung der ausgewachsenen Ginseng-Wurzel, die dann geerntet wird. Dieses Araliengewächs wird in ein Strohbeet eingebettet. Nach der Ernte im Herbst des vierten Jahres werden die Wurzeln getrocknet und in den Orient als Allheilmittel exportiert. Der Ginsengwurzel wird eine lebensverlängernde Wirkung zugeschrieben. Der Export bringt Millionen-Dollar-Gewinne für die kanadische Wirtschaft.

Redaktions-Tipps

Sehenswürdigkeiten:
- **Lytton: Rafting**, wilde Fahrt durch die Stromschnellen (S. 500)
- **Hell's Gate:** tosende Schlucht des Fraser River (S. 501)

Lytton (ⓘ s. S. 187) – die Rafting-Hauptstadt von B.C.

Zweifarbiger Fluss

Hier treffen der **Fraser River** mit milchig-trübem Wasser und der **Thompson River** mit klarem, jadefarbenem Wasser aufeinander. An der Brücke kurz vor der Stadt können Sie deutlich sehen, wie die zunächst verschieden gefärbten Wassermassen beider Flüsse sich noch nicht vermischt haben.

1808 sah *Simon Fraser* als erster Europäer den spektaku-lären Zusammenfluss beider Flüsse. 1858 ist das Grün-dungsjahr von Lytton. Der Ort wurde nach *Sir Edward Bulwer Lytton* benannt. Heute erfreuen sich jeden Som-mer viele Besucher des „Whitewater Rafting". Im Touris-tenzentrum erhalten Sie Auskunft über die verschiede-nen Rafting-Unternehmen und ihre Tourenbedingungen.

Hell's Gate

Der Fraser River zwängt sich an dieser Stelle durch eine nur 34 m enge Schlucht, die Hell's Gate (Höllentor) ge-nannt wird. Im Frühjahr nach der Schneeschmelze don-nert wesentlich mehr Wasser durch die Verengung des Flusses als im Sommer.

Am 26.06.1808 hat *Simon Fraser* diese Schlucht des to-senden Wassers über Stege der Urbevölkerung passiert, die von Seilen und kühnen Holzkonstruktionen gehalten wurden. 1863 wurde der Trans Canada Highway für Kut-

Gefahrvoller Engpass – Hell's Gate

schen passierbar. 1925 hat man die Straße für Automobile hergerichtet. 1945 gab es ein Projekt zur Rettung der Sokeye-Lachse am Fraser River zwischen Kanada und den USA, weil von 1913–45 der Weg der Lachse in ihr Laichgebiet durch einen Erdrutsch blockiert war. Die „International Pacific Salmon Fishery Commis-sion" schaffte Abhilfe und ließ eine Fischleiter bauen, die es den Lachsen wieder *Fischleiter* ermöglichte, die turbulente Schlucht über dieses Hilfsmittel zu passieren.

Beste Zeiten des Lachs- und Forellenangelns
• **Fraser River**
- Spring Salmon: Mai bis Ende Juli
- Coho und Steelhead: November bis Ende März
- Sturgeon: den ganzen Sommer über
- Sockeye: hauptsächlich im September (Hell's Gate)
• **Coquihalla River** (ein bei Hope in den Fraser River fließender Nebenfluss)
- Steelhead: Juni bis Ende September
- Dolly Varden: ganzjährig

10 km südlich des Hell's Gate überspannt die **Alexandra Bridge**, eine alte Hängebrücke, den Fraser River, die nach einem kurzen Fußweg vom Hwy 1 zu erreichen ist.

Von Revelstoke über Kamloops und Merrit nach Vancouver

 Streckenhinweis
Gesamtstrecke: Revelstoke – Vancouver: 691 km
- *Teilstrecke: Revelstoke – Kamloops auf dem Hwy 1: 210 km*
- *Teilstrecke: Kamloops – Merrit auf dem Hwy 5: 87 km*
- *Teilstrecke: Merrit – Spencer Bridge auf dem Hwy 8: 60 km*
- *Teilstrecke: Spencer Bridge – Lytton auf dem Hwy 1: 37 km*
- *Teilstrecke: Lytton – Lillooet auf dem Hwy 12: 64 km*
- *Teilstrecke: Lillooet – Vancouver auf dem Hwy 99: 233 km*

 Vorschlag zur Zeiteinteilung:
2 bis 3 Tage

Sicamous

Von diesem Ort starten viele Ausflugsfahrten auf den **Shuswap Lake**. Dieser wunderschöne See hat die Form eines X. Seinen Namen hat er von den Shuswap-Indianern, der nördlichsten Gruppe des Salishan-Stamms, der größten Volksgruppe seinerzeit im Innern von British Columbia. Über 5.000 Jahre waren diese Indianer hier Fischer und Jäger. Sie zogen in Gruppen durch das weite Land, ein Gebiet von 150 Meilen im Umkreis.

Intensive Landwirtschaft Die Straßenränder ziert der gelb blühende Rainfarn. Auf den Obstbaumplantagen reifen Äpfel, Pfirsiche und Aprikosen. Außerdem wird hier intensiv Gemüse angebaut.

Künstliche Bewässerung

In der Umgebung von **Salmon Arm** erblicken Sie Weinstöcke, in Reih und Glied gesetzt. **Chase** liegt in einer sehr trockenen Gegend, mit nur lockerem Baumbestand an den Berghängen. Vom Fluss wird Wasser zur künstlichen Bewässerung der Talsohle entnommen. Im Umfeld von Monte Creek finden Sie mit Netzen beschattete, bewässerte **Ginseng-Felder**.

Kamloops

Kamloops ist ein moderner Ort mit 77.000 Einwohnern, in einem weiten Tal gelegen. Zudem ist er ein bedeutender Verkehrsknoten, an dem Highways kreuzen und der North und South Thomson River zusammenfließen, um den schmalen Kamloops Lake zu speisen. Auch die Eisenbahn die Canadian Pacific und Canadian National passieren ihn.

Im **Secwepemc Native Heritage Park** (am Hwy 5) wird die Lebensweise der Sushwap-Indianer veranschaulicht. Wenn Sie einen Einblick in die einheimische Tierwelt haben wollen, so besuchen Sie den kleinen **Kamloops Wildlife Park**. Kindern machen Sie eine Freude in dem Spaßbad.

Entlang des Nicola River

Von **Merrit** geht es auf einer schmalen, kurvenreichen Straße bis **Spencer Bridge**. Unterwegs haben sich kleine Landwirtschaftsbetriebe angesiedelt. Auf dem bewässerten Grünland, meistens mit Klee bewachsen, weiden Rinder und Pferde. Der das Tal durcheilende Fluss heißt Nicola River. An den trockenen Hängen wachsen Wacholder und Gelbkiefer. Die einzige „Augenweide" ist der Fluss und seine grünen Weiden in dem ausgedorrten Land.

Entlang des Fraser River

An der Strecke von **Lytton** bis **Lillooet** fahren Sie an dem tief eingekerbten Tal des Fraser River entlang, der eine karge Landschaft als Umfeld hat.

Entlang des Cayoosh River

Dies ist eine landschaftlich sehr reizvolle Strecke mit tiefen Schluchten und dichtem Wald. Am **Duffey Lake** bewundern Sie bei klarem Wetter phantastische Spiegelbilder. Die schneebedeckten Berge und die Tannen „baden" im spiegelglatten Bergsee.

Zauberhafte Landschaft

Whistler (ⓘ s. S. 187)

Whistler, mehrmals als Urlaubsort preisgekrönt, ist ein gepflegtes Städtchen mit vielen Hotels, Lodgen und Restaurants, im Sommer und Winter gern besucht, ein Ort mit natürlicher Schönheit und warmer Gastlichkeit. Im Ortskern, der eine reine Fußgängerzone mit Straßencafés ist, lockt ein Bummel durch die Vielzahl der Geschäfte und Boutiquen.

Aktivitäten im Sommer

Während der warmen Jahreszeit ist das Feriengebiet ein idealer Anziehungspunkt für Jung und Alt.
- Das **Wandern** auf gekennzeichneten Wegen von unterschiedlichem Schwierigkeitsgrad und mit unterschiedlichen Anforderungen durch dichte Wälder, zu glitzernden Seen und wildblumenübersäten Bergwiesen wird für Naturliebhaber zum Genuss.
- **Mountainbiking** ist auf asphaltierten Radwegen im Ferienort und verschiedenen Gegenden im Tal möglich. Für Mountainbiker, die eine größere Anforderung suchen, bietet das Gebiet im **Lost Lake Park** ein Netzwerk von schmalen Wegen, die sich durch einen Wald von Douglasien, Weißfichten und Zedern

Großes Freizeitangebot

schlängeln. Außerdem gibt es Mountainbike-Abfahrten von 1.200 m bis ins Tal und spezielle Mountainbike-Pfade, die sich von der Olympic Station bis ins Tal hinziehen.

• Zum **Angeln** in den örtlichen Seen und Flüssen ist es oft nötig, ein Allradfahrzeug, Boot oder Helikopter zu mieten, um gute Fischgründe zu erreichen.

Sommer-aktivitäten

• Im **Wassersport** bieten sich Schwimmen, Kanu- und Kajak fahren, Windsurfen, Segeln und Floßfahrten an.

• **Golfspielen** ist auf vier preisgekrönten Golfplätzen möglich: Whistler Golf Club, Château Whistler Golf Club, Nicklaus North Golf Course und Big Sky Golf and Country Club. Diese Golfplätze liegen nur Minuten auseinander. Außerdem gibt es Golfplätze, die in weniger als einer Autostunde anzufahren sind.

Aktivitäten im Winter

Das **Wintersportgebiet Whistler/Blackcomb** liegt in der Gebirgskette der Coast Mountains von British Columbia. Es bietet durchweg beständige Schneeverhältnisse mit einem durchschnittlichen Schneefall von 9,15 m pro Jahr. Weil dieser Gebirgsort in der Nähe der Küste liegt, sind die Temperaturen während der Wintersaison gemäßigt und sinken nur sehr selten unter - 10 °C. In den Wintermonaten beträgt die durchschnittliche Temperatur - 5 °C.

Winter-aktivitäten

• Für den **Langlauf** sind Loipen von mehr als 28 km gespurt. Auf ihnen finden Sie Strecken für Anfänger und Fortgeschrittene.

• Das **Heli-Skiing** ist die perfekte Abwechslung für fortgeschrittene Skifahrer und Snowboarder, die nach neuen Dimensionen in ihrem Skiurlaub suchen. Bei diesem aufregenden Abenteuer im Pulverschnee fahren Sie steile, in einer Höhe von 2.500 m bis 3.000 m gelegenen Abhänge hinunter.

• Das **Schneeschuhwandern** erfordert keine besonderen Vorkenntnisse. Bezaubernd ist der Anblick malerischer, tiefverschneiter Waldwege des Whistler Mountain.

Olympische Winterspiele

Whistler/Blackcomb ist während der Olympischen Winterspiele 2010 Austragungsort der Ski Alpin-Wettbewerbe.

Alice Lake Park

Der zentrale Punkt ist der Alice Lake, ein idyllisch im Regenwald gelegener See, allerdings auch stark besucht, mit Rundweg, zwei Badestellen, einem Freilichttheater, Kinderspielplätzen, Picknicktischen, Liegewiesen und Campingplätzen im Wald rundherum. Der Park wird wegen der Nähe zur Großstadt Vancouver naturgemäß auch von Wochenendausflüglern stark frequentiert. Von hier aus können Sie den **Four Lakes Trail** gehen, der den Alice Lake, den Edith Lake, den Fawn Lake und Stump Lake berühren. Für den markierten Rundweg benötigen Sie bei gemütlicher Gangart 1 ½ bis 2 Stunden. Sie wandern vorwiegend durch dichten nordischen Regenwald mit hohen Zedern, Hemlocks, Ahorn, Birken und Sitkafichten. Wo Lichtungen durch umgestürzte Bäume entstanden sind, versuchen Erlen die Waldlücke zu schließen. Am Waldboden wachsen Farne, Moose, Bärlapp, Preiselbeeren, Blaubeeren, Roter Holunder und Teufelskeule.

Beliebte Ferien-region

Squamish (ⓘ s. S. 187)

Die ersten Indianer, die hier lebten, gehörten dem Volksstamm der **Salish-Indianer** an. 1792 segelte *Kapitän George Vancouver* in den windigen Fjord des Howe
Sound. Dort stieß er und seine Mannschaft an der Darrel Bay gegenüber den
Shannon Falls auf die Skomish-Indianer. Pelzhändler, Goldsucher und Abenteurer
folgten. Die Forstwirtschaft war jahrhundertelang die Lebensgrundlage der kleinen Gemeinde, die sich hier gebildet hatte. Aber mit der fortschreitenden Veränderung des Lebens der Menschen und ihren Bedürfnissen änderte sich auch die
Lebensgrundlage von Squamish. Heute ist die wirtschaftliche Basis des Ortes   *Aufblühen-*
nicht mehr die Forstwirtschaft und die Holzindustrie sondern der Tourismus. Die   *der*
schneebedeckte Kappe des **Mount Garibaldi** (2.678 m), ein erloschener Vulkan,   *Tourismus*
leuchtet zu Ihnen herüber. Kurz hinter dem Ausflugsort passieren Sie einen riesigen, glatten Granitfelsen, an dem Bergsteiger gern ihre Kletterkünste erproben.

Shannon Falls

Die Shannon-Wasserfälle stürzen hier in mehreren Kaskaden zu Tal. Wie ein
weißer Schleier fällt das Schmelzwasser 198 m an der eindrucksvollsten Stelle
über eine Bergklippe, bis es sich glasklar über glattgeschliffene Steine in ruhige-
rem Lauf ins Meer ergießt.

Bergwerksmuseum

53 km vor Vancouver stoßen Sie auf der linken Straßenseite auf die ehemalige
Britania Mine. Dort sollten Sie anhalten. Hier wurde von 1930 bis 1935 die
größte Menge an Kupfer im britischen Commonwealth gefördert! Der erste
Besitzer war *Dr. A.A. Ford*. Im jetzigen Museum wird Ihnen eine faszinierende
Einführung in den damaligen Bergbau gegeben. Man führt Ihnen eine audio-visuel-   *Kupfer-*
le Präsentation der Geschichte der Mine von der Entdeckung des Vorkommens   *mühle,*
1888 bis zur Schließung der Stollen im Jahre 1974 vor. Es folgt eine einstündige   *heute als*
Besichtigung der Tunnel mit einer Demonstration der verschiedenen Arbeitsgerä-   *Museum*
te und der Kupfermühle.

Naturschönheiten

Der 48 km tief ins Hinterland eingeschnittene Howe Sound bietet einen atemberaubenden Ausblick auf die gegenüberliegenden Berge, eine **grandiose Fjordlandschaft** mit steil ins Meer abfallenden Hängen, bewaldeten Inseln, gurgelnden
Sturzbächen und schäumenden Wildflüssen, deren Wassermassen erst in der grün
schimmernden See zur Ruhe kommen. Nicht minder bewundernswert ist für den
Naturfreund die Flora auf dieser Fahrstrecke. Hemlocks und Douglasien blicken
ernst und dunkel auf den Betrachter herab. Fröhlicher und leuchtender winken
Mitte Juni das rosa erblühte Wald-Weidenröschen/Fireweed (*Epilobium angustifolium*) und die roten Beeren des Holunders herüber. Die Vogelwelt zeigt sich gern
mit ihrem stolzesten Vertreter, dem mächtigen Weißkopfseeadler/Bald Eagle. Der
Amerikanische Graureiher/Great Blue Heron schreitet vorsichtig durchs flache
Wasser oder steht geduldig und regungslos am Ufer, um seinem Fischwaidwerk
nachzugehen. Kolkraben/Common Raven sieht und hört man sehr häufig.

Von Prince George nach Fort St. James

Streckenhinweis
Gesamtstrecke: Prince George – Fort St. James: 152 km
* *Teilstrecke: von Prince George nach Vanderhoof auf Hwy 16 in westlicher Richtung:* 98 km
* *Teilstrecke: von Vanderhoof bis Fort St. James auf dem Hwy 27 in nördlicher Richtung:* 54 km

Vorschlag zur Zeiteinteilung
1 Tag

Vanderhoof

Diese kleine Siedlung mit ihren 4.400 Einwohnern lebt hauptsächlich von der Landwirtschaft und der Holzindustrie. Sehenswert ist das **Vanderhoof Heritage Village Museum**, das Artefakte aus den frühen Tagen der Besiedlung des Nechako Valley ausstellt. Im April und September rasten auf den Gewässern Tausende von Wasservögeln. Pelikane werden am Tachick Lake südlich der Stadt gefüttert.

Fort St. James (Ort) (ⓘ s. S. 187)

Katholische Kirche „Lady of Good Hope"

Älteste katholische Kirche von B.C.

Diese 1873 erbaute Kirche am Lakeshore Drive ist eine der ältesten katholischen Kirchen in British Columbia. In den Sommermonaten wird jeden Samstagabend ein Gottesdienst zelebriert.

Junkers W34 Wasserflugzeug

Folgen Sie dem Stuart Drive bis Sie den Cottonwood Park erreichen. Dort ist die Nachbildung (1/3) eines deutschen Junkers-W 34-Wasserflugzeugs aufgebaut worden. Das Flugzeug war im 2. Weltkrieg sehr berühmt und bei den Buschpiloten in Fort St. James sehr beliebt.

Russ Baker-Denkmal

Dieses Denkmal befindet sich ebenfalls am Lakeshore Drive. Es wurde zu Ehren von *Russ Baker* errichtet. Dieser berühmt gewordene Busch-Pilot war der Begründer zweier Fluggesellschaften.

Häuptling Kwah-Grabstätte

Wenn Sie von Fort St. James in Richtung Vanderhoof zurückfahren, erreichen Sie die Necoslie Brücke. An der Stelle biegen Sie rechts ab, bis der Weg eine Schleife macht. Dort können Sie parken. Gehen Sie den kleinen Hang hinab, wo ein schmaler Pfad neben einer Hütte vorbei zur Grabstätte führt. Hier liegt einer der ersten großen Häuptlinge der Carrier-Indianer begraben. Es war der Wunsch von Häuptling Kwah, nahe am Stuart River beerdigt zu werden.

Nationales historisches Freilichtmuseum Fort St. James

P.O. Box 1148, Fort St. James, B.C., Canada V0J 1P0, Tel.: (604)996-7191, Fax: (604)996-8566

Das Leben der Carrier-Indianer vor der Ankunft der Europäer

Lange vor der Ankunft der Europäer lebte im Innern des heutigen British Columbia ein Indianerstamm, der heute „Carrier" („Träger") genannt wird und der zum westlichen Zweig der nördlichen Athabasken (Dene) gehört. Der Name „Carrier" geht auf einen ungewöhnlichen Begräbnisbrauch des Volkes zurück. Wenn ein Ehemann starb, wurde sein Leichnam verbrannt. Seine Witwe häufte seine nicht vollständig eingeäscherten sterblichen Überreste in einen Lederbeutel, den sie so lange auf dem Rücken mit sich herumtrug, bis die Familie sich eine traditionelle **Potlach-Feier** leisten konnte. Bei diesem Gastmahl wurden an alle Gäste Geschenke verteilt. Es verging normalerweise eine geraume Zeit, bis alle diese Gaben hergestellt waren. Die frankokanadischen Pelzhändler beobachteten die Gewohnheit und nannten den Indianerstamm deshalb „Porteur", was von den englischsprachigen Nachfolgern dann als „Carrier" übersetzt wurde. Bei der Potlach-Feier wurden außerdem Erfahrungen, Wissenswertes, Tänze, Lieder und Legenden von Generation zu Generation weitergegeben.

Sterbliche Überreste als Gepäck

Die Carrier-Indianer lebten vorwiegend vom **Lachsfang**. Im Juli und August jeden Jahres zogen Tausende von Lachsen den Fraser River aufwärts zu den Laichplätzen in den Flüssen und Seen dieser Gegend. Die Urbevölkerung baute Wehre zwischen den Inseln und dirigierte die Lachse in die Fallen. Die Lachse – die Hauptnahrung der Carrier-Indianer – wurden ausgenommen und als Vorrat für den langen Winter getrocknet und geräuchert.

Die Carrier-Indianer fingen außerdem Wasservögel, Biber, Marder, Bisamratten und Kaninchen in Fallen. Elche und anderes Großwild waren damals hier im Landesinneren verhältnismäßig selten. Die Carrier-Indianer glaubten, dass jede Kreatur eine Seele habe und alle miteinander verwandt seien. Sie wussten, dass es falsch war, ohne Grund zu töten. Sie entnahmen der Wildnis nur so viel, wie sie unbedingt zum Leben brauchten, und sie verschwendeten nichts. Selbst die Haut der Lachse wurde zur Fertigung von Kleidungsstücken verwendet. Der erste Lachs der Saison wurde mit allen geteilt und der Rest mit einem Gebet an den Geist des Lachses ins Gewässer zurückgegeben.

Frevel: Töten ohne Grund

Während die Männer fischten und Fallen aufstellten, verbrachten die Frauen damit, die Beute zu zerteilen und auf Stöckern in die Räucherkammern zum Konservieren zu bringen. Die getrockneten Fische wurden in Speichern hoch in Bäumen für den langen kalten Winter aufbewahrt, damit sie vor Wölfen, Kojoten und Füchsen sicher waren.

Im Winter bezogen die „Carrier" ihre **„Pet-Houses"**, die halb in die Erde gebaut waren. Der Winter war die Zeit, Kleider zu nähen, Werkzeuge und Fallen zu fertigen und zu reparieren, zu feiern und zu zelebrieren.

Suche der Pelzhändler nach neuen Erwerbsquellen und erste Kontakte mit den Carrier-Indianern

Die Erforschung großer Teile Kanadas wurde durch die Gewinne beschleunigt, die der in Europa schier unstillbare Bedarf an Biberfellen versprach. Um 1800 befand sich der gesamte kanadische Pelzhandel in den Händen der beiden rivalisierenden Gesellschaften, der Hudson's Bay Company und der North West Company. Der sehr harte Konkurrenzkampf untereinander führte oft zu heftigen, teils gewalttätigen Auseinandersetzungen der Pelzhändler. Auf der Suche nach immer neuen Erwerbsquellen sandten die o. g. Gesellschaften Erkundungstrupps aus, um neue Transportrouten zu erschließen, um Kontakte mit Indianerstämmen aufzubauen und um neue Handelsposten zu gründen. Zu diesen Entdeckern gehörte auch *Simon Fraser*, der für die North West Company arbeitete. 1805 führte er eine Expedition mit 20 Männern über die Rockies, um das Pelzhandelspotential westlich des hohen Gebirgskamms zu erforschen und einen Wasserweg zum Pazifik zu erkunden, auf dem die Güter transportiert werden konnten.

Konkurrenzkampf der Pelzhändler

1805/1806 verbrachte *Simon Fraser* den Winter am McLeod Lake. Dort beauftragte er James MacDougall, die Umgebung zu erkunden. Im Frühjahr 1806 traf *James MacDougall* auf die ersten Carrier-Indianer. Es war der erste direkte Kontakt dieses Indianerstamms mit Europäern, obgleich schon bereits vorher europäische Handelsgüter der Russen oder Briten auf dem Tauschwege über die Nordwestküsten-Indianer in diese Gegend gelangt waren. Am 26.06.1806 traf *Simon Fraser* auf Grund des günstigen Berichts von *James MacDougall* am Stuart Lake ein, und es wurde der Handelsposten Fort St. James gegründet. Die „Carrier" sollten eine wichtige Rolle im Pelzhandel und im Alltag des Forts spielen.

Nach Errichtung eines Handelsplatzes und der Einführung einer Menge von europäischen Handelsgütern traten allmählich tiefgreifende Veränderungen in der Lebensweise der Carrier-Indianer ein.

Fort St. James – Verwaltungszentrum eines riesigen Pelzhandelsgebiets

Fort St. James entwickelte sich zum Verwaltungszentrum eines sehr umfangreichen Pelzhandelsgebietes, das sich vom Küstengebirge (Coastal Mountains) bis zu den Rocky Mountains, von 51°30' bis 57° nördlicher Breite, erstreckte. Dieses Gebiet umfaßte von 1806 bis 1847 die heutige kanadische Provinz British Columbia und die Provinzen der USA, Washington und Oregon. Man nannte dieses

Gebiete **Neu-Kaledonien** (New Caledonia). Als die Pelzreserven im Osten Kanadas immer geringer wurden, sahen sich die Konkurrenz-Gesellschaften Hudson's Bay Company und North West Company gezwungen, ihren Einfluss auf weitere Gebiete im Westen und Norden Kanadas auszudehnen. Dadurch erhöhten sich naturgemäß auch die Betriebs- und Transportkosten, und die Erträge schrumpften.

Einsames Leben – Fort St. James

1821 fusionierten die vorher rivalisierenden Pelzhandelsgesellschaften Hudson's Bay Company und North West Company, um den Pelzhandel überhaupt noch rentabel zu gestalten. Alle in Neu-Kaledonien gelegenen Handelsposten, auch Fort St. James, wurden Niederlassungen der neuen Kompanie, die den Namen Hudson's Bay Company beibehielt und die seit der Fusion das Monopol besaß. Seit 1821 weht die Flagge der Hudson's Bay Company in Fort St. James am Fahnenmast. *Fusion der Pelzfirmen*

Isolation und Einsamkeit in Fort St. James

Die entfernte Lage und die Abgeschiedenheit von Neu-Kaledonien bereitete der Hudson's Bay Company zunehmend Schwierigkeiten. Bei der Überwindung geographischer Hindernisse entstanden äußerst **hohe Transportkosten**. Es wurden immer wieder neue Routen ausprobiert. Bei den meisten Lieferungen kam es zum Umschlag auf mehrere Transportmittel: Kanus, Pferde, Maultiere, Trägerkolonnen, Schleppkähne, Segelschaluppen, Schaufelraddampfer und Wagenkarawanen.

Als Hauptquartier für den gesamten Distrikt war Fort St. James auch Umschlagplatz:
- für Güter, die für kleinere Handelsposten bestimmt waren, sowie
- für Pelze aus einem weiten Einzugsbereich.

Die großen Entfernungen zur Außenwelt waren der Grund, weshalb zunächst nur einmal jährlich Vorräte eintrafen und Pelze abgeholt wurden. Für die in Fort St. James stationierten Männer war der Aufenthalt sehr einsam. Auch Nachrichten und Post aus der Heimat kamen zuerst nur einmal im Jahr. Hinzu kamen extrem kalte Winter und die einseitige Kost, die meist aus getrocknetem Lachs bestand, eine nahrhafte, aber nicht unbedingt wohl schmeckende Nahrung. Somit war es kein Wunder, dass den Pelzhändlern und den Kontorangestellten, die den Wareneingang und -ausgang überwachten und die Buchhaltung führten, der Aufenthalt in Fort St. James wie eine Verbannung vorkam. Erst gegen Ende des 19. Jahrhunderts verbesserten sich die Bedingungen in Fort St. James. Bessere Transportrouten brachten mehr Kontakte zur Außenwelt und erleichterten den Aufenthalt in der Handelsniederlassung. *Große Entfernungen zur Außenwelt*

Ab 1890 wurde der schiffbare Skeena River voll ausgenutzt, und es kämpften sich Dampfschiffe flussaufwärts bis Hazelton, von wo aus Güter mit Packtieren und Kähnen nach Fort St. James transportiert wurden.

Niedergang des Pelzhandels

Sinkende Nachfrage an Pelzen

Das Fort hat im Laufe seiner Geschichte viele Veränderungen durchgemacht. 1860 bis 1870 wurde auch diese Gegend vom Goldrausch erfasst. In den 1880er und 1890er Jahren schwand die Nachfrage nach Pelzen in Europa, die Erträge in Neu-Kaledonien gingen zurück, und man musste sich nach anderen Bereichen umsehen. Eine blühende Branche wurde zunächst die Holzindustrie. Aber auch dieser Boom war nur von kurzer Dauer.

Über kurz oder lang gingen die Einnahmen der Niederlassung weiter zurück, und die Hudson's Bay Company entschloss sich, in Fort St. James nur noch so viel zu investieren, wie für die Aufrechterhaltung des Handelspostens unbedingt nötig war. Den Leitern der Niederlassung gelang es, die Gebäude zu erhalten und sogar einige Neubauten zu errichten. Im 20. Jahrhundert wurde der Pelzhandel noch weiter rückläufig. In den 1930er Jahren gab man schließlich die alten Blockhäuser auf, und die Niederlassung nahm Züge eines modernen Einzelhandelsunternehmens an.

Forts als Nationale Historische Denkmalstätten

In den 1950er Jahren erlaubte die Hudson's Bay Company der Historischen Gesellschaft von Fort St. James, das alte Hauptlagerhaus und Pelzlager als Heimatmuseum zu nutzen. Örtliche Initiativen führten schließlich dazu, dass die Provinz British Columbia und die kanadische Bundesregierung übereinkamen, die gemeinsame Restaurierung der alten Gebäude des einst so wichtigen Handelspostens gemeinsam zu betreiben. Am 23.04.1969 bestätigte der Canadian Parkservice die Bedeutung des Forts für Kanada, indem er es zur Nationalen Historischen Gedenkstätte erklärte und ein ehrgeiziges 10-jähriges Restaurierungsprogramm in Angriff genommen werden sollte.

Umgestaltung in ein Freilichtmuseum

1971 startete das Multimillionen-Dollar-Projekt und die Umgestaltung in ein Freilichtmuseum. An dem Projekt zum authentischen Wiederaufbau waren Historiker, Archäologen, Bauingenieure, Zimmermeister, Angestellte der Universitätsverwaltung, Lehrkräfte und Experten aus vielen anderen Bereichen beteiligt. Fünf Gebäude sind original historisch: das Männerhaus, das Lagerhaus, das Fischdepot, das Wohnhaus des Verwalters und das Kühlhaus. Diese Bauten waren zwar alt, aber noch intakt. Sie wurden lediglich restauriert. Das Handelsgebäude, das 1919 durch Brand zerstört wurde, wurde nach alten Zeichnungen und Fotos originalgetreu wieder aufgebaut.

Heute verwaltet der Parkservice diese Gedenkstätte mit dem Ziel, die Geschichte Kanadas lebendig zu halten und sie den heutigen Menschen nahe zu bringen, eine kontinuierliche Aufgabe des Dienstes am historischen Erbe des Landes. So hat das Fort St. James seine wechselvolle Geschichte bis jetzt überdauert, und innerhalb seiner Schutzwälle erwacht ein Teil des geschichtlichen Erbes, die abenteuerliche Historie des Pelzhandels, wieder zu neuem Leben.

Besichtigung des Forts

Visitor Reception Centre

Bevor Sie das Fort besichtigen, sollten Sie einen Blick in das Informationszentrum werfen. In dem Ausstellungsraum werden Sie über die geschichtliche, geographische und soziale Vorgeschichte des Pelzhandels informiert. Außerdem können Sie sich über Kontakte zwischen den Indianern und Weißen und die Aktivitäten der Hudson's Bay Company orientieren. Ein Video, auch in Deutsch, verschafft Ihnen weitere Kenntnise über das restaurierte Fort.

Informationszentrum

Zäune

Alle Zäune und Plankenwege sind so nachgebildet, wie sie ursprünglich errichtet wurden. Ein Stangenzaun umschloss die gesamte Anlage, während die einzelnen Gebäude, Gärten usw. von Lattenzäunen umgeben und durch Plankenwege verbunden waren.

Bootsanleger und Lorenbahn (1894–1914 erbaut)

In den 1890er Jahren brachten Frachtkähne Waren auf dem Stuart Lake nach Fort St. James, wo sie für die Rückfahrt mit Pelzen beladen wurden. Ladungen gelangten von der Anlegestelle auf Loren ins Hauptlagerhaus.

Frachtkähne als Transportmittel

Hauptlagerhaus mit Pelzlager (1888–1889 von *Roderick Mac Farlane* erbaut)

Im Hauptlager brachte man die Tauschwaren für Fort St. James und die Handelsposten McLeod Lake, Bear Lake (Fort Grahame) unter. In der Umgebung gesammelte Pelze wurden ins Lagerhaus gebracht, sortiert, in Ballen gepresst und nach Victoria verschickt. Das obere Stockwerk fand Verwendung als Lager und Sortierplatz.

Das Hauptlager wurde in der Holzrahmenbauweise gefertigt, die man zuerst am Red River für Bauwerke der Pelzhändler entwickelt hatte. Das Bauwerk gehört mit zu den besterhaltenen Gebäuden seiner Art in Kanada.

Die Pelze stammten von verschiedenen Wildtieren. An erster Stelle stand der Biber. Filz aus Biberhaar wurde für Hüte und Kleider verarbeitet. Schwarze oder dunkelbraune Winterfelle galten als besonders wertvoll. Die Felle vom Schwarzbär und Wolf nahm man als Vorleger und das schwarze Fell vom Schwarzbär verarbeitete man außerdem gern zu Uniformmützen. Das Fell vom Vielfraß

Pelzlager – Fort St. James

wurde als Einfassung an Parkakapuzen genäht, weil der Atem an diesem Pelz nicht anfror. Das Fell der Kojoten wurde hauptsächlich zu Mänteln verarbeitet. Den Balg vom Fuchs gab es in Rot, Silber und gekreuzt. Das silbrige Fell war am wertvollsten. Begehrt war auch das Fell vom Luchs und Marder, letzteres in Farbschattierungen von hell bis dunkel. Das Fell des dunkelfarbigen Nerz stand besonders hoch im Kurs. Die Felle vom Wiesel oder Hermelin (weiß im Winter) fanden ebenfalls gute Abnahme.

Fischdepot (1889 erbaut)

Lachs als Haupt-nahrung

Da es nur wenig Wild in der Gegend gab, waren die Carrier-Indianer und Weißen auf laichende Sockeye-Lachse als Hauptnahrung angewiesen. Nachdem die Fische gefangen, ausgenommen, filetiert, getrocknet und geräuchert wurden, bewahrten die Indianer sie in Baumlagern auf. Das Fischdepot des Forts wurde nach Carrier-Art gebaut. Es wurde auf vier Pfählen gestellt, damit erschwerte man Raubtieren den Zugang. Tausende von getrockneten Lachsen lagerte man als Wintervorrat ein.

Eingeborene und Siedler haben ihre Lebensmittel durch getrocknete Beeren, essbare Wurzeln, die innere Rinde einiger Bäume und das Fleisch beispielsweise von Kaninchen und Vögeln ergänzt. Ab 1896 wurde auch eingeführtes Fleisch, wie Schweinebauch, Schinken und Speck im Fischlager aufbewahrt.

Männerhaus (1884 erbaut)

Spartani-sches Leben

Hier waren die Bediensteten des Handelspostens, Träger, Pferdeknechte, Boots-leute und Reisende, die sich auf die Wildnis und als Trapper (Fallensteller) vorbe-reiteten, untergebracht. Die Männer brauchten für die Unterkunft nichts zu be-zahlen. Ihr Essen mussten sie jedoch selbst kochen. Die spartanische Möblierung spricht vielsagend für das entbehrungsreiche Leben im Fort. Die Zeitungstapeten geben Einsicht in die Anfänge von Werbung und Illustration. Später befand sich hier die Schule, und in den 1930er Jahren diente das ehemalige Männerhaus als privates Wohnhaus.

Interessant ist die Bauweise des Blockhauses. Die Balken sind schwalbenschwanz-förmig zugeschnitten.

Laden und Kontor (1884 erbaut)

Hier war das Zentrum des Warenumschlags, in dem Pelze gegen die verschie-densten ausgestellten Waren eingetauscht wurden. Der Trapper bekam für jeden gefangenen Biber einen Stachel eines Stachelschweins anstelle von Geld, die er dann für Waren wieder ausgab. Später stellte die Hudson's Bay Company Kupfer-münzen im Wert eines Bibers her. 1896 wurde der Dollar Wechseleinheit. Die Männer wurden dann mit Geld statt mit Vorrat bezahlt.

Später war in diesem Gebäude das Postamt untergebracht, bis es 1919 abbrann-te. Heute ist es gemäß dem Zustand im Jahre 1896 rekonstruiert worden.

Gärten und Felder

Die Bewohner von Fort St. James waren darauf angewiesen, ihre sonst sehr eintönige Kost durch den eigenen Anbau von Gemüse zu ergänzen. Die jetzige Gestaltung entspricht dem landschaftlichen Zustand von 1890.

Wohnhaus des Verwalters (1883–1884 erbaut)

Hier wohnte der für den Handelsposten verantwortliche Verwalter mit seiner Familie. Das Haus wurde im Laufe der Jahre häufig umgebaut, dann jedoch so restauriert, wie es 1896 von A.C. Murray und den Seinen bewohnt wurde. Das Gebäude hat eine große Veranda, eine Schaukel im Freien, einen Blumen- und Gemüsegarten, ein Kühlhaus und einen Hühnerstall. *Etwas komfortabler*

Von Vanderhoof nach Hazelton

Streckenhinweis
Gesamtstrecke: Vanderhoof – New Hazelton auf dem Hwy 16 in westlicher Richtung: 341 km

Vorschlag zur Zeiteinteilung
2 Tage

Smithers (ⓘ s. S. 187)

Der Ort mit ca. 6.000 Einwohnern erhielt seinen Namen nach *Sir Alfred Smithers*, einem bedeutenden Mann der Grand Trunk Pacific Railway.

Geschichte

Die Urbevölkerung dieser Gegend sind die Wet'suwet'sen, Carrier-Indianer, die der athabaskischen Sprachgruppe angehören. Nach mündlichen Überlieferungen lag ihr Ursprung im Dorf Ditzlegh am Bulkley River, östlich von Hazelton. In den 1860er Jahren begannen weiße Händler durch dieses Tal zu reisen, später gefolgt von den Missionaren. 1896 hat *Col. Charles Bulkley* eine günstige Trasse für die Telegraphenleitung, die Nordamerika mit Europa verbinden sollte, ausgekundschaftet. 1898 etablierte die Hudson's Bay Company eine Ranch am Driftwood Creek. 1902 plante die Grand Trunk Pacific Railroads eine Eisenbahnstrecke durch das Bulkley River Valley. 1903 siedelten

Redaktions-Tipps

Übernachten:
- **Hazelton: 28 Inn $$** verfügt über 32 zweckmäßig eingerichtete Gästezimmer.

Sehenswürdigkeiten:
- **'Ksan Indian Historic Village & Museum** (S. 514), bewundernswerte Vergangenheit und wiederbelebte Gegenwart
- **Village of Hazelton** (S. 518), malerische Pionier-Siedlung

die ersten weißen Siedler im Bulkley River Valley. 1914 kamen die ersten Passagiere mit dem Zug. 1919 wurde die Eisenbahnstation am Ende der Hauptstraße vervollständigt. 1920 eröffnete das erste Krankenhaus des Ortes. 1946 arbeiteten rund 100 unabhängige Sägemühlen im Tal.

Holz-industrie

Attraktionen

- Der **Driftwood Provincial Park** liegt 16 km nordöstlich von Smithers. Beeindruckend ist das fossile Flussbett. Im Visitor Infocentre können Sie sich ausführlich über die Fossilien informieren.
- **Adams Igloo Wildlife Museum**, westlich der Stadt am Hwy 16 gelegen, bietet ein ausgezeichnetes Display über Säugetiere von British Columbia.
- Die **Twin Fall Gulch** ist ein spektakulärer Canyon mit zwei sprühenden Wasserfällen. 1.500 m darüber liegt ein **Gletscher**, rundherum von hohen Bergen umgeben, ein majestätischer Hintergrund für dieses Naturwunder.
- Der **Tyheel Lake** hat eine Fläche von 33 Hektar und einen 200 m langen Strand. Hier können Boote und Wasserflugzeuge für Ausflugsfahrten gemietet werden. Dieser See ist eine gute Ausgangsposition für Jäger, Angler und Naturliebhaber, um in die Wildnis vorzustoßen.

Moricetown

Indiani-sches Siedlungs-gebiet

Einst war dieser heute unbedeutende Ort mit dem indianischen Namen **Kyah Wiget** das größte Dorf im Bulkley River Valley. Später wurde es nach *Peter Morice* benannt. Die Indianer haben hier schon seit eh und je Lachse mit Körben, Netzen und Harpunen gefischt. Auch heute fangen sie immer noch mit langen Haken Lachse und räuchern sie.

New Hazelton (ⓘ s. S. 187)

Moderner Ort

New Hazelton ist ein moderner Ort. Er liegt direkt am Yellowhead Highway 16 und ist mit allen Versorgungseinrichtungen der heutigen Zivilisation ausgerüstet, ein ständig wachsendes Dienstleistungszentrum. Für Sie als Tourist ist in erster Linie wichtig, das sehr gut geführte Visitor Infocentre zu besuchen. Sie werden mit Landkarten, Broschüren und Ratschlägen versorgt. Besonders interessant sind die umliegenden Orte und Attraktionen: Village of Hazelton, 'Ksan Indian Historic Village & Museum und Kispiox.

Ausflug nach 'Ksan Indian Historic Village & Museum (ⓘ s. S. 187)

Streckenhinweis

*Vor dem Visitor Infocentre in **New Hazelton** biegen Sie rechts Richtung Norden ab, überqueren nach 2 km die **Hagwilget Bridge** und erreichen nach weiteren 5 km 'Ksan Historic Indian Village & Museum.*

Hagwilget Bridge

Der Bulkley River ist mit einer beeindruckenden Hängebrücke über den **Hagwilget Canyon** in etwa 100 m Höhe überspannt. Die Urbevölkerung hat dieses strategisch wichtige Gebiet seit über 5.000 Jahren besetzt gehabt. Die Gitksan bewohnten die Westseite des Canyon und die Wet'suwet'en die Ostseite. 1833 erreichten die ersten Europäer diese Gegend. Sie bauten die erste Brücke aus Zedernstämmen. Aus dem Bast der gewaltigen Bäume wurden Seile gefertigt. 1870, 1908 und 1913 entstanden weitere solider gebaute Brücken. 1933 ist das Entstehungsjahr der heutigen Stahlbrücke. Eine neue Brücke 2 Meilen flussabwärts ist in der Planung.

Nach Überquerung der Hagwilget Bridge erreichen Sie das **historische Indianerdorf 'Ksan**.

Blick in die Vergangenheit

Die Küstenregion Nordwestamerikas ist eines der fruchtbarsten Naturgebiete der Erde. Die Menschen, die vor der Ankunft der Europäer hier lebten, waren Jäger, Fischer und Sammler. Sie erreichten eine hohe Kulturstufe, ohne von den Vorteilen der Landwirtschaft oder der Domestizierung wilder Tiere zu profitieren. Die **Gitksan** sind eine vom mehreren Gemeinschaften, die als Völker der Nordwestküste bekannt sind. Sie bewohnen hauptsächlich ein Gebiet, das sich von der Mündung des Skeena River bis 150 km landeinwärts erstreckt. Die **Wet'suwet'en** leben östlich der Gitksan. Sprachlich gehören sie in die Athabasken-Gruppe und sind damit durch Sprache und Kultur den Völkern des Landesinneren verwandt.

Hohe Kulturstufe der Küstenindianer

Der warme Meeresstrom Kuro Schio, von Japan kommend, sorgt für üppige Wälder in dieser Gegend. Das Holz der riesigen roten Zedern wurde zur Herstellung von Häusern, Totempfählen, Kanus und Vorratskisten verwendet. Aus der inneren Rinde fertigte die Urbevölkerung Kleidungstücke. Die Natur lieferte alles, was man zum Leben brauchte. Es herrschte ein Überfluss an Fisch, Wild, Vögeln, Beeren und Wurzeln. Durch das Räuchern von Fischen und die Lagerung von Nahrungsmitteln als Vorrat für die Wintermonate ergaben sich angenehme Lebensumstände für die Gitksan. Der wichtigste Fisch war der Lachs. Weil die Natur einen so großen Reichtum lieferte, war es den Gitksan möglich, im Gegensatz zum Nomadenleben der Indianerstämme im Binnenland, dauerhafte Siedlungen zu gründen, in denen mehrere Familien zusammen lebten.

„Warmwasserheizung aus Japan"

Die Gitksan unterschieden sich in **vier Klans**: Wolf, Weidenröschen, Frosch und Adler.

Trotz der Nähe zur Küste lebten die Gitksan noch so weit im Landesinneren und abgelegen genug, um mit den Europäern kaum in Berührung zu kommen. Das war für die Bewahrung ihrer Identität vorteilhaft. Außerdem waren die Pelze der Wildtiere wegen der milden Winter für die Trapper uninteressant. So blieben die Fallensteller im Allgemeinen weiter in östlicheren Regionen.

'Ksan Indian Village

Erst in den 1830er Jahren drangen auch **weiße Siedler** in das Wohngebiet der Gitksan ein. Mit Ihrem Auftauchen dezimierte sich die Bevölkerung der Indianer, die an eingeschleppten Krankheiten, wie Masern, Cholera und Windpocken, dahingerafft wurden.

Was bietet 'Ksan heute?

'Ksan ist heute ein **rekonstruiertes Gitksan-Dorf**, in dessen im überlieferten Stil gehaltene Gebäude sich ein **Museum**, ein **Souvenirladen**, das Verwaltungsbüro und die **Kunstschule** „Kitanmax School of Northwest Coast Indian Art" befindet. Das Ziel von 'Ksan ist, den Reichtum des kulturellen Erbes der Gitksan zu zeigen, und die Lebensweise dieses Volkes wahrheitsgetreu darzustellen und zu erhalten. Die Ansicht der steil aufgerichteten Totempfähle und die Besichtigung des Langhauses lässt den Höhepunkt ihrer Kultur erahnen.

Versammlungsort der Gitksan

Die Festhalle ist immer noch das Bindeglied im sozialen Gefüge der Gitksan. Hier werden auch heute noch Feierlichkeiten abgehalten, beispielsweise Gedenkfeiern, Feste anlässlich der Aufstellung von Totempfählen und Gedenksteinen oder sog. „shame feats", Versammlungen bei denen Täter öffentlich Abbitte für ein Vergehen leisten. Außerdem kommt man hier zusammen, wenn Titel verliehen und Rechte und Privilegien verkündet werden.

Besteht noch ein Zusammenhalt des Gitksan-Volkes?

Heute umfasst das Gitksan-Volk weltweit schätzungsweise 10.000 Menschen. Davon leben fast 3.500 im alten Siedlungsgebiet. Sie verdienen sich ihren Lebensunterhalt als Lehrer, Gewerbetreibende, Unternehmer, Fischer und Holzfäller. Gegenwärtig gibt es **acht Dörfer** im Umkreis von 50 km von 'Ksan mit folgenden Namen, in denen Gitksan leben:
- Gitan'maaxs (das Volk, das beim Licht von Fackeln fischt),
- Gijigyukwhla (der Ort in der Nähe des Bergs),
- Gitwanga͟x (das Volk des Hasen),
- Gitwinhlgu'l (das Volk der engen Stelle),
- Ansbahyaxw (das Kispiox Volk des Verstecks),
- Sigit'ox (der Glen Vowell Berg hinter dem Dorf),
- Hagwilget (das schweigsame Volk),
- Kyah Wiget (Moricetown – altes Dorf).

Die letzten beiden Völker stammen von den Carrier-Indianern ab.

Es ist ein besonderes Erlebnis, die traditionellen Gesänge zu hören und den Tänzen beim tiefen Klang der Trommeln zuzusehen. An Freitagabenden im Juli und August lädt die „'Ksan Performing Arts Group" zu ihren **Folklorefesten** ein.

Museum und Souvenirladen

Öffnungszeiten: 15. April–15. Oktober täglich 9–18 Uhr

1958 fand die Gründung der Skeena Treasure House Association statt, die das Ziel verfolgte, ein Museum zu errichten, in dem einige der Schätze und Geräte der Völker des unteren Skeena River ausgestellt werden sollten. 1959 wurde die Eröffnung des Museums mit einem Festakt begangen. Die Nachricht von der gelungenen Kollektion (Artefakte, steinerne Werkzeuge, Holzflöten, Masken und Kleidungsstücke) verbreitete sich wie ein Lauffeuer, und es reifte der Gedanke, die Rekonstruktion eines Gitksan-Dorfes zu planen. Dieses Dorf sollte gleichermaßen ein Informations- und Kulturzentrum für die örtliche Bevölkerung werden. 1970 wurde die Eröffnung des Zentrums in einer eindrucksvollen Feier vorgenommen, begleitet vom dumpfen Klang der Trommeln und von Liedern und Tänzen der Gitksan. Die Auslagen des Souvenirladens enthalten wertvolle Indianerschnitzereien, Kunstdrucke, Bücher und am Ort gefertigter Schmuck.

Besinnung auf die Vergangenheit

Werkstatt (Workshop)

Im Haus der Holzschnitzer befindet sich die **Kitanmax School of Northwest Coast Indian Art**. Diese Kunstschule bietet eine 4-jährige Ausbildung an, deren Ziel die Erneuerung der traditionellen Gestaltungsmöglichkeiten der Nordwestküstenindianer ist. Außerdem soll die Weitergabe der erlangten Fertigkeiten an zukünftige Generationen gefördert werden. Die Studenten werden im Stil und den Fertigkeiten der Meisterschnitzer ausgebildet. So bauen sie auf den alten Traditionen auf. Viele etablierte indianische Künstler haben ihre Karriere an dieser einzigartigen Schule begonnen. 'Ksan war der erste Ort, an dem diese Kurse angeboten wurden. Das öffentliche Bewusstsein für diese Kunst, ihre Popularität und Bedeutung soll gestärkt werden. Die Schule leistet somit einen wichtigen Beitrag zur Wiedergeburt indianischer Kunst und Kultur.

Indianische Kunstschule

Seidensiebstudio (Studio)

In diesem Studio, das für die Öffentlichkeit nicht zugängig ist, werden **Seidensiebdrucke** von 'Ksan-Künstlern hergestellt, die Sie im Souvenirladen käuflich erwerben können.

Restaurant (*Wilp Tokx̲*)

Wilp Tokx̲ ist das Gitksan-Wort für Restaurant oder wörtlich übersetzt „Haus des Essens". Hier werden Erfrischungen und Kostproben traditioneller indianischer Küche angeboten. In den Sommermonaten wird hier frischer Fisch lecker auf verschiedene Art zubereitet und serviert.

Schatzhaus (Fireweed House/*Wilp Gisk̲'aast*)

In diesem Haus war das Museum 1959, im Jahr seiner Eröffnung, untergebracht. Es wurde damals von seinem ursprünglichen Standort im alten Teil von New Hazelton hierher transportiert. Es stellt somit den Anfang von 'Ksan dar. Heute befinden sich in diesem Haus zeremonielle Kleidungsstücke, Roben, Kopfschmuck, Masken, Beinkleider und Rasseln. Diese Gegenstände trug man bei wichtigen Anlässen. Heute werden sie wieder von den Schauspielern bei der Aufführung traditioneller Gesänge und Tänze getragen.

Haus der traditionellen Feste (Wolf House/*Wilp Lax Gibuu*)

Indianische Feste

Die Rechte und Privilegien, die bei der Geburt, in der Pubertät, bei der Hochzeit und beim Tod ererbt werden, bestätigt man auf den zeremoniellen Festen („*Yukw*"). Einige dieser Feste dauern mehrere Tage, andere sogar einige Wochen. 1884 wurden diese aufwändigen Feste von der Regierung verboten. Trotzdem wurden sie heimlich weiter abgehalten. 1951 hob man das Verbot wieder auf.

Haus der entfernten Vergangenheit (Frog House/*Wilp Lax-See'*)

Im Winter wird dieses Langhaus von **bis zu 60 Bewohnern** bezogen. Im Frühling und Sommer verteilen sich die Familien wieder in der weiteren Umgebung, in die Nähe ihrer Arbeitsplätze.

Totempfähle

Sie werden von unten nach oben gelesen, von dem soliden Sockel bis zur Figur an der Spitze, die zum Himmel und auf unbegrenzte Möglichkeiten deutet. Es werden Menschen und Kreaturen dargestellt, die in der Geschichte der Gitksan eine Rolle gespielt haben.

Ausflug in die Village of Hazelton (ⓘ s. S. 187)

Streckenhinweis
Von 'Ksan aus wenden Sie sich nach links und erreichen nach 500 m Village of Hazelton.

Schaufel-raddamp-fer als Attraktion

Diese **malerische Pionier-Siedlung** war der Endpunkt der Dampfschifffahrt auf dem Skeena River. Der Charme dieses Grenz-Vorpostens um 1900 zeigt sich am deutlichsten in der Hauptattraktion des Ortes, dem Schaufelraddampfer und in den historischen Gebäuden. 1886 bis 1913 verkehrten bis „Old Town" Hazelton eine Flotte von Raddampfern, die die wilden Stromschnellen des Skeena River bezwangen. Personen und Güter wurden bis hierher verschifft. Teilweise reisten sie weiter zu Dutzenden von Minen, Farmen und anderen Siedlungen im Hinterland. 1914 machte die neu eröffnete Eisenbahnlinie die Raddampfer überflüssig.

Ausflug in das Indianerdorf Kispiox

 Streckenhinweis
Fahren Sie die Stichfahrt nach **Village of Hazelton** *zurück bis zur* **Kispiox-Kreuzung** *an einer Esso-Tankstelle, dort biegen Sie links ab und fahren nach Norden, überqueren die 4 Mile Bridge über den Skeena River und erreichen nach 12 km* **Kispiox Indian Village**.

In diesem ziemlich unaufgeräumten Indianerdorf finden Sie Dutzende von Totempfählen, stumme Zeugen einer vergangenen Zeit. Ursprünglich standen sie vor den Langhäusern der einzelnen Klans.

Stumme Zeugen der Vergangenheit

Von Hazelton nach Prince Rupert

 Streckenhinweis
Gesamtstrecke: Hazelton – Prince Rupert auf Hwy 16 in westlicher Richtung: 285 km

1 **Vorschlag zur Zeiteinteilung**
2 Tage

Kitwanga

Das Dorfbild von Kitwanga wird einmal durch alte, ausgeblichene **Totempfähle** beherrscht. Menschenleiber, Frösche, Biber und Bären ranken sich am Halbbaum empor. Von oben herab triumphieren Raben und Wölfe.

Aber auch die einfache, jedoch recht geschmackvolle Holzkirche „**St. Paul's Anglican Church**", von Indianern 1893 erbaut, in unmittelbarer Nachbarschaft der Totempfähle, ist nicht zu übersehen. Die alte und die neue Religion, ist es ein Widerspruch? Oder waren die Indianer so weise, eine Brücke zwischen beiden Varianten der Gottesverehrung zu schlagen?

Dieser Ort ist eine alte Wegkreuzung aus indianischer Zeit, durch

Übernachten:
- **Prince Rupert: Crest Hotel $$$** vermietet 102 Gästezimmer, ist zentral gelegen, mit Blick auf den Hafen.

Essen:
- **Prince Rupert: Waterfront Restaurant ###** befindet sich im Crest Hotel, alle Tische bieten einen reizvollen Blick auf den Hafen, serviert werden frische Meeresfrüchte.

Sehenswürdigkeiten:
- **Kitwanga und Kitamaat:** Totempfähle und Indianerdorf (S. 519/521), indianisches Erbe
- **Port Edward:** Cannery Museum (S. 521), Besichtigung einer ehemaligen Fischkonservenfabrik
- **Prince Rupert:** Museum of Northern B.C. (S. 523) beschäftigt sich mit der 5.000-jährigen Geschichte Nordwestamerikas.
- **Prince Rupert:** Kwinitsa-Eisenbahnmuseum (S. 525) beleuchtet die Pioniergeschichte der Eisenbahn.

den der alte „**Grease Trail**" verlief, auf dem u. a. Fischöl für Kerzenlicht transportiert wurde, das zwischen den Indianerstämmen der Küste und denen des Inlands gehandelt wurde.

Terrace

Jetzt auf dem gemeinsamen Hwy 16–37 genießen Sie schöne Ausblicke auf die Bergspitzen der „Seven Sisters" (sieben Schwestern), die zu der Bergkette der Hazelton Mountains gehören. Terrace, ein Ort mit 13.000 Einwohnern, ist mit allen Errungenschaften moderner Zivilisation ausgerüstet. Sein Name resultiert von der terrassenförmigen Anlage über dem Skeena River. Die Holzindustrie ist der Haupterwerbszweig der Stadt.

Holz, Holz, Holz!

Abstecher nach Kitimat

St. Pauls Anglican Church – Kitwanga

Streckenhinweis
*In **Terrace** gabeln sich der Hwy 16 und der Hwy 37. Sie folgen dem Hwy 37, links abzweigend in südlicher Richtung. Nach 58 km erreichen Sie **Kitimat**.*

Das Kitimat-Tal wurde vor ca. 10 bis 7 Mio. Jahren durch Blockfaltung gebildet. Vor 10.000 Jahren war diese Gegend noch mit Eis bedeckt. Mit dem wärmeren Klima zogen sich die Gletscher zurück, und das Land hob sich wegen des nachlassenden Drucks. Der Fluss führte Sedimente mit sich, die sich ablagerten, idealer Nährboden für die sich entwickelnde Pflanzenwelt.

Eisenbahn wurde nicht gebaut

Vor einigen Hundert Jahren kamen die ersten Menschen ins Tal. Der letzte hier lebende Indianerstamm sind die **Heisla**. In den 1870er Jahren besuchten Missionare das Heisla-Dorf. Bald folgten Bauern, Unternehmer und Ingenieure aus Europa, die alle auf die Erschließung durch die Eisenbahn warteten. 1944 verließen die letzten Pioniere enttäuscht diese Gegend wieder, weil die Eisenbahn nicht gebaut wurde. 1948 investierte *Alaan*, der hier die größte Aluminium-Schmelze an der Küste von British Columbia errichten ließ. Außerdem erwies sich die Gegend um Kitimat als idealer Standort zur Erzeugung von hydroelektrischem Strom.

Heute ist Kitimat eine lebhafte Kleinstadt mit einer Einwohnerzahl von 12.000. Der **Rodley Park** und **Coghlin Park** mit ihren hohen Zedern und Blumenrabatten sind bevorzugte Ruhezonen im Nahbereich des Städtchens.

Das Indianerdorf Kitamaat

Die Urbevölkerung dieses Dorfes lebt hauptsächlich vom Fischfang. An einem Wäldchen stehen verwitterte **Totempfähle**.

Am Skeena River

Der Durchbruch des Skeena River durch die Coast Mountains ist landschaftlich und aufgrund seiner Tierwelt interessant. Im Fluss gibt es immer wieder Inseln, stimmungsvoll sind die nebelverhangenen, dichten Küstenregenwälder und knorrigen Nadelbäume. Am Straßenrand kommt gelbblühender Rainfarn massenhaft vor. Es gibt auch Erlen- und Weidengestrüpp, viele Beerenfrüchte im Unterholz (Thimbleberries), steile Felswände am **Exchamsiks Provinzial Park** und dutzendweise Weißkopfseeadler, die auf trockenen Bäumen aufgebockt haben. Hinzu kommen bizarre Stubben und Baumstämme, die als Treibholz am Flussufer im breiten Flussbett gestrandet sind.

Nebelverhangene Küstenregenwälder

„**Skeena**" leitet sich von dem indianischen Wort „**K-Shian**" ab, das „Nebelfluss" heißt. Für die Tsimshian-Indianer an der Küste und die Indianerstämme des Binnenlandes war der Skeena River eine wichtige Handelsroute. 1860–1914 benutzten ihn weiße Pioniere als Verkehrsweg. Ab 1889 kämpften sich Raddampfer und kleine Motorboote den Skeena River stromaufwärts. Die schwierigsten Stellen waren dort, wo sich der Fluss durch die Coast Mountains zwängte. An den schlimmsten Orten trugen diese Stellen Namen wie **The Devil's Elbow** (Teufels Ellenbogen) und **The Hornet's Net** (Hornissennest). Menschen und Güter wurden unter größten Schwierigkeiten über diese gefährlichen Stromschnellen befördert. Ab 1912 hat die Eisenbahngesellschaft Grand Trunk Pacific Railway den Transport erleichtert.

North Pacific Cannery Museum, ehemalige Lachskonservenfabrik in Port Edward
(ⓘ s. S. 187)
1889 Skeena Drive, Port Edward, B.C., Website: www.cannery.ca/

🔲 **Streckenhinweis**
*Von **Prince Rupert** führt eine ca. 5 km lange Stichstraße in südöstlicher Richtung nach **Port Edward**.*

Geschichtliches

1876 war das Gründungsjahr der Nordpazifik-Lachskonservenfabrik. Die Kompanie wechselte oft ihre Besitzer. Es war die **erste Lachskonservenfabrik** im nördlichen British Columbia. Der Standort war gut gewählt, weil hier die Sockeye-Lachse in großer Zahl zum Laichen die Mündung des Skeena River ansteuerten und flussaufwärts strebten. 1891 verkaufte *John Alexander Carthew* die Fabrik und Firma an *Henry Ogle Bell-Irving*, der sie dann an die Anglo-British Columbia

Guter Standort für Fischfabrik

Company – einem Zusammenschluss von englischen Finanzgrößen, *H. B. Irving* eingeschlossen – weiterveräußerte. Zwischen 1917 und 1933 betrieben 33 Gesellschaften die Fabrik. Bis 1968 führte die ABC die Firma. Während dieser Zeit wechselte die Energie der Fischfabrik von Dampf auf Elektrizität, und es erfolgte die Umstellung des Antriebs der Frachtschiffe von Windkraft auf Diesel.

Neue Fischverarbeitungsanlage

1969 erwarb die **Kanadische Fischgesellschaft** die Fabrik. Zu ihrem Glück, wie sich später herausstellte, da 1972 ihre Hauptniederlassung am Ozeandock abbrannte. Sie installierte schnell eine neue Fischverarbeitungsanlage. Die Reduzieranlage stellte Fischmehl und -öl her. 1973, drei Jahre vor ihrem 100-jährigen Bestehen, fiel die Betriebsanlage Inverness Cannery einem Brand weitgehend zum Opfer. Als zudem immer mehr Fischfabriken schlossen, begannen die Leute der Umgebung sich um den Verlust ihrer Lebensgrundlage Sorgen zu machen. Verantwortungsbewusste Einwohner gründeten eine Gesellschaft zur Erhaltung der Geschichte der Fischereiindustrie.

1978 fing die North Coast Marine Museumsgesellschaft an, Gegenstände der Fischereiindustrie zu sammeln, zu reparieren und auszustellen. Die erste Ausstellung von Fischereigeräten fand in einem Einkaufszentrum statt. 1981 wurde die Anlage geschlossen. Der letzte Besitzer war *B. C. Packers*. 1985 erfolgte die Übergabe der Anlage an die Gemeinde von Port Edward von *B. C. Packers* unter der Bedingung, die Anlage zu restaurieren. Die Gemeinde hat dann die Geschäftsführung der Anlage an die North Coast Marine Museumsgesellschaft übergeben, die jetzt im Besitz der gesamten Anlage war, um ihre Sammlung in einer natürlichen Umgebung auszustellen.

Treffpunkt verschiedener Kulturen

Die Lachskonservenfabrik war in ihrer Blütezeit sehr belebt und geschäftig. Die Arbeiterinnen und Arbeiter stammten hauptsächlich aus dem chinesischen, japanischen, indianischen und europäischen Kulturkreis. Wegen der Sprachschwierigkeiten und kulturellen Unterschiede waren die Unterkünfte getrennt. Da die Gruppen spezielle Erfahrungen auf separaten Gebieten mitbrachten, hatten sie spezielle Aufgaben und bauten auch ihre Wohnungen nach eigener Tradition aus. Im täglichen Leben hatten die Gruppen wenig Umgang miteinander. Jede Gruppe formte ihre eigene Lebensgemeinschaft. Während der arbeitsreichen Monate von Mai bis September beheimatete die Fischfabrik somit eine **multikulturelle Arbeitsgemeinschaft.**

Multinationale Gesellschaft

• Die Chinesen waren in früheren Jahren als Arbeitskräfte für den Eisenbahnbau angeworben worden. Da in diesem Bereich die Arbeit zum größten Teil erledigt war, arbeiteten sie fortan in den Fischfabriken. Sie waren mit der Verarbeitung und Konservierung der Fische beauftragt. Ihre Quartiere waren meistens Gemeinschaftsbehausungen für Junggesellen.

• Die Japaner wirkten als Bootsbauer und Fischer. Ganze Familien waren am Bootsbau beteiligt. Außerdem waren die japanischen Frauen ausgezeichnete Netzflickerinnen. Die Japaner erfanden ihr eigenes System, Netze und Boote zu vermieten. Das japanische Netzlager war zugleich Treffpunkt der japanischen Gemeinde.

• Die Indianer bewohnten am Nordende der Fischfabrik ein Dorf mit ungefähr 100 Einzimmerbauten. Sie hatten schon seit ca. 10.000 Jahren Lachs gefischt und brachten somit wertvolle Erfahrungen auf diesem Gebiet mit.
• Die Europäer setzten sich aus skandinavischen Fischern und Direktoren schottischer und englischer Abstammung zusammen. Die Fischer und Angestellten wohnten in Gemeinschaftswohnungen und das Management in privaten Häusern, die auf Stelzen erbaut (Tidenhub), auch heute noch bestehen.

Besichtigung der Anlage

Nachdem die Ladung der gefangenen Lachse gelöscht war, wurden sie in mehreren Arbeitsgängen verarbeitet. Die verschiedenen Maschinen und viele Arbeiterinnen und Arbeiter, meist aus Japan und China eingewandert, halfen vom Skelettieren bis zum Verschluss in den Konservendosen. Die Abfälle wurden direkt ins Meer geleitet. Das Museum hat diverse Geräte des Fischfangs und der Verarbeitung ausgestellt. *Diverse Geräte im Museum*

Prince Rupert (ⓘ s. S. 187)

Überblick

1906 wurde der Ort nach *Prince Rupert* benannt, dem Sohn *Frederick V.*, König von Böhmen, und *Elizabeth Stuart*, Tochter des Königs *James I.* von England. Er war der am meisten talentierte königliche Kommandant des English Civil War (1642–51) und wurde der erste Gouverneur der Hudson's Bay Company. Am 07.04.1914 wurde Prince Rupert Endpunkt der zweiten transkontinentalen Eisenbahn, von der „Grand Trunk Pacific Railway" betrieben, die 1923 in das Netz der „Canadian National Railway" übernommen wurde. Diese Eisenbahnlinie vom Pazifik an den Atlantik war die Lebensader, die den Aufschwung von einem Fischerdorf zur **bedeutenden Hafenstadt** erbrachte. Heute hat Prince Rupert 16.700 Einwohner. Es ist ein wichtiger **Fährhafen** an der Inside Passage auf Kaien Island.

Museum of Northern B.C.
100 First Avenue West/McBride St., P.O.Box 660, Prince Rupert, B.C., Canada V8j 1A8, www.museumofnorthernbc.com/, **Öffnungszeiten:** *Juni–August: Mo–Sa 9–20 Uhr; So 9–17 Uhr; September–Mai: Mo–Sa 9–17 Uhr*

Das Museum beschäftigt sich mit folgender **Thematik:**

• **5.000 Jahre menschliche Geschichte**
Seit ca. 5.000 Jahren siedeln die Tsimshian-Indianer in der Gegend um Prince Rupert. Von Anfang an hat diese Urbevölkerung ihre Nahrung aus dem Meer und den Flüssen bezogen. Sie folgten den Zügen der Lachse. Im Winter suchten sie Schutz in Höhlen und geschützten Buchten. Die Fertigkeiten des

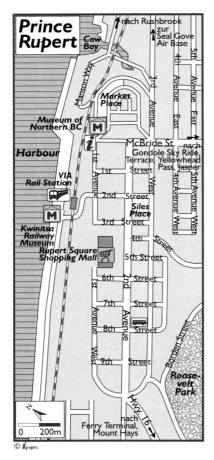

Fischfangs wurden immer mehr verbessert. Zu ihrer Kultur gehörte das Schnitzen von **Totempfählen**. Zwischen den einzelnen Gruppen wurde ein Handelsnetz aufgebaut.

In den Vitrinen des Museums sind wahrhaft schöne **Kunstwerke** älterer, aber auch neuer indianischer Schaffensperioden zu bewundern, neben **Werkzeugen und Gebrauchsgegenständen** des täglichen Lebens (Fallen, Netze, Korbflechtarbeiten, Kleidungsstücke, Waffen, Kajaks) finden Sie weitere Ausstellungsstücke, z. B.: Zeremonienroben, Tanzgewänder, Decken aus Baumrindenfasern mit der Wolle der Schneeziegen verwoben, Schmuck der Schamanen, verschiedene Holz- und Federmasken, perlenverzierte Taschen, Stirnbänder, Mokassins, Stickereien, Puppen und Steinschnitzereien.

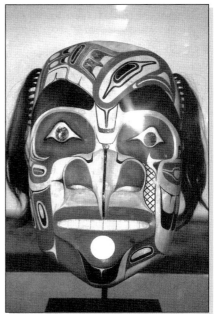

Northern B.C.Museum – Prince Rupert

Begehrtes Material

Obsidian, auch „Native Copper" genannt, ist ein vulkanischer, sehr harter Stein, der für scharfe Klingen und speziell für Waffen genutzt wurde. Obsidian stammt von dem erloschenen Vulkan Mt. Edziza (2.787 m), der südlich des Stikine River im nördlichen British Columbia liegt. Der Stein wurde über Hunderte von Kilometern vom Peace River bis Alaska und vom Yukon bis zur Nordwestküste gehandelt.

Eine Karte zeigt die **Siedlungsgebiete der einzelnen Indianerstämme** Süd-ostalaskas und der Westküste Kanadas und ihre Handelsgüter.

• Vor 1790 waren die Siedlungen der Indianer unangetastet, und ihr Leben verlief in geordneten Bahnen. Heute werden von Archäologen, Eingeborenengruppen und der Regierung Anstrengungen unternommen, soviel wie möglich von der Kultur der Indianer zu erhalten.

• In den 1850er Jahren setzte die **Missionierung** der Urbevölkerung ein. Die Katholiken wirkten mehr im Innern des Landes und die Anglikaner und Methodisten mehr an der Küste. Von dieser Zeit an hat sich das Leben der Einheimischen substanziell verändert.

• **Einführung technischer Neuerungen des Weißen Mannes**
Die technischen Errungenschaften aus Europa brachten einerseits große Umwälzungen im Leben der Urbevölkerung mit sich. Andererseits erschlossen Eisenbahnbau und Schifffahrt das Land. Holzfällerei und Sägemühlen, Schreibmaschinen, Morseapparate, Telefon und Maschinen aller Art modernisierten und erleichterten das Leben in einem klimatisch und topographisch rauen Land.

Europas
Know
How

Kwinitsa-Eisenbahnmuseum
*Bill Murray Drive (on the Waterfront), P.O. Box 669, Prince Rupert, B.C., V8J 1A8, Tel.: (250)627-5637, 1-800-667-1994, Fax: (250)627-8009, **Öffnungszeiten:** Juni–August: täglich 9–12, 13–17 Uhr*

Es war echte Pionierarbeit, hier im Wilden Westen eine Eisenbahnlinie zu bauen. Beispielsweise gab es Probleme mit der Verpflegung für die Arbeiter. Die schwer arbeitenden Männer litten unter Durchfällen, weil das Brot und die Eier verdorben waren und weil zu viele Menschen auf zu engem Raum lebten. 1911 erbaut, war Kwinitsa Station einer der ca. 400 Bahnhöfe entlang der **Grand Trunk Pacific Railway** von Prince Rupert nach Winnipeg. Heute ist dieses Bahnhofsgebäude nur eines von vier, das die Zeit überdauert hat, allerdings nur als Museum.

Eisenbahn
im Wilden
Westen

1985 hat die Stadt Prince Rupert die Kwinitsa Station vor dem Abriss bewahrt. Sie wurde umgesetzt und ist heute das Kwinitsa Station Railway Museum, das die frühe Geschichte von Prince Rupert erzählt und die Rolle der Eisenbahn bei der Entwicklung der Stadt erläutert.

Parterre befinden sich Räume in originalem Zustand. In der kleinen Station war der Agent für die Sicherheit des Eisenbahnbetriebs verantwortlich. Außerdem verkaufte er Fahrkarten, fertigte Gepäck ab und gab Telegramme auf. Die Züge wurden im Morseverfahren angekündigt, und die fahrdienstlichen Meldungen in einem Zugmeldebuch, auch zur eigenen Absicherung des Agenten, festgehalten. Alte Schreibmaschinen, Bilder von alten Dampfrössern und vom Eisenbahnbau zeugen von den alten Zeiten.

Die kleine, einfach eingerichtete Wohnung des Agenten im gleichen Gebäude vermittelt ein Bild des bescheidenen Lebens der Eisenbahner von damals.

Nach der Fertigstellung der Bahnlinie fanden die Bahnarbeiter andere Beschäftigungen im Ort und in der Umgebung.

Pillsbury House (von 1908)

Es war das **erste solide gebaute Haus** an diesem Ort, errichtet für J. H. Pillsbury, einen leitenden Ingenieur, der für die Entwicklung der Grand Trunk Pacific Railway (heute CN) arbeitete. Später wurde das Haus restauriert, unterstützt vom B. C. Heritage Trust, der Canadian National Railway und vom Rotary Club von Prince Rupert.

Bestimmte Leute, auf einer Tafel persönlich aufgeführt, haben ihren Arbeitseinsatz geleistet oder für die Restaurierung gespendet.

Totempfähle

Geschnitzte Familienchronik

Übers ganze Stadtgebiet verstreut treffen Sie auf Totempfähle der Tsimshian- und Haida-Indianer. Besonders eindrucksvoll sind diejenigen am Fährhafen. Geheimnisvoll oder stolz sind die Geschichten, die die Bild gewordenen Baumsäulen erzählen: geschnitzte Familienchronik eines Clans, Erinnerungen an Verstorbene, Skurriles und Lächerliches.

Totempfahlmotiv – Prince Rupert

14. INSELWELT AN DER NORDKÜSTE VON BRITISH COLUMBIA

Die landschaftlich reizvolle kanadische **Inside Passage** von Port Hardy nach Prince Rupert ist ein Teil der klassischen Rundreise: Vancouver – Vancouver Island – Prince Rupert – Jasper und Banff Nationalpark – Vancouver.

Auf **Queen Charlotte Islands**, der größten Inselgruppe vor der kanadischen Westküste, ist die Indianerkultur noch nicht erloschen. Alte Bräuchen wurden wiederbelebt, besonders das Schnitzen von Totempfählen.

Fahrt durch die Inside Passage von Prince Rupert nach Port Hardy

Von Prince Rupert legt die BC-Ferry ab, und es beginnt eine lange, fast 15-stündige, **unendlich schöne Fahrt** durch die Inselwelt von British Columbia, die sich von Prince Rupert zum „Nordkap" von Vancouver Island erstreckt.

Über dem Wasser und in den Wäldern hängt oft dichter, schwerer, grauer Nebel und lässt die Umrisse der Küste dann nur schemenhaft erkennen. In den Bäumen sitzen Weißkopfseeadler.

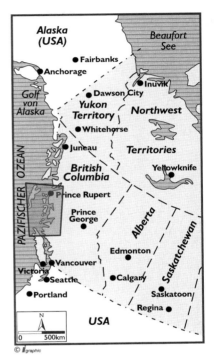

Geduldig halten sie Ausschau nach einer lohnenden Fischmahlzeit. Wiederholt begleiten Schwertwale (Orcas) und Delfine das Schiff. Den intelligenten Tieren scheint der Lotsendienst Spaß zu machen, und die menschliche Nähe lieben sie offensichtlich. Zorn überkommt einen bei dem Gedanken, dass gerade diese herrlichen Meeressäuger alljährlich in großer Zahl durch menschliche Schuld in den Schlepp-

Meeressäuger in Schleppnetzen

„Schwimmendes Hotel" – Inside Passage

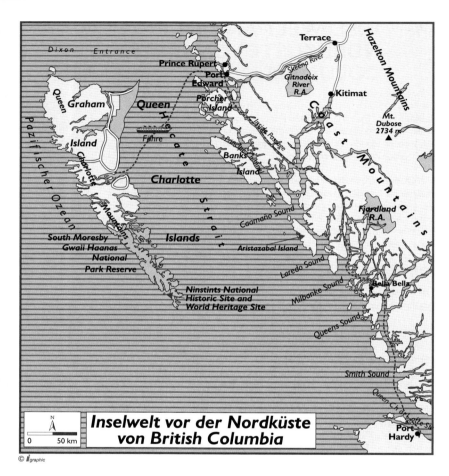

Inselwelt vor der Nordküste von British Columbia

© *graphic*

Schiffe und Flugzeuge als Verkehrsmittel netzen elend zugrunde gehen oder blutig abgeschlachtet werden. Strahlender Sonnenschein und heftige Regenschauer wechseln miteinander ab. Eine richtige **Wetterküche** ist diese Inselwelt. Vom fernen Festland grüßen schneebedeckte Berge herüber. Durch dieses Küstengebiet führen keine Straßen. Nur zu Wasser und durch die Luft gibt es Verbindungen zwischen kleinen Ortschaften.

Tipp

Die Fähre legt z. Zt. gegen 23 Uhr in Port Hardy an. Wenn keine **Zimmerreservierung** *durchgeführt worden ist, kann bei Ihnen die Suche nach einer Unterkunft schwierig werden. Die Preise für Übernachtungen sind etwas höher als auf dem Festland. Während der Überfahrt können Sie eine Zimmerreservierung durchführen lassen.*

Queen Charlotte Islands

 Vorschlag zur Zeiteinteilung
2 bis 3 Tage

Anreise

Die Inselgruppe Queen Charlotte Islands ist ohne Schwierigkeiten zu erreichen.
• **Von Prince Rupert** verkehrt eine große, moderne Fähre der B.C. Ferries mit privaten Kabinen, Restaurant, Bar usw. und reichlich Platz für Fahrzeuge, einschießlich Wohnmobile, sechsmal pro Woche **nach Skidegate** auf **Graham Island**, der Insel mit der größten Einwohnerzahl der Charlotte Islands.
• **Von Port Hardy**, auf der Insel Vancouver Island gelegen, verkehren jeden zweiten Tag Fähren der B.C. Ferries durch die atemberaubend schöne Inside Passage **nach Prince Rupert**. Dort besteht Anschluss nach Skidegate.
• **Von Vancouver** gibt es täglich ideale Flugverbindungen der Time Air (Canadian Airlines) **nach Sandspit** auf der südlich von Graham Island gelegenen Nachbarinsel **Moresby Island**. Die Flugzeit beträgt knapp zwei Stunden.

Überblick

Die Inselgruppe Queen Charlotte Islands besteht aus den beiden Hauptinseln **Graham Island** im Norden, **Moresby Island** im Süden und vielen kleinen vorgelagerten Eilanden. Es ist eine Welt mit uralten, geheimnisvollen, oft nebelverhangenen und von Nässe triefenden Urwäldern, majestätischen Adlern und dem endlosen Ozean rundherum. Die ungezähmte Natur ist reich an einzigartigen Ökosystemen und dem kulturellen Erbe der **Haida**, die originelle monumentale Kunstwerke geschaffen haben, die von ihrer Kreativität zeugen. Die Kultur der Haida ist heute durchaus noch lebendig. In den letzten 20 Jahren ist sie wieder aufgelebt und erstarkt. Ihren Ausdruck findet sie in Feierlichkeiten mit Tanz und Gesang sowie in Holzschnitzereien, in der Architektur und im Kanubau.

Ungezähmte Natur

Der größte Teil der Inselwelt der Queen Charlotte Islands ist unerschlossen. Den Südteil der Insel Moresby Island hat man zum **Gwaii Haanas National Park Reserve** erklärt. Der Name „Gwaii Haanas" bedeutet „Ort der Wunder". Tatsächlich ist dieses einsame Gebiet eines der letzten Paradiese unseres Globus. Majestätische, jahrhundertalte Zedern ragen in den Himmel, die einer von der Natur geschaffenen Kathedrale gleichen. Der Gezeitenstrom durchflutet die engen Fjorde und nährt ein aktives Meeresökosystem, und Weißkopfseeadler segeln, vom

Eines der letzten Paradiese der Erde

Redaktions-Tipps

Übernachten:
• **Port Clements: Golden Spruce Motel $$**, es wird (Schweizer-) Deutsch gesprochen.

Essen:
• **Queen Charlotte City: Sea Raven Restaurant ##**, serviert Spezialitäten der Westküste.

Sehenswürdigkeiten:
• **Skidegate: Haida Gwaii Museum** (S. 530), der Besuch ist ein Muss.
• **Old Massett** (S. 533), sehenswerte **Totempfähle** der Haida

stetigen Westwind getragen, über der Urlandschaft. Seit Tausenden von Jahren hat sich hier nichts geändert. Hier fühlt man die Grenzenlosigkeit der Zeit und wird als Mensch ganz still.

Urland-schaft ohne Straßen

Diese Wildnis ist auf keiner Straße, sondern nur auf dem Wasserwege erreichbar. Individuelle Entdecker kommen meistens in sehr geringer Zahl leise mit dem Kajak oder Kanu mit leichtem Gepäck. Ihre Anwesenheit hinterlässt kaum eine Spur. In diesem Nationalparkreservat liegt **Ninstints**, das berühmteste der vielen verlassenen Haidadörfer. Es wurde 1981 von den Vereinigten Nationen zum **Weltkulturerbe** erklärt. Als Relikte einer einst blühenden Dorfkultur mit rund 300 Einwohnern und 20 größeren Häusern ragen noch einige Originaltotempfähle in den Himmel.

Als Besucher der bewohnten Teile der Inseln können Sie Ihren Aufenthalt in idyllischer Abgeschiedenheit verleben, brauchen auf Annehmlichkeiten nicht zu verzichten. Unterkünfte nach jedem Geschmack, von einfachen Herbergen über Bed & Breakfast bis zu Hotels, sowie Restaurants, die u. a. hiesige Fischgerichte servieren, stehen Ihnen zur Verfügung. Asphaltierte Straßen verbinden die sechs Bevölkerungszentren Queen Charlotte City, Skidegate, Port Clements, Masset und Sandspit miteinander. Um die Inseln zu erkunden, können Sie ein Auto mieten. Es sei denn, Sie sind bereits mit einem Fahrzeug auf die Queen Charlotte Islands gekommen. Außerdem besteht die Möglichkeit, einen Charterbootsvermieter in Anspruch zu nehmen.

Graham Island

Skidegate
Entfernung von Skidegate Landing: 2 km

Im Juli 1787 landeten die ersten Europäer in Skidegate. Damals war dieser Ort bereits ein hochentwickeltes Haidadorf. Heute verfügt das 695-Seelen-Dorf an der Rooney Bay, kurz „The Village" genannt, über den einzigen Fährhafen der Inselgruppe. Die **Haidakultur** wird in Skidegate besonders gepflegt. Sehenswert ist ein Totempfahl, der sich vor dem Büro des Stammesrates am Strand befindet. Er wurde von dem bekannten Haidakünstler *Bill Reid* geschaffen.

Weitere Attraktionen:
* **Dogfish Totempfahl** von *Bill Reid* und *Langhaus*,
* **Haida Gwaii Museum** am Qay'sll Nagaay

Sehens-wertes Museum

Augenfällig sind Zeremonien-Roben, die auch heute noch bei Potlach-Festen und speziellen feierlichen Anlässen getragen werden. Besonders schön sind die Knopfdecken. Vor den 1840er Jahren wurden sie in marineblau auf schwarzem Grund hergestellt, mit rotem Flanell dekoriert und chinesischem Perlmutt oder lokalen Muscheln verziert. Anschließend sprach die kanadische Regierung aus fadenscheinigen Gründen ein **Verbot der Potlach-Feste** aus, verbunden mit der Drohung, dass die Haida bei Nichtbeachtung, ihr Leben durch Erkrankung an Windpocken verlieren würden. 1835 lebten rund 6.000 Haida auf Queen Charlotte Islands. 1915 sank die Bevölkerungszahl der Einheimischen wegen der Erkrankung an Windpocken, Tuberkulose und anderen sich seuchenartig ausbreitenden Krankheiten auf einen erschreckenden Tiefstand von nur 588 Seelen. Trotzdem wurden Potlach-Feste heimlich weiter gefeiert. Erst 1951 wurde der umstrittene Regierungserlass aufgehoben.

1960 starteten wieder die offiziellen Feste mit Tanz und Gesang. Auch Knopfdecken fertigte die Urbevölkerung wieder an. 1966 errichtete man in **Old Massett** einen Totempfahl, der von *Robert Davidson* geschnitzt worden war, und es wurde wieder nach „alter Vatersitte" getanzt und gefeiert. 1978 hielt man auch Festlichkeiten erstmalig wieder in **Skidegate** ab.

Wieder erstarkte Haida-Kultur

Heute wiederholen sich die Feste anlässlich von Häuptlingsernennungen, Namensfesten, Hochzeiten und anderen feierlichen Gelegenheiten. Sie geben Anlass, um neue Knopfdecken herzustellen, wunderschöne Kunstobjekte. Es gab mehrere **weiße Künstler**, die sich die Kunstfertigkeit erworben haben, aus bestimmten Steinen, Kunstgegenstände in den langen Wintermonaten zu modellieren, beispielsweise:
- **Henry Young** (1874–1968)
Als Junge ist er oft mit seiner Familie mit Haida-Kanus entlang der Küste der Inselwelt der Queen Charlotte Islands gefahren. Hierbei lernte er fließend Haida sprechen. Er kannte sehr viele Gesänge und Geschichten der Haida. Diese und seine eigene Geschichte wurden oft erzählt und weitergegeben. Um zu existieren, baute er als Erwachsener einen Handel auf und errichtete in Skidegate ein Haus. In den langen Wintermonaten wurde an geeigneten Steinen modelliert.

Young lernte fließend Haida

- **Kapitän** *Andrew Brown* (1879–1962)
Kurz „Captain" genannt, übte sich mit Erfolg in verschiedenen Beschäftigungen. Die meiste Zeit seines abwechslungsreichen Lebens war er Fischer. Außerdem baute er Schoner, Fischerboote und andere Wasserfahrzeuge. Man sagte von ihm, dass er der beste weiße Bootsbauer an der Nordwestküste Amerikas gewesen sei. „Queen Charlotte", ein Schoner, „Seabird", ein Windjammer, und „Annie D.", ein Fischerboot, waren seine Meisterleistungen. Er pendelte zwischen Masset und Alaska, baute Häuser, war Händler, Schnitzer und Steinmetz. Er beschrieb die Haidas und erzählte gern ihre Geschichten, Sagen und Märchen.

Bester weißer Bootsbauer

Über den Künstler *Robert Davidson* (Näheres im Kapitel 9 unter Art Gallery in Vancouver, S. 316ff) finden Sie in diesem Museum eine eindrucksvolle Dokumentation. Er hat entscheidend mit dazu beigetragen, die Kultur der Küstenindianer wiederzubeleben. Der wesentliche Teil seiner aufrüttelnden Rede ist im Museum wiedergegeben.

Zu den weiteren Ausstellungsstücken des Museums zählen u. a. Fragmente uralter Totempfähle und **Steinwerkzeuge**, z. B. Beile, Hämmer und Mörser. Eine Kollektion auf den Queen Charlotte Islands vorkommender, präparierter **Säugetiere und Vögel** zeigt beispielsweise den Schwarzbären, den Fischotter, den Hermelin, den Amerikanischen Uhu, die Schnee-Eule, die Trottelumme, den Gryltteist, den Gänsesäger, den Kappensäger u. a. Eine Schmetterlingssammlung, u. a. mit Trauermantel, Admiral, Distelfalter und Kleinem Fuchs, sowie eine **Ammoniten-Samm-lung** vervollständigen die Auslagen des sehenswerten Museums.

Balance Rock

Einen Kilometer nördlich von Skidegate folgen Sie einem kurzen Trail, um zu der eindrucksvollen Naturerscheinung des Balance Rock am Strand zu gelangen. Dieser große Stein wurde vor Zehntausenden von Jahren von Gletschern an diese Stelle befördert. Mit seiner geringen Bodenberührung scheint er sein gewaltiges Gewicht wie ein Seiltänzer auszubalancieren.

St. Mary's Spring

Eindrucks-volle Naturer-scheinung

Ted Bellies war einer der ersten Künstler, der St. Marie, eine Holzfigur, und andere mit der Säge gefertigte Skulpturen, einschließlich „Bear at Jungle Beach" kreierte. Er und seine Kinder platzierten Steine vor vielen Jahren rund um die Quelle und sie trugen dazu bei, dass Bellies Lodge ein ruhiger Ort für Reisende wurde, die Ruhe und Entspannung suchten. Außerdem liebte es *Ted Bellies*, sein Wissen über die Haida zu vermitteln. Eine Legende besagt, dass die- oder derjenige, die oder der aus der Quelle trinkt, auf die Inseln zurückkehren wird.

Tlell (ⓘ s. S. 187)
Entfernung von Skidegate Landing: 43 km

Viehzüch-ter als erster weißer Siedler

1904 siedelte sich „*Mexican Tom*" hier an. Er betrieb Viehzucht. Ihm folgten bald andere Siedler, die es hier jedoch nicht lange aushielten und die ihre Farmen wieder verließen. Heute ist Tlell mit seinen 396 Einwohnern ein **Zentrum des Kunstgewerbes**. Die Versammlung von Künstlern und anderen „schillernden" Persönlichkeiten sollten auch Sie zu einem Stopp veranlassen. Außerdem befindet sich hier der Verwaltungssitz des Naikoon Provincial Park, bei dem Sie sich für eine Wanderung in dem Provinzpark registrieren lassen können.

Weitere Attraktionen:
• Wanderung zum **Pesuta-Schiffswrack**,
• Angeln im **fischreichen Tlell River**,
• Zelten an den **Misty Meadows**.

Port Clements (ⓘ s. S. 187)
Entfernung von Skidegate Landing: 65 km

1907 wurde Port Clements als „Queenstown" ins Leben gerufen. Die Gründung des Ortes geht auf Eli Tingley zurück. Die **Holzindustrie** war und ist der Erwerbszweig der Siedlung. Im März 1914 kam es zur Namensänderung. Hierbei ging es um einen Rechtsstreit mit der Holzindustrie, weil es bereits einen Ort mit gleichem Namen gab. Während des 1. Weltkriegs boomte die Holzindustrie und Port Clements avancierte zum Holzzentrum des Masset Inlet, weil besonders große Fichten zum Flugzeugbau gebraucht wurden. Heute zählt der Ort 558 Einwohner.

Attraktionen:
* das **Museum** von Port Clements, in dem eine Sammlung von Geräten der Holzfällerei, Fischerei, des Bergbaus ausgestellt ist und die Pioniergeschichte der Queen Charlotte Islands beleuchtet wird,
* die „**Golden Spruce**" (goldene Fichte) und
* die **Sonnenuntergänge**.

Mayer Lake

Nördlich der Abzweigung nach Port Clements führt rechts ein schmaler Waldweg zum idyllischen Mayer Lake, der sich schon im Naikoon Provincial Park befindet. Seerosen wachsen in der Flachwasserzone, und der wunderschöne Ruf des Eistauchers (Pacific Loon) schallt über den See. An einem Rastplatz am See können Sie sich dieser nordischen Idylle hingeben.

Idyllischer See

Masset (ⓘ s. S. 187)
Entfernung von Skidegate Landing: 103 km

Der ursprüngliche Name des Ortes war **Graham City**. Der Namensgeber des Ortes war die Dampfschifffahrtsgesellschaft „Graham Steamship, Coal and Lumber Company". Sie benannte den Ort nach ihrem damaligen Präsidenten *Benjamin Graham*. Am 30.07.1907, als der Stadtplan registriert wurde, hat man den Ortsnamem Masset eingetragen. Regierungsbeamte hatten die Tatsache übersehen, dass nur zwei Meilen nördlich Haida-Masset lag. Am 07.06.1909 verwarf man offiziell den Namen Graham City, und der neue Name Masset galt fortan. 1961 erhielt Masset als erste Gemeinde der Queen Charlotte Islands die Stadtrechte.

Heute ist der kleine nette Fischerort mit seinen 1.293 Einwohnern mit vielen Einrichtungen des modernen Lebens ausgestattet. Zur Infrastruktur gehören, z. B. ein kleiner Flugplatz und eine Anlegestelle für Wasserflugzeuge. Ganz in der Nähe von Masset befindet sich das **Naturschutzgebiet Delkatla**, ein wichtiger Rastplatz für Zugvögel.

Old Massett
Entfernung von Skidegate Landing: 107 km

Früher gab es hier drei Haidadörfer, wo heute der moderne Ort liegt, der auf die turbulenten Wasser des Masset

Old Masset – Charlotte Islands

Sound blickt. Einer dieser alten Dörfer erhielt seinen Namen von dem die Gegend überragenden Hügel, und man nannte es „White-Slope-Village".

Zweit-größtes Haidadorf

Heute ist Old Massett mit seinen 692 Einwohnern das zweitgrößte Zentrum des Haidavolkes und Heimat mehrerer Holzschnitzer und Künstler. Einige neue Totempfähle sind in den letzten Jahren errichtet worden, u. a. zwei Nachbildungen von Pfählen, die im alten Dorf Yan auf der anderen Seite der Meerenge standen. Sie wurden von *Lawrence Bell* geschnitzt.

Von Port Clements nach Queen Charlotte City über die Hauptholzabfuhrstraße

Diese Hauptholzabfuhrstraße (Queen Charlotte Main) ist eine Erdstraße, die nur dann für den öffentlichen Autoverkehr zugelassen ist, wenn kein Holzeinschlag und keine Holzabfuhr programmiert ist. Erkundigen Sie sich bitte vorher in den örtlichen Informationsbüros.

Diese Strecke führt durch ein geschlossenes Waldgebiet, das kommerziell genutzt wird. Unterwegs passieren Sie den kleinen Ort **Juskatla**, am Masset Inlet gelegen. In der Nähe einer Fischzuchtanlage (Fish Hatchery) für Chinook-, Sockey- und Coho-Lachse am **Marie Lake**, 24 km südlich von Port Clements, haben sich gewöhnlich mehrere Weißkopfseeadler versammelt, die auf eine günstige Gelegenheit warten, zu einer Fischmahlzeit zu kommen. Der Yakoun River verlässt den Marie Lake und mit ihm wandern die gezüchteten Lachse in den Ozean, um nach Jahren in ihren Geburtsfluss zum Laichen zurückzukehren.

Mit etwas Glück treffen Sie auf Maultierhirsche, Waschbären, Moorschneehühner, wie es bei unserer Fahrt geschehen ist. Mit noch mehr Glück begegnen Sie vielleicht einem Schwarzbären.

Schweigende Einsamkeit

Rechts abzweigend, führt eine steile Abfahrt (nur bei trockener Piste zu empfehlen) als einzige Piste an die raue Westküste zum **Rennell Sound** hinunter. Dort ist Camping auf den „Wilderness Campsites" erlaubt. Auf der Stichstraße sind Sie von großer Einsamkeit umgeben. Riesige Zedern und Fichten flankieren Ihren Weg. An den zu Tal sprudelnden Bächen gedeihen Birken, Erlen, Farne und dicke Moospolster. Hin und wieder kreuzt ein Hörnchen Ihren Weg oder ein Vogel lässt sich vernehmen, ansonsten umfängt Sie nur das große Schweigen im Walde.

Queen Charlotte City (ⓘ s. S. 187)
Entfernung von Skidegate Landing: 4 km

1908 fand die Gründung des Ortes mit dem Bau eines Sägewerks statt, von dem noch heute Reste direkt am Wasser zu sehen sind. In Queen Charlotte City befindet sich das Verwaltungszentrum mit diversen Regierungsstellen, inklusive einer Zweigstelle des Canadian Park Service. Die wirtschaftliche Grundlage der Siedlung sind die Holzindustrie, die Fischerei und der Fremdenverkehr.

Favorisierte Wanderrouten auf Graham Island

Zu Fuß können Sie die Wunder der Natur am besten erreichen. Empfehlenswert ist es, in dieser niederschlagsreichen Inselwelt und im meist feuchten Gelände Regenzeug und wasserfestes Schuhzeug zu benutzen.

!!! Achtung
Alle Fahrten über Holzabfuhrstraßen sind nur an Wochenenden erlaubt. An werktäglichen Abenden sind die geplanten Fahrten mit dem Ministry of Forest abzustimmen (① s. S. 187, Port Clements).

- **Nord-Graham Island**

- **Cape Fife Trail**
Trailanfang: Hinweisschild, jenseits des Unterlaufs des Hiellen River im Naikoon Provincial Park
Charakteristikum: Waldwege, schöne Moospolster, alte Wohnstätten, mit etwas Glück Beobachtung von Kanadischen Kranichen (Sand Cranes)
Wanderroute: 10 km, 3,5–4 Stunden (ein Weg), mäßiger Schwierigkeitsgrad, eine Dreiecksroute führt vom Tow Hill zum Cape Fife in östlicher Richtung, dann zum Rose Spit in nördlicher Richtung und schließlich zurück zum Tow Hill in südwestlicher Richtung entlang des North Beach.

- **Tow Hill/Blow Hole**
Trailanfang: Parkplatz Hiellen River
Charakteristikum: am North Beach, Agate Beach, Yakan Point & Mendham's Beach
Wanderroute: 1,5 Stunden (hin und zurück), mäßiger Schwierigkeitsgrad, ein gut markierter Trail führt vom Parkplatz zum Ausguck des Tow Hill. Ein Wegweiser auf halbem Weg hügelabwärts dirigiert Sie zum Blow Hole (Blasloch), einem engen Kamin im Ufergestein, in dem die Brandungswellen fontänenartig in die Höhe schießen.

Empfehlenswerte Wanderrouten

- **Zentral-Graham Island**

- **Golden Spruce Trail**
Anfahrt: über die Haupt-Holzabfuhrstraße (Queen Charlotte Main, s.o.), nur am Wochenende oder abends
Trailanfang: Parkplatz, Hinweisschild ca. 6 km südlich von Port Clements
Charakteristikum: gewaltige Zedern und Fichten
Wanderroute: 20 Min. (hin und zurück), leichter Weg, folgen Sie dem Bohlenweg und biegen Sie zunächst rechts ab auf einem kurzen Trail zu einer gewaltigen Red Ceder. Gehen Sie zum Yakoun River, dem einzigen Fluss auf den Charlottes, den alle vier Pazifik-Lachsarten zum Laichen aufsuchen oder kehren Sie zum Bohlenweg zurück und wandern zur riesigen Fichte.

- **Pesuta-Schiffswrack**
Trailanfang: Der 5 km lange Wanderweg beginnt in Tlell an der Tlell River Bridge.
Charakteristikum: Waldweg, Seevögel, Schiffswrack

Wanderroute: Sie müssen mit einer Dauer der Wanderung von 3 ½ bis 4 Stunden hin und zurück rechnen. Zunächst führt der Trail eine Stunde lang durch uralten Wald, dann entlang des Tlell River und schießlich bis zum Ziel an den Strand. Unterwegs können Sie angeln oder nach Wildtieren Ausschau halten. Einen Fisch-otter, der seinem Fischwaidwerk nachgeht zu beobachten, ist für jeden Natur-freund ein großes Glück. Verschiedenen Wasservögeln und dem majestätisch krei-senden Weißkopfseeadler zuzuschauen, gehört mit zum Lohn dieser beliebten Wanderroute.

Schließlich haben Sie das Schiffswrack der damals zum Holztransport verwende-ten Schute Pesuta erreicht. Sie wurde in einem fürchterlichen Sturm im Dezem-ber 1928 von dem selbst in Seenot geratenen Schlepper abgetrennt. Nun versinkt sie immer mehr im Ufersand. Heute ragt nur noch ihr Bug heraus.

- ### Süd-Graham Island

- ### Spirit Lake
Trailanfang: gegenüber George Brown Recreation Hall in Skidegate
Charakteristikum: Urwald, Wildpflanzen und Vögel
Wanderroute: 1,5 Stunden (hin und zurück), mäßiger Schwierigkeitsgrad, zunächst windet sich eine Schotterstraße durch Erlengebüsch und Farnkraut, überquert eine erste Brücke und führt nach kurzem Gefälle zu einer zweiten Brücke (10 Min.). Teufelskeule (Devil's Club) wächst zu beiden Seiten des Trails. Die Haida benutz-ten früher diese Pflanze für medizinische Zwecke. Nach einem kurzen anstren-genden Aufstieg (3 Min.) überqueren Sie die dritte Brücke über den Mission Creek. Der Trail knickt nach rechts ab und klettert einen Sekundärwald empor, bevor Sie den höchsten Punkt des Wanderwegs (878 m) erreichen. Hier befinden Sie sich in einem Urwaldgebiet. Verschiedene Beerensträucher wachsen auf dem Waldboden. Schließlich kommt der See in Sicht. Baumschwalben (Tree Swallows) und Spechte ziehen hier am insektenreichen Spirit Lake im Sommer ihre Brut in Baumhöhlen auf.

Teufels-keule, eine medizi-nische Pflanze

- ### Sleeping Beauty
Anfahrt: Fahren Sie nördlich von Queen Charlotte City auf die Honna Forest Service Road, biegen Sie rechts ab, überqueren Sie die Honna Road Bridge, zweigen Sie in die Sleeping Beauty Road ab und parken Sie, wenn die Straße rechts in eine Senke einmündet.
Trailanfang: Hinweis neben dem Bohlenweg
Charakteristikum: Urwald, alpine Pflanzen, Blick auf die Meeresenge zwischen Graham Island und Moresby Island, einschließlich Queen Charlotte City und Sandspit
Wanderroute: 4,5 Stunden, schwieriger Weg, der Pfad ist gut mit roten Zeichen an den Bäumen markiert. Im Frühsommer sind die Berghänge bunt mit gelbblü-hender Arnika, lilablühendem „Shooting Star" und einer reichen Variation an Heidekrautgewächsen bedeckt. Der Trail läuft anschließend in einem Becken aus, indem ein reizvoller kleiner Teich liegt, der von einer Wiese umgeben ist, übersät mit lilablühenden Astern und „Cotton Grass". Der Trail führt weiter durch den grasigen Hang der Senke. Dann geht es wieder durch einen Wald mit verkrüppel-ten und verdrehten „Mountain Hemlocks", die schließlich als letzte Veteranen am

Schwieri-ger, aber reizvoller Weg

Gipfel des Mt. Genevieve (Sleeping Beauty) auf einer Höhe von 720 m den Kampf gegen Wind und Wetter aufgegeben haben.

- **Yakoun Lake**
Anfahrt: nach 23 km von Queen Charlotte City oder 45 km von Port Clements auf dem Haupt-Holzabfuhrweg (Queen Charlotte Main) zweigt Richtung Westen die Rennell Sound Road ab. Ihr folgen Sie rund einen Kilometer, dort parken Sie Ihr Auto.
Trailanfang: An der Rennell Sound Road beginnt an o. g. Stelle der Trail in südlicher Richtung zum Yakoun Lake.
Charakteristikum: große Zedern und Fichten, urtümlicher See
Wanderroute: 45 Min. (hin und zurück), mäßiger Schwierigkeitsgrad, einige nasse Abschnitte, der Trail führt durch ein Urwaldgebiet und endet an dem reizvollen Yakoun Lake. Das Ziel ist ein kleiner Strand, der von überhängenden Erlen eingerahmt ist. Am äußersten Ende des Sees ragen der Berg Sleeping Beauty und höhere Küstenberge der Westküste empor. Spektakulär ist ihr Anblick, wenn sich im späten Frühling ihre schneebedeckten Gipfel im See spiegeln.

- **Rennel Sound**

Riley Creek Trail
Trailanfang: Hinweisschild am Parkplatz
Charakteristikum: große Zedern, mächtige Fichten und ein langer Sandstrand   *Gewaltige*
Wanderroute: 1,5 Stunden, mäßiger Schwierigkeitsgrad, einige nasse Abschnitte,   *Bäume*
eine kurze Wegstrecke führt durch Waldbeerenbüsche. Dann geht es über eine Wiese, durch einen Wald bis zum Strand, an dem der **Bonanza Creek** in den Ozean mündet. Die schlangenförmigen Zweige der Erlen hängen über dem Ufer des Fließgewässers.

Moresby Island

Sandspit (ⓘ s. S. 187)
Entfernung von Skidegate Landimg: 17 km

Die ersten Siedler in Sandspit errichteten Farmen und Ranchen auf grasigem Flachland. Heute sind die letzten Überbleibsel ihrer Ansiedlungen nur noch die verwilderten Gartenpflanzen. Der Flughafen wurde während des Zweiten Weltkriegs erbaut, und eine Schotterstraße verband ihn mit dem Luftwaffenstützpunkt in Alliford Bay. In dieser Zeit entstanden auch die ersten behelfsmäßigen Unterkünfte für die Familien der Mariner am Strand am Sachs Creek.

Neben dem Hauptflughafen für die gesamten Queen Charlotte Islands stieg die Bedeutung von Sandspit in letzter Zeit als **„Tor zum Gwaii Haanas National Reserve"** im Süden der Insel Moresby. Das Informationszentrum am Flughafen erteilt nähere Auskünfte. Die Wirtschaft des gepflegten Ortes mit seinen 568 Einwohnern basiert auf der Holzindustrie und dem Tourismus.

Weitere Attraktionen:
* Atem beraubende **Hubschrauberflüge** über der Inselwildnis,
* Golfen auf dem **Willows Golf Course**.

Rundtour per Auto

Nur ein bescheiden kleiner Teil der Insel ist auf einer Rundfahrt per Auto zu befahren. Wenn Sie mit der lokalen Fähre von Skidegate Landing nach Alliford Bay mit dem Auto übergesetzt haben, werden Sie sicherlich zuerst nach Sandspit fahren. Im Sommer blühen hier Flieder und Ginster in leuchtenden Farben, vom milden Meeresklima begünstigt. Weiter im Uhrzeigersinn fahrend, ist die Rundtour mit „Copper Bay Road" ausgeschildert. Sie passieren den o. g. Golfplatz und

flache Sanddünen. Dann taucht die Schotterstraße in **dichten Regenwald** unter. Dicke Moospolster wachsen auf den Bäumen und Baumstubben. Teilweise ist der Wald nach den Holzeinschlägen wieder aufgeforstet. Kleine Fähnchen an den jungen Setzlingen zeigen das an. In moorigen Urwaldabschnitten hat der Mensch noch nicht

Regenwald – Moresby Island

Natur-
belassene
Moore

eingegriffen. Farne, Moose und Flechten bilden den hauptsächlichen Unterwuchs der Wälder. Die Blüten der Fingerhüte am Straßenrand liefern angenehm rosa Farbtupfer in der meist regen- oder nebelverhangenen grünen Wildnis. Alle scharfen Konturen und helleren Farben sind wie mit einem Weichzeichner gedämpft. An Wild sieht man gelegentlich **Maultierhirsche**, auch Hirschkühe mit den weißgefleckten Kitzen in den Sommermonaten.

Favorisierte Wanderroute auf Moresby Island

Dover Trail

Dieser Trail wurde zu Ehren von **Louise Dover**, einer hochangesehenen Haida-Frau benannt, die die meiste Zeit ihres langen Lebens in Sandspit verbrachte.
Anfahrt: Fahren Sie von Sandspit bzw. Alliford Bay Ferry Landing zum Haans Creek am Westende der Shingle Bay und parken dort.
Trailanfang: Ein Schild, das Sie auf den Trailanfang hinweist, befindet sich 40 m westlich von der Haans Creek Brücke.
Wanderroute: Blau und gelbe Farbbänder markieren den Haans Creek Loop, während orange Tupfen mit schwarzer Zeichnung an den Zweigen der Bäume

den Pfad kenntlich machen. Zunächst führt der Trail entlang des mit Erlen bestan- *Vielfältige* denen Ufers des Haans Creek. Eine vielfältige Pflanzengesellschaft, in der große *Pflanzen-* Farne dominieren, deutet auf die Fruchtbarkeit des tiefliegenden Bachtals hin. Sie *gesellschaft* steht in krassem Gegensatz zum Mangel an Unterwuchs im Urwald entlang des Trails. Über eine Holzbrücke wechseln Sie auf die Ostseite des Creek (15 Min.). Wenn Sie dem Creek flussaufwärts folgen, kommen Sie an gewaltigen Fichten vorbei. Dann folgt der Trail einem Nebenfluss und schwenkt nach links auf einen Höhenzug. Anschließend treffen Sie auf eine Zeder mit 2 Borkenstreifen (bark strips) und ein Testloch (test hole). Das sind sog. **„CMT"-Bäume** („culturally modified trees"). Die Haida haben diese Bäume auf ihre Brauchbarkeit für Kanus und Totempfähle geprüft.

Gwaii Haanas National Park (ⓘ s. S. 187)

1989 wurde der Südteil von Moresby Island zum Gwaii Haanas Park Reserve *Seltene* erklärt. Hier existiert noch eine einmalige Flora und Fauna im nordischen Regen- *Pflanzen* wald und auf den alpinen Matten. Außerdem finden sich hier eindrucksvolle *und Tiere* Zeugnisse der Haidakultur. Im Jahre 1991 erklärte die UNESCO das auf der kleinen Insel Sagan Gwaii (Anthony Island) liegende verlassene Haida-Dorf Nin-stints mit Hüttenruinen und einigen Original-Totempfählen zum **Kulturerbe der Menschheit**.

Einheimische und eingeführte Tierarten auf den Queen Charlotte Islands

Nur wenige Wildtierarten, die auf den Queen Charlotte Islands vorkommen, sind hier wirklich einheimisch. Hierzu zählen der Schwarzbär, eine Marderart (Pine Marten), der Fischotter, der Hermelin, eine Spitzmaus- und eine Mausart. Das Dawson Karibu ist ausgestorben. Die meisten dieser einheimischen Tierarten *Verfäl-* haben sich zu Unterarten entwickelt, die einzigartig auf den Queen Charlotte *schung der* Islands vorkommen. Es gibt auf den Inseln nur eine Amphibienart, eine Kröte, die *Natur* auf Englisch „Northwestern Toad" heißt. Reptilien fehlen hier gänzlich.

Zu den Tieren, die seit hundert Jahren oder noch früher auf die Charlottes gebracht wurden, gehören: der Wapitihirsch, der Maultierhirsch, der Waschbär, die Bisamratte, der Biber, verschiedene Arten von Ratten und domestizierte Hunde und Katzen, die verwildert sind. Die Ratten sind schon in der Mitte der 1700er Jahre mit den ersten Handelsschiffen auf diese Inseln gekommen.

Eingeführte fremde Tierarten zerstören oft ganze Ökosysteme. Sie vermehren sich teilweise enorm. Beispielsweise haben die o. g. Hirsche, weil sie in ihrer neuen Umgebung keine Feinde haben, schwere Vegetationsschäden verursacht. Ratten und Waschbären plündern verheerenderweise in großer Zahl Vogelnester.

15. DAWSON CREEK – FORT SMITH – YELLOWKNIFE (GR. SKLAVEN-SEE) – FORT NELSON (Alternativstrecke)

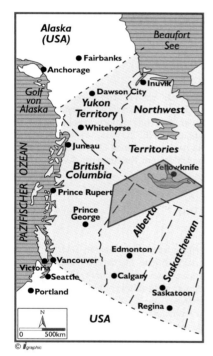

Streckenhinweis
• *Gesamtstrecke: Dawson Creek – Fort Nelson über Fort Smith und Yellowknife: 2.795 km*
• *Summierte Teilstrecken:* Von Dawson Creek auf dem Hwy 49 bis **Spirit River** (Km 95), Abzweigung links auf den Hwy 2 bis **Grimshaw** (Km 207), Abzweigung links auf den Hwy 35 (Mackenzie Highway), dessen Verlängerung in den Northwest Territories Hwy 1 heißt, bis **Enterprise** (Km 781), geradeaus weiter auf Hwy 2 bis Abzweigung rechts (Km 816) auf Hwy 5 bis **Fort Smith** (Km 1.076), Rückfahrt auf Hwy 5 bis Abzweigung rechts (Km 1.339) auf Hwy 2 bis **Hay River** (Gr. Sklaven-See) (Km 1.342), Rückfahrt bis **Enterprise** (Km 1.377), Abzweigung rechts auf den Mackenzie Highway bis

Abzweigung **rechts** (Km 1.462) auf Hwy 3 bis **Rae-Edzo** (Km 1.692), geradeaus weiter auf Hwy 4 bis **Yellowknife** (Km 1.789), Rückfahrt auf Hwy 4 bis **Rae-Edzo** (Km 1.886), geradeaus weiter und nach Überquerung des Mackenzie River bis Abzweigung rechts (Km 2.116) auf Hwy 1 (Liard Highway) bis Abzweigung rechts (Km 2.341) bis **Fort Simpson** (Km 2.399), Rückfahrt bis Abzweigung rechts (Km

Redaktions-Tipps

Übernachten:
• **Yellowknife: Yellowknife Inn $$$$**, 131 renovierte Gästezimmer und Luxussuiten des größten Hotels der Northwest Territories sind sehr zu empfehlen.
• **Yellowknife: Explorer Hotel $$$** bietet 128 Gästezimmer mit Klimaanlage, Konferenzsaal für 450 Personen und eleganten Speisesaal.

Sehenswürdigkeiten:
• **Wood Buffalo National Park** (S. 545), letztes Refugium wild lebender Waldbisons in Kanada!
• **Yellowknife** (S. 551), letzter menschlicher Vorposten in der nordischen Wildnis!
• **Nahanni Nationalpark** (S. 556), raue Wildnis pur!

2.457) auf Hwy 1 bis Abzweigung links (Km 2.767) in den Alaska Highway (Hwy 97)
bis **Fort Nelson** *(Km 2.795)*

1 **Vorschlag zur Zeiteinteilung**
8 Tage

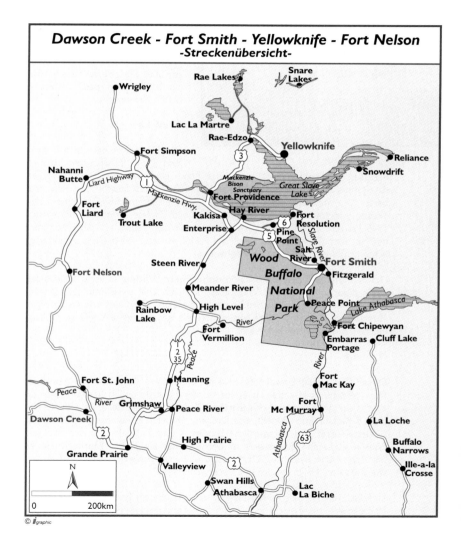

Dawson Creek - Fort Smith - Yellowknife - Fort Nelson
-Streckenübersicht-

Auf dem Mackenzie Highway in die Northwest Territories

In Dawson Creek beginnend, fahren Sie gen Osten über oft schnurgerade Landstraßen in eine unendliche Weite der kultivierten Prärie mit weitverstreuten Farmhäusern, die häufig mit Walmdächern gedeckt sind. Vereinzelt treffen Sie auf Bisonherden, deren Freiheit jedoch durch Zäune begrenzt ist. Die Getreidesilos von **Spirit River** sind schon von weitem in der Ebene sichtbar.

Getreidesilos in der Prärie – Spirit River

Dem Hwy 2 nach Norden folgend, überqueren Sie schon bald das tief eingeschnittene Tal des **Peace River** über eine gelb gestrichene Brücke und gelangt nach Grimshaw (2.812 Einwohner).

Grimshaw

Der Ort wurde nach dem Pionier-Arzt *Dr. M. E. Grimshaw* benannt, der 1914 am Peace River Crossing eine Praxis eröffnete und der dafür sorgte, dass Grimshaw Anschlüsse an das kanadische Eisenbahn- und Wasserstraßennetz bekam. Die wirtschaftliche Basis der Kleinstadt mit ihren 2.812 Einwohnern sind Weizen, Kalksteine, Schotter, Bauholz, Gas und Öl. Von Grimshaw aus trieben 1948 Pioniere eine Route nach Norden durch die Wildnis, um die Reichtümer des Nordens (Öl, Mineralien, Pelze und Fische) zu erschließen. Diese Straße trägt heute den Namen **Mackenzie Highway**.

Boreale Urwälder

Das Farmland wechselt allmählich in **unberührte Wildnis**, in boreale Urwälder, in die Moore mit niedrigem Weidengestrüpp und Schilf eingestreut sind, Brutgebiete des Red-winged Blackbird. Trauerseeschwalben/Black Tern kreisen über den Moortümpeln und stoßen ihre heiseren Schreie aus, und Bergenten/Greater Scaup tauchen in den stillen Gewässern.

Manning

Dieser Ort (1.260 Einwohner), 81 km nördlich von Grimshaw am Notikewin River gelegen, ist in erster Linie eine Versorgungsstelle für Fischer und Jäger, die im Umfeld ihrer Leidenschaft nachgehen, in dem eine Tankstelle, ein kleiner Flugplatz, 5 Restaurants, 3 Motels, eine Drogerie und ein Lebensmittelgeschäft für das Nötigste sorgen. Für die sportliche Betätigung sind Golfplatz, Swimmingpool und Eisbahn vorhanden. Sehenswert ist eigentlich nur ein kleines **Pioniermuseum** mit einem alten Blockhaus, Ziehbrunnen und alten landwirtschaftlichen Geräten, wie Traktoren, Mähdreschern und Feuerwehrwagen.

Nördlich von Manning fahren Sie nur noch durch ein geschlossenes Waldland, hauptsächlich aus Pappeln und Birken bestehend. In nur kleinen Waldlichtungen werden etwas Ackerbau und Weidewirtschaft betrieben, so in **Twin Lakes**. Dort gibt es eine Tankstelle und einen Campingplatz. Ähnlich sieht es in **Paddle Prairie** mit seinen 164 Einwohnern und seiner Méti-Bevölkerung aus.

High Level

High Level (3.004 Einwohner) hat sich erst zu dem entwickelt, was es heutzutage darstellt, als in den 1960er Jahren der Ölboom einsetzte. Hier quert der Hwy 58 den Ort. Im Westen führt er nach Rainbow Lake, einer Öl- und Bergbausiedlung, und im Osten zum **Fort Vermilion**, einem ursprünglichen Handelsposten der North West Company von 1786 und der Hudson´s Bay Company von 1831.

Ehemaliger Handelsposten

Kleines Museum in der Visitor Information

Wenn Ihnen die Zeit nicht zu sehr im Nacken sitzt, sollten Sie diesem nicht überladenen, kleinen Museum etwas Aufmerksamkeit widmen. Ein Tipi, das Indianerzelt der nomadisierenden Indianer, eine Trapperhütte mit ihrem schlichten, aber notwendigen Zubehör, Gerätschaften der ersten Siedler, eine Bauernhütte, eine Arztpraxis der damaligen Pionierärzte mit ihren altertümlichen Geräten und **„Northern Trading Post"** („Handelsposten"), dem eine Poststelle angeschlossen war, können Sie hier besichtigen. Die Missionierung der Urbevölkerung ist ein weiteres Thema dieses Museums. Die **nordische Tierwelt** ist durch Präparate des beeindruckenden hochbeinigen, hellen Nordwolfs, der hochnordischen Schnee-Eule mit den schönen bernsteinfarbigen Augen, des ernst blickenden Bartkauzes, des majestätischen Weißkopfseeadlers, des widerborstigen Baumstachlers und des kräftigen Schwarzbären vertreten. Die heutigen Trapper haben sich den Errungenschaften der Technik nicht verschlossen. Mit Flugzeug, Motorschlitten, modernen Gewehren mit Zielfernrohr und solide gebauten Blockhütten als Ausgangspunkt ihrer Jagdausflüge nehmen sie im Winter den Kampf mit der Wildnis auf. Auch wenn ihre Zahl klein geworden ist, es gibt sie noch.

Kleinere folgende Ansiedlungen sind Meander River, Steen River und Indian Cabins. Nachdem Sie am 60. Breitengrad die Grenze zwischen Alberta und den Northwest Territories passiert haben, wird die Landschaft etwas welliger und Nadelwald ist vorherrschend. Dies ist das Reich des 56 cm großen Amerikanischen Uhus/Great Horned Owl mit seinen gelben Augen und dem quer gestreiften Brustgefieder.

Im Ansitz – Amerikanischer Uhu

Südlich des Großen Sklaven-Sees

Alexandra Falls

Die nächste Attraktion sind die eindrucksvollen Alexandra Falls, an denen die bräunlichen Fluten des **Hay River** 33 m über eine scharfe Felsstufe in die Tiefe stürzen. Nur 2 km weiter wiederholt sich dieses Naturschauspiel mit den mehrstufigen **Louise Falls**.

Enterprise

In diesem Ort (56 Einwohner) gabelt sich die Straße, und Sie verlassen den nach Westen schwenkenden Mackenzie Highway und fahren geradeaus auf dem

Alexandra Falls – Hay River

Hwy 2 weiter. Hier sollten Sie auf jeden Fall Ihre Treibstoffvorräte an der dortigen Tankstelle ergänzen.

Hay River

Dieser Ort (2.891 Einwohner) an der Mündung des Hay River am **Großen Sklaven See** ist ein moderner, lebhafter Ort, dessen Ursprung ebenfalls auf einen Handelsposten der Hudson´s Bay Company aus dem Jahre 1868 zurückgeht. Interessant ist sicherlich die heutige ethnische Zusammensetzung: 51 % Weiße, 26 % Métis, 12 % Dene, 1 % Inuvialuit.

> **Tipp**
> *Im Hardware-Shop sind **Moskitonetzhemden** käuflich zu erwerben, die mit ihrer gerafften Machart und Kapuze der beste Schutz gegen die größte Geisel des nordischen Sommers sind. Außerdem können Sie sich darunter sehr luftig in den warmen hellen Sommermonaten Nordkanadas kleiden.*

Indianerreservat

Etwas abseits der „weißen Siedlung" liegt ein **Dene-Dorf**, in dem 250 Indianern ein Reservat eingerichtet wurde. Sie wohnen zeitweise in Holzhäusern, sind jedoch im Sommer meistens mit Fischen und Jagen in der Umgebung beschäftigt.

Auf dem Highway 5

Wenn Sie sich wieder auf dem Hwy 5 befinden, der sich zunächst

Dene-Jungen – Hay River

noch in der Nähe des südlichen Seeufers hält, bevor er nach Südosten ins Hinterland abdreht, durchfahren Sie eine weite Sanderfläche eines ehemaligen Gletschers, auf der die Nordamerikanische Schwarzfichte/Black Spruce *(Picea mariana)* mit ihren kurzen Zweigen nur eine geringe Höhe erreicht und Lärchen sich in die Waldgemeinschaft mischen. Am Twin Creek sammeln sich im Hochsommer viele Schwalben.

Auf dem sehr klaren Wasser des **Polar Lake**, der in Sand und Kies gebettet ist, halten sich gerne Eistaucher auf. Ein kleiner Campingplatz an seinem Ufer ist ein Ort, der zum Sicherholen einlädt.

Wood Buffalo National Park (ⓘ s. S. 187)

Überblick

1922 wurde dieser Nationalpark gegründet, in erster Linie, um Kanadas einziger übrig gebliebener Herde der Waldbisons/Woodbuffalos das Überleben zu sichern. Die jetzt rund 3.300 Tiere starke Bisonherde im Park ist der kümmerliche Überrest von einst 50 bis 60 Mio. Bisons, die vor der Ankunft des Weißen Mannes die zentrale Prärie bevölkerten. Die letzten Schreikraniche/Whooping Cranes, die kurz vor ihrer Auslöschung standen, stehen hier unter strengem Schutz. Weitere in ihrem Bestand **bedrohte und gefährdete Tierarten** sind: der Bartkauz/ Great Grey Owl, die Raubseeschwalbe/Caspian Tern, das Waldkaribu/Woodland Caribou, der Vielfraß/Wolverine und der Wanderfalke/Peregrine Falcon. Sie alle sind noch im Nationalpark anzutreffen. Auch andere Tierarten, wie Elche, Weißwedelhirsche, Schwarzbären, Wölfe, Luchse, Biber, Bisamratten, Weißkopfseeadler und Kanadische Kraniche haben hier Heimatrecht.

Schutz der Wald-bisons

Mit einer Ausdehnung von 44.800 km² ist dieser Nationalpark einer der größten unserer Erde. Nur etwas größer als Dänemark (43.042 km²), ist dieses Schutzgebiet ein intaktes Ökosystem borealer Wildnis. Kulturelle Traditionen der Urbevölkerung brauchen in diesem weiten Land nicht zu verkümmern. Die Ureinwohner dürfen hier jagen und fischen. Die **subarktische Flora**, die hier die langen, bitterkalten Winter überstehen muss, ist mit ihren besonderen Arten weitgehend vor den zerstörerischen Einwirkungen des Menschen geschützt. Das **Peace-Athabasca-Delta** ist eines der größten Süßwasserdeltas der Erde. 1972 hat die UNESCO für diesen Nationalpark den „World Heritage Status" garantiert.

Wie wir den Wood Buffalo National Park erlebten

* **Agnus Fire Tower**

Nach Eintritt in den Nationalpark fahren wir durch eine unendliche Weite, durch ein Meer kleiner Bäume, bis wir auf den Agnus Fire Tower (Agnus Feuerturm) stoßen. Auf ein Handzeichen des Wachtpostens besteige ich den ca. 20 m hohen Metallturm. Ein Einheimischer erklärt uns, dass der menschliche Gesichtskreis

Feuerturm

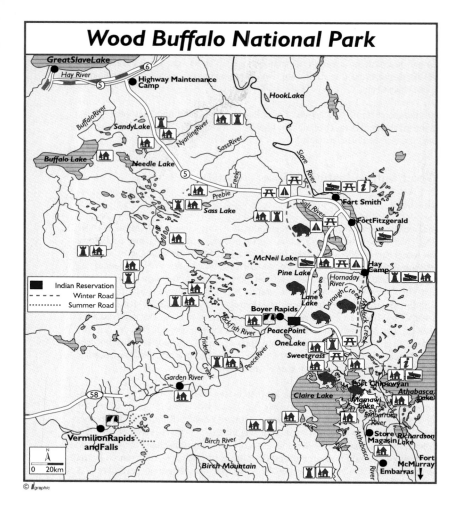

*Wald-
brand-
gefahr*

von hier oben gleichzeitig sein Feuermeldebezirk sei. Insgesamt gibt es 9 Feuer-
türme solcher Art in dieser Gegend. Bei der ersten verdächtig aufsteigenden
Rauchsäule wird mit einem Peilgerät durch Winkelanzeige die genaue Position
des Feuers ermittelt und sofort per Funk der Brandherd an die Zentrale gemel-
det. Daraufhin werden Flugzeuge und Wasserwagen auf den Weg gebracht. Da
hier nur 40 cm Niederschläge im Jahr fallen und die langen nordischen Sommer-
tage sehr sonnig, warm und trocken sind, ist die Waldbrandgefahr sehr groß.
Allerdings sind natürliche **Waldbrände** seit Tausenden von Jahren ein mächtiger
Impuls zur Erneuerung der Natur.

• Nyarling River – ein unterirdischer Fluss

Dieser Fluss fließt unterirdisch durch verkarstetes Gelände. Bei genügend fließenden Wassermassen soll man sein heimliches Rauschen hören können, wenn man das Ohr auf den Boden legt. In dem Taleinschnitt herrscht bei Sonnenschein ein **reges Insektenleben**. Auffällige Schmetterlinge, z. B. Segelfalter, Eisvögel (das sind Tagfalter und keine Vögel), Bläulinge und Hummelschwärmer besuchen eifrig die im lauen Wind schwankenden Blütenkelche, und schwarze Libellen jagen mit blitzschnellen Wendungen kleine Insekten.

• Ein beobachtetes Schreikranichpaar

Vom Kamm eines Moränenhügels lassen wir unseren Blick in die Runde schweifen. Besonders das unter und vor uns liegende Sumpfgebiet wird systematisch mit den Ferngläsern abgesucht. Plötzlich haben wir 2 weiße Gestalten in einer Entfernung von 1 km im Gesichtsfeld. Es sind Schreikraniche/Whooping Cranes, schneeweiß im Gefieder, nur mit rot befedertem Kopfschmuck, jetzt in der Brutzeit sehr heimlich und scheu. Glücklich, diese seltenen Großvögel schon nach so kurzer Zeit entdeckt zu haben, steigen wir nach längerer Beobachtung von unserem erhöhten, luftigen Standort herab. Eine Rangerin in Fort Smith beglückwünschte uns zu diesem höchst seltenen Erlebnis.

Sehr seltene Großvögel

Seit der Entdeckung des Brutvorkommens 1954 durch einen Hubschrauberflug eines Forstoffiziers hat sich die verschwindend geringe Zahl von nur noch 21 dieser stolzen Schreitvögel jetzt erfreulicherweise auf ungefähr 200 erhöht. Diese für die größten Vögel Nordamerikas schicksalhafte Entdeckung hat sie buchstäblich 5 Minuten vor 12 vor dem Aussterben bewahrt. Sie wurden vorher als jagdbares Flugwild und von Sportschützen in ihren bekannten Überwinterungsgebieten im Süden der USA rücksichtslos dezimiert.

Vor dem Aussterben bewahrt

• Ruf der nordischen Wildnis

Neben dem Heulen der Wölfe, einem Ruf der mehr in die Winterlandschaft des hohen Nordens passt, sind der Frühling und der kurze Sommer oft von einer anderen sehr lauten, durchdringenden Tierstimme erfüllt, die charakteristisch ist für die weite Taiga und Tundra. Uns lässt dieser Ruf freudig erschauern und ein Glücksgefühl in uns erzeugen. Er ist wie ein lebensbejahender Jubelschrei, weit über die Seen hallend, wie ein Triumph des Frühlings über den langen, eisigen Winter. Es ist der lachende Ruf der Eistaucher, der den Winter verhöhnt, auch wenn noch Eisschollen auf den Seen schwimmen. Dieser Herold des Frühlings überträgt auch seine Lebensfreude auf uns!

• Einzeln gehende Bisonbullen

Auf unseren mehrtägigen Ausflügen sind wir schon öfter auf frische und ältere Bisonlosung gestoßen, die massenweise von Segelfaltern und Eisvögeln (einer Tagfalterart) als Nahrung angenommen wird. Es zeigt sich leider keines dieser urigen Wildrinder persönlich. Über 3.000 ihrer Gattung in einem Gebiet so groß

Urige Wildrinder

Einzeln gehender Bulle – Waldbison

wie Dänemark zu finden, ist auch gar nicht so einfach.

Als dann jedoch auf dem Rückweg von Peace Point, einer kleinen Indianersiedlung am Peace River, sich vor uns auf sandigem Weg etwas großes Dunkles abhebt, ist die Freude groß. Ein einzeln gehender Bulle hat den bequemen Fahrweg zu seiner Route auserwählt. Immer jedoch, wenn wir näher heranfahren, verschwindet er in der dichten Taiga. An einer anderen Stelle entdecken wir während der heißen Mittagszeit den mächtigen, schwarzgelockten Schädel eines ruhenden Bisonbullen, der sich unter schattenspendenden Kiefern niedergelegt hat. Zwei weitere Male stoßen wir auf diese düster dreinblickenden, zottigen Einzelgänger, mehr oder weniger flüchtig.

- **Salt Plains**

Von Peace Point kommend, biegen wir in die **Parson's Lake Road** ein, einen kurvenreich verschlungenen schmalen Sandweg. Mit leuchtend weißen Stämmen stehen hier die Zitterpappeln/Quaking Aspens in großen Beständen dicht beieinander. Nach 56 km auf diesem sandigen Weg erreichen wir den **Salt Lake View Point**. Von diesem Aussichtspunkt aus blicken wir in eine weite Senke hinab. Weiß schimmert der salzhaltige Boden und kontrastiert mit der borealen Vegetation, die neben überwiegenden Grüntönungen aller Schattierungen auch rosa durch das massenhafte Vorkommen von Fireweed gefärbt ist.

Salzhaltiger Boden

Für die Menschen war diese Salzpfanne seit Hunderten von Jahren wichtig, um ihre gefangenen Fische einzusalzen. Seit 1875 hat auch die Hudson's Bay Company dieses Salz abgebaut. Und doch waren und sind die menschlichen Aktivitäten in diesem Land unbedeutend. Bei dem Blick in die unendliche Weite spüren vielleicht auch Sie, welche Winzlinge wir Menschen hier sind. Die plötzlichen Trompetenstöße eines Trupps Kanadischer Kraniche, die den treffenden englischen Namen „Sandhill Cranes" tragen, erinnern uns daran, dass hier andere Geschöpfe den Ton angeben.

Heimliches Leben – Kanadischer Kranich

ℹ️ Weitere Informationen

Wood Buffalo National Park, Box 750, Fort Smith, N.T., Canada X0E 0P0, Tel.: (867)872-7960, Fax: (867)872-3910, E-Mail: wbnp.info@pc.gc.ca, Web: www. parkscanada.gc.ca./buffalo

Fort Smith (ⓘ s. S. 187)

Überblick

Die Gründung von Fort Smith begann mit einem provisorischen Handelsposten und einem bevorzugten Zeltlager an der 2.575 km langen Binnenwasserstraße vom Fort McMurray ins Polarmeer. Die vier Kaskaden: Casette Rapids, Pelican Rapids, Mountain Rapids und Rapids of Drowned trennen Alberta von den Northwest Territories. 1874 gründete die Hudson´s Bay Company schließlich wegen der an den Stromschnellen durchzuführenden Portagen der Handelsgüter einen ständigen Handelsposten. 1876 begann die römisch-katholische Mission mit ihrer Arbeit. Heute beheimatet der Ort 2.460 Einwohner.

Frühere
Portagen
an den
Strom-
schnellen

Stromschnellen des Slave River

Im Norden des Ortes strömt der breite, wasserreiche Slave River vorüber. Die gewaltigen „Rapids" (Stromschnellen) dieses Flusses sollten Sie sich ansehen. Es sind insgesamt vier Katarakte. Fort Smith am nächsten sind die **Rapids of the Drowned**. Sie erreichen sie am einfachsten zu Fuß, wenn Sie die Breynat Street, an der auch die Kirche liegt, bis zum Ende in nördlicher Richtung entlang gehen und dann einem Uferweg nach rechts folgen.

Zunächst werden Sie sicherlich noch eine Weile von der Urgewalt des mehrere Kilometer breiten rauschenden Stroms, der durch das stufenartige Abgleiten in eine tiefere Ebene in seinem reißenden Lauf noch beschleunigt wird, fasziniert sein.

Wenn Sie sich an diesem Naturschauspiel insgesamt sattgesehen haben, lenken Sie vielleicht auch Ihre Blicke auf detailliertere Erscheinungen tierischen Lebens an diesen imposanten Stromschnellen. Weit draußen in den stehenden Wellenbergen des Flusses erkennen Sie sicher neben den weißen Wasserschaumkronen auch andere weiße Flecken. Es sind Nashornpelikane/White Pelicans, die entweder auf strudelumzingelten Felsen rasten oder, worüber wir sehr erstaunt waren, in diesen tosenden Wassermassen in Gruppen fischen.

Fischende
Nashorn-
pelikane

Hier am Slave River befindet sich übrigens die nördlichste Brutkolonie dieser Großvögel in Nordamerika, die eine Flügelspannweite von 3 m aufweisen!

Westlich des Großen Sklaven-Sees

Kakisa Lake

Wenn Sie von Fort Smith wieder zurück zum Hay River fahren, ihn überquert, dem Mackenzie Highway das letzte Ende nach Westen folgen und den **Evelyn Falls** besichtigen, an denen der Kakisa River 15 m über einen Steilhang stürzt, so bietet sich anschließend die günstige Gelegenheit der **Indianersiedlung Kakisa Lake** einen kurzen Besuch abzustatten.

Fort Providence (ⓘ s. S. 187)

(ⓘ s. S. 187)

Kostenlose Fähre Auf einer kostenlosen Fähre überqueren Sie den ca. 3 km breiten, mächtigen **Mackenzie River**, der hier den Großen Sklaven-See verlässt und seinen weiten Weg in die Beaufort See, einer großen Bucht des Nordpolarmeers, sucht. Schwalben nisten auf dem Fährschiff. In Fort Providence (688 Einwohner) gibt es eine Tankstelle und im Sommer viele lästige Fliegen. Anschließend passiert man 70 km lang rechts des Hwy 3 das **Mackenzie Bison Sanctuary**. Auch hier können Sie nicht selten einzeln gehende Bisonbullen beobachten.

Rae-Edzo

Dene mit Räucherfischen – Edzo

Am Mosquito Creek weitet sich nach der endlosen Taiga der Blick zum Großen Sklaven-See. Anschließend stoßen Sie auf die kleine Indianersiedlung **Edzo**, westlich des Frank Channel, der den North Arm des Großen Sklaven-Sees mit dem anschließenden Marian Lake verbindet. Hier ist die Urbevölkerung eifrig mit dem Fischfang beschäftigt. Außerdem wird ein Wintervorrat an luftgetrockneten und geräucherten Weißfischen angelegt. Das Züchten und Abrichten von Huskies gehört mit zu den Lieblingsbeschäftigungen dieser Dorfbewohner.

Über eine Brücke geht es nach **Rae**, einem Dene-Dorf, das in der Hauptsache aus Blockhütten, einer Holzkirche, einem Supermarkt und zurückhaltenden Indianern besteht, zu denen man sehr schwer Kontakt bekommt.

Insgesamt beheimatet der Doppelort ungefähr 2.000 Dene-Indianer, die größte Dene-Siedlung in Kanada. Diese Gegend ist ein altes Siedlungsgebiet dieses Indianerstammes, das 1965 von der kanadischen Regierung mit Energieversorgung, sanitären Einrichtungen, Supermarkt, Schule, indianischem Kunstgewerbeladen, Kommunikations- und Sportzentrum entwickelt wurde.

Nordwindträume

Auf dem weiteren Weg nach Osten ändert sich das Landschaftsbild grundlegend. Während im Süden und Osten des Großen Sklaven-Sees die auftauenden eiszeitlichen Schmelzwasserströme weitflächige Sanderflächen aufgespült haben, ist die *Viele Moore und Seen* Landschaft nördlich des gewaltigen Sees mit riesigen, von den Gletschern glattgeschliffenen Granitfelsen übersät, teils grau und teils rötlich gefärbt. Dazwischen breiten sich Moore und viele Seen mit gelb blühenden Teichrosen aus. Die aufgelockerte Vegetation an Land besteht hauptsächlich aus Birken, Erlen, Pappeln und Tannen, lebhaft mit großen Beständen **wilder Rosen** geschmückt, deren süßsaurer Blütenduft schmeichelnd den Nordlandsommer parfümiert. Der laue Wind krault die schneeweißen Köpfe des Wollgrases. Insgesamt ist es eine **abwechs-**

lungsreiche Landschaft im Gegensatz zu den vorher trockenen, waldbrandge-
fährdeten Sanderflächen mit den etwas eintönigen Nadelwäldern, die mehr ernste, schweigende Schwermut ausdrücken.

Yellowknife (ⓘ s. S. 187) –
letzter menschlicher Vorposten in der nordischen Wildnis

Überblick

Erst 1934 von weißen Siedlern gegründet, die durch Goldfunde angelockt wurden, ist Yellowknife eine sehr junge Stadt, übrigens die einzige in den riesigen
Northwest Territories. 1960 wurde der Ort ans Straßennetz des übrigen Landes
angeschlossen. 1967 erhob man das junge Yellowknife zur Provinzhauptstadt der
Northwest Territories. 1992 förderte die Entdeckung von Diamanten im Norden
der Stadt einen boomartigen Aufschwung. Heute bündelt die Stadt mit ihren
knapp 14.000 Einwohnern alle administrativen Belange einer riesigen Provinz.
Außerdem ist es die **letzte menschliche Bastion** im hohen Norden Kanadas
mit einem menschenleeren Vor- oder Hinterland, je nach Blickrichtung, Tausende
von Kilometern nur Taiga, Seenplatten, Tundra, Permafrostböden und schließlich
ewiges Eis der arktischen Zone.

Siedler von Gold-funden angelockt

Prince of Wales Northern Heritage Centre
*48th Street, Öffnungszeiten: 01.06.-31.08.: täglich 10.30–17.30 Uhr; 01.09.-30.06.:
Di–Fr 10.30–17 Uhr; Sa, So und an Feiertagen 12–15 Uhr*

Vorweg gesagt: Dieses Museum ist m. E. eines der besten seiner Art in Westkanada. Auserlesen ist die Auswahl der Ausstellungsstücke, und von hohem Niveau
sind die Kommentare. Das Wesentliche dieser ausgezeichneten Kollektionen soll
hier skizziert werden:

Nordische Tierwelt
Mit ihr werden Sie gleich zu Beginn der Ausstellung konfrontiert. Die Tierwelt ist
auch heute noch in den weiten Arealen der Northwest Territories dominierend.

Kunst der Inuvialuit und Indianerstämme
Ihr ist in diesem Museum sehr viel Raum gegeben. Die künstlerischen Fähigkeiten
der eingeborenen zirkumpolaren Völker haben im hoch entwickelten Kunsthand-
werk in verschiedenen Techniken ihren Ausdruck gefunden:
- **Wandbehänge** der Inuvialuit zeigen Szenen aus ihrem Leben.
- **Specksteinschnitzereien** sind bis zur höchsten Vollendung gediehen. Teil-
weise sind Fabelfiguren, aber auch naturgetreue Menschen- und Tierbildnisse
Gegenstand der Schnitzerei. Besonders eindrucksvoll und voller Symbolik ist das
Kunstwerk: „The Shaman's Dream" („Traum des Shamanen").
- Beachtenswert ist ein **kunstvoller Stuhl**, aus zwei Elchschaufelgeweihen ge-
fertigt. Die nach unten zeigenden Schaufeln des einen Geweihs sind die Beine des
Stuhls und die nach oben gerichteten Schaufeln die Lehnen. Es ist eine Gemein-
schaftsarbeit der Dene und Métis.

Kunsthand-werk der Urein-wohner

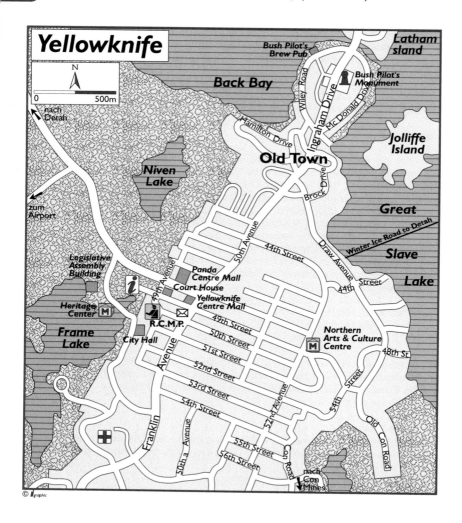

Arktis-Expedition (1913–1919)

Villyallmor Stefansson leitete als Anthropologe diese Expedition. Sein Team führte aufschlussreiche geographische, biologische und völkerkundliche Forschungen durch.

Einsatz moderner Technik zur Erschließung des rauen Landes

Am Rande der menschlichen Existenzmöglichkeiten rückt man mit moderner Technik dieser unerschlossenen Region zu Leibe:

• Das **Flugzeug**, mit Schneekufen bestückt, spielt hierbei eine entscheidende Rolle. Es werden die Schwierigkeiten kanadischer Luftfahrt in der Arktis aufgezeigt (Start- und Landeschwierigkeiten, schlechte Wetterverhältnisse).

• **Zweck der Flüge**:
- Versorgung und Gesundheitsfürsorge der nördlichsten Bevölkerung
- Suche nach Minerialien
- Bekämpfung von Waldbränden
- Weiterentwicklung der Navigation
- Erforschung der Tierwanderungen (Karibu, Eisbär, Moschusochse)
- Erforschung des Brutgeschäftes verschiedener Vögel
- Weiterentwicklung militärischer Abwehrstrategien

Eiszeitliche Jäger aus Asien
• Zum **Großwild** der letzten Eiszeit zählten u. a. Mammute, Kamele, Pferde und Bisons.
• **Eiszeitliche Jäger** gelangten vor 25.000 Jahren über die Bering Brücke zwischen Nordostasien und Alaska in die „Neue Welt".
• Die **ältesten Funde** menschlicher Aktivitäten stammen aus dem **Old Crow-Becken** (Yukon). Es sind Schaber von Knochen der damals jagdbaren Wildtiere.
• Nach dem Abschmelzen der Gletscher vor ca. 13.000 Jahren breiteten sich die aus Asien eingewanderten Menschen in Nord- und Südamerika aus.
• Zur Herstellung von Handwerkszeug wurden zunehmend Steine bearbeitet.

Indianerkulturen
• Die **Dene** kamen vor ca. 12.000 Jahren in die „Neue Welt". Während der letzten 2.500 Jahre haben sie in den Wäldern des „Bärenlandes" in den N. T. gelebt. Ihr Lebensstil basierte auf den Erfahrungen ihrer Vorfahren und

Tiefsinnige Gedanken und Aussprüche
Sie bedürfen keines weiteren Kommentars (freie Übersetzungen):

• *Pierre Bertan*, **1956**: „Wenn der Norden eine Seele hat, dann ist sie hier in diesem leeren Land, dessen Herbheit seine Schönheit ist. Kein Mensch, der hier nicht gelebt hat, kann das verstehen."

• **Über das indianische Verständnis**: „Um indianische Gedanken zu verstehen, muss man in der Lage sein, in dieser Welt auf eine spezielle Art zu leben. Das heißt, mit Tieren, Vögeln und Fischen zu leben, als ob sie Deine Schwestern und Brüder sind. Es bedeutet, das Land ist Dein alter Freund und ein alter Freund, der Deinen Vater kannte, Deinen Großvater kannte, der in der Tat alle Deine Leute immer kennen wird."

• **Ideen der Inuvialuit**: „Dies ist unser Land. Als wir hierher kamen, lernten wir hier zu jagen und zu leben. Leben ist ein fortdauernder Kampf um Nahrung, um Kleidung, Widerstand gegen Schwierigkeiten der Jagd, gegen Schneestürme und Krankheit. Aber wir wissen, unser Land ist nicht die ganze Welt."

• **Gedanken des Méti *Ted Trindell*, 1978**: „Wir sind die Abkömmlinge der frühen weißen Nordländer und der Indianer. Wir kennen den indianischen Weg und den des Weißen Mannes. Wir nutzen die Kenntnis zum Überleben, unabhängig und mit Stolz, bereit, jeder Herausforderung mutig zu begegnen."

• **Ausspruch eines Eurokanadiers, 1883**: „Es ist miserabel. Wir haben Mangel an allem, haben nur Tran für ein ärmliches Licht und das kurz vor dem Winter. Wir müssen uns auf unsere Walfängerboote verlassen und mühen uns um Brennmaterial. Der Alkohol geht zur Neige. Kälte, Nebel, Dunkelheit und Hunger sind unser Schicksal, jeden Tag und alle Tage."

den Ressourcen ihrer Umwelt. Es sind nicht allzu viele Geräte aus den frühen Jahren vorhanden.

• Seit der Entdeckung Amerikas durch den Weißen Mann sind uns Kenntnisse des **Kulturguts der Indianer**, das heute durch Überfremdung zum größten Teil verloren gegangen ist, überliefert:

Sehr leichte, tragbare Kanus

- **Kanus**, in verschiedenen Formen, mit einer Außenhaut aus Baumrinde, die vernäht und mit Baumharz wasserdicht gemacht wurden, waren sehr leicht und konnten gut über die Portagen getragen werden, um von einem Wasserlauf zum anderen zu gelangen.
- **Körbe und andere Behältnisse** wurden ebenfalls aus der biegsamen Baumrinde hergestellt.
- **Fischernetze** flochten die Indianer aus gedrehten Fäden, die der faserige Bast der Weiden hergab.
- **Fleisch** lieferte in erster Linie das Karibu, das zahlreichste Wild der nordischen Taiga und Tundra.
- **Kleidung, Schuhwerk und Taschen** gewann man zum größten Teil aus dem Fell der Karibus.
- Als **Waffen und Jagdgeräte** verwendete man Pfeil und Bogen, Streitäxte, Beile und Messer.
- Das **Tipi**, mit Karibuleder umspannt und mit Tannenzweigen am Boden ausgelegt, war für die nomadisierende Lebensweise der Indianer am geeignetesten. Dieses Indianerzelt war schnell auf- und abzubauen. Um ein offenes Feuer herum herrschte eine strenge Sitzordnung. Die Ältesten des Stammes hatten die besten Plätze unmittelbar am Feuer. Frauen und Kinder mussten sich mit den kältesten Plätzen an der Peripherie des Zeltes begnügen.

• In den unendlichen Wäldern konnte man nur überleben, wenn man alles Essbare verwertete. Es gab verschiedene Jagdmethoden:

Verschiedene Jagdmethoden

- In **Schlingen** wurde alles Wild, vom Hasen bis zum Elch, gefangen, dafür war die genaue Kenntnis der Wildwechsel nötig.
- Richtiges **Fährtenlesen** war eine unerlässliche Fähigkeit.
- In der Nahrungsaufnahme durfte man nicht wählerisch sein. Es musste alles gegessen werden, Luchs, Marder, Karibu, u.s.w.
- **Fallenstellen** musste man perfekt beherrschen.
- **Fischen** zu allen Jahreszeiten war lebensnotwendig, im Winter vom Eis aus.
- Zum **Jagen in der Tundra** wurden Steinverliese gebaut, in die alle möglichen Tiere durch Köder zum Einschlüpfen animiert wurden. Das Verlassen des Steinverlieses wurde durch raffinierte Mechanismen, wie durch Versperren der Ausgänge (herabfallende Steine und Ähnliches) verhindert. So wurden Hasen, Füchse, Wölfe und sogar Eisbären gefangen.
- **Inukshuks**, aus Steinen aufgeschichtete menschenähnliche Gebilde mit Beinen, Armen, Leib und Kopf, sollten Karibus in bestimmte Richtungen lenken, möglichst ins Wasser, wo sie von Kanus aus gespeert wurden. Außerdem wurden die Inukshuks auch als Orientierungspunkte genutzt.

Inuvialuitkulturen

• Die **Pre-Dorset** waren vor ca. 4.500 Jahren die frühesten Einwanderer in die Arktis. Man hat feingeschliffene, kleine Steinwerkzeuge von ihnen gefunden. Sie jagten in erster Linie Karibus und Moschusochsen.

- Die **Tunnit** folgten vor ca. 2.700 Jahren in einer weiteren Wanderbewegung nach Osten. Sie entwickelten neue Geräte und entwickelten neue Strategien, um in dem mörderischen Klima der Arktis zu überleben:
- **Kajaks** ermöglichten eine erfolgreiche Jagd, vornehmlich auf Robben. Ein solches seetüchtiges Einmannboot ist im Original im Museum ausgestellt. Eine **Harpune** mit einer Schwimmblase als Indikator für die getroffene Robbe, war die Jagdausrüstung der einsamen Jäger.
- **Umiaks** sind größere Boote, in denen Frauen und Kinder und größere Lasten befördert wurden. Sie wurde mehrmännig bestückt und auch zum Walfang eingesetzt.
- **Iglus**, Behausungen aus festem Schnee, ermöglichten in Ermangelung anderen Baumaterials einen Unterschlupf und Schutz vor den grausamen Schneestürmen. Walfischtranlampen sorgten für erträgliche Temperaturen. Ein aus Styropor nachgebauter Iglu ist im Museum zu besichtigen.

Ausflug auf dem Ingraham Trail

Der Ingraham Trail ist eine Verlängerung des Hwy 4 nach Osten, eine Stichstraße, die nach 60 km von Yellowknife am Tibbitt Lake endet. Sie führt durch ein abwechslungsreiches Hügelland mit vielen Seen und Mooren und ist für die Bürger von Yellowknife und seine Sommergäste ein interessantes Ausflugsgebiet. Die Straße folgt dem **Cameron River**, der die Seen, Prosperous Lake, Pontoon Lake, Prelude Lake, Hidden Lake und Reid Lake, wie der Faden einer Perlenkette miteinander verbindet, ein ideales Wasserwandergebiet. An den Seen gibt es zahlreiche Wochenendhäuser der Einheimischen, ergiebige Fischgründe und reichlich Gelegenheiten, Bootsfahrten zu unternehmen. *Ideales Wasserwandergebiet*

An Wassergeflügel können Sie im Sommer u. a. Ohrentaucher/Horned Grebes, Bergenten/Greater Scaups und Odinshühnchen/Red-necked Phalaropes, auch mit Nachwuchs, beobachten.

Auf dem Mackenzie Highway nach Fort Simpson

Auf der Rückfahrt von Yellowknife, nach Überquerung des Mackenzie River bei Fort Providence mit der kostenlosen Fähre, dem Hwy 3 nach Süden 24 km folgend, stoßen Sie wieder auf den Mackenzie Highway (Hwy 1 West), dem Sie anschließend auf seinem letzten Ende nach Westen bis Fort Simpson folgen. Es ist eine bei trockenem Wetter gut befahrbare Schotterstraße.

Das Landschaftsbild wechselt zwischen geschlossenen Waldgebieten mit einzelnen Seen und offenem Gelände mit dichtverfilztem Ge-

Kostenlose Fähre – Liard River

strüpp aus Weiden und Polarbirken, dazwischen vereinzelten Lärchen und lockeren Tannenbeständen. Schwarzbären als Einzelgänger oder auch Muttertiere mit bis zu zwei meistens sehr verspielten Jungbären sind unterwegs keine Seltenheit. Auch Kanadische Kraniche/Sandhill Cranes tauchen manchmal nahe der Straße auf. Wir hatten außerdem das große Glück, einen Nordwolf/Gray Wulf kurz zu Gesicht zu bekommen.

Strom-
schnellen
im Trout
River

Ein markanter Punkt an der Strecke sind die **Whittaker Falls** (Saanba Deh), Stromschnellen im Trout River. Sein braunes Wasser donnert in die Tiefe, nachdem es eine enge Schlucht durcheilt hat. Auf einer kostenlosen Fähre überqueren Sie den **Liard River**.

Fort Simpson (ⓘ s. S. 187)

Nach Überquerung des **Liard River**, eines sehr wasserreichen Nebenflusses des Mackenzie River, mit einer ebenfalls kostenlosen Fähre, erreichen Sie Fort Simpson. 1804 hat sich der Ort, wie die meisten Siedlungen im hohen Nordwesten Kanadas, aus der „Keimzelle" des Fort of the Forks der North West Company entwickelt. 1821 richtete die Hudson´s Bay Company hier ihren Handelsposten ein und benannte es nach Sir George Simpson, einem der ersten Gouverneure der vereinigten North West Co./Hudson´s Bay Co., in **Fort Simpson** um. 1849 und 1894 etablierten sich hier die anglikanische und katholische Mission. Heute besitzt der Ort rund 1.000 Einwohner, ein großzügig ausgebautes Visitor Information Centre, eine Tankstelle, ein Postamt, einen Flugplatz, ein Hospital und einen Supermarkt.

Nahanni National Park (ⓘ s. S. 187)

Überblick

1974 wurden der **South Nahanni River** auf einer Distanz von 300 km und die umliegenden Berge unter Schutz gestellt und als Nationalpark ausgewiesen. 1979 hat die UNESCO diese urige Landschaft für zukünftige Generationen zum erhaltungswürdigen „Weltkulturerbe der Menschheit" („World Heritage Site") erklärt.

Urige
Wildnis

Der ungebändigte Fluss fließt innerhalb des Nahanni Nationalparks zunächst 120 km ruhig und mäandrierend durch die **Mackenzie Mountains**, bevor er plötzlich 90 m in einer dramatischen Schau voller Gewalt und Schönheit in den Fourth Canyon hineinschießt. Die Schlucht ist 1.000 m tief und 35 km lang. Die **Virginia Falls**, zweimal so hoch wie die Niagara Falls in Ostkanada, sind die wohl wildesten Wasserfälle Nordamerikas, ziemlich unbekannt und sehr schwer zugänglich.

Nur sehr konditionsstarke und wildniserprobte Wassersportler und Wanderer sind in der Lage, sich den harten Bedingungen dieser Wildnis anzupassen, um dieser Urlandschaft im wahrsten Sinne des Wortes „auf den Grund zu gehen", d. h. den einsamen Fluss zu befahren oder hier zu wandern und ihn nicht nur zu überfliegen.

Die **Fauna** ist beispielsweise durch schneeweiße Dallschafe, Karibus, Elche, Schwarzbären, Weißkopfseeadler und Trompetenschwäne vertreten. Die **Indianer** dürfen im Nationalpark für ihren Eigenbedarf jagen und fischen.

Wie erreichen Sie den Nationalpark?

Es gibt keine Straßen und keine Hütten im Park.

• Es gibt nur 2 Möglichkeiten, per Straße möglichst in die Nähe dieses sehr schwer zugänglichen Nationalparks zu gelangen:

- **Von Watson Lake** (Yukon) führen die Schotterstraßen **Robert Campbell Highway** (Hwy 4) und die **Nahanni Range Route** (Straße 10), zu der Bergwerkssiedlung **Tungsten** (N.T.), nordwestlich des Parks.

- Über den Liard Highway in Höhe von **Nahanni Bute**, am jenseitigen westlichen Ufer des Liard River, können Sie bis zu 30 km im Südosten an den N.P. herankommen.

• Per Charterflugzeug müssen alle Besucher des Nahanni N.P. eingeflogen werden. Sie können beispielsweise Flugzeuge von Edmonton, Fort Simpson, Fort Liard, Fort Nelson oder Watson Lake chartern. Nahanni Butte, im Süden des Parks, besitzt eine Fluglandepiste.

National-park ohne Straßen-zuführung

Weitere Informationen
Nahanni National Park Reserve, Box 348, Fort Simpson, N.T., Canada X0E 0N0, Tel.: (867)695-3151, Fax: (867)695-2446, E-Mail: nahanni.info@pc.gc.ca, www. parkscanada.gc.ca/nahanni

Auf dem Liard Highway zum Alaska Highway

Der Liard Highway (Hwy 7) ist einer der neuesten Highways im Nordwesten Kanadas. Er folgt einer historischen Transportroute durch das Liard-Tal mit seinen borealen Wäldern, traditionelle Heimat der Aco-Dene. Die **Nelson River Flats** sind ein offenes, ornithologisch interessantes Feuchtgebiet.

Heimat der Aco-Dene

Fort Liard (① s. S. 187)

Es ist ein überwiegend von Indianern bewohnter Ort mit nur **428** Einwohnern, die heute in Blockhütten wohnen. Von den wenigen Häusern fallen der Supermarkt und das Polizeigebäude auf.

Beim Überqueren der Grenze zwischen den Northwest Territories und British Columbia müssen Sie die Uhr wieder 1 Stunde zurückstellen.

Der Fort Nelson River wird auf einer 430 m langen, einspurigen Behelfsbrücke, der längsten ihrer Art in der Welt, überquert. Das letzte Stück der Straße bis zur Einmündung in den Alaska Highway ist ziemlich rau und bei Regen schlecht befahrbar.

16. DER NORDEN VON BRITISH COLUMBIA

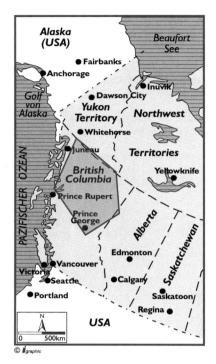

© *i*graphic

Ein sehr einsames Waldland, das lediglich durch die beiden Straßen, den **Alaska Highway** und den **Cassiar Highway**, erschlossen ist.

Von Prince George nach Fort Nelson

Streckenhinweis
• *Gesamtstrecke: Prince George – Fort Nelson: 866 Km*
• *Summierte Teilstrecken: von Prince George auf den John Hart Highway (Hwy 97) bis Dawson Creek (Km 406), Abzweigung links auf den Alaska Highway (Hwy 97) bis Fort Nelson (Km 866).*

Vorschlag zur Zeiteinteilung
2 Tage

Carp Lake Park

Streckenhinweis
Am Nordende des langgestreckten Sees McLeod Lake (ab Km 252), Abzweigung links (Km 266) über eine kurvenreiche Schotterstraße zum Carp Lake Park (Km 305), Ausschilderung: Carp Lake Park und Indianerreservat.

Landschaftlich sehr reizvoll, besteht der 173 km² große Park zu einem Drittel aus buchtenreichen Seen mit zahlreichen Inseln und zu zwei Dritteln aus dichtem Wald, in dem hauptsächlich aus Erlen, Pappeln, Weiden und Fichten vorkommen. An den Seen und Tümpeln wachsen große Doldengewächse. Auf den trockeneren, sandigen Böden gedeihen vornehmlich Kiefern und Rentierflechten. Dieser Park ist sehr einsam, ideal für Naturfreunde und Angler, die Beschaulichkeit und Ruhe suchen.

Übernachten:
• **Fort Nelson: Fort Nelson Hotel $$$** hält 145 moderne Zimmer, einige mit Küchenecke, für die Gäste bereit.

Ein Netz von Wanderwegen durchzieht den kleinen Provincial Park. Ziele sind die War Falls und kleine, verträumte, stille Waldseen rund um den größeren Carp Lake. Auf den wenig anstrengenden Wanderungen haben Sie Zeit, auf die rotblühende Akelei, Lupinen und rotbeerigen Holunder zu achten. Mit etwas Glück begegnen Sie Elchen, Hirschen und Schwarzbären. Auch Wasservögel werden dem aufmerksamen Wanderer nicht entgehen, allerdings hier im Binnenland wegen der riesigen gleichartigen Biotope weit verstreut.

Riesige, gleichartige Biotope

Dawson Creek

Dawson Creek (Km 406) ist sowohl Endpunkt des John Hart Highway als auch Ausgangspunkt des Alaska Highway (Hwy 97). Ein fahnenumwehter Pfosten markiert den „Milepost 0". Etwa 11.000 Einwohner bevölkern die Kleinstadt. Der Ort liegt in der fruchtbaren Ebene des Peace River, einem der nördlichsten Getreideanbaugebiete Kanadas. Die großen Kornspeicher sind das Wahrzeichen der Stadt.

Alaska Highway bis Fort Nelson

Der Alaska Highway war in nur 2 Jahren von 1942 bis 1944 von der US-Armee in größter Eile gebaut worden, weil die Japaner im 2. Weltkrieg auf den Aleuten (Alaska) gelandet waren und Nordamerika bedrohten. Die Strecke bis Fort Nelson ist sehr einsam und nur sehr spärlich von Menschen besiedelt.

Sehr kurze Bauzeit

Fort Nelson (ⓘ s. S. 187)

Der ehemalige Handelsposten der Pelzjäger, der zur Ansiedlung einiger Indianerclans führte, hat sich heute zu dem rund 5.500-Seelen-Dorf Fort Nelson entwickelt. *Lord Horatio Nelson*, der glorreiche, beliebte britische Seeheld, der 1805 bei Trafalgar die spanisch-französische Flotte vernichtend schlug und dabei fiel, ist der Namensgeber dieser Ortschaft.

Von Fort Nelson nach Watson Lake

 Streckenhinweis
Gesamtstrecke: Fort Nelson – Watson Lake: 567 km

 Vorschlag zur Zeiteinteilung
2 Tage

Stone Mountain Provincial Park (ⓘ s. S. 187)

Die Region um den **Summit Pass** (1.295 m), dem höchsten Punkt des Alaska Highway, ist berüchtigt wegen ihrer plötzlichen und dramatischen Wetterstürze. Sie können diese raue Hochgebirgslandschaft bei strahlendem Sonnenschein, aber auch schneebedeckt zu jeder Jahreszeit erleben. Diese Region ist die Heimat der

Höchster Punkt des Alaska Highway

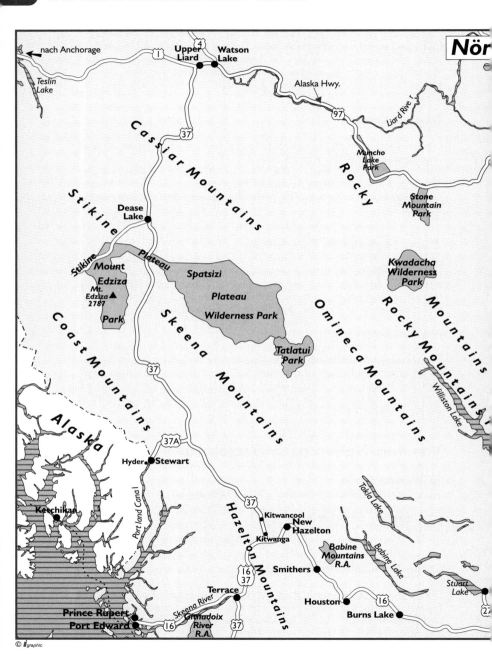

ches British Columbia

nach Yellowknife

~Liard Hwy.

Fort Nelson

97

Alaska Hwy.

29 **Fort St. John**
Hudson's Hope
97 **Dawson Creek**
97

Chetwynd
John Hart 97
29

Tumbler Ridge

Lake ark
97

t. James

nderhoof **Prince George** 16

N
0 — 50 km

Übernachten:
- **Watson Lake: Belvedere Motor Hotel $$$**, im Zentrum der Stadt, das neueste und nobelste Hotel des Ortes u. a. mit Wasserbetten

Sehenswürdigkeit:
- **Watson Lake: Signpost Forest** (S. 563), ein bunter Schilderwald, entstanden durch einen vom Heimweh geplagten US-amerikanischen Soldaten

stämmigen Dickhornschafe, der zierlichen Bergkaribus, der putzigen Murmeltiere, der langsamen Baumstachler und des unumschränkten Königs der Berge, des Grizzlys.

Der **Summit Lake** (1.283 m) ist Ausgangspunkt mehrerer Wanderwege, so auch des „Hoodoos-Trail", der zu erodierten, turmartig aufragenden Felssäulen aus Kalkstein nördlich des Highway führt. Rund um den See existiert nur noch ein lockerer Baumbestand von niedrigen Koniferen, dazwischen Moospolster und Beerensträucher, deren Farben im Ausgang des Sommers von beige bis rotbraun variieren.

Muncho Lake Provincial Park (ⓘ s. S. 187)

Der **Muncho Lake** schimmert türkisfarben. Er ist bis zu 223 m tief und bekannt für sein reiches Vorkommen an Regenbogenforellen. Die den See umstehenden Berge sind über 2.000 m hoch. Die Vegetation in der Umgebung des Muncho Lake ist nur dürftig ausgebildet. Das wasserdurchlässige Kalk-

Großer Bestand an Regenbogenforellen

gestein bietet nur wenigen Pflanzen Lebensraum. Große Schuttmoränen züngeln bis ins Tal.

Liard River Hot Springs (ⓘ s. S. 187)

Heiße, schwefelhaltige Quellen

Früher, vor Ankunft der Weißen, als die **Kaska-Indianer** noch diese Gegend bewohnten, nutzten sie diese heißen schwefelhaltigen Quellen aus gesundheitlichen Gründen. 1942–44, als der Alaska Highway gebaut wurde und heiße Sommer, feuchtkalte Herbsttage und kalte Winter den Bauleuten zu schaffen machten, waren diese „Hot Springs" den Straßenbauern sehr willkommen. Schon bald entstanden hier ein Hospital, eine Sägemühle und eine Tankstelle. 1957 wurde der Hot Springs Park eingeweiht.

14 verschiedene Orchideenarten

Heute besuchen jedes Jahr Tausende von Reisenden diese **Oase** am Nordufer des Liard River an der Meile 496 (Km 800) des Alaska Highway, um in den heißen Quellen zu baden und sich in dem rustikal ausgebauten Bad zu erholen. Auf einem kurzen Spaziergang überquert man zunächst über Laufstege ein Feuchtgebiet, in dem mehr als 250 boreale Pflanzenarten, einschließlich 14 verschiedener Orchideenspezies, gezählt wurden. Außerdem herrscht hier ein reiches Vogelleben (u. a. Wanderdrosseln und Limikolen). Auch Elche halten sich gern in der sumpfigen Umgebung in der Nähe der Quellen auf. Dann erreicht man die beiden Pools „Alpha" und „Beta". Das heiße Wasser hat an den Quellen eine Temperatur von + 38 bis + 48 °C. Neben den beiden Pools befinden sich auch Umkleidekabinen. Nacktbaden ist selbstverständlich nicht gestattet.

Naturliebhaber und Fotografen staunen an den sog. „Hängenden Gärten" über die vielen Farnkräuter und die üppige, blumenreiche Vegetation, die wegen der ständigen Wärme südlichen Breiten entspricht. Beispielsweise gedeihen hier Kalm's Lobelia *(Lobelia kalmi)*, Yellow Monkey Flower *(Mimulus guttatus)*, Mistassini primrose *(Primula mistastinica)*, Philadelphia fleabana *(Erigeron philadephicus)*, Common Butterwort *(Pinguicula vulgaris)*

Grenze zum Yukon Territory

Am 60. Breitengrad überquert man die Grenze von British Columbia zum Yukon Territory. Die kanadische Provinz erhielt ihren Namen von dem indianischen Wort „Youcoun", das „großer Fluss" bedeutet. Es wurde von den Weißen von der Hudson's Bay Company in den 1840er Jahren erforscht, die hier einige Handelsposten errichteten. Dieses Gebiet betrachtete man damals nur als einen Bezirk der riesigen Northwest Territories.

Es blieb bis zum einsetzenden **Goldrausch am Klondike**, bei dem Tausende von Glücksrittern einwanderten, ziemlich unberührt. Dann entstanden jedoch Siedlungen über Nacht. Diese stürmische Entwicklung führte am 13.06.1898 zur Bildung der selbstständigen kanadischen Provinz Yukon Territory.

Watson Lake (ⓘ s. S. 187)

Überblick

Ende des 19. Jahrhunderts war die jetzige Gegend als Fish Lake bekannt. 1897 reiste *Frank Watson*, angesteckt vom Goldfieber am Klondike, nach Norden. Nachdem er sich durch raues, nicht kartographiertes Land gekämpft hatte, fand er im Frühjahr 1898 am oberen Liard River eine andere Art von Gold. Die Landschaft übte eine solche Anziehungskraft auf ihn aus, dass er beschloss, hier zu bleiben und das Leben eines Prospektors und Trappers zu führen. Er heiratete die Indianerin *Adela Stone*, und die beiden siedelten an einem See, der den Namen Watson Lake bekam. In den 1930er Jahren wurde der See als Landeplatz für Buschflugzeuge ausgewählt.

Watson heiratete eine Indianerin

1941, während des Zweiten Weltkriegs, entstand an der historischen **Meile 635**, etwa auf halbem Weg zwischen Fort Nelson und Whitehorse, ein behelfsmäßiger Flugplatz, um auf diese Weise Versorgungsmaterial nach Alaska zu schaffen und um eine wichtige Nachschubbasis für den Bau des Alaska Highway zu haben. Das war die Keimzelle der Siedlung Watson Lake. Das Leben der Kaska-Dene-Indianer in diesem vorher isolierten Landstrich wurde durch den Bau des Alaska Highway dramatisch verändert.

Heute hat Watson Lake etwa 1.800 Einwohner, gilt als Kanadas „Tor zum Yukon" und ist ein bedeutender Versorgungspunkt am Zusammentreffen des Alaska Highway (Hwy 1) und des Robert Campbell Highway (Hwy 4) sowie ein beliebter Ausgangspunkt für Jäger, Fischer und Trapper in das wilde Umfeld.

Signpost Forest
Am Nordende der Stadt, Kreuzung Hwy 1/Hwy 4

Dieser Ort hat seine Berühmtheit durch die Ansammlung von ca. 42.000

Schilderwald – Watson Lake

Orts- und Herkunftsschildern aus der ganzen Welt, auch aus Deutschland, Österreich und der Schweiz, erlangt. Begonnen hat dieser bunte **Schilderwald**, als der vom Heimweh geplagte US-amerikanische Soldat *Carl L. Lindley* aus Denville in Illinois 1942 beim Bau des Alaska Highway einen Wegweiser seines Heimatortes an einen Pfahl nagelte. Dies gab den Anstoß zu dieser Schildersammlung.

Wegweiser-Schildersammlung

Von Watson Lake nach Kitwanga auf dem Cassiar Highway

 Streckenhinweis

- *Gesamtstrecke Watson Lake – Kitwanga: 735 km*
- *Teilstrecke Watson Lake – Upper Liard (Alaska Highway <Hwy 1>): 21 Km*
- *Teilstrecke Upper Liard – Meziadin Junction (Cassiar Highway <Hwy 37>): 579 km*
- *(Stichfahrt Meziadin Junction – Stewart: 65 km)*
- *Teilstrecke Meziadin Junction – Kitwanga (Cassiar Highway <Hwy 37>): 156 Km*

 Vorschlag zur Zeiteinteilung
4 Tage

*Strecke Watson Lake – Kitwanga mit Abstecher nach Stewart/Hyder: 2 Tage
Hyder: 2 Tage oder mehr*

Bis Meziadin Junction auf dem Cassiar Highway (ⓘ s. S. 187)

Weil nach der Tourenbeschreibung der Alaska Highway auf der Fahrt nach Norden befahren wurde, empfehle ich Ihnen für die Rückfahrt die Route nach Süden ab Upper Liard den Cassiar Highway, als Alternative zum Alaska Highway. Er ist zwar zum größten Teil eine Schotterstraße, führt jedoch durch eine sehr reizvolle, einsame Landschaft, die bei trockenem Wetter ihre ganze Schönheit entfaltet.

Redaktions-Tipps

Übernachten:

- **Stewart: Ripley Creek Inn $$** bietet 33 ein bisschen altmodisch, aber gemütlich eingerichtete Zimmer in verschiedenen, teilweise historischen Gebäuden an.

Essen:

- **Stewart: Rainey Mountain Bakery & Deli ##** ist spezialisiert auf frische Brote, Deli Meats und Salate.

Sehenswürdigkeiten:

- **Hyder: Bären** (S. 566) fischen Lachse am Fish Creek.
- **Hyder: Salmon Glacier** (S. 567) ist vom Waldweg am Hang sehr gut einsehbar.

Bergbau im Cassiar-Gebiet

Der **Good Hope Lake** (Km 97) schimmert türkisfarben. Am Berg flammt es gelb, orangefarben, rot und goldfarben in der herbstlichen Vegetation. Der Rausch der Laubfärbung hat die Bergleute jedoch kaum interessiert, eher das schwergewichtige gelbe Metall. 1872 setzte hier ein **Goldrausch** ein, weil dieses Edelmetall zuerst am Dease River gefunden wurde. Reichhaltige Vorkommen entdeckte man später am Thibert Creek und McDame Creek.

Gewichtiges Gold-Nugget 1877 wusch der Bergmann *Alfred Freeman* den größten aller Goldklumpen, der in British Columbia je gefunden wurde, aus dem McDame Creek bei Centreville heraus. Das Nugget wog 72 Uncen (2.041,2 g)! 1878, als das meiste Gold abgebaut war, verschwanden die Glücksritter wieder.

In **Jade City** (Km 119) wird heute noch Jade abgebaut. Östlich des Hwy liegt einer der reichsten Claims der Erde.

Dease Lake (ⓘ s. S. 187)

Dease Lake (Km 234) ist ein kleiner Ort am gleichnamigen See. Von hier geht rechts eine abenteuerliche Straße nach **Telegraph Creek** ab, die jedoch nur bei trockenem Wetter befahren werden sollte. Sie ist für Wohnmobile nicht empfehlenswert. Telegraph Creek ist Ausgangspunkt für Wildnistouren in den **Mount Edziza Provincial Park** auf dem Pferderücken, per Buschflugzeug oder zu Fuß.

Mt. Edziza Provincial Park

Dieser Park im Westen des Cassiar Highway ist eine spektakuläre vulkanische Landschaft. Das Zentrum bildet der Mt. Edziza, 2.787 m, ein Vulkan, der aus dünnen Basaltströmen und einem zentralen Dom mit einem Krater von nahezu 2.500 m Durchmesser besteht. Der Ausbruch, der den Berg um den zentralen Dom gebildet hat, begann vor ca. 4 Mio. Jahren. Die letzten Lavaströme ergossen sich noch vor nur 10.000 Jahren in einem Umfeld von 25 bis 55 km.

Vulka-nische Landschaft

Prähistorisch ist diese Gegend insoweit interessant, weil hier rasiermesserscharfe Schneideblätter und Pfeilspitzen aus Obsidian, einer Art vulkanischem Glas, von einheimischen Indianern hergestellt wurden. Mit diesen Dingen trieben sie Handel im gesamten Nordwesten Amerikas.

Der Park ist außerdem bemerkenswert für sein „wildlife". Er sollte jedoch nur von „harten" Rucksackwanderern durchstreift werden.

Spatsizi Wilderness Plateau Park (ⓘ s. S. 187)

Diese weglose Wildnis, östlich des Cassiar Highway, wird von widerstandsfähigen Wanderern, abenteuerlustigen Kanuten, Jägern und Anglern wegen der puren Wildniserlebnisse aufgesucht. „Glady's Lake Ecological Reserve" ist die Heimat von Dickhornschafen, Schneeziegen, Elchen, Karibus, Grizzlies, Schwarzbären und Wölfen. Durch das Schutzgebiet fließt der Stikine River.

Weglose Wildnis

Weit von der Straße entfernt, schließt der **Tatlatui Park** an. Dort gibt es eine Reihe hoher, schneebedeckter Bergspitzen und langfingeriger Seen, ebenfalls die Heimat von Schneeziegen und Karibus. Die Regenbogenforellen sind hier besonders zahlreich.

Yukon Telegraph Line

Die ehemalige Telegraphenleitung wurde aus dem Klondike-Goldfieber geboren. Diese über 3.000 km lange Leitung, von 1899–1901 erbaut, verband damals Dawson City mit Vancouver. Für die Goldgräberstadt war sie der Lebensnerv zur Außenwelt und für Trapper und Bergleute eine Leitlinie auf ihren unsteten Wanderungen.

Telefon-leitung als Lebens-nerv

Abstecher nach Stewart und Hyder (Alaska)

Bear Glacier

Auf dem 37A Highway, 27 km westlich von **Meziadin Junction**, stoßen Sie auf den eindrucksvollen Bear Glacier, der den ohnehin schon kalten Gletschersee ständig mit neuen von der Abbruchkante herabstürzenden Eisbrocken füttert. Das Eis hat eine lange Wanderung hinter sich.

In seinen See kalbend – Bear Glacier

Stewart
(ⓘ s. S. 187)

Stewart ist ein kleiner Ort mit nur etwa 1.700 Einwohnern. Er liegt am Ende eines 145 km langen und sehr schmalen Fjords, *Kleiner Ort am Ende eines Fjords* dem Portland Canal, der die natürliche Grenze zwischen British Columbia (Kanada) und Alaska (USA) bildet. Dem Ort ist eine flache Schwemmlandzone vorgelagert, durch die sich der Bear River seinen Weg in den offenen Fjord bahnt. Dieses Sumpfland wird ständig überflutet und ist von gestrandeten Baumstubben übersät. Seeschiffe werden an weit ins offene Wasser gebauten Förderanlagen gelöscht und neu befrachtet.

Geschichtlicher Überblick
1896 erforschte Kapitän *D.D. Gaillard* den Portland Canal. Zwei Jahre später setzten sich die ersten Siedler und Bergleute am Ende des Fjords fest. 1902 und 1905 kamen die *Stewart*-Brüder hier an. Nach dem ersten Postmeister *Robert M. Stewart* ist der Ort benannt. Gold-, Silber- und später Kupferbergbau sicherten über Jahrzehnte die Existenz der beiden Orte. Heute ist es mehr der Fremdenverkehr, der die Orte am Leben erhält. Das **Stewart Historical Society Museum** dokumentiert mit seinen Ausstellungsstücken und Fotos die bewegte Geschichte dieser Region.

Hyder (Alaska) (ⓘ s. S. 266)

4 km von Stewart entfernt liegt Hyder (70 Einwohner), wesentlich kleiner als der kanadische Nachbarort und ohne jede Pass- und Zollformalitäten zu erreichen. Nach weiteren 5 km gelangen Sie direkt an das Nahrungsgebiet der **Braun- und Schwarzbären**. Zwischen Ende Juli und Anfang September scheint es zeitweise mehr **Lachse** als Wasser im Fluss zu geben. Bären beim Fischen zu treffen, ist in

dieser Zeit fast ein alltäglicher Anblick. „Parkwächter" sind natürlich vor Ort, um die unvorsichtigen Touristen an „face-to-face"-Fotos mit Bären zu hindern.

Erlebnisse mit Bären

Starke Bewegungen in der gegenüber liegenden Vegetation des Berghangs kündigen das Erscheinen von Bären an, oft nach stundenlangem Warten. Diesmal erscheint eine Braunbärin mit drei Jungen. Die drei fast schwarzen niedlichen *Bärenland* Jungtiere haben ihre erfolgreich fischende Mutter aus den Augen verloren. Sie handeln sehr unvorsichtig und schwimmen über den Fish Creek. Ein weiterer halbwüchsiger Bär erschient, den sie wahrscheinlich für ihre Mutter gehalten haben. Als der Irrtum erkannt wird, erklimmen sie blitzschnell eine dicke Sitkafichte, direkt vor unserem Beobachtungsstand am hohen Ufer des Creek. Die Bärenmutter verspeist derweil einen großen Chum-Salmon, erkennt dann jedoch die Gefahr für ihren Nachwuchs und schlägt den anderen Bären in die Flucht.

Auch **Schwarzbären** kommen an den Fish Creek zum Fischen. Ein kräftiges Tier bewegt sich, von der Brücke kommend, flussabwärts in Richtung

Schwarzbär am Creek – Hyder

Beobachtungsstand. Er überquert den Creek und fängt einen Lachs direkt am diesseitigen Ufer, verzehrt ihn im Schutz der dichten Vegetation, nur wenige Meter unsichtbar unter dem Beobachtungsstand. Wir hören nur das Knacken der Gräten, die beim Fressen zerbissen werden. Plötzlich erscheint ein mächtiger Braunbär. Der Schwarzbär verhält sich ganz still, denn er ist der schwächere. Als der „große Bruder" verschwunden und der Fisch vermutlich verspeist ist, pflückt sich der Schwarzrock zum Nachtisch einige rote Holunderbeeren vom Strauch. Ab und an ist sein Kopf kurz zu sehen. Dann verschwindet auch er. Wir können seinen Abgang nur anhand der in Bewegung gesetzten Büsche erkennen. Ein **Weißkopfseeadler** streicht über den Fluss, nach Resten der Bärenmahlzeiten Ausschau haltend.

Salmon Glacier

Wenn Sie mit dem Auto zunächst flussaufwärts weiterfahren, allmählich höhere *Schim-* Lagen erreichen und schließlich einen ungehinderten Blick auf das Flusstal haben, *mernder* dann bleibt Ihr Blick unwillkürlich an blau schimmernden Eisbrocken im Fluss *Eisstrom*

Salmon Gletscher – bei Hyder

haften, die vom Salmon Glacier stammen. Von den Felsen und durch den dichten Bergwald mit riesigen Hemlocks sprudeln zahlreiche Bäche, die sich wie silbrige Bänder zu Tal winden, sich teilen und wieder vereinigen. **Bären** kreuzen gelegentlich Ihren Weg.

Die Straße dorthin bis zum Wendepunkt, der nach 25 km erreicht ist, ist offiziell zu befahren. Sie sollten jedoch, weil es sehr kurvenreich am Berghang entlang geht, vorsichtig fahren und mindestens eine Stunde Fahrzeit (ein Weg) einkalkulieren.

Gletscher, wie ein riesiger Lindwurm

Von dem Aussichtspunkt genießen Sie einen wunderbaren Rundblick über den Salmon Glacier von oben, sehen, wie er sich wie ein riesiger Lindwurm zu Tal windet. Tiefe, im Grund schimmernde Spalten bedecken seinen rissigen, gekrümmten Rücken.

Weiterfahrt bis Kitwanga auf dem Cassiar Highway

Kitwancool

In dieser Indianersiedlung ragen viele restaurierte **Totempfähle** in den Himmel, unter ihnen der berühmte **„Hole-in-the-Ice-Pole"**. Von ihm erzählt man die Geschichte, dass ein Dorfbewohner seinen Stamm vor dem Verhungern während eines harten Winters rettete, indem er ihn mit Fischen versorgte, die er durch ein Loch im Eis fing. Das Dorf hieß ursprünglich Gitanyow, was „Platz der vielen Menschen" bedeutet. Es wurde wegen der schwindenden Zahl seiner Urbevölkerung durch Überfälle in Kitwancool, das „Platz der reduzierten Menschen" heißt, umbenannt.

Beschreibung zu **Kitwanga** s. S. 519.

17. DER SÜDEN DES YUKON MIT KURZEN ABSTECHERN NACH ALASKA

Die Hauptstadt des Yukon, **Whitehorse**, hat touristisch Einiges zu bieten, besonders das kürzlich eröffnete **Interpretive Centre**, in dem auf phantastische Art und Weise die Bedeutung der versunkenen Landbrücke zwischen Sibirien und Alaska, Beringia, dargestellt ist, über die neben Tierwanderungen auch die menschliche Besiedlung Amerika erfolgte.

Zum weiteren Höhepunkt wird der Besuch von **Dawson City**, berühmt und berüchtigt geworden durch den hier ausgelösten **Goldrausch**.

Von Watson Lake nach Whitehorse

 Streckenhinweis
Gesamtstrecke: Watson Lake – Whitehorse: 434 km

1 **Vorschlag zur Zeiteinteilung**
2 Tage
- *Strecke Watson Lake – Whitehorse: 1 Tag*
- *Whitehorse: 1 Tag*

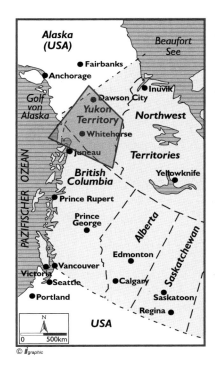

Teslin (ⓘ s. S. 187)

Überblick

1903 wurde am Zusammentreffen des Nisutlin River und des Teslin Lake ein Handelsposten gegründet, der der Ursprung des heutigen Ortes ist. Heute sind die wichtigsten Einrichtungen und Gebäude des 465 Einwohner zählenden Dorfes: der Handelsposten, das Gesundheitszentrum, die Post und die katholische Kirche. Die kleine Gemeinde beheimatet eine der größten Eingeborenensiedlungen im Yukon Territory. Der Lebensunterhalt der Bevölkerung wird zum größten Teil noch durch traditionelle Jagd, Fischerei und Fallenstellerei bestritten. Einige einheimische **Tlingit-Indianer** entwickeln ihre Handwerkskunst in der Anfertigung von Kanus, Schneeschuhen, Schlitten usw. in einer lokalen Werkstatt weiter.

Jagen und Fischen

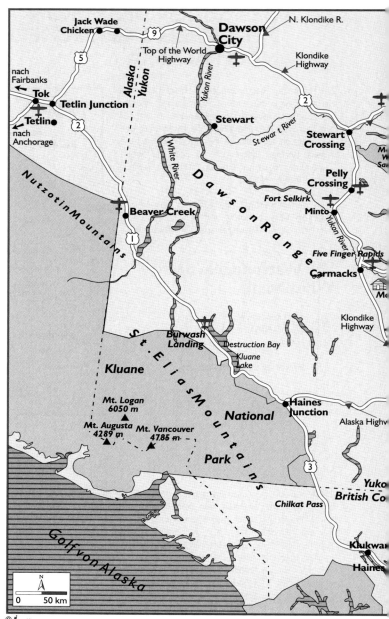

© *i*graphic

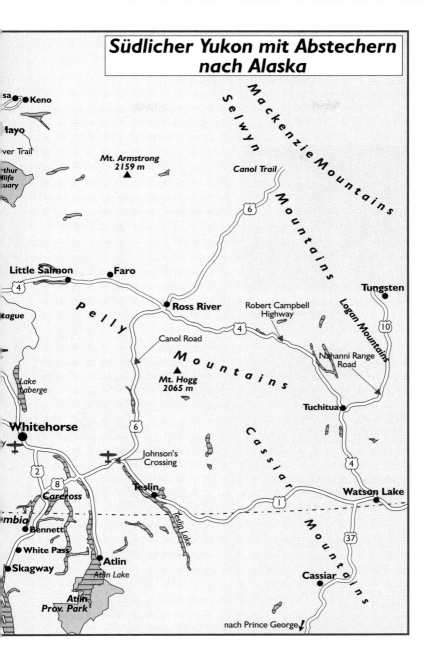

Südlicher Yukon mit Abstechern nach Alaska

Mackenzie Mountains

Selwyn Mountains

sa Keno

Mayo

ver Trail

thur
life
uary

Mt. Armstrong
2159 m

Canol Trail

6

Little Salmon   Faro

4

tague

Pelly

Ross River

Robert Campbell
Highway

Tungsten

Logan Mountains

10

Canol Road

4

Mountains

Mt. Hogg
2065 m

Nahanni Range
Road

Lake
Laberge

Tuchitua

Whitehorse

6

Cassiar

y

Johnson's
Crossing

2

8

Carcross

Teslin

4

mbia

Bennett

White Pass

Skagway

Atlin

Atlin Lake

Teslin Lake

1

Watson Lake

Mountains

37

Cassiar

Atlin
Prov. Park

nach Prince George

Redaktions-Tipps

Übernachten:

• **Whitehorse: Wolf Ridge $$**, die Deutsche Heide Hofmann bietet Unterkunft in ihrem idyllisch gelegenen Blockhaus, 30 km außerhalb von Whitehorse, in einem Pappelgehölz, individuelle, warmherzige Betreuung.

Behaglichkeit bei Heide und Peter Watson – an der Straße nach Whitehorse

Essen:

• **Whitehorse: The Cellar ###**, im Edgewater Hotel, seit seiner Gründung ist der Cellar eines der besten Speiserestaurants im Norden geblieben, ein Symbol für Qualität und Konsistenz.

Sehenswürdigkeiten:

• **Teslin: George Johnston Museums** (S. 572) ermöglicht Rückblicke in die vergangene Goldrauschzeit und die Kultur der Tlingit und Athabasken.

• **Whitehorse: Raddampfer SS Klondike II** (S. 575), Veteran der einstigen großen Flotte.

• **Whitehorse: Yukon Beringia Interpretive Centre** (S. 576), der Besuch ist ein Muss.

Abenteuer-Reisen:

• **Whitehorse: Yukon Wild Ltd.**, Rainer Russmann und Elisabeth Weigand, organisieren Abenteuer-Reisen per Kanu, mit Mountain Bikes, als Trekkingtour oder als Fotosafari in Nordwest-Kanada und Südalaska, deutschsprachig.

George Johnson Museum

Box 146, Teslin, Yukon Y0A 1B0, www.gjmuseum.yk.net/, Öffnungszeiten: Ende Mai bis Anfang September: täglich 9–17 Uhr

Das sehenswerte Museum stellt folgende Besichtigungsstücke aus:
• Exponate aus den Tagen des Goldrausches,
• Utensilien der ersten weißen Pioniere,
• Gebräuchliche Geräte einer **Trapperhütte** (Inneneinrichtung, Fangeisen, Schneeschuhe, eine Art Fellschlitten (Skin Toboggan), erbeutete Felle).
• Das Warenangebot eines damaligen Handelspostens (Gewehre, Messer, Kessel), die gegen die Pelze der Trapper eingetauscht wurden.
• **Indianische Kunstgegenstände**, Jagd- und Fischfanggeräte sowie Gebrauchsartikel der Tlingit-Kultur. Es hängen Fotos der **Potlach-Feiern** der Tlingit und deren festliche Gewänder mit kunstvollen Perlenstickereien aus.

Die Tlingit und Athabasken hatten, bevor die Russen und Westeuropäer hier erschienen, ein Handelsnetz aufgebaut. Der Tlingit *George Johnston* (1884–1972) war bezüglich seiner Fallenstellerei und seiner Fotografie ein den Neuerungen aufgeschlossener Indianer. Mit seiner Kamera fotografierte er das Leben der Inland-Tlingit von Teslin und Atlin von 1910 bis 1940. Johnson kaufte auch das erste Auto von Teslin, einen Chevrolet von 1928.

Northern Wildlife Museum

Dieses sehenswerte Museum liegt an der **Nisutlin River-Brücke**. Die Flora und Fauna des Nordwes-

tens Nordamerikas ist gekonnt wiedergegeben. Die sehr guten Landschaftsmale-
reien der Rückwände der Ausstellungsbiotope geben einen guten Übergang zum
naturgetreuen nachgebildeten Boden. Im Einzelnen werden Ihnen u. a. folgende
Tiere in ihrem entsprechenden Biotop vorgestellt:

*Sehens-
wertes
Museum*

- Verschiedene **Fischarten** werden gezeigt.
- **Moschusochsen** sind von weißen **Wölfen** umstellt.
- Ein **Luchs** jagt **Schneehühner.**
- Ein **Schwarzbär** führt Junge.
- Ein **Grizzlybär** schläft in seiner Winterhöhle.
- Zwei **Karibuhirsche** können sich vom Kampf nicht mehr lösen, weil sich ihre Geweihe verhakt haben. Beide Geweihe von zwei verendeten Karibus sind in Wirklichkeit verhakt gefunden worden.
- Ein **Elchbulle** wird von drei Wölfen angegriffen. Ähnlich sind die Gerippe von zwei Elchbullen gefunden worden, deren Geweihe sich verhakt hatten. Ein Foto belegt diese Tragödie.
- **Biber** sind in ihrem typischen Posen dargestellt.
- Ein **Grizzlybär** ist mit dem Fischfang beschäftigt.
- Ein **Steinadler** und ein **Amerikanischer Uhu** sind in kleineren Schaukästen untergebracht.

Dem Museum sind ein RV Park, eine Tankstelle und ein Motel angeschlossen,
unter deutschsprachiger Leitung.

Whitehorse (ⓘ s. S. 187) –
Provinzhauptstadt des Yukon Territory

Überblick

1896–98 hat der Goldrausch am Klondike die Entstehung dieser Ortschaft bewirkt. 1900 verlegte die White Pass & Yukon Railway ihre Gleise an der klassischen Goldgräberroute über das schwierigste Teilstück, über den White Pass, um
den Pazifikhafen Skagway mit Whitehorse am Yukon River zu verbinden. Von hier
aus pendelten die Heckschaufler („Sternwheeler") auf dem Yukon River von und
nach Dawson City. Diese Funktion als Umschlagstelle Eisenbahn/Raddampfer ließ
die Siedlung langsam anwachsen.

Whitehorse stand aber immer noch im Schatten von Dawson City, wo das
begehrte Gold gefördert wurde. Im April 1942 erreichte der Alaska Highway
Whitehorse, zunächst nur eine Militärstraße, im 2. Weltkrieg dann von den USA
in großer Eile wegen der Landung der Japaner auf den Aleuten gebaut. Jetzt erst
entwickelte sich Whitehorse boomartig. Vorher waren der Yukon River und die
Eisenbahn die einzigen Transportadern im Binnenland nach Alaska. Erst später
wurde die Straße für den öffentlichen Verkehr freigegeben.

*Lebens-
adern:
Eisenbahn
und Straße*

Am 31.03.1953 erklärte man Whitehorse, eine Mischung aus Pioniergeist und
Unternehmertum, unter Absetzung von Dawson City, zur Hauptstadt vom Yukon
Territory. Anschließend wurden Brücken und die Straße nach Dawson City ge-

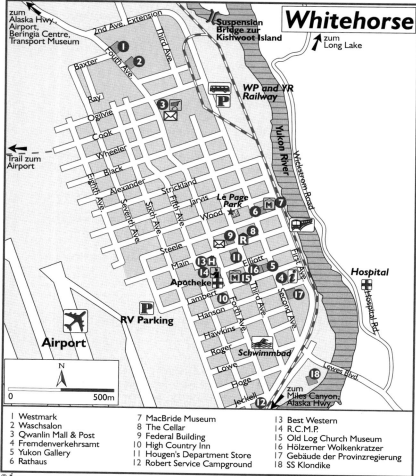

Whitehorse

zum
Alaska Hwy.,
Airport,
Beringia Centre,
Transport Museum

Suspension
Bridge zur
Kishwoot Island

zum
Long Lake

WP and YR
Railway

Trail zum
Airport

Yukon River

Wickstrom Road

Le Page
Park

Hospital

Apotheke

RV Parking

Airport

Schwimmbad

zum
Miles Canyon,
Alaska Hwy.

zum
Lewes Blvd

N

0   500m

1 Westmark	7 MacBride Museum	13 Best Western
2 Waschsalon	8 The Cellar	14 R.C.M.P.
3 Qwanlin Mall & Post	9 Federal Building	15 Old Log Church Museum
4 Fremdenverkehrsamt	10 High Country Inn	16 Hölzerner Wolkenkratzer
5 Yukon Gallery	11 Hougen's Department Store	17 Gebäude der Provinzregierung
6 Rathaus	12 Robert Service Campground	18 SS Klondike

© graphic

*Raddamp-
fer als
Museums-
stück*

baut, die die Raddampfer überflüssig machten. 1960 verkehrte der Raddampfer SS
Keno zum letzten Mal. 1962 wurde er der Öffentlichkeit als nationalhistorische
Stätte in Dawson City zugänglich gemacht. 1966 zog man SS Klondike durch die
Straßen von Whitehorse bis zu seinem jetzigen Ruheplatz als Flussboot-Museum
neben der Robert Campbell-Brücke.

Heute ist Whitehorse eine moderne Stadt mit 22.000 Einwohnern, die Ihnen alle
Annehmlichkeiten der westlichen Zivilisation bietet. Der Name „Whitehorse"

geht auf die ehemals aufschäumende Gischt der Stromschnellen von Miles Canyon zurück, die an die wehende Mähne eines Schimmels erinnert. Durch die Erhöhung des Wasserstands, vom Stausee Schwatka Lake verursacht, gibt es heute dieses Naturschauspiel nicht mehr.

Yukon Visitor Reception Centre
100 Hanson Sreet

Das sehr gut ausgestattete Informationszentrum zeigt beispielsweise eine eindrucksvolle Reliefkarte des **Yukon Territory** mit einer Schalttafel, um bestimmte Highways, Orte, Flüsse usw. zu beleuchten. Außerdem informiert es über die White Pass und Yukon Route. Die meisten Goldsucher kamen über den Chilkoot Pass, eine traditionelle Handelsroute der Urbevölkerung, die von der Küste ins Landesinnere des Yukon-Gebietes führte. Die Konstruktion der Schmalspureisenbahn über den White Pass machte diese brutale Überlandreise überflüssig. 1898 begann man mit dem Bau dieser Eisenbahnlinie bei bitterer Kälte, Schnee und Lawinengefahr.

Geschichtliche Entwicklung der Stadt

Außerdem erfahren Sie mehr über folgende Eingeborenenstämme und -sprachen: Inuvialuit, Tlingit, Athabaskan, Tanq, Han, Gwitchin, Tuchone, Kaska, Tagish und Tahlan.

Die Zahlen einiger Großsäuger, die im Yukon leben, ergeben folgendes Bild: ca. 10.000 Schwarzbären, ca. 6.300 Grizzlybären, einige wenige Eisbären an der arktischen Küste, ca. 60.000 Elche, die zweitgrößte Bevölkerung an höheren Lebewesen nach den Menschen.

Raddampfer SS Klondike II
Öffnungszeiten: Dieses Schmuckstück der Stadt kann von Mitte Mai bis Mitte September täglich von 9–18 Uhr besichtigt werden.

Vor mehr als 100 Jahren war die große Flotte der Raddampfer die Lebenslinie im Yukon Terri-

Raddampfer „Klondike" – Whitehorse

tory. Von 1866 bis Mitte 1936 haben insgesamt 250 Raddampfer auf dem Yukon River Dienst verrichtet. Die Leute, die an den Ufern des Yukon River lebten, waren vom System der Raddampfer abhängig. Es waren Bergleute, die auf der Suche nach Mineralien waren oder bereits in Bergwerken arbeiteten, Holzfäller, die Holz für die Dampfschiffe zubereiteten, Fallensteller, Händler und Jene, die mit dem Aufbau des Yukon Territory beschäftigt waren. 1937 wurde der Heck-schaufler-Raddampfer SS Klondike II in Dienst gestellt. Er schaffte den Yukon River von Whitehorse nach Dawson City flussabwärts in 36 Stunden. Die gleiche Strecke flussaufwärts dauerte 4 bis 5 Tage. Ursprünglich war er als Frachtschiff konzipiert worden. Er beförderte silberhaltiges Erz, das zum Weitertransport auf die White Pass Railway nach Skagway umgeladen wurde, und außerdem Passagiere. Es gab folgende Unterwegsstationen:

Geschichte des Heckschauflers

- **Lac Laberge** (heute Lake Laberge) war die nächste Station Richtung Dawson City. Die Schifffahrtsgesellschaft hatte einen Damm errichtet, um den Wasser-stand des Sees zu regulieren und um bei Öffnung der Schleusentore des Damms das Eis im Frühling fortspülen zu können.
- **Five Finger Rapits**, gefährliche Stromschnellen, nördlich des Lake Laberge waren für die Schifffahrt ein Problem. Normalerweise konnte nur die Ostdurch-fahrt für eine sichere Durchfahrt benutzt werden.
- **Stewart** war eine wichtige Station. Kleinere Raddampfer, wie beispielsweise **SS Keno**, beförderten das silberhaltige Erz von Mayo den Stewart River flussab-wäts bis zum Yukon River. Größere Schiffe, wie die SS Klondike, beförderten die Fracht weiter bis Whitehorse.
- **Dawson City** war die nördlichste Destination der meisten Raddampfer und Transportmöglichkeit zu den **Goldfeldern**.

1952 fungierte der Raddampfer SS Klondike II ausschließlich als **Touristenboot**. Im August 1957 wurde er aus dem Verkehr gezogen und 1966 als Museum eingerichtet. Er war der letzte große aktive Raddampfer auf dem Yukon River.

Old Log Church Museum
3rd Ave./Elliot Street, Öffnungszeiten: Anfang Juni bis Labour Day (1. Mo im September) werktags von 9–18 Uhr und sonntags von 12.30–16 Uhr

Der anglikanische Geistliche *Richard Bowen* und seine Frau erreichten diese Gegend Ende des 19. Jahrhunderts mit dem Auftrag, sich um die Bergleute von Fortymiles, Circle City und Dawson City zu kümmern. Am 01.08.1900, zum Yukon zurückgekehrt, errichtete *Richard Bowen* auf Anweisung des Bischofs *Bompas* mit seinen Helfern eine Kirche im Blockhausstil. Am 07.10.1900 wurde der erste Gottesdienst abgehalten. Das anschließend errichtete Pfarrhaus wurde zum Zentrum verschiedener sozialer Aktivitäten und zur Schule für indianische Kinder. 1953–60 hatte die einfache Blockhaus-Kirche die Funktion der **Diözesan-Kathedrale** inne. Am 17.01.1960, mit der Vollendung der neuen Kathedrale, verlor dieses historische Gebäude seine Bedeutung als Andachtsstätte christlichen Glaubens. 1962 richtet man es als Museum ein, betreut von der „Yukon Church Heritage Society", in dem Erinnerungsstücke der Pioniere nordischer Mission aufbewahrt sind.

Kirche im Blockhaus-stil

Yukon Beringia Interpretive Centre –
Hüter der Urgeschichte Nordamerikas
Tourism Yukon Heritage Branche P.O. Box 2703, Whitehorse, Yukon Canada Y1A 2C6, Tel.: (867)667-8855, Fax: (867)667-8854, E-Mail: beringia@gov.yk.ca, Website: www.beringia.com. Standort: Das Zentrum liegt 5 Minuten vom Stadtzentrum von

Whitehorse entfernt, am Alaska Highway und südlich des Flughafens von Whitehorse. Die Anlage bietet großzügige Parkplätze für Fahrzeuge, wie Wohnmobile, und ist für Rollstuhlfahrer zugänglich. Öffnungszeiten: täglich Mai bis September: 9–18 Uhr; Juni bis August: 8.30–19 Uhr.

• Überblick

Im Mai 1997 wurde dieses sehr informative Yukon Beringia Interpretive Centre eröffnet, das sich nicht als Museum im herkömmlichen Sinn sieht, sondern als Interpretationszentrum. Es behandelt den für Amerika urgeschichtlich wichtigsten Themenkreis, die zentralen Fragen betreffend:
• **Welche Lebensformen** gab es auf dem „verlorenen" Subkontinent Beringia?
• Waren die eiszeitlichen Jäger die ersten Menschen in Amerika, die über die einstige Landbrücke zwischen Sibirien und Alaska das vorher menschenleere Amerika betraten?

Originalgetreue Repliken von Skeletten der Riesensäuger der Eiszeit verdeutlichen die gewaltigen Dimensionen der damaligen Fauna.

„Fahrt in die Unterwelt" im Yukon-Beringia-Museum – Whitehorse

Über Wandbilder, Schautafeln, zugängliche Computer, Kurzvideos und den Film „Imagine Beringia" auf Großleinwand im Filmsaal mit 200 Sitzplätzen werden Sie in das zurückliegende Zeitalter versetzt. Alle Informationen werden populärwissenschaftlich vermittelt. Mit eingeflochten sind die **Mythen der Indianer**, die heute im Yukon Territory ansässig sind.

In den Außenanlagen beeindruckt eine Plastik aus Kupfer des begabten, auf tragische Weise ums Leben gekommenen Tlingit-Künstlers *Mark Porter*, dem einzigen Enkelsohn des indianischen Fotografen *George Johnston*. Kupfer war bei den Haida und Tlingit ein Zeichen von Wohlstand. Außerdem ähnelte es der Farbe des Lachsfleisches. Diese Plastik zeigt einen Eingeborenen, der in einem Boot durch ein Tor vom Diesseits ins Jenseits fährt. Beide Welten sind durch die Sonne und den Mond symbolisiert. Das preisgekrönte, **futuristische Gebäude** versinnbildlicht ein umgekipptes Kanu, ein gelungenes Symbol zwischen der Gegenwart und Vergangenheit der Menschheitsgeschichte.

Tor vom Diesseits ins Jenseits

Eiszeitliche Nische Beringia

Als riesige kontinentale Eisfelder der letzten Eiszeiten weite Teile der nördlichen Hemisphäre überzogen, und ein großer Teil der Wassermassen als Eis gebunden war, war der Meeresspiegel aller Ozeane und Nebenmeere zeitweise um 125 Me-

Ehemalige Landbrücke Sibirien–Alaska im Yukon-Beringia-Museum – Whitehorse

ter niedriger als heute. Dies hatte zur Folge, dass eine Landbrücke zwischen Sibirien und Alaska bestand. Die heutige Beringstraße, Teile der Bering-See, der Beaufort-See, der Tschuktschen-See und der Ostsibirischen See, von der Mackenzie River- bis zur Lenamündung lagen trocken. Diesen einstigen urzeitlichen „vergessenen" Subkontinent nennt man Beringia. Bodenproben und Funde von Pflanzenresten von Landpflanzen, die auf dem einst trockengelegenen Meeresboden wuchsen, beweisen, dass es Beringia gab. Dieses weite Land war Heimat von riesigen Säugetieren, die wir heute noch

Landbrücke Beringia in Sibirien und Nordamerika finden, sowie Arten, die inzwischen ausgestorben sind. Beringia war während der bis zu 14 Eiszeiten der letzten zwei Mio. Jahre in der nördlichen Hemisphäre stets eisfrei, weil die klimatischen Verhältnisse zu trocken waren, um Gletscher zu bilden. Der Wind hat den feinen Lössstaub übers Land getrieben. Er war der beste Nährboden für Tundrapflanzen. Widerstandsfähige Gräser und krautartige Gewächse besiedelten die sog. **„Mammutsteppe"**.

Diese Pflanzen waren wiederum die Nahrungsgrundlage für eine erstaunliche Vielfalt an Tieren, unter ihnen gigantische Säugetiere, beispielsweise:
*   das zottige **Wollhaarmammut**, Urahn des heutigen asiatischen Elefanten,
*   der **Kurznasige Riesenbär**, der größte und kräftigste Fleisch fressende Jäger Nordamerikas, der den heutigen Grizzlybär um mehr als 30 cm überragte,
*   der **Steppenbison**, ein riesiges Tier,
*   der **Riesenbiber**, der nach Überlieferung der Indianer die Größe eines heutigen Schwarzbären erreichte,
*   das **Jeffersonsche Riesenfaultier**, von der Größe eines Ochsen.

Auf dem Höhepunkt der letzten Eiszeit, der Wisconsin-Eiszeit, erschienen **eiszeitliche Jäger** aus den Steppen Sibiriens in Beringia und eroberten dieses wildreiche, aber unwirtliche Land. Es ist unglaublich, unter welchen klimatisch grausamen Bedingungen die sicherlich erfolgreichsten und härtesten Jäger aller Zeiten diese gewaltigen Tiere erlegten.

Informativer Dokumentarfilm

Erzählungen der Ureinwohner Alle 45 Minuten wird im Filmsaal der Dokumentarfilm **„Imagine Beringia"** gezeigt. Er kombiniert auf faszinierende Weise atemberaubende Landschaftsaufnahmen des gegenwärtigen Yukon-Gebietes mit seltenen Archivfotos. Sie können die wissenschaftliche Arbeit in der Old Crow Region im Norden des Yukons verfolgen. Sie können den Erzählungen der Ureinwohner Nordamerikas, deren Urahnen in der Alten Welt von Beringia gelebt haben, lauschen. Sie können außerdem Tierfunde bestaunen, die aus der Eiszeit stammen und die von Goldgräbern in der Gegend des Klondike im Zentrum des Yukons freigelegt wurden.

- **Multimedia-Ausstellung**

Diese Ausstellung umfasst lebensgroße Nachbildungen von Tieren der letzten *Flora und* Eiszeit und eine reale, dreidimensionale Darstellung der rekonstruierten Land- *Fauna* schaft, Flora und Fauna der versunkenen einstigen Landbrücke Beringia zwischen *Beringias* Sibirien und Alaska.

Die **Höhepunkte der Ausstellung** sind:

- **Die Scimitar-Katze** (*Homotherium serum*)
Die Scimitar-Katze, eine tödliche Mordmaschine, nicht zu verwechseln mit dem Säbeltiger, hatte die Größe eines Löwen und war ein Beutegreifer. Sie lebte während der auslaufenden letzten Eiszeit in den meisten Regionen Kanadas und *Ausgestor-* der USA. Ihre Beute waren hauptsächlich große Pflanzenfresser, einschließlich *bene* Mammut und Mastodon, die sie aus dem Hinterhalt überfiel. Die langen, scharfen *Großkatze* Krallen waren ideale „Werkzeuge", um die Beute zu töten und die Haut und das Fleisch zu zerschneiden. Im Yukon wurde bislang eine Vielzahl von Knochen der Großkatze gefunden, jedoch keine gefrorenen Kadaver im Permafrostboden.

- **Das Wollhaarmammut** (*Mammuthus primigenius*)
Die in der großen Halle zu besichtigende Nachbildung eines Wollhaarmammut-Skeletts stammt von dem bisher größten Tier, das jemals gefunden wurde. Das Mammut, im Yukon entdeckt, war **4 m groß, 3,60 m lang**, besaß 2,50 m lange *In Beringia* Stoßzähne und hatte das Gewicht eines Asiatischen Elefanten. In Beringia war das *am* Wollhaarmammut am weitesten verbreitet. Der größte Teil der heutigen Provinz *weitesten* Yukon war von einer **nicht vergletscherten, kalten, trockenen, baumlosen** *verbreitet* **Tundralandschaft,** der sog. „Mammutsteppe" bedeckt, in der reichlich Gräser und Salbeigewächse wuchsen. Die jüngsten Mammutfunde in Nordamerika sind ca. 12.000 Jahre alt. Auf der sibirischen Wrangel Insel hat eine zwergwüchsige Form des Wollhaarmammuts bis in die Zeit vor etwa 4.000 Jahren überlebt.

- **Der Kurznasige Riesenbär** (*Arctodus simus*)

Die Nachbildung des Skeletts eines Kurznasigen Riesenbären, eines Originals aus Illinois, können Sie ebenfalls in der großen Halle bestaunen. Diese gewaltigen Bären lebten in Alaska und im Yukon von vor 44.000 bis zu 20.000 Jahren wäh-

Riesenbär und Wölfe im Yukon-Beringia-Museum – Whitehorse

rend einer milderen Periode der Eiszeiten. Während der auslaufenden letzten Eiszeit gab es sie in fast allen Teilen Nordamerikas mit Ausnahme des Südwestens der USA. Vor etwa 11.000 Jahren starben sie endgültig aus. Diese Tiere waren fast ausschließlich Fleischfresser. Sie wiesen eine durchschnittliche Schulterhöhe von 1,50 m auf. Die kapitalen Männchen mögen fast eine Tonne gewogen haben.

- **Das Jeffersonsche Riesenfaultier** (*Megalonyx jeffersoni*)

Die Rekonstruktion des Knochengerüstes des Riesenfaultiers in der großen Halle, dessen Originalknochen aus Alaska und Yukon stammen, werden sicherlich auch Sie in Erstaunen versetzen. Das zu Ehren des U.S. Präsidenten *Thomas Jefferson*, einem der ersten Paläontologen Nordamerikas, benannte Riesenfaultier ist tatsächlich eines der merkwürdigsten ehemaligen Bewohner Beringias. Der reine Pflanzenfresser, erkennbar an den langen, abgeflachten Zähnen, hatte etwa die Größe eines Ochsen, war 2,50 bis 3,00 m lang und wog wahrscheinlich mehr als eine Tonne.

Erstaunliche Größe

Mit den gebogenen Krallen hat es vermutlich die Zweige von den Bäumen heruntergerissen.

Das Riesenfaultier stammte ursprünglich aus Südamerika. Es wanderte vor ca. fünf Mio. Jahren nach Nordamerika und lebte in der Zwischeneiszeit vor der Wisconsin-Eiszeit (vor 150.000 bis 130.000 Jahren) auch im hohen Nordwesten Nordamerikas. In dieser warmen Peride war Beringia bewaldet.

- **Der Riesenbiber** (*Castoroides ohioensis*)

Eine Rekonstruktion des Riesenbibers finden Sie auf dem Fußweg vom Parkplatz zum Beringia Centre. Er war das größte Nagetier des eiszeitlichen Nordamerika. Das Alter der gefundenen Fossilien im Yukon wird in den Zeitraum von vor 130.000 bis 60.000 Jahren eingeordnet. Weiter südlich überlebten diese Tiere bis zum Ende der letzten Eiszeit vor ca. 10.000 Jahren.

Größtes Nagetier Amerikas

- **Saigaantilope** (*Saiga tatarica*)

Die Saigaantilopen sind leichtgewichtige (26 bis 32 kg) und schnellfüßige Tiere, die ein Tempo von bis zu 70 km/h erreichen können. Typisch ist ihre eigentümlich, mächtig aufgeworfene, rüsselförmig verlängerte Nase, die es ihnen ermöglicht, unter kalten und staubigen Bedingungen zu atmen – eine hervorragende Anpassung an den feinen, windverfrachteten Lössstaub, der in Beringia häufig anzutreffen war.

Ihre ehemalige Verbreitung reichte von England bis Baille Island in den Northwest Territories in Kanada. Die Saigas hielten sich sicherlich nur in den trockenen und kältesten Perioden der Eiszeit hier auf. Fossilien von ihnen fand man bisher in 13.000 Jahre alten Ablagerungen bei den **Bluefish Caves** und auf **Herschel Island**. Das heutige Vorkommen beschränkt sich auf wenige steppenartige Gebiete Zentralasiens.

Restbestände in Zentralasien

- **Der Steppenbison** (*Bison priscus*)

Die Verbreitung des Steppenbisons erstreckte sich während der Eiszeit von Nordeuropa über Asien bis Beringia. Er lebte in Beringia während der letzten 700.000 Jahre und war eines der am weitesten verbreiteten Großwildart. Er starb nicht aus, sondern entwickelte sich zum heutigen Waldbison und Präriebison weiter. Der gefrorene Kadaver des mächtigen Steppenbisons „Blue Babe" ist etwa 31.000 Jahre alt. Man hat herausgefunden, dass „Blue Babe" von Amerikanischen Löwen getötet wurde. Sein Körper gefror schnell, als die Raubtiere daran fraßen. Die Überreste wurden schließlich durch einen Erdrutsch unter dem Permafrostboden begraben. Goldsucher entdeckten diesen Büffel, der jetzt im **Museum der University of Alaska** in Fairbanks ausgestellt ist.

Vorfahre der heutigen Bisons

- **Das Steppenpferd** (*Equus lambei*)

Ein teilweise erhaltener Kadaver eines kleinen ausgestorbenen Yukon-Pferdes wurde im September 1993 am Last Chance Creek, nahe Dawson City von Goldgräbern gefunden. Nach der Datenbestimmung mittels der C 14-Methode hat dieser Hengst vor ca. 26.000 Jahren während einer relativ warmen Periode kurz vor dem Höhepunkt der letzten Eiszeit gelebt.

Diese Pferde zogen während der zweiten Hälfte der letzen Eiszeit in großen Herden über die steppenartigen Grasländer des nordwestlichen Nordamerikas und starben unerklärlicherweise vor ca. 10.000 Jahren in Amerika aus.

In Amerika ausgestorben

Zusammenstellung der Fauna Beringias

Wir unterscheiden zwischen:

a) damals in Beringia lebenden und **noch heute** in Nordamerika und Sibirien **lebenden Tieren** und

b) damals in Beringia lebenden und **heute in Nordamerika ausgestorbenen Tieren.**

zu a.) Folgende Tiere trifft man nach wie vor in Nordamerika und/oder Eurasien: beispielsweise den Wolf, den Rotfuchs, den Luchs, das Vielfraß, das Karibu, das Dallschaf, den Schneehasen, den Kragenpfeifhasen. Der Moschusochse wanderte gegen Ende der Eiszeit in kältere Polargebiete ab. Der Steppenbison (siehe oben) hat sich gut an die Klimaveränderung angepasst.

zu b.) Ausgestorben sind beispielsweise in Nordamerika: der Steppenlöwe (*Panthera leo atrox*) die Scimitar-Katze (*Homotherium serum*), der Kurznasige Riesenbär (*Arctodus simus*), das Wollhaarmammut (*Mammuthus primigenius*), das Mastrodon (*Zygolophodon americanus*), das Jeffersonsche Riesenfaultier (*Megalonyx jeffersoni*), das „Yesterday's" Kamel (*Camelops hesternus*), die Saigaantilope (*Saiga tatarica*), das Steppenpferd (*Equus lambei*) und der Riesenbiber (*Castoroides ohioenis*).

Die Vegetation Beringias

Die Pflanzenwelt Beringias umfasste Gräser, krautartige Gewächse und Zwergsträucher der „Mammutsteppe". Die Pflanzengesellschaften unterschieden sich naturgemäß je nach lokaler Bodenbeschaffenheit, Feuchtigkeit und Höhenlage. Mit den Grasländern Beringias vergleichbare Biotope findet man am ehesten an den steilen, unbewaldeten Südhängen im heutigen Zentral- und Südyukon.

Pflanzen der „Mammutsteppe"

Die Kenntnisse über die Vegetation Beringias erhalten die Forscher durch die Untersuchung von Pflanzenresten urzeitlicher Pollen. Oft werden diese im Permafrostboden, auf dem Grund von Seen und sogar in den Mägen von mumifizierten Tieren der Eiszeit, z. B. von Mammuten und Bisons, gefunden. In einigen Fällen ist die Konservierung dieser Überreste unvorstellbar. Z.B. fand man 10.000 Jahre alte Samen in einem Lemmingnest in der Gegend um den **Sixty Mile River** in der Klondike Region, brachte sie zum Keimen und es wuchs daraus eine gesunde Lupine (*Lupinus arcticus*)!!!

Die Magenanalyse eines Mammuts erbrachte folgende Pflanzen, die zur Zeit Beringias existierten: Arktische Lupine (*Lupinus arctica*), Balsam Pappel (*Populus balsamifera*), Fünffingerkraut (*Aquilegia formosa*), Jakobsleiter (*Polemonium pulcherrimum*), Salbei (*Artemisia alaskana*), Vielblättrige Schafsgarbe (*Archillea millefolium*), Wollgras (*Eriophorium scheuchzeri*), Zwergbirke (*Betula glandulosa*), Zwergweide (*Salix alexensis*).

Aktivitäten der Ureinwohner

Beringia war höchstwahrscheinlich das „Tor zur Neuen Welt". Über diese Landbrücke zwischen Sibirien und Alaska wurde der letzte Kontinent von Menschen besiedelt. Die Ausdehnung der menschlichen Bevölkerung auf Ostberingia geschah im Oberen Paläolith, so nennen die Archäologen die auslaufende Steinzeit, eine Zeitspanne von 40.000 bis vor 10.000 Jahren, die bereits das Auftreten des modernen Menschen (*Homo sapiens*) umfasst. Die bewundernswerte Fähigkeit der „Beringianer" sich an die raue Umwelt der „Mammutsteppe" anzupassen, wurde durch folgende kulturelle und technische Erfindungen des Oberen Paläolith begünstigt:

Das Tor zur Neuen Welt

- Die Bildung einer verbesserten Sozialstruktur erleichterte die Verbreitung von Ideen und Wissen zwischen kleinen und weit verstreuten Gruppen.
- Die Tradition des Geschichtenerzählens reifte heran, ein Mittel, um wichtige Informationen weiterzugeben.
- Das detaillierte Wissen bezüglich Landschaft, Wildvorkommen, Überlebenstechniken und soziale Aspekte spiegeln sich in Mythen und Legenden vieler Volksgruppen der damaligen Zeit wider.

Folgende Technologien waren im Oberen Paläolith in Eurasien und Beringia kennzeichnend:

- Der Bau von geeigneten Winterbehausungen mit Hilfe von Mammutknochen, ähnlich späterer Walknochenkonstruktionen der Thule-Inuvialuit-Gruppen, war für das Überleben der Menschen im nördlichen Bereich der eiszeitlichen „Mammutsteppe" von entscheidender Bedeutung.

Anpassung an ein extremes Klima

- Der kontrollierte Gebrauch von Feuer musste gekonnt sein.
- Jagdtechniken, wie das Umzingeln und Treiben von Beutetieren und verschiedene Arten des Fischfangs, wurden verfeinert.
- Geräte aus Knochen und Stein lassen Standardisierung und Miniaturisierung erkennen. Aus 18.000 Jahre alten Werkzeugen, die am Ostufer des Jenissei in Zentralsibirien gefunden wurden, lässt sich die fortschreitende technische Verfeinerung im Oberen Paläolith ablesen. Diese Werkzeuge sind Kombinationsgeräte aus Knochen, Geweih oder Elfenbein.
- Die Mikroklingen-Technologie erstreckte sich im letzten Jahrtausend der Eiszeit von Zentralsibirien und der Mongolei bis nach Ostberingia (Yukon). Wie auch im Fall der Kombinationswerkzeuge wurden die kleinen, dünnen Mikroklingen und Mikroklingenkerne aus feinporigem Gestein wahrscheinlich als auswechselbare Klingen benutzt und in entsprechend präparierte Griffstücke eingesetzt.
- In der **Burintechnologie** finden sog. Burins (kleine Schaber) Verwendung, um Knochen, Geweihe und Elfenbein zu bearbeiten und möglicherweise kleine Figuren zu schaffen.

In einem Display werden die traditionellen Jagdmethoden der Ureinwohner („First Nations") dargestellt. Über mehr als 20.000 Jahre hinweg sind die Menschen dem Wechsel der Jahreszeiten und den Wanderungen der Wildtiere gefolgt. Seit der letzten Eiszeit verließen sich die Jäger des nördlichen Yukon hauptsächlich auf das regelmäßige Erscheinen der Karibuherden an bestimmten Stellen. In einer Klimazone, die selbst einfachsten Landbau unmöglich machte, wurden die Techniken der Jagd, die die Ernährung der „Beringianer" sicherstellte, bis in die Anfänge des

20. Jahrhunderts angewendet. Die härteste Zeit blieb für die Menschen trotz *Grausam* guter Anpassung der harte Winter. In den Winterquartieren, umgeben von Eis, *harte* Schnee und heulenden Wölfen, musste diese Zeit überstanden werden. In den *Winter* langen, dunklen Wintermonaten wurde die Ausrüstung repariert, schmiedete man Pläne für die nächste Jagd und erzählte Geschichten. Diese Erzählungen, von Generation zu Generation weitergegeben, waren nicht nur unterhaltsam, sie waren auch Lehrstücke, die zum Überleben in dem rauen Land notwendig waren.

Die Ausrüstungsgegenstände des Winterlagers waren nicht komfortabel. Wichtig war, dass sie warm und transportabel waren, denn Mobilität war neben warmer Kleidung und detaillierter Ortskenntnis der Schlüssel zum Überleben hier im hohen Norden.

Bedeutende Stätten Beringias
Die Spuren eiszeitlichen Lebens der Tiere und Menschen sind in Yukon zahlreich. Sie erlauben, Rückblicke und Einblicke in die Lebensformen der Vergangenheit zu bekommen. Erdgeschichtlich ist diese Vergangenheit noch so nah wie ein Wimpernschlag. In der Folge werden einige berühmte Fundorte genannt:
• **Old Crow**: Die Steilufer des Old Crow River und Porcupine River schneiden mächtige Ablagerungen an. Es werden neben zahlreichen Knochenfunden immer wieder vollständig erhaltene Tiere aus dem Permafrostboden freigespült. Die Schmelzwasser dieser beiden Flüsse haben bislang die am besten erhaltenen eiszeitlichen Tiere freigelegt.
• **Fort Selkirk**: An den Steilabbrüchen gegenüber von Fort Selkirk hat man fossile Überreste von Karibus gefunden, die etwa 1,6 Mio. (!) Jahre alt waren. Nahe der Mündung des Pelly River fand man Tierknochen der letzten Eiszeit.
• **Beaver Creek**: Bei Bauarbeiten am Alaska Highway stieß man auf Pferdeknochen, die auf ein Alter von ca. 20.000 Jahre datiert wurden.
• **Bluefish Cave**: Diese Höhlen weisen Spuren menschlicher Anwesenheit auf, derzeit die ältesten in Nordamerika. Man fand hier Fossilien der letzten Eiszeit vor 24.000 bis 11.000 Jahren.
• **Herschel Island**: Durch Erosionsvorgänge freigelegt, kommen manchmal Tierknochen ans Tageslicht, so z. B. ein 36.000 Jahre alter Pferdeknochen, ein 45.000 Jahre alter Walrossknochen, ein 47.000 Jahre alter Bisonknochen von Arctic Beach und was noch spektakulärer war, kürzlich wurde der Knochen einer Saigaantilope gefunden.
• **Dawson City**: Im Permafrostboden, „Muck" genannt, haben Goldgräber seit des Goldrausches am Klondike fossile **Überreste eiszeitlicher Tiere** des Landes gefunden. Es wurden nicht nur Knochen, sondern auch gefrorene Kadaver entdeckt. Knochen aus dem Pleisto-

Skelettfunde –
auch vom ausgestorbenen Riesenbären

zän weisen gelegentlich Einschnitte auf, die mit frühzeitlichen Steinwerkzeugen gemacht wurden – Hinweise auf die ersten Menschen in dieser Gegend.

Fossilfunde

Jedes Jahr besuchen Paläontologen die heutigen Goldgräber. Es wird die Fossilienausbeute begutachtet, und die Glücksritter werden zu sofortigen Meldungen über Fossilienfunde angehalten, um grundlegende Fragen, z. B. den frühesten Zeitpunkt der Ankunft der ersten Menschen in der Neuen Welt zu klären.

Das Ende der Eiszeit

Überflutung Beringias

Vor etwa 14.000 Jahren erwärmte sich die Erde. Die Gletscher der nördlichen Erdhalbkugel begannen zu schmelzen, damit setzten sie enorme Mengen an Schmelzwasser frei. Die Meeresspiegel stiegen global an und tiefere Gebiete versanken in den Fluten. So wurde auch Beringia unter Wasser gesetzt. Es wurde wärmer und die Niederschlagsmenge in Beringia nahm zu. Moose und kleine Bäume begannen zu wachsen. Schließlich verdrängten Wälder die einstige Grassteppe. Hiermit setzte eine dramatische Veränderung ein. Das Landschaftsbild bekam ein völlig neues Aussehen. Für die auf Gräser und Kräuter spezialisierten **Tierarten** bedeutet dies eine Katastrophe und sie starben in Nordamerika aus. Das gleiche galt für die von den Pflanzenfressern abhängigen Beutegreifern.

Die Schöpfung der heutigen Kreaturen der Erde nach der Mythologie der Ureinwohner

Nach der Mythologie der Ureinwohner hat der Rabe als Schöpfer aus diesem überfluteten Land die heutige Welt erschaffen. Zu Beginn der Welt zog der Gwitchin-Held *Ch'tahùukaii* (der Wanderer) und der Tutchone-Held *Soh Jhee* oder *Asuya* (der Bibermann) übers Land, um die riesigen menschenfressenden Tiere in die heutigen bekannten Arten zu verwandeln. Vermutlich beziehen sich diese Geschichten, von Generation zu Generation weitererzählt, auf die weit zurückreichende Erinnerungen an die „Megafauna" der Eiszeit mit ihren riesigen Beutegreifern Beringias.

Yukon Transport Museum

Öffnungszeiten: täglich von 10 bis 18 Uhr; *Führungen:* 11 bis 16 Uhr. Das Museum liegt 5 Minuten vom Stadtzentrum von Whitehorse entfernt, am Alaska Highway, südlich des Whitehorse Flughafens.

Hundeschlitten

Züchtung von Schlittenhunden

Schon frühzeitig hatten die indianischen Ureinwohner junge Wölfe aufgezogen, gezähmt und für bestimmte Arbeiten abgerichtet. Später wurden verschiedene Hunderassen gezüchtet. Im Vergleich zu anderen Rassen fraßen die nordischen Huskies relativ wenig. Sie können trotzdem enorme Anstrengungen auf sich nehmen.

Hunde waren besser für Arbeiten im subarktischen Klima geeignet als Pferde, Ochsen oder Esel, die trotzdem während des Goldrausches Verwendung fanden. Hunde sind leichter als andere Packtiere, vorteilhaft bei Fahrten über das Eis gefrorener Seen und Flüsse. Außerdem konnten Sie das Zweifache ihres Körpergewichts tragen und leisteten als Schlittenhunde ausgezeichnete Dienste. Hundeschlitten waren das zweckmäßigste Fortbewegungsmittel in der Arktis.

Der Overland Trail

1902 erhielt die White Pass Company von der Provinzregierung des Yukon Territory den Auftrag, eine 530 km lange Winterstraße zwischen Whitehorse und Dawson City zu bauen. Nach Fertigstellung der Straße dauerte eine Fahrt zwischen den beiden Orten damals durchschnittlich je nach Straßenzustand fünf Tage. In Abständen von 30 bis 40 km befanden sich Rasthäuser. Täglich wurden im Schnitt drei bis vier dieser Stationen erreicht.

Im Frühling 1921 ließ die Regierung den Auftrag der Postbeförderung auslaufen. Stopps wurden immer seltener und ein Rasthaus nach dem anderen wurde aufgegeben.

Winter-straße nach Dawson City

Pferdebahnen

Das größte Hindernis für die Schifffahrt auf den Yukon River waren der Miles Canyon und die Whitehorse Rapids, die den 3.700 km langen Fluss in zwei schiffbare Abschnitte unterteilte. 1897 erkannte *Norman Maccauley*, ein Kaufmann aus Dyea, dass man mit einem sicheren Transport um die gefährlichen Stromschnellen herum Geld machen konnte. Er baute eine Tramway, ein Pferdegespann auf Schienen, das Personen und Güter um die Stromschnellen nach Whitehorse beförderte.

Die White Pass-Eisenbahn

Im 19. Jahrhundert wurde die Eisenbahn das modernste und zuverlässigste Fortbewegungsmittel. Im Mai 1898 begann der Bau der White Pass und Yukon Route in Skagway. Am 06. Juli 1899 verkehrte der erste Zug von Skagway zum Bennet Lake, damit war der umgangene Chilkoot Trail überflüssig geworden. 1900 verlängerten man den Schienenstrang bis **Whitehorse** und schuf damit die erste moderne Verbindung zwischen dem Pazifik und dem Yukon. Am 29. Juli 1900 schlug man feierlich den letzten Schwellennagel in das Gleis in Carcross ein.

Schienen-weg ins Hinterland

In den 1970er Jahren fielen die Weltmarktpreise für Metall dramatisch, was die Schließung vieler Erzminen im Yukon zur Folge hatte. Der größte Teil des Frachtaufkommens der Eisenbahn ging verloren. 1982 war das vorläufige Aus für die Bahnlinie.

Heute hat sich die Bahn wegen der steigenden Touristenzahlen im Personenverkehr wieder zu einem finanziell attraktiven Unternehmen gemausert. Es verkehren wieder Züge von Skagway nach Bennett und zurück.

Das Flugzeug „The Queen of the Yukon"

Die amerikanischen Goldgräber *James Finnegan* und *Clyde Wann* glaubten schon frühzeitig an den Erfolg der gewerblich betriebenen Fliegerei im Yukon Territory. 1927 erfolgte die Gründung der Yukon Airways and Exploration Company in Zusammenarbeit mit dem ehemaligen Piloten der kanadischen Luftwaffe, *Andrew Cruichshank*. Das erste Flugzeug, eine Ryan B-1, wurde bestellt. Am 25. Oktober traf das Flugzeug ein. Es wurde auf den Namen Queen of the Yukon getauft und nahm am nächsten Tag den gewerblichen Flugdienst auf.

Gewerb-licher Flugdienst

Alternativstrecke: Watson Lake – Johnson's Crossing – Whitehorse

 Streckenhinweis
- *Gesamtstrecke: Watson Lake – Whitehorse (mit den Abstechern auf die Nahanni Range Road und nach Atlin): 1.075 km*
- *Summierte Teilstrecken: Von* **Watson Lake** *auf den* **Robert Campbell Highway** *(Hwy 4) bis* **Miner's Junction** *(Tuchitua, Km 109), Abzweigung rechts auf* **Nahanni Range Road** *(Straße 10) soweit wie befahrbar (Km 241), Rückfahrt bis* **Miner's Junction** *(Tuchitua, Km 373), Abzweigung rechts wieder auf* **Campbell Highway** *(Hwy 4) bis* **Ross River** *(Km 632), Abzweigung links auf* **South Canol Road** *(Straße 6) bis* **Johnson's Crossing** *(Km 852), Abzweigung rechts auf* **Alaska Highway** *(Hwy 1) bis* **Jake's Corner** *(Km 899), Abzweigung links auf* **Atlin Road** *(Straße 7) bis* **Atlin** *(Km 992), Rückfahrt bis* **Jake's Corner** *(Km 1.085), geradeaus weiter auf* **Alaska Highway** *(Hwy 1) bis* **Whitehorse** *(Km 1.075).*

 Redaktions-Tipps

Sehenswürdigkeiten:
- **Atlin Provincial Park: Ausflüge** mit Boot oder Flugzeug (S. 589)

 Vorschlag zur Zeiteinteilung
3 Tage

Indianersommer an einsamer Nahanni Range Road

Es ist Ende August. Wir sind sehr früh aufgestanden, um bei Tagesanbruch gutes Fotografierlicht und gute Chancen zur Wildbeobachtung zu haben. Der **Robert Campbell Highway** ist unsere Anfahrtstraße. Der wabernde Nebel liegt noch auf den Mooren, rosa verfärbt vom warmen Licht der aufgehenden Morgensonne.

„Auerhahn in Klein-format" Es regt sich etwas in den dunklen Tannen. Ein grau-beige-farbener Hühnervogel, wunderbar mit helleren Federn gemustert und geperlt sowie mit leuchtend roten „Rosen" über den Augen, genießt die ersten wärmenden Sonnenstrahlen. Es ist ein Spruce Grouse *(Dendragapus canadensis)*. Ein einheitlich deutscher Name für dieses raufüßige Waldhuhn ist nicht bekannt. Der „Auerhahn in Kleinformat" gerät in Balzstimmung. Hierbei nimmt er eine stolze Haltung ein. Sein Halsgefieder sträubt sich, die roten Kämme über den Augen richten sich auf, und seine weißleuchtenden Schmuckfedern an dem aufgefächerten Schwanz werden wirkungsvoll zur Schau gestellt. Mit ruckartigen Bewegungen versucht er, seinen Hennen zu imponieren, die sich jedoch sehr desinteressiert geben. Zur Linken leuchtet der **Simpson Lake** (Km 82) im Sonnenschein. Zwei bewaldete Inseln beleben die Wasserfläche.

109 km von Watson Lake entfernt, verlassen wir den Robert Campbell Highway und biegen an **Miner's Junction** (Tuchitua) rechts in die Nahanni Range Road

ein. Am Hinweisschild steht geschrieben „Cantung (Canada Tungsten Mining Corp. Ltd.) N.T. Das Weißgrau der Rentierflechten am Waldboden kontrastiert mit dem dunklen Nadelwald. **Bären- und Elchfährten** sind am feuchten Ufer des Conglomerate Creek (Km 154) auszumachen.

Der Nahanni Range Road Campground (Km 193) verfügt über 10 Standplätze und Picknicktische. Der Hyland River ist auf einer soliden Betonbrücke zu überqueren. Auf den Höhen färben sich die Beerensträucher rostbraun.

Am **Piggot Creek** endet unser Ausflug wegen des unterspülten Fahrwegs. Eine Weiterfahrt mit unserem Camper wäre zu risikoreich gewesen. Es ist eine wunderschöne Stelle zum Rasten. An dem wolkenlosen, sonnigen Spätsommertag leuchten die rot verfärbten Blätter der Bunch Berries besonders intensiv. Libellen flirren über dem Gewässer, und Limikolen laufen emsig am Ufersaum umher. Es herrscht erhabene Stille. Das Wasser des erweiterten Creek ist glasklar. Beim Beerensammeln und Betreten des Waldbodens, der aus trockenem Moos, umgestürzten, vermodernden und von Beerensträuchern überwucherten Bäumen besteht, federt es bei jedem Schritt.

Auch bei der Rückfahrt auf der Nahanni Range Road genießen wir das Farbenspiel der beginnenden Laubfärbung. Unterhalb der grauen Geröllregion der Bergflanken prunkt das Laub der verfärbten Zwerg- und Beerensträucher prachtvoll rötlich bis gelb. Die Birken und Lärchen, wenn sie von anderen Nadelbäumen umstanden sind, leuchten wie grelle Fackeln inmitten ihrer dunklen Nachbarn. Das Laub der Pappeln flammt in Apricot. Ein Goldrausch überzieht das Land. Wir sehen indirekt den „Malermeister Herbst" vor uns, wie er selbst farbtrunken seinen Pinsel in seine Farbpalette taucht und alle Nuancen seiner Lieblingsfarben gelb, rot und kupfer mischt und großzügig in der Landschaft verteilt. Verzauberte, friedvolle Zeit des **Indianersommers**! *„Malermeister Herbst"*

Wir entdecken einen Schwarzbären beim Blaubeerenpflücken. Sehr lebhaft fährt er seine „Ernte" ein, ahnend, dass er für den langen Winter seine angelegten Fettreserven nötig braucht. Jetzt wird er in voller Größe sichtbar, tritt aus dem Wald aus und läuft sehr behende und erstaunlich schnell, trotz seiner sonst behäbigen Bewegungen und seiner rundlichen Körperstatur, über den Fahrweg. Die sternklaren Nächte atmen schon Kälte aus, und die Kanadagänse ziehen hellrufend in keilförmigen Flugformationen nach Süden.

Weiter auf dem Robert Campbell Highway bis Ross River

Am langgestreckten **Frances Lake** (Km 442) existiert ein Campground mit Bootsrampe und Selbstbedienung. Kurz danach überqueren wir den Money Creek, nach Anton Money benannt, einem Bergbau-Ingenieur, der hier von 1929 bis 1946 Gold förderte. Einige Moortümpel, bei Einblick aus erhöhter Warte, sind sehr malerisch gelegen. Im Vordergrund als schemenhafte Silhouetten schlanke Tannen und Lärchen, dann die schwarze, spiegelglatte Moorwasserfläche, in der sich auf der gegenüberliegenden Uferseite der hell lindgrüne Sumpfgrassaum vor den *Schwarze Moorwasserfläche* wieder düsteren, schlankwüchsigen Koniferen im stillen Wasser spiegelt. Dieses reizvolle Landschaftsbild wird durch die unendliche Weite des kanadischen Urwaldes abgeschlossen, meilenweit bis zum Horizont. Bescheiden dunkelblau blühender Eisenhut in wenigen Exemplaren und „Fireweed" in maßloser rosafarbiger Fülle erfreuen uns.

Wir werden auf Pappelstämme aufmerksam, die von **Bibern** angenagt wurden. Erstaunlicherweise haben diese kräftigen Nager Bäume von bis zu 30 cm Durchmesser gefällt und in Meterholzlänge transportfähig zerlegt. Die Abdrücke ihrer messerscharfen Nagezähne sind im Holz erkennbar. Beim Abstieg zum Bach finden wir den Biberdamm und ihre Burg. Die tüchtigen „Holzfäller" und „Wasserbauingenieure" bleiben jedoch unsichtbar.

Scharfe Biberzähne

Ross River

1843 nannte Entdecker *Robert Campbell* den von Norden kommenden Ross River, ein Nebenfluss des Pelly River, nach dem Chef der Hudson´s Bay Company, Donald Ross. 1903 wurde am Zusammenfluss dieser beiden Flüsse ein Handelsposten errichtet, der auch die Indianer dieser Gegend anzog, die seit rund 50 Jahren hier siedeln.

Ausgangspunkt für Jäger und Kanuten

Heute ist Ross River (Km 636) Ausgangspunkt für Jäger und Kanuten. Letztere paddeln gern den Pelly River flussabwärts. Eine kleine Kirche im Blockhausstil, eine Tankstelle und ein „Airstrip" sind das Auffälligste dieses 376-Seelen-Dorfes.

Auf der South Canol Road bis Johnson's Crossing

Felstürme in bizarren Erosionsformen (Hoodoos) begleiten zur Linken unseren Weg vor dem **Lapie River Canyon**. Wild gurgelnd zwängt sich das Gebirgswasser durch die Lapie-Schlucht. Nach einer Überfahrt über eine schmale Brücke führt die Straße oberhalb des 18 km langen Canyons entlang.

!!! ***Warnung!!!***
Nach starken Regenfällen bilden sich oft Risse in der Fahrbahndecke der Erdstraße. Vorsicht, es könnte Stellen geben, an denen der Boden nachgeben kann!

Lockerer Wald wechselt mit Landschaften ab, in denen sich lediglich eine Strauchschicht bilden konnte. Allmählich weitet sich das Tal. Sich schlängelnde Altwässer und durch Biberdämme aufgestaute Teiche bestimmen das Landschaftsbild im Talgrund. Die moorigen Seen und Tümpel sind ein bevorzugtes Brutgebiet von Bergenten/Greater Scaups, Büffelkopfenten/Buffalohead und Odinshühnchen/Rednecked Phalaropes. Die letzteren strudeln ihre Wasserinsekten-Nahrung durch schnelle Drehungen aus dem Wasser hervor. Ungewöhnlicherweise ziehen die Männchen den Nachwuchs auf, während die Weibchen „Vielmännerei" betreiben. Nach den zurückliegenden einsamen und wildromatischen Wegstrecken ist der **Quiet Lake** (Km 768), von Kiefernwald umgeben, wieder belebter. Ein Campingplatz liegt an seinem Ufer.

Nach Ankunft in **Johnson's Crossing** (Km 856) und kurzer Wegstrecke auf dem Alaska Highway bis Jake's Corner (Km 903) sollte man, wenn es die Zeit erlaubt, auch dem idyllischen Ort Atlin einen Besuch abstatten.

Atlin (ⓘ s. S. 187)

Schon bald begleitet uns der **Atlin Lake** wie ein silbernes Band. Von der gut zu befahrenden Allwetterstraße, Atlin Road, sind immer wieder spektakuläre Ausblicke auf den See möglich. Ein anschließender wunderschöner, dichter nordischer Urwald mit unterschiedlich hohen Bäumen und grünem Unterwuchs in einer leicht hügeligen Landschaft erfreut Sie bei gutem Wetter. Die kleineren Seen, freundlich von weißstämmigen Pappeln eingerahmt, sind besonders idyllisch.

Hügelige Landschaft

1898 entstand nach dem ersten Goldfund die historische Goldrausch-Stadt Atlin (Km 996). Die wunderschöne Lage, 900 km südlich der Klondike-Goldfelder, veranlasste Tausende von Glücksrittern, den Weg in den weit entfernten Norden hier abzukürzen, um sich hier niederzulassen. 1920 nach dem Abflauen des Goldrausches erlebte Atlin einen zweiten Aufschwung, weil Touristen, die Schönheit dieser Landschaft entdeckt hatten. Heute bietet Atlin den Urlaubern eine große Fülle an Freizeit- und Sportmöglichkeiten, Ausflüge per Kanu, Kajak oder Hausboot auf dem kristallklaren Atlin Lake oder zu Fuß auf den Llewellyn Glacier und zu anderen Eisfeldern und Bergen des nördlichen Küstengebirges.

Raddampfer SS Tarahne

Der Raddampfer, heute am Seeufer stillgelegt, wurde 1916 gebaut und verkehrte zwischen Atlin und Scotia Bay auf der gegenüber liegenden

Raddampfer „Tarahne" – Atlin

Martin's Anglican Church – Atlin

Seeseite bis 1936. Er durfte bis zu 198 Passagiere übersetzen, und er war das erste mit Gas betriebene Boot der White-Pass-Flotte.

Raddampfer auf dem Trockenen

Martin's Anglican Church

1899 wurde der Anstoß zum Bau der Kirche gegeben. 1900 hielt man den ersten Gottesdienst ab, und 1902 wurde der Glockenturm dem Bauwerk hinzugefügt.

Museum
Ecke 3rd Ave./Trainor Street

Nachdem vorher der Unterricht der Kinder in einem Zelt abgehalten worden war, auch im Winter bei klirrender Kälte, erbaute man dieses feste Haus, das von 1902 bis 1968 als Schule fungierte – die älteste Schule von British Columbia. Anschließend wurde sie zum Museum umfunktioniert.

Atlin Provincial Park

Unberühr-
te Wildnis
Er ist eine weite, unberührte Wildnis von über 1.290 km² und befindet sich zwischen dem Atlin Lake und dem Alaska-„Pfannenstiel". Er enthält zwei verschiedene Landschaftstypen:
- östlich des Sees, weich von Gletschern abgehobelte Hochtäler und spitze Dome sowie schroffe Bergkämme darüber und
- westlich und südwestlich des Sees, vergletscherte Bergspitzen und Hochtäler ohne Vegetation.

 Warnungen
• *Denken Sie daran, dass dieser Park ohne jeden Service und ohne jedes Personal ist!*
• *Lassen Sie sich im R.C.M.P.-Büro in Atlin* **registrieren**, *wenn Sie sich entschließen sollten, im Park zu wandern!*
• *Bei* **Bootsfahrten** *sollten Sie beachten, dass der See extremen Winden ausgesetzt ist. Holen Sie bitte vorher lokale Informationen ein!*

Tierwelt
Dickhornschafe, Schneeziegen und Osborn-Karibus leben mehr in höheren Bergregionen, während der zimtfarbene Grizzlybär und der Elch tiefere Lagen bevorzugen.

Die Rückfahrt erfolgt in umgekehrter Richtung wie der Hinweg bis Jake's Corner (Km 1.085) und weiter bis nach Whitehorse (Km 1.0759), das bereits auf den Seiten 573ff beschrieben wurde.

Von Whitehorse nach Skagway (Alaska)

 Streckenhinweis
Gesamtstrecke: Whitehorse – Skagway (Alaska): 160 km

 Vorschlag zur Zeiteinteilung
1 Tag in Skagway (Alaska)

Über den White Pass nach Skagway

Die mächtige Triebfeder des Goldfiebers hat den White Pass (1.003 m) zur wichtigsten Transportroute zum Yukon gemacht, wenn auch der höher gelegene Chilkoot Pass (1.140 m) zunächst favorisiert wurde.

Emerald Lake

Die regenbogenartige Färbung des Sees (Km 42/Gegenrichtung: 118 km) von türkisgrün über blau bis violett mit sanftem Übergang resultiert von den leichten Wellen, die die hellen Sedimente auf dem Seeboden reflektieren. Diese Sedimente, die auch in seichten Süßwasserseen vorkommen, sind eine Mischung aus Fragmenten von Muscheln und Lehm. Sie enthalten Spuren von Oxyden während der Sommermonate. *Farbnuancen des Sees*

 Tipp
Die beste Sicht auf dieses landschaftliche Kleinod haben Sie vom gegenüberliegenden Hügel.

Carcross Desert

Die Carcross Desert (Km 51/Gegenrichtung: Km 109) wird als die **kleinste Wüste der Erde** bezeichnet. Diese Dünen sind der sandige Untergrund eines ehemaligen Gletschersees, der ständig von den starken Winden des Lake Bennett bewegt wird, so dass es schwierig für die Vegetation ist, hier Fuß zu fassen. Nur die Drehkiefer/Lodgepole Pine *(Pinus contorta)* und der immergrüne Kinnikinnick überleben hier.

Carcross

Carcross (Km 71/Gegenrichtung: Km 89) hieß früher Caribou Crossing, weil an der engen Stelle zwischen Bennett Lake und Nares Lake die Karibus diese Stelle auf

Redaktions-Tipps

Übernachten:
• **Skagway: Golden North Hotel \$\$\$** ist Alaskas ältestes Hotel von 1898 aus der Goldrauschzeit.

Essen:
• **Skagway: Olivia's ##**, im historischen Skagway Inn, serviert frische Meeresfrüchte.

Sehenswürdigkeit:
• **Skagway: Arctic Brotherhood Hall** (S. 598) ist das meist fotografierteste Gebäude von Skagway.

ihren Wanderungen durchquerten. Wilde Rosen wachsen auf dem sandigen Boden und unzählige Schwalben jagen über der gekräuselten Wasserfläche des Bennett Lake.

Blick auf Bove Island

Diese Insel liegt an der Schnittstelle der Seearme Windy Arm und Nares Lake. Es ist bekannt, dass die ersten Goldsucher, vom Bennett Lake kommend, durch den Nares Lake, an Bove Island vorbei, in den **Tagish Lake** (① s. S. 187), Marsh Lake, Lake Laberge und schließlich in den Yukon River mit Flößen gefahren sind.

Grenze British Columbia (Kanada)/Alaska (USA)

Nachdem Sie die Grenze British Columbia/Yukon Territory (Km 81/Gegenrichtung Km 79) passiert haben, blicken Sie vom Highway auf den großen **Tutshi Lake** und die kleineren Seen: Bernhard Lake und Summit Lake, die im öden Bergland der Grenze zwischen Alaska und Kanada liegen.

White Pass Summit

Schließlich erreichen Sie den Scheitel des berühmten Passes (1.003 m) (Km 136/Gegenrichtung Km 24), in einer rauen, wilden, unwirtlichen Landschaft mit verkrüppelten Bäumen, zu Boden gedrückten Büschen, abgehobelten Bergbuckeln, *Raue,* dazwischen liegenden Wasserstellen, grauen Felsen, meist nebelverhangen. Wir *wilde* hatten hier oben in dieser kargen Landschaft das seltene Erlebnis, einen Luchs zu *Landschaft* beobachten.

Dead Horse Gulch

„Schlucht Sie passieren den mörderischen Trail, der den Namen „Dead Horse Gulch" *der toten* („Schlucht der toten Pferde") wegen der Tausenden von Pferden erhielt, die *Pferde"* diesen Horror am White Pass nicht überlebten. Nach einer Formulierung des Schriftstellers *Jack London* starben die Pferde hier wie Moskitos im ersten Frost. Weiter schrieb er, dass die Goldsucher zu Bestien wurden, die ihre zu Tode geprügelten und vor Erschöpfung zusammengebrochenen Pferde nicht einmal begruben.

Wanderroute entlang des historischen Chilkoot Trail

Zeitdauer: 3 bis 5 Tage
Länge: 55 km
Schwierigkeitsgrad: anstrengend
Höhenunterschied: 1.140 m
Über diesen berühmten **historischen Trail** über den Chilkoot Pass haben sich Tausende von Goldsuchern mit schwerem Gepäck während des Klondike-Gold-

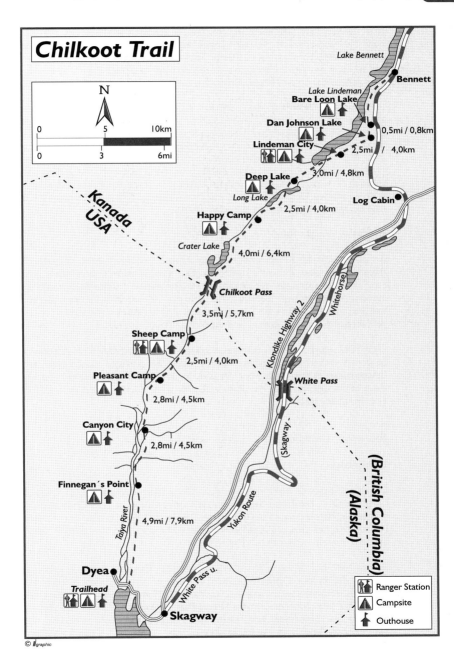

Chilkoot Trail

N

0 ___ 5 ___ 10km

0 ___ 3 ___ 6mi

Lake Bennett

Bennett

Lake Lindeman

Bare Loon Lake

Dan Johnson Lake

0,5mi / 0,8km

Lindeman City

2,5mi / 4,0km

3,0mi / 4,8km

Deep Lake

Long Lake

Log Cabin

2,5mi / 4,0km

Happy Camp

Crater Lake

4,0mi / 6,4km

Kanada
USA

Chilkoot Pass

Whitehorse

3,5mi / 5,7km

Sheep Camp

Klondike Highway 2

2,5mi / 4,0km

Pleasant Camp

White Pass

2,8mi / 4,5km

(Skagway)

Canyon City

2,8mi / 4,5km

Finnegan´s Point

Taiya River

Yukon Route

4,9mi / 7,9km

(British Columbia)
(Alaska)

Dyea

White Pass u.

Trailhead

Skagway

🏚	Ranger Station
⛺	Campsite
🚻	Outhouse

© *i*graphic

*Histori-
scher Pfad
der
Gold-
sucher* rausches von 1898 geschleppt. Wilde Zeltlager schossen wie Pilze aus dem Boden, und Tausende von Pferden wurden beim mörderischen Aufstieg zu Tode gequält. Übrig gebliebene Bootskelette, Telegrafenkabel und Hunderte von anderen Relikten des Goldrausches, die die Glücksritter am Wege liegen ließen, erinnern an den damaligen Massenansturm am Pass.

Interessierte Wanderer sollten zuerst das **Visitor Center** in Skagway aufsuchen, sich über die Route informieren und sich eine dort vorrätige Wanderkarte geben lassen. Die Route von Skagway und Dyea über das Küstengebirge ins Landesinnere ist landschaftlich von besonderer Schönheit. Der Weg bietet bei klarem Wetter spektakuläre Aussichten auf die raue Bergwelt. Der beschwerliche Trail ist wieder eröffnet worden, um abenteuerlichen Bergwanderern eine Vorstellung zu geben, welchen Strapazen sich die damaligen Goldsucher ausgesetzt haben, um schnell reich zu werden. Unterwegs gibt es mehrere Campingplätze und Unterstände, die man bei schlechter Witterung aufsuchen kann.

Brackett Wagon Road

*Halsbre-
cherischer
Weg der
Glücks-
ritter* An einer Stelle des Klondike Highway erkennen Sie noch unterhalb der jetzigen Eisenbahnlinie einen in den Fels geschlagenen Pfad. Er war die erste provisorische Straße, die der Vorläufer der Eisenbahn war. Auf diesem halsbrecherischen Weg, auf dem manchmal von 5.000 Goldsuchern nur 500 am Ziel ankamen, spielten sich furchtbare Dramen ab. Schwer bepackt ging es durch tiefe Schluchten, an gefährlichen Abbrüchen entlang und durch Morast und Schnee.

Ende 1897 wurde mit dem Bau dieses Weges von *George Brackett* als Alternative zu einem vorherigen miserablen Trail begonnen. Er erreichte jedoch nicht den Bestimmungsort am White Pass Summit. Im Frühjahr 1898 verkaufte *Brackett* diese halbfertige Trasse an die „Railway Company" und kassierte bis Anfang 1899 eine Benutzungsgebühr.

Skagway (Alaska) (ⓘ s. S. 266)

Überblick

Der Name Skagway leitet sich von dem Tlingit-Wort „Skagua" ab, zu Deutsch „windiger Ort". Die Tlingit besiedelten die Dörfer **Chilkoot und Chilkat**. Beim ehemaligen Fischercamp in der Nähe von Dyea wurde der Chilkoot-Trail für den Handel zwischen den o. g. Dörfern und der Urbevölkerung des heutigen Yukon benutzt.

Im Juli 1887 war *Skookum Jim*, ein Tlingit aus der Carcross-Tagish-Gegend und Mitglied der William-Ogilvie-Expedition, ausgezogen, um über den Norden des Landes eine Landkarte zu erstellen. Kapitän *Jim William Moore* war ausersehen, dem Tlingit über den niedrigeren White Pass zu folgen, während die übrigen Mitglieder der Expedition die Chilkoot-Route gingen. Beide Gruppen trafen sich nach einem siebentägigen Marsch am Bennett Lake. Skookum Jim und Jim William

Moore waren von der neuen Route über den White Pass begeistert. 1887 siedelten sich Kapitän *Jim William Moore* und sein Sohn als erste Weiße am Nordende
des Taiya Inlet an, einem engen Fjord des Lynn Canal. Doch die Entwicklung zur
Stadt verdankt Skagway dem **Goldrausch von Klondike**, wobei es eine Schlüs-
selrolle innehatte.

Neue Route über den White Pass

Ab 1897 entstand deshalb hier die älteste Stadt Alaskas,
als Tausende von Goldsuchern von hier aus über den
White Pass und den Chilkoot Trail zu den Goldfeldern
am Yukon strebten. Von den Anfängen als Zeltlager schossen anschließend feste Gebäude, Saloons, Tanzdielen, Spiel-
höllen und Bordelle wie Pilze aus dem Boden. Es hat hier
mehr als 70 Saloons gegeben. Schießereien waren an der
Tagesordnung. Im Nu tummelten sich bis zu 20.000 Menschen in diesem Ort. Es wurde der bezeichnende Ausspruch geprägt: „Skagway ist etwas besser als die Hölle
auf Erden". 1899 wurde der Eisenbahnbau der „White
Pass & Yukon Route" bis zum Bennett Lake vorangetrieben. Von diesem Zeitpunkt an sank die Zahl der Ansässigen kontinuierlich, bis sie bei ca. 500 Einwohnern stag-
nierte.

Heute lebt die Stadt mit ihren eben über 700 Einwohnern von ihrer nicht immer ruhmreichen Vergangenheit.
Sie wurde zum beliebten Hafen für Kreuzfahrtschiffe, die
hauptsächlich aus den USA kommen. In erster Linie hält
der Tourismus den Ort am Leben. Der restaurierte Broad-

Beliebter Kreuzfahrthafen – Skagway

way ist die berühmteste Straße des Ortes und spiegelt das Leben der Goldrauschzeit am besten wider. Historische Pferdekutschen passieren diese Straße.
Geschäfte, Galerien und Saloons reihen sich aneinander. Diese Hauptstraße von
Skagway ist heute ein wesentlicher Bestandteil des unter Denkmalschutz stehenden Klondike Gold Rush National Historical Park.

Klondike Gold Rush National Historic Park

„Gold! Gold am Klondike!" Mit diesem Ausruf begann das letzte große Abenteuer im Yukon und Alaska. Im August 1896 fanden *George Washington Carmack*
und seine zwei indianischen Begleiter *Skookum Jim* und *Tagish Charlie* Gold in
einem Nebenfluss des Klondike River. Damals hatten die drei Männer keine
Ahnung, dass dieser Moment als Anfang eines großen Goldrausches in die Geschichte eingehen würde. Als sich die Nachricht ihres Fundes wie ein Lauffeuer
verbreitete, bestiegen viele Goldsucher Schiffe in San Francisco, Seattle und Vancouver und fuhren nach Norden, um ihr Glück zu machen.

*Auslöser des Gold-
rausches*

Im Sommer 1897 strömten diese Goldsucher in die neu entstehenden Städte
Skagway und Dyea, die am Anfang der 900 km langen, gefährlichen Reise zu den
Klondike-Goldfeldern lagen. Der Dampfbootkapitän *Jim William Moore* war der
Begründer von Skagway, das am Anfang der White Pass Route lag. Schon bald

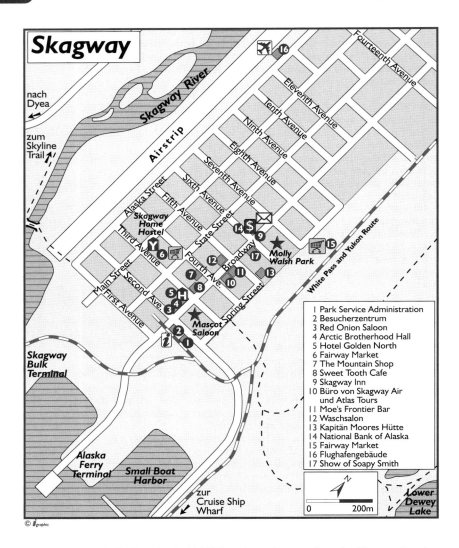

Skagway

nach Dyea

zum Skyline Trail

Skagway River

Airstrip

Fourteenth Avenue

Eleventh Avenue

Tenth Avenue

Ninth Avenue

Eighth Avenue

Seventh Avenue

Sixth Avenue

Fifth Avenue

Alaska Street

Skagway Home Hostel

Third Avenue

State Street

Broadway

Fourth Ave.

Spring Street

Main Street

Second Ave.

First Avenue

Molly Walsh Park

White Pass and Yukon Route

Mascot Saloon

Skagway Bulk Terminal

Alaska Ferry Terminal

Small Boat Harbor

zur Cruise Ship Wharf

Lower Dewey Lake

© igraphic

1 Park Service Administration
2 Besucherzentrum
3 Red Onion Saloon
4 Arctic Brotherhood Hall
5 Hotel Golden North
6 Fairway Market
7 The Mountain Shop
8 Sweet Tooth Cafe
9 Skagway Inn
10 Büro von Skagway Air und Atlas Tours
11 Moe's Frontier Bar
12 Waschsalon
13 Kapitän Moores Hütte
14 National Bank of Alaska
15 Fairway Market
16 Flughafengebäude
17 Show of Soapy Smith

0   200m

hatte die Stadt mehr als 10.000 Bewohner, die versuchten ihre Vorräte über den Pass und zum Quellgebiet des Yukon River am Bennett Lake zu transportieren. 14 km von Skagway entfernt, am Anfang des Chilkoot Trails lag **Dyea**, eine genauso belebte Stadt. Der **Chilkoot Trail** oder die **White Pass Route** waren die schwierigsten Strecken der Reise nach Dawson City. Es gab Morde und Selbstmorde, Krankheiten und Unterernährung sowie Tod durch Unterkühlung und Lawinen. Der Anstieg zum Scheitelpunkt des Chilkoot Trail war für Packpferde zu steil. Bevor Ende 1897 und Anfang 1898 Schwebebahnen gebaut wurden, musste man alles auf dem Rücken tragen. Der White Pass war so schwierig, dass dort mehr als 3.000 Packtiere verendeten, und der Weg den Namen **„Schlucht der toten Pferde"** erhielt. Die Distanz zwischen Skagway und dem Bennett Lake betrug nur 55 km, aber jeder Goldsucher benötigte im Durchschnitt drei Monate, um eine vorgeschriebene Tonne Vorräte über das Gebirge zu befördern. Trotz dieser Strapazen gelang es zwischen 20.000 und 30.000 Goldsuchern, das Gebirge zu überqueren und auf dem Yukon River stromabwärts Dawson City zu erreichen.

Im Hochsommer 1898 gab es in Dawson City schon 18.000 Menschen; ungefähr 5.000 arbeiteten in den Goldfeldern. Schon im August waren viele nach Hause gereist. Die meisten waren pleite. 1899 verließen viele die Stadt, weil Gold in Nome gefunden wurde. Der Klondike-Goldrausch endete so plötzlich, wie er begann, und für Dawson City und Skagway fing ein langer Niedergang an. Dyea verschwand ganz. Dort sind nur Erinnerungen an das große Abenteuer des 19. Jahrhunderts zurückgeblieben.

Goldrauschfieber

Hinweis

Alle Gegenstände innerhalb des Parks haben internationale historische Wichtigkeit und sind gesetzlich geschützt. Diebstahl oder Vandalismus irgendeines historischen Gegenstands wird streng bestraft.

White Pass & Yukon Route

Im Mai 1898 wurde mit dem Bau der Trasse begonnen. Am 20.02.1899 war die Eisenbahnlinie funktionsfähig. Hiermit hatte sich die Passüberquerung von primitiven Fußmärschen zu einem Transportsystem entwickelt, das der Technologie des ausgehenden 19. Jahrhunderts entsprach. *Michael J. Heney* soll gesagt haben: „Gebt mir genug Schnupftabak und Dynamit, und ich werde den Weg zur Hölle bauen". Englische Investoren bewilligten ihm genügend Schnupftabak, Geld und 450 t Sprengstoff, um die 178 km lange „Lebenslinie" zum Yukon zu führen. Außer Dynamit und Schnupftabak fielen jedoch noch weitere „Kosten" an. Der Eisenbahnbau kostete 35 Menschen das Leben. Heute ist die „WP & YR"-Eisenbahnlinie eine der letzten kommerziell genutzten Schmalspurbahnen Nordamerikas.

Passüberquerung per Eisenbahn

White Pass & Yukon Railroad Depot

Hier ist ein guter Ausgangspunkt für eine Stadtbesichtigung. Das massive Gebäude des Bahnhofs wurde 1898 erbaut, ein dominanter Teil Skagways bis 1969, bis die WP & YR's in ein neues Gebäude weiter östlich umzog. Der historische alte Bahnhof dient heute als **National Park Service Center**, in dem Sie sich einen Plan mit der Bezeichnung „Skagway Walking Tour" besorgen können.

Red Onion Saloon

Dieses 1898 erbaute Gebäude stand ursprünglich an der Ecke 6th Ave./State St. Es besitzt eine zweifelhafte Vergangenheit als Saloon, Tanzdiele und Bordell. 1914

Arctic Brotherhood Hall – Skagway

versetzte man es an die jetzte Stelle, wobei es gedreht wurde, d. h. der hintere Teil ist jetzt dem Broadway zugewandt. Heute werden die Touristen durch die Jazz-Bands angezogen, um sich hier von historisch gekleidetem Personal ein Bier bringen zu lassen.

Arctic Brotherhood Hall

Im August 1899 traf sich hier in diesem schon so häufig fotografierten Gebäude zum ersten Mal der Mönchsbund der „Arctic Brotherhood" („Arktische Bruderschaft"). 1900 wurde diese eigenwillige Fassade aus über 20.000 Ästen Treibholz von den Stränden Skagways zu einem beeindruckenden Mosaik zusammengenagelt, ein Beispiel viktorianisch rustikaler Architektur. *Charley Walker* war der Verantwortliche für diese originelle Bauweise.

Mönchs-bruder-schaft

Bis in die 1920er Jahre diente das Gebäude noch als Versammlungshalle der Mönchsbruderschaft. Heute wird es als Theater genutzt.

Golden North Hotel

Es ist höchstwahrscheinlich das **älteste Hotel Alaskas**, das seit dem Goldrausch bis zum heutigen Tag ununterbrochen geöffnet hat. Die Räumlichkeiten und das Mobiliar vermitteln noch einen Hauch der damaligen Zeit.

Mascot Saloon

Dieses 1898 an der Ecke 3rd Street und dem Broadway errichtete Gebäude ist einer von mehr als 70 Saloons dieser Stadt, die zur Zeit des Goldrausches als der wildeste Platz der Erde galt. Aufschluss über das damalige Leben liefern alte Fotografien über den Goldrausch, die Ankunft der Eisenbahn und Szenen auf der Hauptstraße. Die Bar ist im Originalzustand wieder hergestellt.

Moore Cabin

Nutznießer des Gold-rausches

1887–88 errichteten der Kapitän *Jim William Moore* und sein Sohn eine Holzhütte. Das heute renovierte Blockhaus markiert den Geburtsplatz von Skagway. *J.W. Moore* hatte ein bewegtes Leben als Flussdampferkapitän, Pilot und Goldsucher hinter sich, als er sich damals 65-jährig hier ansiedelte, um einer weiteren sich ihm bietenden Chance des Glücks zu folgen. Er hatte die entscheidende Route über den White Pass als erster Weißer entdeckt. Als der große Goldrausch am Yukon einsetzte, wurde sein Land von einer Flut von Goldsuchern überrannt. Aber er war erfolgreich, indem er ein Dock, eine Sägemühle und ein Warenhaus eröffnete. Er lebte hier bis 1904, lang genug, um zu sehen, wie sein Heimatort zu einem wichtigen Hafen und zum Eisenbahnterminal aufblühte.

Mollie Walsh Park

Eine kleine Büste erinnert an die bemerkenswerte Frau *Mollie Walsh*, die unbegleitet im Herbst 1897 nach Skagway kam, eine Seltenheit der damaligen Tage. Sie war jung, unverheiratet, und sie verschaffte sich Respekt in der rauen Männerwelt. Beherzt eröffnete sie ein Restaurant in einem Blockhaus am White Pass Trail. Schon bald erregte sie die Aufmerksamkeit vieler Männer am Trail. *Jack Newman* mochte sie besonders gern. Er gestand ihr seine Liebe und tötete einen Rivalen. Aber sie heiratete *Mike Bartlett* und verließ die Gegend. *Newman* heiratete eine andere Frau. Aber er konnte *Mollie* nicht vergessen. *Mollies* Ehe war sehr turbulent und endete mit ihrer Ermordung in Seattle. *Newman* erfuhr davon in der Zeitung und schuf in Erinnerung an den „Engel vom White Pass" die Büste.

Liebe und Tod

Skagway City Hall

1899 wurde dieses Gebäude aus Stein von der Methodistenkirche als McCabe College gebaut. Es war Alaskas erste Institution höherer Bildung, allerdings nur ein Jahr lang. Anschließend nutzte man es als Gerichtsgebäude für die nächsten 50 Jahre. Heute ist es ein täglich im Sommer geöffnetes **Museum**, das u. a. Artefakte der US-amerikanischen Rechtsprechung und des Goldrausches ausstellt.

Gold Rush Cemetery

Neben bedeutenden Verstorbenen aus der Goldrauschzeit sind auf diesem Friedhof außerhalb von Skagway auch die bekannten „*Soapy*" *Smith* und *Frank Reid*, der lokale Held, der durch ein Gewehrduell die Terrorherrschaft von *Smith* am 08.07.1898 beendete, begraben.

Von Whitehorse nach Dawson City auf dem Klondike Highway

 Streckenhinweis
Gesamtstrecke: auf dem **Klondike Highway** *(Hwy 2)* von **Whitehorse** bis *Dawson City (526 km)*

 Vorschlag zur Zeiteinteilung
1 Tag für die Fahrt nach Dawson City, 1 Tag in Dawson City = 2 Tage

Unterwegs nach Dawson City

Lake Laberge (ⓘ s. S. 187)
Km 33/Gegenrichtung: Km 493

Wenn Sie den Lake Laberge besuchen wollen, dann nehmen Sie bitte die Abzweigung rechts (Km 33/Gegenrichtung: Km 493). Der See liegt auf der klassischen

Bootsroute der Goldsucher. Er wird heutzutage gerne von **Kanuten** als Startpunkt für Fahrten den Yukon River flussabwärts bis Dawson City gewählt.

> **Tipp**
> *Bei der Durchfahrt des Lake Laberge sollten Sie sich nahe des Ostufers halten. Der Flussführer von Gus Karpes „The Upper Yukon River" sowie Kanuvermieter in Whitehorse empfehlen ebenfalls die Durchfahrt am Ostufer.*

Startpunkt für Kanuten

Der ansonsten idyllische See bietet reichlich Gelegenheit zum Fischen und zur Vogel- und Wildbeobachtung (Weißkopfseeadler/ Bald Eagle, Eistaucher/Common Loon, Großfischer/Belted Kingfisher, Grizzlies während des Lachszuges). Nachts stimmen die Kojoten gern ihr Heulkonzert an. In der sumpfigen Umgebung am Fox Creek bietet sich Gelegenheit zur Beobachtung von Bibern, die hier ihre „Baustellen" haben, allerdings nur mit viel Geduld,

Kanuten – Lake Laberge

größerem Zeitaufwand und Glück, wie bei allen Tierbeobachtungen in freier Wildbahn. Es lässt sich diesbezüglich nichts erzwingen. Botanisch interessant ist das Vorkommen von violett blühenden Finger-Küchenschellen/Prairie Crocus (*Anemone patens*).

Whitehorse Throught Conglomerate

Die hier am Straßenrand zu sehenden Konglomerate

Holzfällerarbeiten – Biberaktivitäten

(Km 107/Gegenrichtung: Km 420), große, verhärtete Brocken aus einem Gemisch aus Erde und Stein, wurden unter Wasser durch Erdrutsche in der Jura Periode vor ca. 185 Mio. Jahren geformt. Sich erhebende Vulkane erodierten und deren Schlammflüsse spülten die Konglomerate in eine rund 400 km lange Senke, die von Atlin im Süden bis nördlich von Carmacks im Norden reichte und die man Whitehorse Throught nennt. In diese verhärteten Brocken sind Fossilien eingeschlossen, die beweisen, dass während der Jura Periode hier maritime Bedingungen herrschten. Die Whitehorse Throught Conglomerate haben auch die **Five Finger Rapids** geformt.

Montague House

In den frühen Jahren des 20. Jahrhunderts wurde der Whitehorse-Dawson-Trail gebaut, den man von Oktober bis Mai benutzte, wenn der Yukon River wegen starker Vereisung unpassierbar war. Große pferdebespannte Kutschen transportierten dann Passagiere, Frachtgut und Post. Die 330-Meilen-Reise überwandt man in 4 bis 5 Tagen. Sog. **„Road Houses"** („Straßenhäuser") waren in Abständen von 20 Meilen errichtet. An diesen Raststätten wurden Mahlzeiten und Unterkunft für die Passagiere und Ställe für die Pferde angeboten. Ein solches Road House, im Blockhausstil, ist auch das heute verfallene **Montague House** (Km 131/Gegenrichtung: Km 396) gewesen. Hier sollten auch Sie kurz rasten.

Ehemaliges Rasthaus

Carmacks

Früher trug Carmacks (Km 165/Gegenrichtung: 361) den Namen **Tantalus** nach der Kohlengrube Tantalus Butte. Später wurde dieser Name zu Ehren von *George Washington Carmack*, einem der Entdecker der Goldfelder von Klondike, geändert. Er hatte ursprünglich hier nach Kohle gegraben und entwickelte diesen Ort zum Stopp für Raddampfer der Yukon-Flussschifffahrt und Haltepunkt auf dem Whitehorse-Dawson-Trail. Heute hat der Ort knapp 500 Einwohner, und er versorgt die Reisenden auf dem Klondike Highway und die modernen Wasserwanderer auf dem Yukon River.

Five Finger Rapids

Diese Stromschnellen (Km 189/Gegenrichtung: Km 338) waren für die Schifffahrt zur Zeit des Goldrausches sehr gefährlich. Sie wurden vielen Men-

Five Finger Rapids – Yukon River

schen, die auszogen, um das große Glück zu machen, zum Verhängnis entweder durch Schiffbruch oder gar den „nassen Tod". Heute sind sie zwar durch einen Staudamm etwas gebändigt, aber immer noch aufregend für abenteuerlustige Kanuten und Kajakfahrer.

Fort Selkirk

Dieses Fort ist mit dem Flugzeug oder auf dem Wasserweg am besten von Minto (Km 239/Gegenrichtung Km 287), das am Klondike Highway liegt, zu erreichen. Die Entfernung Minto – Fort Selkirk auf dem Yukon River beträgt 40 km. 1848 wurde Fort Selkirk für die Hudson's Bay Company von *Robert Campbell* errichtet. 1852 zerstörten Chilkat-Indianer, die im Pelzhandel im Zentral-Yukon dominierten, das Fort. 1892 bis 1940 befanden sich 40 Gebäude des Forts in gutem Zustand. Bis in die 1950er Jahre wurden sie sporadisch von Händlern, Missionaren und der Royal Canadian Mountain Police genutzt.

Pelly Crossing

Kleiner Versorgungsort

Pelly Crossing (Km 273/Gegenrichtung: Km 254) ist ein kleiner Versorgungsort mit Polizeistation, „Health Centre" (medizinische Versorgungsstation), Laden und Tankstelle. Er liegt am **Pelly River**. Dieser Fluss ist ein wasserreicher Nebenfluss des Yukon River, der insgesamt 600 km lang ist. Vor unzähligen Jahren haben hier **Tutchone-Indianer** gefischt, als Trapper gelebt und Handel getrieben. Im 19. Jahrhundert wurde das Gewässer auch der übrigen Welt bekannt, als *Robert Campbell* es entdeckte. Er nannte es nach einem Gouverneur der Hudson´s Bay Company, *Sir Henry Pelly*. Von hier breitete sich der Handel weiter aus. Elche und Schwarzbären, die zahlreichsten Großtiere des Yukon Territory, hier zu sehen ist keine Seltenheit.

Stewart Crossing

Dieser Ort (Km 344/Gegenrichtung: Km 182) hat sich aus einem Handelsposten entwickelt, der von *Arthur Harper, Alfred Mayo* und *Jack McQuesten*, den drei prominentesten Namen in der Geschichte des Yukon, gegründet wurde. Von hier aus wurden Hilfsmittel für die Goldminen geliefert. Später erbaute man ein „Roadhouse", um eine Übernachtungsmöglichkeit auf der Überlandroute Whitehorse – Dawson City zu schaffen. *Arthur Harper* war ein irischer Einwanderer, einer der ersten Weißen, der im Yukon Bodenschätze suchte, obgleich er nicht darauf versessen war, reich zu werden. *Alfred Mayo* war ein Ureinwohner aus Maine. Er suchte ebenfalls nach Bodenschätzen und war außerdem ein geschickter Händler. *Jack McQuesten* kam von den kalifornischen Goldfeldern und hatte sich immer weiter nach Norden vorgearbeitet. Sein Händler-, Pionier- und Goldgräberleben beschloss er in Kalifornien.

Der geschäftstüchtige Alfred Mayo

Unter der Brücke des Stewart River, den Sie überqueren, brüten Unmengen von Schwalben. Segelfalter, eine hier häufige Schmetterlingsart, saugen den süßen Nektar der Blütenpflanzen am Straßenrand.

Klondike River

Dieser berühmte Fluss (Km 485/Gegenrichtung: Km 41) kommt von den Ogilvie Mountains und mündet bei Dawson City in den Yukon River. Der Name „Klondike" ist ein Wort aus dem Han-Indianischen und bedeutet „Hammerwasser", weil Lachsstufen in das Flussbett gehämmert wurden. Im späten 19. Jahrhundert war dieser Fluss wegen des Fischfangs interessant. Erst als man 1896 Gold im Bonanza Creek fand, wurde diese Gegend weltbekannt. 1899 waren alle wichtigen „Claims" abgesteckt, und das Wort „Klondike" wurde ein Synonym für Abenteuer und Wohlstand.

Hunker Creek

Kurz vor Dawson City zweigt auf der linken Seite die Hunker Creek Road ab (Km 523/Gegenrichtung: Km 4). Ein Schild macht auf den berühmten Hunker Creek aufmerksam. Am 11.09.1896 steckte *Albert Hunker* hier seinen ersten „Claim" ab. *Robert Henderson* grub auch an diesem Creek, nachdem er sich von seinem Partner *George Washington Carmack* wegen Unstimmigkeiten (vgl. S. 62) getrennt hatte. Inzwischen hatte *Carmack* am 16.08.1896 seine große Entdeckung am Bonanza Creek gemacht, und *Henderson* ging leer aus. 1908–1966 ist das Bachbett des Hunker Creek, teils mit schweren Maschinen, auf 21 km Länge auf der Suche nach Gold umgegraben worden.

Der erste Claim von Albert Hunker

Gold waschen in Guggie Ville

Die Attraktion von Guggy Ville ist das öffentliche **Goldwaschen**. Sie können sich diesem Vergnügen selbst hingeben. Hierbei wird Ihnen eine Pfanne mit goldhaltigem Sand ausgehändigt. Dann versuchen Sie sich selbst beim sog. „Gold Panning". Bei dieser lustigen Übung müssen Sie die Pfanne etwas schräg halten und mit kreisförmigen Bewegungen den leichten Sand mit dem Wasser ablaufen lassen. Wenn Sie Glück haben, bleibt etwas von dem schweren Goldstaub, den Sie behalten dürfen, in der Pfanne zurück. Außerdem hält Guggie Ville einen Campingplatz mit 70 Standplätzen, einen Souvenirladen, einen Waschautomaten und eine Wagenwaschanlage für Sie bereit.

Bonanza Creek

Diesen berühmten Creek erreichen Sie kurz vor Dawson City, links vom Klondike Highway abzweigend. Am 16.08.1896 fand man Gold im Bonanza Creek (ursprünglich Rabbit Creek). Es wurden 500-feet-Claims abgesteckt. Ein besonders ergiebiger Claim hat Gold im Wert von 1 Million US$ gebracht, als 1 Unce Gold 16 US$ kostete. Hier wird heute, nahezu ein Jahrhundert nach der ersten Entdeckung, immer noch Gold gefördert.

Es wird immer noch Gold gefördert

Fahrt durch die Goldfelder
• Hydraulischer Bergbau
1897 wurde Gold im White Channel entdeckt, einem alten Flussbett, das 9 m über dem Eldorado Creek liegt. Hier befanden sich die reichsten Vorkommen im

Klondike-Gebiet. Es auszubeuten, bereitete ernste Probleme. Es war zu wenig Wasser vorhanden, um das Gold herauszuwaschen. Untergrundmethoden waren zu kostspielig. „Hydraulic Mining" war die ideale Methode. Ein sog. „Ditch- and Siphon-System" wurde gebaut. Große Mengen Wasser eines 19 km entfernten Flusses der Ogilvie Mountains wurden nach dem Spülvorgang in den Yukon River geleitet. Das neu herangeführte Wasser speiste gigantische Wasserkanonen, die die seitliche Hügelseite aufbrachen, um an die goldhaltige Schicht heranzukommen.

Gewaltige Wasser- kanonen

- **Information Centre**

Es wird eine fachkundige Führung von ca. 1 ½ Stunde durchgeführt. Alte Maschinen und Gerätschaften von den ersten Tagen des Goldrausches bis in die jüngste Vergangenheit werden gezeigt und ihre Funktionen erklärt. Interessant waren die Gewinnung von Elektrizität und die Überwindung der Transportschwierigkeiten schwerer Maschinenteile und ganzer „Dredges" (Dredge = Bagger). An Ort und Stelle wurden in Schmieden mit gewaltigen Hämmern die meisten Abraumgeräte hergestellt. Der gesamte Maschinenpark war seinerzeit der größte nördlich von Vancouver. Die Abläufe des Waschens, des Wegschmelzens des übrigen Gesteins, des Einschmelzens des reinen Goldes, des Abfüllens des flüssigen Metalls, des Wiegens, des Verschickens sowie des Deponierens in den Banken wird veranschaulicht und erläutert.

Dredge Nr. 4

Einsatz riesiger Bagger

1912 wurde dieser Riesenbagger gebaut, 1924 versank er im Klondike-Tal, wurde 1927 wieder gehoben, zum Hunker Creek überführt und förderte dort bis 1940 sehr erfolgreich mehr als 800 Unzen (22,680 kg) pro Tag, von 1941 bis 1959 wurde der Bagger am Bonanza Creek eingesetzt. 1991 wurde er 6 m aus dem gefrorenen Permafrostboden herausgezogen, in den er abgesackt war, und 1992 in die jetzige Position gebracht. Jede der Baggerschaufeln wiegt 2 Tonnen. Es wurde auf ihm, als er noch in Betrieb war, rund um die Uhr mit 3 Schichten vom frühen März bis späten November gearbeitet. Erst wenn die winterlichen Temperaturen auf - 40 °C sanken, stellte man die Arbeit ein. Dieses maschinelle Ungetüm ist 42 m lang und 23 m hoch. Heute liegt es am Claim 17, der Öffentlichkeit von Mitte Juni bis Ende August von täglich 9 bis 21 Uhr zur Besichtigung freigegeben.

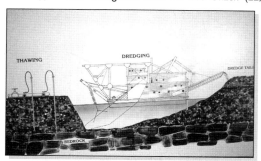

Arbeit der großen Bagger – Bonanza Creek

Heute arbeiten noch 700 Menschen auf den Goldfeldern, einige von ihnen auf privater Basis mit sehr einfachen Methoden, mit kleinem Wasserstrahl und leichten Baggern.

Dawson City (ⓘ s. S. 187)

Überblick

Am 16.08.1896 wurde Gold am Bonanza Creek gefunden. Von diesem Tag an beginnt auch die Geschichte von Dawson City, das nach dem Geologen *Dr. George Mercer Dawson* benannt ist. 1897/98 setzte der **Klondike-Goldrausch** ein, ein Ereignis, das die Phantasie der Menschen so stark beflügelte wie wohl kein anderes Ereignis vorher in Kanada. Tausende von Goldsuchern nahmen unsagbare Strapazen auf sich, um die Goldfelder zu erreichen. 4735 Schiffe, Boote und Kähne aller Art mit insgesamt 28.000 Menschen sind von dem Kontrollpunkt der North West Mounted Police Tagish Post registriert worden. Viele Glücksritter sind in den tückischen Stromschnellen des Yukon River umgekommen.

Über Nacht wurde das Klondike-Tal mit seinen Nebenflüssen zum Schauplatz fieberhafter Tätigkeit. Jeder registrierte Schürfplatz war nur 152 m breit. Der gefrorene Boden wurde mit offenen Feuern aufgetaut. Halbgefrorener Schlamm und Kies wurden mit Eimern und handbetriebenen Winden gefördert und später gewaschen. Man schuftete sich halb zu Tode, um an das begehrte Metall zu gelangen. In dieser Zeit entwickelte sich Dawson City am Zusammenfluss von Klondike und Yukon River in wenigen Monaten zu einer großen Goldgräberstadt. Menschen aus aller Herren Länder fanden Unterkunft in Zelten, Blockhütten und Holzhäusern.

Primitive Goldgräberei – Bonanza Creek

1898/99 erreichte der Goldrausch seinen Höhepunkt. Die Bevölkerung war auf 20–30.000 Menschen angeschwollen. Es war damals die größte Stadt westlich von Winnipeg. Das Yukon Territory wurden von den riesigen Northwest Territories getrennt, und Dawson City wurde zur Hauptstadt des Yukon Territory erklärt. 1900 wurde die White Pass & Yukon Route Railway bis Whitehorse fertiggestellt. Von dort ging es mit Raddampfern bis Dawson City. Als jedoch die Schürfplätze von großen Unternehmen auch unter Protest einiger privater Goldgräber aufgekauft wurden, sank die Bevölkerungszahl rapide.

Der Yukon wird eigene Provinz

1940 war Dawson nur noch ein Dorf mit weniger als 1.000 Einwohnern. 1953 verlegte man die Provinzhauptstadt des Yukon Territory von Dawson City nach **Whitehorse**. Heute wird immer noch Gold im Klondike-Gebiet gefördert. Schätzungsweise ist bislang Gold im Wert von 500 Mio. US-Dollar ans Tageslicht geschafft worden.

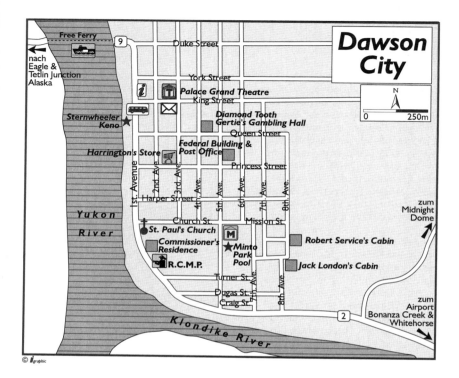

Die Restaurierung der einst bunten und wilden Goldgräberstadt ist noch im Gange. Dawson City entwickelt sich nach seiner Wiederbelebung zum Touristenmagnet ersten Ranges. Die Zahl seiner permanenten Bewohner ist auf 2.000 gestiegen.

Dawson City Museum
5th Avenue, Öffnungszeiten 10–18 Uhr täglich von Juni bis zum Labour Day (1. Mo im September)

Dieses Museum setzt in seinen Auslagen folgende **Schwerpunkte**:

- **Leben der nördlichen Athabasken**

Strenge Arbeits-teilung

Eine strenge Arbeitsteilung wies den Männern und den Frauen ihre zu erfüllenden Aufgaben zu: Den Männern oblag die Jagd. Für den **Biberfang** fertigten die Indianer Netze aus Karibuleder. Die starken Nager mussten schnell an Land gezogen werden, damit sie nicht die Netze durchbissen, um sich aus ihrer unfreiwilligen Einschnürung zu befreien. Die Frauen nähten hauptsächlich Kleidungsstücke aus Karibufell, sammelten Beeren und wildes Gemüse, trockneten Fleisch und Fische und legten sie für den Winter ein.

In der Winterzeit zogen die Familien möglichst wenig umher. Sie lebten hauptsächlich von ihren Vorräten. Um die Zeltstangen ihres Tipis (Zelt) wurden etwa 20 Karibufelle gespannt. Getrocknete Fleischstücke und Fische aus den saisonalen Fängen wurden zubereitet, wenn frisches Wildfleisch und Fische knapp wurden.

Im Frühling jagte man wieder größeres Wild für den Nahrungsbedarf und um neue Kleidungsstücke herzustellen. Die Jagd gestaltete sich jedoch oft sehr schwierig wegen des auftauenden, weichwerdenden Schnees. Aus diesem Grund benutzen die Männer auf der Jagd geflochtene Schneeschuhe, um das tiefe Einsinken zu verhindern. Beim Verlassen des Winterlagers trampelten die Männer Wege in den Schnee, auf denen die Frauen und Kinder in den „Skin-Toboggans" (Fellschlitten) folgen konnten. Hunde trugen in Tragetaschen Proviant und allerlei Geräte.

• Alaska Expedition

1887 wurde *Dr. George Mercer Dawson*, nach dem das später entstandene Dawson City genannt wurde, zum Chef-Geologen und Leiter einer wissenschaftlichen Expedition ins Grenzgebiet Kanada/Alaska ausgewählt. Er wurde von *William Ogilvie* und *Richard Connell* begleitet. 1825 war der 141. Meridian als Grenze zwischen Russisch-Alaska und Britisch-Kanada vereinbart worden. Diese Expedition hatte u. a. die Aufgabe, mit ihren Messinstrumenten anhand von astronomischen Berechnungen die Grenzlinie auf diesen 141. Meridian festzulegen. Wichtig für Kanada war, dass die Goldfelder von Klondike auf kanadischem Gebiet lagen.

Vermessung der Grenze USA/ Kanada

• Hundeschlitten

Sie waren ein besonders bewährtes Transportmittel, von den Mounties und Trappern erprobt. Heute werden **Hundeschlittenrennen** aus rein sportlichem Betätigungsdrang heraus durchgeführt:
• Das **„Yukon-Rennen"**, das 10–14 Tage von Whitehorse nach Fairbanks (Alaska) über 1.000 Meilen durch raue Wildnis führt, ist sehr berühmt.
• Das **„Percy De Wolf-Rennen"** ist noch härter. Es verläuft entlang des Yukon River von Dawson City nach Eagle (Alaska).

• Schicksale berühmter Goldgräber
• *George Washington Carmack*

1860 wurde *Carmack* in Kalifornien geboren. 1885 tauchte er hier im Nordwesten Kanadas auf. Er arbeitete an verschiedenen Plätzen im Yukon Territory, u. a. als Kohlenbergmann an den Five Finger Rapids. Am 16.08. 1896 befand er sich mit seinen beiden Tagesh-Indianer-Freunden: *Skookum Jim* und *Tagish Charlie* beim Fischen und Bäumefällen für die Sägemühle Forty Miles im Klondike-Gebiet, als sie am Bonanza Creek, einem Nebenfluss des Klondike River, ihren sensationellen Goldfund machten. Es ist möglich, dass die Indianer *Skookum Jim* und *Tagish Charlie* die eigentlichen Entdecker des Goldes waren. Wie dem auch sei, *Carmack* steckte seinen „Claim" ab und meldete den Fund der Behörde. Hiermit wurde der **größte Goldrausch aller Zeiten** ausgelöst. 1922 starb *Carmack* als wohlhabender Mann in Vancouver.

Sensationeller Goldfund

• *Skookum Jim*

Sein Name stammt aus dem Chinook-Jargon und bedeutet soviel wie: „ein sehr starker Mann". Der Indianer hielt den Rekord, die schwersten Lasten über den Chilkoot Pass transportiert zu haben. Nach dem Goldrausch am Klondike, an dem er schon sein Vermögen gemacht hatte, betätigte er sich weiter als Goldsucher in Carcross. 1916 starb er als wohlhabender und respektierter Mann.

- **Tagesh Charlie**

Dieser *Tagesh* hat seinen „Claim" sehr gewinnbringend verkauft und betätigte sich anschließend als erfolgreicher Hotelbesitzer in Carcross. Er wurde der erste Indianer im Yukon Territory, der die vollen Rechte als kanadischer Bürger erhielt. Er starb 1908 in Carcross.

Richard Martin – indianischer Kirchenmann

Große Verdienste eines Blinden

In seiner Kindheit erblindete dieser Indianer auf einem Auge. Als Erwachsener betätigte er sich als Jäger und Trapper und arbeitete nebenbei für die Kirche in Moosehide. Während eines Jagdunfalls verlor er auch die Sehkraft seines zweiten Auges. Danach widmete er sich noch mehr der Kirche in seiner Gemeinde. Sein besonderer Verdienst ist die **Übersetzung der Bibel in Blindenschrift**, die im Museum ausgestellt ist. Bis 1962 blieb er in seinem Heimatort. Doch anschließend zwang ihn sein sich verschlechternder Gesundheitszustand, in die Stadt umzusiedeln. 1975 starb er und man hat ihn in Moosehide begraben.

Die „Könige von Klondike"

Schwere Maschinen im Einsatz

Die Goldgewinnung per Hand, die zwar am Anfang sensationelle Funde und Gewinne eingebracht hatte, wurde immer uneffektiver. Darum wurde sie schließlich fast ganz aufgegeben. Ab 1904 setzte man die „Up-to-date"-Technologie ein, und die Ingenieure, die ihr „Handwerk" verstanden, wurden zu „Königen von Klondike". Große Projekte, wie die „White Pass Yukon Railway" und der „12 Miles Ditch" (ditch = Graben), hatten den Goldabbau für schwere Maschinen möglich gemacht. Mit ihnen konnten große Bodenmassen umgegraben werden, auch solche mit wenig Goldvorkommen. 1905 wurden große Terrains an Großunternehmer vergeben. Diese Konzessionen nannte man „Hydraulic Concessions". Man setzte große Bagger („Dredges") ein, die in Dawson City gebaut wurden.

Schaufelraddampfer „KENO"

Der Einsatz von großen Schaufelraddampfern, deren Kessel mit Holz befeuert wurden, führte an den Flüssen Kanadas und Alaskas, durch den Goldrausch ausgelöst, zu einem neuen Gewerbe. Überall entstanden Holzfällerlager. Durchschnittlich verbrauchte jeder Heckraddampfer 430 m³ Feuerholz auf einer Reise, ein enormer Verbrauch, der eine große Anzahl von Arbeitern beschäftigte.

Raddampfer „Keno" – Dawson City

Die Kapitäne auf diesen Schiffen mussten erfahrene Männer sein. Sie waren ganz auf sich selbst gestellt und verstanden es, die Tücken des Flusses mit seinen Felsen, Strudeln, Stromschnellen, treibenden Baumstämmen und plötzlich auftauchenden Eisschollen zu meistern. Sie mussten jede Einzelheit des Flusses kennen und die Launen des nordischen Klimas vorausahnen. Viele waren ehemalige Seekapitäne oder sie hatten ihr Handwerk auf dem Mississippi gelernt.

Damalige Verkehrsader – Yukon River

1922 wurde der Raddampfer „KENO" in Whitehorse für den Erzverkehr der 290 km langen Strecke Mayo Landing – Stewart City gebaut. 1938 transportierte er 8.000 t in Säcke geladenes Erz. Ohne diese Yukon River-Raddampfer, wie die „KENO", hätten die Gold-, Silber-, Blei- und Zinkvorkommen im Mayo River erst viele Jahre später erschlossen werden können. 1960 wurde die noch gut erhaltene „KENO" an ihren gegenwärtigen Liegeplatz in Dawson City gebracht.

Palace Grand Theatre
King St./zwischen 2nd und 3rd Ave.

1899, auf dem Höhepunkt des Goldrausches am Klondike, erbaute „*Arizona Charlie*" *Meadows*, eine schillernde Persönlichkeit, das Palace Grand Theatre. Er verwendete bei der Holzbauweise die Überreste mehrerer gestrandeter Raddampfer. Im Juli wurde das Theater eröffnet. Die aufgeführten Stücke variierten von Wildwest-Shows bis zu Opern. Das Theater galt in seiner Glanzzeit als das beste des Nordens. Als der Goldrausch um die Jahrhundertwende zum 20. Jahrhundert so schnell erstarb, wie er stürmisch begonnen hatte, wurde das Gebäude des Theaters nur noch hauptsächlich für kommunale Funktionen genutzt. 1960 restaurierte man es und versetzte es in seinen alten Zustand von 1899 zurück.

Ehemals bestes Theater des Nordens

Heute wird es wieder gerne in der Touristensaison, in Erinnerung an alte Zeiten, besucht.

Dawson Daily News
3rd Ave./zwischen King St. und Queen St.

Zur Zeit des Goldrausches „hungerten" die Bewohner von Dawson City nach Neuigkeiten außer-

Sehr erfolgreiche Zeitung – Dawson City

halb ihrer isolierten Welt. Deshalb waren Zeitungen hier besonders erfolgreich, um das Bedürfnis nach Neuigkeiten zu befriedigen. 7 Zeitungen etablierten sich hier. „The Dawson Daily News" war die am meisten verbreitete und erfolgreichste Zeitung. Sie begann ihre Arbeit am 31.07.1899 und operierte auch außerhalb dieses Gebietes von 1910 bis 1954.

Diamond Tooth Gertie's Spielkasino
Ecke 4th Ave/Queen Street

Oft verhängnisvolle Spielleidenschaft

Diese Spielhalle war zur Zeit des Goldrausches das einzige legale Spielkasino in Kanada. 1971 wurde es neu eröffnet, und man kann dort bis morgens um 2 Uhr Poker, Black Jack und Roulette spielen. Musikeinlagen und Shows lockern den Spielfanatismus der Besucher auf.

Blockhütte des Autors *Robert W. Service*

Der Autor *Robert W. Service* spürte den Pulsschlag des hoffnungsvollen, farbenfrohen, aber auch von menschlichen Leidenschaften, wie Habgier, Verderbtheit und Gewalttätigkeit, gezeichneten Dawson City. Er verarbeitete den Stoff hauptsächlich in Novellen, Gedichten, Balladen und Gesängen. Die Blockhütte des Autors war klein in ihrer Abmessung und schlicht in ihrer Innenausstattung.

Jack London Cabin and Interpretive Centre

Autorenruhm durch den Goldrausch

Zu dem Anwesen gehören eine Blockhütte, eine Vorrats-Hütte und ein Museum. Die **Blockhütte** des weltberühmten Schriftstellers stand ursprünglich am Henderson Creek. Sie wurde von Pelztierjägern entdeckt, dann abgerissen und zur Stewart Island gebracht, auf der 1969 zwei Hütten mit je einer Originalhälfte und mit dem fehlenden Teil ergänzt, nachgebaut wurden. Eine dieser Hütten steht jetzt in Dawson City; die andere befindet sich am Jack London-Platz in Oakland, Kalifornien. Die Vorratshütte ist ein auf gespreizten Stelzen gebautes Hüttchen zur Aufbewahrung von Pelzen und Lebensmitteln, die vor Wildtieren geschützt sein sollten. Das Museum zeigt eine Kollektion von Fotografien, die die Reise des Autoren in das Klondike-Gebiet zeigen. Außerdem sind denkwürdige Sachen seines Lebens hier im hohen Norden aufbewahrt.

Ausflug zum Midnight Dome Mountain

Diese Auffahrt zum „Hausberg" von Dawson City sollten Sie unbedingt unternehmen. Der Aussichtspunkt, 790 m über der Stadt und dem Yukon River, verschafft Ihnen einen eindrucksvollen Rundumblick. Am Sommeranfang geht hier die Mitternachtssonne nicht unter.

Von Dawson City nach Tok (Alaska)

 Streckenhinweis
Gesamtstrecke: Dawson City – Tok (Alaska): 300 km
• *Teilstrecke: „Top on the World Highway": Dawson City – Jack Wade (Alaska): 127 km*
• *Teilstrecke: Taylor Highway: Jack Wade (Alaska) – Tetlin Junction (Alaska): 154 km*
• *Teilstrecke: Alaska Highway: Tetlin Junction (Alaska) – Tok (Alaska): 19 km*

 Zeiteinteilung
1 Tag

Redaktions-Tipps

Übernachten:
• **Tok: Young's Motel $$$** bietet 43 große, saubere, moderne Zimmer mit Dusche, Satelliten-Fernsehen und Raum-Telefon.
Sehenswürdigkeit:
• **Chicken** (S. 612) ist ein Relikt aus der Goldgräberzeit.

Überblick

Die Straßenverbindung Dawson City – Tok setzt sich aus folgenden anschließenden Teilstücken zusammen:
• auf dem **Top of the World Highway** (Yukon Highway 9) von Dawson City nach Jack Wade (Alaska),
• auf dem **Taylor Highway** (Alaska Route 5) von Jack Wade nach Tetlin Junction (Alaska) und
• auf dem **Alaska Highway** von Tetlin Junction (Alaska) nach Tok (Alaska).
Die beide zuerst genannten Straßenabschnitte sind von Mitte Oktober bis April und bei starken Schneefällen auch außerhalb dieser Zeit gesperrt. Der „Top of the World Highway" ist bis auf wenige Teilstücke asphaltiert. Ab der Grenze ist der Taylor Highway eine kurvenreiche Schotterstraße mit vielen Schlaglöchern. Nur der letzte Teil ist asphaltiert.

INFO ## Top of the World Highway und Taylor Highway

Der **Top of the World Highway** war ehemals ein „Pack Trail", der während der Goldrauschzeit von Dawson City zunächst 60 Meilen zu den benachbarten Gold-Creeks führte. Dieser nach und nach verbesserte Trail wurde als **„Ridge Road"** bekannt. 1930 erweiterte man den Trail zu einer Straße bis an die Grenze Yukon Territory/Alaska und von dort nach Jack Wade (Km 127) und Chicken (Km 149). So wurden diese Orte mit Dawson City verbunden.

In den 1940er Jahren war der Straßenanschluss durch den Bau des **Taylor Highway** (von Tetlin Junction (Alaska) (Km 281) am Alaska Highway nach Eagle (Alaska)), auch bis Tok am neu entstandenen Alaska Highway geschafft.

Auf dem „Top of the World Highway" von Dawson City nach Jack Wade (Alaska)

In Dawson City bringt eine kleine Fähre Sie und Ihr Fahrzeug kostenlos über den Yukon River.

Tipp

In der Hochsaison kann es passieren, dass Sie tagsüber sechs oder mehr Stunden Wartezeit an der Fähre in Kauf nehmen müssen, deshalb ist es ratsam, sich in den frühen Morgenstunden oder abends übersetzen zu lassen.

Vom „Top of the World Highway" schweift der Blick nach Nordosten über schier endlose Wälder zu der Ogilvie Range hinüber, und man erkennt sogar den markanten Tombstone Mountain. An-

schließend rollen Sie teilweise oberhalb der Baumgrenze dahin. Schneezäune sind entlang der Straße aufgestellt. Am rechten Straßenrand steht eine alte Blockhütte mit einem Grassodendach (Km 86/Gegenrichtung Km 40), ein originales Gebäude der McCormick Transportation Company.

Alte Trapperhütte – Top of the World Hwy

Die **Grenze Kanada/USA** mit Zollhäuschen passieren Sie bei Km 105/Gegenrichtung 20. Alle Fahrzeuge müssen hier anhalten. In Jack Wade (Km 127/Gegenrichtung 0) erreichen Sie den Taylor Highway, der von Tetlin Junktion am Alaska Highway bis nach Eagle, einem kleinen Ort am Yukon River in Richtung Norden führt.

Auf dem Taylor Highway und Alaska Highway nach Tok (Alaska)

Sie kommen an der Jack Wade Dredge No. 1 (Km 15/Gegenrichtung Km 104) vorbei, einem alten Bagger, der an der Mündung des Butte Creek ab 1934 nach Bodenschätzen geschürft hat und jetzt hier verfällt.

Chicken

Herkunft des Namens

Merk-
würdige
Namens-
gebung

Ehemalige Bergleute wollten ihr Camp **Ptarmigan** (zu Deutsch Schneehuhn) nennen. Weil Sie jedoch unfähig waren, den Namen Ptarmigan richtig zu schreiben (Anm.: das „P" wird nicht mitgesprochen), nannten sie den Ort schlicht und einfach Chicken (Hühnchen), in der Meinung dem Schneehuhn damit am nächsten zu kommen.

Goldgräberzeit

Der Ort war einst die Heimat von 700 Goldsuchern. Als jedoch 1898 der berühmte Goldfund am Klondike bei Dawson City gemacht wurde, zogen die meisten Goldgräber weiter nach Osten, um dort ihr Glück zu machen.

Goldgrä-
ber immer
noch aktiv

Downtown Chicken

Downtown Chicken besteht nur aus einem langgestreckten Vielzweckbau, in dem
ein uriges Restaurant, eine düstere Bar – in der oft gute Stimmung herrscht,
wenn die Bergleute ihre Runden werfen –, ein Spirituosen- und Souvenirgeschäft
untergebracht sind. Obwohl dieser kleine Ort heute nur 37 Einwohner hat, hat
er wegen dieser Einrichtung eine gewisse Berühmtheit erlangt.

The Goldpanner

Die Goldgräber bevölkern immer noch die Hügel rund um Chicken. Sie bearbeiten das Erdreich meistens mit Saugbaggern. Es gibt jedoch auch noch Goldschür-
fer, die auf herkömmliche Art und Weise nach Gold suchen, in der Hoffnung einen
sagenhaften Fund zu machen. Auch Sie dürfen beim „Goldpanner" gegen eine
geringe Hinterlegungsgebühr eine Pfanne leihen und am Fluss selber Gold waschen. Das eventuell ausgewaschene Gold dürfen Sie behalten.

Tok (ⓘ s. S. 266)

In Tok kreuzen sich drei Überlandstraßen, der Alaska Highway, der Glenn Highway und der Richardson Highway. In dem kleinen Ort, der 1942 aus einem
Straßenbaulager entstand, leben heute etwa 1.250 Menschen. Es ist ein typischer
„Interior"-Ort, in einer flachen Schwemmlandebene gelegen, ausgerüstet mit allen Einrichtungen und einem großen Angebot an Unterkünften sowie Restaurants,
Tankstellen und zwei Lebensmittelgeschäften. Häufige Busverbindungen starten in
alle drei Richtungen und laufen an diesen Straßenknoten zusammen.

18. AUF DEM DEMPSTER HIGHWAY NACH INUVIK

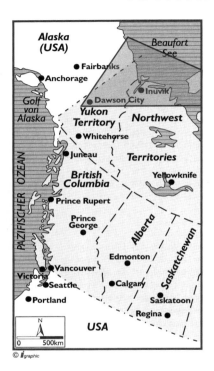

Alaska (USA)

Fairbanks

Anchorage

Golf von Alaska

Dawson City

Inuvik

Beaufort See

Yukon Territory

Whitehorse

Juneau

British Columbia

Prince Rupert

Prince George

Northwest

Territories

Yellowknife

Edmonton

Vancouver

Victoria

Seattle

Calgary

Alberta

Saskatchewan

Portland

Saskatoon

Regina

USA

PAZIFISCHER OZEAN

N

0   500km

© *i*graphic

Streckenhinweis
* *Gesamtstrecke: Dawson City – Inuvik:*
775 km
* *Summierte Teilstrecken: von **Dawson City** auf den Klondike Highway (Hwy 2) in östlicher Richtung bis **Dempster Corner** (Km 41), Abzweigung* **links** *in nördlicher Richtung auf den Dempster Highway (Hwy 5) bis Inuvik (Km 775).*

Vorschlag zur Zeiteinteilung
Wegen der Schönheit der einsamen Landschaft: 2 Tage für den Dempster Highway und 4 Tage für Inuvik und Umgebung, insgesamt 6 Tage

Redaktions-Tipps

Übernachten:
* **Inuvik: Arctic Chalet $$$**, gemütliche Blockhaus-Atmosphäre, betreut von Olav, einem erfahrenen Flugzeugingenieur und Buschpiloten, und Judi Falsnes – die beste Möglichkeit für einen Aktivurlaub im hohen Norden.

Essen:
* **Inuvik: The Finto Restaurant ###** serviert internationale Speisen und nordische Spezialitäten, wie Moschusochse, Karibu, Forelle und Arktischen Saibling.

Sehenswürdigkeiten:
* Der **gesamte Dempster Highway** (S. 614) bietet allen, die die unberührte nordische Wildnis lieben, viele Möglichkeiten zum Wandern und zum Kennenlernen von Flora und Fauna.
* **Inuvik: Igloo Church** (S. 623), ist das Wahrzeichen der einzigen Stadt Kanadas nördlich des Polarkreises.
* **Flüge** nach Aklavik (S. 625), Tuktuyaktuk (S. 627), Herschel Island (S. 629), Aulavik National Park (S. 632) und Ivvavik National Park (S. 632) von Inuvik

Überblick

Straße durch unberührte Wildnis

Der Dempster Highway ist eine Straße besonderer Art. Sie führt 734 km von Dempster Corner bis Inuvik am gewaltigen Mackenzie-Flussdelta durch eine nahezu unberührte Wildnis, zum größten Teil **unermesslich weite Tundra**, offenes, wildes Land, in dem Grizzlies, Schwarzbären, Elche, Dallschafe und Karibuherden dominieren und nicht der Mensch.

Dawson City - Inuvik - Streckenübersicht -

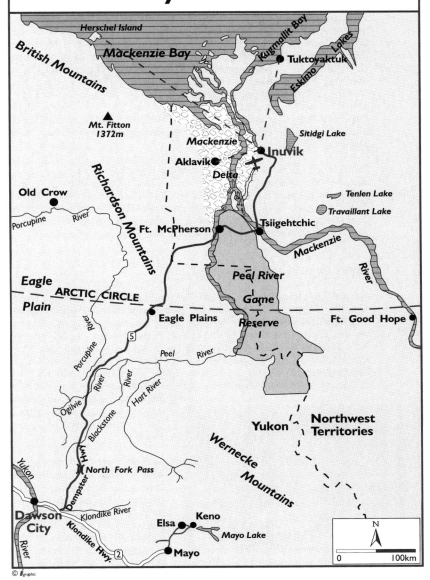

Herschel Island

British Mountains

Mackenzie Bay

Kugmallit Bay

Eskimo Lakes

Tuktoyaktuk

Mt. Fitton
1372m

Sitidgi Lake

Mackenzie

Aklavik

Inuvik

Delta

Tenlen Lake

Old Crow

Travaillant Lake

Porcupine River

Richardson Mountains

Ft. McPherson

Tsiigehtchic

Mackenzie River

Eagle

ARCTIC CIRCLE

Peel River Game Reserve

Ft. Good Hope

Plain

Eagle Plains

River

Porcupine River

Peel River

5

Ogilvie River

Blackstone River

Hart River

Yukon

Northwest Territories

North Fork Pass

Dempster Hwy

Wernecke Mountains

Yukon

Klondike River

Elsa

Keno

Mayo Lake

Dawson City

Klondike Hwy

2

Mayo

River

N

0   100km

© graphic

Die Gletscher der letzten Eiszeit haben merkwürdigerweise die Landschaft, die der Dempster Highway durchschneidet, nicht erreicht. Die Porcupine-Karibuherde überwintert seit Jahrtausenden in der Tundra am Dempster Highway.

Erste Pionierfahrt auf Hundeschlitten

W.J.D. Dempster, Korporal der Royal North West Mounted Police, ist der Namensgeber des Dempster Highway. Der Polizeioffizier unternahm um die Jahrhundertwende zum 20. Jahrhundert eine erste Pionierfahrt auf Hundeschlitten auf dieser Route. Erst 1979 wurde dieser Highway über die Berge, Flüsse und durch die unendliche Tundra gezogen. Er ist der einzige in Nordamerika, der den nördlichen Polarkreis überschreitet. (Der Fahrweg von Fairbanks (Alaska) nach Prudoe Bay (Alaska) ist keine öffentliche Straße). Der Highway ist vorwiegend eine Schotterpiste mit zwei Fährverbindungen über den Peel River und den Mackenzie River. Das Siedlungsgebiet der Gwich'in-Indianer und nach Norden anschließend der Lebensraum der Inuvialuit werden auf der Fahrt nach Inuvik berührt.

Das Teilstück der Route von Dawson City bis Dempster Corner wurde bereits auf S. 599ff beschrieben. Dempster Corner, an der der Dempster Highway seinen Anfang nimmt, sollten Sie nur mit gefülltem Treibstofftank Ihres Autos verlassen, denn erst in Eagle Plains, nach 369 km, besteht die Möglichkeit, erneut zu tanken. Der gesamte Dempster Highway ist eine Schotterpiste. Aufgrund des hohen Verschleißes der Reifen ist es deshalb ratsam, zwei Ersatzreifen mitzuführen.

Unterwegs nach Inuvik (ⓘ s. S. 187)

Auf der Fahrt nach Norden blicken Sie zur Rechten in das Tal des **North Klondike River** und dahinter auf die geschlossene Nadelwaldkulisse an den Berghängen. Sie sind von einer herben, erhaben schweigenden Landschaft umgeben und einsam auf endloser Straße. Es läuft Ihnen schon mal ein Elch oder ein Fuchs über den Weg, oder Sie stoßen auf die im Sommer braun gefärbten Moorschneehühner. An sonnigen Sommertagen können Sie sich an der Schönheit der Zaunlilienfalter (*Limenitis reducta*) erfreuen, in ihrer Grundfärbung schwarze Schmetterlinge, mit mehreren weißen Flecken auf den Flügeln und zwei wunderschönen Reihen je ziegelroter und blauer Punkte. Diese kleinen sonnenhungrigen Lichtgestalten sollten Sie nicht übersehen.

Im Sommergefieder – Moorschneehahn

Sie fahren und fahren durch diese weite, streng anmutende, stille Landschaft. Wandernde Wolkenschatten lassen die dunklen Berghänge in immer wieder neuem Licht erscheinen. Sie spüren, dieses verschlossene Land öffnet sich Ihnen nur zögernd. Aber vielleicht wird es Ihnen auch so gehen wie uns.

Wenn Sie seine unergründliche Schweigsamkeit, seine herbe Schönheit, aber auch *Herbe* seine Wildheit und seinen versteckten Charme aufgenommen haben, wenn Sie *Land-* sich mit den rauen Gesetzen der Wildnis abfinden, den Gleichmut und die Zeitlo- *schafts-* sigkeit Ihrer Umgebung hinnehmen, dann wird bei Ihnen vielleicht auch ein Glücks- *schönheit* gefühl aufsteigen, wie bei uns. Vielleicht erwacht auch bei Ihnen der Wunsch, mehr über dieses Land zu erfahren, es noch intensiver zu erleben und zu erwandern.

Allmählich wird die Landschaft offener. Die Straße steigt langsam an, und Sie überschreiten die Baumgrenze. Der Blick schweift über die weite Tundra. Moore mit niedrigem Weidengebüsch und Polarbirken und teilweise kreisrunde Seen, hellgrün mit Schachtelhalm umstanden, breiten sich aus. Einige Gewässer sind auch im Juli noch mit Eis bedeckt.

Erlebnis mit Bibern

Wir hatten auf unserer langen Reise durch den Westen und Nordwesten Kana-das schon viele Biberdämme und -burgen in den Mooren und an den Bächen gesehen. Wir hatten oft lange angesessen, von blutgierigen Moskitos umschwärmt, in der Hoffnung, auch die dazugehörenden tüchtigen Wasserbaumeister zu Ge-sicht zu bekommen, umsonst. Immer wieder glitten unsere Blicke zu den Kunst-bauwerken der großen Nager hinüber.

Dann endlich war es soweit. Es glitzerte die feine Bugwelle eines runden vorwärts-strebenden Kopfes in der Abendsonne über einem stillen Biberstauweiher. Vor-

sichtig, in geduckter Haltung und lautlos mit te-lebestückter Filmkamera und Fotoapparat mit „langem Rohr" im Anschlag, pirschten wir uns an das verbuschte Ufer des Biberterritoriums her-an. Wie die Indianer baten wir die „großen Geis-ter des Nordens" um „Jagdglück", und dankbar nahmen wir anschließend das große Geschenk an, vier Biber stundenlang bei gutem Licht beob-achten zu dürfen. Vier glänzende Leiber schwam-men zunächst nur patrouillierend durch ihren Teich. Wenn sie sich beunruhigt fühlten, schlagen sie mit dem breiten Schwanz auf die Wasser-oberfläche, und die ganze Biberfamilie tauchte wie auf Kommando unter. Allmählich wurden die

Wasserbauingenieure – bewohnte Biberburg

Tiere vertrauter und gingen ihren normalen Beschäftigungen nach. Ein frischer *Familien-* Weidenzweig wurde platschend über den Damm geworfen und seine Blätter im *leben der* aufgestauten Gewässer schmatzend verzehrt. Dann war gegenseitige, ausgiebige *Biber* Fellpflege angesagt, und vor dem Verschwinden in den Bau musste das Bauchfell *beobachtet* noch intensiv gekämmt und glattgestrichen werden.

Aus einer Aufstellung am Infobüro des **Tombstone Mountain Campground** (Km 113/Gegenrichtung: Km 663) ist ersichtlich, welche Tiere kürzlich u. a. gese-hen wurden: Grizzly, Wolf, Vielfraß, Fuchs, Erdhörnchen, Weißkopfseeadler, Gerfal-ke, Gelbschenkel und Kleiner Goldregenpfeifer. Hieraus lassen sich Rückschlüsse ziehen, welch hohen Stellenwert die Fauna dieser ungestörten Landschaft noch besitzt. Am o. g. Campingplatz beginnt ein Pfad zu den Quellen des North Folk Klondike River.

North Fork Pass

Markanter Berg in der Tundra

Vom 1.289 m hohen North Fork Pass (Km 123/Gegenrichtung: Km 652) haben Sie einen herrlichen Panoramablick und sehen im Südwesten über die Tundra zum **Tombstone Mountain** (Grabsteinberg, 2.192 m) hinüber, einem markanten, weit sichtbaren, grabsteinförmig hoch aufragenden Berg, der der Urbevölkerung, den Trappern und Piloten von Kleinflugzeugen Anhaltspunkt der Orientierung war und ist. Nach Norden erstreckt sich das **East Fork/Blackstone River-Tal**, beidseitig von den Ogilvie Mountains umschlossen.

Anschließende letzte Schneefelder, mürbes Eis auf den Gewässern, Spiegelbilder in namenlosen Seen, Goldregenpfeifer in wehendem Wollgras, weite Flächen mit blühendem „Fireweed", Odinshühnchen auf den schwermütigen Augen der Moortümpel und von hellgrünen Moospolstern eingerahmte Quellen machen die **Tundralandschaft** abwechslungsreich.

Durch die Ogilvie Mountains

Pflanzen vom Steinschlag bedroht

Diese wilden Berge sind nach *William Ogilvie* benannt, einem geachteten Landvermesser während der Goldrauschzeit. Sie durchqueren einen Höhenzug mit Schotterhalden und nacktem Gestein, der einer öden Steinwüste gleicht (Km 201). Einige Bergkämme sehen wie graue, zackige Rücken von Sauriern aus. Durch den rutschenden Steinschutt an den Hängen kämpfen sehr vereinzelt einige Tannen und Kräuter ums Überleben, so auch igelartige gelbblühende Pflanzen. Ihr zäher Existenzkampf ist bewundernswert, denn ihr Leben ist ständig durch Bergrutsche und Steinschlag bedroht.

Anschließend fahren Sie wieder abwechselnd durch Tundra und Taiga. Am **Engineer Creek** (Km 214/Gegenrichtung: Km 560) gibt es Mineralquellen, die gern von Wildtieren aufgesucht werden.

Nach Überquerung des **Olgivie River** (Km 236/Gegenrichtung: Km 537) über eine 110 m lange Brücke erleben Sie die nächsten 40 km zunächst ein enges, sehr steiniges Tal mit zackigen Bergzinnen. Mühsam versuchen sich hier die schlanken Koniferen, an den schrägen Hängen festzukrallen, ständig vom „Steinschlag-Tod" bedroht. Schneeweiße Dallschafe flüchten bergan. Am Ogilvie River sind im August Braunbären zu beobachten.

Dann steigt die Straße wieder bis auf 915 m an. Sie überqueren die **kontinentale Wasserscheid**e (Km 285/Gegenrichtung: Km 486) und können bei gutem Wetter einen phantastischen Blick über das weite Land genießen: Nadelwald im Vordergrund, den Ogilvie River zur Rechten und die blauen Berge in der Ferne. In den Senken, an Tümpeln und feuchten Stellen hat sich das Wollgras in dichten Stauden ausgebreitet. Die von der Morgenfeuchtigkeit noch verklebten Köpfchen nicken nachdenklich. Es sind zwei Sorten zu unterscheiden: Tall Cotton Grass *(Eriphorum angustifolium)* mit länglichen und Tufted White Cotton Grass *(Eriphorum chamissonis)* mit runden Watteköpfchen.

Der eintönige, kurze Gesang der Sporenammer/Lapland Longspur erfüllt die Luft, und die Kornweihe/Northern Harrier überfliegt Beute suchend die Tundra. Charakteristisch sind die hellgraue Grundfärbung, die schwarzen Flügelspitzen und die V-förmige Flügelhaltung beim Segelflug.

Lange, schnurgerade Streifen sind in die Taiga und Tundra geschnitten worden. Es sind keine Brandstreifen, wie man annehmen könnte. Für die seismographische Forschung auf der Suche nach Erdöl und -gas wurde hier die Vegetation durch Entfernung der Bäume und Büsche gestutzt. Nur sehr langsam regeneriert sich der natürliche Pflanzenwuchs wieder.

Narben in der Vegetation

Eagle Plains (Km 410/ Gegenrichtung: Km 365)

Das **Eagle Plains Plateau** ist eine der wenigen Gegenden Kanadas, die nicht von Gletschern bedeckt waren. Seine heutige Form erhielt dieses Hochland durch die Erosion von Wind und Wasser. Hier wachsen

Inukshuks – Dempster Highway

Nördlicher Polarkreis – Dempster Highway

nur noch kleinwüchsige Bäume (Weiden und Birken), außerdem u. a. hauptsächlich wilde Rosen und Beerensträucher. Um die Karibuherden in die gewünschte Richtung zu lenken, sind **Inukshuks** aufgestellt – menschenähnliche Steinaufschichtungen.

Sie passieren ein ausgedehntes Waldbrandgebiet. Wie üblich blühen zwischen den verkohlten Stämmen große Bestände an „Fireweed". Von einem Höhenrücken aus, über den die Straße läuft, können Sie das ganze Gelände, so weit das Auge reicht, übersehen. Ein Schild zeigt Ihnen an, an welcher Stelle Sie den **Nördlichen Polarkreis** überschreiten.

Die Blackstone River- und Peel River-Region

Diese Region ist angestammtes Gebiet verschiedener Indianerstämme. Mehrere Clans beanspruchen ihr traditionelles Terrain speziell für die **Karibujagd**. Die ca. 160.000 große Porcupine-Herde erreicht Mitte Oktober diese Gegend. Manchmal überquert ein Teil der Herde den Dempster Highway. Die Tiere waren früher für die Indianerstämme dieser Gegend von existenzieller Bedeutung. Die erlegten Tiere lieferten ihnen hauptsächlich Nahrung für den langen, kalten Winter und warme Winterkleidung. Als Schutz während der kalten Jahreszeit dienten transportable Unterkünfte, die aus über Stöcke gespannten Karibuhäuten bestanden, die mit Schnee bedeckt wurden.

Jagdrecht der Indianer Heute haben die Tr'ondek-Hwech'n aus der Gegend von Dawson City, die Tee'it-Gwich'in aus der Gegend von Fort McPherson, die Vuntut-Gwich'in aus der Gegend von Old Crow und die Na-cho Nyäk Dun aus der Gegend von Mayo die Jagdrechte in diesem Gebiet inne.

Durch die Richardson Mountains

Diese rauen Berge sind nach *Sir John Richardson*, einem Arzt und Naturalisten benannt, der mit Sir John Franklin eine Expedition zum Nordpolarmeer unternahm. Von Eagle Plains geht es steil zum **Eagle River** (Km 419/Gegenrichtung Km 356) hinab. Nach der Brücke über den Fluss führt eine neu präparierte sehr gute Straße über ein kahles baumloses Hochland. Sie liegt auf einem hoch aufgeschütteten Damm, der wegen des Dauerfrostbodens und der Schneeverwehungen angelegt wurde.

Permafrostboden

Bei 66° 33' nördlicher Breite überqueren Sie den nördlichen Polarkreis (Km 446/Gegenrichtung: Km 329). Das ist die gedachte Linie, an der an einem Tag im Hochsommer die Sonne, wenn sie scheint, nicht „untergeht". In dem fast baumlosen Land, das von Bächen und Flüssen durchschnitten wird, ist der Erdboden höchstens mit Polarweiden und -birken, Erlenbüschen, Beerensträuchern, Moosen, Flechten und Wollgras bedeckt. Dieses ist das Reich der Schnee-Eulen/Snowy Owls und Falkenraubmöwen/Jaegers, die wir hier beide beobachten durften. Höhenrücken ziehen sich schlangenförmig durch die Tundra. Die Höhe der Schneezäune spricht eine deutliche Sprache, wie es hier im Winter zugehen mag. Auch jetzt im Juli gibt es in Senken und auf den Bergen immer noch einzelne Schneefelder.

Die **Grenze Yukon Territory/Northwest Territories** (Km 506/Gegenrichtung: Km 269) ist nur eine gedachte Linie.

!!! *Achtung*
Sie kommen in eine *andere Zeitzone*, und Sie müssen Ihre Uhr um eine Stunde vorstellen.

An der Tundralandschaft ändert sich nichts. Sie überqueren den **Wright Pass** (Km 530/Gegenrichtung: Km 246). Mit einer kostenlosen Energie sparenden Kabelfähre überqueren Sie den **Peel River** (Noo-til-ee (Gwich'in-Wort) = schnell fließendes Wasser) (Km 580/Gegenrichtung: Km 195). Die Fähre verkehrt verständlicherweise nur in der eisfreien Zeit des Stroms, etwa von Mitte Juni bis Mitte Oktober.

Fort McPherson (ⓘ s. S. 187) (Km 591/Gegenrichtung: Km 184)

• **Überblick**

1848 errichtete man hier einen Handelsposten, der nach *Murdoch McPherson*, einem Händler der Hudson's Bay Company, benannt wurde. Heute ist es ein kleiner Ort mit nur 632 Einwohnern, meistens **Gwich'in-Indianern**, deren haupt-

sächliche Beschäftigung Jagen, Fischen und Fallenstellerei ist. Außerdem werden kunsthandwerkliche Artikel hergestellt. In Fort McPherson finden Sie u. a. eine Schule, eine Post, eine Kirche, einen Polizeiposten, zwei Einkaufsmärkte und eine Tankstelle am Ende der „Hauptstraße".

• **Friedhof der Anglikanischen Kirche**

Hier liegen *Inspektor Fitzgerald* und drei seiner Begleiter begraben, die 1910 auf einer Patrouille in einem furchtbaren Schneesturm umkamen.

Kirche und Friedhof – Fort McPherson

INFO **Die Geschichte von der verlorenen Patrouille**

Die **Hundeschlitten-Patrouille** der Royal Canadian Mounted Police legten jeden Winter von 1904 bis 1921 die Strecke von Dawson City nach Fort McPherson zurück. Diese grausamen Touren wurden durchgeführt, um auch die entlegendsten Siedlungen Kanadas im hohen Norden zu versorgen.

Normalerweise hatte die winterliche Route folgenden Verlauf: Sie kreuzte den Blackstone River, nahe der Meile 71 des heutigen Dempster Highway (historischer Markierungspunkt). Von dort ging es in östlicher Richtung über den Hart River zum Wind River, dann zum Peel River und diesen schließlich die letzten 73 Meilen abwärts bis Fort McPherson.

Einer der größten **Unglücksfälle** der Royal Northwest Mounted Police (ihr offizieller Name zu der Zeit) war das Drama der „Verschollenen Patrouille" („Lost Patrol"), die Post und andere Sendungen nach Dawson City bringen sollte. Im Dezember 1910 wurde diese Patrouille, von Fort McPherson ausgehend, von *Inspektor Frank Fitzgerald* angeführt, einem Veteranen, der viele Jahre im Norden überlebt hatte. Begleitet wurde er von *Sam Carter*, *Constantin George Kinney* und *Richard Taylor*. Schon zu

Anfang wurde der entscheidende Fehler gemacht, dass *Fitzgerald* den ortskundigen indianischen Begleiter fortschickte, weil man meinte, den richtigen Weg allein finden zu können. Die Patrouille suchte einen unauffälligen Weg über die Wasserscheide – vergeblich – und sie kehrte um. Bei zu Ende gehenden Nahrungsmitteln und zeitweise auf - 60 °C absinkenden Temperaturen versuchten die Männer verzweifelt, Fort McPherson zu erreichen. Sie verzehrten alle ihre Hunde, litten an Frostbeulen, Unterkühlung, Hunger und möglicherweise an Überkonzentration von Vitamin D, weil sie auch die Hundeleber verzehrt hatten. 48 km vor ihrem Ziel starben sie. Dort wurden ihre Leichname von einer von *W.J.D. Dempster* geführten Patrouille am 22.03.1911 gefunden, nur eine Tagesreise von Fort McPherson entfernt.

1995 sind 12 „Mounties" und Zivilisten die **traditionelle Route Dawson City – Mc Pherson** und zurück mit Hundeschlitten-Gespannen und Motorschlitten (Snow Scooters) nachgefahren. Obgleich sie mit extrem niedrigen Temperaturen, schwierigen Schneeverhältnissen und überfluteten Creeks zu kämpfen hatten, waren ihre Anstrengungen nicht mit den Strapazen der „Lost Petrol" vergleichbar, weil die neuerliche Crew mit moderner Navigation und Ausrüstung ausgestattet war und sie genügend Verpflegung besaßen. Eine Frau gehörte mit zur Mannschaft.

Tsiigehtchic (ehemals Arctic Red River)

58 km sumpfiges Land mit niedrigem borealen Wald und vielen kleinen Seen und Mooren liegt straßenmäßig zwischen Fort McPherson am Peel River und Tsiigehtchic (ehemals Arctic Red River) am mächtigen Mackenzie River. Tsiigehtchic (Km 649/Gegenrichtung: Km 126) heißt in der Eingeborenensprache „Mündung des Eisenflusses", gemeint ist die Mündung des Arctic Red River in den Mackenzie River. Der sehr kleine Ort wurde in den 1860er Jahren mit einer katholischen Mission von *Pater Oplate* gegründet. Er wird heute von lediglich 120 Gwich'in-Indianern bewohnt, die an ihren alten Traditionen, am Fischen, Jagen und Fallenstellen festhalten.

Den gewaltigen Mackenzie River passieren Sie mit einer kostenlosen Fähre. Sie verkehrt im Sommer stündlich von 9.25 bis 23.25 Uhr.

Inuvik (① s. S. 187)

Überblick

Inuvik –
„Ort aus
der
Retorte"

„Inuvik" (Km 775) ist ein Inuvialuit-Wort und heißt „Platz der Menschen". Es wurde ein „Ort aus der Retorte", zwischen 1955 und 1961 erbaut, sicher vor dem Hochwasser des Mackenzie River, die erste Siedlung nördlich des Polarkreises auf dem Stand westlicher Zivilisation, ein Ort mit heute 3.206 Menschen (Dene, Inuvialuit und Nicht-Einheimische). **„Das Tor zur Arktis"** war vorher Aklavik, mitten im Mackenzie River-Delta gelegen. Heute hat das moderne Inuvik diese Rolle übernommen. Dafür hat Aklavik weitgehend seine Ursprünglichkeit bewahren können. Das Problem des Permafrostes haben die Bauingenieure dadurch gelöst, dass sie alle wichtigen Gebäude auf Pfähle und Stelzen gesetzt und die Versorgungsleitungen (Wasser, Gas, Elektrizität) oberirdisch in stark isolierten Röhren verlegt haben. Die Mitternachtssonne, hier ca. 200 km km nördlich des Polarkreises scheint 61 Tage, vom 24. Mai bis 24. Juli.

Inuvik ist die **Stadt zirkumpolarer Begegnungen**, Inuvialuit von Sibirien bis Grönland feiern hier ihre Feste und stellen ihre Kunstgewerbeartikel aus.

Höhepunkte der Tourensaison

• Mai: Frühlingsanfang in der Arktis, Eisbären, Moschusochsen, Elche, Dallschafe werden auf den Trips gesehen, **nordische Zugvögel** kehren in ihr arktisches Brutgebiet zurück.
• Juni: Die Herden der Porcupine- und Blaunasen-Karibus (über 180.000 Tiere!) wandern nordwärts an die arktischen Küsten, um ihre Kälber zu setzen, ein erhebendes Erlebnis, diese großen, wilden Herden zu sehen. *Intensives Leben im*
• Juli: Die weißen Beluga-Wale kehren zum Mackenzie River zurück und sind *kurzen* vom Flugzeug aus zu beobachten. Die Blüte der Tundraflora ist auf ihrem Höhe- *Sommer* punkt. Es gibt rund 800 verschiedene Pflanzenarten in den N.T.
August: Eisenten/Oldsqaw Ducks sammeln sich auf Herschel Island, bevor sie nach Süden ziehen. Grönlandwale/Bowhead Whales können nahe der Küste entdeckt werden. Die herbstliche Laubfärbung der Blaubeeren-/Blueberries, Preisel-
beeren-/Cranberries und Johannis- beerensträucher-/Currants über- zieht die Tundra ab Mitte August wie mit einem rot-gelben Teppich.
September: Schneegänse sammeln sich zum Zug nach Süden. Karibu- herden wandern südwärts.

Igloo Church

Zwischen 1958 und 1960 wurde die einem Iglu nachempfundene rö- misch-katholische Kirche nach dem Design des Franko-Kanadiers Bru-

Kirche in Igluform – Inuvik

der *Laroque* erbaut. Sie ist das meistfotografierte Bauwerk der modernen Stadt. Die Inuvialuit-Künstlerin *Mona Thrasher* bemalte den Innenraum mit den 12 Sta- tionen des Kreuzweges Christi.

Steinskulptur vor dem Info Centre

Aus einem zwei Tonnen schweren grauen Marmorblock, der flechtenüberwachsen am Großen Sklaven See ausgesucht wurde, haben vier Künstler und eine Künstle- rin, die alle aus den damaligen Northwest Territories stammen, aber unterschied- lichen Kulturkreisen angehören, gemeinsam dieses eindrucksvolle Kunstwerk ge- schaffen. Die Symbole ihrer Ausführungen sind entsprechend ihrer Kultur ge-

*Skulptur am Western Arctic Visitor Centre
– Inuvik*

wählt. Über die Personen der Künstler und die Künstlerinnen und deren Beitrag zum Gesamtkunstwerk ist Folgendes bekannt:
* *Bill Nasogaluak* aus Tuktoyaktuk, schuf **Sedna**, eine wichtige Legendengestalt der Ost- und Westarktis, eine Seegottheit, durch einen weiblichen Körper dargestellt. Ihr langes wehendes Haar fließt in den Arm, der die Geige hält, wird fortgeführt in der Landschaft mit den weidenden Karibus und gleitet hinunter zu den Eisbären. Sednas Haar vereint sich ebenso mit dem Haar des alten Dene-Manns, fließt hinunter in das Federkleid des Adlers und wird zum Teil seiner Flügel, weht zurück und kreiert einen Teil der Struktur der Trommel und geht schließlich in den Wellen der See auf.
* *Eli Nasogaluak* von Tuktoyaktuk, der Bruder von *Bill Nasogaluak*, hat die Trommel kreiert.
* *Dolphus Cadieux* von Yellowknife ist ein Dene, der das Gesicht seines Großvaters, der Älteste seines Stammes, in Stein gemeißelt hat.
* *Paul Malliki* von der Hudson Bay-Küste schuf die beiden Eisbären, die sich mit der Nase berühren und so die Verbindung der Ost- und Westarktis repräsentieren.
* *Allyson Simmie*, die Künstlerin, meißelte eine Fiedel aus dem Stein. Dieses Musikinstrument symbolisiert das Kulturgut Musik, das der Weiße Mann in dieses Land eingebracht hat.

*Gemein-
schafts-
arbeit*

Diese gemeinsame Arbeit, in Stein gehauen, soll zeigen, dass das Land des Nordens mit seinen Geschöpfen sowie seinen Menschen und ihren Legenden alle miteinander verwoben sind. Die Flechten hat man, soweit es möglich war, auf dem Stein belassen. Hier hat auch die Natur, und gerade die Natur, ihre Berechtigung.

Die „Inuvialuit Circumpolar Conference" (ICC)
Inuvialuit Regional CORP, Tel.: 777-2737

Die Inuvialuit leben seit Tausenden von Jahren an den weiten arktischen Küsten von der Tschuktschen Halbinsel (Ostsibirien) bis zur Ostküste Grönlands, durch riesige Entfernungen und vier nationale Zuständigkeiten (Russland, Alaska (USA), Kanada, Dänemark) getrennt. Trotzdem haben die Inuvialuit eine unglaubliche Gleichheit in ihrer Kultur, Sprache und ihrer Lebensart bewahrt, die auf ihren tiefen Respekt vor dem Land und den Naturschätzen basiert.

*Zusam-
mengehö-
rigkeit der
Inuvialuit*

1977 wurde die **Inuvialuit-Zirkumpolare Konferenz** gegründet, die 115.000 Inuvialuit Sibiriens, Alaskas, Kanadas und Grönlands repräsentiert. 1983 garantierten die Vereinten Nationen diesen nichtstaatlichen Status. Die fundamentale Absicht der ICC ist es, den Bestand der Inuvialuit-Kultur sicherzustellen und die arktische Umwelt für zukünftige Generationen zu schützen. Durch ein Treffen alle 3 Jahre soll dieser Zusammenhalt der Inuvialuit gefestigt werden. In den Bespre-

chungen wurden akute Inuvialuitprobleme, Umweltfragen, wissenschaftliche Forschung und bessere Zusammenarbeit mit den Russen diskutiert. Die kunsthand-
werklichen Ausstellungen umfassten beispielsweise Elfenbein- und Specksteinschnitzereien, Fellarbeiten und Stickereien. Es wurden Musikvorführungen dargeboten.
Die **Arktische Olympiade** mit ihren typischen Inuvialuitspielen, die Kraft und
Geschicklichkeit erfordern, ist etwas Besonderes. Die **Syllaben-Schrift** wurde
von einem katholischen Priester entwickelt. Sie wird in der östlichen Arktis
geschrieben und gelesen. Es ist keine Buchstaben-, sondern eine Silbenschrift.

*Gespräche,
Sport und
Spiel*

Flug nach Aklavik (ⓘ s. S. 187) – ins Land der Bisamratten

Wenn Sie zu einem Flug nach Aklavik starten und das unendlich große, wilde
Mackenzie River-Delta aus der Vogelperspektive sehen, können Sie die Schönheit dieser Urlandschaft erst richtig ermessen. Sie überblicken ein Labyrinth aus
verschlungenen Wasserarmen und Tausenden von Seen in der unendlichen **Taiga**.
Hier gibt es immer noch einen Baumbestand, wie sonst nirgendwo in Nordamerika so weit nördlich.
Es ist eines der
größten Flussdeltas
der Erde. Hier la-
gert der längste
Strom Kanadas
(4.500 km) seine
Last an Schwemm-
sand und Schlamm
ab.

Sie fliegen nun über
Bisamratten-Land!
Diese kleinen Tiere,
wegen ihres war-
men Pelzes hoch ge-
schätzt, zogen einst
Trapper und Händ-

Amphibisches Land – Mackenzie River-Delta

ler von der Beaufortküste, vom Mackenzie River-Tal und den Städten des Südens
magisch an. Aklavik war d e r Bisamratten-Ort des Nordens. Diese Nager gibt es
immer noch in großer Zahl.

*Bisam-
ratten-Ort
des
Nordens*

Überblick

Früher trafen sich die Inuvialuit und die Loucheux Dene in Aklavik, was in Inuvial-
ukton, der Sprache der Inuvialuit, „Ort des Grizzly" bedeutet, traditionsgemäß
und stießen jedoch auch manchmal streitend auf der Suche nach Nahrung und
Fellen zusammen. 1910 wurden hier kleine Handelsposten in der Umgebung
errichtet. 1912 gründete die Hudson's Bay Company einen Posten in Pokiak. 1918
entwickelte sich mit der Ausweitung des Pelzhandels eine ständige Siedlung in
Aklavik. Der schnell wachsende Ort zog die Ansiedlung der Anglikanischen Missi-

on (1919), der Royal Canadian Mounted Police (1922), der römisch-katholischen Mission (1926) und der Niederlassung eines Ladens der Hudson's Bay Company (1926) nach sich. 1929 landete das erste Flugzeug in Aklavik. 1952 war die Bevölkerung von Aklavik und Umgebung auf über 1.500 Einwohner angewachsen.

1956–1961 kam es zur Verlagerung der regionalen Verwaltung und anderer Einrichtungen, als die Neugründung Inuvik 1961 abgeschlossen war. Der moderne, hochwassersichere „Magnet Inuvik" wirkte nur teilweise. Rund 800 Bewohner von Aklavik zogen es vor, trotzdem ihrem Ort treu zu bleiben, auch wenn diese

INFO ### Der „Arctic Circle War" mit dem „Mad Trapper"

Den „Mounties" (R.C.M.P.) wurde eine Beschwerde über den Trapper *Albert Johnson* zugetragen. Sie schickten den Polizisten *Alfred King*, um den Trapper darüber zu befragen, mit dem Resultat, dass King am Neujahrsabend 1931 von *Johnson* angeschossen und ernstlich verwundet wurde. Daraufhin wurde ein Aufgebot von Polizisten in Marsch gesetzt, um *Johnson* am 09.01.1932 festzunehmen. Nach einem Schusswechsel von 15 Stunden an seiner Blockhütte entwischte der Trapper im heftigen Schneesturm.

Drei Wochen später stellten vier Polizisten den Flüchtigen an einem kleinen Nebenfluss des Rat River, heute Millen Creek genannt. In einem weiteren Feuergefecht

wurde der Polizist *Edgar Millen* von dem Trapper erschossen. *Johnson*, jetzt von der Presse als „The Mad Trapper of Rat River" tituliert, entkam erneut an einem Kliff, an dem er in die Enge getrieben worden war. Kurz darauf verfolgte ein Flugzeug mit dem Piloten *Wop May* im Auftrag der R.C.M.P. *Johnson*. Radio und Zeitungen verbreiteten Nachrichten über die Verfolgung des Trappers über ganz Nordamerika. Johnson wich dem Aufgebot der Po-

Grab des „Mad Trapper" – Aklavik

lizisten, Indianer und weißen Trapper 18 Tage lang erfolgreich aus, bevor sie ihn am Eagle River umstellten. In dieser Zeit wurde der Sergant *Earl Herey* von den Royal Canadian Signals von Johnson angeschossen und ernstlich verwundet, bevor die Polizeigruppe *Johnson* endgültig am 17.02.1932 niederstreckte. Diese Menschenjagd erregte großes Aufsehen in der Öffentlichkeit, besonders bei der Beerdigung in Aklavik.

Bis auf den heutigen Tag konnte die wahre Identität von *Albert Johnson* nicht geklärt werden. Er war ein illegaler Einwanderer, der sich wahrscheinlich von British Columbia an das Nordpolarmeer durchgeschlagen hatte.

pittoreske Gemeinde oft im Frühjahr, wenn der Fluss durch Eisstau über die Ufer tritt, unter Wasser steht. Sie erklären stolz: „Aklavik wird nicht untergehen!". So wurde diese Siedlung nicht zum Geisterort.

*Zukunfts-
glauben
der
Bewohner*

Heute besteht die über 800 Personen starke Bevölkerung aus Dene und Inuvialu- it. Diese Gegend ist außerdem **Brut- und Rastplatz von vielen Vögeln**, z. B. vom Zwergschwan/Tundra Swan, Moorschneehuhn/Willow Ptarmigan und Stern- taucher/Redthroated Loon.

Moose Kerr School

1969 öffnete diese Schule auf dem Gelände der alten anglikanischen Missions- schule ihre Pforten. Man nannte sie nach A. J. „*Moose*" *Kerr*, dem ersten Rektor der „Federal Day School". Er unterrichtete von den frühen 1950er bis zu den frühen 1960er Jahren.

Der alte anglikanische Friedhof

Neben der Beachtung der übrigen historischen Gebäude sollten Sie auch einen Blick auf den Friedhof des Ortes werfen, weil hier der **„Mad Trapper"** („Ver- rückter Trapper") vom Rat River begraben ist.

Flug nach Tuktoyaktuk (ⓘ s. S. 187)

Über die baumlose Tundra

Der Flug führt über die weite baumlose Tundra mit unzähligen kleinen Seen, ein anderer Landschaftscharakter als der südliche Teil des Mackenzie River-Deltas mit seinem lockeren Koniferenbestand. Manchmal erkennen Sie auf den Seen in der Weite weiße Flecken auf der Wasserfläche. Es sind Zwergschwäne/Tundra Swans, die hier in der Einsamkeit ihren Nachwuchs aufziehen.

*Einsame
Urland-
schaft*

Pingos

Auffällig sind markante Hügel, sog. **Pingos**.

Geschichtliches über Tuktoyaktuk

Eine Legende erzählt, dass einst eine Inuvialuitfrau zu einer Karibuherde hinüber- schaute, die durchs Wasser watete, und die Karibus versteinerten. Riffe, Karibus ähnlich, sind bei Ebbe sichtbar. Deshalb bedeutet der Name „Tuktoyaktuk" „ähn- lich einem Karibu" in der Sprache der Inuvialuit. 1826 erforschte *Dr. John Richardson* die Gegend vom Mackenzie River bis zum Copper River und stellte fest, dass die Gegend um den heutigen Ort Tuk die traditionelle Heimat waljagender Karn- gmalit-Inuvialuit war. Sie lebten auf mehrere Dörfer verteilt oder in kleinen Familienverbänden. Die größten Orte beherbergten 500–1.000 Einwohner. 1850 existierten mehr als 2.000 Karngmalit-Inuvialuit hauptsächlich vom Walfang. 1890–

INFO Pingos

Es sind Hügel aus blau gefärbtem Eis, das mit Moos und Torf überzogen ist. Das Wort Pingo stammt von dem Inuvialuit-Wort „Pingujjaluit". Die Pingos bilden sich nur im Permafrostboden, der bis zu 100 m dick sein kann, während er im Sommer nur wenige Zentimeter auftaut. Unter diesen Hügelsohlen befindet sich ungefrorener Boden, der den Permafrostboden nach dem Prinzip des arthesischen Drucks (wie beim arthesischen Brunnen) empor drückt. Diese Eishügel können mehrere Jahrhunderte überleben. Einige werden von „Park Canada" geschützt.

Pingo – Tuktoyaktuk

Durch Weiße eingeschleppte Krankheiten

1910 operierten viele weiße Walfänger in der Beaufort See und am Amundson Golf. Sie überwinterten auf Herschel Island und den Baille Islands. Diese Entwicklung erwies sich als katastrophal für die Karngmalit-Inuvialuit, besonders als eine Reihe von Epidemien die Hälfte der Bevölkerung auslöschte. 1920 gab es nicht mehr als 20 Inuvialuit in dieser Region.

1928 brach eine Influenza-Epidemie auf Herschel Island aus, und die letzten Inuvialuit zogen in die jetzige Gegend von Tuk. 1934 wurde Tuktoyaktuk 137 km nördlich von Inuvik gegründet. Auch Inuvialuit von Herschel Island und Alaska siedelten sich dort an. 1937 fassten die anglikanische und katholische Mission Fuß in Tuk. Mehrere Familien von Baille Islands und Cape Bathurst (östlich von Tuk) siedelten nach Tuk um. 1947 entstand eine anglikanische Missionsschule in Tuk. Heute hat der Ort an der Kugmallit-Bucht ca. 1.000 Einwohner (2 % Dene, 1 % Métis, 88 % Inuvialuit, 9 % Andere). Eine Kleidungs-Manufaktur und die jährlich vorbeiziehenden **Karibuherden** gewährleisten für den Ort eine schwache wirtschaftliche Grundlage. Außerdem ist Tuk heute ein Sprungbrett für die Suche und Erschließung der Öl- und Gasvorkommen in der Beaufort-See.

Die größten Land-Säugetierarten in der umliegenden Tundra sind: Eisbären, Grizzlies, Wölfe, Eisfüchse, Rotfüchse und Karibus. Die auffälligsten Vogelarten sind: Zwergschwäne, Kanada-, Schnee-, Ringel- und Blässgänse, Stock-, Krick-, Prachteider-, Eider- und Eisenenten und Küstenseeschwalben.

Belugas

Manchmal sehen Sie vom Flugzeug aus vor dem Mündungsdelta des Mackenzie River, an dem Tuktoyaktuk liegt, Belugas. Es sind die häufigsten Wale der Arktis. Diese nur bis zu fünf Meter langen, **weißen Wale**, die ein sehr soziales Verhalten an den Tag legen, halten sich im Winter in kleinen eisfreien Gebieten der Bering

See auf und versammeln sich im Sommer im flachen, sich leicht erwärmenden Wasser der Beaufort See, weil es hier vor der Mündung des gewaltigen Mackenzie River genügend Fische gibt. Hier findet auch die Paarung statt. Außerdem reiben sie an den Steinen und dem Sand zu gern ihre dicke Haut.

Muktuk

Jeden Sommer jagen die Inuvialuit Belugas. Diese weißen Wale sind ihre Lieblingsnahrung. Wenn Sie durch Tuk schlendern, finden Sie an mehreren Stellen in Streifen geschnittenes Fleisch der Beluga-Wale zum Trocknen oder über Räuchertonnen aufgehängt. Es ist Muktuk. Welche verschiedenen Zubereitungsarten gibt es?

Belugafleisch – Tuktoyaktuk

- **Frischer Muktuk**
Die Außenhaut und das Fett werden rhombenförmig in lange Streifen geschnitten, aufgehängt und entwässert. Nachdem ein Teil des Trans abgelaufen ist, wird das frische Muktuk in Fässer eingelegt und eingefroren.
- **Gekochter Muktuk**
Diese Art der Zubereitung gleicht der oben genannten, nur dass das Muktuk nicht frisch eingelegt, sondern gekocht wird.
- **Stinkender Muktuk**
Man lässt das Fett einige Tage bei Zimmertemperatur stehen, bis es bei dem Fermentierungsvorgang eine grünliche Farbe annimmt und stark zu riechen anfängt. Die älteren Inuvialuit verzehren dieses stinkende Muktuk mit dem herben Trangeschmack sehr gerne, so wie wir gut gereifte Käsesorten. Wenn man Muktuk verzehrt und der Fäulnisprozess zu weit fortgeschritten ist, dann wird es gefährlich – der „Genuss" kann einen das Leben kosten.

„Lady of Lourdes"

Es ist das Schiff, jetzt an Land gezogen, mit denen die Missionare diesen Ort erreichten.

Flug nach Herschel Island (Qikiqtaruk) (ⓘ s. S. 187)

Über dem Mackenzie River-Delta

Zunächst fliegen Sie über die amphibische Landschaft des riesigen Mackenzie River-Deltas (6.200 km²), gelbbraun das fließende Wasser, dunkel das der kleinen Seen und Moore, ein **Labyrinth**, dass wahrscheinlich nur für Einheimische zu befahren ist, ohne sich zu verirren. Wie ein glitzerndes, betautes Spinnengewebe funkelt das verwirrende Netzwerk der Wasserarme des Stroms in der Sonne. Die

Amphibische Landschaft

Erfahrener Buschpilot – Fred Carmichael

dunklen Nadelbäume stehen ernst, vom hellen Grün der Seggen, Binsen und Schachtelhalme umgeben.

Allmählich wird das Delta tundraartig. Die Bäume werden seltener. Weidengestrüpp breitet sich großflächig aus. Dann bestimmen Sandbänke, Salzwiesen, Halbinseln mit großen blinkenden Wasserflächen das Landschaftsbild kurz vor den riesigen Mündungstrichtern des Stroms. Letzte Eisreste lagern vor der Küste, und Packeis schwimmt am Horizont des Nordpolarmeers.

Im weiteren Verlauf des Fluges streichen Sie über eine deutlich sichtbare Uferkante im Westen des Deltas. Jetzt breitet sich eine etwas höher gelegene Tundralandschaft, kahl, baumlos, mit vielen sich schlängelnden Bächen und zahlreichen Seen bis zum Horizont aus. Gelegentlich sieht man aus dieser Höhe Elche, Moschusochsen, Karibus und Zwergschwäne. Schließlich ist **Herschel Island** erreicht.

Geschichtliches über Herschel Island

Herschel Island ist eine kleine Insel, 12 km lang und 8 km breit. Nördlich davon liegt das permanente Packeis des Eismeeres.

1826 entdeckte der Forscher *Sir John Franklin* als erster Europäer dieses Eiland und nannte es nach *Sir John Frederick William Herschel*, einem berühmten britischen Astronomen und Chemiker. Zu der Zeit lebten hier Inuvialuit in drei Dörfern, die ihre Insel allerdings Qikiqtaruk nannten, was „es ist eine Insel" bedeutet. Um die Wende zum 20. Jh. war diese bis dato so friedvolle Insel Tummelplatz von 1.000-2.000 **Walfängern**. Der Mastenwald ihrer Schiffe drängte sich in der Inselbucht zusammen.

„Sodom der Arktis" in der Walfänger-zeit
Das Eiland war ein „Außenposten der Zivilisation", aber auch ein „Sodom der Arktis", wie es betitelt wurde. Die Grönlandwale waren die Hauptbeute der Walfänger. Ihre Größe und Langsamkeit machten das Abschlachten leicht.

Gräber der Walfänger – Herschel Island

Heute wird Herschel Island nur von einer Inuvialuitfamilie ständig bewohnt. Es ist eine Insel der hügeligen Wiesen, der Tundrablumen und der nordischen Vögel. Es ist aber auch eine Insel der Gräber der ehemaligen Walfänger.

Klima

24-stündige Tageshelle während der Sommermonate gibt Ihnen die Möglichkeiten, die Insel ausgiebig zu durchwandern. Kühle Temperaturen und ständiger Wind sind dabei die Normalität.

Durchschnittliche Tiefst-/ Höchsttemperaturen in °C	
Mai	-12 bis +5
Juni	0 bis +9
Juli	3 bis +14
August	-3 bis +12
September	-4 bis +7

Flora

Von Anfang Juni bis Anfang August erlebt Herschel Island eine „**Farbsymphonie**" durch eine erstaunlich große Artenvielfalt an blühenden Wildblumen. In dem maritimen Klima während der Wachstumsperiode des kurzen Sommers entfaltet sich eine üppige Blütenpracht der Tundravegetation.

Beim Rundgang über Herschel Island stoßen Sie neben alten Gerätschaften vom einstigen Walboom und windschiefen, weißen Grabsteinen einiger Walfänger auf verschiedene Wildblumen, deren Blütenkelche im ständigen Wind zittern. Es sollen über 120 Arten sein, die es hier gibt, beispielsweise: Spotted Bear Root (*Hedysarum alpinum*), Arctic Lupin (*Lupinus arcticus*), Forget-me-not (*Myosotis alpestris*), Hairy Arctic Milk Vetch (*Astragalus umbellatus*), Wooly Lousewort (*Pedicularis lanata*), Old Man's Whisker (*Geum triflorum*), Alpine Poppy (*Papaver kluanensis*), weißblühender Indian Paintbrush (*Castilleja*), Narcissus Anemone (*Anemone narcissiflora*). Außerdem ist die Insel mit Wollgras an den feuchten Stellen übersät.

Grabsteine und Wild- blumen

Säugetiere

• **Ringelrobben** sind hier die häufigsten Meeressäuger. Sie ernähren sich von Fischen, die sie im Sommer entlang der Eisränder erbeuten. Im Winter leben sie unter der Eisdecke des Meeres und benutzen Atemlöcher.
• **Eisbären** sind neben den Menschen die größten Feinde der Robben. Im Sommer halten sich die großen Jäger jenseits des offenen Wassers im Packeis auf. Im Winter gebären wenige weibliche Tiere auf Herschel Island ihre Jungen.
• **Eisfüchse** folgen gern den Eisbären. Sie leben hauptsächlich von den Resten der von den Eisbären erbeuteten Robben.
• **Moschusochsen, Karibus** und gelegentlich auch **Grizzlybären** kommen vom nahen Festland übers Eis auf die Insel oder erreichen sie schwimmend.
• **Wale** passieren während ihrer saisonalen Wanderungen die Insel.

Vogelwelt

An Vögeln wurden **über 70 Arten** gezählt, davon 25 brütende. Selbst konnten wir u. a. Schnee-Eulen, Zwergschwäne, Goldregenpfeifer, Falkenraubmöwen, Sporn- und Schneeammern sowie Steinwälzer beobachten.

Weitere Nationalparks an der Beaufort-See

Aulavik National Park (ⓘ s. S. 187)

Name

Der Name Aulavik wurde von den Einheimischen von Sachs Harbour (140 Einwohner) gewählt und bedeutet: „ein Ort, wo Menschen reisen".

Örtlichkeit

Der 1992 gegründete, 12.275 km² große Nationalpark liegt im Norden von Banks Island. Er wurde in Zusammenarbeit und Übereinstimmung zwischen den Inuvialuit von Sachs Harbour und der Organisation „Parks Canada" ins Leben gerufen. Der Thomson River durchfließt das Tundragebiet. Der Aulavik National Park ist nur per **Charterflug von Inuvik** zu erreichen.

Großer Bestand an Moschus-ochsen In der arktischen Wildnis wurden mehr als 150 Blütenpflanzen festgestellt. An Großwild sind die Moschusochsen mit über 60.000 Exemplaren auf Banks Island am zahlreichsten vertreten. Das ist die Hälfte der Erdbevölkerung dieser Tiere. Es ist interessant zu wissen, dass, wenn die Population der Moschusochsen zunimmt, die Zahl der Peary-Karibus im gleichen Zeitraum abnimmt und umgekehrt.

Weitere Säugetierarten im Aulavik National Park sind der Eisbär, der Eisfuchs, der Weiße Wolf, der Schneehase, das Hermelin und zwei Arten von Lemmingen.

Von den 40 registrierten Vogelarten bleiben nur die Alpen- und Moorschneehühner das ganze Jahr über auf der Insel, möglicherweise auch der Kolkrabe. Der Greifvogelbestand, Schnee-Eulen, Gerfalken und Wanderfalken, ist sehr stark von der Populationsstärke der Lemminge abhängig.

Für weitere Informationen:
• **Parks Canada**, Western Arctic District, P.O. Box 1840, Inuvik, N.T., X0E 0T0, Tel.: (867)777-3248, Fax: (867)777-4491
• **Aulavik National Park**, P.O. Box 29, Sachs Harbour, N.T., Canada X0E 0Z0, Tel.: (867)690-3904, Fax: (867)690-4808, E-Mail: gerry_kioun@pch.gc.ca, Web: www.parkcanada.gc.ca/aulavik

Ivvavik National Park (ⓘ s. S. 187)

Name

Ivvavik heißt in der Sprache der Inuvialuit **„Ort der Geburt"**.

Örtlichkeit

Ivvavik National Park ist ein einzigartiges Schutzgebiet in der äußersten Nordwestecke des Yukon Territory, an der Grenze zu Alaska und zwischen den British

Mountains und der Küste. Der Park umfasst mehrere arktische und subarktische Ökosysteme von den Höhenzügen im Süden, über Hügel, Flusstäler, die Küstenebene bis zur Beaufort See. Die Flüsse Babbage River, Firth River und Malcom River haben V-förmige Täler in die British Mountains geschnitten. Im Süden schließt der **Vuntut National Park** (50 km nördlich des Dorfes Old Crow) mit mehr als 2.000 Seen und Teichen an. Hier brüten und rasten jährlich ca. 500.000 Vögel.

Bedeutung

Die Wichtigkeit des Parks und der Grund seiner Gründung liegt hauptsächlich darin, dass sich in diesem Gebiet im Frühsommer ca. 160.000 Karibus der **Grant's Porcupine-Herde** einfinden und während dieser Zeit die Kälber geboren werden. Die Wanderung dieser gewaltigen Herde zählt heute mit zu den großen Wundern unserer Erde.

Kinderstube der Karibus

Bedrohung der Natur durch die Förderung von Öl und Gas

In den 1970er Jahren wurden **bedeutende Öl- und Gasvorkommen** in diesem Gebiet und unter der Beaufort-See entdeckt. Ein vorliegender Plan, möglicherweise eine Pipeline durch das besagte Gebiet zu legen, würde einen irreparablen Schaden für die Einheit der Umwelt und höchstwahrscheinlich auch auf Dauer für das Überleben der Karibuherde bedeuten.

19. DER „PFANNENSTIEL" ALASKAS (SÜDOSTALASKA)

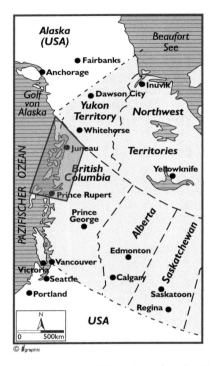

Alaska (USA)
Beaufort See
● Fairbanks
● Anchorage
Golf von Alaska
● Inuvik
● Dawson City
Yukon Territory
Northwest
● Whitehorse
● Juneau
Territories
British Columbia
● Yellowknife
● Prince Rupert
Prince George ●
Alberta
Saskatchewan
● Edmonton
PAZIFISCHER OZEAN
● Vancouver
Victoria ●
● Seattle
● Calgary
● Portland
● Saskatoon
Regina ●
N
0   500km
USA
© graphic

Überblick

Der südöstliche Teil Alaskas wird auch der „Panhandle" (Pfannenstiel) genannt, bezogen auf die Gesamtform Alaskas. Er ist ein schmaler Landstreifen mit vielen vorgelagerten Inseln und Halbinseln. Gewaltige Gletscher riegeln die Küstenregion vom Hinterland ab.

Klima

Das **feuchte Seeklima** weist milde Sommer von durchschnittlich + 14 °C und Höchsttemperaturen von + 25 °C und gemäßigte Winter mit Temperaturen von durchschnittlich - 2 °C auf. Im Norden kann das Thermometer in der kalten Jahreszeit gelegentlich auf - 20 °C absinken. Die Niederschlagsmengen im Panhandle sind in einigen Gebieten extrem hoch, bis über 700 cm jährlich. Nebel, Regen, Schnee und Hagel sind an der Tagesordnung. Klares, trockenes Wetter ist eher eine Ausnahme.

Nordischer Regenwald

Raubbau an Urwaldbäumen

Das feuchte, kühle Klima schafft ideale Voraussetzungen für ausgedehnte, **altwüchsige Regenwälder**, deren Baumbestand hauptsächlich aus Westlicher Hemlock, Schierlingstanne und Sitkafichte sowie einigen wenigen anderen Koniferen und Laubbäumen besteht. Diese Urwaldriesen werden bis zu 350 Jahre alt und erreichen einen Stammdurchmesser bis 1,80 m und eine Höhe bis 80 m. Der Holzreichtum SO-Alaskas und besonders die gewaltigen Urwaldbäume wecken natürlich die Begierde der Menschen. Leider landen diese wertvollen, alten Bäume all zu häufig in den Sägewerken des eigenen US-Marktes oder werden exportiert, hauptsächlich nach Japan.

Sekundärvegetation

Ein großes Umweltverbrechen am altwüchsigen Wald können **rücksichtslose Kahlschläge** sein, besonders dort, wo steile Abhänge eine starke Erosion befürchten lassen und der Waldboden droht, fortgespült zu werden und wo starke Sonneneinstrahlung zur Austrocknung des Bodens führt. Auf den ersten Blick scheint ein Kahlschlag in leicht welligem Gebiet dem Wald nicht allzuviel zu

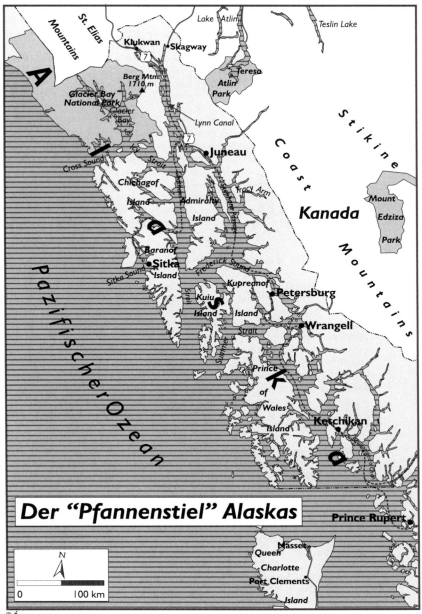

Der "Pfannenstiel" Alaskas

© igraphic

schaden, denn durch den natürlichen Samenflug von den umliegenden Wäldern bildet sich alsbald eine dicht nachwachsende Nachfolgegeneration an Bäumen. Es ist allerdings ein **reiner Wirtschaftswald** mit gleichaltrigen Bäumen. Dieser neue Wuchs bildet nach etwa 10 Jahren ca. 1,80 m hohe Bäume und nach ca. 70 bis 100 Jahren wird der „Second Growth Forest" wieder reif zur „Ernte". Wenn diese Zeitspanne des Holzeinschlags überschritten wird, ist nach forstwirtschaftlichem Gesichtspunkt der Wert des Holzes gemindert.

Waldschädigung

Der Mensch hat dem einstigen Urwald, mit seinem stufenartigen Aufbau junger, alter und absterbender Bäume seine Regeln aufgezwungen. Die sog. **Biomasse** der vermodernden Bäume, aus denen sich Humus für neues Leben bildet, wird durch die sog. „Ernte" zum Nutzen des Menschen und zum Schaden des Waldes *Schwä-* entfernt. Wenn sich aufeinander folgende Kahlschläge und nicht natürliche Dün- *chung des* gung des Waldbodens mehrmals wiederholen, führen diese Serien der Ausbeu- *Waldes* tung in der 2. und 3. Generation zur Schwächung des Waldes, trotz nachwachsender Jungpflanzen, ganz abgesehen von der Verarmung der darin ursprünglich heimischen Tierwelt.

Die wichtigsten Naturschutzgebiete

Glücklicherweise ist durchgesetzt worden, dass neben dem Vollschutz der Natur in Nationalparks auch Wildnisgebiete mit Teilschutz programmiert wurden.
• Glacier Bay Nationalpark ist eine grandiose Gletscherwelt.
• Misty Fjords am Festland und Admiralty Island haben den Status einer National Forest Monument Wilderness.
• Karta River Wilderness auf Prince of Wales Island, Kuiu Wilderness und Petersburg Creek – Duncan Salt Chuck Wilderness auf Kupreanof Island, Stikine-Leconte Wilderness am Festland, Tracy Arm Fords Terror Wilderness am Festland, South Baranof Wilderness und West-Chichagof-Yakobi Wilderness auf Chichagof Island haben den Status einer National Forest Wilderness.

Eine artenreiche Tierwelt

Braunbären haben wegen des paradiesischen Reichtums an Lachsen in Süd-ostalaska ihr Hauptverbreitungsgebiet. Von den ca. 6.000 in diesem Bereich lebe-
Lachse, den Braunbären erreicht ihr Bestand am Pack Creek auf Admiralty Island mit
Haupt- etwa einem Bär auf ca. 1,5 km² die größte Dichte. Aber auch im Stikine River
nahrung Delta und am Anan Creek stellt sich Meister Petz sehr zahlreich zum Lachsfang
der Bären ein. Auf den sog. ABC-Inseln – Admiralty, Baranof und Chichagof dulden sie keine weiteren großen vierbeinigen Nahrungskonkurrenten, deshalb treffen Sie hier nicht auf Schwarzbären. **Schwarzbären** erreichen aber trotzdem in anderen Revieren im Südosten Alaskas mit ca. 17.000 ihre höchste Konzentration.

An **maritimen Säugetieren** mangelt es in den fischreichen Gewässern des Südostens nicht, z. B. Buckel-, Grau-, Schwertwale, Delfine, Seelöwen, Seehunde und Seeotter.

Die majestätischen **Weißkopfseeadler**, absolute Könige der Lüfte, haben ebenfalls in dieser Region ihr Hauptverbreitungsgebiet. Ihre Hauptnahrung besteht wie bei den Bären in erster Linie aus Lachsen.

Touristische Erschließung

Obgleich die menschlichen Siedlungen an der Küste und auf den zahlreichen Inseln weit verstreut sind und ihr Erreichen aus dem Hinterland wegen des hohen, vergletscherten Küstengebirges nur an sehr wenigen Stellen möglich ist, besteht ein gut funktionierendes Verkehrsnetz durch Fähren, Privatschiffe, Wassertaxis, Wasserflugzeuge. Außerdem bestehen Flugverbindungen mit Juneau, Sitka, Wrangell, Petersburg und Ketchikan. Die Isolierung wird durch Post, Radio, Satelliten-Fernsehen, E-Mail- und Internetverbindungen weitgehend aufgehoben. Das aufgebaute Netz der Hotel-, Motel- und Bed & Breakfast-Unterkünfte und deren Qualität sind akzeptabel.

Gut funktionie-rendes Verkehrs-netz

Ketchikan (ⓘ s. S. 266)

Anfahrt
• *Per Fähre*
Ketchikan ist von Prince Rupert (Kanada) der **erste Stopp der Fähren** *des „Alaska Marine Highway System" auf der Fahrt nach Norden durch die grandiose Inselwelt des sog. „Pfannenstiels" Südostalaskas. Die Fahrt von Bellingham/Washington dauert 36 Stunden, von Prince Rupert 6 Stunden. Fährverbindungen Richtung Norden bestehen nach Wrangell, Petersburg, Sitka, Juneau, Haines und Skagway.*
• *Per Kreuzfahrtschiff*
Ketchikan ist eine der **Hauptanlauf-stellen** *für Kreuzfahrtschiffe entlang der Inside Passage.*
• *Per Flug*
Es bestehen **regelmäßige Flüge** *von Seattle (Washington/USA, Anchorage (Alaska/USA), Juneau (Alaska/USA), Petersburg (Alaska/USA), Wrangell (Alaska/USA) und* **lokale Flüge** *von kleineren Orten Südostalaskas und von Prince Rupert (Kanada) mit Ketchikan.*

Redaktions-Tipps

<u>Übernachten:</u>
• **Best Western Landing Hotel $$$** vermietet komfortabel eingerichtete Gästezimmer.

<u>Essen:</u>
• **Jeremiah's Pub and The Best Western Landing Restaurant ###** ist eines der populärsten Restaurants der Stadt.

<u>Sehenswürdigkeiten:</u>
• **Southeast Alaska Discovery Center** (S. 638), eine Weltklasse-Ausstellung mit gelungenen Informationen über den nordischen Küstenregenwald, andere Ökosysteme Alaskas und der menschlichen Besiedlung Südostalaskas von den Anfängen bis zur Neuzeit.
• **Dolly's House** (S. 642) in der Creek Street gibt Einblicke in das Rotlicht-Milieu vergangener Zeiten.
• **Totem Heritage Center** (S. 642) beherbergt die größte Sammlung von Totempfählen Alaskas.

Überblick

Lachs und Holz

Ketchikan liegt im Herzen des Tongass National Forest, der rund 8 Mio. Hektar Wälder, Berge, Bergwiesen, Seen und Gletscher umfasst. So lange hier Menschen leben, von den frühesten Urbevölkerung bis zu den Bewohnern der heutigen Zeit, haben hier zwei Dinge eine entscheidende Rolle gespielt, der Lachs und das Holz. Der einstige Überfluss an Lachsen war die Hauptnahrung der Indianerstämme, und aus dem Holz der hohen Fichten und Zedern bauten sie Kanus und Langhäuser. Die Rinde und die Wurzeln der Bäume lieferten u. a. das Material zum Anfertigen für Kleidung und zum Flechten von Körben und Fischreusen. Nach der Einwanderung der Weißen und Asiaten wurden die Schätze der Natur industriell ausgenutzt und teilweise auch rücksichtslos ausgebeutet.

1883 errichtet man in Ketchikan die erste Fischkonservenfabrik. Zeitweise galt Ketchikan als die „Salmon Capital of the World" (Lachs-Hauptstadt der Welt). 1903 entstanden die ersten Sägemühlen. Beide Wirtschaftszweige, die Fisch- und Holzindustrie, wurden die Lebensgrundlagen der Siedlung. 1954 gründete man außerdem eine riesige Spanplattenfabrik am Ward Cove. In den 1970er Jahren brachte die **Überfischung in den umliegenden Gewässern** die Fischindustrie sowie Streiks in der Holzindustrie beide Wirtschaftszweige an den Rand des Konkurses. Nach kurzen Aufwärtstrends wurden beide Branchen bis in die 1980er Jahre immer wieder von Streikwellen gelähmt. Die Stadt mit ihren heutigen ca. 13.000 Einwohnern überlebte diese harten Zeiten nur dank der Kredite der USA. Die Fischerei und die Holzindustrie haben der Stadt ihren Stempel im Stadtbild aufgedrückt.

Heute spielt der **Tourismus** eine wichtige Rolle im Wirtschaftsleben von Ketchikan. Wenn die Fähren und Kreuzfahrtschiffe anlegen und ihre „Menschenfracht" sich auf die Stadt ergießt, herrscht buntes Treiben und eine lebhafte Geschäftigkeit in den Bars, Geschäften und beim Besuch der Sehenswürdigkeiten des Ortes.

Sehenswürdigkeiten

Southeast Alaska Discovery Center
50 Main Street, Ketchikan AK 99901, Tel.: (907)228-6220, Fax: (907)228-6234, E-Mail: r10_ketchikan_Alaska_Info@fs.fed.us, www.fs.fed.us/r10/tongass/districts/discoverycenter/

Dieses bekannte Museum bietet audiovisuelle Programme und informiert beispielsweise über alaskanische Landschaften, südostalaskanische Ökosysteme, Regenwälder, indianische Fischercamps, Bergbau, Holzindustrie, Transport und Tourismus.

Alaskanische Landschaften

• **Der ferne Norden**
Diese raue Landschaft im äußersten Norden Alaskas, nördlich der Brooks Range und die Küste am Nordpolarmeer mit der Beaufort-See ist das Land der Inuvialu-

it, der Eisbären, der Wale und Robben.

• Das Landesinnere

Das Landsinnere Alaskas zwischen den beiden Gebirgszügen der Alaska Range im Süden und der Brooks Range im Norden umfasst rund 1/3 Alaskas. Es ist die Heimat von rund 20 % der Bevölkerung, einschließlich des weitverzweigten Indianerstamms der Athabasken. **Fairbanks** ist der größte Ort dieser Region, der über die zweitgrößte Universität Alaskas verfügt. Das Landschaftsbild wird in erster Linie von der Taiga und der baumlosen Tundra geprägt. Elche, Karibus und Bären leben hauptsächlich in der Nähe des Yukon River.

• Der Südwesten

Der Südwesten Alaskas ist das Land der Kontraste vom breiten Delta des Yukon River bis zu den aktiven Vulkanen auf der Inselkette der Aleuten, die sich über Tausende vom Kilometern westwärts erstreckt. Es ist die Heimat der Juk'upik und Aleuten. Unzählige Seevögel brüten hier im Sommer.

• Der zentrale Süden

Der zentrale Süden Alaskas wird durch die Alaska Range durch den mächtigen Mt. McKinley (6.195 m), den höchsten Berg Nordamerikas, vor den eisigen arktischen Winden geschützt und von dem aus Japan kommenden warmen Meeresstrom Kuro Schio erwärmt. In dieser bevölkerungsreichsten Region Alaskas lebt die Hälfte der Bevölkerung, vor allem in Anchorage, das von Gletschern, Fjorden, Flüssen, Mooren, Tundren, Wäldern und Bergwiesen um-

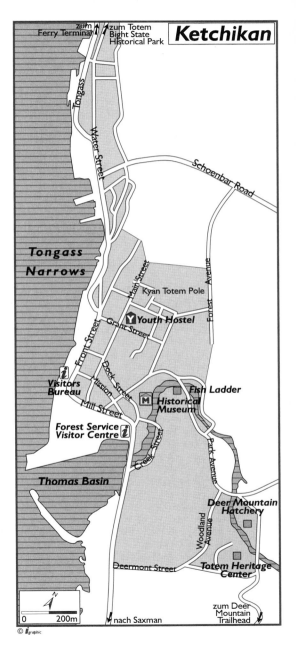

geben ist. An Wildtieren findet man hier hauptsächlich Elche, Bären, Dallschafe und Adler. Besonders reiches maritimes Leben herrscht im Prince William Sound.

• Der Südosten

Mildes, feuchtes Klima

Der Südosten Alaskas ist das Land der hohen Küstengebirge und der mehr als 1.000 Inseln mit einem milden, feuchten Klima, das den nordamerikanischen Regenwald begünstigt. Hier gibt es die meisten nordischen Urwälder („old growed forests") der Erde. Es ist die Heimat der Tlingit, Haida und Tsimshian-Indianer. Gewaltige Gletscher, enge Fjorde, weite Buchten, hohe Berge, nässetriefende Regenwälder, düstere Moore, blinkende Seen und reißende Flüsse bilden unterschiedliche Landschaftstypen und Biotope. Die Gewässer werden u. a. von Walen, Delfinen, Robben und unzähligen Wasservögeln bevölkert. Hier gibt es die meisten Weißkopfseeadler unseres Globus.

Der Regenwald Südostalaskas

Dominante Bäume sind die Sitkafichte und die Westliche Hemlock, die bei guten Bodenbeschaffenheiten und den reichlichen Niederschlägen enorme Ausmaße erreichen. Im Unterwuchs gedeihen hauptsächlich Moose, Farne und Beerensträucher.

Das Leben der Urbevölkerung vor dem Erscheinen des Weißen Mannes

Große Achtung vor der Natur

Vor ca. 13.000 Jahren erwärmte sich die Erde nach der letzten Eiszeit und die Gletscher zogen sich langsam zurück. Pflanzen und Tiere konnten sich ansiedeln, und auch für Menschen war eine Lebensgrundlage geschaffen. Die früheste menschliche Besiedlung dieser Gegend wird auf ca. 10.000 Jahre zurückdatiert. Wie haben die Familien und Clans der **Haida, Tlingit und Tsimshian-Indianer** in dieser Wildnis gelebt? Sie hatten in erster Linie große Achtung vor der Natur, entnahmen ihr nur so viel, wie sie unbedingt zum Überleben brauchten, und gaben dieses Wissen auch an die Nachfolgegenerationen weiter. Sie töteten Tiere, verwerteten das Fleisch, Felle und Häute. Aus Fellen von Bär, Otter, Mink und Schneeziege fertigte man Decken und Kleidung. Die Federn der Adler und Kraniche, die Stacheln des Baumstachlers und Muscheln dienten als Dekoration für Kopfschmuck und Kleidung. Aus dem Horn von Dickhornschafen schnitzten die Indianer Löffel und aus den Knochen von Tieren Angelhaken. Die Frauen flochten engmaschige, wasserabstoßende Körbe und locker geflochtene zum Beerensammeln. Matten wurden aus einem Gemisch aus Wurzelfasern, harten Gräsern, Schneeziegenwolle und Menschenhaaren hergestellt.

Zentrale Bedeutung des Lachses

Dem Lachs kam eine zentrale Bedeutung in der Ernährung der Indianer zu. Er wurde, wenn nicht sofort verzehrt, getrocknet und geräuchert. Geräuchert bewahrte man ihn in Behältern aus Zedernrinde oder Körben aus Fichtenwurzeln auf. Den Lachsrogen füllte man in hölzerne Gefäße und vergrub ihn unterhalb der Hochwassermarke des Meeres. Es entstand eine käseartige Paste. Genießbare Pflanzen, Wurzeln und Beerenfrüchte deckten ihren Vitaminbedarf für den Sommer und wurden für den Winter präpariert. Die Urbevölkerung kannte **ca. 50 verschiedene Pflanzen**, die sie nutzte. Es wurden Beeren konserviert, indem sie diese so lange in Wasser kochten, bis sie eingedickt waren und daraus Kuchen gefertigt werden konnten. Als Gemüse wurden wilde Süßkartoffeln gesammelt.

Lange bevor *Christoph Kolumbus* Amerika entdeckte, hatten die o. g. Indianerstämme ihre eigenen Gesetze, ihre soziale Struktur, Kunst und Religion. Jeder Volksstamm besaß zwar seine eigene Identität und Sprache, aber die Kenntnisse über das Land und die Gewässer, die Art und Weise, wie man sich Nahrung verschaffte und wie man sich gegen die Unbilden der Witterung schützte, hatten sie alle gemeinsam.

Verschiedene Holzarten, wie Erle, Zeder, Sitkafichte und Eibe, wurden zu bestimmten Gebrauchsgegenständen, wie Löffeln, Bottichen und Schüsseln, sowie zu Masken verarbeitet, Bohlen und Bretter zum Bau von Häusern und Booten benötigt.

Vor Erscheinen der Weißen gehörten zu den Werkzeugen, mit denen Bäume gefällt und das Holz verarbeitet wurde, Steinklingen und Holzschäfte. Wenn ein **Schnitzer** sich einen Baum für einen Totempfahl aussuchte, stimmte er einen Gesang an, worin er um Entschuldigung bat, dass er den Baum fällen wolle, gab aber gleichzeitg das Versprechen, aus ihm einen Totempfahl zu fertigen, sodass der Baum „weiterleben" würde. Für das Leben auf See baute man Kanus aus dem Holz der „Yellow Cedar", und man fischte „Halibut" und „Red Snaper". Der Heilbutt konnte bis zu 50 kg schwer sein. Außerdem gab es **Handelskanus**, die 7 bis 16 m lang waren, mit denen die Küstenindianer Hunderte von Kilometern entlang der Küsten fuhren, um Handel zu treiben. Es wurden beispielsweise getrockneter Heilbutt und Lachs, Robbenöl und getrocknete Beeren gegen Kupfer, Häute und Felle getauscht.

Kanus aus Zedern-holz

Das Leben der Urbevölkerung nach dem Erscheinen der Weißen

Im 19. Jahrhundert änderte sich das Leben der Ureinwohner Südostalaskas dramatisch. Menschen der Alten Welt brachten andere Lebensgewohnheiten in die Neue Welt, die den Küstenindianern fremd waren, z. B. kannten diese nur den Tauschhandel. Durch die ungewohnte Geldwirtschaft gerieten sie in **Abhängigkeit** von weißen Händlern. Vorher hatten sie alles selbst hergestellt, was sie brauchten, und von den Reichtümern der Natur autark gelebt. Jetzt wurde die Begehrlichkeit auf neue Dinge gelenkt, die sie ohne Geld nicht erwerben konnten.

Tausch-handel mit den Weißen

Einige, allerdings bis heute nicht ausreichende Gesetze sicherten nach einer vorher chaotischen Zeit schließlich der Urbevölkerung zu, ihre traditionelle Lebensweise teilweise fortzuführen und weiter von den natürlichen Ressourcen zu schöpfen. Ihr reiches kulturelles Erbe ist in den überlieferten Schnitzereien festgehalten. Auch in der modernen Zeit versuchen sie ihre alten Traditionen wieder aufleben zu lassen.

Alaska Marine Highway System

1960 wurde das System gegründet. 1963 lief der Betrieb voll an. Zunächst waren es vier Fährschiffe, die in die Inside Passage geschickt wurden. Heute wickeln neun Schiffe den regulären Fährverkehr ab. Es werden Personen, Autos und andere Güter transportiert.

Weitere Themenkreise

Die Fischerei, Holzfällerei und -verarbeitung, der Bergbau und Abenteuerausflüge in die Wildnis sind weitere Themenkreise, über die in diesem Weltklasse-Informationszentrum berichtet wird.

The Great Alaskan Lumberjack Show

Bawden Street/Spruce Mill Way, Nähe Cruise Ship Dock, **Öffnungszeiten** *erfahren Sie bei der Ticketinformation Tel.: (907)225-9050, 888-320-9049*

Der 90-minütigen Lumberjack-Show sollten Sie einen Besuch abstatten, denn hier können Sie den Wettkampf von Alaskas starken Waldarbeitern im Hacken, Sägen, Baumklettern, Axtwerfen, Bäumerollen, Superkraftsägen miterleben. Kleine witzige Einlagen sollen zur Erheiterung beitragen.

Creek Street

Die Creek Street, ein auf Pfählen über dem Creek erbauter breiter Holzsteg, war für ein halbes Jahrhundert der berühmt-berüchtigte Rotlicht-Distrikt von Ketchikan, bis die Prostitution 1954 verboten wurde. Auf dem Höhepunkt des ältesten Gewerbes der Welt gab es an dieser „sündigen Meile" bis zu 30 Bordelle, die jeweils ein bis zwei Prostituierte beschäftigten.

„Sündige Meile"

Das erste Haus mit den roten Türen und Fenstern ist **Dolly's House**, das der berühmten Dolly Arthur gehörte, in dem die Seeleute ihr sauer verdientes Geld an die „Frau" brachten. In diesem Etablissement wartete die Bordellbesitzerin Dolly, einst eine der schillerndsten Gestalten des Vergnügungsviertels von Ketchikan, wie eine Spinne in ihrem Netz auf ihre Kundschaft. Es hieß im Ort: „Wenn

Du Deinen Mann suchst, suche zuerst bei Dolly." Heute ist es ein Museum. Während der Sommermonate und wenn Kreuzfahrtschiffe im Hafen ankern, können Sie Dolly's House besichtigen. Sie schlendern durch die Küche, durch das Büro mit einer alten Schreibmaschine und kommen bis in Dolly's ehemaliges Schlafzimmer. Das Haus ist gefüllt mit allerhand Utensilien eines Bordells, einer Puppensammlung, anderem Schnickschnack und Fotos von Dolly selbst.

In den übrigen Gebäuden der Creek Street befinden sich heute kleine Boutiquen und Souvenirläden.

Totem Heritage Center

601 Deermount Street, Ketchikan, AK 99901, Tel.: (907)225-5900, Fax: (907)225-5901, **Öffnungszeiten:** *im Sommer täglich 8–17 Uhr*

Dolly´s House in der „sündigen Meile" – Ketchikan

Totem Heritage Center beherbergt die **größte Sammlung von Totempfählen Alaskas**, die von verlassenen

Haida- und Tlingitdörfern geborgen und restauriert wurden. 33 Totempfähle und Fragmente von Old Kasaan, Tongass und Village Island, deren Zustand sich dort verschlechtert hatte, versucht man hier für die Nachwelt zu erhalten. Fünf von ihnen sind in der Galerie ausgestellt. Von den anderen sehen Sie Fotografien. Ein Film berichtet über den Verfall unzähliger, noch in den Wäldern und an den Stränden der alten Indiansiedlungen existierenden Totempfähle. Die Indianer haben sich inzwischen mit „Erlaubnis" der Weißen auf ihre Kultur besinnen dürfen und spät, vielleicht schon zu spät, versucht man, zu retten und zu konservieren, was noch zu retten ist.

Geborgene und restaurierte Totempfähle

Die Initiativen zur Erhaltung der Kulturgüter der Nordwestküsten-Indianer gingen von der „Alaskan Native Brotherhood and Sisterhood", dem „Alaskan State Museum", dem „U.S. Forest Service" und Nachkommen der Bewohner von Old Kasaan, Tongass und Village Islands aus. Diese Anstrengungen von Einzelpersonen und Organisationen führten schließlich zur Schaffung eines Museums und Kulturzentrums, das sich auf die Kultur und Kunst der Tlingit, Haida und Tsimshian konzentriert. Die Zahl der eingekerbten Ringe zeigt an, wieviele Potlaches der Clan-Chief abgehalten hat. Die **Originalfarben** sind teilweise ziemlich verblichen. Sie entstammten von verschiedenen Mineralien und vom Lachsrogen. Die häufigsten Farben waren Rot, Schwarz und Blaugrün.

Alte Trachten im Southeast Alaska Museum – Ketchikan

In Ermangelung einer Schrift hat die Urbevölkerung traditionsgemäß besondere Ereignisse ihres Clans auf den Totempfählen festgehalten. Manchmal ist auch eine menschliche Figur dargestellt, die eine starke Persönlichkeit repräsentiert, die sich nach deren Vorstellung in ein anderes Lebewesen verwandeln kann.

Nach dem Erscheinen der Missionare haben die Indianer auch Totempfähle zu Ehren von Toten, wie Grabsteine, errichtet.

Das Totem Heritage Center bietet jährlich Andachten und Seminare über Kunst und Kultur der Nordwestküsten-Indianer an. Studenten dürfen sich im Kunsthandwerk üben und erhalten nach erfolgreichem Abschluss ein Zertifikat.

Ausflüge in die Umgebung von Ketchikan

Ward Lake

Wenn Sie von Ketchikan aus dem Tongass Highway in nordwestlicher Richtung folgen, erreichen Sie nach rund 11 km eine Sägemühle am Ward Cove. Dort müssen Sie rechts abbiegen, um nach ca. 1,6 km zum idyllisch gelegenen Ward Lake zu kommen. Auf einem ca. 2 km langen **Rundweg** in ebenem Gelände können Sie den See umrunden, der von sog. „altgewachsenen" Wald umstanden

„Altgewachsener" Wald

ist, stufenförmig angeordnet. Im Urwald gibt es alte und junge Bäume im gleichen Bestand. Die abgestorbenen Urwaldriesen bilden verfaulend den Humus für die nächsten Generationen. Die vorherrschenden Baumarten sind Sitka Spruce, Red Cedar und Western Hemlock. Im Unterholz finden Sie u. a. Alaska Blueberries, Bunchberries, Huckleberries, Raspberries, Skunk Cabbage, Devil's Club und Holunder mit roten Früchten. Vereinzelt wachsen hier auch **Wildäpfel**. Die Bäumchen brauchen sehr viel Sonne, um zu gedeihen. Die Miniäpfel sind eine beliebte Nahrungsquelle für Wildtiere. Als menschliche Nahrung eignen sie sich am besten als Gelee zubereitet.

Wande-
rung der
Lachse

Wenn Sie über den See zum gegenüber liegenden bewaldeten Berghang sehen, können Sie sich an den unterschiedlichen grünen Farbschattierungen erfreuen, die von den verschiedenen Baumarten herrühren. Der Kreislauf der **Coho-Lachse**, die den See erreichen, stellt sich wie folgt dar: Nachdem die Altfische 1 ½ Jahre im Ozean verbracht haben, kommen sie zum Laichen im September/Oktober in die Flüsse und Seen. Die weiblichen Tiere legen ihre Eier im Schotter ab, wo diese von den Männchen befruchtet werden. Im April/Mai schlüpfen die ersten Jungfische, wachsen heran und bleiben ein bis zwei Jahre im Süßwasser. Mittelgroß, verlassen sie im Mai/Juni das Süßwasser, schwimmen in den Ozean und schließen somit den Kreislauf ihrer Wanderung.

Wanderung zum Perseverance Lake

Von der Revilla Road kommend, über die Brücke des Ward Creek, schräg gegenüber eines Parkplatzes (rechts), auf der linken Straßenseite ist der Einstieg des Trails („Stairway-to-Heaven" = Himmelsleiter) zum 3,5 km entfernten, ausgeschilderten Pereverance Lake. Der Weg führt durch **Hochwald** und über **Moore**, die Sie bequem über Bohlenstege überqueren. Am Wegesrand wachsen Fieberklee, Salomons Siegel, Wollgras, Kleines Wintergrün und andere Orchideen.
Am Perseverance Lake angekommen, schweifen Ihre Blicke über Treibholz am Bachausgang hinüber zu einem bergigen Hintergrund.

Totem Bight State Park
9883 N. Tongass Hwy, AK 99901, Tel.: (907)247-8574

Verlust
indiani-
scher
Identität

Der Totem Bight Park liegt rund 15 km nordwestlich von Ketchikan am Tongass Highway North. Mit dem Wachstum der Siedlungen der eingewanderten Europäer und Asiaten in Südostalaska in den frühen 1900er Jahren und mit dem Niedergang des Tauschhandels, wanderten Eingeborene in solche Gegenden ab, wo Arbeit anfiel. Die Siedlungen der Indianer verwaisten, die zurückgelassenen Totempfähle wurden von der Vegetation überwuchert, und Wind und Wetter nagten an ihnen.

Ab 1938 begann der U.S. Forest Service ein Programm auszuarbeiten, um die großen Zedernmonumente zu bergen und zu rekonstruieren. Ältere einheimische Künstler wurden ausfindig gemacht, um junge Eingeborene im Schnitzen von Totempfählen zu unterrichten. Der alaskanische Architekt *Linn Forrest* beaufsichtigte die Konstruktion eines Modells eines Eingeborenendorfes und nanntes es

Mud Bight. Die Fragmente alter Totempfähle waren die Vorlagen für neue. Das in Handarbeit gefertigte traditionelle Werkzeug benutzte man zur Ausführung der Arbeiten. Für die Malereien wurden die Farben natürlicher Substanzen (Flechten, Graphite, Mineralien und Lachsrogen) möglichst originalgetreu durch moderne Farben ersetzt. Während des Zweiten Weltkriegs wurde das Projekt vernachlässigt. Ab 1959, nachdem die Arbeiten wieder angelaufen waren, änderte man den Namen in Totem Bight. 1970 kam das Projekt unter das Management von Department of Natural Resources.

Totem Bight State Park – Ketchikan

Bei der Vielzahl der verschiedenen Totempfähle ergeben sich folgende Fragen:
• Was bedeutet der Name „Totem"? Es ist ein Wort aus dem Sprachschatz der Algonquin-Indianer. Ein Totem kann ein Tier, eine Pflanze, ein lebloser Gegenstand oder eine Naturerscheinung und deren bildliche oder symbolische Darstellung sein, mit denen sich ein Mensch oder eine ganze Gruppe mystisch verbunden fühlt. Das Totem gilt als Beschützer, Helfer oder Gefährte für die Mitglieder der Totemgruppe, die sich als blutsverwandt betrachten.
• Welche Indianerstämme schnitzten Totempfähle? Von den Nordwestküsten-Indianern waren es: die Nootka, Kwaquitl, Tsimishian, Haida, Tlingit, Bella Coola und Coast Salish.
• Seit wann wurden Totempfähle geschnitzt? Der erste schriftliche Bericht über einen Totempfahl stammt von den Queen Charlotte Islands, aufgezeichnet vom Schiffsschreiber des Schoners Barlett aus dem Jahre 1791. Natürlich gab es aber auch schon vor diesen Aufzeichnungen des Weißen Mannes Totempfähle in Nordamerika.
• Welche Holzart wurde zum Schnitzen von Totenpfählen benutzt? Bevorzugt wurde die Rote Zeder wegen ihrer gewaltigen Größe und weil sie sich leicht bearbeiten ließ. Weiter im Norden wurde die Gelbe Zeder verwendet.
• Welche Werkzeuge wurden verwendet? Um die Baumriesen zu fällen, benutzte man Äxte, deren Klingen aus scharfen Steinen, Nephrit oder Jade bestanden. Mit gekrümmten Messern wurde die Feinarbeit ausgeführt. Metall war ein sehr wichtiges Handelsgut. Möglicherweise fand man es zuerst zwischen Treibholz aus Japan.
• Was sind die verschiedenen Arten von Totempfählen?
- **„House Poles"** (Haus-Pfosten) hatten die Aufgabe, die schweren Dachbalken zu tragen. Wahrscheinlich waren es die ersten Pfosten, die mit Schnitzwerk und Malerei versehen wurden.
- **„False House Poles"** (Falscher Haus-Pfosten) wurden an der Front des Eingangs der Langhäuser postiert.
- **„Mortuary Poles"** (Toten-Pfosten) schnitzte man für die in der Kaste hochstehenden Persönlichkeiten. Die Asche der eingeäscherten Toten wurde in Boxen in Aushöhlungen der Totempfähle aufbewahrt.

- **Heraldic Poles"** (Wappen-Pfosten) wurden vor den Häusern errichtet, um eine Aussage über die im Haus wohnende Sippe zu machen.
- **„Potlache Poles"** (Potlache-Pfosten) waren die jüngsten Totempfähle, die den Reichtum eines Edlen herausstreichen sollten.
- **„Shame or Ridicule Poles"** (Spott-Pfosten) wurden errichtet, um diskreditierte Männer zu beschämen, die beispielsweise ihr Wort gebrochen hatten.
- **„Mermoral Poles"** (Gedächtnis-Pfosten) errichtete man zu Ehren wichtiger Clan-Mitglieder. Ein Mann, der die Leitung eines Clans übernehmen wollte, konnte nur ernannt werden, wenn er vorher einen Totempfahl errichtet hatte. Hier wurden u. a. die Erfolge und Taten seiner Vorgänger festgehalten.
- Woraus wurde die Farbe gewonnen? Die indianischen Farben waren ähnlich denen in Europa. Einer Lachsrogen-Basis wurden Fischöl und pulverisierte Mineralen hinzugefügt. Beimischungen der drei traditionellen Farben waren:
  - schwarz: Ruß oder Graphit,
  - rot: Eisenoxyd,
  - blau-grün: Kupfersulphide.
- Wer schnitzte Totempfähle? Ein Meisterschnitzer sowie ein oder zwei Lehrlinge, möglicherweise Verwandte, beauftragt von einer reichen Person.
- Wer bestimmte, was auf dem Totempfahl dargestellt werden sollte? Der Häuptling besprach sich mit dem Künstler, bis dieser eine klare Vorstellung von der Abstammung und der Familiengeschichte des Clans hatte.

Rekonstruiertes Landhaus

Im Gelände gibt es eine Schautafel, wie die Totempfähle geschnitzt und restauriert wurden. Eindrucksvoll ist auch das rekonstruierte **Clan House**, das von Totempfählen flankiert ist. Es repräsentiert den Typ Langhaus, der in vielen indianischen Dörfern der Küstenregion gebaut wurde. Im länglichen Innenraum befindet sich eine zentrale Feuerstelle für mehrere Familien eines Clans, die hier unter einem Dach lebten.

Saxman Totem Park
Tel.: (907)225-4155

Der Saxman Totem Park liegt rund 4 km südöstlich von Ketchikan am Tongass Highway South. 24 Totempfähle wurden aus der Umgebung hierher gebracht, teilweise restauriert oder nach Vorbildern neu geschnitzt, bilden sie in ihrer Vielzahl einen regelrechten „Totempfahl-Wald". Den altehrwürdigen Holzpfählen haftet in der feuchten, nebeligen Morgenfrühe das Geheimnis um die Geschichte ihrer Schöpfer an.

Am Eingang finden Sie das eindrucksvolle **Sun & Raven Totem**. Berühmtheit erhielt auch die Nachbildung des Lincoln Pole. Das Original befindet sich im Alaska State Museum in Juneau. Dieser Totempfahl wurde 1883 mit dem Bildnis von Abraham Lincoln geschnitzt, zum Gedenken an das erste Erscheinen der Weißen in der Heimat der Urbevölkerung Nordamerikas.

*Berühmte Totempfähle –
Saxman Totem Park*

Misty Fjord National Monument

Tongass National Forest, 3031 Tongass Avenue, Ketchikan, AK 99901-5743, Tel.: (907)225-2148, TTY: 225-0414

Anreise

Misty Fjord National Monument kann per Wasserflugzeug oder Boot erreicht werden. Charterflüge werden von Ketchikan und den meisten Städten Südostalaskas angeboten.

Geologie

Dieses spektakuläre Nationalmonument liegt 35 km von Ketchikan entfernt und ist berühmt wegen seiner bis zu 900 m hohen Steilküsten an den engen, langgezogenen Fjorden. Der **Behm Canal**, der Revillagigedo Island von den Coast Mountains trennt, ist mehr als 80 km lang, außergewöhnlich für einen natürlichen Kanal wegen seiner Tiefe und Länge. Er führt bis ins tiefste Innerste des Schutzgebietes. Der **New Eddystone Rock**, ein Vukanstollen, erhebt sich freistehend rund 80 m über dem Wasserspiegel des Behm Canal, ein Beweis für die dramatischen vulkanischen Kräfte, die diese Gegend geformt haben. Walker Cove, Rudyerd Bay und Punchbowl Cove sind eiszeitlich geformte Granitwände. Drei Hauptflüsse und Hunderte von kleinen Creeks werden von den enorm hohen Niederschlagsmengen von bis zu 3.800 mm jährlich und Schmelzwasser der Gletscher gespeist. Die aktiven Gletscher sind heute spärliche Überreste eines massiven Eispanzers von bis zu 1.600 m Dicke, der vor rund 10.000 Jahren das Land bedeckte. Als die Gletscher schmolzen, hobelten sie die Bergspitzen ab und gruben tiefe Fjorde ins Gestein. Neuere Lavaflüsse in den frühen 1900er Jahren und Mineralquellen lieferten ihren Beitrag für weitere spektakuläre geologische Landschaftsformationen.

Tiefe Fjorde

Pflanzenwelt

In den Küstenregenwäldern dominieren Western Hemlock, Sitka Spruce, Western Red Cedar und Alaska Yellow Cedar. Überall eingestreut sind Lichtungen und Moore, in denen Pflanzengesellschaften siedeln, die Feuchtigkeit lieben, wie Moose, Seggen, Binsen und Weidenbüsche. In alpinen Regionen oberhalb der Baumgrenze gedeihen Heidekrautgewächse, Gräser und andere niedrig wachsende Pflanzen.

Feuchtigkeit liebende Pflanzen

Tierwelt

Tiere in freier Wildbahn zu beobachten ist eine großartige Erfahrung. Alaskas berühmte Braunbären, Schwarzbären, Maultierhirsche, Wölfe und Schneeziegen sind die häufigsten großen Säugetiere in Misty Fjords. Das Ökosystem der Fjorde, geschützter Buchten und Flussmündungen beherbergt außerdem ein reiches Vogelleben, einschließlich Alke und Eistaucher. Weißkopfseeadler horsten meistens in hohen Sitkafichten.

Fünf Lachsarten – Pink, Chum, Coho, Sockeye und King Salmon –, Forellen, Dolly Vardan und andere Fischarten locken Seelöwen, Seehunde, Wale und Dephine an, die manchmal dicht am Ufer beobachtet werden können.

Aktivitäten

Für Besucher von Misty Fjord, die die Landschaft, Flora und Fauna filmen oder fotografieren, die Wild oder Vögel beobachten, die wandern, campen, fischen, jagen oder Kajak fahren und ein oder mehrere Tag in dieser Urlandschaft bleiben möchten, haben die Möglichkeit, 14 rustikale Forest-Service-Hütten zu benutzen.

Sicherheit

Erste-Hilfe-
Mittel im
Gepäck

Durch die Abgelegenheit von Misty Fjords sind die medizinischen Einrichtungen weit entfernt. Für eventuelle Notfälle müssen Sie deshalb Ihre eigene Vorsorge treffen und die entsprechenden Erste-Hilfe-Mittel im Gepäck haben. Außerdem müssen Sie auf jeden Fall mit Notverpflegung, Zelt, ausreichender Kleidung, festem Schuh- und Regenzeug ausgerüstet sein.

Braun- und Schwarzbären gibt es überall. Bären sind unberechenbar, wenn sie gestört werden. Um unerwartete Begegnungen und Zusammenstöße zu vermeiden, sollten Sie Geräusche beim Wandern machen, um Ihre Anwesenheit anzuzeigen. Erfahrene Camper schlafen gut im Zelt, wenn die Entfernung zwischen Ihrer Koch- und Schlafstelle weit genug ist. Außerdem sollten Sie ihre Nahrungsmittel während des Schlafens oder Ruhens außerhalb der Reichweite der Bären aufbewahren (z. B. geschlossene Nahrungsbehälter in Bäume hängen).

Wrangell (ⓘ s. S. 266)

Überblick

Vor 5.000 bis 8.000 Jahren zogen prähistorische Indianerclans entlang des Stikine River oder siedelten am Fluss, Petroglyphen hinterlassend. Später folgten ihnen die Tlingit. 1833 wurde Leutnant Dionysius Zarembo und seine Mannschaft von New Archangel ausgesandt, um einen Außenposten in der Nähe der Mündung des Stikine River aufzubauen. 1834 war das Fort St. Dionysius oder Redoubt St. Dionysius, genannt nach Zarembos Patron-Heiligen, fertig gestellt. – Es kam zum Streit zwischen Russen und Briten, wer den Stikine River-Handel kontrollieren sollte. Das russische Schiff Chichagof lag voll bewaffnet und drohend verteidigungsbereit im Hafen. Nach der Anweisung von *Baron Ferdinand Petrovich von Wrangel*, wurde ein britisches Schiff gehindert, den Stikine

Übernachten:
- **Stikine Inn $$**, vom Restaurant der Unterkunft blicken Sie auf den Ozean.

Essen:
- **Spiro's Cafe ##** bietet Gerichte verschiedener Geschmacksrichtungen.

Sehenswürdigkeiten:
- **Chief Shakes Island** (S. 650), restaurierte Indianerkultur auf einer Insel konzentriert
- **Wrangell Museum** (S. 650), Blick in die wechselvolle Geschichte der Region
- **Petroglyphen** (S 651), rätselhafte Zeichen aus der prähistorischen Zeit der Ureinwohner

River zu befahren. *Chief Shakes,* Häuptling der Stikine-Indianer versuchte die Krise zu lösen, indem er erklärte, der Handel mit den Stämmen des Hinterlandes wäre alleiniges Recht der Tlingit.

1839 versuchten die Briten den Schaden einer Konfrontation abzuwenden und suchten das Gespräch. Anstatt einer zunächst vorgeschlagenen 10-jährigen Pachtzahlung der Briten an die Russen für die südöstliche Küstenlinie Alaskas einigte man sich schließlich auf die jährliche Zahlung von 2.000 Seeotterfellen.

1840 holte die Hudson's Bay Company die russische Flagge ein und zog den British Union Jack am Fahnenmast empor. Der Name Redoubt St. Dionysius wurde in Fort Stikine umbenannt. 1861 brach nach dem Entdecken von **Gold am Stikine River** der erste Goldrausch in dieser Gegend aus. 1867 flatterten die USA-Sterne-und-Streifen im Wind, nachdem die Vereinigten Staaten von Amerika Alaska von den Russen gekauft hatten. Die neuen Landesherren benannten den Ort Fort Wrangell nach einem ehemaligen Manager der Rus-

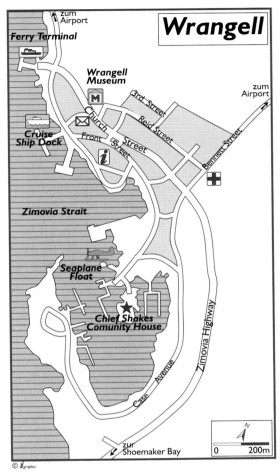

sian American Company und Manager für Alaska. 1868 wurde ein neues Fort in der Nähe des heutigen Postamts erbaut.

In den 1870er Jahren wurde Wrangell durch Goldfunde am Cassiar berühmt. 1887 eröffnete die erste Fischkonservenfabrik an der Mündung des Stikine River. In den späten 1880er Jahren machte die Willson & Sylvester-Sägemühle große Gewinne. Inzwischen startete der dritte Goldrausch am Klondike, und in Wrangell wurde es wieder geschäftig. Hierbei war der Stikine River der wichtigste Teilabschnitt auf dem Weg zu den Goldfeldern im Yukon. In den frühen 1900er Jahren nahmen immer mehr Fischkonservenfabriken ihren Betrieb auf, Segel- und später auch Dampfschiffe pendelten zwischen San Francisco, Seattle und den

Erste Fischkon-serven-fabrik

Häfen Südostalaskas, um die anfallende Fracht aufzunehmen. Manchmal ankerten bis zu 35 Schiffe im Hafen von Wrangell. Am 20.11.1902 wurde die erste Ausgabe der Zeitung „Wrangell Sentinel" gedruckt. Am 15.06.1903 lieferte Wrangell Light and Power die erste stadtumfassende Elektrizität. Im Juni 1940 wurde das zwei-jährige Projekt des Civilian Conservation Corps mit der Vollendung des Chief Shakes Tribal House und Shakes Island Totem beendet.

Sehenswürdigkeiten

Chief Shakes Island

Auf dieser Insel am Hafen wurde 1940 das Stammeshaus von Chief *Shakes* in einem kleineren Maßstab wieder aufgebaut. Heute wird es für traditionelle Zere-monien und feierliche Anlässe des Stammes benutzt.

Wrangell Museum
P.O. Box 1050 Wrangell, AK 99929, Tel.: (907)874-3770, Fax: (907)874-3785

Steinwerk-zeuge und Petro-glyphen Das Museum zeigt aus der **Frühgeschichte** eine Sammlung von Steinwerkzeu-gen und Petroglyphen, die in Wrangell häufig zu finden sind. 1834 wurde einer der ältesten überlieferten originalen Hauspfosten Südostalaskas, wahrscheinlich um 1740 geschnitzt, vom Dorf Khasitlan 1834 mit dem Umzug von Chief Shakes von dort nach Wrangell gebracht. In den 1950er Jahren haben Studenten des Wrangell Insituts Totempfähle von Khasitlan hierher gebracht und sorgfältig res-tauriert. Bewundernswert ist eine Kollektion von Körben, die aus Fasern der Zedernrinde und Tannenwurzeln gefertigt wurden. Aus der russischen Periode finden Sie in den Auslagen russische Nadelarbeiten, Samoware und Ikonen.

Während der Einwanderungszeit der Europäer haben sich hier dramatische Um-wälzungen abgespielt, ausgelöst beispielsweise durch den Goldrausch, die Einfüh-rung eines neuen Handelsnetzes, den Pelzhandel, den Bergbau, die Missionierung der Indianer, die Industrialisierung des Fischfangs und den Aufbau der Holzindus-trie.

Diese Gegend hat **drei Goldrausch-Perioden** erlebt: am Stikine River, am Cassiar und am Klondike. Um zu den Klondike Goldfeldern im Yukon Territory zu gelangen, gab es mehrere Möglichkeiten. Eine der Routen führte über Wrangell, den Stikine River aufwärts bis Telegraph Creek und weiter über den Cassiar Hwy *Missionare gegen Gesetz-losigkeit* zum Yukon. 1877 erreichten die Missionare diesen Ort. Sie ließen Kirchen und Schulen bauen. Ihr Bestreben war es, aus dem gesetzlosen Ort christlich geführte Gemeinden zu bilden. Es wurden zunächst jeweils eine presbyterianische und eine katholische Kirche gegründet. 1895 wurde die Willson-Sylvester-Sägemühle errichtet. 1918 zerstörte ein Feuer die Sägemühle. Sie wurde jedoch schnell wieder aufgebaut. 1965 eröffnete eine Sägemühle in der Shoemaker Bay neu.

Die **Vogelwelt** ist durch präparierte Vogelbalge vertreten.

Petroglyphen

Sie finden sie in der Nähe des Fähranliegers. Von dort wenden Sie sich nach Norden. Auf der Evergreen Road gibt es nach ca. 1 km ein Hinweisschild auf der linken Seite. Ein Holzweg führt zu einer kleinen Sammlung von Petroglyphen. Mit etwas Glück finden Sie auch selbst einige am Strand. Petroglyphen sind **vorgeschichtliche Felszeichnungen**. Diese mögen einige Tausend Jahre alt sein. Genaue Daten sind unbekannt. Man ist der Meinung, dass sie von der Urbevölkerung stammen, die vor den Tlingit hier gelebt hat, denn in den mündlichen Überlieferungen der Tlingit ist hierüber nichts bekannt.

Es dauerte bestimmt eine geraume Zeit, um solche Felszeichnungen zu erstellen, deshalb stellt sich die Frage, welche Bedeutung hatten sie? Hierüber gibt es folgende Vermutungen:

Geheimnisvolle Botschaften – Petroglyphen

• Von diesem Strand aus kann man die Mündung des Stikine River überblicken. Vielleicht wurden diese Felszeichnungen als Dank für das jährliche Wiedererscheinen der Lachse, die hier zum Laichen den Fluss aufwärts schwammen, angefertigt. *Bedeutung der Petroglyphen*

• Eine andere Version ist, dass es territoriale Marken waren, um bestimmte Fischgründe oder Sammelstellen von Beeren zu kennzeichnen.

Ausflüge in die Umgebung von Wrangell

In den Wäldern und an Küsten von Wrangell Island

An den zahlreichen Waldwegen und der Straße entlang des Meeresarms der Zimovia Strait werden Sie an größeren Säugetieren am ehesten auf Schwarzbären stoßen. Die Vogelwelt ist reich vertreten. Im Winter wurden 31 und im Sommer 41 Vogelarten vom kleinen Kolibri bis zum mächtigen Weißkopfseeadler auf der Insel registriert.

Anan Bear Observatory

Anan Bay befindet sich 43 km südöstlich von Wrangell und 96 km nordöstlich von Ketchikan auf dem Festland, genauer gesagt auf der Cleveland Peninsula. Verschiedene Flugzeug- und Bootcharterdienste bieten Ausflüge nach Anan Bay an. Nahe der Anan Bay Cabin, in der Sie übernachten können, gibt es einen ca. 1,6 km langen Trail, der zu einer Plattform führt, von der Sie Bären sicher beobachten, fotografieren und filmen können. Dieser Aussichtsstand liegt an einem Creek am Anan Lake. Meistens Schwarzbären und seltener Braunbären fischen dort Pink Salmons von Ende Juli bis Anfang August. *Beobachtung von Bären*

Anan ist Bärenland. Respektieren Sie das territorielle Gebiet der Bären. Viele Tiere sind hier zwar an Menschen gewöhnt, aber vergessen Sie niemals, dass es wilde und teils auch gefährliche Tiere sind. Sie können eventuelle Konfrontationen mit ihnen minimieren, indem sie den Charakter und die Gewohnheiten der Bären respektieren. Hierzu einige **Verhaltensmaßnahmen:**

• **Seien Sie stets sehr aufmerksam!**

- Bedenken Sie, dass Bären ihr Revier regelmäßig begehen, einschließlich der von Menschen angelegten Trails und der Beobachtungszone sowie der Strände!

- Gebrauchen Sie ihre Augen und Ohren, um die Präsenz von Bären wahrzunehmen!

• **Vermeiden Sie Überraschungs-Zusammenstöße!**

- Machen Sie Geräusche durch Singen, lautes Sprechen, Klingeln mit sog. Bärenglöckchen oder Rasseln!

Verhaltens-
maß-
nahmen
gegenüber
Bären

- Seien Sie besonders vorsichtig an windigen Tagen oder solchen mit schlechter Sicht!

• **Halten Sie möglichst großen Abstand!**

- Geben Sie Bären viel Raum! Wenn Sie einem Bären zu nahe kommen, fühlt er sich bedroht und könnte aggressiv werden.

- Kommen Sie einem Bären beim Fotografieren oder Filmen nicht zu nahe! Benutzen Sie Teleobjektive!

- Geraten Sie nie zwischen eine Bärin und ihren Nachwuchs! Die Jungen können neugierig sein. Weichen Sie zurück! Die Bärin wird Sie sonst mit ziemlicher Sicherheit angreifen.

• **Wenn plötzlich doch ein Bär vor Ihnen steht!**

- Verhalten Sie sich ruhig! Angriffe sind selten. Die meisten Bären sind nur an ihrer Nahrung interessiert oder sie verteidigen ihre Jungen.

- Versuchen Sie langsam diagonal zurückzugehen.

- Vermeiden Sie schnelle, panikartige Bewegungen!

- Laufen Sie nicht! Sie können einem Bären ohnehin nicht davonlaufen. Das Laufen reizt seinen angeborenen Fangtrieb.

- Beruhigen Sie den Bär durch ruhiges, lautes Sprechen. Es kann sein, dass der Bär näher kommt und sich auf die Hinterbeine stellt, um besser sehen zu können. Ein stehender Bär ist zwar furcherregend, aber nicht drohend.

• **Wenn der Bär Sie angreift**

Rollen Sie sich ballförmig zusammen und beschützen Sie Ihren Nacken mit ihren Händen und stellen Sie sich tot.

i *Nähere Informationen erteilt*
• *USDA Forest Service Wrangell Ranger District,* P.O. Box 51, Wrangell, AK 99929, Tel.: (907)874-2323
• *Wrangell Chamber of Commerce,* P.O. Box 49, Wrangell, AK 99929, Tel.: (907)874-3901, www.wrangellchamber.org/

Petersburg (ⓘ s. S. 266)

Überblick

Petersburg (3.500 Einwohner) liegt auf Mitkof Island und auf halbem Weg zwischen Ketchikan und Juneau. Die meisten Besucher des reizvollen Fischerortes erreichen ihn mit den Fähren von **Alaska Marine Highway** und Kreuzfahrtschiffen. Sie können jedoch auch fliegen. Alaska Airlines bietet zweimal täglich Flüge von Seattle und Anchorage an.

Im Herzen des **Tongass National Forest** eingebettet und am Nordende der Wrangell Narrows gelegen, ist Petersburg eine lebhafte Stadt. Dieser Ort ist ein ideales Sprungbrett für Ausflüge in die Umgebung per Kajak oder Kanu, auf Schusters Rappen, zum Fischen und Jagen. Ein lohnendes Ziel sind der ElConte Glacier und der Stikine River.

Sehenswürdigkeiten

Clausen Memorial Museum
Fram Street/2nd Street, Öffnungszeiten: vom 01.Mai bis Mitte September 9.30–16.30 Uhr täglich; von Mitte September bis zur 3. Woche im Dezember, sowie von Februar bis April 2 Tage in der Woche und nach Vereinbarung

Redaktions-Tipps

Übernachten:
- **Broom Hus $$** liegt an den Wrangell Narrows mit spektakulärem Blick auf die Fischereiflotte, die Gastgeber sind norwegische Fischer in der dritten Generation.
- **Das Hagedorn Haus $$**, zur Entspannung können Sie sich ein Buch der Bibliothek ausleihen, fernsehen oder Musik hören, es wird auch Deutsch gesprochen.

Essen:
- **Joan Mei ##** serviert chinesische Spezialtäten, Meeresfrüchte, Hamburger und andere amerikanische Gerichte.

Sehenswürdigkeiten:
- **Clausen Memorial Museum** (S. 653) zeigt lokale Artefakte, meistens aus der Geschichte der Fischerei, u. a. auch den größten King Salmon, der je gefangen wurde.
- **Wikan Fisherman's Memoral Park** (S. 656) ist eine Gedächtnisstätte für die zahlreichen Seeleute, die auf dem Meer den Tod gefunden haben.

Dieses Museum wurde gegründet, um die Geschichte derer zu erzählen, die auf den Mitkof und Kupreanof Islands gelebt und gearbeitet haben. Eine Bronzeskulptur vor dem Museum ist ein Symbol der Verbundenheit der Stadt und seiner Einwohner mit dem Meer.

Kultur der Tlingit
Die Tlingit waren ein Volk der Händler und Krieger. Mit ihren Booten konnten sie entlang der Küste große Entfernungen zurücklegen. An den Totempfählen wurde in Ermangelung einer Schrift die Geschichte eines Clans bildlich wiedergegeben. Es kam nicht so sehr auf die Schönheit der Abbildung an, sondern es ging vielmehr darum, die Eigenarten des Clans zum Ausdruck zu bringen. Der soziale Status des Clanführers, sein Reichtum, wurde besonders dadurch hervorgehoben,

Geschichte des Clans

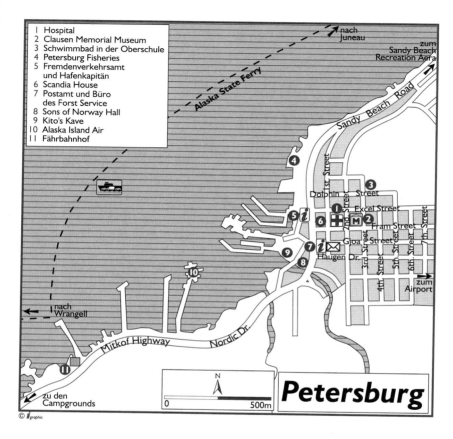

1 Hospital
2 Clausen Memorial Museum
3 Schwimmbad in der Oberschule
4 Petersburg Fisheries
5 Fremdenverkehrsamt
  und Hafenkapitän
6 Scandia House
7 Postamt und Büro
  des Forst Service
8 Sons of Norway Hall
9 Kito's Kave
10 Alaska Island Air
11 Fährbahnhof

Petersburg

dass bestimmte Teile des Totempfahls mit Gegenständen aus weit entfernten Regionen verziert waren, z. B. mit Muscheln von fernen Küsten.

Der Clan lebte in **Langhäusern**. Hier gab es eine soziale Rangordnung. Die Ranghöheren hatten ihre Plätze weit von der Tür entfernt, während die Rangniederen sich mit denen in der Nähe der Tür zufrieden geben mussten. Die Vorrats-behälter trennten die einzelnen Familien voneinander. Sklaven mussten draußen *Soziale* schlafen. Die Decken bestanden aus Rindenfasern, die mit der Wolle der Schnee-*Rangord-* ziegen verwoben wurden und somit besonders feuchtigkeitsabweisend waren. *nung des* Die Wolle wurde vorher gefärbt, ehe sie in bestimmte Muster eingewoben wur-*Clans* de. Die besten und am dichtesten gewobenen Decken waren für die ranghöheren, die minderwertigeren für die rangniederen Clanmitglieder bestimmt.

Die Kultur der Küstenindianer wird erfreulicherweise wiederbelebt. Bei den klei-nen Schnitzwerken (nicht die der Totempfähle) ist die Symmetrie, die Balance im Kunstwerk, wie auch im Leben der Tlingit, sehr wichtig. Der obere Teil des Werks misst 1/3 zum restlichen Teil. Es sind fast immer 2 Figuren oder Köpfe abgebildet, die spiegelförmig angebracht sind. Alte Vorbilder regen die Schnitzer zu neuen Kunstwerken an.

Fischerei

Die Fischerei hat in Petersburg bereits seit der Gründung der Siedlung eine große Rolle gespielt. Hier wurden hauptsächlich Lachse und Heilbutt, aber auch Heringe und Krabben gefangen. Es wurde mit Haken, Netz und Fangkörben gefischt. In den Auslagen finden Sie verschiedene Fischhaken. Das Prinzip des Widerhakens ist immer das gleiche. Nur das Material hat sich im Laufe der Zeit verändert. **Fangkörbe,** einer ist im Museum ausgestellt, haben den großen Nachteil, dass auch Jungfische in den Korb gelangen, und der Fischbestand sich dadurch erheblich reduziert werden kann. Deshalb wurde diese Fangmethode 1859 verboten. Als Schwimmkörper für die Netze wurden früher Glaskugeln, heute Plastikkugeln verwendet. Z. Zt. verarbeiten 3 Konservenfabriken den Meeressegen. Der Boots- und Schiffsbau hat sich von Kanu und Kajak der Urbevölkerung bis zu Motorbooten entwickelt.

Prinzip des Wider- hakens

Handel und Wandel

Der Kaufmannsladen von *Ohmer and Sons* ist seiner Zeit abgebrannt. Man konnte während des Brands jedoch viele Dinge retten, die Sie jetzt in diesem Museum ausgestellt finden. Ein Eingeborener hat einen Totempfahl geschnitzt, dessen menschliche Büste sehr große Ähnlichkeit mit dem angesehenen Geschäftsmann und Sammler *Mr. Ohmer* hat. Das Geschäft ist immer noch in Familienbesitz.

Holzindustrie und Pelztierfarmen

Neben der Holzindustrie wurden Fuchsfarmen eingerichtet, die dem hohen zeitweiligen Bedarf an Pelzen Rechnung trugen. Es ist ein großer Bottich ausgestellt, in dem für die Füchse warme Mahlzeiten gekocht wurden, die zu ihrer guten Ernährung beitrugen. Dadurch erhöhte sich die Qualität der Pelze.

Norwegersiedlung

1898 wählte der Norweger *Peter Buschmann* hier sein Domizil, baute eine Sägemühle auf und legte den Grundstock für einen Lachsverarbeitungsbetrieb am Nordende von Mitkof Island. Das Eis des LeConte-Gletschers in der Nähe kam ihm hierbei zugute. 1910 führte der Aufbauwille einer kleinen Gruppe **norwegischer Einwanderer** aus der näheren Umgebung und Arbeiter aus mehreren Ländern zum Aufbau von Petersburg. Petersburg wird auch heute noch im Volksmund Klein-Norwegen genannt. Das norwegische Erbe spiegelt sich in der Gastfreundlichkeit seiner Bewohner, in der dekorativen Rosenmalerei, der Liebe zur See und der großen Sauberkeit wider.

Fisherman´s Memorial Park – Petersburg

Wikan Fisherman's Memorial Park

*Opfer des
Meeres*

Er ist eine Gedächtnisstätte für die zahlreichen Seeleute, die auf dem Meer den Tod gefunden haben. Sie lesen dort den tiefsinnigen Spruch: „Die Unsterblichkeit liegt nicht in den Dingen, die hinter uns liegen, sondern in den Menschen, mit denen Du in Verbindung gestanden hast."

Ausflüge in die Umgebung von Petersburg

Three Lakes Trail

Länge: 7,2 km
Schwierigkeitsgrad: leicht bis mäßig, der Bohlenweg kann bei Nässe rutschig sein.
Ausgangspunkt: Fahren Sie von Petersburg auf dem Mitkof Highway in südlicher Richtung, biegen links auf die Three Lakes Loop Road (Nummer 6235) ab, entweder nach 16 km oder 32 km. Die Trailanfänge sind vom Nordende 24 km und vom Südende 10 km entfernt. Sie können den Tree Lakes Trail an drei verschiedenen Stellen, von der Three Lakes Road (Nummer 6235) abzweigend, beginnen.

*Wande-
rung über
Bohlen-
stege*

Wegbeschreibung: Der Trail beschreibt in seiner Form eine Acht, und hierbei werden der Sand Lake im Norden, der Hill Lake in der Mitte und der Crane Lake im Süden berührt. Sie wandern oft über Moore auf Bohlenstegen, durch Wälder, kreuzen Creeks und Drainagen. Biber, Rehe, Adler und Kanadische Kraniche/ Sandhill Cranes können mit etwas Glück gesichtet werden. Wildblumen und Beerensträucher finden Sie am Wegesrand. In den Mooren wachsen u. a. Labarador Tea (*Ledum groenlandicum*), Common Butterwort (*Pinguicula vulgaris*) und Cotton Grass (*Eriphorus ssp.*).
Wenn Sie vom Norden auf der Three Lakes Loop Road (Nummer 6235) kommen, haben Sie 2 km vor dem Einstieg zum Sand Lake vom **LeConte Glacier Overlook** bei guter Sicht einen Blick auf den Gletscher.

Blind River Rapids Trail

Länge: 0,4 km
Schwierigkeitsgrad: sehr leicht
Ausgangspunkt: auf dem Mitkof Hwy, 24 km südl. von Petersburg, Parkplatz rechts
Wegbeschreibung: Der Weg führt vom asphaltierten Parkplatz aus über ein Moor mit niedrigen Föhren, Labarador Tea, Fieberklee und winzige Erikagewächsen auf einem Bohlenweg zu den Stromschnellen von Blind Slough. Hier halten sich oft **Angler und Weißkopfseeadler** auf, beide mit dem Lachsfang von King Salmons, die hier im Juni und Juli, und Silver Salmons, die im September in ihre Laichgewässer zurückkehren, beschäftigt.

Ohmer Creek Trail

Länge: 1,6 km (ein Weg)
Schwierigkeitsgrad: Das erste Drittel ist leicht, die folgenden Zweidrittel sind schwieriger.

Ausgangspunkt: auf dem Mitkof Highway, 35 km südlich von Petersburg, rechts abzweigend

Wegbeschreibung: Von einem kleinen Parkplatz folgen Sie dem Ohmer Creek, überqueren die Woodpecker Cove Road und kreuzen auf einem Bohlensteg einen Biberteich, weiter geht es durch Tannen- und Hemlockwald bis zur Brücke an der Snake Ridge Road (Nummer 6246). Manchmal begegnen Ihnen Maultierhirsche, Sie sehen in eindrucksvolle Spiegelbilder im Ohmer Creek und staunen über die teils stark bemoosten Bäume und die im Wind wehenden langen Flechten in dem vor Feuchtigkeit triefenden Regenwald. Die gelb und blau blühende Schwertlilie, Chocolate Lily und die rotblühende Akelei, um nur einige Blütenpflanzen zu nennen, sind hier die auffälligsten.

Vor Feuchtigkeit triefender Wald

Sitka (ⓘ s. S. 266)

Überblick

1799 ließ der russische Händler *Alexander Baranof* in dem bereits bestehenden Tlingit-Ort ein Fort errichten (Näheres im Kapitel 2, S. 48). Es kam zu erbitterten Kämpfen mit den einheimischen Tlingit-Indianern, die sich mit Waffen von britischen und amerikanischen Händlern wehrten und das Fort niederbrannten. 1804 kam *Baranof* mit einem Kriegsschiff und drei weiteren Schiffen zurück, unterwarf die Tlingit-Indianer und legte den Grundstein für einen neuen Ort namens **New Archangelsk.** Hier wurde das Hauptquartier der Russisch-Amerikanischen Company errichtet. Durch den Pelztierhandel, insbesondere mit sehr dichten Seeotterfellen, entwickelte sich der Ort schnell zum wichtigsten Handelsplatz an der Nordwestküste Nordamerikas. 1808 erklärte man Sitka zur Hauptstadt von Russisch-Amerika.

Hauptstadt von Russisch-Amerika

1867 fand in Sitka die offizielle Übergabe Alaskas an die USA statt (Näheres im Kapitel 2, S. 59).

Heute hat Sitka 8.300 Einwohner, die hauptsächlich vom Fischfang leben. Die historisch bedeutungsvollsten Gebäude sind das alte Fort, das Russian Bishop's House aus dem Jahre 1842 und die rekonstruierte russisch-orthodoxe Kirche St. Michael's Cathedral, alle drei in der Lincoln Street gelegen. Das ursprüngliche Gotteshaus aus dem Jahre 1848 brannte 1966 ab.

Im Sitka National Historical Park, östlich der Stadt gelegen, sind 19 Totempfähle aufgestellt worden.

Redaktions-Tipps

Übernachten:
- **Cascade Inn & Boat Charters $$$,** alle Gästezimmer haben Blick auf den Ozean.

Essen:
- **Captain's Gallery ##** serviert leckere Fisch- und Fleischgerichte.

Sehenswürdigkeiten:
- **St. Michael's Cathedral** (S. 658) ist eine, russisch-orthodoxe Kirche mit wunderschönen Ikonen.
- **Russian Bishop's House** (S. 659) wurde für den ersten russisch-orthodoxen Bischof Alaskas erbaut.
- **Sitka National Historical Park** (S. 659) ist ein ehemaliges Schlachtfeld der indianisch-russischen kriegerischen Auseinandersetzung.

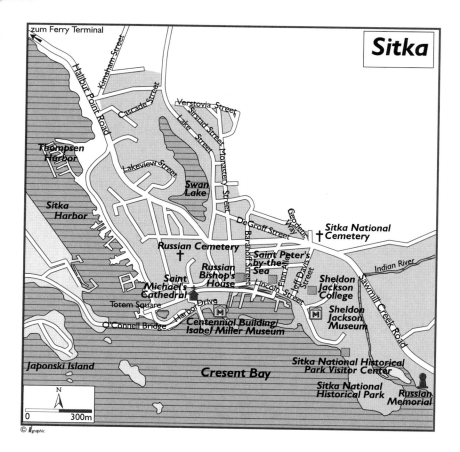

St. Michael's Cathedral
P.O. Box 697, Sitka, AK 99835, Tel.: (907)747-8120

Brand der russisch-orthodo-xen Kirche

Die russisch-orthodoxe Kirche befindet sich im Herzen von Sitka. Das jetzige Gotteshaus ist eine Rekonstruktion des Originals, das im Januar 1966 einem Feuer zum Opfer fiel und bis auf die Grundmauern niederbrannte. Es war das älteste Kirchengebäude der russischen Ära in Alaska. Glücklicherweise wurden **alle Ikonen vor dem Feuer** gerettet. Durch den Wiederaufbau hat die Kirche nichts an ihrer Bedeutung verloren.

Sheldon Jackson Museum
104 College Drive, Sitka, AK 99835-7657, Tel.: (907)747-8981, Fax: (907)747-3004, www.museums.state.ak.us/

Im ältesten Steinhaus Alaskas befindet sich eine sehr wertvolle Sammlung sehr alter Artefakte eingeborener Kultur der Inuvialuit, Tlingit, Haida und Aleüten, beispielsweise Masken, Jagdgeräte, Kajaks, Umiaks (große Boote), Hundeschlitten und Körbe. Sie wurden zwischen 1880 und 1900 von *Dr. Sheldon Jackson* gesammelt.

Isabel Miller Museum

330 Harbor Drive, Sitka, AK 99835, Tel.: (907)747-6455, Fax: (907)747-6588, E-Mail: sitka.history@yahoo.com, Website: www.sitkahistory.org/

Dieses kürzlich renovierte Museum wird unter der Leitung der Sitka Historical Society geführt. Es ist angefüllt mit Gegenständen aus Sitkas Vergangenheit. Die Sammlungen enthalten Objekte des Bergbaus und der Holzfällerei, historische Malereien und russische Artefakte.

Sitka National Historical Park

106 Metlakatla Street, Sitka, AK 99835, Tel.: (907)747-6281, Fax: (907)747-5938, Website: www.nps.gov/sitk

Dieser Park wurde 1910 gegründet. Ein Pfad windet sich durch das weiträumige Gelände. Im Park finden Sie historische Stätten und Gebäude, die von der Geschichte der Tlingit und Russen erzählen. Der Park schützt die Überreste des Kiksadi Fort und das Schlachtfeld, auf dem 1804 die Kiksadi, ein Clan der Tlingit, gegen die Russen gekämpft haben. Im Kulturzentrum wird über indianische Geschichte berichtet und Künstler stellen ihre Werke aus. Ein Museum und eine Ansammlung von 15 Totempfählen der Tlingit und Haida sind weitere Höhepunkte des Parks.

Fort und Schlachtfeld

Russian Bishop's House

Es wurde 1843 für den ersten russisch-orthodoxen Bischof Alaskas, Ivan Veniaminov, erbaut, ein eindrucksvolles Bauwerk in russischem Blockhausstil. Später wurde es als Schule, Kapelle und Büro genutzt. Heute ist das Museum buchstäblich eine Zeitkapsel des russischen Lebens des 19. Jahrhunderts mit originalen Möbeln, Haushaltsgeräten und Kleidungsstücken vor Ort.

Juneau – Hauptstadt Alaskas (ⓘ s. S. 266)

Allgemeiner Überblick

Sie sollten für die Hauptstadt Alaskas und ihre reizvolle Umgebung schon ein Paar Tage einplanen. Juneau ist ein **idealer Ausgangspunkt für Ausflüge**, beispielsweise in den Glacier Bay Nationalpark, in den Tracy Arm Fjord und nach Admiralty Island, um den Braunbären am Pack Creek einen Besuch abzustatten. Wale, Seelöwen, Adler und Bären gibt es auch in anderen Gegenden rund um Juneau in großer Zahl.

Übernachten:

- **Best Western Grandma's Feather Bed $$$**
  vermietet 14 luxuriöse Suiten in einem
  viktorianischen Farmhaus, einige Räume mit
  Kamin.

Essen:

- **Fiddlehead Restaurant ###** ist ein Gourmet-
  Restaurant und serviert erstklassige Gerichte.
  Allerdings auch zu entsprechenden Preisen...

Sehenswürdigkeiten:

- **Alaska State Museum** (S. 663), der Besuch
  ist ein Muss.
- **Mendenhall Glacier** (S. 665) ist von Juneau
  aus leicht und schnell erreichbar.
- **Ausflug zum Glacier Bay National Park**
  (S. 665), eine großartige Gletscherlandschaft
- **Ausflug zum Tracy Arm Fjord** (S. 669),
  fantastische schwimmende Eisskulpturen im
  engen Fjord und kalbender Gawyer Glacier
- **Pack Creek auf Admiralty Island** (S. 670),
  die höchste Braunbären-Konzentration
  Nordamerikas auf der Insel

An Möglichkeiten für **sportliche
Aktivitäten**, wie Wandern, Wild-
wasser fahren, Kajak und Kanu fah-
ren, Rad fahren, Tauchen und Ski
laufen, fehlt es nicht. Juneau hat
außerdem einen 9-Loch-Golfplatz
mit einem spektakulären Ausblick
auf den Mendenhall-Gletscher.

Geschichtlicher Überblick

Ende des 19. Jh. kamen die Gold-
sucher nach Südostalaska. Am Gas-
tineau Channel gab es bevorzugte
Fischgründe der Tlingit-Indianer. In
Sitka bot der unternehmungslusti-
ge Bergbauingenieur *George Pilz* je-
dem Indianerhäuptling, der ihn zu
den Goldvorkommen führen wür-
de, eine Belohnung an. Als der Auk-
Tlingit-Häuptling *Kowee* Proben aus
dem Gastineau Channel brachte,
zahlte Pilz den Goldsuchern *Joseph
Juneau* und *Richard T. Harris* einen
Vorschuss, die Goldader zu un-
tersuchen. Im August 1880 hatten
die beiden Goldsucher den Gasti-
neau Channel erreicht. Sie fanden zwar Gold im Creek, entdeckten jedoch nicht
die Hauptader. Erst bei einem wiederholten Vorstoß auf Drängen von Kowee
stiegen sie in die Snow Slide Gulch hinab, wo das Goldvorkommen ergiebiger
war.

*Ehemalige
Goldgrä-
berstadt*

Am 18.08.1880 steckten die beiden Goldsucher einen Claim von 160 Morgen ab,
damit war der Start für die Entwicklung zu einer typischen Goldgräberstadt im
„Wilden Westen" gegeben. Es entwickelten sich zwei Hüttenwerke: „Alaska-Ju-
neau" und „Alaska-Gastineau". 1906 erkärte man **Juneau** zur **Hauptstadt Alas-
kas** und erkannte Sitka diese Funktion ab, nach dem Motto „Geld bzw. Gold
regiert die Welt". 1921 ging „Alaska-Juneau" wegen zu hoher Kosten in den
Konkurs.

1976 hatten die Alaskaner für den Umzug der Regierung ins Alaska-Kernland,
nach Willow, gestimmt. Dieser Ort liegt rund 100 km nördlich von Anchorage.
1982 stimmte die Bevölkerung wieder dagegen, weil die damit verbundenen Aus-
gaben in Milliardenhöhe nicht akzeptiert wurden. Somit blieb alles beim Alten.

Heute bilden der Tourismus und der kommerziell betriebene Fischfang die wirt-
schaftliche Grundlage der Hauptstadt Alaskas (27.000 Einwohner). Juneau ist nach
Anchorage und Fairbanks die drittgrößte Stadt Alaskas. Bestechend ist der Charme

von Juneau. Es ist eine bunte und besonders in der Sommersaison eine lebhafte Stadt. Die historischen Häuserfronten, die Spuren russischer Anwesenheit und die Farbigkeit dieser Hafenstadt heben sich von dem oft nüchternen Charakter anderer „Frontiertowns" des Nordwestens Amerikas positiv ab. Aber auch die Kreuz-

Buntes Leben – Juneau

fahrtschiffe und die schneebedeckten Berge tragen mit zum Flair der **schönsten Stadt Alaskas** bei.

Sehenswürdigkeiten

Marine Park
Alaska Dampfschiffdock

Den Rundgang beginnen Sie am besten am **Marine Park** oder Kreuzfahrt-Terminal. An beiden Stellen finden Sie im Sommer einen Informationskiosk.

Zentrum der Altstadt

Anschließend wenden Sie sich in Bergrichtung der South Franklin Street zu, biegen links ab und gelangen ins **Herz der Altstadt** von Juneau an der Ecke Front Street/Franklin Street.

Davis Log Cabin
3rd Street/Seward Street, Tel.: (907)586-2284

Jetzt folgen Sie der Seward Street bis zur **Davis Log Cabin**, die heutzutage vom **Visitor Center** bezogen ist. 1980, anlässlich der 100-Jahr-Feier von Juneau, wurde dieses Blockhaus als Nachbildung der ersten Schule des Ortes erbaut.

Bronzene Bärenskulptur
Main Street

Wenn Sie links in die 3rd Street abzweigen und einen Block in entgegengesetzter Richtung zum Berg rechts in die Main Street einbiegen, dann stoßen Sie auf eine

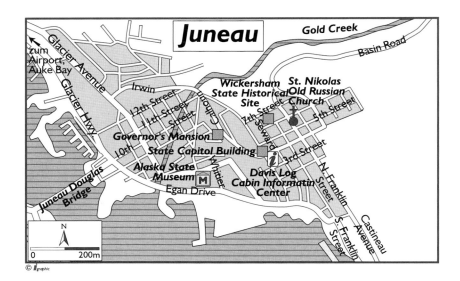

Orthodoxe St. Nikolas Church – Juneau

lebensgroße Bärenskulptur aus Bronze von dem einheimischen Künstler Skip Wallen. Unmittelbar oberhalb des Bären liegt das Alaska State Capitol an der 4th Street.

Orthodoxe St. Nicholas Church
5th Street/Gold Street

Gehen Sie nun am Capitol die 4th Street wieder bis zur Seward Street, dort links ab einen Block bergan zur 5th Street, dann rechts zwei Blocks in Richtung Mt. Roberts. Dort stoßen Sie auf die russisch-orthodoxe St. Nicholas-Kirche, die 1894 erbaut wurde und die das älteste, original russisch-orthodoxe Gotteshaus in Südost-Alaska ist.

Juneau-Douglas City Museum
4th Street/Main Street, Tel.: (907)586-3572

Gehen Sie am State Capitol vorbei den Hügel hinab zur Main Street. Nach der Überquerung der Straßenkreuzung liegt rechts das Juneau-Douglas City Museum. Die ehemalige Stadtbibliothek beherbergt heute das Museum.
• Über die Goldgräberzeit der Stadt erzählt eine umfangreiche Kollektion von Erinnerungsstücken.
• Über die Fischindustrie, vom Fang bis zur Verarbeitung in der Fischkonservenfabrik, erfahren Sie interessante Details.

• Die Probleme der Schifffahrt, bevor die Leuchtfeuer den richtigen Weg wiesen, ist ein weiteres Thema dieses Museums. Vor dieser Zeit sind besonders viele Schiffe auf Riffs gelaufen und mit Eisbergen kollidiert.

1902 hat der US-amerikanische Kongress die Erlaubnis erteilt, **Leuchttürme** an der Inside Passage zu errichten. Einer der Unfallberichte von 1901 lautet wie folgt: „Die 'Islanders', von Skagway mit 110 Passagieren und Gold vom Klondike an Bord, lief um 2 Uhr südlich von Juneau in der Nähe der Mündung des Taku River auf einen Eisberg auf. Innerhalb von 20 Minuten sank das Schiff. In den eiskalten Fluten fanden 40 Menschen, einschließlich des Kapitäns, den Tod."

• Die Geschichte des Bergbaus in dieser Gegend wird schlaglichtartig beleuchtet.

State Office Building
4th Street/Willoughby

Einen Block abwärts zur Linken befindet sich das State Office Building (Regierungsgebäude). Jeden Freitag gibt es hier im Atrium Orgelkonzerte *(Eintritt frei)*. Zudem haben Sie hier eine ausgezeichnete Möglichkeit Fotos zu machen.

Orgelkonzerte

Governor's Mansion
716 Calhoun Street

Gehen Sie zurück zur 4th Street. Die Straße schlängelt sich um den Hügel herum, unter einem Fußgängerweg hindurch und wird zur Calhoun Street. Zwei Blocks weiter gelangen Sie zum Governor's Mansion, dem Wohnhaus des Gouverneurs, das 1920 erbaut und 1983 restauriert wurde.

Alaska State Museum
395 Whittier Street, Juneau, AK 99801-1718, Tel.: (907)465-2901, Website: www. museums.state.ak.us/
Laufen Sie um den Gouverneurssitz herum und wieder auf die Calhoun Street. Unter der Unterführung gibt es Treppen zu Ihrer Rechten. Gehen Sie diese hinunter zur Willoughby Street. Biegen Sie nun rechts ab und folgen dem Linksbogen der Willoughby Street. Zwei Blocks weiter geht es in die Whittier Street und links zum Alaska State Museum.
Öffnungszeiten: *Mitte Mai bis Mitte September: 9–18 Uhr werktags, 10–18 Uhr an Wochenenden, Mitte September bis Mitte Mai: 10–16 Uhr Di–Sa, in der Ferienzeit geschlossen*

Reisen der Finnen

Viele Finnen fuhren als Seeleute auf russischen Schiffen, nachdem Schweden 1809 Finnland an Russland verloren hatte. Finnische Seefahrer und Wissenschaftler unternahmen auf verschiedenen Routen Fahrten nach Alaska.

• *Adolf Etholén* war einer von ihnen. Seine Reise nach Alaska ist aufgezeichnet. Er hat zwischen 1826 und 1845 sehr viele Kostbarkeiten gesammelt, die den wahren Eigentümern fortgenommen wurden, als sie sich der brutalen Unterwerfung der Russen zu beugen hatten. Alles, was wertvoll war oder schien, mussten sie diesen Usurpatoren aushändigen, sogar ihre eigenen Pelze, die sie als Kleidung benötig-

Sammlung von Kostbarkeiten

ten. Sie wurden gezwungen, für die Russen alle Pelztiere, insbesondere die Seeotter, abzuschlachten, nachdem die Küsten Russlands bereits völlig geplündert waren.
• Henrik Johan Holmberg (1818–1864), ein finnischer Wissenschaftler, hat auf seiner 18-monatigen Alaskareise (1851–1853) eine beträchtliche Sammlung an Kunst- und Gebrauchsgegenständen und Informationen mit in seine Heimat genommen. Seine ethnologische Sammlung befindet sich im dänischen Nationalmuseum und seine Insekten-Kollektion im Zoologischen Museum in Helsinki.

Kultur der Nordwestküsten-Indianer

Eine stattliche Sammlung treffender Beispiele **indianischen Alltagslebens**, in dem die **Kunst** ein fester Bestandteil war, ist in diesem Museum zu sehen. Kunst

offenbarte sich in allen Gebrauchsgegenständen, Kleidungsstücken, Bauwerken und Kultgegenständen. Zum größten Teil sind uns die Kunstformen der Nordwestküsten-Indianer schon durch den Besuch vieler Museen auf dieser Reise vertraut.

Inuvialuit- und Alëutenkultur
Die Vielfalt und Fülle der Inuvialuit- und Alëutenkultur ist hoch interessant.
• Faszinierend sind die absolut wasserdichten Parkas aus Fischhaut, Magen- oder Darmhäuten von Walrossen, Robben und Vögeln. Praktisch sind auch die Wende-Parkas, die je nach Wetterlage mit Pelz oder Federn nach außen oder innen getragen wurden. Sie waren oft prächtig verziert. Die Naturvölker haben den Tieren abgeschaut, was wohl am

Kunst der Haida

zweckmäßigsten sei, und dies mit dem Sinn für Schönes verbunden.

Leichte, schnelle Kajaks

• Ihre leichten, schnellen Boote, höchsten Ansprüchen genügend, sind wahre Meisterwerke. Die Kajaks waren zirkumpolar im Gebrauch. Es gab verschiedene Typen. 18 Variationen sind aufgezeichnet.
• Masken der Alëuten stellen eine Rarität dar. Übereifrige russische Missionare hatten in ihrer Intoleranz gegen Ende des 18. Jahrhunderts alle Masken, derer sie habhaft werden konnten, als etwas zutiefst Heidnisches zerstört und den Maskenkult verboten. Über die eigentliche Rolle, die diese Masken im Leben der Alëuten spielten, weiß man wenig. Man glaubt, dass sie, ähnlich wie bei den Inuvialuit, religiöse und gesellschaftliche Bedeutung hatten.

Centennial Hall (Konferenz-Zentrum)
Egan Drive/Willoughby, Tel.: (907)586-8751

Wenn Sie vom Museum aus die Whittier Street in Richtung Mt. Roberts überqueren, dann stoßen Sie auf ein großes braunes Gebäude, die **Centennial Hall**. Hier ist das U.S. Forest- and National Park Service untergebracht. Einheimischen Kunsthandwerkern kann man beim Erstellen ihrer Werke zusehen und das Geschaffene in den Sommermonaten bewundern.

Glacier Gardens/Rainforest Adventure

Über den Glacier Highway von der Stadt kommend, kurz vor dem Gebäude mit der Aufschrift „Fred Meyer Garden Center", vom Highway rechts abzweigend, gelangen Sie zu dieser Attraktion, ein Lehrstück alaskanischer Vegetation!

Mendenhall Glacier

Die Mendenhall Loop Road führt hufeisenförmig nahe dem Fährhafen an der Auke Bay und dem Airport vom Glacier Highway abzweigend zum Mendenhall-Gletscher, 20 km lang und 2,5 km breit. Von dem riesigen Juneau Icefield „fließen" *Eisströme* der Taku Glacier und der Mendenhall Glacier in verschiedenen Richtungen zu Tal. *fließen zu* Im **Visitor Center**, am Fuß des Mendenhall Lake gelegen und 1962 eröffnet, wird *Tal* in eindrucksvoller Weise das eiszeitliche Phänomen erklärt und dargestellt.

Ausflug zum Glacier Bay National Park (ⓘ s. S. 266)

Schutz der Glacier Bay

1879 wurde die Glacier Bay erstmalig vom Naturkundler *John Muir* kartographisch erfasst und dokumentiert. 1925 erklärte man den Glacier Bay National-park und das angrenzende Umland zum Nationaldenkmal, mit dem Ziel, die einmalige Gletscherwelt, einschließlich der Fauna und Flora, für wissenschaftliche Studien und aus historischem Interesse zu schützen, und außerdem diese Urlandschaft für die Öffentlichkeit auch für spätere Generationen zugänglich zu machen. 1980 wurde ein erweitertes Gebiet zum Nationalpark und Schutzgebiet erklärt.

1986 wiesen die UNESCO den Nationalpark als Biosphärenschutz der Vereinten Nationen aus. 1992 erklärte man den Nationalpark zum **Weltkulturerbe**, der höchsten internationalen Anerkennung, die die Einzigartigkeit dieser dynamischen Gletscherlandschaft als wichtiges Ökosystem unterstreicht. Heute umfasst der Nationalpark 13.274 km².

Rapides Abschmelzen der Gletscher und die Folgen

• **Einige allgemeine Fakten:**
Auf der Erde binden Gletscher und das Polareis mehr Wasser als alle Seen und Flüsse, das Grundwasser und die Atmosphäre zu-

Tlingit-Frau in Tracht – Glacier Bay N.P.

sammen. Zehn Prozent unseres Globus sind derzeit von Eis bedeckt. Die Eiskappen der Antarktis und Grönlands sind durchschnittlich 3 km dick. Alaska besteht zu vier Prozent aus Eis. Wenn die Eiskappen der Erde vollständig auftauen würden, würde der Meeresspiegel so weit steigen, dass über die Hälfte der Städte überschwemmt wären.

- **Spezielle Fakten zur Glacier Bay:**

Rapider Rückgang des Gletschers

1794, als der Entdecker Kapitän *George Vancouver* in diese Gegend kam, war der gesamte Fjord noch vollständig mit Eis bedeckt. Der Gletscher war damals mehr als 1.320 m dick, bis zu 32 km breit und 160 km lang. 1879 stellte der Naturforscher *John Muir* fest, dass der Eisstrom sich 77 km die Bucht hinauf zurückgezogen hatte. 1916 bildete der **Grand Pacific Glacier** den Kopf der Tarr Bucht, 104 km von der Mündung der Glacier Bay entfernt. Ein solch rapider Rückgang der Gletscher wurde bislang nirgendwo sonst auf der Erde beobachtet.

Kalbende Gletscher

Gletscher entstehen, weil im Hochgebirge der Schneefall stärker als der Schmelzvorgang ist. Die Schneeflocken werden zuerst zu granuliertem Schnee, also runden Eiskörnchen. Durch den steigenden Gewichtsdruck verwandeln sie sich schließlich zu festem Eis. Die Schwerkraft bewirkt, dass sich das Eis langsam bergab in Bewegung setzt. Die Fließgeschwindigkeit, abhängig vom Gefälle und der Masse, kann bis 2,30 m pro Tag betragen. So wie das Wasser die vordere Eiszunge eines Gletschers von unten aushöhlt, brechen große Eisblöcke von bis zu 60 m Höhe ab und stürzen krachend ins Wasser, das nennt man Kalben. Es kalben z. Zt. 12 Küstengletscher in die Glacier Bay.

Der Vorgang des Kalbens ist eines der spektakulärsten Augenblicke, die man sich als Besucher an den Gletscherabbruchkanten herbeisehnt. Es ist jedoch für Boote und Kajakfahrer nicht ganz ungefährlich, wenn große Eisbrocken hoch aufspritzend ins Wasser stürzen. Diese kleinen Eisberge können nach unten gedrückt werden, ja sogar völlig eintauchen, wenn Steine oder Geröll im Eis eingeschlossen sind, plötzlich und unerwartet wieder auftauchen, wenn sie ihre Last verloren haben oder umkippen, und somit kleine Wasserfahrzeuge in Gefahr bringen.

!!! *Achtung!!!*
Nicht zu dicht an kalbende Gletscher heranfahren! Gute Fotos können auch mit dem Teleobjektiv gemacht werden!

Wer speist die Gletscher der Glacier Bay?

Die schneebedeckte **Fairweather-Gebirgskette** versorgt alle Gletscher auf der Halbinsel mit Eis und trennt so die Glacier Bay vom Golf von Alaska. Der Mount Fairweather ist mit 5.055 m ü. M. die höchste Erhebung des Gebirgskamms. In der Nähe der Johns Hopkins-Mündung erheben sich einige Gipfel immerhin noch bis zu 2.150 m ü. M. und das nur wenige Kilometer hinter der Küstenlinie.

Pflanzen und Tiere besiedeln die eisfreien Zonen

Wissenschaftler finden in der Glacier Bay ein ideales, natürliches Laboratorium zum **Studium der Pflanzenfolge**, d. h. es wird die Frage gestellt, wie und in welcher Reihenfolge besiedeln Pflanzen sog. „rohe Landschaften"? Gletscher- und Pflanzenstudien gehen Hand in Hand. Dem schnellen Rückzug der Gletscher folgt ein schnelles Nachwachsen der Pflanzen. Den Verlauf dieser Pflanzenfolge zu registrieren, ist für Wissenschaftler von großem Interesse. Bei einem Ausflug vom Gestade der Bucht bergan, den Gletscherrückzug nachvollziehend, rollen Sie die Pflanzenfolge zeitlich vom reifen Wald bei Bartlett Cove bis zu nackten Erdstrukturen auf. Die vegetarische Abfolge führt zu tiefgreifenden Veränderungen in wenigen Dekaden.

*Pionier-
pflanzen*

1916 wurde mit den Arbeiten von *Prof. William S. Cooper* mit ernsthaften Langzeitstudien in der Glacier Bay begonnen. 1941 wurden die Pflanzenstudien von *Prof. Donald Lawrence* und anderen Wissenschaftlern fortgesetzt.

Der **Beginn der Pflanzenansiedlung** ist ein algenartiger, meist schwarzer filzähnlicher Flohr, der Schlick stabilisiert und Wasser zurückhält, gefolgt von Moosen, Schachtelhalmen und genügsamen Kräutern und Blütenpflanzen. Als nächstes siedeln sich Silberwurz, Weiden und Erlen an, bis schließlich Fichten und Hemlock-Tannen einen Wald bilden. Doch bis letzteres erreicht ist, kann es Hunderte von Jahren dauern. Dem öden Fels-Geröll-Feld eines Gletscherdurchbruchs fehlt es an Stickstoff. Silberwurz und Erle sind die entscheidenden Pionierpflanzen, die die Bodenqualität durch Stickstoffzugabe verbessern. Die Erlen bilden in der Folge dichtes, verfilztes Unterholz. Wenn Fichten Fuß fassen, verdrängen sie durch ihren tiefen Schatten schließlich wieder die Erlen, und eine Waldgemeinschaft ist entstanden.

Für die **Landsäugetiere** ist die Inbesitznahme dieser Ödländer schwieriger. Es gibt keine wirklichen Pionierarten, die den Weg für nachfolgende Arten ebnen. Wasserläufe, Eis- oder Gebirgsbarrieren bilden oft nur schwer überwindbare Hindernisse. Normalerweise leben die Tiere zunächst nur einen Teil des Jahres in dem erst „kürzlich" eisfrei gewordenen Gelände. Die Eingewöhnungszeit dauert bei ihnen länger als bei Pflanzen.

Wale – die größten Tiere der Erde

Auf der Wanderung – Schwertwal

Alaskas Gewässer werden von 10 Bartenwalarten und 5 Zahnwalarten bevölkert. In der Glacier Bay kommen, zur Familie der Bartenwale gehörend, Buckel-, Zwerg- sowie Schwertwale, die zu den Zahnwalen gehören, vor.

• Buckelwale

In der Zeit von Juni bis September sind diese 13 bis 16 m langen bewunderswerten Geschöpfe in der Bucht regelmäßig zu finden, allerdings von Jahr zu Jahr in der Anzahl dramatisch schwankend. Man weiß nicht, warum das so ist. Buckelwale müssen sich in den nördlichen Gewässern im Sommer genügend Fett anfressen, um den Rest des Jahres davon zu zehren, wenn sie als **Kosmopoliten** andere Weltmeere durchkreuzen. Beim Fressen werden enorme Mengen an Meeresorganismen ins Maul geschaufelt. Anschließend wird das Wasser, bis zu 500 Liter auf einmal, abgelassen, während alles Fressbare in den 600 bis 800 Barten, wie durch ein Sieb, zurückgehalten wird. Barten sind Hornplatten, die in Borsten enden. Phantastisch sind die Fangmethoden dieser Wale, wenn sie in der Gruppe fischen.

Blasen-
vorhänge
Sie erzeugen ein **„Netz" aus Blasen**, in dem sich ihre Beute eingeschlossen fühlt und leicht in den bis zum Winkel von 90 ° geöffneten, riesigen Mäulern der Meeresäuger verschwindet.
Eindrucksvolle Schauspiele liefern Buckelwale, wenn sie liebestoll akrobatische Sprünge und Drehungen vollführen und platschend wieder ins Wasser fallen.

• Zwergwale

Sie sind ein ziemlich wanderlustiges Völkchen, jagen Kabeljau, Lachs, fischen Krill und erreichen beim Schwimmen bis zu 32 km/h. Durch den Walfang ist ihre nordpazifische Population auf ein Viertel gegenüber früheren Schätzungen abgesunken.

• Schwertwale

Sie halten sich in Familienverbänden in der Bucht auf und ernähren sich von Fischen, Seelöwen, Seehunden, Delfinen, Tintenfischen, Haien und anderen Fischen. In Gruppen jagend, können sie für größere Meeresbewohner, sogar für die
Hoch
intelligent
und sehr
schnell
riesigen Blauwale, gefährlich werden, daher auch ihr Name Killerwale. Die Schwertwale sind hoch intelligent und sehr schnelle Schwimmer. Ihre konstante Schwimm-Geschwindigkeit beträgt erstaunliche 46 km/h!!! Die außergewöhnliche, eindrucksvolle Rückenflosse kann bei alten Männchen bis zu 2 m lang sein.

Robben

Außerdem leben hier ständig **Seehunde**, die sich gern auf Eisschollen sonnen und ganze Kolonien von **Stellers Seelöwen**, die bestimmte Felsen und Uferpartien besetzt haben. Die mächtigen Bullen scharen ihren Harem an Weibchen um sich, den sie eifersüchtig gegen Rivalen verteidigen. Es kommt oft zu blutigen Zweikämpfen, die mit hartem Körpereinsatz und scharfen Zähnen ausgefochten werden.

Ausflug zum Tracy Arm Fjord (ⓘ s. S. 266)

Der Besuch des Tracy Arm-Fjords kann bei günstigen Wetterverhältnissen auch zum **Höhepunkt Ihrer Alaskareise** werden!

Erlebnisbericht

Mit dem Boot von „Adventure Bound Alaska", geführt von dem Besitzer und Kapitän *Steven Weber*, geht es in den Tracy Arm Fjord. Zunächst, noch in der breiten Stephans Passage, gleiten unsere Blicke an den Ufern der Küstenwälder entlang, die hauptsächlich im unteren Bereich aus Sitkafichten und Westlicher Hemlock bestehen. Im oberen Bereich wachsen Erlengebüsche bis zur Baumgrenze. Treibholz hat sich in den steinigen Buchten angesammelt. Fischerboote fischen mit Netzen in der Meeresstraße. Plötzlich kommen die aus den Atemlöchern ausgestoßenen Wasserfontänen eines Buckelwals in Sicht. Der Kapitän manö- *Sehr* vriert sein Schiff mit großer Vorsicht in die richtige Position, denn zu beiden *umsichtiger* Seiten des Wals engen die Netze zweier Fischerboote den Fluchtweg des Mee- *Kapitän* ressäugers ein. Die einzige Ausweichmöglichkeit für den Wal ist eine Lücke zum offenen Meer, die der umsichtige Schiffsführer nicht durch sein Schiff versperren möchte, um zu verhindern, dass der Wal ins Netz der Fischer gerät. Fischende Grylteiste/Black Guillemots tauchen vor dem Schiff ab. Die weißen Spiegel ihrer

Flügelfedern kon-
trastieren mit ihrem
ansonsten schwarz
glänzenden Ge-
fieder.

Das Boot biegt in
den engen **Tracy
Arm Fjord** ein.
Die vom Gletscher
einst glattgehobel-
ten, steilen Felswän-
de weisen tiefe
Schürfstellen auf.
Bläulich schimmern-
de Eisskulpturen
schwimmen im
Fjord. Teilweise sind

Eisskulpturen – Tracy Arm

sie auch glasklar und durchsichtig und funkeln in der Sonne wie Diamanten. Die Wasserläufe haben tiefe Rinnen in das Gestein gesägt. Viele **Wasserfälle** ergie- ßen sich in den Fjord. Ein Wasserfall ist besonders eindrucksvoll: Wie aus einer Düse gepresst, sprüht das Wasser schleierartig in intervallartigen Schüben in weitem Bogen ins Meer, sich immer wieder überwurfartig verdichtend.

Bewundernswert ist die gefühlvolle Fahrweise des Kapitäns. Er ist ein exzellenter Beobachter der Natur und versteht es geschickt, die bestmögliche Position zum Filmen und Fotografieren für seine Fahrgäste zu finden. Das ist besonders reizvoll, wenn der Wasserfall im Gegenlicht erscheint. Zwei **Schwarzbären** sind bei Ebbe damit beschäftigt, Muscheln, die an den Felswänden festsitzen, zu knacken.

Auf den Felsbändern blühen u. a. Akelei, Paintbrush und Lupinen, die steuert Steven Weber ebenfalls an. Wir haben unsere Freude daran, dass er auch die nicht so auffälligen Kleinoden der Schöpfung aufspürt und uns zeigen möchte.

Die Höhepunkte der Fahrt sind jedoch die **kalbenden Gletscher** des Fjords. Wir sind am Sawyer Glacier angelangt. Einige Boote dümpeln in sicherer Entfernung vor der Abbruchkante des Gletschers. Blau schimmert das Jahrtausende-alte Eis, dass durch den hohen Druck diese intensive Farbe erhalten hat. Manchmal brechen große Eisbrocken krachend aus der Eiswand und klatschen ins eiskalte Wasser, starke Wellenbewegungen erzeugend. Gefleckte **Seehunde**, auch Muttertiere mit Jungen, sonnen sich auf den Eisschollen. Vereinzelnd hören wir das klägliche Schreien der „Heuler".

Blau schimmerndes Eis

Flug zum Pack Creek auf Admiralty Island (ⓘ s. S. 266)

Pack Creek ist ein Teil des **Tongass National Forest** und befindet sich auf Admiralty Island. Diese Insel, südwestlich von Juneau gelegen, ist eine unberührte Wildnis mit 300 bis 500 Jahre alten Bäumen im urigen Regenwald, Moorentümpeln, tiefschwarzen Augen gleich, und sehr fischreichen Bächen. Der Lachszug der laichenden Pink und Chum Salmons erreicht im Juli und August seinen Höhepunkt. Besonders die ca. 1.500 starken Braunbären auf der Insel, die höchste Braunbären-Konzentration Nordamerikas, und Weißkopfseeadler profitieren von dem reichen Nahrungsangebot. Die Indianer nennen die dichten Wälder von Kootznahoo auf der Insel die Bärenfestung.

Höchste Braunbär-Konzen-tration

Natürlich ist Admiralty Island auch die Heimat anderer Wildtiere, z. B. von Sitka-Maultierhirschen, Papageientauchern, Enten, Gänsen, Gänsesägern, Reihern, Möwen, Limokolen, Kolibris, Drosseln, Zaunkönigen usw. Die wilde Insel ist nur per Boot, Fähre oder Wasserflugzeug erreichbar. Die Fähre legt in Angoon an, der einzigen Siedlung der Insel. Für den Besuch von Pack Creek ist ein Permit erforderlich, das maximal von drei Tage von dem Forest Service Information Center in Juneau ausgestellt wird. Eine vorherige Reservierung ist für die Zeit vom 05. Juli bis zum 26. August erforderlich. Die Zahl der Besucher ist limitiert.

Nach der Ankunft mit dem Wasserflugzeug müssen Sie durchs seichte Wasser an Land waten. Dort werden alle Lebensmittel in bärensicheren Boxen verstaut. Auf Wanderungen dürfen Sie nur Trinkwasser mit sich führen. Es sind zwei Plätze zur Bärenbeobachtung ausgewiesen:
• Observation Tower, ein Hochsitz, am Ende eines 1,5 km langen Trails, mit einem Dach versehen, praktisch bei Regenwetter,
• Viewing Spit, am Strand, an der Mündung des Creek in den Seymour Canal.

Haines (ⓘ s. S. 266)

Überblick

Die ersten Menschen, die im Chilkat-Tal lebten, waren **Tlingit-Indianer**. Der ursprünglich indianische Name der Ansiedlung war **„Dei-shu"**, das bedeutet „Ende des Weges". 1879 besuchten der Naturkundler *John Muir* und der Missionar *S. Hall Young* diese Gegend. 1881 wurde eine Missionsstation eingerichtet und der Ort nach Frau *F.E. Haines* von der „Presbyterian National Community of Home Missions" genannt. 1884 etablierte man eine Post in Haines.

1903 wählte die U.S. Army Haines als ersten Außenposten im Alaska Territory. Es wurde Fort William H. Seward genannt. Um die Wende zum 20. Jahrhundert wuchs die Bedeutung der Siedlung durch den „Porcupine Mining District", der Gold förderte. Der Hafen wurde immer mehr ausgebaut.

Heute hat Haines etwa 1.150 Einwohner. Die Holzindustrie wurde vom **Tourismus** als Hauptwirtschaftszweig abgelöst. Hier finden Sie alle Einrichtungen des modernen Lebens. Die touristische Infrastruktur ist gut ausgebaut. An Hotels und Restaurants mangelt es nicht. Haines ist eine der wenigen Gemeinden Südostalaskas mit Straßenanschluss, wodurch der Ort mit dem Alaska Highway verbunden ist. Die Verknüpfung Straße/Fährsystem ist in Haines gegeben.

Redaktions-Tipps

Redaktions-Tipps
Übernachten:
- **Summer Inn $$** befindet sich in einem historischen Gebäude von 1912.

Essen:
- **(The) Lighthouse Restaurant ###**, mit Blick auf den Lynn Canal und Bootshafen, serviert leckere Meeresfrüchte, Steaks und Salate.

Sehenswürdigkeiten:
- **Sheldon Museum & Cultural Center** (S. 673) informiert u. a. über die Geschichte des Chilkat-Tals.
- **American Bald Eagle Foundation** (S. 673) ist ein naturkundliches Museum, das neben der Thematik des Adlerschutzes einheimische Fauna mit 160 ausgestopften Tieren und deren Biotop-Nachbildungen präsentiert.

Dalton City Alaska
P.O. Box 385, Haines, AK 99827, Tel.: (907)766-2476

Außerhalb von Haines hat man eine Goldrauschstadt aus den 1890er Jahren wieder aufgebaut. Artisten treten hier auf. Besucher können persönlich Gold waschen. Es gibt einen „Klondike Saloon" und ein Alaska-Museum.

Rekonstruierte Goldrauschstadt

Totem Village

Totem Village befindet sich auf dem und am Parade Grounds. Es besteht aus zwei nachgebildeten Gebäudekomplexen:
- einem **„Indian Tribal House"** (indianisches Stammeshaus) mit Totempfählen, Trapperhütte mit Nahrungsversteck sowie

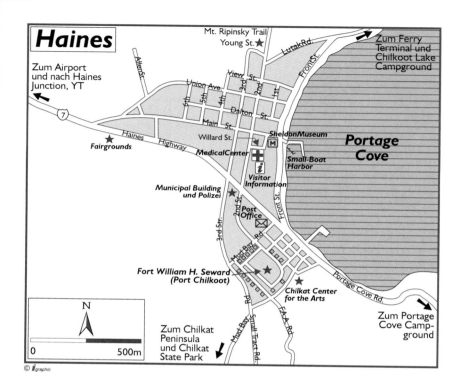

• dem **„Chilkat Center for the Arts"**, in dem die Chilkat-Tänzer am Montag-, Mittwoch- und Samstagabend tanzen sowie Melodramen (freitags und sonntags) aufführen.

Tresham Gregg – Künstler aus Leidenschaft
P.O. Box 776, Haines, AK 99827, Tel.: (907)766-2540, Web: www.tresham.com.

Wieder-gabe des Erbes der Tlingit-kultur

Tresham Gregg wuchs in Haines auf. Inspiriert von der landschaftlichen Schönheit des Chilkattals, der rauen Bergwelt, den engen Fjorden, dem Wildreichtum rundherum und vor allem dem indianischen Erbe der Tlingitkultur, schuf er wunderbare Kunstwerke. Obgleich er nicht indianischer Abstammung ist, wurde die Tlingitkunst ein entscheidender Teil seines Lebens. Schon als Jugendlicher stellte er authentische Tlingit-Tanzkostüme her. So ist es nicht weiter verwunderlich, dass er später zum Begründer der weltbekannten **„Chilkat Dancers"** wurde. Nachdem er sein Diplom in Architektur und Kunst an der Stanfort Universität absolviert hatte, studierte er in Paris und an anderen Universitäten Kunst. Nach Amerika zurückgekehrt, kreierte er sein eigenes Maskentanztheater mit nach eigenem Stil geschnitzten und bemalten Masken. Nach sieben Jahren erfolgreichen Auftritten in Shows und auf Festivals, kehrte der Künstler in seine Heimat zurück und eröffnete seine erste Galerie, die „Sea Wolf Gallery". Der Name „Sea Wolf" entstammt einer Tlingit-Legende, die von einem mächtigen Seetier handelt, das dem Stamm bei bedeutungsvollen Gelegenheiten zur Hilfe kommt.

Totem Village — Haines

Tresham Gregg hat Vorstellungen der alten Indianerkultur in seine Gedankenwelt übernommen und vertritt diese auch, wie z. B. den Glauben, dass alle Pflanzen, Tiere und Naturerscheinungen beseelt sind. Sein bedeutendstes Kunstwerk ist die aus rotem Zedernholz geschnitzte und bemalte dreizehnteilige Holzpaneele für das Fred-Meyer-Geschäft in Juneau.

In *Tresham Greggs* künstlerischem Schaffen vereinigen sich seine Begabung mit der Liebe und Hingabe zur Tlingitkultur, das er mit einem Schuss eigener Prägung zu modernen Kunstwerken werden lässt. Zu seinem Kunsthandwerk zählen in erster Linie Holzschnitzereien, Malereien, Schmuck- und Kleidungsstücke, ausgestellt in seiner „Sea Wolf Gallery", Fort Seward Drive auf dem Paradeplatz und seiner „Whale Rider Gallery", Portage Street, nahe dem Port Chilkoot Dock.

Sheldon Museum & Cultural Center
P.O. Box 269, Haines, AK 99827, Ende der Main Street, Tel.: (907)766-2366), Öffnungszeiten: täglich 13–17 Uhr

Es informiert u. a. über die Geschichte des Chilkat-Tals, russische und amerikanische Pioniere, die Kultur und Kunsthandwerk der Tlingit-Indianer, den Dalton Trail und Fort Seward. Außerdem wird ein Film über das Bald Eagles Preserve gezeigt.

Geschichte des Chilkat-Tals

American Bald Eagle Foundation
Haines, Ecke Second Avenue/Haines Highway, P.O. Box 049, Tel.: (907)766-3094, Fax: (907)766-3095, Web: www.baldeagles.org, E-Mail: info@baldeagles.org

1940 wurde das Projekt „American Bald Eagle Foundation" mit dem Ziel zum Schutze der Weißkopfseeadler/Bald Eagles gegründet, denn in den 48 Staaten der USA außer Alaska hatte der Rückgang durch Verkehrstod auf der Straße, DDT-Vergiftung, Überfischung der Gewässer, Biotopzerstörung und illegalen Abschuss dieses majestätischen Vogels bereits dramatisch zugenommen. Früher wurden

Weißkopfseeadlerschutz

INFO **Chilkat-Tänzer**

(von Barbara Thieme)

Endlich um 20 Uhr beginnen die Chilkat-Tänzer mit ihrer Vorführung. Die Bühne ist wie ein Langhaus mit Tlingit-Bemalung versehen. Zu dumpfem Trommelklang erscheinen alle **Tänzer in Originalkostümen** oder nachgefertigten Kleidungsstücken, den aufwendigen Masken, dem stolzen Kopfputz, Stiefeln. Manche tragen Paddel. Dieses Attribut versinnbildlicht die Wichtigkeit des Bootes für die Küstenindianer. Selbst ein allerliebstes Kleinkind auf dem Arm seiner Mutter erscheint und ist bei fast allen Tänzen präsent. Die junge Mutter trägt ein Stirnband aus Hermelinfell mit eingearbeiteten Grizzlyklauen. Sonst ist sie in ein schlichtes Hirschledergewand gekleidet. Eindrucksvoll und Ehrfurcht gebietend sind die Erscheinungen einiger älterer und kraftvoller Tlingitmänner. Einer unter ihnen, der im Wechsel mit einem jungen Künstlersohn die Tänze interpretiert hat, berichtet von seinem Vater, der in Klukwan am Chilkat River ein bedeutender Häuptling und Ältester war. Diese Siedlung existiert heute noch, sie gilt als die eigentliche Heimstatt der Chilkat-Tlingit.

Den Alten wird die Ehre zuteil, die wertvollen Originalkostüme zu tragen: Kopfbedeckung mit Adlerdaunen, Hermelin um Haupt und Nacken. An der Stirnseite schmückt sie eine Holzmaske, die immer eins oder mehrere Tiere des Stammes darstellt. Augen und Seitenteile sind häufig mit kostbar schimmernden Abalone-Muscheln ausgelegt. Absolute Prachtstücke aber sind wenigstens 100 Jahre alte **Chilkat-Decken**, mit denen Adler- und Rabenclan einen kräftezehrenden, atemberaubenden Tanz vollführen.

Und immer wieder spielen Tiere eine wesentliche Rolle in den Geschichten der Tlingit, so im **Hochzeitstanz der Schneehühner** oder im **Bären- und Rabentanz**, in dem ein Häuptling den Tod durch einen gewaltigen Braunbären findet und der Stamm lediglich mit dem schlauen Raben auf dessen Fährte gebracht wird, damit der Tote gerächt werden kann.

Auch im **Tanz der Gezeitenfrau** siegt der listige Rabe über die böse Frau, die ihn mit dem Wolf zu vertreiben sucht. Schließlich aber gelingt es seinem Volk, dem Ottervolk, den ersten Erdenbewohnern, Muscheln am Strand zu suchen und damit dem Hungertod zu entgehen.

Am Schluss der Vorstellung erklärt der Älteste den Gästen noch einmal, weshalb heute seitens der Indianer das Fotografieren während der Tanzdarbietung gern gesehen wird. Wer die eindrucksvolle Kunst und Kultur der Tlingit gesehen und erlebt hat, soll die Botschaft, dass sie fortbesteht und gepflegt wird, überall verkünden. Neue Gäste werden kommen, sich daran erfreuen und zu einem bescheidenen Wohlstand der Indianer beitragen."

sogar Belohnungen ausgesetzt, um Adler zu töten. Als Beweis musste man die Füße der Adler vorzeigen. Mehrere Maßnahmen haben in letzter Zeit schon zur Gesundung der Bestände beigetragen.

78 % der Weißkopfseeadler Südostalaskas wählen als **Nestbaum** eine große Sitkafichte, meistens nur bis zu 200 m vom Wasser entfernt. Bei längerer Entfernung muss eine klare Flugschneise zum Wasser vorhanden sein. Außerdem ist natürlich der Fischreichtum Voraussetzung für die Wahl des Nistplatzes. Man findet oft Nester, die immer wieder aufgestockt wurden. Die größten Nester, die man ausgemacht hat, maßen 3,20 im Durchmesser und 6,60 m in der Höhe bzw. Tiefe und wogen 3 t. Manchmal wird das Nest so schwer, dass der Baum unter der Last zusammenbricht. Die großen Nester werden auch von anderen kleinen Vögeln als Nistplatz angenommen. Das Weibchen legt normalerweise 2 Eier. Männchen und Weibchen brüten gemeinsam ca. 35 Tage, wobei das Weibchen insgesamt länger brütet. Der männliche Altvogel schafft in erster Linie das Futter herbei.

Die Augen des Weißkopfseeadlers haben 2 Brennpunkte im Augenhintergrund, während wir Menschen beispielsweise nur einen haben. Diese Eigenschaft ist bei Weißkopfseeadlern sehr vorteilhaft. Wenn sie sich beim Fischfang kopfüber ins Wasser stürzen, können sie sofort neu fokussieren, um nicht auf den Grund des Gewässers zu stoßen.

Zwei Brennpunkte im Augenhintergrund

Für den Schutz der phantastischen Sehkraft des Adlers ist von der Natur in zweierlei Weise vorgesorgt:
• Die Augen der Adler sind tief in das Skelett des Kopfes eingebettet, von Knochenwülsten und sehr starker Muskulatur umgeben, die zwar das Auge schützen, aber auch seine Beweglichkeit einschränken, deshalb muss der Adler oft seinen Kopf wenden, um in verschiedene Richtungen zu sehen.
• Ein drittes Augenlid ist ein weiterer Schutz fürs Auge, das sich automatisch schließt, wenn das Auge bedroht wird.

Das von der **American Bald Eagle Foundation** eingerichtete naturkundliche Museum in Haines wurde 1994 eröffnet. Neben der Thematik des Adlerschutzes ist die Repräsentation der einheimischen Fauna mit 160 ausgestopften Tieren und deren Biotop-Nachbildungen m. E. sehr gut gelungen.

Weißkopfseeadler im Winter im Alaska Chilkat Bald Eagle Preserve

1982 wurde eine Fläche von 20 Hektar am Chilkat River 16 km nördlich von Haines zum Schutzgebiet erkärt, weil sich hier im Winter, hauptsächlich von Mitte Okto-

Warten auf Lachse – Chilkat-Weißkopfseeadler-Reservat

ber bis Ende Dezember, 2.000 bis 4.000 Weißkopfseeadler aus ganz Alaska, British Columbia und Washington (USA) zur späten **Lachswanderung** der Chum Salmons versammeln. Es ist die größte Konzentration dieser königlichen Greifvögel auf unserer Erde. Im Winter gibt es an diesem Fluss trotz eisiger Umgebung unter Temperaturen weit unter Null Grad noch eisfreie Stellen mit aufquellendem warmen Wassers. Wie kommt das?

Eisfreie Stellen im Fluss

Während des Sommers vermischt sich das Wasser der Flüsse Kleheni River und Tsirku River mit dem umfangreichen angeschwemmten Kies und Schotter und schafft ein massives warmes Untergrund-Reservoir nahe der Vereinigung mit dem Chilkat River. Im Winter sickert dieses Wasser in den Chilkat River, und es bilden sich eisfreie Stellen, die zum Laichen der Lachse ausreichen. Diese Lachse und ihre Kadaver sind in der nahrungsarmen kalten Jahreszeit eine willkommene Beute für die Weißkopfseeadler.

Ausflug zum Chilkat State Park

Er liegt 9 km südlich von Haines und ist auf der Mud Bay Road zu erreichen. Von dem dortigen Visitor Center haben Sie vom erhöhten Standort aus einen schönen Blick auf den **Davidson Glacier**, der sich bis zum Meeresspiegel hinunterschiebt und auf den **Rainbow Glacier**. Oft können Sie dort größere Gruppen von Schneeziegen bei ihren waghalsigen Felsenklettereien beobachten.

Ausflug zum Chilkoot Lake

Dieser See am Ende der Lutak Road nach ca. 18 km ist es wert, besucht zu werden, um zu picknicken oder um Boot zu fahren. Außerdem befindet sich dort ein idyllisch gelegener Campground.

20. SÜDLICHES ZENTRALALASKA

Das südliche Zentralalaska erstreckt sich vom Norden des Golfs von Alaska bis hin zur Alaska Range. Aus zweierlei Gründen ist dieser Teil des US-Bundesstaates klimatisch begünstigt: weil das Gebirge der **Alaska Range** ihn im Norden bogenförmig gegen die eisigen Polarluft abschirmt und weil zusätzlich der warme Meeresstrom Kuro-Schio von der Südostküste Asiens, vergleichbar dem Golfstrom in Europa, wie eine Zentralheizung wirkt und das nordische Klima mildert.

Bei unserer Reisebeschreibung wird die Alaska Range allerdings für den Besuch von **Fairbanks** und den **Denali Nationalpark** in Richtung Norden überfahren.

Von Haines nach Haines Junction

Streckenhinweis
Gesamtstrecke: Haines – Haines Junction: auf dem Haines Highway (Hwy 7/3) 246 km

Mosquito Lake

Ein unscheinbarer Waldweg führt zum Mosquito Lake (Km 44/Gegenrichtung: Km 202). Nicht immer die größten Seen sind auch die reizvollsten. Der lauschige kleine Campground ist gerade das Richtige, wenn man nach langer Fahrt Stille und Entspannung benötigt. Mittelsäger/Red-breasted Merganser beleben mit ihrer vielzähligen Kükenschar, die Kräfte sparend im Kielwasser dem Altvogel folgt, den Waldsee. Red-breasted Sapsucker (Saftsauger) hängen wie berauscht an den Erlenstämmen und picken im Zentimeterabstand die Rinde der Bäume an.

Wenn Sie auf einem Waldweg den fischreichen Chilkat River flussaufwärts fahren oder wandern, treffen Sie nicht nur angelnde Petri-

Redaktions-Tipps

Übernachten:
*   **Haines Junction: The Glacier View Inn $$**, unter Schweizer Leitung, ist ein modernes Motel mit gut geführtem Restaurant.

Sehenswürdigkeit:
*   **Kluane National Park und Kluane Game Sanctury** (S. 680) sind die sicherlich wildeste und raueste Wildnis Kanadas.

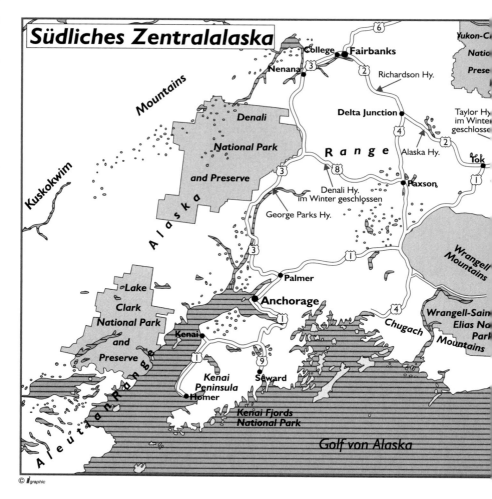

jünger, sondern auch schon mal einen **Braunbären**, der dem gleichen Fischwaidwerk nachgeht.

Chilkat Pass

Nachdem Sie die Grenze USA/Kanada passiert haben, steigt die Straße an und Sie überqueren den **Three Guardsmen Pass** (980 m), von dem Sie Atem beraubende Ausblicke auf die Bergkette der Takhinsha Mountains haben. Der Stonehouse Creek mäandriert durch das Tal zu Füßen des Seltat Peak. Schließlich führt die Straße oberhalb der Baumgrenze durch alpine Tundra mit zahlreichen Mooren

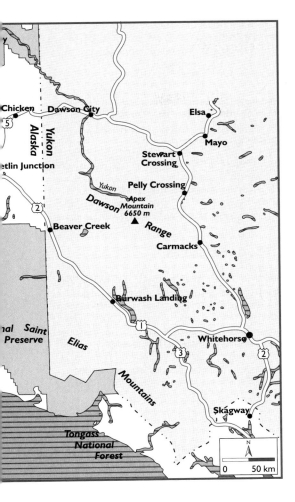

und Seen, auf denen manchmal Trompetenschwäne schwimmen. Bei Sonnenschein variieren die Farben der weiten Landschaft lebhaft von verschiedenen Grüntönen über rötlich, beige und grau. Wenn die Wolken wandernde Schatten auf die Tundra projizieren, verdoppeln sich die Farbnuancen in leuchtende und gedämpfte.

Der 1.065 m hohe Chilkat Pass (Km 102/Gegenrichtung: Km 144) ist genau wie der Chilkoot Pass einer der wenigen natürlichen Übergänge von der Küste ins Innere Alaskas und Nordwestkanadas. Hier weht fast ständig ein scharfer Wind, und im Winter ist dieser Pass berüchtigt wegen der verheerenden Schneeverwehungen.

Nur wenige Übergänge ins Landesinnere

Trotz des rauen Klimas blühen hier im Sommer **viele Wildblumenarten**, wie z. B. Larkspur (Lärchensporn), Bluebells, Goldenrod (Goldrute), Common Fireweed (Weidenröschen), Dwarf Fireweed (Kleinwüchsiges Weidenröschen), Northern Yarrow, Sitka Burnet, Coastal Paintbrush und Notka Lupine. (Leider ist es sehr schwierig, zuverlässige deutsche Blumen-Bestimmungsbücher zu bekommen, um Ihnen auch deutsche Namen mitzuteilen.)

Dezadeash Lake

„Dez-dee-ash" ist ein Indianerwort. Eine Interpretation besagt, dass es auf eine Fischfangmethode der Urbevölkerung hinweist. Im Frühling legten die Indianer kleine Feuer rund um große Birken, schälten die heiß gelöste Borke und legten sie mit der weißen leuchtenden Seite nach oben mit Steinen beschwert auf den Seegrund. Anschließend warteten die Indianer von einem erhöhten Beobachtungspunkt aus mit Speeren auf Forellen, bis diese die hellen Stellen überquerten.

Kathleen Lake

Dieser idyllische, glasklare Bergsee bietet ausgezeichnete Möglichkeiten zum Kanu fahren. Für Tageswanderungen in Seenähe existiert ein Netzwerk markierter Pfade. Im Winter fröhnen viele Skilangläufer dieser angenehmen Sportart auf dem zugefrorenen See und dessen Umgebung.

Einzige Binnen-lachsart | Der Kathleen Lake birgt eine Besonderheit: Er ist die angestammte Heimat der einzigen Binnenlachsart im Yukon Territory, den Kokanee Salmon. Als sich die Gletscher nach der letzten Eiszeit durch die allmähliche Klimaerwärmung zurückzogen, bildeten sich ein See und ein Flusssystem. Die Lachse waren im heutigen Kathleen Lake vom Land rundherum eingeschlossen und passten sich an diese neue Lebensgewohnheit an.

Kluane National Park und Kluane Game Sanctury

Der **Kluane National Park** wird in seinen Hochlagen von Eis und Schnee beherrscht. In der St. Elias-Bergkette liegen die höchsten Berge Kanadas. Der Bergriese Mount Logan (5.959 m) ist der höchste von ihnen. Dort befindet sich auch das größte nicht-polare Eisfeld der Erde. Riesige Gletscher, wie der Lowell Glacier, Donjek Glacier und Kaskawulsh Glacier winden sich zu Tal. Rundflüge über den gewaltigen Eisflächen sind bei gutem Wetter ein Hochgenuss.
In den niedrigeren Gebirgsketten und Vorbergen gibt es grenzenlose Freizeitmöglichkeiten zum Bergwandern, Bergsteigen, Mountain Biking, Skilaufen und für Erkundungsfahrten auf Flüssen. An den Berghängen sehen Sie nicht selten Schneeziegen und Dallschafe.

Haines Junction (ⓘ s. S. 187)

Nach Überquerung Kathleen River (Km 221/Gegenrichtung: Km 25) erreichen Sie Haines Junction (Km 246). Vor langer Zeit verlief durch die Gegend um Haines Junction eine Handelsroute der Küstenindianer, der Tlingit und Chilkat, die mit anderen Indianerstämmen des Landesinneren des Yukon Handel trieben. Im Sommer 1942 entstand Haines Junction aus einem Camp der US-Armee während des Alaska Highway-Baus. Dieser Ort wurde auserwählt, um eine Verbindungsstraße nach Süden zum Ozeanhafen Haines zu bauen.

Wichtige Straßen-kreuzung | Heute ist der Ort mit seinen rund 800 Einwohnern, ein wichtiger Straßenkreuzungspunkt mit allen Versorgungseinrichtungen, wie einer Ansammlung von Motels, Campingplätzen, Tankstellen und Supermarkt sowie ein **idealer Ausgangspunkt** zum Kluane National Park.

Von Whitehorse nach Anchorage

Streckenhinweis:
Gesamtstrecke: Whitehorse – Anchorage: 1.167 km

Vorschlag zur Zeiteinteilung
3 Tage
- *Strecke Whitehorse – Anchorage: 2 Tage*
- *Anchorage: 1 Tag*

Unterwegs nach Anchorage

Kluane Lake

Nachdem Sie Haines Junction (Km 159/Gegenrichtung: Km 1008) passiert haben, erreichen Sie den Kluane Lake. Er ist mit rund 400 km² der größte See des Yukon Territory. Sein Name leitet sich von dem South Tuchone-Wort „Lu'An'Mun" ab, das „fischreicher See" bedeutet. In der Tat lässt es sich an diesem malerischen See sehr gut angeln, z. B. Große Seeforelle, Hecht, Äsche und Eskimo-Tarpan. Still und sanft ruht er in seinem langen, tiefen Gletscherbett unter dem milden Spätsommerlicht und gönnt den bescheidenen Bäumen, ihr goldenes Blattwerk in seinem ruhigen Wasser zu spiegeln.

Burwash Landing

Nachdem Sie den 1.000-Seelen-Ort **Destructuin Bay** (Km 268/Gegenrichtung: Km 899) am Seeufer des Kluane Lake passiert haben, kommen Sie nach Burwash Landing (Km 283/Gegenrichtung: Km 884) mit nur 84 Einwohnern, einer Kirche, einer Post, einer Tankstelle und einer Bootsanlegestelle. Das Eindrucksvolle an diesem Ort ist jedoch sein kleines naturkundliches Museum.

Kluane Museum

Mile 1093 Alaska Highway, Tel.: (867)841-5561, **Öffnungszeiten:** *15.05.-31.05. 10–17 Uhr Mai, 01.06. bis Anfang September: 9–21 Uhr täglich*

Redaktions-Tipps

Übernachten:
- **Anchorage: Alaska Wilderness Plantation $$$** liegt in der Nähe des Flughafens, vermietet komfortabel eingerichtete Gästezimmer und Suiten. Ein beheizter Swimmingpool im Innern der Pension und eine Sauna gehören mit zum Komplex.

Essen:
- **Anchorage: Sourdough Mining Company Alaska Restaurant ###** ist ein uriges, typisches Alaska-Lokal. Hier werden frische alaskanische Meeresfrüchte, geräuchertes Fleisch und authentisches Sourdough-Brot serviert.

Sehenswürdigkeiten:
- **Burwash Landing** (S. 681) ist ein **naturkundliches Museum** besonderer Art.
- **Matanuska Glacier** (S. 683) ist leicht erreichbar.
- **Anchorage: Anchorage Museum of History and Art** (S. 686) liefert eindrucksvolle Einblicke in die Geschichte und Kunst Alaskas.

Das Museum hat in erster Linie die Tierwelt Kanadas zum Thema. Obgleich Sie von mir schon in so viele Museen geführt worden sind, bietet dieses in seiner Art etwas Besonderes:

Wiedergabe natürlicher Biotope

• Es ist sehr übersichtlich angeordnet und erschlägt nicht durch die Fülle der Auslagen.

• Die **ausgestopften Wildtiere** sind in sehr naturnaher Umgebung dargestellt. Ein besonders gelungener Effekt wird dadurch erzielt, dass in den Vitrinen

das natürliche Biotop der Tiere sehr treffend am Boden bezüglich Vegetation und Bodenbeschaffenheit installiert wurde und dahinter, genau zu dem Untergrund passend, ein meist gewölbtes Gemälde die Ferne der Landschaft wiedergibt. Dadurch wird eine enorme Tiefe erzielt.

Donjek River

Ein markanter Punkt ist die Überquerung des **Donjek River**, ein breiter Gletscherfluss, der während heftiger Regenfälle und in der Zeit der Schneeschmelze enorme Mengen an Steinen und anderem Geröll transportiert. Problematisch war es, eine Brücke über den alles verschlingenden Fluss zu spannen. Von einer ersten Pontonbrücke, einer zweiten, die wegen ständiger Flutschäden aufgegeben wurde, und der jetzigen dritten Brücke, die auf sieben Pfeilern ruht, hat der gefährliche Fluss den Brückenbauern schon viel Kummer bereitet.

Naturnahe Biotope – Kluane Museum

St. Elias Mountains

Die St. Elias Mountains mit ihren hohen Schnee- und Eishäuptern blicken stolz auf die Wälder zu ihren Füßen, die sich allmählich vergolden. Der vereiste Hauptkamm dieser Range bildet die jüngsten und höchsten Berge Kanadas, mit dem

Größtes Eisfeld Nordamerikas

Mt. Logan mit 6.050 m und andere Gipfel über 5.000 m. Diese Berge bilden das größte Eisfeld Nordamerikas außerhalb des Polargebietes, Überbleibsel der Wisconsin-Eiszeit (vergleichbar der Würm-Eiszeit in Europa), die vor 80.000 bis 7.000 Jahren das Land heimgesucht hat. Die Eisfelder bedecken 70–80 % der hohen Berge, und sie schicken ihre vergletscherten Finger zwischen den Gipfeln in die Täler. Das Herz des Eisfeldes ist mehr als 700 m dick.

Das Fest der Farben verzaubert sogar die sonst so traurig wirkenden Schotterbänke der Flüsse. Kleine vergoldete und errötete Bäume schmücken die graue Einöde in der Spätsommerzeit. Zwergschwäne/Tundra Swans halten sich noch auf den Seen auf, bis auch sie den Zug nach Süden antreten, bevor alle Gewässer zufrieren. Wenn die Blicke sich von der unendlichen Weite dieser Landschaft lösen und ins Detail gehen, dann bleiben sie beispielsweise an den wunderschönen Spiegelungen in den **Mooren**, an den Berglehnen, an denen der Wind mit dem Foxtail-Grass spielt oder an dem vorbeiziehenden Wolkenspiel, das Licht und Schatten auf die Berge zaubert, haften.

Beaver Creek

Der **Grenzort** Beaver Creek (Km 459/Gegenrichtumg: Km 708) an der Genze Kanada (Yukon)/USA (Alaska) hat nur 125 Einwohner. Er gilt als „Kanadas Tor nach Alaska". Bemerkenswert für den vorwiegend zweckorientierten Ort ist nur die kleine katholische Kirche „Our Lady of Grace Mission", die 1961 erbaut wurde. Sie ist eine der drei katholischen Missionskirchen, die am nördlichen Alaska Highway errichtet wurden. Die anderen beiden stehen in Haines Junction und Burwash Landing.

Kleine katholische Kirche

In **Tok** gabelt sich die Straße, der Alaska Highway führt in Richtung Nordwesten weiter nach Fairbanks und der Tok Cutt-Off/Glenn Highway nach Anchorage, dem nächsten Ziel.

Wrangell/St. Elias National Park (USA)

Der alaskanische Wrangell/St. Elias Nationalpark, an den kanadischen Kluane National Park anschließend, wurde 1979 von der UNESCO in die Liste der Natur- und Kulturerben der Menschheit aufgenommen. Die überragende Bedeutung dieser Region liegt in der Vielfältigkeit und Seltenheit der Pflanzenwelt und der einzigartigen Wildtierpopulation der verschiedenartigen Ökosysteme. In den Vorbergen der Wrangell Mountains ruhen stille Moore, und auf den Sandbänken der Flüsse rasten im August Kanadagänse. Wir finden im Nationalpark eine besonders hohe Konzentration an Grizzlybären und Dallschafen. Außerdem liegt hier das größte nichtpolare Eisfeld der Erde mit spektakulären Gletschern.

Einzigartige Wildtier-population

Chugach State Park

Die Orte Chistochina, Gakona, Gulkana und Glenallen haben Sie hinter sich gelassen. Die gewaltige Bergkette der Chugach Mountains wächst scheinbar aus dem vorherigen Hügelland empor, je weiter Sie nach Westen fahren. Der Chugach State Park ist eine Hochgebirgswildnis. Der östliche Teil hat gewaltige, sich talwärts windende **Gletscher**. Im Park haben Sie Gelegenheit zum Wandern, Bergsteigen, Klettern, Ski fahren, Snowmobil fahren und Gleitschirm fliegen.

Manchmal wundert man sich, warum man nur an bestimmten Orten Dallschafe sieht. Meistens sind dort Mineral-Lecken. Die Tiere wandern hauptsächlich im Frühling oft viele Meilen, um dorthin zu gelangen. Besonders nach den entbehrungsreichen Wintern ist der Mangel an Magnesium und Calcium groß.

Dallschafe an Mineral-Lecken

Matanuska Glacier

Der Matanuska Glacier (Km 802/Gegenrichtung: Km 365) zieht sich seit rund 400 Jahren ständig in die Berge zurück. Dieser Gletscher ist leicht auf einem Privatweg, vom Glenn Highway abzweigend, zu erreichen. Vorbei geht es an einer lehmigen, rissigen Steilwand, von der man befürchten muss, dass jeden Moment Brocken auf den Weg herabstürzen. Dann überqueren Sie auf einer Brücke den reißenden Schmelzwasserfluss, der seinen Ursprung am Ende des Gletschers hat *Gletscher-* und der sein eiskaltes Wasser in den Matanuska River ergießt. Schließlich ist der *abbruch* Gletscherabbruch erreicht. Fireweed, Foxtail, Sweet Peas und Weidengebüsch haben das im Lauf der Jahre freigegebene Gelände des Gletschers besiedelt. Vom Moränenrücken haben Sie einen phantastischen Blick auf die Gletscherzunge mit ihren blau schimmernden Spalten. Sie haben auch die Möglichkeit, bis an den Gletscher heranzugehen, während Sie für eine Begehung einen Führer benötigen.

Matanuska River

Von einem Aussichtspunkt des erhöhten Steilufers haben Sie einen weiten Blick auf den sehr verzweigten Flusslauf des breiten Matanuska River. Zwischen den einzelnen Flussarmen mit ihren braunen Fluten liegen unzählige Schotter- und Sandbänke. Viele Flüsse Alaskas bieten im Sommer einen ähnlichen Anblick.

Palmer

1916 war eine Eisenbahnstation die „Keimzelle" des Ortes. 1935 kann jedoch erst als das wirkliche Geburtsjahr von Palmer angesehen werden, als der damalige US-Präsident *Franklin Roosevelt* das „New Deal Relief"-Programm ins Leben *Agrar-* rief. Eine Agrarkolonie sollte die großen landwirtschaftlichen Ressourcen, die in *kolonie* den Matanuska und Sustna Tälern lagen, erschließen. 203 Bauernfamilien, die von der großen Depression im Mittelwesten der USA hart getroffen waren, wurden hier in den hohen Norden umgesiedelt. Die Misserfolgsrate war zwar hoch, aber Palmer überlebte.

Heute ist die ökonomische Basis des Ortes mit seinen 4.000 Einwohnern immer noch die **Landwirtschaft**. Begünstigt durch den hohen Sonnenscheinanteil mit bis zu 20 Stunden Tageslicht während des Mittsommers der 80 bis 110 Tage dauernden Wachstumsperiode gedeiht im Umland von Palmer z. B. 60 % des Kohls der Provinz.

Anchorage (ⓘ s. S. 266) – größte Stadt Alaskas

Überblick

3000 v.Chr. siedelten nachweislich die ersten Ureinwohner, die vor seit ungefähr 29.000 Jahren über die Bering-Landbrücke von Sibirien herübergekommen waren, am Cook Inlet. Mitte der 1700er Jahre kamen russische Trapper und Jäger, die auf der Suche nach Pelztieren waren, und Pelzhändler, die Handelsbeziehungen mit der Urbevölkerung aufbauen wollten, auch in diese Gegend. Viele Indianer konvertierten zum russisch-orthodoxen Glauben. Im Mai 1778 segelte Kapitän *James Cook* auf der Suche nach der sagenhaften Nordwest-Passage ins Cook Inlet. 1835 gründeten die Russen eine Missionsstation nahe Knik, gegenüber des heutigen Anchorage am jenseitigen Ufer des Knik Arm.

Am 30.03.1867 verkauften die Russen **Russisch-Amerika** wegen finanzieller Schwierigkeiten nach dem verloren gegangenen Krimkrieg (1853–1856) gegen die Türken an die USA. 1914 entstand Anchorage aus einem Zeltlager der „Alaskan Engineering Commission", die eine Eisenbahnlinie von Port Seward am Pazifik durch die Kohlefelder des Landesinneren bis Fairbanks zu den Goldfeldern legen sollte. Am 10.07.1915 versammelten sich rund 2.000 Menschen auf der Auktion, um Land für die neu zu errichtende Stadt zu kaufen. Im Juli 1923 wurde die o. g. Eisenbahnstrecke eingeweiht, und Präsident Warren G. Harding schlug als Zeichen der Vollendung einen letzten goldenen Schwellennagel in Nenana südwestlich von Fairbanks ins Holz. 1935 wurden 203 Familien aus dem Mittelwesten der USA während der Großen Depression nach Anchorage umgesiedelt, um im fruchtbaren Matanuska Valley Landwirtschaft aufzubauen.

Russen verkaufen Alaska

Am 27.07.1940, während des Zweiten Weltkriegs, kamen die ersten US-Soldaten in Anchorage an, um eine Militärbasis zu errichten und einen Flugplatz zu bauen. 1942 kam es zur Besetzung der Aleuten Islands durch die Japaner. Zur Verteidigung der Westküste bauten die USA in der erstaunlich kurzen Zeit von 8 Monaten und 12 Tagen den **Alaska Highway**. Dadurch wurde Alaska über eine Überlandfernstraße mit den damals 47 Staaten der USA verbunden. Während der Dauer des Zweiten Weltkrieges stieg die Bevölkerung vom Beginn von 7.000 bis zum Ende auf über 43.000 Einwohner. Am 10.12.1951 fand die Eröffnungsfeier des internationalen Flugplatzes Anchorage statt, wodurch es möglich war, transpolare Flüge nach Europa und Asien durchzuführen.

1957 begann mit der Entdeckung von Öl auf Kenai Peninsula am 23. Juli der nächste Boom für Anchorage. Diese Entdeckung schuf nicht nur neue Jobs, sie unterstrich auch die Wichtigkeit Alaskas für die USA. Am 03.01.1959 wurde Alaska offiziell der 49. Staat der USA. Feierlich wurde dieser Staatsakt von Präsident Eisenhower vollzogen. Am Karfreitag, den 27.03.1964, zerstörte ein Erdbeben der Stärke 9,2 nach der Richterskala die meisten Gebäude der Stadt. Am 16. Februar 1968 wurde Öl in Prudoe Bay entdeckt. Der Reichtum des **„Schwarzen Goldes"** hat die Weiterentwicklung der Stadt entscheidend beeinflusst.

Am 03.03.1973 startete die erste „Iditarod Trail Sled Dog Race", ein inzwischen sich jährlich wiederholendes Hundeschlittenrennen über eine Distanz von mehr als 1.270 km von Anchorage nach Nome durch einsame Wildnis. 1974 war der Baubeginn der Trans-Alaska-Pipeline, der einen erneuten Boom in Anchorage auslöste, als die Öl- und Konstruktionsfirmen ihre Hauptquartiere in der Stadt einrichteten. Am 20.06.1977 wurde das erste Öl in Prudhoe Bay in die 1.280 km lange Pipeline eingelassen. Am 28.07.1977 erreichte das erste Öl Valdez, den eisfreien Hafen an der Südküste Alaskas. Die Kosten für den Bau der Rohrleitung und der Terminals belief sich auf 8 Billionen US-Dollar!

Ölboom

In den 1970er und 1980er Jahren profitierte Anchorage vom Ölboom in Alaska, die Stadt wuchs und die Einkünfte vom Ölgeschäft unterstützten finanziell beispielsweise den Bau von Bibliotheken, Sportstätten, Museen und Kunstgalerien. Heute ist Anchorage (Km 1.167) mit seinen 250.000 Einwohnern die weitaus größte Stadt Alaskas, in der alle Annehmlichkeiten und Attraktionen einer amerikanischen Großstadt zu haben sind. Nur 20 Minuten Fahrzeit benötigen Sie, um von der City aus die Berge zu erreichen, zu den Gletschern zu gelangen, über Wanderwege durch die Wildnis zu traben oder schäumende Wildwasser hinunter zu fahren.

Anchorage Museum of History and Art

121 West 7th Ave., Tel.: (907)343-4326, www.anchoragemuseum.org/, Öffnungszeiten: Mitte Mai–Mitte September: So–Fr 9–21 Uhr, Sa 9–18 Uhr, Mitte September–Mitte Mai: Di–Sa 10–18 Uhr, So 13–17 Uhr

Am Eingang des Museums stoßen Sie auf eine **Bronzeskulptur** von *Jim McCain* mit dem Titel „Celebration of Live". Der Dreiklang von Land, Meer und Himmel wird durch den Bären, die Robbe und den Adler symbolisiert. Das 5-stöckige Atrium enthält eine umfassende Kollektion alaskanischer und nordischer Kunst

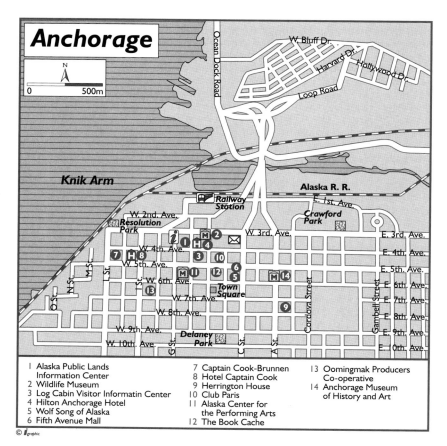

1 Alaska Public Lands Information Center	7 Captain Cook-Brunnen	13 Oomingmak Producers Co-operative
2 Wildlife Museum	8 Hotel Captain Cook	14 Anchorage Museum of History and Art
3 Log Cabin Visitor Informatin Center	9 Herrington House	
4 Hilton Anchorage Hotel	10 Club Paris	
5 Wolf Song of Alaska	11 Alaska Center for the Performing Arts	
6 Fifth Avenue Mall	12 The Book Cache	

© **i**graphic

von der Prähistorie bis zur Neuzeit. Das Museum präsentiert mehr als 30 neue Ausstellungen und Shows pro Jahr. Es zeigt sechs ständige Auslagen, einschließlich der „Alaska Gallery", die die Entwicklung der Kunst der Urbevölkerung von ihren Anfängen über die Zeit der Berührung mit den Weißen bis zur modernen Kunst verfolgt.

· **Menschliche Besiedlung Nordamerikas**

Die letzte Landbrücke zwischen Sibirien und Alaska existierte vor ca. 20.000 bis 10.000 Jahren. In dieser Zeit haben auch Menschen in Alaska Fuß gefasst. Sie folgten der Wanderung der großen Säugetiere, wie Mammut, Bison und Pferd. Während das Eis der letzten Eiszeit Nordamerika von Norden bis zur Linie Ohio *Übergang* – New Jersey im Süden bedeckte, gab es einen **eisfreien Korridor** am Yukon *von* River und südlich entlang der östlichen Ausläufer der Rocky Mountains. Während *Sibirien* einige dieser Nomaden im Norden blieben, wanderten andere weiter nach Süden *nach* entlang dieses eisfreien Korridors. Die Ureinwohner Alaskas kann man in **vier** *Alaska* **Hauptgruppen** einteilen:
· Die **Tlingit und Haida** sind Indianerstämme des südöstlichen Alaskas.
· Die **Athabasken** setzten sich im Innern Alaskas fest.
· Die **Inuvialuit** (Eskimos) siedelten entlang der Küsten.
· Die **Aleuten** wohnen auf den vorgelagerten Inselketten Alaskas.

Die ältesten Funde menschlicher Aktivitäten fand man am Heila River, nahe Fairbanks, datiert vor ca. 11.000 Jahren. Andere Fundstätten haben die Forscher zwischen 10.000 und 5.000 Jahren eingeordnet.

Beachten Sie die geographische Verteilung der o. g. Volksgruppen und die prähistorischen Fundstätten, die in einer Landkarte vermerkt sind.

· **Tlingit und Haida**

Sie lebten zunächst als nomadisierende Jäger entlang des eisfreien Korridors, *Von* östlich der Rockies. Während sich im Pleistozän die letzten Gletscher zurückzo- *Nomaden* gen, wurden sie sesshafte Fischer. Ihr Siedlungsgebiet reicht vom südlichen Alaska *zu* über British Columbia bis zum Staat Washington. Lachs und Heilbutt waren ihre *sesshaften* Hauptnahrung. Die unbegrenzte und vorhersehbare Rückkehr der Lachse in die *Fischern* Flüsse bot ihnen eine einfache Nahrungsbeschaffung und ermöglichte ständige Siedlungen, die wiederum eine **komplexe Sozialstruktur** und genügend Freizeit für künstlerische Betätigung erlaubte. Die weiten Zedernholzwälder boten notwendige Rohmaterialien für beständige Gebäude, große Kanus und Totempfähle. Ihre **Werkzeuge** bestanden aus Basalt, Geweihen, Knochen und Holz. Zum Weben benutzten sie Spindeln. Töpferei war unbekannt, und Ackerbau wurde nicht betrieben. Das einzige Haustier war der Hund.

Der Clan-Führer stattete von Fall zu Fall ein Potlach (Festmahl) aus. Die stolz getragenen **Zeremoniengewänder**, verziert mit vererbten Tierwappen, die Chilkatdecken, die aus Schneeziegenwolle und Zedernrinde gewebt waren, und die Masken waren wichtige Bestandteile des Festes.

• **Athabasken**

Sie besiedelten das Inland der heutigen Provinzen Alaskas, Yukon Territory und Northwest Territories. Ihre Vorfahren wanderten ebenfalls über die damalige

Ähnlichkeit mit sibirischen Artefakten

Landbrücke zwischen Sibirien und Alaska vor ca. 12.000 Jahren nach Nordamerika ein. Ihre in Zentralalaska gefundenen Steinwerkzeuge zeigen große Ähnlichkeit mit sibirischen Artefakten. Man hat 11 verschiedene Sprachgruppen in der Weite ihres Siedlungsgebiets festgestellt.

Die wirtschaftliche Grundlage ihres **Halbnomadenlebens** waren die Jagd, hauptsächlich auf Karibu, Elch und Wasservögel während des Frühjahrs- und Herbstzugs, das Fischen auf Lachs und Forelle und das Sammeln von Beeren. Genau wie die Inuvialuit kannten die Athabasken keine Stammesorganisation. In Familienverbänden durchstreiften sie das schier endlose, weite Land auf der ewigen Suche nach Nahrung. Für die Jagd auf Karibus haben sich mehrere Familiengruppen zusammengetan. Sie trieben die Herden in Gatter, um sie mit Lanzen sowie Pfeil und Bogen zu erlegen.

Ihre Winterbehausungen wurden mit Karibuhäuten und Moos abgedeckt. Die Birke lieferte nicht nur das Holz als Brennmaterial, für die Herstellung für Schneeschuhe und

Karibus – Nahrungsgrundlage der Athabasken

Gerüste für den Hausbau, sondern auch die Rinde für die Fertigung von Behältern und für den Bau von Kanus, die sehr leicht und transportabel für die Übergänge von einem Flusssystem zum anderen sein mussten.

Die Athabasken waren die letzte Gruppe der Ureinwohner, die durch den westlichen Kulturkreis beeinflusst wurden. Dies geschah durch ihren Kontakt während der Goldgräberzeit im Landesinneren, die mit dem Klondike-Fund im Jahre 1897

Ausgezeichnete Glasperlenarbeiten

begann. Danach erschienen immer mehr Gegenstände, durch den Tauschhandel mit weißen Händlern erworben, im Inventar der Behausungen der Athabasken, auch die Glasperlen. Athabasken sind heute bekannt für ihre ausgezeichneten Glasperlenarbeiten.

• **Inuvialuit**

Die paläoarktischen Traditionen beiderseits der Beringstraße werden auch „Kleinwerkzeug-Traditionen" genannt. Dies stellt einen weiteren Beweis dafür, dass vor ca. 10.000 Jahren ein Übergang von Asien nach Amerika möglich war. Nachfolgetraditionen waren die **Norton-Tradition**, die die Töpferei, den Gebrauch von Öllampen und Werkzeug aus Schiefer einschloss. Die traditionelle **Thule-Tradition** entwickelte sich vor ca. 2.000 Jahren. Sie breitete sich schnell bis nach Grönland aus. Walfang von größeren Booten wurde möglich, und es gibt die ersten definitiven Nachweise von Hundeschlitten. **Inupiaq** ist die gemeinsame Sprache der Inuvialuit, die von der Beringstraße bis Grönland gesprochen und verstanden wird. Die Yupik sprechenden Inuvialuit stellen den Hauptanteil der alaskanischen Inuvialuit im Südwesten Alaskas dar. Ihre mehr variable Nahrung bestand hauptsächlich aus Lachs.

Gemein-
same
Sprache
über weite
Entfer-
nungen

Zur Zeit des Kontakts mit Weißen gab es rund 48.000 Inuvialuit, von denen rund 26.000 in Alaska lebten.

Im Museum ist ein halb-subterranes Grashaus der Yupik-Inuvialuit ausgestellt, wie es typisch für das südöstliche Alaska war, bis weit ins 20. Jahrhundert hinein. Im Gegensatz zu den Tlingit, die eine schichtenspezifische Gesellschaftsordnung hatten, mit Häuptlingen, einfachem Volk und Sklaven, waren die Inuvialuit-Gesellschaften egalitär ausgerichtet. Die am meisten respektierten Jäger wurden als Führer anerkannt. Die Dorfgemeinschaft teilte die Hauptnahrungsmittel, Walross, Seehund und Wal, und die komplexe Zeremonie entwickelte sich aus dem Jagderfolg.

Die **Teilung der Arbeit** war wichtig:
- Die Männer waren für die **Nahrungsbeschaffung** zuständig.
- Die Frauen erledigten die **Essenzubereitung**. Außerdem verrichteten sie die **Näharbeiten**. Aus Tierhäuten fertigten sie Kleidungsstücke. Aus Lachshaut und Innereien wurden wasserdichte Stiefel, Parkas und Handschuhe sowie aus Kormoranfedern und Häuten von Meeres- und Landsäugetieren warme Außenbekleidung hergestellt.

- **Aleuten**

Während des Höhepunkts der letzten Eiszeit waren die Aleuten-Inseln von Eis bedeckt. Ungefähr vor 11.000 Jahren schmolz das Eis und die Inselkette war für die menschliche Besiedlung frei. Die Eilande wurden nicht von Westen sondern von Osten besiedelt. Das Klima war im Gegensatz zum Festland wesentlich wärmer und feuchter. Die Aleuten entwickelten daher hauptsächlich wasserundurchlässige Kleidung. Das Land der Inseln produzierte wenig Nahrung, während das Meer reich an Fischen, Meeressäugern und Vögeln war. Es entstanden permanente Dörfer in halbunterirdischer Bauweise. Die ältesten bekannten Siedlungen, die vor ca. 9.000 Jahren entstanden, lagen auf den **Anagula Islands**. In dieser Zeit bildeten sich kulturelle und sprachliche Unterschiede auf den einzelnen Inseln aus.

Permanen-
te Dörfer
der
Aleuten

Die Aleuten waren die ersten alaskanischen Eingeborenen, die Kontakte mit Europäern hatten, als die Russen die Aleuten-Inseln Mitte des 18. Jahrhunderts erreichten. In dieser Zeit gab es noch ca. 15.000 bis 20.000 Aleuten.

Die Aleuten waren als ausgezeichnete Seeleute bekannt und die russischen Pelzhändler waren von diesen Fähigkeiten der Urbevölkerung abhängig, um Seeotter, die Haupteinnahmequelle des Pelzhandels mit China, zu bekommen. Die zwei- oder dreisitzigen Boote, aus angeschwemmtem Holz gefertigt, wurden traditio-

Ausge-
zeichnete
Seefahrer

*Wasser-
dichte
Parkas* nell mit Häuten von Meeressäugern bespannt. Die Jäger trugen wasserdichte „Kamleikas" oder „Parkas", aus Tierdärmen hergestellt.

Das **aleütische halb-subterrane Haus** wurde aus angeschwemmtem Holz und Gras erbaut. Mittels einer Holzleiter hatte man Zugang durch das Rauchabzugsloch. Gewebte Grasmatten auf dem Boden dienten als Schlafunterlagen und als Raumteiler, um die Privatsphäre zu wahren. Körbe wurden aus wildem Roggengras geflochten.

Kleidung der Inuit und Aleüten

* **Parkas mit Kapuze** wurden am liebsten aus dem Fell der Karibus gearbeitet. Diese Felle waren leicht und warm. Sie wurden mit dem Haarkleid nach innen getragen. Das Fell des Vielfraß war besonders geschätzt, weil es bei Minusgraden nicht gefror. Für junge Frauen waren die Parkas so geschnitten, dass ein Baby getragen werden konnte. Es wurden jedoch auch die Felle von Eisgrauen Murmeltieren, Erdhörnchen, Robben sowie Vogelhäute verwendet.
* **Regenparkas**, völlig wasserdicht, bestanden aus der Haut der Robben und Seeotter. Erstaunlich fein musste die Nadelarbeit dieser sehr wichtigen Kleidungsstücke sein, die zum Schutz gegen das feucht-kalte Meeresklima Alaskas unab-

Im Museum of History and Art – Anchorage

dingbar waren. Besonders die mit Harpune bewaffneten Kajakfahrer mussten sich auf ihre wasserdichte Kleidung verlassen. Das Modell eines Ureinwohners mit dieser Ausrüstung ist eines der Glanzstücke des Museums!
* **Hosen** wurden von Männern und Frauen gleichermaßen getragen.
* **Handschuhe** gab es wahrscheinlich erst seit dem Erscheinen der Weißen.
* **Stiefel** waren meistens aus Lachshaut und dem Fell von Seehunden gefertigt.

* **Russisch-Amerika**

*Unter-
drückter
aleütisch-
schama-
nischer
Glaube* Die Geschichte des Lebens der russischen Periode in Alaska ist hier wiedergegeben. Für die **russisch-orthodoxe Konfession** wurde intensive Missionsarbeit geleistet. Beachten Sie die Ikonen und anderen kirchlichen Gegenstände im Museum. Der aleütisch-schamanische Glaube der Urbevölkerung wurde unterdrückt.

Innerhalb von 50 Jahren nach ihrer Ankunft in Alaska hatten die russischen Pelzhändler die Seeotter der Region fast ausgerottet. Da der Bedarf an Pelzen jedoch immer noch groß war, wanderten Russen weiter nach Osten und dehnten ihren Fang auch auf Seehunde und Landsäugetiere aus. Die erste permanente Siedlung der Russen entstand in der „Drei-Heiligen-Bucht" auf der Insel Kodiak. 1804 wurde Sitka durch das Betreiben von *Alexander Baranof* zur **Hauptstadt**

von Russisch-Amerika. Die Bevölkerung dieses Ortes wuchs in seiner Blütezeit auf rund 1.000 Einwohner an. Hier gab es eine Kathedrale, einen Bischofssitz, eine Schule, ein Krankenhaus, eine Bücherei, einen Hafen und sogar eine Kegelbahn. 1867 fand in Sitka die Übergabe Russisch-Amerikas an die USA nach dem Verkauf von nur 7.200.000 US-Dollar statt.

• **Der Zweite Weltkrieg**

1942 bombardierten die Japaner Dutch Harbor und besetzten die Inseln Kiska und Attu. Die US-amerikanischen Truppen antworteten mit der Einrichtung von militärischen Stützpunkten in Adak und Amchitka, die den Amerikanern die Möglichkeit gaben, die Japaner unablässig anzugreifen. Im August 1943 zeigte diese Zermürbungstaktik der USA Wirkung, und die Angreifer zogen sich zurück.

Während des Krieges ermöglichte die Nähe Alaskas zur damaligen Sowjetunion Transporte von Waffen und Kriegsmaterial. Fast 8.000 amerikanische Flugzeuge wurden über Montana nach Fairbanks gebracht, wo sowjetische Piloten sie übernahmen und über Nome und Sibirien an die europäische Front flogen. Die Bevölkerung der Aleuten wurde während der Kriegshandlungen zwangsweise umgesiedelt. Die Flüchtlinge wurden in Lager bis zum Ende des Krieges gehalten. Viele starben wegen unzulänglicher Lebensbedingungen, und diejenigen, die nach dem Krieg in ihre Heimat zurückkehrten, fanden ihre Häuser zerstört und durch amerikanische Soldaten geplündert. 1988 wurden mit großer Verzögerung **Reparationszahlungen** vom US-amerikanischen Kongress an die Aleuten bewilligt.

Zwangsweise Umsiedlung der Aleuten

• **Öl in Alaska**

Ende der 1960er Jahre entdeckte man einige Ölfelder im Cook Inlet. 1968 hat die Ölfirma Atlantic Richfield den sensationellen Ölfund in der Prudhoe Bay gemacht. Seitdem ist das moderne Alaska mit der Geschichte des Öls verbunden. Die Einnahmen durch das Öl sind zur Haupteinnahmequelle des Staates geworden, gefolgt von den Einnahmen des Tourismus und der Produktion in der Fisch-, Holz- und Bergbauindustrie. 1971 wurde der „Native Land Claims Settlement Act" erlassen, der besagt, dass wegen der Notwendigkeit des Baus der Trans-Alaska-Pipeline 44 Mio. Acres (1 Acre = 0,405 ha) Land an die Ureinwohner zurückzugeben sind und zusätzlich eine Zahlung von einer Milliarde Dollar an 13 regionale Gesellschaften und mehr als 2.000 Dörfer zu erfolgen hat. Die Ölförderung in Alaska ist mit den Problemen des Permafrostes und der Gefahr bei Erdbeben behaftet.

Förderung des „Schwarzen Goldes"

• **Weitere behandelte Themenkreise**

Die Expeditionen europäischer Nationen in Nordwestamerika, der Russen, Spanier, Briten und Franzosen, sind auf einer Tafel festgehalten, so auch die Reisen von *James Cook*. Der kommerzielle **Walfang** erreichte den Nordpazifik 1849. Die Inuvialuit hatten während der Hochzeit des kommerziellen Walfangs ständig Kontakt mit westlichen Walfängern. Die Missionierung der verschiedenen christlichen Konfessionen ist ein weiteres Thema.

Dem **Goldrausch** wird ein breiter Rahmen gegeben. Die Fliegerei in ihren Anfängen ist dargestellt. Die heutige militärische Präsenz der USA in Alaska wird Ihnen veranschaulicht. Die natürlichen Ressourcen, Fischfang, Landwirtschaft und der Holzreichtum werden aufgezeigt.

Wolf Song of Alaska

Downtown, Ecke 6th & C-Street, P.O. Box, 110309, Anchorage, AK 99511-0309, Tel.: (907)622-9653, Fax: (907)622-9654, E-Mail: wolfsong@alaska.com, Web: www. wolfsongalaska.org

Diese Organisation wirbt um das Verständnis für Wölfe und deren Schutz. Es werden **Verhaltensweisen der Wölfe** aufgezeigt:
*   Jagdtaktiken zeigen, wie z. B. ein Wolfsrudel den Verteidigungsring der Moschusochsen sprengt. Eine weitere Fotoserie gibt Aufschluss darüber, wie ein Wolfsrudel von 13 Tieren einen Elch umstellt und ihn nach kurzer Zeit zur Strecke bringt.

Plädoyer für den Wolf

*   Studien über verschiedene Gesten, wie beispielsweise der Herrschaftsanspruch des Alfatieres, Furcht und Unterwerfung, werden veranschaulicht.
*   Der Bestand der Wölfe in Nordamerika ist seit dem Betreten des Kontinents durch die Weißen dramatisch gesunken. In Alaska gibt es noch 5.000 bis 8.000, im Yukon Territory noch ca. 4.500, in den Northwest Territories noch ca. 10.000, in British Columbia und Alberta noch ca. 4.000 Wölfe.

Resolution Park
L-Street/3rd Avenue

Hier steht ein Standbild von Kapitän *James Cook* (1728–1779), der gleichzeitig Navigator, Entdecker, Kartograph, Wissenschaftler und Humanist war. Eine Info-Tafel informiert über die Stationen seines abenteuerlichen Lebens und seine 3. Fahrt mit der „Resolution" entlang der Westküste Nordamerikas bis Alaska auf der Suche nach der Nordwest-Passage, die im Packeis der Bering-Straße endete und ihn zur Umkehr zwang.

Alaska Experience Theatre
705 West 6th Avenue

Dieses Theater ist empfehlenswert. Dort wird auf einer Omnimax-Leinwand „Alaska the Great Land" *(Dauer 40 Min.)* zu jeder vollen Stunde gezeigt. Der Film ist sehenswert, weil er einen ausgezeichneten Eindruck von Alaska vermittelt. *Das Kino ist in den Sommermonaten von 9 bis 21 Uhr und in den Wintermonaten von 12 bis 18 Uhr geöffnet.*

Standbild von James Cook – Anchorage

Flug zum Katmai National Park (ⓘ s. S. 266)

Im Katmai National Park and Preserve (16.560 km²) fühlen Sie sich als Mensch klein und unbedeutend. Einsame nordische Wildnis umgibt Sie, und das Klima ist rau und unberechenbar. Oft entwickeln sich lebensbedrohliche Stürme mit Geschwindigkeiten bis zu 160 km/Std., und furchteinflößend sind die Spuren der noch nicht lange zurückliegenden Vulkanausbrüche. Hier breitet sich die **größte Aschenwüste der Erde** aus. In diese Wildnis führt keine Straße. Sie können als Tourist nur per Flugzeug in den Nationalpark gelangen.

Spuren von Vulkanausbrüchen

Eine Serie von Vulkanausbrüchen im Jahre 1912 hat dieses Gebiet, einschließlich des „Valley of 10.000 Smokes", zu einer bizarren Mondlandschaft geformt. Der Ausbruch des Vulkans **Novarupa** hat u. a. einen so weit gefächerten Aschenregen verursacht, dass er die Bewohner von Kodiak, fast 1.000 km entfernt, in Panik versetzte. Nach der Naturkatastrophe lag Kodiak unter einer ½ m dicken Aschenschicht begraben. Insgesamt hatte die Eruption einen Teppich aus Asche auf eine Fläche von 7.800 km² verstreut. Erst 1916 gelang es einer Expedition unter unsagbaren Schwierigkeiten, bis zum Krater **Mount Katmai** vorzudringen. Aus

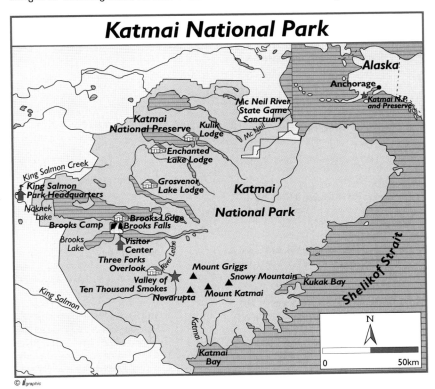

© *i*graphic

einem Tal stieg immer noch Dampf auf. Der Forscher *R. F. Griggs* taufte es deshalb „**Valley of Ten Thousand Smokes**" („Tal der 10.000 Dampfsäulen"). Heute sind fast alle „Smokes" erkaltet. Am Ende der Parkstraße, am Three Forks Overlook, tut sich dieses weltbekannte Tal auf.

In der Nähe von Brooks Camp lassen sich während der Lachswanderung, besonders am Brooks Fall regelmäßig **fischende Braunbären** beobachten.

Weiterflug zum McNeil River State Game Sanctuary
(① s. S. 266)

Lachs fischende Braunbären

Das McNeil River State Sanctuary ist 34.000 ha groß, wurde 1967 eingerichtet und grenzt nördlich an den Katmai National Park. Dieses Schutzgebiet ist bekannt wegen seiner Lachs fischenden Braunbären am McNeil River im Juli und August. Für die Grizzlies ist es eine einfache Methode, ihre Lieblingsnahrung zu bekommen. Sie stehen in den Stromschnellen an den günstigsten Plätzen. Die sich stromaufwärts kämpfenden Lachse springen ihnen teilweise buchstäblich in den Rachen. Die besten Plätze sind von den stärksten Bären besetzt. Es kommt vor, dass bis zu 20 Braunbären und mehr gleichzeitig am Fluss fischen. Am Ende der Saison sind die Bären so verwöhnt, dass einige von ihnen nur noch die Rogen der weiblichen Lachse fressen und den Rest der Beute den Adlern, Möwen oder anderen Vögeln überlassen.

Von Tok nach Fairbanks

 Streckenhinweis
Gesamtstrecke Tok – Fairbanks: 334 km

Redaktions-Tipps

<u>Übernachten:</u>
- **Fairbanks: River's Edge Resort $$$**, 83 Hütten stehen den Gästen zur Verfügung, direkt am Fluss gelegen.

<u>Essen:</u>
- **Fairbanks: Alaska Salmon Bake/Palace & Golden Heart Revue ###** ist ein sehr gutes Restaurant für Lachsgerichte.

<u>Sehenswürdigkeiten:</u>
- **Fairbanks: Universitätsmuseum** (S. 695), der Besuch wird eine Bereicherung für Sie sein.
- **Fairbanks: Alaska Land** (S. 697), hier paaren sich Information und Vergnügen.

 Vorschlag zur Zeiteinteilung
Strecke Tok – Fairbanks: 1 Tag, Fairbanks: 1 Tag

Unterwegs nach Fairbanks

Pipeline von Prudoe Bay nach Valdez

In **Big Delta**, 15 km nördlich von **Delta Junction**, stoßen Sie auf den Zusammenfluss des Delta River und des Tanana River sowie auf die Ölleitung Prudoe Bay – Valdez, diesen glänzenden Lindwurm, ein

Fremdkörper in der Landschaft. 1968 entdeckte man bedeutende Ölreserven am
Nordpolarmeer. Ein Konsortium von Ölgesellschaften gründete die Alyeska Pipeline Service Company und ließ in nur vier Jahren die gigantische Ölleitung bauen.
Im Sommer 1977 floss zum ersten Mal das „Schwarze Gold" durch die 1.270 km
lange Leitung zum eisfreien Hafen Valdez. Öl floss bereits bedauerlicherweise in
das einst so saubere Wasser des Golfs von Alaska. Unzählige Tiere haben dadurch
einen grausamen Tod gefunden.
Die Ölleitung führt durch Erdbebengebiete, über Verwerfungen, durch noch unberührte, ursprüngliche Natur. Ist es nur eine Frage der Zeit, wann der Segen der
Technik zum Fluch für Natur und Kreatur wird?

Pipeline
zum
eisfreien
Hafen
Valdez

Das Dorf North Pole

24 km vor Fairbanks erreicht man das Dorf North Pole, das seinen Namen
wegen seiner tiefen Minusgrade im Winter erhielt und idealer Standort von
Santa Claus (Sankt Nikolaus) wurde. In einem großen Geschäft voller Weih-
nachtsdekoration, ist der Weihnachtsmann ganzjährig zu Hause. Es werden Weih-
nachtsgrüße in Auftrag gegeben und rechtzeitig zum Fest in alle Welt auf die
Reise geschickt.

Ganzjährig
beschäftig-
ter Sankt
Nikolaus

Fairbanks (ⓘ s. S. 266)

Überblick

1903–1904 haben Goldfunde den Ort Fairbanks zum Leben erweckt. 1910 zählte
man in dem ursprünglichen Bergmannsort bereits 3.451 Einwohner. Heute wohnen in der modernen Stadt über 80.000 Menschen.

Universitätsmuseum
*am nordwestlichen Stadtrand gelegen, von der Innenstadt über die Illinois Street
und die College Road erreichbar, Tel.: (905) 474-7505, Website: www.uaf.edu/
museum/. Öffnungszeiten: 9–13 Uhr täglich Mai und September, 9–17 Uhr täglich
Juni–August, 12–17 Uhr täglich Oktober–April*

Dieses exzellent ausgestattete Museum behandelt folgende Themenkreise:

* **Plattentektonik und Vulkanismus**
Die pazifische Platte schiebt sich unter die amerikanische Platte. Während sich
die beiden Erdschollen in Kalifornien und British Columbia „nur" aneinander
reiben, driften sie in Süd-Alaska frontal aufeinander zu. Die leichten Gesteinsmas-
sen Alaskas (z. B. Kreide) werden hochgepresst. Diese Kollision türmte die majestätischen Berge der 1.000 km langen Alaska Range auf, deren absolute Spitze der
höchste Berg Nordamerikas, der Mount McKinley (6.195 m), einnimmt. Durch
das Untertauchen der Pazifikplatte wird das glühende Magma erreicht, und es
entsteht eine starke vulkanische Tätigkeit mit der Neigung zu Erdbeben.
* Die **Geschichte Alaskas**, hoch interessant von der ersten Einwanderung
asiatischer Steinzeitjäger, der Entwicklung von Indianer-, Inuvialuit- und Aläuten-

Driftende
Erd-
schollen

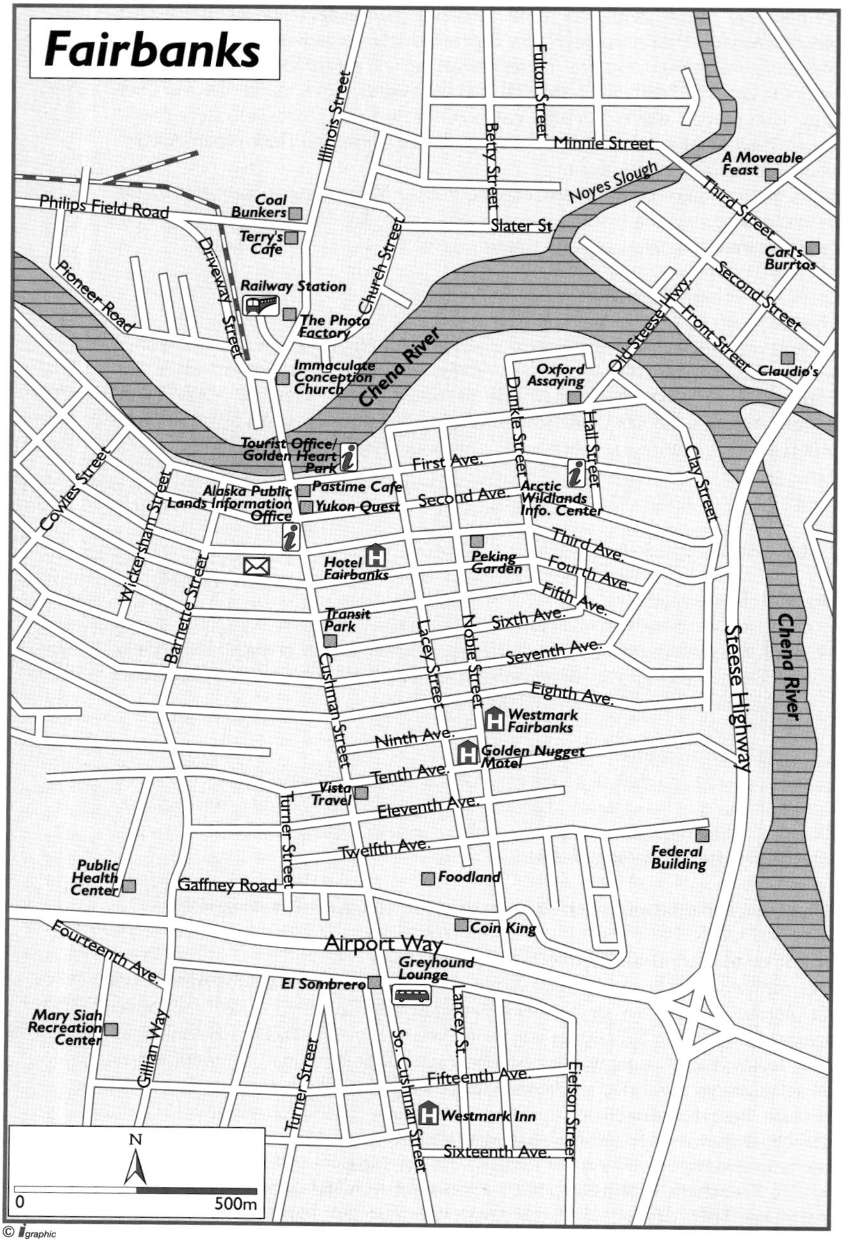
Fairbanks
Fulton Street
Illinois Street
Betty Street
Minnie Street
A Moveable Feast
Noyes Slough
Third Street
Philips Field Road
Coal Bunkers
Slater St.
Terry's Cafe
Driveway Street
Church Street
Carl's Burrtos
Second Street
Pioneer Road
Railway Station
The Photo Factory
Old Steese Hwy.
Front Street
Chena River
Immaculate Conception Church
Oxford Assaying
Claudio's
Dunkle Street
Hall Street
Tourist Office/ Golden Heart Park
First Ave.
Clay Street
Cowles Street
Alaska Public Lands Information Office
Pastime Cafe
Yukon Quest
Second Ave.
Arctic Wildlands Info. Center
Wickersham Street
Third Ave.
Hotel Fairbanks
Peking Garden
Fourth Ave.
Barnette Street
Fifth Ave.
Transit Park
Sixth Ave.
Steese Highway
Chena River
Seventh Ave.
Lacey Street
Noble Street
Cushman Street
Eighth Ave.
Westmark Fairbanks
Ninth Ave.
Golden Nugget Motel
Tenth Ave.
Vista Travel
Eleventh Ave.
Turner Street
Federal Building
Twelfth Ave.
Public Health Center
Gaffney Road
Foodland
Coin King
Fourteenth Ave.
Airport Way
Greyhound Lounge
El Sombrero
Mary Siah Recreation Center
Gillian Way
Lancey St.
So. Cushman Street
Turner Street
Fifteenth Ave.
Eielson Street
Westmark Inn
Sixteenth Ave.
N
0
500m

kulturen, über die Periode von Russisch-Alaska (1741–1867), die mit der ersten *Vitus* Reise (1741) des Dänen *Vitus Bering*, im Dienst des russischen Zaren *Peter des* *Bering auf* *Großen*, begann, sowie früher amerikanischer Pioniere (1867–1912). Wichtig ist *Entde-* auch die Periode Alaskas, als es für 7.200.000 US$ von Russland an die USA *ckungs-* verkauft wurde, bis Alaska ein Staat der USA wurde (1959). *reisen*

• Die **Fauna** der Meeres- und Landbewohner wird in zahlreichen Präparaten, Schaubildern und Abhandlungen präsentiert. Die Hauptattraktion ist der „Blue Babe", ein vor 35.000 Jahren gestorbener Steppenbison, der im Permafrost konserviert wurde.

• Das **Polarlicht**, seine Ursache und die Arbeit einer Forschergruppe, sind ein weiterer Themenkreis des Museums.

Alaska Land
Am Airport Way, Tel.: (907) 459-1087

Es ist ganzjährig geöffnet. Der Eintritt ist kostenlos. Die Hauptattraktionen dieses historischen Parks sind:

• eine wiedererbaute Goldrauschstadt,

• der Heckschaufel-Raddampfer „NENANA", der gleichzeitig das Information Center beherbergt,

• die Eisenbahnstation mit Lok- und Wagenmaterial,

• ein Ureinwohnerdorf,

• ein Museum mit Auslagen aus der Pionierzeit,

In „Alaska Land" – Fairbanks

• ein Fischrad zum Fangen von Lachsen und

• verschiedene Volksvergnügen (Big Stampede Show, Theaterbesuch, Minigolf, Eisenbahn fahren, Ureinwohnertänze).

Das Phänomen des Nordlichts

Schon seit Menschengedenken sind Nordlichter oder „Aurora borealis" Phänomene am nordischen Himmel, wenn in kalten, klaren Nächten geisterhaft Pfeile und Ströme verschiedenfarbigen Lichtes über den Himmel huschen. Ihnen wird unterschiedliche Bedeutung zugemessen: Nach einer **Inuvialuit-Legende** liefern *Lichter der* die Nordlichter den Beweis für das Leben nach dem Tode. Die Inuvialuit meinen, *Geister* die Lichter kämen von den Geistern, die Fackeln tragen, um die Nomaden auf ihrer letzten Reise ins Jenseits zu führen. Die **Goldgräber** glaubten allerdings, es sei das Licht, das von „Mother Lord of Gold" reflektiert werde.

Die meisten heutigen Wissenschaftler sind der Meinung, dass die Energie für dieses Naturphänomen der nächtlichen Leuchterscheinungen die Sonne mit ihrem „Sonnenwind" liefere. Atomare Partikelchen (aufgeladene Elektronen und Protonen), durch die Sonnenenergie aktiviert, stoßen auf das Magnetfeld der Erde in Richtung der Erdpole. Die Kollision dieser solaren Elektronen und Protonen mit den Gaspartikeln der oberen Ionosphäre der Erde (meistens in 100 km Höhe) ist die Ursache des Glühens (vgl. Neonlicht). Besonders häufig treten diese Nordlichter im Polar-Saumbereich auf.

Die **Universität Fairbanks** beschäftigt sich sehr intensiv mit der Erforschung der „Aurora borealis", und Sie können sich Filme über den neuesten Kenntnisstand ansehen und mit den Wissenschaftlern diskutieren. Fernmündliche Auskunft über geführte Touren erhalten Sie unter Tel.: (907) 474-7581.

Creamers Field Bird Sanctuary

Vogel-schutz-gebiet Creamers Field Bird Sanctuary, nördlich von Fairbanks gelegen ist ein Feuchtgebiet, sehr bedeutend für den Vogelzug im westlichen Nordamerika. Im August sammeln sich hier beispielsweise Hunderte von Kanadischen Kranichen/Sandhill Cranes und Kanadagänse/Canada Geese.

Von Delta Junction mit Abstecher McCarthy nach Valdez

 Streckenhinweis
- • *Gesamtstrecke Delta Junction – Valdez: 428 km*
- *Teilstrecke: Delta Junction – Paxson: 129 km*
- *Teilstrecke: Paxson – Glennallen: 114 km*
- *Teilstrecke: Glennallen – Valdez: 185 km*
- • *Stichfahrt: Abzweigung vom* **Richardson Highway** *(Hwy 4) auf den* **Edgerton Highway** *(Hwy 10, Stichfahrt) bis* **Chitina** *(Km 56), weiter auf einer Schotterstraße (ehemaliger Eisenbahndamm) bis* **McCarthy:** *153 km (ein Weg)*

 Vorschlag zur Zeiteinteilung: 3 Tage
Strecke Delta Junction – Valdez (mit Abzweigung nach McCarthy): 2 Tage, Valdez: 1 Tag

Unterwegs nach Valdez

Auf dem Richardson Highway

Erinnerung an Wilds P. Richardson
Der Brigade-General *Wilds P. Richardson* gilt als der Pionier und Straßenbauer Alaskas. 1903 erläuterte er dem US-Kongress die Notwendigkeit, eine Straße von Valdez nach Fairbanks zu bauen. Die umfassenden Kenntnisse über Alaska beeindruckten den Kongress. Außer seinem hohen militärischen Rang war Richardson ein fähiger Ingieneur, deshalb wurde er als Leiter der „Alaskan Road Commissi-on" eingesetzt. Diese Position hatte er mehr als ein Jahrzehnt inne. Der Richardson Highway ist ein eindrucksvolles Zeugnis der ersten großen Straßenbauer

Alaskas. Als Anerkennung für seine Leistung wurde der Highway nach ihm benannt. Eine Infotafel berichtet darüber.

Summit Lake

Auf dem großen Gewässer sehen Sie oft Zwergschwäne/Tundra Swans, weiße Tupfen auf der weiten Seefläche. Aber auch Seeschwalben und Möwen bevölkern ihn.

Paxson

Dieser Ort entstand 1906, als *Alvin Paxson* hier ein erstes Roadhouse an der Meile 192 errichtete. Später baute er ein zweites größeres an der Meile 191. In Paxson beginnt der Denali Higway (Hwy 8), der in Cantwell im Westen auf den George Parks Highway (Hwy 3) von Fairbanks nach Palmer stößt.

Redaktions-Tipps

Übernachten:
- **Valdez: Keystone Hotel $$$** vermietet 105 nett eingerichtete Zimmer.

Essen:
- **Valdez: Totem Inn ##** serviert Fisch- und Fleischgerichte.

Sehenswürdigkeiten:
- **McCarthy: Gletscherflug über die Wrangell Mountains** (S. 701), ein Hochgefühl!
- **Valdez: Columbia Glacier** (S. 705), die **Bootsfahrt** dorthin ist ein überwältigendes Erlebnis.
- **Valdez: Valdez Museum** (S. 704) informiert u. a. über die Hintergründe der **Ölkatastrophe vom 24.03.1989**, von der **Exxon Valdez** verursacht.

Gulkana

Dieser kleine Ort entstand 1903 aus einer Telegraphenstation. Er liegt am Zusammenfluss von Gulkana River und Copper River. Die Männer des 90-Seelen-Dorfes gehen hauptsächlich dem Fischen, Jagen und der Fallenstellerei nach.

Ehemalige Telegraphenstation

Copper Center

1896 wurde ein Agrar-Experiment von der Regierung angeregt, dem Copper Center seine Entstehung verdankt. Dieser Ort wurde die erste Siedlung in dieser Gegend. Ein **Valdez Glacier Trail** von Valdez über die Gletscher vereinigt sich an dieser Stelle mit den sog. **Eagle Trail** nach Forty Mile und Dawson City. 300 Goldsucher, einst mittellos und verlassen, überwinterten hier. Viele litten unter Skorbut und starben.

Schon bald nach der Wende zum 20. Jahrhundert operierten hier „Washington-Alaska-Military Cable" und „Telegraph System" zwischen Valdez und Fairbanks, bekannt unter der Abkürzung WAMCATS, Vorreiter des Alaska Kommunikationssystems. Heute hat der Ort etwa 550 Einwohner.

Stichfahrt nach McCarthy

Nach dem Passieren der kleinen Orte Meier, Sourdough, Glennallen (Busfahrt nach McCarthy vom Caribou Motel mit Backcountry Connections möglich, Tel.:

822-5292 oder (800) 478-5292) verlassen Sie den Richardson Highway (Km 400) und biegen zur Linken in den Edgerton Highway ein. Nach 56 km erreichen Sie die teils verlassene und teils noch oder wieder bewohnte ehemalige Bergwerkssiedlung **Chitina**. Hier gibt es eine Tankstelle, einen kleinen Laden, ein Café und viel Gerümpel.

Die abenteuerliche Fahrt führt über eine schlechte Schotterstraße des ehemaligen Eisenbahndamms durch praktisch **unberührte Wildnis**, staubig bei trockenem Wetter und schlammig bei Regen. Manchmal liegen alte Holzschwellen bloß. Sie benötigen für die 97 km bis zum Ende der Straße mit dem Pkw ca. 2–3 Stunden und mit dem Wohnmobil 3 bis 4 Stunden. Wenn es zuvor geregnet hat, sollten Sie diese Straße besser meiden.

Fischräder Bei Überquerung des Copper River sehen Sie Fischräder im Fluss. Ein Fischrad besteht aus zwei mit Maschendraht bespannten, drehbaren Fangkörben, die mit

zwei Paddeln durch die Strömung des Flusses angetrieben werden. In den Körben verfangen sich die bekanntlich zur Laichzeit flussaufwärts strebenden Lachse, und sie werden über ein schräg gestelltes Brett in eine Box gehebelt.

Ein wunderschöner Blick über den **Chitina River** entschädigt Sie schon zu Anfang der Fahrt.

Fischräder – Copper River

Die **Kuskulana Bridge** von 1910 ist eine alte hölzerne, teils zusammengebrochene Eisenbahnbrücke der ehemaligen „Copper River and Northwestern Railway", die sich 160 m weit und 117 m hoch über die Schlucht des Kuskulana River spannt. Man selbst fährt über eine kleine neue Brücke dicht oberhalb des Flussbettes auf die gegenüberliegende Uferseite weiter durch die Wildnis.

Zum Ende der Fahrt werden die Ausblicke auf die vergletscherten **Wrangell Mountains** immer häufiger und plastischer. Gelbes Sumpfgras im Vordergrund, die dunklen Moortümpel und Tannen in der Mitte sowie die blauen Vorberge mit den leuchtenden Gletschern der Bergriesen im Hintergrund, einmalig schön!

Am **Kennicott River** endet die Straße. Hier müssen Sie Ihr Fahrzeug abstellen und können vor dem reißenden Fluss campen. Die ehemalige handbetriebene Gondel-Seilbahn ist heute wegen des größeren Touristenansturms durch eine Fußgängerbrücke ersetzt worden. Auf einem anschließenden Fußweg gelangen Sie nach McCarthy und Kennicott. Nach etwa 500 m gabelt sich der Weg. Der rechte Pfad führt nach 1,5 km nach McCarthy und der linke nach 8 km zu der alten Kupfermine Kennicott. Sie können sich allerdings auch von McCarthy nach Kennicott fahren lassen.

McCarthy (ⓘ s. S. 266)

Kleiner Laden – Mc Carthy

1910–1938, als die Kupfermine Kennicott noch in Betrieb war, war McCarthy eine wilde Blockhaussiedlung. Die Sitten in Kennicott waren streng im Gegensatz zu denen in McCarthy, wo es sehr locker zuging. Die Bergleute konnten sich hier „austoben". Hier gab es Bars und „andere Möglichkeiten", das sauer verdiente Geld sehr schnell wieder auszugeben.

Heute herrscht in McCarthy ein ruhiger Lebensstil und man pflegt den Tourismus, die einzige Einnahmequelle.

Erlebnis eines Gletscherflugs

*Der 1-stündige Flug von McCarthy führt zunächst in nordöstlicher Richtung den **Chitistone River** bergan, setzt sich im **Goat Trail** bis zum **Chitistone Pass** fort, zur Rechten die Gletscherzungen der **Saint Elias Mountains**. Der **Upper Skolai Lake** wird überflogen. Dann folgt der Pilot dem **Skolai Creek**, bachaufwärts. Beeindruckend ist der Blick auf den Eisstrom des **Nizina Glacier**. Beim **Stairway Icefall** wird das Eis treppenförmig einen Steilhang hinabgeschoben.*

Gletscherflug – über den Wrangell Mountains

*Wie ein Greifvogel schwebt man langsam über den Gletscherspalten, die türkis bis tintenblau schimmern. Manchmal sind auch pinkfarbene Stellen auszumachen, die durch bestimmte Algenkolonien hervorgerufen werden. Phantastisch sind die bizarren Muster zwischen grauem Fels und Eis, strahlenförmiges Weiß auf dunklem Untergrund. Der **Root Glacier** und der **Gates Glacier** münden schließlich in den gewaltigen Eisstrom des **Kennicott Glacier**, der sich weit nach Süden ins Tal vorschiebt und seine Farbe von blendendem Weiß in schmutziges Grau wechselt. Das Eis ist mit eingelagertem und überlagertem Schutt der abgehobelten Bergflanken durchsetzt.*

Wie ein Greifvogel über dem Gletscher

Kennicott – eine ehemalige Kupfermine (ⓘ s. S. 266)

• Überblick

Still gelegte Kupfer- mine

Die Kupfermine Kennicott, von der Kennicott Copper Corporation betrieben und seit 1910 im Betrieb, war bis zu ihrer Schließung 1938 die reichste Kupfermine der Welt, weil die Konzentration des Erzes mit 70 % Kupfer und 1 % Silber sehr hoch war. Sie produzierte insgesamt 591.535 Tonnen Kupfererz. Die Firma existiert heute noch. Bis zu 700 Arbeiter waren hier beschäftigt. Die meisten waren hoch in Bergstollen eingesetzt. Die Erzgruben hatten u.a die klingenden Namen: „Jumbo", „Bonanza", „Glacier", „Motherland" (zu deutsch „Vaterland"). Sie waren durch ein Netzwerk von Tunneln wie Maulwurfsgänge miteinander verbunden.

• Arbeitsweise der Mine

Dieselgeneratoren erzeugten Starkstrom von 450 Volt und Strom von 220 Volt für die Haushalte usw. 4 Dampfmaschinen mit gewaltigen Öfen, Kesseln und Schornsteinen versorgten das ganze Werk mit Wärme. In der Schmiede des

Maschinenhauses wurden die benötigten Eisenteile selbst hergestellt, und beschädigtes Material wurde repariert. Mit einer großen Winde wurden die Loren bewegt. In der Kupfermühle, dem höchsten, 14-stöckigen Gebäude oberhalb der „Hauptstraße", wurde die mechanische Zerkleinerung der Erzbrocken vorgenommen. Die chemische Reinigung mit Ammoniak erfolgte unterhalb der Straße.

Ehemalige Kupfermine – Kennicott

Der **Transport** des Kupfererzes bis zum Pazifik, wo es geschmolzen wurde, wurde von folgenden Transportträgern durchgeführt:
- Die Eisenbahn „Copper River & Northwest Railway", seit 1911 eröffnet, beförderte das Gut 316 km von Kennicott bis Cordova ans Meer.
- Dampfschiffe der „Alaska Steamship Company" übernahmen die Ladungen von Cordova bis Tacoma (USA), südlich von Seattle.

• Arbeitsbedingungen der Beschäftigten

Freizeit- angebot für die einstigen Bergleute

Der sehr hohe Standard der Sozialeinrichtungen war in der Glanzzeit von Kennicott beispielhaft. Es gab dort z. B. einen Tanzsaal, ein Kino, ein voll eingerichtetes Krankenhaus, eine Schule und einen Tennisplatz. Das Betreten des Minen-Geländes war nur denen gewährt, die einen Kontrakt mit der Firma besaßen. Strenge Sitten herrschten in Kennicott im Gegensatz zu McCarthy. Beispielsweise waren die Fensterscheiben der Bank, die dem Schulgebäude zugekehrt waren, weiß gestrichen, damit die Bankangestellten nicht in die Klassenzimmer der Schüler und Schülerinnen sehen konnten.

Thompson Pass und Valdez Glacier

Von der Stichfahrt von McCarthy zurückgekehrt und wieder auf dem Richardson Highway, ist der fast bis an die Straße reichende **Worthington Glacier** ein markanter Punkt, bis Sie den Thompson Pass (845 m) überqueren.

Vor der Entdeckung des Thompson Pass folgten frühe Bergleute und Entdecker einer sehr gefährlichen Route, von Valdez aus ins Landesinnere. Sie kletterten über den Valdez Glacier zum Klutina Glacier. Dann ging es den Klutina River abwärts nach Copper Center. Viele Männer ließen ihr Leben auf den Gletschern und viele ihre Habe im Fluss. Die Bergleute suchten Gold und andere Edelmetalle und missachteten die Risiken. In der Eile versuchten sie den Copper River fluss- abwärts das Rafting, bevor sie im Schnee festsaßen. Die meisten dieser unüber- legten Fahrten endeten in den gigantischen Strudeln des Flusses, die sie in die Tiefe zogen.

Tod in den Strudeln des Flusses

Um 1900 wurde der **Thompson Pass** entdeckt. Man baute einen Trail durch den **Keystone Canyon**, der später nach Eagle und Fairbanks verlängert wurde. Eine verlegte Telegraphenleitung lag auf der gleichen Route wie der heutige Highway. Wohl die meisten Schneefälle verzeichnet der Thompson Pass. Im Winter 1952/ 53 lag der Schnee 24,70 m hoch. Wenn Sie den Pass überqueren, werden Sie die hohen Begrenzungsmarken für die Schneepflüge und -fräsen bemerken. Obgleich der Pass regelmäßig gepflügt wird, ist er im Winter oft geschlossen. Auch im August sind immer noch Schneefelder erkennbar.

Valdez (ⓘ s. S. 266)

Überblick

1897–98 wird als Gründungszeit der heutigen Stadt angesehen, als ein Eingangs- hafen für die Goldsucher zu den Klondike-Goldfeldern gesucht wurde. Tausende von Glücksrittern kamen hier an, um dem besonders zu Anfang gefährlichen „Valdez Trail" über den Valdez Glacier nach Eagle im Innern Alaskas zu folgen und von dort den Yukon River aufwärts bis Dawson City zu gelangen. 1900 trieben **Kupferfunde** in den Wrangell Mountains die Entwicklung des Hafens von Valdez voran, sorgten jedoch gleichzeitig auch für Konfliktstoff, denn die Eisenbahnlinie von der reichen Kupfermine Kennicott wurde nach Cordova und nicht nach Valdez verlegt. Am 27.03.1964 zerstörte ein Erdbeben mit einer Stärke von 8,4 bis 8,6 auf der Richter-Skala Valdez fast vollständig. Das Zentrum des Bebens lag im Prince William Sound. Eine gewaltige Flutwelle verschlang die Downtown der Hafenstadt. Valdez wurde an einem höheren Standort wieder aufgebaut.

Tor zu den Klondike- Gold- feldern

1974–1977 verlegte man die 1.287 km lange Erdölleitung von Prudhoe Bay am Nordpolarmeer nach Valdez, weil es den nördlichsten, eisfreien Hafen Nordamerikas besitzt und gleichzeitig durch den Richardson Highway an das Straßennetz Alaskas angebunden ist. Am 01.08.1977 verließ der erste Tanker mit dem „schwarzen Gold" aus der Prudhoe Bay Valdez. Am 24.03.1989 ereignete sich die große **Ölkatastrophe**, als der Tanker „Exxon Valdez" an einem Felsen im Prince William Sound zerbrach.

Heute zählt die Stadt 4.300 Einwohner.

Valdez Museum

217 Egan Ave., P.O. Box 307, Valdez, AK 99686, Tel.: (907)835-2764, www. valdezmuseum.org/, **Öffnungszeiten**: *im Sommer 8–19 Uhr täglich, im Winter 10–18 Uhr Di–Sa*

Das Museum behandelt folgende Themen:
* **Geschichte der Ureinwohner**
- Die Chugach, maritime Inuvialuit-Jäger, siedelten südlich von Valdez. Es gab 8 Dörfer.
- Die Ahtna-Indianer trieben mit den Chugach Handel und hatten seit 1700 Kontakt mit den Europäern (Russen).

* **Der Weg zu den Goldfeldern**: 1889 haben mehr als 4.000 Glücksritter Wege in die Copper River-Region und zu den Klondike Goldfeldern (Yukon) gesucht. Die „All American Route" machte eine gefährliche Überquerung des Valdez Glacier erforderlich.

* Das Erdbeben vom 27.03.1964 („Schwarzer Freitag"): Es ist in allen Einzelheiten beschrieben und bebildert.

* Die Exxon Valdez-Ölkatastrophe vom 24.03.1989 (ebenfalls ein „Schwarzer Freitag"): Das in den USA registrierte Motorschiff „Exxon Valdez" verließ das Alaska Marine Terminal am Abend des 23.03.1989. Der Tanker befand sich auf der Route Valdez – Los Angeles – Long Beach. Er hatte mehr als 53 Mio. Gallonen Rohöl von Prudoe Bay an Bord. Bis zur Strandung wurden drei Meldungen abgegeben:

Aufgezeichnete Meldungen

1. Meldung: Um 23.25 Uhr des 23.03.1989 meldete der Kapitän an den „Coast Guard Vessel Traffic Service" (Küstenwache), dass der Lotse das Schiff verlassen habe.
2. Meldung: Das Schiff wechselt wegen Eisgangs von der „South Bound" (Südroute) auf die „North Bound".
3. Meldung: Um einigen Eisbergen auszuweichen, wird die Geschwindigkeit auf zwölf Knoten reduziert. Man würde sich wieder melden, wenn die Eisfelder umschifft seien.

Öltanker läuft auf Grund

Am Karfreitag, dem 24.03.1989, lief die Exxon Valdez am Bligh Reef auf Grund. Acht von elf Tanks waren leck geschlagen. Außerdem waren drei Wasserballasttanks beschädigt. Somit waren insgesamt elf Tanks leck. 10,1 Mio. Gallonen Rohöl liefen aus. Die Exxon Valdez war einer der neuesten Tanker der Reederei. Kurz vor dem Unglück hatte der 44-jährige Kapitän *Josef Hazelwood* von Long Island (New York) die Brücke seines Schiffes verlassen und das Kommando seinem

3. Maat *Gregory Cousins* übergeben, der nicht berechtigt war, das Schiff durch den Prince William Sound zu führen. Der ausgelaufene Ölteppich hat sich in südwestlicher Richtung auf einer Fläche von rund 100 Quadratmeilen ausgebreitet und hat hauptsächlich die Strände von Knight Island und Naked Island verschmutzt. Diese große Menge Öl machte eine effektive Säuberung unmöglich, obgleich viele einheimische Fischer von Valdez und Cordova sich mit ihren Booten zur Verfü-

Bootshafen – Valdez

gung stellten, um sich an der Säuberungsaktion zu beteiligen. Zahlreiche Seevögel und Meeressäuger sind durch die Ölverschmutzung gestorben. Auch wenn in der Zwischenzeit die oberflächlichen Schäden der Katastrophe beseitigt sind, sind die Langzeitschäden für die Meeresfauna und -flora sowie für die Fischerei nicht absehbar. Der Öl-Multi Exxon hat 2 Mrd. US$ für Säuberungsarbeiten und Tierrettungsaktionen ausgegeben. An diesem Geldsegen haben sich zahlreiche Helfer „eine goldene Nase verdient". Für viele war es das große Geschäft ihres Lebens. Sie verließen sogar ihre Arbeitsplätze, weil sie bei dieser Aktion mehr Geld verdienen konnten.

Langzeitschäden der Ölverschmutzung

Welche Lehren wurden aus diesem Unglück gezogen?
- Die beladenen Tanker werden jetzt bis zum Ausgang des Prince William Sound beidseitig begleitet.
- Kursabweichungen bedürfen der Zustimmung der Lotsen.
- Das Terminal ist jetzt in der Lage, große Mengen ausgelaufenen Öls durch Schiffe mit großen Abfülltanks abzuschöpfen.

Fahrt zur Eisbarriere des Columbia Glacier

Auf der Ausflugstour wird meistens mit Erfolg nach putzigen Seeottern, oft schon im Hafenbecken, Weißkopfseeadlern, Zwergtauchern und Steller's Seelöwen Ausschau gehalten. Beeindruckend sind die oft blau schimmernden, im Sund schwimmenden **kleinen Eisinseln**, die wie kleine bizarre Tiere erstarrt sind und auf der grauen, bleiern wabernden Wasseroberfläche schwimmen. Die blaue Farbe rührt von der Struktur der Eiskristalle her, die unter großem Druck der Gletscher zusammengepresst wurden. Phantastisch, wenn ein stolzer Weißkopfseeadler auf einem solchen blauen Eisblock sitzt!

1985 konnte man noch dicht an den ins Meer kalbenden Gletscher heranfahren. Heute endet die Fahrt vor einer Eisbarriere, weil der Gletscher in den letzten Jahren so dramatisch abgeschmolzen ist, dass jetzt seine Abbruchkante auf dem Festland liegt.

Kalbender Gletscher

Von Paxon nach Cantwell auf dem Denali Highway

Streckenhinweis
Gesamtstrecke Paxon – Cantwell: 218 km

Vorschlag zur Zeiteinteilung
I Tag

Auf dem Denali Highway (ⓘ s. S. 266)

Zur Rechten blicken Sie auf den Gulkane Glacier. Im Vordergrund sind mehrere kleine Seen in der Tundra eingebettet, manchmal können Anfang Juli immer noch Schneereste im Gelände verstreut liegen. Die Tangle Lakes sind eine Serie langgestreckter Seen, durch den Tangle River wie eine Perlenkette miteinander verbunden. Die Kettle Lakes sind sog. Toteis-Seen. Sie entstanden durch von Moränen überdeckte Eismassen, die allmählich auftauten und meistens kreisförmige Seen hinterließen. Auf den Waterfowl Lakes werden Sie verschiedene Wasservogelarten bestimmen können: Enten, Gänse, Ohrentaucher, Eistaucher und Trompetenschwäne. Biber fühlen sich hier natürlich auch sehr wohl. Anschließend überqueren Sie den Moränenrücken Crazy Notch.

Im Frühling und Herbst sind die vielen Seen Rastplätze für zahlreiche Wasservögel, die auf dem **Vogelzug** sind, gefolgt von Greifvögeln, wie Adlern, Habichten, Bussarden, Weihen und Falken.

Arktische Blumen-pracht

Im Sommer wird die Tundra hauptsächlich von den in großen Beständen wachsenden blau blühende Lupinen, den gelb blühenden Arnika, weiß blühenden Anemonen und der pink blühenden Fireweed lebhaft gefärbt. Etwas versteckter finden Sie Bluebell (blau blühend), Wolly Lousewort (rot blühend), Alaska Poppy (Mohn, gelb blühend), Wild Geranium (blau blühend) und Tall Jacob's Ladder (blau blühend). Zwergschwäne/Tundra Swans ziehen majestätisch mit stolz erhobenen Köpfen ihre Kreise auf den Seen. Der wunderschöne Ruf der Eistaucher hallt über das weite, offene Land. Falkenraubmöwen rütteln in der Luft. Ein Biber schwimmt über einen See. Am Clearwater Creek brüten Schwalben in großen Kolonien unter der Brücke. Gelbe Schmetterlinge saugen am feuchten Boden. In den kühlen Tagen des Herbstes leuchten die verfärbten Blätter der Blue- und Cranberries, bevor der Schnee sie im September überdeckt.

Im Winter zieht die Lelchina-Karibuherde hier durch, ihren alten Wanderwegen wie vor Tausenden von Jahren folgend.

Die 316 m lange Sunsitna River Bridge (Km 128/Gegenrichtung Km 90) ist einspurig. Sie ist ein markantes Merkmal Ihrer Tagesfahrt. Kurz danach erblicken Sie auf der rechten Seite eine Blockhütte, auf deren Dach der Name Denali mit *Schnee-* großen Buchstaben geschrieben steht. Bei klarer Sicht leuchtet im Norden die *und* vergletscherte Alaska Range mit ihren schnee- und eisgekrönten Bergriesen her- *eisgekönte* über. Noch eindrucksvoller erscheinen sie, wenn die letzten Strahlen der Abend- *Bergriesen* sonne sie rötlich erglühen lassen.

In den Seen südlich des Highway spiegeln sich bei ruhigem Wasser die **Talkeetna Mountains**. Im weiteren Wegverlauf durchfahren Sie eine weite Tundralandschaft mit Hunderten von kleinen Seen und Teichen, Überbleibseln der ehemaligen Gletscher im stufenförmigen Gelände. Als sich die Eiszungen zurückzogen, bildeten Blöcke schmelzenden Eises in Depressionen diese **Seenlandschaft**.

Am Brushkana Creek, einem Nebenfluss des Nenana River, bieten sich Ihnen erneut herrliche Ausblicke auf das vergletscherte Hochgebirgspanorama der Alaska Range mit dem Mt. Deborah (3.702 m), dem Mt. Hess (3.582 m) und dem Mt. Hayes (4.150 m) im Norden.

Die Straße folgt dem Oberlauf des **Nenana River** flussabwärts. Bewaldete Inseln im Fluss sind eine Zierde des vom Gletschereis gespeisten Gewässers.

In **Cantwell** (Km 218) stoßen Sie auf den Parks Highway (Hwy 3).

Von Fairbanks nach Anchorage

Streckenhinweis
* *Gesamtstrecke: Fairbanks − Anchorage: 576 km*
* *Teilstrecke: Fairbanks − Denali National Park (Eingang): 194 km*
* *Teilstrecke: Denali National Park (Eingang) − Anchorage: 382 km*

Vorschlag zur Zeiteinteilung: 3−4 Tage
* *Strecke Fairbanks − Anchorage: 2 Tage*
* *Im Denali National Park: 1−2 Tage*

Unterwegs zum Denali National Park

Nenana

1902: Auf einer Landkarte aus diesem Jahr trägt dieser Ort am Nordufer des Tanana River den Namen **Tortelli**. Es ist die Interpretation eines weißen Mannes, der den Ortsnamen von dem Athabaska-Wort Toghottele abgeleitet hat. Später *Basislager* nannte man den Ort **Nenana**, ein Athabaska-Wort mit der Bedeutung: „ein guter *für* Platz zum Rasten zwischen den Flüssen". In den 1920er Jahren setzte ein Boom *Eisenbahn-* für den Ort ein, als er ein Basislager für den Eisenbahnbau von Anchorage nach *bau* Fairbanks wurde.

Am 15.07.1923 schlug US-Präsident *Warren G. Harding* den goldenen Nagel als Zeichen der Vollendung der Eisenbahnstrecke ein.

Heute hat Nenana (Km 86/Gegenrichtung: Km 490) ca. 400 Einwohner. Attraktionen des kleinen Ortes sind das **Alaska Railroad Museum** (Tel.: 832-5500), in dem Eisenbahnrelikte und lokale Artefakte aufbewahrt werden, und die St. Mark's Mission Church aus dem Jahre 1905.

Denali National Park (ⓘ s. S. 266)

P.O. Box 9, Denali Park, AK 99755, Tel.: (907)683-2294, Fax: (907)683-9617, Website: www.nps.gov/dena

Name

Neue Namensgebung

Wir wissen nicht, ob die ersten Nomaden diesen Bergriesen, diesen Palast aus Eis und Schnee, mit einem Namen bedacht haben, als sie ihn erblickten. Ihre Nachfolger, die **Athabasken-Indianer**, nannten ihn „DENALI", was so viel heißt wie „der Hohe". Sie wussten noch nicht, dass er der höchste Berg Nordamerikas überhaupt ist. Später wurde er in Mount McKinley nach dem ehemaligen US-Präsidenten *William McKinley* (1897–1901) umgetauft. Wie kann man eine solch majestätische Erscheinung nach einem Menschen benennen? Es gab keinen Zusammenhang zwischen *William McKinley* und dem besagten Berg. Die Indianer waren bescheidener.

Denali N

Redaktions-Tipps

Übernachten:

*   **Hotels/Motels** (außerhalb des Denali National Park)
*   **Denali N.P.: Denali Bluffs Hotel $$$** ist das dem Parkeingang des Denali National Park am nächsten gelegene Hotel.
*   **Denali N.P.: Denali Crow's Nest Log Cabins $$** befindet sich eine Meile nördlich des Parkeingangs. Sie haben einen spektakulären Blick auf die Alaska Range.

Essen:

*   **Denali N.P.: McKinley/Denali Salmon Bake & Cabins** bereitet besonders den Lachs schmackhaft zu.

Sehenswürdigkeit:

*   Den **Denali Nationalpark** (S. 708) in möglichst langem Zeitraum zu erleben, dürfte der Traum eines jeden Naturfreundes sein.

Gründung des Nationalparks

Im Jahre 1906 unternahm *Charles Sheldon*, ein bekannter Jäger und Biologe, als erster weißer Mann während seiner ersten 6-wöchigen Tour eine **intensive Erforschung** der Denali-Region. 1907/08 verbrachte *Sheldon* mit seinem Führer auf einem längeren Trip auch den Winter in einer kleinen, selbstgebauten Hütte am Toklat River. Fasziniert von dieser Wildnis, machte er sei-

nen Einfluss als Mitglied des mächtigen „Boone and Cricket Club" geltend, um
dieses Gebiet zum Nationalpark erklären zu lassen. 1917 hatten seine Anstrengungen Erfolg. Zu seiner Enttäuschung gab der Kongress dem Nationalpark jedoch den Namen „Mt. McKinley National Park", der erst später in „Denali National Park" umbenannt wurde.

Landschaft

Der Denali National Park ist eines der größten und berühmtesten subarktischen
Schutzgebiete der Erde. Viele Menschen kommen hierher, um die abwechslungsreiche Taiga und alpine Tundra, die Berge und d e n Berg, den **Mount McKinley**
(6.195 m), zu sehen. Er ist der höchste Berg Nordamerikas, der zudem stetig an
Höhe gewinnt – 1,3 cm pro Jahr. Dieser Bergriese ist das gigantische Resultat
einer tektonischen Plattenkollision. Die schwere Pazifische Platte schiebt sich

*Der
höchste
Berg
Nord-
amerikas*

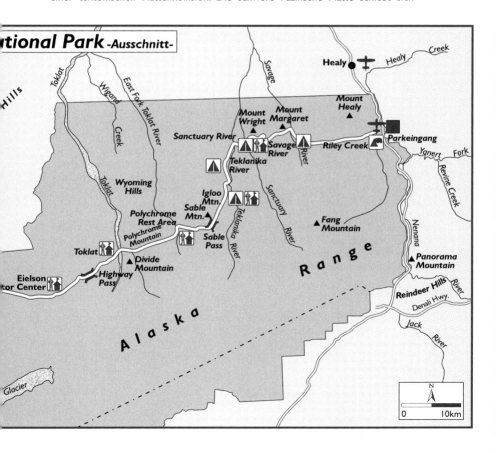

Der höchste Berg Nordamerikas – Mount McKinley

unter die leichtere Nordamerikanische Platte. Den ersten Druck muss die Aleutenkette aushalten. Der feste Yakutat-Block wirkt hierbei wie eine Ramme, die richtungsweisend auf den heutigen Mt. McKinley zielt.

Der Nationalpark ist kein Zoo oder Botanischer Garten, er ist ein Platz, an dem widerstandsfähige Geschöpfe die meiste Zeit der eisigen Luft, dem gefrorenen Boden und dem harten Gestein hartnäckig trotzen müssen. Die meisten Besucher kommen im kurzen Sommer, wenn dieses Land nach der langen erstarrenden Kälte frei atmen kann.

Fauna und Flora

Im Park existieren 37 Säugetierspezies, 155 Vogelarten und nahezu 450 verschiedene Pflanzen. Keines der unterschiedlichen Lebewesen ist für sich allein lebensfähig. Es herrscht, wenn der Mensch nicht störend eingreift, ein ausgewogenes Verhältnis zwischen Jägern und Gejagten, zwischen Pflanzenfressern und Pflanzen und anderen komplizierten Abhängigkeiten.

Grizzlies, Elche, Dallschafe, Karibus und Rotfüchse werden regelmäßig, Wölfe, Biber, Murmeltiere, Pikas und Arktische Erdhörnchen seltener gesehen. Für die Vogelbeobachtung sind die Standvögel, wie Alpenschnee- und Moorschneehühner, Sperbereulen sowie Gerfalken interessant.

Naturschutz

Genießen mit offenen Sinnen

Als Besucher sollten Sie lernen, zu sehen, zu hören und zu riechen sowie sich an der großartigen Landschaft mit seiner Tier- und Pflanzenwelt zu erfreuen. Vielleicht wird Ihnen auch das Gefühl vermittelt, dass unser einst so wunderschöner Planet uns Menschen nicht allein gehört und von uns nicht systematisch zerstört werden darf!

Regularien für die „Masse Mensch"

Wegen Überfüllung und zum Schutz der schützenswerten Tier- und Pflanzenwelt mussten Beschränkungen für die „Masse Mensch" eingeführt werden, die jedoch jeder Naturliebhaber akzeptieren müsste. Vor 1972 besuchten höchstens 15.000 Besucher den Denali N.P. 1972 wurde der George Parks Highway (Hwy 3) von Anchorage nach Fairbanks fertiggestellt. In Erwartung höherer Besucherzahlen durch diese leichteren Zufahrtsmöglichkeiten wurde das **„Shuttle Bus"-System** eingeführt. Die Besucherzahlen stiegen durch den Straßenbau sprunghaft in die Höhe. 2003 registrierte man bereits über 605.000 Parkbesucher. Wie das „Shuttle-Bus"-System funktioniert, wird in den aktuellen Regionalen Reisetipps zum Denali National Park beschrieben.

Erlebnisse im Denali National Park

Jeder Besucher wird sicherlich den Denali National Park anders erleben. Wir möchten hier nur unsere persönlichen Erlebnisse wiedergeben, die jedoch bei häufigeren Tierbegegnungen und der Landschaftsbeschreibung durchaus Allgemeingültigkeit besitzen können. Unsere Erlebnisse sind aus drei Shuttlebus-Fahrten zusammengefasst.

Morgens früh um 5.30 Uhr beginnt die Fahrt, optimales Wetter. Die Luft ist kalt und klar. Zunächst fahren wir durch die **Taiga**, deren häufigster Baum die Amerikanische Schwarzfichte/Black Spruce ist. Die Weidenblätter glänzen wie Silber. Etwas Nebel liegt noch auf den Moortümpeln. Wir werden auf den **Drunken Forest** (Betrunkener Wald) vom Fahrer aufmerksam gemacht, weil der sich aufwerfende Permafrostboden sie aus dem Gleichgewicht gebracht hat.

Sehr behäbig – Baumstachler

Der fließende Übergang von der Taiga in die **alpine Tundra** gibt den Blick frei auf die Berge, deren kahle Hänge in den Farben von rötlich, oker, gelblich bis grau variieren. Ein Baumstachler hastet kurzatmig durch die subpolaren Zwergsträucher. Man nähert sich der Stelle, an der der **Mount McKinley** erstmalig ins Blickfeld rücken kann. Die Spannung wächst, ob er sein Antlitz durch Wolken verschleiert hat oder ob er uns sein strahlendes Gesicht zeigen wird. Wir haben Glück. Überwältigt sind wir von seiner Schönheit. *Der* In Eis und Schnee gekleidet, wird er milde von der Morgensonne angestrahlt. Es *seltene* ist keine Selbstverständlichkeit, diesen subarktischen Eisriesen frei von Wolken- *Blick auf* schleiern zu bewundern. Eine unnahbare, eisige Pracht geht von ihm aus. Auch die *den Gipfel* in seiner Nachbarschaft aufragenden Berge scheint er zu beherrschen. Dabei ist „der Hohe" nur ein Teilstück in der 960 Kilometer langen Gebirgskette der Alaska Range.

Der **Teklanika River** teilt sich in viele Wasserarme. Ein Baumstachler hockt, wahrscheinlich frierend, auf einer Schotterbank des Flusses. Am **Igloo Mountain** erkennt man weiße Flecken in den Hochkaren. Es sind Dallschafe. Es soll 2.500

dieser Wildschafe im Schutzgebiet geben. Von der Höhe des **Sable Pass** blickt man wieder wie gebannt auf den höchsten Berg Nordamerikas. Jetzt wird er erst in seiner ganzen Pracht sichtbar. Die Vorberge des Bergriesen, denen jetzt die Schau gestohlen wurde, liegen wie ein faltiges Tuch zu Füßen des Silbergekrönten. Beinahe hätten wir unseren ersten Grizzly übersehen. Obgleich sehr blond im Pelz, ist er gut auszumachen. An einer anderen Stelle erspähen wir eine Bärin mit ihren sehr verspielten Jungbären, die in ihrem Gerangel manchmal wie große Wollknäuel aussehen. Die Gegend um den Sable Pass ist für Wanderer tabu. Hier gibt es mehrere sich überlappende Bärenreviere.

Der Sable Pass ist für Wanderer tabu

Am **Polychrome Pass** genießen wir den weiten Blick über die buntgefärbte Bergkette. Berauschend sind die Farbvariationen der unteren Lagen in verschiedenen Grüntönen: hellgrün, türkis, silbergrün und dunkelgrün. Das Sommergewand dieser grandiosen Hochgebirgslandschaft wird verschönert durch die blaue Lupine, den pinkfarbigen „Fireweed" und die gelbe Arnika.

Plötzlich ein Sausen in der Luft, ein Steinadler/Golden Eagle stößt nach einem silbergrauen Murmeltier. Der

Mit Bastgeweih – Karibu

Sturzflug hatte jedoch keinen Erfolg. Der aufmerksame Nager war mit einem scharfen Pfiff in seiner Erdhöhle verschwunden.

Die Gegend um den Polychrome Pass ist ein bevorzugtes Wolfsrevier, hauptsächlich

Seltene Wildbegegnung – Wolf

wegen der durchziehenden Karibus. Da sind schon die ersten nordischen Hirsche. Sie rasten gern auf Schneefeldern, weil dort die Moskitoplage geringer ist. Ein Rotfuchs quert unseren Fahrweg.

Begegnung mit einem Wolf

Dann diese seltene und packende Tierbegegnung: Ein Wolf, hochbeinig, grau, am Nacken etwas rötlich gefärbt, zunächst in einer Entfernung von ca. 200 m, jagt über das offene Tundragelände, wie im Intervall mal verhalten, dann wieder im Spurt und elegant über niedrige Büsche hinwegsetzend. Er ist auf der Jagd nach Arktischen Erdhörnchen. Jetzt ein Sprung, und das überraschte Nagetier landet im Fang des Jägers. Mittlerweile ist der graue Wolf in seinem Jagdeifer bis auf 80 m an die Straße herangekommen. Etwa 20 Minuten hatten wir das große Glück, den sonst sehr scheuen Isegrim in Aktion zu beobachten.

Am **Eielson Visitor Center** gönnt man sich gewöhnlich eine kurze Rast, um einen Blick zum Sunrise Creek und Thorofare River, zum Gravel Mountain, Green Dome sowie zum Scott Peak zu werfen. Nicht immer sieht man die großen weißen Berge: Mt. McKinley, Mt. Silverthrone, Mt. Deception, Mt. Brooks. Sie tragen ihre eisigen Häupter zu hoch. Bei der Weiterfahrt erblickt man auf der linken Seite den mit Geröll und Erde beladenen Muldrow-Gletscher.

Rund um den **Wonder Lake** ist das Gelände flacher und sumpfiger. Eine Elchkuh steht in einem Moortümpel und äst genüsslich die Unterwasservegetation. Beim Kopfheben rinnt ihr das Wasser triefend aus dem Maul.

Wasserpflanzen äsend – Elchkuh

Aktivitäten außerhalb des Parks

Wildwasser fahren („River Rafting") mit Schlauchbooten auf dem Nenana River und **Flüge** („Flightseeing") mit Kleinflugzeugen über das vergletscherte Denali Massiv sind Höhepunkte, die von mehreren Veranstaltern vermarktet werden.

Rafting

Unterwegs nach Anchorage

Talkeetna

1896 wurde **Gold** am Susitna River gefunden. 1901 entwickelte sich hier ein Versorgungszentrum für Goldgräber. 1915 war das eigentliche Geburtsjahr von Talkeetna, weil die Alaska Engineering Commission, die für den Bau der Eisenbahn von nördlich des Tanana River bis Nenana verantwortlich war, hier ihr Hauptquartier errichtete. Zeitweise hatte die Siedlung rund 1.000 Einwohner. Nach dem Niedergang des Bergbaus verließen viele Bewohner den Ort. 1964 erwachte die Ortschaft zu neuem Leben, als die „14-Mile Spur Road" Talkeetna mit dem George Parks Highway verband. Jäger, Angler, Bergsteiger, die den Mt. McKinley besteigen wollten, und Personen, die an der Wildnis interessiert waren, wurden durch den neuen Verkehrsweg in den Norden gelockt.

Ehemaliges Eisenbahnbaudepot

Heute hat Talkeetna etwa 400 Einwohner. Die Hauptattraktion ist das Talkeetna Society Museum (Tel.: 733-2487), das über den mutigen Buschpiloten, Fotografen und Biologen *Don Sheldon* berichtet, der sein Flugzeug an einer möglichst günstigen Position für einen guten Fotoschuss zum Mt. McKinley-Gipfel landete. Ferner sind Artefakte aus der Trapper- und Bergbauzeit im Museum ausgestellt.

Von Anchorage nach Homer und Seward

Streckenhinweis
- *Gesamtstrecke: Anchorage – Homer – Seward – Anchorage: 889 km*
- *Summierte Teilstrecken: Von Anchorage auf dem* **Sterling Highway** *(Hwy I) nach* **Homer** *(Km 374), Rückfahrt auf dem* **Sterling Highway** *bis* **Tern Lake Junction** *(Km 596), Abzweigung rechts auf Hwy 9, bis Abzweigung rechts (Km 650) auf die* **Exit Glacier Road** *zum* **Exit Glacier** *(Km 665), nach der Stichfahrt zum Gletscher zurück auf den* **Sterling Highway** *(Km 680), Abzweigung rechts bis* **Seward** *(Km 686), Rückfahrt über* **Hwy 9** *und* **Hwy I** *nach* **Anchorage** *(Km 889)*

Vorschlag zur Zeiteinteilung: 4 Tage
- *Fahrt nach Homer: I Tag,*
- *Weiterfahrt nach Seward: I Tag,*
- *in Seward mit Bootsausflug: I Tag,*
- *Rückfahrt nach Anchorage: I Tag.*

Übernachten:
- **Homer: Land's End Resort $$$$**, Homer Spit, vermietet 60 komfortabel eingerichtete Gästezimmer. Vom Restaurant blicken Sie aufs Meer.
- **Homer: Homer Floatplane Lodge $$$** vermietet Blockhäuser und Gästezimmer. Außerdem werden Touren per Wasserflugzeug zur Beobachtung von Bären und zum Fischen unternommen.

Essen:
- **Homer: El Pescador ##**, Homer Spit, hat neu eröffnet und nennt sich „Best Seafood & Grill at the End of the Road".

Sehenswürdigkeiten:
- **Ninilchik: russisch-orthodoxe Kirche** (S. 715), ein Relikt aus der russischen Periode!
- **Homer: Pratt Museum** (S. 717) ist wegen seiner TV-Direktübertragung der fischenden Braunbären sehr empfehlenswert.
- **Exit Glacier** (S. 718), eine Stichfahrt zu dem leicht zugänglichen Gletscher kurz vor Seward lohnt sich.
- **Seward: Alaska Sealife Center Rehabilitation Program** (S. 719) müssen Sie unbedingt besuchen.
- **Seward: Kenai Fjord National Park** (S. 721), Bootsfahrten zu den kalbenden Gletschern, ein überwältigendes Erlebnis!

Unterwegs nach Homer

Der **Turnagain Arm** ist ein schmaler Fjord, der bis tief ins Hinterland reicht. Er ist bekannt für seinen hohen Tidenhub, der mehr als 10 m liegen kann. Mit etwas Glück beobachten Sie hier, wie Belugas (weiße Wale) Lachse jagen, die mit der Flut in die Flüsse der Chugach Mountains streben.

Am Ende des Fjords liegt **Portage** (Km 76). Die versalzenen Wiesen rundherum sind ein beredtes Zeugnis des Karfreitag-Bebens von 1964, in dessen Gefolge das Meerwasser landeinwärts gedrückt wurde. Die Bäume sind abgestorben. Heute sind die Salzwiesen und das anschließende Sumpfgebiet ein ornithologisch interessantes Gelände, an dem Sie Weißkopfseeadler, Kanadische Kraniche und Arktische Seeschwalben beobachten können.

Die Fahrtstrecke über den 300 m hohen **Turnagain Pass** (Km 94) ist bei schönem Wetter ein Hochgenuss. Ständig überqueren Sie

Bachläufe, wie den Bertha Creek, an dem ein idyllisch gelegener Campground liegt, und den Granit Creek. In den Tälern leuchten die korallroten Früchte des Roten Holunders und die schneeweißen Stämme der Pappeln in der Sonne.

Die Gegend um **Cooper Landing** (Km 163) ist ein Anglerparadies. Im **Russian River** wimmelt es von Lachsen. In einem unaufhörlichen Zug kämpfen sich dichtgedrängte rote Fischleiber flussaufwärts. Ihre Köpfe sind zu drohenden Masken deformiert. Wenn ihr Laichgeschäft erledigt ist, liegen sie erschöpft am Ufer und sterben. Wasseramseln tauchen geschickt nach den goldgelben Fischeiern, und Möwen verschlingen stückweise die verendeten Lachse. *Lachswanderung*

Kenai (ⓘ s. S. 266)

Kurz vor Soldotna führt, rechts abzweigend, die 64 km lange Kenai Spur Road nach Kenai (7.300 Einwohner), dem größten Ort der Kenai-Halbinsel. Diese Siedlung wurde 1791 von den Russen gegründet und führte den Namen St. Nicholas. Die **griechisch-orthodoxe Kirche** mit den drei Zwiebeltürmen erinnert noch an ihren Ursprung. Der **städtische Flughafen** von Kenai fertigt über 50 Flüge täglich ab. Er wird von zahlreichen Privatflugzeugen und Lufttaxis genutzt.

Soldotna

Wieder auf der Hauptstraße angelangt, kommen Sie nach Soldotna, (Km 237) einem etwas größeren, sehr langgestreckten Ort mit Tankstellen, Highschool, Motels und Campingplätzen. Soldotna steht wegen seiner **Lachse und Forellen** im Kenai River bei den Sportfischern hoch im Kurs.

Ninilchik

Dieses heute von 456 Menschen bewohnte **Fischerdorf** an der Küste (Km 303) ist einer der ältesten Orte der Kenai Halbinsel. Er entstand, als in den 1820er Jahren Mitglieder der „Russian-American-Company" sich hier ansiedelten. Das Wahrzeichen der Siedlung ist die abseits liegende kleine russisch-orthodoxe Kirche auf der hohen Klippe mit dem sie umgebenden Friedhof und einem Meer von *Kleine russische Gemeinde*

rosa blühendem „Fireweed" rundherum. Seit 1900 wird noch aktiv Gottesdienst abgehalten. Von hier oben genießen Sie einen weiten Blick über das Meer und das Dorf.

Nachdem Russland Alaska an Amerika verkauft hatte, galten die hier verbliebenen Russen als Außenseiter und Minderheit. Nun bekamen sie die ganze Härte menschlicher Intoleranz zu spüren.

Russisch-orthodoxe Kirche – Ninilchik

Homer (ⓘ s. S. 266)

Überblick

1896 landete *Homer Pennock*, ein Abenteurer aus Michigan, mit einer Crew von Goldsuchern am Spit (Landzunge). Die Glücksritter waren überzeugt, dass die Kachemak Bay der Schlüssel zu ihrem künftigen Reichtum sei. Diese Hoffnung stellte sich jedoch als ein Trugschluss heraus. 1898 wurde *Homer Pennock* von der Kunde über die sagenhaften Goldfelder am Klondike weggelockt. Doch auch dort wurde er nicht fündig.

Ende der Isolation

1899 wurde der erste Pier am Spit von der Cook Inlet Coal Field Company erbaut. Er wurde jedoch bald ein Opfer des Eisgangs. Erst 1938 baute man den nächsten Anleger für größere Schiffe. Als die ersten Dampfschiffe anlegten, feierte der Ort das Ende seiner Isolation. 1951 erreichte die erste Schotterstraße den Ort. Allmählich verlagerte sich das industrielle Schwergewicht vom Kohlebergbau zur kommerziellen Fischerei. Am Karfreitag, den 27.03.1964, zerstörte ein Erdbeben der Stärke 9,2 nach der Richterskala die meisten Gebäude von Homer Spit

Zerlegen eines Heilbutts – Homer

und der Stadt. Die schmale Halbinsel von Homer Spit senkte sich um 1,80 m, und bei Flut war Homer Spit keine Halbinsel mehr wie vor dem Erdbeben, sondern eine Insel. 1970 schüttete man einen Damm und erneuerte die Straße auf den Spit.

Heute hat Homer über 4.000 Einwohner. Das schreckliche Erdbeben vom „Schwarzen Karfreitag" und eine spätere Feuersbrunst sind vergessen. In der „Hauptstadt des Heilbutts" werden Morgen für Morgen die riesigen weißen, platten Fischleiber von den Fischkuttern in den Hafen geschleppt. Heilbutt mit einem Gewicht von 140 kg sind keine Seltenheit. Es werden jedoch auch Lachse und Krabben gefischt.

Eisfreier Hafen

Homer Spit auf der 8 km langen, schmalen, sandigen Landzunge hat sich als ganzjährig eisfreier Hafen etabliert, von dem die Fähren der Alaska State Ferry ein- und auslaufen. Um Homer Spit schaukeln Seeotter mit ihren Steintischen auf dem Bauch und knabbern genüsslich Krabbenbeine und Seesternarme. Wenn sie die Arme abgefressen haben, werfen sie übrigens klugerweise den Körperrest des Seesterns ins Meer zurück, in dem dieser sich vollständig regenerieren kann.

Wenn zu viele Krümel auf dem Bauch liegen oder die ewig gierigen Möwen zu aufdringlich werden, rollen sich die putzigen Kerle einmal um ihre eigene Achse. Auf der Sandbank Homer Spit herrscht touristisches Treiben. Campingplätze, Fischgeschäfte, Souvenirläden, Reisebüros, die u. a. Wildnistouren anbieten, reihen sich aneinander. Daneben liegen der Fischerei- und der Fährhafen.

Pratt Museum
3779 Bartlett Street, Homer, AK 99603, Tel.: (907)235-8635, E-Mail: info@prattmuseum.org, Website: www.prattmuseum.org

Auffällig ist eine **Holzskulptur**, eine Einheimische darstellend, mit m. E. bedeutender Aussagekraft. Beeindruckend ist außerdem das augenblickliche Verhalten der Braunbären beim Fischen am Wasserfall durch die Live-Übertragung vom McNeil River im Museum mitzuerleben.

Die **Biotope verschiedener Tiere** des Nordens sind gekonnt nachgebildet. Wild und Vögel ausgestopft zu sehen ist zwar kein Vergleich zu Beobachtungen in freier Wildbahn, doch nicht jedem sind diese wunderbaren Augenblicke vergönnt. Zu sehen sind u. a. der Schwarzbär, ein Größenvergleich zwischen Wolf und Kojote, der Schneeschuhhase, der Baumstachler, der Biber, das Mauswiesel, der Amerikanische Uhu, um nur einige zu nennen.

Holzskulptur im Pratt Museum – Homer

Außerdem sind Artefakte und Bilder über den Walfang und den Kohlebergbau ausgestellt. Die einheimischen Pflanzen der Lebensgemeinschaften Moor, Bergwiese und alpiner Bereich sind in einem **kleinen Botanischen Garten** angesiedelt. Ihre Besonderheiten werden in einer eindrucksvollen Führung erklärt.

Ausflug nach Kachemak Bay

Gegenüber Homer Spit liegt in 5 km Entfernung der Kachemak Bay State Park, eine eindrucksvolle Fjordlandschaft, stark an Norwegen erinnernd. Dorthin können Sie nur per Boot oder Wasserflugzeug gelangen.

Eindrucksvolle Fjordlandschaft

Unterwegs nach Seward

Wenn Sie den Hwy 9 bis Tern Lake Junction zurückfahren, dort rechts abbiegen, passieren Sie den kleinen Ort **Moose Pass**, der überwiegend aus Blockhäusern besteht.

Eine 15 km lange Stichfahrt führt zu einem Gletscher, den Sie aus allernächster Nähe bestaunen können. Diese Gelegenheit sollten Sie sich nicht entgehen lassen.

Exit Glacier

Leicht zu erreichen

Von einem Parkplatz aus führt ein kurzer Fußweg zur Basis des Gletschers. Ein 5,6 km langer Trail bringt Sie auf das Harding Icefield. Der Rücken des Gletschers ist von bis zu 30 m tiefen, oft blau schimmernden Spalten zerfurcht. Die blaue Farbe rührt von Eiskristallen her, die unter starken Druck geraten sind.

!!! Warnung!
Treten Sie nicht zu dicht an das Eis heran! Plötzlich herabstürzenden Eisbrocken können Sie nicht rechtzeitig ausweichen und schlimmstenfalls erschlagen werden.

Seward (ⓘ s. S. 266)

Überblick

1903 ist das Gründungsjahr von Seward, das zu Ehren von *William H. Seward*, dem US-amerikanischen Außenminister unter der Regierung von Präsident *Abraham*

Lincoln, so genannt wurde. W. H. Seward ist es zu verdanken, dass Alaska im Jahre 1867 für 7.200.000 US$ von Russland gekauft wurde. 1964 fielen die meisten Häuser der Flutwelle, die aus dem Erdbeben erwuchs, und anschließenden Bränden zum Opfer.

Heute mutet dieser idyllische Ort mit seinen 3.000 Einwohnern wie eine kleine norwegische Hafenstadt in der gigantischen Fjordlandschaft

Bootshafen – Seward

an. Malerisch schaukeln viele bunte Boote vor einer Atem beraubenden Berggletscherkulisse, ein Ort zum Verlieben! Seward ist das Tor zum Kenai Fjords National Park.

Benny Benson Memorial

Die **alaskanische Flagge** wurde 1927 von dem damals 13-jährigen *Benny Benson* entworfen. Am 12. Oktober 1913 wurde *Benny Benson* in der kleinen alaskanischen Siedlung Chignik geboren. Er verlor seine Mutter, als er gerade 4 Jahre alt war. Sein Vater brachte ihn in das methodistische Jesse Lee Memorial Home in Seward. Dann zog der Junge nach Unalaska auf den Aleu-

Benny Benson Memorial – Seward

ten. Schließlich verschlug es ihn wieder nach Seward, wo er bis zu seinem 20. Lebensjahr blieb. 1927, als 13-Jähriger, entwarf *Benny Benson* die alaskanische Flagge. Er schrieb hierzu folgenden Text: „Das blaue Feld steht für den Himmel Alaskas und das Vergissmeinnicht, der Nationalblume Alaskas. Der Nordstern bedeutet die Zukunft Alaskas, dem nördlichsten Bundesstaat der USA. Das Sternbild des Großen Bären bedeutet Kraft im Bärenland Alaska.

Alaska Sealife Center
301 Railway Avenue, P.O Box 1329, Seward, AK 99664, Tel.: (907)224-6300, Fax: (907)224-6320, Website: www.alaskasealife.org

• Wissenschaftliche Arbeit
Das am 02. Mai 1998 eröffnete Alaska Sealife Center, ein 56-Mio.-Dollar-Projekt, wurde teilweise mit Entschädigungsgeldern finanziert, die wegen der Ölpest aus dem **Tankerunglück der Exxon Valdez** gezahlt worden waren. Das Alaska Sealife Center hat sich die Aufgabe gestellt, kranke und verletzte Meeressäuger und Vögel zu pflegen sowie ölverschmutzte Seetiere zu reinigen. Bei Krankheiten werden verschiedene Heilmethoden angewandt. Wissenschaftler arbeiten in bestimmten Bereichen der Meeresforschung, u. a. der **Ölverschmutzung** und deren Auswirkungen auf die Meeresbewohner, außerdem den richtigen Maßnahmen zur Renaturierung des Meeres nach einer Ölpest. Ebenso werden Temperaturschwankungen und Änderungen des Salzgehaltes der Ozeane über längere Zeiträume registriert und die Folgeerscheinungen auf die Lebewesen.

Von Entschädigungsgeldern finanziert

• Vielfältiges Leben unter Wasser
An den Küsten Südalaskas existiert eine **„Galaxis von Unterwasserwelten"**. Es hat sich eine Vielfalt an Unterwasser-Biotopen gebildet, die von der Wasseroberfläche bis zur Tiefsee und von den Gezeitentümpeln bis zur offenen See reichen und sich unterschiedlich auf steinigem, sandigem Boden oder an felsigen Riffen entwickeln. Durch Unterschiede von Licht und Temperatur haben sich verschiedene Lebensräume gebildet. Die Lebewesen eines Biotops stehen in enger Wechselwirkung zueinander. Sie bilden ein eigenes Ökosystem. Der **Lebensraum des offenen Wassers** ist sehr weiträumig und beinhaltet viele Variationen. Rund um die Küsten Südalaskas erstreckt sich ein bis zu 260 m tiefes und 100 km breites kontinentales Schelfmeer, bis an dessen Rand der Meersboden in größere Tiefen absinkt.
Für die Tiere des offenen Meeres gibt es verschiedene Lebensmöglichkeiten:
• Wale und andere Meeressäuger sowie Fische leben schwimmend im Meer.
• Andere lassen sich treiben, wie beispielsweise Quallen.
• Wieder andere leben am Boden in der Tiefe des Ozeans oder graben sich ein und warten auf Nahrung, die bei ihnen vorbeikommt.

Vielfalt an Unterwasser-Biotopen

• Besonders reiche Nahrungsgründe an Flussmündungen
Flussmündungen sind besonders reiche Nahrungsgründe für viele Tierarten:
• Lachse, Heringe und andere Fischarten laichen hier und die geschlüpften Jungfische verbringen im Flachwasser ihre Jugend.
• Vögel, wie Spatelenten, Kragenenten, Gänsesäger und Taucher halten sich hier auf.

- Bären, Füchse und Fischotter kommen zum Jagen und Seeotter zum Fressen von Krabben und Muscheln an die Flussmündungen.
- Delfine fischen im Flachwasser und
- Grauwale nehmen Krill auf.

- **Erstaunliche Besonderheiten**
Zahlreiche Aquarien verschiedener Größen, beherbergen die unterschiedlichen Meerestiere. Alle haben sich wunderbar in ihren Lebensnischen, die sie besiedelt haben, angepasst, einige davon sollen hier genannt werden:
- Der Seeotter besitzt das dichteste Fell aller Felltiere der Erde mit bis zu 650.000 Haaren pro Quadrat-Inch (1 inch = 2,54 cm).
- Der Heilbutt und andere Plattfische (Schollen) werden mit je einem Auge auf jeder Seite des Kopfes geboren. Schon nach einigen Tagen zieht sich das eine Auge auf die andere Seite herüber. Die weiblichen Heilbutte sind die schwersten Plattfische. Sie leben bis zu 30 Jahren und produzieren bis zu 3,5 Mio. Eier jährlich.
- Eine Seeigelart (Green Sea Urchin), die sich an Pflanzen und Steinen festsetzt, hat die Fähigkeit entwickelt, wenn sie nicht genügend Nahrung findet, bestimmte Körperteile zu absorbieren, um bessere Lebensbedingungen abzuwarten.
- Ein Riesentintenfisch (Giant Pacific Octopus), im Deutschen schlecht bezeichnet, da er kein Fisch ist, hat in seinem Körperinneren einen großen, scharfen Schnabel, um seine Nahrung zu zerreißen und sie anschließend besser verdauen zu können.
- **Der Lebenszyklus der Lachse** ist bildlich dargestellt, vom Ablaichen und Befruchten der Eier durch die Altfische im Süßwasser, über das Heranwachsen der Jungfische, den Aufenthalt im Meer und bis zur Rückkehr in das Heimatgewässer nach einer mehrjährigen Wanderung von bis zu 3.000 km (die längste bekannte Fischwanderung der Erde). Es wird die Frage gestellt, wie finden die Lachse den Weg zu ihrer Geburtsstätte zurück? Eine exakte Antwort kann nicht gegeben werden. Nach wie vor bleibt es ein großes Rätsel. Es gibt jedoch mehrere Theorien:

Orientierung der Lachse

- Vielleicht richten sich die Lachse nach der Position der Sonne zur Orientierung.
- Die Wissenschaftler haben im Gehirn der Red und King Salmons magnetische Kristalle festgestellt, die möglicherweise wie Kompasse wirken, um den Fischen die richtige Richtung zu weisen.
- Wenn die Lachse in die Nähe ihres Küstengewässers kommen, erinnern sie sich höchstwahrscheinlich an deren Temperatur und Salzgehalt sowie an die Strömung des Heimatflusses. Ergänzt werden diese Wahrnehmungen durch den erstaunlich guten Geruchssinn der Lachse. Schon geringe Spuren des Geruchs des Heimatgewässers genügen, um sie richtig zu leiten.
Aus einer Fischzucht von 70.000 und 80.000 Pink Salmons wurden 1998 im Sealife Center in Seward über 50.000 markierte Junglachse in die Resurrection Bay ausgesetzt. Die Altfische werden nach ihrer Wanderung im Meer hier zurück erwartet, weil sie nach ihrer Bestimmung versuchen werden, zu ihrer Geburtsstätte zurückzukehren. Die Wissenschaftler studieren ihre DNA-Kette, um ein besseres Verständnis über das genetisch programmierte Verhalten dieser Fische zu bekommen.

- **Seevögel**

Ein Bassin für Seevögel zeigt besonderes Interesse beim Publikum. Hier sind Trottellummen (Common Murres), Gryllteiste (Black Guillemots), Papageientaucher (Tufted Puffins) untergebracht. Durch Unterwasser-Einblicke sehen Sie, wie diese Seevögel nach Nahrung tauchen.

- **Seelöwen und Seehunde**

In einem weiteren Bassin halten sich Stellers Seelöwen (Steller's Sea Lions) und Seehunde (Harbor Seals) auf, nicht minder beachtet, wegen ihrer geschmeidigen Bewegungen unter Wasser und ihrer intelligenten Spielfreudigkeit. Mit einem „Live-Video" über Chiswell Islands ist das augenblickliche Verhalten von Stellers Seelöwen zu beobachten. Durch das Berühren besonderer Felder auf der Armatur können Sie bestimmte Ausschnitte der Live-Übertragung abrufen.

Intelligente Spielfreudigkeit

- **Tiere zum Anfassen**

Kindern ist es gestattet, Seesterne und andere Seetiere in bestimmten Becken zu berühren, um eine gewisse Scheu abzubauen.

Unvergessliche Bootsfahrt durch den Kenai Fjord National Park

Beim Verlassen des engen Fjords der Resurrection Bay fährt der Bootsführer dicht am Ostufer entlang, immer auf der Suche nach interessanten Tierbegegnungen. An einer Stelle liegen mehrere **Felsentore** nebeneinander.

Neben der eindrucksvollen, von der Eiszeit geprägten felsigen Küstenlandschaft ist die Tierwelt beachtenswert. Sie lebt zum größten Teil von dem Fischreichtum des Fjords. Weißkopfseeadler/Bald Eagles haben ihren Ansitz bezogen. Teiste/Pigeon Guillemots, Hornlunde/Horned Puffins und Tufted Puffins tauchen eifrig nach kleinen Fischen. Seeotter mit ihren hellen oder dunklen Kugelköpfen, meistens auf den Rücken liegend, Stellers Seelöwen, ihre dichten Felle trocknend und sich sonnend, und fischende Kormorane/Double-crested Cormorants lassen die Herzen der Naturfreunde und Tierfotografen höher schlagen.

Eindrucksvolle Tierbegegnungen

Dann bewundern Sie die Pracht des **Holgate Glacier** und warten gespannt, ob er kalbt, d. h. ob Eisbrocken von der Abbruchkante absplittern und krachend ins Meer fallen. Abschließend geht es in weitem Bogen aufs offene Meer hinaus, wo die **Vogelinseln Chiswell Islands** liegen, Brutplätze für Kormorane, Lummen, Lunde und Dreizehenmöwen, Vogelkinderstuben in Schwindel erregender Höhe. Auf der offenen See erkennen Sie Wellenläufer/Jeach's Storm-Petrels, die halb flatternd, halb auf den Wellen laufend ihre Nahrung aufnehmen. Im Gegenlicht glänzt das Meer, als wäre es ganz mit Silberschuppen bedeckt.

Felsentore – Seward

LITERATURVERZEICHNIS

Kein Reisehandbuch kann alle Wissensgebiete vollständig abdecken, deshalb wird auf folgende Literatur hingewiesen, die zu einem erweiterten Studium Westkanadas und Südalaskas führen kann. Diese Aufstellung erhebt keinen Anspruch auf Vollständigkeit.

Deutschsprachige Literatur
(einschließlich deutscher Übersetzungen)

Hatfield, Fred, „Nördlich der Sonne. Allein in den Wäldern Alaskas. Ein Trapperleben", Oesch-Verlag; 4. Auflage 2006.

Michener, James, „Kondike", Der Weg zu den Goldfeldern, Econ Verlag Düsseldorf 1991

Neuhaus, Karsta/Neuhaus, Dirk, „Bewerben und Arbeiten in den USA und Kanada", Ilt-Europa Verlag, 3., aktualisierte Auflage 2008.

Leja, Karin, „Kanada. Handbuch für Auswanderer", Pietsch Verlag, Stuttgart 2008.

Sautter, Udo, „Geschichte Kanadas", Verlag C.H. Beck, München 2007.

Schwarz, Alexander, „Kauderwelsch, Canadian Slang, das Englisch Kanadas", Reise Know-How Verlag, Bielefeld 2007.

Weigand, Elisabeth, „Mit dem Kanu quer durch Alaska", 3.200 km auf dem Yukon River, Éditions trèves 1995

Englische Literatur

Armstrong, Robert H., „Guide to the Birds of Alaska", Alaska Northwest Books, Bothel 1991

Dempsey, Hugh A., „Indian Tribes of Alberta", Glenbow Museum Calgary 1988

DuFresne, Jim „Alaska", Lonely Planet Publications Pty Ltd, Hawthorn 2000

Ferguson, Will/**Ferguson**, Ian, „How to Be a Canadian", Douglas & Mcintyre, Februar 2008

Hoyt, Erich, „The Whales of Canada", Camden House Publishing Ontario 1988

Knopf, Alfred A, „Field Guide to North American Mammals", New York 1991

Langdon, Steve J., „The Native People of Alaska", Anchorage 1993

Mosby, Jack und **Dapkus**, David, „Alaska Paddling Guide", J & R Enterprises Anchorage 1986

National Geographic Society, „Birds of North America", Washington 1988

Peterson Field Guides, „Mammals", Boston/New York 1995

Peterson Field Guides, „Western Birds", New York 1995

Peterson First Guides, „Wildflowers", Boston 1986

Petrides, George A und Oliva, „Western Trees", Boston/New York/London 1992

Praetorius, Pete, **Culhane**, Alys, „Alaska Bicycle Touring Guide", The Denali Press Juneau 1992

Pratt, Vera E., „Wildflowers along the Alaska Highway", Alaskakrafts, Inc. Anchorage 1999

Scotter, George w. und **Flygare**, Hälle, „Wildflowers of the Canadian Rockies", Hurtig Publishers Ltd. Edmonton 1986

Shadbolt, Doris, „The Art of Emily Carr", Douglas & McIntyre, Publishers, Vancouver/Toronto 1987

The Milepost, 52. Auflage, Augusta (USA), 2000

Geophysical Institute Biennial Report 1989-1990, Fairbanks 1990

Wright, Richard Thomas, „Barkerville", A Gold Rush Experience, Winter Quarters Press, Duncan 1993

Wyck, Klee, „Emily Carr", Irwin Publishing Toronto 1986

STICHWORTVERZEICHNIS

Individuell reisen

„101 Inseln: Das ist ... der Band für Fortgeschrittene. Schon einmal Grimsey (Island), Niki (Griechenland) oder Pulau Ubin (Singapur) gehört? Einige von 101 'Geheimtipps für Entdecker', die dieser Band für wahre Inselfreaks zusammengestellt hat. Jörg Kachelmann erklärt zu Beginn die Faszination des Inselklimas, ein Inselhändler verrät, wie man denn so ein Eiland kauft und verkauft, und in den Infokästen gibt es spezielle Tipps zu Anreise und Unterkunft. Ein hilfreicher Führer für alle, die das wirklich Neue suchen." **Berliner Morgenpost**

„Wunderbar zum Stöbern und Auf-Ideen-Kommen." **Brigitte**

"Afrikas Traumziele: Ein Hauch von Abenteuer klingt bei dem Wort Safari mit, das in der ostafrikanischen Sprache Kisuaheli ganz einfach „Reisen" heißt. Afrikakenner Michael Iwanowski hat für Liebhaber des Schwarzen Kontinents eine Liste von 101 interessanten Routen zusammengestellt. Der mit brillanten Farbfotos ausgestattete Band regt zum Entdecken der afrikanischen Tierwelt an und stellt neben bekannten Zielen in Südafrika, Namibia und Kenia auch unbekanntere Destinationen in Botsuana, Sambia und Tansania vor. Egal ob im Jeep, auf dem Rücken eines Elefanten oder sogar per Flugzeug - jede Safari ist eine Entdeckungsreise in die Wunderwelt der Natur." **Rheinischer Merkur**

Das komplette Verlagsprogramm unter
w w w . i w a n o w s k i . d e